OEUVRES COMPLÈTES

DE

SAINT FRANÇOIS

DE SALES.

PARIS. — IMPRIMERIE DE BÉTHUNE ET PLON,
RUE DE VAUGIRARD, 36.

OEUVRES COMPLÈTES

DE

SAINT FRANÇOIS

DE SALES,

ÉVÊQUE ET PRINCE DE GENÈVE;

ORNÉES DE SON PORTRAIT
ET D'UN FAC SIMILE DE SON ÉCRITURE, TIRÉ D'UN FRAGMENT INÉDIT.

NOUVELLE ÉDITION COLLATIONNÉE ET AUGMENTÉE

TOME QUATRIÈME.

PARIS.

BÉTHUNE, ÉDITEUR,
RUE DE VAUGIRARD, 36.

MDCCCXXXVI.

AVERTISSEMENT

SUR CETTE NOUVELLE ÉDITION.

Les Controverses de S. François de Sales sont un de ses meilleurs ouvrages. On y trouve une raison forte et éclairée, un esprit conséquent et vigoureux, une suavité de style que la bonté de son caractère savoit répandre sur toutes ses compositions. Quand on considère quel charme le saint auteur répand sur les sujets les plus arides, il ne faut pas s'étonner s'il faisoit des milliers de conversions, si tout cédoit à ses persuasions, s'il savoit atteindre au but où il visoit, doucement et fortement; vous ne diriez pas qu'il y touche, et c'est fait, dit l'évêque de Belley. A la douceur du plus aimable caractère il joignoit un grand esprit, et à la sainteté la plus éminente il unissoit une science profonde des controverses de son temps et de tout ce qui avoit rapport aux matières ecclésiastiques. Muni de toutes ces forces, il parloit, non-seulement au cœur, mais à l'esprit et à la raison de ses auditeurs : on peut se convaincre de cette vérité par la lecture de ses Controverses.

Quoique S. François ait laissé cet ouvrage dans un état un peu imparfait, le fond des idées reste toujours ; et, sous ce rapport, il est digne de fixer l'attention des théologiens et des hommes instruits. Le premier éditeur et les approbateurs des Controverses conviennent que ce seroit le meilleur ouvrage du saint évêque de Genève, s'il avoit eu le temps d'y mettre la dernière main. L'époque pendant laquelle le saint auteur composa les Controverses nous explique pourquoi il ne leur a pas donné le degré de perfection qu'elles auroient pu recevoir. Ce fut pendant le cours d'une mission orageuse que le saint, encore simple prêtre, faisoit dans le Chablais, qu'il composa ces discours ; les contrariétés des protestants, les agitations occasionnées par les édits du duc de Savoie et les fatigues de sa mission ne lui permirent pas de les rendre plus parfaits. Voici comment s'exprime, sur cet ouvrage, S. François lui-même dans une lettre à M. de Villars, archevêque de Vienne : « J'ai de plus quelques matériaux pour l'introduction des apprentifs à l'exercice de la prédication évangélique, laquelle je voudrois faire suivre de la méthode de convertir les hérétiques par la sainte prédication ; et en ce dernier livre je voudrois, par manière de pratique, défaire tous les plus apparents et célèbres arguments de nos adversaires, et ce avec un style non-seulement instructif, mais affectif, à ce qu'il profitât, non-seulement à la consolation des catholiques, mais à la réduction des hérétiques ; à quoi j'emploierois plusieurs méditations que j'ai faites durant cinq ans en Chablais, où j'ai prêché sans autres livres que la Bible, et ceux du grand Bellarmin. »

Nous donnons le texte pur de S. François de Sales sans aucune note qui soit contraire à sa doctrine ; laissant à chaque lecteur la liberté de suivre son opinion à cet égard. Comme S. François de Sales cite souvent, dans le cours de ses Controverses, un grand nombre d'hérétiques dont il réfute les erreurs, nous avons jugé convenable de mettre à la fin de l'ouvrage une notice sur l'époque de leur naissance et sur les autres choses qui les concernent ; nous aurions pu placer cette notice dans le cours de l'ouvrage, mais nous avons préféré les réunir en forme de petit dictionnaire, afin que le lecteur ne soit pas obligé de feuilleter tout le livre pour trouver ce qu'il désire.

A MESSIEURS

LA VILLE DE THONON,

ET DE

LA RELIGION PRÉTENDUE RÉFORMÉE (1).

MESSIEURS,

Ayant continué quelque espace de temps la predication de la parole de Dieu en vostre ville (2), sans avoir esté oüy des vostres, que tres-rarement, par interruption et à la derobée, pour ne laisser rien en arriere de mon costé, je me suis mis à reduire en escrit quelques principales raisons, que j'ay choisies, la pluspart tirées des sermons et autres traités, que j'ay faits cy-devant, de vive voix, pour la deffense de la foy de l'Eglise; j'eusse bien desiré d'estre oüy aussi bien que les accusateurs, car les paroles en bouche sont vives, et sur le papier elles sont mortes: « La vive voix, dit S. Hierosme., a je ne sçay quelle secrette vigueur, et le coup est bien plus justement porté dans le cœur, par la vive parole », que par l'escrit: ce qui a fait dire au glorieux apostre S. Paul (3): « Comment croiront-ils en celuy qu'ils n'ont point oüy? et de quelle maniere pourront-ils oüyr sans predicateurs? La foy est par l'oüye, et l'oüye est par la parole de Dieu. » Quoyque mon mieux eust esté d'estre oüy, cette escriture neantmoins ne sera pas sans de bonnes utilitez; car premierement elle portera chez vous en particulier ce que vous ne voulez pas prendre chez nous en l'assemblée; secondement, elle contentera ceux qui, pour toute reponse aux raisons que j'apporte, disent qu'ils les voudroient entendre devant quelques ministres : il leur semble que la seule presence de l'adversaire nous feroit chanceler, paslir et transir de timidité, et nous osteroit toute contenance, mais maintenant ils les pourront produire ; troisiesmement, l'escrit se laisse mieux manier ; il donne plus de loisir à la consideration que la voix et on y peut penser plus serieusement ; quatriesmement, on verra par là (1) que si je desadvoüe mille impietez qu'on impose aux catholiques, ce n'est pas pour m'eschapper de la meslée, comme quelques-uns ont publié, mais pour suivre la saincte intention de l'Eglise, puisque je mets en escrit nos raisons à la veuë de chacun, et ce, sous la censure des superieurs, asseuré je suis, que s'ils trouvent en moy quelques ignorances, ils n'y trouveront point, Dieu aydant, d'irreligion ny de contrarietez aux declarations de l'Eglise romaine. Si faut-il toutefois que je proteste, pour la decharge de ma conscience, et que je declare, que toutes ces considerations ne m'eussent jamais mis en resolution d'escrire, estant un mestier qui appartient aux doctes et plus polis entendements ; car il faut extremement bien sçavoir les choses pour les bien escrire : les esprits mediocres se doivent contenter du dire, où l'action, la voix et la contenance, donnent du lustre à la parole; le mien, qui est des moindres, ou, à tout rompre, de la plus basse trempe des medio-

---

(1) Cette epistre est de S. François de Salès, par maniere de dedicace et de preface. (Note du premier éditeur.)

(2) Il faut icy observer que la ville de Thonon, capitale du Chablais, estoit presque toute heretique en ce temps, et qu'il estoit defendu aux peuples, par les ministres, d'oüyr les predications du saint. (Note du premier éditeur.)

(3) Rom. X, 14, 15, 17.

(1) Méthode employée avec avantage par l'évêque de Belley, ami intime de S. François de Salès : *Avoisinement des protestants*, Paris, 1703, in-12, édition de Richard Simon ; par Veron, jésuite, curé de Charenton : *Règle de la foi*, en latin et en françois ; par les frères Walemburch ; par Holden : *Analysis fidei* ; et par Bossuet : Exposition de la doctrine catholique.

cres, ne peut reussir que mediocrement en cet exercice ; aussi n'y aurois-je pas pensé, si un gentilhomme grave et judicieux ne m'en eust pressé et donné le courage : ce que depuis plusieurs de mes principaux amis ont trouvé fort bon l'advis desquels je prise tant, que le mien n'a point du tout de creance en moy qu'à faute d'autre. J'ay donc produit icy quelques principales raisons de la foy catholique romaine, qui monstrent clairement que tous ceux qui demeurent separez de son unité, sont en deffaut. Je vous les adresse, messieurs, et vous les presente de bon cœur, esperant que les occasions, qui vous detournent de m'oüyr de vive voix, n'auront point de force pour vous empescher de lire cet escrit. Après tout, j'oze vous asseurer que vous ne lirez jamais d'escrits qui vous soient donnez par un homme plus affectionné à vostre bien spirituel que je le suis; et je puis bien dire que je ne recevray jamais de commandement avec plus de courage que celuy que monseigneur le reverendissime nostre evesque me fit, quand il m'ordonna, suivant le sainct desir de son altesse serenissime, dont il me mit en main la lettre de Jussion pour venir icy vous porter la saincte parole de Dieu (1). Aussi ne pensay-je vous pouvoir jamais faire un plus grand service, et à dire le vray, je crus que comme vous ne recevez point d'autre regle pour vostre creance, que la seule exposition et interpretation de l'Escriture, qui vous semble la meilleure, vous voudriez peut-estre, au moins, oüyr celle que j'y apporterois, qui est de l'Eglise apostolique et romaine, laquelle vous n'avez jamais veüe cy-devant, que toute travestie, defigurée, et contrefaite par l'ennemy, qui sçavoit bien que si vous l'eussiez veüe en sa pureté, vous ne l'eussiez jamais abandonnée. Le temps est mauvais, l'evangile de paix peut à grande peine estre receu parmy tant de soupçons de guerre, et toutesfois je ne perds point courage ; les fruits un peu tardifs se conservent beaucoup mieux que les printaniers, et j'espere que si Nostre-Seigneur crie une fois, à vos oreilles, son saint *Ephpheta*, cette tardiveté reüssira avec beaucoup plus de fermeté et de bonheur. Prenez donc, messieurs, en bonne part, ce present que je vous fais, et lisez mes raisons attentivement;

la main de Dieu n'est point percluse ny partiale ; elle fait volontiers paroistre sa puissance dans les subjets humbles et grossiers : si vous avez oüy avec tant de promptitude et d'ardeur l'une des parties, prenez encore la patience d'escouter l'autre ; après quoy prenez, je vous en somme de la part de Dieu, prenez temps et loisir de r'asseoir vostre entendement, et priez Dieu qu'il vous assiste de son sainct Esprit, en une affaire de si grande importance, afin qu'il vous dirige dans la voye du salut ; mais surtout je vous prie que vous ne laissiez jamais entrer dans vos esprits autre passion que celle de nostre Sauveur et maistre *Jesus-Christ*, par laquelle nous avons tous esté racheptez et serons sauvez, s'ils ne tient à nous, puisqu'il desire « que tous les hommes soient sauvez et viennent à la connoissance de la verité (1). » Je prie sa saincte majesté qu'il luy plaise m'ayder, et vous donner sa lumiere ; qu'il m'ayde pour escrire cet ouvrage, et qu'il vous illumine pour le comprendre selon son esprit : la methode et le stile ne vous deplairont point ; car son air est tout-à-fait savoisien : essayez un peu, s'il vous plaist, ce remede salutaire ; que s'il n'allege point vostre mal, encore pourrez-vous passer ailleurs, et en taster de plus subtils et appetissants ; car il y en a, graces à Dieu, en nostre Eglise de toutes sortes ; vous verrez en celuy-cy de bonnes raisons, desquelles je me rends evictionnaire et rapporteur, et qui vous feront voir clair comme le jour, que vous estes hors du train qu'il faut suivre pour aller au salut, et que ce n'a pas esté la faute de la saincte *Eglise* (2), mais la punition de l'avoir abandonné, ce qui vient au dire du prophete : « Perditio tua *ex te* Israël (3), » pouvez-vous ignorer que Nostre-Seigneur estoit « vray Sauveur ? venu pour eclairer tout homme vivant (4), et servir de lumiere pour la revelation des gentils, et pour la gloire d'Israël (5) ! » Cependant Israël en prend l'occasion de son ignominie, ne voilà pas un grand malheur ! Quand il est dit « qu'il est mis pour la ruine de plusieurs (6), » il faut attendre selon l'evenement, et non pas selon l'intention de la divine Majesté. Ainsi l'arbre de la science du bien et du mal n'avoit rien de

(1) On voit icy les motifs qui ont obligé nostre saint d'escrire cet ouvrage. Ce fut ès années 1593, 94 et 95. (*Note du premier éditeur.*)

(1) Timot. II, 4.
(2) Le mot manque dans l'original, et nous avons mis le mot *Eglise*.
(3) Osée, XIII, 9. — (4) Jean, I, 9.
(5) Luc, II, 52. — (6) Luc, II, 34.

soy-mesme qui pust apprendre à Adam le bien ny le mal ; ce fut l'evenement qui luy donna ce nom, parce que Adam y prenant du fruit, eprouva le mal que luy causa sa desobeyssance. Le fils de Dieu estoit venu pour la paix, repos et benediction ; non pas pour le malheur des hommes, sinon que quelque impie osast rejetter sur Nostre-Seigneur l'aigreur de sa saincte parole : « Væ homini illi, per quem scandalum veniet (1), » et le voulust condamner par sa propre loy, à estre jetté en la mer la pierre au col. Confessons donc que personne de nous ne peut estre offensé que de soy-mesme, c'est ce que j'entreprends de vous persuader icy à force de raisons.

O mon Dieu ! mon Sauveur ! epurez mon esprit, faites couler doucement vostre grace dans le cœur des lecteurs comme une saincte et divine rosée, pour rafraischir l'ardeur de leurs passions, s'ils en ont, et ils verront tres-veritable en vous, et en l'Eglise vostre espouse, ce que vous en avez dit, et n'en feront point la matiere du scandale.

Cette grande facilité que les hommes ont de se scandaliser fit dire, ce me semble, à Nostre-Seigneur : « qu'il estoit impossible que le scandale ne fust point, » ou, comme dit S. Matthieu, « qu'il estoit necessaire qu'il arrivast des scandales (2) » ; car si les hommes prennent occasion de mal du souverain bien mesme, comment se peut-il faire qu'il n'y eust du scandale au monde, où il y a tant de maux et si peu de bien ?

Mais il est bon de remarquer qu'il y a trois especes de scandales, toutes trois tres-mauvaises de leur nature, quoyqu'inegalement ; il y a un scandale que nos theologiens appellent *actif*, et c'est une action mauvaise, qui donne occasion de mal faire à autruy : la personne qui fait ce scandale actif, s'appelle justement une personne scandaleuse. Les deux autres especes s'appellent scandales *passifs* : le scandale passif est interieur ou exterieur ; car entre les personnes qui sont scandalisées, les unes le sont en effect par les mauvaises actions du prochain, qui par après produisent en elles le scandale actif, qui met leurs volontez en butte aux scandaleux ; les autres le sont par leur propre malice : car n'ayant point d'occasion d'ailleurs, elles en bastissent et en forgent en leurs propres imaginations, et se scandalisent elles-mesmes d'un scandale qui est tout

(1) Matth. XVIII, 7. — (2) *Ib.*

de leur cru : certes qui scandalise autruy manque de charité vers soy-mesme ; qui est scandalisé par son prochain, manque de force et de courage ; qui l'est sans aucune raison, manque de justice et de charité ; le premier est scandaleux, le second est scandaleux et scandalisé, le troisiesme est scandalisé seulement. Le premier s'appelle *datum*, c'est-à-dire donné. Le second, *acceptum*, c'est-à-dire pris. Le troisiesme, *receptum*, c'est-à-dire receu. Le premier surpasse le troisiesme en mechanceté ; et le second surpasse d'autant le premier, qu'il contient le premier et le second ; estant actif et passif tout ensemble : comme se massacrer et se precipiter soy-mesme, est une espece de cruauté plus denaturée que de tuer autruy.

Toutes ces sortes de scandales abondent dans le monde : on n'y voit rien de plus commun que le scandale ; c'est le principal trafic du diable, ce qui faisoit dire à Nostre-Seigneur : « Malheur au monde, à cause des scandales (1) ! » Il est vray que le scandale, pris sans occasion, tient le premier rang de tous costez, aussi est-ce le plus frequent, le plus dangereux, et le plus dommageable.

C'est de celuy-là seul, duquel Nostre-Seigneur est devenu l'objet des ames (2), qui se sont mises en proye à l'iniquité, mais un peu de patience : Nostre-Seigneur ne peut jamais estre scandaleux ; car tout est en luy souverainement bon, et rien scandalisable, parce qu'il est souverainement puissant et sage ; comment donc se peut-il qu'on se scandalise de luy, et qu'il soit mis à la ruine de plusieurs ? Ce seroit un horrible blaspheme d'attribuer nostre mal à sa Majesté ; « elle veut que chacun soit sauvé, et vienne à la cognoissance de la verité (3) ; elle ne veut qu'aucun perisse (4), car nostre perdition vient seulement de nous, et nostre ayde de la bonté divine (5) : » ainsi donc Jesus-Christ et sa saincte parole ne peuvent nous scandaliser : mais c'est nous-mesmes qui nous scandalisons en luy ; et c'est en ce sens qu'il faut expliquer ce que lui-mesme enseigne, disant « bienheureux qui ne sera point scandalisé en moi (6) ! » et autre part, « il a esté mis à la ruine de plusieurs ; » car on le doit veri-

(1) Matt. XVIII, 7.
(2) Hæc est voluntas Dei, sanctificatio vestra. I. Thessal. IV, 3. — (3) I. Timot. II, 4.
(4) II. Petri, III, 9. — (5) Osée, XIII, 9.
(6) Matth. XI, 6.

fier de l'evenement qui fut tel, que plusieurs s'y sont ruinez, non pas selon l'intention de la bonté supresme, qui ne l'avoit envoyé que « pour estre la lumière en revelation aux gentils, et à la gloire d'Israël (1). » S'il se trouve des gens qui veuillent dire le contraire, il ne leur restera sinon d'inferer avec impieté contre leur Sauveur, par sa propre parole, « malheur par qui vient le scandale (2)! »

Cherchons, je vous prie, en nous-mesmes la cause de nos vices; nous trouverons que nostre volonté en est la seule source : nostre mere Eve voulut bien s'excuser sur le serpent, et son mary sur elle (3); mais l'excuse ne fut pas recevable : ils eussent mieux fait d'avouer, et dire le bon *peccavi* (4), comme David, auquel incontinent la faute fut remise.

J'ay dit cecy, messieurs; pour vous faire cognoistre d'où vient cette grande dissention de volontez, au fait de la religion, que nous voyons parmy ceux qui font profession de bouche du christianisme. Celuy-ci, sans doute, est le principal et le souverain scandale, il semble que ce soit quasi la mesme chose, quand Nostre-Seigneur dit: « Il est necessaire que le scandale advienne (5), » et quand sainct Paul dit : « Il faut qu'il y aye des heresies (6); » ce scandale se va diversifiant et multipliant avec le temps; mais comme un mouvement violent ne peut durer, ainsi sa malice s'emousse et s'affoiblit enfin. Je conclus donc que ceux qui commencent une division et une guerre civile entre les chrestiens, par l'heresie, commettent un scandale purement passif pris *ab intrinseco* ; puisqu'il n'y a point de mal dans l'heresiarque, qui ne soit du tout produit de sa volonté, personne n'y a part que luy; le scandale des premiers, qui corrompent la religion, tombe sur plusieurs, mais inegalement; car l'heresiarque y a sa meilleure part, à cause de la sollicitation ; les sectateurs y en ont une d'autant plus grande, qu'ils ont eu moins d'occasion de le suivre. Mais l'heresie dans son progrez ayant pris pied, ceux qui naissent parmy les heretiques, de parens heretiques, ont tousjours moins de part à la faute; neantmoins il n'arrive jamais, que les uns et les autres ne soient coupables de leur erreur, particulierement ceux de nostre asge, qui sont tous en scandale, presque purement passif, attendu que l'Escriture, qu'ils manient, le voisinage des vrays chrestiens, les marques qu'ils voyent en la vraye Eglise (de laquelle ils se sont separez) leur peuvent mettre en avant ces paroles de son Espoux : « Recherchez dans mes Escritures, par lesquelles vous pensez avoir la vie eternelle, ce sont elles-mesmes qui rendent tesmoignage de moy (1) ; » et autre part : « Les œuvres que je fais, au nom de mon Père, rendent aussi tesmoignage pour moy (2). »

J'ay dit que leur scandale est purement, ou presque purement passif; et voicy de quelle maniere on sçait bien que l'occasion de leur division et de leur divorce d'avec nous, est l'erreur imaginaire : l'ignorance et l'idolastrie qu'ils disent estre en l'Eglise, laquelle ils ont abandonnée; neantmoins c'est chose toute certaine, que l'Eglise en son corps general ne peut estre scandaleuse, et l'on peut dire aussi qu'elle est inscandalisable, comme son Espoux, qui luy a communiqué par grace et assistance particuliere, ce qui luy est naturel en proprieté; car estant le *chef* (5), il a conduit ses pas au droit chemin; comme cette Eglise est son *corps mystique* (4), il prend à soy « l'honneur et le mespris qui luy est fait (5) »; ainsi l'on ne peut dire qu'elle puisse prendre ou donner ou recevoir aucun scandale ; ceux donc qui se scandalisent en elle, en ont tout le tort et toute la faute en eux-mesmes, leur scandale n'a point d'autre sujet que leur propre malice, qui les va chatouillant, pour les faire rire et complaire en leurs iniquitez. Voicy donc, messieurs, ce que je pretends monstrer en ce Traité; je n'ay point d'autre intention que de vous faire voir que cette Susanne mystique est accusée injustement, et qu'elle a raison de se plaindre de tous ceux qui se sont distraits de sa societé, avec les paroles mesmes de son Espoux : « Ils m'ont hay d'une hayne injuste (6). » Je prouveray mon dire en deux façons; premierement, par certaines raisons tres-generales; secondement, par des exemples particuliers, où je proposeray sur les principales difficultez, comme par maniere d'essay, tout ce que tant de doctes hommes en ont escrit; car tout tend là et y revient, quoyque par divers moyens, estant libre à chacun de se proposer un

---

(1) Luc. II, 32. — (2) Matth. XVIII, 7.
(3) Genes. III, 12 et 13. — (4) Psalm. L, 6.
(5) Matth. XVIII, 7. — (6) I. Corint. XI, 19.

(1) Joan. V, 39. — (2) Joan. X, 25.
(3) Ephes. I, 22. — (4) Col. I, 24.
(5) Luc. X, 16. — (6) Joan. XV, 25.

chemin particulier, qui tend au mesme lieu; pour moy je tascheray de reduire toutes les lignes de mon discours à ce point, comme au centre, et le plus justement que je pourray. La premiere partie servira presque egalement à combattre toutes sortes d'heretiques. La seconde s'adressera plus specialement à ceux à la reunion desquels nous avons plus d'inclination, d'obligation, et de devoir. La premiere fera voir les deffauts de mission, dans ceux qui ont presché et enseigné contre l'Eglise catholique, apostolique, romaine; la seconde traitera de l'Eglise mesme, de son chef, de son ordre, de ses marques, de ses sacrements, et de la doctrine constante touchant le purgatoire.

Tant de grands personnages ont escrit en nostre asge sur ce subjet, que la posterité n'a presque plus rien à y desirer, mais seulement à considerer, apprendre, imiter, et admirer : je ne diray donc rien qui soit nouveau, et je ne le voudrois pas faire ; car tout est ancien dans cet escrit, et n'y a presque rien du mien que le fil et l'aiguille. Le dessein ne m'a cousté qu'à le descoudre et le recoudre à ma façon, en suivant cet advis de Vincent de Lerins (1). Ce traité semblera peut-estre un peu trop accourcy et trop devestu, cela ne vient pas de ma chicheté, mais de ma pauvreté et de mon peu de temps ; ma memoire a fort peu de moyens de reserve, et ne s'entretient que du jour à la journée ; je n'ay que fort peu de livres en ce lieu, dont je me puisse enrichir ; prenez neantmoins à gré cette production, telle qu'elle est ; je vous l'offre, messieurs, et quoyque vous ayez veu plusieurs autres livres mieux faits et mieux parez, arrestez un peu vostre attention sur celuy-cy, qui peut-estre sera plus sortable à vostre complexion que les autres ; car son air est du tout savoisien, et l'une des plus salutaires recettes et derniers remedes, puisque c'est le retour à l'air naturel ; si pourtant il ne profite point en tout, l'on vous en monstrera d'autres plus riches et plus subtils. Je vay donc commencer au nom de Dieu, lequel je supplie très-humblement de faire couler tout doucement la saincte parole, comme une fraische rosée, dans vos cœurs ; et je vous prie, messieurs, de vous ressouvenir, et ceux qui liront cecy, des paroles de S. Paul : que « toute amertume, ire, dedains, crieries, blasphemes, et toute malice soient ostez de nous et de vous (1) » Amen.

(1) Eadem tamen quæ didicisti doce ; ut cùm dicas novè, non dicas nova: *Commonitorium*, n° XXII, pag. 250, edit. Steph. Baluz. III.

(1) Coloss. III, 8.

ADVIS

NECESSAIRE AU LECTEUR,

POUR L'ECLAIRCISSEMENT DE CET OUVRAGE.

(PREMIER ÉDITEUR.)

Pour recommander l'ouvrage d'un saint, et d'un saint du merite du *grand François de Sales*, il semble qu'on diminueroit quelque chose de son estime, si l'on empruntoit des eloges hors de luy-mesme pour le fortifier : ainsi on a pensé que ce seroit assez de conseiller la lecture de celuy-cy, pour cognoistre qu'il sent entierement l'esprit et la douceur de ce saint evesque, et qu'il est tout remply d'une certaine onction de grace de Dieu, qui est le caractere de ses escrits. On disoit de son temps, *qu'il falloit envoyer les heretiques au solide et sçavant cardinal du Perron pour les convaincre, et à monsieur de Geneve pour les toucher*; mais ceux qui auront le loisir de regarder avec attention son volume des *Controverses*, avoueront sans doute, qu'il a sceu egalement et parfaitement l'art de persuader et d'emouvoir ; de montrer la verité à l'entendement par la force de ses raisons, et de la faire passer dans le cœur avec les charmes de l'amour. Il est vray que nous sommes du sentiment de ceux qui ont pensé que ce livre en fait de merite, le devoit emporter sur tous les autres qu'il a composez, neantmoins nous ne pretendons point du tout forcer le jugement de celuy qui le lira : c'est assez qu'il le trouve non-seulement bon, non-seulement utile, mais excellent. Ce qui a fait que ce traité des Controverses n'a pas paru au jour sitost que le reste de ses ouvrages, vient de ce que le manuscrit n'a esté decouvert que peu de temps auparavant la beatification de son autheur, et par une rencontre assez heureuse. Les dernieres guerres de la France contre la Savoye, ayant donné occasion aux seigneurs de la maison de Sales de cacher et mettre à couvert de l'injure des armes les tiltres les plus precieux et les plus anciens de leur famille ; enfin Dieu a voulu qu'après un assez long espace de temps, on ait trouvé parmy plusieurs papiers l'original de ce manuscrit sous un petit caveau de pierre de taille bien cimenté, au pied d'une grosse muraille du chasteau de la *Tuille*, qui est une seigneurie mouvante de la maison de Sales : la descouverte d'un si riche depost donna une merveilleuse satisfaction à tout le monde, et singulierement à nos seigneurs les evesques, nommez commissaires apostoliques au sujet du procez de la canonization de *S. François de Sales*; ce fut de leur consentement que ce manuscrit en original, après une diligente et juridique verification, fut envoyé à la sainteté du pape Alexandre VII, après en avoir fait transcrire deux ou trois copies collationnées, et recognues selon toutes les formes qui pouvoient les rendre authentiques. Mais il faut remarquer que le manuscrit en original estoit grandement en desordre, les cahiers dispersez en divers endroits, et hors de leur place, sans distinction d'argumens, de discours ou de chapitres, et qu'il a fallu beaucoup d'application, et un grand soin, pour mettre chaque chose dans son rang. C'est ce que M. le marquis de Sales a desiré de nous; et il nous en a fait des instances si continuelles et si civiles, que quoy que nous crussions que nous n'estions pas dignes de passer sur l'ouvrage d'un si grand saint, nous avons cru enfin que nous devions nous y soumettre, et que Dieu desiroit ce service de nostre zele pour l'utilité et le bien public de la religion chrestienne.

Nous n'avons adjousté, ny diminué, ny changé

aucune chose à la substance de la matiere que l'adoucissement de quelques mots, qui ne varient ny le suc ny la mouëlle du sujet.

La distribution de ce traité en *trois parties* est conforme à l'intention du saint evesque, ce qui est aisé à verifier par ses prefaces.

La distinction des sujets en *discours* separez estoit dans l'original, non pas partout ny avec une entiere exactitude, nous avons supplée à ce manquement et adjousté l'argument à la face de chaque discours, afin qu'on sçeust, à veuë d'œil ce qui est traité dans la matiere.

La perte irreparable de quelques cahiers de ce manuscrit qu'on n'a jamais pu recouvrer, quelque soin qu'on en ait pu prendre, nous a obligé de faire, dans les rencontres, des observations par maniere d'eclaircissement, où nous taschons de remarquer, par de solides conjectures, ce qui devoit, selon l'intention du dessein general, estre inseré dans ces espaces vuides.

Les *attestations* que vous allez voir après cet advis, vous persuaderont asseurement du merite, de l'approbation publique, et de la certitude de cet ouvrage ; c'est tout ce que l'on devoit dire pour vous informer du dessein et de la disposition de cet original.

ATTESTATION

DE

M. LE MARQUIS DE SALES.

Je sous signé, atteste, qu'en l'année 1658, feu M. l'evesque de Geneve, Charles-Auguste de Sales, mon frere, faisant sa visite dans la paroisse de la Tuille, trouva dans nostre chasteau dudit lieu, sous les ruines d'une vieille archive, un petit coffre de sapin fort simple, dans lequel S. François de Sales, mon oncle, avoit mis les lettres et autres papiers du pape, des nonces, et des princes concernant sa mission apostolique pour la *conversion du Chablais*, et entre autres plusieurs cahiers escrits de la main du saint des matieres de *controverses*, et refutation des erreurs de Calvin, et que le bienheureux faisoit imprimer en feuilles volantes, et les distribuoit toutes les semaines secretement dans les familles, pour les instruire des veritez de nostre sainte foy, d'autant qu'il estoit defendu par les ministres, et seigneurs heretiques, à tout le peuple d'aller ouyr le *predicateur apostolique romain*; l'escrit susdit fut reconnu, et attesté par les anciens parens et amis du bienheureux S. François de Sales, qui connoissent tres-bien son caractere, et moy-mesme l'ay tenu et reconnu : l'original en fut envoyé par plus grand respect et temoignage de verité à nostre saint pere Alexandre VII, et luy fut presenté par le reverend pere André de Chaugy, religieux minime, procureur de la cause de la canonisation de S. François de Sales; après neantmoins en avoir fait tirer une copie (1) deucment et fidellement collationnée sur l'original, pour la faire imprimer après avoir pris le soin requis en tel cas pour la distinction des chapitres, et autres choses. Et en foy de ce que dessus, je me suis signé, fait contre-signer, et sceller du scel de mes armes. A Turin, le sixiesme avril 1669.

FRANÇOIS,

marquis de Sales, filleul, neveu et heritier de la maison de ce grand saint.

† *Lieu du sceau.*

(1) L'éditeur a dit deux ou trois copies. *Voyez* ci-dessus, page 7.

ATTESTATION

DU V. P. FRERE LOUIS ROFAVIER,

DIRECTEUR COMMIS POUR LES ESCRITURES DU PROCEZ DE LA BEATIFICATION DE S. FRANÇOIS DE SALES.

Je sous signé, certifie et atteste en parole de verité, qu'en l'année 1658, estant en la ville d'Annecy, employé à la direction des escritures du procez remissorial pour la beatification et canonisation de S. François de Sales, monseigneur Charles-Auguste, son neveu, lors evesque et prince de Geneve, envoya à la reverende mere Françoise-Magdelaine de Chaugy, pour lors superieure du premier monastere de la visitation de Sainte-Marie, quantité de papiers manuscrits, qu'il avoit nouvellement trouvés dans le chasteau de la Tuille, à celle fin de s'en pouvoir servir utilement audit procez, dans la partie de la compulsation et production des titres. En effet, entre autres papiers tres-authentiques, il s'y rencontra quelques cahiers petit in-folio tous escrits de la propre main dudit S. François de Sales, et d'autres de main estrangere, mais corrigez et annotez parluy, par lesquels cahiers il fut reconnu que c'estoit des traitez de *controverses*, composez par ce grand saint au temps de sa mission dans le Chablais, et qu'il distribuoit par feuilles, aux peuples, après que les magistrats heretiques leur eurent fait defense d'aller aux *predications du papiste romain*; lequel traité fut inseré entre les actes dudit procez et produit dans ladite partie de la compulsation, pour que la cour de Rome y eust tel esgard que de raison, comme un ouvrage tres-excellent pour la defense de la sainte Eglise romaine; la compulsation et production en estant faite, il fut jugé à propos d'en envoyer l'original à nostre saint pere le pape Alexandre VII, après toutes fois en avoir fait attester et reconnoistre la verité du caractere par personnes celebres et contemporaines dudit S. François de Sales, qui furent le sieur de Blancheville, premier president du senat de Chambery; ledit seigneur Charles-Auguste de Sales son neveu; les sieurs Jaji et Bebin, officiaux et grands-vicaires de l'evesché de Geneve, et autres, et il est tres-vray qu'il fut reconnu estre de la composition et propre escriture dudit S. François de Sales; j'ai eu l'honneur de le tenir, de le faire inserer esdits actes dudit procez remissorial, et outre ce, d'en faire extraire une copie (1) fidele, pour estre un jour donnée au public, ainsi qu'il a esté par moi reconnu. En foy de quoy j'ay signé le present escrit, à Paris, ce 31 may 1669, et apposé le petit cachet ordinaire permis par ma regle.

LOUIS ROFAVIER,

religieux minime du couvent de Lyon, et leur procureur en ladite ville.

(1) *Voyez* la note précédente.

ATTESTATION

DE MESSIRE

CHARLES-AUGUSTE DE SALES,

EVESQUE DE GENEVE.

Nos Carolus Augustus, *Dei et apostolicæ sedis gratiâ episcopus et princeps Gebennensis*, testamur omnibus ad quos spectabit, quatenus die 14 mensis maii præsentis anni millesimi sexcentesimi quinquagesimi octavi, dum essemus in castro nostro Tulliano, à quo per annos quatuordecim abfueramus, revolveremusque tabulas archivi nostri, reperimus duodecim codices, magnos, manu propriâ scriptos venerabilis servi Dei et prædecessoris nostri, Francisci de Sales, in quibus agitur de multis theologicis punctis, inter catholicos doctores et hæreticos controversis, præsertim circa authoritatem summi romani pontificis aut vicarii Jesu-Christi et successoris divi Petri. Reperimus quoque tres alios codices de eâdem materiâ, alterius manu scriptos, exceptis tribus paginis quæ de manu prædicti servi Dei sunt: quos omnes codices reverendo patri Andreæ de Chaugy, ordinis minimorum religioso, et in causâ beatificationis ejusdem servi Dei procuratori consignavimus. In quorum fidem huic scripto sigillum nostrum apposuimus. Annesii, die 6 septembris anno millesimo sexcentesimo quinquagesimo octavo.

CAROLUS AUGUSTUS,

Episcopus Gebennensis manu propriâ.

Concordat cum originali.

† *Locus sigilli.*

ATTESTATION DE M. JAJI,

DOCTEUR EN THEOLOGIE, VICAIRE-GENERAL DE L'EVESCHÉ DE GENEVE.

Nous Pierre-François Jaji, docteur en theologie, chantre et chanoine de l'eglise cathedrale de Saint-Pierre de Geneve, vicaire-general et official de monseigneur l'illustrissime et reverendissime Charles-Auguste de Sales, evesque et prince de Geneve, attestons à tous qu'il appartiendra avoir veu douze cahiers tant gros que petits et avoir bien reconnu iceux avoir esté escrits de la main propre de feu illustrissime et reverendissime François de Sales, vivant evesque et prince de Geneve, de tres-heureuse et louable memoire, dans lesquels cahiers est traité de *plusieurs points de controverses* contre les heretiques de nostre temps, et particulierement touchant l'authorité de nostre saint pere le pape, comme vicaire de nostre Sauveur, et successeur de S. Pierre. De plus avoir veu trois autres cahiers escrits par autre main, sauf trois pages, par nous bien reconneues estre escrites par la main dudit feu reverendissime evesque, lesquels cahiers traitent aussi *desdites controverses*. En foy de quoy avons sous signé, à Annecy, le 7 septembre 1658, et apposé nostre scel ordinaire.

P. JAJI,
Vicaire-general et official.

Copié sur l'original.

† *Lieu du sceau.*

ATTESTATION DE M. BEBIN,

OFFICIAL DE L'EVESCHÉ DE GENEVE.

Nous Jean-Claude Jarcelat Bebin, docteur ès droits, chanoine de l'eglise cathedrale de Saint-Pierre de Geneve, official à la partie de France de l'evesché, attestons à tous qu'il appartiendra, avoir veu douze cahiers tant gros que petits, et avoir bien reconnu iceux avoir esté escrits de la main propre de feu illustrissime et reverendissime François de Sales, evesque et prince de Geneve, dans lesquels cahiers est traité de plusieurs points de *controverses* contre les heretiques de nostre temps, et particulierement touchant l'authorité de nostre saint pere le pape. De plus avoir veu trois autres cahiers escrits par autre main, sauf trois pages, par nous reconnues estre escrites par la main dudit feu reverendissime evesque; lesquels cahiers traitent aussi desdites *controverses*. En foy de quoy avons sous signé et mis notre scel ordinaire. Annecy, le 8 septembre 1658.

JARCELAT BEBIN,
Official.

Copié sur l'original.

† *Lieu du sceau.*

ATTESTATION DE M. DE BLANCHEVILLE,

PREMIER PRESIDENT AU SENAT DE CHAMBERY.

Nous sous signé Guillaume de Blancheville, seigneur et baron d'Herry, Cornillon, Martod, Gerbais, Lassalle, Ennuys, Gilly, etc., conseiller d'estat de S. A. R., premier president au souverain senat de Savoye, commandant generalement en Savoye, en l'absence de monseigneur; declarons que le livre de l'*authorité de Saint-Pierre*, est tout du bienheureux François de Sales, et l'autre qui est escrit de la main de son secretaire, est corrigé dudit bienheureux. Je le declare, parce que j'ay veu ledit bienheureux diverses fois, et de ses escrits. En foy de quoy avons signé la presente declaration, et fait appliquer nostre scel, à Chambery, le 5 septembre 1658.

G. DE BLANCHEVILLE.

Copié sur l'original.

† *Lieu du sceau.*

ATTESTATION DE M. DE CASTAGNERY,

GENERALISSIME DES FINANCES DE SON ALTESSE DE SAVOYE.

Nous sous signé Pierre-Anthoine de Castagnery, baron de Chasteau-neuf, conseiller d'estat de S. A. R., president en la souveraine chambre des comptes de Savoye, et generalissime de ses finances, declarons que le livre de l'*authorité de Saint-Pierre* est tout du bienheureux François de Sales, et l'autre qui est escrit de la main de son secretaire, est corrigé de la main dudit bienheureux. Je le declare parce que j'ay veu chez moy ledit bienheureux et de ses escrits. En foy de quoy nous avons signé la presente declaration, et fait appliquer nostre scel, à Chambery, ce 5 septembre 1658.

P. A. CASTAGNERY.

Copié sur l'original, signé par ledit Castagnery.

† *Lieu du sceau.*

ATTESTATION DE M. DE LA PESSE-VIALON,

MAISTRE ORDINAIRE DE LA CHAMBRE DES COMPTES DE SAVOYE.

Nous François de la Pesse-Vialon, seigneur dudit lieu, des Ferrieres et de Saint-Marcel, prestre docteur ès droits, conseiller de S. A. R. et maistre ordinaire en sa souveraine chambre des comptes de Savoye, declarons avec serment, avoir veu soigneusement le traité de *la primauté de Saint-Pierre, et des marques de la vraye Eglise*, contenant quinze cahiers en feuilles, les douze premiers desquels sont tous escrits de la main du venerable evesque de Geneve, François de Sales, que nous estimons bienheureux, sauf le respect que nous devons au saint-siege, et les trois derniers sont escrits par un sien secretaire dont nous ne connoissons pas l'escriture, mais seulement qu'en divers endroits il y a de la main du venerable prelat, par continuation ou correction ; ce que nous affirmons pour avoir leu grande quantité de ses escrits et signatures. En foy de quoy nous avons dicté la presente declaration à nostre secretaire, par nous signée, et par luy contre-signée et scellée de nos armes. A Chambery, ce 5 septembre 1658.

Copié sur l'original.

F. DE LA PESSE.

† *Lieu du sceau.*

ATTESTATION DE M. DU CRET,

PREMIER SENATEUR AU SENAT DE SAVOYE.

Nous sous signé Claude du Cret, conseiller d'estat de S. A. R., premier senateur au souverain senat de Savoye, à tous qu'il appartiendra sçavoir faisons, qu'ayant leu et visité le *livre de l'authorité de Saint-Pierre*, contenant douze cahiers, declarons que le tout a esté escrit de la main du bienheureux François de Sales ; je le declare pour l'avoir veu plusieurs fois signer en diverses assemblées. En foy de quoy nous avons signé la presente declaration, et fait appliquer nostre scel, à Chambery, le 5 septembre 1658 (1).

Copié sur l'original.

Du Cret C.

† *Lieu du sceau.*

(1) Tous ces certificats s'accordent parfaitement sur les points essentiels.

ATTESTATION DU R. P. DE CHAUGY,

MINIME, PROCUREUR EN LA CAUSE DE S. FRANÇOIS DE SALES.

Je sous signé frere André de Chaugy, religieux minime, et procureur des religieuses de la Visitation, pour la canonisation du venerable serviteur de Dieu, monseigneur de Sales, evesque et prince de Geneve, certifie et asseure avoir fait reconnoistre, comme ces presents manuscrits, qui traitent de l'*authorité et primauté de Saint-Pierre, et des souverains pontifes ses successeurs*, sont escrits et dictez du style du venerable serviteur de Dieu, monseigneur François de Sales, cy-devant evesque et prince de Geneve, dont l'on poursuit à present la canonisation.

Les personnes qui ont reconnu les escrits du cy-dessus nommé, venerable serviteur de Dieu, monseigneur de Sales, etc., sont monseigneur le marquis de Lulin, gouverneur de la province de Chablais, une des provinces converties par le grand François de Sales ; le reverend pere prieur des chartreux de Ripaille ; monseigneur Seraphin, chanoine de Saint-Pierre de Geneve, asgé de quatre vingts ans ; monseigneur Janny, prieur de Brans en Chablais ; monseigneur Gard, chanoine de Nostre-Dame de l'eglise collegiale d'Annecy ; monseigneur François Fauvre, qui a servi de chambrier vingt ans audit serviteur de Dieu.

Tous les susnommez temoins asseurent lesdits *escrits estre de la main ou de la composition de ce grand evesque de Geneve* ; et mesme ils asseurent luy en avoir ouy prescher une partie, lorsqu'il convertit le pays de Gex et Chablais. Fait à Annecy, le 20 aoust 1658.

Frere André de Chaugy, religieux minime, et procureur des religieuses de la Visitation, pour la canonisation du venerable serviteur de Dieu, monseigneur de Sales, asseure encore que les copies des susdites attestations, sont toutes conformes aux originaux, qui sont dans le verbal de la verification des cahiers des controverses de S. François de Sales, envoyez en original au pape Alexandre VII.

EXTRAICT DU PRIVILEGE.

Par continuation de privilege, donné à Paris le 10 juin 1671, signé, par le roy, Dalencé. Il est permis à Frederic Leonard, imprimeur du roy, d'imprimer seul *Toutes les OEuvres de S. François de Sales*, en un ou plusieurs volumes, ou par traitez separez, en telle marge et caractere qu'il trouvera à propos, et ce durant le temps et espace de quinze années, à compter du jour que le precedent privilege expirera ; faisant deffenses à toutes personnes de quelque qualité qu'ils soient, d'imprimer, vendre ny debiter aucune *desdites OEuvres* contrefaites, ny des extraits d'icelles, sous quelque pretexte que ce puisse estre, ny mesme sur les precedentes editions, à peine de quatre mille livres d'amende, confiscation des exemplaires, et de tous depens, dommages, et interests, ainsi qu'il est plus amplement porté par lesdites lettres.

Achevé d'imprimer le present traité, pour la premiere fois, ce 2 janvier 1672.

CONTROVERSES

DE

SAINT FRANÇOIS DE SALES.

PREMIÈRE PARTIE.

DE LA MISSION FAUSSE ET VERITABLE.

DISCOURS PREMIER.

Que Calvin, Luther, et les autres heresiarques, n'ont point eu de veritable mission (1).

Nous devons avant toutes choses, messieurs, vous faire confesser, que vos premiers ministres, et vous aussi, avez commis une faute inexcusable, quand vous avez presté l'oreille à ceux qui estoient separez de l'Eglise : car ce n'estoient point des personnes qualifiées, comme il falloit, pour prescher la saincte parole : ils portoient l'Evangile, à ce qu'ils disoient, de la part de Dieu contre l'Eglise; ils se vantoient de publier le libelle de divorce de la part du Fils de Dieu mesme. Mais à qui ? à l'Eglise, son espouse ancienne : pour quelle fin ? pour se marier à une jeune assemblée, refaite et reformée : mais sur quel fondement pouviez-vous croire ces nouvelles, sans leur faire monstrer leur charge et leur commission bien authentique? Vous commençastes de premier abord à ne plus reconnoistre cette reine pour vostre princesse, et à crier partout, que c'estoit une corrompuë et une adultere ; vos reformateurs couroient çà et là, pour semer ces fausses nouvelles; mais qui les en avoit chargez? on ne peut s'enrosler sous un capitaine, sans l'aveu du prince chez lequel on demeure : or, comment fustes-vous si prompts à vous ranger sous ces premiers minis-

(1) Voyez à la fin des *Controverses* une Notice sur les auteurs catholiques et plusieurs hérétiques cités par S. François.

tres, sans sçavoir si vos pasteurs legitimes, qui estoient parmy vous, vous avoüeroient? N'ignorant pas que ces novateurs vous sortoient de l'estat où vous estiez nais et nourris. Ceux-là donc sont inexcusables, de ce que sous l'authorité du magistrat, ils ont fait cette levée de boucliers, et vous de les avoir suivis.

Vous voyez bien, mes freres, où je vais battre, c'est sur la faute de mission et de vocation, que Luther, Zuingle, Calvin et les autres n'ont jamais euë. Car c'est chose certaine, que quiconque veut enseigner, et tenir rang parmy les pasteurs en l'Eglise, doit estre envoyé. Sainct Paul le dit (1) : « Quomodò prædicabunt nisi mittentur? » Comment prescheront-ils, s'ils ne sont envoyez? Et Jeremie dit : Ces prophetes prophetisent à faux, je ne les ay pas envoyez; « Non mittebam prophetas, et ipsi currebant (2), » je ne les envoyois pas, et ils couroient. La mission est donc tout-à-fait necessaire, vous ne le nierez pas, si vous ne sçavez quelque chose plus que vos maistres; mais je vous vois venir en trois escadrons, pour vous maintenir; car les uns d'entre vous diront : qu'ils ont eu leur vocation et mission du peuple; d'autres, du magistrat seculier et temporel; les autres, de l'Eglise mesme. Comment cela? parce, disent-ils, que Luther, OEcolampade, Buçer, Zuingle, et leurs semblables, estoient prestres de l'Eglise romaine, comme les nostres; mais les plus subtils soutiennent, qu'ils ont esté envoyez de Dieu par une mission extraordinaire; exami-

(1) Rom. 10. — (2) Jerem. 23.

nons le premier chef. Comment croyons-nous que le peuple, et les princes seculiers ayent appelé Calvin, Brence, et Luther, pour enseigner la doctrine que jamais ils n'avoient oüye? En quel temps commencerent-ils à semer et prescher cette doctrine? Qui les avoit obligez à le faire? Vous déclarez que le peuple devoit les avoir appellez; mais quel peuple? car ou il estoit catholique, ou il ne l'estoit pas; s'il estoit catholique, comment vous eut-il envoyez prescher ce qu'il ne croyoit pas? Cette vocation de quelque petite partie de peuple, lors catholique, pouvoit-elle contrevenir à tout le reste qui s'y opposa? Mais de quelle maniere une partie du peuple pouvoit-elle vous donner authorité contre l'autre partie, afin que vous allassiez de peuple en peuple, detournant tant que vous pourriez les ames de l'ancienne obeïssance? Vous sçavez bien qu'un peuple ne peut, au plus, donner l'authorité que sur et pour soy-mesme, non pas contre soy-mesme; il a donc fallu ne point prescher si non là, où vous estiez appelez du peuple; ce que si vous eussiez fait simplement, vous n'eussiez pas tant eu de suitte: mais descendons dans le particulier: quand Luther commença, qui l'appella? Il n'y avoit en ce temps aucun peuple qui pensast aux opinions qu'il a publiées; comment donc l'eut-il appellé pour les prescher? s'il n'estoit pas catholique, qu'estoit-il donc? lutherien? non pas, car je parle de la premiere predication; quoy donc? qu'on nous reponde si l'on peut, qui a donné l'authorité aux premiers d'assembler les peuples, de dresser des compagnies et des bandes à part! Ce n'estoit pas le peuple, car il n'estoit pas encor assemblé. Mais ne seroit-ce pas tout broüiller et tout confondre, de permettre à chacun de dire ce que bon luy sembleroit? A ce conte, chacun seroit envoyé, car il n'y a si chetif qui ne puisse trouver des compagnons, temoin les anabaptistes, les libertins, les adamites, etc. Mais enfin, s'il se faut ranger à l'Escriture, on n'y trouvera jamais que les peuples ayent eu pouvoir de se donner eux-mesmes des pasteurs et des predicateurs evangeliques.

DISCOURS II.

Faute de mission, tous les ministres de la nouvelle et pretenduë Eglise sont inexcusables, et aussi ceux qui les ont oüys et suivis.

Il faut inferer des choses dites cy-dessus, que vos ministres, qui n'avoient point les conditions requises pour meriter le rang qu'ils vouloient tenir, et conduire l'entreprise qu'ils ont faite, les rend inexcusables, et vous aussi, qui les suivez, et qui sçavez encor, ou devez sçavoir, que par defaut de mission, vous avez eu grand tort de les recevoir à telles enseignes. La qualité qu'ils demandoient, estoit celle d'ambassadeurs de Jesus-Christ Nostre-Seigneur; l'entreprise qu'ils se proposoient, estoit de declarer un divorce juré entre l'espoux et l'ancienne Eglise son espouse, traiter et passer par paroles de present, comme legitimes procureurs, un second et nouveau mariage avec cette jeûne venuë, de meilleure grace, disoient-ils, et mieux avenante que l'autre. En effet, s'eriger en predicateur de la parole de Dieu, et pasteur des ames, n'est-ce pas se dire ambassadeur, et legat de Nostre-Seigneur, selon le dire de l'apostre (1), « Nous sommes donc ambassadeurs pour Jesus-Christ. » Et qu'est-ce dire, sinon que tout le christianisme a failly, que toute l'Eglise a erré, et que partout la verité s'est evanoüie, sinon dire que Nostre-Seigneur a abandonné son Eglise, a rompu le sacré lien de mariage qu'il avoit contracté avec elle, pour introduire une Eglise nouvelle (2); n'est-ce pas vouloir donner le change à ce sacré et saint espoux, le faisant prendre une seconde femme? A dire vray, c'est ce que les ministres de l'Eglise pretenduë ont entrepris; c'est ce de quoy ils se sont vantez, cette pretention a esté le but de leurs presches, de leurs desseins, et de leurs escrits; mais quelle injustice n'avez-vous pas commise les croyans si legerement? Comment vous estes-vous arrestez si simplement à leurs paroles? comment leur avez-vous pu donner une si prompte credulité? Si vous les avez receus pour des legats et ambassadeurs, ils devoient estre envoyez, ils devoient avoir des lettres de creance de celuy dont ils se vantoient estre avoüez: les affaires estoient de tres-grande importance, il s'agissoit d'un remuëment general de toute l'Eglise, et les personnes qui entreprenoient une chose si extraordinaire, estoient de basse qualité, et mesme privée. Les pasteurs ordinaires estoient des gens de marque, et de tres-ancienne et authentique reputation, qui leur contredisoient, et protestoient que ces extraordinaires n'avoient point de charge, ny de commandement du maistre. Dites-donc, de grace! quelle occasion eustes-vous de les oüyr et de les croire, sans avoir aucune assurance de leur commission, ny l'adveu de Nostre-Seigneur, dont ils se disoient les nonces et les apostres? C'est en un mot, avoir laschement abandonné l'Eglise ancienne, en laquelle vous avez esté baptisez, que d'avoir cru à des prescheurs qui n'avoient point de mission legitime du maistre, et n'en pouvoient avoir d'eux-mesmes, ny de vous, en aucune façon, vous ne le pouvez ignorer.

(1) II. Cor. v, 20. — (2) Ephes. v, 23.

Si Jesus-Christ les avoit envoyez, ou c'eust esté *mediatement* ou *immediatement*. Nous appellons une mission mediate, quand nous sommes envoyez de celuy qui en a le pouvoir de Dieu, selon l'ordre qu'il a mis en son Eglise. Telle fut la mission de S. Denys en France par Clement pape, et (1) de Timothée par S. Paul. L'immédiate mission se fait, lorsque Dieu commande luy-mesme, et en baille la charge, sans s'arrester à l'authorité de l'ordinaire, qu'il a commise aux prelats et pasteurs de son Eglise, comme fut envoyé sainct (2) Pierre et les apostres, qui receurent de la propre bouche de Nostre-Seigneur ce commandement : « Allez par tout le monde, et preschez l'Evangile à toute creature. » Et celle de (3) Moyse vers Pharaon et le peuple d'Israël : mais vos ministres n'ont eu leur mission de l'une ni de l'autre maniere : ainsi, avec quelle licence ont-ils entrepris la predication, contre le dire de l'apostre (4) : « Prescheront-ils s'ils ne sont envoyez ? »

DISCOURS III.

Les heretiques n'ont point eu, et n'ont pû avoir la mission du peuple, ny du prince seculier.

Confessons que l'Eglise pretendue ne sçauroit faire voir qu'elle ait dans ses ministres la mission du peuple laïque, ny mediate, ny immediate, ny de droit ny de fait; car ils sont ou envoyez par les peuples et princes seculiers, ou ils sont envoyez par l'imposition des mains des evesques, qui les firent prestres; dignité à laquelle ils sont enfin forcez d'avoir leur recours, quoy qu'ils la meprisent en tout et partout. S'ils disent que les magistrats et le peuple seculier les ont envoyez, ils sont obligés à faire deux preuves, qu'ils ne feront jamais; l'une, que les seculiers l'ayent fait effectivement; l'autre, qu'ils l'ayent pû faire, car nous nions et le fait et le droict : *factum, et jus faciendi*.

Qu'ils l'ayent pû faire, la raison du contraire est evidente, car ils ne trouveront jamais dans les Escritures, que les peuples et princes seculiers ayent pouvoir d'establir et constituer les pasteurs ou les evesques en l'Eglise : ils trouveront bien, à la verité, que les peuples ont rendu temoignage et assisté aux ordinations; ils trouveront encor que le *choix leur en fut permis*, comme celui des diacres, au rapport de S. Luc (5), que toute la troupe des disciples proposa; mais ils ne montreront jamais que les peuples, ou princes seculiers, ayent eu ou pris l'authorité des missions,

---

(1) II. ad Timoth., 6.
(2) Marc. XVI, 15. — (3) Exod. III, 10, 13 et 15.
(4) Rom. X, 15. — (5) Act. VI, 3, 4, 5 et 6.

IV.

pour *constituer, ordonner*, et authoriser *des pasteurs* : comment donc allegueront-ils la mission par les peuples, et par les princes, qui n'a point de fondement dans l'Escriture ? Au contraire, nous produirons l'expresse et commune pratique de toute l'Eglise, qui a le pouvoir de tout temps d'ordonner les pasteurs, avec l'imposition des mains des autres pasteurs et des evesques; ainsi fut (1) ordonné Timothée, et mesme (2) les sept diacres, qui furent bien proposez pour cela par le peuple chrestien; mais ils furent ordonnez par l'imposition des mains des apostres; ainsi l'ont reglé les mesmes apostres (3) en leurs constitutions, aussi bien que le grand (4) concile de Nicée, qu'on ne dédaignera point ce me semble; (5) le second de Carthage, (6) le troisiesme et le quatriesme tenus au mesme lieu, où S. Augustin se trouva. Supposé donc que ces reformateurs eussent esté envoyez par les seculiers, ils n'auroient pas esté envoyez à l'apostolique, ny legitimement, et leur mission seroit nulle; et par effet les seculiers n'ont point droit de mission, et comment donc les religieux la donneront-ils ? pourroient-ils communiquer une authorité qu'ils n'ont pas eux-mesmes ? C'est pour cela que S. (7) Paul parlant de l'ordre de la prestrise, et de l'office pastoral, a tres-bien dit : « Nul ne s'attribue cet honneur, sinon celuy qui est appelé de Dieu comme Aaron. » Mais Aaron (8) fut ordonné et sacré (9) par les mains de Moïse, qui fut prestre luy-mesme, selon la saincte parole de David (10) : « Moyse et Aaron sont contez entre ses prestres, et Samüel entre ceux qui invoquent son nom. » Aussi il est dit tout clair en (11) l'Exode : « Associe et joins avec toy Aaron, pour exercer » l'estat sacerdotal. » Et à cela s'accorde une grande troupe de nos anciens peres. Celuy donc qui veut alleguer sa mission ne la doit pas tirer du peuple, ny des princes laïques; car Aaron ne fut pas appelé de cette maniere, ny les pasteurs de l'ancienne Eglise. (12) « Celuy qui est le moindre est beny par le plus grand, » comme dit saint Paul, d'où s'ensuit que les peuples ne peuvent point envoyer les pasteurs; (13) car les pasteurs sont plus grands que les brebis, et la mission ne se fait jamais sans benediction; (14) S. Jean confirme la mesme verité par ces paroles : « Amen, amen dico vobis; non est servus major domino

---

(1) II. ad Timot. c. I, 6. — (2) I. ad Timot. 4, 24.
(3) Act. VI, 3, 4, 5 et 6. — (4) Can. I.
(5) Can. IV. — (6) *Ib*. XII. — (7) Heb. V, 4.
(8) Lev. VIII, 12. — (9) Exod. XXVIII, 6.
(10) Psal. XCVIII, 7. — (11) Exod. XXVIII, 9.
(12) Heb. VII, 7. — (13) Joan. XX, 21 et 22.
Thim. I, 6. — (14) Joan. XIII, 16.

suo, neque subditus major eo, qui misit illum. » Car après cette magnifique mission, le peuple demeure tousjours brebis, et le pasteur tousjours pasteur : autrement l'estat seroit confondu. Je laisse à part ce que je prouveray cy-après, que l'Eglise est une sacrée monarchie, et partant qu'il appartient au grand pasteur d'envoyer, non pas au peuple. Je laisse encore à part le désordre qui arriveroit tous les jours, si les peuples envoyoient ; car ils ne pourroient envoyer les uns aux autres, n'ayant point d'authorité les uns sur les autres. Et comme ce seroit faire ouverture à toutes sortes d'heresies, il faut conclure que les brebis reçoivent le berger d'ailleurs que d'elles-mesmes ; et de là l'on doit tirer cette consequence, que les peuples n'ont pû donner mission, ny de commission legitime à ces nouveaux ambassadeurs.

Mais j'adjouste pour second chef, que quand ils l'auroient pû, ils ne l'ont pas fait, parce que le peuple ou le magistrat, qui a appellé Calvin et Luther, estoit ou catholique, ou non. S'ils disent que ce peuple estoit catholique, comment les auroit-il appellez à prescher, ce qu'il ne croyoit pas, puis que ce peuple et ce magistrat estoit encore de la vraye Eglise, ou non. S'il estoit de la vraye Eglise, pourquoy est-ce que Luther l'a tiré de sa croyance, l'eust-il appellé pour estre mis hors de sa bonne place, et de l'Eglise ? et s'il n'en estoit pas, comment pouvoit-il avoir droit de mission et de vocation, puis que hors l'enclos de la vraye Eglise il ne peut se trouver aucune legitime authorité ? Que s'ils disent qu'ils n'estoient pas ou qu'ils n'estoient plus catholiques romains, qu'estoient-ils donc ? ils n'estoient pas encore lutheriens, car l'on sçait le temps où Luther commença de prescher en Allemagne, il n'y avoit alors de lutheriens, puis que c'est luy qui en est l'origine. Que s'ils n'estoient point de la vraye Eglise, ils n'ont donc point eu de vocation de ce costé-là : comment pouvoient-ils etablir une mission veritable pour la predication evangelique, sinon qu'ils ayent recours à la mission invisible de ces (1) principautez aériennes, à ces puissances de tenebres du monde, enfin à ces malices spirituelles, contre lesquelles tous les vrais enfans de l'Eglise ont tousjours eu la guerre.

DISCOURS IV.

L'Eglise pretenduë n'a point dans ses ministres la mission episcopale.

Or les descendans des heresiarques, qui se voyent poussez de tant de raisons, prennent en

(1) Ephes. vi, 12

nos jours un autre chemin pour se defendre. Ils disent, mais ils disent mal, que les premiers maistres et reformateurs de leurs eglises, Luther, Bucier, et Oecolampade, ont esté envoyez par les evesques, qui les firent prestres, et que ceux-ci ont envoyé les autres, qui les ont suivis, et vont ainsi enchaînant leur mission et vocation à celle des apostres.

Veritablement cette confession est assez ingenuë, de reconnoistre au moins, que leur mission ne peut estre derivée de leurs ministres, que par la succession et l'authorité de nos evesques, et par l'imposition de leurs mains : la chose est telle, sans aucun doute ; car on ne peut pas faire sauter aisement cette mission de si haut que des apostres, qu'elle soit tombée, sans succession, entre les mains des predicateurs de ce temps, sans avoir esté traduite jusqu'à nous par nos devanciers ; il eust fallu une bien longue sarbacane en la bouche des premiers fondateurs de l'Eglise, pour avoir ainsi appellé Luther et les autres, sans que ceux qui estoient entre eux, et au milieu, s'en fussent aperceus : ou bien il eust fallu, comme dit Calvin en une autre occasion, et mal à propos, que ceux-cy eussent eu les oreilles bien grandes. Nos reformateurs doivent accorder que cette mission s'est conservée entiere, si ceux-ci la devoient trouver. Nous ne nions pas que la mission n'ait esté devant nos evesques, et principalement ès mains de leur chef l'evesque romain ; mais nous nions formellement, que vos ministres en ayent eu aucune communication pour prescher ce qu'ils ont presché, parce qu'ils ont annoncé quantité de choses contraires à l'Eglise, en laquelle ils ont esté choisis et ordonnez prestres. Or il est necessaire, ou qu'ils errent, ou que l'Eglise qui les a envoyez fust dans l'erreur ; par consequent, ou leur Eglise est fausse, ou celle de laquelle ils ont pris leur premiere mission est abusée. Nous faisons mieux d'inferer, que leur mission est absolument fausse ; car d'une Eglise fausse, telle qu'ils la decrient chez nous, ne peut sortir une vraye mission ; si leur Eglise est fausse, où est leur mission ? puisque dans une Eglise fausse on ne peut trouver une legitime mission ; ainsi en tout sens, ils n'ont point eu de mission pour prescher ce qu'ils ont presché. En sens contraire, si l'Eglise, en laquelle ils ont esté instruits et ordonnez, estoit veritable, ils sont donc inexcusables d'heresie d'en estre sortis, et d'avoir presché contre sa croyance ; si elle n'estoit pas la vraye Eglise, elle n'a pas eu le pouvoir de les envoyer ny de les ordonner : mais accordons qu'ils ayent receu leur mission en l'Eglise romaine, ils ne l'ont pas euë pour en sortir, et se distraire de son obeïssance avec ses enfans ; certes le commissaire ne doit pas exceder les bornes de sa commission, et s'il le fait, il est desavoüé.

Luther, Oecolampade, et Calvin n'estoient pas evesques, dites donc pour eux, en quel sens il est possible, qu'ils ayent pû communiquer aucune mission à leurs successeurs de la part de l'Eglise romaine, qui proteste en tout et partout, qu'il n'y a que les seuls evesques qui puissent envoyer, soit d'une maniere immediate, soit d'une maniere mediate, et que cela n'appartient aucunement aux simples prestres; c'est pourquoy S. Jerosme a tres-bien observé la difference qu'il y a entre le simple prestre et l'evesque, en l'epistre *ad Evagrium* (1). Sainct Augustin et sainct Epiphane ont mis Arrius dans le rang des heretiques, parce qu'il tenoit le contraire, parmy d'autres erreurs. La legitime mission doit être une mission episcopale et canonique, et non une mission protestante ou menaçante.

DISCOURS V.

L'Eglise pretenduë n'a point, dans ses ministres, la mission extraordinaire et immediate de Dieu.

Les raisons susdites sont si fortes, que les plus asseurez des vostres ont pris party ailleurs qu'en la mission ordinaire, faisant effort de nous persuader, que leurs reformateurs estoient envoyez extraordinairement de Dieu, parce que la mission ordinaire avoit esté gastée, et enfin abolie avec la vraye Eglise, sous la tyrannie de l'Ante-Christ : voicy leur plus invincible retraite ; et parce qu'elle est commune à toutes les sectes des heretiques, elle merite d'estre attaquée par de bonnes raisons, et ruinée de fond en comble : mettons par ordre nos argumens, pour voir si nous pourrons forcer cette derniere barricade.

1. Je soutiens que personne ne doit alleguer une mission extraordinaire, qu'il ne la prouve par des miracles; car je vous prie à quoy en serions-nous reduits, si ce pretexte de mission extraordinaire estoit recevable, sans bonne preuve? ne seroit-ce pas un voile asseuré à toutes sortes de libertins? Arrius, Marcion, Montanus, et Massalius ne pourroient-ils pas estre receus avec honneur dans le rang des reformateurs, en nous payant de cette monnoye, et prestant le mesme serment?

2. Je tiens pour asseuré, que jamais personne ne fut envoyé extraordinairement, qui n'ait pris cette lettre de creance de la divine majesté (2). Moïse fut envoyé immediatement de Dieu pour gouverner le peuple d'Israël : auparavant il voulut sçavoir le nom de celuy qui l'envoyoit, et quand il eut appris le nom admirable de Dieu ; il demanda des (1) marques et des lettres patentes de sa mission ; ce que Dieu mesme trouva si juste, qu'il luy donna la grace d'operer trois sortes de prodiges et de merveilles, qui furent comme trois publiques attestations en trois divers langages, de la charge qu'il lui donnoit, afin que celuy qui n'entendroit pas l'une de ces langues, entendist l'autre. Si donc nos pretendus apostres alleguent la mission extraordinaire, qu'ils nous montrent quelque prodige au-delà du commun ; autrement nous ne sommes pas obligez de les croire. Vrayment, Moïse montra bien dans son office la verité et la necessité de cette preuve ; car celuy à qui Dieu parle extraordinairement, doit estre authorisé d'une maniere miraculeuse : aussi ce grand homme ayant (2) demandé à Dieu le don de l'éloquence, il ne le demanda qu'après avoir receu le pouvoir des miracles, montrant qu'il est plus necessaire d'avoir l'authorité de parler, que d'en avoir la promptitude. La mission de sainct (3) Jean-Baptiste, quoy qu'elle ne fust pas tout-à-fait extraordinaire, ne fut-elle pas authentique par sa conception et sa nativité (4), et mesme par sa vie miraculeuse, à laquelle Nostre-Seigneur donna de si bons temoignages. Au regard des apostres, (5) qui ne sçait les miracles qu'ils faisoient? et qui pourroit en calculer le nombre? (6) leurs mouchoirs et leurs ombres servoient à la guerison des malades, et à chasser les diables des corps, que possedoient ces malheureux esprits ; (7) l'imposition de leurs mains produisoit quantité de signes et de merveilles parmy le peuple, en confirmation de leur predication et de leur doctrine. Sainct (8) Marc le dit ouvertement dans les dernieres paroles de son Evangile : et sainct Paul aux Hebreux. Comme donc pourront excuser et relever par cette preuve leur mission, ceux qui en nostre asge en veulent avancer une extraordinaire? quel privilege ont-ils plus grand que l'apostolique et le mosaïque? Que diray-je de plus? si nostre souverain maistre, consubstantiel au Pere, duquel la mission estoit si authentique, qu'elle suppose en luy la communication d'une mesme essence : si luy-mesme, dis-je, qui est la source vive de toute mission ecclesiastique, n'a pas voulu s'exempter de cette preuve des miracles, par quelle raison ces nouveaux ministres seront-ils crus à leur seule parole? Jesus-Christ allegue souvent sa mission, pour mettre sa parole en credit; (9)

(1) L. de Hæresibus, c. 53 et 75.
(2) Exod. XXXII, 10 et 15.

(1) Exod. IV, 1, 3, 4, 6, 7, 8 et 9. — (2) *Ib.* 11.
(3) Luc. I, 18, 19, 20, 21, 22.
(4) *Ib.* I, 63, 64, 65, 66. — (5) Matth. XI, 7, 8 et suiv. — (6) Act. XIX, 11 et 12. — (7) *Ib.* V, 15.
(8) S. Marc. ult. c. II, 4. — (9) Jo. XX, 21.

2.

« Comme mon Père m'a envoyé, je vous envoye, dit-il ; (1) ma doctrine n'est point mienne, mais de celuy qui m'a envoyé ; et vous me connoissez, vous savez d'où je suis, je ne suis point venu de moy-mesme. » Mais aussi pour donner authorité à l'éffet de sa mission, il met en avant ses miracles, et atteste que (2) « S'il n'eust fait des œuvres, que nul autre n'a fait parmy les Juifs, ils n'eussent point eu de peché, de ne croire point en luy. » Et ailleurs il leur dit : (3) « Ne croyez-vous pas que mon Pere est en moy, et moy en mon Pere ? au moins croyez-le par les œuvres. » Après cela, qui sera si osé que de se vanter de la mission extraordinaire, sans produire à mesme temps des miracles ? certes il merite d'estre tenu pour imposteur. Or est-il que ny les premiers, ny les derniers de vos ministres, n'ont fait aucun miracle, ils n'ont donc point eu de mission extraordinaire.

Disons quelque chose de plus ; c'est chose hors de doute, que jamais aucune mission extraordinaire ne doit estre facilement receuë, estant desadvoüée, ou du moins suspecte à l'authorité ordinaire, qui est en l'Eglise de Nostre-Seigneur ; car nous sommes tous obligez d'obeir (4) à nos pasteurs ordinaires, sous peine d'estre declarez publicains et payens : comme donc nous pourrions-nous ranger sans soupçon sous une autre discipline que la leur, s'ils venoient à rejetter l'extraordinaire ? en ce cas nous serions obligez de connoistre l'Eglise, et de ne pas recevoir ces nouveaux venus, s'ils estoient desadvoüez des ordinaires.

Dieu n'est point autheur de (5) division, mais d'union et de concorde, principalement entre ses disciples, et ses ministres ecclesiastiques. Nostre-Seigneur le montre clairement en la saincte (6) priere qu'il adressa à son Pere celeste, dans les derniers jours de sa vie mortelle ; sa bonté pourroit-elle se contrarier ? authoriseroit-elle deux sortes de pasteurs et deux societez, l'une extraordinaire, l'autre ordinaire. Pour le regard de l'ordinaire, qu'elle soit authorisée cela est certain, pour l'extraordinaire nous le presupposons. Ainsi ce seroit deux Eglises differentes, ce qui est contre la parole de Nostre-Seigneur, qui n'a qu'une (7) seule espouse, qu'une seule colombe, qu'une seule parfaite ; et comment pourroit estre en seure garde le troupeau conduit par deux pasteurs, inconnus l'un à l'autre, en divers pasturages, à divers signes, et en diverses mains, dont l'une et l'autre voudroit tout avoir : ainsi seroit l'Eglise sous la diversité des pasteurs ordinaires et extraordinaires, cantonnez çà et là en diverses manieres. Nostre-Seigneur est-il divisé, (1) ou en luy-mesme, ou en son corps, qui est l'Eglise ? Non pour le vray ; au contraire, il n'y a qu'un Seigneur (2) lequel a basty et formé son corps mystique avec une belle varieté de membres, tresbien ajustez, assemblez et serrez, qui sont liez par toutes les jointures de la sou-ministration mutuelle ; par consequent, vouloir mettre en l'Eglise cette division de troupes ordinaires et extraordinaires, c'est la ruiner et la perdre : il faut donc revenir à ce que nous disions, que jamais la vocation extraordinaire n'est legitime, quand elle est desadvouée de l'ordinaire.

Et de fait, où me montrera-t-on jamais une vocation legitime extraordinaire, qui n'aye esté receuë par l'authorité ordinaire ? Sainct (3) Paul fut appellé, sans doute, extraordinairement, mais ne fut-il pas approuvé (4) par Ananias et par les apostres une ou deux fois ? En ce sens la mission receuë par l'authorité ordinaire est appellée vocation du Sainct-Esprit. La mission (5) du précurseur, à parler proprement, ne peut pas estre dite extraordinaire, parce qu'il n'enseignoit aucune chose contre l'Eglise mosaïque, et que d'ailleurs sainct Jean estoit de la race sacerdotale ; si est-ce neantmoins que la rareté de sa vie et de sa doctrine fut avouée par l'ordinaire de l'Eglise judaïque, en la belle legation (6) qui luy fut faite par les prestres et les levites, dont le sujet presuppose une grande estime et reputation, en laquelle il estoit vers eux : (7) les pharisiens mesmes, qui estoient assis sur la chaire de Moyse, venoient communiquer à son baptesme ouvertement, et sans scrupule. C'estoit bien là recevoir sa mission, et à bonnes enseignes.

Nostre-Seigneur, (8) quoy qu'il fust le superieur, ne voulut-il pas estre receu de Simeon, qui estoit prestre, puisqu'il benit le fils, la mere, et sainct Joseph ? (9) par Zacharie, qui fut un autre prestre ; par sainct Jean (10) ; et mesme dans le temps de sa passion, qui estoit l'execution de sa mission principale, il voulut encor avoir le temoignage prophetique du grand prestre, qui estoit pour lors : et c'est ce que sainct Paul (11) dit et enseigne, quand il ne veut « que personne ne s'attribuë l'honneur pastoral, sinon celuy qui est appellé de Dieu comme Aaron » : car la vocation d'Aaron

---

(1) Jo. vii, 16 et 28. — (2) Joan. xxv, 24.
(3) Jo. xiv, 11 et 12. — (4) Matth. xviii, 17.
(5) I. Cor. iv, 33. — (6) Joan. xvii, 11 et 12.
(7) Cant. vi, 8.

(1) Cor. i, 13. — (2) Ephes. iv, 5, 12, 11 et 16.
(3) Act. ix, 6. 17. — (4) Ib. cxxxii, 3 et 4.
(5) Luc. i, 8. — (6) Joan. i, 19 et seq.
(7) Matt. iv, 3, 5 et 7. — (8) Luc. ii, 28 et 34.
(9) Luc. i, 76. — (10) Jo. i, 29. — (11) Heb. v, 4.

fut faite par l'ordre de Moyse : si bien que Dieu ne mit pas sa saincte parole en la bouche d'Aaron immediatement, mais (1) Moyse, à qui Dieu fit ce commandement, parle à luy, et luy inspire ces paroles : « Je seray en ta bouche et en la sienne. » Que si nous considerons de près ce que dit S. Paul, nous apprendrons que la vocation des pasteurs et des magistrats ecclesiastiques, doit estre faite (2) visiblement, non par maniere d'enthousiasme et de motion secrete et interieure; en voila deux exemples qu'il propose, celuy (3) d'Aaron, qui fut oinct et appellé visiblement, et celuy de Nostre-Seigneur (4) et maistre, qui estant souverain pasteur et pontife de tous les siecles, ne s'est point clarifié soy-mesme, c'est à dire ne s'est point attribué l'honneur de sa saincte prestrise, comme avoit dit sainct Paul auparavant; mais a esté manifesté par celuy qui luy a dit : « Tu es mon fils, je t'ay engendré aujourd'huy, et tu es prestre eternellement selon l'ordre de Melchisedech. » S'est-il ingeré et poussé luy-mesme à cet honneur? non, mais il y a esté appellé; (5) qui l'a appellé? son Pere eternel : et comment? immediatement, et mediatement tout ensemble; immediatement (6) en son baptesme, et en sa transfiguration, avec cette voix : (7) « Celuy-cy est mon fils bien-aimé, auquel j'ay pris mon bon plaisir, escoutez-le. » Mediatement par les prophetes, et surtout par David, dans les lieux où sainct Paul cite ses (8) pseaumes. « Tu es mon fils, je t'ay engendré aujourd'hui, (9) selon l'ordre de Melchisedech. » Ainsi sa vocation est partout visible; la parole en la nuée fut oüie, et selon David, oüie et luë. Mais sainct Paul voulant encor plus fortement montrer la vocation de Nostre-Seigneur, allegue les passages de David, par lesquels il dit, que Jesus-Christ avoit esté clarifié de son Pere; se contentant ainsi de produire le temoignage perceptible, et produit par l'entremise des Escritures ordinaires, et des prophetes receus et reconnus.

J'adjouste à ces raisons, que l'authorité de la mission extraordinaire ne detruit jamais l'ordinaire, et n'est jamais pour la renverser; temoins tous les prophetes, qui n'ont point elevé l'autel contre l'autel, qui n'ont point contredit la prestrise d'Aaron, qui n'abolirent point les constitutions synagogiques; temoin enfin nostre (10) Sauveur, qui assure que « Tout royaume divisé en soy sera desolé, et une maison tombera sur l'autre. » De là vint le grand respect qu'il portoit à la chaire de Moyse, dont la doctrine luy estoit si venerable, qu'il commanda tousjours de la garder. De vray, si l'extraordinaire authorité devoit abolir l'ordinaire, comme sçaurions-nous quand, à qui, et de quelle maniere nous nous y devrions ranger? Non, non, l'ordinaire est constante, et sera tousjours, pendant que l'Eglise sera dans ce bas monde : les pasteurs et docteurs qu'il a une fois donnez à l'Eglise, doivent avoir « une perpetuelle succession, pour la consommation des saincts, jusques à ce que nous nous rencontrions tous en l'unité de la foy, et de la connoissance du fils de Dieu en hommes parfaits, (1) à la mesure de l'asge parfait de Jesus-Christ, afin que nous ne soyons plus enfans ny flottans, ny demenez çà et là à tous vents de doctrine par la piperie des hommes, et par leur perfide seduction. » Voila le beau discours que fait sainct Paul, pour montrer, que si les docteurs et pasteurs ordinaires n'avoient une perpetuelle succession, ou qu'ils fussent sujets à la subrogation des extraordinaires, nous n'aurions ainsi qu'une foy et discipline desordonnée, interrompuë et variable; nous serions sujets à estre seduits par les hommes menteurs, qui à tous propos se vanteroient de l'extraordinaire vocation; et comme les gentils, nous cheminerions en la vanité de nos entendemens, un chacun se plaisant à se persuader en soy une motion extraordinaire du Sainct-Esprit, de quoy nostre asge nous fournit tant d'exemples, que c'est une des plus fortes raisons qu'on puisse presenter en cette occasion : car si la mission extraordinaire peut lever l'ordinaire administration, à qui en laisserons-nous la charge? à Calvin, à Luther, ou au Pacimontain, ou à Blandrate, ou à Brence, ou à la reine d'Angleterre? Helas! chacun tirera de son costé ce beau pretexte de la mission extraordinaire, pour se couvrir. En verité la parole de Nostre-Seigneur nous delivre de toutes ces difficultez; il dit, « qu'il a edifié son Eglise sur un« si bon fondement, et avec une proportion si « bien entenduë, que les portes d'enfer ne pre« vaudront jamais contre elle : » que si jamais elles n'ont prevalu, ny ne prevaudront, la vocation extraordinaire n'est plus necessaire pour l'abolir, car Dieu ne hait rien de ce qu'il a fait; comment donc aboliroit-il la saincte Eglise son espouse ordinaire, pour en creer une extraordinaire? vu que c'est luy qui a edifié l'ordinaire sur soy-mesme, et l'a cimentée de son propre sang.

---

(1) Exod. IV, 15. — (2) Levit. VIII, 12.
(3) Exod. XXVIII, 1. — (4) Hebr. V, 5 et 26.
(5) Heb. V, 20, 5. — (6) Matt. III, 17.
(7) Matt. XVII, 5. — (8) Psal. II, 7.
(9) Psal. CXIV, 4. — (10) Matt. XI, 17.

(1) Ephes. IV, 11, 12, 13 et 14.

DISCOURS VI.

Où sont refutées les objections que les heretiques alleguént, en faveur de leur mission extraordinaire, contre l'ordinaire.

Après tout, jusques icy je n'ay pu rencontrer parmy vos maistres, que deux objections au discours que je viens de faire, dont l'une est tirée de l'exemple de Nostre-Seigneur et des prophetes, et l'autre de l'exemple des apostres ; voyons si elles ont quelque credit.

Pour l'examen de la premiere, dites-moy, je vous prie, trouvez-vous juste qu'on mette en comparaison vos nouveaux ministres avec Nostre-Seigneur ? je demande si Jesus-Christ n'avoit pas esté (1) prophetisé en sa qualité de Messie ? son temps n'avoit-il pas esté determiné par Daniel ? Croyez-vous qu'il ait fait aucune action, qui n'ait esté particulierement predite dans les livres des prophetes, (2) et figurée dans les exemples des patriarches ; il est vray qu'il a fait le changement de bien en mieux de la loy mosaïque, en la loy de la grace ; mais ce changement-là n'avoit-il pas esté predit ? il a changé (3) le sacerdoce d'Aaron en celui de Melchisedech, beaucoup meilleur sans doute ; mais tout cela n'est-il pas selon les temoignages anciens ? Vos ministres n'ont point esté prophetisez en qualité de predicateurs de la parole de Dieu, on n'a point annoncé le temps de leur venuë, ny pas une de leurs actions ; ils ont fait un remuëment dans l'Eglise beaucoup plus grand et plus general que celuy que Nostre-Seigneur fit au declin de la Synagogue, car ils ont tout osté, sans y remettre ou replacer que de certaines ombres : mais pour les temoignages de cette entreprise, ils n'en ont point du tout dans l'Escriture, quoy que vous tiriez en pretexte les Escritures pour cela. Au moins ne devroient-ils pas s'exempter de faire des miracles, sur une mutation si considerable et si generale, puis que Nostre-Seigneur ne s'en exempta pas luy-mesme, comme je l'ay montré cy-dessus, ayant voulu encor que le (4) changement qu'il faisoit, fust puisé et authorisé de la plus pure source des Escritures. Mais vous, messieurs, où me montrerez-vous que jamais l'Eglise dust recevoir aucune réforme, outre celle qui devoit estre faite par le Fils de Dieu ?

Pour le regard de ce qui touche les prophetes, je vois abuser plusieurs parmy les errans, qui croyent que toutes les missions des prophetes ont esté extraordinaires et immediates ; la supposition est fausse entierement ; car il y avoit des colleges et des congregations de (1) prophetes, reconnuës et avoüées par la synagogue, comme on le peut recueillir de plusieurs (2) passages de l'Escriture ; il y en avoit (3) en Ramatha, en Betel, en Jericho, en la montagne d'Ephraim, en Samarie ; (4) Elisée mesme fut oingt par Helie, la vocation de (5) Samuël fut reconnuë et avoüée par le grand prestre ; « En Samuël, dit le texte sacré, le Seigneur recommença (6) de se faire voir en Silo : » ce qui fait que les Juifs tiennent Samuël comme fondateur des congregations prophetiques : j'adjouste à cecy, que ceux qui croiroient que tous les prophetes eussent exercé la charge de la predication, seroient grandement trompez : le contraire se void dans la rencontre (7) des sergens de Saül : d'où sensuit que la vocation des prophetes ne sert de rien à pretexter celle des heretiques ou des schismatiques ; car ou elle estoit (8) ordonnée, comme nous l'avons montré cy-devant, ou approuvée de la synagogue, comme il est aisé de le faire voir en ce qu'on les reconnoissoit incontinent, et on en faisoit une estime particuliere en tous les lieux parmy les Juifs, qui les appelloient *les hommes de Dieu*. En un mot, celuy qui regardera de prés l'histoire et l'estat de cette ancienne synagogue, verra clairement que l'office des prophetes estoit aussi ordinaire entre eux, qu'entre nous celuy des predicateurs : mais jamais l'on ne montrera aucun prophete qui ait entrepris de renverser la puissance ordinaire, ils l'ont tousjours suivie, et n'ont rien dit de contraire à la doctrine de ceux qui estoient assis sur la chaire mosaïque et aaronique ; il s'en est mesme trouvé parmy (9) eux qui estoient de la race sacerdotale, comme Jeremie fils d'Alcias, et Ezechiel fils de Rug. Aussi ils ont tousjours parlé avec honneur des pontifes et de la succession sacerdotale, quoy qu'ils ayent repris leurs vices et leurs mœurs ; lors qu'Isaie fut commandé d'escrire dans un grand livre, ce qui luy fut montré, il prit (10) Vrie prestre à témoin. Zacharie le prophete a déclaré, qu'il prenoit son authorité de celle des prestres et des prophetes : « Malachie atteste-t-il pas, que les levres du prestre gardent la science, et qu'il demanderoit la loy de sa bouche, car c'est l'ange du Seigneur des armées » ; aussi, bien loin que jamais ils ayent retiré les Juifs de la communion de l'ordinaire, ils les ont

---

(1) Daniel, ix, 24 et 26. — (2) Agg. ii, 10.
(3) Heb. v, 6. — (4) Luc, i, 17.

(1) I. Reg. xix, 20. — (2) IV. Reg. ii, iii, 5.
(3) IV. Reg. i, 22. — (4) III. Reg. xxii, 10.
(5) III. Reg. xiv, 16. — (6) I. Reg. iii, 9 et 20.
(7) I. Reg. xix, 20. — (8) III. Reg. xvii, 18, et passim alibi. — (9) Ezech. i, 3 ; viii, 72.
(10) Isaïe, ii, 7.

tousjours excitez à luy estre fideles. Après tout, combien de miracles ont-ils faits en confirmation de leur vocation prophetique? ce ne seroit jamais finy, si j'entrois en ce denombrement : que si quelquefois ils ont entrepris des choses, qui ont eu quelque apparence d'extraordinaire, incontinent les miracles les ont authorisez, témoin (1) Elie, qui dressant un autel sur le mont Carmel, selon l'instinct qu'il en avoit receu du Sainct-Esprit, pour y sacrifier, montra par un prodige qu'il le faisoit à l'honneur de Dieu, et de la religion juive. Enfin, messieurs, vos ministres, à mon advis, auroient bonne grace, s'ils vouloient usurper le pouvoir des prophetes, eux qui n'en ont jamais eu ny le don, ny la lumiere ; ce seroit plutost nous, qui pourrions produire en tout temps des propheties des nostres, comme de sainct Gregoire Taumaturge, au rapport de sainct Bazile, et de sainct Antoine, temoin (2) Athanase ; de l'abbé Jean, temoin sainct (3) Augustin; sainct Benoist, sainct Bernard, sainct François, et plusieurs autres, dont la tradition est plus qu'authentique ; par consequent, s'il est question entre nous de l'authorité prophetique, elle nous demeurera, soit ordinaire ou extraordinaire, puisque nous en avons l'effet, et non pas vos ministres, qui n'en ont jamais eu la moindre preuve, sinon qu'ils voulussent appeler prophetie la vision de Zuingle, au livre intitulé : *Subsidium de Eucharistia*, et au livre intitulé : *Querela Lutheri*, où la prediction qu'il fit l'an 1625, que « s'il preschoit encore deux ans, il ne demeureroit ny pape, ny prestres, ny moines, ny docteurs. » Il n'y a qu'un bien évident en cette prophetie (4) qui est le defaut de la verité, car il prescha encore près de vingt-deux ans, et neantmoins on trouve encore des prestres et des docteurs, et en la chaire de sainct Pierre, un pape legitime.

Prenez garde, messieurs, que vos premiers ministres ne soient de ces prophetes, que Dieu defend d'estre ecoutez, en Jeremie : (5) « Ne veuillez point oüyr les paroles de ces prophetes qui prophetisent et vous deçoivent ; ils parlent par la vision de leur cœur, et non point par la bouche du Seigneur ; je n'envoyois pas ces prophetes, et ils couroient ; je ne parlois pas à eux, et ils prophetisoient ; j'ay oüy ce que les prophetes disent, prophetisant en mon nom le mensonge, et disant : J'ai songé, etc. (6) Ne vous semble-t-il pas que ce discours s'adresse à Luther ou à Zuingle, avec leurs propheties visionnaires, ou à Oecolampade, avec la revelation qu'il disoit avoir euë pour sa conversion, qui donna sujet à Luther d'escrire ce livre qu'il a fait, *contra scelestos prophetas*? Ce sont bien eux, au moins, qui ont cette qualité de n'avoir jamais esté envoyez de Dieu ; ce sont eux qui remuënt leurs langues mensongeres, et disent, « le Seigneur a dit, » mais il n'a pas dit ; car ils ne sçauroient montrer ny produire aucune preuve de la charge qu'ils usurpent; ils ne sçauroient marquer en eux aucune legitime vocation : helas ! comment peuvent-ils prescher et prophetiser? on ne peut s'enrosler sous aucun capitaine sans son adveu ; et pauvres gens, comment fustes-vous si promps à vous enrosler dans les troupes de ces premiers ministres, sans le congé des pasteurs ordinaires, mesme pour sortir de l'estat auquel vous etiez nez et nourris, qui est l'Eglise catholique ! avoüez qu'ils sont grandement coupables, d'avoir fait cette levée de boucliers de leur propre authorité, et vous de les avoir suivis, ce qui vous rend certes inexcusables.

Le bon enfant Samuël, humble, doux et soumis, ayant esté appellé de Dieu trois fois differentes, pensa tousjours que ce fust Hely qui l'eust appellé ; et à la quatriesme, seulement, il s'adressa à Dieu, comme à celuy qui l'appelloit. Oseray-je vous dire qu'il a semblé trois fois follement à vos ministres, que Dieu les eust appellez, 1. par les peuples et les magistrats seculiers, 2. par nos evesques, 3. enfin par la voye extraordinaire : mais examinons ce rapport ; Samuël fut appellé trois fois par la voix de Dieu, et selon son humilité il pensoit que ce fust une vocation de l'homme, jusques au temps qu'après avoir esté enseigné par Hely, il connut que c'estoit la voix divine. Vos ministres, messieurs, produisent trois pretendües vocations de Dieu, une par les magistrats seculiers, une par les evesques, et la troisiesme par la mission extraordinaire ; ils crurent orgueilleusement, que c'estoit Dieu qui les appelloit en ces trois manieres ; mais estans enseignez et corrigez par les lumieres de l'Eglise, ils reconnoissent, ou doivent reconnoistre, que ce n'est rien qu'une vocation de l'homme, et que les oreilles les ont trompez ; s'ils estoient humbles, ils s'en rapporteroient sans doute à celuy qui, comme Hely, preside maintenant à toute l'Eglise. Voilà l'eviction des objections que font vos ministres, qui vous font voir, quoy qu'inegalement, inexcusables devant Dieu et devant les hommes, d'avoir introduit dans l'Eglise une fausse vocation.

Au contraire, messieurs, l'Eglise qui contredisoit et s'opposoit à vos premiers reformateurs, comme elle s'oppose encore à ceux de ce temps,

---

(1) III. Reg. xviii, 32 et 38. — (2) L. de S. Ant. in ejus vita. — (3) L. v. de Civ. Dei. cap. xxvi.

(4) Hæc notat Cocleus, in actis Lutheri.

(5) Jerem. xxiii, 16 et 21. — (6) Ib. 25.

est si bien authorisée et fondée de tous costez, qu'aucun chrestien, tant aveuglé soit-il, ne peut pretendre cause d'ignorance du devoir que nous avons tous de reconnoistre qu'elle est la vraye, l'unique, l'inseparable, et la tres-chere espouse du Roy celeste, ce qui rend vostre (1) separation d'autant plus inexcusable; car sortir de l'Eglise, et contredire ses decrets, c'est visiblement se rendre profane, ethnique et publiquain, quand mesme ce seroit à la persuasion (2) d'un ange ou d'un seraphin, mais bien pis si c'estoit à la persuasion des hommes pecheurs, ou à la suggestion des personnes particulieres, qui seroient sans authorité et sans adveu, ou sans aucune des qualitez requises à la mission des evangelistes et des prophetes. Ne vous abusez pas sur la simple connoissance de quelques sciences, qui ne leur ont servy que pour rompre tous les liens des plus religieuses obligations d'obeïssance, que nous ayons au monde, il nous est commandé de nous rendre à l'Eglise comme à l'espouse unique de nostre Sauveur : s'en separer est une faute qui ne se peut laver que par les larmes de penitence et du repentir; et c'est à quoi je vous invite de la part du Dieu vivant.

DISCOURS VII.

La chimere de l'Eglise invisible des heretiques, pour pallier leur fausse mission. On void icy que l'Eglise doit estre visible.

Surtout nos adversaires ayant connu, que la succession de la mission est la pierre de touche, où leur doctrine est emoussée, taschent par tous moyens de divertir et ecarter cette preuve invincible, que nous tirons des marques evidentes et visibles de la vraye religion; ils se sont avisez de maintenir que « l'Eglise estoit invisible et imperceptible; » par consequent irremarquable : je crois que cette opinion est le dernier point de l'absurdité ; car mesme les payens ont reconnu, que l'Eglise chrestienne estoit visible. J'entends l'Eglise militante, fondée par Jesus-Christ, et de laquelle l'Escriture nous a laissé son temoignage, non pas de celle qu'un heretique peut imaginer par caprice; il ne se trouvera jamais en toute l'Escriture, que l'Eglise presente soit prise pour une société invisible; en voicy nos raisons tres-fidelement etablies. Nostre-Seigneur et maistre nous renvoye (3) à l'Eglise en toutes nos difficultez et dissentions de doctrines : sainct Paul (4) enseigne à Timothée, comme il nous faut conver-

(1) Matt. XVIII, 17. — (2) Ad Gal. I, 8.
(3) Matth. XVIII, 16. — (4) Ad Timoth. III, 15.

ser en l'Eglise ; il fit luy-mesme appeller les anciens de l'Eglise d'Asie; et leur remontra, qu'ils estoient constituez du Sainct-Esprit, pour regir l'Eglise; (1) il fut luy-mesme envoyé par l'Eglise avec sainct Barnabé, (2) fut receu par l'Eglise; (3) confirmoit les Eglises, (4) ordonnoit des prestres pour les Eglises ; est-il possible que tout cela se doive entendre d'une Eglise invisible? où la chercheroit-on pour luy faire nos plaintes, pour converser en elle, et avec elle, et pour la regir? quand elle envoyoit sainct Paul, elle le recevoit ; quand il la confirmoit, il y constituoit des prestres, il l'assembloit, il la saluoit, il la benissoit, comme il l'avoit autrefois si cruellement persecutée : estoit-ce seulement par foy, ou par figure, ou par illusion? Je ne crois pas que chacun ne voye clairement, que c'estoit un effet visible, de part et d'autre, et mesme perceptible : quand il (5) escrivoit, s'adressoit-il à quelque chimere invisible? Que diront les ministres aux prophetes, qui nous representent l'Eglise non-seulement visible, mais toute claire, illustre, manifeste et magnifique ; ils la dépeignent comme une reine, (6) parée de draps d'or, et recamée avec une belle varieté d'enrichissements; d'autres fois comme une (7) montagne, comme (8) un soleil, comme une (9) pleine lune, et comme (10) l'arc-en-ciel, temoin fidele et certain de la faveur de Dieu envers les hommes, qui sont tous de la posterité de Noë; c'est ce que dit le roy des prophetes : « Et thronus ejus sicut sol in conspectu meo, et sicut luna perfecta in eternum, et testis in cœlo fidelis. » L'Escriture atteste par tout, que l'Eglise se peut voir et connoistre, parce qu'elle est visible. Salomon (11) au Cantique parlant de l'Eglise, ne dit-il pas : « Les filles l'ont vuë, et l'ont preschée pour tres-heureuse. » Ensuite il introduit ses filles pleines d'admiration ; il leur fait dire : « Qui est celle-cy, qui naist et qui se produit comme une aurore en son lever, belle comme la lune, eluë comme le soleil, terrible comme un escadron de gens-d'armes bien ordonnez ? (12) » N'est-ce pas clairement la declarer visible? quand il l'appelle (13) il luy fait dire ces paroles par son espoux : « Reviens, reviens, la Sulamite, reviens afin qu'on te voye. » Elle repond : « Qu'est-ce que vous verrez en cette Sulamite, sinon les troupes des armées? » N'est-ce pas encore la dire visible ?

(1) Act. XX, 17. — (2) Ib. XV, 3 et 4, c. XXII, 41.
(3) Act. XIV, 23 et 27. Ib. XVIII, 22.
(4) Ad Gal. I, 13. — (5) Gal. I, 21 ; 1. Cor. I, 2 et 3. — (6) Psal. XLIV, 12 et 16.
(7) Psal. II, 2. — (8) Matt. IV, 1 et seq.
(9) Ps. LXXXVIII, 37. — (10) Genes. IX, 13.
(11) Cantic. c. VI, 8 et 9. — (12) Cantic. VI, 12.
(13) Cant. VII.

Qu'on regarde (1) ces admirables cantiques et representations mystiques des amours du celeste espoux avec l'Eglise, et l'on verra que partout elle est tres-visible et tres-remarquable. Isaïe parle ainsi d'elle : « Ce vous sera une voye droite, les fols ne s'egareront pas par son chemin. » Par consequent, il faut qu'elle soit decouverte, et tres-aisée à remarquer, puisque les plus grossiers mesmes s'y sçauront conduire sans y faillir : les pasteurs et les docteurs de l'Eglise sont visibles, donc l'Eglise est visible : car je vous prie, les pasteurs de l'Eglise ne font-ils pas une partie de cette Eglise ? ne faut-il pas que les (2) pasteurs et les prestres s'entre-connoissent les uns les autres ? ne faut-il pas que les brebis entendent la voix du pasteur, et qu'elles le suivent ? ne faut-il pas que le pasteur aille chercher la brebis egarée, et qu'il reconnoisse son parc et son bercail ? Ce seroit de vray une belle espece de brebis, qui ne pourroit connoistre son pasteur, ny le voir; je ne sçay si vous me forcerez enfin de prouver, que tous les pasteurs de l'Eglise soient visibles ? vous niez bien des choses aussi claires. Saint Pierre estoit pasteur, et je le crois, puisque Nostre-Seigneur lui disoit, (3) « Repais mes brebis » ; les (4) apostres l'estoient aussi, et cependant on les a vus : je crois que ceux auxquels sainct Paul (5) disoit : « Prenez garde à vous et à tout le troupeau, auquel le Sainct-Esprit vous a constitués pour regir l'Eglise de Dieu. » Je crois, dis-je, qu'il les voyoit; et quand ils se jettoient au col de ce bon pasteur, comme de bons enfans, le baisant et luy baignant sa face de leurs larmes, je crois qu'il les touchoit, les sentoit, et les voyoit; ce qui me le fait croire, c'est qu'ils regrettoient tres-amerement son depart; car il leur avoit dit qu'ils ne verroient plus sa face : ils voyoient donc sainct Paul, et sainct Paul les voyoit. Enfin Zuingle, Oecolampade, Luther, Calvin, Beze, et Marot, ont esté vos pasteurs visibles ; il y en a encore parmy vous, plusieurs qui les ont vus, et vous ne niez pas qu'ils ont esté les ministres de vostre reforme : on voit donc les pasteurs : et par consequent on voit les brebis.

C'est le propre de l'Eglise de regler la vraye predication de la parole de Dieu, la vraye administration des sacremens, et tout cela est tres-manifeste et tres-visible; comme donc voulezvous que le sujet de l'Eglise soit invisible ? ne sçait on pas que les douze (6) patriarches, enfans du bon Jacob, furent la source vive de l'Eglise d'Israël, où quand leur pere les eut assemblez devant soy, pour les benir, il les voyoit et s'entre-voyoient eux-mesmes; enfin toute l'histoire sacrée fait foy, que l'ancienne synagogue estoit visible; et pourquoy non l'Eglise catholique ! Et en effet, j'ose bien vous dire, que tout de mesme avec analogie et proportion, que les patriarches (peres de la synagogue israëlitique, desquels Nostre-Seigneur est né selon la chair) faisoient une Eglise visible, les apostres avec leurs disciples, enfans de l'Eglise, figurée par la synagogue, donnerent le commencement à cette assemblée catholique visiblement, selon le dire (1) du psalmiste « Pour les peres te sont nés des enfans, tu les constitueras princes sur toute la terre; » car pour les douze patriarches, nous sont nés douze apostres de Jesus-Christ. Or certes ces apostres assemblez en Jerusalem, avec la petite (2) troupe des disciples, et la tres-glorieuse mere du Sauveur, faisoient alors la vraye Eglise ; et comment? visible sans doute, et tellement visible, que le Sainct-Esprit vint arroser et echauffer visiblement ces sainctes plantes et pepinieres du christianisme; les anciens Juifs entroient en la societé du peuple de Dieu par la circoncision, signe tres-visible, et nous autres par le baptesme, signe tres-visible. A vostre advis, qui gouvernoit les anciens parmy les Juifs ? c'estoient les prestres aaroniques, qui estoient visibles ; nous le sommes par les evesques, qui sont des personnes visibles ; les anciens estoient enseignez et preschez par les prophetes et les docteurs visiblement ; et nous autres par nos predicateurs visiblement : les anciens avoient pour leur nourriture religieuse et sacrée, l'agneau pascal et la manne, et tout cela visible ; nous autres avons le tres-sainct sacrement de l'eucharistie, signe visible, quoy que d'une chose invisible : la synagogue estoit persecutée par les Egyptiens, Babyloniens, Madianites, Philistins, peuples visibles; l'Eglise l'a esté par les payens, Turcs, Mores, Sarrazins et heretiques, qui sont et ont esté visibles. Bonté de Dieu ! et vous demanderez encore si l'Eglise est visible ? Mais qu'est-ce que l'Eglise : « Une assemblée d'hommes visibles qui ont de la chair et des os ; » et vous direz encore que ce n'est qu'un esprit et un phantosme, qui semble estre visible, et qui ne l'est que par illusion; n'est-ce pas se rire du monde? Dites-nous ce qui vous trouble en cecy, et d'où viennent en vous ces suppositions ? Voyez les mains de cette Eglise, regardez ses ministres, ses officiers et ses gouverneurs; voyez ses pieds, regardez ses predicateurs, comme ils la portent au levant, au couchant, au midy et au septentrion; tous sont de

---

(1) Cant. III, 8. — (2) Joan. X, 42. — (3) Ib., 18.
(4) Marc. I, 16. — (5) Act. XX, 18.
(6) Genes. XXIX, 1.

(1) Ps. XLVIII, 19. — (2) Act. II, 3.

chair et d'os; touchez-la; venez comme de tres-humbles enfans vous jetter au giron de cette douce mere; voyez-la, considerez bien en tout son corps, comme elle est toute belle, et vous verrez qu'elle est toute visible, car une chose spirituelle (1) et invisible n'a point de chair ny d'os, comme vous voyez qu'elle en a.

DISCOURS VIII.

Refutation des objections des heretiques contre l'Eglise visible, qui detruit tous les fondemens de leur vocation et mission invisible.

Des choses dites, messieurs, vous voyez nos raisons qui sont graces à Dieu tres-bonnes et exposées à toute epreuve : mais vous nous dites, qu'elles enferment quelque contrarieté opposée au texte de l'Escriture. Or sus, cette contrarieté sera bien aisée à rabattre, à qui considerera bien ce qui suit; (2) ⊠|⊠|⊠ ; premierement, j'avoue, et vous ne le nierez pas, que Nostre-Seigneur avoit en son humanité deux parties, le corps et l'ame; ainsi l'Eglise son espouse a deux parties, une interieure, qui est (comme son ame) invisible; et celle-cy comprend la grace, la foy, l'esperance et la charité; l'autre exterieure (comme son corps) est toute visible, la confession de sa foy, les louanges, les cantiques, les predications, les sacremens, les sacrifices; ainsi tout ce qui se fait en l'Eglise a son exterieur (3) et son interieur; la priere a sa parole interieure, et sa voix exterieure; (4) la foy remplit le cœur d'assurance et la bouche de confession; la predication se fait exterieurement par les hommes; mais la celeste lumiere du Pere celeste y est requise; car il faut tousjours (5) l'oüyr et apprendre de luy, avant que de venir au Fils; et dans les sacremens, le signe est exterieur, mais la grace est interieure; qui ne le sçait ? Voilà donc l'interieur de l'Eglise et son exterieur; son plus beau (6) est dedans, et le dehors n'est pas si excellent; car comme disoit l'espoux aux Cantiques : « Tes yeux sont des yeux de colombe, sans exclure ce qui est caché au dedans; car (7) le miel et le laict sont sous ta langue, c'est-à-dire en ton cœur. » Voilà le dedans. « Et l'odeur de tes vestemens est comme l'odeur de l'encens. » Voilà le service exterieur. Le psalmiste (1) dit : « Toute la gloire de cette fille royale est par dedans. » C'est l'interieur; mais elle est revestuë de belles varietez, avec des « franges d'or. » Voilà l'exterieur.††† (2).

Secondement, il faut considerer, que tant l'exterieur que l'interieur de l'Eglise, peut estre dit spirituel, mais diversement; car l'interieur est spirituel purement, et de sa propre nature; l'exterieur de sa propre nature est corporel; mais parce qu'il tend et vise par rapport à l'interieur spirituel, on l'appelle spirituel, comme fait (3) sainct Paul, parlant des hommes qui rendoient le corps sujet à l'esprit, quoy qu'il fust corporel; ainsi une personne particuliere de sa nature, en servant le public, est appellée publique; maintenant, selon le mesme sens, « la loy evangelique a esté donnée et escrite dans les cœurs interieurement, non pas sur les tables de pierre, » comme (4) dit Jeremie. Et voicy comme il faut repondre à nos reformateurs, que l'interieur de l'Eglise est dans son cœur; mais quoy que cet interieur soit le principal de sa gloire, il ne laisse pas de rayonner jusques à l'exterieur; et c'est ce qui la fait voir et reconnoistre; c'est pourquoy il est dit en l'Evangile, que « l'heure est venuë, où les vrais adorateurs adoreront en esprit et en verité. » Nous sommes assez persuadez et enseignez, que l'interieur est le principal, et que l'exterieur est vain, s'il ne tend et ne se va rendre à l'interieur pour s'y spiritualiser : c'est en ce sens (5) que sainct Pierre appelle l'Eglise « une maison spirituelle; » parce que tout ce qui part de l'Eglise tend à la vie spirituelle; et que sa plus grande gloire est interieure. Ce n'est donc pas une maison faite de chaux et de sable, mais une maison mystique composée de pierres vivantes, où la charité sert de ciment, pour faire les jointures de plusieurs pieces reduites en un.

La saincte parole, dites-vous, nous apprend, « que le royaume de Dieu ne vient pas avec ostentation : » le royaume de Dieu c'est l'Eglise, donc l'Eglise n'est pas visible. Voicy, messieurs, ce que nous repondons : le royaume de Dieu, en ce texte, signifie nostre Seigneur avec sa grace, ou si vous voulez, la compagnie de nostre Seigneur, pendant qu'il fut au monde : « Voicy, le royaume de Dieu est parmy vous. » Ce royaume icy ne s'est pas produit avec l'apparat et le faste d'une majesté mondaine, comme les Juifs le croyoient; et nous avons dit cy-dessus (6) que le plus riche ornement de cette fille royale, « l'hu-

---

(1) Luc. ultimo, 37 et 39.
(2) Dans la marge de l'original, il y a trois quarrez croisez en cette maniere : ⊠|⊠ / ⊠| . Nous n'avons pu en trouver le rapport ni la signification.
(3) Cor. XIV, 15. — (4) Rom. X, 9.
(5) Joan. VI, 44 et 45. — (6) Cant. c. IV, 1.
(7) Cant. IV, 11.

(1) Ps. LXIV, 16.
(2) En cet endroit, en marge, il y a dans l'original trois †††, et nous n'avons pu dire ce que ce rapport vouloit signifier.
(3) Ad Gal. c. XVIII. — (4) Jerem. c. XXXI, 33.
(5) Petri. II, 51. — (6) Ps. XLIV, 18.

manité saincte de Jésus-Christ, » est cachée au-dedans, et ne se peut voir : pour signifier cela, sainct Paul a dit aux Hebreux, que « nous ne sommes pas venus vers une montagne maniable, comme celle de Sina, mais vers une Jerusalem celeste, » cela ne conclud rien pour establir une Eglise invisible ; car sainct Paul montre en cet endroit, que l'Eglise est plus magnifique et plus enrichie que la synagogue, et qu'elle n'est pas effectivement une montagne naturelle, comme celle de Sina, mais mystique et spirituelle, d'où ne s'ensuit aucune invisibilité ; outre ce que l'on pourroit dire avec raison, que l'apostre parle en ce lieu de la Jerusalem celeste, c'est-à-dire, de l'Eglise triomphante, c'est pourquoy il adjoute la societé des anges, comme s'il vouloit enseigner que dans la vieille loy, Dieu fut veu en la montagne de Sina, avec une face redoutable, mais la nouvelle nous prepare à le voir en sa gloire dans le paradis.

Enfin, voicy l'argument que chacun allegue, et croit estre le plus fort : « Je croy la saincte Eglise catholique ; » si je la croy, donc je ne la void pas, et de là s'ensuit qu'elle est invisible ; est-il rien de plus foible au monde que ce phantosme de raison ? les apostres n'ont-ils pas cru que Nostre-Seigneur est ressuscité, et ne l'ont-ils pas vu ; « Parce que tu m'as vu, » dit-il luy-mesme à sainct Thomas, « tu as cru, » et pour le rendre plus croyant il luy dit, « Voy mes mains, apporte ta main, et la mets dans mon costé, et ne sois plus incredule, mais fidelle. » Voyez, messieurs, comme la veuë n'empesche pas la foy, mais la produit : sainct Thomas vid une chose, et en crut une autre ; il vid le corps, et crut l'esprit et la divinité, ce ne fut pas sa veuë exterieure qui luy apprit à dire, « Mon Seigneur et mon Dieu, » mais la foy : on void le baptesme, mais on ne void pas la remission des pechez ; ainsi l'on void l'Eglise, mais non sa saincteté interieure ; on void les yeux de la colombe, mais on croit ce qui est caché par le dedans ; on void sa robe richement recamée en mille belles diversitez avec ses houppes d'or, mais la splendeur la plus brillante de sa gloire est au dedans, et nous la croyons ; il y a donc en cette royale espouse de quoy repaistre l'œil interieur et l'œil exterieur, la foy et le sens, et c'est tout pour la plus grande gloire de son espoux.

DISCOURS IX.

Les reprouvez et les predestinez sont de l'Eglise, et dans l'Eglise, ce qui detruit l'invisibilité de l'Eglise, et de la mission pretenduë des heretiques.

Est-il possible que nos adversaires, qui veulent rendre l'invisibilité de l'Eglise probable à leurs disciples, produisent pour la meilleure de leurs raisons, celle qui en effet est la plus foible, car ils raportent tout à l'eternelle predestination ; de vray, cette ruse n'est pas petite, de detourner les yeux spirituels de l'aspect de l'Eglise militante, et les mener à la predestination invisible et tres-cachée, afin qu'eblouïs par l'eclair de ce mystere inscrutable, nous ne voyions pas mesme ce qui est devant nous. Ils disent donc, qu'il y a deux Eglises, une visible et imparfaite ; l'autre invisible et parfaite ; que la visible peut errer et s'evanouir au vent des erreurs et des idolatries, mais non pas l'invisible. Que si l'on demande quelle est la difference de ces Eglises, ils repondent que « l'une est l'assemblée des personnes qui font profession de mesme foy, et des mesmes sacremens, que celle-cy contient les bons et les mauvais, et n'est Eglise que de nom : mais l'invisible, est celle qui contient les elus seulement, qui n'estant pas en la connoissance des hommes, sont invisiblement reconnus et veus de Dieu seul. »

Mais de grace ! où nous montreront-ils bien clairement, que la vraye Eglise ne contient pas les bons et les mauvais ensemble, les reprouvez et les élus ensemble ? c'est le point de quoy il s'agit. Premierement, n'estoit pas la vraye Eglise, celle (1) que sainct Paul appelloit « la colonne et la fermeté de la verité et la maison de Dieu vivant ? » Sans doute elle l'estoit, car une telle colonne de verité ne peut appartenir à une Eglise errante et vagabonde ; or l'apostre atteste (2) parlant de cette vraye Eglise et maison de Dieu, qu'il y a en elle des vaisseaux d'honneur et d'ignominie ; c'est-à-dire, des bons et des mauvais ; n'appelons-nous pas la vraye Eglise, celle contre laquelle les portes d'enfer ne prevaudront point, et neanmoins en cette mesme Eglise il y a des hommes qui ont besoin que l'on delie leurs pechez, et d'autres à qui il les faut retenir, comme nostre Seigneur le fit voir (3) en la promesse et en la puissance qu'il donna à sainct Pierre. Or ceux ausquels on retient les pechez, ne sont-ils pas mauvais, et mesme reprouvez ? Car c'est le propre des reprouvez, que leurs pechez soient retenus ;

---

(1) Ad Timot. III, 15. — (2) Ad Timot. 20.
(3) Matth. XVI, 18 et 17.

mais l'ordinaire des elus c'est qu'ils leur soient remis et pardonnez : qui peut nier que ceux à qui sainct Pierre avoit donné pouvoir et de les retenir et de les pardonner, ne fussent de l'Eglise? (1) Il n'appartient qu'à Dieu seul de juger de ceux qui sont hors de l'Eglise ; par consequent ceux dont sainct Pierre devoit juger, n'estoient pas hors, mais dans l'Eglise, et toutefois c'estoient des predestinez, et des reprouvez.

Nous apprenons de Jesus-Christ, que si nous sommes offensez par quelqu'un de nos freres, après l'avoir repris et corrigé deux fois et en deux divers temps, nous le defferions à l'Eglise ; et qu'on luy dise, que « s'il n'entend l'Eglise, qu'il soit comme un payen et un publicain ; » on ne peut icy s'echaper, l'argument est inevitable, car il s'agit de nostre frere, qui ne soit ny payen ny publicain, mais sous la discipline et correction de l'Eglise, par consequent son sujet, son fils et son membre ; neantmoins il arrivera, ou du moins il peut arriver, qu'il sera reprouvé, acariâtre et ostiné. Donc les bons ne sont pas seulement de la vraye Eglise, mais encore les mauvais, qui en seront jusques au temps que Dieu les juge, ou qu'ils soient separez de sa communion.

Quand Nostre-Seigneur nous dit (2) que « le serviteur ne demeurera pas tousjours en la maison, mais que le fils y demeurera tousjours, » n'est-ce pas autant que s'il nous disoit, qu'en la maison de l'Eglise l'elu y demeurera perpetuellement, et les reprouvez pour un temps ; car qui peut estre ce serviteur, qui ne demeurer pas tousjours en la maison, que celuy-là qui sera jetté à la fin dans les tenebres exterieures ? Et de fait, Jesus-Christ nostre Sauveur montre bien que c'est ainsi qu'il l'entend ; en ce qu'il avoit dit immediatement devant ces paroles : (3) « celuy qui fait le peché, est le serviteur du peché. » De-là s'ensuit, que ce serviteur, qui ne demeure pas d'une maniere fixe, demeure au moins pour un temps dans l'Eglise, pendant qu'il y est retenu pour quelque service. Sainct Paul (4) escrit à l'Eglise de Dieu, qui estoit à Corinthe, « qu'il veut qu'on en chasse un certain incestueux ; » si on l'en chasse, il y estoit, et s'il y estoit, et que l'Eglise fust la seule compagnie des elus, comme peut-on l'en avoir retiré? Car les elus ne peuvent estre reprouvez.

Mais pourquoy nierez-vous, messieurs, que les reprouvez et mechans soient de la vraye Eglise? Puisque mesme ils y peuvent estre et pasteurs, et evesques, la chose est claire ; Judas estoit un reprouvé, et toutefois il fut apostre et mesme evesque (1) selon le psalmiste ; sainct Pierre avouë (2) qu'il eut part au ministere de l'apostolat, l'Evangile (3) l'a tousjours mis dans l'ordre du college des apostres ; Nicolas Antiochien fut diacre, aussi bien que sainct Estienne, et neantmoins plusieurs anciens peres ne font point de difficulté de le tenir pour un heresiarque ; entre autres, Epiphane, (4) Philastre et sainct (5) Hierosme ; et de fait, les nicolaïtins prirent occasion de luy attribuer leurs abominations, desquelles sainct Jean en (6) l'Apocalypse fait mention, et les denonce comme des vrais heretiques. Sainct (7) Paul atteste aux prestres ephesiens, que le Sainct-Esprit les avoit fait evesques pour regir l'Eglise de Dieu, mais il asseure aussi, que quelques-uns d'entre eux s'eleverent et semerent des mechancetez pour les debaucher, et s'attirer des disciples à part ; il parle à tous quand il dit ; que « le saint Esprit les avoit fait evesques, » et parle de ceux-là mesmes quand il ajoute que « d'entre-eux sortiroient des schismatiques. » J'entreprendrois un narré superflu, si je voulois entasser icy les noms de tant d'evesques et de prelats, lesquels après avoir legitimement gouverné l'Eglise, sont dechus de l'estat de leur premiere grace, et sont morts heretiques ; qui vit jamais rien de plus sainct, pour un simple prestre, que le malheureux Origene, si docte, si chaste et si charitable ; personne ne peut lire ce qu'en escrit Vincent de Lyrins, l'un des plus polis escrivains ecclesiastiques, ny le considerer dans les cheutes de sa vieillesse, après une si admirable et saincte vie, qu'il n'en soit emeu de compassion, de voir ce grand et valeureux nocher, qui avoit essuyé tant de tempestes passées, qui avoit remply de la reputation de sa doctrine, presque tous les peuples, Hebreux, Arabes, Caldées, Grecs et Latins, revenant plein d'honneur et de richesses spirituelles, faire naufrage et se perdre au port de sa propre sepulture, qui oseroit dire qu'il n'eust esté de la vraye Eglise? Luy, qui avoit tousjours combattu pour toute l'Eglise, et que toute l'Eglise honoroit et tenoit pour l'un de ses plus grands docteurs : mais quoy ! le voilà enfin heretique, excommunié, hors de l'arche, et en estat de perir malheureusement dans le deluge de sa propre opinion ; tout cecy se raporte à la saincte parole (8) de Nostre-Seigneur, qui tenoit les scribes et les pharisiens pour vrais pasteurs de la vraye Eglise de ce temps-là, puisqu'il commande qu'on leur obeysse, et neantmoins il ne les tenoit pas pour ses elus,

---

(1) I. Corinth. v, 12.
(2) Joan. viii, 35. — (3) Ib. 34.
(4) 1. ad Corinth. c. i, 2 ; c. v, 2.

(1) Ps. cviii, 8. — (2) Act. vi, 5. — (3) Ibid.
(4) Philast. l. de hæres. — (5) Hieron. Epist sur l'Apoc. — (6) Apoc. c. ii, 6. — (7) Act. ii, 28, 30.
(8) Matth. xxv et ii, 12 et 13.

mais plustost pour des reprouvez : après tout quelle absurdité seroit-ce, je vous prie, si les seuls elus estoient de l'Eglise ? Il faudroit dire, ce qu'enseignoient les donatistes, que nous ne pourrions pas connoistre nos vrais prelats, par consequent nous ne pourrions leur rendre l'obeyssance ; car comme pourrions-nous sçavoir, si ceux qui se diroient nos peres, nos prelats, et nos pasteurs, seroient de l'Eglise ? puisque nous ne pouvons point discerner celuy qui est predestiné d'avec celuy qui ne l'est pas, comme il se dira en un autre endroit ; mais si ces prelats rejettez de Dieu, n'estoient pas de l'Eglise, auroient-ils pu tenir le lieu de chef ? Ce seroit bien un monstre des plus estrange qui se pust voir, que le chef de l'Eglise ne fust pas de l'Eglise ; de là j'infere non-seulement qu'un reprouvé peut estre de l'Eglise, mais encor pasteur en l'Eglise, ainsi l'Eglise ne peut estre appellée une societé invisible, non plus qu'une compagnie composée des seuls predestinez.

Justifions encor ce discours par les belles comparaisons evangeliques, qui montrent clairement cette verité. Certes sainct Jean (1) fait l'Eglise semblable à l'aire d'une grange, en laquelle non-seulement est le bon grain pour le Seigneur, mais encor la paille, quoy que destinée pour estre bruslée au feu eternel ; ne sont-ce pas les elus et les reprouvez ? Nostre-Seigneur a (2) comparé l'Eglise aux filets jettez dans la mer, dans lesquels on tire les bons et les mauvais poissons ; de plus, à la compagnie (3) de dix vierges dont il y en a cinq foles et cinq qui sont sages ; de plus, aux trois (4) valets, dont l'un est faineant et condamné aux tenebres exterieures ; enfin à (5) un festin de nopces, dans lequel sont entrez les bons et les mechans ; les mauvais n'ayant pas la robe convenable sont jettez dans l'abysme des tenebres exterieures ; ne sont-ce pas de suffisantes preuves, que non-seulement les elus, mais encor les reprouvez sont en l'Eglise ? il faut donc fermer et clorre la porte de nostre propre jugement à ces sortes d'opinions, avec attention à ces paroles de Jesus-Christ grandement remarquables : (6) « Il y a beaucoup d'appellez, mais bien peu de choisis, » tous ceux qui sont en l'Eglise sont appellez, mais tous ceux qui sont en l'Eglise ne sont pas elus.

Enfin, messieurs, je crois que vos ministres ne trouveront en aucun texte de l'Escriture aucune authorité qui leur puisse servir de quelque excuse, pour avancer tant d'absurdité, et pour contredire des preuves si claires que celles que nous avons produites ; je sçay pourtant qu'ils alleguent des contre-raisons, parce que jamais l'endurcy et l'opiniastre ne se rend sans replique.

DISCOURS X.

Refutation des objections des heretiques, qui ne veulent point que les reprouvez soient membres de l'Eglise.

He quoy ! après ce que nous avons dit, nos errans pourront-ils raporter ce qui est escrit au Cantique de l'espouse sacrée, que « c'est un jardin fermé, une fontaine cachetée, un puits d'eau vive, et qu'elle est toute belle et sans aucune tache, » ou comme dit (1) l'apostre, « glorieuse, sans ride, saincte et immaculée ; » je les prie de bon cœur qu'ils regardent ce qu'ils veulent conclurre de cecy, car s'ils veulent inferer, qu'il ne doit avoir aucune chose dans l'Eglise qui ne soit saincte, immaculée, et sans ride, je leur feray voir avec ce mesme passage (2) qu'il n'y a en l'Eglise ny elus ny reprouvez ; car comme dit tres-bien le grand concile de Trente, voicy la voix commune de tous les justes et elus de Dieu (3), « remettons-nous nos dettes, comme nous les remettons à nos debiteurs, » je tiens sainct Jacques pour un elu, et neantmoins il confesse que « nous offençons tous en plusieurs choses. » Sainct Jean nous ferme aussi la bouche et apprend à tous les reformateurs, que personne ne se vante d'estre sans souïllure, il veut tout au contraire, que chacun sçache et confesse humblement qu'il a peché. Je croy que David (4) dans son ravissement et dans son extase, sçavoit ce que c'estoit que des elus, toutefois il tenoit que « tout homme estoit un menteur : » si donc ces bonnes qualitez qui sont données à l'Eglise, considerée en son tout, et en sa doctrine, se doivent prendre pour tous les membres particuliers, de telle sorte qu'il n'y ait aucune tache, ny aucunes rides dans les fidelles, il faudra sortir hors de ce monde pour trouver la verification de ces beaux eloges ; les elus de ce monde n'en seront pas capables. Mettons la verité au net pour l'eclaircir.

Certes l'Eglise est, a esté, et sera tousjours toute belle, toute saincte et toute glorieuse, selon les mœurs et selon la doctrine ; les mœurs dependent de la volonté, la doctrine de l'entendement : or jamais n'entrera aucune fausseté dans l'entendement de l'Eglise, ny en sa volonté aucune malice ; elle peut par la grace de son espoux dire

---

(1) Matth. III, 12. — (2) Matth. XIII, 47.
(3) Matth. XXV, 12. — (4) Matth. 26 et 30.
(5) Matth. XXII, 2. — (6) Matth. 14.

(1) Ephes. V, 27. — (2) Heb. 6, c. XI.
(3) Joan. I. Eph. c. I, 8. — (4) Ps. CXVI. 2.

comme luy : « Qui (1) d'entre vous, ô mes conjurez ennemis! me reprendra de vice et de peché? » Il ne s'ensuit pas pourtant que dans les particuliers de l'Eglise il n'y ait des mechans; ressouvenez-vous de ce que j'ay dit ailleurs, que l'espouse a des cheveux et des ongles qui ne sont pas vivans, quoy qu'elle soit vivante; que le senat est souverain, mais non pas chaque senateur; que l'armée est victorieuse, mais non pas chaque soldat en particulier; si elle emporte la bataille, plusieurs soldats s'y perdent et y demeurent, plusieurs par divers accidens y sont blessez, d'autres y meurent; prenez donc garde l'un après l'autre, à ces belles loüanges de l'Eglise qui sont semées (2) en l'Escriture, et luy en faites une couronne, car elles luy sont tres-bien duës; mais aussi considerez plusieurs maledictions, qui sont données à ceux qui s'y perdent; c'est une armée bien ordonnée, encor que plusieurs s'y debandent.

On sçait assez que bien souvent on attribuë à tout un corps, ce qui n'appartient qu'à une des parties : l'espouse appelle (3) son espoux blanc et vermeil, mais incontinent elle dit qu'il a les cheveux noirs. Sainct (4) Matthieu dit que les larrons qui estoient crucifiez avec Nostre-Seigneur, le blasphemerent, neantmoins ce ne fut que l'un d'eux, au raport de sainct (5) Luc. On dit que le lys est tout blanc, il y a pourtant du jaune et du verd : à dire vray celuy qui parle en terme d'amour, comme l'espouse et l'espoux du cantique, usent volontiers de cette façon de langage, où sous les representations chastes et amoureuses toutes ses qualitez sont justement attribuées au corps de l'Eglise; à cause de beaucoup de sainctes ames qui y sont, et qui observent etroitement les saints commandemens de Dieu; ce sont des cœurs parfaits, de la perfection qu'on peut avoir dans le pelerinage de ce monde, non pas encor de celle que nous esperons en la bienheureuse patrie; au surplus, quoy qu'il n'y eust point d'autres raisons de qualifier l'Eglise par ces titres, l'esperance qu'elle a de monter là-haut toute pure, et toute belle, en contemplation du seul port auquel elle aspire et va courant, suffiroit pour la faire appeller glorieuse et parfaite, principalement à la veuë de tant de solides promesses et assurances de cette attente bienheureuse.

Il seroit inutile d'en dire plus sur ce sujet, car qui voudroit s'amuser sur tous les pieds de mouche, qu'on fait icy, et sur lesquels on baille mille fausses alarmes au pauvre peuple, on ne finiroit jamais la meslée ; on produit le passage de sainct Jean : (1) « Je connois mes brebis, et personne ne les levera de mes mains; » on insiste, que ces brebis sont les predestinez, qui sont seuls au bercail du Seigneur. On produit ce que dit sainct Paul (2) à Timothée : « Le Seigneur connoist aussi ceux qui sont à luy; » de plus, ce que sainct (3) Jean dit des apostres : « Ils sont sortis d'entre-nous, mais ils n'estoient pas d'entre-nous. » Quelle difficulté trouve-t'on en cela? Nous confessons que les brebis predestinées entendent la voix de leur bon pasteur, et ont toutes les proprietez qui sont decrites en sainct Jean, ou presentes, ou à venir; nous confessons aussi qu'en l'Eglise de Dieu, qui est la bergerie de Nostre-Seigneur, il n'y a pas seulement des brebis, mais encor des boucs, autrement pourquoy seroit-il remarqué, qu'à la fin du monde, au jour du jugement, les brebis (4) seront separées, sinon, parce qu'en ce pelerinage pendant que l'Eglise combat en ce monde, elle a (5) en son sein des boucs meslez avec les brebis; certes si jamais ils n'avoient esté ensemble, on ne les separeroit point; et puis en fin de compte, si les predestinez sont appellez brebis, aussi le sont bien les reprouvez; (6) temoin David, « vostre fureur est courroucée sur les brebis de vostre parc, (7) j'ay erré comme la brebis, qui est perduë, » et ailleurs quand il dit : (8) « O vous, qui regentez sur Israël, escoutez, vous qui conduisez Joseph comme une oüaille : » quand il dit de Joseph, « il entend les josephois, et le peuple israelitique, parce qu'en Joseph fut cedée la primogeniture, (9) et l'aisné donnoit le nom à la race, » mais qui ne sçait que parmy le peuple (10) d'Israël tous n'estoient pas predestinez, ny tous elus, et neantmoins ils sont tous appellez brebis, et tous regis sous un mesme pasteur; ainsi nous confessons qu'il y a des brebis sauvées et predestinées, desquelles il est parlé en sainct Jean, il y en a d'autres damnées, desquelles il est parlé (11) ailleurs, et toutes neantmoins icy bas dans un mesme parc.

En outre, messieurs, nous ne nions pas que Nostre-Seigneur ne connoisse ceux qui sont à luy; il sceut, sans doute, ce que Judas deviendroit par sa perfidie, neantmoins Judas ne laisse pas d'estre de ses apostres; il sceut ce que devoient devenir les disciples (12) qui retournerent en arriere, ayant mal receu la doctrine de la realité de la manducation de sa chair, et neantmoins il les reconnut pour ses disciples. C'est une chose bien differente

---

(1) Joan. VIII, 46. — (2) Cant. VI, 9.
(3) Cant. c. V et X. — (4) Math. XXVII.
(5) Luc. XXIII.

(1) Joan. X. — (2) II. Tim. II; 19. — (3) II. Joan. II.
(4) Mat. XXV. — (5) Ezech. XXXIV, 17.
(6) Ps. LXXIII, 1. — (7) Ps. CXVII, v. ultimo.
(8) Ps. LXXIV, 1. — (9) Paralip. V, 1.
(10) Isaïe. XXIII. — (11) Ezech. XXXIV.
(12) Joan. VI, 66.

d'estre à Dieu, et connu de Dieu, selon son eternelle prescience par rapport à l'Eglise triomphante, et d'estre à Dieu selon la presente communion des saincts par rapport à l'Eglise militante ; les premiers sont seulement connus de Dieu ; les derniers sont connus et de Dieu et des hommes selon sa volonté presente. Sainct Augustin s'ecrie : « O (1) combien de loups sont dedans, combien de brebis sont dehors ! » Nostre-Seigneur donc connoist ceux qui sont à luy ; pour l'Eglise triomphante, sans ignorer qu'il y en a plusieurs en l'Eglise militante, desquels la fin sera en perdition, comme le mesme apôstre le monstre quand il dit, (2) « qu'en une grande maison il y a de toutes sortes de vases, quelqu'uns pour l'honneur, et d'autres pour l'ignominie, » pour ce que sainct (3) Jean dit, « ils sont sortis d'entre-nous, mais ils n'estoient pas d'entre-nous : » cela ne fait rien à nostre propos, car je responds comme sainct Augustin, ils estoient des nostres, ou d'entre-nous, *numero* ; et ne l'estoient pas *merito*. C'est-à-dire, comme l'explique le mesme docteur, « ils estoient entre-nous et des nostres par la communion des sacremens, mais selon leur particuliere proprieté et disposition de leur vie ils ne l'estoient pas, ils estoient heretiques en leurs ames et de volonté, quoy que selon l'apparence ils ne le fussent pas : » et cela n'est pas dire que les bons ne soient avec les mauvais en l'Eglise ; s'ils n'y estoient par merite, ils y estoient sans doute de fait et de nombre, comme de volonté ils en estoient dejà dehors.

Enfin, messieurs, voicy vostre fort argument qui semble estre fourny de forme et de figure ; « celuy-là n'a point Dieu pour pere, qui n'a point l'Eglise pour mere, » c'est une chose tres-certaine, car Jesus-Christ l'a dit. Or est-il que les reprouvez n'ont point Dieu pour pere, donc ils n'ont point l'Eglise pour mere, par consequent les reprouvez ne sont point en l'Eglise. Mais la reponce est belle, et n'est pas difficile à expliquer. On reçoit le premier fondement de cette raison, mais le second, à sçavoir, que les reprouvez ne soient pas enfans de Dieu, a besoin d'estre epluché : tous les fidelles baptisez peuvent estre appellez enfans de Dieu, pendant qu'ils sont fidelles, sinon que l'on voulust oster au baptesme le nom (4) de regeneration et de nativité spirituelle, que Nostre-Seigneur luy a donné ; que si on l'entend ainsi, il y a plusieurs reprouvez enfans de Dieu, car combien y a-t-il de gens fidelles et baptisez qui seront toutefois damnez, lesquels, comme dit la verité mesme, « croyent (5) pour un temps, et au temps de la tentation se retirent en arriere ; » de façon que nous nions tout court cette seconde proposition, que les reprouvez ne soient pas enfans de Dieu, (1) car les reprouvez estans en l'Eglise, ils peuvent estre appellez les enfans de Dieu par la creation, par la redemption, par la regeneration, par la doctrine, et par la mesme profession de foy, quoy que Nostre-Seigneur se plaigne d'eux en cette sorte en (2) Isaye : « J'ay nourry et elevé des enfans, et ils m'ont meprisé. » Que si l'on veut persister à dire obstinement que les reprouvez n'ont point Dieu pour pere, parce qu'ils ne seront point heritiers, selon la parole de l'apostre, (3) « s'il est fils, il est heritier. » Nous nierons encore la consequence, car non-seulement les enfans sont en l'Eglise ; mais encor les serviteurs, mais avec cette difference, que les (4) enfans y demeureront à jamais comme heritiers, les serviteurs, non, (5) mais seront chassez quand il semblera bon au pere de famille, temoin le maistre, mesme en sainct Jean (6) parlant du fils prodigue penitent, qui sçavoit bien reconnoistre, que plusieurs mercenaires avoient des pains en abondance chez son pere, quoy que le vray et legitime fils mouroit de faim, et mangeoit avec les pourceaux, ce qui rend preuve de la foy catholique en ce sujet ; ô combien de serviteurs ! puis-je dire avec l'Ecclesiastique, ont esté vus à cheval en bon ordre, et combien de princes à pied comme des valets ? combien d'animaux immondes et de corbeaux en cette arche mystique de l'Eglise ! O combien de pommes belles et excellentes exterieurement sont sur le pommier, qui sont toutes vermoulues par dedans, et neantmoins elles sont attachées à l'arbre, et tirent le bon suc de la tige ; celuy qui auroit les yeux assez clairvoyans pour regarder l'issué de la course des hommes, verroit bien dans l'Eglise de quoy s'ecrier, « plusieurs sont appellez, mais peu y sont elus ! » c'est-à-dire, plusieurs sont en la saincte Eglise militante, qui ne seront jamais en la triomphante ; combien sont dedans qui seront dehors, (7) comme sainct Antoine previt d'Arius, et sainct Tulbert de Berengaire ; c'est donc chose certaine, que non-seulement les elus, mais les reprouvez encor, peuvent estre et sont les enfans de l'Eglise ; celuy donc qui pour la rendre invisible n'y admet que les elus, fait comme les disciples, qui conseilloient d'oster l'ivroye d'avec le bon bled, avant la moisson, mais le bon pasteur les en corrigea.

---

(1) Aug. tract. XLV, in Joan.
(2) II. Tim. II, 20. — (3) Aug. in Joan. 61.
(4) Joan. III, 5. — (5) Luc. VIII, 13.

(1) Ad Gal. IV, 26. Omnes vos filii Dei estis per fidem in Christo Jesu.
(2) Isa. I, 2. — (3) Ad Gal. V, 7.
(4) Ad Gal. VIII, 25. — (5) Luc. XV, 17.
(6) Joan. X, 7. — (7) S. Aut. in vita.

DISCOURS XI.

La perpetuité de la succession, et de la doctrine, ruine entierement la mission pretenduë des heretiques, car l'Eglise veritable ne peut perir.

Attendant le lieu propre, je seray d'autant plus retenu et racourcy en ce discours, que ce que je deduiray au suivant, sera une augmentation de forte preuve à la creance de la perpetuité de l'Eglise et de sa ferme immutabilité. Nos adversaires, pour se soulever et s'affranchir du joug de la saincte soumission qu'on doit à l'Eglise, assurent qu'elle estoit perie il y a environ mille ans et tant d'années ; qu'elle estoit morte, ensevelie, et la saincte lumiere de la foy entierement eteinte ; c'est sans doute un grand blasphesme, parce que tout cecy est contre le merite de la passion de Nostre-Seigneur, contre sa providence, contre sa bonté, et contre sa verité ; ne sçait-on pas ce que dit la parole (1) de Nostre-Seigneur mesme ; « Si je suis une fois elevé de terre, j'attireray toutes choses à moy : » n'a-t-il pas esté elevé en l'arbre de la croix ? N'a-t-il pas souffert une mort visible ? Et qui peut dire sans impieté qu'il auroit laissé l'Eglise (qu'il avoit attirée) à l'abandon ? Comme auroit-il lasché cette precieuse prise, qui luy avoit cousté si cher ? (2) Le prince du monde, c'est-à-dire le diable, auroit-il esté chassé avec le sainct baston de la croix pour un temps de trois ou quatre cens ans, afin de revenir maistriser mille ans ? Voulez-vous evacuer de cette sorte la force de la croix ? Estes-vous des arbitres de si bonne foy, que de vouloir si injustement partager Nostre-Seigneur, et mettre desormais une alternative entre sa divine bonté et la malice diabolique de son ennemy ? (3) Non, non, « quand un fort est puissant guerrier, il garde sa forteresse, tout y est en paix, que si un plus fort survient et le surmonte, il luy leve les armes et le depouille. » Ignorez-vous que (4) Jesus-Christ se soit acquis l'Eglise par son sang ? Et qui pourra la luy lever ? Pensez-vous qu'il soit plus foible que son adversaire ? Ha ! je vous prie, parlons honorablement de ce capitaine ; où est ce fort qui osera oster son Eglise d'entre ses mains ? Peut-estre direz-vous, qu'il peut la garder, mais qu'il ne le veut pas ; c'est donc sa providence, ou sa bonté, ou sa verité, que vous attaquez ; « la bonté de Dieu (5) a donné des dons aux hommes montant au ciel, elle leur a donné des apostres, des evangelistes, des pasteurs et des docteurs pour la consommation des saincts, en l'œuvre du ministere, pour l'edification du corps de Jesus-Christ, » la consommation des saincts estoit-elle faite il y a onze cents ou douze cents ans ? l'edification du corps mystique de Nostre-Seigneur, qui est l'Eglise, avoit-elle esté parachevée ? ou cessez de vous appeller nouveaux edificateurs, ou dites que non : si elle n'avoit pas esté (1) achevée (comme de fait elle ne l'est pas mesme maintenant), pourquoy faites-vous ce tort à la bonté de Dieu, que de dire, qu'il ait osté et levé aux hommes ce qu'il leur avoit donné ? c'est une des qualitez de la bonté de Dieu, comme dit sainct Paul, de distribuer ses dons et ses graces sans repentir, c'est-à-dire, qu'il ne donne pas pour oster.

Si sa divine providence, dès l'instant qu'elle eut creé l'homme, avec le ciel et la terre, et tout ce qui est dans le ciel et sur la terre, conserve tout cela perpetuellement, de telle sorte, que la generation du moindre oysillon n'est pas encore eteinte, que dirons-nous de son Eglise ? la production de tout ce monde ne luy cousta du premier coup qu'une seule parole, « il dit, et tout fut fait, » il le conserve avec une perpetuelle et immuable providence ; pourquoy, je vous prie, eust-il abandonné l'Eglise, qui luy a cousté tout son sang, avec tant de peine et tant de travaux ? Il a tiré (2) Israël de l'Egypte, et des deserts de la mer Rouge, de tant de calamitez et de captivitez ; et nous croirons qu'il aye laissé engloutir le christianisme dans l'incredulité ? Il a tant eu soin de son *Agar*, et il meprisera *Sara* sa maistresse ? il a tant favorisé la servante, qui devoit estre chassée de la maison, et n'aura tenu compte de son espouse legitime ? il aura tant honoré l'ombre, et il abandonnera le corps ? O que ce seroit bien pour neant que tant et tant (3) de promesses auroient esté faites de la perpetuité de cette Eglise !

C'est de l'Eglise que le psalmiste chante, « Dieu l'a fondée en son eternité (4) et sur son trosne » (il parle de l'Eglise, trosne du mesme fils de David, en la personne du Pere eternel.) « Il sera comme le soleil devant moy, et comme la lune parfaite en mon eternité ; il sera le temoin fidele au ciel, et je mettray sa race ès siecles des siecles ; son trosne sera comme les jours du ciel, » c'est-à-dire, autant que le ciel durera. Daniel (5) l'appelle « un royaume, qui ne se dissipera point eternellement. » L'ange dit à Nostre-Dame, (6) que

---

(1) Joan. XII, 32. — (2) *Ib.* 31.
(3) Luc. II, 21. — (4) Act. XX, 28.
(5) Ephes. IV, 11, 12.

(1) Rom. II, 29. — (2) Genes. XXI, 10, 11, 12.
(3) Ps. LXXI. Orietur in diebus ejus justitia, et abundantia pacis, donec auferatur luna ; quæ pax ? quæ justitia ? nisi in Ecclesia. S. Aug.
(4) Ps. XLVII, 8. Ps. LXXXVIII, 37, 58.
(5) Dan. II, 44. — (6) Luc. I, 33.

« ce royaume n'auroit point de fin. » Il parle de l'Eglise visible, comme nous le prouvons ailleurs. Isaïe avoit-il pas predit long-temps auparavant de Nostre-Seigneur : (1) « S'il met et expose sa vie pour le peché, il verra une longue race : » c'est-à-dire d'une perpetuité interminable. Et (2) ailleurs : « Je feray une longue alliance avec eux ; après vous, ceux qui les verront (il parle de l'Eglise visible) les connoistront. » Mais je vous prie, qui a donné la charge à Luther et à Calvin de revoquer en doute, et mettre à neant tant de sainctes et solemnelles promesses de perpetuité, que Nostre-Seigneur a faites à son Eglise ? n'est-ce pas Jesus-Christ luy-mesme, (3) qui parlant de l'Eglise, dit, que (4) « les portes d'enfer ne prevaudront point contre elle ? » et comme verifiera-t-on cette promesse, si l'Eglise a esté abolie mille ans, ou plus ? que deviendra ce doux adieu que nostre Redempteur fit à ses apostres. (5) « Ecce ego vobiscum sum usque ad consummationem sæculi ? » comme l'entendrons-nous ? si nous voulons dire que l'Eglise puisse perir.

Mais voudrions-nous bien casser la regle de Gamaliel, qui parlant de l'Eglise naissante, usa de ce discours : « Si ce conseil, ou cet œuvre est des hommes, il se dissipera ; mais si le dessein est de Dieu, vous ne sçauriez le dissoudre. » L'Eglise est asseurement l'œuvre de Dieu, et comme dirons-nous qu'elle soit dissipée ? si ce bel arbre ecclesiastique avoit esté planté de la main d'homme, j'advouërois aisement qu'il pourroit estre arraché ; mais ayant esté planté (6) de si bonne main, comme est celle de Nostre-Seigneur, je ne sçaurois consentir à ceux qui ne font que crier à tous propos que l'Eglise estoit perie. Jesus-Christ dit : « Laissez là ces aveugles, car toute plante que le Pere celeste n'a pas plantée sera arrachée ; mais celle que Dieu a plantée ne sera point deracinée (7). » Sainct Paul nous apprend' que « tous doivent estre vivifiez, chacun en son ordre, les premices sont en Christ, puis ceux qui sont chrestiens. » Enfin, entre Jesus-Christ et les siens, c'est à sçavoir l'Eglise, il n'y a rien entre deux ; car, montant au ciel, il les a laissés en terre ; entre l'Eglise et la fin, il n'y aura point d'interruption, d'autant que son Eglise devoit durer jusques à la fin ; et il ne falloit pas que (8) Nostre-Seigneur regnast en elle au milieu de ses ennemis simplement (9) jusques au temps qu'elle eust mis sous ses pieds et assujetty ces mesmes adversaires : mais de grace ! comme s'accompliront ces authoritez, si l'Eglise, qui est le royaume de Nostre-Seigneur, avoit esté perduë et detruite ? comme regneroit son espoux sans royaume ? et comme regneroit-il parmy ses ennemis, s'il ne regnoit en ce bas monde ? Mais je vous prie, si cette espouse fust morte (1) (au moment où son) espoux estoit endormy sur la croix, elle eust premierement receu la vie ; mais si, dis-je, elle fust morte, qui l'eust ressuscitée ? Ne sçait-on pas que la resurrection des morts n'est pas un moindre miracle que la creation, et beaucoup plus grand que la continuation et conservation ? Ne sçait-on pas que la reformation de l'homme est un plus grand mystere que sa formation, parce qu'en la formation « Dieu dit et il fut fait ? » Il inspira l'ame vivante, et il ne l'eut pas si tost inspirée que cet homme terrestre commença de respirer. Mais en la reformation, Dieu employa trente-trois ans, sua sang et eau, et mourut mesme pour meriter et operer cette reformation. Celuy donc qui sera osé de dire que cette Eglise est morte, doit accuser la bonté, la diligence et la sagesse de ce grand reformateur. Ainsi celuy qui s'erigeroit en nouveau reformateur, ou ressuscitateur de cette Eglise, s'attribuëroit l'honneur dû à un seul Jesus-Christ, et se feroit plus qu'un apostre. Les apostres n'ont pas donné ny rendu la vie à l'Eglise, mais la luy ont conservée par leur ministere après que Nostre-Seigneur l'eut etablie. Mais Luther est bien plus fort, qui dit que, l'ayant « trouvée morte, il l'a ressuscitée. » En verité, il merite, ce me semble, d'estre assis au trosne de temerité. Nostre-Seigneur avoit mis le feu de la charité dans le monde ; les apostres, avec le souffle de leur predication, l'avoient accru et fait courir par toutes les nations. Mais vous dites, messieurs, qu'il estoit eteint parmy les eaux de l'ignorance et de l'iniquité ! Qui le pourra r'alumer ? Le souffler n'y sert de rien ! et quoy donc ? Il faudroit sans doute ou frapper de nouveau avec les cloux et la lance sur Jesus-Christ, pierre vivante, pour en faire sortir un nouveau feu, ou dire qu'il suffira que Luther et Calvin soient venus au monde pour le r'alumer ! Ce seroit bien, à la verité, une mission d'un troisiesme Helie ; car ny Helie ny sainct Jean-Baptiste n'en firent jamais tant. Ce seroit bien laisser tous les apostres en arriere, qui porterent ce feu sacré par le monde ; mais ils ne l'alumerent pas. (2) « O voix impudente ! » dit sainct Augustin contre les donatistes, « l'Eglise

---

(1) Isa. c. 53, 10. — (2) C. LXI, 8.
(3) Matt. XVI, 18. — (4) *Ib.* ultimo, ℣ ult.
(5) Act. V, 38. — (6) Matt. XXXV, 13.
(7) Cor. XV, 22 et 23. — (8) Ps. CIX, 1 et 23.
(9) I. Cor. XV, 25.

(1) Il manque icy quelques mots dans l'original que nous avons remplis de ceux-cy : *au moment où son*.
(2) Aug. in Psal. CI, ser. 2.

ne sera point parce que tu n'y es point ! (1) Non, non, » dit sainct Bernard ; « les torrens sont venus, les vents l'ont soufflée et l'ont combattuë ; (2) mais elle n'est point tombée, parce qu'elle estoit fondée sur la pierre, et la pierre estoit Jesus-Christ. » Dire que l'Eglise a manqué, n'est-ce pas confesser que tous nos devanciers sont damnez ? Oüy, pour le vrai ; car hors la vraye (3) Eglise, il n'y a point de salut ; hors de cette arche, tout le monde se pert. O quel outrage l'on fait à ces bons peres qui ont tant souffert pour nous conserver l'heritage de l'Evangile ! et maintenant les heretiques, qui sont les enfans egarez, se moquent d'eux ou les tiennent pour fols et insensés, et mesme pour des reprouvez : ne voila pas une belle reforme ?

Je veux, messieurs, conclure cette preuve avec sainct (4) Augustin, et parler *ad hominem* à vos ministres : « Que nous apporteront-ils de nouveau, ces etrangers ? faudra-t-il encor une fois semer la bonne semence ? Nostre-Seigneur dit, que dès qu'elle est semée, elle croist jusques à la moisson, et eux disent, qu'elle est partout perdüe, et que ce n'est plus celle que les apostres avoient semée : nous vous repondrons à cela : lisez-vous ? voyez les sainctes Escritures, ce que vous y lirez sera ce que nous vous soutenons, il est escrit, et cela s'entend de l'Eglise : que la semence qui fait fruit au commencement, croistra jusqu'au temps de la moisson. » En effet, messieurs, la bonne semence, ce sont les enfans du royaume de Jesus-Christ ; la zizanie sont les mauvais ; la moisson, c'est la fin du monde : ainsi, ne dites plus que la bonne semence est abolie ou etouffée, car elle croist et croistra jusques à la consommation du siecle visible.

DISCOURS XII.

Refutation des raisons des heretiques, qui veulent que l'Eglise puisse perir, et qu'elle a esté quelque temps détruite.

Vous croyez 1. que l'Eglise fut toute abolie, quand Adam et Eve pecherent ; à cela je reponds, qu'Adam et Eve n'estoient pas l'Eglise, mais le commencement de l'Eglise ; encor n'est-il pas vray qu'elle se soit perduë alors, dans ces deux personnes, qui ne pecherent pas contre la doctrine, mais dans les mœurs, et contre un precepte qui ne regardoit que la discipline.

2. Aaron souverain prestre adora (5) le veau d'or, avec tout son peuple ? on vous repartira, qu'Aaron n'estoit (1) pas encor souverain prestre ny chef du peuple, il le fut par après ; et l'on adjouste, que le peuple ne fut pas tout perdu ou idolatre, car les (2) enfans de Levy n'estoient-ils pas enfans de Dieu ? Or ceux-cy se joignirent avec Moïse.

3. Elie (3) se plaint d'estre demeuré seul en Israël : on replique qu'Elie n'estoit pas seul en Israël qui fust homme de bien, puisqu'il y en avoit (4) encor sept mille, qui ne s'estoient pas corrompus ny abandonnez à l'idolatrie ; et ce qu'en dit le zele du prophete, n'est que pour mieux exprimer et exagerer la justice de sa plainte ; et mesme il n'est pas vray, qu'encor que tout Israël eust manqué, l'Eglise pour cela eust esté abolie, car Israël n'est pas toute l'Eglise : au contraire il estoit (5) deja separé du peuple fidele, par le schisme de Jeroboam, et le royaume de Juda en estoit la meilleure et la principale partie ; c'est d'Israël, et non pas de Juda, qu'Azarie avoit predit, « qu'il seroit sans prestre et sans sacrifice. »

4. Il est escrit en Isaïe, que depuis la plante des pieds jusques au sommet de la teste, il n'y avoit point de santé en Israël. Nous repondons, que ces manieres de parler et de detester les vices d'un peuple avec vehemence, sont les effets du zele d'un homme de Dieu contre les vices ; mais quoy que les prophetes, les pasteurs et predicateurs usent de ces exagerations dans leurs discours, il ne les faut pas reduire à la lettre sur chaque particulier, mais seulement sur une grande partie du peuple ; ce qui se verifie par l'exemple d'Elie, qui se plaignoit d'estre seul en Israël, et neantmoins il y avoit encor, comme il le dit luy-mesme, sept mille fideles. Sainct Paul se plaint aux Philippiens, que chacun recherchoit son propre interest et commodité ; et toutefois à la fin de son epistre, il confesse (6) qu'il y en avoit plusieurs tres-gens de bien de part et d'autre : on sait la plainte de David ; « Il n'y a pas, disoit-il, un seul homme qui fasse bien ; » et pourtant il est asseuré qu'il y eut plusieurs justes de son temps : ces façons de parler sont frequentes dans l'Escriture, mais il n'en faut pas faire une conclusion particuliere pour un chacun, outre qu'on ne prouve pas par ces textes, que la foy eust manqué en l'Eglise, ny que l'Eglise fust morte ; car il ne s'ensuit pas qu'un corps, quoy que malade, soit mort entierement ; et c'est avec ce sel de discretion qu'il faut entendre (7) ce qui se trouve de

---

(1) Bern. ser. LXX in Cant. — (2) Matt. VII, 24.
(3) I. Cor. VIII, 4. — (4) Aug. de tract. Eccl. c. XV.
(5) Exod. XL, 12.

(1) Exod. XXXIX, per totum ejus init., 32.
(2) Exod. XXXII, 26.
(3) III. Reg. XIX, 18. — (4) C. XII, 31 et 28.
(5) II. Paralip. XV, 3. — (6) Ad Philip. II, 21.
(7) Aug. de unitate Eccles. c. X.

semblable dans les menaces et reprehensions des prophetes, des prestres, et des sainctes Escritures.

5. Jeremie (1) defend qu'on se confie au mensonge, disant, « le temple de Dieu, le temple de Dieu. » Mais, messieurs, qui vous a jamais dit, que sous pretexte de l'Eglise, il se faille confier au mensonge ; nous disons au contraire, que celuy qui s'appuye sur le jugement de l'Eglise, s'appuye sur la colomne et fermeté de la verité ; qui se fie à l'affabilité de l'Eglise, ne se fie pas au mensonge, si ce n'est un mensonge ce qui est escrit : « Les portes d'enfer ne prevaudront point contre elle : » nous nous confions donc en la saincte parole (2) qui promet une perpetuité à l'Eglise de Dieu.

6. Vous dites qu'il est escrit, (3) « qu'il faut que le depart et separation arrive, et qu'alors le sacrifice cessera, et qu'à grand' peine le Fils de l'homme trouvera de la foy dans les cœurs, à son second retour visible, quand il viendra en terre juger les hommes. » Tous ces passages (4) s'entendent de la persecution que fera l'Ante-Christ contre l'Eglise, durant les trois ans et demy qu'il regnera : lisez le reste, et vous trouverez, que l'Eglise durant ces trois ans mesme, ne deffaillira pas, (5) elle sera nourrie et conservée dans les deserts et dans les solitudes, où elle se retirera, comme dit l'Escriture.

DISCOURS XIII.

L'Eglise n'a jamais esté dissipée, ny cachée, et c'est en vain qu'on veut une mission extraordinaire pour la reproduire.

Toute passion humaine a tant de pouvoir sur les hommes, qu'elle les pousse à ce qu'ils desirent, devant-mesme que d'en concevoir aucune bonne raison ; et s'il arrive qu'ils ayent dit quelque chose, elle leur fait trouver des apparences de verité, où il n'y en a point du tout : les anciens avoient sagement remarqué, que bien sçavoir reconnoistre la difference des temps dans les Escritures, estoit une tres-solide regle, pour les entendre ; à faute de quoy, les Juifs et les heretiques se sont equivoquez, attribuant au premier avenement du Messie, ce qui est proprement dit et entendu du second ; ceux de la pretendue reforme se sont encor plus lourdement abusez, quand ils veulent representer l'Eglise telle en ce temps (dit sainct Gregoire) qu'elle doit estre du temps de l'Ante-Christ ; ils tournent à ce biais

(1) Jerem. VII, 4. — (2) II. Thessal. II, 3.
(3) Dan. XII, 11. — (4) Dan. VII, 15 ; 11. Apoc. II, 2 ; XII et XV. — (5) Apoc. II, 4.

ce qui est écrit (1) en l'Apocalypse, « que la femme s'enfuit en la solitude ; » et tirent cette consequence, que l'Eglise a esté cachée et secrete, pour eviter la tyrannie du pape ; qu'elle s'est renduë mille ans invisible, jusques à ce qu'elle s'est reproduite en Luther et en ses adherans. Mais qui ne void, que cela se doit interpreter (2) de la fin du monde, et de la persecution de l'Ante-Christ ? le temps y est determiné expressement de trois ans et demy, et mesme en (3) Daniel, tellement que celuy qui voudroit, par quelque glose mal suivie, confondre en un, ce temps que l'Escriture a determiné en l'autre avec difference, contrediroit tout ouvertement à Nostre-Seigneur, qui dit, « qu'il sera plutost accourcy pour la gloire des elûs. » Comment donc osent-ils transporter cette Escriture à une intelligence si eloignée de l'intention de l'autheur, et si contraire aux propres circonstances, sans vouloir regarder à tant d'autres sentences et paroles sainctes, qui montrent et assurent tres-clairement, que l'Eglise ne doit jamais estre reduite en solitude, ny si cachée, qu'elle soit obligée de disparoistre, non pas mesme pour peu de temps ; ce qui ne s'entend pas des Eglises particulieres, mais de l'universelle. Je ne veux plus repeter importunement tant de passages cottez cy-dessus, où l'Eglise est dite (4) semblable au soleil, à la lune, (5) à l'arc-en-ciel, à une reine, à une montagne aussi grande que le monde, (6) et un grand nombre d'autres ; je me contenteray de vous mettre en avant l'authorité de deux grands colonels ou capitaines de l'ancienne Eglise, et des plus fermes qui furent jamais, sainct Augustin et sainct Jerosme. Ecoutons (7) sainct Augustin. David avoit dit : « Le Seigneur est grandement loüable en la cité de nostre Dieu, assise en la saincte montagne ; l'Eglise est cette saincte cité, elevée sur la montagne, qui ne se peut cacher ; c'est la lampe, qui ne peut estre celée ou couverte sous le boisseau ; elle est connuë de tous, et celebre par tout : » Et le prophete adjouste : « Le mont Sion est fondé avec grande joye dans l'univers. Et de fait, Nostre-Seigneur enseigne que (8) personne n'allume la lampe pour la couvrir sous un muy : comme donc auroit-il mis tant de lumieres en l'Eglise, pour les cacher en certains deserts inconnus ? » David poursuit : (9) « Voicy le mont qui remplit l'univers, et environne la face de la terre ; voicy la

(1) Apoc. XII, 6 et 14.
(2) Cap. XIV, 6. — (3) Dan. II, 7.
(4) Ps. LXXXVIII, 37. — (5) Ps. XLIV, 12 et 16.
(6) Dan. II, 35. — (7) Aug. in Ps. XLVII, et tract. I. in Ep. Joan. — (8) Matt. V, 15.
(9) Aug. tract. I. in Ep. Joan.

cité, de laquelle il est dit : la cité ne se peut cacher, quand elle est située sur le mont. Les donatistes (les calvinistes) et autres heretiques, rencontrent le mont ; quand on leur dit, montez : ce n'est pas, disent-ils, une montagne ; ce qui fait qu'ils s'y heurtent et trebuchent miserablement, au lieu d'y établir et chercher une demeure. » (1) Isaïe, qu'on lisoit hyer (2), annonce aux leçons de l'office : « Vous verrez dans les derniers jours, il y aura un mont preparé sur le coupeau des montagnes, pour estre la demeure du Seigneur, où tous les peuples viendront en foule. » Est-il rien de plus apparent qu'une montagne ? mais nos egarez se font des monts inconnus, parce qu'ils sont assis en un coin de la terre : qui d'entre vous connoist le mont Olimpe ? personne certes, quoy qu'il soit beaucoup elevé ; non plus que les habitans de l'Olimpe sçavent ce que c'est que nostre mont (3) Chidabbe, parce que les montagnes particulieres sont retirées en certains quartiers. Mais le mont d'Isaïe n'est pas de mesme ; c'est un mont dominant, qui (4) a remply toute la face de la terre ; la pierre de ce mont, taillée et incisée sans œuvre d'homme, n'est-ce pas Jesus-Christ, descendu de la race juifve sans œuvre de mariage ? cette pierre n'a-t-elle pas abattu tous les royaumes du monde ? c'est-à-dire, toutes les dominations des idoles et des demons : ne s'accrust-elle pas jusques à remplir tout l'univers ? C'est donc de ce mont qu'il est dit, « Il est preparé sur la cime des collines ; » c'est un mont elevé sur le sommet de tous les monts, qui s'humilient, ou qui se brizent contre son pied : qui peut ignorer la cité mise sur ce mont ? il est vray qu'il est inconnu, mais c'est seulement à ceux-cy, qui haïssent l'Eglise ; car comme ils marchent par les tenebres, ils ne sçavent où ils vont, ils se sont separez de l'unité du corps ; ils se sont aveuglez dans leur ignorance ; et voila nos preuves par les paroles de sainct Augustin contre les donatistes ; après tout, comme l'Eglise presente exprime parfaitement l'Eglise ancienne : ainsi les heretiques de nostre asge ressemblent pareillement aux anciens heretiques, sans changer autre chose que les noms ; d'où s'ensuit que les raisons anciennes combattent les lutheriens et les calvinistes, comme elles faisoient autrefois les donatistes.

Mais voyons comme sainct Jerosme entre en cette liste de son costé ; en verité, messieurs, il vous est aussi redoutable que l'autre, car il fait voir clairement, que cette dissipation pretendue, cette retraite et bannissement de l'Eglise, abolit la gloire de la croix de Nostre-Seigneur, puisque parlant (1) à un schismatique reüny à l'Eglise il luy dit ces paroles : « Je me rejoüis avec toy, et rends graces à Jesus-Christ, mon Dieu, de ce que tu t'es reduit de bon courage de l'erreur et de la fausseté, au goust et sentiment de tout le monde, et que tu ne dis pas comme quelques-uns : O Dieu ! sauvez-moy, car le sainct a manqué et a defailly. Leur voix impie evacué la croix de Jesus-Christ, s'ils assujettissent le fils de Dieu au diable, et si le regret que le Seigneur a temoigné contre les pecheurs est entendu de Jesus-Christ, aussi bien que de tous les hommes : mais gardons-nous de croire que Dieu soit mort pour neant, le puissant est lié et saccagé, la parole du Pere est accomplie, (2) demande-moy et je te donneray les nations pour heritage, et pour tes possessions les bornes de la terre ; où sont, je vous prie, ces gens trop religieux, ou plutost trop profanes, qui sont plus de la synagogue que de l'Eglise ? comme seront detruites les citez du diable et les idoles, à la consommation des siecles ? comme seront abattus, si Nostre-Seigneur n'a point eu d'Eglise, où s'il l'a eüe en la seule isle de Sardaigne, ou autre lieu caché ? certes il est trop appauvry. » Hé ! si sathan possede une fois l'Angleterre, la France, le Levant, les Indes, les nations barbares et tout le monde ; comment auront esté retressis et resserrez les trophées de la croix en un seul coin du monde ? Voila ce que dit S. Jerosme. Mais que diroit ce grand personnage, de ceux qui non-seulement nient qu'elle ait esté generale et universelle, mais qui soutiennent encor hardiment, qu'elle n'est qu'en certaines personnes inconnuës, sans vouloir determiner un seul petit bourg, où elle se fust preservée depuis mille ans ? n'est-ce pas bien avillir le glorieux mystere de la redemption ? Le Pere celeste, pour la grande humiliation et aneantissement que son fils avoit souffert en sa passion et sur la croix, avoit rendu son nom si auguste, que toute (3) nation se devoit plier pour sa reverence ; mais ceux-cy ne prisent pas tant la croix, ny les actions du crucifié ; ils ostent du conte de sa gloire les generations de mille ans : le Pere luy avoit donné en heritage beaucoup de gens, parce qu'il avoit livré sa vie à la mort, il avoit livré son corps à la croix, et avoit esté mis au rang des impies, des mechans et des voleurs : mais ceux-cy luy diminuënt beaucoup ses honneurs, et rognent si fort sa portion, qu'à grand'peine en l'espace de mille ans, aura-t-il eu

---

(1) C. II, 2. — (2) On void que l'autheur composoit ce discours dans le temps de l'advent.

(3) Chidabbe est une montagne près de Tonon en Savoye. — (4) Dan. II, 34 et 35.

(1) Hieron. adversus Luciferi. — (2) Psal. II, 8.
(3) Psal. II, 9. Joan. LIII, 12.

certains serviteurs secrets et cachez, ou pour mieux dire point du tout selon leur doctrine; mais je m'addresse à vous, ô devanciers, qui portastes le nom de chrestiens, et qui avez crù estre en la vraye Eglise ; ou vous aviez la vraye foy, ou vous ne l'aviez pas. O miserables ! vous estes tous damnez, et si vous l'aviez, pourquoy le cachiez-vous aux autres? que n'en (1) laissiez-vous des memoires; que ne vous opposiez-vous à l'impieté et à l'idolatrie ; ne sçaviez-vous pas que Dieu a recommandé à un chacun le salut de son prochain? Certes on croit (2) de cœur pour la justice : mais qui veut obtenir le salut, il faut faire (3) la confession de sa foy : et comment pourriez-vous dire : (4) J'ai crù, et par ce j'ay parlé. O miserables, en toute maniere! qui ayant un si beau talent l'avez (5) enfoüy en terre! s'il est ainsi, vous estes dans les tenebres exterieures : mais si au contraire, ô Luther! ô Calvin! si au contraire la vraye foy a tousjours esté publiée et continuellement preschée par tous nos devanciers, vous estes miserables vous-mesmes, qui en avez forgé une toute nouvelle, et qui pour trouver quelque excuse à vos volontez et à vos phantaisies, accusez indignement tous les chrestiens, ou d'impieté s'ils ont mal crù, ou de lascheté s'ils se sont tus.

DISCOURS XIV.

L'Eglise ne peut errer, et c'est en vain qu'on suppose une mission extraordinaire pour la corriger de ses erreurs.

En ce temps mesme que le perfide Absalon (6) voulut former la conspiration contre son pere David, il s'assit à la porte du palais, et disoit à tous ceux qui passoient : « Il n'y a personne constitué de la part du roy, pour vous oüir ; hé! qui me constituera juge sur la terre, afin que tous ceux qui auront quelque negociation, viennent à moy, et que je juge justement » : ainsi il sollicitoit et seduisoit le courage des Israëlites. O combien d'Absalons se sont trouvez en nostre asge ! qui pour seduire et distraire les peuples de l'obeïssance de l'Eglise et des pasteurs, et solliciter les cœurs des chrestiens à la rebellion, ont crié par toutes les advenuës d'Allemagne et de la France : « Il n'y a personne establi de Dieu, pour ouïr les doutes de la foy, et les resoudre : l'Eglise mesme, et les magistrats n'ont point le pouvoir de determiner ce qu'il faut tenir en la foy, et

(1) Eccl. xvii, 12. — (2) Rom. xvii, 10.
(3) Luc. xii, 8. — (4) Ps. cxvi, 1.
(5) Matt. xxv, 25 et 30.
(6) I. Reg. xv, 3, 4 et 5.

ce qu'il faut rejetter : car l'Eglise peut errer en ses decrets et en ses regles. » O Dieu ! quelle plus dommageable et plus temeraire persuasion pouvoient-ils inspirer au christianisme, que celle-là? Si donc l'Eglise peut errer, ô Calvin ! ô Luther ! à qui auray-je recours en mes difficultez? à l'Escriture, disent-ils; mais que feray-je pauvre homme ? c'est sur l'Escriture mesme où j'ay difficulté : je ne suis pas en doute s'il faut ajouter foy à l'Escriture, ou non, je sçay et je suppose que c'est la parole de verité ; ce qui me tient en peine, c'est l'intelligence de cette Escriture, ce sont les consequences qu'on en peut tirer ; lesquelles estant sans nombre, et ce semble contraires sur un mesme sujet, un chacun peut prendre l'equivoque diversement selon son sens : je demande et je desire sçavoir qui de tous ses sens est le vray et le salutaire? Mon Dieu ! qui me fera connoistre la bonne exposition parmy tant de mauvaises ? qui me fera voir la solide verité au travers plusieurs apparences ? Je suis persuadé que chacun se voudroit embarquer sur le navire, qui est le vaisseau du Sainct-Esprit. D'ailleurs, je sçay qu'il n'y en a qu'un, et que celuy-là seul peut prendre port ; car tout le reste court au naufrage : Ha ! helas ! que le danger est grand de se meprendre? la vanité, l'avarice, et la temeraire promesse des patrons en deçoit la pluspart, car tous se vantent d'en estre les maistres : celuy qui dit, que Dieu ne nous a pas laissé des guides en un chemin si perilleux et si difficile, impose à Dieu, et croit qu'il nous veut perdre ; celuy qui dit qu'il nous a embarqué à la mercy des vents et de la mer, sans nous donner un bon et sage pilote, qui sçache bien prendre le point de la carte et de la boussole, est comme s'il disoit, que faute de prevoyance le peril est tres-grand : celuy qui dit que nostre Maistre nous a envoyé en l'ecole de son Eglise, sçachant que l'erreur y estoit receuë et enseignée, conclud assez, qu'il a voulu nourrir nostre vice et nostre ignorance. Mais de grace ! qui jamais a estimé une academie, où le maistre enseigne l'erreur et le mensonge, et où personne ne fut jamais son auditeur ? Certes, telle seroit la saincte Eglise, si les particuliers avoient toujours esté dans l'imposture ; car si l'Eglise erre elle-mesme, qui n'errera ? et si chacun y erre avec elle, ou peut errer, à qui m'adresseray-je pour estre instruit ? sera-ce à Calvin ? mais pourquoy plutost qu'à Luther, ou à Brence, ou à Pasimontain ? Nous n'aurions plus sans doute à qui recourir en nos difficultez, si l'Eglise erroit : mais qui considerera, (1) de bon sens, le credit tres-authentique que Dieu a donné à l'Eglise, inferera certainement, que celuy qui

(1) Matt. xviii, 17.

dit, que l'Eglise peut errer, peut dire que Dieu erre, ou se plaist dans l'erreur, et veut qu'on erre, ce qui ne peut estre qu'un grand blaspheme. N'est-ce pas Jesus-Christ qui nous enseigne : « Si ton frere a peché contre toy, dis-le à l'Eglise : si quelqu'un n'entend point l'Eglise, qu'il te soit comme un infidele et un etranger? » Voyez-vous comme Nostre-Seigneur nous renvoye à l'Eglise en nos differens, quels qu'ils soient : mais bien plus, quand les sujets sont de plus grande consequence. A dire vray, si je suis obligé, après l'ordre de la correction fraternelle, d'aller à l'Eglise, pour reduire en justice un vicieux qui m'aura offensé, combien plus seray-je obligé d'y defferer celuy qui appelle toute l'Eglise une Babilone, une adultere, une idolatre, une mensongere, une parjure? et qu'il ne fait d'autant plus justement, qu'avec (1) sa malice et son artifice, il fait effort pour debaucher et infecter toute une province, puisque le vice d'heresie est si contagieux, que comme un chancre il se va tousjours insinuant dans les parties nobles. Quand donc j'en verray quelqu'un qui me dira que tous nos peres, nos ayeulx et nos bisayeulx ont esté idolastres, qu'ils ont corrompu l'Evangile, et qu'ils ont pratiqué toutes les mechancetez qui s'ensuivent de la chutte de la religion, je m'addresseray à l'Eglise, dont le jugement me doit estre recommandable. Mais ô Dieu ! si elle peut errer, ce ne sera plus moy, ny l'homme qui sera coupable d'erreur, ce sera le Fils de Dieu mesme, qui l'authorise et luy donne son credit, puisqu'il nous commande d'aller à son tribunal, pour y poursuivre et recevoir justice. Il faut certes de deux choses l'une ; ou que Jesus-Christ ne connoisse pas ce qui s'y fait, ou qu'il nous veuille decevoir ; ou que c'est là, en conscience, que la vraye justice s'administre, ou que c'est à tort que les sentences y sont irrevocables. L'Eglise a condamné Beranguaire ; celuy qui le voudroit justifier seroit contre l'Eglise, et je l'estimerois comme payen et publicain : obeïssons donc au Seigneur, qui ne nous laisse pas la liberté en cet endroit, mais nous commande souverainement d'ecouter son Eglise. Sainct Paul declare (2) la mesme verité, quand il appelle l'Eglise *une colomne de fermeté et de verité*, pour signifier que la verité est soutenuë fortement en l'Eglise. Il dit ailleurs : « La verité n'est soutenuë que par intervalle, elle tombe souvent ; mais en l'Eglise elle est sans vicissitude, et immuablement, sans chanceler, parce que l'Eglise est stable et perpetuelle. » Si vous repliquez que sainct Paul veut dire en cet endroit, que l'Escriture a esté remise en garde à l'Eglise, et rien plus, certes c'est trop ravaler la similitude qu'il propose ; car c'est bien plus de soutenir la verité, que de garder le depost de l'Escriture. Les Juifs gardent une partie de l'Escriture, et beaucoup d'heretiques pareillement la tiennent et la conservent à leur maniere ; mais pour cela, ils ne sont pas les colomnes de fermeté et de verité ; l'ecorce de la lettre n'est ny veritable ny fausse ; elle n'est telle, que selon le sens qu'on luy baille, bon ou mauvais. Supposons que la verité consiste au sens, qui est comme la moële ; il s'ensuit, si l'Eglise est gardienne de la verité, que le sens de l'Escriture luy est remis, et qu'il le faut chercher chez elle, et non pas en la cervelle de Luther, ou de Calvin, ou de quelqu'autre : ainsi elle ne pourroit errer aucunement, ayant tousjours chez elle le sens de l'Escriture. Et de fait, si l'on eust mis dans ce sacré depost la lettre sans le sens, on auroit mis la bourse sans l'argent, la coquille sans le noyau, la guaisne sans l'epée, la boëtte sans l'onguent, la feüille sans le fruit, et l'ombre sans le corps. Mais dites-moy ; si l'Eglise tient en sa garde les Escritures, pourquoy est-ce que Luther les a prises, et transportées hors de chez elle ? pourquoy est-ce que vous meprisez de les prendre de ses mains, et pourquoy non les Machabées, l'Ecclesiastique, et tout le reste, comme l'Epistre aux Hebreux ? car elle proteste avoir aussi cherement en sa garde les uns comme les autres : ecoutons les paroles de sainct Paul, qui ne peuvent souffrir le sens oblique et forcé que vous leur donnez ; il parle de l'Eglise visible et connuë, car où adresseroit-il son Timothée pour converser : il l'appelle *la maison du Seigneur :* elle est donc bien fondée, bien rangée, et bien couverte contre tous les orages et les tempestes ; elle est *une colomne de fermeté et de verité ;* la verité donc est chez elle, elle y loge, elle y demeure, et qui la cherche ailleurs, la pert de veuë ; (1) elle est tellement asseurée, remparée et fermée, que toutes les portes d'enfer (2), c'est-à-dire, toutes les forces ennemies, ne sçauroient s'en rendre maistresses ; mais ne seroit-ce pas ville gagnée pour l'ennemy, si l'erreur y entroit touchant les choses qui sont pour l'honneur et le service de son espoux ? S'il est vray que Nostre-Seigneur est le chef de l'Eglise, n'a-t-on point de honte de dire, que le corps d'un chef si sainct et si venerable, soit adultere, prophané et corrompu ? c'est en vain qu'on fait une exception de l'Eglise invisible, car il n'y a point icy bas d'Eglise qui ne soit visible, comme j'ay montré cy-dessus ; le Fils de Dieu en est le chef. Ecoutez la voix de (3) S. Paul: « Et ipsum dedit caput supra omnem Ecclesiam, »

(1) Tim. II, 17. — (2) I. Tim. III, 15.

(1) Matt. XVI, 18. — (2) Ephes. I, 5.
(3) Ephes. I, 22.

non sur une eglise, ou sur deux, comme vous l'imaginez ; mais sur toute l'Eglise. Il dit luy-mesme : (1) « Là où deux, ou trois, se trouveront assemblez au nom de Nostre-Seigneur, il se trouvera au milieu d'eux. » Qui osera donc advancer cette fausseté, que l'assemblée universelle de l'Eglise, depuis mille ans et plus, ait esté abandonnée à la mercy de l'erreur et de l'impieté ? Je conclus de toutes ces preuves, que s'il est impossible que l'Eglise catholique soit dans l'erreur de quelque article de la foy (soit que nous le voyions exprez dans l'Escriture, soit qu'il en soit tiré par quelque deduction, ou par tradition) nous devons croire à son authorité, sans aucunement contre-rosler, ou disputer, ou douter de sa decision ; mais luy porter l'obeïssance et l'hommage qui est dû à cette reine, à qui Nostre-Seigneur a commandé de regler nostre foy par le sainct esprit, qu'il luy a donné : comme c'auroit esté une impieté tres-grande aux apostres de contester contre leur Maistre, autant le seroit-ce à celui qui contesteroit contre l'Eglise ; parce que si le Pere a dit du Fils : « Ipsum audite ; » le Fils a dit de l'Eglise : « Si quis Ecclesiam non audierit, sit tibi sicut ethnicus et publicanus. »

DISCOURS XV.

La mission des heretiques est abusive, puisqu'ils ont ruiné le credit de l'Eglise universelle.

Veritablement, messieurs, je n'ay pas besoin de longs argumens pour faire voir, que vos ministres ont avily la saincteté et la majesté de l'Eglise, puis qu'ils publient haut et clair, qu'elle a demeuré huit ou neuf cents ans en adultere, et qu'elle est devenuë anti-chrestienne depuis le temps de sainct Gregoire, jusques à Wiclef que Beze tient pour le premier restaurateur du christianisme. Calvin se voudroit bien couvrir d'une distinction imaginaire, en soutenant que « l'Eglise peut errer dans les choses non necessaires au salut, non dans les autres » qui sont essentielles à la foy : mais Beze passe plus avant, et sans biaiser confesse librement, « qu'elle a erré en tout, et qu'elle n'estoit plus Eglise, ny pour les choses qui regardent l'usage, ny pour les choses qui sont essentielles et necessaires au salut. » Il advoüe neantmoins que « hors l'Eglise il n'y a point de salvation ; » et s'ensuit de son dire (quoy qu'il se tourne et contourne de tous costez) que puisque l'Eglise a erré aux choses necessaires, on ne s'est pu sauver chez elle dans le temps de son adultere. En effet il est impossible qu'elle s'egare dans les choses necessaires pour le salut, sans

(1) Matt. XVIII.

qu'elle nous detourne des choses necessaires à salut ; car autrement, si elle avoit ce qui est necessaire pour le salut, elle seroit la vraye Eglise, à moins qu'il fust possible de se pouvoir sauver hors de la vraye Eglise, ce qui ne se peut accorder, selon le sentiment de Beze mesme, qui proteste assez franchement avoir appris cette doctrine de ceux qui l'ont instruit en sa religion pretenduë reformée ; c'est-à-dire de Jean Calvin. Et de vray, si Calvin eust cru que l'Eglise romaine n'eust pas erré ès choses necessaires à salut, il eust eu grand tort de s'en separer ; car y pouvant operer son salut, et supposé que le necessaire et l'essentiel du vray christianisme s'y fust trouvé, il eust esté obligé en conscience d'y demeurer pour se sauver, parce que le salut ne pouvoit estre en deux lieux differens et opposez. On me repliquera peut-estre, que Beze tient que l'Eglise romaine, telle qu'elle est aujourd'huy, erre dans les choses necessaires, et que pour cela mesme il s'en est separé ; mais qu'il ne tient pas pour cela que la vraye Eglise ait jamais erré ; toutefois un ministre ne peut s'echapper de ce costé-là ; car alors quelle autre Eglise y avoit-il au monde ? Il y a deux cents, trois cents, quatre cents, et cinq cents ans, qu'on ne reconnoissoit parmy les chrestiens, que l'Eglise catholique romaine, et toute telle qu'elle est à present ; il n'y en avoit point d'autre, et cela hors de doute : par consequent c'estoit la vraye et la seule Eglise : mais s'il est certain qu'elle erroit, il n'y avoit donc plus de vraye Eglise au monde ? Beze l'advoüe, et donne pour toute raison, que ce pitoyable et general aneantissement estoit arrivé par une erreur intolerable, et mesme dans les choses necessaires à salut. Il est mesme vray qu'à son refuge à la conservation chimerique d'une Eglise invisible, dont nous avons fait voir la vanité cy-devant, et mesme dans le point que nous examinons, puisque quand ils confessent, que l'Eglise visible peut errer, à mesme temps ils violent l'Eglise à laquelle Nostre-Seigneur nous r'envoye pour eclaircir nos difficultez, et que sainct Paul appelle *colomne et pilier de la verité* : car ce n'est que de l'Eglise visible de laquelle s'entendent ces temoignages, sinon que quelque obstiné voulust dire, que Nostre-Seigneur nous eust renvoyez à une societé invisible, imperceptible, et du tout inconnuë, ou que sainct Paul eust enseigné son Timothée de converser avec une assemblée, de laquelle il n'eust pu avoir aucune connoissance. Mais je vous prie, n'est-ce pas là rompre tout le respect et toute la reverence duë à cette espouse du Roy celeste ? n'est-ce pas reduire à l'erreur toutes les troupes de nos anciens peres, qui depuis tant de siecles, avec tant de sang, avec tant de sueur et de travaux, ont deffendu l'Eglise, et les traiter comme des errans, des bannis, des revoltez et des conjurez contre sa couronne? n'est-ce pas remettre sur pied tant d'heresies et tant de fausses opinions que l'Eglise avoit condamnées, et l'accuser d'avoir entrepris sans la raison de souveraineté sur son etat, absolvant ceux qu'elle avoit condamnez, et condamnant ceux qu'elle avoit absous; en voicy des exemples.

Simon Magus soutenoit, au rapport de Vincent de Lerins, que « Dieu estoit cause de peché (1), » Calvin et Beze le confessent. Le premier au traité de l'eternelle predestination; le second en la reponce à Sebastien Castillio: car quoy qu'ils nient le mot, ils en deffendent le vray sens, et en effet ils sont convaincus de cette heresie (si heresie on la doit appeler, non pas plutost un atheïsme) par tant de doctes hommes, qui les ont combattus par leurs propres paroles, que je perdrois le temps de m'y arrester.

Judas, dit sainct Hierosme, a cru que les miracles qu'il voyoit operer par la vertu et de la main de Nostre-Seigneur, n'estoient que des illusions diaboliques; je ne sçay, messieurs, si vos ministres sont plus modestes: quand on leur produit des miracles, ils les appellent des prestiges et des sorcelleries. Ces miraculeuses merveilles que Nostre-Seigneur a faites par ses serviteurs, au lieu de vous ouvrir les yeux, helas! qu'en dites-vous? quelles railleries n'en faites-vous point?

Les *pepusiens*, dit sainct Augustin (c'est-à-dire les montanistes ou les phryges, comme les appelle le Code), admettoient à la dignité de la prestrise, mesme les femmes, cela se void dans vos freres Anglois qui tiennent Elisabeth leur reyne pour chef de leur Eglise?

Les *manicheens*, au rapport de sainct Hierosme (2), nioient le liberal arbitre; Luther a fait un livre contre la liberté de la nature humaine, qu'il a intitulé *de Pravo arbitrio*. Pour ce qu'en dit Calvin, je m'en rapporte à vous, et n'en veux point d'autres temoins.

Les *donatistes* croyoient que l'Eglise de Dieu s'estoit perduë en tout le monde, et qu'elle estoit demeurée seulement chez eux; vos ministres parlent de mesme sorte; ceux-là disoient qu'un mechant homme ne pouvoit baptiser; Wiclef en tient tout autant que ces heretiques: et ce point est si ridicule que vostre ministre Beze a tenu pour un insensé ce reformateur.

Pour ce qui touche leur *discipline*, voicy les caracteres de leurs vertus; ils donnoient le tresprecieux sacrement aux chiens; ils jettoient le sainct cresme aux pieds, renversoient les autels;

rompoient les calices sacrez, et les vendoient aux prophanes: ils rasoient par irrision la teste aux prestres, pour leur lever la sacrée onction; ils ostoient et arrachoient le voile aux sainctes Vierges pour les prophaner. *Jovinian*, selon le temoignage de sainct Augustin (*Libro de heresibus; ad quod-vult-Deum*, *cap.* 28), vouloit qu'on mangeast en tout temps, et contre les deffenses de l'Eglise, de toutes sortes de viandes; il disoit que les jeusnes n'estoient point meritoires devant Dieu; que tous les elus estoient egaux en la gloire; que la virginité n'estoit pas plus excellente que le mariage, et que tous les pechez estoient egaux. Or chez (1) vos maistres on enseigne le mesme: *Vigilance*, comme escrit sainct Hierosme dans son livre contre cet heretique, et dans sa deuxiesme epistre, ne vouloit point qu'on honorast les reliques des saincts; il tenoit fortement que leurs prieres n'estoient point profitables; que les prestres ne devoient vivre dans le celibat; que la pauvreté volontaire estoit un abus. Et vous, messieurs, que ne dites-vous point sur ces articles?

Eustachius, en l'année 324, meprisa temerairement les jeusnes ordinaires commandez de l'Eglise, les traditions ecclesiastiques, les lieux sacrez et reliques des saincts martyrs, et les basiliques dediés à leur devotion. Le recit en est fait par le concile *Jengrense, in præstatione*, où, pour ces erreurs reconnuës et avouées, il fut anathematizé, et condamné. Voyez-vous combien il y a de temps qu'on a condamné vos reformateurs? *Eunomius* ne vouloit point ceder à la pluralité, ny à la dignité, ny à l'antiquité comme temoigne sainct Basile contre luy, l. 1. Il disoit que la seule foy suffisoit à salut, et justifioit le fidelle, c'est sainct Augustin qui le luy reproche, *Hæresi*, 14. Sur le premier point voyez Beze en son *Traitté des marques de l'Eglise*. Touchant le second, n'est-il pas d'accord avec cette celebre sentence de Luther, que Beze tient pour bienheureux reformateur. « Vides quàm dives sit homo christianus, sive baptizatus, qui etiam volens, non potest perdere salutem suam, quantiscumque peccatis ligatus, nisi nolit credere (2). »

Arrius, au recit de sainct Augustin, nioit la priere pour les morts, les jeusnes ordinaires, et la superiorité des evesques par dessus le simple peuple: vos ministres soutiennent tout cela.

Lucifer, selon la remarque de sainct Hierosme, appelloit son Eglise seulement la vraye Eglise, et disoit que l'Eglise ancienne estoit devenuë un

---

(1) Vinc. Lirin. c. III, 4.
(2) Hieron. libris duobus adversus Jovinianum.

(1) Luther. serm. de natali. B. M. martyris Petri Epistola 6. Et Calvin. in antidoth. sess. 6.
(2) Luth. l. de cap. Babil.

lieu de prostitution; n'est-ce pas ce que preschent vos ministres dans vos assemblées?

Les *pelagiens* (1) se tenoient si assurez et si certains de leur justice, qu'ils promettoient le salut aux enfans des fidelles qui mouroient sans baptesme; ils croyoient que tous pechez estoient mortels : pour le premier, c'est un ordinaire langage dans la doctrine de Calvin, *In antidoto*. Le second et troisiesme sont si communs parmy vous, qu'il est superflu d'en dire autre chose.

Les *manicheens* (2) rejettoient les sacrifices de l'Eglise, et les images, c'est ce que font vos gens.

Les *messaliens* meprisoient tous les ordres sacrez, ils ruinoient les Eglises et les autels, comme l'observe sainct Damascene, *Heres*. 80, et Ignatius (*qui apud Theodoretum dicitur impassibilis*) « Eucharistias et oblationes non admittit, quòd non confiteatur Eucharistiam esse carnem Salvatoris nostri Jesu Christi, quæ pro peccatis nostris passa est, quam Pater sua benignitate suscitavit. » Contre lesquels a ecrit sainct Martial, *ad Burdegalenses*.

Berengaire voulut avancer la mesme heresie long-temps après, mais il fut condamné par trois conciles, aux deux derniers desquels il abjura l'impieté de son erreur.

Julien l'Apostat meprisoit fort le signe de la croix. Aussi faisoit Xenair chez Nicephore, l. 16, c. 27: les mahumetans n'en font pas moins, Damascene, *Heres*. 100. Mais qui voudra voir cecy bien au long, qu'il voye Sander, l. 8, c. 57, et Bellarmin *in notis Ecclesiæ*. Voyez-vous, messieurs, les colomnes dejà depuis long-temps ebranlées, sur lesquelles vos ministres ont jetté et formé leur reformation? Or, de grace, cette seule alliance d'opinions, ou pour mieux dire cet etroit parentage et consanguinité, que vos premiers maistres ont eu avec les plus anciens et les plus mortels ennemis de l'Eglise, ne vous devroit-elle pas detourner de les suivre en vous rangeant ainsi malheureusement sous leurs enseignes? Je n'ay pas cité une heresie qui n'ait esté tenuë pour telle en l'Eglise ancienne, que Calvin et Beze confessent avoir esté la vraye Eglise, à sçavoir dans les premiers cinq cens ans du christianisme. Hé! je vous prie, n'est-ce pas fouler indignement aux pieds la majesté de l'Eglise, que de produire comme une reformation et reparation tres-necessaire et tres-saincte, ce qu'elle a detesté tant de fois lorsqu'elle estoit encor en ses plus pures années, et qu'elle avoit terrassé, combattu, foudroyé, ruiné, et separé de la vraye doctrine? L'estomac delicat de cette celeste espouse n'avoit pû soutenir aux premiers siecles la violence de ces venins; elle les avoit rejettez avec tant d'effort, que plusieurs de ses saincts martyrs en avoient signé la fausseté de leur propre sang; et maintenant vous les luy presentez comme une precieuse medecine. Les saincts et doctes personnages que j'ay citez ne les eussent jamais mis dans le rang des heretiques, s'ils n'eussent vû le corps de l'Eglise les tenir pour tels; c'estoient des hommes tres-orthodoxes, et qui estoient consideréz de tous les evesques et docteurs catholiques de leur temps, qui montrent dans leurs escrits, que ce qu'ils tenoient pour heretique, l'estoit effectivement. Imaginez-vous donc cette venerable antiquité, dans le ciel, autour du maistre qu'ils ont servy, et où ils regardent avec pitié vos reformations; ils y sont allez à Dieu en combatant les opinions que vos ministres vous preschent, ils ont tenu pour heretiques ceux dont vous suivez les exemples; pensez-vous que ce qu'ils ont jugé erreur, heresie et blasphesme chez les arriens, manicheens et autres seducteurs, soit crû maintenant par eux pour articles de reformation et restauration? Qui ne voit que c'est ici le plus grand mepris que vous pouviez faire à la majesté de l'Eglise? Si vous voulez venir à la succession de la vraye et saincte foy de ces premiers siecles, ne revoquez pas en doute ce qu'elle a si solennellement etably et constitué; personne ne peut estre heritier en partie, il le faut estre en tout, ou en rien. Acceptez l'heritage fidellement, les charges ne sont pas si grandes, qu'un peu d'humilité n'en fasse la raison; il ne faut que renoncer genereusement à ses passions, et à ses opinions, et passer paisiblement du different, que vous avez avec l'Eglise, à son unité; les hommes sont appellez pour estre heritiers de Dieu, coheritiers de Jesus-Christ, en l'heureuse compagnie de tous les bienheureux. Amen.

(1) Hieron. adversus Pel. l. 3. 6. Aug. lib. cont. Julianum, c. II et III. Hieron. l. 2.
(2) August. l. 20 contra Faustum.

OBSERVATION SUR CETTE PREMIERE PARTIE.

Il est aisé de voir que cette premiere partie des controverses de sainct François de Sales fut composée dans la ville de Tonon en Savoye, et commencée environ le temps des advens de l'année 1595; car en ce temps-là il preschoit aux catholiques de la province du Chablaix : le sainct homme n'estoit alors là que simple prestre, occupé dans sa mission apostolique, qui fut si benite de Dieu, qu'il y convertit enfin soixante-dix ou douze mille ames. Le manuscrit fut fait fort à la haste, communiqué de main en main en forme de lettres volantes ; le style n'en est point du tout etudié, et le lecteur doit prendre garde que cette production est le premier de tous les ouvrages qu'il a formez en corps de doctrine. Nous avons distingué les matieres en quinze discours pour ayder le lecteur, adoucy quelques mots et quelques phrases ; mais nous n'avons rien alteré dans la substance, ny dans l'ordre, ny dans la suite du recit ; et cela est tres-aisé à justifier sur les copies collationnées, dont l'original (qui fut compulsé dans le procez de sa canonisation, et envoyé au S. Pere Alexandre VII) est conservé dans la bibliotheque du Vatican.

SECONDE PARTIE.

DES REGLES DE LA FOY.

SECTION PREMIERE.

L'AUTHORITÉ DES ESCRITURES EST LA PREMIERE REGLE DE LA FOY.

L'on voit dans ce traité que les ministres de la religion pretenduë ont violé toutes les loix de la foy catholique par la corruption des sainctes Escritures, et par le mepris des venerables traditions.

AVANT-PROPOS DE SAINT FRANÇOIS DE SALES.

A MESSIEURS DE LA VILLE DE THONON, OÙ PAR MANIERE DE PRELUDE SONT DECLAREES ET DISTINGUÉES LES REGLES DE LA FOY.

Il est certain que si l'avis que sainct Jean donne aux chrestiens, de ne pas croire legerement à toutes sortes d'esprits, fut necessaire de son temps, il ne l'est pas moins à present, mais plus que jamais, en un siecle corrompu, où tant d'esprits contraires et divers osent avec une egalle assurance demander creance et authorité dans le christianisme, en vertu de la parole de Dieu, à la suite desquels on a vû tant de peuples s'ecarter qui çà, qui là, chacun selon son sens et son humeur. Et en effet, comme on voit le vulgaire admirer les comettes et les feux volans, et croire fermement que ce soient de vrais astres et des planettes, au lieu que les plus entendus connoissent bien que ce ne sont que flammes passageres, qui se roulent, et se perdent dans l'air, attachées à quelques vapeurs, pendant qu'il y a de quoy les nourrir, lesquelles neantmoins laissent tousjours quelque mauvais effet, et n'ont rien de commun avec les astres incorruptibles, que cette grossiere clarté. Ainsi les miserables peuples de nostre asge qui se laissent conduire par certaines cervelles chaudes qui s'enflamment et courent à la suite de quelques subtilitez humaines, sont eblouys par la fausse lueur et sous l'ecorce de la parole de Dieu, et s'imaginent que ce sont des veritez celestes, en s'amusant à les considerer, quoy que les gens de bien decouvrent et temoignent assez que ce ne sont que des inventions terrestres, qui bientost se dissiperont ; car ils ne laissent autre memoire de leur apparition que le ressentiment des malheurs qui les suivent. O ! combien donc estoit-il necessaire de ne pas s'abandonner si promptement à ces esprits, et avant que les suivre, eprouver s'ils estoient de Dieu, ou non ? Helas ! il ne manquoit pas de pierres de touche pour connoistre le bas-or, avec lequel ils pipoient le monde : car celuy mesme qui nous a dit, *que nous eprouvions les esprits s'ils sont bons ou mauvais*, condamne leur legereté ; s'ils ne l'ont pas fait : ils n'ont que trop sceu que nous avions des *regles infaillibles* pour reconnoistre le sainct d'avec le feint, et l'esprit desolateur d'avec le consolateur. Graces à Dieu, nous avons en l'Eglise des regles tres-certaines pour discerner la doctrine fausse d'avec la vraye, et pour etablir nostre saincte foy ; et c'est icy (1), Messieurs, où je vous appelle, mais je vous prie de juger justement, car je me promets de vous montrer tres-clairement, que Calvin et tous vos ministres ont violé en leur doctrine toutes les regles de la vraye religion et de la predication chrestienne, et afin que vous voyiez (comme vous avez deja vû qu'ils vous ont levé du sein de la vraie Eglise), afin, dis-je, que

(1) Il parle à la ville de Thonon, à laquelle il continue d'adresser son ouvrage.

vous voyiez encor qu'ils vous ont osté la lumière de la vraye foy, pour vous faire suivre les illusions de leurs nouveautez. Voici (1) *la seconde partie de mon projet*. La foy chrestienne est fondée sur l'authorité de Dieu tout-puissant, souveraine et supreme verité; c'est cela qui la met au premier rang, et qui luy donne le premier degré d'assurance et de certitude, de telle sorte qu'il n'y a rien icy-bas qui luy soit comparable, puisque cette parole a esté renouvelée. Je me tiendray toujours icy sur les mesmes demarches, car je vous montreray presentement que les regles que je produits, sont les vrayes regles; ensuite je vous feray voir, comme vos pretendus docteurs les ont violées, et parce que je ne pourrois pas aisement vous prouver, que nous, qui sommes catholiques, les avons gardées tres-etroitement, sans faire de trop grandes interruptions et disgressions, je reserveray cette preuve pour *la troisiesme partie*, qui servira encor d'une tres-solide confirmation pour cette seconde, que je vous addresse.

PREMIERE REGLE DE LA FOY.

La foy chrestienne est donc fondée sur la parole que Dieu luy-mesme a revelée; et c'est cela qui la met au supreme rang d'infaillibilité, comme ayant pour temoin cette eternelle et infaillible authorité et verité premiere, qui ne peut non plus decevoir et mentir, qu'elle ne peut estre deçuë n'y trompée : la foy qui n'a pas son fondement et son appuy sur la parole de Dieu, n'est pas une foy chrestienne; d'où s'ensuit, *que la parole de Dieu est la vraye regle et un fondement de foy aux chrestiens*, puis qu'estre fondement et estre regle est une mesme chose en cet endroit. Mais parce que cette infaillible regle ne peut pas mesurer nostre croyance, si elle ne nous est appliquée, preschée, proposée et declarée, et qu'elle peut estre bien ou mal appliquée, preschée, proposée et declarée, encor devons-nous avoir quelque authorité qui la confirme; et en effet, il ne suffit pas de sçavoir, que la parole de Dieu est la vraye et infaillible regle pour bien croire à salut, si je ne sçay quelle est cette parole de Dieu, et où elle est, et celuy qui la doit appliquer, proposer et declarer? J'ay beau tomber d'accord que la parole de Dieu est infaillible, pour tout cela je ne croiray pas que *Jesus-Christ est le Christ Fils de Dieu vivant*, si je ne suis assuré que ce soit une parole revelée par le Pere celeste; et quand je sçauray cecy, encor ne seray-je pas hors d'affaire, si je ne sçay comme il la faut entendre; si c'est d'une filiation adoptive, à l'arrienne, ou d'une filiation naturelle, à la catholique.

SECONDE REGLE DE LA FOY.

Il faut par consequent, outre cette regle premiere et fondamentale de la parole de Dieu, une autre *seconde regle*, par laquelle la premiere nous soit bien

(1) Le dessein de cette seconde partie.

et duëment proposée, appliquée et declarée : et afin que nous ne soyions pas sujets à l'ebranslement et à l'incertitude, il faut que non-seulement la premiere regle, à sçavoir, la parole de Dieu, mais encor la seconde, qui propose et applique cette parole, soit du tout infaillible, autrement nous demeurerions tousjours en bransle et dans le doute d'estre mal reglez et appuyez en nostre foi et en nostre croyance; non point par le defaut de la premiere regle, mais par l'erreur et faute de la proposition et application d'icelle. Or certes le danger est egal, ou d'estre dereglé à faute d'une juste regle, ou d'estre mal reglé, à faute d'une application bien reglée et juste de la regle mesme ; mais cette infaillibilité requiert, tant en la regle, qu'en son application, de ne pouvoir avoir sa source que de Dieu mesme, qui est la vive et premiere fontaine de toute verité. Passons outre.

Tout de mesme que Dieu revela sa parole, et la prescha par la bouche des peres et des prophetes, et finalement par son Fils unique, puis par les apostres et les evangelistes, desquels les langues ne furent que comme les plumes des secretaires, escrivant tres-promptement et fidellement, et employant en cette sorte les hommes pour parler aux hommes ; ainsi pour nous proposer, appliquer et declarer cette divine parole, il employe encor aujourd'hui son espouse visible, la saincte Eglise, comme le truchement et l'interprete de ses intentions. C'est donc Dieu seul qui regle nostre foi chrestienne, mais avec ces deux instrumens qui nous sont appliqués en diverses façons. Premierement, par sa parole, comme avec une regle formelle. Secondement, par son Eglise, comme par la main du regleur et du compasseur. Disons, s'il est permis, que Dieu est le peintre, nostre foy la peinture : les couleurs sont la parole de Dieu, le pinceau c'est l'Eglise. Voilà donc les deux regles ordinaires et infaillibles de nostre croyance ; la parole de Dieu, qui est la regle fondamentale, et la mesure formelle ; et l'Eglise de Dieu, qui est la regle d'application.

SUBDIVISION DES REGLES DE LA FOY EN REGLES FORMELLES ET EN REGLES D'APPLICATION.

Je considere en cette seconde partie; l'une et l'autre de ces deux regles; mais pour en rendre le traité plus clair et plus maniable, j'ay subdivisé ces deux regles en plusieurs. Et voicy de quelle maniere.

La parole de Dieu (regle formelle de nostre foy) est de deux sortes : ou elle est couchée litteralement en l'Escriture, ou elle est en la main de la tradition. Je traite donc premierement de l'Escriture, et ensuitte de la tradition.

QUATRE REGLES D'APPLICATION ORDINAIRE.

L'Eglise, qui est la regle d'application, se declare ou en tout son corps universel, par une croyance generale de tous les chrestiens, ou en ses principales et plus nobles parties, par un unanime consentement de ses pasteurs et de ses docteurs ; et en cette derniere façon, ou elle s'explique en ses pasteurs assemblez en un lieu et en un temps dans un concile general; ou en ses pasteurs qui, quoy que separez de terres, de lieu et d'asge, sont assemblez en union de correspondance de foy, ou enfin cette mesme Eglise se declare et parle en son chef ministeriel. Voilà les quatre regles expliquantes et appliquantes les articles de nostre foy. Sçavoir, l'Eglise en corps; le concile general, le consentement des saincts peres, et le pape, evesque de Rome et vicaire de Jesus-Christ : outre lesquelles nous ne devons pas en rechercher ni d'autres, ni ailleurs, car celles-ci suffisent pour affermir les cœurs les plus inconstans.

REGLE EXTRAORDINAIRE.

Mais Dieu, qui se plaist de nous donner en la surabondance de ses faveurs, pour mieux fortifier la foiblesse des hommes, ne laisse pas d'ajouter souvent à ces regles ordinaires (quand il s'agit de l'établissement et fondation de l'Eglise) une regle extraordinaire tres-certaine, et de grande importance, qui est la preuve des miracles, temoignage extraordinaire et assuré de la vraye explication et application de la parole de Dieu.

REGLE NATURELLE.

La foy, quoy que superieure, ne dedaigne pas le secours de nostre raison naturelle, qui peut encor estre appellée une regle de foy, ce qui se doit entendre negativement, non pas affirmativement, car qui diroit ainsi : Telle ou telle proposition est un article de nostre foy, parce qu'elle est selon la raison naturelle; cette consequence affirmative seroit tres-mal tirée, puis que toute nostre foy est par-dessus nostre raison. Mais qui diroit : Cette proposition est un article de foy, par consequent elle ne doit pas estre contre la raison naturelle; la consequence seroit tres-bonne : parce que la raison naturelle, et la foy, estant emanées d'une mesme source, et origines d'un mesme autheur, en divers ordres, ne peuvent estre contraires l'une à l'autre.

HUIT REGLES DE LA FOY EN TOUT.

Voilà donc, ce me semble, huit bonnes regles de la foy. *L'Escriture; la tradition; l'Eglise; le concile; les peres; le pape; les miracles; la raison naturelle.* Les deux premieres sont la regle formelle, et les quatre suivantes ne sont que des regles d'application; la septiesme est d'une puissance extraordinaire, et la huitiesme est negative. Au reste, qui voudroit reduire toutes ces regles en une seule regle, diroit tres-bien, que *l'unique et vraye regle pour bien croire à salut est la parole de Dieu, preschée et declarée par l'Eglise de Dieu.*

J'entreprens icy, Messieurs, de vous montrer aussi clair que le plus beau jour, que vos reformateurs ont violé et falsifié toutes ces regles; il suffiroit de faire voir qu'ils en ont violé une, puis qu'elles s'entretiennent tellement, que celuy qui en blesse une, blesse toutes les autres; comme vous avez vû dans nostre premiere partie, que vos ministres vous ont levé du sein de la vraye Eglise par un schisme evident; vous connoistrez en cette seconde partie, qu'ils vous ont osté la lumière de la vraye foy par l'heresie, pour vous tirer à la suite de leurs allusions; je me tiens tousjours en mesme posture, car je prouve premierement que les regles que je produis, sont tres-certaines et infaillibles; après cela je fais toucher au doigt, que vos docteurs les ont violées; c'est icy où je vous appelle au nom de Dieu tout-puissant, et que je vous somme de sa part de juger justement.

DISCOURS XVI.

Les sainctes Escritures sont la premiere et l'infaillible regle de la foi chrestienne.

L'on doit tenir pour indubitable que la *tradition* a esté devant toutes les Escritures, puisque mesme la plus grande partie de l'Escriture n'est rien qu'une tradition reduite par escrit, avec une infaillible assistance du Sainct-Esprit qui nous l'a conservée; mais parce que l'authorité de l'Escriture est plus aisement aprouvée et mieux receuë de vos reformateurs, que celle de la tradition, je commence par cet endroit pour faire une entrée plus facile à mon discours.

La saincte Escriture est si clairement et si absolument la regle de nostre creance chrestienne, que celuy-là qui ne croit point tout ce qu'elle contient, ou qui croit quelque chose qui luy est tant soit (1) peu contraire, est infidele. Nostre-Seigneur y a envoyé les Juifs (2), pour redresser leur foy. Les Saduceens estoient dans l'erreur, parce qu'ils ignoroient les Escritures : c'est donc un niveau (3) assuré, c'est un flambeau luisant et sans obscurité, comme parle sainct Pierre, lequel ayant ouy luy-mesme la voix du pere, en la transfiguration du fils, se tient neantmoins plus assuré au témoignage des prophetes, qu'en cette superieure illustration; mais je perds le temps de m'en expliquer, nous sommes d'accord en ce poinct; ceux qui sont si desesperez que d'y contredire, ne peuvent appuyer leur contradiction que sur l'Escriture mesme; si bien que se contredisans eux-mesmes, avant que de contredire l'Escriture, ils se servent de son credit, en la

---

(1) Jo. v, 39. — (2) Marc, XII, 24.
(3) Pet. I, 19.

vaine protestation qu'ils font, de ne s'en point vouloir servir.

DISCOURS XVII.

Que le chrestien doit estre grandement jaloux de conserver l'integrité de l'Escriture.

La matiere doit estre fort brevement traitée en cet endroit ; on appelle le livre de la saincte Escriture, livre du vieil et nouveau Testament. Certes quand un notaire a expédié un contract ou une escriture authentique, personne n'y peut alterer, oster, ou ajouster, non pas mesme un seul mot, sans estre tenu pour un faussaire : or, messieurs, voicy l'Escriture des Testamens de Dieu, expediez par les notaires publics à ce deputez, on ne la peut alterer tant soit peu sans impieté. « Les promesses, dit (1) sainct Paul, ont esté dites à Abraham et à sa semence, il n'est pas dit en ses semences, comme en plusieurs, mais comme à une, et en sa semence qui est Christ. » Voyez, je vous prie, combien la variation du singulier au pluriel eust gasté les sens mysterieux de cette parole sacrée ! Nostre-Seigneur y met en conte (2) les *iota*, voire mesme les plus petits *points* et *accents* de ses saintes paroles, combien donc est-il jaloux de leur totale integrité ! Les Ephrateens (3) disoient *Syboleth*, sans oublier aucune lettre, mais parce qu'ils ne le prononçoient pas assez grassement, les Galaadites les egorgerent sur le bord du Jordain, la seule différence de prononciation en parlant, la seule transposition sur la lettre *scin* en escrivant, faisoit tout l'equivoque, car en changeant le *jamin*, en *semel*, au lieu d'un *epy de bled*, il signifioit une *charge* ou un fardeau ; ce qui nous apprend que celuy qui change tant soit peu la saincte Escriture et la saincte parole, merite la mort, parce que c'est mesler le prophane avec le sacré.

Les arriens qui corrompoient cette sentence du sainct Evangile, « In principio erat Verbum, et Verbum erat apud Deum, et Deus erat ; » mettoient icy le point, et puis recommençoient la période, Verbum hoc erat in principio apud Deum, » leur ponctuation estoit après l'*Erat*, au lieu de la mettre après le *Verbum* ; ce qu'ils faisoient de peur d'estre convaincus par ce texte, que « le Verbe est Dieu. » Il faut donc peu, pour alterer cette sacrée parole. Quand le vin est meilleur, il sent plustost du goust etranger, et la beauté d'un excellent tableau ne peut souffrir le melange de nouvelles couleurs, ainsi le sacré depost des sainctes Escritures doit estre gardé bien soigneusement, et fidellement conservé.

DISCOURS XVIII.

La qualité, la quantité, et le nombre des livres sacrez.

DIVISION DES LIVRES DE L'ESCRITURE.

En ce lieu, quoy que nous ayons deja parlé des livres sacrez succinctement, nous le devons faire icy d'une maniere plus exacte. Premierement, les sainctes Escritures sont divisées en livres du vieux Testament et du nouveau ; les uns et les autres sont partagez en deux diverses classes ; car il y a des livres du Testament ancien et nouveau, dont le credit a tousjours esté si bien estably, qu'on n'a jamais douté qu'ils ne fussent sacrez et canoniques ; il y en a desquels l'authorité a esté plus douteuse pour un temps, mais enfin ils ont esté reconnus, et receus avec ceux du premier ordre.

DIVISION DES LIVRES DU PREMIER TESTAMENT.

Les livres canoniques du premier rang et de l'ancien Testament, sont les cinq volumes de Moyse ; Josué ; les Juges ; Ruth ; les quatre des Rois ; les deux des Paralypomenes ; les deux d'Esdras ; Jeremie ; Job ; les 150 Psaumes ; les Proverbes ; l'Ecclesiaste ; les Cantiques ; les quatre grands Prophetes ; les douze moindres : ceux-cy furent canonisez, ou approuvez, par le grand synode où se trouva Esdras en qualité de scribe ; jamais personne ne douta de leur authorité parmy les Juifs, qui ne fust tenu en la synagogue pour heretique, comme l'assure (1) nostre docte (2) Genebrard en sa Chronologie.

Le second rang contient les livres suivans : Esther ; Baruch ; une partie de Daniel ; Tobie ; Judith ; la Sapience ; l'Ecclesiastique ; les Machabées premier et second. A l'égard de ceux-cy, il y a grande apparence, au rapport du mesme docteur Genebrard (3) (qui cite icy (4) sainct Epiphane, quoy que ce pere ne parle que pour Baruch) que dans l'assemblée qui se fit en Jerusalem, pour envoyer les 72 interpretes à Ptolomée en Egypte ; ces livres (qui n'estoient pas encor connus quand Esdras dressa le premier Canon) furent alors canonisez, au moins tacitement, puis-

---

(1) Ad Gal. III, 15 et 16. —(2) Matth. V, 18.
(3) Judic. XII, 6.

(1) Geneb. sous l'an du monde 3618, pag. 92 de l'edition de Paris, l'an 1589.
(2) Le saint l'appelle *nostre Genebrard*, parce que ce docteur fut son maistre à Paris.
(3) Pag. 93, et sub an. 3860, pag. 97.
(4) Geneb. cite Epiph. de Mens. et Joseph, lib. II, contre Apion.

qu'ils y furent envoyez avec les autres, pour y estre traduits, hormis les Machabées, qui furent depuis receus en une autre assemblée, en laquelle les precedens furent derechef approuvez. Mais quoy qu'il en soit, comme ce second catalogue ne fut pas fait si authentique que le premier, cette canonisation ne put encor leur acquerir une entiere, certaine et indubitable authorité parmy les Juifs, ny les egaler aux livres du premier rang.

DIVISION DES LIVRES DU NOUVEAU TESTAMENT.

Touchant les escrits, ou les livres du nouveau Testament, il y en a aussi du premier rang, qui ont tousjours esté reconnus pour sacrez et canoniques entre les orthodoxes : ceux-cy sont : les quatre Evangiles selon sainct Matthieu, sainct Marc, sainct Luc et sainct Jean ; toutes les Epistres de sainct Paul, hormis celles aux Hebreux ; une de sainct Pierre ; une de sainct Jean.

Ceux du second rang sont : L'Epistre aux Hebreux ; celle de sainct Jacques ; la seconde de sainct Pierre ; la deuxiesme et la troisiesme de sainct Jean ; celle de sainct Jude ; l'Apocalypse, et certaine partie de l'Evangile de sainct Marc, de sainct Luc, et une partie de l'Evangile, et de l'Epistre premiere de sainct Jean. Ceux-cy ne furent pas d'indubitable authorité au commencement de l'Eglise primitive, mais enfin avec le temps ils furent receus et reconnus comme des ouvrages sacrez du Sainct-Esprit, non tout à coup, mais à diverses fois.

Premierement, outre ceux du premier et nouveau Testament, dont l'authorité fut tousjours incontestable, environ l'an 364 furent receus au concile (1) de Laodicée (qui depuis fut approuvé (2) au sixiesme concile general) le livre d'Esther ; l'Epistre de sainct Jacques, la seconde de sainct Pierre ; la deuxiesme et troisiesme de sainct Jean, celle de sainct Jude, et l'Espitre aux Hebreux, enfin la quatorziesme de sainct Paul. Mais quelque temps après au concile troisiesme de (3) Carthage (où se trouva sainct Augustin), confirmé au sixiesme general de Teulles, outre les livres precedens, du second rang, furent encor receus au canon comme indubitables : Tobie, Judith, deux des Machabées, la Sapience, l'Ecclesiastique et l'Apocalypse. Il est vray qu'avant tous ceux-cy du second rang, le livre de Judith avoit esté receu et reconnu pour canonique au premier general et grand concile de Nicée, ainsi que sainct Hierosme le tesmoigne en sa preface sur ce livre. Voilà comme on assembla les deux rangs en un, et comme ils furent rendus d'egale authorité en l'Eglise de Dieu, mais avec progrez et succession, comme une belle aube du jour, qui peu à peu eclaire nostre hemisphere.

Ainsi fut dressée au concile (1) de Carthage cette ancienne liste des livres canoniques, qui du depuis a tousjours esté tenuë de l'Eglise catholique, après avoir esté confirmée au sixiesme concile general ; et encor du depuis au grand concile (2) de Florence, où l'on traitta de la reunion des Armeniens. Et en nostre asge au sacré concile de Trente, où cette liste fut approuvée de mesme qu'elle est suivie par sainct Augustin.

Vous ne devez point entrer en scrupule sur ce que je viens de deduire, de ce que Baruch n'est pas remarqué expressement au catalogue du concile de Carthage, mais seulement en ceux de Florence et de Trente : comme le prophete Baruch estoit le secretaire de Jeremie (3), on ne marquoit encor en ce temps parmy les autheurs, le livre de Baruch, que comme un accessoire ou appendice de Jeremie, en le comprenant avec ses escrits, sans distinction : c'est la remarque de cet excellent theologien Bellarmin (4), qui le prouve tres-bien en ses controverses. Mais il me suffit d'avoir dit cecy, car ce n'est pas mon dessein ny mon but, de m'arrester à chaque particularité ; c'est assez pour nostre matiere, que tous les livres tant du premier que du second rang, soient egalement certains, sacrez et canoniques.

DISCOURS XIX.

La premiere violation des sainctes Escritures faite par les reformateurs, dans le retranchement de plusieurs parties des livres sacrez.

Dans ce catalogue des livres sacrez et canoniques, vous voyez ceux que l'Eglise a receus et reconnus unanimement depuis plus de douze cens ans. Or, je vous prie, messieurs, avec quelle authorité ont ozé vos nouveaux reformateurs, biffer tout en un coup tant de nobles parties de la Bible ? Ils ont raclé « une partie d'Esther, Baruch, Tobie, Judith, la Sapience, l'Ecclesiastique, et les Machabées ; » qui leur a dit que ces livres ne sont pas legitimes et recevables ? Pourquoy demembrent-ils, ainsi, ce sacré corps des sainctes Escritures ?

Voicy leurs raisons principales, à ce que j'ai pu recueillir de la vieille (5) preface qu'ils ont

---

(1) Can. LIX. — (2) Act. II.
(3) Can. XLVII.

(1) Act. II.
(2) Concil. Flor. l. II. de Doctr. Christia. c. VIII.
(3) Jerem. XXXVI, 4. — (4) L. I, c. VIII.
(5) Beze en la preface sur Esdr.

attachée devant les livres pretendus apocryphes, imprimez à Neuf-Châtel, de la traduction de Pierre Robert, autrement nommé *Olivetanus*, parent et amy de Calvin ; et encor dans les observations faites sur la nouvelle edition des mesmes livres, par les professeurs et pasteurs pretendus de l'eglise de Geneve l'an 1588. 1. Il ne se trouve, disent-ils, ny en hebreu, ny en caldée, ny en quelles autres langues ces livres ont jadis esté escrits (excepté peut-estre le livre de la Sapience). Ainsi ce seroit, selon leur pensée, une trop grande difficulté de les restituer. 2. Ils ne sont point receus comme escritures legitimes par les Hebreux. 3. Ny mesme de toute l'Eglise. 4. Sainct Hierosme declare franchement qu'ils ne sont point assez solides pour corroborer l'authorité de la doctrine ecclesiastique. 5. Le droit (1) canon en fait un pareil jugement. 6. La glose dit qu'on les lit, mais non point generalement, comme si elle vouloit entendre, que generalement partout ils ne sont point approuvez. 7. Ils ont esté corrompus et falsifiez, comme le dit (2) Eusebe. 8. Et principalement les Machabées. 9. Plus specialement le second livre, que sainct Hierosme assure n'avoir point trouvé en hebreu : voila les raisons d'Olivetanus. 10. Ajoustez à cela, qu'il y a dans ces livres plusieurs choses tres-fausses, à ce que dit la nouvelle preface. Voyons maintenant ce que valent ces belles observations.

1. Pour la premiere. Estes-vous d'avis, messieurs, de ne recevoir pas ces livres, parce qu'ils ne se trouvent point en hebreu et en caldée ? recevez au moins Tobie, car saint (3) Jerome atteste qu'il l'a traduit du caldée en latin, vous l'avouëz en l'Epistre que vous citez vous-mesmes, ce qui me fait croire que vous n'estes pas des gens à la bonne foy. Et Judith, pourquoy non ? il a esté tres-bien ecrit en langue caldaïque, comme dit le mesme sainct Jerome en son prologue : si ce pere confesse qu'il n'a pu trouver le 2, des Machabées en hebreu, au moins recevez le premier tousjours en bon compte, puisqu'il s'est trouvé par luy en hebreu, nous traiterons par après du second ; je vous diray le mesme de l'Ecclesiastique, que sainct Jerome a leu et trouvé en hebreu, comme il s'en explique en sa preface sur le livre de Salomon.

Que si vous rejettez egalement ces livres escrits en hebreu et en caldée, avec les autres qui ne sont pas escrits en mesme langage, il vous faut chercher un autre pretexte que celuy que vous avez allegué pour proscrire ces livres du canon, puisque vous n'avez plus raison de les rejetter ; par ce simplement qu'ils ne sont point escrits en hebreu ny en caldée. Ce n'est pas cela, car vous ne rejetteriez pas à ce compte Tobie ny Judith, ny le premier des Machabées, ny l'Ecclesiastique, qui sont escrits en hebreu et en caldée. Mais parlons maintenant pour les autres livres, qui sont escrits en autres langues que celles que vous voulez, pour vous echaper.

Où trouverez-vous que la regle pour bien recevoir les sainctes Escritures, soit qu'elles soient escrites en ces langues-là, plutost qu'en grec et en latin ? vous dites qu'il ne faut rien admettre, en matiere de religion, que ce qui est escrit en ces deux langues, et vous apportez en vostre belle preface le dire des jurisconsultes : « Erubescimus sine lege loqui. » Peut-estre vous semble-t-il que la dispute qui se fait, sur la validité ou invalidité des Escritures, ne soit pas une des plus importantes en matiere de religion ? Sus donc, ou demeurez honteux, ou produisez la mesme saincte Escriture pour conclure la negative que vous soutenez. Certes, le Sainct-Esprit se declare aussi bien en grec qu'en caldée. On auroit, dites-vous, une grande difficulté de les restituer, puis qu'on ne les a pas en leur langue originaire, est-ce cela qui vous fasche ?

Mais de grace ! dites-moy qui vous a dit qu'ils se sont perdus, corrompus et alterez, pour avoir besoin de restitution ? vous presupposez sans doute que ceux qui les avoient traduits sur l'original, avoient mal traduit, et vous voudriez avoir l'original pour le collationner et le raporter ; faites-vous donc entendre, et dites qu'ils sont apocryphes, parce que vous n'en pouvez pas estre vous-mesmes les traducteurs sur l'original, et que vous ne pouvez vous fier au jugement du traducteur : ainsi il n'y aura rien d'asseuré, que ce que vous aurez controslé vous-mesmes ; montrez-moi cette regle d'asseurance en l'Escriture : estes-vous bien certains d'avoir les textes hebreux des livres du premier rang (1), aussi purs et aussi nets comme ils estoient au temps des apostres et des septante ? gardez de vous mesprendre ; en verité, vous ne les suivez pas tousjours, et vous ne sçauriez le faire en conscience, si vous ne pouvez me montrer cecy en la saincte Escriture. Voila vostre premiere raison bien deraisonnable.

2. Pour la seconde, vous dites que ces livres, que vous appelez apocryphes, ne sont point receus par les Hebreux, vous ne dites rien de nouveau, ny d'important. Sainct (2) Augustin proteste

---

(1) Canones dist. 16. de sancta Romana.
(2) Euseb. l. iv, c. xxii.
(3) Hieron. Epist. ad Crematium et Theodorum.

(1) Voyez Bellarm. l. ii, c. xii.
(2) Aug. l. 18. de Civit. Dei, c. xxxviii.

bien haut : « Libros istos Machabæorum non Judæi, sed Ecclesia catholica pro canonicis habet. » C'est-à-dire, ce ne sont pas les Juifs, mais l'Eglise catholique tient les livres des Machabés pour canoniques ; graces à Dieu, nous ne sommes pas Juifs, nous sommes catholiques : montrez-moy par l'Escriture que l'Eglise chrestienne n'aye pas autant de pouvoir, pour authoriser les livres sacrez, qu'en avoit la loy mosaïque ; il n'y a en cela ny Escriture, ny raison qui le nie.

3. Pour la troisiesme. Toute l'Eglise mesme ne les reçoit pas, dites-vous ; de quelle Eglise entendez-vous parler ? certes l'Eglise catholique, qui est la seule vraye Eglise, les reçoit, comme sainct Augustin (1) vient de vous l'attester tout maintenant, et le prouver encor en citant le concile de Carthage ; celui de Teulles, le 6ᵉ general ; celuy de Florence ; cent autheurs anciens en sont tesmoins irreprochables, avec saint (2) Jerome nommement, qui declare pour celui de Judith, qu'il fut receu au concile premier de Nicée.

Peut-estre voulez-vous nous apprendre, qu'anciennement quelques catholiques douterent de leur authorité ? c'est selon la division que j'ay remarquée cy-dessus ; mais quoy ! le doute de ceux-là pouvoit-il empescher la resolution de leurs pasteurs et superieurs ? est-ce à dire, que si l'on n'est pas tout au premier coup resolu d'une verité, il faille tousjours demeurer en branle, incertain et irresolu ? ne fut-on pas en doute, pour un temps, de l'Apocalypse, du livre d'Esther, vous n'oseriez le nier, j'ay de trop bons temoins. Pour le livre d'Esther, sainct Athanase et sainct Gregoire de Nazianzene : pour l'Apocalypse, le concile de Laodicée ; et neantmoins vous les recevez : recevez-les donc tous, puis qu'ils sont d'egale condition, ou n'en recevez point du tout, par la mesme raison. Mais, au nom de Dieu ! quelle humeur vous prend-il d'alleguer icy le credit de l'Eglise, l'authorité de laquelle vous tenez cent fois plus incertaine que ces livres mesmes, et que vous dites avoir esté un phantosme inconstant, voire mesme apocryphe, si apocryphe veut dire cachée : vous ne la prisez en ce fait, que pour la mepriser, et la faire paroistre sans fermeté, en avoüant, ou en desavoüant ses livres : mais il y a bien de la difference entre douter d'une chose, si elle est recevable, et la rejetter ; le doute n'empesche pas la resolution suivante, c'en est un preambule ; au contraire, rejetter presuppose resolution ; estre douteux, ce n'est pas changer en doute après la resolution, mais changer en resolution après le doute ; ce n'est pas instabilité de s'affermir après l'ebranlement, mais oüy bien de s'ebranler apres l'affermissement. L'Eglise donc ayant pour un temps laissé ces livres en doute, enfin elle les a receus en resolution authentique, et vous voulez que de cette resolution elle retourne au doute, c'est vous mocquer de sa sagesse, car cecy est le propre de l'heresie, non de l'Eglise, de profiter ainsi de mal en pis : mais de cecy ailleurs.

4. Pour la quatriesme de vos raisons, celle que vous alleguez de sainct Jerome n'est point à propos, puisque de son temps, l'Eglise n'avoit pas encore pris la resolution qu'elle a prise depuis, touchant la canonization de ces livres, excepté celui de Judith.

5. Pour la cinquiesme, le canon *Sancta romana*, qui est de Gelase pape, que vous citez en preuve, ne fait point en vostre faveur ; vous l'avez rencontré à tastons, car il est tout contre vous-mesmes, puisque censurant les livres apocryphes sur la fin du canon, il n'en obmet pas un de tous ceux que nous recevons ; au contraire, il atteste que Tobie et les Machabées estoient receus publiquement en l'Eglise chrestienne.

6. Pour la sixiesme, la pauvre (1) glose ne merite pas que vous la glosiez ainsi, puis qu'elle dit fort clairement, que ces livres sont leus ; mais non peut-estre generalement, ce (peut-estre) la garde de mentir, et vous l'avez tronqué ou oublié ; que si la glose met ces livres icy, dont il est question, comme apocryphes, avec celuy des Juges, sa sentence n'est pas si authentique qu'elle passe en definitive ; car enfin ce n'est qu'une glose.

7. Pour la septiesme, ces falsifications pretenduës que vous alleguez, ne sont en aucune façon suffisantes, pour abolir l'authorité de ces livres, parce qu'ils ont esté justifiez, et epurez de toute corruption, avant que l'Eglise les receust ; certes, il est trop vray, que tous les livres de la saincte Escriture n'ont esté corrompus par les anciens ennemis de la saincte Eglise, dans leurs traductions ; mais par la providence de Dieu, ils sont demeurez francs et nets en la main de l'Eglise, comme dans un sacré depost ; et jamais l'ennemy n'a pu gaster tant d'exemplaires, qu'il n'en soit demeuré assez pour conserver la pureté des autres.

8. Pour la huitiesme, vous voulez, surtout, que les Machabées nous echappent des mains, quand vous dites qu'ils ont esté tous corrompus ; mais parce que vous n'alleguez qu'une simple affirmation, je n'y satisferay, sans vous offencer, que par une simple negation.

9. Pour la neuviesme, vous alleguez que sainct Jerome n'a point trouvé en hebreu le second livre

---

(1) Aug. l. de doctr. Christiana. c. VIII.
(2) Aieron. in præfat.

(1) Can. v, distinct. 16.

des Machabées ; et bien, que tirez-vous de là ? le second n'est que comme une epistre, que les enfans d'Israël envoyerent aux freres juifs, qui estoient captifs hors la Judée : or, pour estre escrite au langage le plus connu et le plus commun de ce temps-là, s'ensuit-il qu'elle ne soit pas recevable ? les Egyptiens avoient en usage la langue grecque, beaucoup plus que l'hebreu, comme le montre Ptolemée, quand il procura la version des 72. Voila pourquoy ce second livre des Machabées, qui estoit comme une epistre, ou commentaire, envoyé pour la consolation des Juifs, qui habitoient en Egypte, a esté escrit en grec plutost qu'en hebreu.

10. Pour la dixiesme. C'est à vos nouveaux prefaceurs à nous montrer ces pretenduës faussetez dont ils accusent ces livres, ce qu'à la verité ils ne feront jamais ; je les vois venir en avant, ils nous produiront l'intercession des saincts, la priere pour les trepassez, l'honneur des reliques, le franc-arbitre, et autres points semblables, qui sont expressement confirmez dans ces livres des Machabées, en l'Ecclesiastique, et autres livres qu'ils pretendent estre apocryphes. Prenez garde, messieurs, que vostre jugement ne vous trompe ; pourquoy appeller faussetez ce que toute l'antiquité a tenu de tout temps pour article de foy ? que ne censurez-vous plutost vos fantaisies, qui ne veulent point embrasser la doctrine de ces saincts, et qui osent censurer des articles receus depuis tant de siecles, parce qu'ils ne s'accordent pas avec vos humeurs ? ainsi, comme vous ne voulez pas croire ce que ces livres enseignent, vous les condamnez ; mais condamnez plutost vostre temerité, qui se rend incredule à leurs enseignemens.

Voila, ce me semble, toutes vos raisons evanoüies, et vous n'en sçauriez produire d'autres. Mais enfin, nous vous declarons que s'il vous est ainsi loisible, indifferemment, de rejetter, ou revoquer en doute l'authorité des Escritures, desquelles on a douté pour un temps, quoy que l'Eglise du depuis en ait determiné, il faudra rejetter, ou douter d'une grande partie du vieil et du nouveau Testament ; ce n'est donc pas un petit gain à l'ennemy du christianisme, d'avoir si indignement raclé en la saincte Escriture, tant de nobles parties. Mais passons outre.

DISCOURS XX.

La seconde violation des Escritures est la regle imaginaire, que les reformateurs produisent, pour discerner les livres sacrez d'avec les autres, et quelques menus retranchemens qu'ils en ont faits.

Or je vous prie, n'est-il pas vray que le marchand rusé tient en veuë, et montre les moindres pieces de sa boutique, pour les offrir les premieres aux achepteurs, et essayer s'il pourra s'en deffaire et vendre à quelque niais ? mais il n'y a que les dupes qui s'y laissent surprendre : les raisons que les reformateurs ont avancées au chapitre precedent, ne sont que des ruses, comme nous avons vu, desquelles l'on se sert comme d'amusement, pour voir si quelque simple et foible cervelle s'en voudroit contenter ; mais après tout, quand on vient à juger de la verité, ils confessent que ny l'authorité de l'Eglise ny de sainct Jerome, ny la glose du caldée, ny celle de l'hebreu, ne sont pas causes suffisantes pour recevoir ou rejetter quelque Escriture. Voicy les protestations de vos ministres, en la confession de foy, presentée au roy tres-chrestien, par les François pretendus reformez ; après qu'ils ont reduit en liste, en l'article troisiesme, les livres qu'ils veulent recevoir ; ils escrivent ainsi en l'article quatriesme : « Nous connoissons ces livres pour tres-canoniques, et regle tres-certaine de nostre foy, non tant par le commun accord et consentement de l'Eglise, que par le temoignage et persuasion du Sainct-Esprit, qui les nous fait discerner d'avec les autres livres ecclesiastiques. » Quittant donc le champ des raisons precedentes pour se mettre à couvert, ils se jettent sur l'interieure, secrete et invisible persuasion, qu'ils estiment parfaite en eux par le Sainct-Esprit.

A la verité c'est bien procedé en eux, de ne vouloir point s'appuyer en cet article sur le commun accord et consentement de l'Eglise, puisque ce commun accord a canonisé l'Ecclesiastique et les Machabées, tout autant et aussitost que l'Apocalypse ; neantmoins ils veulent recevoir celuy-cy, et rejetter ceux-là ; Judith est authorisé par le grand, premier et irreprochable concile de Nicée, mais il est biffé de mesme par les reformateurs ; ainsi ils pretendent avoir raison de confesser, qu'en la reception des livres canoniques, ils ne reçoivent point l'accord et consentement de l'Eglise universelle, qui ne fut oncques plus grand, ny plus solennel qu'en ce premier concile general.

Mais, mon Dieu ! voyez la fine ruse de ces messieurs : «Nous connoissons, «disent-ils,» ces livres estre canoniques, non tant par le commun accord de l'Eglise. » A les oüir parler, ne diriez-vous pas qu'au moins en quelque façon ils se laissent guider par la doctrine de l'Eglise; leur parler n'est-il pas tout franc? il semble qu'ils ne refusent pas entierement de donner credit au commun accord des chrestiens, mais que seulement ils ne le reçoivent pas en mesme degré, que leur persuasion interieure; et neantmoins ils n'en tiennent aucun conte, et ne marchent ainsi retenus en leur langage, que pour ne paroistre pas du tout incivils et deraisonnables. Car, je vous prie, s'ils defferoient tant soit peu à l'authorité ecclesiastique, pourquoy recevroient-ils plutost l'Apocalypse, que Judith et les Machabées, desquels sainct Augustin et sainct Jerosme nous sont fideles temoins, qu'ils ont esté receus unanimement de toute l'Eglise catholique? les conciles de Carthage, de Tulles, de Florence nous en assurent: pourquoy disent-ils donc qu'ils ne reçoivent pas les livres sacrez, tant par le commun accord de l'Eglise, que par l'interieure persuasion? puisque le commun accord de l'Eglise n'y tient ny rang, ny lieu. C'est leur coutume, quand ils veulent produire quelque opinion etrange de ne parler pas clair, afin de laisser à penser aux lecteurs quelque chose de mieux, et les embarrasser pour les surprendre.

Maintenant, s'il vous plaist, examinons quelle regle ils ont prise, pour discerner les livres canoniques, d'avec les autres ecclesiastiques: « Le temoignage, «disent-ils,» et persuasion du Sainct-Esprit. » O Dieu! quelles cachettes, quels broüillars, quelles nuits! ne nous voilà pas bien eclairez en un si important et grave different? On demande comme l'on peut connoistre les livres canoniques? on voudroit bien avoir quelque regle à l'ecart pour les discerner, et on nous produit ce qui se passe en l'interieur de l'ame, que personne ne void, que personne ne connoist sinon l'ame mesme, et son createur.

1. Montrez-moy clairement que ces inspirations et persuasions que vous pretendez, sont du Sainct-Esprit et non du feint esprit? qui se sçait que l'esprit de tenebres se travestit souvent en habit de lumiere?

2. Montrez-moy nettement que lorsque vous me dites que telles et telles inspirations se passent en vostre conscience, vous ne me mentez point, vous ne me trompez point? Vous m'assurez que vous sentez cette persuasion en vous; mais pourquoy suis-je obligé de vous croire? vostre parole est-elle si puissante, que je sois forcé, sous son authorité, de croire que vous pensez et sentez ce que vous dites? Je vous veux tenir pour gens de bien; mais quand il s'agit des fondemens de ma foy (comme est de recevoir ou rejetter les Escritures ecclesiastiques) je ne trouve ny vos pensées, ny vos paroles assez fermes, pour me servir de baze.

3. Cet esprit envoye-t-il ses persuasions indifferemment à chacun de vous, ou seulement à quelques-uns en particulier? si à chacun; et que veut dire que tant de millions de catholiques ne s'en soient jamais aperceus? ny tant de femmes, artizans, laboureurs, et autres parmi vous, ne s'en soient convaincus? si c'est à quelques-uns en particulier, montrez-les-moy je vous en prie; et pourquoy à ceux-là plutost qu'aux autres? quelle marque me les fera connoistre, et tirer de la foule du reste des hommes? me faudra-t-il croire au premier qui me dira d'en estre cru? ce seroit certes nous mettre à l'abandon et trop à la mercy des seducteurs; montrez-moy donc quelques regles infaillibles pour connoistre ces inspirez et persuadez, ou permettez-moy de n'en croire pas un.

4. Mais en conscience, vous semble-t-il que l'interieure persuasion soit un moyen suffisant, pour discerner les sainctes Escritures, et mettre les peuples hors de doute? que veut donc dire, que Luther racle l'Epistre de sainct Jacques, laquelle Calvin reçoit? accordez un peu, je vous prie, cet esprit si divers, et sa persuasion, qui inspire à l'un de rejetter, ce qu'il persuade à l'autre de recevoir? Vous dites, peut-estre, que Luther se trompe; il en dit autant de vous, à qui croire des deux? Luther se mocque de l'Ecclesiaste, et tient Job pour une fable; luy opposerez-vous vostre persuasion, il vous opposera la sienne: ainsi cet esprit se combatant soy-mesme, ne vous laissera aucune autre resolution, que de vous bien opiniastrer de part et d'autre.

5. De plus, quelle raison avez-vous de croire, que le Sainct-Esprit aille inspirant ce que chacun doit croire, à des je ne sçay qui? à Luther, à Calvin? qui ont abandonné avec cette belle inspiration, les conciles et l'Eglise toute entière? nous ne voyons pas, à parler clairement, que la connoissance des vrais livres sacrez soit un don du Sainct-Esprit, dans les hommes particuliers, comme tels; mais nous disons, que le Sainct-Esprit la donne aux particuliers, par l'entremise de l'Eglise.

Certes, quand Dieu auroit revelé mille fois une chose à quelque fidelle en particulier, nous ne serions pas obligez de le croire pour cela, sinon que Dieu le marquast tellement, que nous ne pussions plus revoquer en doute sa fidelité: mais nous ne voyons rien tel en vos reformateurs. En un mot, c'est à l'Eglise generale, à qui le Sainct-Esprit adresse immediatement ses inspirations et persuasions pour le bien commun des chrestiens, et en suite, par les predications de l'Eglise, il les communique aux particuliers. C'est l'espouse en laquelle le lait est engendré, puis les enfans le succent de ses mammelles; mais vous voulez au rebours que Dieu inspire aux particuliers, et par leur moyen à l'Eglise; c'est-à-dire que les enfans donnent le lait, et que la mere soit nourrie à leurs tetins, ce qui est une chose absurde.

Si l'Escriture n'est pas violée, et sa majesté meprisée par l'etablissement de ces interieures et particulieres inspirations, jamais elle ne fut, et ne sera jamais violée; car ainsi la porte est ouverte à un chacun, de recevoir ou rejetter des Escritures, ce que bon luy semblera. He de grace! pourquoy permettra-t-on plustost à Calvin de racler la Sapience et les Machabées, qu'à Luther de lever l'Epistre de saint Jacques et l'Apocalypse? Ou à Castaglio, le Cantique des Cantiques? Ou aux anabatistes, l'Evangile de sainct Marc? Ou à un autre, la Genese et l'Exode? Si tous protestent de l'interieure revelation, pourquoy croira-t-on plutost l'un que l'autre? Ainsi cette regle secrette, sous pretexte du Sainct-Esprit, demeure dereglée par la temerité de chaque seducteur.

Connoissez, je vous prie, le stratagesme: on a levé toute l'autorité à la traduction, aux conciles et à l'Eglise; que demeure-t-il plus? l'Escriture. L'ennemy est bien fin: s'il la vouloit arracher tout-à-coup, il donneroit l'alarme; mais il etablit un moyen certain et infaillible pour la lever piece après piece, tout bellement; car par cette opinion de l'interieure inspiration, par laquelle chacun peut recevoir ou rejetter ce que bon luy semble, on ose tout; et de fait, voyez un peu le progrez de ce dessein.

Calvin oste et racle du canon *Baruch, Tobie, Judith, la Sapience, l'Ecclesiaste et les Machabées.* Luther leve *l'Epistre de sainct Jacques, de sainct Jude, la 2e de sainct Pierre, la 2e et 3e de sainct Jean, l'Epistre aux Hebreux : il se mocque de l'Ecclesiaste, il tient Job pour un conte.* En Daniel, Calvin a biffé *le Cantique des trois enfans, l'histoire de Susanne, et celle du dragon de Beel;* de plus, *une grande partie d'Esther;* en l'Exode on a levé à Geneve et ailleurs parmi ces reformeurs *le 22e verset du 2e chapitre,* lequel est de telle substance, que ny les septante interpretes, ny les autres traducteurs ne l'auroient jamais escrit, s'il n'eust esté dans les originaux. Beze met en doute *l'histoire de l'adultere, en l'Evangile de sainct Jean.* Sainct Augustin nous assure que desja les ennemis du christianisme l'avoient rayé de leurs livres, mais non pas de tous, comme dit sainct Hierosme. Dans les mysterieuses paroles de l'Eucharistie, ne veut-on pas ebranler l'authorité de ce mot : « Qui pro vobis fundetur, » parce que le texte grec montre clairement, que ce qui est dans le calice n'est pas du vin, mais le sang du Sauveur; comme qui diroit en françois : « Cecy est la coupe du nouveau Testament, en mon sang, laquelle sera repandue pour tous. » Car cette façon de parler, declare que ce qui est dans la coupe doit estre le vray sang, non le vin, puisque le vin n'a pas esté repandu pour nous, mais le sang, et que la coupe ne peut estre versée qu'à raison de ce qu'elle contient; voila le cruel couteau avec lequel on a fait tant de retranchemens. A dire vray, l'opinion de ces inspirations particulieres, est ce qui fait si hardis vos reformeurs à racler, l'un cette piece, l'autre celle-là, et l'autre une autre, car c'est là le pretexte de ces interieures persuasions de l'esprit, qui les rend souverains, chacun chez soy, au jugement de la validité ou invalidité des Escritures : au contraire voicy ce que sainct Augustin proteste : « Ego verò Evangeliis non crederem, nisi me catholicæ Ecclesiæ commoveret authoritas. » C'est-à-dire, je ne croirois pas à l'Evangile, si l'authorité de l'Eglise ne m'emouvoit. Et ailleurs : « Novum et vetus Testamentum in illo librorum numero recipimus, quem sanctæ Ecclesiæ catholicæ tradit authoritas. » C'est-à-dire, nous recevons le vieil et le nouveau Testament au nombre des livres, que l'authorité de la saincte Eglise catholique nous propose. Le Sainct-Esprit peut inspirer qui bon luy semble, mais en ce qui concerne l'etablissement de la foy publique et generale des fidelles, il ne nous adresse qu'à l'Eglise; c'est à elle de proposer quelles sont les vrayes Escritures, et quelles non; cela ne veut pas dire, qu'elle puisse donner la verité et la certitude à l'Escriture, mais seulement qu'elle peut nous faire certains et nous rendre assurez de la certitude d'icelle; l'Eglise ne sçauroit rendre un livre canonique, s'il ne l'est de soy-mesme, mais elle peut le faire reconnoistre pour tel, non pas changeant la substance du livre, mais en determinant la persuasion des chrestiens, en se rendant toute assurée de ce dont elle estoit douteuse. Que si jamais nostre Redempteur defend son Eglise contre les portes d'enfer, si jamais le Sainct-Esprit l'inspire et la conduit, c'est en cette occasion, car ce seroit la laisser du tout et l'abandonner au besoin, s'il la laissoit en ce cas, duquel depend le gros de nostre religion. Pour vray, nous serions tres-mal assurez, si nous appuyions nostre foy sur ces particulieres inspirations interieures, que nous ne sçavons point, ignorant mesme si elles sont, ou furent jamais, que par le temoignage de certains particuliers; et supposé mesme qu'elles soient, ou ayent esté, nous ne connoissons point si elles sont du vray ou faux esprit, et nous ne sçavons si ceux mesme qui les recitent (supposé qu'elles soient du vray esprit) les recitent fidellement, ou non, puis qu'ils n'ont à nostre egard aucune marque d'infaillibilité : nous meriterions, sans doute, d'estre abymez, si nous nous jettions hors le navire de l'Eglise, pour voguer dans le miserable esquif de ces persuasions particulieres, nouvelles et discordantes. Nostre foy ne seroit plus catholique, mais particuliere, et schismatique.

Avant que je parte d'icy, je vous prie, messieurs les reformeurs, dites-moy où vous avez pris le canon des Escritures que vous suivez? Vous ne l'avez pas pris des Juifs, car les livres Evangeliques n'y seroient pas ; ny du concile de Laodicée, car l'Apocalypse n'y seroit pas ; ny du concile de Carthage ou de Florence, car l'Ecclesiastique et les Machabées y seroient : où l'avez vous donc pris ? Pour vray, jamais il ne fut parlé de semblable canon des Escritures, avant vous, parce que l'Eglise ne vit onques aucun canon des Escritures, où il n'y eust, ou plus, ou moins qu'au vostre ; quelle apparence y a-t-il que le Sainct-Esprit se soit celé à toute l'antiquité, et qu'après mille cinq cens ans, il ait decouvert à quelque particulier le rosle des vrayes Escritures? Pour nous, nous suivons exactement la liste du concile laodiceen, avec l'addition faite aux conciles de Carthage et de Florence ; jamais homme de jugement ne laissera ces saincts conciles, pour suivre les persuasions des particuliers. Voila l'origine et la source de toute la violation qu'on a fait de cette saincte regle, quand on s'est imaginé de ne la recevoir, qu'à la mesure et regle des inspirations que chacun croit et pense avoir.

OBSERVATION DU PREMIER ÉDITEUR.

Les trois discours suivans, qui sont le 21e, le 22e et le 23e, comprennent presque la mesme matiere des trois precedens, il y a neantmoins beaucoup de choses differentes ; il semble que le sainct evesque qui les a composez, les ait multipliez ou reïterez par megarde, ou pour des raisons que nous ne pouvons dire : quoy qu'il en soit, nous avons jugé à propos de les mettre en leur ordre ; ils estoient hors de rang dans le manuscrit, et nous les enchaînons à ceux qui ont expliqué la mesme matiere, avec d'autant plus de raison, qu'ils marquent plusieurs circonstances, et ajoutent des preuves qui ne sont point dans les derniers discours ; ainsi la repetition n'en est pas inutile, ny mesme sans profit.

DISCOURS XXI,

Qui correspond au 16e et 17e discours, et traite la mesme matiere.

Que les reformateurs ont violé la regle de la foy, en corrompant les livres des sainctes Escritures.

Confessant donc que la saincte Escriture est asseurement une vraye regle de la foy chrestienne, j'ajoute, que l'Escriture saincte est tellement une regle de la foy chrestienne, que nous sommes tenus et obligez par toutes sortes d'obligations, de croire tres-exactement tout ce qu'elle contient, et de ne croire jamais chose aucune qui luy soit tant soit peu contraire : car si Nostre-Seigneur mesme y a (1) renvoyé les Juifs pour redresser leur foy, il faut que ce soit un (2) niveau tres-asseuré. Les Saduceens erroient lourdement, parce qu'ils ne sçavoient pas les Escritures ; ils eussent mieux fait d'y estre attentifs, comme à un flambeau eclairant les obscuritez, selon l'avis de sainct (3) Pierre, lequel ayant ouy luy-mesme la voix du Pere en la transfiguration de son Fils, se tint neantmoins plus affermy au temoignage des prophetes, qu'en cette superieure experience. Quand Dieu dit à (1) Josué, « Non recedet volumen legis hujus ab ore tuo : » il montre clairement, qu'il vouloit qu'il l'eust tousjours present en l'esprit et que jamais il ne laissast entrer en sa creance aucune persuasion qui luy fust contraire. Mais je perds le temps de marquer cecy, cette dispute seroit propre contre les infidelles, et non entre chrestiens, nous sommes, à mon avis, d'accord en ce poinct ; neantmoins il est bon d'observer, combien on doit estre zelateur de leur integrité.

Quand un testament honorable est confirmé par la mort du testateur, il n'y faut pas ajouter, diminuer ny changer en quoy que ce soit, car celuy qui le feroit seroit sans doute tenu pour un faussaire ; les sainctes Escritures ne sont-elles pas le vray Testament (2) de Dieu eternel, bien seellées en son Fils, signées de son propre sang, et confirmées par sa mort ? Que s'il est ainsi, com-

---

(1) Joan. v, 39. — (2) Marc. xii, 24.
(3) II. Petr. i, 19.

(1) Josue. c. i, 8. — (2) Heb. ix, 15.

bien se faut-il garder d'y remuer aucune chose ? « Le Testament, » dit le grand (1) Vulpien, « est une juste et derniere sentence de volonté, de ce que quelqu'un veut estre fait après sa mort. » Nostre-Seigneur, par les sainctes Escritures, nous montre ce qu'il nous faut croire, ce qu'il nous faut esperer, aimer et faire, et ce par une juste sentence de sa volonté immuable; si nous y ajoutons, si nous y levons, ou changeons quelque chose, ce ne sera plus la juste sentence de la volonté de Dieu : le Fils du Pere eternel a luy-mesme ajusté la saincte Escriture à sa volonté; si nous y ajoutons du nostre, nous ferons la sentence plus grande que la volonté du testateur; si nous en ostons, nous la ferons plus courte; si nous y changeons, nous la rendrons oblique et courbe, et ne pourra plus se joindre à la volonté de l'autheur, ny n'en sera plus la juste sentence ; par quel droit l'alterons-nous ? Nostre-Seigneur (2) met en conte dans son Escriture jusques au moindre *iota*. Quelle punition donc ne meriteront pas ceux qui violeront son integrité ? « Mes freres, » dit sainct Paul, « je parle selon l'homme, mais personne ne meprise le testament confirmé d'un homme, ny n'ordonne outre cela. » Et pour montrer combien il importe de laisser l'Escriture en sa naïveté, il met un exemple. (3) « Abrahæ dictæ sunt promissiones, et semini ejus, non dicit, et seminibus, quasi in multis, sed quasi in uno, et semini tuo, qui est Christus. » Voyez-vous combien la variation du singulier au pluriel auroit gasté le sens ? Les Ephrateens disoient (4) *Sybollet*, et n'oublioient pas une seule lettre, mais parce qu'ils ne le prononçoient point assez grassement, les Galaadites les egorgeoient sur le bord du Jordain.

La seule difference de cette prononciation faisoit l'equivoque en parlant, et en escrit, la transposition d'un seul point sur la lettre *scin*, faisoit l'equivoque en changeant le *jamin* en *semel*, qui, au lieu d'un epic de bled, signifie un poids ou une charge; ainsi celuy qui change ou varie le moindre accent du monde en l'Escriture, est sacrilege et merite la mort, non moins que celuy qui ose mesler le prophane au sacré. Les arriens, comme nous l'apprend sainct (5) Augustin, corrompoient cette sentence du premier chapitre de sainct Jean : « In principio erat Verbum, et Verbum erat apud Deum, et Deus erat : » sans y faire autre chose que remuer un point: car ils lisoient ainsi ; « et Verbum erat apud Deum, et Deus erat. » Puis ajoutoient : « Verbum, hoc erat in principio apud Deum : » ce qu'ils faisoient de peur d'accorder que le Verbe fust Dieu ; ce qui fait voir qu'il faut bien peu pour alterer cette sacrée parole ; celuy qui manie des grains de verre, sans discretion, s'il en perd quelques-uns, c'est peu de chose ; mais si c'estoient autant de perles orientales, la perte seroit grande. Quand le vin est meilleur, il se ressent plutost du goust etranger, et la douceur d'un excellent tableau ne peut souffrir le melange de nouvelles couleurs. Telle est la discretion avec laquelle nous devons contempler et manier le sacré depost des sainctes Escritures.

DISCOURS XXII.

Celuy-cy correspond au 18e, et traite le mesme sujet, avec quelque varieté d'ordre et de pensées.

La qualité, la quantité, et le nombre des livres sacrés.

Tout de nouveau le concile de Trente nous propose au regard du vieux Testament, ces livres icy pour sacrés, divins et canoniques : *La Genese ; l'Exode ; le Levitique ; les Nombres ; le Deuteronome ; Josué ; les Juges ; Ruth ; les quatre livres des Rois ; les deux livres des Paralipomenes ; deux livres d'Esdras ; le premier et le second, qui est appellé de Nehemie ; Tobie ; Judith ; Esther ; Job ; 150 Pseaumes de David ; les Paraboles ; l'Ecclesiaste ; Isaïe ; Jeremie, avec Baruch ; Ezechiel ; Daniel ; Osée ; Joël ; Amos ; Abdias ; Micheas ; Nahum ; Abacuc ; Sophonias ; Aggée ; Zacharie ; Malachie ; deux des Machabées, le premier et le second.* Au regard du Testament nouveau, *les quatre Evangiles, selon sainct Matthieu, sainct Marc, sainct Luc, et sainct Jean ; les Actes des apostres par sainct Luc ; les quatorze Epistres de sainct Paul aux Romains, deux aux Corinthiens ; aux Galates ; aux Ephesiens ; aux Philippiens ; aux Colossiens ; deux aux Thessaloniciens ; deux à Timothée ; à Tite ; à Philon ; aux Hebreux ; deux de sainct Pierre ; trois de sainct Jean ; une de sainct Jacques ; une de sainct Jude, et l'Apocalypse.* Le concile de Florence, il y a environ cent soixante ans, proposa et receut tous les mesmes, du consentement unanime de toute l'Eglise, tant grecque que latine ; mais longtemps auparavant, il y a douze cents ans, ou environ, au troisiesme concile de Carthage où sainct Augustin se trouva, (1) tous les mesmes livres furent reçeus. Avant le temps de ce concile de

---

(1) Vulp. l. III. ff. de Testam.
(2) Matt. xv. — (3) Ad Gal. III, 15 et 16.
(4) Judith. c. XII, 16. — (5) Lib. III. de doct. Christ. cap 2.

(1) Can. XLVII, au recit de Prosp. in Chron.

Carthage, ils ne furent pas tous proposez pour canoniques, par aucun decret spécial de l'Eglise generale; mais il y en a quelques uns de l'authorité desquels les anciens peres ont douté; à sçavoir; d'*Esther*; *Baruch*; *Tobie*; *Judith*; *la Sapience*; *l'Ecclesiastique*; *les Machabées*; *l'Epistre aux Hebreux*; celles de sainct Jacques; la seconde de sainct Pierre; la seconde et troisiesme de sainct Jean; *l'Epistre de sainct Jude*; et *l'Apocalypse*. De plus, en quelques-uns des livres (mesme de l'authorité desquels jamais on n'a douté en l'Eglise), il y a certaines parties, que les anciens n'ont pas toutes tenuës pour authentiques; comme *l'histoire de Susanne en Daniel*; *le Cantique des trois enfans*, et *l'histoire de la mort du dragon au quatorziesme chapitre du mesme prophete*: on douta aussi pour un temps du dernier chapitre de sainct Marc, (1) comme dit sainct Jerosme, et de *l'histoire de la sueur de Nostre-Seigneur au jardin d'Olivet, qui est de sainct Luc*, chap. 22, au rapport du mesme sainct Jerosme: et au chapitre 8. de sainct Jean, on a douté de *l'histoire de l'adultere*, ou au moins quelques-uns ont soupçonné, qu'on en a douté; comme du *verset 7. du dernier chapitre de la premiere de sainct Jean*. Voila tout ce que nous pouvons sçavoir des livres, et des parties desquelles on a eu quelques difficultez, parmi les anciens: neantmoins après un examen tres-serieux et canonique, tous ces livres, avec toutes les parties susdites, ont esté enfin approuvez et receus en l'Eglise catholique.

Mais voicy ce qu'on peut opposer: Si ces livres ne furent pas dès le commencement en l'Eglise d'une foy indubitable, comme est-ce que le temps leur a pû acquerir cette authorité? Pour vray, l'Eglise ne sçauroit rendre un livre d'authorité divine, s'il ne l'est de soy-mesme: mais l'Eglise peut bien declarer, en un temps, qu'un livre est canonique, qui n'estoit pas tenu pour tel d'un chacun, en un autre temps, et ainsi le mettre en credit dans le christianisme, non pas en changeant la substance du livre, qui de soy estoit canonique, mais en determinant la persuasion des chrestiens, et rendant tres-assuré, ce dont elle n'estoit entierement certaine auparavant. Mais, dira quelqu'un, comme se peut-il faire que l'Eglise declare de nouveau qu'un livre soit canonique? car elle n'est pas conduite par de nouvelles revelations, mais par les traditions apostoliques. On repond qu'*elle a l'infaillibilité d'interpretation*. On fait instance, que si les anciens n'ont pas eu cette revelation de l'authorité d'un livre, comme donc la peut-elle sçavoir de nouveau?

(1) Hieron. ad Hedib. quæst. III, l. 3. contra Pelag.

On replique que l'Eglise pese et considere le temoignage de l'antiquité, la conformité que ce livre a avec les autres qui sont receus, et le commun goust que le peuple chrestien y prend; car comme on peut connoistre quelle est la viande propre et profitable aux animaux, quand on les y void prendre goust, et s'en nourrir sainement: ainsi quand l'Eglise void que le peuple fidelle reçoit un livre pour canonique, et en fait son profit, elle peut connoistre que c'est une pasture propre et saine pour les fidelles; et de mesme que quand on veut sçavoir si un vin est de mesme crû qu'un autre vin, on les éprouve et on les examine en regardant si la couleur, l'odeur, et le goust sont pareils en tous les deux: ainsi quand l'Eglise a bien examiné un livre, qu'elle en a discerné le goust, la couleur et l'odeur, la sainteté du style, de la doctrine et des mysteres, et que tout est semblable aux autres livres canoniques, et que d'ailleurs elle a le temoignage de plusieurs bons et irreprochables temoins de l'antiquité, elle peut declarer le livre pour frere germain des autres canoniques, et il ne faut pas douter que le Sainct-Esprit n'assiste de son inspiration ce jugement de l'Eglise: car vos ministres mesmes confessent, que Dieu luy a remis en garde les sainctes Escritures; et ils avoüent que c'est à cette intention que sainct Paul l'appelle *colomne et fermeté de verité*: Or comme les garderoit-elle, si elle ne les sçavoit connoistre et tirer du melange des autres livres? certes il est tres-important à l'Eglise, qu'elle puisse juger en temps et lieu, quelle Escriture est saincte, et quelle non; car si elle recevoit une Escriture pour saincte, qui ne le fust pas, elle nous conduiroit à la superstition: et si elle refusoit l'honneur et la creance qui est duë à la parole de Dieu, et à une Escriture saincte, ce seroit en elle un mepris et une ingratitude. Supposé donc que Nostre-Seigneur defend son Eglise contre les portes d'enfer, et que le Sainct-Esprit s'est obligé de l'assister, pour pouvoir dire avec luy: « Visum est Spiritui sancto, et nobis, » il faut fermement croire qu'il l'inspire, principalement en ces occasions de si grande consequence; car ce seroit bien la laisser au besoin, s'il l'abandonnoit en cette rencontre, d'où depend non-seulement un article ou deux de nostre foy, mais le gros de nostre religion. Quand donc l'Eglise a declaré qu'un livre est canonique, nous ne devons jamais douter qu'il ne le soit, nous avons mesme en ce fait le sentiment de nos adversaires, car les bibles de Calvin, de Geneve, et des Lutheriens, reçoivent plusieurs livres pour saincts, sacrez et canoniques, qui n'ont pas esté avoüez par tous les anciens, pour tels, et desquels l'on a esté long-temps en doute (1). Si l'on en a douté cy-devant, quelle raison peuvent-ils avoir pour les rendre assurez et certains aujourd'huy? sinon celle que produit sainct Augustin. « Ego verò Evangelio non crederem, nisi me catholicæ Ecclesiæ commoveret authoritas. » Ou, comme il dit ailleurs : « Novum et vetus Testamentum, et illos libros numero recipimus, quos sanctæ Ecclesiæ catholicæ tradit authoritas. »

DISCOURS XXIII.

Ce discours est pareil au 19ᵉ et traite la mesme matiere, avec un ordre different.

Les reformateurs de l'Eglise pretenduë ont violé l'integrité des sainctes Escritures.

Enfin, après les choses cy-dessus dites, comme pourroit une bonne ame s'empescher de donner cours à l'ardeur d'un sainct zele, et d'entrer en une chrestienné colere, (2) sans pecher? considerant avec quelle temerité, ceux qui ne font que crier, l'Escriture, l'Escriture, ont meprisé, avilly, et profané ce divin Testament du Pere eternel; comme ils ont falsifié ce sacré contract d'une si celebre alliance. O Calvin! ô Luther! comme osez-vous biffer, tronquer, et mutiler tant de nobles parties du sacré texte des Bibles? Vous ostez Baruch, Tobie, Judith, la Sagesse, l'Ecclesiastique, les Machabées : pourquoy demembrez-vous ainsi la saincte Escriture? qui vous a dit qu'ils ne sont point sacrez? l'on en douta en l'ancienne Eglise : mais (3) n'a-t-on pas douté en l'ancienne Eglise, « d'Esther, de l'Epistre aux Hebreux, de celle de sainct Jacques, de sainct Jude, de la seconde de sainct Pierre, et des deux dernieres de sainct Jean, et surtout de l'Apocalypse? » Que ne rayez-vous aussi bien ceux-cy, que vous avez fait ceux-là? avoüez franchement, que ce que vous en avez fait, ce n'a esté que pour contredire l'Eglise. Il vous faschoit de voir dans les Machabées, l'intercession des saincts, et la priere pour les trepassez : l'Ecclesiastique vous picquoit, en ce qu'il attestoit du liberal arbitre, et de l'honneur des reliques des gens de bien : plutost que de forcer vos cervelles, et les ajuster à l'Escriture, vous avez violé leur integrité, pour les accommoder à vos erreurs et à vos passions : vous avez retranché la saincte parole pour ne retrancher point vos phantasies : comme vous laverez-vous devant Dieu de ce sacrilege? avez-vous degradé les Machabées, l'Ecclesiastique, Tobie, et les autres, parce que quelques-uns des anciens peres ont douté de leur authorité? Pourquoy recevez-vous donc les autres livres desquels on a douté, autant et peut-estre plus que de ceux-cy? que leur pouvez-vous opposer, sinon que leur doctrine vous est malaisée à concevoir? Ouvrez le cœur à la foy, et vous concevrez aisement ce dont vostre incredulité vous prive; parce que vous ne voulez pas croire ce qu'ils enseignent, vous les condamnez : condamnez plutost vostre temerité, et recevez l'Escriture; je veux mettre l'eponge sur les mesmes livres qui vous faschent le plus. Clement Alexandrin, Cyprien, Ambroise, Augustin, et le reste des peres, tiennent l'Ecclesiaste pour canonique. Sainct Cyprien, sainct Ambroise, sainct Basile, honorent Tobie, et le tiennent pour Escriture saincte. Sainct Cyprien encor, sainct Gregoire de Nazianze, sainct Ambroise, en ont autant cru des Machabées : sainct Augustin atteste, que « libros Machabæorum non Judæi, sed Ecclesia catholica pro canonicis habet. » Que direz-vous à cela? que les Juifs ne les avoient pas en leurs catalogues, sainct Augustin le confesse : mais estes-vous Juifs ou chrestiens? si vous voulez estre appellez chrestiens, contentez-vous que l'Eglise chrestienne les reçoit : la lumiere du Sainct-Esprit s'est-elle eteinte avec Nostre-Seigneur? les apostres n'ont-ils pas eu autant de pouvoir que la synagogue? quoy que l'Eglise n'ait pas pris l'authorité de ces livres de la bouche des scribes et des pharisiens, ne suffira-t-il pas qu'elle l'ait prise du temoignage des apostres? Or il ne faut pas penser que l'ancienne Eglise et ses tres anciens docteurs, eussent pris la hardiesse de mettre ces livres au rang des canoniques, si elle n'eust eu quelques avis par la tradition des apostres et de leurs disciples, qui pouvoient sçavoir en quel credit ils les tenoient, sinon que pour excuser vos phantaisies, nous accusions de prophanation et de sacrilege ces tres-saincts et graves docteurs avec toute l'Eglise ancienne; je dis l'Eglise ancienne, parce que le concile de Carthage et le pape Pelage, *in decreto de libris canonicis*, qu'il fit avec le conseil de septante evesques, Innocent premier en l'epistre *ad Exuperium*, et sainct (1) Augustin, ont vescu devant sainct Gregoire, devant lequel Calvin confesse que l'Eglise estoit encor en sa pureté; et neantmoins ceux-là font foy de tous les livres que nous avoüons pour canoniques quand Luther commença sa reforme, estoient deja tels en ce temps-là. Si vous vouliez lever le credit à ces saincts livres, que né le leviéz-vous aussi à l'Apocalypse, de laquelle on a tant douté, et à l'Epistre aux Hebreux. Mais je reviens à vous, messieurs

(1) Contra Epist. fundam. c. v. — (2) Ps. IV.
(3) Euseb. lib. IV. hist. c. XXVI. lib. III, c. XXV. et c. XXVIII. Hieron. in Epist. ad Dardanum.

(1) Aug. l. 2. de Doct. Christ. cap. VIII.

de Thonon, qui avez presté l'oreille ci-devant à telles gens; je vous prie, disons en conscience, y a-t-il de l'apparence que Calvin sçache mieux quel fondement avoient ceux qui doutoient anciennement de ces livres, et quel fondement avoient ceux qui n'en doutoient point, que les evesques et les conciles de ce temps-là? et neantmoins toutes choses bien considerées, l'antiquité les a receus; qu'alleguerez-vous au contraire? O Dieu! s'il estoit loisible aux hommes pour mettre leurs opinions à cheval, de se servir de l'Escriture comme d'etrieux, les allonger et accourcir chacun à sa taille, à quoy je vous prie serions-nous reduits? ne connoissez-vous pas le stratageme du malin esprit; on leve toute authorité à la tradition, à l'Eglise, aux conciles et aux pasteurs; que demeure-t-il plus? l'Escriture; l'ennemy des hommes est bien fin, s'il la vouloit arracher tout-à-coup, il donneroit l'alarme; il en leve une grande partie tout au commencement; puis une autre, enfin il vous mettra tout à nud, sans Escriture et sans parole de Dieu. (1) Calvin leve sept livres de l'Escriture : *Baruch*, *Job*, *Judith*, *la Sagesse*, *l'Ecclesiastique*, et les *Machabées*. (2) Luther a osté *l'Epistre de saint Jacques*, celle de *saint Jude*, *la seconde et troisiesme de S. Pierre*: il se mocque de *l'Ecclesiastique*, il tient *Job* pour une fable : accordez un peu, je vous prie, ce feint esprit, cet esprit de divorce, qui oste dans l'esprit de Luther, ce qu'il remet dans l'esprit de Calvin; vous semble-t-il que ce soit une petite discorde entre ces nouveaux evangelistes? Vous direz que vous ne tenez pas grand conte de l'esprit de Luther; les siens ne se soucient non plus de celuy de Calvin : mais voyez le progrez de cette belle Eglise reformée? voyez comme elle avance tousjours ses desseins? Calvin avoit levé sept livres, il a osté encor celuy d'*Esther* : en *Daniel* il retranche le cantique des trois Enfans, l'histoire de Susanne, et celle du dragon tué par Daniel. En l'Evangile (3) de (4) *sainct Jean*, ne met-on pas en doute, parmy vous, l'histoire de la femme adultere? Saint Augustin (5) avoit bien dit autrefois, que les ennemis de la foy l'avoient biffée de leurs livres, mais non pas de tous, comme dit sainct Jerosme : ne veut-on pas lever ces paroles de sainct Luc : *qui pro vobis funditur*? parce que le texte grec montre clairement, que ce qui est dans le calice n'est pas du vin, mais le vray sang de Nostre-Seigneur : comme qui diroit en françois : « Cecy est la coupe du nouveau Testament, en mon sang, laquelle sera repandue pour vous : » car en cette façon de parler on void clairement, que ce qui est en la coupe, doit estre du sang, non du vin, puisque le vin n'a pas esté repandu pour nous. En l'Epistre de sainct Jean n'ont-ils pas osté ces sainctes paroles :« Qui solvit Jesum, ex Deo non est. »Que dites-vous, messieurs? si vostre Eglise poursuit en sa liberté de conscience, ne faisant point de scrupule d'oster ce que bon luy semble, bientost l'Escriture vous manquera, et il faudra se contenter des institutions de Calvin, qui parmy vous doivent estre je ne sçay quoy d'excellent dans vostre estime, puis qu'elles censurent les Escritures mesmes. Vous diray-je encore ce mot : vostre belle Eglise ne s'est pû contenter de retrancher de l'Escriture, les livres, les chapitres, les clausules et les mots entiers; mais ce qu'elle n'a osé lever du tout, elle l'a corrompu et violé par ses traductions. Un exemple ou deux suffiront pour le justifier; je n'ay ny la commodité ny le loisir de poursuivre le reste : helas! ils vous trahissent, pauvres gens, quand ils vous font chanter au psaume 8 :

Tu l'as fait tel, que plus il ne luy reste
Fors estre Dieu; mais tu l'as quant au reste, etc. (1).

O que vous estes glorieux de pouvoir psalmodier et chanter ces poesies françoises admirablement marrotées; il vaudroit bien mieux le faire en latin que de blasphemer en françois : prenez en gré cet advis que je vous donne; quand vous chantez ce verset, dites-moy, de qui pensez-vous parler? vous parlez sans doute de Nostre-Seigneur, sinon que pour excuser la temerité de Marot et de vostre Eglise, vous vouliez encor biffer l'Epistre aux Hebreux de la saincte Bible, car sainct (2) Paul y expose clairement ce verset du Fils de Dieu : or si vous parlez de Nostre-Seigneur, pourquoy dites-vous qu'il est tel, qu'il ne luy reste plus que d'estre Dieu? certes, s'il lui reste encor maintenant d'estre Dieu, il ne le sera jamais : que dites-vous, pauvres abusez? qu'*il reste à Jesus-Christ d'estre Dieu*? Voyez-vous comme ces gens-là vous font avaler le poizon de l'arrianisme, en chantant cette rimaillerie : je ne suis plus etonné si (3) Calvin confessoit à Valentin Gentil, que le nom de Dieu par excellence, n'appartient qu'au Pere. Voila les belles versions de l'Escriture,

---

(1) Calvin. in prologis Bibliorum et alibi.
(2) Luth. in Serm. convivialibus, tit. de patriarch. et tit. de lib. vet. et novi Testam.
(3) Beze in cap. VIII. Joan. — (4) Et l. 2. de adulteranis conjug. cap. 7. — (5) L. 2. contra Pelag.

(1) Ces vers sont de la traduction de Marot, sur le Ps. VIII.
(2) Ad Heb. II, 6, 7 et 8.
(3) Lib. advers. Gentil. in refutat. 10. parenthescos.

auxquelles vous vous plaisez tant : voila les blasphemes que vostre Eglise chante encor, et qu'elle vous fait repeter si souvent. Aux (1) Actes, où il y a : « Non derelinques animam meam in inferno, *ils tournent* : (2) Non derelinques cadaver meum in sepulchro : » qui vid jamais de semblables versions ? au lieu de l'ame [et c'est de Nostre-Seigneur dont il est parlé] ils mettent la charogne ; au lieu de l'enfer, ils mettent le sepulchre. J'ay vu en plusieurs bibles, dans ce païs, une fausseté bien subtile, dans les mysterieuses paroles de l'institution du tres-sainct sacrement : au lieu de (3) *hoc est corpus meum* ; cecy est mon corps, on y avoit mis *c'est cy mon corps* : mais qui ne void la finesse ? Or sus, messieurs, vous avez vu quelque chose de la violence et profanation que vos ministres ont commises contre les Escritures ; que vous semble maintenant de leur procedure ? que deviendrons-nous, si chacun prend la licence, quand il sçaura deux mots de grec, et connoistra les lettres des Hebreux, de remuer ainsi tout sans ordre et sans raison ? Je vous ay fait voir ce que j'avois promis, que cette premiere regle de nostre foy a esté et est encor tres-malheureusement violée en vostre pretenduë Eglise : et afin que vous sçachiez que c'est une proprieté de l'heresie de demembrer les Escritures, je fermeray ce discours par ce que dit (4) Tertullien parlant des sectes de son temps. « Ista hæresis quasdam Scripturas non recipit : et si recipit, non recipit integras : et si aliquatenùs integras præstat, nihilominùs diversas expositiones commentata pervertit. » C'est-à-dire : cette heresie ne reçoit point quelques Escritures, ou si elle les reçoit, elle ne les reçoit point toutes entieres : ou si elle les reçoit en quelque façon toutes entieres, elle les corrompt par quantité d'expositions qu'elle accommode à sa phantaisie.

DISCOURS XXIV.

Combien la majesté des sainctes Escritures a esté violée par les interpretations et versions des heretiques.

Voyons encor comme les religionnaires de ce temps, afin de corrompre plus à leur aise cette premiere et saincte regle de nostre foy, ne se sont pas contentez de la mutiler, et de l'accourcir, en ostant tant de belles pieces, mais encor ils l'ont contournée et detournée chacun à sa poste ; et bien loin d'ajuster leur connoissance à cette regle,

(1) Act. II, 27. — (2) Beze en sa 1re version.
(3) Pour Cela est mon corps : ils lisent : Icy est mon corps. Pour eluder la realité.
(4) Tertull. de Præscript. hæret.

ils l'ont accomodée elle-mesme à l'equaire de leur propre suffisance, et au niveau de leurs passions. L'Eglise avoit receu generalement (il y a plus de mille ans) la version latine, que l'ancienne tradition avoit produite. Sainct Jerosme, tres-sçavant homme, en estoit l'autheur, ou le correcteur ; mais en nostre asge, nous avons vu s'elever un epais broüillars de l'esprit de division, lequel a tellement ebloüy ces regrateurs des vieilles opinions, condamnées cy-devant, que chacun a voulu prendre party, qui d'un costé, qui d'autre, et au biais de son jugement particulier, pour prophaner cette saincte et sacrée Escriture de Dieu : en cela, qui ne void la violation de ce vase sacré de la saincte lettre, dans laquelle se conserve le precieux baume de la doctrine evangelique ? Je vous prie, messieurs, n'eust-ce pas esté prostituer l'arche de l'alliance, si quelqu'un eust voulu soutenir, qu'un chacun la pouvoit prendre, la porter chez soy, et la demonter toute en pieces, pour lui bailler telle forme qu'il eust voulu, pourvu qu'il y eust eu quelque apparence d'arche ? N'est-ce pas faire la mesme chose, en soustenant que l'on peut prendre les Escritures, les tourner et accomoder chacun selon son sens ? on fait bien pis, car on ajoute que l'edition ordinaire de l'Eglise est si difforme, qu'il l'a fallu rebastir à neuf ; et l'on souffre qu'un homme particulier y mette la main, et commence cette nouvelle edification ? ne voila pas la porte ouverte à la temerité ? Luther l'ose entreprendre, et après luy Erasme ; et sur ces beaux modeles sont venus Calvin, Melancton, Henry, Merzere, Sebaste, Castalio, Beze, et le reste de leurs cabales ; il leur suffit qu'on sçache quelques vers de Pindare, quatre ou cinq mots d'hebreu, et quelques phrases grecques : mais dites-nous, de grace, comme se peuvent faire tant de versions estrangeres, par des cervelles si differentes et sans adveu, qu'il ne s'ensuive une totale eversion de la sincerité de l'Escriture ?

Que dites-vous ? que la version ordinaire est corrompuë ? nous avoüons que les transcriveurs et les imprimeurs y ont pu laisser couler par megarde certains equivoques de fort peu d'importance (si toutefois il y a rien en l'Escriture qui puisse estre dit de peu d'importance) lesquels le concile de Trente a commandé de remettre en leur premier estat, avec ordre qu'à l'advenir on prenne soin de la faire imprimer le plus correctement qu'il se pourra sur les authentiques. Au reste, il n'y a rien qui n'y soit tres-conforme au sens du Sainct-Esprit, qui en est l'autheur, comme l'ont montré cy-devant tant de (1) doctes personn-

(1) Genebr. in Præf. Psal. et in Psalt. Titelman in Apolog. Tolet. in ip. Apol. Bellarminus et alii.

nages de nostre Eglise, qui n'est qu'une, et qui se sont courageusement opposez à ses nouveaux formateurs de religion; si bien que ce seroit perdre le temps de vouloir parler de la naïveté des traductions orthodoxes. Mais quoy! qu'avez-vous fait de mieux? chacun a estimé la sienne, chacun a meprisé celle d'autruy; on a travesty (1) tant qu'on a voulu, mais personne ne se loüe de la version de son compagnon; ainsi tout cela ne fait que renverser la majesté de l'Escriture, et la mettre en irrision parmy les peuples qui pensent que ces diversitez d'editions viennent plutost de l'incertitude de la verité de l'Escriture, que de la bigareure des traducteurs, dont la varieté si mal fondée nous doit mettre en assurance de l'anciénne tradition, laquelle, comme dit le concile, « l'Eglise a si longuement, si constamment, et si unanimement approuvée. »

(1) *Nota.* Icy sainct François a mis cette observation en marge : Icy faut raporter la faute faite, sur ces paroles: *Non derelinques*, etc.

OBSERVATION DU PREMIER ÉDITEUR.

La remarque et le rapport que le sainct evesque vient de faire à la marge de son manuscrit montre clairement que ce chapitre n'est pas achevé, et qu'il avoit dessein de l'etendre plus au long; le renvoy qu'il fait à ces paroles : *Non derelinques animam meam in inferno*, est dans le chapitre precedent avec le mauvais sens que luy ont donné les nouveaux reformateurs; il y a de l'apparence que c'estoit icy son dessein de cotter les plus considerables falsifications qu'ils ont faites en l'interpretation des Escritures.

DISCOURS XXV.

De la corruption des versions vulgaires.

Reste à voir, que si la prophanation des novateurs est si evidente à l'egard des versions latines, combien est grand le mepris et l'outrage qu'ils ont commis contre la pureté de l'Escriture, dans les editions populaires, françoises, angloises, allemandes, polonoises, et autres langues; neantmoins voicy un des plus rusez artifices que l'ennemy du christianisme et de l'unité, met en jeu en notre asge, pour attirer les peuples à son party : il connoissoit la curiosité des hommes, et combien chacun prise son propre jugement; c'est pour cela qu'il a induit ses partisans et sectataires, à traduire les sainctes Escritures, chacun en la langue de la province où il s'est trouvé cantonné, et à maintenir pour cela cette opinion aussi fausse que perilleuse : « Que chacun est capable d'entendre les Escritures, que tous les devoient lire, et que tous les offices et prieres publiques se devoient celebrer et chanter en la langue vulgaire de chaque nation. »

Mais, messieurs, qui ne void le stratageme de ces gens? il n'y a rien de bon au monde, qui passant par plusieurs mains, ne s'altere et ne perde son premier lustre : le vin qu'on a beaucoup versé et reversé s'evente et perd sa force : la cire estant beaucoup maniée, change de couleur : la monnoye dans ses changes perd ses caracteres : croyez aussi que l'Escriture saincte, passant et repassant par tant de divers verseurs, et par tant de versions et reversions, ne peut qu'elle ne s'altere; que si dans les versions latines il y a beaucoup de varieté d'opinions entre ces tournoyeurs, combien plus, et plus aysément dans les editions vulgaires et maternelles, desquelles chacun ne peut pas reprendre le sens ny le controsler? C'est donc une tres-grande malice en ceux qui les traduisent, de sçavoir qu'ils ne seront point controslez par ceux de leur province, encor moins par les etrangers; car un François ne pourra pas corriger un Anglois, ny un Anglois un Allemand, qui n'entendent pas les langues des uns ny des autres. « Sçavons-nous bien, » dit un docte et (1) prophane, « qu'en Basque et en Bretagne, il y a des juges assez temeraires, pour etablir cette traduction toute en leur langue, quoy que l'Eglise universelle n'ait point de jugement plus difficile à rendre; ainsi c'est l'intention de Sathan, de corrompre l'integrité de ce sainct Testament. » Il sçait bien qu'il importe beaucoup à sa malice de troubler la fonteine, et de l'empoisonner, afin d'infecter les ruisseaux de la doctrine, mais disons candidement et de bonne foy, ignorons-nous que les (2) apostres parloient toutes les langues? d'où vient qu'ils ecrivirent leurs evangiles et leurs epistres seulement en trois langues? en *hebreu*, comme sainct Jerosme (3) l'atteste de l'evangile de sainct Matthieu; en *latin*, comme quelques-uns pensent de celuy de sainct Marc; et en *grec*, comme on le tient (4) des autres evangiles, qui furent les trois langues gravées sur le

(1) Le sieur de Montaigne, l. 1, ch. LVI.
(2) Act. II, 9, 10, 11. — (3) Præf. in Matt.
(4) Ex Pontific. Damasi, in vita Petri.

front de la croix de Nostre-Seigneur, pour (1) publier la predication du crucifix? Ne porterent-ils pas l'Evangile partout le monde? n'y avoit-il point d'autres langues (2) que ces trois parmy tant de peuples? cela ne se peut croire; et neantmoins ils ne jugerent pas expedient de diversifier en tant de langages leurs saincts escrits. Qui meprisera donc la coutume de nostre Eglise, qui se propose pour son modele l'usage et l'intention des apostres? Et de cecy nous avons un beau trait dans l'Evangile; (3) car le jour que Nostre-Seigneur entra en Jerusalem, les troupes alloient criant : « Hosanna filio David, benedictus qui venit in nomine Domini, hosanna in excelsis. » Mais il faut remarquer, que cette parole *hosanna*, a esté laissée en son entier parmy les textes grecs de sainct Marc et de sainct Jean, pour signifier que c'estoit la mesme parole du peuple : or est il que ce terme *hosanna*, (4) ou bien *hosianna*, car l'un vaut l'autre, selon les doctes en cette langue, est une parole hebraïque, non syriaque, tirée avec le reste de cette sentence qui fut donnée à Nostre-Seigneur, et tirée du psal. 117. Ces peuples donc avoient accoutumé de reciter les pseaumes en hebreu, neantmoins l'hebreu n'estoit plus leur langue vulgaire. Ce qui se reconnoist facilement par plusieurs textes de l'Evangile prononcez par Nostre-Seigneur qui estoient syriaques, et que les evangelistes ont gardez : *Abba*, *Aceldama*, *Golgotha*, *Pascha*, et autres, que les sçavans asseurent n'estre pas hebraïques, parce que le syriaque estoit devenu le langage vulgaire des Hebreux, depuis la captivité de Babylone; de sorte que l'hebraïque, outre le grand poids qu'elle doit avoir pour contre-balancer nos vaines curiositez, a une raison que je tiens tresbonne, c'est que les autres langues populaires ne sont point permanentes, elles changent de ville en ville, varient les accens, les phrases et les paroles, s'alterent et prennent le change de saison en saison, et de siecle en siecle. Qu'on prenne en main les Memoires du sire de Joinvile, ou l'Histoire de Philippes de Comines, on verra que le temps a entierement changé leurs langages; et neantmoins ces historiens devoient estre des plus polis de leur asge, ayant esté tous deux nourris à la cour. Si donc il nous estoit permis (surtout quand il faut rendre à Dieu les services publics) de nous servir des Bibles chacun à sa mode, et en son langage, de cinquante ans en cinquante ans il faudroit remuer menage, et tousjours corriger en ajoutant, levant ou changeant une bonne partie de la naïveté et saincte simplicité de l'Escriture, ce qui ne se pourroit faire sans une grande perte. N'est-ce pas, après tout, une chose plus que raisonnable, qu'une si pure regle, comme est la parole de Dieu, soit conservée en des langues reglées et immuables? puisqu'elle ne sçauroit se maintenir en cette parfaite integrité dans des langues bastardes et dereglées, qui changent en tous les siecles.

Je vous avise toutesfois, que le saint concile de Trente ne rejette pas et ne proscrit pas les editions vulgaires imprimées par l'authorité des ordinaires; mais seulement il commande, avec raison, qu'on n'entreprenne pas de les lire, ny de les produire, sans congé des superieurs, ce qui est tres-religieux, afin de ne pas mettre ce glaive affilé, et tranchant à deux costés, entre les mains de tel indiscret, qui pourroit s'egorger soy-mesme; de quoy nous parlerons cy-après plus amplement.

Par là, vous voyez que l'Eglise ne trouve pas bon que chacun (qui sçait lire simplement sans autre assurance de sa capacité que celle qui se persuade dans sa temerité) manie ce sacré thresor, comme en effet ce n'est pas la raison. Je me souviens d'avoir leu dans les Essays du sieur de Montaigne (1), quoyque laïque, qu'il trouvoit ridicule « de voir tracasser entre les mains de toutes sortes de personnes, dans une salle ou dans une cuisine, le sainct livre des sacrez Misteres de Dieu et de nostre creance : car, dit-il, ce n'est pas en passant ny tumultuairement qu'il faut manier une estude si serieuse et venerable; ce doit estre une action d'estime et de sens rassis à laquelle on doit tousjours apporter pour disposition cette preface de nostre office, *Sursum corda*, et y adjuter le corps mesme disposé par une contenance, qui temoigne une particuliere attention et reverence; et je croy, dit-il, que la liberté que chacun prend de la traduire, et par ce moyen de dissiper une parole si religieuse et importante en tant de sortes d'idiomes, a beaucoup plus de danger que d'utilité, dans la profanation qui s'en fait. »

Le sainct concile defend que les prieres et services publics de l'Eglise soient celebrez en langue vulgaire, mais en un langage reglé, chacun selon les anciens et authentiques formulaires, approuvez des superieurs. Ce decret est si juste, qu'il se fonde en partie sur les mesmes raisons que j'ai deduites; car s'il n'est pas expedient de traduire ainsi à tout propos, de province en

(1) Hilar. Præf. in Psalm. — (2) Act. ii, 11.
(3) Matt. xxi, 9. — (4) Genebr. Ps. cxvii, 24.

(1) Le saint evesque cite cet autheur, parce qu'en ce temps les Essays de Michel de Montaigne avoient grand cours. Il l'a cité encor cy-dessus, dans ce mesme chapitre.

province, le texte venerable de l'Escriture, puisque la plus grande partie des prieres et des offices, qu'on recite en public, est tirée de la Bible; s'il n'est donc pas bienseant ny convenable de la reciter, il l'est encore moins de la travestir en langue populaire, sans authorité des superieurs, et encor moins de la donner à manier à toutes sortes de personnes; crainte qu'estant prononcée en vulgaire, non-seulement les vieux, mais les jeunes enfants; non-seulement les sages, mais les fols; non-seulement les hommes, mais les femmes; et enfin tous ceux qui sont incapables, pourroient y prendre occasion d'erreur ou de scandale, qui plus, qui moins, selon sa disposition. S'ils lisoient les passages de David, où il semble que ce saint roy murmure contre Dieu sur la prosperité des mechans, le peuple indiscret s'en pourroit flatter dans ses impatiences. S'ils escoutoient les textes, où il semble demander la vengeance contre ses ennemis, leur colere en prendroit un mauvais pretexte, pour excuser son indignation : s'ils lisoient les transports du divin amour du Cantique des Cantiques, à moins de les sçavoir spiritualiser, ils n'y profiteroient qu'en mal : comme pourroient-ils oüir ces paroles du prophete Ozée? (1) « Vade, et fac tibi « filios fornicationis. » Plusieurs actions des anciens patriarches ouvriroient la porte au libertinage des idiots, qui n'ont pas l'esprit de discernement. Mais de grace! examinons serieusement pourquoy on veut avoir les Escritures et le service divin en langue vulgaire? est-ce pour y apprendre la doctrine? mais certes la doctrine ne s'y peut trouver, à moins qu'on n'ait ouvert l'ecorce de la lettre, dans laquelle est contenue l'intelligence : ce que je deduiray tantost en son propre lieu. La predication sert à ce point (non pas la recitation simple du service) en laquelle la parole de Dieu est non-seulement prononcée, mais exposée par le pasteur; et qui est celuy du menu peuple, tant soit-il éclairé, qui puisse entendre sans étude les propheties d'Ezechiel, et les mysteres contenus dans les psaumes? Que servira donc au peuple grossier de les oüir, sinon peut-estre pour les prophaner, et les mettre en doute? Après tout, nous qui sommes bons catholiques, ne devons en aucune façon réduire nos offices sacrez en langage particulier; car comme nostre Eglise est universelle, en temps et en lieu, elle doit aussi celebrer les offices publics en un langage qui soit universel, en temps et en lieux. Le latin parmy nous est evident, le grec en Orient; et nos Eglises en conservent l'usage, d'autant plus à propos, que nos prestres qui vont en voyage ne pourroient dire messe hors de leurs contrées, ny les autre l'entendre.

L'unité, la conformité, et la grande etendue de nostre saincte religion requiert, que nous disions nos prieres publiques en un langage, qui soit un et commun à toutes nations. En cette façon, nos prieres sont universelles, par le moyen de tant de gens, qui en chaque province peuvent entendre le latin, et il me semble en conscience que cette seule raison doit suffire; car si nous convenons du fait, nos prieres ne sont pas moins entendues en latin qu'en françois : divisons, si vous le voulez, le corps d'une république en trois parties, selon l'ancienne division françoise, ou selon la nouvelle, en quatre; s'il y a quatre sortes de personnes dans un estat, les ecclesiastiques, les nobles, ceux de robbe et le populaire : les trois premiers entendent le latin, ou le doivent entendre : reste le dernier rang, duquel encor une grande partie l'entend; le reste pour vray si on ne parle le langage corrompu de leur contrée, à grand peine pourroit-il comprendre le simple recit naturel et litteral des Escritures. Ce tres-excellent theologien (1) Robert Bellarmin, dit pour l'avoir appris de lieu tres-assuré, qu'une bonne femme ayant oüy lire en Angleterre, par un ministre, le chapitre de l'Ecclesiaste (quoy qu'ils ne le tiennent que pour livre ancien, non pas pour canonique) où il est discouru de la malice des femmes, elle se leva, disant : « Hé quoy! c'est là la parole de Dieu? non, mais celle du diable. » Il cite de (2) Theodoret un bon et juste mot de sainct Basile le Grand : Un cuisinier, dit-il, de la maison de l'empereur, voulant faire l'entendu, se mit à produire certains passages de l'Escriture, mais ce grand et pieux evesque luy repartit : « Tuum est de pulmento cogitare, « non dogmata divina decoquere. » Comme s'il eust voulu dire : Meslez-vous de gouster vos sausses, non pas de gourmander la divine parole.

DISCOURS XXVI.

La prophanation des Escritures se void encor en la facilité que pretendent nos freres abusez, dans l'intelligence de leurs mysteres et de leurs sens cachez.

En verité, l'imagination doit avoir grande force sur les entendements des huguenots, puisqu'elle leur persuade si fermement, et à vous aussi qui les suivez, cette grande absurdité, que « les Escritures sont aisées à interpreter, et que chacun les peut entendre. » De vray, pour produire les traductions vulgaires avec quelque honneur, il fal_

___
(1) Osée, c. I, 2.

(1) Bellarminus in tract. IX.
(2) Theodoret, l. 4. hist. c. XVII.

loit parler en cette maniere; mais dites-moy la verité, pensez-vous que les sages entrent dans vostre sentiment? les trouvez-vous si aisées que vous le dites? les entendez-vous bien? si vous le pensez, j'admire vostre creance, qui est non-seulement contre l'experience, mais contre ce que vous voyez et sentez vous-mesmes : s'il est ainsi, que l'Escriture soit aisée à entendre, à quoy bon tant de commentaires de vos ministres? à quel propos tant d'harmonies? à quoy servent ces ecoles de theologie? il ne faut, dites-vous, que la doctrine de la pure parole de Dieu en l'Eglise; mais où est cette parole de Dieu en l'Escriture? et l'Escriture est-ce quelque chose de bien secret? non, car vous enseignez tout le contraire : à quoy sert donc ce grand nombre d'interpretateurs et de predicans? si vous estes fidelles, vous y entendrez autant qu'eux; renvoyez-les aux infidelles, et gardez seulement quelques diacres pour vous donner le morceau de pain, et verser le vin de vostre diner : si vous pouvez vous repaistre vous-mesmes au champ de l'Escriture, qu'avez-vous affaire de pasteurs? quelque jeune innocent et petit enfant qui sçaura lire, en fera la raison? mais d'où vient cette discorde si frequente et irreconciliable qui est entre vous autres et les freres de Luther, sur ces paroles : « Ceci est mon « corps », et sur la justification? Certes, sainct Pierre n'est pas de vostre advis, qui advertit en sa seconde Epistre que dans les lettres de sainct Paul, il y a de certains (1) traits si difficiles, que les ignorans et remuans les depravent, comme le reste de l'Escriture, à leur propre malheur. L'Eunuque tresorier general d'Ethyopie estoit fidelle, puis qu'il estoit venu adorer au temple de Jerusalem; il lisoit Isaïe (2), il lisoit tout clair les paroles, et neantmoins sans les entendre, puis qu'il demandoit de quel prophete vouloit parler ce qu'il y avoit leu; certes il n'en avoit pas l'intelligence ny l'esprit, comme luy-mesme le confessoit. « Et quomodo possum, si non aliquis ostenderit mihi? » non-seulement il ne les entendoit pas, mais il confessoit son insuffisance, qui avoit besoin d'estre enseignée; et nous verrons parmy vous une simple femme se vanter d'entendre aussi bien l'Escriture que sainct Bernard? ne connoissez-vous pas icy l'esprit de division? Il faut, dit-il, leur faire croire que l'Escriture saincte est tres-aisée, afin que chacun la lise, qui çà, qui là; que chacun s'en fasse le maistre, et qu'elle serve aux opinions et aux phantaisies d'un chacun. Au contraire, David tenoit l'Escriture bien mal-aisée, quand il disoit : « Da mihi intellectum, ut discam mandata tua. » Si on vous a laissé l'Epistre de saint Jerosme *ad Paulinum*, en la preface de vos Bibles, lisez-la; car il entreprend cette cause tout exprez : sainct (1) Augustin en parle en mille endroits, mais surtout en ses Confessions; et en l'Epistre 119, où il confesse d'ignorer beaucoup plus en l'Escriture, qu'il n'y sçait : Origene, et saint Jerosme; celuy-là en sa preface sur les Cantiques, celuy-cy en la sienne sur Ezechiel, observent qu'il n'estoit pas permis aux Juifs, devant l'asge de 30 ans, de lire les trois premiers chapitres de la Genese, le commencement et la fin d'Ezechiel, ny le Cantique des Cantiques, pour la profondeur de leurs difficultez, en laquelle peu de gens peuvent nager sans s'y perdre. Et maintenant, ô Dieu! chacun en parle, chacun en juge, chacun s'en fait accroire. Or combien est grande la prophanation des Escritures de ce costé, personne ne le sçauroit suffisamment penser, qui ne l'auroit vu. Pour moy je diray ce que je sçay, et je ne mentiray point : j'ay vu une personne en bonne compagnie, à qui, dans un entretien familier, on proposa la sentence de Nostre-Seigneur (2) « Qui percutit te in maxilla, præbe ei et alteram; » Elle l'entendit incontinent en ce beau sens : « Que comme pour flatter un enfant qui etudie bien, on luy donne legerement un petit coup sur la joue, pour l'inciter à mieux faire : ainsi vouloit dire Nostre-Seigneur, à celuy que tu trouveras bienfaisant, et à qui tu te conseilleras, fais si bien, qu'il ait occasion une autre fois de te consoler et de te flatter, ou amadouer des deux costez. » Ne voila pas un sens rare et admirable? mais la raison estoit encor plus belle, parce que, adjouta cette personne, entendre ce texte autrement, et à la lettre, seroit contre nature; et il faut interpreter l'Escriture bonnement par l'Escriture; neantmoins, messieurs, nous trouvons que Nostre-Seigneur n'en fit pas de mesme, quand le serviteur le frappa; accordez vostre sens avec l'exemple. Un homme de bien, et qui à mon advis ne voudroit pas mentir, m'a raconté, qu'il avoit oüy dire à un ministre en ce païs, traitant de la nativité de Nostre-Seigneur, qu'*il s'assuroit qu'il n'estoit pas né en une creche*, et qu'on devoit exposer le texte (qui est expressement contraire) paraboliquement, disant : Nostre-Seigneur dit bien qu'il est la vigne, et il ne l'est pas pour cela : de mesme, encor qu'il soit dit qu'il est né dans une creche, il n'y est pas né pour cela, mais en quelque lieu honorable, qui, en comparaison de sa grandeur, se pouvoit appeller une creche où une ecurie : cette interpretation est merveil-

---

(1) II. Petri. c. III, 16.
(2) Act. VIII, 27, 28, 34, 50.

(1) S. Aug. lib. 12. Confess. c. XIV et XXI.
(2) Luc. VI, 29.

leuse, et je la cite d'autant plus volontiers, que celuy de qui je la tiens, estoit un homme particulier et sans etude, qui ne l'auroit pas controuvée : quoy qu'il en soit, n'est-ce pas une chose bien etrange, de voir comme cette suffisance pretendue fait prophaner l'Escriture sainte? N'est-ce pas accomplir sans doute ce que dit Dieu en Ezechiel, 34, ℣ 18 : « Nonne satis vobis erat pascua bona depasci? insuper, et reliquias pascuarum vestrarum conculcastis pedibus. »

Mais entre toutes les prophanations, il me semble, messieurs, que celle-cy se fait voir eminente par-dessus les autres; que dans vos temples publiquement, dans les villes, dans les champs, et dans les boutiques, on chante la rimaillerie des pseaumes de Marot, comme si c'estoient veritablement les pseaumes de David; la seule insuffisance de l'autheur, qui n'estoit qu'un vray ignorant; sa lasciveté, de laquelle il a donné des preuves par ses escrits, sa vie tres-libertine, qui n'avoit rien moins que celle d'un chrestien, meritoit bien qu'on luy refusast la frequentation de l'Eglise. Neantmoins son nom, ses versions et versifications, sont comme sacrez en vos assemblées; on les recite parmy vous autres, comme si c'estoient les paroles de David : mais qui ne void combien y est violé le sens du sacré texte, car les vers, la mesure, et la contrainte de cet esprit forcé, ne permettent pas qu'on y suive la proprieté de l'expression de l'Escriture; il y mesle du sien pour rendre le sens insensé, et il a esté necessaire à cet ignorant rimailleur de choisir un sens detourné, en quittant le droict et le canonique. N'est-ce pas une extreme absurdité, d'avoir laissé à cette cervelle eventée un jugement de si grande consequence, et suivre aussi etroitement le triage d'un poete prophane, dans les offices et prieres publiques, comme on le pourroit faire de l'interpretation des septante, qui furent si particulierement assistez du Sainct-Esprit? Combien de mots et combien de sentences il a meslez dans cette version, qui ne furent jamais dans l'Escriture, et qui sont bien d'autre importance, que de mal prononcer le mot Scibolleth? Toutefois on sçait bien, qu'il n'y a à rien qui aye tant chatouïllé vos curieux, et surtout les femmes, que cette libertine liberté, de chanter en l'Eglise et aux assemblées. Certes nous ne refusons à personne de chanter avec le chœur modestement et decemment, mais il semble plus convenable que l'ecclesiastique le fasse par estat, et pour l'ordinaire, comme il fut pratiqué en la dedicace du temple(1) de Salomon. Si vous vous plaisez si fort à faire resonner vos voix dans les Eglises, au moins ne

(1) II. Paralip. vii, 6.

changez point le sens du texte, ny la naïveté des Escritures. Le temps ne me permet pas maintenant la commodité, ny le loisir d'examiner et poursuivre le reste; souvenez-vous de ce que (1) cy-dessus nous avons remarqué sur le pseaume huitiesme.

Pour ce qui regarde l'usage que vous avez introduit, de faire chanter indifferemment en tous lieux, et en toutes occupations les cantiques de David; c'est à mon advis un mepris formel de la saincte religion (2). N'est-ce pas offenser la majesté divine, de luy parler avec des paroles tres-sainctes, sans aucune reverence et attention? Reciter des prieres sans esprit d'oraison, n'est-ce pas se mocquer de celuy à qui on parle? Quand on void à Geneve, ou autre part, des garçons de boutique, se joüer au chant de ces pseaumes, et rompre le fil d'une tres-belle priere, pour y mesler des bagattelles, ou des actions indecentes, ne void-on pas qu'ils font un accessoire du principal, et que ce n'est sinon par passe-temps qu'ils chantent ces cantiques, qu'ils croyent neantmoins estre du Sainct-Esprit? Ne fait-il pas beau voir des cuisiniers chanter en ridicule les paroles de la penitence de David, et demander à chaque verset, le lard, le chappon, la perdrix? « Cette Escriture, dit de Montaigne, est trop divine, pour n'avoir autre usage, que d'exercer les poulmons, et plaire aux oreilles. » Je ne nie pas, qu'en particulier et en tous lieux, il ne soit tres-bon de prier, et mesme en toute contenance decente, pourvu qu'on prie d'esprit, parce que Dieu void l'interieur, dans lequel gist la principale substance de l'oraison. Mais je croy, que celuy qui prie en public, doit faire demonstration exterieure de la reverence que les paroles qu'il profere demandent de luy, autrement il scandalise le prochain, qui n'est pas tenu de penser qu'il ait de la religion en son interieur, voyant le mepris qu'il en fait en son exterieur. Je tiens pour moy, qu'on ne peut chanter sans peché la version des pseaumes de Marot, qui sont tous mal traduits, et que c'est au moins une grande irreverence de les permettre dans vostre Eglise pretenduë reformée, parce qu'il n'y a ny esprit ny verité. « Spiritus est Deus, et eos qui adorant Deum, oportet spiritu, et veritate adorare. » Et en effet, dans cette ridicule rimaillerie, bien souvent vous attribuez au Sainct-Esprit les conceptions de Marot, contre la verité; ainsi la bouche crie parmy les ruës et

(1) Ce renvoy est au chap. xxiii, où Marot fait une exposition impie et detestable.

(2) Les calvinistes, dans le commencement de leur reforme pretenduë, avoient pris cette coutume, de faire chanter par les ruës les pseaumes de Marot, pour surprendre les simples catholiques.

dans les cuisines : « O Seigneur ! O Seigneur ! » quoy que le cœur et l'esprit n'y soient point ; mais au traffic et au guain, comme dit (1) Isaïe. Vous vous élancez de bouche vers Dieu, et le glorifiez de vos lesvres, mais vostre cœur est bien eloigné de luy, et vous le craignez selon les commandemens et la doctrine des hommes. Je confesse que cet inconvenient de prier sans devotion, arrive bien souvent aux catholiques ; mais ce n'est pas par l'aveu de l'Eglise ; aussi je ne reprens pas maintenant les particuliers de vostre secte, comme particuliers, mais le corps de vostre doctrine, laquelle par ses traductions et libertez reduit en usage prophane ce qui devroit estre en tres grande reverence : lisez au chap. 14. de la 1re aux Corinthiens : « Mulier in Ecclesia taceat ; » ce qui doit s'entendre aussi bien des cantiques, que du reste des Escritures. Pour ce qui regarde nos religieuses, je vous repons qu'elles sont *in oratorio, non Ecclesiâ*, et qu'elles ne chantent point leurs offices en langue populaire, mais elles conservent en tout le respect qui est dû aux Escritures.

DISCOURS XXVII.

Refutation des objections des religionnaires, au discours precedent, sur le sujet des versions, et chants en langue vulgaire.

Nous examinons, messieurs, en ce discours, ce que vous alleguez pour vostre defence. Sainct (2) Paul semble ordonner qu'on fasse le service en langue intelligible et populaire, principalement aux Corinthiens ; mais lisez bien, et vous verrez assurement que pour cela, il ne pretend pas qu'on diversifie le service en toutes sortes de langages ; il entend seulement que les exhortations familieres et les expositions des cantiques, qui se faisoient par les disciples qui avoient receu le don des langues, fussent interpretez, afin que l'Eglise fust instruite des choses que l'on chantoit. « Et ideò, qui loquitur linguâ, oret et interpretetur. » Il veut que les loüanges qui se faisoient à Corinthe, fussent interpretées en langue grecque par ceux qui en avoient l'office, pour enseigner et consoler le peuple ; il estoit en effet bien raisonnable que ces expositions instructives se fissent en langue intelligible, et sur le champ par maniere d'homelies et de catechisme : ce que l'apostre semble montrer evidemment, quand plus bas il ajoute : « Si ergo conveniat universa Ecclesia in unum, et omnes linguis loquantur, intrent autem idiotæ, aut infideles, nonne dicent quod insanitis ? » Et plus bas : « Sive lingua quis loquitur, secundum duos aut multos, et per partes unus interpretetur, si autem non fuerit interpres, taceat in Ecclesia, sibi autem loquatur et Deo. » Vous voyez, qu'il ne parle pas ici des offices solennels, qui ne se faisoient en l'Eglise que par le pasteur ; mais des cantiques qui se recitoient par le don des langues, et qui vouloient estre entendus *corde* ; de vray ne l'estant pas, cela detournoit l'assemblée, et ne servoit de rien. Plusieurs anciens peres parlent de ces cantiques, (1) et entre autres Tertullien, lequel parlant de la saincteté des apostres, et de la charité des anciens, dit : « Post manualem aquam, et lumina, ut quisque de Scripturis sanctis, vel de proprio ingenio, potest provocatus in medium Deo canere. »

Quand le prophete dit : « Populus hic labiis me honorat, cor autem eorum longè est à me. » Cela s'entend de ceux qui chantent et qui prient en quel langage que ce soit, et qui parlent à Dieu par maniere d'acquit, sans reverence et sans devotion, non pas de ceux qui parlent en langage à eux inconnu, mais connu de l'Eglise, et qui neantmoins ont le cœur uni à Dieu.

Les Actes des apostres nous apprennent à *louer Dieu en toute langue;* aussi faut-il ; mais dans la ceremonie des offices solennels et catholiques, il y faut une langue universelle et catholique, par laquelle *toute langue confesse, que le Seigneur Jesus-Christ est à la dextre de Dieu le pere.*

Au Deuteronome (2) il est dit, que les commandemens de Dieu ne sont pas secrets ny scelez : le (3) psalmiste s'en declare en ces termes : « Præceptum Domini lucidum. Lucerna pedibus meis verbum tuum. » Tout cela va bien, mais il s'entend et se doit entendre de la predication publique et expliquée : « Quomodo credent sine prædicante » : or tout ce que David ce grand prophete apporte, ne doit pas estre tiré indiscretement en consequence pour un chacun, ny pour un sens particulier.

Mais on objecte à tout propos : Ne dois-je pas chercher la viande de mon ame et de mon salut? qui nie cela ? il est vray neantmoins que les brebis ne vont pas d'elles-mesmes au pasturage, comme les vieilles oyes : n'est-ce pas le pasteur qui leur cherche le lieu, qui les y conduit et qui les y garde ? Se moqueroit-on pas du malade presomptueux, qui voudroit chercher sa santé dans Hypocrate, sans l'aide du medecin ? ou de celuy qui voudroit chercher son droit en justice

---

(1) C. XXIX, 13. — (2) I. Cor. c. XIV.

(1) In Apocal. c. XXXIX. Voyez l'annotation de Mre. Emar Ennequin E. de Rennes, sur le II. ch. du l. 6 des Conf. de S. Aug.

(2) Deut. XXX. — (3) Ps. XVIII. Ps. CXVIII.

dans le Code, sans s'adresser au juge? Cherchez, luy dira-t-on, vostre santé, mais par le moyen des expers; cherchez vostre droit et le procurez, mais par les mains du magistrat : (1) « Mediocriter sanus intelligat, Scripturarum expositionem ab iis esse petendam, qui earum sunt doctores, » dit sainct Augustin. S'il est vray que personne ne pourra trouver son salut, à moins de lire et d'entendre les Escritures, que deviendront tant de pauvres idiots ? Certes ils ont un bon remede, car ils trouvent et cherchent leur salut assez suffisamment, quand ils apprennent de la bouche de leur pasteur le sommaire de ce qu'il faut croire, esperer, et aimer, de ce qu'il leur faut faire et demander à Dieu. Persuadez-vous qu'en fait de doctrine, il est vray ce que dit (2) le Sage : « Melior est pauper, ambulans in simplicitate suâ, quàm dives in pravis itineribus. » Et ailleurs : (3) « Simplicitas justorum diriget eos. » Et (4), « qui ambulat simpliciter, ambulat confidenter. » Je ne pretends pas inferer., qu'il ne faille prendre la peine d'entendre sa creance, mais seulement qu'on ne doit pas penser trouver de soy-mesme son salut et son pasturage, sans la conduite de ceux que Dieu a constituez pour cet effet, selon le mesme Sage : « Ne innitaris prudentiæ tuæ, et ne sis sapiens apud temetipsum. » Ce que ne font pas ceux qui se fondent sur leur seule suffisance, et qui veulent temerairement se mesler de connoistre toute sorte de mysteres, sans observer l'ordre que Dieu a etably, puis qu'il en a fait entre nous les uns docteurs et les autres pasteurs ; non tous et chacun pour soy-mesme. En verité, sainct Augustin (5) avoüera que sainct Antoine, homme indocte, ne laissoit pas de sçavoir le chemin du paradis ; au contraire, luy-mesme avec toute sa science en estoit bien loin, estant alors plongé dans les erreurs des manicheens. Je veux achever ce discours par de bons temoignages de l'antiquité, et citer des exemples signalez, que je vous veux laisser en forme de conclusion.

Sainct Augustin montre evidemment que le peuple n'entend pas tousjours ce qu'il prononce dans l'Eglise, et qu'il a besoin d'exposition et d'interprete (6) : « Admonenda fuit charitas vestra, confessionem non esse semper vocem peccatoris; nam mox ut hoc verbum sonuit in linguâ lectoris, secutus est etiam sonus tunsionis pectoris ; audito, scilicet, quod Dominus ait, confiteor tibi pater, in hoc ipso quod sonuit, confiteor, pectora vestra tutudistis; tundere autem pectus, quid est, nisi aperire quod latet in pectore, et evidenti pulsu occultum castigare peccatum ? quare hoc fecistis? nisi quia auditis, confiteor tibi pater ; confiteor, audistis, qui est qui confitetur, non attendistis ; nunc ergo advertite. » Voyez, messieurs, comme le peuple oyoit la leçon publique de l'Evangile, et ne l'entendoit pas, sinon ce mot : « Confiteor tibi pater, » qu'il entendoit par equivoque et par coutume, parce qu'on le disoit au commencement des confessions auriculaires : cela montre sans doute que la leçon se faisoit en latin, qui n'estoit pas leur langage vulgaire.

Mais ceux qui veulent voir l'estime que les catholiques ont tousjours fait de la saincte Escriture, et le respect qu'ils luy portoient, qu'ils admirent le grand et sainct cardinal Borromée, qui n'ouvroit et n'etudioit jamais ce livre sacré sans se mettre à genoux, luy semblant qu'il alloit oüir parler Dieu visiblement, et que telle reverence estoit duë à une si divine audience. Jamais peuple ne fut mieux instruit, eu egard à la malice du temps, que le peuple de Milan sous ce sainct prelat ; mais l'instruction du peuple fidelle ne vient pas à force de tracasser les sacrez escrits, et lisotter cette divine parole, ny à chanter çà et là par phantaisie et critiquerie les pseaumes de David ; mais à les manier, dire, oüir et chanter modestement, et prier Dieu, avec apprehension et veuë de la majesté de Dieu, à qui on parle, de qui on lit et recite la parole, toujours avec cette preface de l'ancienne Eglise : *Sursum corda* (1). Ce grand amy de Dieu, sainct François d'Assise, à la glorieuse et saincte memoire duquel on celebroit hier par tout le monde la feste anniversaire, nous montroit un rare exemple de l'attention et reverence avec laquelle on doit prier Dieu : voyez ce qu'en raconte le sainct et fervent docteur de l'Eglise, sainct Bonaventure : « Solitus erat vir sanctus horas canonicas non minùs timoratè persolveré, quàm devotè ; nam licet oculorum, stomachi, splenis et hepatis ægritudine laboraret, nolebat muro, vel parieti inhærere, dum psalleret, sed horas semper erectus, et sine strepitu, non gyrovagis oculis, nec cum aliquâ syncopâ persolvebat ; si verò esset in itinere constitutus, figebat tunc temporis gressum ; hujusmodi consuetudinem reverentem et sanctam propter pluviarum inundationem non omittens, dicebat enim ; si quietè corpus cibum suum convenit sumere, cum ipsâ vermium esca communem, cum quantâ tranquillitate accipere debet anima cibum vitæ æternæ ? »

---

(1) Aug. l. 1. de Morib. Eccl. c. 1.
(2) Prov. XXVIII, 6. — (3) C. XI, 3. — (4) C. x, 9.
(5) Aug. l. 8. Conf. c. VIII. — (6) Aug. de Verb. Dom. ser. 8, c. 36.

(1) *Nota.* Il paroist que le saint autheur a composé cecy au mois d'octobre, et la premiere partie l'année precedente au mois de novembre, comme nous l'avons remarqué cy-dessus.

SECTION SECONDE.

DE LA SECONDE PARTIE DE L'AUTHORITÉ DES TRADITIONS.

DISCOURS XXVIII.

Que l'Eglise des pretendus reformez a violé entierement les traditions apostoliques, qui sont *la seconde regle de la foy chrestienne*.

Tout le secret de cette controverse consiste à bien sçavoir ce que nous entendons icy par les traditions apostoliques; voicy les paroles expresses du sainct concile de Trente, session IV, parlant de la verité et integrité de la discipline chrestienne et evangelique. « Prospiciens (sancta synodus) veritatem et disciplinam contineri in libris scriptis, et sine scripto traditionibus, quæ ab ipsius Christi ore, ab apostolis acceptæ, ut ab ipsis apostolis, Spiritu sancto dictante, quasi per manus traditæ, ad nos usque pervenerunt; orthodoxorum exempla patrum secuta, omnes libros tàm veteris, quàm novi Testamenti (cum utriusque unus Deus sit author) nec non traditiones ipsas, tum ad fidem, tum ad mores pertinentes, tanquam vel ore tenus à Christo vel à Spiritu sancto dictatas, et continuâ successione in Ecclesiâ catholicâ servatas, pari pietatis affectu, ac reverentiâ suscipit, et veneratur. » Voilà à la verité un decret digne d'une assemblée, qui pouvoit dire : « Visum est Spiritui sancto et nobis; » car il n'y a presque pas un mot qui ne porte coup sur les adversaires, et qui ne leur leve toutes les armes offensives et deffensives : car de quoy leur profitera desormais de crier : (1) « In vanum colunt me, dicentes mandata et doctrinas hominum; (2) irritum fecistis mandatum Dei, propter traditionem vestram : (3) ne intendas fabulis judaïcis, (4) æmulator existens paternarum tuarum traditionum; (5) videte ne quis vos decipiat per philosophiam, et inanem fallaciam, secundum traditionem hominum ; (6) redempti estis de vanâ vestrâ conversatione paternæ traditionis ? » Tout cecy, messieurs, n'est point à propos, puisque le concile proteste clairement que les traditions qu'il reçoit, ne sont ny traditions ny doctrine venuë des hommes; mais « ab ipsius Christi ore, ab apostolis acceptæ, vel ab ipsis apostolis, Spiritu sancto dictante, quasi per manus traditæ, ad nos usque pervenerunt. » Ce sont donc les pures paroles de Dieu, et la doctrine du Sainct-Esprit, non pas des hommes ; et en ce point vous verrez equivoquer presque tous vos ministres, faisant de grandes harangues pour montrer qu'il ne faut pas mettre en comparaison la tradition humaine avec l'Escriture ; mais à quel sujet crier tout cela, sinon pour embarrasser les pauvres auditeurs ? nous en demeurons d'accord, car jamais nous n'avons authorisé les traditions qui n'ont point d'aveu. Ils produisent contre nous ce que sainct Paul escrit à son Timothée : « Omnis scriptura divinitus inspirata, utilis est ad docendum, ad corripiendum, ad erudiendum in justitiâ, ut perfectus sit homo Dei, ad omne bonum opus instructus. » A qui ést-ce qu'ils en veulent ? c'est une querelle d'Allemand ; car qui nie la tres-excellente utilité de l'Escriture, sinon les huguenots, qui en levent des plus belles pieces, comme des choses vaines ? Elles sont tres-utiles certes, et ce n'est pas une petite faveur que Dieu nous a faite, de les nous conserver parmy tant de persecutions ; mais l'utilité de l'Escriture ne rend pas les sainctes traditions inutiles, non plus que l'usage d'un œil, d'une jambe, d'une oreille ou d'une main, ne rend pas l'autre inutile. Le concile dit : « Omnes libros tàm veteris, quàm novi Testamenti, necnon traditiones ipsas pari pietatis affectu, ac reverentiâ suscipit et veneratur. » Ne voicy pas une belle façon de raisonner ? La foy profite, cela est veritable : donc les bonnes œuvres ne profitent de rien : quelle logique ? De mesme : (1) « Multa quidem, et alta signa fecit Jesus, quæ non sunt scripta in libro hoc. Hæc autem scripta sunt ut credatis, quod Jesus est Dei filius, et ut credentes, vitam habeatis in nomine ejus. » Donc il n'y a rien autre à croire que cela ? O la belle consequence ; nous sçavons bien que, « quæcumque scripta sunt, ad nostram doctrinam scripta sunt. » Mais cela empesche-t-il que les apostres ne preschent, « hæc scripta sunt ut credatis, quod Jesus est filius Dei. » Cela ne suffit pas tout seul,

---

(1) Is. xxix. — (2) Matth. xv. — (3) Tim. i.
(4) Gal. i. — (5) Col. ii. — (6) I. Pet. i.

(1) Joan. xx.

car « quomodo credent sine prædicante? » Les Escritures sont données pour nostre salut, mais non pas les Escritures seules, les traditions y tiennent leur place : les oyseaux ont l'aile droite pour voler, donc l'aile gauche ne sert de rien? l'une ne va pas sans l'autre. Je laisse à part les responses particulieres : car sainct Jean ne parle que des miracles qu'il avoit à escrire, et qu'il croyoit suffire pour prouver la divinité du Fils de Dieu. Quand ils produisent ces paroles : (1) «Non addetis ad verbum, quod ego præcipio vobis, neq auferetis ab eo ; (2) sed licet aut angelus de cœlo evangelizet vobis, præterquam quod evangelizavimus vobis, anathema sit. » Ils ne disent rien contre le concile, qui dit expressement, que la doctrine evangelique ne consiste pas seulement aux Escritures, mais encor aux traditions; l'Escriture est Evangile, mais elle n'est pas tout l'Evangile, car les traditions sont l'autre partie : qui enseignera donc autre chose, que ce qu'ont enseigné les apostres, maudit soit-il : mais les apostres ont enseigné par escrit et par tradition, et tout cela est Evangile et de l'Evangile.

Après tout, messieurs, si vous considerez de près comme le concile apparie les traditions avec les Escritures, vous verrez qu'il ne reçoit point du tout les traditions contraires à l'Escriture, car il reçoit la tradition et l'Escriture avec pareil honneur, parce que l'un et l'autre sont des ruisseaux tres-doux et tres-purs, qui sont partis d'une mesme bouche de Nostre-Seigneur, comme d'une vive fontaine de sapience, et partant elles ne peuvent luy estre contraires, puisqu'elles sont de mesme goust et qualité; et se joignant ensemble, elles arrosent gayement cet arbre sainct du christianisme, « Quod fructum suum dabit in tempore suo. »

Nous appelons donc tradition apostolique, toute doctrine, soit de la foy, soit à l'egard des mœurs, que Nostre-Seigneur a enseignée de sa propre bouche, ou par la bouche des apostres, laquelle n'estant point escrite dans les livres canoniques, a esté de main en main conservée jusqu'à nous, ayant passé sans alteration de siecle en siecle, par une continuelle succession dans l'Eglise : en un mot, c'est la parole d'un Dieu vivant, imprimée, non sur le papier, mais sur la carte blanche et animée des cœurs des fidelles. Ce n'est donc pas une vaine tradition des ceremonies, ny un certain ordre exterieur, arbitraire, politique, et de bienseance : mais, comme dit le sainct concile, un usage etably en uniformité de doctrine, qui appartient à la foy mesme et aux mœurs; quoy qu'à l'egard des traditions qui concernent les mœurs, il y en a qui nous obligent tres-etroitement, et d'autres qui ne nous sont proposées que par conseil et pour le mieux ; et celles-cy n'estant pas observées ny en tous lieux ny en tout temps, ny de toutes personnes, ne nous rendent pas coupables, pourvu qu'elles soient approuvées et prisées comme sainctes, et ne soient temerairement meprisées. (1)

DISCOURS XXIX.

Qu'il y a des traditions apostoliques en l'Eglise orthodoxe.

Hé de grace ! messieurs, ne confessons-nous pas aussi bien que vous, que la saincte Escriture est une doctrine tres-excellente et tres-utile ; elle est escrite, afin que nous croyions ; rien ne luy peut estre contraire, que le mensonge et l'impieté : mais pour mieux establir les veritez, il ne faut pas rejetter ce point de religion, que les traditions sont tres-utiles, données pareillement afin que nous croyions ; rien ne leur est contraire que l'impieté et le mensonge. Et en effet, pour establir une verité, il ne faut jamais destruire l'autre : l'Escriture est utile pour enseigner ; apprenez donc de l'Escriture mesme, qu'il faut recevoir avec honneur la creance des sainctes traditions : s'il ne faut rien ajouter à ce que Nostre-Seigneur a commandé, citez le lieu où il a commandé qu'on rejettast les traditions apostoliques? pourquoy ajoutez-vous cecy à ses paroles ? où est-ce que Nostre-Seigneur l'a jamais enseigné ? tant s'en faut qu'il ait jamais commandé le mepris des traditions apostoliques, que mesme il n'a pas voulu mepriser aucune des veritables traditions de la loy. O prophetes nouveaux, nouveaux interpretes du monde, courez et parcourez tout l'Evangile, vous n'y verrez rien censurer que les traditions humaines et contraires à l'Escriture. Que si Nostre-Seigneur ny ses apostres ne se sont jamais declarez contre les bonnes traditions, et s'ils ne l'ont jamais escrit, pourquoy nous evangelisez-vous cette doctrine ? Au contraire, ils deffendent de biffer et tronquer aucune chose de l'Escriture; pourquoy donc voulez-vous lever les traditions qui sont si expressement authentiques dans les livres sacrez ?

N'est-ce pas la saincte Escriture qui dit en sainct Paul : (2) « Itaque, fratres, tenete traditiones, quas accepistis, sive per sermonem, sive per epistolam ; (3) hinc patet, quod non omnia per

---

(1) Deut. iv. — (2) Gal. i.

(1) Le docteur Anthoine Possevin contre Thytien, sect. 2, c. III, remarque que la doctrine chrestienne ne s'appelle pas *Eugraphine*, mais *Evangelique*.

(2) II. Thessal. II. — (3) Hieron. Comment. in hunc locum.

epistolam tradiderunt apostoli, sed multa etiam sine litteris ; eadem vero fide digna sunt, tàm ista quàm illa, » dit sainct Chrysostome en son commentaire sur ce lieu ; ce que sainct Jean mesme confirme : (1) « Multa habens scribere vobis, nolui per cartham, et attramentum, spero enim me futurum apud vos, et os loqui. » C'estoient choses tres-dignes d'estre escrites, neantmoins cet apostre ne l'a pas fait, mais il les a dites simplement, et au lieu d'Escriture il en a laissé la tradition. (2) « Formam habes sanorum verborum quæ à me audisti, bonum depositum custodi, » disoit sainct Paul à son Timothée. N'estoit-ce pas luy recommander la parole apostolique non escrite ? et cela s'appelle tradition. Plus bas : « Quæ audistis à me per multos testes, hæc commenda fidelibus hominibus, qui idonei erunt et alios docere. » Est-il rien de plus clair pour authoriser la tradition ? voila la forme, l'apostre parle, les temoins le rapportent, sainct Timothée le doit enseigner à d'autres, et ceux-là aux autres ; ne voila pas une saincte substitution, et fide-commis spirituel pour toute l'Eglise ?

Le mesme apostre loüe grandement (3) les Corinthiens, de l'observation des traditions : « Quod per omnia memores estis, et sicut tradidi vobis, præcepta mea servatis. » Si cela estoit escrit par sainct Paul en la seconde des Corinthiens, on pourroit dire pour objection, que par ces commandemens, il entend ceux qui sont escrits en la premiere, quoy que le sens seroit forcé (car à celuy qui ne peut marcher, tout ombre sert) ; mais cecy est escrit en la premiere lettre, où il ne parle d'aucun Evangile, et il ne l'appelleroit pas, « Præcepta mea : » qu'estoit-ce donc, sinon une doctrine apostolique non escrite, que nous appellons tradition ? à la fin de la lettre il leur dit : (1) « Cætera, cum venero, disponam. » Il nous laisse à conclure tres-raisonnablement, qu'il leur devoit enseigner plusieurs choses bien remarquables, et neantmoins nous n'en avons aucun escrit ailleurs ; sera-t-il bon de dire, que tout cela est perdu pour l'Eglise ? non certes, il suffit qu'il nous soit venu par la tradition, autrement l'apostre ne l'eust pas refusé à la posterité, et l'eust escrit, sans doute, pour nostre instruction. Lors que le Fils de Dieu dit aux apostres : « Multa habeo vobis dicere, quæ non potestis portare modo. » Je vous demande en quel temps il leur a dit les choses qu'il avoit à leur dire ? ou ce fut après sa resurrection durant les quarante jours qu'il fut avec eux, ou en la venuë du Sainct-Esprit. Mais après tout, que sçavons-nous ce qu'il comprenoit sous cette parole : « Multa habeo, etc. » Sçavons-nous si tout est escrit ? il est bien dit qu'il fut quarante jours avec eux, et qu'il leur enseigna les veritez du royaume des cieux ; mais nous n'avons ny toutes ses apparitions, ny toutes les choses qu'il leur disoit dans ses entretiens.

(1) Joan. II, III. Epistola.
(2) II. Timoth. I. — (3) S. Paul. I. Cor. XI, 2.

(1) S. Paul. I. Cor. XI, 34.

OBSERVATION DU PREMIER EDITEUR.

Le saint evesque finit icy la seconde partie de la controverse des escritures et des traditions, qu'il appelle regles formelles de la foy. La troisiesme partie, qui doit estre après celle-cy, n'en est proprement qu'une section ; car il y continuë les questions des autres regles, qu'il appelle regles d'application, dans l'authorité du saint-siege ; dans le credit des peres et des conciles ; dans la puissance des miracles, et dans la soumission que doit la raison humaine à la raison divine ; ce qui se verra dans la suite de cet ouvrage, sous le titre de troisiesme partie ; qui n'est neantmoins qu'une division de la seconde. Cet avertissement estoit necessaire pour mieux comprendre l'ordre de ce volume et la distinction de ses matieres. Le Traité des traditions ne paroist point entier ny achevé ; car le dessein du saint evesque l'obligeoit de montrer à fond en quoi les novateurs ont violé les traditions des apostres ; ce qu'il a fait assez superficiellement, parce qu'il a presupposé ce qu'il a dit, dans l'abus qu'ils ont fait des sainctes Escritures ; où ils ont blessé le credit et le consentement des conciles, des peres et de toute l'Eglise.

TROISIESME PARTIE.

DES SECONDES REGLES DE LA FOY,

QUI SONT LES REGLES D'APPLICATION.

SECTION PREMIERE.

DE L'AUTHORITÉ, DIGNITÉ, ET PRÉEMINENCE DU SIEGE DE S. PIERRE, EN SA PERSONNE, ET EN SES SUCCESSEURS.

OBSERVATION EN FORME DE PRELUDE.

Le saint evesque, pour continuer ce qu'il a promis dans la preface de la seconde partie, où il a proposé les regles de la foy, après avoir examiné les Escritures et la tradition, qu'il appelle *Regles formelles*, il examine en cette troisiesme partie les *Regles d'explication et d'application*, et commence par celle qui deplaist le plus aux nouveaux reformateurs ; il etablit la chaire de S. Pierre, et en fait voir eminemment l'authorité en sa personne et en ses successeurs ; ses preuves sont solides et dignes du respect qu'il avoit pris pour le siege apostolique.

DISCOURS XXX.

Des preeminences que Jesus-Christ a données à S. Pierre.

S. Pierre est le fondement de l'Eglise.

Est-il pas vray que quand Nostre-Seigneur impose un nom aux hommes, il leur fait tousjours quelque grace particuliere, conforme au nom qu'il leur accorde. Ainsi quand il changea le nom d'Abram en celuy d'*Abraham*, qui fut le pere des croyans ; ce fut pour signifier que de *pere elevé* qu'il estoit, il le faisoit le *pere d'une grande multitude*, et en apporte la raison à mesme temps : (1) « Appellaberis Abraham, quia patrem multarum gentium constitui te. » En changeant celuy de *Sarai* en celuy de *Sara*; de dame qu'elle estoit particuliere chez Abraham, il la rendit la dame generale des nations et des peuples qui devoient naistre d'elle. S'il change le nom de (2) *Jacob* en *Israël*, la raison est dite sur-le-champ, parce que, « si tu as esté puissant contre Dieu, combien plus surmonteras-tu les hommes ? » Si bien que Dieu, par les noms qu'il impose, ne marque pas seulement les choses nommées ; mais il nous instruit encor de leurs qualitez et conditions, temoins les anges, qui ne portent des noms que selon leurs offices ; temoin sainct Jean-Baptiste, qui porte la grace en son nom, qu'il annonça en la predication de la penitence ; et cela est si ordinaire en la saincte langue des Israëlites, qu'il seroit superflu de nous y arrester.

Ainsi l'imposition du nom à sainct (1) Pierre n'est pas un petit argument de l'excellence particuliere de sa charge, selon la raison mesme que Nostre-Seigneur y attacha. *Tu es Petrus*, etc. Mais que veut dire ce nom que luy donna le fils de Dieu ? Certes ce fut un nom plein de majesté, non pas un nom vulgaire ny trivial ; mais un nom qui ressent la superiorité et authorité, semblable à celuy d'Abraham. Car si Abraham fut ainsi nommé, parce qu'il devoit estre pere de plusieurs peuples : sainct Pierre a reçu ce nom, parce que sur luy, comme sur une pierre ferme, devoit estre fondée la multitude des croyans ; et c'est pour prouver cette ressemblance, que sainct Bernard appelle la dignité de sainct Pierre, le *patriarchat d'Abraham*, l. 2. de la Consid. c. 8. 51. w. 1. Quand Isaïe veut exhorter les Juifs par l'exemple d'Abraham, qui estoit leur tige, il appelle Abra-

---

(1) Genes. XVII, 5. 15. — (2) Genes. XXXII, 18.

(1) Joan. I, 42.

ham (Pierre), « Attendite ad patrem, unde excisi estis, attendite ad Abraham patrem vestrum. » Où il fait voir que ce nom (Pierre) rapporte fort à l'authorité paternelle : et en effet, ce nom est l'un de ceux que Nostre-Seigneur luy donna par excellence. Or je vous prie, quel autre nom trouvons-nous attribué plus frequemment à cet apostre, et qui responde mieux à celuy de seigneur et pere, que celuy de Pierre? Ce changement, et cette nouvelle imposition de nom, est tres-considerable ; car les noms que Dieu donne sont tous moëlleux et effectifs : s'il a communiqué ce nom à sainct Pierre, il s'ensuit qu'il luy a communiqué quelque qualité sortable à ce nom. (1) Nostre-Seigneur est appelé par eminence *Pierre*, parce qu'il est le chef et le fondement de l'Eglise : il est seul la pierre angulaire, c'est-à-dire l'appuy et la fermeté de cet edifice spirituel ; ainsi il a voulu declarer que sur sainct Pierre seroit edifiée son Eglise, et que pour affermir ses freres il l'affermiroit en la foy : (2) *Confirma fratres tuos*. Je sçay bien qu'il imposa aux deux freres Jean et Jacques, le nom de *Boanerges*, qui signifie enfans de tonnerre; neantmoins ce nom n'est point un nom de superiorité ny de commandement, mais d'obeissance : il n'est point propre en particulier, mais commun à deux ; il semble mesme que ce ne fut pas un nom permanent, puisque jamais ils ne l'ont porté depuis ce temps-là : ce fut plutost un tire de loüange à cause de l'excellence future, et du zele ardent de la predication ; mais en sainct Pierre ce nom fut tousjours fixe et plein d'authorité, il luy fut si particulier, que nous pouvons bien dire, *Auquel des autres a-t-il dit : Tu es Pierre?* pour montrer que sainct Pierre a esté establiy superieur des autres. Je vous aviseray pourtant que Nostre-Seigneur ne changea pas absolument le nom de sainct Pierre, ains seulement il ajouta ce nouveau nom à l'ancien nom qu'il avoit, peut-estre afin qu'il se ressouvinst dans son authorité, de ce qu'il estoit autrefois dans son premier estat, et que la majesté du second fust contre-balancée par l'humilité du premier. Car d'une part, si le nom de Pierre nous le fait reconnoistre pour nostre chef, le nom de *Simon* nous declare d'autre part, qu'il n'est pas le chef absolu, mais chef obeissant et subalterne ; et si nous l'osons dire, chef maistre-valet ; *Servus servorum Dei*. Il me semble que sainct Basile donne une explication tres-conforme à ce que je dis, quand il dit : « Petrus tertiò abnegavit, et collocatus est in fundamento : Petrus jam anteà dixerat, et beatus pronunciatus fuerat, dixerat, tu es filius Dei excelsi, et vicissim audierat, se esse petram : ità laudatus à Domino ; licet enim petra esset, non tamen petra erat ut Christus; ut Petrus petra erat; solus quidem Christus verè est immobilis petra ; Petrus verò propter petram : axiomata namque sua Christus largitur aliis, largitur autem ea, ei qui sic non erat natus, sed nihilominus habens, petra est, et petram Christus fecit, qui, quæ sua sunt, largitur servis suis; argumentum hoc est opulenter, habere, videlicet, et aliis dare. » Ainsi parle sainct Basile du nom que Jesus-Christ donna à sainct Pierre.

Mais, que dit icy Jesus-Christ? trois choses tres-particulieres, qu'il faut considerer l'une après l'autre : « Tu es Petrus, et super hanc petram ædificabo Ecclesiam meam ; et portæ inferi non prævalebunt adversus eam ; et tibi dabo claves regni cœlorum, etc. » Il dit qu'il estoit une pierre, ou un rocher, et que sur ce rocher ou cette pierre, il edificroit son Eglise. Mais nous voicy en grande difficulté ; car l'on accorde sans contestation, que Nostre-Seigneur a parlé à sainct Pierre, et de sainct Pierre jusques icy: « Et super hanc petram, » mais on veut que par ces paroles suivantes, il ne parle plus de sainct Pierre. Mais je vous prie, quelle apparence y a-t-il que Nostre-Seigneur eust fait cette grande preface: « Beat. S. B. I. quia caro et sanguis non revelavit tibi, sed Pater meus, qui in cœlis est, et ego dico tibi, » pour ne rien dire autre chose, sinon : « Quia tu es Petrus. » Puis changeant tout à coup et sans liaison de fil du discours, il allast parler d'autres choses, qui n'eussent point eu de suite, dans ce qu'il ajoute : « Et sur cette pierre j'edifieray mon Eglise. » Ne voyez-vous pas qu'il continuë à discourir clairement de la mesme pierre de laquelle il avoit parlé, sans interruption? Or, de quelle autre pierre avoit-il parlé, sinon de *Simon*? auquel il avoit dit : *Tu es Pierre?* Voicy le point de l'equivoque, qui peut faire scrupule à vos imaginations ; c'est que peut-estre vous pensez que comme Pierre est maintenant devenu un nom propre d'homme, il le fut aussi en ce temps, et que *Petrus* n'est pas la mesme chose que *petra*; et qu'ainsi nous transportons la signification de Pierre, à la pierre, par equivoque du masculin au feminin? Mais après tout, nous n'equivoquons point icy, car ce n'est qu'un mesme mot, pris sous la mesme signification. Quand Nostre-Seigneur a dit à Simon : « tu es Pierre, » et quand il a dit, « et sur cette pierre j'edifieray mon Eglise ; » ce mot de Pierre n'estoit pas alors un nom propre d'homme, mais seulement approprié à *Simon-Barjona* ; ce que vous entendrez bien mieux, si vous le prenez au langage auquel Nostre-Seigneur le dit, car il ne parloit pas latin ; mais syriaque. Il appela donc non pas Pierre, *cephas*, en cette façon : « tu es ce-

---

(1) I. Cor. III, 10. — (2) Marc. III, 17.

pha, et super hoc cepha ædificabo. » Comme qui diroit en latin, « tu es saxum, et super hoc saxum : ou en françois, « tu es roche, et sur cette roche j'edifieray mon Eglise. » Maintenant quel doute vous reste-t-il? vous dites que ce n'est qu'un mesme homme duquel il a dit : « tu es roche, » et un autre duquel il a dit, « et sur cette roche. » Certes il ne s'estoit point parlé d'autre *Cepha* en tout ce chapitre, que de *Simon*; à quel propos donc allons-nous rapporter ce relatif *hanc*, à un autre *cepha* que celuy qui est immediatement precedent, et qui fait le fil du discours ?

Vous me direz peut-estre que le latin exprime, *tu es Petrus*, et non *tu es petra*; et que ce relatif *hanc*, qui est feminin, ne se sçauroit rapporter à *Petrus*, qui est masculin. Vrayment la langue latine produit assez d'autres argumens, pour nous faire connoistre que cette pierre n'est autre que sainct Pierre : et pourtant pour accommoder le mot à la personne à qui on le donnoit pour nom, qui estoit masculine, il lui a baillé une terminaison de mesme, à l'imitation du grec, qui avoit mis *tu es, Petrou, et super hanc, ti Petræ*. Mais cette diction ne reüssit pas si heureusement en latin qu'en grec, parce qu'en latin, *Petrus* ne veut pas dire *petra*; mais en grec *Petrus* et *petra* n'est qu'une mesme chose, comme en françois, rocher et roche : de maniere que s'il falloit approprier l'un ou l'autre à un homme, je luy appliquerois plutost le nom de rocher que de roche, par la correspondance du nom masculin à la personne masculine. Il reste que je vous declare, sur cette interpretation, qu'il n'y a personne de bon sens, qui doute que Nostre-Seigneur n'ait appellé sainct Pierre, *Cephas*; car (1) sainct Jean le montre expressement, et sainct Paul (2) aux Galattes; ny aussi que *Cephas* vueille dire une pierre ou un roc, ainsi que dit sainct Jerosme.

Enfin pour vous prouver que c'est de sainct Pierre duquel il est dit : « Et super hanc petram, » je vous produits les paroles suivantes; car c'est ce me semble le mesme de luy mettre les clefs du royaume des cieux entre les mains, et de luy dire, *super hanc petram*; et neantmoins nous ne pouvons douter que ce ne soit sainct Pierre, auquel il promet *les clefs du royaume des cieux*, puis qu'il dit clairement : « Et tibi dabo claves regni cœlorum. » Si donc nous ne voulons tordre et tronquer cette piece de l'Evangile d'avec les paroles precedentes et les suivantes, pour la joindre ailleurs à nostre poste, nous ne pouvons nier que tout cecy ne soit dit de sainct Pierre, et à sainct Pierre : « Tu es Petrus, et super hanc petram ædificabo Ecclesiam meam. » C'est ce que croit la vraye et pure Eglise catholique, et mesme la confession des ministres l'avoüe haut et clair; et cela se void confirmé en l'assemblée de six cent trente evesques au concile de Calcedoine. Act. 3.

Voyons maintenant combien valent ces paroles, et ce qu'elles importent : on sçait que ce que le chef est au corps d'un homme vivant, ou la racine à un arbre, le fondement l'est aussi dans un bastiment. Nostre-Seigneur donc, qui compare son Eglise à un edifice, quand il dit qu'*il l'edifiera sur sainct Pierre*, montre visiblement que sainct Pierre sera la pierre fondamentale de cette saincte maison, ou la racine de ce precieux arbre, ou le chef de ce beau corps : or, s'il est vray que la pierre sur laquelle on releve l'edifice, est la premiere, et que les autres s'affermissent sur elle, celles sans doute qu'elle ne soustient point, ne sont pas veritablement de l'edifice. On peut bien remuer les autres pierres, sans que le bastiment tombe; mais qui leve la pierre fondamentale, renverse la maison. Les François appellent une maison l'edifice, ou la famille de leur sang, avec cette proportion, que comme une maison n'est autre qu'un assemblage de pierres et autres materiaux composé avec ordre, dependance et mesure ; ainsi une famille n'est autre chose qu'un assemblage de gens, avec ordre et dependance les uns des autres; c'est selon cette similitude que Nostre-Seigneur appelle son Eglise edifice, duquel ayant etably sainct Pierre le fondement, il l'a fait le chef et superieur de cette famille.

Secondement, je dis que par ces paroles Nostre-Seigneur montre la perpetuité et immobilité de ce fondement. La pierre sur laquelle on releve l'edifice, comme nous l'avons remarqué, doit estre la premiere; les autres s'affermissent sur son appuy; on peut bien remüer les autres pierres sans ruiner l'edifice ; mais qui leve la fondamentale, renverse la maison. Si donc les portes d'enfer ne peuvent rien contre l'Eglise, elles ne peuvent rien contre son fondement et son chef, lequel elles ne sçauroient lever et renverser, qu'elles ne mettent sens dessus dessous tout le bastiment : ce qui seroit contre la promesse de Jesus-Christ, qui fait voir en troisiesme lieu une difference tres-grande entre sainct Pierre et luy; car Nostre-Seigneur est fondement et fondateur, fondement et edificateur de l'Eglise ; mais sainct Pierre n'en est que le fondement. Nostre-Seigneur en est le maistre et le seigneur en proprieté; sainct Pierre en a seulement l'œconomie, ce que nous dirons-cy-après. Enfin par ces mesmes paroles, Nostre-Seigneur montre que les pierres qui ne sont point posées et arrestées sur ce fon-

---

(1) Ad Galat. II, 9, et alibi.
(2) In Cap. II. ad Gal.

dement, ne sont point de l'Eglise, et n'appartiennent point à cet edifice spirituel.

DISCOURS XXXI.

Resolution des textes, qui semblent detruire cette verité que nous avons posée, que *saint Pierre est le fondement de l'Eglise.*

Or, quoy que les choses que nous avons etablies dans le discours precedent, soient evidentes; neantmoins nos adversaires n'en veulent point tomber d'accord. Premierement ils nous opposent ce passage de saint (1) Paul : « Fundamentum aliud nemo potest ponere, præter id, quod positum est, quod est Christus Jesus : » et selon le mesme, nous sommes domestiques de Dieu : (2) « Superædificati supra fundamentum apostolorum, et prophetarum, ipso summo angulari lapide Christo Jesu. » Et en (3) l'Apocalypse : « La muraille de la saincte cité avoit douze fondemens, et en ces douze fondemens estoit le nom de douze apostres. » Si donc, disent-ils, tous les douze apostres sont les fondemens de l'Eglise, comme attribuerez-vous ce titre à sainct Pierre en particulier? et si sainct Paul dit, que personne ne peut mettre autre fondement que Nostre-Seigneur, comme osez-vous dire que par ces paroles : « Tu es Pierre, et sur cette pierre j'edifieray mon Eglise, sainct Pierre ait esté etabli pour le fondement de l'Eglise ? » Que ne dites-vous plutost avec (4) Calvin, que cette pierre sur laquelle l'Eglise est fondée, n'est autre que Nostre-Seigneur : que ne dites-vous plutost avec Luther, que cela se doit entendre de la confession de foy que sainct Pierre avoit faite. Mais en verité ce n'est pas une bonne façon d'interpreter l'Escriture, que de renverser un passage par l'autre, ou le tirer par une intelligence forcée du sens naturel, à un sens etrange et mal convenable ; il faut y laisser, tant qu'on peut, la naïveté et suavité du sens, qui s'y presente. Ainsi, messieurs, puisque nous voyons clairement, que l'Escriture nous enseigne qu'il n'y a point d'autre fondement que Nostre-Seigneur; et que la mesme nous enseigne que sainct Pierre l'est encore en sa maniere, et plus que tous les apostres ne le sont, il ne faut pas admettre le premier enseignement pour diminuer le second, ny le second pour detruire le troisiesme, mais les conserver tous trois en leur entier : ce qui se fera aisement, si nous considerons ces passages à la bonne foy, et franchement.

(1) S. Paul. I. Cor. III, 11. — (2) Ad Ephes. II, 20.
(3) Apoc. XXI, 14, 17.
(4) Calvin. l. 4. Inst. VI, LVI. 1. de potest. Papæ.

Premierement. Nous reconnoissons que Jesus-Christ est l'unique fondement de l'Eglise, c'est le fondement unique de nostre foy, de nostre esperance, et de nostre charité ; c'est le fondement unique de la valeur des sacremens et de nostre felicité ; et c'est encor le fondement unique de toute l'authorité et de toute la loy ecclesiastique, et de toute la doctrine et administration sacrée qui s'y fait : qui douta jamais de cela ? mais en disant qu'il est l'unique fondement, comment est-ce que vous trouvez mauvais, que nous posions encor sainct Pierre pour fondement ? Vous nous faites tort : nous le mettrons pour fondement au sens où celuy-là (outre lequel on n'en peut point admettre d'autre) l'a mis luy-mesme : si bien, que si Nostre-Seigneur est vray fondement de l'Eglise, comme il l'est, il faut croire aussi que sainct Pierre l'est encore, puisque Nostre-Seigneur l'a mis en ce rang. Que si quelqu'autre que Nostre-Seigneur mesme luy eust donné ce grade, nous crierons tous avec vous : « Nemo potest aliud fundamentum ponere, præter id quod positum est. » De grace ! avez-vous bien consideré les paroles de sainct Paul ? il ne veut pas qu'on reconnoisse aucun fondement, outre Nostre-Seigneur : ny sainct Pierre, ny les autres apostres, ne sont pas fondement, *outre* Nostre-Seigneur, ains *sous* Nostre-Seigneur : leur doctrine n'est pas *outre* celle de leur maistre, mais celle-là mesme de leur maistre. Ainsi la supresme charge que tient sainct Pierre en l'Eglise militante (à raison de laquelle il est appellé fondement de l'Eglise, comme son chef et gouverneur) n'est pas outre l'authorité de son maistre, elle n'en est qu'une excellente participation : ce qui fait que luy-mesme n'est pas fondement de cette hierarchie, outre Nostre-Seigneur, mais plutost en Nostre-Seigneur, comme nous l'appellons tres-sainct pere en Nostre-Seigneur, hors duquel il ne le seroit point : cela n'est pas une contrarieté, mais une subordination.

Certes nous ne reconnoissons point d'authorité seculiere dans l'estat, outre celle de son altesse souveraine ; mais nous en reconnoissons plusieurs, sous elle, lesquelles ne sont pas proprement autres que celles de son altesse, puisqu'elles en sont seulement certaines portions et participations ; par sa volonté. Si vous le desirez, interpretons passage par passage : sainct Paul ne vous semble-t-il pas se faire assez entendre, quand il dit : Vous estes sur-edifiez sur le fondement des prophetes et des apostres ; mais afin qu'on sceust que ces fondemens n'estoient pas outre celuy qu'il preschoit, il ajoute : « Ipso summo angulari lapide Christo Jesu. » De là s'ensuit que Nostre-Seigneur est fondement, et sainct Pierre aussi ; mais avec une si notable difference, qu'au prix de l'un, l'autre peut estre dit ne l'estre point : car Nostre-Seigneur est fondement et fondateur, fondement sans autre fondement; fondement de l'Eglise naturelle, mosaïque, et evangelique ; fondement perpetuel et immobile; fondement de l'Eglise militante et triomphante; fondement de soy-mesme, fondement de nostre foy, de nostre esperance, et de nostre charité; enfin fondement de la valeur des sacremens.

Sainct Pierre est fondement, non pas fondateur de toute l'Eglise ; fondement, mais fondé sur un autre fondement qui est Nostre-Seigneur; fondement de la seule Eglise evangelique, fondement sujet à succession, fondement de la militante, non de la triomphante; fondement par participation ; fondement ministerial, non absolu : enfin administrateur, et non seigneur, et nullement fondement de nostre foy, de nostre esperance, et de nostre charité, ny de la valeur des sacremens. Cette si grande difference fait que l'un ne soit pas appellé fondement, sinon en comparaison, au prix de l'autre, qui neantmoins estant pris à part, peut estre appellé fondement, afin de laisser lieu à la proprieté (1) des paroles sainctes (2). Ainsy quoy que Jesus-Christ soit le bon pasteur, il ne laisse pas de nous en donner sous luy, entre lesquels et sa majesté il y a si grande distance, que luy-mesme declare qu'il est le seul pasteur.

Secondement. Je soutiens que ce n'est pas bien philosopher de dire : Tous les apostres en general sont appellez fondement de l'Eglise ; donc sainct Pierre ne l'est que comme les autres : au contraire, puisque Nostre-Seigneur a dit, en difference et en terme particulier à sainct Pierre, ce qui est dit puis apres en general des autres, il faut conclure qu'il y a en sainct Pierre quelque speciale proprieté de fondement, et qu'il a esté luy seul en particulier, ce que tout le college a esté ensemble. Toute l'Eglise a esté fondée sur les apostres, et toute sur sainct Pierre en particulier : c'est donc sainct Pierre qui est le fondement pris à part, ce que les autres ne sont pas : car à qui a-t-il dit jamais en particulier, *Tu es Pierre*, etc. Comme ce seroit violer l'Escriture, de dire que tous les apostres en general n'ont pas esté fondement de l'Eglise, ce seroit aussi la violer de nier que sainct Pierre ne l'eust esté particulierement : il faut que la parole generale sortisse son effet general, et la particuliere le particulier ; afin que rien ne demeure inutile et sans mystere, en des si mysterieuses Escritures. Voyons seulement à quelle raison generale tous les apostres sont appelés fondement de l'Eglise; c'est parce que ce sont eux, qui par leur predication ont planté la foy et la doctrine chrestienne, en quoy s'il faut donner prerogative à quelqu'un des apostres, ce sera sans doute à celuy qui disoit : (1) « Abundantius illis omnibus laboravi. »

Troisiesmement. Des choses susdites, il est aisé de voir, comme s'entend le lieu de l'Apocalypse : car « les douze apostres sont appelez fondemens de la celeste Jerusalem, » parce qu'ils ont esté les premiers qui ont converty le monde à la religion chrestienne, qui a esté comme le fondement de la gloire des hommes, et la semence de leur bienheureuse immortalité. Si vous prenez garde aux paroles, le lieu de sainct Paul semble ne s'entendre pas tant de la personne des apostres que de leur doctrine ; car il n'est pas dit, que « nous soyions sur-edifiez sur les apostres, » mais « sur le fondement des apostres : » c'est-à-dire, sur la doctrine qu'ils ont annoncée ; ce qui est aisé à connoistre, puisqu'il ne dit pas seulement que nous sommes le fondement des apostres, mais encor des prophetes : toutes fois nous sçavons bien que les prophetes n'ont pas esté proprement les fondemens de l'Eglise evangelique par leurs personnes, mais seulement par leur doctrine. Et en cet endroit tous les apostres semblent aller de pair, si sainct *Jean* et sainct *Paul* ne precedent les autres, pour l'excellence de leur theologie. C'est donc de ce costé-là que tous les apostres sont les fondemens de l'Eglise ; mais en l'authorité et au gouvernement, sainct Pierre a devancé tous les autres, d'autant que le chef surpasse les membres : car il a esté constitué pasteur ordinaire et supreme chef de l'Eglise : les autres ont esté pasteurs deleguez et commis, avec autant de plein pouvoir et d'authorité sur toute cette Eglise, que sainct Pierre mesme ; sauf que sainct Pierre estoit le chef de tous, et leur pasteur, comme il l'estoit de tout le christianisme : ainsi furent-ils fondement avec luy de l'Eglise, egalement quant à la conversion des ames et de la doctrine ; mais quant à l'authorité et gouvernement, ils le sont inegalement, puisque sainct Pierre estoit le chef ordinaire non-seulement du reste de l'Eglise, mais des apostres; car Nostre-Seigneur avoit edifié sur luy toute son Eglise, de laquelle il estoit non-seulement partie, mais la principale et la plus noble partie. « Licet super omnes apostolos ex æquo Ecclesiæ fortitudo solidetur, » dit sainct Jerosme (2), « tamen inter duodecim unus eligitur, ut capite constituto, schismatis tollatur occasio. » Et nostre sainct Bernard parlant à son Eugene, dit de ce pape (et nous en pouvons autant dire des autres par mesme raison), « Sunt alii cœli

---

(1) Ephes. iv. — (2) Joan. x, 11; iii, 35.

(1) I. Cor. xv, 10.
(2) Hieron. contra Jovin. l. 1.

rectores, sunt alii gregum pastores, sed tu tanto gloriosius, quanto differentius nomen hereditasti. »

DISCOURS XXXII.

Seconde excellence de S. Pierre.
Il a receu de Jesus-Christ la puissance des clefs du royaume des cieux.

L'on fasche si fort nos adversaires quand on leur propose le siege de sainct Pierre comme une saincte pierre de touche, à laquelle il faut faire l'epreuve des faux biais, imaginations et phantaisies qu'ils forment sur les Escritures, qu'ils renversent le ciel et la terre pour nous oster des mains les expresses paroles de Notre-Seigneur, par lesquelles (après avoir dit à sainct Pierre qu'il edifieroit sur luy son Eglise), afin que nous sçussions plus particulierement ce qu'il vouloit entendre, il poursuit en ces termes : « Et tibi dabo claves regni cœlorum. » On ne sçauroit parler plus clairement ; il avoit dit : « Beatus Simon Barjona, qui a caro, etc. » Et adjoute incontinent : « Ego dico tibi, quia tu es Petrus, et super hanc petram ædificabo Ecclesiam, etc. Et tibi dabo. » Ce « tibi dabo, » se rapporte sans doute à celuy-là mesme auquel il avoit dit : « Et ego dico tibi. » C'est donc à sainct Pierre : mais les ministres taschent tant qu'ils peuvent de troubler si finement la claire fontaine de l'Evangile, que sainct Pierre n'y puisse plus retrouver ses clefs, et font leur possible pour nous degouster d'y boire de l'eau de la saincte obeïssance qu'on doit au vicaire de Nostre-Seigneur ; mais qu'ont-ils fait, ils se sont avisez de dire, que sainct Pierre avoit receu cette promesse de Nostre-Seigneur, au nom de toute l'Eglise, sans qu'il ait receu pour cela aucun privilege particulier en sa personne. Or si cecy n'est pas violer l'Escriture, jamais homme ne la violera; car n'est-ce pas à sainct Pierre à qui il parloit ? Et comme pouvoit-il mieux exprimer son intention, qu'en disant : « Et ego dico tibi: dabo tibi ? » Car puis qu'immediatement il venoit de parler de l'Eglise, ayant dit : « Portæ inferi non prævalebunt adversus eam ; » qui l'eust empesché d'adjouter : « Et dabo illi claves regni, » s'il les eust voulu donner à toute l'Eglise immediatement. Il ne dit pas « illi, » mais « dabo tibi. » Que s'il est permis d'aller ainsi devinant sur des paroles claires, il n'y aura plus rien en l'Escriture qui ne se puisse plier à tous sens. Peut-on nier que sainct Pierre, en cet endroit ne parlast en son nom propre, quand il fit cette noble confession : « Tu es Christus, etc., » non comme commis par l'Eglise, ou par les Escritures ; car nous n'avons pas une marque de cette commission dans le texte sacré : la revelation sur laquelle il fonde son election, avoit esté faite à luy seul, sinon que tout le college des apostres eust nom *Barjona*. Il le fit, comme estant la bouche, le prince, et le chef des autres, selon (1) sainct Chrysostome et sainct Cyrille, et pour signifier la primauté de son apostolat, comme (2) dit sainct Augustin ; si bien que toute l'Eglise parla en une maniere en la personne de sainct Pierre, comme en la bouche de son chef, mais le chef parle en soy-mesme, non en son corps : et bien que sainct Pierre ne fust pas encor constitué le chef et prince de l'Eglise (ce qui luy fut seulement conferé après la resurrection de son maistre), il suffit qu'il estoit deja choisy pour tel, et qu'il en avoit les asseurances ; comme aussi les apostres n'avoient pas encor le pouvoir apostolique : car alors toute cette benite compagnie n'estoit que comme les disciples avec le regent, pour apprendre les profondes leçons, qu'ils ont puis après enseignées aux autres, en qualité d'apostres envoyez depuis par tout le monde, lors que le son de la voix retentit.

Je ne nie pas non plus que le reste des prelats de l'Eglise n'ait eu part à l'usage des clefs ; quant aux autres apostres, je confesse qu'ils y ont eu toute authorité, avec cette distinction seulement que la collation des clefs est icy promise principalement à la personne de sainct Pierre, et à l'utilité de toute l'Eglise (car encor que ce soit luy qui les ait receuës, si est-ce que ce n'est pas pour son profit particulier, mais pour celuy de l'Eglise). Le maniement des clefs est promis à sainct Pierre en particulier, et principalement : puis après il est donné à l'Eglise, mais principalement pour le bien general de l'Eglise, puis en après pour celuy de sainct Pierre, comme il advient en toute charge publique. Mais on me demandera, quelle difference il y a entre les promesses que Nostre-Seigneur fait ici à sainct Pierre de luy donner les clefs, et celle qu'il fit aux apostres par après ? car il semble que ce n'estoit que le mesme, parce que Nostre-Seigneur expliquant en singulier ce qu'il entendoit en sainct Pierre, par la concession des clefs. « Et quodcumque ligaveris super terram, erit ligatum et in cœlis : et quodcumque solveris super terram. » Il dit ensuite en plurier la mesme chose aux apostres en general : « Quæcumque alligaveritis. » Si donc ques il promet en general, ce qu'il promet à sainct Pierre en particulier, il n'y aura point de raison de dire que sainct Pierre soit plus que les autres par cette promesse. Je repons qu'en la promesse, et en l'execution de la promesse, Nostre-

---

(1) Chrysost. etc.
(2) Aug. in hunc locum, l. 12, et in Joan. LXIV.

Seigneur a tousjours preferé sainct Pierre, par des termes qui nous obligent de reconnoistre qu'il a esté le chef de l'Eglise. Et quant à la promesse, je confesse que par ces paroles : « Et quodcumque solveris, » Nostre-Seigneur n'a rien plus promis à sainct Pierre qu'aux apostres : (1) « Quæcumque alligaveritis super terram, etc. » Car les paroles sont de mesme substance, et ont la mesme signification en tous les deux passages.

Je confesse aussi que par ces paroles : « Et quæcumque solveris, » dites à sainct Pierre, il explique les precedentes : « Tibi dabo claves. » Mais je nie que ce soit tout un de promettre les clefs et de dire : « Quodcumque solveris. » Voyons donc ce que c'est de promettre les clefs du royaume des cieux. On sait qu'un maistre qui part de sa maison, s'il laisse les clefs à quelqu'un, signifie qu'il entend lui en laisser la charge et le gouvernement : quand les princes font leur entrée dans les villes de leur estat, on leur en presente les clefs, comme leur en deferant la souveraine authorité : c'est donc la supresme puissance que Nostre-Seigneur promet, et comme icy à sainct Pierre. Cela est si vray que quand l'Escriture veut ailleurs declarer une souveraine authorité, elle use de semblables termes : (2) En l'Apocalypse, quand Nostre-Seigneur se veut faire connoistre à son serviteur, il luy dit : « Ego sum primus, et novissimus, et vivus, et fui mortuus, et ecce sum vivens in sæcula sæculorum, et habeo claves mortis et inferni. » Qu'entend-il par les clefs de la mort et de l'enfer, sinon la supresme puissance qu'il a sur l'un et sur l'autre ? Quand il est dit de Notre-Seigneur (3) : « Hæc dixit sanctus, et verus, qui habet clavem David, qui aperit et nemo claudit, claudit et nemo aperit. » Que pouvons-nous entendre icy, sinon que Jesus-Christ tient la premiere authorité en l'Eglise ? Lorsque l'ange dit à Nostre-Dame : (4) « Dabit illi Dominus sedem David patris ejus, et regnabit in domo Jacob, in æternum. » Le Saint-Esprit nous fait connoistre la royauté de Nostre-Seigneur, et par le *siege du trosne* et par les *clefs*. Mais surtout le commandement qui est fait en (2) Isaïe pour Eliakim, se rapporte entierement à ce que Nostre-Seigneur fait icy en sainct Pierre. Là est escrite la deposition du souverain prestre et gouverneur du temple. « Hæc dicit Dominus Deus exercituum : Vade, ingredere ad eum, qui habitat in tabernaculo ad Sabuam, præpositum templi, et dices ad eum, quid tu hic ? » Et plus bas : « Deponam te. » Voilà la deposition de l'un,

voicy maintenant l'institution de l'autre : « Ecce in die illâ, vocabo servum meum Eliakim filium Elciæ, et induam illum tunicâ tuâ, et cingulo tuo confortabo eum, et potestatem tuam dabo in manu ejus, et erit quasi pater habitantibus Jerusalem, et domum Juda, et dabo clavem domûs David super humerum ejus, et aperiet, et non erit qui claudat, et claudet, et non erit qui aperiat. » Y-a-t-il rien de plus conforme que ces deux Escritures : car, « Beatus es Simon Barjona, quia caro et sanguis non revelavit tibi, sed Pater meus qui in cœlis est, » ne vaut-il pas bien pour le moins : « Vocabo servum meum Eliakim, filium Elciæ ? » Oüy sans doute : mais ce qui suit : « Et ego dico tibi, quia tu es Petrus, et super hanc petram ædificabo Ecclesiam meam, et portæ inferi, etc., » ne vaut-il pas autant et plus que, « Induam illum tunicâ tuâ, et cingulo tuo confortabo eum, et potestatem tuam dabo in manu ejus, et erit quasi pater habitantibus Jerusalem et domum Juda ? » Or qu'est-ce autre chose, estre le fondement, ou la pierre fondamentale d'une famille, que d'y estre comme pere tenant les clefs, y tenir la surintendance, et y estre gouverneur ? Adjoutons à cela, pour ajuster tout le rapport, que si l'un a eu cette assurance : « Dabo clavem David super humerum ejus, » l'autre n'en a pas eu moins en cette promesse : « Et tibi dabo claves regni cœlestis. » Que si quand l'un aura ouvert, personne ne fermera ; quand il aura fermé, personne n'ouvrira : aussi quand l'autre aura delié, personne ne liera ; quand il aura lié, personne ne deliera. L'un est Eliakim, fils d'Elcias, l'autre Simon, fils de Jonas ; l'un est revestu de la robe pontificale, l'autre de la revelation celeste ; l'un a la puissance en sa main, l'autre en un fort rocher ; l'un est comme pere en Jerusalem, l'autre est comme fondement en l'Eglise ; l'un a les clefs du temple de David, l'autre celles de l'Eglise evangelique ; quand l'un ferme, personne n'ouvre ; quand l'un lie, personne ne delie : quand l'un ouvre, personne ne ferme ; quand l'un delie, personne ne lie. Après cela, que reste-t-il à dire, sinon que si jamais Eliakim, fils d'Elcias, a esté chef au temple mosaïque, Simon, fils de Jonas, l'a esté bien plus en l'Eglise evangelique : Eliakim representoit Nostre-Seigneur comme figure ; sainct Pierre le representoit comme lieutenant : Eliakim le representoit à l'Eglise mosaïque, et sainct Pierre à l'Eglise chrestienne. Voilà ce que veut dire cette promesse, de donner des clefs à sainct Pierre, promesse qui ne fut jamais faite en sens pareil aux autres apostres.

Mais j'adjoute que ce n'est pas, tout un, de promettre les clefs du royaume, et de dire : « Quodcumque solveris : » quoy que l'un soit une

---

(1) Matt. xviii, 18. — (2) Apoc. i, 18.
(3) Apoc. iii, 7. — (4) Luc. i, 32.
(5) Isaïe, xxii, 22.

explication de l'autre. Mais vous demanderez quelle différence y trouvez-vous? Certes toute celle qu'il y a entre la proprieté et l'usage. Il se peut bien faire que le roy, vivant et regnant, son fils ou son lieutenant auront tout autant de pouvoirs que le roy mesme, à chastier, absoudre, donner, et faire grace. Ils n'auront pourtant pas le sceptre, mais l'usage de la puissance seulement; ils auront bien la mesme authorité, mais non pas la propriété, ains seulement l'employ et l'exercice. Tout ce qu'ils auront fait sera fait, mais pour cela ils ne seront pas roy : mais il faudra qu'ils reconnoissent que ce pouvoir est extraordinaire, par commission et delegation, au lieu que le pouvoir du roy, quoy que pareil et non plus grand, sera ordinaire en sa personne et par propriété. Ainsi Nostre-Seigneur promettant les clefs à sainct Pierre, luy remet l'authorité ordinaire, et luy donne cet office en proprieté, duquel il declare l'usage, quand il dit *Quodcumque*. Mais quand Jesus-Christ a fait la mesme promesse aux autres apostres, il ne leur donne pas les clefs ou l'authorité ordinaire, mais seulement la delegation ou l'usage qu'ils en feront en l'exercice et maniement des clefs. Cette différence est tirée des termes propres de l'Escriture : car, *solvere*, et *legare*, ne signifie que l'action et l'exercice : *habere claves*, signifie le pouvoir et l'habitude. Voilà combien differe la promesse que Nostre-Seigneur fit à sainct Pierre de celle qu'il fit aux autres apostres : les apostres ont tous eu le mesme pouvoir avec sainct Pierre, mais non pas au mesme degré, d'autant qu'ils ont esté comme deleguez et commis, et sainct Pierre comme chef ordinaire et officier permanent. A la verité, il fut convenable que les apostres, qui devoient partout planter l'Eglise, eussent tous le plein pouvoir, et l'entiere authorité d'user des clefs dans l'exercice; mais il fut encor tres-necessaire que l'un d'entre eux en eust la garde par office et par dignité. « Ut Ecclesia, quæ una est, » comme dit sainct Cyprien, « super unum, qui claves ejus accepit, voce Domini fundaretur. »

DISCOURS XXXIII.

Temoignages de Jesus-Christ, qui justifient que sainct Pierre est le fondement de l'Eglise, et qu'il a le pouvoir des clefs, comme seul ordinaire sur toute l'Eglise

On sait tres-bien que Nostre-Seigneur donna une tres-ample procuration et commission à ses apostres, de traiter avec le monde de son salut, quand il leur dit : « Sicut misit me Pater, et ego mitto vos ; accipite Spiritum sanctum, quorum remiseritis, (1) etc. » Ce fut pour l'execution de cette promesse qu'il leur avoit faite en general, qu'il leur dit encore : « Quæcumque alligaveritis, » mais auquel des autres dit-il en particulier (2) : « Pasce oves meas? » Ce fut le seul sainct Pierre qui receut cette charge : ils furent tous egaux en l'apostolat ; mais quant à la dignité pastorale, sainct Pierre seul en a eu l'institution : « Pasce oves meas. » Il y a d'autres (3) pasteurs dans l'Eglise, chacun doit « pascere gregem qui in se est, » comme (4) dit sainct Pierre : ou celuy, « in quo eum posuit Spiritus sanctus, » selon sainct (5) Paul ; mais, « cui unquam aliorum sic absolutè, sic indiscretè, dit sainct (6) Bernard, « commissæ sunt oves? pasce oves meas. » Que ce soit à sainct Pierre à qui ces paroles s'adressent, je m'en rapporte à la saincte Escriture : ce n'est que sainct Pierre qui s'appelle *Simon Joannis* ou *Jonas* (car l'un vaut l'autre ; et *Jona* n'est que l'abregé de *Joannah*) ; et afin que l'on sçache que ce *Simon Joannis* n'est le mesme que sainct Pierre : sainct Jean atteste que c'estoit *Simon Petrus*, car il recite : « Dicit Jesus Simoni Petro : Simon Joannis, diligis me plus his ? » C'est donc sainct Pierre auquel en particulier Nostre-Seigneur dit : « Pasce oves meas. » Et tout de mesme que Nostre-Seigneur en cette parole met sainct Pierre à part des autres, quand il le met en comparaison, *diligis me*. Voilà sainct Pierre d'une costé, *plus his* : Voilà les apostres de l'autre, et quoy que tous les apostres n'y fussent pas, si est-ce que les (7) principaux y estoient, sainct Jacques, sainct Jean, sainct Thomas et autres. Prenez-y garde, ce n'est que (8) sainct Pierre qui fut faschè de cette demande, ce n'est que sainct Pierre auquel la mort est predite : quelle occasion donc de douter, si c'est à lui seul à qui s'adresse cette parole : « Pasce oves meas, » puisqu'elle est liée à toutes les precedentes en fil de discours.

Or qui peut nier, que repaistre les brebis, ne soit avoir la charge du troupeau ? Cela se justifie tres-clairement : car avoir la charge de paistre les brebis, n'est rien moins que d'estre pasteur et berger. Les bergers ont pleine puissance sur les brebis; non-seulement ils les conduisent au pasturage, mais ils les ramenent, les appellent, les rassemblent, les gouvernent, les tiennent en crainte, les chastient et les deffendent. En l'Escriture, regir et paistre le peuple, se prend pour

---

(1) Jo. II, 21, 22. — (2) Matt. XVIII, 18.
(3) Jo. XXI, 18. — (4) I. Pet. v, 2.
(5) Act. XX, 18. — (6) Bern. l. 2. de Cons. VIII.
(7) Joan. XXI, 2. — (8) Joan. XXI, 17.

une mesme chose, comme il est aisé de voir en (1) Ezechiel, au 2. des Rois (2), et en plusieurs endroits des Pseaumes. Dans le 2. (3) pour *Pascere*, nous avons *Regere, Reges eos in virgâ ferreâ.* Et de fait entre regir et paistre les brebis avec une houlette de fer, il n'y a pas de difference, au Psal. 22. *Dominus regit me.* Cela veut dire, il me gouverne comme pasteur. David fut elu roy, et voicy comme il en parle : (3) « Pascere Jacob servum suum, et Israël hereditatem suam, et pavit eos in innocentiâ cordis sui. » C'est tout de mesme que s'il disoit : *Regere, gubernare, præesse.* C'est en ce mesme sens que les peuples sont appelez brebis de la pasture de Nostre-Seigneur. Ainsi avoir commandement de paistre les brebis chrestiennes, n'est autre chose que d'en estre le regent et le pasteur ; maintenant, cela supposé, il est aisé de voir quelle authorité Nostre-Seigneur a donné à sainct Pierre, par ces paroles : « Pasce oves meas ; » car à la verité cette charge est si generale, qu'elle comprend tous les fideles, de quelle condition qu'ils soient, et le commandement est si particulier, qu'il ne s'adresse qu'à sainct Pierre : de telle sorte que qui veut avoir cet honneur d'estre brebis de Nostre-Seigneur, il faut qu'il reconnoisse sainct Pierre ou celuy qui tient sa place pour son berger. « Si me amas, » dit sainct Bernard, (5) « pasce oves meas, non quasi illius, vel illius populos civitatis, aut regionis, aut certè Regni, sed oves meas, inquit ; et sic clarum est, non designasse aliquas, sed assignasse omnes ; nihil excipitur, ubi distinguitur nihil, et forté præsentes cæteri condiscipuli erant, cùm committens uni, unitatis omnibus commendaret, et in uno grege, et uno pastore, secundum illud, (6) una est columba mea, formosa mea, perfecta mea; ubi unitas ibi perfectio. »

Quand Nostre-Seigneur disoit : « Cognosco oves meas, » il l'entendoit de toutes : quand il dit : « Pasce oves, » il l'entend encore de toutes. Et qu'est-ce dire autre chose, « pasce oves meas, » sinon luy dire, ayez soin de mon bercail, ou de ma bergerie, ou de mon parc et de mon troupeau ? Or si Nostre-Seigneur n'a (7) qu'un troupeau, il est donc totalement sous la charge de sainct Pierre ; et en effet, s'il luy a dit : Repais mes brebis, ou il les luy recommandoit toutes, ou quelques-unes seulement ? S'il n'en recommandoit que quelques-unes, et quelles je vous prie ? n'eust-ce pas esté ne luy en recommander aucune, de luy en recommander seulement quelques-unes, sans luy dire lesquelles, et luy donner en charge des brebis inconnuës ? Si toutes luy sont recommandées, comme la parole le porte, il s'ensuit qu'il a esté le general pasteur de toute l'Eglise, et la chose va bien ainsi sans doute ; c'est l'interpretation ordinaire des anciens, c'est l'execution ordinaire de ses promesses : mais il y a un grand mystere en cette institution que nostre sainct Bernard ne veut pas que j'oublie, l'ayant pris pour guide en ce point ; c'est que trois fois Nostre-Seigneur luy commande de faire office de pasteur, en luy disant premierement : « Pasce agnos meos. 2. oviculas. 3. oves. » Non seulement afin de rendre cette institution plus solemnelle, mais encor pour montrer qu'il lui donnoit en charge (1) non simplement les peuples, mais les pasteurs et les apostres mesmes, qui comme des brebis ont nourry les agneaux et les brebiettes, et leur ont fait office de meres. Cecy ne fait rien contre cette verité, que sainct Paul et les autres apostres ont repu beaucoup de peuples de la doctrine evangelique ; car estant tous sous la charge de sainct Pierre, ce qu'ils ont fait luy revient à gloire, comme l'honneur de la victoire à un general, quoy que les capitaines ayent combattu. Il est vray que sainct Paul receut la main d'association de sainct Pierre, car ils estoient compagnons en la predication ; mais sainct Pierre estoit plus grand que luy en l'office pastorale : comme les chefs appellent les soldats et les capitaines pour compagnons, ainsi sainct Paul estoit appellé apostre des gentils, et sainct Pierre des Juifs ; non pas pour diviser (2) le gouvernement de l'Eglise, ni pour s'empescher l'un ou l'autre de convertir les gentils ou les Juifs indifferemment ; mais pour leur assigner les quartiers où ils devoient principalement travailler à la predication, afin que chacun attaquant de son costé l'impieté des hommes, le monde fust plutost remply du son de l'Evangile.

On ne peut dire sans injure, que sainct Pierre ne connut pas que les gentils deussent appartenir à la bergerie de Nostre-Seigneur, qui luy (3) estoit commise ; car ce qu'il dit au bon (4) Cornelius : « (In veritate comperi, quia non est personarum acceptor Deus, sed in omni gente, qui timet eum, et operatur justitiam, acceptus est illi) » n'est autre chose que ce qu'il avoit dit long-temps auparavant : (5) « Omnis, quicumque invocaverit nomen Domini, salvus erit. » Et cela est conforme à la predication qu'il avoit luy-mesme expliquée :

(1) Ezech. XXXIV, 35. — (2) L. II. Reg. v, 2 ; VII, 7. — (3) Ps. II, 9.
(4) Ps. XI. Ps. LXXIV. Ps. XCIV, 8.
(5) Bern. l. 2. de Confid. VIII. — (6) Cant. VI.
(7) Jo. X, 11 et seq.

(1) Bern. l. 2. de Cons.
(2) Act. IX, 14. Act. v, 7. — (3) Luc. VII, 5.
(4) Act. X, 34. — (5) Act. II, 21 ; III, 25.

« In semine tuo benedicentur omnes familiæ terræ. » Quoy qu'il ne fust pas assuré du temps auquel il falloit commencer la reduction des gentils, il n'ignoroit pas la saincte parole du Fils de Dieu. (1) « Eritis mihi testes in Jerusalem, et in omni Judæâ et Samariâ, et usque ad ultimum terræ. » Ny celle de sainct Paul : « Vobis quidem oportebat primo loqui verbum Dei, sed quoniam repellitis illud, ecce convertimur ad gentes. » Joignons à cela, que Nostre-Seigneur avoit dejà ouvert le sens des apostres en l'intelligence de l'Escriture, quand il leur dit, que : (2) « Oportebat prædicari in nomine ejus pœnitentiam et remissionem peccatorum, in omnes gentes, insipientibus ab Ierosolymâ. » Peut-on nier que des apostres n'ayent fait des diacres avec le commandement de sainct Pierre, aux actes des apostres ; car sainct Pierre y estant, (3) authorisoit cet acte : s'ils ont ordonné des prestres et des evesques en son absence, on repond qu'ils avoient une pleine administration en l'Eglise sous l'authorité pastorale de sainct Pierre. Il ne sert rien de dire que les apostres envoyerent (4) Pierre et Jean en Samarie ; le peuple envoya bien Phineez, grand prestre et superieur, aux enfans de Ruben et de Gad : et le centurion en l'Evangile, envoya les anciens et principaux des Juifs, qu'il estimoit plus que luy-mesme. Ainsi sainct Pierre se trouva au conseil, et luy-mesme consentit et authorisa sa mission propre. Mais les ministres font sonner bien haut que sainct Paul (5) a repris en face sainct Pierre ; que fait cela ? Qui ne sçait qu'il est permis au moindre de reprendre le plus grand, et de l'admonester, quand la charité le requiert ? Temoin nostre sainct Bernard en ses livres de la Consideration, où il instruit si charitablement un pape. Et sur ce propos le grand sainct (6) Gregoire dit ces paroles toutes dorées : « Factus est sequens minoris sui : ut in humilitate etiam præiret, quatenùs qui primus erat in apostolatûs culmine, esset primus in humilitate. »

DISCOURS XXXIV.

La troisiesme et quatriesme excellence de sainct Pierre.

Il est confirmé en la foy, et reçoit le pouvoir de confirmer la foy des fideles.

Grand fut asseurement le privilege de sainct Pierre : je vous demande auquel des autres a dit le Fils de Dieu. « Ego rogavi pro te, Petre, ut non deficiat fides tua, et tu aliquando conversus, confirma fratres tuos ? » Certes voicy deux privileges de grande consequence ; nous ne lisons point que Nostre-Seigneur, qui devoit maintenir la foy en son Eglise, ait prié pour la foy d'aucun des autres apostres en particulier, mais seulement pour celle de sainct Pierre, comme chef de l'Eglise : car quelle autre raison pourroit-on alleguer en cette prerogative ? (1) « Expetivit vos Satanas, » tous tant que vous estes ; « ego autem rogavi pro te. » N'est-ce pas le mettre luy tout seul en conte pour tous, comme chef et conducteur de toute la troupe ? Mais qui ne void combien cecy est convaiquant ? Regardons, je vous prie, ce qui precede, et nous y trouverons que Nostre-Seigneur avoit declaré à ses apostres, qu'il y en avoit un entr'eux plus grand que les autres : (2) « Qui major est inter vos, et qui præcessor. » Et tout d'un train, Nostre-Seigneur luy dit que l'adversaire cherchoit de les cribler tous tant qu'ils estoient, et neantmoins qu'il avoit prié pour luy en particulier, afin que la foy ne manquast point en sa personne. Or, je vous prie ! cette grace particuliere, qui ne fut pas commune aux autres, temoin sainct Thomas, ne montre-t-elle pas clairement que sainct Pierre estoit celui-là, « qui major erat inter eos ? » Tous sont tentez, et on ne prie que pour luy seul, les paroles suivantes rendent tout cecy evident : quelque protestant pourroit ajouter, que Jesus-Christ a prié effectivement pour sainct Pierre en particulier ; mais pour quelque autre motif, que l'on peut imaginer (car l'imagination fournit toujours assez de pretextes à l'opiniastreté) ; mais on ne peut donner autre bonne raison, sinon qu'il estoit chef des autres, et que la foy des autres fut maintenuë en leur commun pasteur, afin, messieurs, que « aliquando conversus, confirmet fratres suos. » Il prie donc pour sainct Pierre, comme pour le confirmateur et l'appuy des autres ; et n'est-ce pas le declarer le chef des autres apostres ? On ne sçauroit à la verité donner ce commandement à sainct Pierre, de confirmer ses freres (qui sans doute representoient toute l'Eglise), qu'on ne le chargeast d'avoir soin de leur croyance : car comme pourroit-on mettre ce commandement en effet, sans donner la puissance de prendre garde à la foiblesse ou à la fermeté des autres, pour les affermir et les r'assurer ? n'est-ce pas le dire et le redire encore une fois, fondement de l'Eglise ? S'il appuye, s'il r'assure, s'il affermit, et s'il confirme les pierres mesmes fondamentales, comme n'affermira-t-il

---

(1) Act. XI, 8. — (2) Luc. XXIV, 47.
(3) Act. VI, 6. — (4) Act. VI, I. 8, 14.
(5) Ad Gal. II, 11. — (6) Greg. Magn. in Ezech. Hom. XVIII.

(1) Luc. XXII. — (2) Luc. XXII, 26.

pas tout le reste? S'il a charge de soutenir les colomnes de l'Eglise, comme ne soustiendra-t-il pas tout le reste du bastiment? S'il a charge de repaistre les pasteurs, ne sera-t-il pas souverain pasteur luy-mesme? Le jardinier qui void les ardeurs du soleil continuelles sur une jeune plante, pour la preserver de la secheresse qui la menace, ne porte pas de l'eau sur chaque branche, il se contente de bien tremper et moüiller la racine, et croit que tout le reste est en assurance, parce que la racine va dispersant l'humeur à tout le reste de la plante. Ainsi Nostre-Seigneur ayant planté cette saincte assemblée de ses disciples, pria pour le chef; et arrosa cette racine, afin que l'eau de la foy vifve ne manquast point à celuy qui devoit en assaisonner tout le reste, et que par l'entremise du chef, la foy fust tousjours conservée en l'Eglise. Il prie donc pour sainct Pierre en particulier, mais au profit et utilité generale de toute l'Eglise.

Avant que je finisse ce discours, je veux vous avertir que sainct Pierre ne perdit pas la foy quand il nia Nostre-Seigneur; ce fut la seule crainte qui luy fit desavoüer ce qu'il croyoit: ainsi il ne s'oublia pas en la foy formellement, mais en la confession exterieure de la foy. Il croyoit en son cœur, mais il parloit mal de sa bouche, et ne confessoit pas ce qu'il croyoit; aussi n'estoit-il pas alors confirmé dans la foy, comme il fut du depuis, pour justifier la parole de Jesus-Christ. « Et tu aliquando conversus, confirma fratres tuos. »

DISCOURS XXXV. (1)

Cinquiesme excellence.

Sainct Pierre est le pere des chrestiens, et neantmoins il est serviteur en l'Eglise de Dieu.

Il faut enfin supposer ce que nous avons dit, qu'il faut un serviteur, un dispensateur general, un gouverneur et un major-dome en la maison de Nostre-Seigneur. C'est pour cela mesme que sainct Pierre se peut glorifier de ces paroles: « O Domine! ego servus tuus, » non-seulement *servus*, mais il est serviteur doublement. « Quia qui bene præsunt duplici honore digni sunt. » Non simplement serviteur, mais encore le fils de l'Eglise, qui est la servante de Jesus-Christ: « Et filius ancillæ tuæ. » Quand un seigneur a quelque serviteur de grand merite, c'est à celuy-là que le maistre se confie

davantage, il luy remet volontiers les clefs de sa maison: ainsi c'est avec raison qu'on introduit sainct Pierre disant ces paroles: « O Domine, quia ego servus tuus; » car il est bon et fidelle, à qui, comme à un serviteur d'elite, le Maistre souverain a remis les clefs de son Eglise. « Et tibi dabo claves, etc. »

Sainct Luc nous montre bien que sainct Pierre est ce serviteur; car après avoir raconté que Nostre-Seigneur avoit dit par avertissement à ses disciples: « Beati servi, quos cum venerit Dominus, invenerit vigilantes: amen dico vobis, quia præcinget se, et faciet illos discumbere, et transiens ministrabit illis. » Sainct Pierre seul interrogea icy Nostre-Seigneur: « Ad nos dicis hanc parabolam, an ad omnes? » Nostre-Seigneur repondant à sainct Pierre, ne dit pas: « Quinam putas erunt fideles? » comme il avoit dit: « Beati servi; » mais, « quis putas est dispensator fidelis et prudens, quem constituit Dominus super familiam suam, ut det illis in tempore tritici mensuram? » Et de fait, Theophilacte nous apprend icy, que sainct Pierre fit cette demande, comme ayant la supresme charge de l'Eglise: et sainct Ambroise, liv. 7, sur sainct Luc, dit que les premieres paroles, *Beati*, s'entendent de tous; mais les secondes, *Quis putas?* s'entendent des evesques, et beaucoup plus proprement du souverain pontife, qui est Nostre-Seigneur, selon sainct Paul, qui repond à sainct Pierre, comme voulant dire: Ce que j'ay dit en general, appartient à tous, mais à toy particulierement: car qui penses-tu estre, sinon le serviteur prudent et fidelle? Et de vray, si nous voulons un peu eplucher cette parabole, qui peut estre le serviteur qui doit donner le pain, sinon sainct Pierre, auquel la charge de nourrir les autres a esté donnée? *Pasce oves meas.*

Quand le maistre de la maison va dehors, (1) il a coustume de donner les clefs au major-dome et econome; et je vous prie, n'est-ce pas à sainct Pierre auquel Nostre-Seigneur a dit: « Tibi dabo claves regni cœlorum? » En l'absence du maistre principal, tout se rapporte au gouverneur, et le reste des officiers s'appuye sur luy quant à l'authorité, comme tout l'edifice sur le fondement; ainsi sainct Pierre est appelé la pierre sur laquelle l'Eglise est fondée. Voila le pere de famille et le pere des peres: voila la pierre de l'authorité. « Tu es Cephas, et super hanc petram. » Or est-il (2) que *Cephas* veut dire en siriac une pierre; aussi bien qu'en hebreu; mais l'interprete latin a dit (*Petrus*) pource qu'en grec il y a (*Petros*) qui veut

---

(1) *Nota.* Ce chapitre estoit hors de rang dans le manuscrit, et nous l'avons restitué en ce lieu, où il continuë la matiere des excellences de sainct Pierre.

(1) Cecy est expliqué cy-dessus, au ch. XXXI.

(2) *Nota.* Cette explication de *Cephas* est deja donnée cy-dessus, au chap. XXX.

aussi bien dire pierre, comme *petra*. Nostre-Seigneur en saint Matthieu, chap. 7, nous enseigne que l'homme sage fait sa maison et la fonde sur le rocher, *supra petram*. En quoy le diable pere de mensonge, et singe de Nostre-Seigneur, a voulu faire une certaine imitation en fondant sa malheureuse heresie, principalement dans un diocese (1) de saint Pierre, et dans une Rochelle.

De plus, Nostre-Seigneur demande en son Eglise, que le serviteur soit prudent et fidelle. Saint Pierre a possedé par privilege ces deux conditions; car la prudence ne lui a pu manquer, puisque « ny la chair, ny le sang ne le gouvernoient point, mais la revelation du Pere celeste. » La fidelité non plus ne luy pouvoit faillir, puisque Nostre-Seigneur nous assure : « Petre, rogavi pro te, ut non deficeret fides tua. » Et il faut croire qu'en cecy, Jesus-Christ « exauditus est pro suâ reverentiâ. » De quoy il donne un bon temoignage, quand il ajoute : « Et tu conversus, confirma fratres tuos. » Comme s'il vouloit dire : J'ay prié pour toy, afin que tu sois le confirmateur des autres : mais pour les autres, je n'ay prié sinon en intention qu'ils eussent un refuge assuré en toy. De tout cecy, nous devons inferer que puis qu'il falloit que Nostre-Seigneur abandonnast un jour son Eglise de sa presence corporelle et visible, il devoit au moins lui commettre un lieutenant et un vicaire-general visible ; celuy-cy est saint Pierre, qui a le privilege de dire : « O Domine! quia ego servus tuus. » Vous me direz peut-estre, que Nostre-Seigneur n'est pas mort, qu'il est tousjours avec son Eglise, et l'aide en tout et partout de sa faveur. Pourquoy donc inutilement luy donner un vicaire? Je vous repons que n'estant pas mort effectivement, mais vivant dans le ciel, il n'a pas besoin de successeur, mais seulement d'un vicaire; et bien loin de nier qu'il assiste vrayement son Eglise en tout et par tout de ses faveurs invisibles, j'ajoute qu'afin de ne faire pas un corps visible sans un chef visible, il a voulu encor l'assister doublement en la personne d'un lieutenant visible, par le moyen duquel, outre les faveurs invisibles, il conduit continuellement son Eglise d'une maniere convenable à la suavité de sa disposition. Vous me direz encor qu'il n'y a point d'autre fondement que Nostre-Seigneur, en l'Eglise : « Fundamentum aliud nemo potest ponere, præter id quod positum est, Christus Jesu. » (2) Je vous accorde, que tant l'Eglise militante, que la triomphante, sont appuyées et fondées sur Nostre-Seigneur, comme sur le fondement principal : mais Isaïe nous a predit qu'en l'Eglise d'icy bas, on devoit avoir deux fondemens. C'est au chapitre 28, « Ecce ego ponam in fundamentis Sion, lapidem probatum, angularem, pretiosum, in fundamento fundatum. » Je sçay bien qu'un grand personnage l'explique autrement ; mais il me semble que ce passage d'Isaïe se doit directement interpreter, sans sortir du chapitre 16 de saint Matthieu en l'Evangile (1) d'aujourd'huy. Là, Isaïe se plaignant des Juifs et de leurs prestres, et parlant en la personne de Nostre-Seigneur, de ce qu'ils ne voudroient pas croire. « Manda, remanda, expecta, reexpecta, » et le reste qui s'ensuit. Puis il ajoute : « Idcirco, hæc dixit Dominus. » Et partant le Seigneur a dit : « Ecce ego mittam in fundamentis Sion lapidem. » Il dit, *in fundamentis*, pour signifier que quoy que les autres apostres fussent fondemens de l'Eglise. « Et murus civitatis, » dit l'Apocalypse, « habens fundamenta 12, et in eis 12 nomina 12 apostolorum et agni. » Et autre part : « Erant fundati super fundamenta prophetarum et apostolorum, ipso summo lapide angulari Christo Jesu. » Et le psalmiste : « Fundamenta ejus in montibus sanctis. » Mais entre tous, s'il y en a un lequel par excellence et superiorité est appellé pierre et fondement, c'est celuy auquel Nostre-Seigneur a dit : *Tu es Cephas*. Il est *lapis*, qui vient à ce *lapidem probatum*. Ecoutez saint Matthieu ; il declare que Nostre-Seigneur y jettera une pierre eprouvée. Or quelle preuve voulez-vous autre que celle-cy ? « Quem dicunt homines esse filium hominis ? » Question tres-difficile, à laquelle saint Pierre expliquant le secret et tres-haut mystere de la communication des idiomes, repond si pertinemment que rien plus, et confesse qu'il est vrayement pierre, disant : « Tu es Christus filius Dei vivi. » Isaïe poursuit, et dit, *lapidem pretiosum*. Mais ecoutez l'estime que Nostre-Seigneur fait de saint Pierre : « Beatus es Simon Barjona. » Le Prophete ajoute, *angularem*. Nostre-Seigneur ne dit pas qu'il fondera une seule muraille de l'Eglise, mais toute l'Eglise : *Ecclesiam meam*. Il est donc une pierre angulaire, *in fundamento fundamentum*. C'est-à-dire, fondé sur le fondement, mais non pas le premier ; car il y aura un autre fondement, « ipso summo lapide angulari Christo. » Voilà comme Isaïe explique saint Matthieu, et saint Matthieu Isaïe. Je n'aurois fait, si je voulois dire tout ce qui me

---

(1) *Nota*. La cathedrale de Geneve estoit dediée à S. Pierre ; et la Rochelle est bastie sur le roc.

(2) *Nota*. Cecy est dejà expliqué plus haut au chapitre xxx.

(1) *Nota*. Ce lieu fait conjecturer en quel temps de l'année le saint evesque escrivit ce Traité.

vient en pensée sur ce sujet. Ce que j'ay dit, suffit pour le present.

DISCOURS XXXVI.
Sixiesme excellence de S. Pierre.

Il a laissé des successeurs de son vicariat, qui exerceront son pouvoir jusques à la fin du monde, et qui ont les vrayes marques de la succession.

Dans les derniers discours, j'ay fortement preuvé que l'Eglise catholique estoit une (1) monarchie en laquelle doit estre un chef ministerial qui doit gouverner tout le reste ; et de là s'ensuit necessairement que ce n'est que sainct Pierre seulement qui en a esté le chef ; mais il faut de plus, que comme l'Eglise n'a pas manqué par la mort de sainct Pierre, l'authorité d'un chef n'a pas dû manquer à sa charge ; autrement cette Eglise ne seroit pas un royaume spirituel, ny conservée au rang où son fondateur l'avoit mise.

Et de vray, toutes les raisons pour lesquelles Nostre-Seigneur a voulu mettre un chef en ce corps mystique, ne demandoient pas tant qu'il y fust en ce commencement (où les apostres qui gouvernoient l'Eglise estoient saincts, humbles, charitables, amateurs d'unité et de concorde) qu'au progrez et en la suite des temps où la charité s'estant refroidie, chacun s'aime soy-mesme, personne ne veut se tenir au sentiment d'autruy, ny subir la discipline.

Je vous prie, si les apostres (en ce commencement où le Sainct-Esprit les eclairoit de si près) estoient si fermes et si puissans, dans la grace du ministère, avoient neantmoins besoin d'un confirmateur et d'un pasteur, pour leur prescrire l'ordre et la forme de leur union ; combien plus maintenant l'Eglise en a-t-elle necessité dans un temps où il y a tant d'infirmitez et de foiblesses parmy les membres de ce corps ? La raison de sainct Jerosme est bien plus pressante aujourd'huy, et plus à desirer qu'au temps des apostres. « Inter omnes unus eligitur, ut capite instituto, schismatis tolleretur occasio. » La bergerie de Jesus-Christ (qui est le pasteur invisible) doit durer selon la saincte parole jusqu'à la consommation du monde en unité. L'unité donc d'un pasteur visible y doit encore durer. Et comme cecy a esté solidement preuvé cy-dessus, il s'en suit manifestement que sainct Pierre doit avoir eu des successeurs, comme il en a encore presentement, et en aura jusques à la consommation du siecle visible.

(1) *Nota.* Ce point ne paroist pas encore preuvé formellement, sinon en S. Pierre ; mais le Saint le montrera dans la partie suivante, fort amplement.

DES CONDITIONS REQUISES POUR SUCCEDER.

Je ne fais point icy profession de traiter les difficultez à fons de cuve, il me suffit de marquer quelques principales raisons, et mettre au net nostre creance. Si je voulois m'amuser aux objections qu'on forme sur ce point, j'aurois plus d'ennuy que de peine ; car la pluspart sont si legeres, qu'elles ne meritent pas qu'on y perde le temps. Voyons quelles conditions sont requises pour succeder à une charge ; c'est là le point essentiel, qui, bien entendu, suffira sans doute pour repondre à nos adversaires, et eclaircir tout ce qu'ils alleguent. On ne succede qu'à celuy qui cede et qui quitte la place, soit par deposition, ou par la mort ; ce qui fait que Nostre-Seigneur est tousjours chef et souverain pontife de l'Eglise, auquel personne ne succede, parce qu'il est tousjours vivant, et n'a point cedé ou quitté son sacerdoce pontifical, quoy qu'il l'exerce en partie par ses ministres et ses serviteurs en l'Eglise militante. Excepté luy, il est indubitable que ses ministres et lieutenans, et tous tant qu'il y a de pasteurs en l'Eglise, peuvent ceder et cedent, soit par leur deposition ou par la mort, qui leur font quitter leurs offices et dignitez ; et ce point est trop clair pour employer des preuves superflues.

Cy-dessus, nous avons montré que sainct Pierre a esté le premier chef ministerial de l'Eglise de Dieu, et que cet office et dignité ne luy a pas esté accordée pour luy seulement, mais pour le bien et le profit de toute l'Eglise, de telle sorte que ce doit estre un office perpetuel dans le gouvernement de l'Eglise militante. Mais comment seroit-il perpetuel, si sainct Pierre n'avoit point eu de successeurs ? On ne peut pas nier que sainct Pierre n'est plus presentement le pasteur de l'Eglise, puis qu'il n'est plus vivant, puis qu'il n'est plus actuellement en l'Eglise militante, ny mesme homme visible ; qui est pourtant une condition requise pour exercer le ministere en l'Eglise visible. Resté à examiner de quelle sorte il a fait la cession et quitté son pontificat ; si c'est par deposition faite entre-vifs, ou par mort naturelle ; puis on verra qui lui a succedé, et par quel droit.

D'une part, personne ne doute que sainct Pierre n'ait continué en sa charge toute sa vie ; car cette parole de Nostre-Seigneur, *Pasce oves meas*, luy fut non-seulement une institution en cette souveraine charge pastorale, mais de plus, ce luy fut un commandement absolu, qui n'avoit point d'autre limitation que le terme de sa vie, non plus que ces autres paroles : « Prædicate Evangelium omni creaturæ. » A quoy les apostres s'employerent sans intermission jusques à la mort.

Ainsi durant tout le temps que saint Pierre vecut en cette vie mortelle, il n'eut point de successeur, il ne deposa point sa charge de luy-mesme, ny n'en fut point deposé par d'autres personnes : car il ne le pouvoit estre que par l'apostasie et l'heresie, qui n'eut jamais accez chez les apostres, beaucoup moins dans leur chef; ny enfin par l'authorité du maistre de la bergerie, ce qui ne peut luy estre reproché sans supposition et calomnie.

Ce fut la main seule et le pouvoir inevitable de la mort qui le leva de cette sentinelle, et le demit de ce generalat, qu'il exerçoit comme pasteur ordinaire sur toute la domination de son maistre; mais qui succeda en sa place? Certes toute l'antiquité est d'accord que ce fut l'evesque de Rome, avec cette forte raison. Sainct Pierre mourut evesque de Rome, par consequent l'evesché de Rome fut le dernier siege de ce premier chef de l'Eglise. Ainsi l'evesque de Rome, qui fut subrogé après la mort de saint Pierre, succeda au vicariat du chef de l'Eglise, et prit de luy la mesme qualité du chef de l'Eglise. Quelqu'un pourra nous dire qu'il succeda peut estre au chef de l'Eglise, au regard de l'evesché de Rome, mais non pas au regard de la monarchie de ce corps total. Mais celuy-ci devroit nous montrer que saint Pierre eut deux sieges, dont l'un fut pour Rome simplement, et l'autre pour l'univers, ce qui n'est point. Il eut bien à la verité un siege à Antioche; mais celuy qui fut après luy en cette eglise n'eut pas le vicariat general, parce que Sainct Pierre vecut long-temps après, et n'avoit pas deposé sa charge; au contraire, ayant choisi Rome pour estre son siege de residence, il y mourut evesque; et celuy qui luy succeda, fut son successeur simplement, et s'assit en son siege, qui estoit le siege general de tout le monde, et de l'evesché de Rome en particulier; si bien que l'evesque de Rome demeura lieutenant de Jesus-Christ en l'Eglise, et successeur de saint Pierre en tout son office. Ce que je vay preuver dans le discours qui suit, si solidement, que nos ennemis, ce me semble, n'auront rien à repartir.

DISCOURS XXXVII.

Que l'evesque de Rome est le vray successeur de sainct Pierre, et le chef de l'Eglise militante.

Estant donc assuré que sainct Pierre a esté evesque de Rome, et qu'il est mort à Rome, quoy que quelques-uns de nos adversaires osent nier, qu'il ait jamais esté à Rome. Les autres disent que s'il y a esté, il n'y est pas mort; mais je n'ay pas de quoy me mettre en peine de combatre toutes ces negatives par le menu, puisque quand j'auray bien preuvé que sainct Pierre a esté, et est mort evesque de Rome, j'auray suffisamment de quoy preuver, que l'evesque romain est le successeur de sainct Pierre, et le chef de l'Eglise. Pour cela, toutes mes raisons et mes temoins portent en des termes exprez, que « l'evesque de Rome a veritablement succedé à sainct Pierre, » ce qui est de mon intention, de laquelle par une abondance de droit, reüssira une tres-claire certitude, que sainct Pierre a esté à Rome, et qu'il est mort à Rome.

Je vous produis pour mon premier temoin sainct Clement, disciple de sainct Pierre, en l'epistre premiere qu'il a escrite *ad Jacobum fratrem Domini*, laquelle est si ancienne et si authentique, que Ruffin en a fait la traduction il y a environ 1200 ans, où il dit ces paroles : « Simon Petrus apostolus, primus regem sæculorum usque ad Romanæ urbis notitiam, ut etiam ipsa salvaretur, invexit; hic pro pietate pati volens, apprehensa manu mea, in conventu fratrum, dixit : Clementem hunc, episcopum vobis ordino, cui soli meæ prædicationis etdoctrinæ cathedram trado. » Et peu après. « Ipsi trado in Domino mihi traditam potestatem ligandi et solvendi. » Quant à l'authorité de cette epistre, Damase *in Pontificali*, en la vie de Clement en parle ainsi : « In epistola, quæ ad Jacobum scripta est, qualiter Clementi commissa est à beato Petro Ecclesia reperies. » Ruffin en la preface sur les livres des reconnoissances de sainct Clement, en parle fort honorablement, et dit qu'il l'avoit mise en latin, et que sainct Clement y donnoit la preuve de son institution. « Et quod eum requirit successorem cathedra. » Ce temoignage montre que sainct Pierre a presché à Rome, et qu'il y fut evesque : car s'il n'y eust esté evesque, comme auroit-il laissé à sainct Clement une chaire qu'il n'eust point possedée.

Je produits pour second temoin sainct Irené, l. 3. c. 3. « Maxima et antiquissima, et omnibus cognita à duobus gloriosissimis apostolis Petro et Paulo Romæ fundata Ecclesia, etc. » Et peu après il dit : « Fundantes igitur, et instituentes beati apostoli Ecclesiam, ejus administrantes episcopatum Lino tradiderunt; succedit ei et Anacletus; post eum 3. ab apostolis loco, in episcopatum eligitur Clemens. »

J'ay pour mon troisiesme temoin Tertullien au livre des Prescriptions : voicy comme il en parle : « Romanorum Ecclesia Clementem à Petro ordinatum edit, et per instrumenta, et rationes publicas demonstrat. » Et au mesme livre : « Felix Ecclesia, cui totam doctrinam apostoli, cum sanguine suo, profuderunt. » Il parle icy de l'Eglise romaine, « ubi passionis dominicæ gloriam Petrus adæquatur. » Vous voyez par là que sainct Pierre est mort à Rome, et qu'il y a constitué sainct Clement. Si bien que joignant ce temoignage aux autres, on void que sainct Pierre a esté evesque, et qu'il est mort enseignant et siegeant à Rome.

Pour mon quatriesme temoin, j'ay sainct Cyprien en son epistre 55. *ad Cornelium*, où il parle en cette maniere. « Navigarem audens ad Petri cathedram, atque ad Ecclesiam principalem, unde unitas sacerdotalis exorta est. » Ce pere parle de l'Eglise romaine.

Euzebe en sa Chronique en l'an 44 en dit autant. « Petrus natione Galilæus, christianorum pontifex, cum primum antiochenam ecclesiam fundasset, Romam proficiscitur, ubi Evangelium per duos viginti annos ejusdem urbis episcopus perseverat. » Sainct Epiphane heresie 27. « Episcoporum in Romà successio, hanc habuit consequentiam, Petrus et Paulus, Linus, Cletus, Clemens, etc.

Dorothœus *in Sinopsi*, dit ces paroles : « Linus post coriphæum Petrum, Romæ episcopus fuit. » Optat Milevitain. « Negare non potes, sed volo scire te, in urbe Romà, à Petro primo cathedram episcopalem esse collatam, in quà sederit omnium apostolorum caput Petrus. » Et peu après, « Sedit prior Petrus, cui succedit Linus, Lino successit Clemens. »

Sainct Jerosme escrivant au pape Damase, « Cum successore piscatoris, et discipuli crucis, loquor : ego beatitudini tuæ in cathedræ Petri communione consocior. » Sainct Augustin en l'epistre 165. *ad Generosum*, dit ces paroles : « Petro successit Linus, Lino Clemens. » Au quatriesme concile general de Calcedoine, acte 3. Quand les legats du sainct siege voulurent porter leur sentence contre Dioscore, ils s'expliquent en cette façon. « Unde sanctissimus et beatissimus magnæ et senioris Romæ, per nos, et præsentem sanctam synodum, unà cum te beatissimo, et omni laude digno B. Petro apostolo, qui est petra et crepido Ecclesiæ catholicæ, nudavit eum, tam episcopatûs dignitate, quàm etiam ab sacerdotali alienavit ministerio. » Notez un peu ces mots, que le seul evesque de Rome le prive par ses legats; et par le concile, ils joignent l'evesque de Rome avec sainct Pierre; car ils montrent que l'evesque de Rome tient le lieu de sainct Pierre.

Le synode d'Alexandrie, où se trouva sainct Athanase, en sa lettre à Felix II, dit merveilles à ce propos; et entre autres choses, il raporte, qu'au concile de Nicée on avoit determiné, qu'il n'estoit pas loisible de celebrer aucun concile general, sans l'authorité du sainct siege de Rome; mais que les canons qui avoient esté faits à ce sujet, avoient esté bruslez par les heretiques arriens; et en effet, le pape Jules I dans son recit dressé contre les Orientaux, en faveur de sainct Athanase, ch. 2 et ch. 5, cite deux canons du concile de Nicée, qui font voir cette verité. Cet escrit de Jules I a esté cité par Gratien il y a 400 ans, et par Isidore il y a 900 ans. Le grand Vincent Lirinois en fait une honorable mention il y a environ mille ans. Ce que je dis, parce que tous les canons du concile de Nicée, ne sont pas aujourd'huy en existence, n'en estant demeuré que vingt; mais de graves autheurs en citent plusieurs autres, outre les vingt : et nous devons croire pour assuré ce que disent ces bons peres Alexandrins, alleguez cy-dessus ; mais la malice des arriens en a fait perdre la pluspart.

Pour Dieu, messieurs, jettons l'œil sur cette tres-ancienne et tres-pure Eglise des six premiers siecles, et la regardons de toutes parts : si nous la voyons croire fermement que le pape de Rome est successeur de sainct Pierre; quelle temerité sera-ce de le nier ? je m'en raporte à vostre conscience.

Mais voicy ce me semble, une raison tres-forte, qui ne suppose plus aucun credit douteux, et qui consiste en fait : sainct Pierre a eu des successeurs en son vicariat : et de grace, qui a jamais esté en reputation dans l'Eglise ancienne, d'avoir esté successeur de sainct Pierre, et le chef de l'Eglise, sinon l'evesque de Rome? Certes tous tant qu'il y a eu d'autheurs devant vous, accordent unanimement ce titre au pape, et jamais à aucun autre evesque : comme donc direz-vous qu'il ne le soit pas? Certes c'est nier la verité en plein jour; au moins apprenez-nous quel autre evesque est le chef de l'Eglise, et le successeur de sainct Pierre? Au concile de Nicée, en ceux de Constantinople et de Calcedoine, on ne void aucun autre evesque usurper cette primauté. Elle est deferée tousjours en tous lieux et en tout temps, selon l'ancienne coutume, au seul pape de Rome, aucun autre n'a jamais pretendu d'estre preferé en ce grade. Enfin jamais il ne fut dit, ny douté qu'aucun autre evesque ès premiers six cens ans, fust chef ou superieur de toute l'Eglise, sinon celuy de Rome, duquel on ne mit point en doute l'authorité : mais on tint pour tout resolu, qu'il estoit le seul successeur du prince des apostres. Et vous, messieurs, après quinze cens ans passez, vous osez mettre cette ancienne tradition en compromis? Je n'aurois jamais fait, si je voulois produire et entasser toutes les assurances et temoignages que nous avons de cette verité, dans les escrits des anciens. Cecy cependant suffira, pour preuver que l'evesque de Rome est le successeur de sainct Pierre, et que sainct Pierre a esté et est mort evesque de Rome.

DISCOURS XXXVIII.

Briefve description chronologique de la vie de sainct Pierre, et de l'institution de ses premiers successeurs.

Vous avouerez, qu'il n'est point de question ecclesiastique où les ministres s'exercent si fort, pour combattre l'antiquité, que celle-cy; car voyant que c'est un coup de partie, ils taschent à force de conjectures, de presomptions, de dilemmes, d'explications, et de tous moyens possibles, de montrer que sainct Pierre ne fut jamais à Rome, excepté (1) Calvin: celui-cy prevoyant que c'estoit dementir toute l'antiquité, et que cela n'estoit pas requis pour etablir son opinion, se contente de dire, qu'au moins sainct Pierre ne fut pas long-temps evesque de Rome: « Propter scriptorum consensum, non pugno, quin illic mortuus fuerit, sed episcopum fuisse, præsertim longo tempore, persuaderi nequeo. » Poussons nostre adversaire: quand il seroit vray qu'il n'eust esté que fort peu de temps evesque de Rome, s'il y est mort evesque, il faut conclure qu'il y a laissé son siege et sa succession; de façon qu'au regard de Calvin, nous n'aurions pas grandement à debattre, pourvu qu'il fust resolu de confesser que sainct Pierre est mort à Rome, et qu'il y estoit evesque quand il mourut. Pour le regard des autres, nous avons abondamment preuvé cy-dessus, que sainct Pierre est mort evesque à Rome; les discours que l'on fait au contraire, sont plus ennuyeux que difficiles à detruire: celuy qui aura le vray discours de la vie de sainct Pierre devant les yeux, aura assez de quoy repondre à toutes ces objections; j'en diray brefvement ce que j'en crois estre le plus probable, en quoy je suivray l'opinion de cet excellent theologien Gilbert Genebrard archevesque d'Aix en sa Chronologie, et Robert Bellarmin jesuite en ses Controverses, qui suivent de près sainct Jerosme, et Eusebe en sa Chronique.

Avant que Nostre-Seigneur (2) fust monté au ciel, qui fut en l'année 18 de Tibere, il commanda à ses apostres qu'ils arrestassent en Jerusalem (environ (3) 12 ans, selon l'ancienne tradition de Trazeas, martyr, non pas certes tous, mais quelques-uns) pour verifier la parole dite par Isaïe, et il semble qu'on le peut recueillir de sainct Paul et de sainct Barnabé; car sainct Pierre fut en l'idde, et Joppe, avant que les 12 ans fussent escoulez; si bien qu'il suffisoit, que quelques-uns des apostres demeurassent en Jerusalem pour temoignage aux Juifs. Sainct Pierre de sa part demeura en Judée environ cinq ans, depuis l'Ascension, preschant et annonçant l'Evangile: sur la fin de la premiere année, ou bientost après, sainct Paul fut converty; et celui-cy, trois ans après, vint en Jerusalem pour voir sainct Pierre (1), avec lequel il demeura quinze jours. Sainct Pierre ayant presché cinq ans ou environ en Judée, sur la fin de la cinquiesme année passa en (2) Antioche; où il demeura evesque environ sept ans; c'est-à-dire, jusques à l'année 2 de Claudius, ne laissant pour cela de faire des courses evangeliques en Galilée, en Azie, en Capadoce, et ailleurs, pour la conservation des peuples. L'année septiesme de son pontificat en Antioche, ayant remis sa charge episcopale au bon Evodius, il revint en Jerusalem, où, estant arrivé, il fut emprisonné par l'authorité d'Herode (3), en faveur des Juifs, vers la feste de Pasques; mais sortant de prison miraculeusement et par la conduite de l'ange, il vint en cette mesme année (qui estoit le 2 de Claudius), en la ville de Rome, où il posa son siege, et le tint environ 25 ans, pendant lesquels il ne laissa point de visiter plusieurs provinces, selon le besoin de l'Eglise chrestienne. Environ l'an 18 depuis la passion et ascension du Sauveur (qui concouroit avec le 9 de Claudius), il fut chassé avec le reste des Hebreux de la ville (4) de Rome, et se transporta en Jerusalem, où le (5) concile jerosolymitain fut celebré, auquel sainct Pierre presida, comme il se voit aux Actes, chap. 15. Claudius estant mort, sainct Pierre retourne à Rome pour y continuer son premier train, d'enseigner et de visiter diverses provinces. Enfin (6) Neron le poursuivant à mort, avec son compagnon sainct Paul, pour s'echapper selon les sainctes sollicitations des fidelles, il voulut sortir la nuit de la ville. Ce fut là que, rencontrant près de la porte de la ville Nostre-Seigneur, il lui dit (7): « Domine, quò vadis? » Seigneur, où allez-vous? Je viens, repondit-il, à Rome pour y estre derechef crucifié. Cette reponse fit connoistre à sainct Pierre, qu'il y devoit r'entrer pour y souffrir la mort de la croix. De façon qu'après avoir esté environ cinq ans en la Judée, sept ans en Antioche, 25 ans à Rome, en l'année 14 de l'empire de Neron, il fut crucifié (8) pieds contre mont, et à mesme temps que sainct Paul eut la teste tranchée.

---

(1) Calv. Instit. l. IV, c. VI.
(2) Euzeb., Hist. eccl., l. I et II.
(3) Act. XV, 46. Act. IX, 32.

(1) Act. IX. — (2) Ad Galat. I.
(3) Act. II, 4. — (4) Osius, l. 7. Just. Sueton. in Claudio. — (5) Act. XVIII, 2.
(6) Amb. contra Anxien. Orig. l. 3. in Genesin. Athan. pro fugâ suâ. Hieron. de vir. Ill.
(7) Euzebe in Chronico Ado in martyrol.
(8) Tertull. de Præscript.

Il est vray que saint Pierre avant que de mourir prenant par la main son disciple saint Clement, il le nomma successeur en sa charge ; mais saint Clement ne la voulut pas prendre ny en faire l'exercice, qu'après la mort de Linus et Cletus, qui avoient esté coadjuteurs de saint Pierre en l'administration de l'evesché de Rome. Si quelqu'un veut sçavoir pourquoy quelques autheurs tres-anciens ont mis saint Clement le premier au rang après saint Pierre, et pourquoy quelques autres ont placé saint Linus avant saint Clement, je luy feray repondre par saint Epiphane, autheur digne de foy, ces paroles expresses : « Nemo miretur, quod ante Clementem, Linus et Cletus episcopatum assumpserunt, cum sub apostolis hic fuerit contemporaneus Petri et Pauli, nam et illi contemporanei apostolorum fuerunt ; jure igitur, adhuc ipsis superstitibus, à Petro accepit impositionem manuum episcopatûs, sed recusator episcopatûs ; quomodo post apostolorum successionem à Cleto episcopo, constituitur, non ita clare scimus. »

Ainsi, parce que saint Clement avoit esté choisi de saint Pierre, comme luy-mesme le temoigne, et que neantmoins il ne voulut pas accepter la charge avant la mort de Linus et Cletus, les uns en consideration de l'election faite par saint Pierre, le mettent le premier en rang : les autres ayant egard au refus qu'il en fit, et à l'exercice qu'il en laissa à Linus et Cletus, le mettent le quatriesme ; mais ce point est indifferent à nostre question, puisque ces trois ont esté successivement en la chaire de saint Pierre.

Au reste, saint Epiphane peut avoir eu sujet de douter de l'election faite de saint Clement, par la nomination de saint Pierre, faute d'en avoir eu des preuves suffisantes : et se peut faire encor que Tertullien, Damase, Ruffin et autres, ont eu occasion de n'en douter point : car le defaut de bon memoire, qui fait parler ainsi sans resolution saint Epiphane, par contre-raison fait si fermement assurer à Tertullien plus ancien, que « Romanorum Ecclesia, Clementem à Petro ordinatum, et per instrumentum et rationes publicas demonstrat. ». Quant à moy je me range tres-volontiers, et avec raison ce me semble, au party de ceux qui l'assurent ; parce que qui doute de ce qu'un homme de bien et d'entendement confirme resolument, dement le diseur : au contraire, ce dont un autre doute, je le confesse au moins à moitié, et sans nier, laisse le reste incertain.

Ce discours abregé de la vie de saint Pierre, qui est tres-bien authorisé, nous fait connoistre que cet apostre n'a pas tousjours esté resident à Rome ; et que quoy qu'il y eust son siege, il n'a pas laissé de visiter plusieurs provinces, revenir en Jerusalem, et faire l'office apostolique. Toutes ces frivoles raisons qu'on nous deduit de l'authorité negative des epistres de saint Paul, n'auront plus aucun credit en vos jugemens, messieurs : car si on nous oppose que saint Paul a escrit à Rome, et de Rome, et qu'il n'a point fait mention de la presence de saint Pierre, on ne le trouvera pas etrange, parce que peut-estre saint Pierre n'y estoit pas alors. Après tout, il est certain que la premiere epistre de saint Pierre a esté escrite à Rome, comme l'atteste saint Jerosme. « Petrus, » dit-il, « in epistola, sub nomine Babylonis figuraliter Romam significans, salutat vos, inquit, epistola quæ est in Babylone collecta. » Ce qui auparavant avoit esté declaré par le tres-ancien Papias, disciple des apostres, au recit (1) d'Euzebe : mais je vous demande si cette consequence seroit bonne ? Saint Pierre en cette epistre ne donne point de signe ny d'argument, que saint Paul fust avec luy ; donc saint Paul n'a jamais esté à Rome. Cette epistre ne dit pas tout ; et si elle ne dit pas qu'il y fust, aussi ne dit-elle point qu'il n'y fust pas ; il est probable qu'il n'y estoit pas lors, ou que s'il y estoit, qu'il ne fust pas expedient de l'y nommer, pour quelques bonnes raisons que le temps nous a cachées. Autant en dis-je de celle de saint Paul : enfin pour accorder le temps de la vie de saint Pierre aux empires de Tibere, de Caius Caligula, de Claudius, et de Neron, on pourra les reduire à peu près en cette façon. Au 18 de Tibere, Nostre-Seigneur monta au ciel ; cinq ans après (qui fut en la derniere année de l'empire de Tibere) saint Pierre vint en Antioche, où ayant demeuré environ sept ans, c'est à sçavoir de ce qu'il resta du temps de Tibere, 4 ans de Caius Caligula, et 2 de Claudius, sur la fin du deuxiesme de Claudius il vint à Rome, où il demeura environ sept ans, à sçavoir jusques au 9 de Claudius, auquel temps tous les Juifs furent chassez de Rome : ce qui fit retirer saint Pierre en la Judée. Environ cinq ans après, Claudius estant mort, l'an 14 de son empire, Neron luy ayant succedé, saint Pierre revint à Rome, où il demeura jusques au temps de son martyre, lequel il souffrit en l'an 14 et dernier de Neron, qui sont environ trente-sept ans en somme que saint Pierre vescut après la mort de son cher maistre, desquels il demeura l'espace d'environ douze ans, tant en Judée qu'en Antioche, et demeura le reste, c'est-à-dire 25 ans evesque de Rome.

(1) L. II, c. 11.

DISCOURS XXXIX.

Les eloges, titres, et prerogatives que les anciens Peres et les conciles ont attribués aux papes de Rome.

Or pour confirmer ce que nous avons allegué des evesques de Rome, vous plaist-il, messieurs, ouïr en peu de paroles ce que les anciens pensoient de leur succession, et en quel rang ils tenoient l'evesque romain. Voicy comme ils appellent le siege de sainct Pierre, son grade, son eglise, son evesque, sa dignité; et tout cela revient en un.

1. Petri cathedram.
2. Ecclesiam principalem.
3. Exordium unitatis sacerdotalis.
4. Vinculum unitatis.
5. Sacerdotii sublime fastigium.
6. Ecclesia, in quâ est potentior principalitas.
7. Ecclesia radix et matrix.
8. Sedes super quam Dominus universam construxit Ecclesiam.
9. Cardo et caput omnium Ecclesiarum.
10. Episcoporum refugium.
11. Summa sedes apostolica.
12. Caput pastoralis honoris.
13. Apostolicæ cathedræ principatus.
14. Principalis apostolici sacerdotii dignitas.
15. Caput omnium Ecclesiarum.
16. Caput orbis, et mundi religionis.
17. Cæteris prælata Ecclesia.
18. Ecclesia præsidens.
19. Prima sedes à nemine judicanda.
20. Prima sedes omnium.
21. Tutissimus communionis catholicæ portus.
22. Fons apostolicus.
23. Ad sanctissimum catholicæ Ecclesiæ episcopum.
24. Sanctissimus et beatissimus patriarcha.
25. Universalis patriarcha.
26. Caput conc. Calcedon.
27. Caput orbis Ecclesiæ.
28. Beatissimus Dominus.
29. Apostolico culmine sublimatus.
30. Pater patrum.
31. Summus omnium præsulum pontifex.
32. Summus sacerdos.
33. Princeps sacerdotum.
34. Rector domûs Domini, et vineæ custos Dominicæ.

1. La chaire de S. Pierre. *S. Cyprian. l. 1. epist. 3.*
2. L'Eglise principale. *S. Cypr. epist. 55. ad. Cornel.*
3. L'origine de l'unité sacerdotale. *l. 3. epist. 2.*
4. L'Eglise, où est le lien de l'unité. *Cypr. l. 4. epist. 2.*
5. Le sommet sublime du sacerdoce. *S. Irenée, l. 3. c. 3.*
6. L'Eglise où reside la plus puissante principauté. *Cypr. l. 3. epist. 8.*
7. L'Eglise racine, ou matrice des autres Eglises. *Anaclet. pap. epist. ad omnes episcopos et fideles.*
8. Le siege sur lequel est establie l'Eglise universelle. *Damase pap. epist. ad universos episcopos.*
9. Le gond, et le chef de toutes les Eglises. *Marcelin I. pap. epist. ad episcopos Antiochenæ Ecclesiæ.*
10. Le refuge et l'appuy des evesques. *Synod. Alexandr. epist. ad Felicem pap.*
11. Le siege supresme apostolique. *S. Athanase.*
12. Le chef de l'honneur pastoral. *Prosp. l. de ingratis.*
13. La principauté de la chaire apostolique. *S. August. epist. 162.*
14. La dignité principale du sacerdoce apostolique. *Prosp. de vocat. gent. l. 2. c. 6.*
15. Le chef de toutes les églises. *Prosp. in præfat. concilii Calcedon.*
16. Le chef de l'univers et de la religion du monde. *Imperator Valentinianus.*
17. L'Eglise preposée et preferée à toutes les autres Eglises. *Victor Uticencis, l. de perfectione.*
18. L'Eglise presidente. *Vand. l. 2. Imp. Justinian. c. de summâ trinit.*
19. Le siege supresme, qui ne peut estre jugé par aucun autre. *S. Leo in Nat. SS. Apost.*
20. Le premier de tous les sieges. *S. Prosp. l. de ingratis.*
21. Le port tres-assuré de toute communion catholique. *Sinod. Rom. sub Gelasio.*
22. La fontaine apostolique. *S. Ignat. epist. ad. Rom. in subscriptione.*
23. Au tres-saint evesque de l'Eglise catholique. *Synod. Sinuessana. 300. Episcoporum.*
24. Le tres-saint et tres-heureux patriarche. *Ibid. Tom. 7. Concil.*
25. Le patriarche universel. *S. Leo P. epist. 61.*
26. Le chef du concile. *Hieron. epist. 16.*
27. Le chef de l'Eglise du monde. *Innocent. ad patres concil. Milevit.*
28. Le tres-heureux Seigneur. *S. Aug. epist. 9.*
29. L'evesque élevé sur le sommet apostolique. *Cypr. l. 3. epist. 11.*
30. Le pere des peres. *Conc. Calcedon. Act. 3.*
31. Le souverain pontife entre les prelats. *Ibid. in præf.*
32. Le souverain prestre. *Ibid. Act. 16.*
33. Le prince des prestres. *Stephanus episc. Carthagin.*
34. Le recteur de la maison de Dieu, et le gardien de la vigne du Seigneur. *Conc. Carthagin. epist. ad Damasum.*

35. *Christi vicarius et fratrum confirmator.*	35. Le vicaire de J. Ch. *Hieron. præfat. in Evang. ad Damasum.* Le confirmateur de la foy des chrestiens. *Ibid.*
36. *Sacerdos magnus.*	36. Le grand prestre. *Valentinianus, et cum illo tota antiquitas.*
37. *Summus pontifex et princeps episcoporum.*	37. Le souverain pontife. *Concil. Calcedon. in epist. ad Theodosium Imperat.* Le prince des evesques. *Ibid.*
38. *Heres apostolorum.*	38. L'heritier des apostres. *Bern. l. de Considerat.*
39. *Primatu Abel.*	39. Abel en primauté. *Ibid.*
40. *Patriarchatu Abraham.*	40. Abraham en patriarchat. *Ambr. in 1. Tim. 3.*
41. *Ordine Melchisedech.*	41. Melchisedech en ordre. *Concil. Calcedon. epist. ad Leonem.*
42. *Dignitate Aaron.*	42. Aaron en dignité. *Cypr. l. 1. epist. 3.*
43. *Authoritate Moyses.*	43. Moïse en autorité. *Bern. epist. 100.*
44. *Indicatu Samuël.*	44. Samuël en judicature. *Ibid. et l. de Consider.*
45. *Potestate Petrus.*	45. Pierre en puissance. *Ibid.*
46. *Unctione Christus.*	46. Christ en Onction. *Ibid.*
47. *Ovilis dominici pastor.*	47. Le pasteur de la bergerie de Jesus-Christ. *Ibid. l. 2. de Consid.*
48. *Claviger domûs Domini.*	48. Le porte-clef de la maison de Dieu. *Ibid. c. 8.*
49. *Pastor pastorum omnium.*	49. Le pasteur de tous les pasteurs. *Ibid.*
50. *In plenitudine potestatis vocatus.*	50. Le pontife appelé en la plenitude de la puissance. *Ib.*

Je n'aurois jamais fait, si je voulois enlasser tous les titres d'excellence que les anciens ont donnez au sainct siege de Rome et à son evesque : cecy doit suffire ce semble aux cerveaux mesmes les plus bizarres, pour faire voir la magnifique imposture que Beze avance, après son monsieur Jean Calvin, en son traité des marques de l'Eglise, où il dit : « que Phocas a esté le premier qui a donné authorité à l'evesque de Rome sur tous les autres, et l'a mis en primauté. » Mais à quoy bon de debiter un si gros mensonge ? Phocas vivoit au temps de sainct Gregoire-le-Grand, et tous ces autheurs que j'ay citez sont plus anciens que sainct Gregoire, excepté sainct Bernard (1), lequel j'ay allegué aux livres de la Consideration, parce que Calvin les a tenus pour si authentiques, qu'il luy semble que la verité mesme ait parlé par sa bouche.

On objecte que sainct Gregoire ne voulut pas estre appelé *evesque universel*, mais ce terme d'evesque universel se peut entendre de deux manieres, ou d'un, qui soit totalement evesque de l'univers ; si bien que les autres ne soient que ses vicaires et ses substituez ; ce qui n'est point, car les evesques sont veritablement princes spirituels, chefs et evesques en l'Eglise de Dieu, non pas les lieutenans du pape, mais de Nostre-Seigneur, aussi il les appelle freres : ou, l'on peut l'entendre d'un evesque particulier, qui est sur-intendant sur tous, auquel les autres qui sont sur-intendans en une portion, luy sont inferieurs dans l'etenduë de la puissance, quoy qu'ils ne soient pas ses vicaires, ny substituez ; et c'est en ce sens que les anciens l'ont appelé evesque universel.

On produit le concile de Carthage, qui ordonne qu'aucun ne se puisse appeller, *princeps sacerdotum* (1). Mais c'est faute d'autre entretien qu'on allegue cecy, car qui ne sçait que c'estoit un concile provincial, qui a reglé les choses qui touchoient simplement les evesques de cette province, de laquelle l'evesque de Rome n'estoit pas, car la mer Mediterranée est entre deux.

Il nous reste à examiner le nom de pape, lequel j'ay reservé pour fermer ce discours, et qui est le titre ordinaire par lequel nous entendons l'evesque de Rome. Ce nom estoit autrefois commun aux evesques, temoin sainct Jerosme, qui appelle ainsi sainct Augustin en une epistre : « Incolumem te tueatur omnipotens, Domine, verè sancte, et suscipiende papa. » Mais ce nom a esté rendu particulier au pape de Rome par excellence, à cause de l'université de sa charge : ainsi il est appelé au concile de Calcedoine, *pape universel*, et pape tout court, sans addition ny limitation : ce mot ne veut dire autre chose que, ayeul ou grand pere. « Anteferunt patribus, papas, avosque trementes, seri nova cura nepotes. » Et afin que vous sçachiez combien est ancien ce nom de pape parmy les gens de biens, sainct Ignace disciple des apostres, *Epistola ad Mariam Zarbonse*, en parle ainsi, « Cum esset Romæ apud Papam Linum. » Voyez, messieurs, dès ce temps-là il y avoit des papistes, et de quelle sorte ? jugez-en par ce saint martyr.

Nous appellons le pape, *Sa Sainteté* ; et nous trouvons que sainct Jerosme l'appelloit dejà de son temps en cette maniere. « Obtestor beatitudinem tuam per crucem, etc. Ego nullum primum, nisi Christum sequens, beatitudini vestræ, cathe-

---

(1) Bern. l. IV, et Ep. III.

(1) Can. II, 6.

dræ Petri, consocior (1).» Nous l'appellons *Sainct Pere;* mais vous avez vu que sainct Jerosme appelle ainsi sainct Augustin.

Au reste, ceux qui vont expliquant malicieusement le chapitre second de la 2ᵉ aux Thessaloniciens, pour vous faire croire que le pape est l'Ante-Christ, et qui disent qu'il se fait appeler Dieu sur la terre, ou Fils de Dieu, sont les plus grands menteurs du monde ; car tant s'en faut que les papes prennent aucun de ces titres ambitieux, que dès le temps de sainct Gregoire, ils se sont ordinairement appelez *serviteurs des serviteurs de Dieu* (2) : certes ils ne se sont jamais appelez de la façon, ny Dieu, ny enfans de Dieu, sinon au sens de ceux qui gardent religieusement les commandemens de Dieu mesme, selon le pouvoir concedé (*iis qui credunt in nomine ejus*). Mais nous pouvons nommer reellement et veritablement enfans du diable, ceux qui mentent si ouvertement, comme sont vos ministres

DISCOURS XL.

L'estime et l'estat qu'on doit faire de l'authorité du pape dans l'Eglise.

Toute obstination mise à part, il faut confesser que ce n'est pas sans mystere que tres-souvent en l'Evangile, quand il est question que tout le college des apostres parle, sainct Pierre (3) seul parle pour tous : en sainct Jean ce fut luy qui dit pour tous : « Domine, ad quem ibimus ? verba vitæ æternæ habes, et nos credimus, et cognovimus, quia tu es Christus filius Dei. » Ce fut luy en sainct (4) Matthieu, qui au nom de tous comme chef fit cette noble confession : « Tu es Christus filius Dei vivi. » Il demande pour tous : « Nos reliquimus omnia, quid ergò erit nobis? » Il repond pour tous, en sainct Luc : « Domine, ad nos dicis hanc parabolam et ad omnes ? » Enfin c'est l'ordinaire que le chef parle pour tout le corps, et ce que le chef dit, on le tient dit pour tout le reste. Et en effet, messieurs, ne voyez-vous pas qu'en l'election de sainct (5) Mathias, c'est sainct Pierre seul qui parle et determine. Les Juifs demanderent à tous les apostres (6) : « Quid facimus, viri fratres ? » Sainct Pierre seul repond pour tous, « Pœnitentiam agite, » etc., c'est pour cette raison que sainct Chrysostome et Origene (7) l'ont appelé : « Os et verticem apostolorum », comme

(1) Hieron. ad Damasum.
(2) J: Diaconus, l. 2. in vit. Greg. l. 7.
(3) Joan. VI, 18. — (4) Matth. XVI, 16.
(5) Actor. XII, 47. — (6) Act. II, 38.
(7) Orig. hom. LV. in Matth.

nous avons vu cy-dessus, parce que c'estoit son ordinaire de parler pour tous les apostres. Le mesme sainct (1) Chrysostome l'appelle, *Os Christi,* parce qu'il s'enonce pour toute l'Eglise et à toute l'Eglise en qualité de chef et de pasteur ; et ce qu'il dit n'est pas tant par une parole humaine que par celle mesme de Nostre-Seigneur. « Amen dico vobis, qui accipit, si quem misero, me accipit. » Ainsi ce que sainct Pierre disoit et determinoit, ne pouvoit estre faux : et de vray, si le confirmateur estoit tombé, tout le reste ne seroit-il pas renversé ? si le confirmateur biaize et chancelle, qui le confirmera ? si le confirmateur n'est pas ferme et stable en luy-mesme, quand les autres s'affoibliront, qui les affermira ? Il est escrit : « Si l'aveugle conduit l'aveugle, ils tomberont tous deux dans la fosse; si l'instable et le foible veut soutenir et assurer le foible, ils donneront tous deux en terre; » d'où s'en suit que Nostre-Seigneur en donnant l'authorité et le commandement à sainct Pierre de confirmer les autres, il luy a quant et quant donné le pouvoir et les moyens de le faire, autrement pour neant luy eust-il ordonné une chose impossible. Les moyens necessaires pour confirmer les autres et rassurer les foibles, c'est de n'estre point sujet à la foiblesse ny à l'erreur, c'est d'estre solide et ferme en soy-mesme, comme une vraye pierre et comme un roc : et tel estoit ce sainct apostre, en tant que pasteur general et gouverneur de l'Eglise universelle.

Ainsi quand sainct Pierre (2) fut posé au fondement de l'Eglise chrestienne, et que l'Eglise fut asseurée que les portes d'enfer ne prevaudroient point contre elle ; ne fut-ce pas assez nous dire, que sainct Pierre (comme pierre fondamentale du gouvernement et administration ecclesiastique) ne pourroit jamais se froisser ny rompre par l'infidelité, qui est la principale porte d'enfer ? car qui ne sçait, que si le fondement renverse, et si l'on y peut porter la sappe, tout l'edifice renversera ?

Après tout, s'il estoit possible que le pasteur supresme ministerial pust mener ses brebis aux pasturages (3) veneneux ; il est certain que tout le parc seroit bientost perdu. Si le supresme pasteur ministerial nous conduisoit au mal, qui releveroit la bergerie ? si elle s'egaroit, qui la rameneroit à la verité ? Nous n'avons qu'à le suivre simplement, non pas à le quitter, autrement les brebis seroient pasteurs : certes l'Eglise ne peut pas tousjours estre ramassée en un concile general ; dans les trois premieres centaines d'années

(1) Hom. II. in divers. serm. ad Cath.
(2) Matth. XVI, 18. — (3) Joan. XX, 21.

il ne s'en fit aucun. Or parmy les difficultez qui surviennent journellement, à qui pourroit-on mieux s'adresser? de qui pourroit-on prendre une regle et une loy plus assurée et plus certaine, que du chef general et du vicaire de Nostre-Seigneur? Tout cecy n'a pas eu lieu seulement en sainct Pierre, mais en ses successeurs, car puisque la cause demeure, l'effet demeure; l'Eglise a tousjours besoin d'un confirmateur qui soit permanent, auquel on puisse s'adresser pour trouver un solide fondement, que les portes d'enfer, et principalement l'erreur ne puisse renverser, il faut que son pasteur ne puisse conduire à l'erreur, ny nous porter au mal : les successeurs de sainct Pierre ont seuls (hors du concile general) ces privileges, qui ne suivent pas la personne, mais la dignité, et la charge publique de la personne.

Sainct Bernard (1) appelle le pape; *un autre Moyse en authorité* : or combien grande fut l'authorité de Moyse, il n'y a parmi nous personne qui l'ignore (2), car il s'assit et jugea de tous les differens, qui naissoient parmy le peuple, et connut de toutes les difficultez qui survenoient aux serviteurs de Dieu; il (3) constitua des juges pour les affaires de peu d'importance, mais les grands doutes estoient reservez à sa connoissance. Si Dieu veut parler à son peuple (4), c'est par sa bouche et par son entremise; ainsi le supresme pasteur de l'Eglise nous est un juge competent, et suffisant en toutes nos plus grandes difficultez, autrement nous serions (5) de pire condition que cet ancien peuple, qui avoit un tribunal, auquel il pouvoit s'adresser pour la resolution de ses doutes, et specialement (6) en (7) matiere de religion; que si quelqu'un veut repondre que Moyse n'estoit pas prestre ny pasteur ecclesiastique, je le renvoyeray à ce que j'en ai dit cy-dessus, car ce seroit se rendre fort ennuyeux de faire ces repetitions trop importunes.

Au Deuteronome il est dit (8) : « Facies quidquid dixerint, qui præsunt loco, quem elegerit Dominus, et docuerint te juxta legem ejus; sequerisque sententiam corum, nec declinabis ad dextram, nec ad sinistram; qui autem superbierit, nolens obedire sacerdotis imperio, judicis sententia moriatur. » Que dira-t-on icy? qu'il falloit en l'ancienne loy subir le jugement du souverain pontife, et qu'on estoit obligé de suivre ce jugement, lorsqu'il estoit selon la loy, non autrement : j'en demeure d'accord, mais en cela il falloit tousjours suivre la sentence du prestre, autrement si on ne l'eust pas suivie, mais examinée, c'eust esté pour neant qu'on fust allé à luy, et la difficulté n'eust jamais esté resolue contre les opiniastres, dont il est dit simplement : « Qui autem superbierit, nolens obedire sacerdotis imperio, judicis sententia moriatur. » Il est escrit en (1) Malachie : « Labia sacerdotis custodiunt scientiam, et legem requirent in ore ejus. » D'où il s'ensuit, que chacun ne pouvoit et ne devoit pas se resoudre sur les points de la religion, ny produire la loy à sa fantaisie, mais selon l'exposition du pontife. Que si Dieu a eu une si grande prevoyance pour la synagogue et pour la tranquillité de la conscience des Juifs, que de leur establir un juge souverain et ordinaire, à la sentence duquel ils devoient tousjours acquiescer, il ne faut pas douter qu'il ne nous ait pourvu dans le christianisme d'un pasteur general, qui ait cette mesme et plus grande authorité pour nous lever tous les doutes et les scrupules qui pouvoient survenir sur la declaration des Escritures (2).... En la poitrine....

Que si le grand prestre portoit ainsi sur soy le rational du jugement où estoient escrits ces deux mots, *Vrim, thumim*, c'est-à-dire, doctrine et verité, comme l'interpretent quelques-uns; ou les illuminations et perfections, comme disent les autres, qui n'est presque qu'une mesme chose, puisque la perfection consiste en la verité, et la doctrine n'est rien qu'illumination, penserions-nous que le grand prestre de la loy nouvelle n'en ait pas encore les effets? Certes, tout ce qui fut ordonné de bon en l'ancienne Eglise et accordé à la chambriere Agar, a dû estre concedé en beaucoup meilleure façon à Sara, et à l'espouse; nostre grand prestre donc a encore le *Vrim* et *thumim* en sa poitrine, c'est-à-dire, en sa dignité pontificale.

DISCOURS XLI.

Le rang, ou l'ordre, dans lequel les evangelistes ont tousjours nommé sainct Pierre devant les autres apostres.

Enfin c'est une chose digne de consideration en cette matiere, que jamais les evangelistes ne nomment, ny tous les apostres, ny une partie d'eux ensemble, qu'ils ne mettent tousjours sainct Pierre dans le haut bout, et tousjours à la teste de la trouppe, ce qu'on ne sçauroit dire s'estre fait sans raison, car c'est une observation perpetuelle entre les evangelistes, qui ne l'ont pas fait quatre ou cinq fois seulement, mais tres-souvent : pour le

---

(1) De Cons. l. II, c. VIII. — (2) Exod. XVIII, 15.
(3) Exod. XIX, 26. — (4) Exod. XXXI, 18.
(5) Exod. XXXII, 15. — (6) Exod. III, 11.
(7) Exod. XXXIV, 5. — (8) Deut. XVII, 10.

(1) Malac. II, 7.
(2) *Nota*. Il y a dans l'original une omission de quelques lignes, qu'on n'a pu restituer.

regard des autres apostres, ils n'observent point d'ordre si precis, ny tousjours de mesme.

« Duodecim apostolorum nomina hæc sunt, » dit sainct (1) Matthieu, « primus Simon, qui dicitur Petrus, et Andreas frater ejus ; Jacobus Zebedei et Joannes frater ejus ; Philippus et Bartholomæus ; Thomas, et Matthæus publicanus ; Jacobus Alphæi et Thadæus ; Simon Cananæus et Judas Iscariotes. » Sainct Matthieu nomme ici sainct André le second ; sainct Marc le nomme le quatriesme ; et pour mieux montrer qu'il n'importe, sainct Luc, qui l'a mis en un lieu le deuxiesme, le met en un autre lieu le quatriesme ; sainct Matthieu met sainct Jean le quatriesme, sainct Marc le met le troisiesme ; sainct Luc le met le quatriesme ; en un autre endroit, il le place le second ; sainct Matthieu met sainct Jacques le troisiesme, sainct Marc le met le deuxiesme ; bref, il n'y a que sainct Philippe, saint Jacques Alphée et Judas, qui ne soient tantost plus haut et tantost plus bas. Lorsque les evangelistes nomment tous les apostres ensemble, ou autrement, il n'y a presque point du tout d'observation pour le rang, sinon en sainct Pierre, qui va devant partout : imaginez-vous, je vous prie, que nous voyions aux champs, ou par les ruës, ou dans les assemblées cette saincte trouppe, et que nous les considerions dans leurs marches, sans doute nous verrions partout sainct Pierre le premier, et tout le reste pesle-mesle ; ainsi ne jugerions-nous pas raisonnablement que les autres sont egaux et compagnons entre eux, et sainct Pierre le chef et le capitaine ?

Mais outre cela, bien souvent, quand les (2) evangelistes (3) parlent de la compagnie apostolique, ils ne nomment que Pierre, et mettent les autres en conte par accessoire et hors de suite : « Prosecutus est jam Simon, et qui cum illo erant : dixit Petrus, et qui cum illo erant ; Petrus vero, et qui cum illo erant, gravati erant somno. » Vous sçavez bien que nommer une personne par preference, et mettre les autres en un bloc, avec elle, c'est la rendre la plus apparente, et dire que les autres sont ses inferieures.

Souvent les evangelistes ont nommé sainct Pierre (4) à part des autres, comme fit l'ange : « Dicite discipulis ejus et Petro : stans (5) autem Petrus cum undecim : (6) dixerunt ad Petrum, et ad reliquos apostolos : respondens autem Petrus, et apostoli, dixerunt numquid non habemus potestatem sorores mulierum circumducendi, sicut cæteri apostoli et fratres Domini et Cephas. »

(1) Matth. x. — (2) Marc. i. Luc. viii.
(3) Luc. iv, 31. — (4) Marc. xvi.
(5) Act. ii. — (6) Act. v.

Que veut dire cecy : « Dicite discipulis ejus et Petro ? » Pierre estoit-il pas apostre ? estoit-il moins ou plus que les autres ? estoit-il egal ? jamais homme, s'il n'est du tout desesperé, ne dira qu'il fut moins ; s'il est egal et va de pair avec les autres, pourquoy le met-on à part ? s'il n'y a rien en luy de particulier, pourquoy ne dit-on aussi bien, « dicite discipulis ejus et Andreæ ou Joanni ? » Certes, il faut que ce soit pour quelque particuliere qualité qui soit en luy, plus que dans les autres, et qu'il ne fust pas simplement apostre, de maniere qu'ayant dit : « Dicite discipulis, ou, sicut Petro cæteris discipulis ; » on peut demeurer encore en doute de sainct Pierre, comme estant plus qu'apostre et disciple. Seulement une fois en l'Escriture, (1) sainct Pierre est nommé après sainct Jacques, « Jacobus, Cephas, et Joannes dextras dederunt societatis. » Mais à la verité il y a trop d'occasions de douter, si en l'original et anciennement sainct Pierre estoit nommé le premier ou le second, pour vouloir tirer aucune conclusion valable de ce lieu seul ; car sainct Augustin, sainct Ambroise, et saint Jerosme tant au commentaire, qu'au texte, ont escrit, Pierre, Jacques et Jean, ce qu'ils n'eussent jamais fait, s'ils n'eussent trouvé en leurs exemplaires ce mesme ordre etably. Autant en a fait sainct Chrysostome en son commentaire, ce qui montre au moins la diversité des copies, qui rend la conclusion de ce rang en ce seul texte, douteuse de part et d'autre dans l'original. Mais quand bien les exemplaires que nous avons maintenant en main seroient originaires, on ne sçauroit que deduire de ce seul passage contre le credit de tant d'autres, car il se peut faire que sainct Paul tient l'ordre du temps, auquel il a receu la main d'association, ou que sans s'amuser à l'ordre, il ait escrit les noms par le premier qui luy vint en pensée : mais sainct Matthieu nous montre clairement quel ordre il y avoit entre les apostres ; c'est à sçavoir qu'il y en avoit un premier, tout le reste estant egal, sans second ny troisiesme. « Primus, » dit-il, « Simon qui dicitur Petrus ; » il ne dit point, « secundus Andreas, tertius Jacobus. » Mais les va nommant simplement, pour nous faire connoistre, que pourvu que sainct Pierre fust le premier, tout le reste estoit de condition au-dessous de luy, et egaux entre eux-mesmes ; sans aucun droit particulier de preseance. *Primus Petrus*, etc. C'est d'icy d'où se tire le nom de *primauté* ; car s'il estoit premier en chef, sa place estoit premiere, son rang premier, et cette qualité fonde la primauté de cet apostre.

Nos adversaires nous opposent, que si les evan-

(1) Ad Gal. ii, 9.

gelistes ont nommé sainct Pierre le premier, ç'a esté parce qu'il estoit le plus avancé en asge entre les apostres, ou pour quelques autres privileges qui estoient en luy; mais je vous prie, que sainct Pierre fust, ou ne fust pas le plus vieil de la trouppe, n'est-ce pas chercher à credit une excuse frivole à l'opiniastreté; on void assez les raisons toutes claires en l'Escriture, mais parce qu'on est resolu de soutenir le contre-poil, on va chercher avec l'imagination çà et là de quoy se seduire. Pourquoy dit-on que sainct Pierre fut le plus vieil? C'est une pure fantaisie qui n'a point de fondement dans l'Evangile, où Nostre-Seigneur parlant à sainct Pierre, luy dit, qu'un jour, dans sa vieillesse, il seroit attaché et ne feroit pas son vouloir : « Cum autem senueris, alius te cinget, et ducet quò tu non vis. » Disons mieux, qu'il estoit celuy sur qui Jesus-Christ fondoit son Eglise; qu'il estoit celuy auquel il avoit baillé la clef du royaume des cieux, qui estoit le confirmateur de la foy de ses freres, car tout cecy est de l'Escriture. Voyez-vous l'injustice? ce qu'on veut soutenir avec obstination, on le debite pour bon, soit qu'il ait fondement en l'Escriture ou non, n'importe; mais lorsqu'il faut examiner les veritables privileges, on ne s'en soucie point du tout, quoy qu'on n'en trouve point de si particulier ny de si evident en sainct Pierre, que ceux qui le rendent chef de l'Eglise.

DISCOURS XLII.

De quelques autres marques qui sont semées en l'Escriture, et qui authorisent la primauté de sainct Pierre.

Si je voulois rapporter icy tout ce qui se trouve sur ce sujet en l'Escriture, je ferois aussi grande cette preuve, que je veux faire toute cette partie, il ne me couteroit que la longueur du temps, car cet excellent theologien Robert Bellarmin me mettroit beaucoup de choses en main. Mais sur tous, le docteur Nicolas Frauder a traitté de cette matiere si solidement et si amplement, qu'il seroit mal-aisé d'y ajouter aucune chose qu'il n'ait dit, et escrit en ses beaux livres de la visible hierarchie. J'en presenteray quelques pieces, qui nous seront utiles.

S'il est dit que l'Eglise est comparée à (1) un *bastiment*, comme elle est assise sur son rocher et sur son (2) fondement ministerial, je trouve cela dans sainct Pierre : si vous la dites (3) semblable à une *famille*, il n'y a que Nostre-Seigneur qui paye (4) tribut comme le chef de la maison, et après luy sainct Pierre comme son lieutenant : si à une (1) nacelle, sainct Pierre en est le vray patron, et c'est ce que Nostre-Seigneur enseigne luy-mesme : si à une *pesche*, sainct Pierre y est le premier, les autres disciples de Jesus-Christ (2) ne peschent qu'avec luy : si l'on compare sa doctrine aux (3) rets et filets, c'est sainct Pierre qui les jette en la mer, c'est sainct Pierre (4) qui les tire, les autres disciples n'y sont que coadjuteurs, c'est sainct Pierre qui les met au bord (5) et qui presente les poissons à Nostre-Seigneur. Ajoutons de plus, si vous dites qu'elle est semblable à une *legation*, (6) sainct Pierre y est le premier : aimez-vous mieux que ce soit un (7) *royaume*? sainct Pierre en porte les clefs en sa main. Voulez-vous que ce soit un (8) *parc* ou un *bercail* de brebis et d'agneaux? sainct Pierre en est le pasteur, et le berger general sous Jesus-Christ.

Dites-nous maintenant en conscience, comme pouvoit Nostre-Seigneur temoigner plus ouvertement son intention? L'opiniastreté ne voit goutte parmi tant de lumiere; sainct André vint le premier à la suitte de Nostre-Seigneur, et ce fut luy qui y amena son frere sainct Pierre, qui ne fut pas le premier venu, neantmoins il est preferé, que veut dire cela? sinon que l'avantage que l'un avoit selon le temps, l'autre l'avoit selon la dignité.

Mais passons outre : Nostre-Seigneur est-il monté au ciel, toute la trouppe apostolique se retire chez sainct Pierre, comme le chef et commun pere de la famille, c'est l'Escriture qui nous le marque; le mesme sainct Pierre se leve au milieu d'eux, et parle le premier, il y enseigne l'interpretation d'une tres-grave prophetie; il prend le premier soin de l'election de celuy qui devoit remplir le nombre de l'ordre apostolique, comme le chef et colomnel; et en effet, c'est luy qui le premier propose de faire un apostre, qui n'estoit pas un trait de petite authorité, car les apostres n'ont pas tous eu des successeurs, et par la mort n'ont pas perdu leur dignité; mais sainct Pierre enseignant l'Eglise, montre que Judas avoit perdu son apostolat, et qu'il en falloit elire un autre en sa place, contre l'ordinaire de cette puissance, qui continuë mesme après la mort, et de laquelle ils continueront encore l'exercice au jour du jugement, lorsqu'ils seront (9) assis autour du juge jugeant les douze tribus d'Israël.

Les apostres et les disciples n'ont pas plutost receu (10) le Saint-Esprit, que sainct Pierre, comme

---

(1) Matth. vi, 18. — (2) I. Ad Timoth. iii, 15.
(3) Matth. xv, 27. — (4) Luc. v, 3.

(1) Luc. v, 10. Jo. xxi, 3. — (2) Matth. xv, 47.
(3) Luc. v, 5, 7. — (4) Joan. xxi, 11.
(5) Matth. x, 2, 5. — (6) Luc. ii, 32.
(7) Matth. xvi, 19. — (8) Joan. xxi, 18.
(9) Matth. xix, 28. — (10) Act. ii, 14.

le chef de l'ambassade evangelique, commence selon le dû de sa charge la saincte nouvelle de salut aux Juifs en Jerusalem ; c'est le premier catechiste de l'Eglise de Dieu qui (1) presche avec grand zele la penitence ; les autres sont vrayement avec luy, et on les interroge tous, mais sainct Pierre seul repond pour tous, comme le chef de tous : s'il faut mettre la main au thresor des miracles concedez à l'Eglise, quoy que sainct Jean (2) y soit, et soit mesme invoqué, sainct Pierre seul y met la main tout le premier.

Faut-il donner commencement à l'usage du glaive spirituel de l'Eglise de Jesus-Christ, pour y chastier le mensonge, c'est sainct Pierre (3) qui lance le premier coup contre Ananie et Saphyre sa femme, de là vient la haine mortelle que tous les menteurs (4) portent à la saincteté de son siege, parce que, comme dit sainct Gregoire-le-Grand : « Petrus mentientes verbo occidit. »

C'est le premier qui reconnoist l'erreur, (5) et qui refute l'heresie en la personne de Simon le magicien ; et de là vient la haine irreconciliable de tous les heretiques, contre sa dignité sacerdotale.

C'est le premier qui a ressuscité (6) les morts, quand il pria pour la devote Thabite.

Lorsqu'il fut temps de mettre la main et la serpe à la moisson, pour defricher le paganisme (7), c'est sainct Pierre à qui s'en adresse la revelation, comme au chef general de tous les ouvriers, et à l'econome de la metairie.

Le bon et devot capitaine italien *Cornelius*, est-il prest de recevoir la grace de l'Evangile, on le renvoye au ministere de sainct Pierre, afin que par ses mains fust dediée et benite la vocation du gentilisme.

C'est le premier qui commanda qu'on baptisast les idolastres, et à qui il fut revelé, qu'il n'y avoit rien devant Dieu qui fust impur, et qui ne pust estre sanctifié.

Si les apostres se rencontrent en un concile general, sainct Pierre comme president ouvre la porte au jugement et à la definition (8) ; sa sentence est suivie des autres, et sa particuliere revelation y sert de loy.

Sainct Paul confesse qu'il est venu (9) exprès en Jerusalem pour y voir sainct Pierre, et qu'il demeura quinze jours avec luy pour le consulter : il y vid sainct Jacques ; mais il n'estoit pas venu pour le voir, ains seulement pour visiter sainct Pierre. Que veut dire cecy ? que n'alloit-il aussi bien luy-mesme pour voir ce grand et signalé apostre sainct Jacques, pour quoy plutost sainct Pierre? C'est parce que Pierre estoit le premier en chef ; et en effet, il estoit le chef de tous les apostres ; et de là vient qu'estant en prison, toute l'Eglise (1) fit des prieres continuelles pour sa delivrance.

Après tout, si cela n'est pas estre le premier et le chef des apostres, je confesse que les apostres ne sont pas apostres, ny les pasteurs pasteurs, ny les docteurs docteurs ; car en quelles paroles plus expresses, et par quelles plus solides marques pourroit-on faire connoistre un pasteur, un docteur, un apostre, que celles que le Sainct-Esprit a mis luy-mesme en ces Escritures, pour faire reconnoistre en sainct Pierre la qualité de chef de l'Eglise ?

DISCOURS XLIII.

Les temoignages de l'Eglise pour la primauté de sainct Pierre.

Certainement l'Escriture suffit pour prouver cette verité ; mais considerons qui sont ceux qui la forcent et qui la violent. Si nous entreprenions de biaizer et de tirer par les cheveux la consequence des Escritures pour la primauté de sainct Pierre, par des expositions ambiguës et contraintes, on pourroit croire que nous la blesserions ; mais quoy ? elle est trop claire en ce fait ; et certes, c'est ainsi qu'elle est entenduë de toute l'Eglise, mesme de l'Eglise naissante, qui l'a prise en ce sens : ceux-là donc qui la forcent, qui apportent un sens nouveau, qui la tirent et tournent contre la nature de ses paroles, et contre le sentiment de l'antiquité, sont ceux qui la violent. S'il est loisible à chacun de biaizer le sens naïf de l'Escriture, elle ne servira plus que de joüet aux cerveaux fantastiques et opiniastres. De grace, dites-nous d'où vient que l'Eglise ancienne n'a jamais tenu pour sieges patriarchaux, sinon ceux de Rome, d'Alexandrie et d'Antioche ? On peut icy former mille fantaisies ; mais il n'y en a point d'autre raison solide, que celle que produit sainct Leon pape ; parce que sainct Pierre a fondé ces trois sieges (2) : ils ont esté appellez et tenus par excellence pour patriarchaux, comme temoignent le grand concile de Nicée, et celuy de Calcedoine, où l'on fit une tres-notable difference entre ces trois sieges, et les autres qui le pretendoient. Au regard de ceux de Constantinople et de Jerusalem, qui lira ces conciles, verra la difference avec laquelle on les distingue de ces trois

---

(1) Act. II, 38. — (2) Act. III, 6.
(3) Act. V, 3. — (4) Gregor. Magn. II. in Ezech. hom. XVIII.
(5) Act. VIII, 40. — (6) Act. IX, 40.
(7) Act. X, 9, 15, 45. — (8) Act. XV, 7.
(9) Gal. I, 18.

(1) Act. I, 5. — (2) Epist. LIII. ad Ana.

autres, fondez par sainct Pierre. Je ne veux pas dire que le concile de Nicée ait parlé du siege de Constantinople, car cette ville n'estoit point encor considerable en ce temps-là, n'ayant esté elevée en son credit que par le grand Constantin, qui la dedia et la nomma l'an 25 de son empire : mais le concile de Nicée traite du siege de Jerusalem, celui de Calcedoine traite de celuy de Constantinople.

Par la personne et la preeminence de ces trois sieges, l'Eglise ancienne a bien temoigné qu'elle tenoit sainct Pierre pour son chef, qui les avoit fondées ; autrement, que ne mettoit-elle encor en semblable rang le siege d'Epheze, fondé par sainct Paul, confirmé et affermy par sainct Jean, ou le siege de Jerusalem, auquel sainct Jacques avoit conversé et presché l'Evangile, et qui estoit parent de Jesus-Christ selon la chair ? Que vouloit en cecy temoigner l'ancienne Eglise, lorsque dans ces lettres publiques et patentes (1) (qu'on appelloit des lettres formées) apres la premiere diction du Pere, du Fils et du Saint-Esprit, elle y mettoit le mot de (*Petrus-Simon*), sinon qu'après Dieu tout-puissant qui est roy absolu, l'authorité du lieutenant estoit en tres-grand prix parmy ceux qui estoient les vrais chrestiens.

Pour ce qui regarde le consentement des saincts peres sur ce fait, Scandervo a levé toute occasion à la posterité d'en douter jamais. Je veux outre les choses susdites, produire seulement les noms desquels les Peres l'ont appellé, qui montrent assez leur creance.

(2) Optat Millevit. l'appelloit *Caput ecclesiarum*, l. 2. contra *Parmen*.

Ils l'ont appellé le chef de l'Eglise, comme

(1) Alcanus, in fine conc. Calced.
(2) *Nota*. Le sainct evesque repete icy quelques eloges, qu'il a dejà citez au Disc. 38.

sainct Jerosme et sainct Chrysostome, Hom. 11. in Matth., « Felix Ecclesiæ fundamentum. » Comme sainct Hilaire, « Cœli janitorem, primum apostolorum. » Comme sainct Augustin sur sainct Matthieu, « Apostolorum os et verticem. » Comme Origene et sainct Chrysostome presque en mesmes termes, « Os et principem apostolorum. » Comme le mesme sainct Chrysostome, Hom. 83. in Joan., « Curatorem fratrum et orbis terrarum. » Idem, ibidem, « Ecclesiæ pastorem et caput adamante firmius. » Hom. 55, in Matth. « Petram indelebilem, crepidinem, immobilem ; apostolum magnum, primum discipulorum, primum vocatum et primum obedientem. » Hom. 9. de Pœnit., « Ecclesiæ firmamentum, christianorum ducem et magistrum, spiritalis Israëlis columnam, fluctuantium gubernatorem ; cæterorum magistrum, Christi os, summum apostolorum verticem. » Bern. Serm. in Adorationem venerab. cathenarum Petri, « Ecclesiæ principem. » Bern. Hom. in SS. Petrum et Paulum, et etiam « Portum fidei, orbis terrarum magistrum, et primum in apostolatûs culmine. » Greg. Hom. 18. in Ezech., « Christianorum primum, primum pontificem. » Euzeb. in Chronico anni 44, « Magister militiæ Dei. » Idem, l. 2. hist. c. 14, « Apostolum cæteris prælatum discipulis. » Bazil. Serm. de Judicio Dei, « Orbis terrarum præpositus. » Hom. 11. in Matth. Chrysost., « Dominum domus Domini et principem omnis possessionis ejus. » Bern. Epist. 137 ad Eugen. lib. de Consid. plura dixit superius præfata.

Je vous prie, messieurs, qui osera desormais s'opposer à cette société si uniforme ? Ces saincts peres parlant ainsi, ils entendent ainsi l'Escriture, et nous aussi. Au nom du Pere, du Fils, et du S. Esprit. Amen.

SECTION SECONDE DE LA TROISIESME PARTIE.

DE L'EGLISE ; DE SON AUTHORITÉ, DE SA DIGNITÉ, ET DE SES MARQUES PAR OÙ L'ON RECONNOIST LA VERITABLE D'AVEC LA FAUSSE EGLISE.

OBSERVATION EN FORME DE PRELUDE.

Le sainct evesque, qui garde exactement son ordre en l'etablissement des regles de la foy, va traiter icy de l'Eglise et de l'authorité des conciles ; du credit des saincts peres, des docteurs et des pasteurs : il montrera l'injustice et la presomption des heretiques qui ont violé la forme et les membres de ce corps mystique, et qui ont blessé son credit, pour etablir avec plus de licence leur pernicieuse doctrine ; les raisonnemens du saint sont solides, et les preuves dignes du zèle d'un si grand serviteur de Dieu.

DISCOURS XLIV.

L'Eglise est une regle de la foy, dont les ministres et nouveaux reformateurs ont violé l'authorité, en ne la prenant plus pour une regle de la foy chrestienne.

Ressouvenez-vous que lorsque le perfide Absalon (1), fils de David, eut entrepris de conspirer contre son pere, il s'assit près des portes de la ville, et sur le grand chemin, et disoit aux passans : « Il n'y a personne etabli du roy pour vous oüir et vous rendre justice : qui m'etablira juge sur la terre? afin que celuy qui aura quelque importante negociation vienne à moy, et que je juge justement. » Ainsi il sollicitoit contre leur seigneur le courage des Israëlites. Combien d'Absalons se sont trouvez en nostre asge, qui pour seduire et distraire les peuples de l'obeissance de l'Eglise, et solliciter les chrestiens à la revolte, ont crié sur les avenues d'Allemagne, d'Angleterre et de France : Il n'y a personne en ce temps qui soit etabli du Seigneur, pour oüir et resoudre les differens qui concernent la foy et la religion? l'Eglise donc n'y a point de pouvoir? Mais celuy qui tient ce langage, messieurs, si vous le considerez bien de près, vous doit estre suspect. Vous verrez en effet qu'il veut estre juge luy-mesme, quoyqu'il ne l'ose dire à decouvert ; et en cecy il est plus rusé qu'Absalon. J'ay veu un livre des plus recens de Theodore de Beze, intitulé : « Les marques certaines, essentielles et visibles de la vraye Eglise catholique » : il me semble qu'il vise directement à se rendre le juge avec ses associez et collateraux, de tous les differens où nous sommes (2) ; il dit à la conclusion de son discours, que le « vray Christ est la seule vraye et perpetuelle marque de l'Eglise catholique, » entendant pour vray Christ celuy qui s'est parfaitement declaré dès le commencement, tant dans les escrits prophetiques qu'apostoliques, en ce qui appartient directement à nostre salut (3). Et plus bas il ajoute : « Voilà ce que j'avois à dire sur la vraye, unique et essentielle marque de la vraye Eglise, qui est la parole escrite, prophetique et apostolique, bien et deuement administrée. » Plus haut (4) il avoit confessé, qu'il y avoit de grandes difficultez dans les Escritures sainctes ; mais non aux endroits qui touchent à nostre creance. A la marge il observe ces advertissemens qu'il a inserés quasi par tout le traité.

(1) *Nota.* Cette comparaison d'Absalon est rapportée encore cy-dessus par le sainct evesque, presque en mesmes termes, *au chap.* XIV. — (2) Pag. 49. (3) Page 79. — (4) Page 41.

« L'interpretation de l'Escriture ne se doit puiser d'ailleurs que de l'Escriture mesme, en conferant les passages les uns avec les autres ; et en les rapportant à l'analogie de la foy. » En l'epistre au roy de France, il dit : « Nous demandons qu'on s'en rapporte aux sainctes Escritures canoniques, et s'il y a du doute sur l'interpretation d'icelles, que la convenance et le rapport qui doit estre fait, tant entre lesdits passages de l'Escriture qu'entre les articles de la foy, en soient les juges. » Il y reçoit les peres avec tout autant et non plus d'authorité qu'ils se trouveront avoir d'apuy et de fondemens dans l'Escriture, et en ce qui concerne les points de la doctrine : « Nous ne sçaurions « dit-il, » appeller à aucun juge non reprochable, sinon au Seigneur mesme, qui a declaré tout son conseil à un chacun, touchant nostre salut, par les peres et les prophetes. » Il declare plus bas : « Que luy ny les siens ne desavouent, ny ne voudroient pas desavouer un seul concile digne de ce nom, general ou particulier, ancien ou plus recent ; » et notez cecy : « Pourvu, » dit-il, » que la pierre de touche, qui est la parole de Dieu, en fasse l'epreuve. » Voilà mot pour mot ce que pretendent tous tant qu'il y a de nouveaux reformateurs. Ils veulent qu'on prenne l'Escriture pour le seul juge des differens. A cela nous repliquons, *Amen* ; mais nous disons que nostre different n'est pas là , c'est dans les differens que nous avons sur les interpretations de la mesme Escriture. S'il s'y trouve deux sens ou deux sentences obscures et douteuses, nous soutenons que nous avons besoin d'un juge. A cecy, ils repondent qu'il faut juger des interpretations de l'Escriture, en conferant passage par passage, et le tout au symbole de la foy : *Amen, Amen*, leur disons-nous ; mais qui sera le juge ? car après avoir conferé tous les passages, et le tout au niveau du symbole de la foy, nous trouvons que par ce passage : « Tu es Petrus, et super hanc petram ædificabo Ecclesiam meam ; et portæ inferi non prævalebunt ; et tibi dabo claves regni cœlorum, » sainct Pierre a esté le chef ministerial et supresme econome dans l'Eglise de Dieu : vous dites de vostre costé que ce passage : « Reges gentium dominantur eorum, vos autem non sic, » ou cet autre ou quelque pareil de nulle force (car ils sont tous si foibles, que je ne sçay lequel peut estre parmi eux le fondamental) : « Nemo potest aliud fundamentum ponere. » Conferez avec les autres passages et les reduisez à l'analogie de la foy, tant qu'il vous plaira, vostre interpretation vous fera oster un chef ministeriel ; nous suivons les uns et les autres un mesme chemin, en la recherche de la verité de cette question, à sçavoir s'il y a en l'Eglise un vicaire general de

Nostre-Seigneur, et neantmoins je suis arrivé en l'affirmative, et vous, vous estes logez en la negative; qui jugera de nostre different? Certes celuy qui s'adressera à Theodore de Beze, dira que vous avez mieux discouru que moy, mais où se fonde-t-il en ce jugement, sinon en ce qui luy semble ainsi, selon le prejugé qu'il en a fait il y a long-temps? mais qu'il dise ce qu'il voudra, je ne le croiray point, car qui l'a etably juge entre vous et moy? c'est là le gros de nostre affaire. Connoissez, messieurs, je vous prie, l'esprit chicaneur de division : on vous renvoye à l'Escriture; nous y sommes avant que vous fussiez au monde, et nous y trouvons ce que nous croyons clair et net. Mais il la faut bien entendre, confrontant les passages aux passages, le tout selon le symbole; nous sommes en ce train, il y a 1500 ans, et pensez-vous nous y tromper? Luther repond : Qui vous l'a dit? nous disons, l'Escriture; quelle Escriture? telle et telle ainsi conferée et appariée au symbole : au contraire, Luther, je tiens fortement que c'est vous qui vous trompez, l'Escriture me le dit en tel et tel passage, que je joins et ajuste à telle et telle piece, et aux articles de la foy : je ne suis pas en doute s'il faut donner creance à la saincte parole, je sçais qu'elle est au supresme degré de certitude, ce qui me tient en peine, c'est l'intelligence de cette Escriture, ce sont les consequences et les conclusions qu'on y attache, les sens divers sans nombre, et qui semblent souvent contraires sur un mesme sujet, où chacun prend party, qui d'un costé qui d'autre; qui me fera voir si je tiens l'authorité à travers de tant de varietés? qui me fera voir cette Escriture en sa couleur? car le col de cette colombe change autant d'apparences, que ceux qui la regardent changent de postures et de distances : l'Escriture est tres-saincte et tres-infaillible; c'est la pierre de touche, toute proposition est bonne qui soutient son epreuve. Mais, je vous prie, si la preuve faite par un concile general n'est pas chez vous assez authentique pour arrester le cerveau des hommes, comment est-ce que l'authorité d'un quidam le pourra faire? voicy une grande presomption des plus hardis ministres de Lozanne, produite les années passées; certes, l'Escriture et l'analogie de la foy sont opposées directement à la doctrine de Calvin, touchant la justification : neantmoins ils osent soutenir par l'effort de leurs raisons ce point de consequence, ils ont fait courir certains petits livrets morfondus, sans goust et sans suavité de doctrine. Quand les gens de bien font voir le contraire, comme les traitte-t-on? on les persecute, on les fait absenter, on les fait menacer; à quel propos cela? parce qu'ils enseignent une doctrine contraire à la profession nouvelle de la foy pretendue de vostre Eglise. Bonté de Dieu! on soumet à l'epreuve de Luther, de Calvin et de Beze, la doctrine du concile de Nicée, après treize cens ans d'approbation, et on ne veut pas que l'on fasse l'epreuve de la doctrine calvinistique, toute nouvelle, toute chassieuse, rapassée et bigarrée; que ne laisse-t-on, au moins, à un chacun la liberté de faire son epreuve; si celle de Nicée n'a pu arrester vos chimeres et vos cerveaux, pourquoy laissez-vous par de nouveaux venus, mettre un arrest aux cerveaux de vos compagnons, aussi gens de bien que vous, et aussi doctes et pertinens que vous? reconnoissez l'iniquité de ces juges, qui pour donner licence à leurs opinions, avilissent l'authorité des anciens conciles, et veulent par là leur biffer celle des autres; ils cherchent leur gloire avec vanité; ils connoissent le bien, et de tout ce qu'ils ont lu dans les anciens, ils s'en attribuent tout l'honneur.

DISCOURS XLV.

Les pretendus reformateurs ont violé l'authorité des saincts conciles.

Icy, messieurs, permettez-nous d'examiner le mepris qu'ont fait vos ministres de l'authorité des conciles generaux, qui sont une des regles de la foy, temoin l'Eglise universelle.

Theodore de Beze en l'epistre adressée aux rois de France, et au traité qu'il leur expose, confesse (1) que « le concile de Nicée a esté un vray et legitime concile, s'il y en eut jamais; » il dit vray, car jamais un bon chrestien n'en a douté, ny des autres trois premiers generaux; mais s'il est tel, pourquoy est-ce que maistre Calvin appelle obscure la sentence de ce mesme concile dans son symbole? « Deum de Deo, lumen de lumine? » et que veut dire que vous ne faites point d'estime de cette parole *homousion*, et qu'elle deplaist si fort à Luther? « Anima mea odit hoc verbum, homousion, » parole neantmoins si recommandable en ce grand concile; que veut dire que vous ne tenez point de conte de la realité du sainct corps de Nostre-Seigneur au tres-sainct sacrement. Pourquoy appellez-vous superstition le tres-sainct sacrifice, qui se fait par le prestre du mesme precieux corps du Sauveur? d'où vient que vous ne voulez point mettre de difference entre l'evesque et le prestre? puis qu'en ce grand concile tout ceci y est si expressement (2), non tant deffiny, que presupposé, comme chose toute notoire dans l'Eglise orthodoxe.

(1) In lib. advers. gentil.
(2) Can. XIV. Can. XLVII, 14, 15.

Jamais Luther, ny Pierre Martyr, ny Zozime, n'eussent esté du nombre de vos ministres, s'ils eussent eu en memoire les actions du grand concile de (1) Calcedoine, car il y est ordonné tres-expressement que les religieux et religieuses ne se marient point.

O qu'il feroit beau voir le tour de vostre Lac, si on eust eu en reverence ce (2) concile de Calcedoine; vos ministres sans doute se fussent bien souvent emus, et bien à propos, car il y a exprés commandement aux seculiers de ne toucher aucunement aux biens des ecclesiastiques; il y est ordonné à un chacun de ne faire jamais aucune conjuration contre les evesques; de ne calomnier en fait ny en parole les prestres de l'Eglise de Dieu. Le concile (3) constantinopolitain deffere entierement la primauté au pape de Rome, et la suppose comme notoire à tout le monde; ainsi fait celuy de (4) Calcedoine; mais y a-t-il aucun article où nous ayons different avec vous, qui n'ait esté plusieurs fois decidé dans les conciles generaux, ou dans les particuliers generalement receus. Neantmoins vos ministres s'en sont bravement relevez sans honte et sans scrupule, non plus que s'ils eussent osté quelques saints deposts des tresors cachez en l'antiquité, ou que l'antiquité les eust serrez bien curieusement, afin que, par vous, nous en eussions la jouïssance en cet asge. Je sçay bien que dans les conciles il y a des articles pour l'ordre et la police ecclesiastique, qui peuvent estre changez selon les divers temps, ou expliquez selon les rencontres. Mais ce n'est pas aux particuliers à y mettre la main, la mesme authorité qui les a dressez les doit abroger; si quelque autre s'en mesle, c'est pour neant, et ce n'est pas la mesme authorité, si ce n'est un concile, ou le chef general, ou la coustume de toute l'Eglise. Pour le regard des decrets de la doctrine de la foy, ils sont invariables; ce qui est une fois vray, l'est tousjours, et le sera dans l'eternité; aussi les conciles appellent *canons*, ce qu'ils en determinent, parce qu'ils sont les regles inviolables de nostre creance, et nous recevons unanimement tous les sentimens des vrais conciles, ou generaux, ou provinciaux avoüez par les generaux, ou par le siege apostolique : tel ne fut pas le concile (5) des 400 prophetes qui furent assemblez par Achab, car il ne fut point general, puisque ceux de Juda n'y furent point appellez, ny bien congregé, puisque ce ne fut point de l'authorité sacerdotale; les prophetes qui le composerent n'estoient pas legitimes, ny reconnus pour tels par Josaphat, roy de Juda, quand il dit : « Non est hic propheta Domini, ut interrogemus per eum ? » comme s'il eust voulu nous faire entendre, que les autres n'estoient pas vrais prophetes, ou qu'ils n'estoient pas des prophetes legitimes du Seigneur, non plus que l'assemblée des prestres et pharisiens, qui se meslerent de juger Jesus-Christ, car cette troupe de confusion ne tint aucune forme de concile, ce fut une conspiration tumultuaire, et sans aucune procedure requise, laquelle tant sans faut qu'elle eust aucune assurance en l'Escriture, de l'assistance du Sainct-Esprit, au contraire, elle avoit esté declarée nulle par la prevision du roy des prophetes; et de vray, la raison vouloit que Jesus-Christ, le vray pontife, estant present, les lieutenans perdissent l'authorité, et que le grand prestre present, la majesté du vicaire fust ravalée à la condition des autres, sans droit de tenir le supresme chef de l'Eglise, qui estoit Nostre-Seigneur, alors present d'une presence actuelle visible, et duquel ils estoient obligez de connoistre la verité et de subir le jugement : et en effet, quand le grand sacrificateur est present visiblement, le vicaire ne se peut appeler le chef; quand le gouverneur d'une forteresse est present, c'est à luy de donner le mot, non pas à son lieutenant, sinon de son consentement; outre cela toute la (1) synagogue devoit estre changée et transferée en ce temps-là, et cette sienne decision avoit esté (2) predite. Mais l'Eglise catholique chrestienne ne doit jamais estre transferée pendant que le monde sera monde, nous n'attendons point un troisiesme legislateur, ny aucun autre sacerdoce legitime, le nostre doit estre eternel; il est vray que Nostre-Seigneur fit encore cet honneur à la sacrificature d'Aaron en la personne de Caïphe, en ce que nonobstant toute la mauvaise intention de ceux qui la possedoient, il voulut que ce grand prestre prophetisast et prononçast une (3) sentence tres-certaine « (expedit, ut unus moriatur homo pro populo, ut non tota gens pereat), » ce qu'il ne dit pas de luy-mesme, et par cas fortuit, mais prophetiquement, comme le marque l'evangeliste, parce qu'il estoit pontife de cette année-là : ainsi voulut Nostre-Seigneur conduire cette synagogue, et l'authorité sacerdotale, avec un remarquable honneur, mesme en sa sepulture, pour luy faire succeder l'Eglise catholique, et le sacerdoce evangelique : et là, où la synagogue prit fin (qui fut au moment où elle se resolut de faire mourir Jesus-Christ), l'Eglise fut fondée, et entée en son lieu et place, ce qui se void en ces paroles : « Opus

---

(1) Can. XVII, XX. — (2) Can. XXI, XXII, XXIII.
(3) Can. V. — (4) Act. IV et XVI.
(5) III. Reg. XXII, 10.

(1) Jo. XII, 30, 37, 38. — (2) Jo. XIII, 25.
(3) Jo. XI, 50, 51.

consummavi, quod dedisti mihi, ut faciam. » Après la cene, et en la cene, Nostre-Seigneur avoit institué en son precieux corps et sang le nouveau Testament; si bien que le vieil, avec ses ceremonies et son sacerdoce, perdit toutes ses forces et ses privileges, quoique la confirmation du nouveau ne se fist par après que par la mort du testateur, comme parle sainct (1) Paul. Il ne faut donc plus mettre en conte les prerogatives de la synagogue, qui estoient fondées sur un testament ancien, supprimé et abrogé, quand les Juifs dirent ces abominables paroles (*Crucifige*), ou ces autres, en blasphemant, *quid adhuc egemus testibus?* Car ce n'estoit autre chose qu'heurter à la pierre d'achopement, selon les anciennes traditions. J'ay voulu lever icy toute occasion à ces deux objections qu'on nous fait contre l'infaillible authorité des conciles et de l'Eglise; les autres seront resolues cy-après dans les eclaircissemens particuliers que nous ferons de la doctrine catholique : il n'y a chose si certaine qui ne puisse souffrir des oppositions, mais la verité demeure plus ferme et glorieuse, par les assauts mesme de ses contraires.

DISCOURS XLVI.

Les ministres ont violé l'authorité des anciens peres de l'Eglise, qui est la cinquiesme regle de la foy; l'on voit en ce discours combien l'authorité de sainct Pierre et des anciens peres est venerable.

Veritablement Theodose le vieil, empereur chrestien, ne trouva point de meilleur moyen pour reprimer les contentions survenues de son temps dans les points de la religion, qu'en suivant le conseil de Lisinnius, de faire venir les chefs des deux partis, et leur demander franchement s'ils tenoient les anciens peres pour gens de bien, saincts, bons, catholiques et apostoliques ? à quoy les sectaires ayant repondu qu'ils les reconnoissoient pour tels, il leur repartit : examinons donc vostre doctrine et la leur, et si elle se trouve conforme, retenons-la, si moins, qu'on l'abolisse; et en effet, il n'y a point de plus solide expedient au monde. Calvin et Beze confessent ingenuëment que l'Eglise demeura pure durant les six premieres centaines d'années; mais si nous regardons vostre Eglise nouvelle et pretendue, trouverez-vous qu'elle ait la mesme foy et la mesme doctrine que celle des anciens ? Or qui nous pourra mieux temoigner la foy que l'Eglise suivoit en ces bienheureux temps, que ceux qui vivoient alors avec elle, et mangeoient en sa table ? qui pourra mieux deduire les deportemens de cette celeste espouse,

(1) Heb. IX, 15.

en la fleur de son asge, que ceux qui ont eu cet honneur, que d'avoir exercé chez elle les principaux offices ? De ce costé les peres anciens meritent certes qu'on leur ajouste foy, non-seulement pour l'exquise doctrine dont ils estoient pourvus, mais encor pour la saincteté de leur conscience, et la fidelité avec laquelle ils ont marché dans leur temoignage.

On ne requiert pas tant dans les temoins le sçavoir que la preud'homie et bonne foy; nous ne les voulons pas pour autheurs de nostre croyance, mais seulement pour rapporteurs de celle en laquelle vivoit l'Eglise de leur temps. Personne ne peut deposer plus pertinemment, que ceux-là mesmes qui commandoient; ils sont irreprochables de tous costez : qui veut donc savoir le chemin que l'Eglise a tenu en ce temps-là, qu'il le demande à ceux qui l'ont si fidelement accompagnée. (1) « Sapientiam cum antiquis exquiret sapiens, et in prophetis vacabit, narrationem virorum nominatorum conservabit.» Oyez de grace ce que dit Jeremie. « Hæc dicit Dominus : State super vias, et videte, et interrogate de semitis antiquis, quæ sit via bona, et ambulate in eâ, et invenietis requiem animabus vestris. » Le Sage (2) en dit autant. « Non te lateat narratio seniorum, ipsi enim didicerunt a patribus suis. » Nous ne devons pas donc seulement honorer leurs temoignages comme tres-assurez et irreprochables, mais encore accorder un grand credit à leurs doctrines, par-dessus toutes nos inventions et nos nouvelles curiositez; nous ne sommes pas en doute entre nous, si les peres anciens doivent estre tenus pour les autheurs de nostre foy, nous sçavons mieux que tous vos ministres, que cela n'est point et ne peut estre; nous ne sommes pas en dispute, s'il faut recevoir pour certain ce qu'un ou deux des peres auront eu en opinion particuliere : nous nous tenons au gros, et c'est icy le point de nostre different : vous vous vantez que vous avez reformé nostre Eglise sur le patron de l'Eglise ancienne, nous le nions, et prenons à temoin ceux qui l'ont veuë, qui l'ont conservée, qui l'ont deffendue, et qui l'ont gouvernée; n'est-ce pas là une preuve franche et nette de toutes supercheries ? Icy nous ne produisons que la preud'homie et bonne foy de ces temoins : outre cela, vous dites que nostre Eglise a esté accommodée selon le caprice des hommes, non pas taillée à la regle, et au compas de l'Escriture; nous le nions, et disons de plus, que vous l'avez accourcie, etrecie et pliée contre cette regle, comme faisoient ceux...... (3) pour l'accommoder

(1) Eccl. XXXIX, 1, 2. — (2) Eccl. VIII, 11.
(3) Icy manque un mot au manuscrit.

à vostre cerveau. Vous dites que vous l'avez reformée selon la vraye intelligence de l'Escriture ; nous le nions encore, et disons que les anciens peres ont eu plus de suffisance et d'erudition que vous, neantmoins ils ont jugé que l'intelligence des Escritures ne se doit pas entendre de telle maniere que vous le faites : n'est-ce pas une preuve bien certaine? Vous dites que selon les Escritures il faut abolir la messe ; tous les anciens peres le nient avec nous : à qui croirons-nous, ou à cette troupe d'evesques et martyrs tres-celebres, ou à cette bande de nouveaux venus ? Voilà où nous en sommes : qui ne void, touchant le premier point, que c'est une impudence intolerable, de refuser creance à cette miliade de martyrs, confesseurs et docteurs qui nous ont precedez ? Si la foy de l'ancienne Eglise nous doit servir de regle pour bien croire, nous ne sçaurions mieux trouver cette regle que dans les escrits et les depositions de ces tres-saints et signalez ayeux. J'applique le tout à l'analogie de la foy ; cette explication joint fort bien à la premiere parole du Symbole (1), là où le *Credo* nous oste toute la difficulté du discours humain : *omnipotentem* ; cette parole me confirme la creation, et me recrée : car « qui, ex nihilo fecit omnia, quare ex pane non faciet corpus Christi?» Le nom de *Jesus* m'y conforte, car sa misericorde et magnifique volonté y est exprimée : s'il est le *Fils* consubstantiel de Dieu son Pere, cela montre son pouvoir illimité ; de sa *conception d'une vierge* (hors le cours naturel), de ce qu'il n'a point dedaigné de s'y loger pour nous ; de ce qu'il est *né*, avec penetration de dimension du corps (ce qui surmonte et outrepasse l'ordre de la nature), cela me rend plus assuré, et de la volonté, et du pouvoir : sa *mort* m'affermit ; car s'il est mort pour nous, que ne fera-t-il pas pour nous ? Son *sepulchre* et sa *descente aux enfers* me confirme ; et je ne douteray point qu'il ne puisse descendre en l'obscurité de mon corps : sa *resurrection* me ravive ; car la nouvelle penetration de la pierre, l'agilité, la subtilité, la clarté, et l'impassibilité de son corps, n'est plus sujette aux lois trop grossieres de nos cervelles : son *ascension* me fait monter à cette foy divine ; car si son corps penetre les cieux, s'eleve par sa seule volonté et se place, sans place, *à la dextre du Pere*; pourquoy ne sera-t-il encore çà bas où bon luy semble, sans y occuper autre place que selon sa volonté? S'il est assis à la dextre du Pere, cela me montre que tout luy est soumis, le ciel, la terre, les distances, les lieux et les dimensions : de ce qu'il est dit «qu'il viendra juger les vivans et les morts,» je me pousse à la creance de l'immutabilité de sa gloire, et que partant sa gloire n'est pas attachée au lieu, parce qu'il la porte partout avec soy, et mesme au tres-sainct sacrement ; car il y est sans laisser sa gloire, et sans se devestir de ses perfections. Ce mesme *Sainct-Esprit*, par l'operation duquel il a esté conceu, et est né d'une vierge, pourra bien encore avec son operation faire cette admirable besogne de la transsubstantiation. L'*Eglise*, qui estant *saincte*, ne peut nous induire à l'erreur, estant *catholique*, n'est pas astreinte au caprice de ces miserables siecles ; mais doit avoir son etendue en long dès le temps des apostres ; en large par tout le monde ; en profondeur jusques au purgatoire, en hauteur jusques au ciel, embrassant toutes les nations, et tous les siecles passez : les *saincts canonisez*, et nos ayeux avec qui nous avons union etroite, les prelats, les conciles recens et anciens, tout partout chantent, Amen, Amen, à cette premiere creance : c'est icy la parfaite communion des saincts, car c'est la viande commune des anges, et des belles ames du paradis, et de nous autres (1). C'est le vray pain auquel tous les vrais chrestiens participent. *La remission des pechez*, et l'autheur de la remission, qui sont clairement exprimez dans ce symbole, confirme la croyance et la semence de nostre resurrection, jettée pour la vie eternelle, preparée icy bas, aussi bien que conservée en la foy et verité du tres-sainct sacrement, qui est la realité et la substance du vray et naturel corps de Nostre-Seigneur, qui est vrayement l'abregé de nostre foy, suivant le dire du psalmiste : « Memoriam fecit mirabilium suorum.» O sainct et parfait memorial de l'Eglise ! admirable recueil de nostre foy ! qui croit, ô Seigneur ! vostre presence en ce tres-sainct sacrement, comme le propose vostre saincte Eglise, a recueilly sans doute, et succé le doux miel de toutes les fleurs de vostre saincte religion : à grand peine puis-je en quitter le sujet ; mais je reviens à vous, messieurs, et je vous demande ce qu'on m'opposera de plus à ces passages si clairs : « Cecy est mon corps. » Vous dites, que *la chair ne profite rien* : non pas vostre chair ni la mienne, qui ne sont que des charoignes ; ny nos sentimens charnels ; ny une chair simple et sans esprit ; ny une vie perissable : mais celle du Sauveur, qui est tousjours remplie de l'esprit vivifiant et de son verbe : je

---

(1) *Nota.* Cette digression de l'explication du *Credo* ou du Symbole montre que la religion reçoit l'authorité des peres, qui nous l'ont recueilly, comme un racourcy de nos mysteres.

(1) *Nota.* Cette digression du sacrement eucharistique, est pour mieux expliquer l'article du Symbole, de la communion des saincts en l'Eglise militante.

dis qu'elle profite à tous ceux qui la reçoivent dignement pour la vie eternelle : que replicquerez-vous? que les paroles de Nostre-Seigneur sont esprit et vie; qui le nie, sinon vous, qui dites que ce ne sont que des fantosmes et des figures? Mais à quel propos cette consequence? les paroles de Nostre-Seigneur sont esprit et vie, donc elles ne se doivent pas entendre de son corps, quand il dit : « Filius hominis tradetur ad illudendum, ad flagellandum. » (Je mets en exemple les paroles les premieres venuës.) Ces paroles n'estoient-elles pas esprit et vie : dites donc, a-t-il esté crucifié en figure? quand il dit : « Si ergo videritis filium hominis ascendentem, ubi erat prius, » s'ensuit-il qu'il n'y soit monté qu'en signe et en figure? Toutefois elles sont comprises avec les autres paroles, où il dit : « Spiritus et vita sunt. » Le sainct sacrement aussi bien que les sainctes paroles de Nostre-Seigneur, y sont donc, qui vivifient la chair; autrement la figure ny la realité ne profiteroient de rien; mais la chair ne laisse pas d'y estre avec sa vie et son esprit : que direz-vous de plus? que ce sacrement est appelé pain, aussi est-il; mais comme Nostre Seigneur l'explique, un pain vivant : « Ego sum panis vivus. » C'est bien assez pour cet exemple; mais vous, messieurs, que pouvez-vous produire de semblable? Je vous montre le *est*, montrez-moy le *non est*, que vous pretendez, ou le *significat*. Je vous ai montré le *corpus*, montrez-moy le signe simplement; cherchez, virez, revirez, mettez-vous sur vostre esprit de tournoyement, je vous dis que vous ne trouverez jamais ce que vous dites. A tout rompre, vous vous vantez que vous montrerez, que celuy qui voudroit tirer un peu ces paroles, trouveroit quelque semblable phrase à celle que vous pretendez estre icy; mais il les faudroit dresser à vostre poste, pour en tirer une si lourde consequence : je nie mesme que vous les puissiez faire accorder au sens; et je dis, que si chacun les manie à sa main, la plupart les prendroit à gauche : mais un peu de patience, laissons vous un peu tournoyer; vous produisez, comme si c'estoit une suite et une connexion verbale : « Quæ ego loquor, spiritus et vita sunt ; » et y joignez : « Quotiescumque manducabitis panem : » vous y ajoustez : « Hoc facite in meam commemorationem ; » vous y apportez : « Mortem Domini annuntiabitis donec veniat ; me autem semper non habetis. » Or, je vous prie, considerez un peu quel raport ont ces paroles les unes aux autres ; vous reduisez tout cecy à l'analogie de vostre foy, et comment? Nostre-Seigneur est assis à la dextre de son Pere, donc il n'est pas icy : montrez-moy le fil du discours avec lequel vous cousez cette negative avec cette affirmative ; parce que, dites-vous, un corps ne peut estre en deux lieux : voyez-vous comme vous mettez l'apprehension d'une raison purement humaine, avec la sacrée paroles; vous dites que Nostre-Seigneur viendra juger les vivans et les morts de la dextre de son Pere; quoy pour cela? S'il estoit besoin qu'il vinst du ciel en terre pour se trouver present au tres-sainct sacrement, vostre analogie auroit de l'apparence, mais non pas encor de la verité; car alors qu'il viendra juger, personne ne dit que ce soit invisiblement, le feu precedera : voila vostre analogie. Or devinez qui a mieux travaillé, ou vous, ou moy? Combien de fois et en combien de lieux, l'Eglise tant militante que triomphante, dans le vieux et le nouveau Testament, est-elle appellée maison et famille? Il me semble que ce seroit un temps perdu d'en vouloir faire la recherche, puisque cela est si commun dans les Escritures, que ceux qui les ont luës n'en douteront jamais, et celuy qui ne les a point luës, incontinent qu'il les lira, trouvera quasi partout cette façon de parler. C'est de l'Eglise que sainct Paul dit à son cher Timothée : « Ut scias ; quod oporteat te conversari in domo Dei, quæ est Ecclesia, columna et firmamentum veritatis. » C'est d'elle que David dit : « Beati qui habitant in domo tuâ, Domine. » C'est d'elle que l'ange dit : « Regnabit in domo Jacob in æternum. » C'est d'elle que dit Nostre-Seigneur : « In domo Patris mei mansiones multæ sunt : simile est regnum cœlorum homini patri-familias. » Matt. 20. et en cent autres lieux. (1)

Or si l'Eglise est une maison et une famille; puisqu'il doit y avoir un maistre seul, il ne faut point douter que ce maistre ne soit Jesus-Christ: ainsi elle est appellée maison de Dieu. Mais nostre pere de famille s'en allant à la dextre de Dieu son pere, quoy qu'il ait laissé plusieurs serviteurs en sa maison, voulut en laisser un qui fust serviteur en chef, et auquel les autres se rapportassent ; ainsi le declare Jesus-Christ : « Quis putas est servus fidelis et prudens, quem constituit Dominus super familiam suam ? » De vray, s'il n'y avoit un maistre-vallet en une boutique, pensez comme le trafic iroit? S'il n'y avoit un roy en un royaume, un patron en un navire, et un pere de famille en une maison, de vray ce ne seroit plus une famille, mais une confusion insupportable. Ecoutez Nostre-Seigneur en sainct Matthieu, 12: « Omnis civitas et domus, divisa contra se, non stabit. » Jamais une province ne peut estre bien gouvernée d'elle mesme, principalement si elle est

(1) *Nota.* Cette digression de l'Eglise est pour mieux prouver l'article de la croyance en une seule Eglise.

grande. Je vous demande, messieurs les clair-voyans, qui ne voulez pas qu'en l'Eglise il y ait un chef, si vous pourriez nous donner quelque gouvernement de consequence, où tous les gouvernemens particuliers ne fussent point rapportez à un? Il faut laisser à part les Macedoniens, Babyloniens, Juifs, Medes, Perses, Arabes, Syriens, François, Espagnols, Anglois, et une infinité des plus remarquables, parmy lesquels la chose est claire; mais venons aux republiques. Dites-moy, où avez-vous veu quelque grande province qui se soit gouvernée d'elle-mesme? jamais. La plus belle partie du monde fut autrefois de la republique des Romains, mais une seule Rome gouvernoit; une seule Athene, une seule Carthage, et ainsi des autres anciennes; une seule Venize, une seule Gennes, une seule Lucerne, Fribourg, et autres. Ainsi vous ne trouverez jamais que la partie de quelque notable et grande province se soit advisée de se gouverner sans chef: il faut et il faudra tousjours, ou qu'un homme seul, où qu'un seul corps d'hommes residens en quelque lieu, ou une seule ville, ou quelque autre petite portion d'une province, ayent eu le gouvernement de la province, si la province estoit grande. Or vous, messieurs, qui vous plaisez aux histoires, je suis asseuré de vostre voix, vous ne permettrez pas qu'on m'en demande la guarantie. Supposons pourtant (ce qui est tres-faux) que quelque province particuliere se fust gouvernée d'elle-mesme, comment est-ce qu'on le pourroit verifier de l'Eglise chrestienne, laquelle est si universelle, qu'elle comprend tout le monde? Comme pourroit-elle estre une, si elle ne se gouvernoit par une regle d'unité? Il faudroit tousjours avoir un concile assemblé de tous les eveschez: il faudroit que tous les evesques fussent toujours absens, comme se pourroit faire cela? Mais si tous les evesques estoient pareils, qui les assembleroit? et quelle peine seroit-ce, quand on auroit quelque doute en la foy, de faire assembler un concile? cela n'est pas possible: vouloir donc que toute l'Eglise, et chaque partie de l'Eglise se gouverne par elle-mesme, sans se rapporter l'une à l'autre, c'est establir non pas une Eglise, mais une Babylone.

Posé donc pour certain ce que j'ay suffisamment prouvé, qu'il faut en l'Eglise qu'une partie se rapporte à l'autre: je vous demande où est la partie à laquelle on se doit rapporter? ou c'est une province, où une ville, ou une assemblée, ou un particulier. Si c'est une province, où est-elle? Ce n'est pas l'Angleterre, car quand elle estoit catholique, elle avoit son recours ailleurs dans le besoin: ce n'est pas une autre ville, car où sera-t-elle? Et pourquoy plutost celle-là qu'une autre?

Aucune province n'a jamais demandé ce privilege. Si c'est une ville, il faut qu'elle soit l'une des patriarchales: entre les patriarchales, il n'y en a que cinq, Rome, Antioche, Alexandrie, Constantinople, et Jerusalem: les quatre des cinq sont hors de l'Eglise (excepté Rome). Si une assemblée, c'est celle de Rome; si donc vous voulez que ce soit une ville, c'est Rome. Mais non, ce n'est ny une province, ny une ville, ny une simple et perpetuelle assemblée; c'est un seul homme, chef constitué sur toute l'Eglise. « Fidelis servus et prudens, quem constituit Dominus. » Ainsi je conclus, que Nostre-Seigneur en partant de ce monde, afin de laisser toute son Eglise unie, luy a laissé un seul gouverneur et lieutenant-general, auquel on doit avoir recours en toutes les necessitez de la religion. Voila ce qu'ont cru les anciens peres, et ce que nous croyons aussi bien qu'eux.

DISCOURS XLVII.

De l'essence et de l'existence de l'Eglise.

Si l'Eglise est visible.

OBSERVATION DU PREMIER EDITEUR.

Ce discours est sans commencement, et se trouve hors de son rang dans l'original; nous l'avons fait suivre le precedent, où le sainct evesque fait voir par les derniers articles du *Credo*, que l'Eglise doit estre visible sous un chef visible; car il semble que ces matieres ont beaucoup de raport (1).

Après cela nos adversaires vont et courent par divers chemins à leur opinion de l'invisibilité de l'Eglise; car les uns disent qu'elle est invisible, en ce qu'elle consiste seulement dans les personnes eluës et predestinées: les autres attribuent cette invisibilité à la rareté et dissipation des croyans et vrais fideles; donc les premiers tiennent l'Eglise estre en tout temps invisible, les autres disent que cette invisibilité a duré environ mille ans, plus ou moins, c'est-à-dire depuis le temps de sainct Gregoire, jusques à Luther, durant lequel la papauté estoit paisible parmy les chrestiens; car ils disent que durant ce temps-là il y avoit plusieurs chrestiens secrets, qui ne decouvroient pas leur intention, et se contentoient de servir ainsi Dieu à couvert. Sans doute cette theologie est imaginaire et devinatoire. Les au-

---

Nota. Cette digression de l'invisibilité de l'Eglise manque ici de liaison, et semble n'estre qu'un supplement aux choses dites autre part.

7.

tres ont mieux aimé dire hardiment que durant ces mille ans, l'Eglise n'estoit ny visible ny invisible, mais du tout abolie et etouffée par l'impieté et l'idolastrie introduite en sa place. Permettez-moy, je vous prie, de declarer librement la verité; tous ces discours ressentent assurement le mal de teste, ce sont des songes qu'on fait en veillant, et qui ne valent pas celuy que Nabuchodonosor fit en dormant : aussi luy sont-ils du tout contraires si nous croyons à l'interpretation de Daniel (1) ; car Nabuchodonosor vit une pierre taillée d'un mont, sans œuvre de mains d'homme, qui vint rouler et renverser la grande statuë, et s'accrut tellement, qu'estant devenuë une montagne, elle remplit par après toute la terre. Et (2) Daniel l'entendoit du royaume de Nostre-Seigneur, qui devoit demeurer eternellement. Or si l'Eglise est comme une montagne, et si elle est si grande, qu'elle remplit toute la terre, comment sera-t-elle invisible, ou cachée, ou secrette? Si elle devoit durer eternellement, comment aura-t-elle manqué mille ans? C'est sans doute du royaume de l'Eglise militante que s'entend ce passage; car celuy de la triomphante remplira le ciel, non pas la terre seulement, et ne s'elevera plus en ce temps aucun autre royaume, comme porte exprès l'interpretation de Daniel, jusques à la consommation du siecle ; joint que ces paroles, d'estre taillée de la montagne sans œuvre manuelle, apartient à la generation temporelle de Nostre-Seigneur, selon laquelle il a esté conçu au ventre de la Vierge, engendré de sa propre substance sans operation humaine, par la seule benediction et vertu du Sainct-Esprit. Ainsi, ou Daniel a mal deviné, ou les adversaires de l'Eglise catholique ont resvé, quand ils ont dit que l'Eglise est invisible, cachée et abolie. (3) Ayez un peu de patience, au nom de Dieu, nous irons par ordre et brefvement, montrant la vanité de toutes ces fausses opinions ; mais il faut, avant tout, definir ce que c'est que nous appelons l'Eglise.

« Faciendum erit caput, de publicatione et gloriâ Evangelii per fidem Ecclesiæ, contra fidem hæret. Quo loco repetendum erit, quod dictum est in fine cap. de visibili Ecclesiâ : nimirum in Ecclesiâ visibili posci oculum mentis et corporis, in invisibili nullum. » Vide c. 12. l. 3. Reg. « Ubi Jeroboam non arguitur, quod regnum sciderit, sed quod Ecclesiam fecerit, et Phana in excelsis, et sacerdotes de extremis populi, qui non erant de filiis Levi. Nota hic missionem sacerdotalem ; sed veniamus ad propositum. (1) »

L'Eglise vient d'un mot grec qui veut dire *convocation*; l'Eglise donc signifie *une assemblée*, *ou une compagnie de gens appellez* : la synagogue, à proprement parler, veut dire un troupeau, l'assemblée des Juifs s'appelloit *synagogue*, celle des chrestiens s'appelle *Eglsie*, parce que les Juifs estoient comme un troupeau de bestail, assemblé et attroupé par la crainte ; les chrestiens sont assemblez par la parole de Dieu, appellez ensemble en union de charité, par la predication des apostres, et celle de leurs successeurs. (2) En effet, sainct Augustin avouë que l'Eglise est nommée de la convocation, et la synagogue du troupeau, parce qu'estre convoqué appartient aux hommes, estre attrouppé appartient plus au bestail. C'est donc à bon titre que l'on appelle le christianisme Eglise ou convocation; parce que le premier benefice que Dieu fait à l'homme pour le mettre en grace, et le premier effet de sa predestination, c'est de l'appeller à l'Eglise : « Ceux qu'il a appellez, il les a predestinez, » dit sainct Paul aux (3) Romains ; et aux (4) Colossiens, il dit encore, « La paix de Christ surmonte en vos cœurs, en laquelle vous estes appellez en un corps. » Estre appellez en un corps, c'est estre appellez en l'Eglise : aussi dans les similitudes que fait Nostre-Seigneur, en sainct (5) Matthieu, de la vigne et du banquet avec l'Eglise. Certes, les ouvriers de cette vigne et les conviez à ces noces sont dits appelez et convoquez. « Plusieurs, dit-il, sont appellez, mais bien peu sont elus. » Les Atheniens appelloient l'Eglise, la convocation des croyans ; mais la convocation des estrangers s'appelloit autrement. Par consequent le mot d'Eglise vient expressement aux chrestiens, qui ne sont plus advenaires, ny estrangers, ny passans, mais concitoyens des saincts, et domestiques de Dieu : voilà d'où est pris le vray mot d'Eglise, et en voicy la definition aux Ephes. 5, ⅴ. 27, en sainct Jean 11, ⅴ. 52, et en sainct Cyprien, De unitate Ecclesiæ.

« L'Eglise (6) est une université, ou generale compagnie d'hommes qui sont unis, et recueillis (7) en la profession d'une mesme foy chrestienne, en la parficipation des mesmes (8) senti-

---

(1) Dan. II, 34 et 35.— (2) Dan. II, 44.
(3) *Nota*. Ce sont icy les desseins du sainct evesque, qui ne se trouvent point (dans le manuscrit) avoir esté achevez, ny traitez à fond, selon l'idée de ce projet.

(1) *Nota*. Voicy où commence le sujet du discours qui est propre au traité de l'Eglise, et il semble qu'il soit ici hors d'œuvre.
(2) Inchoata expos. Eph. ad. Rom. et in Psal. LXXXI, 1.
(3) Rom. VIII, 30. — (4) Coloss. III, 15.
(5) Matth. XX, 16 ; XXII, 2.
(6) Jo. XI, 52. — (7) Ad Eph. IV, 4.
(8) Cypr. de unitate Ecclesiæ.

mens et sacrifices, et en l'obeyssance d'un mesme vicaire et lieutenant-general, en terre, de Nostre-Seigneur Jesus-Christ, et du successeur de sainct Pierre, sous la charge des legitimes evesques. Avant tout, c'est une (1) *saincte compagnie*, ou une fidelle assemblée, parce que la (2) saincteté interieure de ce corps est sa marque essentielle.

Je vous entretiens trop, messieurs, sur un sujet qui ne demande pas une si grande inquisition; vous lisez les escrits de Calvin, de Zuingle, et de Luther; or, je vous prie, tirez-en les injures, les calomnies, les opprobres, les medisances, les risées et les bouffoneries qui y sont contre le pape et contre le sainct siege de Rome, et vous verrez qu'il ne vous demeurera presque rien : vous ecoutez trop facilement parler vos ministres, imposez-leur silence, supprimez les injures qu'ils vomissent contre le siege de sainct Pierre, et vous aurez vos presches et vos sermons la moitié plus courts; on dit mille folies sur cecy, c'est le rendez-vous general de tous vos predicans, s'ils composent des livres hors de propos, comme las et recreus du grand travail, ils s'arrestent sur les vices des papes, publiant bien souvent ce qu'ils sçavent asseurement n'estre point vray. Beze dit que dès long-temps il n'y avoit eu aucun pape qui se fust soucié de la religion, ny qui eust esté theologien: il veut inutilement tromper quelqu'un, car il sçait bien qu'*Adrien, Marcel*, et les cinq derniers, ont esté tres-grands theologiens, à quoy bon ainsi de mentir? Mais accordons-luy qu'il y eust eu du vice et de l'ignorance en quelques-uns, « Cathedram tibi, » dit sainct Augustin, « fecit Ecclesia romana, in quâ Petrus sedit, et in quâ hodiè Anastasius et Clemens sedit, quare appellas cathedram pestilentiæ cathedram apostolicam si propter homines, quos putas legem loqui, et non facere, numquid *Dominus Jesus* propter pharisæos, de quibus ait, (*dicunt et non faciunt*,) cathedræ, in quâ sedebant, ullam fecit injuriam? illam cathedram Moysis commendat, et illos, servato cathedræ honore, redarguit ; ait enim (*super. cath.*) : Hæc si cogitatis, non propter homines, quos infamatis, blasphemaretis cathedram apostolicam, cui non quidem convenitis, sed quid est aliud quam velle dicere, et tamen non posse, nisi malè dicere? »

DISCOURS XLVIII.

L'Eglise catholique est sous un chef visible, celle des heretiques n'a point de chef.

Je ne m'amuseray pas beaucoup en ce point; car vous sçavez assez que tous tant que nous sommes de catholiques, nous reconnoissons le pape pour vicaire de Nostre-Seigneur; l'Eglise universelle le reconnut dernierement à Trente, quand elle s'adressa à son jugement pour obtenir de luy la confirmation de ce qu'elle avoit resolu, et quand elle receut ses deputez, comme presidens ordinaires et legitimes du sainct concile; d'ailleurs, je perdrois temps aussi de preuver que vous n'avez point de chef visible; vous ne le niez pas, car quoy que vous ayez en quelques endroits un supreme consistoire, comme en ceux de Berne, de Geneve, de Zurich, et autres, qui ne dependent d'aucun superieur, vous estes si esloignez neantmoins, de vouloir reconnoistre un chef universel, que mesme vous n'avez point de chef provincial ou national; les ministres sont autant entre tous l'un que l'autre, et non-seulement n'ont aucune prerogative au consistoire, ains sont estimez inferieurs en science et en suffrage au president, qui n'est pas ministre. Pour le regard des surveillans (qui tiennent chez vous le lieu d'evesques) vous ne vous estes pas contentez de les ravaler assez honteusement jusques au rang des ministres, mais vous les avez encore rendus leurs inferieurs, afin que ne laissant rien du tout en sa place, il vous fust loisible de confondre tout l'ordre dans vos Eglises.

Des Anglois sont arrivez jusques à ce point de tenir leur reine pour chef de leur Eglise, contre la pure parole de Dieu ; je sçay bien qu'ils ne sont pas si aveuglez, que de vouloir qu'elle soit le chef de toute l'Eglise catholique, mais seulement de ces miserables pays; bref, il ne se trouve aucun chef parmy vous qui puisse gouverner sur les choses spirituelles, ny en un lieu, ny parmy tout le reste de ceux qui font profession de contredire le pape : voyez maintenant la conclusion de tout cecy.

La vraye Eglise doit avoir un chef visible en son gouvernement et administration; la vostre n'en a point, donc la vostre n'est pas la vraye Eglise; au contraire, s'il y a une Eglise au monde qui soit vraye et legitime, il faut qu'elle ait un chef visible, il n'y en a point qui en ait un, sinon la nostre : la nostre donc est la vraye : passons outre, et denoüons le point de la question qui sera clairement resolue par les discours qui suivent.

DISCOURS XLIX.

Premierement la vraye Eglise doit estre une en sa doctrine.

Nostre-Seigneur Jesus-Christ est-il divisé ? Non certes il ne l'est pas; car il est Dieu de paix et non de dissention, comme sainct Paul l'enseignoit par toutes les Eglises de son temps. Il ne

---

(1) Ad Heb. vii, 11. — (2) Thess. iv, 11 et 12.

se peut donc faire que la vraye Eglise puisse estre en divorce, ou division de creance et de doctrine, car Dieu n'en seroit plus l'auteur ny l'espoux, et comme un royaume divisé en soy-mesme, elle periroit. Tout aussi-tost que Dieu choisit et prend un peuple à soy, (comme il a fait l'Eglise), il luy donne l'unité de son chemin et de sa conduite, l'Eglise n'est qu'un corps, duquel tous les fidelles sont les membres unis et liez ensemble admirablement par toutes les jointures; il n'y a qu'une foy, et un mesme esprit qui anime ce corps, et Dieu est luy-mesme son lien, il rend sa maison peuplée de personnes de mesme société : d'où s'ensuit que la vraye Eglise de Dieu doit estre unie, liée, jointe et serrée ensemble en une mesme doctrine et creance. Or voicy ce qu'il y a de question entre nous.

L'EGLISE CATHOLIQUE EST UNIE EN CREANCE, LA PRETENDUE REFORMÉE NE L'EST POINT.

Il faut, dit sainct Jerosme, que tous les fidelles s'assemblent et viennent se joindre à l'Eglise romaine, qui est la plus puissante principauté; c'est « la mere de leurs dignitez sacerdotales, » disoit Julle premier, c'est « le commencement de l'unité de la prestrise, et le lien d'unité, » dit sainct Cyprien; « nous n'ignorons pas, » ajoute-t-il, « qu'il y a un Dieu, un Christ et un Seigneur lequel nous avons ; et nous confessons un Sainct-Esprit, et un evesque en l'Eglise catholique. » Le bon Optat disoit aussi aux donatistes : « Tu ne peux nier que tu ne sçaches qu'en la ville de Rome, la principale chaire a esté premierement conferée à sainct Pierre, en laquelle a esté assis le chef de tous les apostres sainct Pierre, d'où il fut appellé Cephas; c'est sa chaire dans laquelle l'unité du tout est gardée, afin que les autres apostres ne voulussent pas la pretendre, et deffendre chacun la sienne, et que dès lors celuy-là fut schismatique et pecheur, qui voudroit se bastir une autre chaire, contre cette unique chaire, et en cette premiere chaire (qui est la principale de ses prerogatives) fut assis premierement sainct Pierre. » Ce sont les paroles de cet ancien et sainct docteur; tous tant qu'il y a de catholiques en nostre asge sont de mesme resolution; nous tenons l'Eglise romaine pour nostre rendez-vous, en toutes nos difficultez; nous sommes tous ses tres-humbles enfans, et prenons tous nourriture du lait de ses mammelles; nous sommes tous branches de cette tige, « hæc est arbor bona; » nous ne tirons autre suc de doctrine que de cette racine, c'est elle qui nous lie tous par le nœud d'une livrée de mesme creance; car sçachant qu'il y a un chef, lieutenant general de l'Eglise, nous croyons que ce qu'il resoud et determine avec l'avis des autres prelats, lors qu'il est assis sur la chaire de sainct Pierre, pour enseigner le christianisme, sert de loy et de niveau à nostre creance. Qu'on parcoure le monde, et partout on verra une mesme foy dans les catholiques; quand il y a quelque diversité d'opinion, ce n'est pas en chose appartenant à la foy, ou si cela est, tout incontinent que le concile general, ou le siege romain en aura determiné, vous verrez chacun se ranger à leur definition; nos entendemens ne s'egarent point les uns des autres en leur sentence, ains se tiennent tres-etroitement unis, et serrez ensemble, par le lien de l'authorité superieure de l'Eglise, à laquelle chacun se rapporte en toute humilité, et y appuye sa foy, comme sur la colonne et fermeté de verité; ainsi nostre Eglise catholique n'a qu'un langage et un mesme parler par toute la terre. Au contraire, messieurs, vos premiers maistres n'eurent pas plutost esté sur pié, ils n'eurent pas plutost pensé de se bastir une tour de doctrine et de science, qu'elle alla toucher à decouvert dans le ciel de leur orgueil, et leur acquit la grande et magnifique reputation de reformateurs; mais Dieu voulant empescher cet ambitieux dessein, permit entre eux une totale diversité de langues et de creance, si bien qu'ils commencerent à se cantonner qui deçà qui delà, et toute leur besogne ne fut qu'une miserable Babel et confusion. Helas! quelle contrarieté a produit la reformation de Luther! Je n'aurois jamais fait, si je voulois la mettre sur le papier; qui la voudra voir, qu'il lise le petit livret de Seneque Staphu, *de Concordia discordi*, et Scander, l. 7, de sa *visible Monarchie*, et Gabriel de Preau, en la Vie des heretiques, je diray seulement ce que vous ne pouvez pas ignorer, et que je vois maintenant de mes propres yeux (1).

Vous n'avez pas un mesme canon des Escritures; Luther ne veut point l'epistre de sainct Jacques, que vous recevez : Calvin tient que c'est contre l'Escriture qu'il y ait un chef en l'Eglise; les Anglois tiennent le contraire; les seigneurs françois tiennent que, selon la parole de Dieu, les prestres ne sont pas moins que les evesques; les Anglois ont des evesques, qui commandent aux prestres, et entre eux, deux archevesques, dont l'un est appellé primat, nom auquel Calvin veut un tres-grand mal; les puritains en Angleterre tiennent comme article de foy, qu'il n'est pas loisible de prescher, de baptiser, et prier dans les Eglises qui ont esté autrefois aux catholiques, mais on n'est pas si scrupuleux deçà la mer; or, je vous prie, notez ce que j'ay dit, qu'ils tiennent

---

(1) En ce temps le sainct estoit en ses missions, près de Geneve, c'est-à-dire ès années 1593, 94, 95.

cela pour article de foy, car ils souffrent les prisons et les bannissemens, plutost que de s'en dedire. Je sçay tres-bien qu'à Geneve, l'on tient pour superstition de celebrer aucune feste des saincts, toutesfois en Suisse l'on les fait, et vous en faites une de Nostre-Dame ; il ne s'agit pas icy que les uns les fassent, les autres non, car ce ne seroit pas contrarieté de doctrine, mais simplement de ce que vous et quelques Suisses les observent, les autres les condamnent comme contraires à la pureté de la religion. Ne sçavez-vous pas que l'un de vos plus grands ministres dit à Poissy, que le corps de Nostre-Seigneur estoit aussi loin de la cene, que la terre est eloignée du ciel? Ne sçavez-vous pas encor que cela est tenu pour faux par plusieurs des autres? Un de vos maistres n'a-t-il pas confessé dernierement la realité de Nostre-Seigneur dans la cene ? et les autres la nient ; me pourrez-vous nier qu'au fait de la justification vous ne soyez autant divisez entre vous autres, comme vous l'estes d'avec nous, temoin l'anonyme (1) disputateur : bref, chacun parle selon son langage à part, et de tant d'huguenots ausquels j'ay parlé, en verité, je n'en ay jamais trouvé deux de mesme croyance.

Mais le pis est, que vous ne vous sçauriez accorder : car, où prendriez-vous un ministre assuré ? Vous n'avez point de chef en terre pour vous adresser à luy en vos difficultez : vous croyez que l'Eglise peut s'abuser et abuser les autres ; vous ne voudriez donc pas mettre vostre ame en une main si peu asseurée, aussi vous n'en tenez pas grand compte ; l'Escriture ne peut estre vostre arbitre, car c'est de l'Escriture mesme que vous estes en procez, voulant les uns l'entendre d'une façon, les autres de l'autre. Enfin, vos disputes et vos discordes sont, et seront immortelles, si vous ne vous rangez à l'authorité de l'Eglise, temoins les colloques de Lunebourg (2), de Malbron, de Montbelliard, et celuy de Berne, dernierement : temoins encor, Tilmant, Heshisme et Oraste, ausquels j'adjointe Brance et Vallenger. Certes, la division qui est entre vous, pour le nombre des sacremens, est pitoyable à present, et communement parmy vous on ne met que deux sacremens, Calvin en a mis trois, adjoutant l'ordre au baptesme et à la cene ; Luther y met la penitence pour le troisiesme, et puis dit

(1) *Nota*. Le sainct evesque veut parler d'un imprimé sans nom, qui fut composé par un ministre contre luy, et qui luy donna occasion de composer son *Etendard de la croix* en ces mesmes années.

(2) *Nota*. Le Sainct nomme icy les assemblées faites de son temps par les huguenots et les plus fameux ministres.

autre part qu'il n'y en a qu'un. Enfin, les protestans au colloque de Ratisbonne, auquel Calvin se trouva, temoin Beze en sa vie, confesserent qu'il y avoit sept sacremens ; et cela se void en l'article de la toute-puissance de Dieu : comme est-ce donc que vous estes si divisez ? Pendant que les uns nient qu'un corps puisse estre (voire mesme par la vertu divine) en deux lieux, les autres nient toute la puissance absoluë : les autres ne nient rien de tout cela : que si je voulois vous montrer les grandes contrarietez qui sont en la doctrine de ceux que Beze reconnoist pour glorieux reformateurs de l'Eglise, Jerosme de Prague, Tesanzaüs, Wiclef, Luther, Sucer, OEcolampade, Zuingle, Pomerain, et les autres, je n'aurois jamais fait ; Luther seul vous instruira assez de la bonne concorde qui est entr'eux, en la lamentation qu'il fait contre les tanzuelins et les sacramentaires, qu'il appelle Absalons et Judas, et esprits vermeriques.

L'an 1527, feu son altesse de Savoie, de tres-heureuse memoire, *Emmanuel Philiberth*, raconta luy-mesme au docte Antoine Possevin, qui se trouva au colloque de Cormasse, que quand on demanda aux protestans leur confession de foy, tous les uns après les autres sortirent hors de l'assemblée pour ne se pouvoir accorder ensemble. Ce grand prince, tres-digne de foy, dit tout cecy pour y avoir esté present : toute cette etrange division a son fondement sur le mepris que vous faites d'un chef visible en terre ; car n'estant point liez pour deferer l'exposition de la parole de Dieu à aucune superieure authorité, chacun prend le party que bon luy semble ; c'est ce que dit le sage, que « les superbes sont toujours en dissention, » ce qui est une marque de vraye heresie : or, ceux qui sont divisez ainsi en plusieurs partis, ne peuvent estre appellez du nom de l'Eglise ; car c'est un nom de consentement et de concorde : mais quant à nous, messieurs, nous avons tous un mesme canon des Escritures, un mesme chef, et une mesme regle pour les entendre ; vous avez diversité de canons en recueil, et en l'intelligence ; vous avez autant de testes et de regles que vous estes de personnes ; nous sonnons tous au son de la trompette d'un seul Gedeon, et avons tous un mesme esprit de foy au Seigneur avec le concile, et son lieutenant est l'interprete des decisions de Dieu et de l'Eglise, selon la parole des apostres : « Visum est Spiritui sancto et nobis. » Cette unité de langage est en nous un vray signe que nous sommes de l'armée du Dieu sainct, et vous ne pouvez y estre reconnus que pour des Madianites, qui ne faites en vos opinions que criailler et vetiller chacun à sa mode, chamailler les uns contre les autres, vous entre-egorgeant et massacrant vous-mesmes par vos dissentions, ainsi que dit Dieu par Isaïe : « Les Egyptiens chocqueront contre les Egyptiens, et l'esprit d'Egypte se rompra ; » sainct Augustin dit, « que comme Judas avoit tasché de diviser Christ, ainsi luy-mesme, par une juste separation, s'estoit divisé en luy-mesme : » cette seule marque vous doit faire quitter vostre pretenduë Eglise ; car celuy qui n'est pas avec Dieu, est contre Dieu ; Dieu n'est point en vostre Eglise, et n'y peut estre, puisqu'il n'habite qu'en lieu de paix ; mais en vostre Eglise il n'y a ny paix ny concorde.

DISCOURS L.

De la saincteté de l'Eglise ; elle doit estre sans tache et sans macule.

Douter de la saincteté de l'Eglise, c'est une lourde erreur : L'Eglise de Nostre-Seigneur est *saincte*, et le doit estre, c'est un article de foy ; le Sauveur s'est donné pour elle, afin de la sanctifier ; *c'est un peuple sainct*, dit sainct Pierre, l'espoux est sainct et l'espouse saincte ; elle est saincte estant dediée à Dieu, ainsi que les aisnez de l'ancienne synagogue furent appelez saincts pour ce seul respect ; elle est saincte encore parce que l'esprit qui la vivifie est sainct, et parce qu'elle est le corps mystique d'un chef qui est tres-sainct ; elle l'est encore, parce que toutes ses actions interieures et exterieures sont sainctes : elle ne croit ny espere, ny ayme que sainctement, cela se void en ses prieres, en ses predications, sacremens et sacrifices : enfin, elle est saincte en elle-mesme ; car cette Eglise a une saincteté interieure, selon la parolle de David : « Toute la gloire de cette fille royale est au dedans. » Elle a encore sa saincteté exterieure en sa figure, car elle est comme un jardin clos et environné de belles varietez ; sa saincteté interieure ne se peut voir, l'exterieure ne peut servir de marque distinctive, parce que toutes les autres sectes se vantent, quoy que faussement, de cette saincteté ; et il est mal-aisé de reconnoistre la vraye priere, la vraye predication et administration des sacremens ; mais outre tout cela, il y a en la vraye Eglise des signes avec lesquels Dieu fait connoistre la saincteté de son espouse, comme ses parfums et ses odeurs, selon ce temoignage des Cantiques : « L'odeur de ses vestemens est comme l'odeur de l'encens. » Ainsi nous marchons à la suite de ces odeurs et de ces parfums, pour trouver la vraye Eglise dans le giste du fils de la Licorne.

OBSERVATION DU PREMIER EDITEUR.

Il y a de l'apparence que ce discours si bref de la saincteté de l'Eglise, n'est point parfait, ou que le manuscrit ne nous en a point donné la suitte, ou que le sainct evesque l'a renvoyé au discours LV cy-après : où il montre que la perfection de la vie doit estre dans la vraye Eglise, ce qui comprend sa saincteté.

DISCOURS LI.

Du credit des miracles dont la vraye Eglise est depositaire.

Est-il pas vray que les miracles sont des argumens bien puissans, pour vous assurer de la foy ? Afin que Moïse fust cru en son ambassade, Dieu luy donna le plein pouvoir de faire des miracles : Nostre-Seigneur, à ce que dit sainct Marc, confirmoit par des miracles signalez la predication evangelique. Si le Fils de Dieu n'eust pas fait tant de merveilles, il dit luy-mesme qu'on n'eust pas esté coupable de ne l'avoir pas cru : sainct Paul temoigne que Dieu confirmoit la foy du christianisme par les miracles ; d'où s'ensuit que le miracle est une juste regle pour soutenir la vraye religion, une juste regle de la foy, et un argument preignant, pour persuader les hommes à leur creance : car si cela n'estoit, nostre Dieu ne s'en fust pas servy. Il ne sert de rien de repondre que les miracles ne sont plus necessaires après la foy generalement publiée ; car outre que je montreray le contraire cy-après, je ne dis pas maintenant qu'ils soient necessaires ; mais seulement, que là où il plaist à la bonté de Dieu d'en operer pour la confirmation de quelque article, nous sommes obligez de les croire : parce que, ou le miracle est une juste persuasion et confirmation, ou non ? S'il ne l'est pas, donc Nostre-Seigneur ne confirme pas justement sa doctrine par les miracles ; si c'est une juste persuasion, il s'en suit qu'en quelque temps que les miracles se fassent, ils nous obligent à les prendre pour une tres-ferme raison de sa divine volonté, aussi le sont-ils en effet, c'est la sentence des Escritures : « Tu es Deus, qui facis mirabilia, » dit David au Dieu tout puissant ; par consequent, ce qui est confirmé par le credit des miracles, est confirmé de Dieu, et Dieu ne peut estre autheur ny confirmateur du mensonge, puisque son essence est une pure verité

Mais afin de couper chemin à toutes les illusions et les phantaisies de nos controleurs, je confesse qu'il y a de faux miracles, et de vrais miracles, et mesme qu'entre les vrais miracles, il y en a qui font un argument evident d'eux-mesmes, que la puissance de Dieu s'y trouve, les autres non, si ce n'est par leurs circonstances; les miracles que l'Ante-Christ fera, seront tous faux, tant parce que son intention sera de decevoir et de tromper, que parce que la pluspart ne seront que des prestiges illusoires et vaines apparences magiques; l'autre partie ne seront pas de vrais miracles en eux-mesmes, mais seulement des miracles devant les hommes, c'est-à-dire ils ne surpasseront pas les forces de la nature, mais pour estre extraordinaires, ils sembleront des miracles aux hommes simples, comme la descente du feu du ciel visiblement, *in conspectu hominum*; ainsi le pouvoir de faire parler les images; l'envoy de la peste; la guerison d'une playe mortelle; et entre ces merveilles, la descente du feu du ciel en terre, et le parler des images, ne seront proprement que des illusions qui paroistront, *in conspectu hominum*, par un effet de magie : la guerison de la playe mortelle sera un miracle populaire, non reel ny veritable, car ce que le simple peuple croit estre impossible il le tient pour miracle quand il le void : au contraire il tient plusieurs choses impossibles en la nature, qui ne le sont pas reellement; ainsi plusieurs guerisons, et plusieurs playes sont mortelles et incurables à quelques medecins, qui toutesfois sont remediables en l'art de ceux qui sont plus suffisants, et qui ont quelques remedes plus exquis; de mesme la playe dont l'Ante-Christ guerira, sera mortelle, selon le cours ordinaire de la medecine; mais le diable, qui a plus de subtilité en la connoissance des vertus des herbes, des odeurs et autres drogues, que n'ont pas les hommes les plus sçavans, fera cette cure par l'application secrette des medicamens inconnus aux hommes, ce qui semblera un miracle, à qui ne sçauront discerner entre la science humaine et l'art diabolique (1). Celle-cy devance l'autre de beaucoup, assurement, mais la divine surpasse la diabolique d'une infinité; l'humaine ne sçait qu'une petite partie de la vertu qui est en la nature, la diabolique sçait beaucoup plus, mais dans les confins de la nature, la divine n'a point d'autres limites que son infinité.

J'ay dit pour mieux discerner les vrais miracles, qu'il y en a qui font une certaine science, et qui font voir que le bras de Dieu y opere visiblement, les autres non, si ce n'est en la consideration des circonstances; cela est clair par ce que j'ay dit, et encore par l'exemple des merveilles que firent les magiciens d'Egypte, qui estoient quant à l'apparence exterieure tous semblables aux miracles que faisoit Moyse (1); mais celuy qui regardera de près les circonstances, connoistra bien aisement que les uns estoient de vrais miracles, et les autres faux, et cela mesme confesserent les magiciens, quand ils dirent (2), « digitus Dei est hic. » Ainsi pourrois-je dire, si Nostre-Seigneur n'eust jamais fait autre miracle que de dire à la Samaritaine que « l'homme qui habitoit avec elle n'estoit pas son mari, et convertir l'eau en vin, » un incredule auroit pu penser, qu'il y avoit en cecy de l'illusion et de la magie : mais ces merveilles partant de la mesme main, qui faisoit voir les aveugles, parler les muets, ouïr les sourds, revivre les morts, il n'y restoit plus aucun scrupule, parce que ramener la privation à son habitude, le non-estre à l'estre, et donner les operations vitales aux hommes morts, sont choses impossibles à toutes les puissances humaines; ce sont des coups du souverain Maistre, lequel quand puis après il luy plaist faire des cures extraordinaires par sa toute-puissance, ou des mutations dans les choses, ne laisse pas de les faire reconnoistre pour miraculeuses, quoy que la nature secrette en peut faire de mesme dans un temps, parce qu'ayant fait ce qui surpasse la nature, il nous a rendu assurez de sa qualité et de sa valeur : comme quand un homme a fait un chef-d'œuvre, quoy qu'il fasse puis après plusieurs ouvrages communs, on ne laisse pas de le tenir pour maistre ouvrier. En somme le miracle est une trescertaine preuve et confirmation en la foy, quand c'est un vray miracle, et en quelque temps qu'il soit fait, autrement il faudroit renverser toute la predication apostolique. Certes, il estoit raisonnable qu'en establissant la foy des choses qui surmontent la nature, elle fust averée par des œuvres qui surpassent la nature, et qui montrent que la predication ou la parole annoncée sort de la bouche et de l'authorité du maistre de la nature, le pouvoir duquel n'est point limité, et qui se rend visible par le miracle, comme temoin de la verité soussignée, car Dieu met son sceau à la parole portée par le predicateur, en signe de sa mission legitime.

(1) Exod. IV, V, VI, VII. — (2) Exod. VIII, 14.

---

(1) *Nota.* Dans le manuscrit se trouvent en marge les paroles suivantes : *Il faut abreger ce discours en peu de paroles et scholastiques.*

DISCOURS LII.

Combien les ministres ont violé la foy qui est due au temoignage des miracles.

Sans doute les miracles sont des temoignages generaux pour les simples et plus rudes fidelles; car chacun ne peut pas sonder l'admirable convenance qu'il y a entre les propheties et l'Evangile, ny la grande mer des mysteres de l'Escriture, et semblables marques illustres, qui sont dans la religion chrestienne ; c'est un examen propre aux doctes, mais il n'y a celuy qui ne comprenne le temoignage d'un vray miracle, chacun entend ce langage de Dieu. On pourroit dire, qu'à l'egard des vrais chrestiens, les miracles ne sont pas necessaires ; mais ils le sont : et à la verité, ce n'est pas sans cause, que la suavité de la divine Providence en fournit à son Eglise en toutes les saisons, puisqu'en tout temps il y a des heresies, lesquelles bien qu'elles soient suffisamment refutées (selon mesme la capacité des esprits mediocres) par l'antiquité, par la majesté, l'unité, la catholicité, et la saincteté de l'Eglise ; si est-ce que chacun ne sçait pas estimer ses doüaires (comme parle Optat) selon leur vraye valeur; chacun l'entend, parce que la saincte Escriture est une parole commune à toutes les nations, neantmoins elle est semblable à la patente d'une sauve-garde, qui n'est pas connuë d'un chacun ; mais aussi-tost qu'on y void la croix (1) blanche et les armes du prince, on y connoist le temoignage et l'authorité souveraine, et on y porte respect. Il n'y a presque point d'article de nostre religion qui n'ait esté approuvé de Dieu par de signalez miracles qui se font en l'Eglise, montrant par eux où est la vraye foy, et leur preuve est si suffisante, qu'elle merite la creance de l'Eglise universelle : car Dieu ne porteroit jamais ce temoignage à une Eglise qui n'eust point la vraye foy, ou qui fust errante, idolastre et trompeuse (2).

DISCOURS LIII.

La vraye Eglise doit reluire en miracles.

Après tout, l'Eglise saincte porte le miel et le laict sous sa langue et dans son cœur, qui est sa marque interieure, laquelle nous ne pouvons voir : elle est richement parée d'une belle robbe, bien recamée et brodée en varieté, qui est la saincteté exterieure, laquelle se peut voir, mais parce que les sectes et les heresies deguisent leurs vestemens de mesme façon, sous une fausse etoffe, pour ne s'y pas tromper, outre cela elle a des parfums et des odeurs qui luy sont propres, et qui sont certains signes et lustres de sa saincteté, qui luy sont tellement particuliers, qu'aucune autre assemblée ne s'en peut vanter en aucune façon; aussi ceux de nostre asge ne le peuvent faire, quoy qu'ils le voulussent : car premierement *elle reluit en miracles*, qui sont une tres-suave odeur et parfum, signe evident de la presence de Dieu immortel avec elle : ainsi l'appelle sainct Augustin. Et de fait, quand Nostre-Seigneur partit du monde, il promit aux apostres que l'Eglise seroit suivie de plusieurs miracles. « Ces marques, dit-il, suivront les croyans en mon nom : ils chasseront les diables, ils parleront de nouveaux langages, ils osteront les serpens, et le venin ne leur nuira point ; et par l'imposition des mains, ils gueriront les malades. »

Considerons, je vous prie, et suivons de près ces paroles si claires : il ne dit pas que les seuls apostres feroient ces miracles, mais simplement *ceux qui croiront*. Il ne dit pas que tous les croyans en particulier feroient des miracles; mais que *ceux qui croiront* seront suivis de ces signes admirables. Il ne dit pas que ce seroit seulement pour dix ou vingt ans; mais simplement que *ces miracles accompagneront les croyans*. Il est vray que Nostre-Seigneur parle aux apostres seulement; mais non pour les apostres seulement; il parle des croyans en corps et en general, et cela s'entend de l'Eglise ; il parle absolument sans distinction des temps et des saisons; ces sainctes paroles annoncent sans restriction, que Dieu donnera ce pouvoir aux croyans qui sont dans l'Eglise ; les croyans sont suivis de ces miracles. Donc en l'Eglise il y a des miracles, et en tout temps, puis qu'il y a et il y aura des croyans en tous lieux et en tout temps.

Mais de grace, examinons un peu pourquoy le pouvoir des miracles fut laissé à l'Eglise : ce fut, sans doute, pour confirmer la predication evangelique : car sainct Marc le temoigne, et sainct Paul dit, que « Dieu donnoit temoignage à la foy, qu'il annonçoit par des miracles. » Dieu mit en la main de Moïse ces instrumens, afin qu'il fust cru, et Nostre-Seigneur dit, que « s'il n'eust fait des miracles, les Juifs n'eussent pas esté obligez de le croire. » S'il est vray que l'Eglise doit toujours, en tout temps, combattre l'infidelité, pourquoy donc lui voudrions-nous oster ce noble instrument que Dieu luy-mesme a mis en sa main? Je sçay bien qu'elle n'en a pas une si grande necessité qu'au commencement; car depuis que la

---

(1) Le sainct prelat note icy les armes des ducs de Savoye ses souverains.

(2) *Nota*. La premiere partie de ce chapitre n'est pas entiere, elle est dans les suivans plus amplement.

saincte plante de la foy a pris si bonne racine, on ne la doit pas si souvent arroser, mais aussi luy vouloir du tout lever l'effet (la necessité et la cause demeurant en bonne partie) c'est tres-mal philosopher en religion.

Après cela, messieurs, je vous prie de me montrer quelque saison en laquelle l'Eglise visible ait esté sans miracle; dès qu'elle commença, jusques à present, au temps des apostres, il se fit partout infinis miracles, vous le sçavez bien. Après ce temps-là, on sçait assez le miracle recité par l'empereur Marc-Aurelle Antonin, fait par les prieres de la legion des soldats chrestiens qui estoient en son armée, laquelle pour cela fut appelée *la fulminante*. Qui ne sçait les miracles de sainct Gregoire Taumaturge, et ceux de sainct Martin, de sainct Antoine, de sainct Nicolas, de sainct Hilarion, et les merveilles faites au temps des Theodoze et Constantin, empereurs chrestiens? de quoy les autheurs sont d'un credit irreprochable: Eusebe, Ruffin, sainct Jerosme, Basile, Sulpice, Athanase, etc. Qui ne sçait encore ce qui arriva en l'invention de la saincte croix, et au temps de Julien l'Apostat, au temps de sainct Chrysostome, de sainct Ambroise, et de sainct Augustin? On a vu en leur temps plusieurs miracles qu'eux-mesmes recitent: pourquoy voulez-vous donc que la mesme saincte Eglise cesse maintenant d'avoir le pouvoir des miracles? quelle raison y auroit-il? A dire vray, ce que nous avons tousjours vu et en toute saison, accompagner l'Eglise, lui est tres-singulier; et il est juste que nous l'appellions sa proprieté inseparable: d'où s'ensuit que la vraye Eglise a fait et fait encore paroistre sa saincteté par les miracles. Si Dieu rendoit si admirable son propitiatoire, son mont Sinaï, et son buisson ardent, parce qu'il y vouloit parler avec les hommes, pourquoy n'auroit-il rendu miraculeuse son Eglise, en laquelle il veut à jamais demeurer avec nous?

DISCOURS LIV.

L'Eglise catholique est accompagnée de miracles, et la pretenduë ne l'est point.

Il faut maintenant, messieurs, que vous vous montriez justes et raisonnables, sans chicaner et opiniastrer; informations prises deuëment et authentiquement, on trouve qu'au commencement de ce siecle, sainct *François de Paule* a fleury et excellé en miracles indubitables et tres-insignes, comme est la ressuscitation des morts. Nous en lisons autant de sainct *Diogene d'Archada*; ce ne sont pas des contes ni des bruits incertains, mais des preuves verifiées en contradictoire, devant le jugement de toute l'Eglise. Oseriez-vous nier l'apparition de la croix, faite au vaillant et catholique capitaine Albugaire, et à tous ses gens, en ses caravanes, que tant d'historiens escrivent, et à laquelle tant de personnes avoient part? On nous assure de bonne foy, que le devot *Gaspard Bersée* preschant aux Indes, guerissoit les malades, priant seulement Dieu pour eux à la saincte messe: et si soudainement, qu'autre que la main de Dieu ne l'eust pu faire. On nous fait une foy indubitable, que le bienheureux *François Xavier* a guery les paralytiques, les sourds, les aveugles et les muets; qu'il a ressuscité un mort, et que son corps n'a pu estre consommé jusques icy, quoy qu'il eust esté enterré avec de la chaux, comme ont temoigné ceux qui l'ont veu tout entier, quinze mois après sa mort; et ces deux derniers sont morts depuis environ quarante-cinq ans (1).

En *Meliapor*, on a trouvé une croix incisée sur une pierre, laquelle on croit par tradition avoir esté enterrée par les chrestiens du temps de *sainct Thomas*, apostre des Indes, chose admirable, neantmoins veritable; presque toutes les années, vers la feste de ce glorieux apostre, cette croix suë et rend abondance de sang, ou d'une liqueur semblable au sang, et change de couleur, se rendant blanche, pasle, puis noire et tantost de couleur blesme, resplendissante, et tres-agreable. Enfin elle revient à sa couleur et forme naturelle: ce que tout le peuple voit visiblement, et l'evesque de Virne en envoya une publique attestation, avec l'image de la mesme croix, au sainct concile de Trente. Ainsi se font des miracles aux Indes, où la foy n'est pas encor du tout affermie, desquels je laisse un tres-grand nombre, pour me tenir en la brefveté que je dois.

Le bon pere Loüis de Grenade, en son introduction du Symbole, recite plusieurs miracles recens et irreprochables; entre autres, il y produit la guerison que les rois de France ont faite en nostre asge, d'incurable maladie des ecroüelles. J'ay leu l'histoire de la miraculeuse guerison de Jacques, fils de Claude André de Belmont, au bailliage de Baune en Bourgogne; il avoit esté huit années muet et impotent: celuy-cy, après avoir fait sa devotion en l'Eglise de sainct Claude, le jour mesme de sa feste, 8 juin 1588, se trouva tout soudainement sain et guery; n'appellez-vous pas cela un miracle? (2) Je parle des choses voisines, j'ay leu l'acte public, j'ay parlé au notaire qui l'a receu et expedié, bien et

---

(1) *Nota.* On void icy la remarque du temps où le sainct escrivoit.

(2) Cecy est arrivé environ dix ans avant que le sainct prelat escrivit cet ouvrage.

deuëment, signé Vion. Il n'y manqua pas de temoins, car il y avoit un nombre de peuples à milliades. Mais pourquoy m'arrester à vous produire les miracles de nostre asge? Sainct Malachie, sainct Bernard, sainct François, ont operé par la vertu de Dieu, une infinité de merveilles que des historiens de credit, de science, et de conscience, nous ont laissez avec de bonnes preuves. Adjoutons-y les merveilles qui se font maintenant à nos portes, à la veuë de nos princes et de toute nostre Savoye, près de *Monde-vis*. Ils devroient fermer la bouche à toute opiniastreté, estant si evidentes et si visibles.

Or sus, que direz-vous à tout cecy? repondrez-vous que l'Ante-Christ produira des miracles? Sainct Paul atteste qu'ils seront faux; le plus grand que sainct Jean remarqué, c'est qu'il fera descendre le feu du ciel. Sathan peut faire ce miracle, car l'effet en est naturel; mais Dieu donnera un prompt remede à son Eglise, puisqu'à ces faux miracles les serviteurs de Dieu *Helie* et *Enoch*, comme temoigne l'Apocalypse et les interpretes, opposeront d'autres miracles de bien meilleur temps; car non-seulement ils se serviront du feu du ciel pour chastier leurs ennemis miraculeusement, mais ils auront le pouvoir de fermer le ciel, afin qu'il ne pleuve point sur la terre; de changer et de convertir les eaux en sang, et de frapper le monde du chastiment que bon leur semblera, durant trois jours et demy. Après leur mort ils ressusciteront et monteront au ciel. La terre tremblera pendant leur elevation, si bien que par l'opposition de ces vrais miracles, les illusions de l'Ante-Christ seront decouvertes: et comme Moïse fit enfin confesser aux magiciens de Pharaon, *digitus Dei est hic*; ainsi Helie et Enoch confondront les prestiges de l'Ante-Christ, afin que leurs ennemis *dent gloriam Deo cœli*. Car Helie fera en ce temps ce qu'il faisoit jadis pour dompter l'impieté des balaïtes, et des autres religionnaires.

Je veux donc vous repondre en forme de conclusion: premierement, que les miracles de l'Ante-Christ ne sont pas tels que ceux que nous produisons pour la foy de l'Eglise: et partant il ne s'ensuit pas que, si ceux-là ne sont pas des marques de vraye Eglise, ceux-cy ne le soient effectivement. Ceux-là seront montrez foibles et faux par de plus grands et plus solides; ceux-cy sont solides d'eux-mesmes, et personne ne peut leur en opposer de plus assurez. Les merveilles de l'Ante-Christ ne seront qu'une illusion de trois ans et demy; mais les miracles de l'Eglise lui sont tellement propres, que depuis qu'elle est fondée, elle a tousjours esté reluisante en miracles. En l'Ante-Christ les miracles seront forcez, et ne dureront pas, mais en l'Eglise, ils sont comme entez naturellement en sa surnaturelle dignité; et partant ils sont tousjours en elle, et tousjours l'accompagneront pour verifier ces paroles: « Ces signes suivront ceux qui croiront, etc. »

Vous me repliquerez, peut-estre, que les donatistes ont fait des miracles, au rapport de sainct Augustin; mais ce n'estoient, dit ce pere, que de certaines visions et revelations pretenduës, desquelles ils se vantoient temerairement, et sans aucun public temoignage. Certes l'Eglise ne peut estre preuvée veritable par ces visions particulieres, puisque ces visions mesmes ne peuvent estre ny preuvées, ny tenuës pour veritables, sinon par les temoignages de l'Eglise; c'est ce que dit le mesme sainct Augustin. On peut objecter à cecy, que l'emperéur Vespasien, quoy que payen, a guery un aveugle et un boiteux: mais les medecins mesmes, au recit de Tacite, trouverent que c'estoit un aveuglement occasionné, non permanent, et une perclusion qui n'estoit pas incurable de soy-mesme: ce n'est donc pas merveille si le diable les a pu guerir. On raconte qu'un infidelle s'estant fait baptiser, se vint par après presenter à *Paulus*, evesque novarien, pour estre rebaptisé; et aussitost l'eau des fons se mit tout à sec, au rapport de Socrate. Cette merveille ne se fit donc pas pour la confirmation du novarianisme, mais en faveur de la doctrine du sainct baptesme, qui ne devoit pas estre reïteré: ainsi quelques merveilles se sont pu faire et se sont faites, dit sainct Augustin, chez les payens, non pas pour preuve du paganisme, mais pour demonstration de l'innocence, de la virginité, et de la fidelité qui sont des vertus morales, aimées et fort prisées de Dieu, qui est leur autheur. Encore faut-il adjouter cette restriction, que ces merveilles se sont faites tres-rarement, et on n'en peut rien conclure contre l'Eglise: les nuës jettent quelquefois des eclairs, quoy que ce soit le propre du soleil d'eclairer et illuminer. Fermons donc ce propos, l'Eglise catholique a tousjours esté accompagnée du credit des miracles, aussi solides et asseurez que ceux de son espoux, d'où s'ensuit que c'est la vraye Eglise; car me servant en cas pareil de la raison du bon Nicodeme, je diray: « Nulla societas potest hæc signa facere, quæ hæc facit, tam illustria, aut tam constanter, nisi Dominus fuerit cum illa. » C'est ce que disoit Nostre-Seigneur aux disciples de sainct Jean: « Dicite, cæci vident, claudi ambulant, surdi audiunt: » pour montrer qu'il estoit le vray Messie. Ainsi estant persuadé qu'en l'Eglise de Dieu ce sont des miracles si solennels, il faut conclure que « verè Dominus est in loco isto. » Mais au regard de vostre pretenduë Eglise, je ne luy puis dire autre chose, sinon : « Si potes credere, omnia possibilia sunt credenti. » Si elle estoit la vraye espouse, elle seroit suivie de vrays miracles. Vous me confesserez sans doute, et je l'avoüe, que ce n'est pas vostre metier de faire des miracles, ny de chasser les diables ; une fois il reussit tres-mal à un de vos ministres qui s'en voulut mesler ; car on leur peut appliquer ce que Burzée et Tertullien ont observé. «Nostri, de mortuis vivos suscitabant; vestri vero, de vivis faciunt mortuos(1).» Il y a quelque temps qu'on fit courir le bruit que l'un des vostres avoit guery un demoniacle, mais on ne dit point ny quand, ny comment cette personne fut delivrée : on ne cite point de tesmoins, je vous le pardonne, car il est aisé aux apprentifs d'un metier de s'equivoquer en leur premier essay ; on fait souvent courir certains bruits parmy vous, pour tenir le simple peuple en haleine, mais n'ayant point d'autheur bien averé, ils ne doivent avoir aucune authorité ; outre qu'en fait de chasser le diable d'un corps, il ne faut pas tant regarder à ce qui se fait, comme il faut considerer la façon, la forme, et l'action. Par exemple, si c'est en vuë de quelques raisons legitimes, si c'est par invocation du nom de Jesus-Christ, et autres circonstances qui sont communes à tout le gros de la religion, outre qu'une hirondelle ne fait pas le printemps, c'est la « suite perpetuelle et ordinaire des miracles, qui est la marque de la vraye Eglise ; » après tout, ce seroit se battre avec l'ombre et le vent, de refuter en vous ce bruit si foible et si debile, que personne n'ose nous dire de quel costé il est venu : aussi toute la reponse que vous pouvez et devez nous donner en cette extresme necessité, c'est qu'on vous fait tort de vous demander le credit des miracles, aussi fait-on, je vous promets ; c'est se moquer de vous, comme qui demanderoit à un mareschal, qu'il mist en œuvre une esmeraude ou un diamant : à dire vray, je ne vous en demande point ; seulement je vous prie que vous me confessiez de n'avoir pas fait vostre apprentissage avec les apostres, ny avec les disciples, martyrs et confesseurs, qui ont esté les maistres du metier. Mais quand vous dites que vous n'avez pas besoin de miracles, parce que vous ne pretendez pas establir une foy nouvelle. Repondez-moy donc encore, si sainct Augustin, si sainct Ambroise, si sainct Jerosme, si les autres preschoient une nouvelle doctrine ? et pourquoy en leur temps se faisoit-il tant de miracles et si signalez comme ils en produisent dans leurs escrits ? Certes, l'Evangile estoit mieux receu au monde, qu'il n'est parmy vous maintenant ; il falloit en ce temps une plus excellente pasture ; plusieurs martyrs et grands miracles avoient precedé, l'Eglise neantmoins ne laissoit pas d'avoir encore en ce temps ce don des miracles, pour estre un plus grand lustre de la tres-saincte religion : si les miracles devoient ou pouvoient cesser en l'Eglise, c'eust esté, certes, au temps de Constantin-le-Grand, après que l'empire romain fut fait chrestien, que les persecutions furent calmées, et que le christianisme fut bien asseuré ; mais tant s'en faut qu'ils cessassent alors, ils se multiplierent de tous costés. Au bout de là, cette doctrine que vous preschez, n'a jamais esté annoncée en gros ny en detail, vos predecesseurs heretiques l'ont preschée à tastons et sans succez, aussi vous vous accordez avec chacun en quelques points, et avec nul en tous, ce que je feray voir cy-après. Où estoit vostre Eglise il a 80 ans ? Elle ne fait encore que d'eclore, et pourtant vous l'appellez vieille, car vous dites, nous n'avons point fait de nouvelle Eglise, nous avons frotté et epuré cette vieille monnoye, laquelle ayant demeuré long-temps dans les masures, s'estoit toute noircie et rouillée de crasse et moisissure : ne dites plus cela, je vous en prie, vous avez le metail et le calibre de la foy ; les sacremens ne sont-ils pas les ingrediens necessaires pour la composition de l'Eglise ? Si vous avez tout changé de l'un et de l'autre, je puis vous qualifier de faux monnoyeurs, à moins de me montrer ce pouvoir que vous pretendez de battre sur le coin du roy. Mais ne nous arrestons pas icy. En quoy avez-vous epuré cette Eglise ? En quoy avez-vous nettoyé cette monnoye ? Montrez-nous, s'il vous plaist, les caracteres qu'elle avoit, quand vous dites qu'elle fut enfouye dans la terre, et qu'elle commença de se rouiller : elle tomba, ce dites-vous, au temps de sainct Gregoire, ou peu après ; avancez ce que bon vous semblera, mais en ce temps-là elle avoit le caractere des miracles ; montrez-le-nous maintenant, car si vous ne nous montrez particulierement l'inscription de l'image du roy en vostre monnoye, nous vous la montrerons en la nostre ; ainsi la nostre passera comme loyale et franche, et la vostre, comme courte et rognée, sera renvoyée au billon. Si vous nous voulez representer l'Eglise, en la forme qu'elle avoit au temps de sainct Augustin, montrez-la-nous, non-seulement bien disante, mais bien faisante en miracles et sainctes operations, comme elle estoit alors ; que si vous repartez, qu'alors elle estoit plus nouvelle que maintenant, je vous repondray qu'une si notable interruption, comme est celle que vous pretendez de 900 ou 1000 ans, rend cette mon-

---

(1) *Nota.* On cite l'histoire d'un ministre, qui par la priere, fit mourir reellement un imposteur, qui contrefaisoit le mort.

noye si etrange, que si on n'y void en gros les lettres, les caracteres ordinaires, l'inscription et l'image, nous ne la recevrons jamais : non, non, l'Eglise ancienne a esté puissante en toutes saisons, en adversité et en prosperité, en œuvres et en paroles, comme son espoux ; la vostre n'a que le babil, soit en prosperité ou en adversité : au moins qu'elle nous montre maintenant quelque vestige de l'ancienne marque, autrement jamais elle ne sera receüe comme vraye Eglise, ny comme fille de cette ancienne mere ; que si elle s'en veut vanter davantage, on luy imposera silence, avec ces sainctes paroles : « Si filii Abrahæ estis, opera Abrahæ facite. » La vraye Eglise des croyans doit estre tousjours suivie de miracles, il n'y a point d'Eglise en nostre asge qui en soit la depositaire, sinon la nostre ; la nostre donc seule et seulement est la vraye Eglise.

DISCOURS LV.
L'esprit de prophetie doit estre en la vraye Eglise.

Nous croyons que la prophetie tient rang entre les grands miracles, elle consiste en la certaine connoissance, que l'entendement humain prevoit des choses, qui sont sans apparence, et sans autre science que l'inspiration surnaturelle, et partant tout ce que j'ay dit des vrays miracles en general, doit estre employé icy en particulier. Le prophete Joël predit qu'au « dernier temps, » c'est-à-dire au temps de l'Eglise evangelique, comme l'interprete sainct Pierre, « Nostre-Seigneur repandroit sur ses serviteurs et ses servantes la lumiere de son sainct Esprit, et qu'ils prophetiseroient. » Nostre-Seigneur dit cecy, comme il avoit dit : « Ces signes suivront ceux qui croiront en moy. » D'où s'ensuit que la prophetie doit tousjours estre en l'Eglise, où sont les serviteurs et servantes de Dieu, et où il repand tousjours en tout temps son sainct Esprit.

L'ange dit en l'Apocalypse que « le temoignage de Nostre-Seigneur est l'esprit de prophetie. » Or ce temoignage de l'assistance de Nostre-Seigneur n'est pas seulement donné pour les infidelles, selon sainct Paul, mais principalement pour les fidelles : comme donc diriez-vous que Nostre-Seigneur l'ayant une fois donné à son Eglise, il le luy a levé par après ? Le principal motif pour lequel il luy a esté concedé, est encore aujourd'huy ; donc la concession dure tousjours ; adjoutez à cela, comme je l'ai dit des miracles, qu'en toutes les saisons l'Eglise a eu des prophetes ; ainsi nous pouvons dire que c'est une de ses qualitez et proprietez, et une excellente patrie de son doüaire.

« Jesus-Christ en montant aux cieux a mené la captivité captive, il a donné des dons aux hommes, car il a donné les uns pour apostres, les autres pour prophetes, les autres pour evangelistes, les autres pour estre pasteurs et docteurs ; » l'esprit apostolique, evangelique, pastoral et doctoral est tousjours resté en l'Eglise, pourquoy luy levera-t-on l'esprit prophetique ? C'est un parfum de la robbe de cet espoux ; mais voicy un poinct de question entre vous et nous :

L'EGLISE CATHOLIQUE A CHEZ ELLE L'ESPRIT DE PROPHETIE, LA PRETENDUE NE L'A POINT DU TOUT : CELLE-CY N'EST DONC PAS LA VRAYE EGLISE.

Nous ne connoissons presque point de saincts en l'Eglise de Dieu, qui n'aient eu, qui plus, qui moins, l'esprit de prophetie ; je nommeray seulement ceux-cy qui sont les plus recens ; sainct *Bernard*, sainct *François*, sainct *Dominique*, sainct *Antoine de Padoue*, saincte *Brigitte*, saincte *Catherine*, qui furent, certes, vrays catholiques ; les saincts de qui j'ay encor parlé cy-dessus sont de ce nombre, et en nostre asge, *Gaspard Bayse*, et *François Xavier* ; la tradition generale de nos ayeuls nous recite tousjours asseurement quelque prophetie de *Jean Bourg*, plusieurs desquels l'ont connu, vu et ouy : « le temoignage de Nostre-Seigneur est l'esprit de prophetie. »

Produisez-nous quelqu'un des vostres, qui ait prophetisé en vostre Eglise pour vostre Eglise. Nous sçavons que les sibylles furent en quelque façon les prophetesses des gentils ; presque tous les anciens nous en ont parlé ; Balan aussi prophetisa, mais c'estoit pour la vraye Eglise ; toutefois ces propheties n'authorisoient pas l'Eglise fausse en laquelle elles se faisoient ; mais celle pour laquelle elles se faisoient ; je ne nie pas qu'entre les gentils, il n'y eust une vraye Eglise de peu de gens, ayant la foy interieure d'un vray Dieu, et l'observation des commandemens naturels en grande recommandation par la grace divine, temoin Job en l'ancienne Escriture, et le bon Cornelius avec sept autres soldats craignans Dieu en la nouvelle ; mais de grace ! où sont vos prophetes ? Si vous n'en avez point, croyez que vous n'estes pas du corps de l'Eglise, pour l'edification duquel le Fils de Dieu a laissé, au dire de sainct Paul, le temoignage de Nostre-Seigneur en l'esprit de prophetie ; (1) Calvin a voulu, ce me semble, prophetiser en la preface sur son catechisme de Geneve, mais sa prediction est tellement favorable pour l'Eglise catholique, que quand nous en aurions l'effet, nous sommes contens de tenir pour vray ce qu'il a prophetisé.

(1) La citation du texte de Calvin n'est point dans le manuscrit.

OBSERVATION DU PREMIER EDITEUR.

Il est aisé de voir que ce discours du sainct evesque n'est point parfait, et qu'il s'est contenté de le renvoyer au traité qu'il a fait des miracles, où les preuves qu'il a données suffisent pour justifier, que l'Eglise possede le don de prophetie.

DISCOURS LVI (1).

La vraye Eglise doit practiquer la perfection de la vie chrestienne.

Tout cela se confirme par ces rares enseignemens de Nostre-Seigneur et de ses apostres. Un jeune homme fort riche protestoit d'avoir observé tous les commandemens de Dieu dès sa tendre jeunesse. Nostre-Seigneur, qui void l'interieur, le regardant, l'aima, ce qui est un signe evident qu'il estoit tel qu'il avoit dit, et neantmoins il luy donna cet advis : « Si tu veux estre parfait, va, vends tout ce que tu as, et tu auras un tresor dans le ciel, et me suis. » Sainct Pierre nous invite à cela mesme par son exemple et celuy de ses compagnons. « Nous voicy, nous avons tout laissé, et t'avons suivy. » Nostre-Seigneur repond avec cette promesse solemnelle : « Vous qui m'avez suivy, serez assis sur douze chaires, jugeant les douze tribus d'Israël ; et celuy qui laissera sa maison, ou ses freres, ou ses sœurs, ou son pere, ou sa mere, ou sa femme, ou ses enfans, ou ses champs pour mon nom, il en recevra le centuple, et possedera la vie eternelle. » Voilà les paroles, voicy l'exemple : « Le Fils de l'homme n'a pas eu où il pust reposer sa teste ; » il a esté fait tout pauvre pour nous enrichir, il vivoit d'aumosne, selon sainct Luc, « Mulieres aliquæ ministrabant ei de facultatibus suis. » En ces deux besoins qui touchoient sa personne sacrée, comme l'interpretent sainct Pierre et sainct Paul, il est appellé mendiant. Quand il envoya prescher ses apostres, il leur enseigna, « ne quid tollerent in via, nisi virgam tantùm, » qu'ils ne portassent ny pochettes, ny pain, ny argent, ny ceinture, mais des sandalles à leurs pieds, et qu'ils ne fussent point vestus de deux robbes. Je sçay que ces enseignemens ne sont pas des commandemens absolus, quoy que le dernier semble avoir esté un commandement pour un temps, aussi n'en veux-je rien dire autre chose, sinon que ce sont de tres-salutaires conseils et de bons exemples ; mais en voicy d'autres semblables sur un autre sujet : « Il y a des eunuques qui sont nés ainsi, du ventre de leur mere ; il y a aussi des eunuques qui ont esté faits par les hommes ; il y a des eunuques qui se sont chastrez eux-mesmes, » pour le royaume des cieux. « Qui potest capere capiat, » c'est cela mesme qui avoit esté predit par Isaye, que « l'eunuque ne dise point : Voicy, je suis un arbre sec, parce que le Seigneur dit ainsi aux eunuques, qui garderont mes sabats, et qui choisiront ce que je veux, et tiendront mon alliance, je leur bailleray en ma maison et en mes murailles une place et un nom meilleur, que d'avoir des enfans et des filles ; je leur bailleray un nom eternel, qui ne perira point. Qui ne void icy que l'Evangile va justement se joindre à la prophetie ? En l'Apocalypse, ceux qui chantoient un cantique nouveau, qu'autre qu'eux ne pouvoit dire, c'estoient ceux « qui ne s'estoient point souillez avec les femmes, parce qu'ils estoient vierges, et ceux-là suivoient l'agneau où il alloit. » C'est ici où se rapporte l'exposition de sainct Paul : « Il est bon à l'homme de ne toucher point la femme, or je dis à celuy qui n'est point marié, et aux veuves, qu'il leur sera bon de demeurer ainsi, comme moy. Quant aux vierges, je n'ay point de commandement, mais j'en donne conseil, comme ayant receu la misericorde de Dieu d'estre fidelle. » Il y joint la raison : « Celuy qui est sans femme, est soigneux des affaires du Seigneur, et pense comme il plaira à Dieu ; mais celuy qui est avec sa femme, a soin des choses du monde, et songe comme il agreera à sa femme, et est divisé : la femme non mariée, et la vierge pense aux choses du Seigneur, pour estre saincte de corps et d'esprit ; mais celle qui est mariée, pense aux choses mondaines, comme elle plaira à son mary. Au reste, je dis cecy, pour vostre profit, non pas pour vous tendre des lacets, mais vous conseiller ce qui est honneste, et qui vous facilite le moyen de

---

(1) Ce chapitre et celuy qui suit prouvent à fond l'argument du chap. L, de la saincteté de l'Eglise, que le sainct evesque avoit traité fort succinctement.

servir Dieu, sans empeschement; ainsi, celuy qui joint en mariage sa fille vierge, il fait bien, et qui ne la joint point fait encor mieux; » puis parlant de la veuve, « qu'elle se marie avec qui elle voudra, pourvu que ce soit en Nostre-Seigneur, mais elle sera plus heureuse si elle demeure ainsi, selon mon conseil; or je pense que j'ay l'esprit de Dieu. » Voilà les instructions de Nostre-Seigneur et des apostres, authorisées de l'exemple de Nostre-Seigneur mesme, de Nostre-Dame, de sainct Jean-Baptiste, de sainct Paul, et de sainct Jean et de sainct Jacques, qui tous ont vecu en virginité; et en l'ancien Testament, Helie et Helizée n'ont point eu de femmes, comme ont tresbien remarqué les anciens.

Je mets en cet estat de perfection la tres-humble obeyssance de Nostre-Seigneur, qui est si particulierement exprimée en l'Evangile, non-seulement à Dieu son Pere, auquel il estoit obligé, mais encore à sainct Joseph, à sa mere, et à Cesar, auquel il paya le tribut, et à toutes les creatures en sa passion, pour l'amour de nous. « Humiliavit semetipsum, obediens factus usque ad mortem, mortem autem crucis. » L'humilité qu'il fit paroistre, estoit pour nous enseigner, quand il dit: « Le Fils de l'homme n'est pas venu pour estre servy, mais pour servir; je suis entre vous comme celui qui sert. » Ne sont-ce pas là de perpetuelles leçons et exposition de cette tant belle vertu? « Apprenez de moy que je suis debonnaire et humble de cœur: » et en un autre lieu: « Si quelqu'un, » dit-il, « veut venir après moy, qu'il renonce à soy-mesme, qu'il prenne sa croix tous les jours, et qu'il me suive. »

Il est vray que celuy qui garde les commandemens, renonce assez à soy-mesme pour estre sauvé, c'est bien assez de s'humilier pour estre exalté; mais d'ailleurs il reste une autre obeyssance, une autre humilité, et renoncement de soy-mesme; auquel l'exemple de Nostre-Seigneur et ses enseignemens nous invitent, il veut que nous apprenions de luy l'humilité, et il s'humilioit, non-seulement en ce qu'il estoit inferieur, au temps qu'il portoit la forme de serviteur, mais encore dans les choses où il estoit superieur; il desire donc que comme il s'est abbaissé (non jamais contre son devoir, mais outre son devoir), aussi nous obeyssions volontairement à toutes les creatures pour l'amour de lui; il veut, certes, que nous renoncions à nous-mesmes par son exemple, mais s'il a renoncé si fermement à sa volonté qu'il s'est soumis à l'ignominie de la croix, et s'il a servy ses disciples, et ses serviteurs (temoin celuy qui le trouvant etrange, luy dit, « Non lavabis mihi pedes in æternum »), que reste-t-il pour nous? sinon qu'en ses paroles et en ses actions, nous reconnoissions le devoir d'une douce imitation, à une profonde soumission et obeyssance volontaire, vers ceux auxquels d'ailleurs nous n'avons point d'obligation, ne nous appuyant ny peu ny point du tout sur nostre propre volonté et jugement, selon l'avis du sage, mais nous rendant sujets et esclaves à Dieu, et aux hommes mesmes, pour l'amour de Dieu: ainsi les Recabites sont louez magnifiquement en Jeremie, parce qu'ils obeyrent à leur pere Jonadab, en des choses bien dures et bien etranges, auxquelles il n'avoit point d'authorité de les obliger, qui estoient de ne boire jamais de vin, ny eux ny les leurs; de ne semer ny planter, ny posseder des vignes, ny de bastir des maisons; les peres, certes, ne peuvent pas si fort restreindre les mains de leurs enfans, et de leur posterité, s'ils n'y consentoient volontairement; les Recabites toutesfois sont louez et vus de Dieu avec approbation de cette volontaire obeyssance, avec laquelle ils avoient renoncé à eux-mesmes, par une si extraordinaire et si parfaite renonciation.

Or sus, revenons maintenant à nostre chemin: à qui, je vous prie, ces exemples et enseignemens si signalez de pauvreté, de chasteté, et d'abnegation de soy-mesme, ont-ils esté laissez? A l'Eglise, sans doute; mais pourquoy? Nostre-Seigneur le declare, « qui potest capere capiat, » et qui le peut prendre? Celuy, certes, qui a le don de Dieu, et personne n'a le don de Dieu, que celuy qui le demande; mais comme invoqueront-ils celuy auquel ils ne croyent point? Comme croiront-ils sans predicateur? Comme prescheront-ils s'ils ne sont envoyez? Il n'y a point de mission, sinon en l'Eglise, donc ce « qui potest capere capiat » ne s'adresse immediatement qu'à l'Eglise, et à ceux qui sont en l'Eglise, puisque hors de l'Eglise il ne peut estre en usage; sainct Paul le montre plus clairement: « Hoc, » dit-il, « ad utilitatem vestram dico; » je dis cecy pour vostre profit, non point pour vous dresser des pieges et des lacets, mais pour vous inviter à ce qui est honneste, et qui vous donne la voye et la facilité plus grande de servir Dieu, et de l'honorer sans empeschement. Et de fait, les Escritures, et les exemples qui sont chez elle, ne sont que pour nostre utilité et instruction; l'Eglise donc devoit pratiquer et mettre en œuvre de si bons et si saincts avis de son espoux, autrement c'eust esté en vain, et pour neant, qu'on les luy eust laissez et proposez, aussi les a-t-elle bien sceu prendre pour soy, et en faire son profit, et voicy en quoy.

Nostre-Seigneur ne fut pas plustost monté au ciel, qu'entre les premiers chrestiens chacun vendoit son bien et en apportoit le prix aux pieds des apostres; sainct Pierre pratiquant la premiere regle, disoit : « Aurum et argentum non est mihi; » sainct Philippe avoit quatre filles vierges, qu'Euzebe temoigne estre tousjours demeurées telles : sainct Paul reprend comme reprochables certaines jeunes veufves, « Quæ postquam adsciverunt in Christum, nubere volunt, habentes damnationem, quia primam fidem irritam fecerunt. » Le concile 4. de Carthage (auquel se trouva sainct Augustin), sainct Epiphane, sainct Jerosme, avec tout le reste de l'antiquité, l'interpretent des veufves qui s'estant vouées à Dieu, pour garder la chasteté, rompoient leurs vœux, se liant au mariage contre la foy qu'auparavant elles avoient donnée au celeste Espoux. Dès ce temps-là donc, le conseil des eunuques, et l'autre que sainct Paul a donné, estoit pratiqué en l'Eglise.

Euzebe de Cesarée raporte, que les apostres instituerent deux sortes de vies : l'une selon les commandemens, et l'autre selon les conseils; et qu'il soit ainsi, il appert evidemment; car sur le modele de la perfection des vies, conservées et conseillées par les apostres, une infinité de chrestiens formerent si bien la leur, que des histoires en sont pleines d'exemples. Qui ne sçait combien sont admirables les raports que fait Philon le Juif, de la vie des premiers chrestiens en Alexandrie, au livre intitulé : *de Vitâ supplicum* : où il traite de sainct Marc et de ses disciples, comme le temoignent Euzebe, Nicéphore, sainct Jerosme; entre autres Epiphane, qui nous assure que Philon escrivant des *Jesseens*, parloit des *chrestiens* sous ce nom, qui pour quelque temps après l'ascension de Nostre-Seigneur pendant que sainct Marc preschoit en Egypte, furent ainsi appellez, peut-estre à cause du nom de *Jesus* (nom de leur maistre, qu'ils avoient tousjours en bouche). Celuy qui verra de prez les livres de Philon, connoistra en ces *Jesseens* et *Therapeutes*, c'est-à-dire serviteurs, une tres-parfaite renonciation de soy-mesme, de sa chair, et de ses biens.

Sainct Martial, disciple de Nostre-Seigneur, dans une epistre qu'il escrit aux Tholosains, recite que par sa predication la bienheureuse Valleria, espouse d'un roy terrestre, avoit voué sa virginité de corps et d'esprit au Roy celeste. Sainct Denys en sa hierarchie ecclesiastique, fait foy que les apostres ses maistres appelloient des religieux de son temps, *Therapeutes;* c'est-à-dire serviteurs ou adorateurs, pour le special service et culte qu'ils rendoient à Dieu, au moins à cause de l'union tres-etroite à Dieu, à laquelle ils aspiroient. Voila la perfection de la vie evangelique bien pratiquée en ce premier temps des apostres et de leurs disciples, lesquels ayant frayé ce chemin du ciel si droit et si applany, ont esté suivis à la file de plusieurs chrestiens. Sainct Cyprien garda la continence, et donna tout son bien aux pauvres, selon le recit de Pantius diacre : autant en firent sainct Paul premier hermite, sainct Antoine, sainct Hilarion, temoins sainct Athanase et sainct Jerosme. Sainct Paulin evesque de Nole (temoin sainct Ambroise), issu d'illustre famille, donna gayement tout son bien aux pauvres; et comme dechargé d'un pesant fardeau, dit adieu à son païs et à son parentage, pour servir plus attentivement son Dieu : c'est de l'exemple duquel se servoit sainct Martin pour quitter tout, et pour inciter les autres à la mesme perfection. George Patonerche Alexandrin recite, que sainct Chrysostome donna alors tout ce qu'il possedoit, et se rendit moine. Potilianus gentilhomme Affriquain, revenant de la cour de l'empereur, raconte à sainct Augustin, qu'en Egypte il y avoit un tres-grand nombre de monasteres, et de religieux, qui representoient une grande douceur et simplicité en leurs mœurs; et qu'il y avoit un monastere à Milan, hors la ville, garni d'un bon nombre de religieux, qui vivoient en grande union et fraternité, desquels sainct Ambroise, evesque du lieu, decrit les exercices, comme abbé : il luy raconta aussi qu'auprès de Triesbes il y avoit un autre monastere de bons religieux, où deux courtisans de l'empereur s'estoient rendus moines; et que deux jeunes damoiselles, qui estoient fiancées à ces deux courtisans, ayant oüy la resolution de leurs espoux, vouerent pareillement à Dieu leur virginité, et se retirerent du monde pour vivre en religion, pauvreté et chasteté ; c'est sainct Augustin qui en fait ce recit. Possidius en dit autant de luy, et qu'il institua un monastere; ce que sainct Augustin luy-mesme remarque en une sienne epistre; mais c'est trop, puisque ces grands saincts ont esté suivis de sainct Gregoire de Nazianze, et des saincts Basile, Benoist, Bruno, Romuald, Bernard, Nortbert, Dominique, François, Louis, Antoine, Vincent, Thomas, et Bonaventure? qui tous ayant renoncé aux biens de la terre, et dit un eternel adieu au monde et à ses pompes, se sont presentez en holocaustes par faits au Dieu vivant.

Après cela concluons, et tirons ces consequences qui me semblent inevitables. Nostre-Seigneur a fait intimer par ses Escritures ces advertissemens et ces conseils, de *pauvreté*, *chasteté*, et *obeissance* : il les a pratiquez et fait pratiquer à son Eglise naissante ; toutes sont escrites, et toute la vie de Nostre-Seigneur n'estoit qu'une instruction pour ses fidelles : l'Eglise donc en devoit faire son profit; ainsi ce devoit estre un des exercices de sa religion, de pratiquer cette pauvreté, cette chasteté, cette obeissance, et ce renoncement de soy-mesme : et de fait, l'Eglise a toujours fait ces exercices en tout temps, et en toutes saisons ; c'est donc une de ses proprietez ; car à quel propos tant d'exhortations, si jamais elles n'eussent dû estre pratiquées ? d'où s'ensuit, qu'en la vraye Eglise doit reluire la vraye perfection de la vie chrestienne : ce n'est pas à dire que chacun en l'Eglise soit obligé de la suivre ; il suffit qu'elle se tienne en quelques membres et parties signalées, afin que rien ne soit escrit ny conseillé en vain ; et que l'Eglise se serve de toutes les pieces de la saincte Escriture ; pour son edification spirituelle.

DISCOURS LVII.

La perfection de la vie est pratiquée en l'Eglise romaine, mais en la pretenduë, elle y est meprisée et abolie.

Faisons voir que l'Eglise qui est à present, suivant la voix de son pasteur, et le chemin battu par ses devanciers, loüez et approuvez, prise beaucoup la resolution de ceux qui se rangent à la pratique des conseils evangeliques, et cette saincte espouse conserve un tres-grand nombre de ces ames d'elite. Je ne doute point, messieurs, que si vous aviez esté temoins des congregations des chartreux, ou des camaldules, celestins, minimes, capucins, jesuites, theatins, et autres ordres communs parmy nous, où fleurit la discipline religieuse, vous ne fussiez en peine, si vous les devriez appeler des *anges terrestres, ou des hommes celestes.* Vous n'y sçauriez quoy de plus admirer, ou dans une si grande jeunesse une si parfaite chasteté, ou parmy tant de doctrine une si profonde humilité, ou entre tant de diversité une si grande fraternité, car tous, comme de celestes abeilles, menagent en la ruche de l'Eglise, et y composent le miel de l'Evangile, pour le bien du christianisme ; ceux-là par les predications, ceux-cy par des compositions, d'autres par des meditations et oraisons continuelles ; les uns par des leçons et disputes publiques pour l'instruction ; qui pour le soin des malades, qui pour l'administration des sacremens, et tout cela sous l'authorité des pasteurs : qui pourra jamais obscurcir la gloire de tant de religieux de tous les ordres, de tant de prestres et bons ecclesiastiques, qui laissant volontairement leurs patries, ou pour mieux dire leurs propres mondes, se sont exposez aux vents, aux orages, aux perils et aux alarmes, pour accoster les gens du nouveau monde, afin de les conduire à la vraye foy, et eclairer de la lumiere evangelique? Ceux-cy sans autre appointement que celuy d'une saincte confiance en la providence de Dieu, sans autre attente d'interests, que celle des travaux, miseres, et martyres, sans autres pretentions que l'honneur de Dieu, et le salut des ames, courent parmy les Canibales, les Canariens, les Negres, les Brassiliens, Moluchiens, Japponois, et autres etrangeres nations, et s'y sont confinez, se bannissant eux-mesmes de leurs propres païs terrestres, afin que ces pauvres peuples ne fussent point bannis du paradis celeste. Je sçay que quelques-uns de vos ministres y ont esté : mais ils y sont allez avec de bons appointemens humains ; quand ils leur ont failly, ils s'en sont revenus sans faire autre conqueste, parce qu'un singe est toujours singe ; mais les nostres y sont demeurez en perpetuelle continence, pour y peupler l'Eglise de ces nouvelles plantes, en une extresme pauvreté pour enrichir ces peuples du trafic evangelique, et enfin plusieurs y sont morts en esclavage, pour mettre en liberté chrestienne ce nouveau monde.

Mais vostre envie, au lieu de faire un bon profit de ces exemples, et conforter vos cerveaux tournoyans par la suavité d'un si sainct parfum, a tourné les yeux vers certains endroits, où la discipline monastique est du tout abbatuë et abolie, (1) et où il n'y a plus rien d'entier que l'habit exterieur : vous me contraindrez de vous dire, que vous cherchez les cloaques et les voiries, non pas les jardins et les beaux vergers de la maison : tous les bons catholiques regrettent le malheur de ces gens-là, et blasment l'ambition ou la negligence des pasteurs, qui delaissent ces pauvres ames : car voulant tout manier, disposer et gouverner, ils empeschent l'election legitime des superieurs, et l'ordre de la discipline, pour s'attribuer le bien temporel de ces Eglises. Que voulez-vous ? le maistre y avoit semé la bonne semence, mais l'ennemy y a sursemé la zizanie. Cependant l'Eglise assemblée au concile de Trente y avoit mis bon ordre, mais il est mesprisé par ceux mesme qui le devroient mettre en execution ; tant s'en faut que les docteurs et prelats catholiques consentent à ce malheur, qu'ils estiment au contraire estre un grand peché, d'entrer dans ces lieux ainsi desordonnez : Judas n'empescha point l'honneur de l'ordre apostolique, ny Lucifer celuy de la saincteté des bons anges, ny Nycolas celuy du diaconat ; ainsi ces egarez ne doivent point empescher la bonne estime de tant de beaux et devots monasteres, que l'Eglise catholique a conservez parmy toute la dissolution de nostre siecle

(1) En ce temps où le sainct prelat escrivoit, la discipline monastique estoit grandement relaschée en divers endroits.

tout de fer, afin que pas une parole de son espoux ne demeurast en vain sans estre pratiquée.

Au contraire, messieurs, il est visible que vostre Eglise pretenduë meprise cet estat de perfection, et le deteste tant qu'elle peut par ses medisances. Calvin au quatriesme livre des Institutions, ne vise qu'à l'abolissement des conseils evangeliques, et vous ne m'en sçauriez montrer aucun usage ny bonne volonté parmy vostre reforme pretenduë, car jusques aux ministres chacun se marie, chacun trafique pour assembler et accumuler des richesses ; personne ne reconnoist autre superieur entre vous, que celuy que la force luy fait avoüer, signe evident que cette pretenduë Eglise n'est pas celle pour laquelle on nous a presché et tracé le tableau de tant de beaux exemples : et de fait, si chacun croit estre obligé de se marier, que deviendra l'advis de sainct Paul ? « Bonum est homini mulierem non tangere. » Si chacun court à l'argent, aux richesses, et aux possessions, à qui s'adressera la parole de Nostre-Seigneur ? « Nolite thesaurizare vobis thesauros in terrà. » Et cet autre : « Vade, vende omnia, et da pauperibus. » Si chacun veut gouverner à son tour, où se trouvera la pratique de cette si solennelle sentence ? « Qui vult venire post me, abneget semetipsum. » Si donc vostre Eglise se ose mettre en comparaison avec la nostre, la seule catholique sera la vraye espouse, qui pratique fidellement toutes les paroles de son espoux, et ne laisse pas un conseil de l'Escriture qui ne soit observé, la vostre sera fausse, qui n'ecoute pas la voix de l'espoux, mais la meprise : il n'est pas raisonnable que pour maintenir la vostre, en credit, on rende vaine la moindre syllabe de l'Escriture, laquelle ne s'adressant qu'à la vraye Eglise, seroit vaine, inutile, et abrogée, si son zele n'employe toutes ces pieces de l'Evangile, qui sont mesprisées dans vostre reforme tres-difforme.

DISCOURS LVIII.

De l'universalité ou catholicisme de l'Eglise.

Raportons ce que dit ce grand homme Vincent de Lirins ; en un tres-utile traité qu'il a fait, il dit de bonne grace, qu'on « doit avoir grand soin de croire ce qui a esté cru partout. »

OBSERVATION DU PREMIER EDITEUR.

Le manuscrit est tronqué et defectueux en cet endroit, où le reste de ce discours ne se rencontre point; il y a de l'apparence qu'il s'en est egaré quelques cahiers entiers ; et la conjecture en est d'autant plus probable, que le saint prelat avoit promis dans son projet, qu'il traiteroit de *le simplicité de la foy, et la gloire de l'Evangile.* Le fragment qui suit en est une preuve ; nous l'avons mis icy, et à mon advis il est si conforme à l'idée du titre du discours, que nous avons crû à propos de l'adjouter en ce lieu, comme une piece qui estoit egarée du bastiment, et qui n'avoit aucune connexité avec aucune autre matiere de celles qui sont expliquées dans cet ouvrage.

Il est vray que la foule de vos gens, les cabaretiers, les chauderonniers, avec toute la lie des peuples de vostre reforme, nous appellent les *catholiques*; mais nous y adjoutons *catholiques romains*, pour instruire les gens du siege de l'evesque, qui est le pasteur general et chef visible de l'Eglise, dejà du temps de sainct Ambroise, ce n'estoit autre chose d'*estre romain de communion*, et d'*estre catholique*.

Mais quant à vostre Eglise, on l'appelle partout *huguenotte, calviniste, zuingliene, heretique, pretenduë, protestante, nouvelle* ou *sacramentaire*. Vostre Eglise n'estoit point du tout devant ces noms, et ces noms n'estoient point devant vostre Eglise, parce qu'ils luy sont propres : personne ne vous nomme catholiques, vous ne l'osez quasi faire vous-mesmes. Je sçay bien que parmy vous, vos Eglises s'appellent *reformées* : mais les lutheriens ont ce titre commun avec vous, aussi bien que les *ubitiquaires, anabaptistes, trinitaires* et autres sectes et engences de *Luther* : et ceux-cy ne le vous quitteront jamais ; le nom de religion est commun à l'Eglise des *Juifs* et des *chrestiens* ; à l'ancienne loy et à la nouvelle ; mais le nom de *catholique* est le propre titre de l'Eglise de Nostre-Seigneur ; le nom de reformée est un blasphesme contre sa sagesse, qui a si bien formé et sanctifié son Eglise par le merite de son sang, qu'elle ne doit jamais prendre une autre forme, d'*espouse toute belle de colomne et fermeté de verité*. On peut reformer les abus des peuples et les particuliers, mais non l'Eglise ny la religion ; car si elle estoit Eglise et religion, elle estoit bien formée, la difformation s'appelle heresie et irreligion ; la teinture du sang de Nostre-Seigneur est trop vifve et trop fine pour avoir besoin de recevoir nouvelles couleurs.

Ainsi je conclus que vostre Eglise s'appellant reformée, quitte sa part en la formation parfaite que le Sauveur y avoit mise ; mais je ne puis m'empescher de vous reprocher ce que Beze, Luther et Pierre Martyr ont avancé ; Pierre Martyr appelle les lutheriens *vos associez*, et dit que vous estes freres avec eux ; vous estes donc lutheriens : Luther au contraire vous nomme des semi-arriens et des sacramentaires ; Beze, qui s'oublie de soy-

8.

mesme en cet endroit, appelle les lutheriens *consubstantiateurs* et chymistes ; neantmoins il les met au rang des Eglises reformées. Voilà les noms nouveaux que les rapetaceurs avoüent les uns pour les autres. Nostre Eglise donc n'ayant pas seulement le nom, mais l'effet evident de catholique, vous ne pouvez vous appliquer en bonne conscience le symbole dressé par les apostres, ou vous reconnoissez vous-mesmes, que confessant l'Eglise catholique et universelle, ce ne peut estre, et ce n'est pas la vostre, qui ne l'est pas effectivement. Si sainct Augustin vivoit maintenant, il se tiendroit sans doute en nostre Eglise, laquelle de temps immemorial est en possession du nom de catholique.

DISCOURS LIX.

La vraye Eglise doit estre ancienne.

A dire vray, la vraye Eglise de Jesus-Christ, pour estre catholique, doit estre universelle selon le temps, et pour estre universelle selon le temps il faut qu'elle soit ancienne : *l'ancienneté donc est une proprieté de l'Eglise*; et de fait, en comparaison des heresies, elle doit estre plus ancienne, et doit les avoir precedées, parce que comme dit tres-bien Tertullien, « La fausseté est une corruption de verité, la verité par consequent doit preceder; » car la bonne semence est semée par le laboureur, avant que l'ennemy ait sursemé la zizanie : Moïse fut devant Abiron, Dathan et Choré : les anges furent devant les diables : Lucifer fut debout et demeura en grace, avant qu'il chust dans les tenebres eternelles : enfin la privation doit suivre la forme, non pas la devancer. Sainct Jean dit au sujet des heretiques, « qu'ils sont sortis de nous. » Ils estoient donc dedans avant que de sortir ; la sortie c'est l'heresie, et l'entrée à l'Eglise, c'est la fidelité : l'Eglise donc precede l'heresie; aussi la robbe de Nostre-Seigneur estoit tout entiere avant qu'on entreprist de la diviser. Bien qu'Ismaël fust devant Isaac, cela ne veut pas dire que la fausseté soit devant la verité ; et quoy que l'ombre veritable du judaïsme fust devant le corps du christianisme, l'ombre pourtant n'estoit que pour le corps, comme le dit sainct Paul. Or, messieurs, voicy le point de nostre dispute; nous disons

QUE L'EGLISE CATHOLIQUE EST TRES-ANCIENNE, ET QUE LA PRETENDUE EST TOUTE NOUVELLE : PAR CONSEQUENT CELLE-CY N'EST POINT LA VRAYE EGLISE.

Dites de bonne foy, je vous en prie, où cottez-vous le temps et le lieu, où premierement vostre Eglise a pris naissance? Dites-nous l'autheur et le docteur qui la convoqua ? j'useray des mesmes paroles d'un docteur et martyr de nostre asge, dignes d'estre bien pesées.

Vous confessez, et vous n'oseriez le faire autrement, que pour un temps l'Eglise romaine fut saincte, catholique, et apostolique : certes, lorsqu'elle meritoit ces sainctes loüanges que luy donne l'apostre, sa foy fut annoncée par tout le monde. « Je fais sans cesse memoire de vous, » dit ce sainct docteur aux Romains; « Je sçay que venant à vous, j'y viendrai en l'abondance de la benediction de Jesus-Christ : toutes les Eglises de Jesus-Christ vous saluent ; car vostre obeissance a esté divulguée par tout le monde. » Lors que sainct Paul dans une prison librement semoit l'Evangile ; lorsqu'en icelle sainct Pierre gouvernoit l'Eglise ramassée en Babylone ; lorsque Clement (si fort loüé par l'apostre) estoit assis à son timon ; lorsque les Cesars prophanes, comme Neron, Domitien, Trajan, Antonin, et les autres, massacroient les evesques et les papes de Rome ; lors mesme que Damase, Lucius, Anastase et Innocent tenoient le gouvernail apostolique, selon le temoignage mesme de Calvin, vous avoüez avec luy franchement, que les papes en ce temps-là ne s'estoient point encor egarez de la doctrine evangelique. Or sus, quand fut-ce donc que Rome perdit cette foy toute celeste? quand cessa-t-elle d'estre ce qu'elle estoit? en quelle saison? sous quel evesque ? par quel moyen? par quelle force ? par quelle progrez de religion etrangere s'empara-t-elle de la cité, et de tout le cercle du monde ? quelle voix, quels troubles, quelles lamentations produisit ce divorce? hé ! chacun dormoit-il par tout le monde, pendant que Rome, pendant disje que Rome formoit de nouveaux sacremens, de nouveaux sacrifices, de nouvelles doctrines ? Ne se trouve-t-il pas un seul historien, ny grec, ny latin, ny voisin, ny etranger, qui ait mis ou laissé quelques marques en ses commentaires, ou quelques observations en ses memoires, d'une chose si grande? Certes! ce seroit une chose merveilleuse si les historiens, qui ont esté si curieux de remarquer jusques aux moindres circonstances des villes et des peuples, eussent oublié le plus notable de tout ce qui se peut faire en ce bas monde, qui est le changement d'une religion universelle, en la ville et province la plus signalée d'un si grand empire, qui est Rome et l'Italie.

Je vous demande, messieurs, après cela, si vous sçavez quand nostre Eglise a commencé de suivre l'erreur pretenduë? Dites-le-nous de bonne foy, car c'est chose certaine, comme dit sainct Jerosme, que « hæreses ad originem revocasse, refutasse est. » Montez et remontez dans le recit des premieres histoires, jusques mesme au pied de la croix, où a commencé la redemption : regardons deçà et delà, nous ne verrons jamais en aucune saison, que cette Eglise catholique ait changé de face, c'est tousjours la mesme en doctrine et en sacremens. A dire vray, nous n'avons besoin contre vous en ce point important, d'autres temoins, que des yeux de nos peres et de nos ayeux, pour dire quand vostre Eglise pretenduë commença; ce fut en l'an mil cinq cent dix-sept que Luther ouvrit cette tragedie : en l'an 1534 et 1535, on en forma un acte par-deçà; Zuingle et Calvin en furent les deux principaux acteurs : voulez-vous que je vous cotte par le menu comment, et par quels succez et par quelles actions? par quelle force et par quelle violence cette reformation s'empara de Berne, de Geneve, de Lozanne, et des autres villes? quels troubles et quelles lamentations elle produisit? Vous ne prendrez peut-estre pas plaisir à ce recit, nous le voyons, nous le sentons; en un mot, vostre Eglise n'a pas encor (1) 80 ans accomplis : son autheur est Calvin; ses effets sont le malheur de nostre asge : que si vous la voulez faire plus ancienne, apprenez-nous où elle estoit avant ce temps-là? mais gardez-vous bien de nous alleguer qu'elle estoit invisible; car si on ne la voyoit point, qui peut dire qu'elle fust en existence? Luther mesme vous contredit; car il confesse qu'au commencement il estoit tout seul qui travailloit à la reforme.

Que si Tertullien déja de son temps, atteste que les catholiques deboutoient les erreurs des heretiques par la posterité et nouveauté, quand l'Eglise n'estoit encore qu'en son adolescence : « Solemus, » disoit-il, « hæreticos compendii gratiâ, de posteritate prescribere ; » combien plus d'occasions avons-nous maintenant de faire valoir cette ancienneté? que si l'une de nos deux Eglises doit estre la vraye, ce titre sans doute doit rester à la nostre seule, qui est tres-ancienne ; et à la vostre toute nouvelle, l'infame nom d'heresie et de clandestine.

DISCOURS LX.

La vraye Eglise doit estre perpetuelle.

Nous assurons, que quoy que l'Eglise fust ancienne selon son origine, elle ne seroit pas universelle en temps, si elle avoit manqué en quelque siecle; l'heresie des *nicolaïtes* est tres-ancienne, mais elle ne fut pas universelle, car elle n'a duré que bien peu de temps, à la maniere d'une bourrasque,

(1) Le sainct evesque parle de son temps, en l'an 1593.

qui semble vouloir deplacer la mer, puis tout-à-coup se perd en elle-mesme ; ou comme un champignon, qui naist de quelque mauvaise vapeur en une nuit, qui paroist un jour, et se perd tout aussi-tost. Les heresies, pour anciennes qu'elles ayent esté, se sont enfin évanoüies ; mais l'Eglise dure en sa consistance perpetuellement; ne sçait-on pas la parole de Nostre-Seigneur? « Si je suis une fois elevé de terre, j'attireray toutes choses à moy (1) : » N'a-t-il pas esté elevé en la croix? comme donc auroit-il laissé aller l'Eglise qu'il avoit attirée à soy avant la deroute? comme auroit-il lasché cette prise si precieuse qui luy avoit cousté si cher ? Le diable, ce cruel prince du monde, auroit-il esté chassé avec le baston de la croix, pour un temps seulement de trois ou quatre cents ans, et revenir par après maistriser depuis mille ans? Voulez-vous deraciner de telle maniere cette force de la croix? Voulez-vous si iniquement partager Nostre-Seigneur, et mettre une alternative entre luy et le demon? Certes, « quand un fort et puissant guerrier garde bravement sa forteresse, tout y est en paix ; que si un plus fort survient et le met en deroute, il luy leve les armes et le depouille. » Ignorez-vous que le Fils de Dieu se soit acquis l'Eglise par l'effusion de son sang? qui pourra la luy lever et la luy oster d'entre les mains? Peut-estre, direz-vous qu'il peut la conserver, mais qu'il ne le veut pas; c'est donc la Providence que vous en accusez. Dieu « a donné des dons aux hommes, des apostres, des prophetes, des evangelistes, des pasteurs et des docteurs, pour la consommation des saincts, en l'œuvre des ministeres, pour l'edification du corps de Christ : » la consommation des saincts estoit-elle déjà faite ou achevée il y a onze cents ans ? l'edification du corps mystique, qui est l'Evangile, avoit-elle esté accomplie? On cesse de nous appeler edificateurs, on dit que nous ne le sommes plus ; mais si l'Eglise estoit achevée et consommée il y a mille ans, pourquoy faites-vous ce tort à la bonté de Dieu, de dire qu'il ait osté et levé aux hommes ce qu'il leur avoit donné? Les « dons et graces de Dieu sont sans repentir, » c'est-à-dire, qu'il ne les donne pas pour les oster; la divine Providence conserve perpetuellement la generation du plus petit oysillon du monde ; comment, je vous prie, peut-il abandonner l'Eglise, qui luy a cousté tout son sang, et tant de

(1) *Nota.* Ce mesme discours est déjà dit cy-dessus en mesmes termes, aux disc. XI et XII. Et le mesme sainct le repete tout au long, parce qu'il escrivoit ces points de controverses en forme de lettres volantes, en divers temps, et en divers lieux de sa mission, selon la necessité des rencontres et des matieres.

peines et de travaux ? Dieu tira Israël de l'Egypte, du desert, de la mer Rouge, des calamitez et des captivitez ; et vous nous voulez faire croire qu'il a laissé le christianisme en l'incredulité : s'il a tant aimé son Agar, comme meprisera-t-il Sarra ? C'est de l'Eglise que le psalmiste chante : « Dieu l'a fondée en son eternité, son trosne sera permanent. » Il parle de l'Eglise, et dit que ce trosne du Messie « sera comme le soleil devant Dieu, et parfait comme une belle lune qui doit tousjours durer dans le ciel, comme un temoin fidele, qu'il mettra sa race aux siecles des siecles. » Daniel l'appelle, « un royaume qui ne se dissipera point eternellement. » L'ange dit à Nostre-Dame, que « ce royaume n'aura point de fin. » Isaye dit de Nostre-Seigneur : « S'il met et expose sa vie pour le peché, il verra une longue race. » Et ailleurs : « Je veux une alliance perpetuelle avec eux, et ceux qui les verront les connoistront. »

N'est-ce pas Nostre-Seigneur, qui, parlant de l'Eglise, a dit, « Que les portes d'enfer ne prevaudront point contre elle : » ce qu'il promit à ses apostres pour eux et leurs successeurs. Voicy que « je suis avec vous jusques à la consommation du siecle. » Si ce conseil, dit Ismaël, ou cette œuvre est des hommes, il se dissipera ; mais s'il est de Dieu, vous ne sçauriez le dissoudre. L'Eglise est un ouvrage de Dieu, qui donc la dissipera ? Seront-ce les calvinistes ? Laissez-là ces aveugles ; car toute plante que l'Espoux celeste n'a pas plantée, sera arrachée du jardin, mais l'Eglise a esté plantée de la main de Dieu, et ne peut estre deracinée. J'adjoute à cela ce que dit sainct Paul, que « tous doivent estre vivifiez chacun à son tour ; les promesses suivront le Christ, et ceux qui sont de Christ, et puis la fin arrivera. » Il n'y a point d'entre-deux entre ceux qui sont de Christ, et la fin du monde, d'autant que l'Eglise doit durer jusques à la fin. Il falloit que Nostre-Seigneur regnast sur ses ennemis, jusques à ce qu'il eust mis sous ses pieds, et assujetty tous ses adversaires ; et quand les assujettira-t-il, sinon au jour du jugement ? Mais cependant, il faut qu'il regne parmy ses ennemis : où sont ses ennemis, sinon icy-bas ? et où est-ce qu'il regne, sinon dans les persecutions qu'ils font à son Eglise ?

Si cette espouse fust morte aussi-tost, ou peu de temps apres qu'elle eut receu la vie du costé de son espoux, endormy sur la croix ; si elle fust morte, dis-je, et puis ressuscitée, la resurrection de cette morte n'eust pas esté un moindre miracle que la creation ; en la creation, Dieu dit, et il fut fait ; il inspira l'ame vivante, et si-tost qu'il l'eut inspirée, l'homme commença de respirer ; mais Dieu voulant reformer l'homme, il employa trente-trois ans, sua le sang et l'eau, et à la fin mourut dans le travail. Celuy donc qui dit que l'Eglise estoit morte et perduë, accuse, certes, la providence du Sauveur ; et celuy qui s'appelle son reformateur ou restaurateur, (comme Beze appelle Calvin, Luther et les autres) s'attribuë l'honneur deu à Jesus-Christ, et se fait plus que les apostres. Nostre Seigneur avoit mis le feu de la charité dans le monde, les apostres avec le souffle de leurs predications l'avoient étendu, et fait courir par l'univers ; mais on dit qu'il a osté ce feu par l'eau de l'ignorance et de la superstition : qui pourra donc le rallumer ? Le souffle n'y sert de rien ; ils voudroient peut-estre de nouveau rebattre avec les clous et la lance, le corps de Jesus-Christ, pierre vivante, pour en faire sortir un nouveau feu ; sinon qu'ils voulussent mettre Luther et Calvin pour pierre angulaire du bastiment ecclesiastique. « O voix imprudente ! (dit sainct Augustin contre les donatistes) que l'Eglise ne soit point, parce que tu n'y es pas ? Non, dit sainct Bernard ; les torrens sont venus, les vents ont soufflé et l'ont combattuë, mais elle n'est point tombée, parce qu'elle estoit fondée sur la pierre, et la pierre estoit Jesus-Christ.

Voulez-vous, messieurs, que tous nos devanciers soient damnez ? Ouy pour vray, si l'Eglise estoit perie, car hors de l'Eglise il n'y a point de salut. O quel contre-change ! nos anciens ont tant souffert pour nous conserver l'heritage de l'Evangile, et maintenant on se mocque d'eux, et les tient-on pour reprouvez et pour des insensez. « Que nous dites-vous de nouveau ? (dit sainct Augustin) faudroit-il encore une fois semer la bonne semence, puisque dès qu'elle est semée, elle croist tousjours jusques à la moisson ? » Si vous repondez que celle que les apostres avoient semée est toute perduë, nous vous repartirons : Voyez dans les sainctes Escritures, et vous ne lirez jamais que l'on puisse rendre faux ce qui est escrit ; que « la semence qui fut semée au commencement, croistroit jusques au temps de la moisson ; » la bonne semence sont les enfans du royaume ; la zizanie sont les mauvais ; la moisson c'est la fin du monde. Ne dites donc pas que la bonne semence soit abolie et etouffée, car elle croist et croistra jusques à la fin du monde ; l'Eglise, certes, ne fut pas abolie, quand Adam et Eve pechererent, car ce n'estoit pas encore l'Eglise, mais un commencement de l'Eglise, outre qu'ils ne pecherent pas en la doctrine, ny en la foy, mais en la discipline ; l'Eglise ne cessa point, quand Aaron dressa le veau d'or, car alors Aaron n'estoit pas encore souverain prestre, ny chef du peuple, c'estoit Moyse, lequel demeura ferme en la foy, aussi bien que la race de ceux qui se joignirent à luy : l'Eglise n'estoit point encore perduë, quand Elie se lamentoit d'estre seul, car il ne parle que d'Israël, mais la tribu de Juda, qui estoit la meilleure et la principale partie de l'Eglise resta fidelle : et ce que dit ce prophete n'est qu'une maniere de parler avec zele, pour mieux exprimer la justice de sa plainte; car au reste, il y avoit encore sept mille hommes qui ne s'estoient point abandonnez à l'idolastrie ; ce sont de certaines expressions et demonstrations vehementes, ordinaires dans les prophetes, qui ne doivent verifier sinon en general un grand debordement, comme quand David disoit : « Non est qui faciat bonum : » et sainct Paul : « Omnes quærunt quæ sua sunt. » Il est escrit que la separation et divorce viendra, lorsque le sacrifice cessera, et qu'à grand'peine le Fils de Dieu trouvera la foy sur la terre, mais tout cecy se verifiera en trois ans et demy du royaume de l'Ante-Christ, durant lesquels l'Eglise ne perira point entierement: car elle sera nourrie dans la solitude et dans les deserts, comme dit l'Escriture.

Nostre Eglise donc est perpetuelle, mais la pretenduë ne l'est pas. Je vous diray icy, comme j'ay dit cy-dessus, montrez-moy une dizaine d'années depuis que Nostre-Seigneur est monté au ciel, en laquelle nostre Eglise n'ait pas esté; certes, vous ne sçauriez montrer quand nostre Eglise a commencé, parce qu'elle a tousjours duré; que s'il vous plaisoit vous instruire à la bonne foy de tout cecy, Sanderus en sa Visible monarchie, et Gilbert Genebrard en sa Chronologie vous fourniroient assez de lumiere, et sur tous le docte Cesar Baronius en ses Annales ; que si vous ne voulez pas de premier abord abandonner les livres de vos maistres, pourvu que vous n'ayez point les yeux sillez d'une trop excessive passion, regardez de près les Centuries de Magdebourg, et vous n'y verrez partout que les actions des catholiques, car, dit tres-bien un docte de nostre asge, si elles ne les eussent point recueillies, elles eussent esté mille et cinq cents ans sans histoires: mais je diray quelque chose de cecy dans les matieres suivantes.

Revenons, messieurs, à votre Eglise; supposons ce gros mensonge pour verité, qu'elle ait esté du temps des apostres, si ne sera-t-elle pourtant pas l'Eglise catholique, qui doit estre universelle en temps, par consequent qui doit tousjours durer : mais dites-moy, où estoit vostre rare Eglise il y a deux ou trois cents ans ! Vous ne la sçauriez faire voir, car elle n'estoit point, elle n'est donc pas la vraye Eglise ; elle estoit, me dira peut-estre un de vous, mais inconnuë. Bonté de Dieu ! l'anabaptiste, et tout autre heretique, ne dira-t-il pas la mesme chose, s'il entre en ce discours ? J'ay déjà montré que l'Eglise est et doit estre universelle en temps, faisons voir encore qu'elle ne peut estre inconnuë ny invisible.

DISCOURS LXI. (1)

La vraye Eglise doit estre universelle en lieu et en personnes.

Certes les anciens disoient sagement que celuy qui sçavoit observer exactement la difference des temps, avoit en main un bon moyen pour expliquer les Escritures, à faute de quoy les Juifs se trompoient, entendant du premier avenement du Messie, ce qui est souvent predit du second. Les ministres s'abusent encore plus lourdement, quand ils veulent faire l'Eglise telle, depuis le temps de sainct Gregoire, qu'elle doit estre au temps de l'Ante-Christ, ils tournent à ce biais ce qui est escrit en l'Apocalypse, que « la femme s'enfuit en la solitude, » d'où ils prennent occasion de dire, que l'Eglise a esté cachée et secrette jusques à ce qu'elle s'est reproduite en Luther et en ses adherans. Mais qui ne void que ce passage ne signifie rien autre chose que la fin du monde, et la persecution de l'Ante-Christ? Le temps y est expressement determiné de trois ans et demy, et en Daniel aussi : qui voudroit donc par quelque clause confondre la circonstance de ce temps, que l'Escriture a determiné, avec d'autres temps, contrediroit au texte, qui dit, qu'il sera plutost accourcy pour l'amour de ses elus ; comme osent-ils transporter cette Escriture à une intelligence si contraire à ses propres termes? Certes, l'Eglise est dite semblable à la lune, au soleil, à l'arc-enciel, à une reine, à une montagne aussi grande que le monde, elle ne peut donc estre ny secrette ny cachée, mais doit estre universelle en son etenduë.

Je me contenteray de mettre en teste deux des plus grands docteurs qui furent dans l'Eglise de Dieu ; David avoit dit : « Le Seigneur est grand, et trop loüable en la cité de nostre Dieu en la haute montagne d'icelny. » (2) « La cité, dit sainct Augustin, est assise sur la montagne qui ne se peut cacher, c'est la lampe qui ne peut estre couverte sous un tonneau, elle est connuë et celebre à tous, car il s'ensuit : « Le mont de Sion est « fondé avec grande joye de l'univers. » Et de fait Nostre-Seigneur nous apprend, que « per-

(1) *Nota.* La pluspart de ce discours est une repetition du disc. XIII, en autres termes; cette repetition neantmoins est necessaire au sujet de la question controversée.

(2) Cet excellent discours de S. Augustin est desja marqué cy-dessus au disc. XIII.

« sonne n'allume la lampe pour la couvrir sous « un muid. » Comme eust-il donc caché tant de lumieres, qui sont en l'Eglise, pour les couvrir et retirer en des lieux invisibles? Voicy le mont qui a remply le monde, voicy la cité qui ne se peut derober aux yeux ; les donatistes reconnoissent le mont ; mais quand on leur dit : Montez, ce n'est pas, disent-ils, une montagne, et ils aiment mieux y choquer du front, que d'y chercher une demeure. Isaïe nous lisoit hier, et crioit à haute voix : « Il y aura ès derniers jours un mont pre- « paré sur le coupeau des montagnes, maison du « Seigneur, et toutes les gens s'y rendront à la « file (1). » Qu'y a-t-il de si apparent qu'une montagne? Mais ils se sont faits eux-mesmes inconnus, parce qu'ils sont assis à un coin de la table. Qui d'entre vous connoist le mont Olympe? Personne, certes, ny plus ny moins que les habitans de ce lieu ne sçavent ce que c'est que nostre mont Chydabbe (2) ; ces monts sont retirez en certains quartiers, mais le mont d'Isaïe n'est pas de mesme, car il a remply toute la face de la terre ; la pierre taillée de ce mont, sans œuvre manuelle d'homme, n'est-ce pas Jesus-Christ, descendu de la race des Juifs sans operation de mariage? Cette pierre mystique a traversé tous les royaumes de la terre, c'est-à-dire, qu'elle a detruit toutes les dominations des idoles et des demons, ainsi ce mont a remply tous les lieux du monde ; c'est donc ce mont, qui est preparé sur la cime des autres monts ; c'est un mont elevé sur le sommet des monts, où toutes les nations se doivent attrouper ; celuy qui se perd et s'egare de ce mont, se choque et se casse la teste ; celuy qui ignore la cité, assise sur le mont, perit ; ne vous emerveillez donc pas si ce mont est inconnu à ceuxcy qui haïssent les freres, et fuyent l'Eglise, car ils cheminent par les tenebres et ne sçavent où ils vont ; ils sont malheureusement separez du reste des fidelles, ils sont aveuglez de leur passion. » C'est sainct Augustin qui a parlé jusques ici : maintenant oyons sainct Jerosme, parlant à un schismatique converty : « (3) Je me rejouïs avec toy, et je rends graces à Jesus-Christ mon Dieu, de ce que tu t'es reduit de bon cœur de la nuit de la faussetez au goust de tout le monde, disant plus que quelques-uns ! O Seigneur! sauvez-moy, car le sens a manqué à ceux, desquels la voix impie ensevelit la gloire de la croix, assujettit le Fils de Dieu au diable ; voila ton regret, qui a esté proclamé de plusieurs, et que tu veux estre entendu de tous les hommes ; jamais n'advienne que Dieu soit mort pour neant ; le puissant est lié et saccagé, la parole du Pere est accomplie ; demande-moy, et je te donneray les gens pour heritage, et les bornes de toute la terre pour ta possession : Où sont, je vous prie, ces hommes trop religieux, ains plutost trop prophanes, qui sont plus de la synagogue, que de l'Eglise? Comme seront detruites les citez du diable et des idoles? Comme seront-ils abbatus? Si Nostre-Seigneur n'a point eu d'Eglise, ou s'il l'a euë en la seule Sardaigne, certes il est trop appauvry : ha! si Satan possede une fois tout le monde, comme auroient esté victorieux les trophées de la croix, ainsi avillis et contraints en un coin de la terre? Que diroit, messieurs, ce grand personnage, s'il vivoit maintenant, et si on luy disoit, que l'Eglise est incontinuë et invisible? »

N'est-ce pas là bien avillir le trophée de nostre Seigneur? Le Pere celeste, pour recompenser la grande humiliation et aneantissement que son Fils souffrit en l'arbre de la croix, avoit rendu son nom si glorieux, que tous les genoux se devoient flechir en reverence ; et parce qu'il avoit livré sa vie à la mort, estant mis au rang des mechans et des voleurs, il luy avoit donné en heritage beaucoup de gens ; mais vous ne prisez pas tant les passions du Crucifix, levant tout d'un coup de son honneur les generations de mille années, si bien qu'à peine, durant ce temps, il a eu quelques serviteurs secrets et invisibles, qui enfin ne seront, ou n'ont esté que des hypocrites et des mechans : car si je m'adresse à nos devanciers, qui porterent autrefois le nom de chrestiens, et qui ont esté en la vraye Eglise, je leur demande : Pauvres gens! ou vous aviez la foy, ou vous ne l'aviez pas? Si vous ne l'aviez pas, ô miserables! vous estes damnez ; si vous l'aviez, que n'en laissiez-vous des memoires? Que ne vous opposiez-vous à l'impieté? ne sçaviez-vous pas que Dieu a recommandé l'amour du prochain à un chacun et qu'on « croit de cœur pour la justice ; mais qui veut obtenir le salut eternel, il faut qu'il fasse la confession de sa foy ; » comme pouviez-vous dire : « J'ay cru, et partant j'ay parlé? » Vous estes encor beaucoup miserables, en ce qu'ayant receu de Dieu un si beau talent, vous l'avez caché en terre ; mais si on contraire, ô Calvin! ô Luther! la vraye foy a toujours esté publiée par l'antiquité, vous estes grandement miserables vous-mesmes, qui pour trouver quelque frivole excuse à vos fantaisies, accusez tous les anciens, ou d'impieté s'ils ont mal cru, ou de lascheté s'ils se sont teus et n'ont pas instruit les chrestiens qui vivoient avec eux.

---

(1) *Nota.* On void que le sainct autheur preschoit ce discours durant les advents.

(2) *Nota.* Chydabbe est une montagne de Savoye.

(3) Ce beau discours de S. Jerosme est encore au discours XIII, tout du long.

DISCOURS LXII.

L'Eglise catholique doit estre universelle successivement en lieux et en personnes; et la pretenduë ne l'est point.

Or l'universalité de l'Eglise ne requiert pas que toutes les provinces ou nations ayent receu tout à coup la lumiere de l'Evangile ; il suffit que cela se soit introduit successivement l'un après l'autre, en telle sorte neantmoins que l'on voye tousjours l'Eglise orthodoxe en quelque lieu, et que l'on reconnoisse que c'est la mesme qui a esté plantée par tout le monde, ou dans la plus grande partie, afin qu'on puisse dire : « Venite, ascendamus ad montem Domini. » Et en effet, la saincte Eglise devoit estre comme le soleil, selon le roy psalmiste, et le soleil n'eclaire pas tousjours au mesme moment ny egalement en toutes les contrées, c'est assez qu'au bout de l'an il fait son cours par tout l'univers : « Nemo est, qui se abscondat a calore ejus ; » ainsi il suffira qu'au bout de ce siecle visible, la predication de Nostre-Seigneur ait esté verifiée en ces paroles : « Il falloit que la penitence et la remission des pechez fust preschée generalement en toutes nations, commençant par Jerusalem. »

Certes, l'Eglise au temps où les apostres coururent par toute la terre, jetta partout ses branches, chargées du fruit de l'Evangile, temoin sainct Paul ; autant en dit sainct Irenée de son temps, qui parle de l'Eglise romaine, ou papale, à laquelle il veut que tout le reste de l'Eglise se conforme à raison de sa plus puissante principauté.

Prosper, messieurs, parle de nostre Eglise, et non pas de la vostre, quand il dit, qu'eu egard à l'honneur pastoral,« Rome, siege de sainct Pierre, est le chef de l'univers, ce qu'elle n'a pas conquis par les armes est reduit par la foy à sa domination, et luy est acquis par la religion chrestienne. » Vous voyez bien qu'il parle de l'Eglise romaine, et qu'il reconnoissoit le pape de Rome pour son chef. Du temps de sainct Gregoire, il y avoit partout des catholiques, ainsi qu'on le peut voir par les belles epistres qu'il escrit aux evesques et aux fidelles de toutes nations. Au temps des empereurs Gratien, Valentinien et Justinien, il y avoit partout de vrais catholiques romains, comme on le peut remarquer dans les codes de leurs loix : sainct Bernard nous apprend le mesme de son temps ; vous sçavez assez ce qui en estoit au temps de Godefroy de Boüillon ; depuis ces premiers siecles la mesme Eglise est venuë jusques à nostre asge, tousjours romaine, c'est-à-dire, papale ; de façon que quand nostre Eglise d'aujourd'huy seroit beaucoup moindre ou moins etenduë qu'elle n'est, elle ne laisseroit pas d'estre catholique, parce que c'est la mesme foy romaine ; qui fut autrefois publiée partout, et qui a presque possedé toutes les provinces des nations et peuples innombrables : mais elle est encore à present maintenuë par toute la terre, en Transilvanie, Pologne, Hongrie, et Boesme ; par toute l'Allemagne, la France, l'Italie, l'Esclavonie, Candie, Esgne, Portugal, Sicile, Malte, Corse, Sardaigne, Grece, Armenie, Syrie ; en un mot, en tout et partout, quoy que les heresies luy ayent enlevé quelques parties de son estat.

Mettray-je icy en compte les Indes Orientales et Occidentales ? Qui voudroit en avoir un sommaire, il faudroit qu'il se trouvast en un chapitre ou assemblée generale des religieux de sainct François, appellez observantins ; il y verroit se rendre de tous les coins du monde, vieil et nouveau, des religieux, à l'obeïssance d'un simple billet ; et cette seule compagnie sembleroit suffire pour verifier cette prediction de la prophetie de Malachie : « In omni loco sacrificatur nomini meo. »

Au contraire, messieurs, vostre reforme pretenduë ne passe point les Alpes de nostre costé, ny les Pyrenées du costé de l'Espagne ; la Grece ne vous connoist point ; les autres trois parties du monde ne sçavent qui vous estes, et n'ont jamais oüy parler de ces nouveaux chrestiens sans sacrifices, sans autels, sans sacremens, sans chef et sans croix comme vous estes : en Allemagne, vos compagnons mesmes, je veux dire les lutheriens, branciens, anabaptistes, trinitaires et autres, rognent vostre portion et vous desadvoüent.

En Angleterre, les puritains vous fuyent ; et en France les libertains ; comme donc osez-vous si malheureusement vous opiniastrer et demeurer ainsi à part separez du reste du monde, comme autrefois les luciferiens et les donatistes ? Vous diray-je comme disoit sainct Augustin à l'un de vos semblables : « Daignez, je vous prie, nous instruire sur ce point, comme se peut-il faire que Nostre-Seigneur ait perdu son Eglise par tout le monde, et qu'il n'ait commencé de n'en avoir qu'en vous seulement ? » Certes, vous appauvrissez trop Nostre-Seigneur, dit sainct Jerosme : que si vous dites que vostre Eglise a tousjours esté catholique, mesme au temps des apostres, montrez-nous donc ce qu'elle estoit en ce temps-là, car toutes les sectes en diront de mesme ; comme entez-vous ce petit bourgeon de religion sur cette saincte et ancienne tige ? En ce cas il faut pour le moins que vostre Eglise touche par une ligne de continuation perpetuelle à l'Eglise primitive, car si elle ne la touche point, comme tireroit-elle le suc de son tronc, pour se communiquer l'une à l'autre ? Vous ne nous ferez jamais voir cette ligne d'unité; aussi ne serez-vous jamais de vrais chrestiens, si vous ne vous rangez à l'obeïssance de la catholique communion ; vous ne serez jamais, dis-je, avec ceux qui chanteront: « Redemisti nos in sanguine tuo, ex omni tribu, et linguâ, et populo, et natione, et fecisti nos Deo nostro regnum. »

DISCOURS LXIII.

La vraye Eglise doit estre feconde.

Il peut estre, messieurs, que vous nous direz, qu'un jour vostre Eglise pretenduë etendra ses ailes, et se fera peu à peu catholique dans la succession du temps; mais ce seroit parler à l'aventure : car si les Augustin, les Chrysostome, les Ambroise, les Cyprien, les Gregoire, et cette grande troupe de tres-excellens pasteurs, n'ont sçeu si bien faire, que l'Eglise, selon vostre opinion, n'ait donné du nez en terre, bientost après leur siecle, comme l'assurent Calvin, Luther, et les autres reformateurs, quelle apparence que la vostre toute jeunette se fortifie maintenant, sous la charge de vos ministres, lesquels ne sont pas si celebres en sainteté ny en doctrine, ny comparables avec ceux-là ? ce seroit une grande vanité de le penser, et vous seriez tous seuls de ce sentiment. Si l'Eglise en son printemps, et en son plus beau jour, n'a point fructifié, à ce que vous dites, comme voulez-vous que dans son hyver l'on en cueille des fruits ? Si en son adolescence elle n'a cheminé que de travers, où voulez-vous maintenant qu'elle coure en sa vieillesse ? Je dis bien plus, vostre Eglise non-seulement n'est pas catholique, mais encore elle ne le peut estre, n'ayant ny la force ny la vertu de produire des enfans, mais seulement de derober les enfans egarez, ou des poussins qui n'ont point de mere, comme fait la perdrix ; et neantmoins c'est l'une des proprietez d'estre feconde ; c'est pour cela que parmy nous elle est appellée *une colombe*. Lorsque Dieu veut benir une famille, il rend la femme tres-feconde, « sicut vitis abundans in lateribus domus tuæ. » Il bannit la sterilité, et l'espoux prend plaisir de voir une mere joyeuse en la production de plusieurs enfans. Ainsi Nostre-Seigneur devoit avoir luy-mesme une espouse, qui fust feconde, selon le sens de la saincte parole : « Cette deserte aura plusieurs enfans, cette nouvelle Jerusalem sera tres-peuplée, et portera une grande generation. » Entendez le prophete: « Ambulabunt gentes in lumine tuo, et reges in splendore ortûs tui : leva in circuitu oculos tuos, et vide, omnes isti congregati sunt, venerunt tibi; filii tui de longè venient, et filiæ tuæ de latere surgent ; et pro eo quod laboravit anima ejus : ideò dispertiam ei plurimos. » Cette fecondité de tant de belles nations, sortie du sein de l'Eglise, se fait principalement par la chaleur de la saincte predication, comme dit sainct Paul : « Per Evangelium ego vos genui ; » car la predication de l'Eglise doit estre enflamée : « Ignitum eloquium tuum, Domine. » De fait, il n'y a rien de plus actif, de plus vif, de plus penetrant, et de plus propre à convertir et à donner forme aux matieres, que le feu corporel et le spirituel : voicy, messieurs, où se reduit le point de nostre controverse, je soutiens,

QUE L'EGLISE CATHOLIQUE EST TRES-FECONDE, QUE LA PRETENDUE EST STERILE.

Certes, la predication de sainct Augustin en Angleterre, de sainct Boniface en Allemagne, de sainct Patrice en Hybernie, de Willebron en Frise, de Cyrile en Boheme, d'Albert en Pologne, Austriche, et Hongrie, de sainct Vincent Ferrier, Jean Capistran et autres, fut admirablement feconde : la predication des freres servans d'Heurie, d'Antoine Lorier, de François Xavier, et de mille autres, qui ont renversé les idolastries par la saincte parole, a porté de bons fruicts ; ils estoient tous catholiques romains.

Au contraire, vos ministres n'ont encore converty aucune province du paganisme, ny aucune contrée des infideles. Helas ! bien loin de cela, ils ont divisé le christianisme pour en faire des factions, et mettre en pieces la robbe de Nostre-Seigneur ; ce sont les effets funestes de leurs predications : la doctrine chrestienne et catholique est une douce pluye, qui fait germer la terre infructueuse ; mais la leur ressemble à la gresle, qui rompt et terrasse les maisons, et met en friche les plus fructueuses campagnes : prenez garde à ce que dit sainct Jude : « Malheur à ceux qui poussent à la contradiction de Coré (Coré estoit un schismatique), ce sont des dissolus en festins, banquetant sans crainte, se repaissant eux-mesmes comme des nuées sans eaux, qui sont transportées çà et là selon le vent ; ils ont l'exterieur de l'Escriture, mais ils n'en ont pas la liqueur interieure dans l'esprit ; arbres infructueux de l'automne, qui n'ont que la feüille de la terre, et non point le fruict de l'intelligence ; doublement morts, car ils sont morts quant à la charité par la division, et quant à la foy par l'heresie; plantes deracinées, qui ne peuvent plus porter ny fruits, ny fleurs ; arbres de mer, qui sont agitez parmy les ecumes et les confusions de debats, des disputes et remuëmens : planettes erratiques, qui ne peuvent servir de guides à personne, et qui n'ont point de fermeté de foy, mais changent à tout propos. » Quelle merveille! si vostre predication est sterile? vous n'avez que l'ecorce sans le suc, comme voulez-vous qu'elle germe? vous n'avez que le fourreau sans l'epée, la lettre sans l'intelligence : ce n'est pas chose merveilleuse si vous ne pouvez detruire l'idolastrie. Ainsi sainct Paul parlant de ceux qui se separent de l'Eglise, proteste qu'ils sont sans bonne semence. Si donc vostre Eglise pretenduë ne se peut et ne s'est pu dire en aucune façon catholique jusques à present, encore moins devez-vous esperer qu'elle le soit après vous, puisque sa predication est si flasque, que ses prescheurs n'ont jamais entrepris la charge que la commission *ethnicos convertendi*, mais seulement *nostros evertendi*. O quelle Eglise! qui n'est ny une, ny saincte, ny catholique, et, qui pis est, qui ne peut avoir aucune esperance raisonnable de jamais l'estre, puis qu'elle ne peut produire d'enfans legitimes, mais des engeances de viperes qui la dechirent.

DISCOURS LXIV.

Du titre d'apostolique, propre à l'Eglise, marque quatriesme.

OBSERVATION DU PREMIER EDITEUR.

Le manuscrit a mis ce titre sur un feuillet en blanc; mais nous n'avons trouvé ny la matiere, ny le projet, ny mesme aucun fragment de ce discours : comme il estoit moins important à l'instruction populaire, et qu'il est assez expliqué dans les derniers discours, nous croyons que le sainct differa de le composer dans un temps de plus grand loisir ; et que les festes de Noël, qui arriverent pendant qu'il preschoit ces matieres au peuple de Tonon, l'obligerent à d'autres entretiens, et aux ceremonies de cette grande solemnité.

DISCOURS LXV.

Les etranges absurditez qui se trouvent en la doctrine de l'Eglise pretenduë.

Si j'ay remis icy à montrer les absurditez intolerables qui sont en la doctrine des adversaires, et l'ay renvoyé au bout de ce Traité des regles de la foy, c'est afin qu'il fust comme une consequence de ce qu'ils croyent sans regle, et leur faire voir qu'ils naviguent sans boussole. A dire vray, l'on connoistra icy qu'ils n'ont point l'efficacité de la doctrine orthodoxe ; car non-seulement ils ne sont point vrais catholiques, mais ils ne peuvent l'estre en aucun sens, n'ayant, comme nous avons vu, aucune autre puissance que celle de gaster le corps de Nostre-Seigneur, et non celle de luy acquerir de nouveaux membres; l'on peut dire d'eux sans mentir : « Omnes quærunt quæ sua sunt, non quæ Jesu Christi. » N'est-il pas plus honorable d'accorder à la puissance de Jesus-Christ, de pouvoir faire le sainct sacrifice, comme le croit l'Eglise, et à sa bonté de le vouloir faire, que de luy disputer? Sans doute cela est de plus grande gloire à Nostre-Seigneur, et parce que leurs foibles cerveaux ne le peuvent comprendre, est-ce à dire que cela n'est pas? « Omnes, inter vos, quærunt quæ sua sunt, non quæ Jesu Christi. »

OBSERVATION DU PREMIER EDITEUR.

Il manque quelques pages à ce discours ; car outre que la matiere qui suit est sans liaison avec la precedente, le sainct autheur auroit dû s'insinuer, selon sa coutume, dans les points ridicules et absurdes, qui sont dans la doctrine des heretiques. Les citations des marges font voir que ce ne sont icy que des projets de matieres en racourcy.

Item, quand Luther (1) dit, que « les enfans au moment du baptesme, ont l'usage parfait de l'entendement et de la raison. » Et quand le synode de (2) Vittemberg dit que « les enfans au baptesme ont des mouvemens semblables aux mouvemens de la foy et de la charité, et qu'ils ne se font entendre. » N'est-ce pas se mocquer de Dieu, de la nature, et de l'experience? Quand (3) Calvin dit, que « nous pechons, incitez, poussez, et necessitez par la volonté positive, ordonnance, decret et predestination de Dieu. » N'est-ce pas blasphesmer contre toute raison, et contre la majesté de la supresme bonté? Voila la belle theologie de (4) Zuingle, de Calvin, et de Beze. « At enim, *dit Beze*, dices, non potuerunt resistere Dei voluntati, id est, decreto; fateor, sed sicut non potuerunt, ita etiam noluerunt : verum non poterant aliter velle, fateor, quoad eventum, et energiam, sed voluntas tamen Adami coacta non fuit. » Bonté de Dieu! je vous appelle à guarand, vous m'avez poussé à mal faire, vous l'avez ainsi

---

(1) L. 9, apud Corl. an. 1525. — (2) Ann. 56, apud Corl. — (3) L. 3. Miscell. tract. VIII, c. 2. — (4) Zuingle, Sermo de Pruden. III et VI. Calv. l. I. de Instit. XVII et XVIII. lib. de æterna Dei prædestin. in instruct. contra libertinos. Beza contra Castalionem, de æterna Dei prædestin. in refut. 2 calumniæ

decreté, ordonné, et voulu ; je ne pouvois faire autrement, je ne pouvois le vouloir autrement, où est ma faute ? O Dieu de mon cœur ! chastiez mon vouloir, s'il peut ne vouloir pas le mal, et qu'il le veuille ; mais s'il luy est impossible de ne le vouloir pas, et que vous soyez cause positive de cette impossibilité, qui peut m'accuser de sa faute ? Si cecy n'est contre la raison, je confesse qu'il n'y a point de raison au monde. La foy (1) de Dieu est impossible, selon Calvin et autres, que s'ensuit-il de là ? sinon (2) que Nostre-Seigneur est un tyran ; qui commande des choses impossibles. Si elle est impossible, pourquoy la commander ? Par cette (3) regle, si nous considerons les œuvres, pour bonnes qu'elles soient, elles meritent plus l'enfer que le paradis. La justice de Dieu par consequent, qui doit donner à un chacun selon ses œuvres, donnera à un chacun l'enfer, n'est-ce pas là l'abysme de l'erreur ?

Mais l'absurdité des absurditez, et la plus horrible de toutes les heresies, c'est celle-cy : ils publient, que « l'Eglise toute entiere a erré mille ans durant, en l'intelligence de la parole de Dieu. » Luther, Zuingle et Calvin, pour assurer qu'ils entendoient clairement l'Escriture, et bien plus qu'un simple ministre, ont presché et enseigné comme parole de Dieu, que « toute l'Eglise visible avoit erré, et qu'elle pouvoit errer. » Et moy, je puis assurer que Calvin et tous les hommes peuvent errer, et pour le moins ay-je droit, à son exemple, de choisir les interpretations de l'Escriture, qui me plairont pour asseurer et maintenir comme parole de Dieu, encor mieux que vous autres, qu'il a erré, puis qu'aprenant de luy que chacun peut errer en fait de religion, et toute l'Eglise mesme ; j'en dis autant de luy, sans vouloir vous en chercher d'autres parmy mille sectes, qui toutes se vantent de bien entendre la parole de Dieu, et de la bien prescher. Mais croyez-vous si opiniatrement à un ministre qui vous presche, que vous ne devez point oüir autre chose ? Si chacun peut errer en l'intelligence de l'Escriture, pourquoy non vous, et vostre ministre ? J'admire que vous n'allez pas tousjours tremblans de crainte : j'admire comme vous pouvez vivre avec autant d'assurance en la doctrine que vous suivez, comme si vous ne pouviez errer, et que neantmoins vous tenez pour asseuré que chacun erre, ou peut errer, et mesme toute l'Eglise en corps.

L'Evangile vole bien haut sur toutes les raisons les plus elevées de la nature ; neantmoins jamais il ne les contredit, jamais il ne les gaste, ny de fait, ny de paroles : mais ces fantaisies de vos evangelistes, ruinent et obscurcissent toute la lumiere naturelle, et toute la lumiere de la grace.

DISCOURS LXVI.

Que l'analogie de la foy ne peut servir de regle asseurée aux ministres, pour etablir leur doctrine pretenduë.

Desabusez-vous s'il vous plaist, messieurs, et pensez que c'est une voix pleine de faste et d'ambition entre vos ministres, et qui leur est toute ordinaire qu'il « faut interpreter l'Escriture, et en epreuver l'exposition par l'analogie de la foy. » Le simple peuple quand il entend parler de l'analogie de la foy, pense que ce soit quelque mot de mystere fort secret, et de vertu cabalistique ; il admire toute l'interpretation qui se fait, pourvu qu'on y mette ce mot en campagne : ils ont raison certainement, quand ils disent, qu'il faut interpreter l'Escriture, et epreuver son exposition par l'analogie de la foy ; mais ils ont tort quand ils ne font point ce qu'ils disent. Ce pauvre peuple n'entend parler de rien plus, que de cette analogie de la foy, et les ministres n'ont fait autre chose jusques icy, que la corrompre, violer, forcer, et mettre en pieces. Or sus, je vous prie, vous dites que l'Escriture est aisée à entendre, pourvu qu'on l'ajuste à la regle de proportion ou analogie de la foy ; mais quelle regle de la foy peuvent avoir ceux qui n'ont point d'Escriture, que toute glosée, toute tirée, et contournée d'interpretation, metaphores, et metonimies ? Si la regle est sujette au dereglement, qui la reglera ? quelle analogie et proportion de foy y peut-il avoir, si on proportionne les articles de la foy aux conceptions les plus éloignées de leur naïveté ? voulez-vous que la proportion des articles de la foy vous serve, pour vous resoudre sur la doctrine de la religion ? laissez donc les articles de la foy en leur naturelle signification ; ne leur baillez point d'autre forme, que celle qu'ils ont receue des apostres. Je vous laisse à penser à quoy me pourra servir le symbole des apostres pour interpreter l'Escriture, puisque vous la glosez en telle façon, que vous me mettez en autant et plus de difficulté de son sens, que j'en aurois de l'Escriture mesme ? Si on demande, comme il se peut faire que le mesme corps de Nostre-Seigneur soit en deux lieux ? je diray que cela est aisé à Dieu, suivant le dire de l'ange : « Non est impossibile apud Deum omne verbum. » Et je le confirmeray par la raison de la foy : « Credo in Deum Patrem omnipotentem. » Mais si vous glosez le sens de l'Escriture, et si vous contournez l'article de la foy mesme, comme confirmerez-

---

(1) Cal. in Antid. sess. 6. — (2) Conc. Trid. — (3) Luther. l. de libertate christianâ.

vous vostre glose? A ce conte-là, il n'y aura point de premier principe, sinon vostre cervelle : si l'analogie de la foy est sujette à vos gloses et à vos opinions., il nous le faut dire franchement, afin qu'au moins on sçache vostre intention : ainsi nous vous laisserons interpreter l'Escriture par l'Escriture, et par l'analogie, le tout ajusté à vos interpretations et conceptions. Si on vous laisse interpreter la descente de Nostre-Seigneur aux enfers, ou du sepulchre, ou de la crainte des supplices et peine des damnez, vous direz le dernier, comme vous expliquez la saincteté de l'Eglise, d'une Eglise invisible et inconnuë; son universalité, d'une Eglise secrette et cachée; la communion des saincts, d'une seule bienveillance generale; la remission des pechez, d'une seule non-imputation. Quand vous aurez ainsi proposé le Symbole à vostre jugement, il sera quant et quant bien proportionné au reste de vostre doctrine; mais qui ne void l'absurdité où vous vous precipitez? Le Symbole, qui est l'instruction des plus simples, seroit la plus obscure, doctrine du monde, et devant estre une regle de la foy, il auroit besoin d'estre reglé par une autre regle; ainsi, « In circuitu impii ambulant.» Voicy une regle infaillible de nostre foy : « Dieu est tout-puissant. » Qui dit tout, n'exclud rien ; et vous voulez borner cette regle, et la limiter en sorte qu'elle ne s'etende pas à la puissance absoluë, comme est la puissance de placer un corps en deux lieux, ou de le placer en un lieu sans qu'il y occupe l'espace exterieur. Dites-moy donc, s'il arrive que la regle ait besoin de reglement, qui la reglera? Le Symbole dit, que Nostre-Seigneur est descendu aux enfers, et Calvin le veut regler, et veut qu'il s'entende d'une descente imaginaire ; l'autre le rapporte au sepulchre. N'est-ce pas traiter cette regle à la lesbienne, et plier le niveau sur la pierre, au lieu de tailler la pierre au niveau? (1) Pour vray, comme sainct Clement et sainct Augustin l'appellent regle, aussi sainct Ambroise l'appelle clef : mais s'il faut une autre clef pour ouvrir cette clef, où la trouverons-nous? montrez-la-nous au moins : sera-ce le cerveau des ministres? ou quoy? sera-ce le Sainct-Esprit? mais chacun se vantera d'en avoir sa part. Bon Dieu! en quels labyrintes tombent ceux qui s'egarent de la trace des anciens. Je ne voudrois pas que vous pensassiez que je fusse d'opinion, que le seul Symbole fust la totale regle et mesure de la foy ; car le grand sainct Augustin, et le grand Lirinensis, appellent encore regle de nostre foy, le sentiment ecclesiastique ; le Symbole seul ne dit rien à decouvert de la con-

(1) Ad Frat. Domini. 6. sermo. 181. de Tempore.

substantialité du sacrement, ny de plusieurs autres articles de la foy; il comprend toute la foy radicalement, et principalement quand il nous enseigne de croire en l'Eglise, saincte et catholique ; car par là, il nous renvoye à ce qu'elle propose. Mais comme vous meprisez toute la doctrine ecclesiastique, aussi meprisez-vous cette noble partie et si signalée, qui est le Symbole, luy refusant creance, sinon après que vous l'avez reduit au petit pied de vos conceptions; ainsi vous violez cette saincte mesure et proportion, que sainct Paul propose pour estre suivie, voire par les prophetes mesmes.

DISCOURS LXVII.

Conclusion de cette partie, par un recueil de plusieurs excellences qui sont en la doctrine catholique, et qui ne sont point dans l'opinion des heretiques de nostre asge.

Enfin nous vous voyons, messieurs, voguer ainsi sans aiguille, sans boussole et sans timon, sur l'Ocean des opinions humaines, où vous ne pouvez attendre autre chose qu'un miserable naufrage. De grace! pendant que ce jourd'hui dure, pendant que Dieu vous presente l'occasion, jettez-vous en l'esquif d'une serieuse penitence, et venez vous rendre en l'heureuse barque, laquelle à pleine voile va surgir au port de la gloire par le chemin battu de nos devanciers. Quand il n'y auroit autre chose, reconnoissez quels avantages, et combien d'excellences possede la doctrine catholique sur vos opinions nouvelles et éloignées du sens commun.

La religion catholique rend plus glorieuse et plus magnifique la misericorde de Dieu ; vos opinions la ravalent : par exemple, n'y a-t-il pas plus de misericorde d'expliquer la realité de son corps pour nostre viande, que de n'en donner rien que la figure, commemoration et manducation fiduciaire ? N'est-ce pas plus, de justifier l'homme, embellissant son ame par la grace, que sans l'embellir, le justifier par une simple indulgence ou non-imputation? N'est-ce pas une plus grande faveur de rendre en l'homme ses œuvres agreables et bonnes par la justice interieure, que de tenir seulement l'homme pour bon, sans qu'il le soit en realité? n'est-ce pas plus de bien d'avoir laissé sept sacremens pour la justification et sanctification du pecheur, que de n'en avoir laissé que deux, dont l'un ne serve de rien, et l'autre de peu? N'est-ce pas plus d'avoir laissé la puissance d'absoudre en l'Eglise, que de n'en avoir point laissé? N'est-ce pas plus d'avoir laissé une Eglise visible, universelle, signalée, remarquable et perpetuelle, que de l'avoir laissée petite, secrette, dissipée, et sujette à corruption ? N'est-ce pas plus priser les travaux de Nostre-Seigneur, de dire qu'une seule goutte de son sang suffisoit à racheter le monde, que de dire que s'il n'eust enduré les peines des damnez, n'y auroit eu rien de parfait ? La misericorde de Dieu n'est-elle pas plus magnifique de donner à ses saincts la connoissance de ce qui se fait icy-bas, que de leur nier le credit de prier pour nous, et se rendre exorable à leurs intercessions, de les avoir rendus glorieux dès leur mort bienheureuse, que de les faire attendre et tenir en suspens, comme parle Calvin, jusques au jugement ? que de les rendre sourds à nos prieres ? que de se rendre inexorable aux leurs ? (1) Cecy se verra plus clair et plus etendu en nos essais. Ainsi, certes, nostre doctrine rend bien plus admirable le pouvoir de Dieu au sacrement de l'eucharistie, en la justification et justice inherente, dans les miracles, en la conservation infaillible de l'Eglise, et en la gloire des saincts, etc.

(1) *Nota*. Ce que le S. prelat promet en ce lieu de l'invocation des saincts, ne se trouve point dans le manuscrit.

La doctrine catholique ne peut partir d'aucune passion, puis que personne ne s'y range, sinon avec cette condition, de captiver son intelligence sous l'authorité des vrais pasteurs.

Elle n'est point superbe, puis qu'elle apprend à ne se croire pas soy-mesme; mais à l'Eglise. Que diray-je de plus ? Connoissez, s'il vous plaist, la voix de la colombe et la distinguez de celle du corbeau; ne voyez-vous pas cette espouse, qui n'a autre chose en bouche, que le miel, et le lait sur sa langue ? qui ne respire que la plus grande gloire de son espoux ? qui ne demande que son honneur et son obeïssance ? Sus donc, messieurs, voulez-vous estre mis comme pierres vivantes aux murailles de la celeste Jerusalem ? Tirez-vous des mains de ces bastisseurs de fausses regles, qui n'ajustent pas leurs conceptions à la foy, mais la foy à leurs conceptions ; venez et vous presentez à l'Eglise, qui vous posera de bon cœur en ce celeste bastiment, où est la vraye regle et proportion de la foy, car jamais personne n'aura place là-haut, s'il n'a esté poly et mis en œuvre, sous la regle et l'aiquaire de l'Eglise d'icy-bas.

OBSERVATION DU PREMIER EDITEUR.

Nous avons mis icy quelques fragmens qui se sont trouvez à la fin de ce traité ; ils appartiennent à la matiere des regles de la foy, et il y a de l'apparence que le S. prelat les avoit preparez, pour en former et en remplir quelques autres discours, qu'il n'a point composez ; au moins ils ne se trouvent point, quoy que nous les ayons curieusement cherchez parmy le reste de ses manuscrits.

I. « Accuratè perpendenda est sententia quæ est *Jo.* VIII, 4, undè manifestè colligitur, peccatores esse in Ecclesiâ. »

II. « Ex inimicis nos optima quæque cognoscere, et utilitatem capere persuadet. *Psal. Super inimicos nostros prudentem me fecisti.* Deinde, *super omnes docentes nos intellexi*, ait Geneb. *ita intelligi potest*, super inimicos ; id est occasione inimicorum, vel ab, vel ex inimicis ; itaque, cum prius sit prudentem fieri super inimicos, quam super senes, et docentes, rectè sequitur, ab inimicorum scholâ nos uberiores scientiæ latices habere, quam ab docentibus. »

III. « Omnia sacrificia antiqua, erant veluti condimenta sacrificiorum cruentorum ; sic eucharistia sacramentum est, veluti condimentum sacræ crucis, eique optimè ratione adjunctum : Ecclesia mons est, hæresis vallis ; descendunt enim hæretici ab Ecclesiâ non errante, ad errantem, à veritate ad umbram..... Ismael significans judaïcam synagogam. Ad Galatas 4. Tunc ejectus est, quando ludere voluit cum Isaac ; ab Ecclesiâ catholicâ quando magis hæretici ? »

IV. « Pulchrè congruit Ecclesiæ, adversùs hæreticos, quod dixit Isaias, V, 13. Omne vas quod fictum est, in te non dirigetur, et omnem iniquitatem resistentem sibi, in judicio judicabis ; hæc est hereditas servorum Domini, et justitia eorum apud me, dicit Dominus. »

V. « Concilia decreta, de fide, vocant canones, quæ sunt regulæ. »

VI. Pour l'unité d'un chef, il ne faut pas oublier ce que dit sainct Cyprien, epistre 56, ad Cornelium. « Nec ignoramus unum Deum esse, unum Christum esse Dominum, quem confessi sumus, unum Spiritum sanctum, unum episcopum in catholicâ Ecclesiâ esse debere. » Dans l'epistre 45, il appelle l'Eglise de Rome, « radicem et matricem Ecclesiæ catholicæ. »

VIII. Optat. Milevit. l. 2. contre les donatistes : « Negare non potes scire te in urbe Romà Petro primo cathedram principalem esse collatam, in quâ sederit omnium apostolorum caput Petrus, ut et Cephas dictus sit ; in quâ unâ cathedrâ unitas ab omnibus servaretur, ne cæteri apostoli singulas quisque sibi defenderent, ut jam schismaticus et peccator esset, qui contrà singularem cathedram alteram collocaret ; ergo in cathedrâ unicâ, quæ est prima de dotibus, sedit prior Petrus. »

VIII. (1) Il faudra commencer le chapitre des conciles par les paroles de sainct Jerosme, epist. 63. « Quamvis enim certa et irrefragabilis sit sedis apostolicæ de fide definitio, attamen cum apostolicæ sedis ministerio decreta vestræ fraternitatis irrefractabili firmantur assensu, et totius christiani orbis judicio recipiuntur, meritò prodiisse creduntur, ipsaque veritas et clarius renitescit, et fortiùs retinetur, dum quæ fides priùs docuit, hæc posteà examinatio confirmat, ut verè impius et sacrilegus sit, qui post tot sacerdotum sententiam, opinioni suæ aliquid tractandum reliquit. »

(1) *Nota.* Il paroist par ces paroles que ce n'estoit icy qu'un recueil de textes pour en former des discours.

IX. Pour la benediction apostolique, qui se faisoit avec le signe de la croix, je trouve en la vie de sainct Hilarion, fol. 24. « Resalutatis omnibus, manuque eis benedicens : » pour l'intercession des saincts, il ne faut pas obmettre le mot de Luther, escrit au duc George de Saxe, anno 1526, apud Calzum. « Initio rogabo propterea, et certissimè impetrabo remissionem apud Dominum meum Jesum Christum, super omnibus, quæcumque illustrissima clementia vestra contrà verbum ejus, facit ac fecit : » je vous prie si ce moyne, etc.

Mais encore touchant la veneration des saincts, et du pape, il ne faut pas oublier ce qu'il dit au roy d'Angleterre, en une epistre, l'an 1525, qui est raportée chez Coclé aux actes de la 26ᵉ question : « His litteris prosterno me pedibus majestatis tuæ, quantum possum humillimè : » pour ce qui regarde la corruption du sens de l'Escriture, il faut y mettre cette observation de Pierre Martyr, « In suâ deffensione de Euch., part. 3, pag. 692, *où, citant la* 1. *aux Cor.* 10, *il dit* : « Omnes eamdem (nobiscum) escam spiritualem manducaverunt. » Il ajoute ce *nobiscum*, pour faire valoir son argument.

QUATRIESME PARTIE.

DES CONTROVERSES DE SAINCT FRANÇOIS DE SALES, DE LA VERITÉ ET REALITÉ DES SACREMENS.

DISCOURS LXVIII.

PREFACE DE S. FRANÇOIS DE SALES.

A messieurs de la ville de Thonon, où il leur declare son dessein.

Si les deux fautes fondamentales dans lesquelles, messieurs, vos ministres vous ont conduit, d'avoir abandonné l'Eglise et d'avoir violé toutes les vrayes regles de la religion chrestienne, vous rendent tout-à-fait inexcusables : c'est justement ; car elles sont si grossieres, que vous ne pouvez pas les meconnoistre, et sont si importantes, que l'une des deux suffit pour vous faire perdre le vray christianisme ; puisque la foy hors de l'Eglise, et l'Eglise hors de la foy ne vous sçauroit sauver ; non plus que l'œil hors de la teste, et la teste sans œil, ne sçauroit voir la lumiere du jour. Celuy donc ou ceux qui ont entrepris de vous separer de l'union de l'Eglise, vous doivent estre suspects, et celuy qui meprise si fort les sainctes regles de la foy, doit estre fuy et meprisé de vous, quelle contenance qu'il tienne et quoy qu'il allegue ; mais, me direz-vous, ils protestent de ne rien prononcer, ny avancer, qui ne soit en la pure, simple et naïfve parole de Dieu. Je reponds que vous ne deviez pas croire si legerement ; si vous eussiez esté bien avisez en vos affaires, vous eussiez reconnu que ce n'estoit pas la parole de Dieu, qu'ils vous proposoient, mais leurs propres conceptions voilées des mots de l'Escriture, et vous eussiez bientost remarqué que jamais un si riche habit ne fut fait pour couvrir un si vilain corps, comme est celuy de l'heresie : car par supposition, persuadez-vous que jamais il n'y ait eu d'Eglise, ny de conciles, ny de pasteurs, ny de docteurs, ny des apostres, et que l'Escriture ne contient autre chose que les livres qu'il plaist à Calvin, à Beze et à Pierre Martyr de recevoir ; supposons mesme qu'il n'y ait point de regle infaillible pour la bien entendre, et qu'elle soit à la mercy de celuy qui voudra maintenir, qu'il peut luy seul interpreter l'Escriture par l'Escriture, et par l'analogie de la foy, (comme qui voudroit entendre Aristote par Aristote et par l'analogie de la philosophie), avouons tous seulement que cette Escriture est divine. Ce poinct posé, je soutiens devant tout juge equitable, que sinon tous, au moins ceux d'entre vous qui avoient quelque connoissance et suffisance en la doctrine, sont inexcusables, et ne sçauroient garantir leur religion de legereté et temerité. Et voicy où je vous reduits : les ministres ne veulent nous combattre qu'avec l'Escriture, j'y consens ; ils ne veulent de l'Escriture que la partie qui leur plaist, je m'y accorde ; au bout de tout cela, je dis que la creance de l'Eglise catholique l'emporte de tout poinct, parce qu'elle a plus de passages pour sa doctrine, que l'opinion contraire, et ceux qu'elle produit sont plus clairs, plus purs, plus simples, plus raisonnables, et mieux interpretez ; car ils concluent d'une maniere plus sortable à ce qu'elle etablit : ce que je crois estre si certain, que chacun le peut sçavoir et connoistre : mais de montrer cecy par le menu, ce ne seroit jamais fait, il suffira, ce me semble, de le montrer en quelques principaux articles, et avec le secours de Dieu. (1)

C'est ce que je pretends faire en cette partie, où j'attaqueray vos ministres sur les sacremens en general ; et en particulier sur celuy de l'eucharistie, de la confession et du mariage ; sur l'honneur et invocation des saincts ; sur la convenance des ceremonies de la religion en general et en particulier ; sur la puissance de l'Eglise ; sur le merite des bonnes œuvres et la justification ; et enfin sur le purgatoire et les indulgences (2) : en tout cecy je n'employeray que la simple et pure parole de Dieu, avec laquelle je vous feray voir, comme par essay, vostre fausse doctrine, mais si à decouvert, que vous aurez occasion de vous en repentir ; après cela, je vous supplie que quand vous m'aurez vu combattre, et enfin surmonter l'ennemy, avec la seule Escriture, vous vous representiez par abondance de droit cette grande et honorable suite de martyrs, prestres et docteurs, qui ont temoigné par leur doctrine, et au prix de leur propre sang, que la foy pour laquelle nous combattons sous leurs drapeaux, estoit la saincte, la pure et l'apostolique, et cecy sera comme une surcharge de victoire ; certes, quand nous nous trouverions dans le champ de bataille avec nos ennemis, par la seule Escriture, l'anciennete, le consentement, et la saincteté de nos autheurs nous feroient toujours triompher. Pour ayder mon dessein, j'ajusteray tousjours le sens et la consequence naïfve des Escritures, que j'appliqueray aux regles de la foy que j'ay produites en la precedente partie, quoy que mon but principal ne soit autre que de vous faire essayer et connoistre la vanité de vos ministres, qui ne cessant de crier la saincte Escriture, la saincte Escriture, ne font rien plus que de violer les plus solides et assurées sentences. Souvenez-vous qu'en l'assemblée des princes, qui se fit à Spire, l'an 1526, les ministres protestans portoient ces lettres en gros caracteres sur la manche droite de leur vestement : V. D. M. I. par lesquelles ils vouloient dire ce verset : « Verbum Domini manet in æternum. » Hé ! ne diriez-vous pas en sens tout contraire que ce sont eux qui seuls et sans compagnons, manient l'Escriture saincte ; ils en citent à la verité quelques morceaux, et à tout propos les debitent en public et en privé, dit le grand Lirinensis ; ils les rapportent en leurs discours, en leurs livres, dans les rues et parmy les banquets. Lisez les Opuscules de Paulus Samozetanus, de Priscilla, d'Eunomius, de Jovinien, et de ces autres pestes de la religion ; vous y verrez un grand amas d'exemples, et presque pas une page ou une ligne qui ne soit fardée et colorée de quelque sentence du vieil et nouveau Testament ; ils font comme ceux qui veulent faire prendre quelque breuvage amer aux petits enfans, ils frottent et couvrent de miel le bord du gobelet, afin que ce pauvre enfant, sentant premierement le doux, n'apprehende point l'amertume ; mais qui fondera dans le fond de leur doctrine, verra clair comme le jour, que ce n'est qu'une happelourde saffranée, telle que celle que le diable produisoit, quand il tentoit Nostre-Seigneur, car il alleguoit l'Escriture pour favoriser son intention ; ô Dieu, dit le mesme Lirinensis, que ne fera pas ce seducteur sur les miserables hommes, puisqu'il ose attaquer avec l'Escriture le Seigneur mesme de toute majesté ? Pensons de près à la doctrine de ce passage ; car comme alors le chef d'un party parla au chef de l'autre, ainsi maintenant les membres parlent aux membres ; à sçavoir, les membres du diable aux membres de Jesus-Christ, les perfides aux fidelles, les sacrileges aux religieux, enfin les heretiques aux catholiques, mais comme le chef repondit au chef, ainsi pouvons-nous faire aux membres ; nostre chef repoussa le chef perfide

---

(1) Le sujet et la distribution des matieres de cette partie. — (2) Il manque dans cette partie beaucoup de choses que le sainct promet, et la perte en est grandement à regretter.

avec les passages mesmes de l'Escriture, repoussons-les en semblable maniere, et par des consequences solides et naïfves, deduites de la saincte Escriture ; montrons la vanité et la piperie, avec laquelle ils veulent couvrir leurs conceptions des paroles de l'Escriture ; c'est ce que je pretends icy, mais brefvement, et je proteste que je produiray tres-fidellement tout ce que je penseray estre de plus apparent de leur costé, pour puis apres, par l'Escriture mesme, les convaincre de faux ; ainsi vous verrez que quoy qu'eux et nous maniions la parole, et nous armions de l'Escriture saincte, nous en avons neantmoins la realité et droit d'usage, et eux n'en ont qu'une vaine apparence par maniere d'illusion ; non-seulement Moyse et Aaron, mais encore les magiciens animerent leurs verges, et les convertirent en couleuvres, il est vray qu'enfin la verge d'Aaron devora les verges des autres, c'est ce que dit le vieux Tertullien : « Virgam mendacii devoravit virga veritatis. »

DISCOURS LXIX.

La nature des sacremens en general.

A moins de s'obstiner contre la verité connue, il faut avouer que le mot de sacrement est bien exprès dans l'Escriture selon la mesme signification qu'il a conservée en l'Eglise catholique, puisque sainct Paul parlant du mariage, l'appelle clair et net, un sacrement ; mais nous pourrons voir cecy plus avant, il suffit maintenant de supposer, contre l'insolence de Zuingle (1), et des autres, qui ont voulu rejetter ce nom venerable, que toute l'Eglise ancienne en a usé ; car ce n'est pas avec une plus grande authorité, que les mots de *trinité*, *consubstantialité*, *personne*, et cent autres, sont demeurez en l'Eglise, comme saincts et legitimes. J'avoue que c'est une tres-inutile et sotte temerité, de vouloir changer les mots ecclesiastiques, que l'antiquité nous a laissez, outre le danger qu'il y auroit qu'après le changement des mots, on n'allast encore au change de l'intelligence et de la creance, comme on void ordinairement que c'est l'intention de ces novateurs et des fabricateurs de nouvelles paroles. Or puisque les pretendus reformateurs pour la plupart, quoy que ce ne soit pas sans gronder, laissent aller ce mot de sacrement en usage parmy leurs livres, arrestons-nous aux difficultez les plus importantes que nous avons avec eux, sur les causes et les effets des sacremens ; et voyons comme ils y me-

(1) Zuingle. Anno 25. 1. de Vera et falsa religione.

prisent l'Escriture saincte, avec les autres regles de la foy.

DISCOURS LXX.

De la forme des sacremens.

La meilleure maniere pour eclaircir cette doctrine, c'est de commencer par ce point ; l'Eglise catholique tient de tout temps pour la forme des sacremens « les paroles consecratoires. » Les ministres pretendus ont voulu reformer cette forme, disant avec une insoutenable passion, que les paroles consecratoires sont des charmes, et que la vraye forme des sacremens n'est autre que la predication que font les ministres de la saincte Escriture : pour l'establissement de cette reformation, ils citent deux passages seulement, au moins pour les plus evidens, l'un de sainct Paul, et l'autre de sainct Matthieu : le premier parlant de l'Eglise, dit que Nostre-Seigneur l'a sanctifiée par le baptesme en la parole de la vie eternelle : « Mundavit lavacro aquæ, in verbo vitæ. » Et Nostre-Seigneur mesme, en sainct Matthieu, fit ce commandement à ses disciples : « Docete omnes gentes, baptizantes eos, in nomine Patris, et Filii, et Spiritùs sancti. » Voicy des passages qui leur semblent bien clairs, pour montrer que la predication est la vraye forme des sacremens. Mais qui leur a dit qu'il n'y a point d'autre *verbum vitæ*, que la predication ? Je soutiens au contraire que cette invocation : « Je te baptise, au nom du Pere, du Fils, et du Sainct-Esprit, » est encore un *verbum vitæ*, comme l'ont dit sainct Chrysostome et Theodoret. Aussi sont bien les autres prieres et invocations du nom de Dieu, qui ne sont pas pourtant la predication. Si sainct Jerosme, suivant le sens mystique, veut que la predication soit une sorte d'eau purifiante, il ne s'oppose pas pourtant aux autres peres, qui ont entendu par le lavoir d'eau, le baptesme precisement, et par la parole de vie, l'invocation de la tres-saincte Trinité, afin d'interpreter le passage de sainct Paul, par l'autre de sainct Matthieu : « Enseignez toutes les gens, les baptisant au nom du Pere, du Fils, et du Sainct-Esprit. » Quant à ce dernier passage, personne ne nia jamais que l'instruction dust preceder le baptesme, à l'endroit de ceux qui en sont capables, suivant la parole de Nostre-Seigneur, qui met l'instruction devant, et le baptesme après : ainsi nous arrestant precisement à la mesme parole, nous mettons l'instruction devant (comme une disposition requise, en celuy qui a l'usage de la raison) et le baptesme à part, d'où s'ensuit que l'un ne peut oster la forme de l'autre ; c'est-à-dire, que le baptesme n'oste point la disposition de la predication, ny la predication, la forme du baptesme : que si neantmoins l'un des deux devoit estre la forme de l'autre, le baptesme seroit plutost la forme de la predication, que la predication du baptesme, puisque la forme ne peut preceder, ains doit survenir à la matiere ; et que la predication precede le baptesme, et le baptesme survient par après à la predication. Sainct Augustin n'avoit-il pas bien pensé, quand il disoit : « Accedit ad verbum elementum, et fit sacramentum. » Pourquoy donc ne disoit-il pas : « Accedit elementum ad verbum ? » Ces deux passages ne sont pas avenans ny à propos pour vostre reformation, neantmoins voilà tout.

Je vous advoue que vos pretentions seroient en certaine façon plus tolerables, si nous n'avions pas en l'Escriture de raisons contraires plus expresses que les vostres ne sont, hors de toute comparaison ; les voicy : « Qui crediderit, et baptizatus fuerit (1). » Voyez-vous la creance qui naist en nous par la predication, separée du baptesme ? Ce sont donc deux choses distinctes, la predication et le baptesme ? Qui doute que sainct Paul n'ait catechisé et instruit à la foy plusieurs Corinthiens, qui par après ont esté baptisez ?. que si l'instruction et la predication estoit la forme du baptesme, sainct Paul n'avoit pas raison de dire : « Gratias ago Deo, quod neminem baptizavi, nisi Christum et Caïum, etc. » Car donner la forme à une chose, n'est-ce pas la faire ce qu'elle est ? Il n'est rien de plus clair, sinon cecy, que sainct Paul met à part l'action de baptiser, de celle de prescher. « Non me misit Christus baptizare, sed evangelizare. » Et pour montrer que le baptesme est de Nostre-Seigneur, non de celuy qui l'administre, il ne dit pas : « Numquid in prædicatione Pauli baptizati estis. » Mais plutost : « Numquid in nomine Pauli baptizati estis ? »Montrant que quoy que la predication precede, si n'est-elle pas de l'essence du baptesme, qui est attribué par excellence à celuy, le nom duquel y est invoqué (2). Pour vray, celuy qui regardera de près le premier baptesme qui fut fait après la Pentecoste, verra clair comme le jour, que la predication est une chose, et le baptesme une autre : « His auditis ; » voilà la predication d'un costé ; « compuncti sunt corde, et dixerunt ad Petrum, et ad reliquos apostolos : Quid faciemus, viri fratres ? Petrus verò ad illos : Pœnitentiam, inquit, agite, et baptizetur unus quisque vestrum, in nomine Jesu-Christi, in remissionem peccatorum vestrorum. » Voilà le baptesme d'un autre costé, et mis à part : (3) autant en peut-on re-

marquer au baptesme de ce devot eunuque d'Ethiopie, et en celuy de sainct Paul, auquel il n'y eut point de predication ; et en celuy du bon et religieux Cornelius. Quant à la tres-saincte eucharistie, qui est l'autre sacrement, que les ministres font semblant de recevoir, où trouveront-ils jamais que Nostre-Seigneur y ait usé de predication ? Sainct Paul enseigne aux Corinthiens comme il faut celebrer la cene ; mais on ne trouve point qu'il y soit commandé de prescher ; et afin que personne ne doutast que la ceremonie qu'il proposoit ne fust legitime, il dit qu'il l'avoit ainsi appris de Nostre-Seigneur. « Ego enim accepi à Domino, quod et tradidi vobis. » Nostre-Seigneur fit certes un admirable sermon après la cene, recité par sainct Jean ; mais ce ne fut pas pour le mystere de la cene, qui estoit dejà parfait et accomply : on ne dit pas qu'il ne soit convenable d'instruire le peuple chrestien de la doctrine des sacremens qu'on luy confere ; mais seulement que cette instruction n'est pas la forme des sacremens. Que si en l'institution de ces divins mysteres, et en la pratique mesme, nous trouvons de la difference entre la predication et les sacremens, à quelles enseignes les confondrons-nous ? ce que Dieu a separé, pourquoy le conjoindrons-nous ? En ce point donc, selon l'Escriture, nous l'emportons tout net, et les ministres sont convaincus de violation de l'Escriture, qui veulent changer l'essence des sacremens contre leur propre institution.

Ils violent encore la tradition et l'authorité de l'Eglise et des saincts conciles, des papes et des peres, qui tous ont creu, et croyent encore, que le baptesme des petits enfans est vray et legitime ; mais comme veut-on que la predication y soit employée ? Les enfans n'entendent pas ce qu'on y dit, car ils ne sont pas encore capables de l'usage de la raison, à quoy faire les instruire ? On pourroit bien prescher devant eux, mais ce seroit pour neant, car leur entendement n'est pas encore ouvert, pour recevoir l'instruction ; comme l'instruction ne les touche point, ny ne leur peut estre appliquée, quel effet peut-elle donc faire en eux ? Le baptesme leur seroit donné en vain, puisqu'il seroit sans forme ; et ainsi la forme du baptesme n'est pas la predication.

Luther respond, que les enfans ressentent en ce moment des mouvemens actuels de la foy, par la vertu de la predication; n'est-ce pas là dementir et violer l'experience, et le sentiment mesme ? Certainement la pluspart des baptesmes qui se font en l'Eglise catholique, se font sans predication ; ils ne sont donc pas vrays baptesmes, puisque la forme y manque ; que ne rebaptisez-vous donc tous ceux qui vont de nostre Eglise à la

(1) Marc. XVI, 16. — (2) Act. II, 37. — (3) Act. VIII, 35, 36, 37, 38. Act. IX, 18. Act. X, 47, 48.

vostre? car, selon vous, c'est un anabaptiste. Or sus, voilà selon les regles de la foy, et principalement selon l'Escriture saincte, comme vos ministres vous abusent, quand ils vous enseignent que la predication est la forme des sacremens. Mais voyons si ce que nous en croyons est plus conforme à la saincte parole. Nous disons, que « la forme des sacremens est une parole consecratoire de benediction et invocation: » y a-t-il rien de si clair dans l'Escriture? « Docete omnes gentes, baptizantes eos, in nomine Patris, et Filii, et Spiritûs sancti. » Cette forme enoncée, au nom du Pere, etc., n'est-elle pas invocatoire? Certes le mesme sainct Pierre qui a dit aux Juifs : « Pœnitentiam agite, et baptizetur unus quisque vestrûm, in nomine Jesu Christi, in remissionem peccatorum vestrorum (1), » dit peu après au boiteux devant la belle porte (2) : « In nomine Jesu Christi Nazareni, surge et ambula.» Qui ne voit que cette derniere parole est invocatoire, et pourquoy non la premiere, qui est de mesme substance? Ainsi sainct Paul ne dit pas : « Calix prædicationis de quo prædicamus, nonne communicatio sanguis Christi est?»Mais au contraire: « Calix benedictionis. » 1. Cor. ch. 10, et ℣. 16. Ainsi au concile de Laodicée, ch. 25 : « Non oportet diaconum calicem benedicere, quem benedicimus. » On le consacroit donc, et on le benissoit. Sainct Denis, disciple de sainct Paul, les appelle *consecratoires* (3) ; et en la description de la liturgie ou de la messe, il n'y met point la predication, tant s'en faut qu'il la tienne pour forme de l'eucharistie. Au concile de Laodicée, où il est parlé de l'ordre observé en la messe, il ne se dit rien de la predication, comme estant chose de dehors, et non de l'essence de ce mystere (4). Justin, martyr, decrivant l'office ancien que les chrestiens faisoient le dimanche, entre autres choses dit, qu'après les prieres generales, on offroit pain, vin et eau ; et alors le prelat faisoit de tout son pouvoir des prieres et actions de graces à Dieu, le peuple benissoit, disant *Amen* : « His eucharistiæ consecratis unus quisque participat, eademque absentibus dantur, à diaconis perferenda.»Plusieurs choses sont ici re marquables : l'eau se mesloit au vin, on offroit, on consacroit, on en portoit aux malades ; mais si nos reformateurs eussent esté là, il eust fallu lever l'eau, l'offrande, et la consecration, et porter simplement la predication aux malades, ou sans elle, cette communion eust esté pour neant; car comme dit Jean Calvin (5) : « Mysterii explicatio ad populum, sola facit, ut mortuum elementum incipiat esse sacramentum (1).» Mais sainct Gregoire Nicene dit mieux : « Ecce nunc etiam verbo Dei sanctificatum panem ; » et parle du sainct sacrement de l'autel : « In verbi corpus credimur immutari. » Et après il adjoute, que ce changement se fait, « virtute benedictionis. » Le grand sainct Ambroise dit de mesme : « Potest, qui panis est, corpus esse Christi, consecratione. » Et plus bas : « Non erat corpus Christi ante consecrationem, sed post consecrationem dico tibi, quod jàm est corpus Christi. » Voyez-le bien au long, car je me reserve sur ce sujet, quand nous traiterons de la saincte messe (2).

Mais je veux finir ce discours par cette signalée sentence de sainct Augustin : « Potuit Paulus significando, prædicare Jesum Christum; aliter per linguam suam ; aliter per epistolam; aliter per sacramentum corporis, et sanguinis ejus; nec linguam quippe ejus, nec membrana, nec attramentum, nec significantes sonos linguâ editos, nec signa litterarum conscripta pelliculis, corpus Christi, et sanguinem dicimus, sed illum tantùm, quod ex fructibus terræ acceptum, et prece mysticâ consecratum, rite sumimus (3). » Si sainct Augustin dit : « Est tanta vis aquæ, ut corpus tangat, et corpus abluat, sed quid? nisi faciente verbo, non quia dicitur, sed quia creditur : » nous ne disons rien au contraire ; car à la verité, les paroles de benediction et de sanctification, avec lesquelles on forme et on parfait les sacremens, n'ont point de vertu; sinon estant proferées ; et sans la generale attention, elles seroient dites voirement, mais pour neant, parce que, « non quia dicitur, sed quia creditur, dicendo tamen creditur, et credendo dicitur. »

DISCOURS LXXI.

De l'intention requise en l'administration des sacremens.

En verité, je n'ay jamais trouvé aucune preuve puisée des Escritures, de l'opinion que vos predicans ont debitée en cet endroit (4). Ils disent que « quoy que le ministre n'eust aucune intention de faire la cene, ou de baptiser, ains seulement de se mocquer et badiner, neantmoins, pourvu qu'il fasse l'action exterieure du sacre-

---

(1) Act. II, 38. — (2) Act. III, 6.
(3) De Eccl. Hieron. c. ult. — (4) C. XIX. Apol. 2.
(5) Ad Eph.

(1) Cateches. de Sacramentis. *Nota.*
(2) *Nota.* Ce traité de la Messe ne se trouve point dans le manuscrit. — (3) L. 3. De sanctâ Trinitate, c. 4.
(4) Luth. in cap. Babil. c. de Baptis. Cal. in antid. scs. 7.

ment, le mystere y est complet. » Tout cecy se dit à credit, sans produire autre chose que de certaines consequences sans parole de Dieu, par forme de chicanerie.

Au contraire, le concile de Florence, et celuy de Trente, declarent expressement que « si quelqu'un dit que l'intention au moins de faire ce que fait l'Eglise, n'est pas requise aux ministres, quand ils conferent les sacremens, il est anatheme : » ce sont les termes du concile de Trente. Le concile ne dit pas qu'il soit requis d'avoir l'intention particuliere de l'Eglise ; car autrement les calvinistes (qui n'ont pas intention au baptesme de laver le peché originel) ne baptiseroient pas, puisque l'Eglise a cette intention ; mais seulement de faire en general ce que l'Eglise fait quand elle baptise, sans particulariser, ny determiner en quoy, ny comment. Le concile ne dit pas non plus qu'il soit necessaire de vouloir faire ce que l'Eglise romaine fait ; mais seulement en general, ce que l'Eglise fait en supposant, sans particulariser, quelle est la vraye Eglise. Ainsi qui, pensant que l'Eglise de Geneve pretenduë, est la vraye Eglise, limiteroit son intention à l'intention de l'Eglise de Geneve, se tromperoit si jamais homme se trompa, en la connoissance de la vraye Eglise ; mais son intention suffiroit en cet endroit, puisqu'encore qu'elle se terminast à l'intention d'une Eglise fausse, si est-ce qu'elle ne s'y termineroit que sous la condition et conception de la vraye Eglise ; ainsi l'erreur ne seroit que materielle et non formelle, comme le disent nos docteurs. J'adjoute encore qu'il n'est pas requis que nous ayons cette intention actuellement, quand nous conferons les sacremens ; mais il suffit qu'on puisse dire avec verité que nous faisons telle et telle ceremonie, et disons telle et telle parole (comme en jettant l'eau nous prononçons : « Je te baptise au nom du Pere, etc. ») en intention de faire reellement tout ce que font les vrays chrestiens, et que Nostre-Seigneur a luy-mesme commencé ; quoy que pour lors nous ne soyons pas en attention, et n'y pensions pas si precisement ; comme il suffit pour dire que je presche pour servir Dieu, et pour le salut des ames, si lorsque je me suis voulu preparer j'ay dressé cette intention, quoy que quand je suis presentement en chaire, je pense seulement à ce que j'ay à dire, et à m'en retenir le fil en memoire, sans plus penser à cette premiere intention ; ou comme celuy qui a resolu de donner cent ecus pour l'amour de Dieu, puis sortant de sa maison pour ce faire, pense à d'autres choses, et neantmoins distribuë la somme promise, encor qu'il n'ait pas en ce temps la pensée dressée actuellement à Dieu, si ne peut-on pas dire qu'il n'ait pas son intention à Dieu, puisque c'est en vertu de sa premiere deliberation, qu'il accomplit effectivement cette œuvre de charité, deliberement et de son plein gré. Cette intention est du moins requise, et suffit aussi pour la collation du sacrement.

Puisque la proposition du concile est eclaircie à fond, voyons si elle est, comme celle des adversaires, sans fondement de l'Escriture. On ne peut raisonnablement douter, que pour faire la cene de Nostre-Seigneur, ou administrer le baptesme, il ne faille faire au moins ce que le Fils de Dieu a commandé pour cet effet ; et non-seulement qu'il le faille faire, mais qu'il le faille exercer encore en vertu de ce commandement et institution : il est certain que quelqu'un pourroit faire cette action en vertu d'une autre raison, que du commandement de Nostre-Seigneur ; exemple d'un homme qui en dormant songeroit et baptiseroit, ou d'un homme estant ivre ; pour vray, les paroles y seroient, et l'element aussi : mais elles n'auroient point de force, ne procedant pas du commandement de celuy qui seul les peut rendre vigoureuses et efficaces : tout ce qu'un juge dit et ce qu'il escrit, ne sont pas des sentences judiciaires, mais seulement ce qu'il dit en qualité de juge. Or comme pourroit-on mettre la difference entre les actions sacramentales, estant faites en vertu du sacrement qui les rend effectives, et ces mesmes actions faites à autre fin ? Certes, la difference n'y peut estre consideree que par l'intention avec laquelle on les employe. Il faut donc, après tout, que les paroles soient proferées, avec intention de faire le commandement de Nostre-Seigneur en la cene : « Hoc facite, etc., » au baptesme : « Baptizantes eos, in nomine Patris, et Filii, et Spiritus sancti. » Mais à le dire de bonne foy, n'est-il pas vray que ce commandement : « Hoc facite, » s'adresse proprement aux ministres de ce sacrement ? cela est hors de doute ; or il n'est pas dit simplement, « Hoc facite, » mais, « Facite in meam commemorationem. » Comme donc peut-on faire cette sacrée action, en commemoration de Nostre-Seigneur, sans avoir aucune intention d'y faire ce que Nostre-Seigneur a commandé, ou du moins ce que les chrestiens disciples de Nostre-Seigneur font, afin que, sinon immediatement, au moins par l'entremise de l'intention des chrestiens, ou de l'Eglise, on fasse cette action en commemoration de Nostre-Seigneur ? Je crois qu'il est impossible d'imaginer qu'un homme fasse la cene en commemoration de Nostre-Seigneur, s'il n'a l'intention de pratiquer ce que Nostre-Seigneur a commandé, ou au moins de faire ce que font ceux qui le font en commemoration de Nostre-Seigneur : il ne suffit donc pas de faire ce que Nostre-Seigneur a commandé, quand il dit : « Hoc facite ; » mais il le faut faire selon l'intention que Nostre-Seigneur a commandé ; c'est-à-dire, « in sui commemorationem : » sinon avec cette intention particuliere, au moins generale, sinon immediatement, au moins mediatement ; c'est-à-dire, en voulant faire ce que l'Eglise fait, laquelle a intention de faire ce que Nostre-Seigneur a commandé ; en ce cas on s'en rapporte à l'intention de l'espouse, qui est ajustée au commandement de l'espoux : pareillement Nostre-Seigneur n'ordonne pas qu'on dise ces paroles : « Ego te baptizo, » simplement à la lettre, mais il a commandé que le baptesme se fist, « in nomine Patris, » si bien qu'il ne suffit pas qu'on dise en badinant, « Ego te baptizo, » mais il faut que l'aspersion, ou lavement exterieur se fasse « in nomine Patris, » et que cette authorité anime et vivifie non-seulement la parole, mais toute l'action du sacrement, laquelle de soy n'auroit point de vertu surnaturelle sans l'intention. En quel sens pourroit estre faite une action au nom de Dieu, qui se feroit pour se mocquer de Dieu ? Certainement l'action du baptesme ne depend pas tellement des paroles, qu'elle ne se puisse faire en une vertu et authorité toute contraire à ces paroles, si le cœur, qui est le moteur des paroles et des actions, les venoit adresser à une fin et intention opposée. De fait, ces paroles, « Au nom du Pere, etc., » pourroient estre dites au nom de l'ennemy du Pere, comme ces paroles, « en verité, » peuvent estre, et sont souventefois dites, « en mensonge. » Si donc Nostre-Seigneur ne commande pas qu'on fasse simplement la chose du baptesme, ny qu'on prononce simplement les paroles ; mais veut encor que l'action se fasse et les paroles se disent, « Au nom du Pere, etc., » il faut avoir au moins une intention generale de faire le baptesme au nom de Nostre-Seigneur, et en son nom et de sa part : pour le regard de l'absolution sacramentale, l'intention sans doute y est requise, et ces paroles en font foy : « Quorum remiseritis peccata remittuntur eis : » il laisse l'effet de ce ministere à leur deliberation, et c'est pour cela que je repete cette belle sentence de sainct Augustin : « Unde tanta vis aquæ, ut corpus tangat, et corpus abluat ? nisi faciente verbo, non quia dicitur, sed quia creditur. » Ce qui montre que les paroles de soy estant proferées, sans aucune intention, et sans foy, n'ont point de vertu ; mais estant dites en intention et en foy, et selon la fin generale de l'Eglise, elles font cet effet salutaire. S'il se trouve dans nos histoires, certains baptesmes, qui semblent avoir esté faits par jeu, ils ont esté approuvez par les circonstances, et il ne le faut pas trouver etrange, parce qu'on peut faire en jeu plusieurs choses, et neantmoins avec l'intention de les faire veritablement et sans feintise ; si l'on l'appelle jeu, en ces rencontres, c'est parce que cela se fait hors de saison.

OBSERVATION DU PREMIER EDITEUR.

Il est aisé de voir que ce discours et ce traité n'ont point eu leur achevement ; le sainct auteur avoit promis dans le projet de cette partie, d'expliquer tous les points de controverses, qui regardent l'eucharistie, la penitence, le mariage, les ceremonies de la messe, la mediation et l'invocation des saincts, et plusieurs points de grande instruction, dont nous ne trouvons ny cahier, ny escrit, ny fragmens ; la perte en est grandement dommageable, car ces matieres plus familieres et plus accommodées à la capacité des peuples, auroient produit des fruits dignes de sa douceur et de la solidité de ses raisonnemens. Voicy seulement un petit traité du purgatoire par où finit tout cet ouvrage.

SECTION SECONDE DE LA QUATRIESME PARTIE.

TRAITÉ DU PURGATOIRE, ET DES SUFFRAGES POUR LES MORTS.

DISCOURS LXXII.

PREFACE DE S. FRANÇOIS DE SALES.
A Messieurs de la ville de Thonon.

Sans doute, messieurs, la saincte Eglise a esté tres-temerairement accusée, par les novateurs de nostre asge, de superstition, en la priere qu'elle fait pour les fidelles trepassez, d'autant que leur usage doit supposer deux veritez, que l'on pretend n'estre point du tout, à sçavoir, que les ames en l'autre monde soient en necessité et indigence, et que l'on les puisse secourir : voici comme raisonnent nos adversaires : « Les defunts sont, ou damnez ou sauvez ; les damnez sont veritablement dans les peines ; mais elles sont irremediables ; les sauvez sont comblez de tout plaisir, et n'ont point besoin de secours ; ainsi aux uns manque l'indigence, aux autres le moyen de recevoir de l'aide ; d'où s'ensuit, qu'il n'y a aucune raison de prier pour les trepassez. » Voilà les deux chefs de l'accusation ; mais, certes, on doit informer à fond tout le monde pour faire un juste jugement, sur cette procedure, que les reformateurs sont des personnes particulieres, et l'accusé est le corps et l'Eglise universelle ; neantmoins, parce que l'humeur de nostre siecle veut, qu'on soumette au contre-roole et à la censure d'un chacun, toutes les choses les plus sacrées, les plus religieuses et authentiques, plusieurs sçavans, personnes d'honneur et de marque, ont pris le droit de l'Eglise en main, pour la defendre, estimant ne pouvoir mieux employer leur pieté et leur doctrine, qu'en la defence d'une mere, du sein et par les mains de laquelle ils ont receu tout leur bien spirituel, comme sont, le baptesme, la doctrine chrestienne et les Escritures mesmes ; leurs raisons sont si fortes, que si elles estoient bien balancées et contre-pesées avec celles des accusateurs, on connoistroit incontinent leur bon calibre : mais quoy ? on a porté sentence sans ouïr les parties ; n'avons-nous pas raison tous autant que nous sommes de domestiques enfans de l'Eglise, de nous porter pour appelans, et de nous plaindre de la partialité des juges ? Laissant donc à part, pour cette heure, l'incompetence de leur tribunal, au moins nous appellons des juges non instruits, aux mesmes mieux instruits, et des jugemens faits, parties non oüyes, à des jugemens parties entenduës ; suppliant ceux qui voudront juger sur ce different, de considerer nos raisons et allegations d'autant plus attentivement, qu'il s'y agit non pas de la condamnation d'une partie supresme accusée (qui ne peut estre condamnée par ses inferieurs), mais de l'absolution et du salut de ceux-là mesme qui en jugeront.

DISCOURS LXXIII.

Du nom du purgatoire.

Avons-nous pas raison de soutenir que l'on peut prier pour les fidelles trepassez, que les suffrages et bonnes actions des gens de bien vivans, les peuvent beaucoup soulager et leur sont profitables, parce que tous ceux qui decedent en la grace de Dieu, et qui par consequent sont du nombre de ses eleus, ne vont pas tous, ny tousjours de premier abord en paradis ; mais plusieurs vont en purgatoire, où ils souffrent en satisfaction une peine temporelle, que nos prieres et bonnes œuvres, faites en bonne disposition, peuvent aider et servir tres-utilement. Voila le gros de nostre difficulté.

Nous sommes d'accord que le sang de nostre Redempteur est le vray purgatoire des ames pecheresses ; car c'est par son merite que toutes les ames du monde sont netoyées : sainct Paul l'appelle, aux Hebreux, I : « Purgationem peccatorum facientem ; » les tribulations que souffrent les fidelles sont pareillement de certaines purgations, par lesquelles nos ames sont renduës plus pures ; de mesme que l'or est affiné en la fournaise : Eccl. 27. « Vasa figuli probat fornax : justos autem tentatio tribulationis. » La penitence et la contrition sont encore une espece de purgatoire ; David en parle au psalme 50 : « Asperges me, Domine, hyssopo, et mundabor ; » on sçait aussi que le baptesme, dans lequel nos pechez sont tous lavez, peut estre appellé purgatoire ; en un mot, nous pouvons nommer purgatoire tout ce qui sert à la purgation de nos offences. Mais icy nous appellons proprement purgatoire : « Un lieu dans lequel, après cette vie presente, les ames qui partent de ce monde, si elles ne sont parfaitement epurées des soüillures qu'elles ont contractées icy-bas, sont purifiées, ne pouvant entrer dans le paradis sans estre netoyées et purgées des moindres taches. » Si on veut sçavoir pour quelle raison ce lieu est plutost appellé simplement purgatoire, que les autres moyens qui servent icy-bas à la purgation des ames ? On repondra que c'est, parce qu'en ce lieu-là, on n'y fait autre chose que la purgation des restes du peché, qui sont demeurez dans l'ame au partir de ce monde ; mais au baptesme, en la penitence, et aux autres moyens, non-seulement l'ame s'epure de ses imperfections, mais encore s'enrichit de plusieurs graces et dons spirituels : ce qui fait qu'on a laissé le nom de purgatoire à ce lieu de l'autre monde, lequel, a proprement parler, n'est pour aucune autre raison, que pour la purification des ames ; mais pour le regard du sang de Nostre-Seigneur, nous connoissons tellement la vertu de son merite, que nous protestons en toutes nos prieres, que la purgation des ames, soit en ce monde, soit en l'autre, ne se fait que par la puissance de son application, et nous sommes plus jaloux de l'honneur dû à cette precieuse medecine, que ceux qui pour le priser en meprisent les usages. Ainsi par le purgatoire nous entendons un certain lieu où les ames pour un temps, sont purgées des taches venielles et imperfections qu'elles emportent de cette vie mortelle, et pour lesquelles elles n'ont point pleinement satisfait.

DISCOURS LXXIV.

De ceux qui ont nié et aboly le Purgatoire, et des moyens de le prouver contre les novateurs.

Or, la doctrine du purgatoire n'est pas une opinion receuë à la volée, ny nouvelle parmy les chrestiens, il y a long-temps que l'Eglise a soutenu cette creance, envers tous et contre tous les heretiques : il semble que le premier qui l'a combattuë, ait esté *Arrius*, et depuis luy les arriens, ainsi que sainct Epiphane le temoigne en l'heresie 75; sainct Augustin, en l'heresie 53, et Socrate, lib. 2, cap. 55. Il y a environ deux cents ans que parurent certaines gens qui s'appelloient les *apostoliques*, et qui nioient le purgatoire; il y a cinq cents ans que les *petrobusiens* ecartoient cet article de leur creance, comme l'escrit sainct Bernard, sermon 65 et 66, in cant: et en l'epistre 241, et Pierre de Cluny, epistre 1 et 2, et ailleurs, cite cette mesme opinion des petrobusiens, qui fut suivie par les *Vaudois*, environ l'an 1170, comme l'a observé Guidoz en sa somme. Quelques Grecs furent soupçonnez de cette erreur, de quoy neantmoins ils se justifierent au concile de Florence, et encore en leur apologie, presentée au concile de Basle ; enfin, *Luther*, *Zuingle*, *Calvin*, et ceux de leur party ont du tout nié et tronqué de leur reforme la verité du purgatoire, car quoy que Luther *in disputatione lipsicâ*, dit qu'il croyoit tres-fermement, et sçavoit tres-assurement qu'il y avoit un purgatoire, si est-ce que par après il s'en est dedit au livre « De abrogandâ missâ privatâ. » Certes, c'est l'ordinaire de toutes les factions de nostre asge, de se mocquer du purgatoire, et de mepriser les prieres qui se font pour les trepassez ; mais l'Eglise catholique s'est opposée vivement à tous ces ennemis, chacun en son temps. Elle a l'Escriture saincte en main, de laquelle nos devanciers ont tiré plusieurs belles preuves, car elles nous apprennent que les aumosnes, les prieres et autres sainctes actions peuvent soulager les defunts ; d'où s'ensuit qu'il y a un purgatoire, estant vray que les ames des damnez ne peuvent recevoir aucun secours en leurs peines, et que les sauvez d'autre part, estant bienheureux, nous ne pouvons employer du nostre aucune chose pour ceux qui sont glorieux au ciel : reste que cela soit pour ceux qui sont en un troisiesme lieu ; que nous appellons purgatoire ; les Escritures nous apprennent encore qu'en l'autre monde, quelques defunts ne sont pas entierement delivrez des peines qui sont deuës à leurs pechez, ce qui ne se pouvant faire ny en enfer, ny en paradis, il s'ensuit qu'il y a un purgatoire : de plus elles nous apprennent encore, que plusieurs ames, avant que d'arriver en paradis, doivent passer par un lieu de peine, qui ne peut estre que le purgatoire ; davantage elles prouvent que les ames de quelques-uns sont tirées d'un lieu, d'où elles vont rendre honneur et reverence à Nostre-Seigneur : ce qui marque necessairement le purgatoire, puisque cela ne se peut dire de ces pauvres miserables qui sont en enfer; enfin l'Escriture nous fournit plusieurs autres passages, d'où l'on tire des consequences, toutes neantmoins bien à propos ; et en cecy l'on doit d'autant plus deferer à nos docteurs, que les mesmes argumens, qu'ils alleguent maintenant, ont esté apportez à ce mesme sujet par nos anciens peres et devanciers, qui pour deffendre la verité de l'article du purgatoire ne sont point allé forger de nouvelles interpretations ; ce qui montre assez la candeur avec laquelle nous cheminons et allons en besogne, là où nos accusateurs à credit tirent des consequences de l'Escriture, qui n'ont jamais esté pensées cy-devant, et qui sont mises tout de nouveau en œuvre, pour seulement combattre l'authorité de l'Eglise. Voicy donc, messieurs, nos raisons, que nous allons ranger en ordre (1) : Premierement nous cotterons les textes de l'Escriture. Secondement les saincts conciles. Troisiesmement les peres du plus grand credit ; après nous accorderons ces raisons entre elles-mesmes ; enfin nous examinerons les argumens du party contraire, et nous en montrerons le peu de valeur ; ainsi nous conclurons pour la croyance de l'Eglise catholique, et il ne restera à nos adversaires que l'aveuglement de leur passion, à qui nous souhaitons la grace de penser attentivement au merite et à l'excellence de nos preuves, et les jetter aux pieds de la bonté divine, pour qu'ils luy puissent dire en toute humilité avec David : « Dâ mihi intellectum, et scrutabor legem tuam, et custodiam illam in toto corde meo. » S'ils le font, je ne doute point qu'ils reviennent au giron de leur mere l'Eglise catholique.

DISCOURS LXXV.

Textes de la saincte Escriture, où il est parlé du temps, du lieu et des peines de la purgation des ames après cette vie.

Repondez, messieurs, si vous le pouvez, voicy le premier argument, et il est invincible. S'il est vray qu'il y a un lieu de purgation pour les ames après cette vie mortelle, il s'en suit avec certitude qu'il y a un purgatoire, puisque l'enfer ne peut recevoir aucune purgation, et que le paradis ne peut recevoir aucune chose qui ait besoin de

(1) L'ordre et la fin de ce Traité du purgatoire.

purgation : or qu'il y ait un temps et un lieu de purgation après cette vie, voicy la preuve de l'Escriture :

1. Au psalme 65. « Transivimus per ignem et aquam, et eduxisti nos in refrigerium ; » ce lieu est interpreté de la peine du purgatoire par *Origene*, homel. 25. sur les Nombres, par sainct Ambroise sur le psalme 56. et au serm. 3. sur le psalme 115, où il expose par l'eau, le baptesme, et par le feu, le purgatoire.

2. En Isaye au 4. chapitre, « Purgavit Dominus sordes filiorum et filiarum Sion, et sanguinem emundavit de medio eorum, in spiritu judicii, et combustionis : » cette purgation faite en esprit de jugement et de bruslement, est entendue du purgatoire par sainct Augustin, au liv. 20 de la Cité de Dieu, chap. 25, et de fait les paroles precedentes favorisent cette interpretation, dans lesquelles il est parlé de la salvation des hommes ; et encore à la fin du mesme chapitre, où il est parlé du repos des bienheureux, donc ce qui est dit, « purgavit Dominus sordes, » se doit entendre de la purgation, qui se doit faire en esprit d'ardeur et de bruslement, et ne se peut bonnement interpreter que du purgatoire et du feu purifiant.

3. En Michée, au 7. chap. « Quia cecidi, consurgam ; cum sedero in tenebris Dominus lux mea est ; iram Domini portabo, quoniam peccavi ei, donec causam meam judicet, et faciat judicium meum, educet me in lucem, videbo justitiam ejus : » ce lieu estoit dejà en train pour prouver le purgatoire, parmy les catholiques du temps de sainct Jerosme, il y a environ 1200 ans, ainsi que le mesme sainct le temoigne sur le dernier chapitre d'Isaye, là où ce qui est dit : « Cum sedero in tenebris, iram Domini portabo, donec causam meam judicet, » ne se peut entendre d'aucune peine si proprement, que de celle du purgatoire.

4. En Zacharie, c. 9. « Tu autem in sanguine testamenti tui eduxisti vinctos tuos, de lacu in quo non est aqua. » Ce lac duquel sont tirez ces prisonniers, n'est autre que le purgatoire, duquel Nostre-Seigneur les delivra lors de sa descente aux enfers, et cecy ne se peut entendre du lymbe où estoient les saincts peres avant la resurrection de Nostre-Seigneur, dans le sein d'Abraham, parce que là il y avoit un lieu de consolation et d'esperance, comme l'on peut voir en S. Luc 16. Aussi S. Augustin en l'epistre 99. *ad Evodium*, dit, que Nostre-Seigneur visita ceux qui estoient tourmentez dans les enfers, c'est-à-dire dans le purgatoire, et qu'il les en delivra ; d'où s'ensuit qu'il y a un lieu, où quelques fidelles sont tenus prisonniers, et duquel ils peuvent estre delivrez.

5. En Malachie, 3. chap. « Et sedebit constans et emundans argentum, et purgabit filios Levi, et colabit eos, quasi aurum et quasi argentum, etc. » Ce lieu est exposé d'une peine purifiante par Origene, homil. 6. sur l'Exode ; par sainct Ambroise sur le psal. 36 ; par S. Augustin, au liv. 20 de la Cité de Dieu, chap. 25 ; par sainct Jerosme sur ce mesme texte : nous sçavons bien qu'ils l'entendent de la purgation qui se fera à la fin du monde par le feu, et de la conflagration generale, là où seront purgez les restes des pechez de ceux qui seront trouvez vivans ; mais nous ne laissons pas d'en tirer un bon argument pour nostre purgatoire, qui doit purifier les ames avant que de ressentir l'effet de la benediction du juge supresme : pourquoy est-ce que quelquesuns de ceux qui meurent avant ce temps n'en auroient pas besoin, puisqu'il s'en peut trouver qui auront à la mort quelque reste d'imperfection ? Pour vray, si le paradis ne peut recevoir aucune tache en ce temps-là, il ne le peut non plus maintenant ; sainct Irenée à ce propos, au chap. 29. du l. 5, dit qu'en ce dernier temps l'Eglise montera dans le celeste paradis de son espoux, et qu'il n'y aura plus de temps de purgation, parce que les fautes et pechez seront tout incontinent purgez par ce feu qui precedera le jugement universel.

6. Je laisse à part le passage du psal. 37. « Domine, ne in furore tuo arguas me, neque in irà tuà corripias me ; » lequel sainct Augustin interprete de l'enfer et du purgatoire, de sorte que, « in furore argui, » soit dit pour la peine eternelle, « in irà corripi, » soit dit pour la peine du purgatoire.

7. En la premiere aux Corinthiens. « Dies Domini declarabit, qui in igne revelabitur, et uniuscujusque opus quale sit, ignis probabit ; si cujus opus manserit, quod super edificavit, mercedem accipit, si cujus opus arserit, detrimentum autem patitur ; ipse tamen salvus erit, sic tamen quasi per ignem. » On a tenu tousjours ce passage pour l'un des plus illustres et des plus difficiles de toute l'Escriture ; or, dans ce texte, comme il est aisé de voir à celuy qui regardera de près tout le chapitre, l'apostre use de deux similitudes ; la premiere est d'un architecte qui fonde une maison precieuse, et de matiere solide sur un roc ; la seconde, est celuy qui sur un mesme fondement dresse une maison de matiere non ferme, mais de matiere combustible ; imaginons maintenant que le feu se mette en l'une et l'autre maison, celle qui est de matiere solide sera hors de fortune, et l'autre sera incontinent reduite en cendre ; si l'architecte se trouve dans la premiere, il y demeurera sain et sauve ; au contraire s'il

est dans la seconde, et qu'il se veuille echapper, il faudra qu'il se jette à corps perdu à travers le feu et la flamme, et se sauvera tellement, qu'il portera les marques de l'incendie, « ipse autem salvus erit, sic tamen quasi per ignem : » le fondement sous-entendu en cette similitude, c'est Nostre-Seigneur, de qui S. Paul a dit, « Ego plantavi, et ego ut sapiens architectus fundamentum posui : » et puis après, « Fundamentum enim aliud nemo potest ponere, præter id quod positum est, quod est Christus Jesus; » les architectes sont les predicateurs et les docteurs de l'Evangile, comme l'on peut connoistre en considerant attentivement les paroles de tout ce chapitre, et comme l'interprete sainct Ambroise et Sedule, sur ce lieu; le jour du Seigneur, duquel il est parlé, s'entend de celuy du jugement, lequel en l'Escriture a coutume d'estre appellé le jour du Seigneur, en Joël. 2. « Veniet dies Domini; » en Sophonie, « Juxta est dies Domini : » puis encore par ce qui est ajouté, « Dies Domini revelabit ; » car c'est en cette journée-là que seront declarées et manifestées toutes les actions du monde : enfin quand l'apostre dit, « Qui in igne revelabitur, » il montre assez que c'est le dernier jour du jugement. En la seconde des Thessaloniciens, « In revelatione Domini nostri Jesu Christi de cœlo, cum angeli virtutes ejus in flamma ignis. » Au psaume 96. « Ignis ante ipsum præcedet ; » ce feu donc par lequel l'homme se sauve, « ipse autem salvus erit, sic tamen quasi per ignem, » ne se peut entendre d'autre que du feu du purgatoire : car quand l'apostre dit qu'il se sauvera, il exclud le feu de l'enfer, duquel personne ne se peut jamais echapper ; et quand il ajoute qu'il se sauvera par le feu, et qu'il parle de celuy seulement qui a sur-edifié le bois, la canne et le chaume, il montre qu'il ne parle pas icy du feu qui precedera le jour du jugement, puisque par iceluy passeront non-seulement ceux qui auront sur-edifié l'or et l'argent, mais tous les hommes qui seront alors vivans. Cette interpretation (outre qu'elle s'accorde tres-bien avec le texte) est encor tres-authentique, pour avoir esté suivie du commun sentiment de tous les anciens peres. Sainct Cyprien, l. 48, 2, semble faire allusion pour le purgatoire à ce passage ; sainct Ambroise aussi sur ce lieu mesme ; sainct Jerosme sur le 4. d'Amos ; sainct Augustin sur le psal. 57 ; sainct Gregoire, Rupert et les autres, y sont tout clairs. Entre les Grecs, Origene en l'homelie 6. sur l'Exode ; Ecumene sur ce passage, où il allegue S. Bazile et Theodoret, exposé par sainct Thomas en l'opuscule premier contre les Grecs. On dira peut-estre qu'en cette interpretation il y a de l'equivoque et du mal entendu, en ce que le feu, duquel il est parlé, est pris pour le feu de purgatoire, ou pour celuy qui precedera le jour du jugement sans distinction. On repond que cette extraordinaire façon de parler s'entend par la confrontation des textes ; car voyez tout le sens de la sentence : le jour du Seigneur sera eclairé par le feu qui le precedera, et comme ce jour sera eclairé par le feu, ainsi ce mesme jour par le jugement eclairera le prix et le merite de chaque œuvre bonne ou mauvaise ; et comme chaque œuvre sera eclairée, ainsi les œuvres qui auront esté operées avec imperfection, seront examinées pour le salut par le feu du purgatoire : mais outre cecy, quand nous dirions que sainct Paul use diversement d'un mesme mot en un mesme passage, ce ne sera pas chose nouvelle ; car il en use de cette maniere en autres lieux, mais si proprement, que cela sert d'ornement à son langage : comme en sa seconde aux Corinthiens, c. 5, 15. « Qui non noverat peccatum, pro nobis peccatum fuit, » là où l'on void que le mot *peccatum* dit pour la premiere fois, se prend proprement pour l'iniquité, et la seconde fois il est pris en figure pour celuy qui porte la peine du peché. On dira encore qu'il n'est pas dit, qu'il sera sauvé par le feu, et que partant on ne peut pas conclure le feu du purgatoire : certes je reponds, qu'il y a de la similitude en ce passage, car l'apostre veut signifier que celuy duquel les œuvres ne sont pas tout-à-fait solides, sera sauvé, comme l'architecte qui s'echappe du feu, ne laissant pas pour cela de passer par le feu, mais un feu d'autre calibre que n'est le feu qui brûle en ce monde. Il suffit que de ce passage on conclud ouvertement, que plusieurs de ceux qui doivent prendre possession du royaume du paradis, passeront par le feu ; et celuy-cy n'est pas le feu d'enfer, ny le feu qui precedera le jugement, c'est donc le feu de purgatoire. J'avoue que le passage est difficile et mal aisé, mais bien consideré il nous preste la main, et fait conclusion pour nostre preuve. Voilà les lieux de l'Escriture, d'où l'on peut tirer raisonnablement, qu'après cette vie il y a un temps et un lieu de purgation où quelques-uns sont transferés pour se purifier : l'authorité des livres des Machabées est claire et evidente comme le jour, et c'est simplement pour eluder leur credit, que nos adversaires les rejettent, mais tres-mal à propos, comme nous l'avons montré cy-dessus. Les livres 1. et 2. des Machabées sont justifiez au chap. 19. contre les heretiques qui les rejettent.

DISCOURS LXXVI.

De quelques autres lieux par lesquels on prouve, en l'Escriture, que la prière, l'aumosne, et les actions meritoires, servent au soulagement des deffunts.

Donnons un second argument que nous tirons de la saincte parole, pour la preuve du purgatoire, et le prenons du second livre des Machabées, au chap. 2, là où l'Escriture remarque, «que Judas Machabée envoya en Jerusalem douze mille dragmes d'argent, pour faire offrir le sacrifice pour les morts, » et après elle adjoute : « Sancta ergo et salubris est cogitatio, pro defunctis exorare, ut à peccatis solvantur. » Voicy nostre raisonnement : si c'est une chose saincte et profitable de prier pour les morts, il y a donc encore un temps et un lieu après la mort pour la remission de leurs pechés; or ce lieu ne peut estre ny l'enfer ny le paradis; c'est donc le purgatoire : cet argument est si bien fait, si fort et si pregnant, que pour y repondre, nos adversaires ont nié tout franc l'authorité du livre des Machabées, et le tiennent pour apocryphe ; mais à la verité ce n'est que par faute d'autre reponse, car ce livre a esté tenu pour authentique et pour sacré par le (1) 3. concile de Carthage, au canon 4. par Innocent I. en l'epistre *ad Exuperum* ; et par sainct Augustin, c. 10. de la Cité de Dieu, chap. 36, duquel voicy les expresses paroles : « Libros Machabæorum non Judæi sed Ecclesia pro canonicis habet; » et le mesme sainct Augustin, au l. 2. *de Doctrinâ christianâ*, chap. 8, et le pape Damase au decret des livres canoniques, qui fut fait et lu en un concile de septante evesques, avec plusieurs autres anciens peres, qu'il seroit ennuyeux de nommer, l'ont approuvé ; ainsi ceux qui nient temerairement l'authorité du livre, nient quant et quant l'authorité de l'antiquité chrestienne. On sçait bien tout ce qu'on apporte pour soutenir cette negative, mais la plupart ne fait que montrer la difficulté qu'il y a dans les livres, plutost que de la fausseté; nous voulons bien repondre aux deux ou trois plus fortes objections que font nos adversaires : en la premiere, ils disent, que la priere auroit esté faite pour montrer simplement la bonne intention que Judas Machabée avoit à l'endroit des deffunts, non pas qu'il crust reellement que les deffunts en eussent aucun besoin : mais l'Escriture dit exprès ces claires paroles, « Ut à peccatis solvantur. » En la seconde, que c'est une manifeste erreur de prier pour la resurrection des morts, avant le jugement, car c'est presupposer, ou que les ames ressuscitent, et par consequent meurent, ou que les corps ne ressuscitent pas, si ce n'est par l'entremise des prieres et des bonnes actions des vivans, ce qui seroit contre l'article « Credo resurrectionem mortuorum : » cette pretenduë erreur n'est rien qu'un pretexte pour ecarter ce lieu des Machabées ; il est visible par le sens des paroles : « Nisi enim eos, qui ceciderant, resurrecturos speraret, superfluum videretur et vanum, pro defunctis orare. » On repond aisement, qu'en cet endroit, Judas ne pretend pas qu'on prie pour la resurrection de l'ame ny du corps, mais seulement pour la delivrance des ames ; en quoy ces prians ont presupposé l'immortalité de l'ame, car s'ils eussent cru que l'ame fust morte avec le corps ils n'eussent point pris le soin de leur delivrance, et parce que parmy les Juifs la croyance de l'immortalité de l'ame et de la resurrection des corps, estoient tellement jointes par ensemble, que qui nioit l'une, nioit l'autre ; pour faire voir que Judas Machabée croyoit en l'immortalité de l'ame, il dit qu'il croyoit encore en la resurrection des corps, ainsi il met en preuve la resurrection des corps par l'immortalité de l'ame, car il ne se peut faire que l'ame fust immortelle sans la resurrection des corps, comme on lit en la premiere aux Corinth. 15. « Quid mihi, si mortui non resurgunt? comedamus et bibamus, cras enim moriemur. » Or il ne s'ensuivroit aucunement qu'il fallust ainsi s'abandonner, encore qu'il n'y eust point de resurrection, car l'ame qui demeureroit en son estre souffriroit la peine deuë à ses pechez, et pourroit recevoir la recompense de ses vertus; mais sainct Paul en cet endroit, met en compte la resurrection des morts pour l'immortalité de l'ame, parce que de son temps, qui croyoit l'un, croyoit l'autre ; il n'y a donc aucune raison de refuser le temoignage des Machabées en preuve d'une si juste creance ; que si à tout rompre nous ne le voulons prendre que comme un temoignage d'un simple, mais grave historiographe, ce qu'on ne nous peut refuser, au moins faudroit-il confesser que la synagogue ancienne croyoit un purgatoire ; puisque toute cette année-là fut si dediée et si employée à prier pour les deffunts.

Certes, par abondance de droit, nous avons encore des marques visibles de cette devotion envers les deffunts en d'autres endroits de l'Escriture, qui nous doivent faciliter la reception de ce livre, que nous venons d'alleguer, en Tobie, 4. chap. « Panem tuum et vinum tuum super sepulturam justi constitue, et noli ex eo manducare et bibere, cum peccatoribus. » Il faut

---

(1) Ce concile fut tenu il y a environ 1200 ans, auquel se trouva S. Augustin, comme recite Prosper, *In chronico*.

confesser que ce pain et ce vin ne se mettoient pour autre sujet sur la sepulture des morts, sinon pour les fidelles, afin que l'ame du deffunt en fust aidée par ces aumosnes destinées pour les pauvres, comme disent communement les interpretes sur ce passage; peut-estre que ces messieurs diront encore que ce livre est apocryphe, mais toute l'antiquité l'a tousjours tenu en bon compte, et pour vray la coutume de mettre la viande, pour les pauvres, sur les sepultures est tres-ancienne, mesme en l'Eglise catholique, car sainct Chrysostome, qui vivoit il y a plus de douze cents ans, en l'hom. 32. sur le 5. de sainct Matthieu, en parle de cette façon : « Cur post mortem tuorum, pauperes convocas? cur presbyteros, ut pro eis orare velint, obsecras? » Mais que penserons-nous des jeusnes et des austeritez que faisoient les anciens après la mort de leurs amis? ceux de Gallées Galaades jeusnerent sept jours après la mort de Saül pour ce pauvre prince; autant en fit David, et les siens pour le mesme Saül, et pour Jonathas et ceux de sa suite, au premier livre des Roys, chap. 2, et au 3. livre, chap. 1. Et certes, on ne peut penser autre chose de cet usage, sinon que ce fut pour secourir les ames des deffunts, car à quel autre propos rapporter le jeusne de sept jours? Aussi David, qui au second livre des Roys, chap. 12, jeusna et pria pour son fils malade, après sa mort céssa de jeusner, et de se mortifier, montrant, que quand il le faisoit, c'estoit pour obtenir de Dieu le secours au malade, lequel estant mort, parce qu'il mouroit enfant et innocent, et n'avoit plus besoin de secours après sa mort, il cessa de jeusner. Il y a plus de 700 ans, que Bede interpreta ainsi la fin du premier livre des Roys; de maniere qu'en l'ancienne Eglise, la coutume estoit deja entre les sainctes et devotes personnes, d'ayder de leurs prieres, et du suffrage de leurs sainctes actions les ames des trepassez, ce qui suppose clairement la foy du purgatoire.

C'est de cette coutume que parle ouvertement sainct Paul en la premiere aux Corinth., 15. chap., alleguant comme louable et bon l'usage de ceux, « Qui baptizantes se pro mortuis, si enim mortui non resurgunt, ut qui baptizantur pro illis? » Ce lieu bien entendu, montre clairement la pratique de la primitive Eglise, de jeusner, prier et veiller pour les ames des trespassez; car premierement dans les Escritures, estre baptisé se prend fort souvent pour les afflictions et penitences, comme en sainct Luc, 12. chap., Nostre-Seigneur parlant de sa passion, dit, « Baptismo habeo baptizari, et quomodo coarctor, donec perficiatur? » luy-mesme en sainct Marc, chap. 10. « Potestis bibere calicem, quem ego bibiturus sum? et baptismo, quo ego baptizor, baptizari? » où Nostre-Seigneur appelle baptesme les peines et afflictions. Voicy donc le sens de cette Escriture : si les morts ne ressuscitent pas, dit sainct Paul (ce qui s'accorde à la sentence des Machabées cottée cy-dessus), « Superfluum est et vanum orare pro mortuis, si mortui non resurgunt; » qu'on me tourne et transfigure ce texte en tant d'interpretations qu'on voudra, il n'y en aura pas une qui joigne si bien à la saincte lettre, que celle-cy; qui voudroit dire que le baptesme, dont parle sainct Paul est seulement un baptesme de tristesse et de larmes, non de jeusne, ou de prieres et autres actions macerantes, avec cette intelligence sa conclusion seroit tres-mauvaise, car il s'ensuivroit, que si les morts ne ressuscitent point et si l'ame est immortelle, qu'en vain on s'afflige pour les morts; mais je vous prie, n'auroit-on pas encore plus d'occasions de s'affliger par justice, pour la mort des amis, s'ils ne ressuscitent point, perdant cette esperance de jamais les revoir, que s'ils ressuscitent? il entend donc ces baptesmes des actions volontaires, que l'on faisoit tres-religieusement, pour impetrer repos aux ames des deffunts, lesquelles sans doute on auroit pratiquées en vain, si les ames estoient mortelles, ou si les morts ne ressuscitoient pas. En quoy il se faut souvenir de ce qui a esté dit cy-dessus, que l'article de la resurrection des morts, et celuy de l'immortalité de l'ame estoient conjoints tellement ensemble, en la creance des Juifs, que qui croyoit l'un, croyoit l'autre, et qui nioit l'un, nioit l'autre; il est donc evident par ces paroles de sainct Paul, que la priere, le jeusne et autres peines et afflictions, se faisoient tres-louablement pour les deffunts; or ce n'estoit pas pour ceux qui sont dans le paradis, qui n'en avoient aucun besoin, ny pour ceux qui sont dans les lieux de damnation, et qui n'en peuvent aucunement recevoir le fruit, c'est donc pour ceux qui sont dans le lieu de purgatoire : ainsi l'a exposé, il y a mille deux cents ans, sainct Ephrem en son testament, qui demandoit des prieres après sa mort; autant en fit le bon larron, en sainct Luc, 23, lorsqu'il s'adressa à Nostre-Seigneur, et luy dit : « Memento mei, dum veneris in regnum tuum; » car pourquoy se fust-il recommandé au Fils de Dieu, luy qui s'en alloit mourir avec luy, s'il n'eust pas cru que les ames, après la mort, pouvoient estre secouruës et aydées? Sainct Augustin, liv. 6. contre Julien, c. 5, prouve de ce passage, que le pardon de quelques pechez est reservé en l'autre monde, comme nous l'allons voir au discours suivant.

DISCOURS LXXVII.

De quelques autres lieux de l'Escriture, où il est prouvé, que le pardon de quelques pechez est reservé en l'autre monde.

Or sus, messieurs, « il y a des pechez qui peuvent estre pardonnez en l'autre monde ; » ce n'est ny dans l'enfer, ny dans le paradis, c'est donc en purgatoire ; qu'il y ait des pechez qui se pardonnent en l'autre monde, nous le prouvons premierement par le passage de sainct Matthieu, chapitres 12 et 13, où Nostre-Seigneur dit « qu'il y a un peché qui ne peut estre pardonné ny en ce siecle ny en l'autre, » de là s'ensuit qu'il y a des pechez qui peuvent estre remis en l'autre siecle, car s'il n'y avoit point de peché qui pust estre remis en l'autre siecle, il n'estoit pas à propos d'attribuer cette proprieté à une sorte de peché, de ne pouvoir estre remis en l'autre siecle, il suffisoit de dire qu'ils ne pouvoient estre remis absolument : certes quand Nostre-Seigneur eut dit à Pilate, « Regnum meum non est de hoc mundo, » en sainct Jean 14; Pilate luy fit cette demande en forme de conclusion : « Ergo rex es tu ? » Cette reponse fut trouvée fort bonne par Nostre-Seigneur, et luy donna son approbation. Ainsi quand il dit qu'il y a un peché qui ne peut estre pardonné en l'autre siecle, il s'ensuit tres-bien qu'il y en a d'autres qui peuvent estre remis. Nos messieurs nous diront, peut-estre, que ces paroles, « Neque in hoc sæculo, neque in alio, » ne veulent dire autre chose, sinon, *in æternum*, ou *nunquam*, comme le dit sainct Marc, au chapitre 3, « Non habebis mecum partem in æternum, » cela va bien, mais nostre raison ne perd rien de sa fermeté pour cela ; car, ou sainct Mathieu a bien exprimé l'intention de Nostre-Seigneur, ou non ? l'on n'oseroit dire que non, de fait il l'a bien exprimée, ainsi il s'ensuit tousjours qu'il y a des pechez qui peuvent estre remis en l'autre siecle, puisque Nostre-Seigneur a dit, qu'il y en a un, en exception, qui ne peut estre remis en l'autre monde ; mais de grace ! dites-moy pourquoy sainct Pierre n'a pas dit à Nostre-Seigneur en sainct Jean, 13, « Non lavabis mihi pedes in hoc sæculo neque in alio ? » Il n'a pas deu parler ainsi, parce qu'en l'autre monde, les pieds de sainct Pierre ne pouvoient estre lavez ; aussi dit-il *in æternum*, qui signifie jamais en ce monde ; il ne faut donc pas croire que sainct Matthieu eust exprimé l'intention de Nostre-Seigneur par ces paroles, « Neque in hoc sæculo, neque in alio, » si la remission de quelque peché n'eust pu avoir de lieu en l'autre monde ; on se mocqueroit de celuy qui diroit je ne me marieray ny en ce monde ny en l'autre ; comme s'il entendoit qu'en l'autre monde l'on peust se marier; qui dit donc que quelque peché ne peut estre remis ny en ce siecle ny en l'autre, presuppose necessairement que l'on puisse avoir remission de quelque peché, en ce monde ou en l'autre ; je sçay bien que nos adversaires taschent icy par diverses interpretations de parer à ce coup, mais il est si bien porté, qu'ils ne s'en peuvent echapper ; et de vray, il vaut bien mieux avec les peres anciens entendre proprement, et avec toute la reverence que l'on peut, les paroles de Nostre-Seigneur, que (pour fonder une nouvelle doctrine) les rendre grossieres et mal ordonnées : sainct Augustin, liv. 21 de la Cité de Dieu, chapitre 24 ; sainct Gregoire, liv. 7 de l'Eglise, chap. 34 ; Bede sur le 3 liv. de sainct Marc ; saint Bernard en l'homelie 66 sur les Cantiques, et tous ceux qui ont escrit contre les petrobusiens, se sont servis de ce passage, pour nostre intention, avec tant d'assurance, que sainct Bernard, pour declarer la verité du pargatoire (tant il fait estat de ce sa certitude) n'en apporte point d'autre. En sainct Luc, 12. « Ne esto consentiens adversario tuæ vitæ, dum es in via, ne forte tradat te adversarius judici, judex tortori, et mittaris in carcerem ; amen dico tibi, non exies inde, donec reddas novissimum quadrantem. » Origene, sainct Cyprien, sainct Hilaire, sainct Ambroise, sainct Hierosme, et sainct Augustin, disent tous que le chemin duquel il est dit, *dum es in via*, n'est autre que le passage de la vie presente ; l'adversaire est nostre propre conscience, qui combat tousjours contre nous et pour nous, c'est-à-dire, qui resiste tousjours à nos mauvaises inclinations, et à nostre vieil Adam, pour nostre salut, comme l'exposent sainct Ambroise, Bede, sainct Augustin, sainct Gregoire et sainct Bernard en divers lieux : le juge, sans doute, est Nostre-Seigneur, en sainct Jean, 5. « Pater omne judicium dedit filio. » La prison pareillement est l'enfer, ou le lieu des peines de l'autre monde, auquel comme en une grande geole il y a plusieurs appartemens, l'une pour ceux qui sont damnez, qui est comme pour les criminels ; l'autre qui est pour ceux qui sont en purgatoire, qui est pour debte : il est dit de celuy-cy, « Non exies inde donec reddas novissimum quadrantem ; » et s'entend des petits pechez d'infirmité, comparez au dernier, qui est la moindre monnoye qu'on peut devoir. Aprés cette claire exposition, considerons un peu où se doit faire cette reddition de compte de laquelle parle Nostre-Seigneur, *donec reddas novissimum quadrantem*. Nous trouvons de tres-anciens peres qui ont dit que c'estoit en purgatoire, ceux-cy sont Tertull. l. *de Animâ*, chap. 18 ; sainct Cyprien, l. 4. epist. 2; Origene, homil. 55: sur ce lieu ; Eusebe Emissene en l'hom. 5. de l'Epiphanie ; sainct Ambroise, sur le chap. 5. de sainct Luc ; sainct Jerosme, sur le 5. de sainct Matthieu; sainct Bernard, serm. *de Obitu Uberti;* quand il est dit,« Et solves ultimum quadrantem, » n'est-il pas à presupposer qu'on les puisse payer, et qu'on puisse tellement diminuer la debte, qu'il n'en reste plus rien du tout à satisfaire ? Le roy David dit dans les Psaumes, « Sede à dextris meis, donec ponam inimicos tuos : » il s'ensuit tres-bien de cette sentence, « Ergo, aliquandò pones inimicos scabellum pedum tuorum ; » ainsi disant : « Non exies indè, donec reddas, » il montre « quod aliquando reddet, vel reddere potest. » Qui ne void qu'en sainct Luc, chap. 12, la comparaison est tirée, non pas d'un homicide, ou de quelque criminel qui ne peut avoir aucune esperance de son salut, mais d'un debiteur qui est constitué en prison jusques au payement, lequel estant fait incontinent est mis dehors ? Voicy donc l'intention de Nostre-Seigneur, que pendant que nous sommes en ce monde, nous taschions par la penitence et par ses fruits, de payer (selon la puissance que nous en avons par le sang et le merite du Redempteur) la peine à laquelle nos pechez nous ont obligez, puisque si nous attendons à la mort, nous n'en aurons pas un si bon compte dans le purgatoire, où nous serons traitez à la rigueur. Tout cecy semble avoir esté entendu directement par Nostre-Seigneur, mesme en sainct Matthieu 5, quand il dit : « Qui irascitur fratri suo, reus erit judicio : qui dixerit fratri suo *racca,* reus erit in concilio ; qui dixerit fatue, reus erit gehennæ ignis. » Icy il s'agit de la peine qu'on doit recevoir devant le jugement de Dieu, comme il appert par ces paroles, *reus erit gehennæ ignis*; et neantmoins il n'y a que la troisiesme sorte d'offense qui soit punie de l'enfer; d'où s'ensuit qu'au payement de Dieu, après cette vie, il y a quelques autres peines qui ne sont pas eternelles, ny infernales, et ce sont celles du purgatoire : mais on me peut objecter, que les peines se souffrent pour payer en ce monde ; neantmoins sainct Augustin et les autres peres l'entendent de l'autre monde, et ce d'autant plus, qu'il se peut faire qu'un homme meure sur la premiere ou seconde offence, de laquelle il est parlé; or si ce cas arrivé, où payera-t-il les peines deuës à ses offences? si vous voulez qu'il ne les paye point du tout, quel lieu luy assignerez-vous pour sa retraite en l'autre monde ? vous ne luy donnerez pas l'enfer, sinon que vous voulussiez adjouter à la sentence de Nostre-Seigneur, qui ne baille l'enfer pour peine qu'à ceux qui auront fait la troisiesme offence ; de le loger en paradis, vous ne le pouvez ny ne le devez pas faire, parce que la pureté de ce lieu celeste rejette toute sorte d'imperfection ; n'alleguez pas icy la misericorde du juge, car il declare en cet endroit, qu'il veut encor user de justice. Faites donc comme les anciens peres, et dites qu'il y a un lieu où les ames seront purgées, et puis après s'en iront toutes pures dans le ciel. En sainct Luc, au 16 chap. il est escrit : « Facite vobis amicos de mammona iniquitatis, ut cum defeceritis, recipiant vos in æterna tabernacula. » Deffaillir en nature, c'est proprement mourir ; les bienheureux sont nos amis au ciel, qui peuvent secourir les hommes trespassez, puisqu'ils sont en faveur auprès du juge : car en quel autre sens peut-on entendre ces paroles : « Facite amicos qui vos recipiant ? » on ne les peut entendre de l'aumosne, car souventefois l'aumosne est bonne et saincte, et neanmoins elle ne nous acquiert pas tousjours des amys si puissans qu'ils nous puissent recevoir dans les tabernacles eternels : par exemple, quand elle est faite à des personnes criminelles devant Dieu, quoy qu'avec une saincte intention ; ainsi est interpreté ce passage par sainct Ambroise et par sainct Augustin, liv. 12 de la Cité de Dieu, chap. 97. Mais la parabole de laquelle se sert Nostre-Seigneur est claire, trop pour nous laisser douter de cette interpretation ; car la similitude est toute prise d'un econome, lequel estant demis de son office et endetté, demandoit du secours à ses amys, et Nostre-Seigneur fait icy rapport d'un homme demis par sa mort, et du secours qu'il peut demander aux amys, et qu'on peut recevoir, après la mort, par le secours de ceux desquels on a merité la grace et l'amitié ; or cette ayde ne pouvant se recevoir ny par ceux qui sont en paradis, ny par ceux qui sont en enfer, c'est donc pour ceux qui sont resserrez dans le purgatoire.

DISCOURS LXXVIII.

De quelques autres lieux de l'Escriture par où, en forme de consequences, on conclud la verité du purgatoire.

Nous sçavons que sainct Paul en l'epistre aux Philippiens, chap. 2, dit ces paroles : « Ut in nomine Jesu flectatur cœlestium, terrestrium et infernorum ; » aux cieux on trouve assez de genoux qui flechissent au nom du Redempteur ; sur la terre, on en trouve beaucoup en l'Eglise militante; mais en enfer, où est-ce que nous en trouverons? David avoüe qu'on n'y en peut trouver aucun, quand il dit : « In inferno autem quis confitebitur tibi ? » On doit encore rapporter icy ce qu'il dit ailleurs : « Peccatori autem dixit Deus, quare tu enarras justitias meas, et assumis testamentum meum per os tuum ? » Car si Dieu ne veut recevoir aucune chose du pecheur obstiné, comment voudroit-il permettre à ces miserables damnez d'entreprendre ce sainct office ? Sainct Augustin fait grand compte de ce passage pour ce sujet au liv. 12 de la Genese, chap. 53, en l'Apocalypse 5: « Quis dignus est aperire librum et solvere septem signacula ejus ? Et nemo inventus est, neque in cœlo, neque in terrâ, neque sub terrâ. » Et plus bas au mesme chapitre : « Et omnem creaturam, quæ in cœlo est, et super terram, et sub terrâ, omnes audivi dicentes : Sedenti in throno, Agno, benedictio et honor et gloria, et potestas in sæcula sæculorum ; et quatuor animalia dicebant : Amen. » N'est-ce pas là etablir une Eglise en laquelle Dieu soit loüé (sous terre) ? Et quelle peut estre cette Eglise, si ce n'est celle du purgatoire, qui prend interest à la gloire de Jesus-Christ son redempteur ?

Le reste de ce discours est en blanc dans le manuscrit, ce qui fait voir qu'il n'est point achevé.

DISCOURS LXXIX.
Le credit des conciles qui ont receu le purgatoire comme article de foy.

Nous avons marqué cy-dessus, que ce fut Arrius qui commença le premier à prescher contre les catholiques, touchant l'article du purgatoire, et publier que les prieres qu'ils faisoient pour les morts, estoient vaines et superstitieuses ; il a encor des sectateurs de son heresie en nostre asge, mais certes Nostre-Seigneur nous a donné des regles, en son Evangile, dont on se doit servir pour se bien comporter en semblables occasions : « Si peccaverit frater tuus, etc., dic Ecclesiæ, si quis Ecclesiam non audierit, sit tibi tanquam ethnicus et publicanus. » Voyons donc ce que dit l'Eglise en cet endroit ; en Affrique, au 5. concile de Carthage, chap. 29, et au 4. chap. 99 ; en Espagne, au concile de Brachare, 8, 34 et 39 ; en France, au concile de Chaslons, comme il est rapporté, *cap. de confirm. d. 2. can. visum est*; au concile d'Orleans, 2, chap. 14 ; en Allemagne, au concile de Wormes, 8, 10 ; en Italie, au concile 6, sous Symmachus ; en Grece, comme on peut voir en leur Synode, recueilly par Martin Bracharesse, chap. 69 ; et dans plusieurs autres conciles, vous verrez que l'Eglise tient de tout temps pour authentique, la priere pour les trespassez, par consequent le purgatoire ; depuis ce temps, ce que l'Eglise autrefois avoit defini, fut confirmé au concile de Latran sous Innocent III, chap. 66 ; au concile de Florence où se trouverent toutes les nations, et finalement au sainct concile de Trente, sess. 25.

Mais quelle plus saincte resolution de l'Eglise pourroit-on en avoir, après celle qui est couchée en toutes ses ceremonies ; regardez les liturgies de sainct Jacques, de sainct Marc, de sainct Basile, de sainct Chrysostosme et de sainct Ambroise, desquelles se servent encor à present tous les chrestiens orientaux et occidentaux en la celebrité des messes ; vous y verrez la commemoration pour les morts, comme elle se void en la nostre, mais après que Pierre Martyr, l'un des habiles qui ont suivy vostre reforme pretenduë, sur le 3. chap de la 1. aux Corinth., a confessé luy-mesme, que « toute l'Eglise a suivi cette opinion, » je pers le temps de m'amuser sur cette preuve : « Quis es tu, qui judicas Ecclesiam Dei ? » (Le sainct evesque a fait icy un sommaire de plusieurs textes, qui justifient le credit de la saincte Eglise en l'article du purgatoire). « Si quis Ecclesiam non audierit, sit tibi tanquam ethnicus et publicanus; Ecclesia est firmamentum, et columna veritatis; et portæ inferi non prævalebunt adversus eam. Si sal evanuerit, in quo salietur ? si Ecclesia erraverit, à quo corripietur? si Ecclesia fida custos veritatis, veritatem amiserit, veritas à quo reperietur ? Si christianus Ecclesiam abjecerit, quem recipiet, qui neminem nisi per Ecclesiam admittit ? » En un mot si l'Eglise peut errer, et vous, Pierre Martyr, ne pourrez-vous pas errer, oüy sans doute ; je croiray donc plutost que vous avez erré, que toute l'Eglise de Dieu, en laquelle je veux vivre et mourir.

DISCOURS LXXX.
L'authorité des peres anciens qui ont souscrit à la creance du purgatoire.

Enfin c'est chose belle et toute pleine de consolation, de voir l'admirable rapport que l'Eglise presente a gardé avec l'ancienne, particulierement en la creance du purgatoire : disons ce qui fait à nostre propos, et touchant le secours des trepassez, tous les anciens peres ont cru et attesté, que c'estoit un article de foy apostolique. Voicy les autheurs que nous produisons : entre les disciples des apostres, sainct Clement et sainct Denis ; entre les peres, sainct Athanase, sainct Bazile, sainct Gregoire Nazianzene, sainct Ephrem, sainct Cirille, sainct Epiphane, sainct Chrysostome, sainct Gregoire Nissene, Tertullien, sainct Cyprien, sainct Ambroise, sainct Hierosme, sainct Augustin, Origene, Boëce, sainct Hilaire ; cela veut dire toute l'antiquité, au-delà mesme de douze cents ans, que tous ces peres ont vecu, dont il m'eust esté tres-aisé de produire des temoignages, qui sont recueillis fort exactement dans les livres de nos catholiques : le docte Canisius en son catechisme, Sanderus *de visibili Monarchia*, Genebrard en sa Cronologie, Bellarmin en sa Controverse du purgatoire, et Stapleton en son Promptuaire, en ont beaucoup parlé; mais surtout, qui voudra voir au long et fidellement citez les passages des peres anciens, qu'il prenne en main l'œuvre de Canisius, reveu par Buzée. Après tout Calvin nous delivre de cette peine, liv. 3. de ses Instit., chap. 5, sess. 10, où il dit ainsi : « Fateor à mille trecentis annis usu receptum fuit ut precationes fierent pro defunctis ; » et par après il adjoute : « Omnes fateor in errorem abrepti fuerunt. » Nous n'avons donc que faire de citer le nom et le lieu de ces anciens peres pour prouver la verité du purgatoire; puisque pour se mettre en meilleur compte Calvin les met en *zero*; mais quelle apparence y a-t-il qu'un seul Calvin soit infaillible, et que toute l'antiquité ait bronché depuis treize cents ans? Il dit que les anciens peres ont cru le purgatoire pour s'accommoder au vulgaire : la belle excuse ! N'estoit-ce pas aux peres d'oster d'erreur tout ce peuple fidelle? non pas laschement de l'y entretenir et y condescendre; cette echappatoire ne fait qu'accuser les anciens avec impudence. Mais par où prouver que les peres n'ont pas cru veritablement le purgatoire? puisqu'Arrius, comme j'ay dit cy-devant, a esté tenu pour un heretique, parce qu'il le nioit: c'est pitié de voir l'audace avec laquelle Calvin traite sainct Augustin, parce qu'il pria et fit prier pour sa mère saincte Monique, et pour pretexte, il apporte que sainct Augustin mesme, l. 12, de sa Cité, ch. 26, semble douter du feu de purgatoire, mais cecy ne fait rien à nostre propos, car il est vray, que sainct Augustin dit qu'on peut douter, non du feu, mais de la qualité de ce feu, sans toutefois douter de la realité du purgatoire. Or soit que la purgation se fasse, ou par le feu ou autrement, soit que le feu ait les conditions de celuy d'enfer ou non, si est-ce qu'il ne laisse pas d'y reconnoistre une purgation ou un purgatoire; il ne met donc pas en doute le purgatoire, mais la qualité de ses peines, ce que ne mettront jamais en doute ceux qui verront comme il en parle chap. 16 et 24 du mesme livre de sa Cité, et au traité, *de Curâ pro mortuis agendâ*, et en mille autres lieux. Voila donc comme nous sommes au chemin des peres anciens touchant cet article du purgatoire.

Adjoutons à cela deux invincibles preuves du purgatoire. La premiere qu'il y a des pechez legers, comparez à d'autres, qui ne rendent pas l'homme coupable de l'enfer ; si donc l'homme meurt avec ses pechez, que deviendra-t-il ? le paradis ne retient rien qui soit soüillé, l'enfer est une peine irremediable, qui n'est pas deuë à ces petits pechez remissibles ; d'où s'ensuit necessairement qu'ils seront remis, ou en ce monde, ou en purgatoire, où estant bien emondez, l'ame prendra la route du ciel : qu'il y ait des pechez qui ne rendent pas l'homme coupable de l'enfer, Nostre-Seigneur le dit en sainct Matthieu : « Qui irascitur fratri suo, reus erit judicio ; qui dixerit fratri suo, racca, reus erit concilio; qui dixerit fratri suo, fatue, reus erit gehennæ ignis (1). Qu'est-ce donc, je vous prie, estre coupable de la gehenne du feu, sinon estre coupable de l'enfer ? or cette peine n'est duë qu'à ceux qui nomment leur frere fol et insensé; ceux simplement qui se mettent en colere, et qui expriment leur colere par des paroles qui ne sont ny injurieuses ny diffamatoires, ne sont pas en ce mesme rang; car les uns meritent le jugement ; c'est-à-dire, que leur colere soit mise en jugement; il en est ainsi de la parole oiseuse en sainct Matthieu, 12, de laquelle Nostre-Seigneur dit : « Reddent rationem in die judicii, » il en faut rendre compte ; les autres meritent la censure, c'est-à-dire qu'on delibere si leur peché sera condamné ou non, [car Nostre-Seigneur s'accommode à la façon de parler des hommes]. Reste que les troisiesmes soient infailliblement damnez ; ainsi les premiers et les seconds sont punis pour des pechez qui ne rendent pas l'homme coupable de la mort eternelle, mais d'une correction temporelle, et partant, si l'homme meurt avec ces pechez veniels, par accident ou autrement, il faut qu'il subisse le jugement d'une peine passagere, moyennant laquelle son ame estant purgée, il sera receu au ciel avec les bienheureux. Le sage parle de ces pechez au chap. 24 des Proverbes : « Septies in die cadit justus ; » car le juste ne peut pecher (pendant qu'il est juste) d'un peché qui merite la damnation, il s'entend donc qu'il tombe en des pechez auxquels la damnation n'est pas deuë, que les catholiques appellent veniels, pardonnables et remissibles, qui se peuvent purger en l'autre monde par des peines du purgatoire. La seconde raison, c'est qu'après le pardon du peché, il demeure dans l'homme un reste d'obligation à la peine qu'il meritoit, ce qui se void au second des Rois, chap. 12, où le peché est pardonné à David, mais le prophete l'avertit que sa peine n'est point toute remise. « Deus quoque transtulit peccatum tuum, sed quoniam blasphemare fecisti inimicos nomen Domini, filius tuus morte morietur. »

(1) Ce mesme argument est traité cy-dessus, chap. LXXVII.

OBSERVATION DU PREMIER EDITEUR.

Le riche recueil de ce manuscrit des Controverses de sainct François de Sales, qui n'a point vu le jour jusques icy, nous a cousté du temps et du travail pour l'assembler et mettre en corps quantité de cahiers epars que l'injure des temps avoit mis en confusion : il est facile d'observer dans nos remarques que plusieurs choses y sont à desirer ; neantmoins ce Traité est plein de salutaires instructions, et celui qui prendra la peine d'en faire la comparaison à ses autres ouvrages, jugera aisement que ce n'est pas le moindre de la plume de ce grand sainct, et qu'il peut estre tres-utile à la conversion des heretiques, et d'autant plus que son raisonnement est doux, chrestien, et remply d'une tendre et amoureuse compassion pour les ames errantes, les traitant avec charité; sans aigreur et emportement d'un zele d'amertume, qui fait souvent plus de mal que de bien. Usez de ce travail avec edification de l'Eglise de Dieu, et priez Nostre-Seigneur pour ceux qui ont employé leurs soins et leurs veilles, à remettre en bon ordre ce manuscrit.

FIN DU TRAITÉ DES CONTROVERSES DE S. FRANÇOIS DE SALES.

NOTICE

SUR QUELQUES AUTEURS CATHOLIQUES,

ET

SUR PLUSIEURS HÉRÉTIQUES

CITÉS PAR S. FRANÇOIS DE SALES DANS LE COURS DE SES CONTROVERSES.

Adamites ou *adamiens*, secte d'anciens hérétiques qu'on croit avoir été un rejeton des basilidiens et des carpocratiens, sur la fin du second siècle.

Selon S. Épiphane, ils prirent le nom d'*adamites*, parce qu'ils prétendoient avoir été Adam dans l'état de nature innocente; être tels qu'Adam au moment de sa création, et, par conséquent, devoir imiter sa nudité. On sent quelles devoient être les conséquences d'une pareille doctrine.

Cette secte infâme fut renouvelée dans le XII° siècle par un certain *Tendème*, qui sema ses erreurs à Anvers, sous le règne de l'empereur Henri V.

D'autres *adamites* reparurent encore dans le XIV° siècle, sous le nom de *turlupins* et de *pauvres frères*, dans le Dauphiné et la Savoie. Le roi Charles V en fit périr plusieurs par les flammes.

Un fanatique nommé *Picard*, natif de Flandre, ayant pénétré en Allemagne et en Bohême au commencement du XV° siècle, renouvela ces erreurs, et les répandit surtout dans l'armée du fameux Zisca ; quelques anabaptistes tentèrent en Hollande d'augmenter le nombre des sectateurs de Picard ; mais la sévérité du gouvernement les eut bientôt dissipés. Cette secte aussi a trouvé des partisans en Pologne et en Angleterre. Ils s'assembloient la nuit, et l'on prétend qu'une des maximes fondamentales de leur société étoit contenue dans ce vers :

Jura, perjura, secretum prodere noli.

Voyez le *Dictionnaire des hérésies*, par l'abbé Pluquet.

Aërius, prêtre d'Arménie, furieux que son ami Eustathe eût été élevé sur le siége de Constantinople, devint le chef de la secte des aëriens. Il avoit sur la Trinité à peu près les mêmes sentiments que les ariens. Il prétendit en outre que les prêtres étoient égaux aux évêques, et que la prière pour les morts étoit inutile. Il fut vigoureusement combattu par saint Épiphane, qui rétablit avec force la supériorité des évêques sur les prêtres. Les protestants se sont vainement efforcés de justifier Aërius, dont ils ont renouvelé les erreurs.

Les anabaptistes, fanatiques qui parurent dans la Saxe en 1521, et en Suisse vers 1524. Nicolas Stork de Swickau dans le Voigtland, quartier de la Haute-Saxe ; Thomas Muntzer de Stolberg, Martin Cellarius, et Marc Stubner, poussant jusqu'à ses dernières conséquences un traité de Luther sur la *liberté chrétienne*, où il est dit que *le chrétien est seigneur de toutes choses, et qu'il n'est soumis à personne*, s'élevèrent contre l'ordre civil et ecclésiastique, renversèrent toutes les barrières de la subordination, et s'entourèrent d'une foule de sectaires enthousiastes, qui se portèrent aux plus abominables excès. (*Voyez l'Histoire de la réformation de la Suisse*, par Ruchat, Genève, 1727, 6 vol. in-8°.)

Arius, prêtre d'Alexandrie, commença à publier l'hérésie à laquelle il a donné son nom vers l'an 319. Il osa soutenir que le Fils de Dieu, ou le Verbe divin, étoit une créature tirée du néant, que Dieu le Père avoit produite avant tous les siècles, et de laquelle il s'étoit servi pour créer le monde. Cette hérésie fut condamnée d'abord dans deux conciles d'Alexandrie, et quelques années après dans le concile général de Nicée; mais l'anathème ne détruisit pas l'erreur : les ariens formèrent un parti redoutable qui sembloit vouloir anéantir l'Église, mais Jésus-Christ, son auteur, la fit triompher de cette hérésie. Il seroit trop long de raconter ici la vie et la mort misérable d'Arius. On peut consulter à ce sujet le *Dictionnaire des hérésies*, par l'abbé Pluquet, le *Dictionnaire* de Bayle, et l'*Histoire de l'arianisme*, par le père Maimbourg.

Baronius (César) naquit en 1538 dans la Terre de Labour, fut un des premiers disciples de S. Philippe de Néri, et lui succéda en 1593 dans les fonctions de général de la congrégation de l'oratoire. Il fut revêtu de la pourpre romaine en 1596, et auroit été élevé sur le saint-siège sans l'exclusion de l'Espagne. Il mourut en 1607. On l'appelle le *père des annales ecclésiastiques*, à cause du fameux ouvrage qu'il a composé sous ce titre. La meilleure édition de cette *histoire*, où Luc Holstenius se faisoit fort de montrer huit mille faussetés, est celle de Luques, 1737—38, 43 vol. in-fol., avec la continuation de Raynaldi et Laderchi, la critique de Pagi, les notes de Mansi, et un index.

Robert Bellarmin naquit à Montepulciano, dans la Toscane, le 4 octobre 1542, entra chez les jésuites en 1560, enseigna la controverse à Rome en 1576, fut fait cardinal en 1598, archevêque de Capoue en 1601, titre dont il se démit lorsque Paul V le nomma bibliothécaire du Vatican, et mourut le 17 septembre 1621. Il savoit l'hébreu, la théologie, l'histoire, le droit canon. Ses œuvres diverses ont été recueillies en 3 vol. in-fol., Cologne, 1617, et ses controverses en 4 vol. même format, Paris, 1613, et Prague, 1721. Le père Frison, jésuite, a composé la vie de cet illustre cardinal, Nancy, 1709, in-4°.

Bérenger, archidiacre d'Angers, nia la présence réelle de Jésus-Christ dans l'Eucharistie, vers l'an 1047. Condamné plusieurs fois par les papes et conciles, Bérenger rétracta ses erreurs, signa trois fois des professions de foi catholiques, et les abjura autant de fois. On croit cependant qu'il mourut sincèrement converti et détrompé de ses erreurs.

Bèze (*Théodore de*) naquit à Vezelai le 24 juin 1519. Il étudia le droit à Orléans, et y reçut des grades. En 1539 il fut pourvu de plusieurs bénéfices sans être engagé dans les ordres; mais il les quitta en 1548, passa à Genève, embrassa la réforme, et épousa une femme avec laquelle il vivoit depuis longtemps. Il fut pendant dix ans professeur de grec à Lausanne. En 1559, il s'établit à Genève en qualité de recteur de l'académie fondée par Calvin. Dans la même année il fut chargé d'instruire le roi de Navarre, Antoine de Bourbon, dans les principes de la réforme. Deux ans après, il assista au colloque de Poissy, et y joua un des principaux rôles. Après la mort de Calvin, Bèze succéda à tous ses titres, et devint le chef du *calvinisme*; il présida le synode de La Rochelle en 1570, fut employé à une négociation importante en Allemagne quatre ans après, et mourut le 13 octobre 1605. S. François eut une conférence avec lui en 1597. Les ouvrages de Bèze n'ont pas été recueillis : ils sont très-nombreux, et quelques-uns très-rares.

Blandrate (*Georges*), Piémontais, homme de beaucoup d'esprit, embrassa le parti de Calvin, qu'il abandonna ensuite pour le socinianisme. Il mourut en Pologne entre 1586 et 1588. (Voyez son article dans l'*Histoire du socinianisme*, part. II, chap. XVI, pag. 318 et suiv.)

Brence ou *Brentius* (*André*), autrement *Althamer*, fut pasteur luthérien à Nuremberg et à Anspach, où il mourut vers 1540. Il assista, en 1527 et 1528, au colloque de Berne, sur les matières de l'Eucharistie. On a plusieurs ouvrages de ce théologien, et une *Vie* de lui, dans l'*Histoire du luthéranisme*, par le baron Seckendorf.

Bucer (*Martin*), autrement *Kuhhorn*, naquit à Strasbourg en 1491. Il embrassa l'état religieux dans l'ordre de Saint-Dominique, d'où il sortit en 1521 pour professer la réforme; il se distingua dans la chaire et dans la controverse. Bossuet l'appeloit *le grand architecte des subtilités;* et Calvin le reconnoissoit pour un esprit très-délié, fertile en équivoques. Il présida à l'accord de Wittemberg, en 1536. A la sollicitation de Cranmer, il passa en Angleterre en 1549, et y professa la théologie jusqu'à la fin de sa vie, qui arriva le 27 février 1551. Il a laissé un grand nombre d'ouvrages théologiques, estimés parmi les protestants. (Voyez sa *Vie*, Strasbourg, 1561, in-8°.)

Bullinger (*Henri*), un des plus habiles réformateurs de la Suisse, naquit en 1504. Il étudia la théologie à Cologne, et, dès 1523, il en donna des leçons dans l'abbaye de Cappel. Il travailloit avec une prodigieuse ardeur, prêchant, enseignant et composant des ouvrages pleins d'érudition. Vers 1528 il embrassa la réforme sans adopter la turbulence de quelques réformés. En 1531 il succéda à Zwingle. Il fut un des rédacteurs de la confession helvétique. De concert avec Calvin, il dressa le formulaire de 1549; il unit par des liens étroits l'Église anglicane à l'Église helvétique, et mourut en 1575. C'est lui qui a recueilli les ouvrages de Zwingle. Les siens forment 10 vol. in-fol.; la bibliothèque de Zurich possède outre cela beaucoup de manuscrits de cet infatigable théologien. (Voyez les *Éloges des hommes savants*, tirés de l'histoire de M. de Thou, par Antoine Teissier, et l'*Histoire de la réformation de la Suisse*, par Ruchat.)

Calvin ou *Cauvin* (*Jean*) naquit à Noyon le 10 juillet 1509. Il reçut les premières impressions de la réforme de Pierre-Robert Olivetan, son compatriote, et il y fut raffermi par Melchior Volmar, professeur de grec. En 1532 il se démit des bénéfices qui lui avoient été conférés, quoiqu'il ne fût pas dans les ordres. En 1534 il se retira à Bâle, où il composa son *Institution chrétienne*, dont la meilleure édition est celle de Genève, 1559, in-fol. Il fixa son séjour dans cette ville en 1536; mais, obligé d'en sortir en 1538, il n'y rentra qu'en 1541. C'est à cette époque qu'il fit publier ses *Ordonnances ecclésiastiques*, qu'il régla la liturgie, et révisa la législation civile des Génevois. Il mourut le 27 mai 1564. La meilleure édition de ses œuvres est celle d'Amsterdam, 1671, in-fol. 9 vol. Il existe un grand nombre d'ouvrages de Calvin, manuscrits. (Voyez l'*Histoire littéraire de Genève*, tome II.)

Castalion ou *Châteillon* (*Sébastien*) naquit en 1515, dans les montagnes du Dauphiné, professa les humanités à Strasbourg en 1540, par la protection de Calvin, avec lequel il ne tarda pas à se brouiller, parce que Castalion vouloit retrancher du canon des Écritures le *Cantique des Cantiques*, à cause du ton profane et peu décent qu'il reprochoit à ce livre. Il se retira à Bâle en 1544, et y mourut de la peste le 29 décembre 1563. Ses ouvrages théologiques qui ne sont, à proprement parler, que des traductions, respirent le socinianisme. (Voyez la *Biographie universelle*, tome VII.)

Donatistes, anciens schismatiques d'Afrique, ainsi nommés de *Donat*, chef de leur parti.

Ce schisme, qui affligea long-temps l'Église, commença l'an 311, à l'occasion de l'élection de Cécilien, pour succéder à Mensurius dans la chaire épiscopale de Carthage. Quelque légitime que fût cette élection, une brigue puissante, formée par une femme nommée Lucille, par Botrus et Célésius, qui avoient eux-mêmes prétendu à l'évêché de Carthage, la contesta, et lui en opposa une autre en faveur de Majorin, sous prétexte que l'ordination de Cécilien étoit nulle, ayant, disoient ses compétiteurs, été faite par Félix, évêque d'Aptonge, qu'ils accusoient d'être traditeur, c'est-à-dire d'avoir livré aux païens les livres et les vases sacrés pendant la persécution. Les évêques d'Afrique se partagèrent pour et contre ; ceux qui tenoient pour Majorin, ayant à leur tête un nommé *Donat*, évêque des Cases-Noires, furent appelés *donatistes*.

Cependant la contestation ayant été portée devant l'empereur, il remit le jugement à trois évêques des Gaules, savoir : Maternus, de Cologne, Rétilius, d'Autun, et Marin, d'Arles, conjointement avec le pape Miltiade. Ceux-ci, dans un concile tenu à Rome, composé de quinze évêques d'Italie, et dans lequel comparurent Cécilien et Donat, chacun avec dix évêques de leur parti, décidèrent en faveur de Cécilien. Ceci se passa en 313 ; mais la division ayant bientôt recommencé, les donatistes furent de nouveau condamnés par le concile d'Arles en 314, et enfin par un édit de Constantin du mois de novembre 316.

Erasme (*Didier*) naquit à Rotterdam le 28 octobre 1467. Il partagea son temps entre l'étude et les voyages. Personne n'a eu une plus grande célébrité ; il a été attaqué avec fureur, et défendu avec beaucoup de talent par des hommes distingués. Il mourut à Bâle dans la nuit du 11 au 12 juillet 1536. (Voyez l'*Histoire de sa vie et de ses ouvrages*, par Burigny, 1757, 2 vol. in-12 ; sa *Vie* en anglais ; 2 gros vol. in-4° ; son *Apologie*, par Marsollier, 1713, in-12.) Les ouvrages d'Érasme ont été recueillis et imprimés à Bâle, en 9 vol. in-fol. Jean Leclerc en a donné une meilleure édition ; Leyde, 1703, 10 vol. in-fol., reliés ordinairement en 11 vol.

Eunomius, évêque de Cysique, sacré vers l'an 360, fut chassé de son siége pour ses erreurs. Les ariens tentèrent de le placer sur celui de Samosate. Il fut rétabli sur le sien par l'empereur Valens. Après la mort de celui-ci, Eunomius fut exilé de nouveau, et mourut en Cappadoce. (Voyez le *Dictionnaire des hérésies*.)

Eustathius, moine, étoit si follement entêté de son état, qu'il condamnoit tous les autres états de vie. Le concile de Gangres en Paphlagonie condamna ses erreurs. (Voyez le *Dictionnaire des hérésies*.)

Génébrard (*Gilbert*) naquit à Riom, en Auvergne, vers l'an 1537. Il entra dans l'ordre de Saint-Benoît, étudia, sous de bons maîtres, la philosophie, le grec et l'hébreu, et fut nommé professeur de cette dernière langue au collége royal en 1564. Jeté dans la ligue par des circonstances que nous ne connoissons pas, il en fut un des plus ardents champions. Nommé en 1598 à l'archevêché d'Aix par le duc de Mayenne, il fut déclaré déchu de son siége en 1598, et banni à perpétuité. Henri IV commua cette peine, et permit à Génébrard de se retirer à Sémur, dont il étoit prieur, et où il mourut. S. François de Sales l'appeloit son maître et son ami. Nous avons de lui des ouvrages très-savants, mais écrits d'un style trop vif et sans goût : 1° *Seder Olam Zuta*, Paris, 1572, in-8° ; 2° *Chorographiæ libri IV*, réimprimé plusieurs fois ; 3° *Psalmi Davidis*, etc., Lyon, 1645, in-8°. (Voyez *Coutumes locales de la haute et basse Auvergne*, par M. de Chabrol, tome IV, page 477.)

Heshusius Tilmann naquit en 1526. Il eut une querelle si vive sur la présence réelle avec des professeurs de l'université de Heidelberg, qu'il se fit chasser de cette ville par l'électeur palatin. Il mourut à Juliers en 1588. Il a composé plusieurs ouvrages estimés dans son parti, qui le regarde comme un des plus savants disciples de Luther. (Voyez *Melchior Adam. vit. theolog. german.*, et *Leuckfeldt*, qui a écrit sa vie avec celle de *Spangenberg*.

Hus (*Jean*), ou *des Hussinets*, vivoit au commencement du xv° siècle. Il étudia dans l'université de Prague, dont il devint recteur après avoir pris le bonnet de docteur en théologie. La lecture des ouvrages de Wiclef et de quelques autres écrivains hardis lui inspira des idées peu conformes aux idées reçues. Excommunié par l'archevêque de Prague, condamné à Rome, sa tête s'échauffa, et il se mit à dogmatiser avec enthousiasme ; il reprit amèrement les désordres du clergé, il attaqua tous les genres d'abus. Obligé de sortir de Prague, il ne garda plus de mesure dans ses invectives. Le peuple les lut, et se passionna pour sa doctrine. Le concile de Constance anathématisa ses erreurs, et livra sa personne au bras séculier, qui la condamna au supplice du feu. Jean Hus le subit sans frayeur. Ses écrits, sont devenus des arsenaux pour les réformateurs du xvi° siècle, ont été recueillis en trois tomes, 1 vol. in-4°, sans date et sans nom de ville. Très-rares. Ce volume renferme aussi les actes de son procès.

Jérôme de Prague, beaucoup plus jeune que Jean Hus, son maître et son ami, avoit étudié dans plusieurs universités avec le plus grand succès. Cependant il ne prit que le grade de bachelier. Son savoir et son éloquence le firent rechercher par Jean Hus, qui le regardoit comme le rempart de son parti. Jérôme de Prague ne fut point étranger aux horreurs

10.

qui désolèrent la Bohême, si toutefois il n'en étoit pas le promoteur. Pendant que Jean Hus gémissoit dans les prisons de Constance, Jérôme partit de Prague pour aller défendre son ami ; mais comme il n'avoit pas de sauf-conduit, et qu'il ne put en obtenir de l'empereur, il fut contraint de sortir de Constance. Arrêté en route, et ramené à Constance, on lui fit son procès. Les explications qu'il donna de sa doctrine parurent une rétractation, et il fut relâché. Bientôt il revint contre ce qu'il avoit fait, et on l'emprisonna de nouveau ; il fut condamné à mort, et exécuté en 1416. Ses ouvrages, ainsi que ceux de Jean Hus, et les pièces relatives à leur procès, ont été imprimés à Nuremberg, 1558, 2 vol. in-fol., et en Allemagne, 1715.

Jovinien, hérétique qui parut vers la fin du IVe et au commencement du Ve siècle. Après avoir passé plusieurs années sous la conduite de S. Ambroise dans un monastère de Milan, et dans les pratiques d'une vie très-austère, Jovinien s'en dégoûta, préféra la liberté et les plaisirs de la ville de Rome à la sainteté du cloître.

Pour justifier son changement, il enseigna un grand nombre d'erreurs qui furent condamnées par le pape Sirice et par un concile que S. Ambroise tint à Milan en 390. (Voyez le *Dictionnaire des hérésies*.)

Les libertins, ainsi appelés parce qu'ils étoient opposés aux *ordonnances ecclésiastiques* que Calvin avoit fait publier à Genève, et qu'ils vouloient conserver dans leur conduite privée la liberté dont ils jouissoient avant la publication de ces ordonnances. Calvin a écrit contre eux avec beaucoup de hauteur et d'amertume. (Voyez ses *Opuscules théologiques*, Genève, 1611, in-fol.)

Lucifer, évêque de Cagliari en Sardaigne, fut auteur d'un schisme dans le IVe siècle de l'Église. (Voyez le *Dictionnaire des hérésies*.)

Luther (*Martin*) naquit à Lisleben, en Saxe, le 10 novembre 1484, entra chez les augustins en 1505, reçut le bonnet de docteur en 1512, commença à dogmatiser en 1516, fut condamné par Léon X le 15 juin 1520, se maria en 1525 avec une religieuse, protesta contre la diète de Spire en 1529, présenta sa confession de foi à la diète d'Augsbourg en 1530, et mourut dans sa patrie le 18 février 1546. Les ouvrages de Luther que cite le plus souvent S. François de Sales sont les traités *de servo arbitro* ; *de captivitate Babylon.*; *de missâ privatâ*, etc. Ses ouvrages latins ont été recueillis en 4 vol. in-fol., Jéna, 1558, et ses ouvrages allemands en 10 vol. in-fol., Attenbourg, 1661—64, avec un supplément de J. F. Buddeüs, 1702, in-fol. (Voyez la *Biographie universelle*, tome XXV.)

Manichéens, sectateurs de Manès, qui, dans le IIIe siècle, admit deux principes créateurs ou formateurs du monde, l'un bon et auteur du bien, l'autre mauvais et auteur du mal. (Voyez le *Dictionnaire de théologie*, par Bergier, et le *Dictionnaire des hérésies*.)

Marcion, né à Sinope, ville de Paphlagonie, sur le Pont-Euxin, vivoit dans le IIe siècle de l'Église. (Voyez son article dans la *Biographie universelle*, et dans le *Dictionnaire des hérésies*.)

Marot (*Clément*) naquit à Cahors en 1495. Il se trouva à la bataille de Pavie, où il fut blessé au bras et fait prisonnier. En 1525 on l'enferma dans les prisons du Châtelet comme partisan des opinions réformées, et il ne recouvra sa liberté que l'année suivante. Soupçonné de nouveau, il fut obligé de sortir de France en 1535, et n'y rentra qu'en faisant abjuration entre les mains du cardinal de Tournon. En 1545 la Sorbonne censura sa traduction des psaumes en vers françois, et en défendit la vente. Marot mourut à Turin en 1554. L'édition la plus ample de ses œuvres est celle de La Haye ; 1731, 4 vol. in-4°, ou six vol. in-12. (Voyez la *Bibliothèque françoise* de Gouget, tome XI.)

Martyr (*Pierre-Vermigli*) naquit à Florence le 8 septembre 1500. A l'âge de seize ans il embrassa l'institut des chanoines réguliers de S. Augustin. Il étoit supérieur du collège de Saint-Pierre à Naples, quand il fit connoissance avec Jean Valdès, zélé partisan de la réforme. Il adopta ses principes, et ne tarda pas à les professer hautement. En 1542, il se retira à Zurich ; de là il passa à Bâle, et ensuite à Strasbourg, où il professa la théologie et se maria en 1546. L'année suivante il fut appelé en Angleterre par Cranmer. En 1549 il fut reçu docteur d'Oxford ; en 1551 il obtint un canonicat de l'Église du Christ. Obligé de quitter l'Angleterre sous le règne de Marie, il revint à Strasbourg en 1553 ; des tracasseries le forcèrent de se réfugier à Zurich en 1556, où il mourut en 1562. Il avoit accompagné Théodore de Bèze au colloque de Poissy, et y avoit montré de la modération. Ses ouvrages ont été recueillis en 3 vol. in-fol. Bâle, 1580—3.

Melancthon (*Philippe*), *Schwartz-Erde*, naquit en 1497 dans le palatinat du Rhin, et mourut en 1560. Ce fut le plus illustre et le plus modéré des disciples de Luther. Il se laissa tellement dominer par le caractère et le génie impétueux de son maître, que quoiqu'il reconnût en lui un emportement contraire à l'Évangile, il n'osa jamais rompre avec cet hérésiarque. Il composa en 1530 la confession d'Augsbourg, suivie encore par quelques sectaires. (Voyez sa *Vie* composée par Joachim Camerarius, La Haye, 1655, in-12 ; le *Dictionnaire des hérésies* et la *Biographie universelle*.)

Mercerius ou *Mercier* (*Jean*) naquit à Uzès, et se livra avec ardeur à l'étude des langues orientales. En 1546, il devint professeur d'hébreu au collège royal de France, et mourut dans sa patrie en 1570. Nous avons de ce savant un grand nombre d'ouvrages sur l'Écriture sainte. (Voyez son article dans le *Mémoire hist. et litt. sur le collège royal*, tome Ier, p. 266.)

Messaliens, hérétiques qui avoient pour chef un nommé *Sabas*, espèce de fanatique atrabilaire. Ils se multiplièrent à Édesse, d'où ils furent chassés par

Flavien, évêque d'Antioche. (Voyez le *Dictionnaire des hérésies*, t. II.)

S. François de Sales a cru que le chef des messaliens se nommoit *Messalius*.

Montan, hérésiarque du IIe siècle, né à Ardaban, bourg de la Mysie, attira à son parti deux femmes de distinction, nommées Priscille et Maximille, et se mit à prêcher qu'il étoit le Paraclet. L'Église d'Orient condamna ses erreurs en 172. On prétend que Montan vivoit encore en 212, sous le règne de Caracalla.

OEcolampade (Jean) naquit dans un village de la Franconie en 1482. Il étudia le grec et l'hébreu sous Reuchlin, et prit le bonnet de docteur en théologie, de la main de Capiton, en 1516. Il entra dans l'ordre de sainte Brigitte ; mais il ne tarda pas à en sortir pour être curé à Bâle. Il embrassa la réforme, et se maria. Les opinions de Zwingle sur l'eucharistie obtinrent son assentiment, et il les défendit par différents traités. Il mourut le 1er décembre 1551. Nous avons de lui des commentaires sur l'Écriture pleins d'érudition, et des livres de controverse. (Voyez l'*Histoire de la réformation de la Suisse*, par Ruchat, tome Ier.)

Pasimontain (Balthasar Pacimontan), chef des anabaptistes, fut brûlé à Vienne en Autriche en 1528. (Voyez Gabriel Prateolus, *Elenchus hæreticorum omnium*. Cologne, 1605, in-4°, p. 83—4.)

Pélagiens, sectateurs de Pélage, moine de Bangor dans le pays de Galles, qui, dans le Ve siècle, nia la propagation du péché originel dans les enfants d'Adam et ses suites. Cette hérésie fut victorieusement combattue par S. Augustin. (Voyez le *Dictionnaire des hérésies*, et Bergier, *Dictionnaire de théologie*.)

Pepusiens, branche des montanistes, qui se servoient de pain et de fromage pour consacrer l'eucharistie (Voyez le *Dictionnaire des hérésies*.)

Pomeranus (Jean-Bugenhagen), docteur en théologie et pasteur à Wittemberg, concourut avec Luther à la traduction des livres sacrés, fut appelé en Danemarck pour couronner Christiern III ; établit la réforme à Lubeck, dans la Poméranie, visita les églises de Saxe, de Brunswick, et composa un grand nombre d'ouvrages sur des points controversés pour ou contre les réformateurs. Il mourut en 1558 avec la réputation d'un grand théologien. (Voyez *Seckendorf. Comment. hist. et apologet. de lutheranisme*, et Melchior Adam. *vit. theolog. german*.)

Nicolas Sanders, théologien anglais, passa en Irlande pour consoler les catholiques qui avoient pris les armes pour la défense de la religion, et y mourut en 1581 de fatigue et de misère. Il a laissé un grand nombre d'ouvrages de controverse assez estimés. Celui que cite ici S. François de Sales est intitulé : *De visibili monarchiâ Ecclesiæ*, lib. VIII, Allemagne, 1592, in-fol.

J. Valentin Gentilis, né à Cosenza, dans le royaume de Naples, embrassa les opinions de Socin, et les professa si hautement qu'il fut obligé de prendre la fuite et de se réfugier à Genève, où son entêtement l'exposa aux plus grands dangers, qu'il ne parvint à éviter qu'en se soumettant à tout ce que voulut Calvin. Errant de côté et d'autre, toujours en proie à ses illusions, il n'échappoit à la justice que par des rétractations simulées. Arrêté à Gex par ordre du bailli, et renvoyé à Berne, il fut jugé et condamné à perdre la tête, pour avoir attaqué le mystère de la sainte Trinité. On dit qu'en allant au supplice il se vanta d'être supérieur aux apôtres, qui n'étoient morts que pour la gloire du Fils, tandis qu'il mouroit pour la gloire du Père. (Voyez l'*Histoire du socinianisme*, par le père Anasthase, Picpus, Paris, 1723, in-4°.) Cet article est curieux.

Vigilance, hérétique du IVe siècle. Il étoit Gaulois, né dans la capitale du pays de Comminges. On ne connoît ses erreurs que par la réfutation que S. Jérôme en a faite. (Voyez le *Dictionnaire des hérésies*.)

Wiclef (Jean) ou *de Wiclif*, naquit dans la province d'Yorck vers l'an 1324. Un procès perdu à la cour romaine, et les démêlés des souverains pontifes avec les rois d'Angleterre, indisposèrent Wiclef contre le saint-siége. Il attaqua d'abord le pouvoir du pape sur le temporel, et en vint bientôt jusqu'à attaquer sa puissance spirituelle. Il fut condamné par quelques évêques, mais absous dans deux conciles, et approuvé par les grands et le peuple. Néanmoins le concile de Londres, en 1382, censura vingt-quatre de ses propositions. Il mourut en 1384. On a de ce théologien emporté quelques ouvrages devenus très-rares.(Voyez la *Vie de Wiclef*, Oxford, 1612, in-8°.)

Zwingle (Ulrich) naquit, le 1er janvier 1484, à Wildhaus, village du comté de Tockenbourg en Suisse. Après avoir fait ses études à Berne et à Bâle, il devint curé de Glaris et fut ordonné par l'évêque de Constance. Pressé du besoin de s'instruire, il étudia l'Écriture sainte, les pères, les conciles et les écrits de quelques novateurs, dans lesquels il puisa les opinions qu'il manifesta à peu près dans le même temps que Luther faisoit paroître ses thèses. Ces deux réformateurs ne furent jamais d'accord sur plusieurs points, quoiqu'ils prissent pour guide l'Écriture sainte, et qu'ils suivissent la même méthode. Zwingle fut tué au combat de Cappel en 1531. (Voyez sa *Vie*, par M. J. G. Hess, Paris, 1810, in-8°.) Ses ouvrages ont été imprimés à Zurich, 1581, in-fol., 3 volumes.

TRAITÉ

DE

L'AMOUR DE DIEU.

ORAISON DEDICATOIRE.

Tres-saincte mere de Dieu, vaisseau d'incomparable election, election de la souveraine dilection, vous estes la plus aimable, la plus amante et la plus aimée de toutes les creatures. L'amour du Pere celeste prit son bon plaisir en vous de toute eternité, destinant vostre chaste cœur à la perfection du sainct amour, afin qu'un jour vous aimassiez son Fils unique de l'unique amour maternel, comme il l'aimoit eternellement de l'unique amour paternel. O Jesus mon Sauveur! à qui puis-je mieux dedier les paroles de vostre amour, qu'au cœur tres-aimable de la bien-aimée de vostre ame?

Mais, ô mère toute triomphante! qui peut jetter ses yeux sur vostre majesté! sans voir à vostre dextre celuy que votre Fils voulut si souvent, pour l'amour de vous, honorer du titre de pere, le vous ayant uni par le lien celeste d'un mariage tout virginal, à ce qu'il fust vostre secours et coadjuteur en la charge de la conduite et education de sa divine enfance? O grand sainct Joseph, espoux tres-aimé de la mere du bien-aimé, hé! combien de fois avez-vous porté l'amour du ciel et de la terre entre vos bras, tandis qu'embrasé des doux embrassemens et baisers de ce divin enfant, vostre ame fondoit d'aise lorsqu'il prononçoit tendrement à vos oreilles (ô Dieu, quelle suavité!) que vous estiez son grand amy et son cher pere bien-aimé?

On mettoit jadis les lampes de l'ancien temple sur des fleurs-de-lys d'or. O Marie et Joseph, pair sans pair, lys sacré d'incomparable beauté entre lesquels le bien-aimé se repaist, et repaist tous ses amans! hélas! si j'ay quelqu'esperance que cet escrit d'amour puisse esclairer et enflammer les enfans de lumiere, où le puis-je mieux colloquer qu'emmy vos lys? lys esquels le soleil de justice, splendeur et candeur de la lumiere eternelle, s'est si souverainement recreé qu'il y a pratiqué les delices de l'ineffable dilection de son cœur envers nous. O mere bien-aimée du bien-aimé! ô espoux bien-aimé de la bien-aimée! prosterné sur ma face devant vos pieds qui porterent mon Sauveur, je vous dedie et consacre ce petit ouvrage d'amour à l'immense grandeur de vostre dilection. Hé! je vous conjure par ce cœur de vostre doux Jesus, qui est le roy des cœurs, que les vostres adorent, animez mon ame et celle de tous ceux qui liront cet escrit, de vostre toute puissante faveur envers le Sainct-Esprit, afin que nous immolions meshuy en holocauste toutes nos affections à sa divine bonté, pour vivre, mourir et revivre à jamais emmy les flammes de ce celeste feu que Nostre-Seigneur vostre Fils a tant desiré d'allumer en nos cœurs, que pour cela il ne cessa de travailler et souspirer jusques à la mort et la mort de la croix.

VIVE JESUS.

PRÉFACE.

Le Sainct-Esprit enseigne que les levres (1) de la divine espouse, c'est-à-dire de l'Eglise, ressemblent à l'escarlate et au bornal qui distille le miel, afin que chascun sçache que toute la doctrine qu'elle annonce, consiste en la sacrée dilection, plus esclatante en vermeil que l'escarlate, à cause du sang de l'espoux qui l'enflamme, plus douce que le miel à cause de la suavité du bien-aimé qui la comble de delices. Ainsi ce celeste espoux voulant donner commencement à la publication de sa loy, jetta sur l'assemblée des disciples qu'il avoit deputés à cet office, force langues de feu (2), monstrant assez par ce moyen que la predication evangelique estoit toute destinée à l'embrasement des cœurs.

Representez-vous de belles colombes aux rayons du soleil, vous les verrez varier en autant de couleurs comme vous diversifierez le biais duquel vous les regarderez; parce que leurs plumes sont si propres à recevoir la splendeur, que le soleil voulant mesler sa clarté avec leur pennage, il se fait une multitude de transparences, lesquelles produisent une grande varieté de nuances et changemens de couleurs, mais couleurs si agreables à voir qu'elles surpassent toutes couleurs et l'email encore des plus belles pierreries, couleurs resplendissantes et si mignardement dorées que leur or les rend plus vivement colorées; car en cette consideration le prophete royal disoit aux Israëlites :

Quoique l'affection vous fane le visage,
Vostre teint desormais se verra ressemblant
Aux aisles d'un pigeon où l'argent est tremblant,
Et dont l'or brunissant rayonne le pennage (3).

(1) Cant. Cant. IV, 11. — (2) Act. II, 3.
(3) Psal. LXVII, 14.

Certes, l'Eglise est parée d'une varieté excellente d'enseignemens, sermons, traictés et livres pieux, tous grandement beaux et aimables à la veuë, à cause du meslange admirable que le soleil de justice fait des rayons de sa divine sagesse avec les langues des pasteurs qui sont leurs plumes, et avec leurs plumes qui tiennent aussi quelquesfois lieu de langues, et font le riche pennage de cette colombe mystique. Mais parmy toute la diversité des couleurs de la doctrine qu'elle publie, on descouvre partout le bel or de la saincte dilection qui se fait excellemment entrevoir, dorant de son lustre incomparable toute la science des saincts, et la rehaussant au-dessus de toute science. Tout est à l'amour, en l'amour, pour l'amour et d'amour en la saincte Eglise.

Mais comme nous sçavons bien que toute la clarté du jour provient du soleil, et disons neantmoins pour l'ordinaire que le soleil n'esclaire pas, sinon quand à descouvert il darde ses rayons en quelqu'endroit : de mesme, bien que toute la doctrine chrestienne soit de l'amour sacré, si est-ce que nous n'honorons pas indistinctement toute la theologie du titre de ce divin amour, ains seulement les parties d'icelle qui contemplent l'origine, la nature, les proprietez et les operations d'iceluy en particulier.

Or c'est la verité que plusieurs escrivains ont admirablement traité ce subjet, surtout ces anciens peres, qui, servant tres-amoureusement Dieu, parloient aussi divinement de son amour. O qu'il fait bon ouyr parler des choses du ciel Sainct Paul, qui les avoit apprises au ciel mesme, et qu'il fait bon voir ces ames nourries dans le sein de la dilection escrire de sa saincte suavité! Pour cela mesme entre les scholastiques, ceux qui en ont le mieux et le plus discouru, ont pareillement excellé en pieté. Sainct Thomas en a fait un traité digne de sainct Thomas. Sainct Bonaventure et le bienheureux Denys-le-Chartreux en ont fait plusieurs tres-excellens sous divers titres; et quant à Jean de Jerson, chancelier de l'université de Paris, Sixte-le-Siennois en parle ainsi : Il a si dignement discouru des cinquante propriétés du divin amour qui sont çà et là deduites au Cantique des Cantiques, qu'il semble que luy seul ait tenu le conte des affections de l'amour de Dieu. Certes cet homme fut extresmement docte, judicieux et devot.

Mais afin que l'on sceust que cette sorte d'escrits se font plus heureusement par la devotion des amans que par la doctrine des sçavans, le Sainct-Esprit a voulu que plusieurs femmes ayent fait des merveilles en cela. Qui a jamais mieux exprimé les celestes passions de l'amour sacré que saincte Catherine de Gennes, saincte Angele de Foligny, saincte Catherine de Sienne, saincte Mathilde?

En nostre age aussi plusieurs en ont escrit, desquels je n'ay pas eu le loisir de lire distinctement les livres, ains seulement par-cy par-là, autant qu'il estoit requis pour voir si celui-cy pourroit encore trouver place. Le pere Louys de Grenade, ce grand docteur de pieté, a mis un traité de l'amour de Dieu dans son memorial, qu'il suffit de dire estre d'un si bon autheur pour le rendre recommandable. Diegue Stella, de l'ordre de sainct François, en a fait un autre grandement affectif et utile pour l'oraison. Christofle de Fonseca, religieux augustin, en a mis en lumiere un encore plus grand, où il dit diverses belles choses. Le pere Louys Richeome, de la compagnie de Jesus, a aussi publié un livre sous le titre de l'art d'aimer Dieu par les creatures; et cet autheur est tant aimable en sa personne et en ses beaux escrits, qu'on ne peut douter qu'il ne le soit encore plus, escrivant de l'amour mesme. Le pere Jean de Jesus-Maria, de l'ordre des carmes deschaussez, a composé un livret qui porte de mesme le nom de l'Art d'aimer Dieu, lequel est fort estimé. Ce grand et celebre cardinal Bellarmin a aussi depuis peu fait voir un petit livret intitulé l'Escalier pour monter à Dieu par les creatures, qui ne peut estre qu'admirable, partant de cette tres-sçavante main et tres-devote ame, qui a tant escrit et si doctement pour le bien de l'Eglise. Je ne veux rien dire du Parenetique de ce fleuve d'éloquence qui flotte meshuy parmy toute la France par la multitude et varieté de ses sermons et beaux escrits. L'estroite consanguinité spirituelle que mon ame a contractée avec la sienne, lorsque par l'imposition de mes mains il reçut le caractere sacré de l'ordre episcopal pour le bonheur du diocese de Belley et l'honneur de l'Eglise, outre mille nœuds d'une sincère amitié qui nous lient ensemble, ne permet pas que je puisse parler au credit de ses ouvrages, entre lesquels ce Parenetique de l'amour divin fut une des premieres saillies de la nompareille affluence d'esprit que chascun admire en luy.

Nous voyons de plus un grand et magnifique palais que le R. F. Laurent de Paris, predicateur de l'ordre des capucins, bastit à l'honneur de l'amour divin; lequel estant achevé sera un cours accomply de la science de bien aimer. Mais enfin la bienheureuse Therese de Jesus a si bien escrit des mouvemens sacrés de la dilection en tous les livres qu'elle a laissés, qu'on est ravy de voir tant d'eloquence en une si grande humilité, tant de fermeté d'esprit en une si grande simplicité; et sa tres-sçavante ignorance fait paroistre tres-ignorante la science de plusieurs gens de lettres, qui après un grand tracas d'estude, se voyent honteux de n'entendre pas ce qu'elle escrit si heureusement de la practique du sainct amour. Ainsi Dieu esleve le throsne de sa vertu sur le theatre de nostre infirmité; « se servant des choses foibles pour confondre les fortes (1). »

Or quoyque ce traité que je te presente, mon cher lecteur, suive de bien loin tous ces excellens livres, sans espoir de les pouvoir acconsuivre, si est-ce que j'espere tant en la faveur des deux amans celestes auxquels je le dedie, qu'encore te pourra-t-il rendre quelque sorte de service, et que tu y rencontreras beaucoup de bonnes considerations qu'il ne te seroit pas si aisé de trouver ailleurs, comme reciproquement tu trouveras ailleurs plusieurs belles choses qui ne sont pas icy. Il me semble mesme que mon dessein n'est pas celuy des autres, sinon en general, en tant que nous visons tous à la gloire du sainct amour : mais de cecy la lecture t'en fera foy.

Certes j'ay seulement pensé à representer simplement et naïvement, sans art et encore plus sans fard, l'histoire de la naissance, du progrès,

(1) I. Cor. I, 27.

de la decadence, des operations, proprietés, advantages et excellences de l'amour divin. Que si outre cela tu trouves quelqu'autre chose, ce sont des surcroissances qu'il n'est presque pas possible d'eviter à celui qui, comme moy, escrit entre plusieurs distractions. Mais je croy bien pourtant que rien ne sera sans quelque sorte d'utilité. La nature mesme qui est une si sage ouvriere, projettant la production des raisins, produit quant et quant comme par une prudente inadvertance tant de feuilles et de pampres, qu'il y a peu de vignes qui n'ayent besoin en leur saison d'estre effeuillées et esbourgeonnées.

On traite maintenant les escrivains trop rudement, on precipite les sentences que l'on rend contre eux, et bien souvent avec plus d'impertinence qu'ils n'ont pratiqué d'imprudence en se hastant de publier leurs escrits. La precipitation des jugemens met grandement en danger la conscience des juges et l'innocence des accusez. Plusieurs escrivent sottement, et plusieurs censurent lourdement. La douceur des lecteurs rend douce et utile la lecture; et pour t'avoir plus favorable, mon cher lecteur, je te veux icy rendre raison de quelques points qui autrement à l'adventure te mettroient en mauvaise humeur.

Quelques-uns peut-estre trouveront que j'ay trop dit, et qu'il n'estoit pas requis de prendre ainsi les discours jusques dans leurs racines. Mais je pense que le divin amour est une plante pareille à celle que nous appelons angelique, de laquelle la racine n'est pas moins odorante et salutaire que la tige et les feuilles. Les quatre premiers livres et quelques chapitres des autres pouvoient sans doute estre obmis au gré des ames qui ne cherchent que la seule pratique de la saincte dilection : mais tout cela neantmoins leur sera bien utile, si elles le regardent devotement. Cependant plusieurs peut-estre aussi eussent trouvé mauvais de ne voir pas icy toute la suite de ce qui appartient au traité du celeste amour. Certes j'ai eu en consideration la condition des esprits de ce siecle, et je le devois : il importe beaucoup de regarder en quel age on escrit.

Je cite aucune fois l'Escriture saincte en autres termes que ceux qui sont portés par l'edition ordinaire. O vray Dieu! mon cher lecteur; ne me fais pas pour cela ce tort de croire que je veuille me departir de cette edition-là : ha non! car je sçay que le Sainct-Esprit l'a autorisée par le sacré concile de Trente, et que partant nous nous y devons tous arrester; ains au contraire je n'employe les autres versions que pour le service de celle-cy, quand elles expliquent et confirment son vrai sens. Par exemple, ce que l'espoux celeste dit à son espouse : « Tu as blessé mon cœur (1) », est fort esclaircy par l'autre version : « Tu m'as em- « porté le cœur », ou « Tu as tiré et ravy mon « cœur.» Ce que Nostre-Seigneur dit : « Bienheu- « reux sont les pauvres d'esprit (2) », est grandement amplifié et déclaré selon le grec, « Bien- « heureux sont les mendians d'esprit »; et ainsi des autres.

J'ay souvent cité le sacré psalmiste en vers, et ç'a esté pour recreer ton esprit, et selon la facilité que j'en ay eue par la belle traduction de Philippe des Portes, abbé de Tiron, de laquelle neantmoins je me suis quelquefois departy, non certes cuidant de pouvoir faire mieux les vers que ce fameux poëte; car je serois un grand impertinent si n'ayant jamais seulement pensé à cette sorte d'escrire, je pretendois d'y reüssir en un age et en une condition de vie qui m'obligeroit de m'en retirer si jamais j'y avois esté engagé; mais en quelques endroits où il y pouvoit avoir plusieurs intelligences, je n'ay pas suivi ces vers, parce que je ne voulois pas suivre son sens : comme au psalme CXXXII il a entendu un mot latin qui y est, des *franges de la robbe* (3), que j'ay estimé devoir estre pris pour le *collet*; c'est pourquoy j'ai fait la traduction à mon gré.

Je ne dis rien que je n'aye appris des autres : or il me seroit impossible de me ressouvenir de qui j'ay receu chaque chose en particulier. Mais je t'asseure bien que si j'avois tiré de quelque autheur de grandes pieces dignes de quelque remarque, je ferois conscience de ne luy en rendre pas la loüange qu'il en meriteroit; et pour t'oster un soupçon qui te pourroit venir en l'esprit contre ma sincerité, pour ce regard je t'advertis que le chapitre XIII du septiesme livre est extrait d'un sermon que je fis à Paris, à Sainct-Jean en Greve, le jour de l'Assomption de Nostre-Dame, l'an 1602.

Je n'ay pas tousjours exprimé la suite des chapitres : mais si tu y prends garde, tu trouveras aisement les nœuds de leur liaison. En cela et plusieurs autres choses, j'ay eu grand soin d'e-

(1) Cant. Cant. IV, 9. — (2) Matt. V, 3.
(3) V. 2.

pargner mon loisir et ta patience. Lorsque j'eus fait imprimer l'Introduction à la vie devote, monseigneur l'archevesque de Vienne, Pierre de Villars, me fit la faveur de m'en escrire son opinion en termes si advantageux pour ce livret et pour moy, que je n'oserois jamais les redire; et m'exhortant d'appliquer le plus que je pourrois de mon loisir à faire de pareilles besongnes, entre plusieurs beaux advis desquels il me gratifia, l'un fut que j'observasse tousjours, tant que le subjet le permettroit, la brieveté des chapitres : car tout ainsi, dit-il, que les voyageurs sçachant qu'il y a quelque beau jardin à vingt ou vingt-cinq pas de leur chemin, se destournent aisément de si peu pour l'aller voir, ce qu'ils ne feroient pas s'ils sçavoient qu'il fust plus esloigné de leur route : de mesme ceux qui sçavent que la fin d'un chapitre n'est guere esloignée du commencement, ils entreprennent volontiers de le lire ; ce qu'ils ne feroient pas, pour agreable qu'en fust le subjet, s'il falloit beaucoup de temps pour en achever la lecture. J'ay donc eu raison de suivre en cela mon inclination, puisqu'elle fut agreable à ce grand personnage, qui a esté l'un des plus saincts prelats et des plus sçavans docteurs que l'Eglise ait eus de nostre age, et lequel, lorsqu'il m'honora de sa lettre, estoit le plus ancien de tous les docteurs de la faculté de Paris.

Un grand serviteur de Dieu m'advertit naguere que l'adresse que j'avois faite de ma parole à Philotée en l'Introduction à la vie devote, avoit empesché plusieurs hommes d'en faire leur profit, d'autant qu'ils n'estimoient pas dignes de la lecture d'un homme les advertissemens faits pour une femme. J'admiray qu'il se trouvast des hommes qui pour vouloir paroistre hommes, se montrassent en effet si peu hommes : car je te laisse à penser, mon cher lecteur, si la devotion n'est pas esgalement pour les hommes comme pour les femmes, et s'il ne faut pas lire avec pareille attention et reverence la seconde epistre de sainct Jean, adressée à la saincte dame Electa, comme la troisiesme qu'il destine à Caïus, et si mille et mille lettres ou excellens traitez des anciens peres de l'Eglise doivent estre tenus pour inutiles aux hommes, d'autant qu'ils sont adressez à des sainctes femmes de ce temps-là. Mais outre cela, c'est l'ame qui aspire à la devotion que j'appelle Philotée ; et les hommes ont une ame aussi bien que les femmes.

Toutefois, pour imiter en cette occasion le grand apostre, qui s'estimoit *redevable* (1) à tous, j'ay changé d'adresse en ce traité, et parle à Theotime. Que si d'adventure il se trouvoit des femmes (or cette impertinence seroit plus supportable en elles) qui ne voulussent pas lire les enseignemens qu'on fait à un homme, je les prie de croire que le Theotime auquel je parle, est l'esprit humain qui desire faire progrez en la dilection saincte, esprit qui est egalement ès femmes comme ès hommes.

Ce traité donc est fait pour aider l'ame desjà devote à ce qu'elle se puisse advancer en son dessein, et pour cela il m'a esté force de dire plusieurs choses un peu moins cogneues au vulgaire, et qui par consequent sembleront plus obscures. Le fond de la science est tousjours un peu plus malaisé à sonder, et se trouve peu de plongeons qui veuillent et sçachent aller recueillir les perles et autres pierres precieuses dans les entrailles de l'Ocean. Mais si tu as le courage franc pour enfoncer cet escrit, il t'arrivera de vray comme aux plongeons, lesquels, dit Pline, estant ès plus profonds gouffres de la mer y voyent clairement la lumiere du soleil : car tu trouveras ès endroits les plus malaisez de ces discours une bonne et amiable clarté. Et certes comme je n'ay pas voulu suivre ceux qui mesprisent quelques livres qui traitent d'une certaine vie sureminente en perfection, aussi n'ay-je pas voulu parler de cette sureminence : car ny je ne puis censurer les autheurs, ny authoriser les censeurs d'une doctrine que tu n'entends pas.

J'ay touché quantité de poincts de theologie, mais sans esprit de contention, proposant simplement, non tant ce que j'ay jadis appris ès disputes, comme ce que l'attention au service des ames et employ de vingt-quatre années en la saincte predication m'ont fait penser estre plus convenable à la gloire de l'Evangile et de l'Eglise.

Au demeurant, quelques gens de marque de divers endroits m'ont adverty que certains livrets ont esté publiez sous les seules premieres lettres du nom de leurs autheurs, qui se trouvent les mesmes avec celles du mien, qui a fait estimer à quelques-uns que ce fussent besoignes sorties de ma main, non sans un peu de scandale de ceux qui cuidoient que je me fusse detraqué de ma simplicité pour enfler mon style de paroles

---

(1) Rom. I, 14.

pompeuses; mon discours de conceptions mondaines, et mes conceptions d'une eloquence altiere et bien empanachée. A cette cause, mon cher lecteur, je te diray que comme ceux qui gravent ou entaillent sur les pierres precieuses, ayant la veue lassée à force de la tenir bandée sur les traits deliez de leurs ouvrages, tiennent tres-volontiers devant eux quelque belle esmeraude, afin que la regardant de temps en temps ils puissent recreer en son verd, et remettre en nature leurs yeux allangouris : de mesme en cette varieté d'affaires que ma condition me donne incessamment, j'ay tousjours de petits projets de quelque traité de pieté que je regarde, quand je puis, pour alleger et delasser mon esprit.

Mais je ne fay pas pourtant profession d'estre escrivain ; car la pesanteur de mon esprit et la condition de ma vie exposée au service et à l'abord de plusieurs ne le me sçauroient permettre. Pour cela j'ay donc fort peu escrit, et beaucoup moins mis en lumiere ; et pour suivre le conseil et la volonté de mes amis, je te diray que c'est afin que tu n'attribues pas la loüange du travail d'autruy à celuy qui n'en merite point du sien propre.

Il y a dix-neuf ans que me trouvant à Thonon, petite ville située sur le lac de Geneve, laquelle lors se convertissoit petit à petit à la foy catholique, le ministre adversaire de l'Eglise crioit partout que l'article catholique de la reelle presence du corps du Sauveur en l'eucharistie destruisoit le symbole et l'analogie de la foy (car il estoit bien aise de dire ce mot d'analogie, non entendu par ses auditeurs, afin de paroistre fort sçavant), et sur cela les autres predicateurs catholiques avec lesquels j'estois là, me chargerent d'escrire quelque chose en refutation de cette vanité ; et je fis ce qui me sembla convenable, dressant une briefve meditation sur le symbole des apostres pour confirmer la verité, et toutes les copies furent distribuées en ce diocese où je n'en trouve plus aucune.

Peu après son altesse vint deçà les monts, et trouvant les bailliages de Chablaix, Gaillard et Ternier, qui sont ès environs de Geneve, à moitié disposez de recevoir la saincte religion catholique, qui en avoit esté arrachée par le malheur des guerres et revoltes il y avoit près de soixante-dix ans, elle se resolut d'en restablir l'exercice en toutes les paroisses, et d'abolir celuy de l'heresie. Et parce que d'un costé il y avoit de grands empeschemens à ce bonheur selon les considerations que l'on appelle raisons d'estat, et que d'ailleurs plusieurs non encore bien instruits de la verité, resistoient à ce tant desirable restablissement, son altesse surmonta la premiere difficulté par la fermeté invincible de son zele à la saincte religion, et la seconde par une douceur et prudence extraordinaire : car elle fit assembler les principaux et plus opiniastres, et les harangua avec une eloquence si amiablement pressante, que presque tous vaincus par la douce violence de son amour paternel envers eux, rendirent les armes de leur opiniastreté à ses pieds, et leurs ames entre les mains de la saincte Eglise.

Mais qu'il me soit loisible, mon cher lecteur, je t'en prie, de dire ce mot en passant. On peut loüer beaucoup de riches actions de ce grand prince, entre lesquelles je vois la preuve de son indicible vaillance et science militaire qu'il vient de rendre maintenant admirée de toute l'Europe. Mais toutefois, quant à moy, je ne puis assez exalter le restablissement de la saincte religion en ces trois bailliages que je viens de nommer, y ayant veu tant de traits de pieté assortis d'une si grande varieté d'actions de prudence, constance, magnanimité, justice et debonnaireté, qu'en cette seule petite piece il me sembloit de voir comme en un tableau raccourci tout ce qu'on loüe ès princes qui jadis ont le plus ardemment servi à la gloire de Dieu et de l'Eglise : le theatre estoit petit, mais les actions grandes. Et comme cet ancien ouvrier ne fut jamais tant estimé pour ses ouvrages de grande forme, comme il fut admiré d'avoir sceu faire un navire d'yvoire assorty de tout son equipage, en si petit volume que les aisles d'une abeille le recouvroient tout : aussi estime-je plus ce que ce grand prince fit alors en ce petit coin de ses estats, que beaucoup d'actions de plus grand esclat que plusieurs relevent jusqu'au ciel.

Or en cette occasion on replanta par toutes les avenues et places publiques de ces quartiers-là les victorieuses enseignes de la croix ; et parce que peu auparavant on en avoit planté une fort solemnellement à Ennemasse près Geneve, un certain ministre fit un petit traité contre l'honneur d'icelle, contenant une invective ardente et veneneuse, à laquelle pour cela il fut trouvé bon que l'on respondist ; et monseigneur Claude de Granier mon predecesseur, duquel la memoire est en benediction, m'en imposa la charge selon le pou-

PRÉFACE.

voir qu'il avoit sur moy, qui le regardois non-seulement comme mon evesque, mais comme un sainct serviteur de Dieu. Je fis donc cette response sous le titre de *Defense de l'Estendard de la Croix*, et la dediay à son altesse, partie pour luy tesmoigner ma tres-humble subjection, partie pour luy faire quelque remerciement du soin qu'elle avoit de l'Eglise en ces lieux-là.

Or depuis peu on a reimprimé cette defense sous le titre prodigieux de la *Panthalogie, ou Thresor de la Croix*; titre auquel jamais je ne pensay, comme en verité aussi ne suis-je pas homme d'estude, ny de loisir, ny de memoire pour pouvoir assembler tant de pieces de prix en un livre qu'il puisse porter le titre de Thresor ny de Panthalogie, et ces frontispices insolens me sont en horreur.

> L'architecte est un sot, qui, privé de raison,
> Fait le portail plus grand que toute la maison.

On celebra l'an 1602 à Paris, où j'estois, les obseques de ce magnanime prince Philippe-Emmanuel de Lorraine, duc de Mercœur, lequel avoit fait tant de beaux exploits contre les Turcs en Hongrie, que tout le christianisme devoit conspirer à l'honneur de sa memoire. Mais surtout madame Marie de Luxembourg sa veufve fit de son costé tout ce que son courage et l'amour du defunt luy put suggerer pour solemniser ses funerailles; et parce que mon pere, mon ayeul, mon bisayeul avoient esté nourris pages des tres-illustres et tres-excellens princes de Martigues ses peres et predecesseurs, elle me regarda comme serviteur hereditaire de sa maison, et me choisit pour faire la harangue funebre en cette si grande celebrité, où se trouverent non-seulement plusieurs cardinaux et prelats, mais quantité de princes, princesses, mareschaux de France, chevaliers de l'ordre, et mesme la cour de parlement en corps. Je fis donc cette oraison funebre, et la prononçay en cette si grande assemblée dans la grande eglise de Paris; et parce qu'elle contenoit un abregé veritable des faits heroïques du prince defunt, je la fis volontiers imprimer, puisque la princesse veufve le desiroit, et que son desir me devoit estre une loy. Or je dediay cette piece-là à madame la duchesse de Vendome (1), lors encore fille et toute jeune princesse, mais en laquelle

(1) *Voyez* Sermons, en tête de l'oraison funèbre.

on voyoit desjà fort cognoissablement les traits de cette excellente vertu et pieté qui reluisent maintenant en elle, dignes de l'extraction et nourriture d'une si devote et pieuse mere.

A mesme que l'on imprimoit cette oraison, j'appris que j'avois esté fait evesque, si que je revins soudain icy pour estre consacré et commencer ma residence; et d'abord on proposa la necessité qu'il y avoit d'advertir les confesseurs de quelques points d'importance, et pour cela j'escrivis vingt-cinq advertissemens que je fis imprimer pour les faire courir plus aisement parmy ceux à qui je les adressois : mais depuis ils ont esté reimprimez en divers lieux.

Trois ou quatre ans après je mis en lumiere l'Introduction à la vie devote, pour les occasions et en la façon que j'ay remarqué en la preface d'icelle, dont je n'ay rien à te dire, mon cher lecteur, sinon que si ce livret a receu generalement un gracieux et doux accueil, voire mesme parmy les plus braves prelats et docteurs de l'Eglise; il n'a pas pourtant esté exempt d'une rude censure de quelques-uns qui ne m'ont pas seulement blasmé, mais m'ont asprement baffoué en public de ce que je dis à Philotée que le bal est une action de soy-mesme indifferente, et qu'en recreation on peut dire des quolibets; et moy sçachant la qualité de ces censeurs, je louë leur intention que je pense avoir esté bonne. Mais j'eusse neantmoins desiré qu'il leur eust pleu de considerer que la premiere proposition est puisée de la commune et veritable doctrine des plus saincts et sçavans theologiens, que j'escrivois pour les gens qui vivent emmy le monde et les cours : qu'au partir de là, j'inculque soigneusement l'extreme peril qu'il y a ès danses; et que quant à la seconde proposition, avec le mot de quolibet, elle n'est pas de moy, mais de cet admirable roy S. Louys, docteur digne d'estre suivy en l'art de bien conduire les courtisans à la vie devote. Car je croy que s'ils eussent pris garde à cela, leur charité et discretion n'eust jamais permis à leur zele, pour vigoureux et austere qu'il eust esté, d'armer leur indignation contre moy.

Et sur ce propos, mon cher lecteur, je te conjure de m'estre doux et benteux en la lecture de ce traité. Que si tu trouves le style un peu (quoy que ce sera, je m'asseure, fort peu) different de celuy dont j'ai usé escrivant à Philothée, et tous deux grandement divers de celuy que j'ay employé en la defense de la croix, sçache qu'en dix-neuf ans on apprend et desapprend beaucoup de choses ; que le langage de la guerre est autre que celuy de la paix ; et que l'on parle d'une façon aux jeunes apprentifs, et d'une autre sorte aux vieux compagnons.

Icy certes je parle pour les ames avancées en la devotion ; car il faut que je te die que nous avons en cette ville une congregation de filles et veufves, qui, retirées du monde, vivent unanimement au service de Dieu sous la protection de sa tres-saincte mere ; et comme leur pureté et pieté d'esprit m'a souvent donné de grandes consolations, aussi ay-je tasché de leur en rendre frequemment par la distribution de la saincte parole que je leur ay annoncée, tant en sermons publics qu'en colloques spirituels, et presque toujours en la presence de plusieurs religieux et gens de grande devotion, dont il m'a fallu traiter maintesfois des sentimens plus delicats de la pieté, passant au-delà de ce que j'avois dit à Philotée ; et c'est une bonne partie de ce que je te communique maintenant que je dois à cette benite assemblée, parce que celle qui en est la mere et y preside, sçachant que j'escrivois sur ce subject, et que neantmoins mal aisement pourrois-je tirer la besoigne au jour, si Dieu ne m'aidoit fort specialement, et que je ne fusse continuellement pressé ; elle a eu un soin continuel de prier et faire prier pour cela, et de me conjurer sainctement de recueillir tous les petits morceaux de loisir qu'elle estimoit pouvoir estre sauvez par-cy par-là de la presse de mes empeschemens, pour les employer à cecy. Et parce que cette ame m'est en la consolation que Dieu sçait, elle n'a pas eu peu de pouvoir pour animer la mienne en cette occasion. Il y a voirement long-temps que j'avois projetté d'escrire de l'amour sacré, mais ce projet n'estoit point comparable à ce que cette occasion m'a fait produire : occasion que je manifeste ainsi naïvement, tout à la bonne foy à l'imitation des anciens, afin que tu sçaches que je n'escris que par rencontre et occurrence, et que tu me sois plus amiable. On disoit entre les payens que Phidias ne representoit jamais rien si parfaitement que les divinitez, ni Appelles qu'A-lexandre : on ne reüssit pas tousjours esgalement. Si je demeure court en ce traité, mon cher lecteur, fay que ta bonté s'avance. Dieu benira ta lecture.

A cette intention, j'ai dedié cet œuvre à la mere de dilection et au pere de l'amour cordial, comme j'avois dedié l'Introduction au divin enfant qui est le Sauveur des amans et l'amour des sauvez. Certes comme les femmes, tandis qu'elles sont fortes et habiles à produire aisement les enfans, leur choisissent ordinairement des parrains entre leurs amis de ce monde ; mais quand leur foiblesse et indisposition rend leurs enfantemens difficiles et perilleux, elles invoquent les saincts du ciel, et vouent de faire tenir leurs enfans par quelque pauvre, ou par quelque personne devote, au nom de S. Joseph, de S. François d'Assise, de S. François de Paul, de S. Nicolas, ou de quelqu'autre bienheureux qui puisse impetrer de Dieu le bon succès de leur grossesse et une naissance vitale pour l'enfant : de mesme avant que je fusse evesque, me trouvant avec plus de loisir et moins d'apprehension pour escrire, je dediay les petits ouvrages que je fis aux princes de la terre ; mais maintenant qu'accablé de ma charge j'ay mille difficultez d'escrire, je ne consacre plus rien qu'aux princes du ciel, afin qu'ils m'obtiennent la lumiere requise ; et que si telle est la volonté divine, ces escrits ayent une naissance fructueuse et utile à plusieurs.

Ainsi Dieu te benisse, mon cher lecteur, et te fasse riche de son sainct amour. Cependant je soubmets tousjours de tout mon cœur mes escrits, mes paroles et mes actions à la correction de la tres-saincte Eglise, catholique, apostolique et romaine, sçachant qu'elle est « la colomne et « fermeté de la verité (1) », dont elle ne peut ny faillir ny defaillir ; et que nul ne peut avoir Dieu pour pere, qui n'aura cette Eglise pour mere.

(1) I. Tim. III, 15.

A Annecy, le jour des très-amans apostres S. Pierre et S. Paul, 1616.

DIEU SOIT BENY !

TRAITÉ

DE

L'AMOUR DE DIEU.

LIVRE PREMIER.

PRÉPARATION A TOUT LE TRAICTÉ.

CHAPITRE PREMIER.

Que pour la beauté de la nature humaine, Dieu a donné le gouvernement de toutes les facultez de l'ame à la volonté.

L'union establie en la distinction fait l'ordre ; l'ordre produit la convenance et la proportion ; et la convenance, ès choses entieres et accomplies, fait la beauté. Une armée est belle, quand elle est composée de toutes ses parties, tellement rangées en leur ordre, que leur distinction est reduite au rapport qu'elles doivent avoir ensemble, pour ne faire qu'une seule armée. Afin qu'une musique soit belle, il ne faut pas seulement que les voix soyent nettes, claires et bien distinguées ; mais qu'elles soyent alliées en telle sorte les unes aux autres, qu'il s'en fasse une juste consonnance et harmonie, par le moyen de l'union qui est en la distinction, et la distinction qui est en l'union des voix, que non sans cause on appelle un accord discordant, ou plustost une discorde accordante.

Or, comme dit excellemment l'angelique sainct Thomas après le grand sainct Denys, la beauté et la bonté, bien qu'elles ayent quelque convenance, ne sont pas neanmoins une mesme chose : car le bien, est ce qui plaist à l'appetit et volonté ; le beau, ce qui plaist à l'entendement et à la cognoissance, ou pour le dire autrement, le bon est ce dont la jouissance nous delecte, le beau ce dont la cognoissance nous agrée. Et c'est pourquoy jamais, à proprement parler, nous n'attribuons la beauté corporelle, sinon aux objects des deux sens, qui sont les plus cognoissans et qui servent le plus à l'entendement, qui sont la veuë et l'ouïe ; si que nous ne disons pas, voilà des belles odeurs, ou de belles saveurs, mais nous disons bien, voilà des belles voix, et des belles couleurs.

Le beau donc estant appellé beau, parce que sa cognoissance delecte, il faut que, outre l'union et la distinction d'integrité, l'ordre et la convenance de ses parties, il ayt beaucoup de splendeur et clarté, afin qu'il soit cognoissable et visible : les voix, pour estre belles, doivent estre claires et nettes, les discours intelligibles, les couleurs esclatantes et resplendissantes ; l'obscurité, l'ombre, les tenebres sont laides, et enlaidissent toutes choses, parce que en icelles rien n'est cognoissable, ny l'ordre, ny la distinction, ny l'union, ny la convenance ; qui a fait dire à sainct Denis (1), « que Dieu, comme souveraine « beauté, est autheur de la belle convenance, du « beau lustre et de la bonne grace, qui est en toutes « choses, » faisant esclater, en forme de lumiere, les distributions et departemens de son rayon, par lesquels toutes choses sont rendues belles,

(1) Ch. IV des noms divins.

voulant que pour establir la beauté, il y eut la convenance, la clarté, et la bonne grace.

Certes, Theotime, la beauté est sans effect, inutile, et morte, si la clarté et splendeur ne l'avive, et lui donne efficace ; dont nous disons les couleurs estre vives, quand elles ont de l'esclat et du lustre.

Mais quant aux choses animées et vivantes, leur beauté n'est pas accomplie sans la bonne grace, laquelle, outre la convenance des parties parfaictes, qui fait la beauté, adjouste la convenance des mouvemens, gestes et actions, qui est comme l'ame et la vie de la beauté des choses vivantes. Ainsi en la souveraine beauté de nostre Dieu, nous recognoissons l'union, ains l'unité de l'essence en la distinction des personnes avec une infinie clarté ; joincte à la convenance incomprehensible de toutes les perfections, des actions et mouvemens, comprises tres-souverainement, et par manière de dire, joinctes et adjoustées excellemment en la tres-unique et tres-simple perfection du pur acte divin, qui est Dieu mesme, immuable et invariable, ainsi que nous le dirons ailleurs.

Dieu donc voulant rendre toutes choses bonnes et belles, a reduit la multitude et distinction d'icelles en une parfaicte unité ; et pour ainsi dire, il les a toutes rangées à la monarchie, faisant que toutes choses s'entretiennent les unes aux autres, et toutes à lui, qui est le souverain monarque. Il reduit tous les membres en un corps, sous un chef; de plusieurs personnes il forme une famille; de plusieurs familles une ville ; de plusieurs villes une province ; de plusieurs provinces un royaume, et soumet tout un royaume à un seul roy. Ainsi, Theotime, parmi l'innumerable multitude et varieté d'actions, mouvemens, sentimens, inclinations, habitudes, passions, facueltz et puissances, qui sont en l'homme, Dieu a establi une naturelle monarchie en la volonté, qui commande et domine sur tout ce qui se treuve en ce petit monde ; et semble que Dieu ayt dit à la volonté, ce que Pharaon dit à Joseph : tu seras sur ma maison, tout le peuple obeïra au commandement de ta bouche, sans ton commandement nul ne remuera. Mais cette domination de la volonté se pratique certes fort differemment.

CHAPITRE II.

Comme la volonté gouverne diversement les puissances de l'ame.

Le pere de famille conduit sa femme, ses enfans et ses serviteurs, par ses ordonnances et commandemens, auxquels ils sont obligez d'obeïr, bien qu'ils puissent ne le faire pas : que s'il a des serfs et esclaves, il les gouverne par la force, à laquelle ils n'ont nul besoin de contredire. Mais ses chevaux, ses bœufs, ses mulets, il les manie par industrie, les liant, bridant, piquant, enfermant, laschant.

Certes la volonté gouverne la faculté de nostre mouvement exterieur, comme un serf ou esclave : car, sinon qu'au dehors quelque chose l'empesche, jamais elle ne manque d'obeïr. Nous ouvrons et fermons la bouche, mouvons la langue, les mains, les pieds, les yeux, et toutes les parties esquelles la puissance de ce mouvement se treuve, sans resistance, à nostre gré, et selon nostre volonté.

Mais quant à nos sens, et à la faculté de nourrir, croistre et produire, nous ne le pouvons pas gouverner si aisement ; ains il nous y faut employer l'industrie et l'art. Si l'on appelle un esclave, il vient : si on luy dit qu'il arreste, il arreste ; mais il ne faut pas attendre cette obeïssance d'un espervier ou faucon : qui le veut faire revenir, il lui faut monstrer le leurre ; qui le veut accoiser, il lui faut mettre le chapperon. On dit à un valet, tournez à gauche ou à droicte, et il le fait : mais pour faire ainsi tourner un cheval, il se faut servir de sa bride. Il ne faut pas, Theotime, commander à nos yeux de ne voir pas, ny à nos oreilles de n'ouïr pas, ny à nos mains de ne toucher pas, ny à nostre estomach de ne digerer pas, ny à nos corps de ne croistre pas ou de ne produire pas : car toutes ces facultez n'ont nulle intelligence, et partant sont incapables d'obeïssance. Nul ne peut adjouster une coudée à sa stature. Rachel vouloit, et ne pouvoit concevoir. Nous mangeons souvent sans estre nourris ny prendre croissance. Qui veut chevir de ses facultez, il faut user d'industrie. Le medecin traittant un enfant au berceau, ne luy commande chose quelconque, mais il ordonne bien à la nourrice qu'elle luy fasse telle et telle chose : ou bien quelquefois il ordonne qu'elle mange telle ou telle viande, qu'elle prenne tel medicament, dont la qualité se respandant dans le laict, et le laict dans le corps du petit enfant, la volonté du medecin reüssit en ce petit malade, qui n'a pas seulement le pouvoir d'y penser. Il ne faut pas certes faire les ordonnances d'abstinence, sobrieté, continence, à l'estomach, au gosier, au ventre ; mais il faut commander aux mains de ne pouvoir fournir à la bouche les viandes et breuvages, qu'en telle et telle mesure. Il faut oster ou donner à la faculté qui produit les objects, et subjects, et les alimens qui la fortifient, selon que la raison le requiert. Il faut divertir les yeux, ou les couvrir de leur chapperon naturel, et les fermer si on veut qu'ils ne voyent pas, et avec ces artifices on les reduira au poinct que la volonté desire. C'est ainsi, Theotime, que Nostre-Seigneur enseigne, qu'il y a des eunuques qui sont tels pour le royaume des cieux, c'est-à-dire, qui ne sont pas eunuques d'impuissance naturelle, mais par l'industrie, de laquelle leur volonté se sert, pour les retenir dans la saincte continence. C'est sottise de commander à un cheval qu'il ne s'engraisse pas, qu'il ne croisse pas, qu'il ne regimbe pas; si vous desirez tout cela, levez-luy le ratelier; il ne lui faut pas commander, il le faut gourmander pour le dompter.

Ouy mesme, la volonté a du pouvoir sur l'entendement, et sur la memoire : car de plusieurs choses que l'entendement peut entendre, ou desquelles la memoire se peut ressouvenir, la volonté determine celles ausquelles elle veut que ses facultez s'appliquent, ou desquelles elle veut qu'elles se divertissent. Il est vray qu'elle ne les peut pas manier, ny ranger si absolument, comme elle fait les mains, les pieds, ou la langue, à raison des facultez sensitives, et notamment de la fantaisie, qui n'obeïssent pas d'une obeïssance prompte et infaillible à la volonté; et desquelles puissances sensitives, la memoire et l'entendement ont besoin pour operer : mais toutesfois la volonté les remue, les employe et applique selon qu'il luy plaist, bien que non pas si fermement et invariablement, que la fantaisie variante et volage ne les divertisse maintes fois, les distraïant ailleurs; de sorte que comme l'apostre s'escrie (1) : « Je fais, non le bien que je veux, mais le mal « que je hais : » aussi nous sommes souvent contraints de nous plaindre, de quoy nous pensons, non le bien que nous aimons, mais le mal que nous haïssons.

CHAPITRE III.

Comme la volonté gouverne l'appetit sensuel.

La volonté doncques, Theotime, domine sur la memoire, l'entendement, et la fantaisie, non par force, mais par authorité; en sorte qu'elle n'est pas tousjours infailliblement obeïe, non plus que le pere de famille ne l'est pas aussi tousjours par ses enfans et serviteurs (2). Or c'en est de mesme de l'appetit sensuel, lequel comme dit saint Augustin, est appellé convoitise en nous autres pecheurs, et demeure subject à la volonté et à l'esprit, comme la femme à son mary; parce que tout ainsi qu'il fut dit à la femme, « tu te re- « tourneras à ton mary, et il te maistrisera, aussi

(1) Rom. vii, 15.
(2) L. xiv. de Civ. c. vii. circa finem. Aug. xv. de Civit. cap. vii.

« fut-il dit à Caïn, que son appetit se retourneroit « à luy, et qu'il domineroit sur iceluy » : et se retourner à l'homme ne veut dire autre chose que se soubmettre et s'assujetir à luy. « O homme, « dit sainct Bernard (1), il est à ton pouvoir, si tu « veux, de faire que ton ennemy soit ton serviteur ; « en sorte que toutes choses te reviennent à bien ; « ton appetit est sous toy, et tu le domineras. Ton « ennemy peut exciter en toy le sentiment de la « tentation ; mais tu peux, si tu veux, ou donner, « ou refuser le consentement. Si tu permets à l'ap- « petit de te porter au peché, alors tu seras sous « iceluy, et il te maistrisera, parce que quiconque « fait le peché, il est serf du peché : mais avant que « tu fasses le peché, que le peché n'est pas en- « core en ton consentement, mais seulement en ton « sentiment, c'est-à-dire qu'il est encore en ton ap- « petit, et non en ta volonté, ton appetit est sous « toy, et tu le maistriseras. » Avant que l'empereur soit creé, il est soubmis aux electeurs qui dominent sur luy ; pouvans ou le choisir à la dignité imperiale, ou le rejetter : mais s'il est une fois esleu et eslevé par eux, ils sont dès-lors sous luy, et il domine sur eux. Avant que la volonté consente à l'appetit, elle domine sur luy ; mais après le consentement elle devient son esclave.

En somme, cet appetit sensuel est à la verité un subject rebelle, seditieux, remuant : et faut confesser que nous ne le sçaurions tellement desfaire, qu'il ne s'esleve, qu'il n'entreprenne, et qu'il n'assaille la raison : mais pourtant, la volonté est si forte au-dessus de luy, que si elle veut, elle peut le ravaler, rompre ses desseins, et le repousser, puisque c'est assez le repousser, que de ne point consentir à ses suggestions. On ne peut empescher la concupiscence de concevoir, mais ouy bien d'enfanter, et de parfaire le peché.

Or cette convoitise, ou appetit sensuel, a douze mouvemens, par lesquels, comme par autant de capitaines mutinez, il fait sa sedition en l'homme. Et parce que pour l'ordinaire ils troublent l'ame, et agitent le corps : en tant qu'ils troublent l'ame, on les appelle perturbations : en tant qu'ils inquietent le corps, on les appelle passions, au rapport de sainct Augustin. Tous regardent le bien ou le mal ; celuy-là pour l'acquerir, celuy-cy pour l'eviter. Si le bien est consideré en soy selon sa naturelle bonté, il excite l'amour, premiere et principale passion : si le bien est regardé comme absent, il nous provoque au desir : si estant desiré on estime de le pouvoir obtenir, on entre en esperance : si on pense de ne le pouvoir pas obtenir, on sent le desespoir : mais quand on le possede comme present, il nous donne la joye.

(1) Sermon v. de Quad.

Au contraire, si tost que nous cognoissons le mal, nous le haïssons : s'il est absent, nous le fuyons : si nous pensons de ne pouvoir l'eviter, nous le craignons : si nous estimons de le pouvoir eviter, nous nous enhardissons et encourageons ; mais si nous le sentons comme present, nous nous attristons ; et lors l'ire et le courroux accourt soudain pour rejetter et repousser le mal, ou du moins s'en venger : que si l'on ne peut, on demeure en tristesse : mais si l'on a repoussé, ou que l'on se soit vengé, on ressent la satisfaction et assouvissement, qui est un plaisir de triomphe : car, comme la possession du bien resjouit le cœur, la victoire contre le mal assouvit le courage. Et sur tout ce peuple des passions sensuelles, la volonté tient son empire, rejettant leurs suggestions, repoussant leurs attaques, empeschant leurs effects, et au fin moins, leur refusant fortement son consentement, sans lequel elles ne peuvent l'endommager, et par le refus duquel elles demeurent vaincues, voire mesme à la longue, abbattues, allangouries, efflanquées, reprimées, et sinon du tout mortes, au moins amorties, ou mortifiées.

Et c'est afin d'exercer nos volontez en la vertu et vaillance spirituelle, que cette multitude de passions est laissée en nos ames, Theotime ; de sorte que les stoïciens, qui nierent qu'elles se trouvassent en l'homme sage, eurent grand tort ; mais d'autant plus que ce qu'ils nioient en paroles, ils le practiquoient en effect, au recit de sainct Augustin, qui raconte cette gracieuse histoire (1): Aulus Gellius s'estant embarqué avec un fameux stoïcien, une grande tempeste survint, de laquelle le stoïcien estant effrayé, il commença à paslir, blesmir et trembler si sensiblement que tous ceux du vaisseau s'en apperceurent, et le remarquerent curieusement, quoy qu'ils fussent ès mesmes hazards avec luy. Cependant la mer enfin s'apaise, le danger passe, et l'asseurance redonnant à un chascun la liberté de causer, voire mesme de railler ; un certain voluptueux asiatique, se mocquant du stoïcien, luy reprochoit qu'il avoit eu peur, et qu'il estoit devenu hasve et pasle au danger, et que luy au contraire estoit demeuré ferme sans effroy. A quoy le stoïcien repartit par le recit de ce que Aristippus, philosophe socratique, avoit respondu à un homme, qui, pour mesme subject, l'avoit piqué d'un mesme reproche : car, luy dit-il, toy tu as eu raison de ne t'estre point soucié pour l'ame d'un meschant brouillon ; mais moy, j'eusse eu tort de ne point craindre la perte de l'ame d'Aristippus ; et le bon de l'histoire est, que Aulus Gellius, tesmoin oculaire, la recite ;

mais quant à la repartie qu'elle contient, le stoïcien qui la fit, favorisa plus sa promptitude que sa cause, puisqu'alleguant un compagnon de sa crainte, il laissa preuve par deux irreprochables tesmoins que les stoïciens estoyent touchez de la crainte, et de la crainte qui respand ses effects ès yeux, au visage, et en la contenance ; et qui par consequent est une passion.

Grande folie de vouloir estre sage d'une sagesse impossible : l'Eglise certes a condamné la folie de cette sagesse, que certains anachoretes presomptueux voulurent introduire jadis, contre lesquels toute l'Escriture, mais surtout le grand apostre, crie : Que nous avons « (1) une « loy en nos corps, qui repugne à la loy de nostre « esprit. » (2) Entre nous autres chrestiens, dit le grand sainct Augustin, selon les Escritures sainctes, et la doctrine saine : « Les citoyens de la « sacrée cité de Dieu, vivant selon Dieu, au pelerinage de ce monde, craignent, desirent, se douillent et resjouissent ; » ouy mesme le roy souverain de cette cité a craint, desiré, s'est doulu et resjouy jusques à pleurer, blesmir, trembler, et suer le sang, bien qu'en luy ces mouvemens n'ont pas esté des passions pareilles aux nostres ; dont le grand sainct Hierosme, et après luy l'escole, ne les a pas osé nommer du nom de passions, pour la reverence de la personne en laquelle ils estoient, ains du nom respectueux de propassions, pour tesmoigner que les mouvemens sensibles en Nostre-Seigneur y tenoyent lieu de passion, bien qu'ils ne fussent pas passions ; d'autant qu'il patissoit ou souffroit chose quelconque de la part d'icelles, sinon ce que bon luy sembloit, et comme il luy plaisoit, les gouvernant et maniant à son gré, ce que nous ne faisons pas, nous autres pecheurs, qui souffrons et patissons ces mouvements en desordre, contre nostre gré, avec un grand prejudice du bon estat et police de nos ames.

CHAPITRE IV.

Que l'amour domine sur toutes les affections et passions, et que mesme il gouverne la volonté, bien que la volonté ayt aussi domination sur luy.

L'amour estant la premiere complaisance que nous avons au bien, ainsi que nous dirons tantost, certes il precede le desir ; et d'effect, qu'est-ce que l'on desire, sinon ce que l'on aime ? Il precede la delectation ; car comme pourroit-on se resjouyr en la jouyssance d'une chose, si on ne l'aimoit pas ! Il precede l'esperance ; car on n'espere que le bien qu'on aime. Il precede la haine ;

---

(1) Lib. IX. de Civit. cap. IV.

(1) Rom. VII, 23. — (2) L. XIV. de Civit. c. IX.

car nous ne haïssons le mal, que pour l'amour que nous avons envers le bien ; ainsi le mal n'est pas mal, sinon parce qu'il est contraire au bien : et c'en est de mesme, Theotime, de toutes autres passions ou affections : car elles proviennent toutes de l'amour, comme de leur source et racine.

C'est pourquoy, les autres passions ou affections sont bonnes ou mauvaises, vicieuses ou vertueuses selon que l'amour duquel elles procedent, est bon ou mauvais. Car il respand tellement ses qualitez sur elles, qu'elles ne semblent estre que le mesme amour. (1) Sainct Augustin, reduisant toutes les passions et affections à quatre, comme ont fait Boëce, Ciceron, Virgile, et la plus part de l'antiquité : « L'amour, dit-il, tendant à posseder ce qu'il aime, s'appelle convoitise ou desir ; l'ayant et possedant, il s'appelle joye ; fuyant ce qui luy est contraire, il s'appelle crainte : que si cela luy arrive, et qu'il le sente, il s'appelle tristesse ; et partant ces passions sont mauvaises, si l'amour est mauvais ; bonnes, s'il est bon. » Les citoyens de la cité de Dieu craignent, desirent, se doulent, se resjouyssent ; et parce que leur amour est droict, toutes ces affections sont aussi droictes. (2) La doctrine chrestienne assujettit l'esprit à Dieu, afin qu'il le guide et secoure ; et assujettit à l'esprit toutes ces passions, afin qu'il les bride et modere, en sorte qu'elles soyent converties au service de la justice et vertu. « La droicte volonté est l'amour bon, la volonté mauvaise est l'amour mauvais ; » c'est-à-dire en un mot, Theotime, que l'amour domine tellement en la volonté, qu'il la rend toute telle qu'il est.

La femme pour l'ordinaire change sa condition en celle de son mary, et devient noble s'il est noble, reyne s'il est roy, duchesse s'il est duc. La volonté change aussi de qualité selon l'amour qu'elle espouse ; s'il est charnel, elle est charnelle ; spirituelle, s'il est spirituel : et toutes les affections de desir, de joye, d'esperance, de crainte, de tristesse, comme enfans nays du mariage de l'amour avec la volonté, reçoivent aussi par consequent leurs qualitez de l'amour. Bref, Theotime, la volonté n'est esmeuë que par ses affections, entre lesquelles l'amour comme le premier mobile, et la premiere affection, donne le branle à tout le reste, et fait tous les autres mouvemens de l'ame.

Mais pour tout cela, il ne s'ensuit pas que la volonté ne soit encore regente sur l'amour, d'autant que la volonté n'aime qu'en voulant aimer ; et de plusieurs amours qui se presentent à elle, elle peut s'attacher à celuy que bon luy semble ; autrement, il n'y auroit point d'amour, ny prohibé, ny commandé. Elle est donc maistresse sur les amours, comme une demoiselle sur les amans qui la recherchent, parmy lesquels elle peut eslire celuy qu'elle veut. Mais tout ainsi qu'après le mariage elle perd sa liberté, et de maistresse devient subjette à la puissance du mary, demeurant prise par celuy qu'elle a pris ; de mesme la volonté qui choisit l'amour à son gré, après qu'elle en a embrassé quelqu'un, elle demeure asservie sous luy, et comme la femme demeure subjette au mary qu'elle a choisy tandis qu'il vit, et que s'il meurt, elle reprend sa precedente liberté pour se remarier à un autre ; ainsi pendant qu'un amour vit en la volonté, il y regne, et elle demeure soubmise à ses mouvemens : que si cet amour vient à mourir, elle pourra par après en reprendre un autre. Mais il y a une liberté en la volonté, qui ne se treuve pas en la femme mariée, et c'est que la volonté peut rejetter son amour quand elle veut, appliquant l'entendement aux motifs qui l'en peuvent desgouster, et prenant resolution de changer d'object : car ainsi pour faire vivre et regner l'amour de Dieu en nous, nous amortissons l'amour propre ; si nous ne pouvons l'aneantir du tout, au moins nous l'affoiblissons, en sorte que, s'il vit en nous, il n'y regne plus : comme au contraire, nous pouvons, en quittant l'amour sacré, adherer à celuy des creatures, qui est l'infame adultere, que le celeste espoux reproche si souvent aux pecheurs.

CHAPITRE V.

Des affections de la volonté.

Il n'y a pas moins de mouvemens en l'appetit intellectuel ou raisonnable, qu'on appelle volonté, qu'il y en a en l'appetit sensible ou sensuel : mais ceux-là sont ordinairement appelez affections, et ceux-cy passions. Les philosophes et payens ont aimé aucunement Dieu, leurs republiques, la vertu, les sciences ; ils ont hay le vice, esperé les honneurs, desesperé d'eviter la mort ou la calomnie ; desiré de sçavoir, voire mesme d'estre bienheureux après leur mort ; se sont enhardis pour surmonter les difficultez qu'il y avoit au pourchas de la vertu ; ont craint le blasme, ont fuy plusieurs fautes, ont vengé l'injure publique, se sont indignez contre les tyrans, sans aucun propre interest. Or tous ces mouvemens estoyent en la partie raisonnable, puisque le sens, ny par consequent l'appetit sensuel, ne sont pas capables d'estre appliquez à ces objects, et partant ces mouvemens estoyent des affections de l'appetit

---

(1) L. XIV, ch. VII et IX de Civit.
(2) Ibid. lib. IX, c. 5.

intellectuel ou raisonnable, et non pas des passions de l'appetit sensuel.

Combien de fois avons-nous des passions en l'appetit sensuel ou convoitise, contraires aux affections que nous sentons en mesme temps dans l'appetit raisonnable, ou dans la volonté? (1) Le jeune homme duquel parle sainct Hierosme, se coupant la langue à belles dents, et la crachant sur le nez de cette maudite femme qui l'enflammoit à la volupté, ne tesmoignoit-il pas en la volonté une extreme affection de desplaisir, contraire à la passion du plaisir, que par force on luy faisoit sentir en la convoitise et appetit sensuel? Combien de fois tremblons-nous de crainte entre les hazards, ausquels nostre volonté nous porte, et nous fait demeurer? Combien de fois hayssons-nous les voluptez, es quelles nostre appetit sensuel se plaist, aimant les biens spirituels, esquels il se desplaist? En cela consiste la guerre que nous sentons tous les jours entre l'esprit et la chair; entre nostre homme exterieur qui depend des sens, et l'homme interieur qui depend de la raison; entre le vieil Adam qui suit les appetits de son Eve, ou de la convoitise, et le nouvel Adam qui seconde la sagesse celeste et la saincte raison.

Les stoïciens, ainsi que sainct Augustin le rapporte (2), niant que l'homme sage puisse avoir des passions, confessoient neantmoins, ce semble, qu'il avoit des affections, lesquelles ils appeloient eupathies et bonnes passions, ou bien comme Cicéron, constances: car ils disoyent que le sage ne convoitoit pas, mais vouloit; qu'il n'avoit point de liesse, mais de joye; qu'il n'avoit point de crainte, mais de prevoyance et precaution, en sorte qu'il n'estoit esmeu sinon pour la raison et selon la raison. Pour cela ils nioyent surtout, que l'homme sage ne peust jamais avoir aucune tristesse, d'autant qu'elle ne regarde que le mal survenu, et que rien n'advient en mal à l'homme sage, puis que nul n'est jamais offensé que par soy-mesme, selon leur maxime. Et certes, Theotime, ils n'eurent pas tort de vouloir qu'il y eust des eupathies et bonnes affections en la partie raisonnable de l'homme, mais ils eurent tort de dire qu'il n'y avoit point de passions en la partie sensitive, et que la tristesse ne touchoit point le cœur de l'homme sage: car laissant à part que eux-mesmes en estoyent troublez, comme il a esté dit, se pourroit-il bien faire, que la sagesse nous privast de la misericorde, qui est une vertueuse tristesse, laquelle arrive en nos cœurs pour nous porter au desir de delivrer le prochain du mal qu'il endure? Aussi le plus homme de bien de tout le paganisme, Epictete, ne suivit pas cette erreur, que les passions ne s'eslevassent point en l'homme sage, ainsi que sainct Augustin atteste, lequel mesme monstre encore que la dissension des stoïciens avec les autres philosophes, en ce subject, n'a pas esté qu'une pure dispute des paroles, et debat de langage.

Or ces affections que nous sentons en nostre partie raisonnable, sont plus ou moins nobles et spirituelles, selon qu'elles ont leurs objects plus ou moins relevez, et qu'elles se trouvent en un degré plus eminent de l'esprit. Car il y a des affections en nous qui procedent du discours que nous faisons, selon l'experience des sens: il y en a d'autres formées sur le discours tiré de sciences humaines; il y en a encore d'autres qui proviennent des discours faicts selon la foy; et enfin il y en a qui ont leur origine du simple sentiment et acquiescement que l'ame fait à la verité et volonté de Dieu. Les premieres sont nommées affections naturelles: car qui est celuy qui ne desire naturellement d'avoir la santé, les provisions requises au vestir, et à la nourriture, les douces et agreables conversations? Les secondes affections sont nommées raisonnables, d'autant qu'elles sont toutes appuyées sur la cognoissance spirituelle de la raison; par laquelle nostre volonté est excitée à rechercher la tranquillité du cœur, les vertus morales, le vray honneur, la contemplation philosophique des choses eternelles. Les affections du troisiesme rang se nomment chrestiennes, parce qu'elles prennent leur naissance des discours tirez de la doctrine de Nostre-Seigneur, qui nous fait cherir la pauvreté volontaire, la chasteté parfaicte, la gloire du paradis. Mais les affections du supresme degré sont nommées divines et surnaturelles, parce que Dieu luy-mesme les respand en nos esprits, et qu'elles regardent, et tendent en Dieu, sans l'entremise d'aucun discours, ny d'aucune lumiere naturelle, selon qu'il est aisé de concevoir, par ce que nous dirons cy-apres des acquiescemens et sentimens qui se practiquent au sanctuaire de l'ame. Et ces affections surnaturelles sont principalement trois, l'amour de l'esprit envers les beautez des mysteres de la foy, l'amour envers l'utilité des biens qui nous sont promis en l'autre vie, et l'amour envers la souveraine bonté de la tres-saincte et eternelle divinité.

CHAPITRE VI.

Comme l'amour de Dieu domine sur les autres amours.

La volonté gouverne toutes les autres facultez de l'esprit humain; mais elle est gouvernée par

---

(1) In vita Pauli.
(2) Lib. xiv, de Civit., cap. viii.

son amour qui la rend telle qu'il est. Or, entre tous les amours celuy de Dieu tient le sceptre, et a tellement l'authorité de commander inseparablement unie, et propre à sa nature, que s'il n'est le maistre, incontinent il cesse d'estre, et perit.

Ismaël ne fut point heritier avec Isaac son frere plus jeune; Esaü fut destiné au service de son frere puisné; Joseph fut adoré, non-seulement par ses freres, mais aussi par son pere, et voire mesme par sa mere en la personne de Benjamin, ainsi qu'il l'avoit preveu ès songes de sa jeunesse. Ce n'est certes pas sans mystere que les derniers entre ces freres emportent ainsi des advantages sur leurs aisnez. L'amour divin est voirement le puisné entre toutes les affections du cœur humain : car, comme dit l'apostre, « (1) ce qui « est animal, est premier, et le spirituel après ; » mais ce puisné herite toute l'authorité, et l'amour propre, comme un autre Esaü, est destiné à son service ; et non-seulement tous les autres mouvemens de l'ame, comme ses freres, l'adorent et luy sont soumis, mais aussi l'entendement et la volonté, qui luy tiennent lieu de pere et de mere. Tout est subject à ce celeste amour, qui veut tousjours estre ou roy ou rien, ne pouvant vivre qu'il ne domine ou regne, ny regner si ce n'est souverainement.

Isaac, Jacob et Joseph, furent des enfans surnaturels : car leurs meres, Sara, Rebecca, et Rachel estant steriles par nature, les conceurent par la grace de la bonté celeste ; c'est pourquoy ils furent establis maistres de leurs freres. Ainsi l'amour sacré est un enfant miraculeux, puis que la volonté humaine ne le peut concevoir, si le Sainct-Esprit ne le repand dans nos cœurs : et comme surnaturel il doit presider, et regner sur toutes les affections, voire mesme sur l'entendement et la volonté.

Et bien qu'il y ait d'autres mouvemens surnaturels en l'ame, la crainte, la pieté, la force, l'esperance, ainsi qu'Esaü et Benjamin furent enfans surnaturels de Rachel et Rebecca ; si est-ce que le divin amour est le maistre, l'heritier, et le superieur, comme estant fils de la promesse, puis que c'est en sa faveur, que le ciel est promis à l'homme. Le salut est montré à la foy, il est preparé à l'esperance ; mais il n'est donné qu'à la charité. La foy monstre le chemin de la terre promise, comme une colomne de nuée et de feu, c'est-à-dire claire, obscure : l'esperance nous nourrit de sa manne de suavité ; mais la charité nous y introduit, comme l'arche de l'alliance, qui nous fait le passage au Jourdain, c'est-à-dire, au jugement, et qui demeurera au milieu du peuple,

(1) Cor. xv, 46.

en la terre celeste, promise aux vrais Israëlites, en laquelle, ni la colomne de la foy ne sert plus de guide, ny on ne se repaist plus de la manne d'esperance.

Le sainct amour fait son sejour sur la plus haute et relevée region de l'esprit, où il fait ses sacrifices, et holocaustes à la divinité, ainsi qu'Abraham fit le sien, et que Nostre-Seigneur s'immola sur le coupeau du mont Calvaire, afin que d'un lieu si relevé, il soit ouy, et obey par son peuple, c'est-à-dire, par toutes les facultez et affections de l'ame, qu'il gouverne avec une douceur nompareille : car l'amour n'a point de forçats, ny d'esclaves, ains reduit toutes choses à son obeïssance avec une force si delicieuse, que comme rien n'est si fort que l'amour, aussi rien n'est si aimable que sa force.

Les vertus sont en l'ame, pour moderer ses mouvemens : et la charité, comme premiere de toutes les vertus, les regit et tempere toutes, non-seulement parce que le premier en chaque espece des choses sert de regle et mesure à tout le reste, mais aussi parce que Dieu ayant creé l'homme à son image et semblance, veut que comme en luy, tout y soit ordonné par l'amour, et pour l'amour.

CHAPITRE VII.

Description de l'amour general.

La volonté a une si grande convenance avec le bien, que tout aussitost qu'elle l'apperçoit, elle se retourne de son costé, pour se complaire en iceluy, comme en son object tres-agreable, auquel elle est si estroitement alliée, que mesme l'on ne peut declarer sa nature, que par le rapport qu'elle a avec iceluy : non plus qu'on ne sçauroit monstrer la nature du bien, que par l'alliance qu'il a avec la volonté. Car je vous prie, Theotime, qu'est-ce que le bien, sinon ce que chascun veut ? et qu'est-ce que la volonté, sinon la faculté, qui porte et fait tendre au bien, ou à ce qu'elle estime tel ?

La volonté doncques appercevant et sentant le bien, par l'entremise de l'entendement qui le lui represente, ressent à mesme temps une soudaine delectation et complaisance en ce rencontre, qui l'esmeut et incline doucement, mais puissamment, vers cet object aimable, afin de s'unir à luy ; et pour parvenir à cette union, elle lui fait chercher tous les moyens plus propres.

La volonté doncques a une convenance tres-estroicte avec le bien ; cette convenance produit la complaisance que la volonté ressent à sentir et appercevoir le bien ; cette complaisance esmeut et pousse la volonté au bien ; ce mouvement tend à l'union; et enfin, la volonté esmeuë et tendante à l'union, cherche tous les moyens requis pour y parvenir.

Certes, à parler generalement, l'amour comprend tout cela ensemblement, comme un bel arbre, duquel la racine est la convenance de la volonté au bien; le pied en est la complaisance; sa tige c'est le mouvant; les recherches, poursuites, et autres efforts, en sont les branches; mais l'union et jouissance est le fruict. Ainsi l'amour semble estre composé de ces cinq principales parties, sous lesquelles une quantité d'autres petites pieces sont contenues, comme nous verrons à la suite de l'œuvre.

Considerons de grace, la practique d'un amour insensible entre l'aimant et le fer: car c'est la vraye image de l'amour sensible et volontaire, duquel nous parlons. Le fer doncques a une telle convenance avec l'aimant, qu'aussitost qu'il en apperçoit la vertu, il se retourne devers luy; puis il commence soudain à se remuer et demener par des petits tressaillemens, tesmoignant en cela la complaisance qu'il ressent, en suite de laquelle il s'avance et se porte vers l'aimant, cherchant tous les moyens qu'il peut pour s'unir avec iceluy. Ne voilà pas toutes les parties d'un vif amour bien representées en ces choses inanimées?

Mais enfin pourtant, Theotime, la complaisance, et le mouvement ou escoulement de la volonté en la chose aimable, est à proprement parler, l'amour; en sorte neantmoins, que la complaisance ne soit que le commencement de l'amour; et le mouvement ou escoulement du cœur, qui s'en ensuit, soit le vray amour essentiel; si que l'un et l'autre peut estre voirement nommé amour, mais diversement: car comme l'aube du jour peut estre appellée jour, aussi cette premiere complaisance du cœur en la chose aimée, peut estre nommée amour; parce que c'est le premier ressentiment de l'amour. Mais comme le vray cœur du jour se prend dès la fin de l'aube jusques au soleil couché; aussi la vraye essence de l'amour consiste au mouvement et escoulement du cœur, qui suit immediatement la complaisance, et se termine à l'union. Bref, la complaisance est le premier esbranlement ou la premiere esmotion, que le bien fait en la volonté, et cette esmotion est suivie du mouvement et escoulement par lequel la volonté s'avance et s'approche de la chose aimée, qui est le vray et propre amour. Disons ainsi: le bien empoigne, saisit et lie le cœur par la complaisance; mais par l'amour, il l'attire, conduit et amene à soy: par la complaisance il le fait sortir, mais par l'amour il luy fait faire le chemin et le voyage; la complaisance, c'est le reveil du cœur, mais l'amour en est l'action: la complaisance le fait lever, mais l'amour le fait marcher: le cœur estend ses aisles par la complaisance, mais l'amour est son vol. L'amour doncques, à parler distinctement et precisement, n'est autre chose que le mouvement, escoulement, et avancement du cœur envers le bien.

Plusieurs grands personnages ont creu que l'amour n'estoit autre chose que la mesme complaisance; en quoy ils ont eu beaucoup d'apparence de raison: car non-seulement le mouvement d'amour prend son origine de la complaisance que le cœur ressent à la premiere rencontre du bien, et aboutit à une seconde complaisance, qui revient au cœur par l'union à la chose aimée, mais outre cela, il tient sa conservation de la complaisance, et ne peut vivre que par elle, qui est sa mere et sa nourriture; si que soudain que la complaisance cesse, l'amour cesse: et comme l'abeille naissant dedans le miel, se nourrit du miel, et ne vole que pour le miel, ainsi l'amour naist de la complaisance, se maintient par la complaisance, et tend à la complaisance. Le poids des choses les esbranle, les meut et les arreste: c'est le poids de la pierre qui lui donne l'esmotion, et le bransle à la descente, soudain que les empeschemens luy sont ostez; c'est le mesme poids qui luy fait continuer son mouvement en bas; et c'est enfin le mesme poids encore qui la fait arrester et s'accoiser, quand elle est arrivée en son lieu. Ainsi est-ce de la complaisance qui esbranle la volonté. C'est elle qui la meut, et c'est elle qui la fait reposer en la chose aimée, quand elle s'est unie à icelle. Ce mouvement d'amour estant doncques ainsi dependant de la complaisance, en sa naissance, conservation et perfection; et se trouvant toujours inseparablement conjoinct avec icelle, ce n'est pas merveille si ces grands esprits ont estimé que l'amour et la complaisance fussent une mesme chose; bien qu'en verité, l'amour estant une vraye passion de l'ame, il ne peut estre la simple complaisance, mais faut qu'il soit le mouvement qui procede d'icelle.

Or ce mouvement causé par la complaisance, dure jusqu'à l'union ou jouyssance. C'est pourquoy, quand il tend à un bien present, il ne fait autre chose que de pousser le cœur, le serrer, joindre et appliquer à la chose aimée, de laquelle par ce moyen il jouyt; et lors on l'appelle amour de complaisance, parce que soudain qu'il est nay de la premiere complaisance, il se termine à l'autre seconde qu'il reçoit en l'union de son object present. Mais quand le bien, devers lequel le cœur s'est retourné, incliné et esmeu, se trouve esloigné, absent ou futur, ou que l'union ne se peut pas encore faire si parfaictement qu'on pretend, alors le mouvement d'amour, par lequel le cœur tend, s'avance et aspire à cet object absent, s'appelle proprement desir : car le desir n'est autre chose que l'appetit, convoitise ou cupidité des choses que nous n'avons pas, et que neantmoins nous pretendons d'avoir.

Il y a encore certains mouvemens d'amour, par lesquels nous desirons des choses que nous n'attendons, ny pretendons nullement ; comme quand nous disons : Que ne suis-je maintenant en paradis ! Je voudrois estre roy ! Pleust à Dieu que je fusse plus jeune ! A la mienne volonté que je n'eusse jamais peché ! et semblables choses. Or ce sont des desirs, mais desirs imparfaits, lesquels, ce me semble, à proprement parler, s'appellent souhaits : et de fait, telles affections ne s'expriment pas comme les desirs : car quand nous exprimons nos vrays desirs, nous disons : Je desire : mais quand nous exprimons nos desirs imparfaits, nous disons : Je desirerois, ou je voudrois. Nous pouvons bien dire : Je desirerois d'estre jeune, mais nous ne disons pas : Je desire d'estre jeune, puisque cela n'est pas possible, et ce mouvement s'appelle souhait, ou, comme disent les scholastiques, velleïté, qui n'est autre chose qu'un commencement de vouloir, lequel n'a point de suite, d'autant que la volonté voyant qu'elle ne peut atteindre à cet object, à cause de l'impossibilité, ou de l'extresme difficulté, elle arreste son mouvement, et le termine en cette simple affection de souhait, comme si elle disoit : Ce bien que je voy, et auquel je ne puis pretendre, m'est à la verité fort agreable ; et bien que je ne le puis vouloir ny esperer, si est-ce que, si je le pouvois vouloir ou desirer, je le desirerois et voudrois volontiers.

Bref, ces souhaits ou velleïtez ne sont autre chose qu'un petit amour, qui se peut appeller amour de simple approbation ; parce que sans aucune pretention l'ame agrée le bien qu'elle connoist ; et ne le pouvant desirer en effect, elle proteste qu'elle le desireroit volontiers, et que vrayement il est desirable.

Ce n'est pas encore tout, Theotime, car il y a des desirs et souhaits, qui sont encore plus imparfaits que ceux que nous venons de dire, d'autant que leur mouvement n'est pas arresté par l'impossibilité, ou extresme difficulté, mais par la seule incompatibilité qu'ils ont avec des autres desirs ou vouloirs plus puissans, comme quand un malade desire de manger des potirons, ou melons, et quoy qu'il en ait à son commandement, il ne veut neantmoins pas en manger, parce qu'il craint d'empirer son mal : car qui ne voit deux desirs en cet homme, l'un de manger des potirons et l'autre de guerir ? Mais parce que celuy de guerir est plus grand, il estouffe et suffoque l'autre,

l'empeschant de produire aucun effect. (1) Jephté souhaitoit de conserver sa fille ; mais parce que cela estoit incompatible avec le desir d'observer son vœu, il voulut ce qu'il ne souhaitoit pas, qui estoit de sacrifier sa fille ; et souhaita ce qu'il ne voulut pas, qui estoit de conserver sa fille. (2) Pilate et Herode souhaitoient de delivrer, l'un le Sauveur, l'autre le Precurseur : mais parce que ces souhaits estoient incompatibles, l'un avec le desir de complaire aux Juifs et à Cesar, l'autre à Herodias et à sa fille, ce furent des souhaits vains et inutiles. Or à mesure que les choses incompatibles avec ce qui est souhaité, sont moins aimables, les souhaits sont plus imparfaits, puis qu'ils sont arrestez, et comme estouffez par de si foibles contraires. Ainsi le souhait qu'Herode eut de ne point faire mourir sainct Jean, fut plus imparfait que celuy que Pilate avoit de delivrer Nostre-Seigneur ; car celuy-cy craignoit la calomnie, et l'indignation du peuple et de Cesar ; et celuy-là, de contrister une seule femme.

Et ces souhaits qui sont arrestez, non point par l'impossibilité, mais par l'incompatibilité qu'ils ont avec des plus puissans desirs, s'appellent voirement souhaits et desirs, mais souhaits vains, suffoquez et inutiles. Selon les souhaits des choses impossibles, nous disons : Je souhaite, mais je ne puis ; et selon les souhaits des choses possibles, nous disons : Je souhaite, mais je ne veux pas.

CHAPITRE VIII.

Quelle est la convenance qui excite l'amour.

Nous disons que l'œil void, l'oreille entend, la langue parle, l'entendement discourt, la memoire se ressouvient et la volonté aime ; mais nous sçavons bien toutesfois que c'est l'homme, à proprement parler, qui par diverses facultez, et differens organes, fait toute cette varieté d'operations. C'est doncques aussi l'homme, qui par la faculté affective, que nous appellons volonté, tend et se complaist au bien, et qui a cette grande convenance avec iceluy, laquelle est la source et origine de l'amour. Or ceux-là n'ont pas bien rencontré, qui ont creu que la ressemblance estoit la seule convenance qui produisoit l'amour. Car qui ne sçait que les vieillards les plus sensez aiment tendrement et cherement les petits enfans, et sont reciproquement aimez d'eux ? Que les sçavans aiment les ignorans, pourveu qu'ils soient dociles ; et les malades leurs medecins ? Que si nous pouvons tirer quelque argument de l'image

___
(1) Judich. 11. — (2) Matth. XXVII. Marc. VI.

de l'amour, qui se voit ès choses insensibles, quelle ressemblance peut faire tendre le fer à l'aimant? Un aimant n'a-t-il pas plus de ressemblance avec un autre aimant, ou avec une autre pierre qu'avec le fer qui est d'un genre tout different? Et bien que quelques-uns pour reduire toutes les convenances à la ressemblance, asseurent que le fer tire le fer, et l'aimant tire l'aimant; si est-ce qu'ils ne sçauroient rendre raison pourquoy l'aimant tire plus puissamment le fer, que le fer ne tire le fer mesme. Mais, je vous prie, quelle similitude y a-t-il entre la chaux et l'eau, ou bien entre l'eau et l'esponge? et neantmoins la chaux et l'esponge prennent l'eau avec une avidité nompareille, et tesmoignent envers elle un amour insensible, extraordinaire. Or il en est de mesme de l'amour humain : car il se prend quelquefois plus fortement entre des personnes de contraires qualitez, qu'entre celles qui sont fort semblables. La convenance doncques, qui cause l'amour, ne consiste pas tousjours en la ressemblance, mais en la proportion, rapport ou correspondance de l'amant à la chose aimée. Car ainsi, ce n'est pas la ressemblance, qui rend aimable le medecin au malade, ains la correspondance de la necessité de l'un avec la suffisance de l'autre, d'autant que l'un a besoin du secours que l'autre peut donner; comme aussi le medecin aime le malade, et le sçavant son apprentif, parce qu'ils peuvent exercer leurs facultez sur eux. Les vieillards aiment les enfans, non point par sympathie, mais d'autant que l'extresme simplicité, foiblesse et tendreté des uns, rehausse, et fait mieux paroistre la prudence et assurance des autres ; et cette dissemblance est agreable : au contraire, les petits enfans aiment les vieillards, parce qu'ils les voyent amusez, et embesoignez d'eux, et que par un sentiment secret, ils connoissent qu'ils ont besoin de leur conduite. Les accords de musique se font en la discordance, par laquelle les voix dissemblables se correspondent, pour toutes ensemble faire un seul rencontre de proportion : comme la dissemblance des pierres precieuses et des fleurs fait l'agreable composition de l'esmail, et de la diapreure. Ainsi l'amour ne se fait pas tousjours par la ressemblance et sympathie, ains par la correspondance et proportion qui consiste en ce que par l'union d'une chose à une autre, elles puissent recevoir mutuellement de la perfection, et devenir meilleures. La teste, certes, ne ressemble pas au corps, ny la main au bras, mais neantmoins ces choses ont une si grande correspondance, et joignent si proprement l'une à l'autre, que par leur mutuelle conjonction, elles s'entre-perfectionnent excellemment. C'est pourquoy si ces parties-là avoient chascune une ame distincte, elles s'entr'aimeroient parfaitement, non point par ressemblance, car elles n'en ont point ensemble, mais pour la correspondance qu'elles ont à leur mutuelle perfection. En cette sorte les melancholiques et les joyeux, les aigres et les doux s'entr'aiment quelquefois reciproquement, pour les mutuelles impressions qu'ils reçoivent les uns des autres, au moyen desquelles leurs humeurs sont mutuellement moderées.

Mais quand cette mutuelle correspondance est conjointe avec la ressemblance, l'amour sans doute s'engendre bien plus puissamment; car la similitude estant la vraye image de l'unité, quand deux choses semblables s'unissent par correspondance à mesme fin, il semble que ce soit plustost unité, qu'union.

La convenance doncques de l'amant à la chose aimée, est la premiere source de l'amour, et cette convenance consiste à la correspondance, qui n'est autre chose que le mutuel rapport qui rend les choses propres à s'unir, pour s'entre-communiquer quelque perfection. Mais cecy s'entendra de mieux en mieux par le progrez du discours.

CHAPITRE IX.

Que l'amour tend à l'union.

Le grand Salomon descrit d'un air delicieusement admirable les amours du Sauveur et de l'ame devote, en ce divin ouvrage que, pour son excellente suavité, on appelle le Cantique des Cantiques. Et pour nous eslever plus doucement à la consideration de cet amour spirituel, qui s'exerce entre Dieu et nous, par la correspondance des mouvemens de nos cœurs, avec les inspirations de sa divine Majesté; il employe une perpetuelle representation des amours d'un chaste berger et d'une pudique bergere. Or faisant parler l'espouse la premiere, comme par maniere d'une certaine surprise d'amour, il luy fait faire d'abord cet eslancement : « (1) Qu'il me baise « d'un baiser de sa bouche ! » Voyez-vous, Theotime, comme l'ame, en la personne de cette bergere, ne prend, par le premier souhait qu'elle exprime, qu'une chaste union avec son espoux ; comme protestant que c'est l'unique fin à laquelle elle aspire, et pour laquelle elle respire : car je vous prie, que veut dire autre chose ce premier souspir : « Qu'il me baise d'un baiser de sa bou- « che ? »

Le baiser, de tout temps, comme par instinct naturel, a esté employé pour representer l'amour parfaict, c'est-à-dire l'union des cœurs; et non sans cause. Nous faisons sortir et paroistre nos

---

(1) Cant. Cant. I, 1.

passions, et les mouvemens que nos ames ont communs avec les animaux, en nos yeux, ès sourcils, au front et en tout le reste du visage. « (1) On « connoist l'homme, au visage, » dit l'Escriture : et Aristote rendant raison de ce qu'à l'ordinaire on ne peint sinon la face des grands hommes ; c'est d'autant, dit-il, que le visage montre qui nous sommes.

Mais pourtant, nous ne respandons nos discours ny les pensées qui procedent de la portion spirituelle de nos ames, que nous appellons raison, et par laquelle nous sommes differens d'avec les animaux, sinon par nos paroles, et par consequent, par le moyen de la bouche. Si que, verser son ame, et respandre son cœur, n'est autre chose que parler : « (2) Versez devant Dieu « vos cœurs, » dit le psalmiste, c'est-à-dire, exprimez et prononcez les affections de vostre cœur, par paroles. (3) Et la devote mere de Samuël, prononçant ses prieres, quoy que si bellement, qu'à peine voyoit-on « (4) le mouvement de ses levres ; « j'ay respandu, dit-elle, mon ame devant Dieu.» En cette sorte on applique une bouche à l'autre quand on se baise, pour tesmoigner qu'on voudroit verser les ames, l'une dedans l'autre reciproquement, pour les unir d'une union parfaicte : et pour ce qu'en tout temps et entre les plus saincts hommes du monde, le baiser a esté le signe de l'amour et dilection, aussi fut-il employé universellement entre tous les premiers chrestiens, comme le grand sainct Paul tesmoigne, quand il dit aux Romains et Corinthiens : « (5) Saluez-vous mu« tuellement les uns les autres par le sainct bai« ser;» et comme plusieurs tesmoignent,(6) Judas en la prise de Nostre-Seigneur employa le baiser, pour le faire connoistre, parce que ce divin Sauveur baisoit ordinairement ses disciples, quand il les rencontroit : et non-seulement ses disciples, mais aussi les petits enfans qu'il prenoit amoureusement en ses bras, comme il fit celuy, (7) par la comparaison duquel il invita si solemnellement ses disciples à la charité du prochain, que plusieurs estiment avoir esté sainct Martial, comme l'evesque Jansenius le rapporte (8).

Ainsi doncques le baiser estant la vive marque de l'union des cœurs ; l'espouse qui ne pretend en toutes ses poursuites, que d'estre unie avec son bien-aimé ; « (9) Qu'il me baise, dit-elle, d'un « baiser de sa bouche, » comme si elle s'escrioit : Tant de souspirs et de traicts enflammez, que mon amour jette incessamment, n'impetreront-ils jamais ce que mon ame desire? Je cours; hé, n'atteindray-je jamais au prix pour lequel je m'eslance, qui est d'estre unie cœur à cœur, esprit à esprit, avec mon Dieu, mon espoux et ma vie? Quand sera-ce que je respandray mon ame dans son cœur ; et qu'il versera son cœur dedans mon ame, et qu'ainsi heureusement unis, nous vivrons inseparables.

Quand l'esprit divin veut exprimer un amour parfait, il employe presque tousjours les paroles d'union et de conjonction. « (1) En la multitude « des croyans, dit S. Luc, il n'y avoit qu'un cœur « et qu'une ame. » Nostre-Seigneur pria son pere pour tous les fidelles, afin qu'ils fussent tous (2) « une mesme chose. » S. Paul nous advertit que nous soyions soigneux de conserver l'unité d'esprit, par l'union de la paix. Ces unitez de cœur, d'ame et d'esprit, signifient la perfection de l'amour, qui joint plusieurs ames en une. Ainsi est-il dit, que « (3) l'ame de Jonathas estoit collée à « l'ame de David », c'est-à-dire, comme l'Escriture adjouste, « il aima David comme son ame « propre. » Le grand apostre de France, tant selon son sentiment, que rapportant celuy de son Hierotée, escrit, je pense, cent fois en un seul chapitre des Noms divins, que l'amour est unifique, unissant, ramassant, resserrant, recueillant et rapportant les choses à l'unité. S. Gregoire de Nazianze, et S. Augustin disent que leurs amis avec eux n'avoyent qu'une ame, et Aristote, approuvant desjà de son temps cette façon de parler : Quand, dit-il, nous voulons exprimer combien nous aimons nos amis, nous disons : l'ame de celuy-cy et mon ame n'est qu'une : la haine nous separe, et l'amour nous assemble. La fin doncques de l'amour n'est autre chose que l'union de l'amant à la chose aimée.

CHAPITRE X.

Que l'union à laquelle l'amour pretend est spirituelle.

Il faut pourtant prendre garde qu'il y a des unions naturelles, comme celle de ressemblance, consanguinité, et de la cause avec son effect ; et d'autres, lesquelles n'estant pas naturelles, peuvent estre dites volontaires, car bien qu'elles soyent selon la nature, elles ne se font neantmoins que par nostre volonté, comme celle qui prend son origine des bienfaits, qui unissent indubitablement celuy qui les reçoit, à celuy qui

---

(1) Eccl. XIX, 26. — (2) Ps. LXI, 9.
(3) Reg. I, 13. — (4) Reg. I, 15.
(5) Ep. ad Rom. XVI, 16. — (6) Matth. XXVI, 49.
(7) Marc. IX, 35. — (8) Evesque de Gand.
(9) Cant. Cant. I, 1.

(1) Act. IV, 32. — (2) Joan. XVII, 2.
(3) I. Reg. XVIII, 1.

les fait, celle de la conversation et compagnie, et autres semblables. Or quand l'union est naturelle, elle produit l'amour ; et l'amour qu'elle produit, nous porte à une nouvelle union naturelle, qui perfectionne la naturelle : ainsi le pere et le fils, la mere et la fille, ou deux freres ; estant naturellement unis par la communication d'un mesme sang, sont excitez par cette union à l'amour, et par l'amour sont portez à une union de volonté et d'esprit, qui peut estre dite volontaire ; d'autant qu'encore que son fondement soit naturel, son affection neantmoins est deliberée ; et en ces amours produits par l'union naturelle, il ne faut point chercher d'autre correspondance que celle de l'union mesme, par laquelle la nature prevenant la volonté, l'oblige d'approuver, aimer et perfectionner l'union qu'elle a desja faite. Mais quant aux unions volontaires, elles sont posterieures à l'amour, en effect, et causes neantmoins d'iceluy, comme sa fin et pretention unique : en sorte que, comme l'amour tend à l'union, ainsi l'union estend bien souvent, et aggrandit l'amour, car l'amour fait chercher la conversation, et la conversation nourrit souvent et accroist l'amour; l'amour fait desirer l'union nuptiale, et cette union reciproquement conserve et dilate l'amour ; si que il est vray en tous sens, que l'amour tend à l'union.

Mais à quelle sorte d'union tend-il ? N'avez-vous pas remarqué, Theotime, que l'espouse sacrée exprime son souhait d'estre unie avec son espoux, par le baiser, et que le baiser represente l'union spirituelle, qui se fait par la reciproque communication des ames. Certes, c'est l'homme qui aime, mais il aime par la volonté, et partant la fin de son amour est de la nature de sa volonté : mais sa volonté est spirituelle ; c'est pourquoi l'union que son amour pretend est aussi spirituelle, d'autant plus que le cœur, siege et source de l'amour, non-seulement ne seroit pas perfectionné par l'union qu'il auroit aux choses corporelles, mais en seroit avili.

Ce n'est pas, Theotime, qu'il n'y ait quelque sorte de passions en l'homme, lesquelles, comme le guy vient sur les arbres par maniere d'excremens, sur-croissance et de superfluité, naissent aussi bien souvent parmy l'amour, et autour de l'amour : mais neantmoins elles ne sont pas ny l'amour, ny partie de l'amour, ains sont des excremens et superfluitez d'iceluy, lesquelles non-seulement ne sont pas profitables pour maintenir ou perfectionner l'amour, mais au contraire, l'endommagent grandement, l'affoiblissent, et en fin finale, si on ne les retranche, le ruinent tout-à-fait, de quoy voicy la raison.

A mesure que nostre ame s'employe à plus d'operations, ou de mesme sorte, ou de diverse sorte, elle les fait moins parfaitement et vigoureusement ; parce qu'estant finie, sa vertu d'agir l'est aussi, si que fournissant son activité à diverses operations, il est force que chascune d'icelles en ait moins ; par ainsi les hommes fort attentifs à plusieurs choses, le sont moins à chascune d'icelles. On ne sçauroit exactement considerer les traits d'un visage par la veue, et à mesme temps exactement escouter l'harmonie d'une excellente musique ; ny en un mesme temps estre attentif à la figure et à la couleur. Si nous sommes affectionnez à parler, nous ne sçaurions avoir attention à autre chose.

Ce n'est pas que je ne sçache ce qu'on dit de Cesar, et que je ne croye ce que tant de grands personnages ont assuré d'Origene, que leur attention pouvoit à mesme temps s'appliquer à plusieurs objects ; mais pourtant chascun confesse qu'à mesure qu'ils l'appliquoient à plus d'objects, elle estoit moindre à chascun d'iceux. Il y a donc de la difference entre voir, ouyr, ou sçavoir plus : et voir, ouyr, ou sçavoir mieux : car qui void mieux, void moins ; et qui void plus, ne void pas si bien. Il est rare que ceux qui sçavent beaucoup, sçachent bien ce qu'ils sçavent, parce que la vertu et force de l'entendement espanché en la cognoissance de plusieurs choses est moins forte et vigoureuse que quand elle est ramassée à la consideration d'un seul object. Quand doncques l'ame employe sa vertu affective à diverses sortes d'operations amoureuses, il est force que son action ainsi divisée soit moins vigoureuse et parfaicte. Nous avons trois sortes d'actions amoureuses, les spirituelles, les raisonnables et les sensuelles. Quand l'amour escoule sa force par toutes ces trois operations, il est sans doute plus estendu, mais moins tendu : et quand il ne s'escoule que par une sorte d'operations, il est plus tendu, quoy que moins estendu. Ne voyons-nous pas que le feu, symbole de l'amour, forcé de sortir par la seule bouche du canon, fait un esclat prodigieux, qu'il feroit beaucoup moindre, s'il avoit ouverture par deux ou par trois endroits : puis donc que l'amour est un acte de nostre volonté, qui le veut avoir non-seulement noble et genereux, mais fort, vigoureux et actif, il en faut retenir la vertu et la force dans les limites des operations spirituelles ; car qui voudroit l'appliquer aux operations de la partie sensible ou sensitive de nostre ame, il affoibliroit d'autant les operations intellectuelles, esquelles toutefois consiste l'amour essentiel.

Les philosophes anciens ont recogneu qu'il y avoit deux sortes d'extase, dont l'une nous portoit au-dessus de nous-mesme, et l'autre nous ravalloit au-dessous de nous-mesme ; comme s'ils eussent voulu dire que l'homme estoit d'une nature moyenne entre les anges et les bestes, participant de la nature angelique en sa partie intellectuelle, et de la nature bestiale en sa partie sensitive, et que neantmoins il pouvoit par l'exercice de sa vie et par un continuel soin de soy-mesme s'oster et deloger de cette moyenne condition, d'autant que s'appliquant et exerçant beaucoup aux actions intellectuelles, il se rendoit plus semblable aux anges, qu'il ne l'estoit aux bestes : que s'il s'appliquoit beaucoup aux actions sensuelles il descendoit de sa moyenne condition, et s'approchoit de celle des bestes. Et parce que l'extase n'est autre chose que la sortie qu'on fait de soy-mesme, de quelque costé que l'on en sorte, on est vrayement en extase. Ceux doncques, qui touchez des voluptez divines et intellectuelles, laissent ravir leur cœur aux sentimens d'icelles, sont voirement hors d'eux-mesmes, c'est-à-dire, au-dessus de la condition de leur nature ; mais par une bienheureuse et desirable sortie, par laquelle entrant en un estat plus noble et relevé, ils sont autant anges par l'operation de leur ame, comme ils sont hommes par la substance de leur nature, et doivent estre dits ou anges humains, ou hommes angeliques. Au contraire, ceux qui, allechez des plaisirs sensuels, appliquent leur ame à la jouyssance d'iceux, ils descendent de leur moyenne condition à la plus basse des bestes brutes, et meritent autant d'estre appellez brutaux par leurs operations, comme ils sont hommés par leur nature ; malheureux en ce qu'ils ne sortent hors d'eux-mesmes, que pour entrer en une condition infiniment indigne de leur estat naturel.

Or, à mesure que l'extase est plus grande, ou au-dessus de nous, ou au-dessous de nous, plus elle empesche nostre ame de retourner à soy-mesme, et de faire les operations contraires à l'extase en laquelle elle est. Ainsi ces hommes angeliques, qui sont ravis en Dieu et aux choses celestes, perdent tout-à-fait, tandis que leur extase dure, l'usage et l'intention des sens, le mouvement et toutes actions exterieures ; parce que leur ame, pour appliquer sa vertu et activité plus entierement et attentivement à ce divin object, la retire, et ramasse de toutes ses autres facultez, pour la contourner de ce costé-là : et de mesme les hommes brutaux, ravis en la volupté sensuelle, et particulierement quand c'est en celle du sens general, perdent tout-à-fait l'usage et l'attention de la raison et l'entendement ; parce que leur miserable ame, pour sentir plus entierement l'object brutal, se divertit des operations spirituelles, pour s'enfoncer et convertir du tout aux bestiales et brutales : imitant en cela mystiquement, (1) les uns Helie ravi en haut sur le char enflammé entre les anges (2), et les autres Nabuchodonosor abruty et ravalé au rang des bestes farouches.

Maintenant je dis que quand l'ame practique l'amour par les actions sensuelles, et qui la portent au-dessous de soy, il est impossible qu'elle n'affoiblisse d'autant plus l'exercice de l'amour superieur, de sorte que tant s'en faut que l'amour vray et essentiel soit aidé et conservé, par l'union à laquelle l'amour sensuel tend, qu'au contraire il s'affoiblit, se dissipe, et perit par icelles. «(3) Les « bœufs de Job labouroient la terre, tandis que « les asnes inutiles paissoient autour d'eux », mangeant les pasturages deus aux bœufs qui travailloyent. Tandis que la partie intellectuelle de nostre ame travaille à l'amour honneste et vertueux, sur quelque object qui en est digne, il arrive souvent que les sens et facultez de la partie inferieure tendent à l'union qui leur est propre, et leur sert de pasture ; bien que l'union ne soit deue qu'au cœur et à l'esprit, qui seul aussi peut produire le vray et substantiel amour.

(4) Helisée, ayant guery Naaman le Syrien, se contenta de l'avoir obligé, refusant au reste son or, son argent, et les meubles qu'il luy avoit offerts : (5) Mais Giezy, cet infidele serviteur, *courant après* iceluy, demanda, et prit outre le gré de son maistre, ce qu'il avoit refusé. L'amour intellectuel et cordial, qui est certes, ou doit estre le maistre en nostre ame, refuse toutes sortes d'unions corporelles et sensuelles, et se contente en la simple bienveillance : mais les puissances de la partie sensitive, qui sont ou doivent estre les servantes de l'esprit, demandent, cherchent et prennent ce qui a esté refusé par la raison ; et sans prendre permission d'icelles, s'avancent à vouloir faire leur union ; abjectes et serviles, deshonorant, comme Giezy, la pureté de l'intention de leur maistre, qui est l'esprit : et à mesure que l'ame se convertit à telles unions grossieres et sensibles, elle se divertit de l'union delicate, intellectuelle et cordiale.

Vous voyez donc bien, Theotime, que ces unions qui regardent les complaisances et passions animales, non-seulement ne servent de rien à la production et conservation de l'amour, mais luy sont grandement nuisibles, et l'affoiblissent extremement. (6) Aussi quand l'inceste Amnon, qui pasmoit et perissoit d'amour pour Thamar, eust passé jusques aux unions sensuelles et bru-

---

(1) IV. Reg. II, 11. — (2) Daniel. IV, 30.
(3) Job. I, 14. — (4) IV. Reg. V, 16.
(5) IV. Reg. V, 20, 21, 22, 23, 24.
(6) II. Reg. XIII.

tales, il fut tellement privé de l'amour cordial, qu'oncques plus il ne la put voir, et la poussa indignement dehors : violant aussi cruellement le droict de l'amour, comme il avoit violé impudemment celuy du sang.

Le basilique, le rosmarin, la marjolaine, l'ysope, le clou de girofle, la cannelle, la noix muscade, les citrons et le musc mis ensemble, et demeurans en corps, rendent voirement une odeur bien agreable, par le meslange de leur bonne senteur; mais non pas à beaucoup près de ce que fait l'eau qui en est distillée, en laquelle les suavitez de tous ces ingrediens, separées de leur corps, se meslent beaucoup plus excellemment, s'unissant en une tres-parfaicte odeur, qui penetre bien plus l'odorat, qu'elles ne feroient pas, si avec elle et son eau le corps des ingrediens se trouvoient conjoincts et unis. Ainsi l'amour se peut trouver ès unions des puissances sensuelles meslées avec les unions des puissances intellectuelles, mais non jamais si excellemment comme il fait, lorsque les seuls esprits et courages, separez de toutes affections corporelles, joincts ensemble, font l'amour pur et spirituel; car l'odeur des affections ainsi meslées est non-seulement plus suave et meilleure, mais plus vive, plus active, et plus solide.

Il est vray que plusieurs ayant l'esprit grossier, terrestre et vil, estiment la valeur de l'amour, comme celle des pieces d'or; desquelles les plus grosses et pesantes sont les meilleures et plus recevables : car ainsi leur est-il advis que l'amour brutal soit plus fort, parce qu'il est plus violent et turbulent; plus solide, parce qu'il est grossier et terrestre; plus grand, parce qu'il est plus sensible et farouche : mais au contraire, l'amour est comme le feu, duquel plus la matiere est delicate, aussi les flammes en sont plus claires et belles, et lesquelles on ne sçauroit mieux esteindre, qu'en les deprimant et couvrant de terre : car de mesme, plus le subject de l'amour est relevé et spirituel, plus ses affections sont vives, subsistantes et permanentes; et ne sçauroit-on mieux ruiner l'amour, que de l'abaisser aux unions viles et terrestres. Il y a cette difference, comme dit sainct Gregoire, entre les plaisirs spirituels et les corporels, que les corporels donnent du desir avant qu'on les ait, et du degoust quand on les a : mais les spirituels au contraire donnent du degoust avant qu'on les ait, et du plaisir quand on les a ; si que l'amour animal, qui pretend par l'union qu'il fait à la chose aimée, de combler et perfectionner sa complaisance, trouvant qu'au contraire il la destruit en la terminant, demeure grandement degousté de telle union : qui a fait dire au grand philosophe, que presque tout animal, après la jouyssance de son plus ardent et pressant plaisir corporel, demeuroit triste, morne et estonné ; comme un marchand ayant pensé gaigner beaucoup, se trouve trompé et engagé dans une rude perte; ou au contraire l'amour intellectuel trouvant en l'union qu'il fait à son object, plus de contentement qu'il n'avoit esperé, y perfectionnant sa complaisance, il la continue en s'unissant, et s'unit tousjours plus en la continuant.

CHAPITRE XI.

Qu'il y a deux portions en l'ame, et comment.

Nous n'avons qu'une ame, Theotime, et laquelle est invisible ; mais en cette ame il y a divers degrez de perfection. Car elle est vivante, sensible et raisonnable ; et selon ces divers degrez elle a aussi diversité de proprietez et inclinations, par lesquelles elle est portée à la fuite ou à l'union des choses. Car premierement, comme nous voyons que la vigne hayt, par maniere de dire, et fuit les choux; en sorte qu'ils s'entrenuisent l'un à l'autre, et qu'au contraire elle se plaist avec l'olivier : ainsi voyons-nous que naturellement il y a contrarieté entre l'homme et le serpent ; en sorte que la seule salive de l'homme qui est à jeun, fait mourir le serpent ; et qu'au contraire l'homme et la brebis ont une merveilleuse convenance, et se plaisent l'un avec l'autre. Or cette inclination ne procede d'aucune cognoissance, que l'un ait de la nuisance de son contraire, ou de l'utilité de celuy avec lequel il a convenance, ains seulement d'une proprieté occulte et secrette, qui produit cette contrarieté et antipathie insensible, comme aussi la complaisance et sympathie.

Secondement, nous avons en nous l'appetit sensitif, par le moyen duquel nous sommes portez à la recherche et à la fuite de plusieurs choses, par la cognoissance sensitive que nous en avons; tout ainsi comme les animaux, desquels les uns appetent une chose, et les autres une autre, selon la cognoissance qu'ils ont qu'elle leur est convenable ou non ; et en cet appetit reside, ou d'iceluy provient l'amour que nous appellons sensuel ou brutal, qui, à proprement parler, ne doit neantmoins pas estre appellé amour, ains seulement appetit.

En troisiesme lieu, en tant que nous sommes raisonnables, nous avons une volonté, par laquelle nous sommes portez à la recherche du bien, selon que nous le cognoissons ou jugeons estre tel par discours. Or en nostre ame, en tant qu'elle est raisonnable, nous remarquons manifestement deux degrez de perfection, que le grand sainct Augustin, et après luy tous les docteurs ont appellés deux portions de l'ame, l'inferieure et la superieure ; desquelles celle-là est dicte inferieure, qui discourt et fait ses consequences, selon ce qu'elle apprend et experimente par les sens ; et celle-là est dicte superieure, qui discourt et fait ses consequences selon la cognoissance intellectuelle, qui n'est point fondée sur l'experience des sens, ains sur le discernement et jugement de l'esprit. Aussi cette portion superieure est appellée communement esprit et partie mentale de l'ame, comme l'inferieure est ordinairement appellée le sens, ou sentiment, et raison humaine.

Or cette portion superieure peut discourir selon deux sortes de lumieres, ou bien selon la lumiere naturelle, comme ont fait les philosophes, et tous ceux qui ont discouru par science ; ou selon la lumiere surnaturelle, comme font les theologiens et chrestiens, en tant qu'ils establissent leurs discours sur la foy, et parole de Dieu revelée ; et encore plus particulierement ceux desquels l'esprit est conduict par de particulieres illustrations, inspirations, et esmotions celestes. C'est ce que dit sainct Augustin, que la superieure portion de l'ame est celle, par laquelle nous adherons, et nous appliquons à l'obeïssance de la loy eternelle.

(1) Jacob pressé de l'extreme necessité de sa famille, lascha son Benjamin, pour estre mené par ses freres en Egypte : ce qu'il fit contre son gré, comme l'histoire sacrée asseure, en quoy il tesmoigne deux volontez, l'une inferieure, par laquelle il se faschoit de l'envoyer ; l'autre superieure, par laquelle il se resolut de l'envoyer : car le discours par lequel il se faschoit de l'envoyer, estoit fondé sur le plaisir qu'il sentoit de l'avoir auprès de soy, et le desplaisir qui luy revenoit de la separation d'iceluy, qui sont des fondemens perceptibles et sensibles : mais la resolution qu'il print de l'envoyer, estoit fondée sur une raison de l'estat de sa famille, pour la prevoyance de la necessité future et approchante. Abraham, selon l'inferieure portion de son ame, dit cette parole qui temoigne quelque sorte de defiance, quand l'ange luy annonça qu'il auroit un fils : « (2) Pensez-vous qu'à un homme de cent » ans puisse naistre un enfant ? » Mais, selon la superieure, « il creut en Dieu, et il luy fut im- » puté à justice. » Selon la portion inferieure, il fut sans doute grandement troublé, quand il luy fut enjoint de sacrifier son enfant ; mais selon la superieure, il se determina de le sacrifier courageusement.

Nous experimentons tous les jours d'avoir plusieurs volontez contraires. Un pere envoyant son fils, ou en la cour, ou aux estudes, ne laisse pas de pleurer en le licenciant, tesmoignant qu'encore qu'il vueille selon la portion superieure le depart de cet enfant pour son advancement à la vertu, neantmoins selon l'inferieure il a de la respugnance à la separation ; et quoy qu'une fille soit mariée au gré de son pere et de sa mere, si est-ce que prenant leur benediction, elle excite les larmes ; en sorte que la volonté superieure acquiesçant à son depart, l'inferieure monstre de la resistance. Or ce n'est pas pourtant à dire qu'il y ait en l'homme deux ames, ou deux natures, comme pensoient les manicheens. Non, dit sainct Augustin, livre huitiesme de ses Confessions, chapitre dixiesme ; ains la volonté alléchée par diverses raisons, semble estre divisée en soymesme, tandis qu'elle est tirée de deux costez, jusques à ce que prenant party selon sa liberté, elle suit ou l'un ou l'autre ; car alors la plus puissante volonté surmonte, et gaignant le dessus, ne laisse à l'ame que le ressentiment du mal que le debat luy a fait, que nous appellons contre-cœur.

Mais l'exemple de nostre Sauveur est admirable pour ce subject, et après la consideration duquel il n'y a plus à douter de la distinction de la portion superieure et inferieure de l'ame. Car qui ne sçait entre les theologiens qu'il fut parfaictement glorieux dès l'instant de sa conception au ventre de la Vierge ? et neantmoins il fut à mesme temps subject aux tristesses, regrets et afflictions de cœur; et ne faut pas dire qu'il souffrit seulement selon le corps, ny mesme selon l'ame, en tant qu'elle estoit sensible, ou, qui est la mesme chose, selon le sens ; car luy-mesme atteste, qu'avant qu'il souffrist aucun tourment exterieur, ny mesme qu'il veid les bourreaux auprès de soy, « (1) son ame estoit triste jusques à la mort. ». En suite de quoy il fit la priere, « (2) que le calice de sa passion fust transporté de luy » ; c'est-à-dire, qu'il en fust exempt : en quoy il exprime manifestement le vouloir de la portion inferieure de son ame, laquelle discourant sur les tristes et angoisseux objects de la passion qui luy estoit preparée, et de laquelle la vive image estoit representée en son imagination, il en tira, par une consequence tres-raisonnable, la fuite et esloignement d'iceux, dont il fait la demande à son pere : par où on remarque clairement que la portion inferieure de l'ame n'est pas la mesme

(1) Genes. XLIII.
(2) Genes. XVII, 17. Ibid. xv, 6.

(1) Matth. XXVI, 38. — (2) Ibid. 39.

chose que le degré sensitif d'icelle, ny la volonté inferieure une mesme chose avec l'appetit sensuel ; car l'appetit sensuel, ny l'ame, selon son degré sensitif ; ne sont pas capables de faire aucune demande ny priere, qui sont des actes de la faculté raisonnable : et particulierement ils ne sont pas capables de parler à Dieu, object auquel les sens ne peuvent atteindre, pour en donner cognoissance à l'appetit ; mais ce mesme Sauveur ayant fait cet exercice de la portion inferieure, et tesmoigné que selon icelle, et les considerations qu'elle faisoit, sa volonté inclinoit à la fuite des douleurs et des peines, il monstra par après qu'il avoit la portion superieure, par laquelle adherant inviolablement à la volonté eternelle, et au decret que le Pere celeste avoit fait, il accepte volontairement la mort, et nonobstant la repugnance de la partie inferieure de la raison, il dit: Ah! non, mon pere, « (1) Que ma volonté ne soit pas faicte, ains la vostre. » Quand il dit *ma volonté*, il parle de sa volonté, selon la portion inferieure, et d'autant qu'il dit cela volontairement, il monstre qu'il a une volonté superieure.

CHAPITRE XII.

Qu'en ces deux portions de l'ame, il y a quatre differens degrez de raison.

Il y avoit trois parvis au temple de Salomon. L'un estoit pour les gentils et estrangers, qui voulant recourir à Dieu, venoient adorer dans Hierusalem : le second estoit pour les Israëlites, hommes et femmes (car la separation des femmes ne fut pas faicte par Salomon); le troisiesme estoit pour les prestres et pour l'ordre levitique ; et enfin, outre tout cela, il y avoit le sanctuaire ou maison sacrée, en laquelle le seul grand-prestre avoit accez une fois l'an. Nostre raison, ou pour mieux dire, nostre ame, en tant qu'elle est raisonnable, est le vray temple du grand Dieu, lequel y reside plus particulierement. Je te cherchois, dit sainct Augustin, hors de moy, et je ne te trouvois point, parce que tu estois en moy. En ce temple mystique, il y a aussi trois parvis, qui sont trois differens degrez de raison : au premier nous discourons selon l'experience des sens ; au second nous discourons selon les sciences humaines ; au troisiesme nous discourons selon la foy ; et enfin, outre cela, il y a une certaine eminence et supresme pointe de la raison et faculté spirituelle, qui n'est point conduite par la lumiere du discours, ny de la raison, ains par une simple veuë de l'entendement, et un simple sentiment de la volonté, par lesquels l'esprit acquiesce, et se soubmet à la verité et à la volonté de Dieu.

Or cette extremité et cime de nostre ame, cette pointe supresme de notre esprit, est naïvement bien representée par le sanctuaire, ou maison sacrée. Car, 1° au sanctuaire il n'y avoit point de fenestres pour esclairer ; en ce degré de l'esprit il n'y a point de discours qui illumine. 2° Au sanctuaire toute la lumiere entroit par la porte ; en ce degré de l'esprit rien n'entre que par la foy, laquelle produit, comme par maniere de rayons, la veuë et le sentiment de la beauté et bonté du bon plaisir de Dieu. 3° Nul n'entroit dedans le sanctuaire, que le grand-prestre. En cette pointe de l'ame le discours n'a point d'accez, ains seulement le grand, universel et souverain sentiment, que la volonté divine doit estre souverainement aimée, approuvée, et embrassée, non-seulement en particulier pour quelque chose, mais en general pour toutes choses ; et non-seulement en general pour toutes choses, mais en particulier pour chaque chose. 4° Le grand-prestre entrant dans le sanctuaire obscurcissoit encore la lumiere qui entroit par la porte, jettant force parfums dans son encensoir, la fumée desquels rebouchoit les rayons de la clarté, que l'ouverture de la porte rendoit : et toute la veuë qui se fait en la supresme pointe de l'ame, est en certaine façon obscurcie et couverte par les renoncemens et resignations que l'ame fait, ne voulant pas tant regarder et voir la beauté de la verité, et la verité de la bonté qui lui est presentée, qu'elle veut l'embrasser et l'adorer, de sorte que l'ame voudroit presque fermer les yeux, soudain qu'elle a commencé à voir la dignité de la volonté de Dieu ; afin que sans s'occuper davantage à la considerer, elle peust plus puissamment et parfaictement l'accepter, et par une complaisance absolue s'unir infiniment et se soubmettre à elle.

Enfin, 5° au sanctuaire estoit l'arche d'alliance, et en icelle, ou au moins joignant icelle, estoyent les tables de la loy, la manne dans une cruche d'or, et la verge d'Aaron, qui fleurit et fructifia en une nuict ; et en cette supresme pointe de l'esprit se trouvent : 1° La lumière de la foy, representée par la manne cachée dans la cruche, par laquelle nous acquiesçons à la verité des mysteres que nous n'entendons pas. 2° L'utilité de l'esperance representée par la verge fleurie et feconde d'Aaron, par laquelle nous acquiesçons aux promesses des biens que nous ne voyons point. 3° La suavité de la tres-saincte charité, representée ès commandemens de Dieu qu'elle comprend ; par laquelle nous acquiesçons à l'u-

---

(1) Luc. XXII, 42.

nion de nostre esprit avec celuy de Dieu, laquelle nous ne sentons presque pas.

Car, encore que la foy, l'esperance, et la charité, respandent leur divin mouvement presque en toutes les facultez de l'ame, tant raisonnables que sensitives, les reduisans et assubjectissant sainctement sous leur juste authorité; si est-ce que leur speciale demeure, leur vray et naturel sejour, est en cette supresme pointe de l'ame, de laquelle, comme d'une heureuse source d'eau vive, elles s'espanchent par divers surgeons et ruisseaux sur les parties et facultez interieures.

De sorte, Theotime, qu'en la partie superieure de la raison il y a deux degrez, en l'un desquels se font les discours qui dependent de la foy et lumiere surnaturelle ; et en l'autre se font les simples acquiescemens de la foy, de l'esperance, et de la charité. L'ame de sainct Paul se sentit pressée de deux divers desirs; l'un desquels fut d'estre desliée de son corps, pour aller au ciel avec Jesus-Christ, et l'autre de demeurer en ce monde, pour y servir à la conversion des peuples. L'un et l'autre desir estoit sans doute en la partie superieure, car ils procedoient tous deux de la charité; mais la resolution de suivre le dernier ne se fit pas par discours, ains par une simple veuë, et un simple sentiment de la volonté du maistre, à laquelle la seule pointe de l'esprit de ce grand serviteur acquiesça, au prejudice de tout ce que le discours pouvoit conclure.

Mais si la foy, l'esperance et la charité se forment par ce sainct acquiescement en la pointe de l'esprit, comment est-ce qu'au degré inferieur se peuvent faire les discours qui dependent de la lumiere de la foy? Ainsi que nous voyons que les advocats au barreau disputent avec beaucoup de discours sur les faicts et droicts des parties, et que le parlement, ou senat, resout d'en-haut toutes les difficultez par un arrest, lequel estant prononcé, les advocats et auditeurs ne laissent pas de discourir entre eux sur les motifs que le parlement peut avoir eus : de mesme, Theotime, après que les discours, et surtout la grace de Dieu, ont persuadé à la pointe et supresme eminence de l'esprit d'acquiescer, et former l'acte de la foy, par maniere d'arrest, l'entendement ne laisse pas de discourir derechef sur cette mesme foy jà conceuë, pour considerer les motifs et raisons d'icelle ; mais cependant les discours de theologie se font au parquet et barreau de la portion superieure de l'ame, et les acquiescemens en haut au siege et tribunal de la pointe de l'esprit. Or parce que la cognoissance de ces quatre divers degrez de la raison est grandement requise pour entendre tous les traictez des choses spirituelles, j'ay voulu l'expliquer assez amplement.

CHAPITRE XIII.
De la difference des amours.

On partage l'amour en deux especes, dont l'une est appellée l'amour de bien-veuillance, et l'autre amour de convoitise. L'amour de convoitise est celuy par lequel nous aimons quelque chose pour le profit que nous en pretendons : l'amour de bien-veuillance est celuy par lequel nous aimons quelque chose pour le bien d'icelle ; car, qu'est-ce autre chose, avoir l'amour de bien-veuillance envers une personne, que de luy vouloir du bien ?

2. Si celuy à qui nous voulons du bien, l'a desjà et le possede, alors nous le luy voulons par le plaisir et contentement que nous avons de quoy il l'a et le possede ; et ainsi se forme l'amour de complaisance, qui n'est autre chose que l'acte de la volonté, par lequel elle s'unit et joint au plaisir, contentement et bien d'autruy. Mais si celuy à qui nous voulons du bien, ne l'a pas encore, nous le luy desirons ; et partant cet amour se nomme amour de desir.

3. Quand l'amour de bien-veuillance est exercé sans correspondance de la part de la chose aimée, il s'appelle amour de simple bien-veuillance : quand il est avec mutuelle correspondance, il s'appelle amour d'amitié. Or la mutuelle correspondance consiste en trois points : car il faut que les amis s'entr'aiment, sçachent qu'ils s'entraiment, et qu'ils ayent communication, privauté, et familiarité ensemble.

4. Si nous aimons simplement l'amy, sans le preferer aux autres, l'amitié est simple : si nous le preferons, alors cette amitié s'appellera dilection, comme qui diroit amour d'election ; parce qu'entre plusieurs choses que nous aimons, nous choisissons celle-là, pour la preferer.

5. Or quand par cette dilection nous ne preferons pas de beaucoup un amy aux autres, elle s'appelle simple dilection : mais quand au contraire, nous preferons grandement et beaucoup un amy aux autres de la sorte, alors cette amitié s'appelle dilection d'excellence.

6. Que si l'estime et preference, que nous faisons de l'amy, quoy qu'elle soit grande, et n'en ait point d'esgale, ne laisse pas neantmoins de pouvoir entrer en comparaison et proportion avec les autres ; l'amitié s'appellera dilection eminente. Mais, si l'eminence de cette amitié est hors de proportion et de comparaison, au-dessus de toute autre, alors elle sera dicte dilection incomparable, souveraine, supereminente ; et en un mot, ce sera la charité, laquelle est deue à un seul Dieu : et de faict, en nostre langage mesme, les mots de

cher, cherement, encherir, representent une certaine estime, un prix, une valeur particuliere : de sorte que comme le mot d'homme parmy le peuple, est presque demeuré aux masles, comme au sexe plus excellent ; et celuy d'adoration est aussi presque demeuré pour Dieu, comme pour son principal object ; ainsi le nom de charité est demeuré à l'amour de Dieu, comme à la supresme et souveraine dilection.

CHAPITRE XIV.

Que la charité doit estre nommée amour.

(1) Origene dit en quelque lieu, qu'à son advis, l'Escriture divine voulant empescher que le nom d'amour ne donnast quelque subject de mauvaise pensée aux esprits infirmes, comme plus propre à signifier une passion charnelle qu'une affection spirituelle ; en lieu de ce nom-là d'amour, elle a usé de ceux de charité et de dilection, qui sont plus honnestes. (2) Au contraire, sainct Augustin ayant mieux consideré l'usage de la parole de Dieu, monstre clairement que le nom d'amour n'est pas moins sacré que celuy de dilection, et que l'un et l'autre signifie parfois une affection saincte, et quelquefois aussi une passion depravée, alleguant à ces fins plusieurs passages de l'Escriture. (3) Mais le grand sainct Denys, comme excellent docteur de la proprieté des noms divins, parle bien plus avantageusement en faveur du nom d'amour ; enseignant que les theologiens, c'est-à-dire les apostres et premiers disciples d'iceux (car ce sainct n'avoit point veu d'autres theologiens), pour desabuser le vulgaire, et dompter la fantaisie d'iceluy qui prenoit le nom d'amour en sens profane et charnel, ils l'ont plus volontiers employé ès choses divines, que celuy de dilection : et quoy qu'ils estimassent que l'un et l'autre estoit pris pour une mesme chose, il a toutesfois semblé à quelques-uns d'entr'eux, que le nom d'amour estoit plus propre et convenable à Dieu, que celuy de dilection ; si que le divin Ignace a escrit ces paroles : mon amour est crucifié. Ainsi comme ces anciens theologiens employoient le nom d'amour ès choses divines, afin de luy oster l'odeur d'impureté, de laquelle il estoit suspect selon l'imagination du monde ; de mesme pour exprimer les affections humaines, ils ont pris plaisir d'user du nom de dilection comme exempt du soupçon de deshonnesteté, dont quelqu'un d'entr'eux a dit, au rapport de sainct Denys : Ta dilection est entrée en mon ame, ainsi que la dilection des femmes. Enfin le nom d'amour represente plus de ferveur, d'efficace et d'activité, que celuy de dilection : de sorte qu'entre les Latins, dilection est beaucoup moins qu'amour. Clodius, dit le grand orateur, me porte dilection, et pour le dire plus excellemment, il m'aime : et partant le nom d'amour, comme plus excellent, a esté justement donné à la charité, comme au principal et plus eminent de tous les amours : si que, pour toutes ces raisons, et parce que je pretendois de parler des actes de la charité plus que de l'habitude d'icelle, j'ay appellé ce petit ouvrage, traicté de l'amour de Dieu.

CHAPITRE XV.

De la convenance qui est entre Dieu et l'homme.

Si tost que l'homme pense un peu attentivement à la Divinité, il sent une certaine douce esmotion de cœur, qui tesmoigne que Dieu est Dieu du cœur humain ; jamais nostre entendement n'a tant de plaisir qu'en cette pensée de la Divinité, de laquelle la moindre cognoissance, comme dit le prince des philosophes, vaut mieux que la plus grande des autres choses ; comme le moindre rayon du soleil est plus clair que le plus grand de la lune ou des estoiles, ains est plus lumineux que la lune ou les estoiles ensemble. Que si quelque accident espouvante nostre cœur, soudain il recourt à la Divinité, advouant que quand tout luy est mauvais, elle seule luy est bonne, et que quand il est en peril, elle seule, comme son souverain bien, le peut sauver et garantir.

Ce plaisir, cette confiance que le cœur humain prend naturellement en Dieu, ne peut certes provenir que de la bonne convenance qu'il y a entre cette divine bonté et nostre ame. Convenance grande, mais secrette ; convenance que chascun cognoist, et que peu de gens entendent ; convenance qu'on ne peut nier, mais qu'on ne peut bien penetrer. Nous sommes creez à l'image et semblance de Dieu : qu'est-ce à dire cela, sinon que nous avons une extresme convenance avec sa divine Majesté ?

Nostre ame est spirituelle, indivisible, immortelle, entend, veut, et veut librement, est capable de juger, discourir, sçavoir, et avoir des vertus ; en quoy elle ressemble à Dieu. Elle reside toute en tout son corps, et toute en chacune des parties d'iceluy, comme la Divinité est toute en tout le monde, et toute en chaque partie du monde. L'homme se cognoist et s'aime soy-mesme, par des actes produits et exprimez de son entendement et de sa volonté, qui procedans de l'entendement et de la volonté distinguez l'un de l'autre, restent neantmoins et demeurent inseparablement unis en l'ame et ès facultez desquelles

---

(1) Homil. II. in Cant. — (2) L. XIV, de Civ. 4, 7.
(3) Lib. de Div. nom. c. IV.

ils procedent. Ainsi le Fils procede du Pere, comme sa cognoissance exprimée, et le Sainct-Esprit, comme l'amour exprimé et produict du Pere et du Fils ; l'une et l'autre personne distinctes entre elles, et d'avec le Pere, et neantmoins inseparables et unies, ains plutost une mesme seule, simple et tres-unique indivisible Divinité.

Mais, outre cette convenance de similitude, il y a une correspondance nompareille entre Dieu et l'homme pour leur reciproque perfection. Non que Dieu puisse recevoir aucune perfection de l'homme ; mais parce que, comme l'homme ne peut estre perfectionné que par la divine bonté, aussi la divine bonté ne peut bonnement si bien exercer sa perfection hors de soy qu'à l'endroit de nostre humanité. L'un a grand besoin et grande capacité de recevoir du bien ; et l'autre grande abondance et grande inclination pour en donner. Rien n'est si à propos pour l'indigence, qu'une liberale affluence, rien si agreable à une liberale affluence, qu'une necessiteuse indigence ; et plus le bien a d'affluence, plus l'inclination de se respandre et communiquer est forte. Plus l'indigent est necessiteux, plus il est avide de recevoir, comme un vuide de se remplir. C'est donc un doux et desirable rencontre, que celuy de l'affluence et de l'indigence ; et ne sçauroit-on presque dire qui a plus de contentement, ou le bien abondant à se respandre et communiquer, ou le bien defaillant et indigent à recevoir et tirer, si Nostre-Seigneur n'avoit dit que c'est chose plus heureuse de donner que de recevoir. Or où il y a plus de bonheur, il y a plus de satisfaction : la divine bonté a donc plus de plaisir à donner ses graces, que nous à les recevoir.

Les meres ont quelquefois leurs mammelles si fecondes et abondantes, qu'elles ne peuvent durer sans les bailler à quelque enfant ; et bien que l'enfant succe la mammelle avec grande avidité, la nourrice la luy donne encore plus ardemment, l'enfant tetant, pressé de sa necessité, et la mere l'allaittant, pressée de sa fecondité.

L'espouse sacrée avoit souhaitté le sainct baiser d'union : « (1) O, dit-elle, qu'il me baise d'un « baiser de sa bouche ! ». Mais y a-t-il assez de convenance, ô la bien-aimée du bien-aimé, entre vous et l'espoux, pour parvenir à l'union que vous desirez ? « Ouy, dit-elle, donnez-le moy ce « baiser d'union, ô le cher amy de mon ame. (2) « Car vous avez des mammelles meilleures que le « vin, odorantes des parfums excellens. » Le vin nouveau bouillonne et s'eschauffe en soy-mesme par la force de sa bonté, et ne se peut contenir dans les tonneaux ; mais vos mammelles sont encore meilleures ; elles pressent vostre poictrine par des eslans continuels, poussant leur laict qui seconde, comme requerant d'estre deschargées : et pour attirer les enfans de vostre cœur à les venir tetter, elles respandent une odeur attrayante plus que toutes les senteurs de parfums. Ainsi, Theotime, nostre deffaillance a besoin de l'abondance divine, par disette et necessité : mais l'affluence divine n'a besoin de nostre indigence, que par excellence de perfection et bonté. Bonté qui neantmoins ne devient pas meilleure en se communiquant : car elle n'acquiert rien en se respandant hors de soy, au contraire elle donne : mais nostre indigence demeureroit manquante et miserable, si l'abondance de la bonté ne la secouroit.

Nostre ame doncques considerant que rien ne la contente parfaictement, et que sa capacité ne peut estre remplie par chose quelconque qui soit au monde ; voyant que son entendement a une inclination infinie de sçavoir tousjours davantage, et sa volonté un appetit insatiable d'aimer et trouver du bien, n'a-t-elle pas raison d'exclamer : « Ah ! doncques je ne suis pas faicte pour ce « monde ! » Il y a quelque souverain bien duquel je depends, et quelque ouvrier infiny qui a imprimé en moy cet interminable desir de sçavoir, et cet appetit qui ne peut estre assouvy. C'est pourquoy il faut que je tende, et m'estende vers luy, pour m'unir et joindre à sa bonté, à laquelle j'appartiens et suis. Telle est la convenance que nous avons avec Dieu.

CHAPITRE XVI.

Que nous avons une inclination naturelle d'aimer Dieu sur toutes choses.

S'il se trouvoit des hommes qui fussent en l'integrité et droiture originelle en laquelle Adam se trouva lors de sa creation, bien que d'ailleurs ils n'eussent aucune autre assistance de Dieu, que celle qu'il donne à chasque creature, afin qu'elle puisse faire les actions qui luy sont convenables ; non-seulement ils auroyent l'inclination d'aimer Dieu sur toutes choses, mais aussi ils pourroyent naturellement executer cette si juste inclination. Car comme ce divin autheur et maistre de la nature coopere et preste sa main forte au feu pour monter en haut, aux eaux pour couler vers la mer, à la terre pour descendre en bas, et y demeurer quand elle y est ; ainsi ayant luy-mesme planté dans le cœur de l'homme une speciale inclination naturelle, non-seulement d'aimer le bien en general, mais d'aimer en particulier et sur toutes choses sa divine bonté, qui est meilleure et plus aimable que toutes choses ; la suavité de sa providence souveraine requerroit qu'il contribuast aussi à ces

(1) Cant. Cant. 1, 1. — (2) Ibid. 1, 2.

bienheureux hommes que nous venons de dire, autant de secours qu'il seroit nécessaire, afin que cette inclination fust practiquée et effectuée. Et ce secours d'un costé seroit naturel, comme convenable à la nature et tendant à l'amour de Dieu, en tant qu'il est autheur et souverain maistre de la nature, et d'autre part il seroit surnaturel, parce qu'il correspondroit, non à la nature simple de l'homme, mais à la nature ornée, enrichie et honorée de la justice originelle, qui est une qualité surnaturelle procedante d'une tres-speciale faveur de Dieu. Mais quant à l'amour sur toutes choses, qui seroit practiqué selon ce secours, il seroit appellé naturel, d'autant que les actions vertueuses prennent leur nom de leurs objects et motifs; et cet amour dont nous parlons, tendroit seulement à Dieu, selon qu'il est recognu autheur, seigneur et souveraine fin de toute creature, par la seule lumiere naturelle, et par consequent aimable et estimable sur toutes choses, par inclination et propension naturelle.

Or, bien que l'estat de nostre nature humaine ne soit pas maintenant doué de la santé et droiture originelle que le premier homme avoit en sa creation, et qu'au contraire nous soyons grandement depravez par le peché, si est-ce toutesfois que la saincte inclination d'aimer Dieu sur toutes choses nous est demeurée, comme aussi la lumiere naturelle, par laquelle nous cognoissons que sa souveraine bonté est aimable sur toutes choses; et n'est pas possible qu'un homme pensant attentivement en Dieu, voire mesme par le seul discours naturel, ne ressente un certain eslan d'amour que la secrette inclination de nostre nature suscite au fond du cœur, par lequel à la premiere apprehension de ce premier et souverain object, la volonté est prevenue, et se sent excitée à se complaire en iceluy.

Entre les perdrix il arrive souvent que les unes desrobent les œufs des autres, afin de les couver, soit pour l'avidité qu'elles ont d'estre meres, soit pour leur stupidité qui leur fait mescognoistre leurs œufs propres. Et voicy chose estrange, mais neantmoins bien tesmoignée; car le perdreau qui aura esté esclos et nourry sous les aisles d'une perdrix estrangere, au premier reclame qu'il oyt de sa vraye mere qui avoit pondu l'œuf duquel il est procedé, il quitte la perdrix larronnesse, se rend à sa premiere mere, et se met à sa suite; par la correspondance qu'il a avec sa premiere origine: correspondance toutesfois, qui ne paroissoit point, ains fust demeurée secrette, cachée, et comme dormante au fond de la nature, jusques à la rencontre de son object, que soudain excitée et comme reveillée, elle fait son coup, et pousse l'appetit du perdreau à son premier devoir. Il en est de mesme, Theotime, de nostre cœur; car quoy qu'il soit couvé, nourry, et eslevé emmy les choses corporelles, basses et transitoires, et par maniere de dire, sous les aisles de la nature; neantmoins au premier regard qu'il jette en Dieu, à la premiere cognoissance qu'il en reçoit, la naturelle et premiere inclination d'aimer Dieu, qui estoit comme assoupie et imperceptible, se reveille en un instant, et à l'impourveu paroist, comme une estincelle qui sort d'entre les cendres, laquelle touchant nostre volonté, luy donne un eslan de l'amour supresme, deu au souverain et premier principe de toutes choses.

CHAPITRE XVII.

Que nous n'avons pas naturellement le pouvoir d'aimer Dieu sur toutes choses.

Les aigles ont un grand cœur, et beaucoup de force à voler; elles ont neantmoins incomparablement plus de veuë que de vol, et estendent beaucoup plus viste et plus loin leurs regards que leurs aisles. Ainsi nos esprits animez d'une saincte inclination naturelle envers la Divinité, ont bien plus de clarté en l'entendement, pour voir combien elle est aimable, que de force en la volonté pour l'aimer: car le peché a beaucoup plus debilité la volonté humaine, qu'il n'a offusqué l'entendement; et la rebellion de l'appetit sensuel, que nous appellons concupiscence, trouble voirement l'entendement; mais c'est pourtant contre la volonté, qu'il excité principalement sa sedition et revolte; si que la pauvre volonté desjà toute infirme, estant agitée des continuels assauts que la concupiscence luy livre, ne peut faire un si grand progrès en l'amour divin, comme la raison et inclination naturelle luy suggerent qu'elle devroit faire.

Helas! Theotime, quels beaux tesmoignages, non-seulement d'une grande cognoissance de Dieu, mais aussi d'une forte inclination envers iceluy, ont esté laissez par ces grands philosophes, Socrates, Platon, Trismegiste, Aristote, Hippocrate, Seneque, Epictete! Socrate le plus loué d'entre eux cognoissoit clairement l'unité de Dieu, et avoit tant d'inclination à l'aimer, que, comme (1) S. Augustin tesmoigne, plusieurs ont estimé qu'il n'enseigna jamais la philosophie morale, pour autre occasion que pour espurer les esprits, afin qu'ils pussent mieux contempler le souverain bien, qui est la tres-unique Divinité. Et quant à Platon, il se declare assez en la celebre definition de la philosophie et du philosophe, disant que philosopher n'est autre chose qu'aimer Dieu, et que le philosophe n'estoit autre chose que l'ama-

---

(1) Lib. VIII. de Civit., c. III.

teur de Dieu. (1) Que diray-je du grand Aristote, qui avec tant d'efficace appreuve l'unité de Dieu, et en a parlé si honorablement en tant d'endroits?

Mais, ô grand Dieu eternel! ces grands esprits, qui avoient tant de cognoissance de la Divinité, et tant de propension à l'aimer, ont tous manqué de force et de courage à la bien aimer. (2) « Par « les creatures visibles ils ont cogneu les choses « invisibles de Dieu, voire mesme son eternelle « vertu et divinité, dit le grand apostre: de sorte « qu'ils sont inexcusables, d'autant qu'ayant co- « gneu Dieu, ils ne l'ont pas glorifié comme Dieu, « ny ne luy ont pas fait actions de graces. » Ils l'ont certes aucunement glorifié, luy donnant des souverains tiltres d'honneur; mais ils ne l'ont pas glorifié comme il le falloit glorifier, c'est-à-dire, ils ne l'ont pas glorifié sur toutes choses, n'ayant pas eu le courage de ruiner l'idolastrie; ains communiquant avec les idolastres, (3) « rete- « nant la verité qu'ils cognoissoient, en injustice, » prisonniere dedans leur cœur, et preferant l'honneur et le vain repos de leurs vies à l'honneur qu'ils devoient à Dieu, « (4) ils se sont esvanouis « en leurs discours. »

(5) N'est-ce pas grand'pitié, Theotime, de voir Socrate, au recit de Platon, parler en mourant des dieux, comme s'il y en avoit plusieurs, luy qui sçavoit si bien qu'il n'y en avoit qu'un seul? (6) N'est-ce pas chose deplorable, que Platon ayt ordonné que l'on sacrifie à plusieurs dieux, luy qui sçavoit si bien la verité de l'unité divine! Et Mercure Trismegiste n'est-il pas lamentable, de lamenter et plaindre si laschement l'abolissement de l'idolastrie, luy qui en tant d'endroits avoit parlé si dignement de la Divinité?

Mais sur tout j'admire le pauvre bon homme Epictete, duquel les propos et sentences sont si douces à lire en nostre langue, par la traduction que la docte et belle plume du R. P. Jean de S. François, provincial de la congregation des Feuillans ès Gaules, a depuis peu exposée à nos yeux. Car quelle compassion, je vous prie, de voir cet excellent philosophe parler parfois de Dieu avec tant de goust, de sentiment et de zele, qu'on le prendroit pour un chrestien sortant de quelque saincte et profonde meditation, et neantmoins ailleurs, d'occasion en occasion, mentionner les dieux à la payenne? Hé! ce bon homme qui cognoissoit si bien l'unité divine, et avoit tant de goust de la bonté d'icelle, pourquoy n'a-t-il pas eu la saincte jalousie de l'honneur divin, afin de ne point gauchir ny dissimuler en un subject de si grande importance?

En somme, Theotime, nostre chetive nature, navrée par le peché, fait comme les palmiers que nous avons de deçà, qui font voirement certaines productions imparfaites, et comme des essais de leurs fruits; mais de porter des dattes entieres, meures et assaisonnées, cela est reservé pour des contrées plus chaudes. Car ainsi nostre cœur humain produit bien naturellement certains commencemens d'amour envers Dieu; mais d'en venir jusqu'à l'aimer sur toutes choses, qui est la vraye maturité de l'amour deu à cette supresme bonté, cela n'appartient qu'aux cœurs animez et assistez de la grace celeste, et qui sont en l'estat de la saincte charité; et ce petit amour imparfait, duquel la nature en elle-mesme sent les eslans, ce n'est qu'un certain vouloir sans vouloir, un vouloir qui voudroit, mais qui ne veut pas, un vouloir sterile, qui ne produit point de vrays effects, un vouloir *paralytique* (1), qui void la piscine salutaire du sainct amour, mais qui n'a pas la force de s'y jetter: et enfin ce vouloir est un avorton de la bonne volonté, qui n'a pas la vie de la genereuse vigueur requise pour en effect preferer Dieu à toutes choses: dont l'apostre parlant en la personne du pecheur, s'escrie: « (2) le vou- « loir est bien en moy, mais je ne trouve pas le « moyen de l'accomplir. »

CHAPITRE XVIII.

Que l'inclination naturelle que nous avons d'aimer Dieu, n'est pas inutile.

Mais si nous ne pouvons pas naturellement aimer Dieu sur toutes choses, pourquoy donc avons-nous naturellement inclination à cela? La nature n'est-elle pas vaine de nous inciter à un amour qu'elle ne nous peut donner? Pourquoy nous donne-t-elle la soif d'une eau si precieuse, puisqu'elle ne peut nous en abreuver? Ha, Theotime, que Dieu nous a esté bon! La perfidie que nous avions commise en l'offensant, meritoit certes qu'il nous privast de toutes les marques de sa bien-veuillance et de la faveur qu'il avoit exercée envers nostre nature, lorsqu'il « (3) imprima sur « elle la lumiere de son divin visage, » et qu'il donna à nos cœurs l'allegresse de se sentir enclins à l'amour de la divine bonté; afin que les anges voyant ce miserable homme eussent occasion de

---

(1) Apud Aug., lib. VIII, de Civit. c. IX.
(2) Ep. ad Rom. 1, 20, 21.
(3) Ep. ad Rom. v, 18. — (4) Ibid. v. 21.
(5) Aug., l. VIII, de Civit., c. XII.
(6) Vide Aug. l. VIII, de Civit. c. XXIII et XXIV.

(1) Joan. v, 2. — (2) Ep. ad Rom. VII, 18.
(3) Psal. IV, 7.

dire par compassion : « (1) Est-ce là la creature « de parfaicte beauté, l'honneur de toute la terre ? »

Mais cette infinie debonnaireté ne sçeut oncques estre si rigoureuse envers l'ouvrage de ses mains. Il veid que nous estions environnez de « (2) chair, un vent qui se dissipe en courant, et « qui ne revient plus. C'est pourquoy selon les en- « trailles de sa misericorde, » il ne nous voulut pas du tout ruiner, ny nous oster le signe de sa grace perdue ; afin que le regardant, et sentant en nous cette alliance et propension à l'aimer, nous taschassions de ce faire, et que personne peust justement dire ; « (3) Qui nous montrera le bien ? » Car encore que par la seule inclination naturelle nous ne puissions pas parvenir au bonheur d'aimer Dieu comme il faut, si est-ce que si nous l'employons fidellement, la douceur de la pieté divine nous donneroit quelque secours, par le moyen duquel nous pourrions passer plus avant. Que si nous secondions ce premier secours, la bonté paternelle de Dieu nous en fourniroit un autre plus grand, et nous conduiroit de bien en mieux, avec toute suavité jusques au souverain amour, auquel nostre inclination naturelle nous pousse, puisque c'est chose certaine qu'à celuy qui est fidelle en peu de chose, et qui fait ce qui est en son pouvoir, la benignité divine ne desnie jamais son assistance, pour l'avancer de plus en plus.

L'inclination doncques d'aimer Dieu sur toutes choses que nous avons par nature, ne demeure pas pour neant dans nos cœurs : car quant à Dieu, il s'en sert comme d'une anse, pour nous pouvoir plus suavement prendre et retirer à soy ; et semble que par cette impression, la divine bonté tienne en quelque façon attachez nos cœurs comme des petits oyseaux par un filet, par lequel il nous puisse tirer quand il plaist à sa misericorde d'avoir pitié de nous : et quant à nous, elle nous est un indice et memorial de nostre premier principe et Createur, à l'amour duquel elle nous incite, nous donnant un secret advertissement que nous appartenons à sa divine bonté. Tout de mesme que les cerfs, auxquels les grands princes font quelquefois mettre des colliers avec leurs armoiries, bien que par après ils les font lascher et mettre en liberté dans les forests, ne laissent pas d'estre recogneus par quiconque les rencontre, non-seulement pour avoir une fois esté pris par le prince duquel ils portent les armes, mais aussi pour luy estre encore reservez : car ainsi cogneut-on l'extresme vieillesse d'un cerf qui fut rencontré, comme quelques historiens disent, trois cents ans après la mort de César ; parce qu'on luy trouva un collier, où estoit la devise de Cesar, et ces mots, *Cesar m'a lasché*.

Certes, l'honorable inclination que Dieu a mise en nos ames, fait cognoistre à nos amis et à nos ennemis que, non-seulement nous avons esté à nostre Createur, mais encore que si bien il nous a laissez et laschez à la mercy de nostre franc arbitre, neantmoins nous luy appartenons, et il s'est reservé le droit de nous reprendre à soy, pour nous sauver, selon que la saincte et suave providence le requerra. C'est pourquoy le grand prophete royal appelle cette inclination, non-seulement *lumiere* (1), parce qu'elle nous fait voir où nous devons tendre, mais aussi *joye* (2) et allegresse, parce qu'elle nous console en nostre esgarement, nous donnant esperance que celuy qui nous a empreint, et laissé cette belle marque de nostre origine, pretend encore et desire de nous y ramener et reduire, si nous sommes si heureux que de nous laisser reprendre à sa divine bonté.

(1) Thren. II, 15.—(2) Ps. LXXVII, 39. Luc. I, 78. (3) Ps. IV, 6.

(1) Ps. IV, 7. — (2) Ibid.

LIVRE DEUXIESME.

HISTOIRE DE LA GENERATION ET NAISSANCE CELESTE DU DIVIN AMOUR.

CHAPITRE PREMIER.

Que les perfections divines ne sont qu'une seule, mais infinie perfection.

Nous disons, quand le soleil à son lever est rouge, et que tost après il devient noir, ou creux et enfoncé ; ou bien, quand à son coucher il est blafastre, pasle, have, que c'est signe de pluye. Theotime, le soleil n'est ny rouge, ny noir, ny pasle, ny gris, ny vert. Ce grand luminaire n'est point subject à ces vicissitudes et changemens de couleurs, n'ayant pour toute couleur que sa tresclaire et perpetuelle lumiere ; laquelle, si ce n'est par miracle, est invariable. Mais nous parlons de la sorte, parce qu'il nous semble estre tel, selon la varieté des vapeurs qui sont entre luy et nos yeux, lesquelles le font paroistre de diverses façons.

Or nous devisons ainsi de Dieu ; non tant selon ce qu'il est en luy-mesme, comme selon ses œuvres par l'entremise desquelles nous le contemplons. Car sur nos diverses considerations nous le nommons differemment, comme s'il avoit une grande multitude de differentes excellences et perfections. Si nous le regardons en tant qu'il punit les mechans, nous le nommons juste ; en tant qu'il delivre le pecheur de sa misere, nous le preschons misericordieux ; en tant qu'il a creé toutes choses, et fait plusieurs miracles, nous l'appellons tout-puissant ; en tant qu'il pratique exactement ses promesses, nous le publions veritable ; en tant qu'il fait toutes choses en si bel ordre, nous l'appellons tout sage ; et ainsi consecutivement, selon la varieté de ses œuvres, nous luy attribuons une grande diversité de perfections ; mais cependant en Dieu il n'y a ny varieté ny difference de perfections ; ains il est luy-mesme une tres-seule, tres-simple, et tres-uniquement unique perfection : car tout ce qui est en luy, n'est que luy-mesme ; et toutes les excellences que nous disons estre en luy en une si grande diversité, elles y sont en une tres-simple et tres-pure unité. Et comme le soleil n'a aucune de toutes les couleurs que nous luy attribuons, ains une seule tres-claire lumiere qui est par-dessus toutes couleurs, et qui rend visiblement colorées toutes les couleurs ; aussi en Dieu il n'y a aucune des perfections que nous imaginons, ains une seule tres-pure excellence, qui est au-dessus de toute perfection, et qui donne la perfection à tout ce qui est parfaict. Or de nommer parfaitement cette supresme excellence, laquelle en sa tres-singuliere unité comprend, ains surmonte toutes excellences, cela n'est pas au pouvoir de la creature, ny humaine, ny angelique : car, comme il est dit en l'Apocalypse, Nostre-Seigneur « (1) a un nom que personne ne sçayt que luy-mesme ; » parce que luy seul cognoissant parfaitement son infinie perfection, luy seul aussi la peut exprimer par un nom proportionné : dont les anciens ont dit que nul n'estoit vray theologien que Dieu, d'autant que nul ne peut cognoistre totalement la grandeur infinie de la perfection divine, ny par consequent la representer par paroles, sinon luy-mesme. Et pour cela, Dieu respondant par l'ange au pere de Samson, qui luy demandoit son nom : « (2) Pourquoy « demandes-tu mon nom, dit-il, qui est admira- « ble? » Comme s'il vouloit dire : mon nom peut estre admiré, mais non pas prononcé par les creatures : il doit estre adoré, mais il ne peut estre compris que par moy, qui seul sçay proferer le propre nom par lequel au vray et naïvement j'exprime mon excellence. Nostre esprit est trop foible pour former une pensée qui puisse representer une excellence tant immense, laquelle comprend en sa tres-simple et tres-unique perfection, distinctement et parfaitement, toutes autres perfections en une façon infiniment excellente et eminente que nostre esprit ne peut penser. Nous sommes forcez, pour parler aucunement de Dieu, d'user d'une grande quantité de noms, disant qu'il est bon, sage, tout-puissant, vray, juste, sainct, infiny, immortel, invisible. Et certes si nous parlons veritablement, Dieu est tout cela ensemble, parce qu'il est plus que tout cela ; c'est-à-dire, il l'est en une sorte, si pure, si excellente, et si relevée, qu'en une tres-simple perfection il a la vertu, force et excellence de toute perfection.

(1) Ainsi la manne estoit une seule viande, laquelle comprenant en soy le goust et la vertu de toutes les autres viandes, on eust pu dire qu'elle avoit le goust du citron, du melon, du raisin, de la prune, et de la poire ; mais on eust encore plus veritablement dit qu'elle n'avoit pas tous ces gousts, ains un seul goust qui estoit le sien propre, lequel neantmoins contenoit en unité tout ce qui pouvoit estre d'agreable et desirable en toute la diversité des autres gousts ; comme l'herbe dodecatheos, laquelle, ce dit Pline, guerissant de toutes maladies, n'est ny rhubarbe, ny sené, ny rose, ny betoine, ny buglose, ains un seul simple, qui, en l'unique simplicité de sa proprieté, a autant de force que tous les autres medicamens ensemble. O abysme des perfections divines, que vous estes admirable de posseder en une seule perfection l'excellence de toute perfection, en une façon si excellente, que nul ne la peut comprendre, sinon vous-mesme !

(2) « Nous en dirons beaucoup de choses, dit « l'Escriture, et demeurerons courts en paroles : « la somme de tous discours, c'est qu'il est toutes « choses. Si nous le glorifions, à quoy nous ser- « vira cela? car le Tout-Puissant est sur toutes « ses œuvres. Benissant le Seigneur, exaltez-le « tant que vous pourrez ; car il surpasse toute « louange : or en l'exaltant, reprenez vos forces ; « mais ne vous lassez pas pourtant, car jamais « vous ne le comprendrez. » Non Theotime, nous ne pouvons jamais le comprendre, puisque, comme dit S. Jean, (3) « il est plus grand que nostre

---

(1) Apoc. XIX, 12. — (2) Judic. XIII, 18.

(1) Sap. XVI, 20. — (2) Eccli. XLIII, 29 et seq.
(3) I. Ep. Jean III, 20. Ps. CL, 6.

« cœur. » Mais pourtant que « tout esprit loue le « Seigneur, » le nommant de tous les noms les plus eminens qui se pourront trouver ; et, pour la plus grande louange que nous luy puissions rendre, confessons que jamais il ne peut estre assez loué ; et, pour le plus excellent nom que nous luy puissions attribuer, protestons que son nom est sur tout nom, et que nous ne pouvons le dignement nommer.

CHAPITRE II.
Qu'en Dieu il n'y a qu'un seul acte, qui est sa propre divinité.

Nous avons une grande diversité de facultez et habitudes, qui produisent aussi une grande varieté d'actions, et ces actions une multitude nompareille d'ouvrages. Car ainsi sont diverses les facultez de voir, d'ouïr, de gouster, toucher, se mouvoir, se nourrir, entendre, vouloir ; et les habitudes de parler, marcher, jouer, chanter, courre, sauter, nager : comme aussi les actions et les œuvres qui proviennent de ces facultez et habitudes, sont grandement differentes.

Mais il n'en est pas de mesme en Dieu : car il n'y a en luy qu'une tres-simple infinie perfection, et en cette perfection qu'un seul tres-unique et tres-pur acte ; ains, pour parler plus sainctement et sagement, Dieu est une seule, tres-souverainement unique, et tres-uniquement souveraine perfection ; et cette perfection est un seul acte tres-purement simple, et tres-simplement pur, lequel n'estant autre chose que la propre essence divine, il est par consequent tousjours permanent et eternel. Et neantmoins, chetives creatures que nous sommes, nous parlons des actions de Dieu, comme s'il en faisoit tous les jours grande quantité et en grande varieté, bien que nous sçachions le contraire. Mais nous sommes forcez à cela, Theotime, par nostre imbecillité : car nous ne sçavons parler sinon selon que nous entendons, et nous entendons selon que les choses ont accoustumé de se passer parmy nous. Or d'autant qu'ès choses naturelles il ne se fait presque point de diversité d'ouvrages que par diversité d'actions ; quand nous voyons tant de besoignes differentes, une si grande varieté de productions, et cette multitude innumerable des exploicts de la puissance divine, il nous semble d'abord que cette diversité se fait par autant d'actes que nous voyons de differens effects, et nous en parlons tout de mesme, pour parler plus à nostre aise, selon nostre practique ordinaire et la coustume que nous avons d'entendre les choses : et si en cela nous n'offensons pas la verité. Car encore qu'en Dieu il n'y ayt pas multitude d'actions, ains un seul acte qui est la divinité mesme ; cet acte toutesfois est si parfaict, qu'il comprend excellemment la force et la vertu de tous les actes qui sembleroient estre requis pour toute la diversité des effects que nous voyons.

Dieu ne dit qu'un seul mot, et en vertu d'iceluy en un moment furent faicts le soleil, la lune, et cette innombrable multitude d'astres, avec leurs differences en clarté, en mouvement, en influences.

Il dit, et soudain furent faits
Tous ces ouvrages si parfaits. (1)

Un seul mot de Dieu remplit l'air d'oiseaux, et la mer de poissons, fit esclorre de la terre toutes les plantes et tous les animaux que nous y voyons. Car encore que l'historien sacré, s'accommodant à nostre façon d'entendre, raconte que Dieu repeta souvent cette toute-puissante parole, *soict faict* (2), ès journées de la creation du monde ; neantmoins, à proprement parler, cette parole fut tres-unique : si que David l'appela un *souffle* (3), ou aspiration de la *bouche* divine, c'est-à-dire, un seul traict de son infinie volonté ; lequel respand si puissamment sa vertu en la varieté des choses creées, que pour cela nous le concevons, comme s'il estoit multiplié et diversifié en autant de differences comme il y en a en ces effects, quoy qu'en verité il soit tres-unique et tres-simple. Ainsi S. Chrysostome remarque que ce que Moyse a dit en plusieurs paroles, descrivant la creation du monde, le glorieux S. Jean l'a exprimé en un seul mot, (4) disant que *par le Verbe*, c'est-à-dire, par cette parole eternelle, qui est le fils de Dieu, tout *a esté faict*.

Cette parole doncques, Theotime, estant tres-simple et tres-unique, produit toute la distinction des choses ; estant invariable, produit tous les bons changemens ; et enfin est permanente en son eternité, elle donne succession, vicissitude, ordre, rang, et saison à toutes choses.

Imaginons, je vous prie, d'un costé, un peintre qui fait l'image de la naissance du Sauveur (et j'escris cecy ès jours dediez à ce sainct mystere), il donnera sans doute mille et mille traits de pinceau, et mettra non-seulement des jours, mais des semaines et des mois à façonner ce tableau, selon la varieté des personnages, et autres choses qu'il y veut representer : mais d'autre costé voyons un imprimeur d'images qui, ayant mis sa feuille sur la planche taillée du mesme mystere de la nativité, ne donnera qu'un seul coup de presse. En ce seul coup, Theotime, il fera tout son ouvrage, et soudain il tirera son

---
(1) Psal. CXLVIII, 5. — (2) Genes. I.
(3) Ps. XXXII, 6. — (4) Joan. I, 3.

image, laquelle en belle taille-douce representera tres-agreablement tout ce qui a deu estre imaginé, selon l'histoire sacrée; et bien qu'il n'est faict qu'un seul mouvement, son ouvrage toutesfois portera grande quantité de personnages, et d'autres choses differentes bien distinguées, chascune en son ordre, en son rang, en son lieu, en sa distance et en sa proportion ; et qui ne sçauroit pas le secret, il seroit tout estonné de voir sortir d'un seul acte une si grande varieté d'effects. Ainsi, Theotime, la nature, comme le peintre, multiplie et diversifie ses actes, à mesure que ses besoignes sont differentes, et luy faut un grand temps pour faire de grands effects. Mais Dieu, comme l'imprimeur, a donné l'estre à toute la diversité des creatures, qui ont esté, sont et seront, par un seul trait de sa toute-puissante volonté, tirant de son idée, comme de dessus une planche bien taillée, cette admirable difference de personnes et d'autres choses, qui s'entresuivent ès saisons, ès ages, ès siecles, chascune en son ordre, selon qu'elles doivent estre; cette souveraine unité de l'acte divin estant opposée à la confusion et au desordre, et non à la distinction ou varieté, qu'elle employe au contraire pour en composer la beauté, deduisant toutes les differences et diversitez à la proportion, et la proportion à l'ordre, et l'ordre à l'unité du monde qui comprend toutes choses creées, tant visibles qu'invisibles, lesquelles toutes ensemble s'appellent univers, peut-estre parce que toute leur diversité se reduit en unité; comme qui diroit uni-divers, c'est-à-dire, unique et divers, unique avec diversité, et divers avec unité.

En somme, la souveraine unité divine diversifie tout, et sa permanente eternité donne vicissitude à toutes choses ; parce que la perfection de cette unité estant sur toute difference et varieté, elle a de quoy fournir l'estre à toute la diversité des perfections creées, et a la force de les produire. En signe de quoy, l'Escriture nous ayant rapporté, que « Dieu au commencement « dict : (1) Soyent faicts des luminaires au fir- « mament du ciel, et qu'ils separent le jour de « la nuict, qu'ils soient en signes, en temps, et « jours, et années »; nous voyons encore maintenant cette perpetuelle revolution et entresuite de temps et de saisons, qui durera jusques à la fin du monde, pour nous apprendre que, comme

Un mot de ses commandemens
Suffit à tous ces mouvemens;

aussi le seul eternel vouloir de sa divine majesté estend sa force de siecle en siecle, et jusques aux siecles des siecles; pour tout ce qui a esté, qui est, et qui sera eternellement, sans que chose quelconque ayt esté que par ce seul tres-unique, tressimple, et tres-eternel acte divin, auquel soit honneur et gloire. Amen.

CHAPITRE III.

De la providence divine en general.

Dieu doncques, Theotime, n'a pas besoin de plusieurs actes, puisqu'un seul divin acte de sa toute-puissante volonté suffit à la production de toute la varieté de ses œuvres, à raison de son infinie perfection. Mais nous autres mortels avons besoin d'en traicter avec la methode et maniere d'entendre à laquelle nos petits esprits peuvent arriver ; selon laquelle, pour parler de la Providence divine, considerons, je vous prie, le regne du grand Salomon, comme un modele parfaict de l'art de bien regner.

Ce grand roy doncques sçachant par l'inspiration celeste que la republique tient à la religion comme le corps à l'ame, et la religion à la republique comme l'ame au corps, il disposa à part soy de toutes les parties requises, tant à l'establissement de la religion, qu'à celuy de la republique. Et quant à la religion, il determina qu'il falloit edifier un temple de telle et telle longueur, largeur, hauteur; tant de porches et parvis, tant de fenestres, et ainsi de tout le reste qui appartenoit au temple, puis tant de sacrificateurs, tant de chantres, et autres officiers du temple. Et quant à la chose publique, il disposa de faire une maison royale et une cour pour sa majesté, et en icelle tant de maistres-d'hostel, de gentilshommes, et autres courtisans ; et pour le peuple, des juges et autres magistrats, qui exerçassent la justice. Puis, pour l'asseurance du royaume, et l'affermissement du repos public dont il jouyssoit, il disposa d'avoir emmy la paix un puissant appareil de guerre, et à ces fins deux cent cinquante chefs en diverses charges, quarante mille chevaux, et tout ce que grand attelage que l'Escriture et les histoires tesmoignent.

Or, ayant ainsi disposé et fait estat à part soy de toutes les parties principales requises à son royaume, il vint à l'acte de la providence, et conté en son esprit de tout ce qui estoit requis pour edifier le temple; pour entretenir les officiers sacrez, les ministres et magistrats royaux, et les gens de guerre dont il avoit fait le project, et se resolut d'envoyer à Hiram (1), pour avoir les bois necessaires, de faire commerce au Peru

---

(1) Genes. I, 14.

(1) III. Reg. v, 2.

en Ophir, et en somme de prendre tous les moyens convenables pour avoir toutes les choses requises pour l'entretenement et bonne conduite de son entreprise. Mais il ne s'arresta pas là, Theotime : car après avoir fait son project, et deliberé en soy-mesme des moyens propres pour en venir à bout, venant à la practique, il crea tous les officiers selon qu'il avoit disposé, et par un bon gouvernement il fit faire toutes les provisions requises à leur entretenement et à l'execution de leurs charges; de sorte qu'ayant la cognoissance de l'art de bien regner, il executa la disposition qu'il avoit faite à part soy pour la creation de divers officiers, et mit en effect sa providence par le bon gouvernement dont il usa; et par ainsi son art de regner, qui consistoit en la disposition et en la providence ou prevoyance, fut practiqué par la creation des officiers ; et par le gouvernement et bonne conduite. Mais d'autant que la disposition est inutile sans la creation ou levée des officiers, et que la creation est vaine sans la providence qui regarde à ce qui est requis pour la conservation des officiers creés ou erigés ; qu'enfin cette conservation qui se fait par le bon gouvernement, n'est autre chose que la providence effectuée, partant non-seulement la disposition, mais aussi la creation et le bon gouvernement de Salomon furent appelez du nom de providence. Aussi ne disons-nous pas qu'un homme ayt de la providence sinon quand il gouverne bien?

Or maintenant, Theotime, parlant des choses divines, selon l'impression que nous avons prise en la consideration des choses humaines, nous disons que Dieu ayant eu une eternelle et tres-parfaicte cognoissance de l'art de faire le monde pour sa gloire, il disposa avant toutes choses en son divin entendement toutes les pieces principales de l'univers, qui pouvoient luy rendre de l'honneur, c'est-à-dire, la nature angelique et la nature humaine; et en la nature angelique, la varieté des hierarchies et des ordres que l'Escriture saincte et les sacrez docteurs nous enseignent : comme aussi entre les hommes il disposa qu'il y auroit cette grande diversité que nous y voyons. Puis en cette mesme eternité il pourveut et fit estat à part soy de tous les moyens requis aux hommes et aux anges, pour parvenir à la fin à laquelle il les avoit destinez, et fit ainsi l'acte de sa providence; et sans s'arrester là, pour effectuer sa disposition, il a reellement creé les anges et les hommes ; et pour effectuer sa providence, il a fourny, et fournit par son gouvernement tout ce qui est necessaire aux creatures raisonnables pour parvenir à la gloire; si que, pour le dire en un mot, la providence souveraine n'est autre chose que l'acte par lequel Dieu veut fournir aux hommes et aux anges les moyens necessaires ou utiles pour parvenir à leur fin. Mais parce que ces moyens sont de divers sortes, nous diversifions aussi le nom de la providence, et disons qu'il y a une providence naturelle, une autre surnaturelle ; et celle-cy, qu'elle est, ou generale, ou speciale ou particuliere.

Et parce que cy-après je vous exhorteray, Theotime, à joindre vostre volonté à la providence divine, tandis que je suis sur le discours d'icelle, je vous veux dire un mot de la providence naturelle. Dieu doncques voulant pourvoir l'homme des moyens naturels qui luy sont requis pour rendre gloire à sa divine bonté, il a produit en faveur d'iceluy tous les autres animaux et les plantes ; et pour pourvoir aux autres animaux et aux plantes, il a produit varieté de terroirs, de saisons, de fontaines, de vents, de pluyes; et tant pour l'homme que pour les autres choses qui luy appartiennent, il a creé les elemens, le ciel et les astres, establissant par un ordre admirable, que presque toutes les creatures servent les unes aux autres reciproquement : les chevaux nous portent, et nous les pansons; les brebis nous nourrissent et vestent, et nous les paissons ; la terre envoye des vapeurs à l'air, et l'air des pluyes à la terre ; la main sert au pied et le pied porte la main ! O qui verroit ce commerce et trafic general que les creatures font ensemble avec une si grande correspondance, de combien de passions amoureuses seroit-il esmeu envers cette souveraine sagesse, pour s'escrier : « (1) Vos- « tre providence, ô grand Pere eternel, gouverne « toutes choses! » S. Basile et S. Ambroise en leurs Examerons, le bon Louys de Grenade en son Introduction au symbole; et Louys Richeome en plusieurs de ses beaux opuscules, donneront beaucoup de motifs aux ames bien nées pour profiter en ce subject.

Ainsi, cher Theotime, cette providence touche tout, regne sur tout, et reduit tout à sa gloire. Il y a toutesfois certes des cas fortuits et des accidens inopinez : mais ils ne sont ny fortuits, ny inopinez qu'à nous : et sont, sans doute, tres-certains à la providence celeste, qui les prevoit et les destine au bien public de l'univers. Or ces cas fortuits se font par la concurrence de plusieurs causes, lesquelles n'ayant point de naturelle alliance les unes aux autres produisent une chacune son effect particulier, en telle sorte neantmoins que de leur rencontre reüssit un autre effect d'autre nature, auquel, sans qu'on l'ait pu prevoir, toutes ces causes differentes ont contribué. Il estoit, par exemple, raisonnable de

---

(1) Sap. xiv, 3.

chastier la curiosité du poëte Æschilus, lequel ayant appris d'un devin, qu'il mourroit accablé de la cheute de quelque maison, se tint tout ce jour-là en une rase campagne, pour eviter le destin ; et demeurant ferme, teste nue, un faucon qui tenoit entre ses serres une tortuë en l'air, voyant ce chef chauve, et cuidant que ce fust la poincte d'un rocher, lascha la tortuë droit sur iceluy ; et voilà que Æschilus meurt sur le champ, accablé de la maison et escaille d'une tortuë. Ce fut sans doute un accident fortuit ; car cet homme n'alla pas au champ pour mourir, ains pour eviter la mort ; ny le faucon ne cuida pas escraser la teste d'un poëte, ains le teste et l'escaille de la tortuë, pour par après en devorer la chair : et neantmoins il arriva au contraire ; car la tortuë demeura sauve et le pauvre Æschilus mort. Selon nous, ce cas fut inopiné, mais, au regard de la providence qui regardoit de plus haut, et voyoit la concurrence des causes, ce fut un exploit de justice par lequel la superstition de cet homme fut punie. Les adventures de l'ancien Joseph furent admirables en varieté et en passages d'une extremité à l'autre. Ses freres qui l'avoyent vendu pour le perdre, furent tous estonnez de le voir devenu vice-roy, et (1) *apprehendoient* infiniment qu'il ne se ressentist du tort qu'ils luy avoyent faict : mais non, leur dit-il (2) ; ce n'est pas tant que vos menées que je suis envoyé icy, comme par la providence divine : « (3) Vous avez eu des mauvais desseins sur moy, « mais Dieu les a reduits à bien. » Voyez-vous, Theotime ? le monde eust appellé fortune, ou evenement fortuit, ce que Joseph dit estre un project de la providence souveraine qui range et reduit toutes choses à son service : et il est ainsi de tout ce qui se passe au monde, et mesme des monstres, la naissance desquels rend les œuvres accomplies et parfaictes plus estimables, produit de l'admiration, et provoque à philosopher et faire plusieurs bonnes pensées : et en somme ils tiennent lieu en l'univers, comme les ombres ès tableaux, qui donnent grace, et semblent relever la peinture.

CHAPITRE IV.

De la providence surnaturelle, que Dieu exerce envers les creatures raisonnables.

Tout ce que Dieu a fait, est destiné au salut des hommes et des anges : mais voicy l'ordre de sa providence pour ce regard, selon que par l'attention aux sainctes Escritures et à la doctrine des anciens, nous le pouvons descouvrir,

(1) Genes. L, 15. — (2) Ibid. XLV, 8.
(3) Genes. L, 20.

et que nostre foiblesse nous permet d'en parler.

Dieu cogneut eternellement qu'il pouvoit faire une quantité innumerable de creatures en diverses perfections et qualitez, auxquelles il se pourroit communiquer : et considerant qu'entre toutes les façons de se communiquer il n'y avoit rien de si excellent que de se joindre à quelque nature creée, en telle sorte que la creature fust comme entée et inserée en la divinité, pour ne faire avec elle qu'une seule personne, son infinie bonté qui de soy-mesme et par soy-mesme est portée à la communication, se resolut et determina d'en faire une de cette maniere ; afin que comme eternellement il y a une communication essentielle en Dieu, par laquelle le Pere communique toute son infinie et indivisible divinité au Fils, en le produisant ; et le Pere et le Fils ensemble produisant le Sainct-Esprit, lui communiquent aussi leur propre unique divinité, de mesme cette souveraine douceur fust aussi communiquée si parfaictement hors de soy à une creature, que la nature creée et la divinité, gardant une chacune leurs proprietez, fussent neantmoins tellement unies ensemble qu'elles ne fussent qu'une mesme personne.

Or entre toutes les creatures que cette souveraine toute-puissance pouvoit produire, elle trouva bon de choisir la mesme humanité, qui du depuis par effect fut jointe à la personne de Dieu le fils, à laquelle elle destina cet honneur incomparable de l'union personnelle à sa divine majesté, afin qu'eternellement elle jouyst par excellence des thresors de sa gloire infinie. Puis ayant ainsi preferé pour ce bonheur l'humanité sacrée de nostre Sauveur, la supresme providence disposa de ne point retenir sa bonté en la seule personne de ce fils bien-aimé, ains de la respandre en sa faveur sur plusieurs autres creatures ; et sur le gros de cette innumerable quantité de choses qu'elle pouvoit produire, elle fit choix de creer les hommes et les anges, comme pour tenir compagnie à son Fils, participer à ses graces et à sa gloire, et l'adorer et louer eternellement. Et parce que Dieu veid qu'il pouvoit faire en plusieurs façons l'humanité de son Fils, en le rendant vray homme, comme par exemple, le creant de rien, non-seulement quant à l'ame, mais aussi quant au corps ; ou bien formant le corps de quelque matiere precedente, comme il fit celuy d'Adam et d'Eve, ou bien par voie de generation ordinaire d'homme et de femme, ou bien enfin par generation extraordinaire d'une femme sans homme, il delibera que la chose se feroit en cette derniere façon ; et entre toutes les femmes qu'il pouvoit choisir à cette intention, il esleut la tres-saincte vierge Nostre-Dame, par l'entremise de laquelle le Sauveur de nos ames seroit non-seulement homme, mais enfant du genre humain.

Outre cela, la sacrée providence determina de produire tout le reste des choses, tant naturelles que surnaturelles, en faveur du Sauveur; afin que les anges et les hommes peussent, en le servant, participer à sa gloire : ensuite de quoy, bien que Dieu voulust creer, tant les anges que les hommes, avec le franc-arbitre, libres d'une vraye liberté pour choisir le bien et le mal; si est-ce neantmoins que pour tesmoigner que de la part de la bonté divine ils estoient dediez au bien et à la gloire, elle les crea tous en justice originelle, laquelle n'estoit autre chose qu'un amour tres-suave qui les disposoit, contournoit, et acheminoit à la felicité eternelle.

Mais parce que cette supresme sagesse avoit deliberé de tellement mesler cet amour originel avec la volonté de ses creatures, que l'amour ne forçast point la volonté, ains lui laissast sa liberté ; il previd qu'une partie, mais la moindre de la nature angelique, quittant volontairement le sainct amour, perdroit par consequent la gloire. Et parce que la nature angelique ne pourroit faire ce peché que par une malice expresse, sans tentation ny motif quelconque qui la pust excuser, et que d'ailleurs une beaucoup plus grande partie de cette mesme nature demeureroit ferme au service du Sauveur; partant Dieu qui avoit si amplement glorifié sa misericorde au dessein de la creation des anges, voulut aussi magnifier sa justice, et en la fureur de son indignation resolut d'abandonner pour jamais cette triste et malheureuse troupe de perfides, qui en la furie de leur rebellion l'avoient si vilainement abandonné.

Il previd bien aussi que le premier homme abuseroit de sa liberté, et quittant la grace il perdroit la gloire ; mais il ne voulut pas traicter si rigoureusement la nature humaine, comme il delibera de traicter l'angelique.

C'estoit la nature humaine de laquelle il avoit resolu de prendre une piece bienheureuse, pour l'unir à sa divinité. Il vid que c'estoit une nature imbecille (1), « un vent qui va et ne revient pas, » c'est-à-dire, qui se dissipe en allant. Il eut esgard à la surprise avec laquelle Satan avoit faicte au premier homme, et à la grandeur de la tentation qui le ruina. Il vid que toute la race des hommes perissoit par la faute d'un seul : si que par ces raisons il regarda nostre nature en pitié, et se resolut de la prendre à mercy.

Mais afin que la douceur de sa misericorde fust ornée de la beauté de sa justice, il delibera de sauver l'homme par voye de redemption rigoureuse; laquelle ne se pouvant bien faire que par son Fils, il establit qu'iceluy rachetteroit les hommes, non-seulement par une de ses actions amoureuses qui eust esté plus que tres-suffisante à rachetter mille millions de mondes, mais encore par toutes les innumerables actions amoureuses et passions douloureuses qu'il feroit et souffriroit jusques à la mort, et la mort de la croix à laquelle il le destina, voulant qu'ainsi il se rendist compagnon de nos miseres, pour nous rendre par après compagnons de sa gloire ; monstrant en cette sorte les richesses de sa bonté, par cette (1) *redemption copieuse*, abondante, surabondante, magnifique et excessive, laquelle nous a acquis et comme reconquestez tous les moyens necessaires pour parvenir à la gloire, de sorte que personne ne puisse jamais se douloir, comme si la misericorde divine manquoit à quelqu'un.

CHAPITRE V.

Que la providence celeste a pourveu aux hommes une redemption tres-abondante.

Or disant, Theotime, que Dieu avoit veu et voulu une chose premierement, et puis secondement une autre, observant ordre en ses volontez, je l'ay entendu selon qu'il a esté declaré cy-devant, à sçavoir, qu'encore que tout cela s'est passé en un tres-seul et tres-simple acte, neantmoins par iceluy, l'ordre, la distinction, et la dependance des choses n'a pas esté moins observée, que s'il y eust eu plusieurs actes en l'entendement et volonté de Dieu. Estant donc ainsi que toute volonté bien disposée, qui se determine de vouloir plusieurs objects egalement presens, aime mieux, et avant tous, celuy qui est le plus aimable, il s'ensuit que la souveraine providence faisant son eternel project et dessein de tout ce qu'elle produiroit, elle voulut premierement et aima, par une preference d'excellence, le plus aimable object de son amour, qui est nostre Sauveur; et puis par ordre, les autres creatures, selon que plus ou moins elles appartiennent au service, honneur et gloire d'iceluy.

Ainsi tout a esté faict pour ce divin homme, qui pour cela est appellé (2) « aisné de toute « creature ; possedé par la divine majesté (3) au « commencement des voyes d'icelle, avant qu'elle « fist chose quelconque, creé au commencement « avant les siecles : (4) car en luy toutes choses sont « faictes, et il est avant tous, et toutes choses sont « establies en lui, et il est le chef de toute l'Eglise, « tenant en tout et partout la primauté. » On ne plante principalement la vigne que pour le fruict; et partant le fruict est le premier desiré et pre-

---

(1) Psalm. LXXVII, 39.

(1) Psalm. CXXIX, 7. — (2) Coloss. 1, 15.
(3) Proverb. VIII, 23. — (4) Coloss. 1, 16, 17, 18.

tendu, quoy que les feuilles et les fleurs precedent en la production. Ainsi le grand Sauveur fut le premier en l'intention divine, et en ce project eternel que la divine providence fit de la production des creatures, et en contemplation de ce fruict desirable, fut plantée la vigne de l'univers, et establie la succession de plusieurs generations, qui, à guise de feuilles et de fleurs, le devoient preceder, comme avant-coureurs et preparatifs convenables à la production de ce raisin, que l'espouse sacrée loue tant ès cantiques, et la liqueur duquel (1) *resjouit* Dieu et les hommes.

Or doncques maintenant, mon Theotime, qui doutera de l'abondance des moyens du salut, puisque nous avons un si grand Sauveur, en consideration duquel nous avons esté faicts, et par les merites duquel nous avons esté rachetez? Car il est mort pour tous, parce que tous estoient morts; et sa misericorde a esté plus salutaire pour racheter la race des hommes, que la misere d'Adam n'avoit esté veneneuse pour la perdre. Et tant s'en faut que le peché d'Adam ayt surmonté la debonnaireté divine, que tout au contraire il l'a excitée et provoquée; si que par une suave et tres-amoureuse antiperistase et contention elle s'est ravigorée à la presence de son adversaire; et comme ramassant ses forces pour vaincre, elle a fait (2) « surabonder la grace où l'ini« quité avoit abondé : » de sorte que la saincte Eglise, par un sainct excès d'admiration, s'escrie la veille de Pasques : O peché d'Adam, à la verité necessaire, qui a esté effacé par la mort de Jesus-Christ! ô coulpe bienheureuse, qui a merité d'avoir un tel et si grand redempteur! Certes, Theotime, nous pouvons dire comme cet ancien : nous estions perdus, si nous n'eussions esté perdus : c'est-à-dire nostre perte nous a esté à profit, puisqu'en effect la nature humaine a receu plus de grace par la redemption du Sauveur, qu'elle n'en eust jamais receu par l'innocence d'Adam, s'il eust perseveré en icelle.

Car encore que la divine providence ayt laissé en l'homme des grandes marques de sa severité parmy la grace mesme de sa misericorde, comme par exemple, la necessité de mourir, les maladies, les travaux, la rebellion de la sensualité, si est-ce que la faveur celeste surnageant à tout cela, prend plaisir de convertir toutes ces miseres au plus grand profit de ceux qui l'aiment, faisant naistre la patience sur les travaux, le mespris du monde sur la necessité de mourir, et mille victoires sur la concupiscence : et comme l'arc-en-ciel touchant l'espine Aspalathus, la rend plus odorante que les lys, aussi la redemption de Nostre-Seigneur touchant nos miseres, elle les rend plus utiles et aimables que n'eust jamais esté l'innocence originelle. « (1) Les anges ont plus de joye « au ciel, dit le Sauveur, sur un pecheur peni« tent, que sur nonante-neuf justes qui n'ont pas « besoin de penitence. » Et de mesme, l'estat de la redemption vaut cent fois mieux que celuy de l'innocence. Certes en l'arrousement du sang de Nostre-Seigneur fait par l'hysope de la croix, nous avons esté remis en une blancheur incomparablement plus excellente, que celle de la neige de l'innocence, sortant, comme Naaman, (2) du fleuve de salut plus purs et nets que si jamais nous n'eussions esté ladres; afin que la divine Majesté, ainsi qu'elle nous a ordonné de faire, ne fust « (3) pas vaincüe par le mal, ains vainquist le « mal par le bien; » que « (4) sa misericorde, « comme une huile sacrée, se tinst au-dessus du « jugement, » et que « (5) ses miserations surmon« tassent toutes ses œuvres. »

CHAPITRE VI.

De quelques faveurs speciales exercées en la redemption des hommes par la divine providence.

Dieu certes monstre admirablement la richesse incomprehensible de son pouvoir en cette si grande varieté de choses que nous voyons en la nature; mais il fait encore plus magnifiquement paroistre les tresors infinis de sa bonté en la difference nompareille des biens que nous cognoissons en la grace. Car, Theotime, il ne s'est pas contenté en l'excès sacré de sa misericorde, d'envoyer à son peuple, c'est-à-dire, au genre humain, une redemption generale et universelle, par laquelle un chascun peut estre sauvé; mais il l'a diversifiée en tant de manieres, que sa liberalité reluisant en toute cette varieté, cette varieté reciproquement embellit aussi sa liberalité.

Ainsi il destina premierement pour sa tressaincte mere une faveur digne de l'amour d'un fils, qui estant tout sage, tout-puissant, et tout bon, se devoit preparer une mere à son gré; et partant il voulut que sa redemption luy fust appliquée par maniere de remede preservatif, afin que le peché qui s'escouloit de generation en generation, ne parvinst point à elle; de sorte qu'elle fut rachetée si excellemment, qu'encore que par après le torrent de l'iniquité originelle vinst rouler ses ondes infortunées sur la conception de cette sacrée dame avec autant d'impetuosité comme il eust fait sur celle des autres filles d'Adam; si

---

(1) Ps. CIII, 16. — (2) Rom. v, 20.

(1) Luc. xv, 7. — (2) IV. Reg. v.
(3) Rom. XII, 21. — (4) Jac. II, 13.
(5) Psalm. CXLIV, 9.

est-ce qu'estant arrivé là il ne passa point outre, ains s'arresta court, comme fit anciennement le Jordain du temps de Josué, et pour le mesme respect : car ce fleuve retint son cours en reverence du passage de l'arche de l'alliance ; et le peché originel retira ses eaux, reverant et redoutant la presence du vray tabernacle de l'eternelle alliance.

De cette maniere doncques Dieu destourna de sa glorieuse Mere toute captivité, luy donnant le bonheur des deux estats de la nature humaine; puisqu'elle eut l'innocence que le premier Adam avoit perdue, et jouyt excellemment de la redemption que le second luy acquit; ensuite de quoy, comme un jardin d'eslite, qui devoit porter le fruict de vie, elle fut rendue florissante en toutes sortes de perfections, ce Fils de l'amour eternel, ayant ainsi « (1) paré sa mere de robbe d'or reca- « mée en belle varieté, » afin qu'elle fust la reyne de sa dextre, c'est-à-dire, la premiere de tous les esleuz qui jouiroient « (2) des delices de la dex- « tre divine. » Si que cette mere sacrée, comme toute reservée à son Fils, fut par luy rachetée, non-seulement de la damnation, mais aussi de tout peril de damnation, luy asseurant la grace et la perfection de la grace ; en sorte qu'elle marchast comme une belle « (3) aube, qui commen- « çant à poindre, va continuellement croissant en « clarté jusques au plein jour. » Redemption admirable, chef-d'œuvre du Redempteur, et la premiere de toutes les redemptions, par laquelle le Fils, d'un cœur vrayement filial, « (4) prevenant sa « mere ès benedictions de douceur, » il la preserva non-seulement du peché, comme les anges, mais aussi de tout peril de peché, et de tous les divertissemens et retardemens de l'exercice du sainct amour. Aussi proteste-t-il qu'entre toutes les creatures raisonnables qu'il a choisies, cette mere est « (5) son unique colombe, sa toute par- « faicte, sa toute chere bien-aimée, » hors de tout parangon et de toute comparaison.

Dieu disposa aussi d'autres faveurs pour un petit nombre de rares creatures qu'il vouloit mettre hors du danger de la damnation, comme il est certain de S. Jean-Baptiste, et tres-probable de Hieremie, et de quelques autres que la divine providence alla saisir dans le ventre de leur mere, et dès-lors les establit en la perpetuité de sa grace, afin qu'ils demeurassent fermes en son amour, bien que subjects au retardement et pechez veniels qui sont contraires à la perfection de l'amour, et non à l'amour mesme : et ces ames, en comparaison des autres, sont comme des reynes tousjours couronnées de charité, qui tiennent le rang principal en l'amour du Sauveur après sa mere, laquelle est la reyne des reynes; reyne, non-seulement couronnée d'amour, mais de la perfection de l'amour, et qui plus est, couronnée de son Fils propre qui est le souverain object de l'amour, puisque les enfans sont la couronne de leurs peres et meres.

Il y a encore d'autres ames, lesquelles Dieu disposa de laisser pour un temps exposées, non au peril de perdre le salut, mais bien au peril de perdre son amour ; ains il permit qu'elles le perdissent en effet, ne leur asseurant point l'amour pour toute leur vie, ains seulement pour la fin d'icelle, et pour certain temps precedent. Tels furent les apostres, David, Magdeleine, et plusieurs autres, qui pour un temps demeurerent hors de l'amour de Dieu, mais enfin estant une bonne fois convertis, furent confirmez en la grace jusques à la mort : de sorte que dès-lors demeurant voirement subjects à quelques imperfections, ils furent toutesfois exempts de tout peché mortel, et par consequent du peril de perdre le divin amour, et furent comme des amies sacrées de l'espoux celeste, parées voirement de la robbe nuptiale de son tres-sainct amour, mais non pas pourtant couronnées ; parce que la couronne est un ornement de la teste, c'est-à-dire, de la premiere partie de la personne. Or la premiere partie de la vie des ames de ce rang ayant esté subjecte à l'amour des choses terrestres, elles ne peuvent porter la couronne de l'amour celeste ; ains leur suffit d'en porter la robbe, qui les rend capables du lict nuptial de l'espoux divin, et d'estre eternellement bienheureuses avec luy.

CHAPITRE VII.

Combien la providence sacrée est admirable en la diversité des graces qu'elle distribue aux hommes.

Il y eut donc en la providence eternelle une faveur incomparable pour la reyne des reynes, « (1) mere de tres-belle dilection, » et toute tres-uniquement parfaicte. Il y en eut aussi des speciales pour des autres. Mais après cela cette souveraine bonté respandit une abondance de graces et benedictions sur toute la race des hommes et la nature des anges, de laquelle tous ont esté arrousés comme d'une « (2) pluye qui tombe sur les « bons et les mauvais : » tous ont esté esclairez, comme d'une « (3) lumiere qui illumine tout « homme venant en ce monde » : tous ont receu leur part, comme d'une « (4) semence qui tombe

---

(1) Ps. XLIV, 10. — (2) Ps. XV, 11.
(3) Prov. IV, 18. — (4) Ps. XX, 4.
(5) Cant. cant. VI, 8.

(1) Cant. XXIV, 24. — (2) Matth. V, 45.
(3) Joan. I, 9. — (4) Matth. XIII.

« non-seulement sur la bonne terre, mais emmy
« les chemins, entre les espines, et sur les pier-
« res; » afin que tous fussent inexcusables devant
le Redempteur, s'ils n'employent cette tres-abondante redemption pour leur salut.

Mais pourtant, Theotime, quoy que cette tres-abondante suffisance de graces soit ainsi versée sur toute la nature humaine, et qu'en cela nous soyons tous esgaux, et qu'une riche abondance de benedictions nous soit offerte à tous; si est-ce neantmoins que la varieté de ces faveurs est si grande, qu'on ne peut dire qui est plus admirable, ou la grandeur de toutes les graces en une si grande diversité, ou la diversité en tant de grandeurs. Qui ne void qu'entre les chrestiens les moyens du salut sont plus grands et puissans qu'entre les barbares, et que parmy les chrestiens il y a des peuples et des villes où les pasteurs sont plus fructueux et capables? Or de nier que ces moyens exterieurs ne soient pas des faveurs de la providence divine, ou de revoquer en doute qu'ils ne contribuent pas au salut et à la perfection des ames, ce seroit estre ingrat envers la bonté celeste, et desmentir la veritable experience qui nous fait voir que, pour l'ordinaire, où ces moyens exterieurs abondent, les interieurs ont plus d'effect et reüssissent mieux.

Certes, comme nous voyons qu'il ne se treuve jamais deux hommes parfaictement semblables ès dons naturels, aussi ne s'en treuve-t-il jamais de parfaictement esgaux ès surnaturels. Les anges, comme le grand S. Augustin et S. Thomas asseurent, reçurent la grace selon la varieté de leurs conditions naturelles. Or ils sont tous, ou de differente espece, ou au moins de diverses conditions, puisqu'ils sont distinguez les uns des autres : doncques autant qu'il y a d'anges, il y a aussi de graces differentes; et bien que quant aux hommes la grace ne soit pas donnée selon leurs conditions naturelles, toutesfois la divine douceur prenant plaisir, et par maniere de dire s'esgayant en la production des graces, elle les diversifie en infinies façons, afin que de cette varieté se fasse le bel esmail de sa redemption et misericorde, dont l'Eglise chante en la feste de chaque confesseur evesque : « (1) Il ne s'en est point treuvé
« de semblable à luy. » Et comme au ciel « (2) nul
« ne sçait le nom nouveau, sinon celuy qui le re-
« çoit, » parce que chascun des bienheureux a le sien particulier, selon l'estre nouveau de la gloire qu'il acquiert; ainsi en terre chascun reçoit une grace si particuliere, que toutes sont diverses. Aussi nostre Sauveur (3) compare sa grace aux perles, lesquelles, comme dit Pline, s'appellent autrement unions, parce qu'elles sont tellement uniques, une chascune en ses qualitez, qu'il ne s'en treuve jamais deux qui soient parfaictement pareilles, et comme « (1) une estoille est diffe-
« rente de l'autre en clarté, » ainsi seront differens les hommes les uns des autres en gloire; signe evident qu'ils l'auront esté en la grace. Or cette varieté en la grace, ou cette grace en la varieté, fait une tres-sacrée beauté et tres-suave harmonie, qui resjouit toute la saincte cité de Hierusalem la celeste.

Mais il se faut bien garder de jamais rechercher pourquoy la supresme sagesse a departy une grace à l'un plutost qu'à l'autre, ny pourquoy il fait abonder ses faveurs en un endroit plutost qu'en l'autre. Non, Theotime, n'entrez jamais en cette curiosité : car ayant tous suffisamment, ains abondamment ce qui est requis pour le salut, quelle raison peut avoir homme du monde de se plaindre, s'il plaist à Dieu de departir ses graces plus largement aux uns qu'aux autres? Si quelqu'un s'enqueroit pourquoy Dieu a fait les melons plus gros que les fraises, ou les lys plus grands que les violettes, pourquoy le rosmarin n'est pas une rose, ou pourquoy l'œillet n'est pas un soucy, pourquoy le paon est plus beau qu'une chauve-souris, ou pourquoy la figue est douce, et le citron aigrelet; on se moqueroit de ses demandes, et on luy diroit : pauvre homme, puisque la beauté du monde requiert la varieté, il faut qu'il y ayt des differentes et inesgales perfections ès choses, et que l'une ne soit pas l'autre : c'est pourquoy les unes sont petites, les autres grandes; les unes aigres, les autres douces, les unes plus et les autres moins belles. Or c'en est de mesme ès choses surnaturelles : « (2) chaque
« personne a son don; un ainsi, et l'autre ainsi, »
dit le Sainct-Esprit. C'est donc une impertinence de vouloir rechercher pourquoy S. Paul n'a pas eu la grace de S. Pierre, ny S. Pierre celle de S. Paul; pourquoy S. Antoine n'a pas esté S. Anathase, ny S. Anathase S. Hierosme : car on respondroit à ces demandes, que l'Eglise est un jardin diapré de fleurs infinies; il y en faut donc de diverses grandeurs, de diverses couleurs, de diverses odeurs, et en somme de differentes perfections. Toutes ont leur prix, leur grace et leur esmail; et toutes en l'assemblage de leurs varietez font une tres-agreable perfection de beauté.

(1) I. Cor. xv, 41. — (2) I Cor. vii, 7.

___

(1) Eccl. xliv, 20. — (2) Apoc. ii, 17.
(3) Matth. xii, 45.

CHAPITRE VIII.

Combien Dieu desire que nous l'aimions.

Bien que la redemption du Sauveur nous soit appliquée en autant de differentes façons comme il y a d'ames; si est-ce neantmoins que l'amour est le moyen universel de nostre salut qui se mesle partout; et sans lequel rien n'est salutaire, ainsi que nous dirons ailleurs (1). Aussi le cherubin fut mis à la porte du paradis terrestre avec son espée flamboyante, pour nous apprendre que nul n'entrera au paradis celeste, qu'il ne soit transpercé du glaive de l'amour. Pour cela, Theotime, le doux Jesus qui nous a rachetez par son sang, desire infiniment que nous l'aymions, afin que nous soyons eternellement sauvez; et desire que nous soyons sauvez, afin que nous l'aymions eternellement, son amour tendant à nostre salut, et nostre salut à son amour: (2) Hé, dit-il, « je suis venu « pour mettre le feu au monde; que pretens-je si- « non qu'il arde? » Mais pour declarer plus vivement l'ardeur de ce desir, il nous commande cet amour en termes admirables : « (3) Tu aymeras, « dit-il, le Seigneur ton Dieu de tout ton cœur, « de toute ton ame, de toutes tes forces : c'est le « premier et le plus grand commandement. »

Vray Dieu, Theotime, que le cœur divin est amoureux de nostre amour! Ne suffisoit-il pas qu'il eust publié une permission, par laquelle il nous eust donné congé de l'aimer, (4) comme Laban permit à Jacob d'aimer sa belle Rachel, et de la gaigner par ses services? Mais non, il declare plus avant sa passion amoureuse envers nous, et nous commande de l'aimer de tout nostre pouvoir; afin que la consideration de sa majesté, et de nostre misere, qui font une tant infinie disparité et inegalité de luy à nous, ny autre pretexte quelconque ne nous divertist de l'aimer. En quoy il tesmoigne bien, Theotime, qu'il ne nous a pas laissé d'inclination naturelle de l'aimer pour neant : car afin qu'elle ne soit oiseuse, il nous presse de l'employer par ce commandement general; et afin que ce commandement puisse estre pratiqué, il ne laisse homme qui vive, auquel il ne fournisse abondamment tous les moyens requis à cet effect. Le soleil visible touche tout de sa chaleur vivifiante, et comme l'amoureux universel des choses inferieures il leur donne la vigueur requise pour faire leurs productions : et de mesme la bonté divine anime toutes les ames, et encourage tous les cœurs à son amour, sans qu'homme quelconque soit caché à sa chaleur.

« (1) La sapience eternelle, dit Salomon, presche « tout en public, elle fait retentir sa voix emmy « les places, elle crie et recrie devant les peu- « ples, elle prononce ses paroles ès portes des « villes, elle dit : Jusques à quand sera-ce, ô « petits enfans, que vous aimerez l'enfance; et « jusques à quand sera-ce que les forcenez de- « sireront les choses nuisibles, et que les impru- « dens hairont la science? Convertissez-vous, re- « venez à moi sur cest advertissement : hé! voicy « que je vous offre mon esprit, et je vous mons- « treray ma parole. » Et cette mesme sapience poursuit en Ezechiel, disant : « (2) Que personne « ne die, je suis emmy les pechez, et comment « pourray-je revivre? Ah non! Car, voicy que « Dieu dit : Je suis vivant, et aussi vray que je « vis, je ne veux point la mort de l'impie, mais « qu'il se convertisse de sa voye, et qu'il vive. » Or vivre selon Dieu, c'est aimer; et « (3) qui « n'aymepas, il demeure en la mort. » Voyez donc, Theotime, si Dieu desire que nous l'aimions?

Mais il ne se contente pas d'annoncer ainsi son extreme desir d'estre aimé en public, en sorte que chascun puisse avoir part à son aimable semonce; ains il va mesme de porte en porte hurtant « (4) et frappant, protestant que si quelqu'un « ouvre, il entrera chez luy, et souppera avec « luy », c'est-à-dire, il luy tesmoignera toute sorte de bienveuillance.

Or, qu'est-ce à dire tout cela, Theotime? Sinon que Dieu ne nous donne pas seulement une simple suffisance de moyens pour l'aimer et en l'aimant nous sauver; mais que c'est une suffisance riche, ample, magnifique, et telle qu'elle doit estre attendue d'une si grande bonté comme est la sienne. Le grand apostre, parlant au pecheur obstiné : « (5) mesprises-tu, dit-il, les ri- « chesses de la bonté, patience, et longanimité de « Dieu? Ignores-tu que la benignité de Dieu t'a- « meine à penitence? Mais toy, selon ta dureté et « ton cœur impenitent, tu te fais un thresor d'ire « au jour de l'ire. » Mon cher Theotime, Dieu n'exerce pas donc une simple suffisance de remede pour convertir les obstinez, mais employe à cela les richesses de sa bonté. L'apostre, comme vous voyez, oppose les richesses de la bonté de Dieu aux thresors de la malice du cœur impenitent, et dit que le cœur malicieux est si riche en iniquité, que mesme il mesprise les richesses de la debonnaireté par laquelle Dieu l'attire à penitence. Et notez que ce ne sont pas simplement les richesses de la bonté divine, que l'obstiné

---

(1) Genes. III, 24. — (2) Luc. XII, 49.
(3) Matt. XXII, 37, 38. — (4) Genes. XXIX.

(1) Psalm. XVIII, 7. Prov. I, 20 et seq.
(2) Ezech. XXXIII, 10, 11. — (3) I. Joan. III, 14.
(4) Apoc. III, 20. — (5) Rom. II, 4, 5.

mesprise, mais les richesses attrayantes à penitence ; richesses qu'on ne peut bonnement ignorer. Certes cette riche, comble et plantoureuse suffisance de moyens, que Dieu eslargit aux pecheurs pour l'aimer, paroist presque partout en l'Escriture : car voyez ce Dieu amant à la porte, il ne bat pas simplement, il s'arreste à battre, il appelle l'ame : « (1) Sus leve-toy, ma bien-aimée ; depes- » che-toy ; et met sa main dans la serrure, » pour voir s'il pourroit point ouvrir. S'il presche emmy les places, il ne presche pas simplement, mais il va criant, c'est-à-dire, il continue à crier ; s'il exclame qu'on se convertisse, il semble qu'il ne l'a jamais assez repeté : « (2) Convertissez-vous, con- « vertissez-vous, faites penitence, retournez à « moy ; vivez. Pourquoy mourrez-vous, maison « d'Israël ? » En somme, ce divin Sauveur n'oublie rien pour monstrer que « (3) ses miserations « sont sur toutes ses œuvres ; que sa misericorde « surpasse son jugement ; que sa (4) redemption « est copieuse ; » que son amour est infiny ; et comme dit l'apostre, qu'il « (5) est riche en mi- « sericorde » ; et que par consequent, il « (6) vou- « droit que tous les hommes fussent sauvez, et « (7) qu'aucun ne perist. »

CHAPITRE IX.

Comme l'amour eternel de Dieu envers nous previent nos cœurs de son inspiration, afin que nous l'aimions.

« (8) Je t'ay aimé d'une charité perpetuelle, et « partant je t'ay attiré, ayant pitié et misericorde « de toy ; et de rechef je te reedifieray, et seras « edifiée, toi vierge d'Israël. » Ce sont paroles de Dieu, par lesquelles il promet que le Sauveur venant au monde establira un nouveau regne en son Eglise, qui sera son espouse vierge, et « (9) vraye « Israëlite spirituelle. »

Or, comme vous voyez, Theotime, « (10) ce n'a « pas esté par aucun merite des œuvres que nous « eussions faites, mais selon sa misericorde, qu'il « nous a sauvés », par cette charité ancienne, ains eternelle, qui a esmeu sa divine providence de nous attirer à soy. Que «(11) si le Pere ne nous « eust tirez, jamais nous ne fussions venus au « Fils nostre Sauveur, ny par consequent au « salut. »

Il y a certains oyseaux, Theotime, qu'Aristote nomme Apodes, parce qu'ayant les jambes extremement courtes, et les pieds sans force, ils ne s'en servent non plus que s'ils n'en avoient point. Que si une fois ils prennent terre, ils y demeurent pris, sans que jamais d'eux-mesmes ils puissent reprendre le vol ; d'autant que n'ayant nul usage des jambes, ny des pieds, ils n'ont pas non plus le moyen de se pousser et relancer en l'air, et partant ils demeurent là croupissant, et y meurent, sinon que quelque vent propice à leur impuissance, jettant ses bouffées sur la face de la terre, les vienne saisir et enlever comme il fait plusieurs autres choses. Car alors, si employant leurs aisles, ils correspondent à cet eslan et premier essor que le vent leur donne, le mesme vent continue aussi son secours envers eux, les poussant de plus en plus au vol.

Theotime, les anges sont comme les oyseaux, que pour leur beauté et rareté on appelle oyseaux de paradis, qu'on ne void jamais en terre que morts. Car ces esprits celestes ne quitterent pas plustost l'amour divin, pour s'attacher à l'amour propre, que soudain ils tomberent comme morts ensevelis ès enfers ; d'autant que ce que la mort fait ès hommes, les separant pour jamais de cette vie mortelle, la cheute le fit ès anges, les separant pour tousjours de la vie eternelle : mais nous autres humains, nous ressemblons plutost aux Apodes. Car s'il nous advient de quitter l'air du sainct amour divin, pour prendre terre, et nous attacher aux creatures, ce que nous faisons toutes les fois que nous offensons Dieu ; nous mourons voirement, mais non pas d'une mort si entiere ; qu'il ne nous reste un peu de mouvement, et avec cela des jambes et des pieds, c'est-à-dire quelques menues affections qui nous peuvent faire faire quelques essays d'amour : mais cela pourtant est si foible, qu'en verité nous ne pouvons plus de nous-mesmes desprendre nos cœurs du peché, ny nous r'elancer au vol de la sacrée dilection, laquelle, chetifs que nous sommes, nous avons perfidement et volontairement quittée.

Et certes nous meriterions bien de demeurer abandonnez de Dieu, quand avec cette desloyauté nous l'avons ainsi abandonné. Mais son eternelle charité ne permet pas souvent à sa justice d'user de ce chastiment ; ains excitant sa compassion, elle le provoque à nous retirer de nostre malheur ; ce qu'il fait, envoyant le vent favorable de sa tres-saincte inspiration, laquelle venant avec une douce violence dans nos cœurs, elle les saisit et les esmeut, relevant nos pensées, et poussant nos affections en l'air du divin amour.

Or ce premier eslan ou esbranlement, que Dieu donne en nos cœurs, pour les inciter à leur bien, se fait voirement en nous, mais non pas par nous ;

(1) Cant. II, 10. Cant. v, 4. — (2) Ezech. XXXIII, 11. — (3) Psal. CXLIV, 9. Jac. II, 13.
(4) Psalm. CXXIX, 7. — (5) Ephes. II, 4.
(6) I. Tim. II, 4. — (7) II. Petr. III, 9.
(8) Jerem. XXXI, 3. — (9) Joan. I, 47.
(10) Tit. III, 5. — (11) Joan. VI, 44.

car il arrive à l'improuveu, avant que nous y ayons ny pensé, ny peu penser, puisque « (1) nous n'a- « vons aucune suffisance, pour de nous-mesmes, « comme de nous-mesmes, penser aucune chose « qui regarde nostre salut ; mais toute nostre suf- « fisance est de Dieu », lequel ne nous a pas seulement aymez avant que nous fussions, mais encore afin que nous fussions, et que nous fussions saincts : en suite de quoy, il nous « (2) previent « ès benedictions de sa douceur » paternelle, et excite nos esprits, pour les pousser à la saincte repentance et conversion. Voyez, je vous prie, Theotime, le pauvre prince des apostres tout engourdy dans son peché, en la triste nuict de la passion de son maistre ; il ne pensoit non plus à se repentir de son peché, que si jamais il n'eust cogneu son divin Sauveur, et comme un chetif Apode atterré, il ne se fust oncques relevé, si le coq (3) comme instrument de la divine Providence, n'eust frappé de son chant à ses oreilles, à mesme temps que le doux Redempteur, jettant un regard salutaire comme une sagette d'amour, transperça ce cœur de pierre, qui rendit par après tant d'eaux, à guise de l'ancienne pierre, lorsqu'elle fut frappée par Moyse au desert. (4) Mais voyez de rechef cet apostre sacré dormant dans la prison d'Herodes, lié de deux chaisnes, il est là en qualité de martyr ; et neantmoins il represente le pauvre homme qui dort emmy le peché, prisonnier et esclave de Satan. Helas ! qui le delivrera ? L'ange descend du ciel, et « (5) frappant « sur le flanc du grand sainct Pierre prisonnier, « le reveille, disant : Sus, levé-toy » : et l'inspiration vient du ciel, comme un ange, laquelle battant droit sur le cœur du pauvre pecheur, l'excite afin qu'il se leve de son iniquité. N'est-il pas donc vray, mon cher Theotime, que cette premiere esmotion et secousse que l'ame sent, quand Dieu le prevenant d'amour, l'esveille et l'excite à quitter le peché et se retourner à luy : et nonseulement cette secousse, ains tout le resveil, se fait en nous et pour nous ? Nous sommes esveillez, mais nous ne sommes pas esveillez de nous-mesmes ; c'est l'inspiration qui nous a esveillez, et pour nous esveiller elle nous a esbranlez et secouez. « (6) Je dormois, dit cette devote espouse, « et mon espoux qui est mon cœur, veilloit. » Hé ! le voici qui m'esveille, m'appellant par le nom de nos amours, et j'entends bien que c'est luy à sa voix. C'est en sursaut et à l'improuveu que Dieu nous appelle et resveille par sa tres-saincte inspi-

ration. En ce commencement de la grace celeste nous ne faisons rien que sentir l'esbranlement que Dieu fait en nous, comme dit sainct Bernard, mais sans nous.

CHAPITRE X.

Que nous repoussons bien souvent l'inspiration, et refusons d'aimer Dieu.

« (1) Malheur à toy, Corozaïn, malheur à toy, « Bethsaïda ; car, si en Tyr et Sidon eussent esté « faictes les vertus qui ont esté faictes en toy, ils « eussent faict penitence avec la haire et la cen- « dre » : c'est la parole du Sauveur. Oyez donc, je vous prie, Theotime, que les habitans de Corozaïn et Bethsaïda, enseignez en la vraye religion, ayant receu des faveurs si grandes qu'elles eussent en effect converty les payens mesmes ; neantmoins ils demeurerent obstinez, et ne voulurent oncques s'en prevaloir, rejettant cette saincte lumiere par une rebellion incomparable. Certes « (2) au jour du jugement les Ninivites et la « reyne de Saba s'esleveront contre les Juifs, et « les convaincront d'estre dignes de damnation ; » parce que, quant aux Ninivites, estant idolastres et de nations barbares, « à la voix de Jonas, ils se « convertirent et firent penitence » ; et quant à la reyne de Saba, quoyqu'elle fust engagée dans les affaires d'un royaume, neantmoins ayant ouy la renommée de la sagesse de Salomon, elle quitta tout pour le *venir ouyr*. Et cependant les Juifs oyant de leurs oreilles la divine sagesse du vray Salomon sauveur du monde, voyant de leurs yeux ses miracles, touchant de leurs mains ses vertus et bienfaicts, ne laisserent pas de s'endurcir et resister à la grace qui leur estoit offerte. Voyez donc derechef, Theotime, que ceux qui ont receu moins d'attraits, sont tirez à la penitence, et ceux qui en ont plus receu, s'obstinent : ceux qui ont moins de subject de venir, viennent à l'escole de la sagesse, et ceux qui en ont plus, demeurent en leur folie.

Ainsi se fera le jugement de comparaison, comme tous les docteurs ont remarqué, qui ne peut avoir aucun fondement, sinon en ce que les uns ayant esté favorisez d'autant ou plus d'attraits que les autres, auront neantmoins refusé leur consentement à la misericorde, et les autres assistez d'attraits pareils, ou mesme moindres, auront suivy l'inspiration, et se seront rangez à la tres-saincte penitence. Car comme pourroit-on autrement reprocher avec raison aux impenitens leur impenitence, par la comparaison de ceux qui se sont convertis ?

---

(1) II. Cor. III, 5. — (2) Psal. XX, 4.
(3) Luc. XXII. — (4) Num. XX, 11. Act. XII.
(5) Num. XX, 11. Act. XII.
(6) Cant. Cant. V, 2.

(1) Matth. XI, 21. — (2) Luc. XI, 31, 32.

Certes Nostre-Seigneur monstre clairement, et tous les chrestiens entendent simplement qu'en ce juste jugement on condamnera les Juifs par comparaison des Ninivites; parce que ceux-là ont eu beaucoup de faveur, et n'ont eu aucun amour, beaucoup d'assistance, et nulle repentance ; ceux-cy moins de faveur, et beaucoup d'amour, moins d'assistance, et beaucoup de penitence.

Le grand sainct Augustin donne une grande clarté à ce discours, par celuy qu'il fait au livre douziesme de la Cité de Dieu, chapitres 6, 7, 8 et 9. Car encore qu'il regarde particulierement les anges, si est-ce toutesfois qu'il apparie les hommes à eux pour ce poinct.

Or après avoir estably au chapitre 6 deux hommes entierement esgaux en bonté et en toutes choses, agitez d'une mesme tentation, il presuppose que l'un puisse resister, et l'autre ceder à l'ennemy. Puis au chapitre 9 ayant prouvé que tous les anges furent creez en charité, advouant encore comme chose probable que la grace et charité fut esgale en tous eux, il demande comme il est advenu que les uns ont perseveré et fait progrez en leur bonté jusques à parvenir à la gloire, et les autres ont quitté le bien, pour se ranger au mal jusques à la damnation. Et il respond qu'on ne sçauroit dire autre chose, sinon que les uns ont perseveré, par la grace du Createur, en l'amour chaste qu'ils receurent en leur creation, et les autres, de bons qu'ils estoient, se rendirent mauvais par leur propre et seule volonté.

Mais, s'il est vray, comme sainct Thomas le prouve extresmement bien, que la grace ait esté diversifiée ès anges à proportion et selon la varieté de leurs dons naturels, les seraphins auront eu une grace incomparablement plus excellente que les simples anges du dernier ordre. Comme serat-il donc arrivé que quelques-uns des seraphins, voire le premier de tous, selon la plus probable et commune opinion des anciens, soyent decheus, tandis qu'une multitude innombrable des autres anges, inferieurs en nature et en grace, ont excellemment et courageusement perseveré ? D'où vient que Lucifer, tant eslevé par nature, et sureslevé par grace, est tombé, et que tant d'anges, moins advantagez, sont demeurez debout en leur fidelité ? Certes ceux qui ont perseveré en doivent toute la louange à Dieu, qui par sa misericorde les a creez et maintenus bons : mais Lucifer et tous ses sectateurs à qui peuvent ils attribuer leur chute, sinon, comme dit sainct Augustin, à leur propre volonté, qui a par sa liberté quitté la grace divine qui les avoit si doucement prevenus ? « (1) Comment es-tu tombé, ô grand

(1) Is. xiv, 12.

« Lucifer ! » qui tout ainsi qu'une belle aube sortois en ce monde invisible, revestu de la charité premiere, comme du commencement de (1) « la clarté d'un beau jour, qui devoit croistre « jusqu'au midi de la gloire eternelle ? » La grace ne t'a pas manqué, car tu l'avois, comme ta nature la plus excellente de tous, mais tu as manqué à la grace. Dieu ne t'avoit pas destitué de l'operation de son amour ; mais tu privas son amour de ta cooperation : Dieu ne t'eust jamais rejetté, si tu n'eusses rejetté sa dilection. O Dieu tout bon ! vous ne laissez que ceux qui vous laissent : vous ne nous ostez jamais vos dons, sinon quand nous vous ostons nos cœurs.

Nous desrobons les biens de Dieu, si nous nous attribuons la gloire de nostre salut : mais nous deshonorons sa misericorde, si nous disons qu'elle nous a manqué. Nous offensons sa liberalité, si nous ne confessons ses bienfaicts ; mais nous blasphemons sa bonté, si nous nions qu'elle ne nous ait assistés et secourus. En somme, Dieu crie haut et clair à nos oreilles : « (2) Ta « perte vient de toy, ô Israël, et en moy seul se « trouve ton secours. »

CHAPITRE XI.

Qu'il ne tient pas à la divine bonté que nous n'ayons un tres-excellent amour.

O Dieu, Theotime, si nous recevions les inspirations celestes selon toute l'estenduë de leur vertu, qu'en peu de temps nous ferions de grands progrez en la saincteté ! Pour abondante que soit la fontaine, ses eaux n'entreront pas en un jardin selon leur affluence, mais selon la petitesse ou grandeur du canal par où elles y sont conduites. Quoyque le Sainct-Esprit, comme une source d'eau vive, aborde de toutes parts nostre cœur, pour respandre sa grace en iceluy ; toutesfois ne voulant pas qu'elle entre en nous, sinon par le libre consentement de nostre volonté, il ne la versera point que selon la mesure de son bon plaisir et de nostre propre disposition et cooperation, ainsi que dit le sacré concile, qui aussi, comme je pense, à cause de la correspondance de nostre consentement avec la grace, appelle la reception d'icelle, reception volontaire.

En ce sens sainct Paul nous « (3) exhorte de ne « point recevoir la grace de Dieu en vain. » Car comme un malade, qui ayant receu la medecine en sa main, ne l'avaleroit pas dans son estomach, auroit voirement receu la medecine, mais sans la recevoir, c'est-à-dire il l'auroit receue en une

(1) Prov. iv, 18. — (2) Osée, xiii, 9.
(3) II. Cor. vi, 1.

façon inutile et infructueuse : de mesme nous recevons la grace de Dieu en vain, quand nous la recevons à la porte du cœur, et non pas dans le consentement du cœur. Car ainsi nous la recevons sans la recevoir, c'est-à-dire, nous la recevons sans fruict, puisque ce n'est rien de sentir de l'inspiration, sans y consentir. Et comme le malade, auquel on auroit donné en main la medecine, s'il la recevoit seulement en partie, et non pas toute, elle ne feroit aussi l'operation qu'en partie, et non pas entierement; ainsi quand Dieu nous envoye une inspiration grande et puissante pour embrasser son sainct amour, si nous ne consentons pas selon toute son estenduë, elle ne profitera pas aussi jusqu'à cette mesure-là. Il arrive qu'estant inspirez de faire beaucoup, nous ne consentons pas à toute l'inspiration, ains seulement à quelque partie d'icelle, comme firent ces bons personnages de l'Evangile, qui, sur l'inspiration que Nostre-Seigneur leur fit de le suivre, vouloient reserver, l'un « (1) d'aller premier ensevelir son pere », et l'autre d'aller prendre congé des siens.

(2) Tandis que la pauvre veuve eut des vaisseaux vuides, l'huile de laquelle Helisée avoit miraculeusement impetré la multiplication, ne cessa jamais de couler; et quand il n'y eut plus de vaisseaux pour la recevoir, elle cessa d'abonder. A mesure que nostre cœur se dilate, ou pour mieux parler, à mesure qu'il se laisse eslargir et dilater, et qu'il ne refuse pas le vuide de son consentement à la misericorde divine, elle verse toujours et respand sans cesse dans iceluy ses sacrées inspirations, qui vont croissant, et nous font croistre de plus en plus en l'amour sacré. Mais quand il n'y a plus de vuide, et que nous ne prestons pas davantage de consentement, elle s'arreste.

A quoy tient-il doncques que nous ne sommes pas si avancez en l'amour de Dieu comme sainct Augustin, sainct François, saincte Catherine de Sienne, ou saincte Françoise? Theotime, c'est parce que Dieu ne nous en a pas fait la grace? Mais pourquoy est-ce que Dieu ne nous en a pas fait la grace? Parce que nous n'avons pas correspondu comme nous devions à ses inspirations. Et pourquoy n'avons-nous pas correspondu? Parce qu'estant libres nous avons ainsi abusé de nostre liberté. Mais pourquoy avons-nous abusé de nostre liberté? Theotime, il ne faut pas passer plus avant : car, comme dit sainct Augustin, la depravation de nostre volonté ne provient d'aucune cause, ains de la deffaillance de la cause qui commet le peché. Et ne faut pas penser qu'on puisse rendre raison de la faute que l'on fait au peché; car la faute ne seroit pas peché, si elle n'estoit sans raison.

Le devot frere Rufin, sur quelque vision qu'il avoit eue de la gloire à laquelle le grand sainct François parviendroit par son humilité, lui fit cette demande : Mon cher pere, je vous supplie de me dire en verité quelle opinion vous avez de vous-mesme : et le sainct luy dit : Certes, je me tiens pour le plus grand pecheur du monde, et qui sert le moins Nostre-Seigneur. Mais, repliqua frere Rufin, comment pouvez-vous dire cela en verité et conscience, puisque plusieurs autres, comme l'on void manifestement, commettent plusieurs grands pechez, desquels, graces à Dieu, vous estes exempt? A quoy sainct François respondant : Si Dieu eust favorisé, dit-il, ces autres desquels vous parlez, avec autant de misericorde comme il m'a favorisé, je suis certain que, pour meschans qu'ils soyent maintenant, ils eussent esté beaucoup plus recognoissans des dons de Dieu que je ne suis, et le serviroient beaucoup mieux que je ne fay; et si mon Dieu m'abandonnoit, je commettrois plus de meschancetez qu'aucun autre.

Vous voyez, Theotime, l'advis de cet homme, qui ne fut presque pas homme, ains un seraphin en terre. Je sçay qu'il parloit ainsi de soy-mesme par humilité; mais il croyoit pourtant estre une vraye verité, qu'une grace esgale, faicte avec une pareille misericorde, puisse estre plus utilement employée par l'un des pecheurs que par l'autre. Or je tiens pour oracle le sentiment de ce grand docteur en la science des saincts, qui nourry en l'escole du crucifix, ne respiroit que les divines inspirations. Aussi cet apophtegme a esté loué et repeté par tous les plus devots qui sont venus depuis ; entre lesquels plusieurs ont estimé que le grand apostre sainct Paul avoit dit en mesme sens, qu'il estoit « (1) le premier de tous les pe- « cheurs. »

(2) La bienheureuse mere Therese de Jesus, vierge certes aussi toute angelique, parlant de l'oraison de quietude, dit ces paroles : Il y a plusieurs ames, lesquelles arrivent jusques à cet estat, et celles qui passent outre sont en bien petit nombre, et ne sçay qui en est la cause. Pour certain la faute n'est pas de la part de Dieu : car puisque sa divine majesté nous ayde et fait cette grace que nous arrivions jusques à ce poinct, je croy qu'il ne manqueroit pas de nous en faire encore davantage, si ce n'estoit nostre faute, et l'empeschement que nous y mettons de nostre part. Soyons donc attentifs, Theotime, à nostre avancement en l'amour que nous devons à Dieu ;

---

(1) Matth. VIII, 21. — (2) IV. Reg. IV.

(1) Tim. I, 15. — (2) Chap. XVI de sa vie.

car celuy qu'il nous porte, ne nous manquera jamais.

CHAPITRE XII

Que les attraits divins nous laissent en pleine liberté de les suivre ou les repousser.

Je ne parleray point icy, mon cher Theotime, de ces graces miraculeuses qui ont presque en un moment transformé les loups en bergers, les rochers en eau, et les persecuteurs en predicateurs. Je laisse à part ces vocations toutes-puissantes, et ces attraits sainctement violens, par lesquels Dieu en un instant a transféré quelques ames d'eslite, de l'extremité de la coulpe à l'extremité de la grace ; faisant en elles, par maniere de dire, une certaine transsubstantiation morale et spirituelle, comme il arriva au grand apostre, qui de Saul vaisseau de persecution, devint subitement Paul (1) *vaisseau d'eslection*. Il faut donner un rang particulier à ces ames privilegiées, esquelles Dieu s'est pleu d'exercer, non la seule affluence, mais l'inondation, et, s'il faut ainsi dire, non la seule liberalité et effusion, mais prodigalité et profusion de son amour. La justice divine nous chastie en ce monde par des punitions, qui, pour estre ordinaires, sont aussi presque tousjours incogneues et imperceptibles. Quelquefois neantmoins il fait des deluges et abysmes de chastimens, pour faire recognoistre et craindre la severité de son indignation. Ainsi sa misericorde convertit et gratifie ordinairement les ames en une maniere si douce, si suave et delicate, qu'à peine apperçoit-on son mouvement ; et neantmoins il arrive quelquefois que cette bonté souveraine surpassant ses rivages ordinaires, comme un fleuve enflé et pressé de l'affluence de ses eaux, qui se desborde emmy la plaine, elle fait une effusion de ses graces si impetueuse, quoyqu'amoureuse, qu'en un moment elle detrempe et couvre tout une ame de benedictions, afin de faire paroistre les richesses de son amour ; et que comme sa justice procede communement par voye ordinaire, et quelquefois par voye extraordinaire, aussi sa misericorde fasse l'exercice de sa liberalité par voie ordinaire sur le commun des hommes, et sur quelques-uns aussi par des moyens extraordinaires.

Mais quels sont donc les cordages ordinaires, par lesquels la divine Providence a accoustumé de tirer nos cœurs à son amour ? Tels certes qu'elle-mesme les marque, descrivant les moyens dont elle usa pour tirer le peuple d'Israël de l'Egypte et du desert en la terre de promission :

« (1) Je les tiray, dit-elle par Osée, avec des « liens d'humanité, avec des liens de charité et « d'amitié. » Sans doute, Theotime, nous ne sommes pas tirez à Dieu par des liens de fer, comme les taureaux et les buffles ; ains par maniere d'allechemens, d'attraits delicieux, et de sainctes inspirations, qui sont en somme les (2) *liens d'Adam* et d'humanité, c'est-à-dire, proportionnez et convenables au cœur humain, auquel la liberté est naturelle. Le propre lien de la volonté humaine, c'est la volupté et le plaisir. On monstre des noix à un enfant, dit sainct Augustin, et il est attiré en aimant ; il est attiré par le lien, non du corps, mais du cœur. Voyez donc comme le Pere eternel nous tire : en nous enseignant, il nous delecte, non pas en nous imposant aucune necessité ; il jette dedans nos cœurs des delectations et plaisirs spirituels, comme des sacrées amorces, par lesquelles il nous attire suavement à recevoir et gouster la douceur de sa doctrine.

En cette sorte doncques, tres-cher Theotime, nostre franc-arbitre n'est nullement forcé ny necessité par la grace : ains, nonobstant la vigueur toute-puissante de la main misericordieuse de Dieu, qui touche, environne et lie l'ame de tant et tant d'inspirations, de semonces et d'attraits, cette volonté humaine demeure parfaitement libre, franche, et exempte de toute sorte de contrainte et de necessité. La grace est si gracieuse, et saisit si gracieusement nos cœurs pour les attirer, qu'elle ne gaste rien en la liberté de nostre volonté ; elle touche puissamment, mais pourtant si delicatement, les ressorts de nostre esprit, que nostre franc-arbitre n'en reçoit aucun forcement. La grace a des forces, non pour forcer, ains pour allecher le cœur : elle a une saincte violence, non pour violer, mais pour rendre amoureuse nostre liberté : elle agit fortement, mais si suavement que nostre volonté ne demeure point accablée sous une si puissante action : elle nous presse, mais elle n'oppresse pas nostre franchise ; si que nous pouvons, emmy ses forces, consentir ou resister à ses mouvemens, selon qu'il nous plaist. Mais ce qui est autant admirable que veritable, c'est que quand nostre volonté suit l'attrait et consent au mouvement divin, elle le suit aussi librement, comme librement elle resiste, quand elle resiste, bien que le consentement à la grace depende beaucoup plus de la grace que de la volonté, et que la resistance à la grace ne depende que de la seule volonté ; tant la main de Dieu est amiable au maniement de nostre cœur, tant elle a de dexterité pour nous

---

(1) Act. IX, 15.

(1) Osée, XI, 4. — (2) Ibid.

communiquer sa force, sans nous oster nostre liberté, et pour nous donner le mouvement de son pouvoir, sans empescher celuy de nostre vouloir, adjustant sa puissance à sa suavité : en telle sorte que, comme en ce qui regarde le bien, sa puissance nous donne suavement le pouvoir, aussi sa suavité maintient puissamment la liberté de nostre vouloir. « (1) Si tu sçavois le don de Dieu, « dit le Sauveur à la Samaritaine, et qui est celuy « qui te dit, donne-moy à boire : toy-mesme peut- « estre luy eusses demandé, et il t'eust donné de « l'eau vive. » Voyez de grace, Theotime, le trait du Sauveur, quand il parle de ses attraits! *si tu scavois*, veut-il dire, *le don de Dieu*, sans doute tu serois esmeuë et attirée à demander l'eau de la vie eternelle, et « peut-estre que tu la demanderois; » comme s'il disoit : Tu aurois le pouvoir, et serois provoquée à demander, et neantmoins tu ne serois pas forcée, ny necessitée, ains seulement *peut-estre tu la demanderois*, car ta liberté te demeureroit pour la demander, ou ne la demander pas. Telles sont les paroles du Sauveur, selon l'edition ordinaire, et selon la leçon de saint Augustin sur saint Jean.

En somme, si quelqu'un disoit que nostre franc-arbitre ne coopere pas, consentant à la grace dont Dieu le previent, ou que s'il ne peut pas rejetter la grace, et luy refuser son consentement, il contrediroit à toute l'Escriture, à tous les anciens peres, à l'experience; et seroit excommunié par le sacré concile de Trente. Mais quand il est dit que nous pouvons rejetter l'inspiration celeste et les attraits divins, on n'entend pas certes qu'on puisse empescher Dieu de nous inspirer, ny de jetter ses attraits en nos cœurs : car comme j'ay desjà dit, cela se fait en nous, et sans nous : ce sont des faveurs que Dieu nous fait, avant que nous y ayons pensé : il nous esveille lorsque nous dormons, et par consequent nous nous trouvons esveillez avant qu'y avoir pensé; mais il est en nous de nous lever, ou de nous lever pas; et bien qu'il nous ayt esveillez sans nous, il ne nous veut pas lever sans nous. Or c'est resister au resveil, que de ne point se lever et se rendormir, puisqu'on ne nous resveille que pour nous faire lever. Nous ne pouvons pas empescher que l'inspiration ne nous pousse, et par consequent ne nous esbranle ; mais si, à mesure qu'elle nous pousse, nous la repoussons, pour ne point nous laisser aller à son mouvement, alors nous resistons. Ainsi le vent ayant saisy et enlevé nos oyseaux Apodes, il ne les portera gueres loin, s'ils n'estendent leurs aisles et ne cooperent, se guindans et volans en l'air auquel ils ont esté lancez. Que si au contraire, amorcez

(1) Joan. iv, 10.

peut-estre de quelque verdure qu'ils voient en bas, ou engourdis d'avoir croupis en terre, au lieu de seconder le vent, ils tiennent leurs aisles pliées, et se jettent derechef en bas; ils ont voirement receu en effect le mouvement du vent, mais en vain, puisque ils ne s'en sont pas prevalus. Theotime, les inspirations nous previennent, et avant que nous y ayons pensé elles se font sentir ; mais après que nous les avons senties, c'est à nous d'y consentir, pour les seconder et suivre leurs attraits, ou de dissentir, et les repousser. Elles se font sentir à nous sans nous, mais elles ne nous font pas consentir sans nous.

CHAPITRE XIII.

Des premiers sentimens d'amour que les attraits divins font en l'ame, avant qu'elle ayt la foy.

Le mesme vent qui relève les Apodes, se prend premierement à leurs plumes, comme parties plus legeres et susceptibles de son agitation, par laquelle il donne d'abord du mouvement à leurs aisles, les estendant et despliant, en sorte qu'elles luy servent de prise pour saisir l'oyseau et l'emporter en l'air. Que si l'Apode ainsi enlevé contribue le mouvement de ses aisles à celuy du vent, le mesme vent qui l'a poussé, l'aydera de plus en plus à voler fort aysement. Ainsi, mon cher Theotime, quand l'inspiration, comme un vent sacré, vient pour nous pousser en l'air du sainct amour, elle se prend à nostre volonté, et par le sentiment de quelque celeste delectation, elle l'esmeut, estendant et despliant l'inclination naturelle qu'elle a au bien ; en sorte que cette inclination mesme luy serve de prise pour saisir nostre esprit. Et tout cela, comme j'ay dit, se fait en nous sans nous ; car c'est la faveur divine qui nous previent en cette sorte. Que si nostre esprit ainsi sainctement prevenu, sentant les aisles de son inclination esmeuës, despliées, estenduës, poussées et agitées par ce vent celeste, contribuë tant soit peu son consentement ; ah ! quel bonheur, Theotime ! car la mesme inspiration et faveur qui nous a saisis, meslant son action avec nostre consentement, animant nos foibles mouvemens de la force du sien, et vivifiant nostre imbecille cooperation par la puissance de son operation, elle nous aydera, conduira et accompagnera d'amour en amour, jusques à l'acte de la tres-saincte foy, requis pour nostre conversion.

Vray Dieu ! Theotime, quelle consolation de considerer la sacrée methode ; avec laquelle le Sainct-Esprit respand les premiers rayons et sentimens de sa lumiere et chaleur vitale dedans nos cœurs ! O Jesus ! que c'est un plaisir delicieux de voir l'amour celeste, qui est le soleil des vertus, quand petit à petit, par des progrez qui insensiblement se rendent sensibles, il va desployant sa clarté sur une ame, et ne cesse point qu'il ne l'ayt toute couverte de la splendeur de sa presence, luy donnant enfin la parfaicte beauté de son jour ! O que cette aube est gaye, belle, amiable et agreable ! Mais pourtant il est vray que ou l'aube n'est pas jour, ou si elle est jour, c'est un jour commençant, un jour naissant, c'est plustost l'enfance du jour que le jour mesme. Et de mesme, sans doute, ces mouvemens d'amour, qui precedent l'acte de la foy requis en nostre justification, ou ils ne sont pas amour, à proprement parler, ou ils sont un amour commençant et imparfaict. Ce sont les premiers bourgeons verdoyans, que l'ame eschauffée du soleil celeste, comme un arbre mystique, commence à jetter au printemps, qui sont plustost presages de fruicts que fruicts.

Sainct Pacome, lors encore tout jeune soldat, et sans cognoissance de Dieu, enrollé sous les enseignes de l'armée que Constance avoit dressée contre le tyran Maxence, vint avec la troupe de laquelle il estoit, loger auprès d'une petite ville, non gueres esloignée de Thebes, où non-seulement luy, mais toute l'armée se trouva en extresme disette de vivres ; ce qu'ayant entendu les habitans de la petite ville, qui par bonne rencontre estoient fidelles de Jesus-Christ, et par consequent amis et secourables au prochain, ils pourveurent soudain à la necessité des soldats, mais avec tant de soin, de curiosité, de courtoisie et d'amour, que Pacome en fut tout ravy d'admiration ; et demandant quelle nation estoit celle-là, si honteuse, amiable et gracieuse, on luy dit que c'estoient des chrestiens ; et s'enquerant derechef quelle loy et maniere de vivre estoit la leur, il apprit qu'ils croyoient en Jesus-Christ Fils unique de Dieu, et faisoient bien à toutes sortes de personnes, avec ferme esperance d'en recevoir de Dieu mesme une ample recompence. Helas, Theotime, le pauvre Pacome, quoy que de bon naturel, dormoit pour lors dans la couche de son infidelité ; et voilà que tout-à-coup, Dieu se trouve à la porte de son cœur, et par le bon exemple de ces chrestiens, comme par une douce voix, il l'appelle, l'esveille, et luy donne le premier sentiment de la chaleur vitale de son amour. Car à peine eut-il oüy parler, comme je viens de dire, de l'aimable loy du Sauveur, que tout remply d'une nouvelle lumiere et consolation interieure, se retirant à part ; et ayant quelque temps pensé en soy-mesme, il haussa les mains au ciel, et avec un profond souspir, il se print à dire : Seigneur Dieu, qui avez fait le ciel et la terre, si vous daignez jetter vos yeux sur ma bassesse et sur ma peine, et me donner cognoissance de vostre divinité, je vous promets de vous servir, et d'obeïr toute ma vie à vos commandemens. Depuis cette priere et promesse, l'amour du vray bien et de la pieté prit un tel accroissement en luy, qu'il ne cessoit point de practiquer mille et mille exercices de vertu.

Il m'est advis certes que je vois en cet exemple un rossignol, qui se resveillant à la prime-aube, commence à se secouer, s'estendre, desployer ses plumes, voleter de branche en branche dans son buisson, et petit à petit gazouiller son delicieux ramage. Car n'avez-vous pas pris garde, comme le bon exemple de ces charitables chrestiens excita et resveilla en sursaut le bienheureux Pacome ? Certes cet estonnement d'admiration qu'il en eut, ne fut autre chose que son reveil, auquel Dieu le toucha, comme le soleil touche la terre, avec un rayon de sa clarté, qui le remplit d'un grand sentiment de plaisir spirituel. C'est pourquoy Pacome se secoüe des divertissemens, pour avec plus d'attention et de facilité recueillir et savourer la grace receuë, se retirant à part pour y penser : puis il estend son cœur et ses mains au ciel, où l'inspiration l'attire ; et commençant à desployer les aisles de ses affections, voletant entre la deffiance de soy-mesme et la confiance en Dieu, il entonne d'un air humblement amoureux le cantique de sa conversion, par lequel il tesmoigne d'abord que desjà il cognoist un seul Dieu, createur du ciel et de la terre. Mais il cognoist aussi qu'il ne cognoist pas encore assez pour le bien servir ; et partant il supplie qu'une plus grande cognoissance luy soit donnée, afin qu'il puisse par icelle parvenir au parfaict service de sa divine majesté.

Cependant, voyez, je vous prie, Theotime, comme Dieu va doucement, renforçant peu à peu la grace de son inspiration dedans les cœurs qui consentent ; les tirant apres soy comme de degré en degré sur cette eschelle de Jacob (1). Mais quels sont ses attraits ? Le premier par lequel il nous previent et resveille, se fait par luy en nous, et sans nous ; tous les autres se font aussi par luy, et en nous, mais non pas sans nous. « (2) Tirez-moy, » dit l'espouse sacrée, c'est-à-dire, commencez le premier ; car je ne sçaurois m'esveiller de moy-mesme ; je ne sçaurois m'esmouvoir si vous ne m'esmouvez : mais quand vous m'aurez esmeuë, alors, ô le cher espoux de mon ame ? (3) *nous courrons* nous deux, vous courrez devant moy en me tirant tousjours plus avant, et moy je vous suivray à la course, consentant à vos attraits. Mais que personne n'estime que vous m'alliez tirant

(1) Genes. XXVIII, 12. — (2) Cant. Cant. I, 3.
(3) Cant. Cant. I, 3.

après vous comme une esclave forcée, ou comme une charrette inanimée : ah! non, vous « (1) me « tirez à l'odeur de vos parfums. » Si je vous vay suivant, ce n'est pas que vous me traisniez, c'est que vous m'allechez : vos attraits sont puissans, mais non pas violens ; puisque toute leur force consiste en leur douceur. Les parfums n'ont point d'autre pouvoir pour attirer à leur suite, que leur suavité : et la suavité comme pourroit-elle tirer, sinon suavement et agreablement ?

CHAPITRE XIV.

Du sentiment de l'amour divin qui se reçoit par la foy.

Quand Dieu nous donne la foy, il entre en nostre ame, et parle à nostre esprit, non point par maniere de discours, mais par maniere d'inspiration ; proposant si agreablement ce qu'il faut croire à l'entendement, que la volonté en reçoit une grande complaisance, et telle qu'elle incite l'entendement à consentir et acquiescer à la verité, sans doute ny deffiance quelconque ; et voicy la merveille. Car Dieu fait la proposition des mysteres de la foy à nostre ame, parmy les obscuritez et tenebres, en telle sorte que nous ne voyons pas les veritez, ains seulement nous les entrevoyons ; comme il arrive quelquefois que la terre estant couverte de brouillards, nous ne pouvons voir le soleil, ains nous voyons seulement un peu plus de clarté du costé où il est : de façon que, par maniere de dire, nous le voyons sans le voir, parce que d'un costé nous ne le voyons pas tant que nous puissions bonnement dire que nous le voyons : et d'autre part, nous ne le voyons pas si peu que nous puissions dire que nous ne le voyons point ; et c'est ce que nous appellons entrevoir. Et neantmoins cette obscure clarté de la foy estant entrée dans nostre esprit, non par la force de discours, ny par apparence d'argumens, ains par la seule suavité de sa presence ; elle se fait croire et obeïr à l'entendement avec tant d'authorité, que la certitude qu'elle nous donne de la verité, surmonte toutes les autres certitudes du monde, et assujettit tellement tout l'esprit et tous les discours d'iceluy, qu'ils n'ont point de credit en comparaison.

Mon Dieu! Theotime, pourrois-je bien dire cecy ? La foy est la grande amie de nostre esprit, et peut bien parler aux sciences humaines, qui se vantent d'estre plus evidentes et claires qu'elle, comme l'espouse sacrée parloit aux autres bergeres : « (1) Je suis brune, mais belle. » O discours humains, ô sciences acquises ! *Je suis* brune : car je suis entre les obscuritez des simples revelations, qui sont sans aucune evidence apparente, et me font paroistre *noire*, me rendant presque mescognoissable : *mais je suis* pourtant *belle* en moy-mesme, à cause de mon infinie certitude ; et si les yeux des mortels me pouvoient voir telle que je suis par nature, ils me trouveroient toute belle. Mais ne faut-il pas qu'en effet je sois infiniment aymable, puisque les sombres tenebres et les espais brouillards, entre lesquels je suis, non pas veue, mais seulement entreveue, ne me peuvent empescher d'estre si agreable, que l'esprit me cherissant sur tout, fendant la presse de toutes autres cognoissances, il me fait faire place, et me reçoit comme sa reyne dans le throsne le plus relevé dans son palais, d'où je donne la loy à toute science, et assujettis tout discours et tout sentiment humain ? Ouy vrayement, Theotime, (1) tout ainsi que les chefs de l'armée d'Israël se despouillans de leurs vestemens les mirent ensemble, et en firent comme un throsne royal, sur lequel ils assirent Jehu, crians : «(2) Jehu est roy ; » de mesme à l'arrivée de la foy, l'esprit se despouille de tous discours et argumens, et les sousmettant à la foy, il la fait asseoir sur iceux, la recognoissant comme reyne, et crie avec une grande joye : Vive la foy. Les discours et argumens pieux, les miracles et autres advantages de la religion chrestienne la rendent certes extresmement croyable et cognoissable : mais la seule foy la rend creue et recogneue, faisant aimer la beauté de sa verité, et croire la verité de sa beauté, par la suavité qu'elle respand en la volonté, et la certitude qu'elle donne à l'entendement. Les Juifs virent les miracles, et ouyrent les merveilles de Nostre-Seigneur ; mais estans indisposés à recevoir la foy, c'est-à-dire, leur volonté n'estant pas susceptible de la douceur et suavité de la foy, à cause de l'aigreur et malice dont ils estoient remplis, ils demeurerent en leur infidelité. Ils voyoient la force de l'argument, mais ils ne savouroient pas la suavité de la conclusion ; et pour cela ils n'acquiesçoient pas à sa verité, et neantmoins l'acte de la foy consiste en cet acquiescement de nostre esprit, lequel ayant receu l'agreable lumiere de la verité, il y adhere par maniere d'une douce, mais puissante et solide asseurance et certitude qu'il prend en l'authorité de la revelation qui luy en est faicte.

Vous avez ouy dire, Theotime, qu'ès conciles generaux il se fait des grandes disputes et recherches de la verité, par discours, raisons et argumens de theologie : mais la chose estant debattue, les peres, c'est-à-dire, les evesques, et

---

(1) Cant. Cant. I, 4. — (2) Ibid. 4.

(1) IV. Reg. IX, 13. — (2) Ibid.

specialement le pape, qui est le chef des evesques, concluent, resolvent et determinent; et la determination estant prononcée, chascun s'y arreste et y acquiesce pleinement, non point en consideration des raisons alleguées en la dispute et recherche precedente, mais en vertu de l'authorité du Sainct-Esprit, qui president invisiblement ès conciles, a jugé, determiné et conclu par la bouche de ses serviteurs qu'il a establis pasteurs du christianisme. L'enqueste donc et la dispute se fait au parvis des prestres, entre les docteurs : mais la resolution et l'acquiescement se fait au sanctuaire, où le Sainct-Esprit qui anime le corps de l'Eglise, parle par les bouches des chefs d'icelle, selon que Nostre-Seigneur l'a promis. Ainsi l'autruche produit ses œufs sur le sablon de Lybie, mais le soleil seul en fait esclorre le poussin; et les docteurs par leurs recherches et discours proposent la verité, mais les seuls rayons du soleil de justice en donnent la certitude et acquiescement. Or enfin, Theotime, cette asseurance que l'esprit humain prend ès choses revelées et mysteres de la foy, commence par un sentiment amoureux de complaisance, que la volonté reçoit de la beauté et suavité de la verité proposée ; de sorte que la foy comprend un commencement d'amour que nostre cœur ressent envers les choses divines.

CHAPITRE XV.

Du grand sentiment d'amour que nous recevons par la saincte esperance.

Comme estant exposez aux rayons du soleil de midy, nous ne voyons presque pas plustost la clarté, que soudain nous sentons la chaleur ; ainsy la lumiere de la foy n'a pas plustost jetté la splendeur de ses veritez en nostre entendement, que tout incontinent nostre volonté sent la saincte chaleur de l'amour celeste. La foy nous fait cognoistre, par une infaillible certitude, que Dieu est, qu'il est infini en bonté, qu'il se peut communiquer à nous, et que non-seulement il le peut, ains il le veut ; si que, par une ineffable douceur, il nous a preparé tous les moyens requis pour parvenir au bonheur de la gloire immortelle. Or nous avons une inclination naturelle au souverain bien, en suite de laquelle nostre cœur a un certain intime empressement et une continuelle inquietude sans pouvoir en sorte quelconque s'accoiser, ny cesser de tesmoigner que sa parfaicte satisfaction et son solide contentement luy manque. Mais quand la saincte foy a representé à nostre esprit ce bel object de son inclination naturelle, ô vray Dieu ! Theotime, quel ayse ! quel plaisir ! quel tressaillement universel de nostre ame ! laquelle alors, comme toute surprise à l'aspect d'une si excellente beauté, s'escrie d'amour : O que vous estes beau, mon bien-aimé ! ô que vous estes beau !

(1) Eliezer cherchoit une espouse pour le fils de son maistre Abraham. Que sçavoit-il s'il la trouveroit belle et gracieuse comme il la desiroit ? Mais quand il l'eut trouvée à la fontaine, qu'il la vid si excellente en beauté et si parfaicte en douceur, mais surtout quand on la luy eut accordée, il en adora Dieu, et le benit avec des actions de graces pleines de joye nompareille. Le cœur humain tend à Dieu par son inclination naturelle, sans sçavoir bonnement quel il est; mais quand il le trouve à la fontaine de la foy, et qu'il le void si bon, si beau, si doux, si debonnaire envers tous, et si disposé à se donner comme souverain bien à tous ceux qui le veulent, ô Dieu ! que de contentemens, et que de sacrés mouvemens en l'esprit pour s'unir à jamais à cette bonté si souverainement aimable ! J'ay enfin trouvé, dit l'ame ainsi touchée, j'ay trouvé ce que je desirois, et je suis maintenant contente. (2) Et comme Jacob ayant veu la belle Rachel, après l'avoir sainctement baisée, fondoit en larmes de douceur pour le bonheur qu'il ressentoit d'une si desirable rencontre ; de mesme nostre pauvre cœur ayant trouvé Dieu, et receu d'iceluy le premier baiser de la saincte foy, il se fond par après en suavité d'amour pour le bien infiny qu'il void d'abord en cette souveraine beauté.

Nous sentons quelquefois de certains contentemens qui viennent comme à l'improveu, sans aucun subject apparent ; et ce sont souvent des presages de quelque plus grande joye : dont plusieurs estiment que nos bons anges, prevoyans les biens qui nous doivent advenir, nous en donnent ainsi des pressentimens ; comme au contraire ils nous donnent des craintes et frayeurs emmy les perils incogneus, afin de nous faire invoquer Dieu, et demeurer sur nos gardes. Or quand le bien presagé nous arrive, nos cœurs le reçoivent à bras ouverts ; et se ramentevant l'aise qu'ils avoient eu sans en sçavoir la cause, ils cognoissent seulement alors que c'estoit comme un avant-coureur du bonheur advenu. Ainsi, mon cher Theotime, nostre cœur ayant eu si longuement inclination à son souverain bien, il ne sçavoit à quoy ce mouvement tendoit : mais sitost que la foy le luy a monstré, alors il void bien que c'estoit cela que son ame requeroit, que son esprit cherchoit, et que son inclination regardoit. Certes ou que nous vueillons, ou que nous ne vueillons pas, nostre esprit tend au souverain

(1) Genes. XXIV. — (2) Genes. XXIX.

bien. Mais qui est ce souverain bien? (1) Nous ressemblons à ces bons Atheniens qui faisoient sacrifice au vray Dieu, lequel neantmoins leur estoit incogneu, jusques à ce que le grand S. Paul leur en annonça la cognoissance. Car ainsi nostre cœur, par un profond et secret instinct, tend en toutes ses actions, et pretend à la felicité, et la va cherchant çà et là, comme à tastons, sans sçavoir toutesfois ny où elle reside, ny en quoy elle consiste, jusques à ce que la foy la luy monstre, et luy en descrit les merveilles infinies; et alors ayant trouvé le thresor qu'il cherchoit, helas! quel contentement a ce pauvre cœur humain, quelle joye, quelle complaisance d'amour! Hé je l'ay rencontré celuy que mon ame cherchoit sans le cognoistre: ô, que ne sçavois-je à quoy tendoient mes pretentions, quand rien de tout ce que je pretendois ne me contentoit, parce que je ne sçavois pas ce que en effect je pretendois! Je pretendois d'aimer, et ne cognoissois pas ce qu'il falloit aimer; et partant ma pretention ne trouvant pas son veritable amour, mon amour estoit tousjours en une veritable, mais incogneue pretention: j'avois bien assez de pressentiment d'amour, pour me faire pretendre; mais je n'avois pas assez de sentiment de la bonté qu'il falloit aimer, pour exercer l'amour.

CHAPITRE XVI.

Comme l'amour se practique en l'esperance.

L'entendement humain estant donc convenablement appliqué à considerer ce que la foy luy represente de son souverain bien, soudain la volonté conçoit une extreme complaisance en ce divin object, lequel pour lors absent fait naistre un desir tres-ardent de sa presence, dont l'ame s'escrie sainctement: « (2) Qu'il me baise d'un « baiser de sa bouche. »

C'est à Dieu que je souspire,
C'est Dieu que mon cœur desire.

Et comme l'oyseau auquel le fauconnier oste le chaperon, ayant la proye en veuë, s'eslance soudain au vol, et s'il est retenu par les longes, se debat sur le poing avec une ardeur extresme: de mesme la foy nous ayant osté le voile de l'ignorance, et fait voir nostre souverain bien, lequel neantmoins nous ne pouvons encore posseder, retenus par la condition de cette vie mortelle, helas! Theotime, nous le desirons alors; de sorte que

(1) Les cerfs long-temps pourchassez,
Fuyant pantois et lassez,
Si fort les eaux ne desirent,
Que nos cœurs d'ennuis pressez,
Seigneur, après toy souspirent.
Nos ames en languissant
D'un desir tousjours croissant
Crient: Helas! quand sera-ce,
O Seigneur Dieu tout-puissant,
Que nos yeux verront ta face?

Ce desir est juste, Theotime: car qui ne desireroit un bien si desirable? Mais ce seroit un desir inutile, ains qui ne serviroit que d'un continuel martyre à nostre cœur, si nous n'avions asseurance de le pouvoir un jour assouvir. Celuy qui pour le retardement de ce bonheur protestoit que ses « (2) larmes lui estoient un pain ordinaire « nuict et jour », tandis que son Dieu luy estoit absent, et que ses adversaires l'enqueroient, « où « est ton Dieu? » helas! qu'eust-il fait, s'il n'eust eu quelque sorte d'esperance de pouvoir une fois jouyr de ce bien après lequel il souspiroit? Et la divine espouse va toute esplorée et (3) *alangourie d'amour*, de quoy elle ne trouve pas si tost le bien-aimé qu'elle cherche. L'amour du bien-aimé avoit creé en elle le desir; le desir avoit fait naistre l'ardeur du pourchas; et cette ardeur luy causoit la langueur, qui eust aneanty et consumé son pauvre cœur, si elle n'eust eu quelque esperance de rencontrer enfin ce qu'elle pourchassoit. Ainsi doncques afin que l'inquietude et la douloureuse langueur que les efforts de l'amour desirant causeroient en nos esprits, ne nous portast à quelque defaillance de courage, et ne nous reduisist au desespoir; le mesme bien souverain qui nous incite à le desirer si fortement, nous asseure aussi que nous le pourrons obtenir fort aysement, par mille et mille promesses qu'il nous en a faictes en sa parole et par ses inspirations, pourveu que nous vueillons employer les moyens qu'il nous a preparez, et qu'il nous offre pour cela.

Or ces promesses et asseurances divines, par une merveille particuliere, accroissent la cause de nostre inquietude; et à mesure qu'elles augmentent la cause, elles ruinent et destruisent les effects. Ouy certes, Theotime, l'asseurance que Dieu nous donne que le paradis est pour nous, fortifie infiniment le desir que nous avions d'en jouyr, et neantmoins affoiblit, ains aneantit toutà-fait le trouble et l'inquietude que ce desir nous apportoit: de sorte que nos cœurs, par les promesses sacrées que la divine bonté nous a faictes,

(1) Act. XVII, 23. — (2) Cant. Cant. I, 1.

(1) Ps. XLI, 2, 3. — (2) Psal. XLI, 4.
(3) Cant. Cant. V, 8.

demeurent tout-à-fait accoisez, et cet accoisement est la racine de la tres-saincte vertu que nous appellons esperance. Car la volonté, asseurée par la foy qu'elle pourra jouyr de son souverain bien, usant des moyens à ce destinez, elle fait deux grands actes de vertu : par l'un elle attend de Dieu la jouyssance de sa souveraine bonté; et par l'autre elle aspire à cette saincte jouissance.

Et de vray, Theotime, entre esperer et aspirer il y a seulement cette difference, que nous esperons les choses que nous attendons par le moyen d'autruy; et nous aspirons aux choses que nous pretendons par nos propres moyens, de nous-mesmes. Et d'autant que nous parvenons à la jouyssance de nostre souverain bien qui est Dieu, premierement et principalement par sa faveur et misericorde; et que neantmoins cette mesme misericorde veut que nous cooperions en sa faveur, contribuant la foiblesse de nostre consentement à la force de sa grace ; partant nostre esperance est aucunement meslée d'aspirement, si que nous n'esperons pas tout-à-fait sans aspirer, et n'aspirons jamais sans tout-à-fait esperer : en quoy l'esperance tient tousjours le rang principal, comme fondée sur la grace divine, sans laquelle tout ainsi que nous ne pouvons pas seulement penser à nostre souverain bien, selon qu'il convient pour y parvenir, ainsi ne pouvons-nous jamais sans icelle y aspirer comme il faut pour l'obtenir.

L'aspirement donc est un rejetton de l'esperance, comme nostre cooperation l'est de la grace : et tout ainsi que ceux qui veulent esperer sans aspirer, seront rejettez comme couards et negligens ; de mesme ceux qui veulent aspirer sans esperer, sont temeraires, insolens et presomptueux. Mais quand l'esperance est suivie de l'aspirement, et que esperant nous aspirons, et aspirant nous esperons, alors, cher Theotime, l'esperance se convertit en un courageux dessein par l'aspirement, et l'aspirement se convertit en une humble pretention par l'esperance, esperant et aspirant selon que Dieu nous inspire. Mais cependant et l'un et l'autre se fait par cet amour desirant, qui tend à nostre souverain bien, lequel à mesure qu'il est plus asseurement esperé, est aussi tousjours plus aimé. Ainsi l'esperance n'est autre chose que l'amoureuse complaisance que nous avons en l'attente et pretention de nostre souverain bien. Tout y est d'amour, Theotime. Soudain que la foy m'a monstré mon souverain bien, je l'ay aimé; et parce qu'il m'estoit absent, je l'ay desiré : et d'autant que j'ay sçeu qu'il se vouloit donner à moy, je l'ay derechef plus ardemment aimé et desiré; car aussi sa bonté est d'autant plus aimable et desirable, qu'elle est plus disposée à se communiquer. Or, par ce progrez l'amour a converty son desir en esperance, pretention et attente; si que l'esperance est un amour attendant et pretendant. Et parce que le bien souverain que l'esperance attend, c'est Dieu, et qu'elle ne l'attend aussi que de Dieu mesme auquel et par lequel elle espere et aspire ; cette saincte vertu d'esperance, aboutissante de toutes parts à Dieu, est par consequent une vertu divine ou theologique.

CHAPITRE XVII.

Que l'amour d'esperance est fort bon, quoiqu'imparfaict.

L'amour que nous practiquons en l'esperance, Theotime, va certes à Dieu, mais il retourne à nous : il a son regard en la divine bonté, mais il a de l'esgard à nostre utilité : il tend à cette supresme perfection, mais il pretend nostre satisfaction ; c'est-à-dire, il ne nous porte pas en Dieu, parce que Dieu est souverainement bon en soymesme, mais parce qu'il est souverainement bon envers nous-mesmes ; ou, comme vous voyez, il y a du nostre et de nous-mesmes. Et partant cet amour est voirement amour, mais amour de convoitise et interessé. Je ne dis pas toutesfois qu'il revienne tellement à nous, qu'il nous fasse aimer Dieu seulement pour l'amour de nous. O Dieu! nenny! car l'ame qui n'aimeroit Dieu que pour l'amour d'elle-mesme, establissant la fin de l'amour qu'elle porte à Dieu en sa propre commodité, helas! elle commettroit un extresme sacrilege. Si une femme n'aimoit son mary que pour l'amour de son valet, elle aimeroit son mary en valet, et son valet en mary. L'ame aussi qui n'aime Dieu que pour l'amour d'elle-mesme, elle s'aime comme elle devroit aimer Dieu, et elle aime Dieu comme elle se devroit aimer elle-mesme.

Mais il y a bien de la difference entre cette parole, j'aime Dieu pour le bien que j'en attends, et celle-cy, je n'aime Dieu que pour le bien que j'en attends. Comme aussi c'est chose bien diverse de dire, j'aime Dieu pour moy, et dire, j'aime Dieu pour l'amour de moy. Car quand je dis, j'aime Dieu pour moy, c'est comme si je disois, j'aime avoir Dieu, j'aime que Dieu soit à moy, qu'il soit mon souverain bien qui est une saincte affection de l'espouse celeste, laquelle cent fois proteste par excès de complaisance : « (1) mon bien-aimé « est tout mien, et moy je suis toute sienne : il est « à moy, et je suis à luy. » Mais dire, j'aime Dieu pour l'amour de moy-mesme, c'est comme qui di-

(1) Cant. Cant. II, 16.

roit, l'amour que je me porte est là fin pour laquelle j'aime Dieu ; en sorte que l'amour de Dieu soit dependant, subalterne et inferieur à l'amour propre que nous avons envers nous-mesmes, qui est une impieté nompareille.

Cet amour donc que nous appellons esperance, est un amour de convoitise, mais d'une saincte et bien ordonnée convoitise, par laquelle nous ne tirons pas Dieu à nous, ny à nostre utilité ; mais nous nous joignons à luy, comme à nostre finale felicité. Nous nous aimons ensemblement avec Dieu par cet amour, mais non pas nous preferant ou esgalant à luy en cet amour : l'amour de nous-mesmes est meslé avec celuy de Dieu ; mais celuy de Dieu surnage : nostre amour propre y entre voirement, mais comme simple motif, et non comme fin principale : nostre interest y tient quelque lieu, mais Dieu tient le rang principal. Ouy, sans doute, Theotime : car quand nous aimons Dieu comme nostre souverain bien, nous l'aimons pour une qualité, par laquelle nous ne le rapportons pas à nous, mais nous à luy : nous ne sommes pas sa fin, sa pretention, ny sa perfection ; ains il est la nostre : il ne nous appartient pas, mais nous luy appartenons : il ne despend point de nous, ains nous de luy : et en somme par la qualité de souverain bien, pour laquelle nous l'aimons, il ne reçoit rien de nous, ains nous recevons de luy : il exerce envers nous son affluence et bonté, et nous practiquons nostre indigence et disette ; de sorte que aimer Dieu en tiltre de souverain bien, c'est l'aimer en tiltre honorable et respectueux, par lequel nous l'advouons estre nostre perfection, nostre repos et nostre fin, en la jouissance de laquelle consiste nostre bonheur.

Il y a des biens desquels nous nous servons en les employant, comme sont nos esclaves, nos serviteurs, nos chevaux, nos habits ; et l'amour que nous leur portons, est un amour de pure convoitise : car nous ne les aimons que pour nostre profit. Il y a des biens desquels nous jouissons, mais d'une reciproque et mutuellement esgale jouissance, comme nous faisons de nos amis : car l'amour que nous leur portons en tant qu'ils nous rendent du contentement, est voirement amour de convoitise, mais convoitise honneste, par laquelle ils sont à nous, et nous esgalement à eux ; ils nous appartiennent, et nous pareillement leur appartenons. Mais il y a des biens dont nous jouissons d'une jouissance de dependance, participation et subjection, comme nous faisons de la bienvueillance de nos pasteurs, princes, peres, meres, ou de leur presence et faveur : car l'amour que nous leur portons est certes amour de convoitise quand nous les aimons, en tant qu'ils sont nos princes, nos pasteurs, nos peres, nos meres ; puisque ce n'est pas la qualité de pasteur, ny de prince, ny de pere, ny de mere, qui nous les fait aimer, ains parce qu'ils sont tels en nostre endroit et à nostre regard. Mais cette convoitise est un amour de respect, de reverence, d'honneur : car nous aimons, par exemple, nos peres, non parce qu'ils sont nostres, mais parce que nous sommes à eux. Et c'est ainsi que nous aimons et convoitons Dieu par l'esperance, non afin qu'il soit nostre bien, mais parce qu'il l'est ; non afin qu'il soit nostre, mais parce que nous sommes siens ; non comme s'il estoit pour nous, mais d'autant que nous sommes pour luy.

Et notez, Theotime, qu'en cet amour icy la raison pour laquelle nous aimons, c'est-à-dire, pour laquelle nous appliquons nostre cœur à l'amour du bien que nous convoitons, c'est parce que c'est nostre bien : mais la raison de la mesure et quantité de cet amour depend de l'excellence et dignité du bien que nous aimons. Nous aimons nos bienfaicteurs parce qu'ils sont tels envers nous ; mais nous les aimons plus ou moins selon qu'ils sont ou plus grands ou moindres bienfaicteurs. Pourquoy donc aimons-nous Dieu, Theotime, de cet amour de convoitise ? Parce qu'il est nostre bien. Mais pourquoy l'aimons-nous souverainement ? Parce qu'il est nostre bien souverain.

Or quand je dis que nous aimons souverainement Dieu, je ne dis pas que nous l'aimions pour cela du souverain amour ; car le souverain amour n'est qu'en la charité : mais en l'esperance, l'amour est imparfaict parce qu'il ne tend pas à sa bonté infinie, en tant qu'elle est telle en elle-mesme, ains seulement en tant qu'elle nous est telle. Et neantmoins, parce qu'en cette sorte d'amour, il n'y a point de plus excellent motif que celuy qui provient de la consideration du souverain bien, nous disons que par iceluy nous aimons souverainement ; quoyqu'en verité nul, par ce seul amour, ne puisse ny observer les commandemens de Dieu, ny avoir la vie eternelle ; parce que c'est un amour qui donne plus d'affection que d'effect, quand il n'est pas accompagné de la charité.

CHAPITRE XVIII.

Quand l'amour se practique en la penitence, et premierement qu'il y a diverses sortes de penitences.

La penitence, à parler generalement, est une repentance par laquelle on rejette et deteste le peché qu'on a commis, avec resolution de reparer, autant que l'on peut, l'offense et injure faicte à celuy contre lequel on a peché. Et j'ay enclos en la penitence le propos de reparer l'offense ; parce que la repentance ne deteste pas assez le mal, quand elle laisse volontairement subsister son principal effect, qui est l'offense et l'injure : or elle le laisse subsister, tandis que le pouvant en quelque sorte reparer elle ne le fait pas.

Je laisse à part maintenant la penitence de plusieurs payens, lesquels, comme Tertullien tesmoigne, en avoient entre eux quelque apparence, mais si vaine et inutile, que mesme quelquefois ils faisoient penitence d'avoir bien faict. Car je ne parle que de la penitence vertueuse, laquelle selon les differens motifs desquels elle provient, est aussi de diverses especes. Il y en a certes une qui est purement morale et humaine, comme fut celle d'Alexandre-le-Grand, lequel ayant tué son cher Clitus, cuida se laisser mourir de faim ; tant la force de la penitence fut grande, dit Ciceron. Et celle d'Alcibiades, qui, convaincu par Socrate de n'estre pas sage, se print à pleurer amerement, triste et affligé de n'estre pas ce qu'il devoit estre, dit S. Augustin. Aussi Aristote recognoissant cette sorte de penitence, asseure que l'intemperant, lequel de propos deliberé s'adonne aux voluptez, est tout-à-fait incorrigible ; parce qu'il ne se sçauroit repentir, et celuy qui est sans penitence est incurable.

Certes, Seneque, Plutarque, et les Pythagoriciens, qui recommandent tant l'examen de conscience, et surtout le premier qui parle si vivement du trouble que le remors interieur excite en l'ame, ont entendu sans doute qu'il y avoit une repentance ; et quant au sage Epictete, il descrit si bien la reprehension que nous devons practiquer envers nous-mesmes, qu'on ne sçauroit presque mieux dire.

Il y a encore une autre penitence qui est voirement morale, mais religieuse pourtant, et en certaine façon divine, d'autant qu'elle procede de la cognoissance naturelle que l'on a d'avoir offensé Dieu en pechant. Car en verité, plusieurs philosophes ont sceu qu'on faisoit chose agreable à la Divinité de vivre vertueusement, et que par consequent on l'offensoit en vivant vicieusement. Le bon homme Epictete fait un souhait de mourir en vray chrestien (comme il est fort probable qu'aussi fit-il), et entre autres choses il dit qu'il seroit content s'il pouvoit en mourant eslever ses mains à Dieu, et luy dire : Je ne vous ai point, quant à ma part, fait de deshonneur. Et de plus il veut que son philosophe fasse un serment admirable à Dieu, de ne jamais desobeïr à sa divine Majesté, ny blasmer ou accuser chose quelconque qui arrive de sa part, ny de s'en plaindre en façon que ce soit : et ailleurs il enseigne que Dieu et nostre bon ange sont presens à nos actions.

Vous voyez donc bien, Theotime, que ce philosophe, lors encore payen, cognoissoit que le peché offensoit Dieu, comme la vertu l'honoroit ; et que par consequent il vouloit qu'on s'en repentist ; puisque mesme il ordonnoit que l'on fist l'examen de conscience au soir, en faveur duquel, avec Pythagore, il fait cet advertissement :

Si vous avez mal fait tancez-vous aigrement :
Si vous avez bien fait ayez contentement.

Or cette sorte de repentance attachée à la science et dilection de Dieu, que la nature peut fournir, estoit une dependance de la religion morale. Mais comme la raison naturelle a donné plus de cognoissance que d'amour aux philosophes, qui ne l'ont pas glorifié à proportion de la notice qu'ils en avoient ; aussi la nature a fourny plus de lumiere pour faire entendre combien Dieu estoit offensé par le peché, que de chaleur pour exciter le repentir requis à la reparation de l'offense.

Neantmoins bien que la penitence religieuse ayt, en quelque façon, esté recogneuë par quelques-uns des philosophes ; si est-ce que ç'a esté si rarement et foiblement, que ceux qui ont eu la reputation d'estre les plus vertueux d'entre eux, c'est-à-dire les stoïciens, ont asseuré que l'homme sage ne s'attristoit jamais : de quoy ils ont fait une maxime autant contraire à la raison, que la proposition sur laquelle ils la fondoient estoit contraire à l'experience, à sçavoir que l'homme sage ne pechoit point.

Nous pouvons donc bien dire, mon cher Theotime, que la penitence est une vertu toute chrestienne ; puisque d'un costé elle a esté si peu cogneuë entre les payens, et de l'autre, elle est tellement recogneuë parmy les vrays chrestiens, qu'en icelle consiste une grande partie de la philosophie evangelique, selon laquelle quiconque dit qu'il ne peche point est insensé, et quiconque croit de remedier à son peché sans pénitence, il est forcené ; car c'est l'exhortation des exhortations de Nostre-Seigneur : « Faites penitence (1). » Or voicy une briefve description du progrez de cette vertu.

Nous entrons en une profonde apprehension, de quoy, en tant qu'en nous est, nous offensons Dieu par nos pechez, le meprisant et deshonorant, luy desobeïssant et nous rebellant à luy, lequel aussi de son costé s'en tient pour offensé, irrité et mesprisé, desagreant, resprouvant et abominant l'iniquité. De cette veritable apprehension naissent plusieurs motifs, qui, ou tous, ou plusieurs ensemble, ou chascun en particulier, nous peuvent porter à la repentance.

(1) Matth. IV, 17.

Car nous considerons par fois que Dieu qui est offensé, a establyune punition rigoureuse en enfer pour les pecheurs, et qu'il les privera du paradis preparé aux gens de bien. Or comme le desir du paradis est extresmement honorable, aussi la crainte de le perdre est grandement prisable, et non-seulement cela; mais le desir du paradis estant fort estimable, la crainte de son contraire qui est l'enfer, est bonne et louable. Hé! qui ne craindroit une si grande perte et une si grande peine? Et cette double crainte, dont l'une est servile, et l'autre mercenaire, nous porte grandement à nous repentir des pechez par lesquels nous les avons encouruës. Et à cet effet en la sacrée parole, cette crainte nous est cent fois et cent fois intimée. D'autresfois nous considerons la laideur et la malice du peché, selon que la foy nous l'enseigne, comme par exemple, que par iceluy la ressemblance et image de Dieu que nous avons est barbouillée et defigurée, la dignité de nostre esprit deshonorée; que nous sommes rendus semblables aux bestes insensées; que nous avons violé nostre devoir envers le Createur du monde, et perdu le bien de la société des anges, pour nous associer et assujettir au diable, nous rendant esclave de nos passions, et renversant l'ordre de la raison, offensant nos bons anges à qui nous sommes tant obligez.

Quelquefois encore nous sommes provoquez à penitence par la beauté de la vertu qui nous donne autant de biens, que le peché nous cause de maux; et de plus nous y sommes maintefois excitez par l'exemple des saints: car qui eust jamais peu voir les exercices de l'incomparable penitence de Magdeleine et de Marie Egyptiaque, ou des penitens du monastere surnommé Prison, dont saint Jean Clymachus a fait la description, sans estre esmeu à se repentir de ses pechez, puisque la seule lecture de l'histoire y provoque ceux qui ne sont pas du tout hebestez?

CHAPITRE XIX.

Que la penitence sans amour est imparfaicte.

Or tous ces motifs nous sont enseignez par la foy et religion chrestienne; et partant la penitence qui en provient, est grandement louable, quoy qu'imparfaicte. Elle est à la verité louable; car ny la saincte Escriture, ny l'Eglise ne nous exciteroient pas par tels motifs, si la penitence qui en provient n'estoit bonne: et on void manifestement que c'est chose grandement raisonnable de se repentir du peché pour ces considerations, ains qu'il est impossible de ne se repentir pas à qui les considere attentivement. Mais pourtant c'est une penitence certes imparfaicte, d'autant que l'amour divin n'y entre encore point. Hé! ne voyez-vous pas, Theotime, que toutes ces repentances se font pour l'interest de nostre ame, de sa felicité, de sa beauté interieure, de son honneur, de sa dignité, et en un mot pour l'amour de nous-mesmes, mais amour neantmoins legitime, juste et bien reglé.

Et prenez garde que je ne dis pas que ces repentances rejettent l'amour de Dieu, mais je dis seulement qu'elles ne le comprennent pas: elles ne le repoussent pas, mais elles ne le contiennent pas: elles ne sont pas contre luy, mais elles sont encore sans luy: il n'en est pas forclos, mais il n'y est pas non plus enclos. La volonté qui embrasse le bien simplement, est fort bonne; mais si elle l'embrasse en rejettant le mieux, elle est certes desreglée, non pas acceptant l'un, mais en repoussant l'autre. Ainsi le vœu de donner aujourd'huy l'aumosne est bon, mais le vœu de ne l'a donner qu'aujourd'huy seroit mauvais; parce qu'il forclorroit le mieux, qui est de la donner aujourd'huy et demain, et tousjours quand on pourra. C'est bien fait certes, et cela ne se peut nier, de se repentir de ses pechez pour eviter la peine de l'enfer, et obtenir le paradis: mais qui prendroit resolution de ne se vouloir jamais repentir pour aucun autre subject, il forclorroit volontairement le mieux, qui est de se repentir pour l'amour de Dieu, et commettroit un grand peché. Et qui seroit le pere qui ne trouvast mauvais que son fils le voulust voirement servir, mais non jamais avec amour ou par amour?

Le commencement des choses bonnes est bon; le progrez est meilleur; et la fin est tres-bonne. Toutesfois le commencement est bon en qualité de commencement, et le progrez en qualité de progrez; mais de vouloir finir l'œuvre par le commencement ou au progrez, c'est renverser l'ordre. L'enfance est bonne; mais si on ne vouloit jamais estre qu'enfant, cela seroit mauvais: car, «(1) l'enfant de cent ans est mesprisé. » De commencer d'apprendre, cela est fort louable; mais qui commenceroit en intention de ne jamais se perfectionner, il feroit contre toute raison. La crainte et les autres motifs de repentance, dont nous avons parlé, sont bons pour le commencement de la sagesse chrestienne qui consiste en la penitence: mais qui voudroit, de propos deliberé, ne point parvenir à l'amour, qui est la perfection de la penitence, il offenseroit grandement celuy qui a tout destiné à son amour, comme à la fin de toutes choses.

Conclusion. La repentance qui forclost l'amour de Dieu, est infernale, pareille à celle des damnez. La repentance qui ne rejette pas l'amour de

(1) Isa. LXV, 20.

Dieu, quoy qu'elle soit encore sans iceluy, est une bonne et desirable repentance, mais imparfaicte, et qui ne peut nous donner le salut, jusques à ce qu'elle ayt atteint à l'amour, et qu'elle se soit meslée avec iceluy. Si que, comme le grand apostre a dit, (1) que s'il donnoit son corps à brusler, et tous ses biens aux pauvres, sans avoir la charité, cela luy seroit inutile ; aussi pouvons-nous dire en verité que, quand nostre penitence seroit si grande, que sa douleur fist fondre nos yeux en larmes, et fendre nos cœurs de regret, si nous n'avons pas le sainct amour de Dieu, tout cela ne nous serviroit de rien pour la vie eternelle.

CHAPITRE XX.

Comme le meslange d'amour et de douleur se fait en la contrition.

La nature, que je sçache, ne convertit jamais le feu en eau, quoy que plusieurs eaux se convertissent en feu. Mais Dieu le fit pourtant une fois par miracle. Car ainsi qu'il est escrit au livre des Machabées (2), lorsque les enfans d'Israël furent conduits en Babylone, du temps de Sedecias, les prestres, par l'advis de Hieremie, cacherent le feu sacré en une vallée dans un puits sec ; et au retour les enfans de ceux qui avoient ainsi caché le feu, l'allerent chercher, selon ce que leurs peres leur avoient enseigné, et ils le trouverent converty en une eau fort espaisse, laquelle estant tirée par eux et respanduë sur les sacrifices, selon que Nehemias l'ordonnoit, soudain que les rayons du soleil l'eurent touchée, elle fut convertie en un grand feu.

Theotime, parmy les tribulations et regrets d'une vive repentance, Dieu met bien souvent dans le fond de nostre cœur le feu sacré de son amour : puis cet amour se convertit en l'eau de plusieurs larmes, lesquelles par un second changement se convertissent en un autre plus grand feu d'amour. Ainsi la celebre amante repentie aima premierement son Sauveur, et cet amour se convertit en pleurs, et ces pleurs en un amour excellent; (3) dont Nostre-Seigneur dit que plusieurs pechez luy estoient remis, parce qu'elle avoit beaucoup aimé. Et comme nous voyons que le feu convertit le vin en une eau, que presque partout on appelle *eau-de-vie*, laquelle conçoit et nourrit si aisement le feu, que pour cela on la nomme aussi en plusieurs endroits *ardente* : de mesme la consideration amoureuse de la bonté, laquelle estant souverainement aimable a esté offensée par le peché, produit l'eau de la saincte penitence ; puis de cette eau provient reciproquement le feu de l'amour divin, dont on la peut proprement appeler *eau-de-vie* et *ardente*. Elle est certes une *eau* en sa substance ; car la penitence n'est autre chose qu'un vray desplaisir, une reelle douleur et repentance : mais elle est neantmoins *ardente*, parce qu'elle contient la vertu et proprieté de l'amour, comme provenuë d'un motif amoureux, et par cette proprieté elle donne la vie de la grace. C'est pourquoy la parfaicte penitence a deux effects differens : car, en vertu de sa douleur et detestation, elle nous separe du peché et de la creature, à laquelle la delectation nous avoit attachez ; mais en vertu du motif de l'amour d'où elle prend son origine, elle nous reconcilie et reunit à nostre Dieu, duquel nous nous estions separez par le mespris: si que mesme qu'elle nous retire du peché en qualité de repentance, elle nous rejoint à Dieu en qualité d'amour.

Mais je ne veux pas dire neantmoins que l'amour parfaict de Dieu, par lequel on l'aime sur toutes choses, precede toujours cette repentance, ny que cette repentance precede tousjours cet amour. Car encore que cela se passe ainsi maintefois, si est-ce que d'autres fois aussi, à mesme temps que l'amour divin naist dedans nos cœurs, la penitence naist dedans l'amour, et plusieurs fois la penitence venant en nos esprits, l'amour vient en penitence. (1) Et comme lorsqu'Esaü sortit du ventre de sa mere, Jacob son jumeau l'empoigna par le pied, afin que non-seulement leurs naissances s'entresuivissent, mais aussi s'entretinssent et fussent entreliées l'une à l'autre ; de mesme le repentir rude et aspre à cause de sa douleur naist le premier, comme un autre Esaü, et l'amour doux et gracieux, comme Jacob, le tient par le pied, et s'attache tellement à luy, qu'ils n'ont qu'une seule origine ; puisque la fin de la naissance du repentir est le commencement de celle du parfaict amour. Or comme Esaü parut le premier, aussi le repentir se fait ordinairement voir avant l'amour : mais l'amour, comme un autre Jacob, quoy qu'il soit le puisné, assujettit par après le repentir, le convertissant en consolation.

Voyez, je vous prie, Theotime, la bien-aimée Magdeleine, comme elle pleure d'amour : «(2)On « a enlevé mon Seigneur, dit-elle toute fonduë en « larmes, et ne sçay où on l'a mis ; » mais l'ayant trouvé par les souspirs et les pleurs, elle le tient et possede par amour. L'amour imparfaict le desire et le requiert ; la penitence le cherche et le trouve, l'amour parfaict le tient et le serre, ainsi qu'on dit des rubis d'Ethiopie, qui ont naturelle-

---

(1) I. ad Cor. XIII, 3. — (2) II. Mach. 1.
(3) Luc VII, 47.

(1) Genes. XXV, 29. — (2) Joan. XX, 13.

ment leur feu fort blafastre ; mais estant mis dans le vinaigre, il esclatte et jette son brillement fort clair. Car l'amour qui precede le repentir, est pour l'ordinaire imparfaict ; mais estant détrempé dans l'aigreur de la penitence, il se renforce et devient amour excellent.

Il arrive mesme par fois que la repentance, quoy que parfaicte, ne contient pas en soy la propre action de l'amour, ains seulement la vertu et proprieté d'iceluy. Mais, ce me direz-vous, quelle vertu ou proprieté de l'amour peut avoir la repentance, si elle n'a pas l'action ? Theotime, le motif de la parfaicte repentance, c'est la bonté de Dieu, laquelle il nous desplaist d'avoir offensée. Or ce motif n'est motif sinon parce qu'il esmeut et donne le mouvement : mais le mouvement que la bonté divine donne au cœur qui le considere, ne peut estre que le mouvement d'amour, c'est-à-dire, d'union. C'est pourquoy la vraye repentance, bien qu'il ne soit pas advis, et qu'on ne voye pas la propre action de l'amour, reçoit neantmoins tousjours le mouvement de l'amour et la qualité unissante d'iceluy, par laquelle elle nous reunit et rejoint à la divine bonté. Dites-moy, de grace : c'est la proprieté de l'aymant de tirer à soy le fer, et de se joindre à luy : mais ne voyons-nous pas que le fer touché de l'aymant, sans avoir ny l'aymant, ny sa nature, ains seulement sa vertu et qualité attrayante, ne laisse pas de tirer et s'unir à un autre fer ? Ainsi la parfaicte repentance touchée du motif de l'amour, sans avoir la propre action de l'amour, ne laisse pas d'en avoir la vertu et qualité, c'est-à-dire, le mouvement d'union, pour rejoindre et reunir nos cœurs à la volonté divine. Mais quelle difference y a-t-il, me repliquerez-vous, entre ce mouvement unissant de la penitence et l'action propre de l'amour ? Theotime, l'action de l'amour est un mouvement d'union voirement, mais il se fait par complaisance. Or le mouvement d'union qui est en la penitence se fait non par voye de complaisance, ains de desplaisir, de repentance, de reparation, de reconciliation. En tant donc que ce mouvement unit, il a la qualité de l'amour ; en tant qu'il est amer et douloureux, il a la qualité de la penitence ; et en somme, de sa naturelle condition, c'est un vray mouvement de penitence, mais qui a la vertu et qualité unissante de l'amour.

Ainsi le vin theriacal n'est par appellé theriacal, pour contenir la propre substance de la theriaque ; car il n'y en a point du tout : mais on le nomme ainsi, parce que la plante de la vigne ayant esté détrempée en theriaque, les raisins et le vin qui en sont provenus, ont tiré la vertu et l'operation de la theriaque contre toutes sortes de venins. Si doncques la penitence, selon l'Escriture, efface le peché, sauve l'ame, la rend agreable à Dieu, et la justifie, qui sont des effects appartenans à l'amour, et qui semblent ne devoir estre attribués qu'à luy ; il ne le faut pas trouver estrange : car bien que l'amour ne se trouve pas tousjours luy-mesme en la penitence parfaicte, sa vertu neantmoins et sa proprieté y est tousjours, s'y estant escoulée par le motif amoureux duquel elle provient.

Ni ne faut pas non plus s'estonner que la force de l'amour naisse dedans la repentance avant que l'amour y soit formé, puisque nous voyons que par la reflexion des rayons du soleil battans sur la glace d'un mirouer, la chaleur qui est la vertu et propre qualité du feu, s'augmente petit à petit si fort, qu'elle commence à brusler avant qu'elle ait bonnement produit le feu, ou au moins avant que nous l'ayons apperceu. Car ainsi le Sainct-Esprit jettant dans nostre entendement la consideration de la grandeur de nos pechez, en tant que par iceux nous avons offensé une si souveraine bonté ; et nostre volonté recevant la reflexion de cette cognoissance, le repentir croist petit à petit si fort avec une certaine chaleur affective et desir de retourner en grace avec Dieu, qu'enfin ce mouvement arrive à tel signe qu'il brusle et unit avant mesme que l'amour soit du tout formé : amour qui toutesfois, comme un feu sacré, s'allume immediatement en ce poinct-là ; de sorte que la repentance ne parvient jamais à ce signe de brusler et reunir le cœur à Dieu, qui est son extresme perfection, qu'elle ne se trouve toute convertie en feu et flamme d'amour, la fin de l'un servant de commencement de l'autre : ains plustost la fin de la penitence est dans le commencement de l'amour, (1) comme le pied d'Esaü estoit dans la main de Jacob, de telle façon que lorsque Esaü achevoit sa naissance, Jacob commençoit la sienne ; la fin de la naissance de l'un estant jointe, liée, et qui plus est, environnée du commencement de la naissance de l'autre : car ainsi le commencement de l'amour parfaict ne suit pas seulement la fin de la penitence ; mais il s'attache, il se lie, et, pour le dire en un mot, le commencement d'amour se mesle avec la fin de la repentance ; et en ce moment du meslange, la penitence et contrition merite la vie eternelle.

Or parce que cette repentance amoureuse se practique ordinairement par des eslans ou eslevemens du cœur en Dieu, pareils à ceux des anciens penitens : « (2) Je suis vostre, ô mon Dieu, « sauvez-moy : (3) ayez misericorde de moy, ayez-« en misericorde ; car mon ame se confie en vous.

(1) Genes. XXV, 25. — (2) Ps. CXVIII, 94.
(3) Ps. LVI, 7.

« (1) Sauvez-moy, Seigneur, car les eaux submer-
« gent mon ame. (2) Faictes-moy comme un de
« vos mercenaires. (3) Seigneur, soyez-moy pro-
« pice, à moy pauvre pecheur. » Ce n'est pas sans
raison que quelques-uns ont dit que l'oraison justifioit ; car l'oraison repentante, ou la repentance
suppliante, elevant l'ame à Dieu et la reunissant
à sa bonté, obtient sans doute le pardon en vertu
du sainct amour qui luy donne le mouvement sacré. Et partant nous devons tous avoir force telles oraisons jaculatoires, faictes par maniere de
repentance amoureuse et de souhaits requerans
nostre reconciliation avec Dieu, afin que par
icelles (4) *prononçant* devant le Sauveur nostre
tribulation, nous respandions nos ames devant
et dedans son cœur pitoyable qui les recevra à
mercy.

CHAPITRE XXI.

Comme les attraits amoureux de Nostre-Seigneur nous aydent et accompagnent jusques à la foy et la charité.

Entre le premier resveil du peché ou de l'incredulité, et la resolution finale que l'on prend
de croire parfaictement, il y a souvente fois beaucoup de temps pendant lequel on peut prier,
comme fit sainct Pacome, ainsi que nous avons
veu ; et comme le pere du pauvre lunatique, lequel, au rapport de sainct Marc, asseurant qu'il
croyoit, c'est-à-dire, qu'il commençoit à croire,
cognent quand et quant qu'il ne croyoit pas assez, dont il s'escria : « (5) Hé ! Seigneur, je croy,
« mais aidez mon incredulité ; » comme s'il eust
voulu dire : Je ne suis plus dans l'obscurité de la
nuict d'infidelité, desjà les rayons de vostre foy
esclairent sur l'horizon de mon ame ; mais neantmoins je ne croy pas encore convenablement,
c'est une cognoissance encore toute foible et
meslée de tenebres : helas ! Seigneur, secourez-
moy. Aussi le grand sainct Augustin prononce
solennellement cette remarquable parole : Escoute une fois, ô homme ! et entens. N'es-tu pas
tiré ? Prie afin que tu sois tiré : en laquelle son
intention n'est pas de parler du premier mouvement que Dieu fait en nous sans nous, lorsqu'il
nous excite et esveille du sommeil de peché. Car
comme pourrions-nous demander le resveil,
puisque personne ne peut prier avant qu'estre
esveillé ? Mais il parle de la resolution que l'on
prend d'estre fidelle : car il estime que croire
c'est estre tiré ; et partant il admoneste ceux qui
ont esté excitez à croire en Dieu, de demander le

(1) Ps. LXVIII, 2. — (2) Luc. XV, 19.
(3) Luc. XVIII, 13. — (4) Ps. XLI, 5.
(5) Marc. IX, 23.

don de la foy ; et personne certes ne pouvoit
mieux sçavoir les difficultez qui passent ordinairement entre le premier mouvement que Dieu
fait en nous, et la parfaicte resolution de bien
croire, que sainct Augustin, qui ayant receu une
si grande varieté d'attraits par les paroles du glorieux sainct Ambroise, par la conference faicte
avec Potitian, et mille autres moyens, ne laissa
pas neantmoins d'user de tant de remises, et d'a-
voir tant de peine à se resoudre : si qu'à luy, de
vray, plus qu'à nul autre on eust peu bien dire
ce qu'il dict par après aux autres : Helas ! Augustin, si tu n'es pas tiré, si tu ne crois pas, prie
que tu sois tiré et que tu croyes.

Nostre-Seigneur tire les cœurs par les delectations qu'il leur donne, lesquelles font trouver la
doctrine celeste, douce et agreable : mais avant
que cette douceur ayt engagé et lié la volonté
par ses amiables liens, pour la tirer à l'acquiescement et consentement parfaict de la foy ; comme Dieu ne manque pas d'exercer sa bonté sur
nous par ses sainctes inspirations, aussi nostre
ennemy ne cesse point de practiquer sa malice
par ses tentations. Et cependant nous demeurons
en pleine liberté de consentir aux attraits celestes ou de les rejeter : car comme le sacré concile
de Trente a clairement resolu, « (1) si quelqu'un
« disoit que le franc arbitre de l'homme estant
« meu et incité de Dieu, ne coopere en rien en
« consentant à Dieu qui l'esmeut et l'appelle,
« afin qu'il se dispose et prepare pour obtenir
« la grace de la justification, et qu'il ne peut n'y
« consentir point s'il veut ; certes un tel seroit
« excommunié et reprouvé de l'Eglise. » Que si
nous ne repoussons point la grace du sainct
amour, elle se va dilatant par de continuels accroissemens dedans nos ames, jusques à ce qu'elles soyent entierement converties, comme les
grands fleuves qui trouvant les plaines ouvertes
se respandent et prennent toujours plus de place.

Que si l'inspiration nous ayant tirez à la foy
ne rencontre point de resistance en nous, elle
nous tire mesme jusques à la penitence et charité. (2) Sainct Pierre, comme un Apode, relevé
par l'inspiration avec les yeux de son maistre
luy donnerent, se laissant librement mouvoir et
porter à ce doux vent du Sainct-Esprit, regarde
les yeux salutaires qui l'avoient excité : il lit en
iceux, comme au livre de vie, la douce semonce
de pardon que la debonnaireté divine luy offre ;
il en tire un juste motif d'esperance ; il sort de
la cour, il considere l'horreur de son peché et le
deteste, il pleure, il gemit, il prosterne son mi-

(1) Concil. Trid. sess. 6. de Justific. Cant. IV.
(2) Luc. XXII, 61.

serable cœur devant celuy de la misericorde de son Seigneur, il crie mercy pour sa faute, il se resout à une inviolable fidelité, et par ce progrez de mouvemens practiquez à la faveur de la grace qui le conduit, l'assiste et l'aide continuellement, il parvient enfin à la saincte remission de ses pechez; passant ainsi de grace en grace, selon que sainct Prosper asseure, que sans la grace on ne court point à la grace.

Ainsi donc, pour conclure ce poinct, l'ame prevenue de la grace, sentant les premiers attraits, et consentant à leur douceur, comme revenant à soy après une si longue pasmoison, elle commence à souspirer ces paroles : helas ! ô mon cher espoux, mon amy, (1) *tirez-moy*, je vous prie, et me prenez par dessous les bras, car je ne puis autrement aller ; mais si vous me tirez, *nous courrons*, vous en m'aidant par l'*odeur de vos parfums*, et moy correspondant par mon foible consentement, et odorant vos suavitez qui me renforcent et ravigorent toutes jusques à ce que le (2) *beaume de vostre nom* sacré, c'est-à-dire, l'onction salutaire de ma justification soit respandue en moy. Voyez-vous, Theotime, elle ne prieroit pas, si elle n'estoit excitée ; mais si tost qu'elle l'est et qu'elle sent les attraits, elle prie qu'on la tire, estant tirée, elle court ; mais elle ne courroit pas, si les parfums qui l'attirent et par lesquels on la tire, ne luy avivoient le cœur par la force de leur odeur precieuse : et comme elle court plus fort, et qu'elle s'approche de plus près de son celeste espoux, elle sent tousjours plus delicieusement les suavitez qu'il respand, jusques à ce qu'enfin luy-mesme s'escoule dedans son cœur par maniere de (3) *beaume respandu* ; si qu'elle s'escrie, comme surprise de ce contentement non si tost attendu et inopiné : ô mon espoux, vous estes (4) *un beaume versé* dans mon sein : ce n'est pas merveille si *les jeunes* ames *vous cherissent*.

En cette façon, tres-cher Theotime, l'inspiration celeste vient à nous et nous previent, excitant nos volontez à l'amour sacré. Que si nous ne la repoussons pas, elle vient avec nous et nous environne, pour nous inciter et pousser tousjours plus avant ; et si nous ne l'abandonnons, elle ne nous abandonne point qu'elle ne nous ayt rendus au port de la tres-saincte charité, faisant pour nous les trois offices que le grand ange Raphaël fit pour son cher Tobie (5) : car elle nous guide en tout nostre voyage de la saincte penitence ; elle nous garantit des perils et des assauts du diable, et nous console, anime et fortifie en nos difficultez.

CHAPITRE XXII.

Briefve description de la charité.

Voilà donc enfin, mon cher Theotime, comme Dieu, par un progrez plein de suavité ineffable, conduit l'ame qu'il fait sortir hors de l'Egypte du peché, d'amour en amour, comme de logement en logement, jusques à ce qu'il l'ayt fait entrer en la terre de promission, je veux dire en la tres-saincte charité, laquelle, pour le dire en un mot, est une amitié, et non pas un amour interessé. Car par la charité nous aimons Dieu pour l'amour de luy-mesme, en consideration de sa bonté tres-souverainement aimable : mais cette amitié est une vraye amitié ; car elle est reciproque, Dieu ayant aimé eternellement quiconque l'a aimé, l'aime, ou l'aimera temporellement. Elle est declarée et recogneue mutuellement, attendu que Dieu ne peut ignorer l'amour que nous avons pour luy, puisque luy-mesme nous le donne ; ny nous aussi ne pouvons ignorer celuy qu'il a pour nous, puisqu'il l'a tant publié, et que nous recognoissons tout ce que nous avons de bon, comme veritables effects de sa bienvueillance ; et enfin nous sommes en perpetuelle communication avec luy, qui ne cesse de parler à nos cœurs par inspirations, attraits et mouvemens sacrez. Il ne cesse de nous faire du bien et rendre toutes sortes de tesmoignages de sa tressaincte affection, nous ayant ouvertement revelé tous ses secrets comme à ses amis confidens. Et pour comble de son sainct amoureux commerce avec nous, il s'est rendu nostre propre viande au tres-sainct sacrement de l'eucharistie. Et quant à nous, nous traitons avec luy à toutes heures quand il nous plaist, par la tres-saincte oraison, ayant toute nostre vie, nostre mouvement et nostre estre, non-seulement avec luy, mais en luy et par luy.

Or cette amitié n'est pas une simple amitié, mais amitié de dilection, par laquelle nous faisons election de Dieu pour l'aimer d'amour particulier. « (1) Il est choisi, dit l'espouse sacrée, « entre mille. » Elle dit *entre mille*, mais elle veut dire, entre tous. C'est pourquoy cette dilection n'est pas dilection de simple excellence, ains une dilection incomparable ; car la charité aime Dieu par une estime et preference de sa bonté si haute et relevée au-dessus de toute autre estime, que les autres amours, ou ne sont pas vrays amours en comparaison de cestuy-cy, ou s'ils sont vrays amours, cestuy-cy est infiniment

---

(1) Cant. Cant. I, 3. — (2) Ibid. II.
(3) Cant. Cant. II. — (4) Ibid.
(5) Tob. X.

(1) Cant. Cant. V, 10.

plus qu'amour. Et partant, Theotime, ce n'est pas un amour que les forces de la nature ny humaine, ny angelique puissent produire, ains « (1) le « Sainct-Esprit le donne et le respand en nos « cœurs »; et comme nos ames qui donnent la vie à nos corps, n'ont pas leur origine de nos corps, mais sont mises dans nos corps par la providence naturelle de Dieu ; ainsi la charité qui donne la vie à nos cœurs, n'est pas extraite de nos cœurs, mais elle y est versée comme une celeste liqueur par la providence surnaturelle de sa divine majesté.

Nous l'appellons donc amitié surnaturelle pour cela ; et de plus encore, parce qu'elle regarde Dieu et tend à luy, non selon la science naturelle que nous avons de sa bonté, mais selon la cognoissance surnaturelle de la foy. C'est pourquoy avec la foy et l'esperance elle fait sa residence en la poincte et cime de l'esprit, et comme une reyne de majesté elle est assise dans la volonté comme en son throsne, d'où elle respand sur toute l'ame ses suavitez et douceurs, la rendant par ce moyen toute belle, agreable et aimable à la divine bonté : de sorte que si l'ame est un royaume duquel le Sainct-Esprit soit le roy, la charité est la « (1) reyne seante à sa dextre en « robbe d'or recamée de belles varietez. » Si l'ame est une reyne espouse du grand Roy celeste, la charité est sa couronne qui embellit royalement sa teste. Mais si l'ame avec son corps est un petit monde, la charité est le soleil qui orne tout, eschauffe tout et vivifie tout.

La charité donc est un amour d'amitié, une amitié de dilection, une dilection de preference, mais de preference incomparable, souveraine et surnaturelle, laquelle est comme un soleil en toute l'ame pour l'embellir de ses rayons, en toutes les facultez spirituelles pour les perfectionner, en toutes les puissances pour les moderer, mais en la volonté comme en son siege, pour y resider et luy faire cherir et aimer son Dieu sur toutes choses. O que bienheureux est l'esprit dans lequel cette saincte dilection est respandue, puisque « (2) tous biens luy arrivent pareillement « avec icelle. »

(1) Rom. v, 5.

(1) Ps. XLIV, 10. — (2) Sap. VII, 11.

LIVRE TROISIESME.

DU PROGREZ ET PERFECTION DE L'AMOUR.

CHAPITRE PREMIER.

Que l'amour sacré peut estre augmenté de plus en plus en un chascun de nous.

Le sacré concile de Trente nous asseure que les amis de Dieu, « (1) allant de vertu en vertu », sont renouvellez de jour en jour; c'est-à-dire, croissent par bonnes œuvres en la justice qu'ils ont receue par la grace divine, et sont de plus en plus justifiez, selon ces celestes advertissemens : « (2) Qui est juste, qu'il soit derechef jus- « tifié ; et qui est sainct, qu'il soit encore plus « sanctifié. » « (3) Ne doute point d'estre justifié « jusques à la mort. » « (4) Le sentier des justes « s'avance, et croist comme une lumiere resplen- « dissante jusques au jour parfaict. » « (5) Faisant « la verité avec charité, croissons en tout ce ce- « luy qui est le chef, à sçavoir Jesus-Christ. » Et enfin, « (6) Je vous prie, que vostre charité croisse « de plus en plus » ; qui sont toutes paroles sacrées selon David, sainct Jean l'ecclesiastique, et sainct Paul.

Je n'ay jamais sçeu qu'il se trouvast aucun animal qui n'eust point de bornes et limites en sa croissance, sinon le crocodile, qui estant extremement petit en son commencement, ne cesse jamais de croistre tandis qu'il est en vie, en quoy il represente esgalement et les bons et les mauvais. (1) « Car l'outrecuidence de ceux qui haïssent Dieu « monte tousjours », dit le grand roy David, et « (2) les bons croissent comme l'aube du jour », de splendeur en splendeur ; et de demeurer en un estat de consistance longuement, il est impossible. Qui ne gaigne, perd en ce trafic; qui ne « (3) monte, descend en cette eschelle » ; qui n'est vainqueur, est vaincu en ce combat. Nous vivons entre les hazards des batailles que nos ennemis nous livrent : si nous ne resistons, nous perissons ; et nous ne pouvons resister sans surmonter, ny surmonter sans victoire. Car, comme dit le glorieux sainct Bernard, il est escrit tres-specialement de l'homme, que « (4) jamais il n'est

(1) Ps. LXXIII, 8. — (2) Apoc. XXII, 11.
(3) Eccli. XVIII, 22. — (4) Prov. IV, 18.
(5) Ephes. IV, 15. — (6) Philip. I, 9.

(1) Ps. LXXIII, 23. — (2) Prov. IV, 18.
(3) Genes. XXVIII, 1. — (4) Ep. 253. ad Garinum. Job. XIV, 2.

en un mesme estat », il faut ou qu'il avance ou qu'il retourne en arriere. « (1) Tous courent, mais un « seul emporte le prix : courez, en sorte que vous « l'obteniez. Qui est le prix sinon Jesus-Christ? » « et comme le pourrez-vous apprehender, si vous « ne le suivez? Que si vous le suivez, vous irez « et courrez tousjours : car il ne s'arresta jamais, « ains continua la course de son amour et (2) « obeïssance jusques à la mort, et la mort de la « croix. »

Allez donc, dit sainct Bernard, allez, dis je, avec luy : allez, mon cher Theotime, et n'ayez point d'autres bornes que celles de vostre vie ; et tandis qu'elle durera, courez après ce Sauveur : mais courez ardemment et vistement ; car de quoy vous servira de le suivre, si vous n'estes si heureux que de l'acconsuivre ? Escoutons le prophete : « (3) J'ay incliné mon cœur à faire vos jus- « tifications eternellement. » Il ne dit pas qu'il les gardera pour un temps, mais pour jamais : et parce qu'il veut eternellement bien faire, il aura un eternel salaire. « (4) Bienheureux sont ceux « qui sont purs en la voye, qui marchent en la loy « du Seigneur. » Malheureux sont ceux qui sont souillez, qui ne marchent point en la loy du Seigneur. Il n'appartient qu'à Sathan de dire qu'il sera « (5) assis sur les flancs d'Aquilon. » Detestable, tu seras assis ! Hé ! ne cognois-tu pas que tu es au chemin et que le chemin n'est pas faict pour s'asseoir, mais pour marcher ? Et il est tellement faict pour marcher, que marcher s'appelle cheminer. Et Dieu parlant à l'un de ses plus grands amis : « (6) Marche, luy dit-il, devant moy, et sois parfaict. »

La vraye vertu n'a point de limites ; elle va tousjours outre : mais surtout la saincte charité, qui est la vertu des vertus, et laquelle ayant un object infini, seroit capable de devenir infinie, si elle rencontroit un cœur capable de l'infinité ; rien n'empeschant cet amour d'estre infini, que la condition de la volonté qui le reçoit et qui doit agir par iceluy ; condition à raison de laquelle, comme jamais personne ne verra Dieu autant qu'il est visible, aussi oncques nul ne le peut aimer autant qu'il est aimable. Le cœur qui pourroit aimer Dieu d'un amour esgal à la divine bonté, auroit une volonté infiniment bonne ; et cela ne peut estre qu'en Dieu seul. La charité donc entre nous peut estre perfectionnée jusques à l'infini, mais exclusivement ; c'est-à-dire, la charité peut estre rendue de plus en plus et tousjours plus excellente, mais non pas que jamais elle puisse estre infinie. L'esprit de Dieu peut eslever le nostre

et l'appliquer à toutes les actions surnaturelles qu'il luy plaist, tandis qu'elles ne sont pas infinies ; d'autant, qu'entre les choses petites et les grandes, pour excessives qu'elles soient, il y a tousjours quelque sorte de proportion, pourveu que l'excès des excessives ne soit pas infini : mais entre le fini et l'infini il n'y a nulle proportion ; et pour y en mettre, il faudroit ou relever le fini et le rendre infini, ou ravaler l'infini et le rendre fini, ce qui ne peut estre

De sorte que la charité mesme qui est en nostre Redempteur en tant qu'il est homme, quoy qu'elle soit grande, au-dessus de tout ce que les anges et les hommes peuvent comprendre ; si est-ce qu'elle n'est pas infinie en son estre et d'ellemesme, ains seulement en l'estime de sa dignité et de son merite ; parce qu'elle est la charité d'une personne d'infinie excellence, c'est-à-dire, d'une personne divine, qui est le Fils eternel du Pere tout-puissant.

Cependant c'est une faveur extresme pour nos ames qu'elles puissent croistre sans fin de plus en plus en l'amour de leur Dieu, tandis qu'elles sont en cette vie caduque.

(1) Montant à la vie eternelle,
De vertu en vertu nouvelle.

CHAPITRE II.

Comme Nostre-Seigneur a rendu aisé l'accroissement de l'amour.

Voyez-vous, Theotime, ce (2) *verre d'eau* ou ce petit morceau de pain qu'une saincte ame donne au pauvre pour Dieu : c'est peu de faict certes et chose presque indigne de consideration selon le jugement humain ; Dieu neantmoins la recompense, et tout soudain donne pour cela quelque accroissement de charité. Les (3) *poils de chevre* presentez anciennement au tabernacle estoient bien receus, et tenoient lieu entre les sainctes offrandes ; et les petites actions qui procedent de la charité, sont agreables à Dieu, et ont leur place entre les merites. Car, comme en l'Arabie heureuse, non-seulement les plantes de nature aromatique, mais toutes les autres sont odorantes, participant au bonheur de ce solage ; ainsi en l'ame charitable, non-seulement les œuvres excellentes de leur nature, mais aussi les petites besoignes se ressentent de la vertu du sainct amour et sont en bonne odeur devant la majesté de Dieu, qui à leur consideration augmente la saincte charité. Or je dis que Dieu fait cela parce que la charité ne produit pas ses accroissemens

---

(1) I. ad Cor. IX, 24. — (2) Philip. II, 8.
(3) Ps. CXVIII, 112. — (4) Ps. I.
(5) Isa. XIV, 13. — (6) Genes. XVII, 1.

(1) Ps. LXXXVIII, 8. — (2) Matth. X, 42.
(3) Exod. XXXV, 23.

comme un arbre qui pousse ses rameaux et les fait sortir par sa propre vertu les uns des autres: ains, comme la foy, l'esperance et la charité sont des vertus qui ont leur origine de la bonté divine, aussi en tirent-elles leur augmentation et perfection; à guise des avettes, lesquelles estant extraictes du miel, prennent aussi leur nourriture d'iceluy.

Par quoy tout ainsi que les perles prennent non-seulement leur naissance, mais aussi leur aliment de la rosée, les meres-perles ouvrant pour cet effect leurs escailles du costé du ciel comme pour mendier les gouttes que la fraischeur de l'air fait escouler à l'aube du jour : de mesme ayans receu la foy, l'esperance et la charité de la bonté celeste, nous devons tousjours retourner nos cœurs et les tenir tendus de ce costé-là, pour en impetrer la continuation et l'accroissement des mesmes vertus. « (1) O Seigneur, nous fait dire « la saincte Église nostre mere, donnez-nous « l'augmentation de la foy, de l'esperance et de « la charité»; et c'est à l'imitation de ceux qui disoient au Sauveur : « (2) Seigneur, accroissez la « foy en nous; » et selon l'advis de saint Paul, qui assure que «(3) Dieu seul est puissant de faire « abonder en nous toute grace. »

C'est donc Dieu qui fait cet accroissement en consideration de l'emploi que nous faisons de sa grace selon qu'il est escrit : « (4) A celui qui « a, » c'est-à-dire, qui employe bien les faveurs receues; « on lui donnera davantage et il abondera. » Ainsi se practique l'exhortation du Sauveur : « (5) Amassez des thresors au ciel », comme s'il disoit : Adjoustez tousjours de nouvelles œuvres aux precedentes; car ce sont les pieces desquelles vos thresors doivent estre composez; le jeusne, l'oraison, l'aumosne. Or, comme au thresor du temple, « (6) les deux petites pittes de la « pauvre veufve » furent estimées; et qu'en effect, par l'addition des petites pieces, les thresors s'aggrandissent, et leur valeur s'augmente d'autant; ainsi les moindres petites bonnes œuvres, quoyque faictes un peu laschement, et non selon toute l'estenduë des forces de la charité que l'on a, ne laissent pas d'estre agreables à Dieu, et d'avoir leur valeur auprès de luy : de sorte qu'encore que d'elles-mesmes elles ne puissent pas causer aucun accroissement à l'amour precedent, estant de moindre vigueur que luy; la providence divine toutesfois qui en tient compte et par sa bonté en fait estat, les recompense soudain de l'accroissement de la charité pour le present, et de l'assignation d'une plus grande gloire au ciel pour l'advenir.

Theotime, les abeilles font le miel delicieux qui est leur ouvrage de haut prix; mais la cire qu'elles font aussi, ne laisse pas pour cela de valoir quelque chose, et de rendre leur travail recommandable. Le cœur amoureux doit tascher de produire ses œuvres avec grande ferveur et de haute estime, afin d'augmenter puissamment sa charité : mais si toutesfois il en produit de moindres, il n'en perdra point la recompense; car Dieu lui en sçaura gré, c'est-à-dire, l'en aimera tousjours un peu plus. Or jamais Dieu n'aime davantage une ame qui a de la charité, qu'il ne luy en donne aussi davantage, nostre amour envers luy estant le propre et particulier effect de son amour envers nous.

A mesure que nous regardons plus vivement nostre ressemblance qui paroist en un miroüer, elle nous regarde aussi plus attentivement; et à mesure que Dieu jette plus amoureusement ses doux yeux sur nostre ame qui est faicte à son image et semblance, nostre ame reciproquement regarde sa divine bonté plus attentivement et ardemment, correspondant selon sa petitesse à tous les accroissemens que cette souveraine douceur fait de son divin amour envers elle. Certes le sacré concile de Trente parle ainsi : « Si quel-« qu'un dit que la justice receue n'est pas con-« servée, et que mesme elle n'est pas augmentée « devant Dieu par les bonnes œuvres, mais que « les œuvres sont seulement fruits et signes de la « justification acquise, et non pas cause de l'aug-« menter, anathesme. » Voyez-vous, Theotime, la justification qui se fait par la charité est augmentée par les bonnes œuvres, et ce qu'il faut remarquer, c'est par les bonnes œuvres sans exception : car, comme dit excellemment sainct Bernard sur un autre sujet, rien n'est excepté, ou rien n'est distingué. Le concile parle des bonnes œuvres indistinctement et sans reserve; nous donnant à cognoistre que non-seulement les grandes et ferventes, ains aussi les petites et foibles, font augmenter la saincte charité; mais les grandes grandement, et les petites beaucoup moins.

Tel est l'amour que Dieu porte à nos ames, tel le desir de nous faire croistre en celuy que nous luy devons porter. Sa divine suavité nous rend toutes choses utiles; elle prend tout à nostre advantage; elle fait valoir à nostre profit toutes nos besoignes, pour basses et debiles qu'elles soient.

Au commerce des vertus morales, les petites œuvres ne donnent point d'accroissement à la vertu de laquelle elles procedent; ains, si elles sont bien petites, elles l'affoiblissent. Car une

---

(1) Oratio Dom. XIII. post Pentec.
(2) Luc. XVII, 5. — (3) II. ad Cor. IX, 8.
(4) Matth. XIII, 12. — (5) Matth. VI, 20.
(6) Luc. XXI, 2.

grande liberalité perit quand elle s'amuse à donner des choses de peu; et de liberalité elle devient chicheté. Mais au trafic des vertus qui viennent de la misericorde divine, et surtout de la charité, toutes œuvres donnent accroissement. Or ce n'est pas merveille si l'amour sacré, comme roy dés vertus, n'a rien, ou petit ou grand, qui ne soit aimable; puisque le beaume, prince des arbres aromatiques, n'a ny escorce, ny fueille, qui ne soit odorante. Et que pourroit produire l'amour, qui ne fust digne d'amour et ne tendist à l'amour?

CHAPITRE III.

Comme l'ame estant en charité, fait progrez en icelle.

Employons une parabole, Theotime, puisque cette methode a esté si agreable au souverain maistre de l'amour que nous enseignons. Un grand et brave roy ayant espousé une tres-aimable jeune princesse, et l'ayant un jour menée en un cabinet fort retiré pour s'entretenir avec elle plus à souhait, après quelques discours il la vid tomber pasmée devant luy par un accident inopiné. Helas! cela l'estonna extremement, et le fit presque tomber luy-mesme à cœur failly de l'autre costé; car il l'aimoit plus que sa propre vie. Neantmoins le mesme amour qui luy donna ce grand assaut de douleur, luy donna quant et quant la force de le soustenir; et il le mit en action pour, avec une promptitude nompareille, remedier au mal de la chere compagne de sa vie: si qu'ouvrant de vitesse un buffet qui estoit là, il prend une eau cordiale infiniment precieuse, il ouvre de force les levres et les dents serrées de cette bien-aimée princesse, et faisant couler dans sa bouche cette precieuse liqueur, il la fit enfin revenir à soy et reprendre sentiment; puis il la releve doucement; et à force de remede il la ravigore et ravive en telle sorte, qu'elle commença à se lever sur pied et se promener tout bellement avec luy, mais non pas toutesfois sans son aide; car il l'alloit relevant et soustenant par-dessous le bras, jusques à ce qu'enfin il lui mit un epitheme de si grande vertu et si precieux sur le cœur, que lors se sentant tout-à-fait remise en sa premiere santé, elle marchoit toute seule d'elle-mesme; son cher espoux ne la soustenant plus si fort, ains seulement luy tenant doucement sa main droite entre les siennes, et son bras droit replié sur le sien et sur sa poitrine, il l'alloit ainsi entretenant et luy faisant en cela quatre offices fort agreables. Car 1. il luy tesmoignoit son cœur amoureusement soigneux d'elle. 2. Il l'alloit tousjours un peu soulageant. 3. Si quelque ressentiment de la defaillance passée luy fust revenu, il l'eust soustenüe. 4. Si elle eust rencontré quelque pas ou quelque endroit raboteux et malaisé, il l'eust retenue et appuyée, et ès montées, ou quand elle vouloit aller un peu viste, il la souslevoit et supportoit puissamment. Il se tint donc avec ce soin cordial auprès d'elle jusques à la nuict qu'il voulut encore l'assister quand on la mit dans son lict royal.

L'ame est espouse de Nostre-Seigneur, quand elle est juste; et parce qu'elle n'est point juste qu'elle ne soit en charité, elle n'est point aussi espouse qu'elle ne soit menée dedans le cabinet de ces delicieux parfums, desquels il est parlé ès cantiques. Or quand l'ame qui a cet honneur, commet le peché, elle tombe pasmée d'une defaillance spirituelle; et cet accident est à la verité bien inopiné: car qui pourroit jamais penser qu'une creature voulust quitter son Createur et souverain bien pour des choses si legeres comme sont les amorces du peché? Certes le ciel s'en estonne; et si Dieu estoit subject aux passions, il tomberoit à cœur failly pour ce malheur, comme lorsqu'il fut mortel, il expira sur la croix pour nous en racheter. Mais puisqu'il n'est plus requis qu'il employe son amour à mourir pour nous; quand il void l'ame ainsi precipitée en l'iniquité, il accourt pour l'ordinaire à son aide, et d'une misericorde nompareille entr'ouvre la porte du cœur par des eslans et remords de conscience, qui procedent de plusieurs clartez et apprehensions qu'il a jettées dedans nos esprits avec des mouvemens salutaires, par le moyen desquels, comme par des eaux odorantes et vitales, il fait revenir l'ame à soy et la remet en des bons sentimens. Et tout cela, mon Theotime, Dieu le fait en nous sans nous par sa bonté toute aimable qui nous previent de sa douceur. Car comme nostre espouse pasmée fust demeurée morte en sa pasmoison sans le secours du roy, aussi l'ame demeureroit perdue dans son peche, si Dieu ne la prevenoit. Que si l'ame estant ainsi excitée adjouste son consentement au sentiment de la grace, secondant l'inspiration qui l'a prevenue, et recevant les secours et remedes requis que Dieu luy a preparez; il la ravigorera et la conduira par divers mouvemens de foy, d'esperance et de penitence, jusques à ce qu'elle soit tout-à-fait remise en la vraye santé spirituelle, qui n'est autre chose que la charité. Or tandis qu'il la fait ainsi passer entre les vertus par lesquelles il la dispose à ce sainct amour, il ne la conduit pas seulement, mais il la soustient de telle façon que comme elle de son costé marche tant qu'elle peut, aussi luy pour sa part la porte et la va soustenant; et ne sçauroit-on bonnement dire si elle va ou si elle est portée : car elle n'est pas tellement portée qu'elle n'aille, et va toutesfois tellement, que si elle n'estoit pas portée, elle ne pourroit pas aller. Si que, pour parler à l'apostolique, elle doit dire : Je marche, « (1) non pas moy seule, ains la grace « de Dieu avec moy. »

Mais l'ame estant remise tout-à-fait en sa santé par l'excellent epithesme de la charité que le Sainct-Esprit met sur le cœur ; alors elle peut aller et se soustenir sur ses pieds d'elle-mesme, en vertu neantmoins de cette santé et de l'epithesme sacré du sainct amour. C'est pourquoy encore qu'elle puisse aller d'elle-mesme, elle en doit toute la gloire à son Dieu qui luy a donné une santé si vigoureuse et si forte. Car soit que le Sainct-Esprit nous fortifie par les mouvemens qu'il imprime en nos cœurs, ou qu'il nous soustienne par la charité qu'il y respand, soit qu'il nous secoure par maniere d'assistance en nous relevant et portant, ou qu'il renforce nos cœurs, versant en iceux l'amour ravigorant et vivifiant, c'est tousjours en luy et par luy que nous vivons, que nous marchons, et que nous operons.

Neantmoins bien que moyennant la charité respandue dans nos cœurs nous puissions marcher en la presence de Dieu, et faire progrès en la voye de salut ; si est-ce que la bonté divine assiste l'ame à laquelle il a donné son amour, la tenant continuellement de sa saincte main. Car ainsi 1. il fait mieux paroistre la douceur de son amour envers elle. 2. Il la va tousjours animant de plus en plus. 3. Il la soulage contre les inclinations depravées et les mauvaises habitudes contractées par les pechez passez. 4. Et enfin la maintient et deffend contre les tentations.

Ne voyons-nous pas, Theotime, que souvent les hommes sains et robustes ont besoin qu'on les provoque à bien employer leur force et leur pouvoir, et que, par maniere de dire, on les conduise à l'œuvre par la main. Ainsi Dieu nous ayant donné sa charité, et par icelle la force et le moyen de gagner pays au chemin de la perfection, son amour neantmoins ne luy permet pas de nous laisser aller ainsi seuls ; ains il le fait mettre en chemin avec nous, il le presse de nous presser, et sollicite son cœur de le sollicite et pousser le nostre à bien employer la saincte charité qu'il nous a donnée ; repliquant souvent par ses inspirations les advertissemens que S. Paul nous fait : « (2) Voyez de ne point recevoir la grace « celeste en vain. » « (3) Tandis que vous avez le « temps, faictes tout le bien que vous pourrez. » « (4) Courez en sorte, que vous emportiez le « prix. » Si que nous nous devons imaginer souvent qu'il repete aux aureilles de nos cœurs les paroles qu'il disoit au bon pere Abraham : « (1) « Marche devant moy et sois parfaict. »

Surtout l'assistance speciale de Dieu est requise à l'ame qui a le sainct amour ès entreprises signalées et extraordinaires : car bien que la charité, pour petite qu'elle soit, nous donne assez d'inclination, et, comme je pense, une force suffisante pour faire les œuvres necessaires au salut ; si est ce neantmoins que, pour aspirer et entreprendre des actions excellentes et extraordinaires, nos cœurs ont besoin d'estre poussez et rehaussez par la main et le mouvement de ce grand amoureux celeste ; laquelle comme la princesse de nostre parabole, quoyque bien remise en santé, ne pouvoit faire des montées, ny aller bien viste, que son cher espoux ne la relevast et soustinst fortement. Ainsi S. Antoine et S. Simeon Stylite estoient en la grace et charité de Dieu, quand ils firent dessein d'une vie si relevée ; comme aussi la bienheureuse mere Therese, quand elle fit le vœu d'obeïssance speciale ; S. François et S. Louys, quand ils entreprirent le voyage d'outre-mer pour la gloire de Dieu ; le bienheureux François Xavier, quand il consacra sa vie a la conversion des Indois ; S. Charles, quand il s'exposa au service des pestiferez ; S. Paulin, quand il se vendit pour racheter l'enfant de la pauvre veufve : jamais pourtant ils n'eussent fait des coups si hardis et genereux, si, à la charité qu'ils avoient en leurs cœurs, Dieu n'eust adjouté des inspirations, semonces, lumieres et forces speciales, par lesquelles il les animoit et poussoit à ces exploits extraordinaires de la vaillance spirituelle.

(2) Ne voyez-vous pas le jeune homme de l'Evangile que Nostre-Seigneur aimoit, et qui par consequent estoit en charité ? Il n'avoit certes nulle pensée de vendre tout ce qu'il avoit pour le donner aux pauvres, et suivre Nostre-Seigneur : ains quand Nostre-Seigneur lui en donné l'inspiration, encore n'eut-il pas le courage de l'executer. Pour ces grandes œuvres, Theotime, nous avons besoin non-seulement d'estre inspirez, mais aussi d'estre fortifiez, afin d'effectuer ce que l'inspiration requiert de nous. Comme encore ès grands assauts des tentations extraordinaires, une speciale et particuliere presence du secours celeste nous est tout-à-fait necessaire. A cette cause la saincte Eglise nous fait si souvent exclamer : Excitez nos cœurs, ô Seigneur ! ô Dieu, prevenez nos actions en aspirant sur nous, et en nous aidant accompagnez-nous. O Seigneur,

---

(1) I. ad Cor. xv, 10. — (2) II. ad Cor. vi, 1.
(3) Galat. vi, 10. — (4) I. ad Cor. ix, 24.

(1) Genes. xvii, 1. — (2) Matt. xix, 16.

soyez prompt à nous secourir, et semblables ; afin que par telles prieres nous obtenions la grace de pouvoir faire des œuvres excellentes et extraordinaires, et de faire plus frequemment et fervemment les ordinaires, comme aussi de resister plus ardemment aux menuës tentations, et combattre hardiment les plus grandes. S. Antoine fut assailly d'une effroyable legion de demons, desquels ayant assez longuement soustenu les efforts non sans une peine et des tourmens incroyables, enfin il vid le toict de sa cellule se fendre, et un rayon celeste fondre dans l'ouverture, qui dissipa en un moment la noire et tenebreuse troupe de ses ennemis, et luy osta toute la douleur des coups receus en cette bataille, dont il cogneut la presence speciale de Dieu ; et jettant un profond souspir du costé de la vision : « Où estiez-« vous, ô bon Jesus ! dit-il, où estiez-vous ? Pour-« quoy ne vous estes-vous pas trouvé icy dès le « commencement pour remedier à ma peine ? « Antoine, luy fut-il respondu d'en haut, j'estois « icy ; mais j'attendois l'issuë de ton combat. » Or parce que tu as esté brave et vaillant, je t'ayderay tousjours. Mais en quoy consistoit la vaillance et le courage de ce grand soldat spirituel ? Il le declara luy-mesme une autrefois, qu'estant attaqué par un diable, qui advoüa estre l'esprit de fornication, ce glorieux sainct, après plusieurs paroles dignes de son grand courage, commença à chanter le verset 7 du psalme cxvii.

> L'Eternel est de mon party,
> Par luy je seray garanty ;
> Et des ennemis de ma vie
> Nullement je ne me soucie.

Certes Nostre-Seigneur revela à Ste Catherine de Sienne qu'il estoit au milieu de son cœur en une cruelle tentation qu'elle eut, comme un capitaine au milieu d'une forteresse pour la defendre, et que sans son secours elle se fust perdue en cette bataille. Il en est de mesme de tous les grands assauts que nos ennemis nous livrent : nous pouvons bien dire comme Jacob, que c'est « (1) l'ange qui nous garantit de tout mal », et chanter avec le grand roy David :

> (2) Le pasteur dont je suis guidé,
> C'est Dieu qui gouverne le monde,
> Je ne puis, ainsi commandé,
> Que tout à souhait ne m'abonde :
> Quand il voit mon ame en langueur,
> Et que quelque mal l'endommage,
> Il la remet en sa vigueur,
> Et me restaure le courage.

(1) Genes. XLVIII, 16. — (2) Ps. XXII, 2.

Si que nous devons souvent repeter cette exclamation et priere :

> (1) Ta bonté me suive en tout lieu,
> Ta faveur me garde à toute heure ;
> Afin qu'en ton ciel, ô mon Dieu !
> Pour jamais je fasse demeure.

CHAPITRE IV.

De la saincte perseverance en l'amour sacré.

Tout ainsi donc qu'une douce mere menant son petit enfant avec elle, l'ayde et supporte selon qu'elle void la necessité, luy laissant faire quelques pas de luy-mesme ès lieux moins dangereux et bien plains ; tantost le prenant par la main et l'affermissant, tantost le mettant entre ses bras et le portant : de mesme Nostre-Seigneur a un soin continuel de la conduite de ses enfans, c'est-à-dire, de ceux qui ont la charité ; les faisant marcher devant luy, leur tendant la main ès difficultez, et les portant luy-mesme ès peines qu'il void leur estre autrement insupportables. Ce qu'il a declaré en Isaïe, disant : « (2) Je suis « ton Dieu, prenant ta main, et te disant : Ne « crains point, je t'ay aydé. » Si que nous devons d'un grand courage avoir une tres-ferme confiance en Dieu et en son secours. Car si nous ne manquons à sa grace, « (3) il parachevera en nous « le bon œuvre » de nostre salut, ainsi qu'il l'a « (4) commencé, cooperant en nous le vouloir et « le parfaire, » comme le tres-sainct concile de Trente nous admoneste.

En cette conduite que la douceur de Dieu fait de nos ames dès leur introduction à la charité jusques à la finale perfection d'icelle qui ne se fait qu'à l'heure de la mort, consiste le grand don de la perseverance, auquel Nostre-Seigneur attache le tres-grand don de la gloire eternelle, selon qu'il a dit : « (5) Qui perseverera jusques à « la fin, il sera sauvé. » Car ce don n'est autre chose que l'assemblage et la suitte de divers appuis, soulagemens et secours, par le moyen desquels nous continuons en l'amour de Dieu jusques à la fin ; comme l'education, eslevement ou nourrissage d'un enfant n'est autre chose qu'une multitude de sollicitudes, aydes, secours et autres tels offices necessaires à un enfant, exercez et continuez envers iceluy jusques à l'age auquel il n'en a plus besoin.

Mais la suitte des secours et assistances n'est pas esgale en tous ceux qui perseverent : car ès uns elle est fort courte, comme en ceux qui se con-

(1) Ps. XXII, 6. — (2) Is. XLI, 13.
(3) Philip. I, 6. — (4) Philip. II, 13.
(5) Matth. X, 22.

vertissent à Dieu peu avant leur mort, ainsi qu'il advint au bon larron ; (1) au sergent qui voyant la constance de S. Jacques, fit sur le champ profession de foy, et fut rendu compagnon du martyre de ce grand apostre ; au portier bienheureux qui gardoit les quarante martyrs en Sebaste, lequel voyant l'un d'iceux perdre courage et quitter la palme du martyre, se mit en sa place, et en un moment se rendit chrestien, martyr et glorieux tout ensemble ; au notaire duquel il est parlé en la vie de S. Antoine de Padoue, qui ayant toute sa vie esté un faux vilain, fut neantmoins martyr en sa mort, et à mille autres que nous avons veu et sçeu avoir esté si heureux que de mourir bons, ayant vescu mauvais. Et quant à ceux-cy, ils n'ont pas besoin de grande varieté de secours : ainsi quelque grande tentation ne leur survient, ils peuvent faire une si courte perseverance avec la seule charité qui leur est donnée, et les assistances par lesquelles ils se sont convertis ; car ils arrivent au port sans navigation, et font leur pelerinage en un seul saut que la puissante misericorde de Dieu leur fait faire si à propos, que leurs ennemis les voyent triompher avant que de les sentir combattre : de sorte que leur conversion et leur perseverance n'est presque qu'une mesme chose ; et qui voudroit parler exactement selon la proprieté des mots, la grace qu'ils reçoivent de Dieu d'avoir aussi-tost l'issuë que le commencement de leur pretention, ne sçauroit estre bonnement appellée perseverance ; bien que toutesfois, parce que, quant à l'effect, elle tient lieu de perseverance en ce qu'elle donne le salut, nous ne laissons pas aussi de la comprendre sous le nom de perseverance. En plusieurs au contraire la perseverance est plus longue, (2) comme en Ste Anne la prophetesse, en S. Jean l'evangeliste, S. Paul, premier hermite, S. Hilarion, S. Romuald, S. François de Paule : et ceux-cy ont eu besoin de mille sortes de diverses assistances, selon la varieté des adventures de leurs pelerinages et de la durée d'iceluy.

Tousjours neantmoins la perseverance est le don le plus desirable que nous puissions esperer en cette vie, et lequel, comme parle le sacré concile, nous ne pouvons avoir d'ailleurs que de Dieu qui seul peut affermir celuy qui est debout, et relever celuy qui tombe. C'est pourquoy il le faut continuellement demander, employant les moyens que Dieu nous a enseignez pour l'obtenir, l'oraison, le jeusne, l'aumosne, l'usage des sacremens, la hantise des bons, l'ouïe et la lecture des sainctes paroles.

(1) Luc. XXIII. — (2) Luc. II, 37.

Or parce que le don de l'oraison et de la devotion est liberalement accordé à tous ceux qui de bon cœur veulent consentir aux inspirations celestes, il est par consequent en nostre pouvoir de perseverer. Non certes que je vueille dire que la perseverance ayt son origine de nostre pouvoir ; car au contraire je sçay qu'elle procede de la misericorde divine, de laquelle elle est un don tres-precieux. Mais je veux dire qu'encore qu'elle ne provient pas de nostre pouvoir, elle vient neantmoins en nostre pouvoir par le moyen de nostre vouloir que nous ne sçaurions nier estre en nostre pouvoir. Car bien que la grace divine nous soit necessaire pour vouloir perseverer ; si est-ce que ce vouloir est en nostre pouvoir, parce que la grace celeste ne manque jamais à nostre vouloir, tandis que nostre vouloir ne defaut pas à nostre pouvoir. Et de faict, selon l'opinion du grand S. Bernard, nous pouvons tous dire en verité après l'apostre que « (1) ny la mort, ny la vie, « ny les forces, ny les anges, ny la profondeur, ny « la hauteur ne nous pourra jamais separer de la « charité de Dieu qui est en Jesus-Christ. » Ouy, car nulle creature ne nous peut arracher de ce sainct amour, mais nous pouvons nous-mesmes seuls le quitter et l'abandonner par nostre propre volonté, hors laquelle il n'y a rien à craindre pour ce regard.

Ainsi, tres-cher Theotime, nous devons, selon l'advis du sainct concile, mettre toute nostre esperance en Dieu, qui parachevera nostre salut qu'il a commencé en nous, pourveu que nous ne manquions pas à sa grace. Car il ne faut pas penser que celuy qui dit au paralytique : « (2) Va et « ne vueille plus pecher, » ne luy donnast aussi le pouvoir d'eviter le vouloir qu'il luy defendoit. Et certes il n'exhorteroit jamais les fideles à perseverer, s'il n'estoit prest à leur en donner le pouvoir : « (3) Sois fidele jusques à la mort, dit-il à « l'evesque de Smyrne, et je te donneray la cou« ronne de vie. » (4) « Veillez, demeurez en la « foy, travaillez courageusement, et confortez-« vous, faictes toutes vos affaires en charité. » « (5) Courez en sorte que vous obteniez le prix. » Nous devons donc avec le grand roy maintesfois demander à Dieu le sacré don de perseverance, et esperer qu'il nous l'accordera.

(6) Seigneur Dieu, mon unique espoir,
Ne me vueille laisser deschoir
Au temps de ma pauvre vieillesse.
Quand le temps lassé me rendra,

(1) Rom. VIII, 38, 39. — (2) Joan. V, 14.
(3) Apoc. II, 10. — (4) I. ad Cor. XVI, 13, 14.
(5) I. ad Cor. IX, 24. — (6) Ps. LXX, 9.

Et que ma vigueur defaudra,
Que ta main point ne me delaisse.

CHAPITRE V.

Que le bonheur de mourir en la divine charité est un don special de Dieu.

Enfin le roy celeste ayant mené l'ame qu'il aime jusques à la fin de cette vie, il l'assiste encore en son bienheureux trespas, par laquelle il la tire au lict nuptial de la gloire eternelle, qui est le fruict delicieux de la saincte perseverance, et alors, cher Theotime, cette ame toute ravie d'amour pour son bien-aimé, se representant la multitude des faveurs et secours dont il l'a prevenue et assistée, tandis qu'elle estoit en son pelerinage, elle baise incessamment cette douce main secourable, qui l'a conduite, tirée et portée en chemin, et confesse que c'est de ce divin Sauveur qu'elle tient tout son bonheur; puisqu'il a fait pour elle tout ce que le grand patriarche Jacob souhaitoit pour son voyage, lorsqu'il eust veu l'eschelle du ciel. (1) O Seigneur, dit-elle donc alors, vous avez esté avec moy et m'avez gardée en la voye par laquelle je suis venue; vous m'avez donné le pain de vos sacremens pour ma nourriture; vous m'avez revestue de la robbe nuptiale de charité, vous m'avez heureusement amenée en ce sejour de gloire qui est vostre maison, ô mon Pere eternel! Hé! que reste-t-il, Seigneur, sinon que je proteste que vous estes mon Dieu ès siecles des siecles? Amen.

(2) O mon Dieu, mon Seigneur, Dieu pour jamais ai-
[mable,
Tu m'as tenu la dextre : et ton tres-sainct vouloir
M'a seurement guidé jusqu'à me faire avoir
En ce divin sejour un rang tant honorable.

Tel doncques est l'ordre de nostre acheminement à la vie eternelle, pour l'execution duquel la divine providence establit dès l'eternité la multitude, distinction et entresuite de graces necessaires à cela, avec la dependance qu'elles ont les unes des autres.

Il voulut premierement d'une vraye volonté, qu'encore après le peché d'Adam tous les hommes fussent sauvez, mais en une façon et par des moyens convenables à la condition de leur nature douée du franc arbitre; c'est-à-dire, il voulut le salut de tous ceux qui voudroient contribuer leur consentement aux graces et faveurs qu'il leur prepareroit, offriroit et departiroit à cette intention.

Or entre ces faveurs il voulut que la vocation

(1) Genes. XXVIII, 20, 21. — (2) Ps. LXXII, 44.

fust la premiere, et qu'elle fust tellement attrempée à nostre liberté, que nous la pussions accepter ou rejetter à nostre gré. Et à ceux desquels il previd qu'elle seroit acceptée, il voulut fournir les sacrez mouvemens de la penitence. Et à ceux qui seconderoient ces mouvemens, il disposa de donner la saincte charité. Et à ceux qui auroient la charité, il delibera de donner les secours requis pour perseverer. Et à ceux qui employeroient ces divins secours, il resolut de leur donner la finale perseverance, et glorieuse felicité de son amour eternel.

Nous pouvons donc rendre raison de l'ordre des effects de la providence qui regarde nostre salut, en descendant du premier jusques au dernier, c'est-à-dire, depuis le fruict qui est la gloire, jusques à la racine de ce bel arbre qui est la redemption du Sauveur. Car la divine bonté donne la gloire ensuite des merites; les merites ensuite de la charité; la charité ensuite de la penitence; la penitence ensuite de l'obeïssance à la vocation; l'obeïssance à la vocation ensuite de la vocation; et la vocation ensuite de la redemption du Sauveur, (1) sur laquelle est appuyée toute cette eschelle mystique du grand Jacob, tant du costé du ciel, puisqu'elle aboutit au sein amoureux de ce Pere eternel dans lequel il reçoit les esleus en les glorifiant, comme aussi du costé de la terre, puisqu'elle est plantée sur le sein et le flanc percé du Sauveur mort pour cette occasion sur le mont de Calvaire.

Et que cette suitte des effects de la providence ayt esté ainsi ordonnée avec la mesme dependance qu'ils ont les uns des autres en l'eternelle volonté de Dieu; la saincte Eglise le tesmoigne, quand elle fait la preface d'une de ses solemnelles prieres en cette sorte : O Dieu eternel et tout-puissant, qui estes Seigneur des vivans et des morts, et qui usez de misericorde envers tous ceux que vous prevoyez devoir estre à l'advenir vostres par foy et par œuvre. Comme si elle advouoit que la gloire qui est le comble et le fruict de la misericorde divine envers les hommes, n'est destinée que pour ceux que la divine sapience a preveu qu'à l'advenir obeïssant à la vocation, ils viendroient à la foy vive qui opere par la charité.

En somme tous ces effects dependent absolument de la redemption du Sauveur, qui les a meritez pour nous, à toute rigueur de justice, par l'amoureuse « (2) obeïssance qu'il a practiquée « jusques à la mort, et la mort de la croix; » laquelle est la racine de toutes les graces que nous recevons, nous qui sommes greffes spirituels, entez sur sa tige. Que si ayant esté entez, nous (3)

(1) Genes. XXVIII, 12.
(2) Philip. II, 8. — (3) Joan. XV, 5.

demeurons en luy, nous *porterons*, sans doute par la vie de la grace qu'il nous communiquera, *le fruict* de la gloire qui nous est preparée. Que si nous sommes comme jettons et greffes rompus sur cet arbre, c'est-à-dire, que par nostre resistance nous rompions le progrez et l'entresuitte des effects de sa debonnaireté; ce ne sera pas merveille si enfin on nous retranche du tout, et qu'on nous (1) *mette dans le feu* eternel, comme branches inutiles.

Dieu, sans doute, n'a preparé le paradis que pour ceux desquels il a preveu qu'ils seroient siens. Soyons donc siens par foy et par œuvre, Theotime, et il sera nostre par gloire. Or il est en nous d'estre siens : car bien que ce soit un don de Dieu d'estre à Dieu, c'est toutesfois un don que Dieu ne refuse jamais à personne, ains offre à tous pour le donner à ceux qui de bon cœur consentiront à le recevoir.

Mais voyez, je vous prie, Theotime, de quelle ardeur Dieu desire que nous soyons siens; puisque à cette intention il s'est rendu tout nostre : nous donnant sa mort et sa vie : sa vie, afin que nous fussions exempts de l'eternelle mort; et sa mort, afin que nous puissions jouir de l'eternelle vie. Demeurons donc en paix, et servons Dieu pour estre siens en cette vie mortelle, et encore plus en l'eternelle.

CHAPITRE VI.

Que nous ne sçaurions parvenir à la parfaicte union d'amour avec Dieu en cette vie mortelle.

Les fleuves coulent incessamment, et, comme dit le sage, « (2) ils retournent au lieu duquel ils « sont issus. » La mer, qui est le lieu de leur naissance, est aussi le lieu de leur dernier repos : tout leur mouvement ne tend qu'à les unir avec leur origine. O Dieu, dit S. Augustin, vous avez créé mon cœur pour vous, et jamais il n'aura repos qu'il ne soit en vous. « (3) Mais qu'ay-je au « ciel sinon vous, ô mon Dieu! et quelle autre « chose veux-je sur la terre? Ouy, Seigneur, car « vous estes le Dieu de mon cœur, mon lot et « mon partage eternellement. » Neantmoins cette union à laquelle nostre cœur aspire, ne peut arriver à sa perfection en cette vie mortelle. Nous pouvons commencer à aymer Dieu dans ce monde; mais nous ne l'aimerons parfaictement que dans l'autre.

La celeste amante l'exprime delicatement : « (4) Je l'ay enfin trouvé, dit-elle, celuy que mon « ame cherit; je le tiens, et ne le quitteray point « jusqu'à ce que je l'introduise dans la maison de « ma mere, et dans la chambre de celle qui m'a « donné la vie. » Elle le trouve donc, ce bien-aimé; car il luy fait sentir sa presence par mille consolations : elle le tient, car ce sentiment produit des fortes affections, par lesquelles elle le serre et l'embrasse : elle proteste de ne le quitter jamais. Oh non; car ces affections passent en resolutions eternelles, et toutesfois elle ne pense pas le baiser du baiser nuptial jusques à ce qu'elle soit avec luy en la maison de sa mere, qui est la Hierusalem celeste, comme dit S. Paul. (1) Mais voyez, Theotime, qu'elle ne pense rien moins, cette espouse, que de tenir son bien-aimé à sa mercy comme un esclave d'amour, dont elle s'imagine que c'est à elle de le mener à son gré et l'introduire au bienheureux sejour de sa mere, où neantmoins elle sera elle-mesme introduicte par luy, (2) comme fut Rebecca en la chambre de Sara par son cher Isaac. L'esprit pressé de passion amoureuse se donne tousjours un peu davantage sur ce qu'il aime, et l'espoux mesme confesse que sa bien-aimée luy a ravy le cœur, (3) l'ayant lié par un seul cheveu de sa teste, s'advouant son prisonnier d'amour.

Cette parfaicte conjonction de l'ame à Dieu ne se fera donc poinct qu'au ciel, où, comme dit l'Apocalypse, se fera « (4) le festin des nopces de « l'agneau. » Icy en cette vie caduque l'ame est voirement espouse et fiancée de l'agneau immaculé, mais non pas encore mariée avec luy. La foy et les promesses se donnent, mais l'execution du mariage est differée C'est pourquoy il y a tousjours lieu de nous en desdire, quoyque jamais nous n'en ayons aucune raison; puisque nostre espoux ne nous abandonne jamais, que nous ne l'obligions à cela par nostre desloyauté et perfidie. Mais estant au ciel, les nopces de cette divine union estant celebrées, le lien de nos cœurs à leur souverain principe sera eternellement indissoluble.

Il est vray, Theotime, qu'en attendant ce grand baiser d'indissoluble union que nous recevrons de l'espoux là haut en la gloire, il nous en donne quelques-uns par mille ressentimens de son agreable presence : car si l'ame n'estoit pas caressée, elle ne seroit pas « (5) tirée, ny ne courroit pas à l'odeur « des parfums du bien-aimé. » Pour cela, selon la naïveté du texte hebrieu et selon la traduction des septante interpretes, elle souhaite plusieurs baisers : « Qu'il me baise, dit-elle, des baisers de « sa bouche. » Mais d'autant que ces menus bai-

---

(1) Joan. xv, 6. — (2) Eccles. i, 7.
(3) Ps. lxxii, 25, 26. — (4) Cant. Cant. iii, 4.

(1) Galat. iv, 26. — (2) Genes. xxiv, 67.
(3) Cant. Cant. ix. — (4) Apoc. xix, 9.
(5) Cant. Cant. i, 3.

sers de la vie présente se rapportent tous au baiser eternel de la vie future, comme essais, preparatifs et gages d'iceluy : la sacrée vulgaire edition a sainctement reduit les baisers de la grace à celuy de la gloire, exprimant le souhait de l'amante celeste en cette sorte : « (1) qu'il me baise d'un « baiser de sa bouche »; comme si elle disoit : entre tous les baisers, entre toutes les faveurs que l'amy de mon cœur ou le cœur de mon ame m'a preparées, hé ! je ne souspire ny n'aspire qu'à ce grand et solemnel baiser nuptial qui doit durer eternellement, et en comparaison duquel les autres caresses ne meritent pas le nom de caresses, puisqu'elles sont plustost signes de l'union future entre mon bien-aimé et moy, qu'elles ne sont l'union mesme.

CHAPITRE VII.

Que la charité des saincts en cette vie mortelle esgale, voire surpasse quelquefois celle des bienheureux.

Quand après les travaux et hazards de cette vie mortelle les bonnes ames arrivent au port de l'eternelle, elles montent au plus haut et dernier degré d'amour auquel elles puissent parvenir : et cet accroissement final leur estant conferé pour recompense de leur merite, il leur est departy non-seulement à bonne mesure, mais encore « (2) « à mesure passée, entassée et qui respand de « toutes parts par-dessus », comme dit Nostre-Seigneur ; de sorte que l'amour qui est donné pour salaire, est tousjours plus grand en un chascun que celuy lequel luy avoit esté donné pour meriter. Or non-seulement chascun en particulier aura plus d'amour au ciel qu'il n'en eut jamais en terre : mais l'exercice de la moindre charité qui soit en la vie celeste, sera de beaucoup plus heureux et excellent, à parler generalement, que celuy de la plus grande charité qui soit, ou ayt esté, ou qui sera en cette vie caduque. Car là-haut tous les saincts practiquent leur amour incessamment, sans remise quelconque ; tandis qu'icy-bas les plus grands serviteurs de Dieu, tirez et tyrannisez des necessitez de cette vie mourante, sont contraints de souffrir mille et mille distractions qui les ostent souvent de l'exercice du sainct amour.

Au ciel, Theotime, l'attention amoureuse des bienheureux est ferme, constante, inviolable, qui ne peut ny perir, ny diminuer. Leur intention est tousjours pure, exempte du meslange de toute autre intention inferieure. En somme, ce bonheur de voir Dieu clairement et de l'aimer invariablement est incomparable. Et qui pourroit jamais esgaler le bien, s'il y en a quelqu'un, de vivre entre les perils, les tourmentes continuelles, agitations et vicissitudes perpetuelles qu'on souffre sur mer, au contentement qu'on a d'estre en un palais royal, où toutes choses sont à souhait, ains où les delices surpassent incomparablement tout souhait ?

Il y a donc plus de contentement, de suavité et de perfection en l'exercice de l'amour sacré parmy les habitans du ciel, qu'en celuy des pelerins de cette miserable terre. Mais il y a bien eu pourtant des gens si heureux en leur pelerinage, que leur charité y a esté plus grande que celle de plusieurs saincts desja jouissans de la patrie eternelle. Certes, il n'y a pas de l'apparence que la charité du grand S. Jean, des apostres et hommes apostoliques, n'ait esté plus grande, tandis mesme qu'ils vivoient icy-bas, que celle des petits enfans, qui mourans en la seule grace baptismale, jouissent de la gloire immortelle.

Ce n'est pas l'ordinaire que les bergers soient plus vaillans que les soldats ; (1) et toutesfois David petit berger, venant en l'armée d'Israël, trouva que tous estoient plus habiles aux exercices des armes que luy, qui neantmoins se trouva plus vaillant que tous. Ce n'est pas l'ordinaire non plus que les hommes mortels ayent plus de charité que les immortels ; et toutesfois il y en a eu de mortels qui estant inferieurs en l'exercice de l'amour aux immortels, les ont neantmoins devancez en la charité et habitude amoureuse. Et comme mettant en comparaison un fer ardent avec une lampe allumée, nous disons que le fer a plus de feu et de chaleur, et la lampe plus de flamme et de clarté : aussi mettant un enfant glorieux en parangon avec S. Jean encore prisonnier, ou S. Paul encore captif, nous dirons que l'enfant au ciel a plus de clarté et de lumiere en l'entendement ; plus de flamme et d'exercice d'amour en la volonté, mais que S. Jean ou S. Paul ont eu en terre plus de feu de charité et plus de chaleur de dilection.

CHAPITRE VIII.

De l'incomparable amour de la mere de Dieu Nostre-Dame.

Mais en tout et partout, quand je fais des comparaisons, je n'entends point parler de la tressaincte Vierge mere, Nostre-Dame. O Dieu ! nenny ; car elle est la fille d'incomparable dilection, la toute (2) *unique colombe*, la toute *parfaicte* espouse. De cette reyne celeste je prononce

---

(1) Cant. Cant. I, 1. — (2) Luc, VI, 38.

(1) I. Reg. XVII. — (2) Cant. Cant. VI, 8.

de tout mon cœur cette amoureuse, mais veritable pensée, qu'au moins sur la fin de ses jours mortels, sa charité surpassa celle des seraphins. Car si « (1) plusieurs filles ont assemblé des richesses, celle-cy les a toutes surpassées. » Tous les saincts et les anges ne sont comparez qu'aux estoiles, et le premier d'entr'eux à la plus belle d'entre elles : mais celle-cy est belle « (2) comme « la lune » aisée d'estre *choisie* et discernée entre tous les saincts, *comme le soleil* entre les astres.

Et passant plus outre, je pense encore que comme la charité de cette mere d'amour surpasse celle de tous les saincts du ciel en perfection, aussi l'a-t-elle exercée plus excellemment, je dis mesme en cette vie mortelle. Elle ne pecha jamais veniellement, ainsi que l'Eglise estime. Elle n'eut donc point de vicissitude, ny de retardement au progrès de son amour, ains monta d'amour en amour par un perpetuel avancement : elle ne sentit oncques aucune contradiction de l'appetit sensuel ; et partant son amour, comme un vray Salomon, regna paisiblement en son ame, et y fit tous ses exercices à souhait. La virginité de son cœur et de son corps fut plus digne et plus honorable que celle des anges. C'est pourquoy son esprit, non (3) *divisé* ny partagé, comme S. Paul parle, estoit tout occupé à « (4) penser aux cho- « ses divines, comme elle plairoit à son Dieu. » Et enfin, l'amour maternel, le plus pressant, le plus actif, le plus ardent de tous, amour infatigable et insatiable, que ne devoit-il pas faire dans le cœur d'une telle mere et pour le cœur d'un tel fils ?

Hé ! n'alleguez pas, je vous prie, que cette saincte Vierge fust neantmoins sujette au dormir : non, ne me dites pas cela, Theotime. Car ne voyez-vous pas que son sommeil est un sommeil d'amour ? de sorte que son espoux mesme veut qu'on la laisse dormir tant qu'il luy plaira. « (5) Ah ! gardez bien, je vous en conjure, dit-il, « d'esveiller ma bien-aimée, jusques à ce qu'elle « le veuille. » Ouy, Theotime, cette reine celeste ne s'endormoit jamais que d'amour, puisqu'elle ne donnoit aucun repos à son precieux corps, que pour le revigorer, afin qu'il servist mieux son Dieu par après : acte certes tres-excellent de charité. Car, comme dit le grand sainct Augustin, elle nous oblige d'aimer nos corps convenablement, en tant qu'ils sont requis aux bonnes œuvres, qu'ils font une partie de nostre personne, et qu'ils seront participans de la felicité eternelle. Certes, le chrestien doit aimer son corps comme une image vivante de celuy du Sauveur incarné, comme issu de mesme tige avec iceluy, et par consequent luy appartenant en partage et consanguinité, surtout après que nous avons renouvellé l'alliance par la reception reelle de ce divin corps du Redempteur au tres-adorable sacrement de l'eucharistie, et que par le baptesme, confirmation et autres sacremens, nous nous sommes dediez et consacrez à la souveraine bonté.

Mais quant à la tres-saincte Vierge, ô Dieu ! avec quelle devotion devoit-elle aimer son corps virginal ! non-seulement parce c'estoit un corps doux, humble, pur, obeyssant au sainct amour, et qui estoit tout embaumé de mille sacrées suavitez ; mais aussi parce qu'il estoit la source vivante de celuy du Sauveur, et luy appartenoit si estroictement d'une appartenance incomparable. C'est pourquoy quand elle mettoit son corps angelique au repos du sommeil : Or sus, reposez, disoit-elle, ô tabernacle de l'alliance, arche de la saincteté, throsne de la divinité : allegez-vous un peu de vostre lassitude, et reparez vos forces par cette douce tranquillité.

Et puis, mon cher Theotime, ne sçavez-vous pas que les songes mauvais, procurez volontairement par les pensées depravées du jour, tiennent en quelque sorte lieu de peché, parce que ce sont comme des dependances et executions de la malice precedente ? Ainsi certes les songes provenant des sainctes affections de la veille sont estimez vertueux et sacrez. Mon Dieu ! Theotime, quelle consolation d'oüyr sainct Chrysostome (1) racontant un jour à son peuple la vehemence de l'amour qu'il luy portoit. La necessité du sommeil, dit-il, pressant nos paupieres, la tyrannie de nostre amour envers vous excite les yeux de nostre esprit ; et maintefois emmy mon sommeil, il m'a esté advis que je vous parlois : car l'ame a accoustumé de voir en songe par imagination ce qu'elle pense parmy la journée. Ainsi ne vous voyant pas des yeux de la chair, nous vous voyons des yeux de la charité. Hé ! doux Jesus, qu'est-ce que devoit penser vostre tres-saincte mere, lorsqu'elle dormoit et que son cœur veilloit ! ne songeoit-elle point de vous voir encore plié dans ses entrailles, comme vous fustes neuf mois, ou bien pendant à ses mammelles, et pressant doucement son sein virginal ? Helas ! que de douceur en cette ame ! Peut-estre songea-t-elle maintefois que, comme Nostre-Seigneur avoit jadis souvent dormy sur sa poictrine, ainsi qu'un petit agnelet sur le flanc mollet de sa mere ; de mesme aussi elle dormoit dans son costé percé, comme une blanche « (2) colombe dans le trou d'un rocher asseuré. »

---

(1) Prov. XXI, 29.
(2) Cant. Cant. VI, 9. — (3) I. ad Cor. VII, 33, 34.
(4) I. ad Cor. VII, 32. — (5) Cant. Cant. II, 7.

(1) Hom. 10 de pœnitentia. — (2) Cant. Cant. II, 14.

Si que son dormir estoit tout pareil à l'extase quant à l'operation de l'esprit, bien que quant au corps ce fust un doux et gracieux allegement et repos. Mais si jamais elle songea, comme l'ancien Joseph, à sa grandeur future, quand au ciel elle seroit « (1) revestuë du soleil, couronnée d'estoi- « les, et la lune à ses pieds, » c'est-à-dire, toute environnée de la gloire de son Fils, couronnée de celle des saincts, et l'univers sous elle; ou que, comme Jacob, (2) elle vid le progrez et les fruicts de la redemption faicte par son Fils en faveur des anges et des hommes : Theotime, qui pourroit jamais s'imaginer l'immensité de si grandes delices ? Que de colloques avec son cher enfant ! que de suavitez de toutes parts !

Mais voyez, je vous prie, que ny je ne dis, ny je ne veux dire que cette ame tant privilegiée de la Mere de Dieu ait esté privée de l'usage de raison en son sommeil. Plusieurs ont estimé que Salomon (3) en ce beau songe, quoy que vray songe, auquel il demanda et receut le don de son incomparable sagesse, eust un veritable exercice de son franc arbitre à cause de l'eloquence judicieuse du discours qu'il y fit, du choix plein de discernement auquel il se determina, et de la priere tres-excellente dont il usa; le tout sans aucun meslange d'impertinence, ou d'aucun detraquement d'esprit. Mais combien donc y a-t-il plus d'apparence que la Mere du vray Salomon ait eu l'usage de raison en son sommeil, comme Salomon mesme la fait parler, que « (4) son cœur ait « veillé tandis qu'elle dormoit ? » Certes, que sainct Jean eust l'exercice de son esprit dans le ventre mesme de sa mere, ce fut une bien plus grande merveille. Et pourquoy donc en refuserions-nous une moindre à celle pour laquelle et à laquelle Dieu a fait plus de faveur qu'il ne fit ny fera jamais pour tout le reste des creatures.

En somme, comme l'abeston, pierre precieuse, conserve à jamais le feu qu'il a conceu par une proprieté nompareille ; ainsi le cœur de la Vierge Mere demeura perpetuellement enflammé du sainct amour qu'elle receut de son Fils, mais avec cette difference que le feu de l'abeston, qui ne peut estre esteinct, ne peut non plus estre agrandi, et les flammes sacrées de la Vierge ne pouvant ny perir, ny diminuer, ny demeurer en mesme estat, ne cesserent jamais de prendre des accroissemens incroyables jusques au ciel, lieu de leur origine. Tant il est vray que cette Mere est « (5) la mere de belle dilection ; » c'est-à-dire, la plus aimable comme la plus amante, et la plus amante comme la plus aimée Mere de cet unique Fils, qui est aussi le plus aimable, le plus amant et le plus aimé Fils de cette unique Mere.

CHAPITRE IX.

Preparation au discours de l'union des bienheureux avec Dieu.

L'amour triomphant que les bienheureux exercent au ciel, consiste en la finale, invariable et eternelle union de l'ame avec son Dieu. Mais qu'est-elle cette union ?

A mesure que nos sens rencontrent des objects agreables et excellens, ils s'appliquent plus dedemment et evidemment à la jouissance d'iceux. Plus les choses sont belles, agreables à la veuë et deument esclairées, plus l'œil les regarde avidement et vivement ; et plus la voix ou musique est douce et suave, plus elle attire l'attention de l'aureille : si que chaque object exerce une puissante, mais amiable violence sur le sens qui luy est destiné, violence qui prend plus ou moins de force, selon que l'excellence est moindre ou plus grande, pourveu qu'elle soit proportionnée à la capacité du sens qui en veut jouir. Car l'œil qui se plaist tant en la lumiere, n'en peut pourtant supporter l'extremité, et ne sçauroit regarder fixement le soleil ; et pour belle que soit une musique, si elle est forte et trop proche de nous, elle nous importune et offense nos aureilles. La verité est l'object de nostre entendement, qui a par consequent tout son contentement à descouvrir et cognoistre la verité des choses ; et selon que les veritez sont plus excellentes, nostre entendement s'applique plus delicieusement et plus attentivement à les considerer. Quel plaisir pensez-vous, Theotime, qu'eussent ces anciens philosophes, qui cognurent si excellemment tant de belles veritez en la nature ? Certes, toutes les voluptez ne leur estoient rien en comparaison de leur bien-aimée philosophie, pour laquelle quelques-uns d'entre eux quitterent les honneurs, les autres des grandes richesses, d'autres leur pays : et s'en est trouvé tel qui de sens rassis s'est arraché les yeux, se privant pour jamais de la jouissance de la belle et agreable lumiere corporelle, pour s'occuper plus librement à considerer la verité des choses par la lumiere spirituelle ; car on lit cela de Democrité, tant la cognoissance de la verité est delicieuse ! dont Aristote a dit fort souvent, que la felicité et beatitude humaine consiste en la sapience, qui est la cognoissance des veritez eminentes.

Mais lorsque nostre esprit eslevé au-dessus de la lumiere naturelle commence à voir les veritez

---

(1) Genes. XXXVII, 9. Apoc. XII, 1.
(2) Genes. XXVIII, 2.
(3) III. Reg. III. — (4) Cant. Cant. V, 2. Luc. I, 44.
(5) Eccles. XXIV, 24.

sacrées de la foy, ô Dieu ! Theotime, quelle allegresse ! L'ame se fond de plaisir oyant la parole de son celeste espoux qu'elle treuve « (1) plus « douce et plus suave que le miel de toutes les « sciences humaines. »

Dieu a empreint sa piste, ses alleures et passées en toutes les choses creées : de sorte que la cognoissance que nous avons de sa divine majesté par les creatures ne semble estre autre chose que la veuë des pieds de Dieu : et qu'en comparaison de cela la foy est une veuë de la face mesme de sa divine majesté, laquelle nous ne voyons pas encore au plein jour de la gloire, mais nous la voyons pourtant comme en la prime aube du jour, ainsi qu'il advint à Jacob auprès du gay de Jaboc. (2) Car bien qu'il n'eust vu l'ange avec lequel il lutta, sinon à la foible clarté du poinct du jour ; si est-ce que, tout ravy de contentement, il ne laissa pas de s'escrier : « (5) J'ay « veu le Seigneur face à face, et mon ame a esté « sauvée. » O combien delicieuse est la saincte lumiere de la foy, par laquelle nous sçavons avec une certitude nompareille, non-seulement l'histoire de l'origine des creatures et de leur vray usage, mais aussi celle de la naissance eternelle du grand et souverain Verbe divin, auquel et par lequel tout a esté fait, et lequel avec le Pere et le Sainct-Esprit est un seul Dieu, tres-unique, tres adorable et beni ès siecles des siecles. Amen. Ah ! dit sainct Hierosme à son Paulin, le docte Platon ne sçeut onques cecy, l'eloquent Demosthenes l'a ignoré. « (4) O que vos paroles, dit le « grand roy, sont douces, Seigneur, à mon palais, « plus douces que le miel à ma bouche ! » « (5) Nos« tre cœur n'estoit-il pas tout ardent, tandis qu'il « nous parloit en chemin ? » disent ces heureux pelerins d'Emmaüs parlant des flammes amoureuses dont ils estoient touchez par la parole de la foy. Que si les veritez divines sont de si grande suavité, estant proposées en la lumiere obscure de la foy : ô Dieu ! que sera-ce quand nous les contemplerons en la clarté du midy de la gloire!

(6) La reine de Saba, qui, à la grandeur de la renommée de Salomon, avoit tout quitté pour le venir voir, estant arrivée en sa presence, et ayant escouté les merveilles de la sagesse qu'il respandoit en ses propos, toute esperdue et comme (7) *pasmée* d'admiration, s'escria que ce qu'elle avoit appris par ouy-dire de cette celeste sagesse, n'estoit pas la (8) *moitié* de la cognoissance que la veuë et l'experience luy en donnoient.

Ah ! que belles et amiables sont les veritez que la foy nous revele par l'ouye ! Mais quand, arrivez en la celeste Hierusalem, nous verrons le grand Salomon roy de gloire, assis sur le throsne de sa sapience, manifestant avec une clarté incomprehensible les merveilles et secrets eternels de sa verité souveraine, avec tant de lumiere que nostre entendement verra en presence ce qu'il avoit creu icy bas, oh ! alors, tres-cher Theotime, quels ravissemens ! quelles extases ! quelles admirations ! quel amours ! quelles douceurs ! Non jamais, dirons-nous en cet excez de suavité, non jamais nous n'eussions sceu penser de voir des veritez si delectables. Nous avons voirement creu tout ce qu'on nous avoit « (1) annoncé de ta gloire, « ô grande cité de Dieu : » mais nous ne pouvions pas concevoir la grandeur infinie des abysmes de tes delices.

CHAPITRE X.

Que le desir precedent accroistra grandement l'union des bienheureux avec Dieu.

Le desir qui precede la jouissance, aiguise et affine le ressentiment d'icelle ; et plus le desir a esté pressant et puissant, plus la possession de la chose desirée est agreable et delicieuse. O Jesus ! mon cher Theotime, quelle joye pour le cœur humain de voir la face de la divinité, face tant desirée, ains face l'unique desir de nos ames ! Nos cœurs ont une soif qui ne peut estre estanchée par les contentemens de la vie mortelle ; contentemens desquels les plus estimez et pourchassez, s'ils sont moderez, ils ne nous desalterent pas ; et s'ils sont extremes, ils nous estouffent. On les desire neantmoins tousjours extremes ; et jamais ils ne le sont qu'ils ne soient excessifs, insupportables et dommageables : car on meurt de joye comme on meurt de tristesse ; ains la joye est plus active à nous ruiner que la tristesse. Alexandre ayant englouty tout ce bas monde, tant en effet qu'en esperance, ouyt dire à un chetif homme du monde qu'il y avoit encore plusieurs autres mondes. Et, comme un petit enfant qui veut pleurer pour une pomme qu'on luy refuse, cet Alexandre, que les mondains appellent le Grand, plus fol neantmoins qu'un petit enfant, se prend à pleurer à chaudes larmes de quoy il n'y avoit pas apparence qu'il peust conquerir les autres mondes, puisqu'il n'avoit encore pas l'entiere possession de celuy-cy. Celuy qui jouissant plus pleinement du monde que jamais nul ne fit, en est toutesfois si peu content qu'il pleure de tristesse de quoy il n'en peut avoir d'autres

---

(1) Ps. cxviii, 103. — (2) Genes. xxxii, 24.
(3) Genes. xxxii, 30. — (4) Ps. cxviii, 103.
(5) Luc. xxiv, 32. — (6) III. Reg. x, 1.
(7) III. Reg. x, 5. — (8) Ibid. 7.

(1) Ps. lxxxvi, 3.

que la folle persuasion d'un miserable cajolleur luy fait imaginer ; dites-moi, je vous prie, Theotime, monstre-t-il pas que la soif de son cœur ne peut estre assouvie en cette vie, et que ce monde n'est pas suffisant pour le desalterer ? O admirable, mais aimable inquietude du cœur humain ! soyez à jamais sans repos ny tranquillité quelconque en cette terre, mon ame, jusques à ce que vous ayez rencontré les fraisches eaux de la vie immortelle, et la tres-saincte divinité, qui seules peuvent esteindre vostre alteration et accoiser vostre desir.

Cependant, Theotime, imaginez-vous avec le psalmiste, (1) ce cerf qui, mal mené par la meute, n'a plus ny haleine, ny jambes, comme il se fourre avidement dans l'eau qu'il va questant, avec quelle ardeur il se presse et serre dans cet element. Il semble qu'il se voudroit volontiers fondre et convertir en eau, pour jouyr plus pleinement de cette fraischeur. Hé! quelle union de nostre cœur à Dieu là-haut au ciel, où après ces desirs infinis du vray bien non jamais assouvis en ce monde, nous en trouverons la vivante et puissante source ! Alors, certes, comme on voit un enfant affamé si fort collé au flanc de sa mere, et attaché à son sein, presser avidement cette douce fontaine de suave et desirée liqueur, de sorte qu'il est advis qu'il veuille ou se fourrer tout dans ce sein maternel, ou bien le tirer et succer tout entier dans sa petite poictrine : ainsi nostre ame toute haletante de la soif extreme du vray bien, lorsqu'elle en rencontrera la source inespuisable en la divinité, ô vray Dieu! quelle saincte et suave ardeur à s'unir et joindre à ces mammelles fecondes de la toute bonté, ou pour estre tout abysmez en elle, ou afin qu'elle vienne toute en nous!

CHAPITRE XI.

De l'union des esprits bienheureux avec Dieu en la vision de la divinité.

Quand nous regardons quelque chose, quoy qu'elle nous soit presente, elle ne s'unit pas à nos yeux elle mesme ; ains seulement leur envoye une certaine representation ou image d'elle-mesme, que l'on appelle espece sensible, par le moyen de laquelle nous voyons. Et quand nous contemplons ou entendons quelque chose, ce que nous entendons ne s'unit pas non plus à nostre entendement, sinon par le moyen d'une autre representation et image tres-delicate et spirituelle que l'on nomme espece intelligible. Mais encore ces especes, par combien de destours et de changemens viennent-elles à nostre entendement ?

(1) Ps. XLI, 2.

Elles abordent au sens exterieur, et de là passent à l'interieur; puis à la fantaisie, de là à l'entendement actif, et viennent enfin au passif ; à ce que passant par tant d'estamines et sous tant de limes, elles soient par ce moyen purifiées, subtilisées et affinées ; et que de sensibles elles soient rendues intelligibles.

Nous voyons et entendons ainsi, Theotime, tout ce que nous voyons ou entendons en cette vie mortelle, ouy mesme les choses de la foy. Car, comme le miroir ne contient pas la chose que l'on y void, ains seulement la representation et espece d'icelle, laquelle representation arrestée par le miroir en produit une autre en l'œil qui regarde : de mesme la parole de la foy ne contient pas les choses qu'elle represente, ains seulement elle les represente : et cette representation des choses divines qui est en la parole de la foy, en produit une autre, laquelle nostre entendement, moyennant la grace de Dieu, accepte et reçoit comme representation de la saincte verité; et nostre volonté s'y complaist et l'embrasse comme une verité honorable, utile, aimable et tres-bonne. De sorte que les veritez signifiées en la parole de Dieu sont par icelle representées à l'entendement, comme les choses exprimées au miroir sont par le miroir representées à l'œil : si que croire, c'est « (1) voir comme par un miroir », dit le grand apostre.

Mais au ciel, Theotime, ah ! mon Dieu, quelle faveur! La divinité s'unira elle-mesme à nostre entendement, sans entremise d'espece ny representation quelconque ; ains elle s'appliquera et joindra elle-mesme à nostre entendement, se rendant tellement presente à luy, que cette intime presence tiendra lieu de representation et d'espece. O vray Dieu! quelle suavité à l'entendement humain d'estre à jamais uny à son souverain object, recevant non sa representation, mais sa presence ; non aucune image ou espece, mais la propre essence de sa divine verité et majesté ! Nous serons là comme des enfans tres-heureux de la divinité, ayant l'honneur d'estre nourris de la propre substance divine, receue en nostre ame par la bouche de nostre entendement ; et, ce qui surpasse toute douceur, c'est que comme les meres ne se contentent pas de nourrir leurs poupons de leur laict qui est leur propre substance, si elles-mesmes ne leur mettent le sein dans la bouche, afin qu'ils reçoivent leur substance, non en un cuillier ou autre instrument, ains en leur propre substance et par leur propre substance ; en sorte que cette substance maternelle serve de tuyau, aussi bien que de nourriture,

(1) I. ad Cor. XIII, 12.

pour estre receue du bien-aimé petit enfançon ; ainsi Dieu nostre pere ne se contente pas de faire recevoir sa propre substance en nostre entendement, c'est-à-dire, de nous faire voir sa divinité ; mais par un abysme de sa douceur il appliquera luy-mesme sa substance à nostre esprit, afin que nous l'entendions, non plus en espece ou representation, mais en elle-mesme et par elle-mesme : en sorte que sa substance paternelle et eternelle serve d'espece aussi bien que d'object à nostre entendement. Et alors seront practiquées en une façon excellente ces divines promesses : « (1) Je « la meneray en la solitude, et parleray à son « cœur et l'allecteray. » « (2) Esjouissez-vous « avec Hierusalem en liesse, afin que vous allaic- « tiez et soyez remplis de la mammelle de sa « consolation, et que vous succiez et que vous « vous delectiez de la totale affluence de sa « gloire. Vous serez portez à la mammelle, et on « vous amadouera sur les genoux. »

Bonheur infiny, Theotime ; et lequel ne nous a pas seulement esté promis, mais nous en avons des arrhes au tres-sainct sacrement de l'eucharistie, festin perpetuel de la grace divine ; car en iceluy nous recevons le sang du Sauveur en sa chair, et sa chair en son sang ; son sang nous estant appliqué par sa chair, sa substance par sa substance à nostre propre bouche corporelle ; afin que nous sçachions qu'ainsi nous appliquera-t-il son essence divine au festin eternel de la gloire. Il est vray qu'icy cette faveur nous est faicte reellement, mais à couvert sous les especes et apparences sacramentelles, là où au ciel la divinité se donnera a descouvert, et nous la verrons *face à face* (3) comme elle est.

CHAPITRE XII.

De l'union eternelle des esprits bienheureux avec Dieu en la vision de la naissance eternelle du Fils de Dieu.

O sainct et divin esprit, amour eternel du Pere et du Fils, soyez propice à mon enfance. Nostre entendement verra donc Dieu, Theotime ; mais je dis, il verra Dieu luy-mesme face à face, contemplant par une veuë de vraye et reelle presence la propre essence divine, et en elle ses infinies beautez, la toute-puissance, la toute-bonté, toute-sagesse, toute-justice, et le reste de cet abysme de perfections.

Il verra donc clairement cet entendement, la cognoissance infinie que de toute eternité le Pere a eue de sa propre beauté, et pour laquelle exprimer en soy-mesme il prononça et dit eternellement le mot, le verbe, ou parole et diction tres-unique et tres-infinie ; laquelle comprenant et representant toute la perfection du Pere, ne peut estre qu'un mesme Dieu tres-unique avec luy, sans division ny separation. Ainsi verrons-nous donc cette eternelle et admirable generation du Verbe et Fils divin, par laquelle il nasquit eternellement à l'image et semblance du Pere : image et semblance vive et naturelle, qui ne represente aucuns accidens, ny aucun exterieur, puisqu'en Dieu tout est substance, et n'y peut avoir accident ; tout est interieur, et n'y peut avoir aucun exterieur. Mais image qui represente la propre substance du Pere si vivement, si naturellement, tant essentiellement et substantiellement, que pour cela elle ne peut estre que le mesme Dieu avec luy, sans distinction ny difference quelconque d'essence ou substance, ains avec la seule distinction des personnes. Car, comme se pourroit-il faire que ce divin Fils fust la vraye, vrayement vive et vrayement naturelle image, semblance et figure de l'infinie beauté et substance du Pere, si elle ne representoit infiniment au vif et au naturel les infinies perfections du Pere ? Et comment pourroit-elle representer infiniment des perfections infinies, si elle-mesme n'estoit infiniment parfaicte ? Et comment pourroit-elle estre infiniment parfaicte, si elle n'estoit Dieu ? Et comme pourroit-elle estre Dieu, si elle n'estoit un mesme Dieu avec le Pere ?

Ce Fils donc, infinie image et figure de son Pere infiny, est un seul Dieu tres-unique et tres-infiny avec son Pere, sans qu'il y ait aucune difference de substance entre eux, ains seulement la distinction de personnes ; laquelle distinction de personnes, comme elle est totalement requise, aussi est-elle tres-suffisante pour faire que le Pere prononce, et que le Fils soit la parole prononcée ; que le Pere die, et que le Fils soit le Verbe ou la diction ; que le Pere exprime, et que le Fils soit l'image, semblance et figure exprimée ; et qu'en somme le Pere soit Pere et le Fils soit Fils, deux personnes distinctes, mais une seule essence et divinité. Ainsi Dieu qui est seul n'est pas pourtant solitaire ; car il est seul en sa tres-unique et tres-simple divinité ; mais il n'est pas solitaire, puisqu'il est le Pere et le Fils en deux personnes. O Theotime, Theotime, quelle joye, quelle allegresse de celebrer cette eternelle naissance qui se fait « (1) en la splendeur des « saincts » ; de la celebrer, dis-je, en la voyant, et de la voir en la celebrant.

Le tres-doux sainct Bernard estant encore jeune

---

(1) Osée, II, 14. — (2) Is. LXVI, 10, 11, 12.
(3) I. ad Cor. XIII, 12.

(1) Ps. CIX, 3.

garçon à Chastillon sur Seine, la nuict de Noël, attendoit en l'eglise que l'on commençast l'office sacré; et en cette attente le pauvre enfant s'endormit d'un sommeil fort leger, pendant lequel, ô Dieu, quelle douceur ! il vit en esprit, mais d'une vision fort distincte et fort claire, comme le Fils de Dieu ayant espousé la nature humaine, et s'estant rendu petit enfant dans les entrailles tres-pures de sa Mere, naissoit virginalement de son sein sacré, avec une humble suavité meslée d'une celeste majesté.

(1) Comme l'espoux qui en maintien royal
Sort tout joyeux de son lict nuptial.

Vision, Theotime, qui combla tellement le cœur aimable du petit Bernard d'aise, de jubilation et de delices spirituelles, qu'il en eut toute sa vie des ressentimens extresmes; et partant, combien que depuis, comme une abeille sacrée, il recueillit tousjours de tous les divins mysteres le miel de mille douces et divines consolations, si est-ce que la solemnité de Noël luy apportoit une particuliere suavité de son maistre. Helas ! mais de grace, Theotime, si une vision mystique et imaginaire de la naissance temporelle et humaine du Fils de Dieu, par laquelle il procedoit homme de la femme, vierge d'une vierge, ravit et contente si fort le cœur d'un enfant; hé ! que sera-ce, quand nos esprits glorieusement illuminez de la clarté bienheureuse verront cette eternelle naissance, par laquelle le Fils procede Dieu de Dieu, lumiere de lumiere, vray Dieu d'un vray Dieu, divinement et eternellement! Alors donc nostre esprit se joindra par une complaisance incomprehensible à cet object si delicieux, et par une invariable attention luy demeurera eternellement uni.

CHAPITRE XIII.

De l'union des esprits bienheureux avec Dieu en la vision de la production du Sainct-Esprit.

Le Pere eternel voyant l'infinie bonté et beauté de son essence, si vivement, essentiellement et substantiellement exprimée en son Fils, et le Fils voyant reciproquement que sa mesme essence, bonté et beauté est originairement en son Pere comme en sa source et fontaine; hé ! se pourroit-il faire que ce divin Pere et son Fils ne s'entr'aimassent pas d'un amour infiny, puisque leur volonté par laquelle ils s'aiment, et leur bonté pour laquelle ils s'aiment, sont infinies en l'un et en l'autre?

L'amour ne nous trouvant pas esgaux, il nous

(1) Ps. XVIII, 6.

esgale; ne nous trouvant pas unis, il nous unit. Or le Pere et le Fils se trouvant non-seulement esgaux et unis, ains un mesme Dieu, une mesme bonté, une mesme essence, et une mesme unité, quel amour doivent-ils avoir l'un à l'autre ! Mais cet amour ne se passe pas comme l'amour que les creatures intellectuelles ont entr'elles ou envers leur Createur. Car l'amour creé se fait par plusieurs et divers eslans, souspirs, unions et liaisons qui s'entresuivent, et font la continuation de l'amour avec une douce vicissitude de mouvemens spirituels. Mais l'amour divin du Pere eternel envers son Fils est practiqué en un seul souspir eslancé reciproquement par le Pere et le Fils, qui en cette sorte demeurent unis et liez ensemble. Ouy, mon Theotime : car la bonté du Pere et du Fils n'estant qu'une tres-uniquement unique bonté, commune à l'un et à l'autre, l'amour de cette bonté ne peut estre qu'un seul amour, parce qu'encore qu'il y ait deux amans, à sçavoir le Pere et le Fils, neantmoins il n'y a que leur seule tres-unique bonté qui leur est commune; laquelle est aimée, et leur tres-unique volonté qui aime : et partant il n'y a aussi qu'un seul amour exercé par un seul souspir amoureux. Le Pere souspire cet amour, le Fils le souspire aussi; mais parce que le Pere ne souspire cet amour que par la mesme volonté et pour la mesme bonté qui est esgalement et uniquement en luy et en son Fils, et le Fils mutuellement ne souspire ce souspir amoureux que pour cette mesme bonté et par cette mesme volonté; partant ce souspir amoureux n'est qu'un seul souspir, ou un seul esprit eslancé par deux souspirans.

Et d'autant que le Pere et le Fils qui souspirent, ont une essence et volonté infinie par laquelle ils souspirent ; et que la bonté pour laquelle ils souspirent, est infinie : il est impossible que le souspir ne soit infiny. Et d'autant qu'il ne peut estre infiny qu'il ne soit Dieu, partant cet esprit souspiré du Pere et du Fils est vray Dieu. Et parce qu'il n'y a, ny peut avoir qu'un seul Dieu, il est un vray seul Dieu avec le Pere et le Fils. Mais de plus, parce que cet amour est un acte qui procede reciproquement du Pere et du Fils, il ne peut estre ny le Pere ny le Fils desquels il est procedé, quoyqu'il ait la mesme bonté et substance du Pere et du Fils : ains faut que ce soit une troisiesme personne divine, laquelle avec le Pere et le Fils ne soit qu'un seul Dieu. Et d'autant que cet amour est produit par maniere de souspir ou d'inspiration, il est appelé Sainct-Esprit.

Or sus, Theotime, le roy David descrivant la suavité de l'amitié des serviteurs de Dieu, s'escrie :

(1) O voicy que c'est chose bonne
Qui mille suavitez donne,
Quand les freres ensemblement
Habitent unanimement :
Car cette douceur amiable
Au tres-sainct onguent est semblable,
Que dessus le chef on versa,
D'Aaron quand on le consacra :
Onguent, dont la teste sacrée
D'Aaron estoit toute trempée,
Jusqu'à la robe s'escoulant,
Et tout son collet parfumant.

Mais, ô Dieu, si l'amitié humaine est tant agreablement aimable, et respand une odeur si delicieuse sur ceux qui la contemplent; que sera-ce, mon bien-aimé Theotime, de voir l'exercice sacré de l'amour reciproque du Pere envers le Fils eternel ? Sainct Gregoire Nazianzene raconte que l'amitié incomparable qui estoit entre luy et son grand sainct Basile, estoit celebrée par toute la Grece : et Tertullien tesmoigne que les payens admiroient cet amour plus que fraternel, qui regnoit entre les premiers chrestiens. O quelle feste ! quelle solemnité ! de quelles louanges et benedictions doit estre celebrée, de quelles admirations doit estre honorée et aimée l'eternelle et souveraine amitié du Pere et du Fils ! Qu'y a-t-il d'aimable et d'amiable, si l'amitié ne l'est pas ? Et si l'amitié est amiable et aimable, quelle amitié le peut estre en comparaison de cette infinie amitié qui est entre le Pere et le Fils, et qui est un mesme Dieu tres-unique avec eux ? Nostre cœur, Theotime, s'abysmera d'amour en l'admiration de la beauté et suavité de l'amour que ce Pere eternel et ce Fils incomprehensible practiquent divinement et eternellement.

CHAPITRE XIV.

Que la saincte lumiere de la gloire servira à l'union des esprits bienheureux avec Dieu.

L'entendement creé verra donc l'essence divine sans aucune entremise d'espece ou representation ; mais il ne la verra pas neantmoins sans quelque excellente lumiere qui le dispose, esleve et renforce pour faire une veuë si haute, et d'un object si sublime et esclatant. Car comme la chouette a bien la veuë assez forte pour la sombre lumiere de la nuict sereine, mais non pas toutesfois pour voir la clarté du midy, qui est trop brillante pour estre receue par des yeux si troubles et imbecilles : ainsi nostre entendement qui a bien assez de force pour considerer les veritez naturelles par son discours, et mesme les choses surnaturelles de la grace par la lumiere de la foy, ne sçauroit pas neantmoins, ny par la lumiere de la nature, ny par la lumiere de la foy, atteindre jusques à la veuë de la substance divine en elle-mesme. C'est pourquoy la suavité de la sagesse eternelle a disposé de ne point appliquer son essence à nostre entendement, qu'elle ne l'ait preparé, revigoré et habilité pour recevoir une veuë si eminente, et disproportionnée à sa condition naturelle, comme est la veuë de la divinité. Car ainsi le soleil, souverain object de nos yeux corporels entre les choses naturelles, ne se presente point à nostre veuë que premier il n'envoye ses rayons par le moyen desquels nous le puissions voir, de sorte que nous ne le voyons que par sa lumiere. Toutesfois il y a de la difference entre les rayons que le soleil jette à nos yeux corporels, et la lumiere que Dieu creera en nos entendemens au ciel ; car le rayon du soleil corporel ne fortifie point nos yeux quand ils sont foibles et impuissans à voir, ains plutost il les aveugle, esblouissant et dissipant leur veuë infirme : ou au contraire cette sacrée lumiere de gloire trouvant nos entendemens inhabiles et incapables de voir la Divinité, elle les esleve, renforce et perfectionne si excellemment, que par une merveille incomprehensible ils regardent et contemplent l'abysme de la clarté divine fixement et droitement en elle-mesme, sans estre esblouis ny rebouchez de la grandeur infinie de son esclat.

Tout ainsi donc que Dieu nous a donné la lumiere de la raison par laquelle nous le pouvons cognoistre comme auteur de la nature, et la lumiere de la foy par laquelle nous le considerons comme source de la grace : de mesme il nous donnera la lumiere de gloire par laquelle nous le contemplerons comme fontaine de la beatitude et vie eternelle ; mais fontaine, Theotime, que nous ne contemplerons pas de loin, comme nous faisons maintenant par la foy, ains que nous verrons par la lumiere de gloire, plongez et abysmez en icelle. Les plongeons, dit Pline, qui pour pescher les pierres precieuses s'enfoncent dans la mer, prennent de l'huile en leurs bouches, afin que la respandant, ils ayent plus de jour pour voir dedans les eaux entre lesquelles ils nagent. Theotime, l'ame bienheureuse estant enfoncée et plongée dans l'ocean de la divine essence, Dieu respandra dans son entendement la sacrée lumiere de gloire, qui luy fera jour en cet abysme de (1) *lumiere inaccessible*, afin que par la

---

(1) Ps. CXXXII.

(1) I. ad Tim. VI, 6.

clarté de la gloire nous voyions la clarté de la Divinité.

En Dieu gist la fontaine mesme
De vie et de plaisir supresme ;
Sa clarté nous apparoistra
Aux rais de sa vive lumiere,
Et notre liesse pleniere
De son jour seulement naistra (1).

CHAPITRE XV.
Que l'union des bienheureux avec Dieu aura des differens degrez.

Or ce sera cette lumiere de gloire, Theotime, qui donnera la mesure à la veuë et contemplation des bienheureux ; et selon que nous aurons plus ou moins de cette saincte splendeur, nous verrons aussi plus ou moins clairement, et par consequent plus ou moins heureusement la tres-saincte Divinité, qui, regardée diversement, nous rendra de mesme differemment glorieux. Certes, en ce paradis celeste tous les esprits voyent toute l'essence divine ; mais nul d'entr'eux, ny tous eux ensemble ne la voyent, ny peuvent voir totalement. Non, Theotime ; car Dieu estant tres-uniquement un et tres-simplement indivisible, on ne le peut voir qu'on ne le voye tout. Et d'autant qu'il est infiny, sans limite, ny borne, ny mesure quelconque en sa perfection, il n'y a, ny peut avoir aucune capacité hors de luy, qui jamais puisse totalement comprendre ou penetrer l'infinité de sa bonté infiniment essentielle et essentiellement infinie.

Cette lumiere creée du soleil visible qui est limitée et finie, est tellement veuë toute de tous ceux qui la regardent, qu'elle n'est pourtant jamais veuë totalement de pas un, ny mesme de tous ensemble. Il en est presque ainsi de tous nos sens. Entre plusieurs qui oyent une excellente musique, quoique tous l'entendent toute, les uns pourtant ne l'oyent pas si bien, ny avec tant de plaisir que les autres, selon que les aureilles sont plus ou moins delicates. La manne estoit savourée toute de quiconque la mangeoit, mais differemment neantmoins, selon la diversité des appetits de ceux qui la prenoient, et ne fut jamais savourée totalement ; car elle avoit plus de differentes saveurs, qu'il n'y avoit de varietez de goust ès Israëlites. Theotime, nous verrons et savourerons là-haut au ciel, toute la Divinité ; mais jamais nul des bienheureux, ny tous ensemble, ne

la verront et savoureront totalement. Cette infinité divine aura tousjours infiniment plus d'excellences que nous ne sçaurions avoir de suffisance et de capacité : et nous aurons un contentement indicible de cognoistre qu'après avoir assouvi tout le desir de nostre cœur, et rempli pleinement sa capacité en la jouissance du bien infiny qui est Dieu ; neantmoins il restera encore en cette infinité des infinies perfections à voir, à jouir et posseder, que sa divine Majesté comprend et voit elle seule, elle seule se comprenant soy-mesme.

Ainsi les poissons jouissent de la grandeur incroyable de l'Ocean ; et jamais pourtant aucun poisson, ny mesme toute la multitude des poissons, ne vid toutes les plages, ny ne trempa ses escailles en toutes les eaux de la mer. Et les oiseaux s'esgayent à leur gré dans la vasteté de l'air ; mais jamais aucun oiseau, ny mesme toute la race des oiseaux ensemble, n'a battu des ailes toutes les contrées de l'air, et n'est jamais parvenu à la supresme region d'iceluy. Ah ! Theotime, nos esprits, à leur gré et selon toute l'estenduë de leurs souhaits, nageront en l'ocean, et voleront en l'air de la Divinité, et se resjouiront eternellement de voir que cet air est tant infiny, cet ocean si vaste, qu'il ne peut estre mesuré par leurs ailes ; et que jouissans, sans reserve ny exception quelconque, de tout cet abysme infiny de la Divinité, ils ne peuvent neantmoins jamais esgaler leur jouissance à cette infinité, laquelle demeure tousjours infiniment infinie au-dessus de leur capacité.

Et sur ce subject les esprits bienheureux sont ravis de deux admirations : l'une pour l'infinie beauté qu'ils contemplent, et l'autre pour l'abysme de l'infinité qui reste à voir en ceste mesme beauté. O Dieu, que ce qu'ils voyent est admirable ! mais, ô Dieu, que ce qu'ils ne voyent pas l'est beaucoup plus ! Et toutesfois, Theotime, la tres-saincte beauté qu'ils voyent estant finie, elle les rend parfaictement satisfaicts et assouvis ; et se contentant d'en jouir, selon le rang qu'ils tiennent au ciel, à cause de la tres-aimable providence divine qui en a ainsi ordonné, ils convertissent la cognoissance qu'ils ont de ne posseder pas, ny ne pouvoir posseder totalement leur object, en une simple complaisance d'admiration, par laquelle ils ont une joye souveraine de voir que la beauté qu'ils aiment est tellement infinie, qu'elle ne peut estre totalement cogneue que par elle-mesme. Car en cela consiste la divinité de cette beauté infinie, ou la beauté de cette infinie divinité.

---

(1) Ps. xxxv, 10.

LIVRE QUATRIESME.

DE LA DECADENCE ET RUINE DE LA CHARITÉ.

CHAPITRE PREMIER.

Que nous pouvons perdre l'amour de Dieu, tandis que nous sommes en cette vie mortelle.

Nous ne faisons pas ces discours pour ces grandes ames d'elite, que Dieu, par une tres-speciale faveur, maintient et confirme tellement en son amour, qu'elles sont hors le hasard de jamais le perdre. Nous parlons pour le reste des mortels, auxquels le Sainct-Esprit adresse ces advertissemens : « (1) Qui est debout, qu'il prenne garde « à ne point tomber. » (2) « Tiens ce que tu as. » « (3) Ayez soin et travaillez, afin d'asseurer par « bonnes œuvres vostre vocation. » Ensuite de quoy il leur fait sentir cette priere : « (4) Ne me « rejettez point de devant vostre face, et ne m'os- « tez point vostre sainct esprit. » (5) « Et ne nous « induisez point en tentation ; (6) afin qu'ils fas- « sent leur salut avec un sainct tremblement, et « une crainte sacrée ; » sçachant qu'ils ne sont plus invariables et fermes à conserver l'amour de Dieu, que le premier ange avec ses sectateurs et Judas, qui l'ayant receu le perdirent, et en le perdant se perdirent eternellement eux-mesmes ; ny que Salomon qui l'ayant une fois quitté, tient tout le monde en doute de sa damnation ; ny qu'Adam, Eve, David, S. Pierre, qui estant enfans de salut, ne laisserent pas de descheoir pour un temps de l'amour sans lequel il n'y a point de salut. Helas ! ô Theotime, qui sera donc asseuré de conserver l'amour sacré en cette navigation mortelle, puisqu'en la terre et au ciel tant de personnes d'incomparable dignité ont fait de si cruels naufrages ?

Mais, ô Dieu eternel ! comme est-il possible, direz-vous, qu'une ame qui a l'amour de Dieu, le puisse jamais perdre ? car où l'amour est, il resiste au peché. Et comme se peut-il donc faire que le peché y entre ? Puisque, « (7) l'amour est fort

(1) I. ad Cor. x, 12. — (2) Apoc. III, 11.
(3) II. Petr. I, 10. — (4) Ps. L, 13.
(5) Matth. vi, 13. — (6) Philip. II, 12.
(7) Cant. Cant. VIII, 6.

« comme la mort, aspre au combat comme l'en- « fer ; » comme peuvent les forces de l'amour et de l'enfer, c'est-à-dire les pechez, vaincre l'amour, qui pour le moins les esgale en force, et les surmonte en assistance et en droict ? Mais comme peut-il estre qu'une ame raisonnable qui a une fois savouré une si grande douceur, comme est celle de l'amour divin, puisse oncques volontairement avaler les eaux ameres de l'offense ? Les enfans, tout enfans qu'ils sont, estant nourris au laict, au beurre et au miel, abhorrent l'amertume de l'absynthe et du chicotin, et pleurent jusques à pasmer, quand on leur en fait gouster. Hé ! doncques, ô vray Dieu, l'ame une fois joincte à la bonté du Createur, comme le peut-elle quitter pour suivre la vanité de la creature ?

Mon cher Theotime, « (1) les cieux mesmes « s'esbahissent ; leurs portes se froissent de frayeur, « et (2) les anges de paix » demeurent eperdus d'estonnement sur cette prodigieuse misere du cœur humain, qui abandonne un bien tant aimable pour s'attacher à des choses si deplorables. Mais avez-vous jamais veu cette petite merveille que chascun sçait, et de laquelle chascun ne sçait pas la raison ? Quand on perce un tonneau bien plein, il ne respandra point son vin, qu'on ne luy donne de l'air par-dessus ; ce qui n'arrive pas aux tonneaux esquels il y a desjà du vuide, car on ne les a pas plutost ouverts que le vin en sort. Certes, en cette vie mortelle, quoy que nos ames abondent en amour celeste, si est-ce que jamais elles n'en sont si pleines, que par la tentation cet amour n'en puisse sortir. Mais là-haut au ciel, quand les suavitez de la beauté de Dieu occuperont tout nostre entendement, et les delices de sa bonté assouviront toute nostre volonté, en sorte qu'il n'y aura rien que la plenitude de son amour ne remplisse ; nul object, quoy qu'il penetre jusqu'à nos cœurs, ne pourra jamais tirer ny faire sortir une seule goutte de la precieuse liqueur de leur amour celeste. Et de penser donner du vent par-dessus, c'est-à-dire, decevoir ou surprendre l'entendement, il ne sera plus possi-

(1) Jerem. II, 12. — (2) Isa. XXXIII, 7.

ble ; car il leur sera immobile en l'apprehension de la verité souveraine.

Ainsi le vin qui est bien espuré et separé de sa lie, peut aisement estre garanty de tourner et pousser, mais celuy qui est sur la lie, y est presque tousjours subject. Et quant à nous, tandis que nous sommes en ce monde, nos esprits sont sur la lie et la tartre de mille humeurs et miseres, et par consequent aisez à changer et tourner en leur amour. Mais estant au ciel, où, comme en ce grand « (1) *festin* descrit par Isaïe, nous aurons « le vin purifié de toute lie, » nous ne serons plus subjects au change, ains demeurerons inseparablement unis par amour à nostre souverain bien. Icy, parmy les crepuscules de l'aube du jour, nous craignons qu'en lieu de l'espoux nous ne rencontrions quelque autre object qui nous amuse et deçoive ; mais quand nous le trouverons là-haut où il « (2) repaist et repose au midy « de sa gloire, » il n'y aura plus moyen d'estre trompez ; car sa lumiere sera trop claire, et sa douceur nous liera si serré à sa bonté, que nous ne pourrons plus vouloir nous en desprendre.

Nous sommes comme le corail qui, dans l'Ocean, lieu de son origine, est un arbrisseau pasle-verd, foible, fleschissant et pliable ; mais estant tiré hors du fond de la mer comme du sein de sa mere, il devient presque pierre ; se rendant ferme et impliable, à mesure qu'il change son verd-blafastre en un vermeil fort vif. Car ainsi estant encore emmy la mer de ce monde, lieu de nostre naissance, nous sommes subjects à des vicissitudes extresmes, et pliables à toutes mains ; à la droicte de l'amour celeste par l'inspiration, à la gauche de l'amour terrestre par la tentation. Mais si une fois tirez hors de cette mortalité, nous avons changé le pasle-verd de nos craintives esperances au vif vermeil de l'asseurée jouissance, jamais plus nous ne serons muables ; ains demeurerons à tousjours arrestez en l'amour eternel.

Il est impossible de voir la Divinité et ne l'aimer pas. Mais icy-bas, où, sans la voir, nous l'entrevoyons seulement au travers les ombres de la foy, comme « (3) en un miroir ; » nostre cognoissance n'est pas si grande, qu'elle ne laisse encore l'entrée à la surprise des autres objects et bien apparens, lesquels entre les obscuritez qui se meslent en la certitude et verité de la foy, se glissent insensiblement comme « (4) petits renar-« deaux, et demolissent nostre vigne fleurie. » En somme, Theotime, quand nous avons la charité, nostre franc arbitre est paré de la robbe nuptiale, de laquelle comme il peut tousjours demeurer vestu, s'il veut, en bien faisant, aussi s'en peut-il despouiller, s'il luy plaist, en pechant.

CHAPITRE II.

Du refroidissement de l'ame en l'amour sacré.

L'ame est maintefois contristée et affligée dans le corps jusques mesmes à quitter plusieurs membres d'iceluy, qui demeurent privez de mouvement et sentiment, encore qu'elle n'abandonne pas le cœur, où elle est tousjours entiere jusques à l'extremité de la vie. Ainsi la charité est quelquefois tellement allangourie et abbatue dans le cœur, qu'elle ne paroist presque plus en aucun exercice, et neantmoins elle ne laisse pas d'estre entiere en la supresme region de l'ame. Et c'est lorsque sur la multitude des pechez veniels, comme sous des cendres, le feu du sainct amour demeure couvert et sa lueur estouffée, quoyque non pas amorty ny esteint. Car tout ainsi que la presence du diamant empesche l'exercice et l'action de la proprieté que l'aimant a d'attirer le fer, sans toutesfois luy oster la proprieté, laquelle opere soudain que cet empeschement est esloigné ; de mesme la presence du peché veniel n'oste pas voirement à la charité sa force et puissance d'operer, mais elle l'engourdit en certaine façon, et la prive de l'usage de son activité, si qu'elle demeure sans action, sterile et infeconde.

Certes, le peché veniel, ni mesme l'affection au peché veniel, n'est pas contraire à l'essentielle resolution de la charité, qui est de preferer Dieu à toutes choses, d'autant que par ce peché nous aimons quelque chose hors de la raison, mais non pas contre la raison ; nous deferons un peu trop, et plus qu'il n'est convenable à la creature, mais non pas en la preferant au Createur : nous nous amusons plus qu'il ne faut aux choses terrestres, mais nous ne quittons plus pour cela les celestes. En somme, cette sorte de peché nous retarde au chemin de la charité, mais il ne nous en retire pas ; et partant le peché veniel n'estant pas contraire à la charité, il ne la destruit jamais, ny en tout ny en partie.

Dieu fit sçavoir à l'evesque d'Ephese qu'il avoit « (1) delaissé sa premiere charité. » Or, il ne dit pas qu'il estoit sans charité, mais seulement qu'elle n'estoit plus telle qu'au commencement, c'est-à-dire, qu'elle n'estoit plus prompte, fervente, fleurissante et fructueuse, ainsi que nous avons ac-

---

(1) Isa. xxv, 6. — (2) Cant. Cant. I, 6.
(3) I. ad Cor. xiii, 12. — (4) Cant. Cant. ii, 15.

(1) Apoc. ii, 4.

coustumé de dire d'un homme, qui de brave, joyeux et gaillard, est devenu chagrin, paresseux et maussade : ce n'est pas celui d'autrefois. Car nous ne voulons pas entendre que ce ne soit pas le mesme selon la substance, mais seulement selon les actions et exercices. Et de mesme Nostre-Seigneur a dit, qu'ès derniers jours « (1) la charité de « plusieurs se refroidira » ; c'est-à-dire, elle ne sera pas si active et courageuse, à cause de la crainte et de l'ennuy qui oppressera les cœurs. Certes, « (2) la « concupiscence ayant conçeu, elle engendre le « peché » ; mais ce peché, quoyque peché, « (3) « n'engendre pas tousjours la mort de l'ame, ains « seulement lorsqu'il a une malice entiere, et « qu'il est consommé et accomply », comme dit sainct Jacques, qui en cela establit si clairement la difference entre le peché veniel et le peché mortel, que je ne sçay comme il s'est trouvé des gens en nostre siecle qui ayent eu la hardiesse de le nier.

Neantmoins le peché veniel est peché, et par consequent il desplaist à la charité, non comme chose qui luy soit contraire, mais comme chose contraire à ses operations et à son progrez, voire mesme à son intention, laquelle estant que nous rapportions toutes nos operations à Dieu, elle est violée par le peché veniel, qui porte les actions par lesquelles nous le commettons, non pas voirement contre Dieu, mais hors de Dieu et de sa volonté. Et comme nous disons d'un arbre qui a esté rudement touché et reduit en frische par la tempeste, que rien n'y est demeuré, parce qu'encore que l'arbre est entier, neantmoins il est resté sans fruict ; de mesme, quand nostre charité est battue des affections que l'on a aux pechez veniels, nous disons qu'elle est diminuée et defaillie, non que l'habitude de l'amour ne soit entiere en nos esprits, mais parce qu'elle est sans les œuvres qui sont ses fruicts.

L'affection aux grands pechez rendoit tellement « (4) la verité prisonniere de l'injustice » entre les philosophes payens, que, comme dit le grand apostre, « (5) cognoissant Dieu, ils ne le glori-« fioient pas » selon que cette cognoissance requeroit ; si que cette affection n'exterminant pas la lumiere naturelle, elle la rendoit infructueuse. Aussi les affections au peché veniel n'abolissent pas la charité ; mais elles la tiennent comme un esclave, liée pieds et mains, empeschant sa liberté et son action. Cette affection nous attachant par trop à la jouissance des creatures, nous prive de la privauté spirituelle entre Dieu et nous, à laquelle la charité, comme vraye amitié, nous incite.

Et par consequent elle nous fait perdre les secours et assistances interieures, qui sont comme les esprits vitaux et animaux de l'ame, du defaut desquels provient une certaine paralysie spirituelle ; laquelle enfin, si on n'y remedie, nous conduit à la mort. Car en somme la charité estant une qualité active, ne peut estre long-temps sans agir ou perir. Elle est, disent nos anciens, de l'humeur de Rachel : « (1) Donne-moy des en-« fans, disoit celle-cy à son mary, autrement je « mourrai. » Et la charité presse le cœur auquel elle est mariée, de la feconder en bonnes œuvres, autrement elle perira.

Nous ne sommes gueres en cette vie mortelle sans beaucoup de tentations. Or ces esprits vils, paresseux et adonnez aux plaisirs exterieurs, n'estant pas duicts aux combats, ni exercez aux armes spirituelles, ils ne gardent jamais gueres la charité, ains se laissent ordinairement surprendre à la coulpe mortelle : ce qui arrive d'autant plus aisement, que par le peché veniel l'ame se dispose au mortel. Car, comme cet ancien, ayant continué à porter tous les jours un mesme veau, le porta enfin encore qu'il fust devenu un gros bœuf : la coustume ayant petit à petit rendu insensible à ses forces l'accroissement d'un si lourd fardeau : ainsi celuy qui s'affectionne à jouer des testons, joueroit enfin des escus, des pistoles, des chevaux, et après ses chevaux toute sa chevance. Qui lasche la bride aux menues coleres, se trouve enfin furieux et insupportable : qui s'adonne à mentir par raillerie, est grandement en danger de mentir avec calomnie.

Enfin, Theotime, nous disons de ceux qui ont la complexion fort foible, qu'ils n'ont point de vie, qu'ils n'en ont pas une once, ou qu'ils n'en ont pas plein le poing ; parce que ce qui doit bientost finir, semble en effect n'estre plus. Et ces ames faineantes, adonnées aux plaisirs et affectionnées aux choses transitoires, peuvent bien dire qu'elles n'ont plus de charité, puisque, si elles en ont, elles sont en voye de la perdre bientost.

CHAPITRE III.

Comme on quitte le divin amour pour celui des creatures.

Ce malheur de quitter Dieu pour la creature arrive ainsi. Nous n'aimons pas Dieu sans intermission ; d'autant qu'en cette vie mortelle la charité est en nous par maniere de simple habitude, de laquelle, comme les philosophes ont remarqué, nous usons quand il nous plaist, et non ja-

(1) Matth. xxiv, 12. — (2) Jac. i, 15. — (3) Ibid.
(4) Ad Rom. i, 18. — (5) Ibid. 21.

(1) Genes. xxx, 1.

mais contre nostre gré. Quand donc nous n'usons pas de la charité qui est en nous : c'est-à-dire, quand nous n'employons pas nostre esprit aux exercices de l'amour sacré, ains que le tenant diverty à quelque autre occupation, ou que, paresseux en soy-mesme, il se tient inutile et negligent; alors, Theotime, il peut estre touché de quelque object mauvais, et surpris de quelque tentation. Et, bien que l'habitude de la charité en mesme temps soit au fond de nostre ame, et qu'elle fasse son office, nous inclinant à rejetter la suggestion mauvaise; si est-ce qu'elle ne nous presse pas, ny nous porte à l'action de la resistance qu'à mesure que nous la secondons, comme les habitudes ont coustume de faire : et partant nous laissant en nostre liberté, il advient maintesfois que le mauvais object ayant jetté bien avant ses attraits dans nostre cœur, nous nous attachons à luy par une complaisance excessive, laquelle venant à croistre, il nous est mal-aisé de nous en defaire; et comme des (1) *espines*, selon que dit Nostre-Seigneur, elle *suffoque* enfin *la semence* de la grace et dilection celeste. (2) Ainsi arriva-t-il à nostre premiere mere Eve, de laquelle la perte commença par un certain amusement qu'elle prit à deviser avec le serpent ; recevant de la complaisance d'ouyr parler de son aggrandissement en science, et de voir la beauté du fruict defendu : si que la complaisance grossissant en l'amusement, et l'amusement se nourrissant dans la complaisance, elle s'y trouva enfin tellement engagée, que, se laissant aller au consentement, elle commit le malheureux peché auquel par après elle attira son mary.

On void que les pigeons touchez de vanité se pavannent quelquefois en l'air, et font des esplanades çà et là, se mirant en la varieté de leur pennage : et lors les tiercelets et faucons qui les espient, viennent fondre sur eux et les attrapent; ce qu'ils ne feroient jamais, si les pigeons voloient leur droit vol, d'autant qu'ils ont l'aisle plus roide que les oiseaux de proye. Helas! Theotime, si nous ne nous amusions pas en la vanité des plaisirs caduques, et surtout en la complaisance de nostre amour propre, ains qu'ayant une fois la charité, nous fussions soigneux de voler droit là par où elle nous porte, jamais les suggestions et tentations ne nous attraperoient. Mais parce que, comme colombes seduites et deceues de nostre propre estime, nous retournons sur nous-mesmes et entretenons trop nos esprits parmy les creatures; nous nous trouvons souvent surpris entre les serres de nos ennemis, qui nous emportent et devorent.

Dieu ne veut pas empescher que nous ne soyons attaquez de tentations, afin que resistans, nostre charité soit plus exercée, et puisse par le combat emporter la victoire, et par la victoire obtenir le triomphe. Mais que nous ayons quelque sorte d'inclination à nous delecter en la tentation, cela vient de la condition de nostre nature, qui aime tant le bien, que pour cela elle est subjecte d'estre allechée par tout ce qui a apparence de bien : et ce que la tentation nous presente pour amorce, est tousjours de cette sorte. Car, comme enseignent les sainctes lettres (1), ou c'est un bien honorable, selon le monde, pour nous provoquer à *l'orgueil de la vie* mondaine, ou un bien delectable aux sens, pour nous porter à la *convoitise charnelle*, ou un bien utile à nous enrichir, pour nous inciter à la *convoitise* et avarice *des yeux*. Que si nous tenions nostre foy, laquelle sçait discerner entre les vrais biens qu'il faut pourchasser, et les faux qu'il faut rejetter, vivement attentive à son devoir, certes, elle serviroit de sentinelle asseurée à la charité, et luy donneroit advis du mal qui s'approche du cœur sous pretexte du bien, et la charité le repousseroit soudain. Mais parce que nous tenons ordinairement nostre foy ou dormante, ou moins attentive qu'il ne seroit requis pour la conservation de nostre charité, nous sommes aussi souvent surpris de la tentation, laquelle seduisant nos sens, et nos sens incitant la partie inferieure de nostre ame à rebellion, il advient que maintesfois la partie superieure de la raison cede à l'effort de cette revolte, et commettant le peché elle perd la charité.

Tel fut le progrez de la sedition que le desloyal Absalon excita contre son bon pere David (2). Car il mit en avant des propositions bonnes en apparence, lesquelles estant une fois receues par les pauvres Israëlites, desquels la prudence estoit endormie et engourdie, il les sollicita tellement qu'il les reduisit à une entiere rebellion : de sorte que David fut contrainct de sortir tout esplouré de Hierusalem avec tous ses plus fideles amis, ne laissant en la ville de gens de marque, sinon Sadoc et Abiathar, prestres de l'Eternel, avec leurs enfans : or Sadoc estoit *voyant* (3), c'est-à-dire prophete.

Car de mesme, tres-cher Theotime, l'amour propre trouvant nostre foy hors d'attention et sommeillante, il nous presente des biens vains, mais apparens; seduit nos sens, nostre imagination et les facultez de nos ames, et presse tellement nos francs arbitres qu'il les conduit à l'entiere revolte contre le sainct amour de Dieu ;

---

(1) Luc. IV, 7. — (2) Genes. III.

(1) I. Joan. II, 16.
(2) II. Reg. XV. — (3) Ibid. 27.

lequel alors, comme un autre David, sort de nostre cœur avec tout son train, c'est-à-dire, avec les dons du Sainct-Esprit et les autres vertus celestes, qui sont compagnes inseparables de la charité, si elles ne sont ses proprietez et habilitez : et ne reste plus en la Hierusalem de nostre ame aucune vertu d'importance, sinon Sadoc *le voyant*, c'est-à-dire, le don de la foy, qui nous peut faire voir les choses eternelles, avec son exercice, et encore Abiathar, c'est-à-dire, le don de l'esperance avec son action, qui tous deux demeurent bien affligez et tristes, maintenant toutesfois en nous l'arche de l'alliance, c'est-à-dire, la qualité et le tiltre de chrestien qui nous est acquis par le baptesme.

Helas! Theotime, quel pitoyable spectacle aux anges de paix de voir ainsi sortir le Sainct-Esprit, et son amour de nos ames pecheresses! Hé! je croy certes que, s'ils pouvoient alors pleurer, ils verseroient des larmes infinies, et d'une voix lugubre lamentant nostre malheur, ils chanteroient le triste cantique que Hieremie entonna, quand assis sur le seuil du temple desolé, il contempla la ruine de Hierusalem au temps de Sedecie :

Ah! combien voy-je desolée
Cette cité jadis comblée
De peuple, de bien et d'honneur,
Maintenant siege de l'horreur (1)!

CHAPITRE IV.

Que l'amour sacré se perd en un moment.

L'amour de Dieu qui nous porte jusques au mespris de nous-mesmes, nous rend citoyens de la Hierusalem celeste : l'amour de nous-mesmes qui nous pousse jusques au mespris de Dieu, nous rend esclaves de la Babylone infernale. Or nous allons certes petit à petit à ce mespris de Dieu; mais nous n'y sommes pas plutost parvenus, que soudain, en un moment, la saincte charité se separe de nous, ou, pour mieux dire, elle perit tout-à-fait. Ouy, Theotime; car en ce mespris de Dieu consiste le peché mortel; et un seul peché mortel bannit la charité de l'ame, d'autant qu'il rompt le lien et l'union d'icelle avec Dieu, qui est l'obeïssance et sousmission à sa volonté. Et comme le cœur humain ne peut estre vivant et divisé, aussi la charité, qui est le cœur de l'ame et l'ame du cœur, ne peut jamais estre blessée qu'elle ne soit tuée : ainsi qu'on dit des perles, qui, conceues de la rosée celeste, perissent si une seule goutte de l'eau marine entre dedans leur escaille. Nostre esprit certes ne sort pas petit à petit de son corps, ains en un moment, lorsque l'indisposition du corps est si grande qu'il ne peut plus y faire les actions de vie : et de mesme, à l'instant que le cœur est tellement detraqué en ses passions, que la charité n'y peut plus regner, elle le quitte et abandonne; car elle est si genereuse qu'elle ne peut cesser de regner sans cesser d'estre.

Les habitudes que nous acquerons par nos seules actions humaines, ne perissent pas par un seul acte contraire; car nul ne dira qu'un homme soit intemperant pour un seul acte d'intemperance, ny qu'un peintre ne soit pas bon maistre pour avoir une fois manqué à l'art; ains comme toutes telles habitudes nous arrivent par la suite et impression de plusieurs actes, ainsi nous les perdons par une longue cessation de leurs actes, ou par une multitude d'actes contraires. Mais la charité, Theotime, que le Sainct-Esprit respand en un moment dans nos cœurs, lorsque les conditions requises à cette infusion se rencontrent en nous, certes aussi en un instant elle nous est ostée, sitost que destournant nostre volonté de l'obeïssance que nous devons à Dieu, nous avons achevé de consentir à la rebellion et desloyauté à laquelle la tentation nous incite.

Il est vray que la charité s'aggrandit par accroissement de degré à degré, et de perfection à perfection, selon que par nos œuvres ou la reception des sacremens nous luy faisons place. Mais toutesfois elle ne diminue pas par amoindrissement de sa perfection; car jamais on n'en perd un seul brin qu'on ne la perde toute. En quoy elle ressemble au chef-d'œuvre de Phidias, tant celebré par les anciens : car on dit que ce grand sculpteur fit en Athenes une statuë de Minerve toute d'yvoire, haute de vingt-six coudées; et au bouclier d'icelle, auquel il avoit relevé les batailles des amazones et des geans, il grava avec tant d'art son visage de luy-mesme, qu'on ne pouvoit oster un seul brin de son image, dit Aristote, que toute la statuë ne tombast defaite : si que cette besogne ayant esté perfectionnée par assemblage de piece à piece, en un moment neantmoins elle perissoit, si on eust osté une seule petite partie de l'assemblance de l'ouvrier. Et de mesme, Theotime, encore que le Sainct-Esprit ayant mis la charité en une ame, luy donne sa croissance par addition de degré à degré, et de perfection à perfection d'amour, si est-ce toutesfois que la resolution de preferer la volonté de Dieu à toutes choses estant le poinct essentiel de l'amour sacré, et auquel l'image de l'amour eternel, c'est-à-dire du Sainct-Esprit, est representée, on ne sçauroit en oster une seule piece, que soudain toute la charité ne perisse.

---

(1) Thren. i, 1.

Cette preference de Dieu à toutes choses est le cher enfant de la charité. Que si Agar, qui n'estoit qu'une egyptienne, voyant son fils en danger de mourir, n'eut pas le courage de demeurer auprès de luy, ains le voulut quitter, disant : « (1) Ah! je ne sçaurois voir mourir cet enfant; » quelle merveille y a-t-il que la charité, fille de douceur et suavité celeste, ne puisse voir mourir son enfant, qui est le propos de ne jamais offenser Dieu? Si qu'à mesure que nostre franc arbitre se resolut de consentir au peché, donnant par mesme moyen la mort à ce sacré propos, la charité meurt avec iceluy, et dit en son dernier souspir : Hé! non jamais « je ne verray mourir « cet enfant. » En somme, Theotime, comme la pierre precieuse, nommée Prassius, perd sa lueur en la presence de quel venin que ce soit, ainsi l'ame perd en un instant sa splendeur, sa grace et sa beauté qui consiste au sainct amour, à l'entrée et presence de quel peché mortel que ce soit, dont il est escrit que « (2) l'ame qui pechera mourra. »

CHAPITRE V.

Que la seule cause du manquement et refroidissement de la charité est en la volonté des creatures.

Comme ce seroit une effronterie impie de vouloir attribuer aux forces de nostre volonté les œuvres de l'amour sacré que le Sainct-Esprit fait en nous et avec nous, aussi seroit-ce une impieté effrontée de vouloir rejetter le defaut d'amour qui est en l'homme ingrat sur le manquement de l'assistance et grace celestes. Car le Sainct-Esprit crie partout au contraire que nostre « (3) perte « vient de nous »; que le Sauveur a « (4) apporté « le feu du sainct amour, et ne desire rien plus « sinon qu'il brusle nos cœurs »; que « (5) le sa« lut est preparé devant la face de toutes nations, « lumiere pour esclairer les gentils et pour la « gloire d'Israël »; que la divine bonté « (6) ne « veut point qu'aucun perisse », mais « (7) que « tous viennent à la cognoissance de la verité; « veut que tous hommes soient sauvez », le Sauveur d'iceux estant venu au monde, afin que tous « (8) receussent l'adoption des enfans »; et le sage nous avertit clairement : « (9) Ne dis point, il « tient à Dieu. » Ainsi le sacré concile de Trente inculque divinement à tous les enfans de l'Eglise saincte, que la grace divine ne manque jamais à ceux qui font ce qu'ils peuvent, invoquant le secours celeste : que Dieu n'abandonne jamais ceux qu'il a une fois justifiez, sinon qu'eux-mesmes les premiers l'abandonnent; de sorte que s'ils ne manquent à la grace, ils obtiendront la gloire.

En somme, Theotime, le Sauveur est une (1) « lumiere qui esclaire tout homme qui vient en « ce monde. »

Plusieurs voyageurs, environ l'heure de midy, un jour d'esté, se mirent à dormir à l'ombre d'un arbre; mais tandis que leur lassitude et la fraischeur de l'ombrage les tint en sommeil, le soleil s'advançant sur eux, leur porta droit aux yeux sa plus forte lumiere, laquelle, par l'esclat de sa clarté, faisoit des transparences, comme par de petits esclairs, autour de la prunelle des yeux de ces dormans; et par la chaleur qui perçoit leurs paupieres, les força d'une douce violence de s'esveiller : mais les uns esveillez se levent, et gagnant pays allerent heureusement au giste; les autres, non-seulement ne se levent pas, mais tournant le dos au soleil et enfonçant leurs chapeaux sur leurs yeux, passerent là leur journée à dormir, jusqu'à ce que, surpris de la nuict, et voulant neantmoins aller au logis, ils s'esgarerent, qui çà qui là, dans une forest à la mercy des loups, sangliers et autres bestes sauvages. Or dictes, de grace Theotime, ceux qui sont arrivez ne devoient-ils pas sçavoir tout le gré de leur contentement au soleil, ou, pour parler plus chrestiennement, au createur du soleil? Ouy certes, car ils ne pensoient nullement à s'esveiller quand il en estoit temps : le soleil leur fit ce bon office, et par une agreable semonce de sa clarté et de sa chaleur les vint amiablement resveiller. Il est vray qu'ils ne firent pas resistance au soleil, mais il les aida aussi beaucoup à ne point resister; car il vint doucement respandre sa lumiere sur eux, se faisant entrevoir au travers de leurs paupieres, et par sa chaleur, comme par son amour, il alla dessiller leurs yeux et les pressa de voir son jour.

Au contraire, ces pauvres errans n'avoient-ils pas tort de crier dans ce bois : Hé! qu'avons-nous fait au soleil, pourquoy il ne nous a pas fait voir sa lumiere comme à nos compagnons, afin que nous fussions arrivez au logis, sans demeurer en ces effroyables tenebres? Car qui ne prendroit la cause du soleil, ou plustost de Dieu, en main, mon cher Theotime, pour dire à ces chetifs malencontreux : Qu'est-ce, miserables, que le soleil pouvoit bonnement faire pour vous, qu'il ne l'ait

---

(1) Genes. XXI, 16.
(2) Ezech. XVIII, 4. — (3) Osée, XIII, 9.
(4) Luc, XII, 49. — (5) Luc, II, 30, 31, 32.
(6) II. Petr. III, 9. — (7) I. Tim. 2, 4.
(8) Galat. IV, 5. — (9) Eccli. XV, 11.

(1) Joan. I, 9.

fait? ses faveurs estoient esgales envers tous vous autres qui dormiez: il vous aborda tous avec une mesme lumiere, il vous toucha des mesmes rayons, il respandit sur vous une chaleur pareille: et, malheureux que vous estes, quoyque vous vissiez vos compagnons levez prendre le bourdon pour tirer chemin, vous tournastes le dos au soleil, et ne voulustes pas employer sa clarté, ny vous laisser vaincre à sa chaleur.

Tenez, voilà maintenant, Theotime, ce que je veux dire. Tous les hommes sont voyageurs en cette vie mortelle: presque tous nous nous sommes volontairement endormis en l'iniquité; et Dieu, soleil de justice, darde sur tous tres suffisamment, ains abondamment, les rayons de ses inspirations: il eschauffe nos cœurs de ses benedictions, touchant un chascun des attraits de son amour. Hé! que veut dire donc que ces attraits en attirent si peu, et en tirent encore moins? Ah! certes, ceux qui estant attirez, puis tirez, suivent l'inspiration, ont grande occasion de s'en resjouir, mais non pas de s'en glorifier. Qu'ils se resjouissent, parce qu'ils jouissent d'un grand bien; mais qu'ils ne s'en glorifient pas, puisque c'est par la pure bonté de Dieu, qui, leur laissant l'utilité de son bienfait, s'en est reservé la gloire.

Mais quant à ceux qui demeurent au sommeil de peché, ô Dieu! qu'ils ont une grande raison de lamenter, gemir, pleurer et regretter! car ils sont au malheur le plus lamentable de tous. Mais ils n'ont pas raison de se douloir et plaindre, sinon d'eux-mesmes, qui ont mesprisé, ains ont esté rebelles à la lumiere, reveshes aux attraits, et se sont obstinez contre l'inspiration; de sorte qu'à leur malice seule doit estre à jamais malediction et confusion, puisqu'ils sont seuls autheurs de leur perte, seuls ouvriers de leur damnation. Ainsi les Japonois se plaignant au bienheureux François Xavier leur apostre, de quoy Dieu, qui avoit eu tant de soin des autres nations, sembloit avoir oublié leurs predecesseurs, ne leur ayant point fait avoir sa cognoissance, par le manquement de laquelle ils auroient esté perdus, l'homme de Dieu leur respondit que la divine loy naturelle estoit plantée en l'esprit de tous les mortels; laquelle si leurs devanciers eussent observée, la celeste lumiere les eust sans doute esclairez; comme au contraire l'ayant violée, ils meriterent d'estre damnez. Response apostolique d'un homme apostolique, et toute pareille à la raison que le grand apostre rend de la perte des anciens gentils, qu'il dit estre (1) « inexcusables, d'autant qu'ayant cogneu le bien

(1) Rom. i, 20, 21.

« ils suivirent le mal »: car c'est, en un mot, ce qu'il inculque au premier chapitre aux Romains. Malheur sur malheur à ceux qui ne recognoissent pas que leur malheur provient de leur malice.

CHAPITRE VI.

Que nous devons recognoistre de Dieu tout l'amour que nous luy portons.

L'amour des hommes envers Dieu tient son origine, son progrez et sa perfection de l'amour eternel de Dieu envers les hommes. C'est le sentiment universel de l'Eglise nostre mere, laquelle avec une ardente jalousie, veut que nous recognoissions nostre salut et les moyens pour y parvenir de la seule misericorde du Sauveur, afin qu'en la terre comme au ciel à luy seul soit honneur et gloire.

« (1) Qu'as-tu que tu n'ayes receu? » dit le divin apostre, parlant des dons de science, eloquence et autres telles qualitez des pasteurs ecclesiastiques; « et si tu l'as receu, pourquoy t'en « glorifies-tu comme si tu ne l'avois pas receu? » Il est vray, nous avons tout receu de Dieu; mais par-dessus tout, nous avons receu les biens surnaturels du sainct amour. Que si nous les avons receus, pourquoy en prendrons-nous de la gloire?

Certes, si quelqu'un se vouloit rehausser pour avoir fait quelque progrez en l'amour de Dieu, helas! chetif homme, luy dirions-nous, tu estois pasmé en ton iniquité, sans qu'il te fust resté ny de vie ny de force pour te relever (comme il advint à la princesse (2) de nostre parabole), et Dieu, par son infinie bonté, accourut à ton aide, et criant à haute voix: « (3) Ouvre la bouche de « ton attention, et je la rempliray »: il mit luy-mesme ses doigts entre tes levres et desserra tes dents, jettant dedans ton cœur sa saincte inspiration, et tu l'as receue; puis estant remis en sentiment il continua par divers mouvemens et differens moyens de revigorer ton esprit, jusques à ce qu'il respandit en iceluy sa charité, comme ta vitale et parfaicte santé.

Or dis-moy donc maintenant, miserable, qu'as-tu fait en tout cela de quoy tu te puisses vanter? Tu as consenti, je le sçay bien: le mouvement de ta volonté a librement suivy celuy de la grace celeste. Mais tout cela, qu'est-ce autre chose, sinon recevoir l'operation divine, et n'y resister pas? Et qu'y a-t-il en cela que tu n'ayes receu?

(1) I. ad Cor. iv, 7.
(2) Liv. iii, chap. iii. — (3) Ps. lxxx, 2.

Ouy mesme, pauvre homme que tu es, tu as receu la reception de laquelle tu te glorifies, et le consentement duquel tu te vantes. Car, dis-moy, je te prie, ne m'advoueras-tu pas que si Dieu ne t'eust prevenu, tu n'eusses jamais senti sa bonté, ny par consequent consenti à son amour? non, ny mesme tu n'eusses pas fait une seule bonne pensée pour luy. Son mouvement a donné l'estre et la vie au tien : et si sa liberalité n'eust animé, excité et provoqué ta liberté, par les puissans attraits de sa suavité, ta liberté fust tousjours demeurée inutile à ton salut. Je confesse que tu as cooperé à l'inspiration en consentant : mais si tu ne le sçais pas, je t'apprends que ta cooperation a pris naissance de l'operation de la grace, et de ta franche volonté tout ensemble ; mais en telle sorte neantmoins que, si la grace n'eust prevenu et remply ton cœur de son operation, jamais il n'eust eu ny le pouvoir, ny le vouloir de faire aucune cooperation.

Mais dis-moy de rechef, je te prie, homme vil et abject, es-tu pas ridicule, quand tu penses avoir part en la gloire de ta conversion, parce que tu n'as pas repoussé l'inspiration ? N'est-ce pas la fantaisie des voleurs et tyrans de penser donner la vie à ceux auxquels ils ne l'ostent pas ? et n'est-ce pas une forcenée impieté de penser que tu aies donné la saincte efficace et vive activité à l'inspiration divine, parce que tu ne la luy as pas ostée par ta resistance ? Nous pouvons empescher les effets de l'inspiration, mais nous ne les luy pouvons pas donner. Elle tire sa force et vertu de la bonté divine, qui est le lieu de son origine, et non de la volonté humaine, qui est le lieu de son abord. S'indigneroit-on pas de la princesse de nostre parabole, si elle se vantoit d'avoir donné la vertu et proprieté aux eaux cordiales et autres medicamens, ou de s'estre guerie elle-mesme ; parce que, si elle n'eust receu les remedes que le roy luy donna et versa dans sa bouche, lorsqu'à moitié morte elle n'avoit presque plus de sentiment, ils n'eussent point eu d'operation ! Ouy, luy diroit-on, ingrate que vous estes, vous pouviez vous opiniastrer à ne point recevoir les remedes, et mesme les ayant receus en vostre bouche, vous les pouviez rejetter : mais il n'est pas vray pourtant que vous leur ayez donné la vigueur, ou vertu ; car ils l'avoient par leur proprieté naturelle. Seulement vous avez consenti de les recevoir, et qu'ils fissent leur action ; et encore n'eussiez-vous jamais consenti, si le roy ne vous eust premierement revigorée et puis sollicitée à les prendre : oncques vous ne les eussiez receus, s'il ne vous eust aidé à les recevoir, ouvrant vostre bouche avec ses doigts et respandant la potion dedans icelle. N'estes-vous pas donc un monstre d'ingratitude de vous vouloir attribuer un bien que vous devez en tant de façons à vostre cher espoux !

Le petit admirable poisson que l'on nomme Echineis, Remore ou Arrestenef, a bien le pouvoir d'arrester ou de n'arrester point le navire cinglant en haute mer en pleine voile ; mais il n'a pas le pouvoir de le faire ny voguer, ny cingler ou surgir ; il peut empescher le mouvement, mais il ne le peut pas donner. Nostre franc arbitre peut arrester et empescher la course de l'inspiration ; et quand le vent favorable de la grace celeste enfle les voiles de nostre esprit, il est en nostre liberté de refuser nostre consentement, et empescher par ce moyen l'effect de la faveur du vent : mais quand nostre esprit cingle et fait heureusement sa navigation, ce n'est pas nous qui faisons venir le vent de l'inspiration, ny qui en remplissons nos voiles, ny qui donnons le mouvement au navire de nostre cœur ; ains seulement nous recevons le vent qui vient du ciel, consentons à son mouvement, et laissons aller le navire sous le vent sans l'empescher par le remore de nostre resistance. C'est donc l'inspiration qui imprime en nostre franc arbitre l'heureuse et suave influence, par laquelle non-seulement elle luy fait voir la beauté du bien, mais elle l'eschauffe, l'aide, le renforce et l'esmeut si doucement, que par ce moyen il se plaist et escoule librement au party du bien.

Le ciel prepare les gouttes de la fraische rosée au printemps, et les espluye sur la face de la mer, et les meres-perles qui ouvrent leurs escailles, reçoivent ces gouttes, lesquelles se convertissent en perles : mais au contraire les meres-perles qui tiennent leurs escailles fermées, n'empeschent pas que les gouttes ne tombent sur elles ; elles empeschent neantmoins qu'elles ne tombent pas dans elles. Or le ciel a-t-il pas envoyé sa rosée et son influence sur l'une et l'autre mere-perle ? Pourquoy donc l'une a-t-elle par effect produit sa perle, et l'autre non ? Le ciel avoit esté liberal pour celle qui est demeurée sterile, autant qu'il estoit requis pour la rendre fertile ; mais elle a empesché l'effect de son benefice, se tenant fermée et couverte. Et quant à celle qui a conceu la perle, elle n'a rien en cela qu'elle ne tienne du ciel, non pas mesme son ouverture par laquelle elle a receu la rosée ; car sans le ressentiment des rayons de l'aurore qui l'ont doucement excitée, elle ne fust pas venue en la surface de la mer, ny eust pas ouvert son escaille. Theotime, si nous avons quelque amour envers Dieu, à luy en soit l'honneur et la gloire, qui a tout fait en nous, et sans lequel rien n'a esté fait ; à nous en soit l'utilité et l'obligation. Car c'est le partage de sa divine bonté avec nous : il nous laisse le fruict de ses bienfaits, et s'en reserve l'honneur et la louange : et certes, puisque nous ne sommes tous rien que par sa grace, nous ne devons rien estre que pour sa gloire.

CHAPITRE VII.

Qu'il faut eviter toute curiosité, et acquiescer humblement à la tres-sage providence de Dieu.

L'esprit humain est si foible, que quand il veut trop curieusement rechercher les causes et raisons de la volonté divine, il s'embarrasse et entortille dans les filets de mille difficultez, desquels par après il ne se peut desprendre. Il ressemble à la fumée; car en montant il se subtilise, et en se subtilisant il se dissipe. A force de vouloir relever nos discours ès choses divines, par curiosité, nous nous « (1) evanouissons en nos « pensées; et en lieu de parvenir en la science « de la verité, nous tombons en la folie de nostre « vanité. »

Mais sur tout nous sommes bigearres en ce qui regarde la providence divine, touchant la diversité des moyens qu'elle nous distribue pour nous tirer à son sainct amour, et par son sainct amour à la gloire. Car nostre temerité nous presse tousjours de rechercher pourquoy Dieu donne plus de moyens aux uns qu'aux autres; (2) pourquoy il ne fit entre les Tyriens et Sidoniens les merveilles qu'il fit en Corozaïn et Bethsaïda, puisqu'ils en eussent si bien fait leur profit; et en somme, pourquoy il tire à son amour plustost l'un que l'autre.

O Theotime, mon amy, jamais, non jamais, nous ne devons laisser emporter nostre esprit à ce tourbillon de vent follet, ny penser de trouver une meilleure raison de la volonté de Dieu, que sa volonté mesme, laquelle est souverainement raisonnable, ains la raison de toutes les raisons, la regle de toute bonté, la loy de toute equité. Et bien que le tres-Sainct-Esprit, parlant en l'Escriture saincte, rende raison en plusieurs endroits de presque tout ce que nous saurions desirer, touchant ce que sa providence fait en la conduite des hommes au sainct amour et au salut eternel; si est-ce neantmoins qu'en plusieurs occasions il declare qu'il ne faut nullement se departir du respect qui est deu à sa volonté, de laquelle nous devons adorer le propos, le decret, le bon plaisir et l'arrest, au bout duquel, comme souverain juge et souverainement equitable, il n'est pas raisonnable qu'elle manifeste ses motifs; ains suffit qu'elle die simplement (et pour cause). Que si nous devons charitablement porter tant d'honneur aux decrets des cours souveraines, composées de juges corruptibles de la terre et de terre, que de croire qu'ils n'en n'ont pas esté faits sans motifs, quoyque nous ne les sçachions pas, hé, Seigneur Dieu! avec quelle reverence amoureuse devons nous adorer l'equité de vostre providence supresme, laquelle est infinie en justice et bonté!

Ainsi en mille lieux de la sacrée parole nous trouvons la raison pour laquelle Dieu a reprouvé le peuple juif. « (1) Parce, disent S. Paul et S. Bar- « nabas, que vous repoussez la parole de Dieu, et « que vous vous jugez vous-mesmes indignes de « la vie eternelle, voici nous nous tournons « vers les gentils. » Et qui considerera en tranquillité d'esprit le IX, X, et XI° chap. de l'epistre aux Romains, verra clairement que la volonté de Dieu n'a point rejetté le peuple juif sans raison; mais neantmoins cette raison ne doit point estre recherchée par l'esprit humain, qui au contraire est obligé de s'arrester purement et simplement à reverer le decret divin, l'admirant avec amour comme infiniment juste et equitable, et l'aimant avec admiration comme impenetrable et incomprehensible. C'est pourquoy ce divin apostre conclut en cette sorte le long discours qu'il en avoit fait : « (2) O profondité des riches- « ses de la sagesse et science de Dieu! Que ses « jugemens sont incomprehensibles, et ses voyes « imperceptibles! Qui cognoist les pensées du « Seigneur? ou qui a esté son conseiller? » Exclamation par laquelle il tesmoigne que Dieu fait toutes choses avec une grande sagesse, science et raison; mais en telle sorte neantmoins que l'homme n'estant pas entré au divin conseil, duquel les jugemens et projects sont infiniment eslevez au-dessus de nostre capacité, nous devons devotement adorer ses decrets, comme tresequitables, sans en rechercher les motifs qu'il retient en secret par devers soy, afin de tenir nostre entendement en respect et humilité par devers nous:

S. Augustin en cent endroits enseigne cette mesme practique. « (3) Personne, dit-il, ne vient « au Sauveur sinon estant tiré. Qui c'est qu'il « tire, et qui c'est qu'il ne tire pas; pourquoy il « tire celuy-ci, et non pas celuy-là, n'en veuille « pas juger, si tu ne veux errer. Escoute une fois « et entens. N'es-tu pas tiré? prie afin que tu sois « tiré. (4) Certes, c'est assez au chrestien vivant « encore de la foy, et ne voyant pas ce qui est « parfaict, mais sçachant seulement en partie, de

---

(1) Rom. I, 21. II. Tim. III, 7. Rom. I, 22.
(2) Matth. XI, 21.

(1) Act. XIII, 46. — (2) Rom. XI, 33, 34.
(3) Tract. 26. in Joan. — (4) Ep. 105.

« sçavoir, et croire que Dieu ne delivre personne « de la damnation, sinon par misericorde gratuite « par Jesus-Christ Nostre-Seigneur ; et qu'il ne « damne personne, sinon par sa tres-equitable « verité, par le mesme Jesus-Christ Nostre-Sei-« gneur. Mais de sçavoir pourquoy il delivre « celuy-cy plustost que celuy-là, recherche qui « pourra une si grande profondeur de ses juge-« mens, mais qu'il se garde du précipice : car ses « decrets ne sont pas pour cela injustes, encore « qu'ils soient secrets. (1) Mais pourquoy delivre-« t-il donc ceux-cy plustost que ceux-là ? Nous « disons derechef : (2) O homme ! qui es-tu qui « respondes à Dieu ? (3) Ses jugemens sont in-« comprehensibles. Et adjoustons cecy : (4) Ne « t'enquiers pas des choses qui sont au-dessus de « toy ; (5) et ne recherche pas ce qui est au-delà « de tes forces. Or il ne fait pas misericorde à « ceux auxquels, par une verité tres-secrette et « tres-eloignée des pensées humaines, il juge « qu'il ne doit pas departir sa faveur ou mise-« ricorde. »

Nous voyons quelquefois des enfans jumeaux, dont l'un naist plein de vie, et reçoit le baptesme; l'autre en naissant perd la vie temporelle avant que de renaistre à l'eternelle : l'un par consequent est heritier du ciel, l'autre privé de l'heritage. Or, pourquoy la divine providence donne-t-elle des evenemens si divers à une si pareille naissance ? Certes, on peut dire que la providence de Dieu ne viole pas ordinairement les loix de la nature ; si que l'un de ces besoins estant vigoureux, et l'autre estant trop foible pour supporter l'effort de la sortie du sein maternel, celuy-cy est mort avant que de pouvoir estre baptisé, et l'autre a vescu ; la providence n'ayant pas voulu empescher le cours des causes naturelles, lesquelles, en cette occurrence, auront esté la raison de la privation du baptesme en celuy qui ne l'a pas eu. Et certes, cette response est bien solide. Mais suivant l'advis du divin S. Paul et de S. Augustin, nous ne nous devons pas amuser à cette consideration, laquelle, quoyque bonne, n'est pas toutefois comparable à plusieurs autres que Dieu s'est reservées, et qu'il nous fera cognoistre en paradis. (6) Alors, dit S. Augustin, ce ne sera plus chose secrette, pourquoy l'un plustost que l'autre est eslevé, la cause estant esgale de l'un et de l'autre ; ny pourquoy des miracles n'ont « pas esté faits, parmy ceux, entre lesquels, s'ils « eussent esté faits, ils eussent fait penitence,

(1) De bono persever. c. XII.
(2) Rom. IX, 20. — (3) Rom. XI, 33.
(4) Eccli. III, 22. — (5) Quæst. 2. ad Simplic.
(6) In enchir. ad Laur. c. XCIV et XCV.

« et ont esté faits parmy ceux qui n'estoient pas « pour croire. » Et ailleurs ce mesme sainct, parlant des pecheurs dont Dieu laisse l'un en son iniquité et en releve l'autre : « (1) Or, pour-« quoy il retient l'un, dit-il, et ne retient pas « l'autre, il n'est pas possible de le comprendre, « ny loisible de s'en enquerir ; puisqu'il suffit de « sçavoir qu'il depend de luy qu'on demeure de-« bout, et ne vient pas de luy qu'on tombe : et « derechef cela est caché et tres-esloigné de l'es-« prit humain, au moins du mien. »

Voilà, Theotime, la plus saincte façon de philosopher en ce subject. C'est pourquoy j'ay tousjours trouvé admirable et aimable la sçavante modestie et tres-sage humilité du docteur sera-phique S. Bonaventure, au discours qu'il fait de la raison pour laquelle la providence divine destine les esleus à la vie eternelle. « Peut-estre, dit-« il, que c'est par la prevision des biens qui se « feront par celuy qui est tiré, en tant qu'ils pro-« viennent aucunement de la volonté ; mais de « sçavoir dire quels biens sont ceux, la prevision « desquels sert de motif à la divine volonté, ny « je ne le sçay pas distinctement, ny je ne m'en « veux pas enquerir : et il n'y a point de raison, « que de quelque sorte de convenance, de ma-« niere que nous en pourrions dire quelqu'une « et c'en seroit une autre. C'est pourquoy nous « ne sçaurions avec certitude masquer la vraye « raison, ny le vray motif de la volonté de Dieu « pour ce regard. Car, comme dit S. Augustin, « bien que la verité en soit tres-certaine, elle est « neantmoins tres-esloignée de nos pensées ; de « sorte que nous n'en sçaurions rien dire d'as-« seuré, sinon par la revelation de celuy auquel « toutes choses sont cogneues. Et d'autant qu'il « n'estoit pas expedient pour nostre salut que « nous eussions cognoissance de ces secrets, ains « nous estoit plus utile de les ignorer, pour nous « tenir en humilité, pour cela Dieu ne les a pas « voulu reveler ; et mesme le sainct apostre n'a « pas osé s'en enquerir, ains a tesmoigné l'insuf-« fisance de nostre entendement pour ce subject « lorsqu'il s'est escrié : (2) O profondité des ri-« chesses de la sapience et science de Dieu ! » Pourroit-on parler plus sainctement, Theotime, d'un si sainct mystere ? Aussi ce sont les paroles d'un tres-sainct et judicieux docteur de l'Eglise.

(1) Resp. ad art. sibi falso impositos. Resp. ad art. 14. lib. X, de Gen. ad lit.
(2) Rom. XI, 33.

CHAPITRE VIII.

Exhortation à l'amoureuse soubmission que nous devons aux decrets de la providence divine.

Aimons donc et adorons en esprit d'humilité cette profondité des jugemens de Dieu, Theotime; laquelle, comme dit S. Augustin (1), le sainct apostre ne descouvre pas, ains l'admire, quand il exclame : « (2) O profondité des juge- « mens de Dieu! Qui pourroit compter le sable « de la mer, les gouttes de la pluye, et mesurer « la largeur de l'abysme? dit cet excellent es- « prit de S. Gregoire Nazianzene. Et qui pourra « sonder la profondité de la divine sagesse, par « laquelle elle a creé toutes choses, et les mo- « dere comme elle veut et entend? Car, de vray, il « suffit qu'à l'exemple de l'apostre, sans nous ar- « rester à la difficulté et obscurité d'icelle, nous « l'admirions. (3) O profondité des richesses et de « la sagesse et de la science de Dieu! ô que ses « jugemens sont inscrutables, et ses voyes inac- « cessibles! qui a cogneu le sentiment du Sei- « gneur, et qui a esté son conseiller ? » Theotime, les raisons de la volonté divine ne peuvent estre penetrées par nostre esprit, jusques à ce que nous voyons la face de celuy qui « (4) atteint de « bout à bout fortement, et dispose toutes cho- « ses suavement », faisant tout ce qu'il a fait, « (5) en nombre, poids et mesure »; et auquel le psalmisme dit : « (6) Seigneur, vous avez tout « fait en sagesse. »

Combien de fois nous arrive-t-il d'ignorer comment et pourquoy les œuvres mesmes des hommes se font, et dont, dit le mesme sainct evesque de Nazianze, « l'artisan n'est pas igno- « rant, encore que nous ignorions son artifice? « Ny de mesme, certes, les choses de ce monde « ne sont pas temerairement et imprudemment « faictes, encore que nous ne sçachions pas leurs « raisons. » Si nous entrons en la boutique d'un horloger, nous trouverons quelquefois un horloge qui ne sera pas plus gros qu'une orange, auquel il y aura neantmoins cent ou deux cents pieces, desquelles les unes serviront à la monstre, les autres à la sonnerie des heures et du resveille-matin : nous y verrons des petites roues, dont les unes vont à droicte, les autres à gauche; les unes tournent par-dessus, les autres par bas; et le balancier, qui à coups mesurez va balançant son mouvement de part et d'autre : et nous admirons comme l'art a sceu joindre une telle quantité de si petites pieces les unes aux autres, avec une correspondance si juste, ne sçachant ny à quoy chaque piece sert, ny à quel effect elle est faicte ainsi ; si le maistre ne le nous dit; et seulement en general nous sçavons que toutes servent pour la monstre ou pour la sonnerie. On dit que les bons Indois s'amuseront des jours entiers auprès d'un horloge, pour ouyr sonner les heures à poinct nommé; et ne pouvant deviner comme cela se fait, ils ne dient pas pourtant que c'est sans art et raison, ains demeurent ravis d'amour et d'honneur envers ceux qui gouvernent les horloges, les admirant comme gens plus qu'humains. Theotime, nous voyons ainsi cet univers, et surtout la nature humaine, comme un horloge composé d'une si grande varieté d'actions et de mouvemens, que nous ne sçaurions nous empescher de l'estonnement. Et nous sçavons bien en general que ses pieces diversifiées en tant de sortes servent toutes, ou pour faire paroistre, comme en une monstre, la tres-saincte justice de Dieu, ou pour manifester la triomphante misericorde de sa bonté, comme par une sonnerie de louanges. Mais de cognoistre en particulier l'usage de chasque piece, ou comme elle est ordonnée à la fin generale, ou pourquoy elle est faicte ainsi, nous ne le pouvons pas entendre, sinon que le souverain ouvrier nous l'enseigne. Or, il ne nous manifeste pas son art, afin que nous l'admirions avec plus de reverence ; jusques à ce qu'estant au ciel, il nous ravisse en la suavité de sa sagesse, où sçavons l'abondance de son amour il nous descouvrira les raisons, moyens et motifs de tout ce qui se sera passé en ce monde au profit de nostre salut eternel.

« Nous ressemblons, dit derechef le grand Na- « zianzene, à ceux qui sont affligez du vertigo ou « tournoyement de teste. Il leur est advis que « tout tourne c'en dessus-dessous autour d'eux, « bien que ce soit leur cervelle et imagination « qui tournent, et non pas les choses. Car ainsi « rencontrans quelques evenemens, desquels les « causes nous sont incogneues, il nous semble que « les choses du monde sont administrées sans rai- « son, parce que nous ne la sçavons pas. Croyons « doncques, que comme Dieu est le facteur et « pere de toutes choses, aussi en a-t-il le soin par « sa providence, qui serre et embrasse toute la « machine des creatures; et surtout croyons qu'il « preside à nos affaires, de nous autres qui le « cognoissons, encore que nostre vie soit agitée « de tant de contrarietez d'accidents dont la rai- « son nous est incogneue, afin peut-estre que, « ne pouvant pas arriver à cette cognoissance, « nous admirions la raison souveraine de Dieu, « qui surpasse toutes choses : car envers nous, la « chose est aisement mesprisée, qui est aisement

(1) Ep. 105. — (2) Orat. de paup. am. Eccli. I, 2.
(3) Rom. XI, 33, 34. — (4) Sap. VIII, 1.
(5) Sap. XI, 21. — (6) Ps. CIII, 24.

« cogneue ; mais ce qui surpasse la pointe de nos-
« tre esprit, plus il est difficile d'estre entendu,
« plus aussi il nous excite à une grande admira-
« tion. Certes, les raisons de la Providence ce-
« leste seroient bien basses, si nos petits esprits
« y pouvoient atteindre : elles seroient moins ai-
« mables en leur suavité, et moins admirables en
« leur majesté, si elles estoient moins esloignées
« de nostre capacité. »

Exclamons donc, Theotime, en toutes occurrences, mais exclamons d'un cœur tout amoureux envers la providence toute sage, toute puissante et toute douce de nostre Pere eternel : « (1) O « profondeur des richesses, de la sagesse et de la « science de Dieu ! » O Seigneur Jesus, Theotime, que les richesses de la bonté divine sont excessives ! Son amour envers nous est un abysme incomprehensible : c'est pourquoy il nous a preparé une riche suffisance, ou plutost une riche affluence de moyens propres pour nous sauver, et pour les nous appliquer suavement, il use d'une sagesse souveraine, ayant, par son infinie science, preveu et cogneu tout ce qui estoit requis à cet effect. Hé ! que pouvons-nous craindre ? ains que ne devons-nous pas esperer, estant enfans d'un pere si riche en bonté, pour nous aimer et vouloir sauver, si sçavant pour preparer les moyens convenables à cela, et si sage pour les appliquer, si bon pour vouloir, si clair-voyant pour ordonner, si prudent pour executer ?

Ne permettons jamais à nos esprits de voleter par curiosité autour des jugemens divins : car, comme petits papillons, nous y bruslerons nos aisles, et perirons en ce feu sacré. « (2) Ces juge-
« mens sont incomprehensibles », ou, comme dit S. Gregoire Nazianzene, ils sont inscrutables, c'est-à-dire, nous n'en sçaurions recognoistre et penetrer les motifs. Les voyes et moyens par lesquels il les execute et conduit à chefs, ne peuvent estre discernez et recogneus : et pour bon sentiment que nous ayons, nous demeurons en defaut à chaque bout de champ, et en perdons la trace. « (3) Car qui peut penetrer le sens, l'in-
« telligence et l'intention de Dieu ? Qui a esté son « conseiller, pour sçavoir ses projects et leurs « motifs ? (4) ou qui l'a jamais prevenu » par quelque service ! N'est-ce pas lui au contraire qui nous previent ès benedictions de sa grace, pour nous couronner en la felicité de sa gloire. Ah ! Theotime, « (5) toutes choses sont de luy » qui en est le createur : toutes choses sont *par luy* qui en est le gouverneur : toutes choses sont *en luy* qui en est le protecteur. A luy soit honneur et gloire

(1) Rom. xi, 33. — (2) Ibid.
(3) Rom. xi, 34. — (4) Ibid. 35. — (5) Ibid. 36.

« ès siecles des siecles. Amen. » Allons en paix, Theotime, au chemin du tres-sainct amour : car qui aura le divin amour en la mort, après la mort il jouira eternellement de l'amour.

CHAPITRE IX.

D'un certain reste d'amour, lequel demeure maintefois en l'ame qui a perdu la saincte charité.

Certes, la vie d'un homme qui, tout allangouri, va petit à petit mourant dans un lict, ne merite presque plus que l'on l'appelle vie ; puisqu'encore qu'elle soit vie, elle est toutesfois tellement meslée avec la mort, qu'on ne sçauroit dire si c'est une mort encore vivante, ou une vie mourante. Helas ! que c'est un piteux spectacle, Theotime : mais bien plus lamentable est l'estat d'une ame, laquelle, ingrate à son Sauveur, va de moment en moment en arriere, se retirant de l'amour divin par certains degrés d'indevotion et de desloyauté, jusqu'à tant que l'ayant du tout quitté, elle demeure en l'horrible obscurité de perdition : et cet amour qui est en son declin, et qui va perissant et deffaillant, est appellé amour imparfaict; parce qu'encore qu'il soit entier en l'ame, il n'y est pas, ce semble, entierement, c'est-à-dire, il ne tient quasi plus à l'ame, et est sur le point de l'abandonner. Or, la charité estant separée de l'ame par le peché, il y reste maintefois une certaine ressemblance de charité, qui nous peut decevoir et amuser vainement, et je vous diray ce que c'est.

La charité, tandis qu'elle est en nous, produit force actions d'amour envers Dieu, par le frequent exercice desquelles nostre ame prend une certaine habitude et coustume d'aimer Dieu, qui n'est pas la charité, ains seulement un pli et inclination, que la multitude des actions a donné a nostre cœur.

Après avoir fait une longue habitude de prescher ou dire la messe par election, il nous arrive maintefois en songe de parler et de dire les mesmes choses que nous dirions en preschant ou celebrant ; si que la coustume ou habitude acquise par election et vertu est en quelque sorte practiquée par après sans election et sans vertu, puisque les actions faictes en dormant n'ont de la vertu, à parler generalement, qu'une apparente image, et en sont seulement des simulacres et representations. Ainsi la charité, par la multitude des actes qu'elle produit, imprime en nous une certaine facilité d'aimer, laquelle elle nous laisse, après mesme que nous sommes privez de sa presence. J'ai veu, estant jeune escholier, qu'en un village proche de Paris, dans un certain puits il y avoit un echo, lequel repetoit les paroles que nous prononcions là auprès, plusieurs fois. Que si quelque idiot sans experience eust ouy ces repetitions de paroles, il eust creu qu'il y eust eu quelque homme au fond du puits qui les eust faictes. Mais nous sçavions desjà, par la philosophie, qu'il n'y avoit personne dans le puits, qui redist nos paroles; ains que seulement il y avoit quelques concavitez, en l'une desquelles nos voix estant ramassées, et ne pouvant passer outre, pour ne point perir du tout, et employer les forces qui leur restoient, elles produisoient des secondes voix; et ces secondes voix ramassées dans une autre concavité, en produisoient des troisiesmes; et ces troisiesmes, en pareille façon des quatriesmes; et ainsi consecutivement jusques à onze : si que ces voix-là faictes dans le puits n'estoient plus nos voix, ains des ressemblances et images d'icelles. Et de fait il y avoit beaucoup à dire entre nos voix et celles-là : car quand nous disions une grande suite de mots, elles n'en redisoient que quelques-uns, accourcissoient la prononciation des syllabes qu'elles passoient fort vistement, et avec des tons et accens tous differens des nostres, et si elles ne commençoient à former ces mots qu'après que nous les avions achevez de prononcer. En somme, ce n'estoient point des paroles d'un homme vivant, mais, par maniere de dire, des paroles d'un rocher creux et vain; lesquelles toutesfois representoient si bien la voix humaine de laquelle elles avoient pris leur origine, qu'un ignorant s'y fust amusé et mespris.

Or je veux maintenant dire ainsi. Quand le sainct amour de charité rencontre une ame maniable, et qu'il fait quelque long sejour en icelle, il y produit un second amour, qui n'est pas un amour de charité, quoyqu'il provienne de la charité; ains c'est un amour humain, lequel neantmoins ressemble tellement à la charité, qu'encore que par après elle perisse en l'ame, il est advis qu'elle y soit tousjours; d'autant qu'elle y a laissé après soy cette sienne image et ressemblance qui la represente ; en sorte qu'un ignorant s'y tromperoit, ainsi que les oyseaux firent en la peinture des raisins de Zeuxis, qu'ils cuiderent estre des vrais raisins; tant l'art avoit proprement imité la nature. Et neantmoins il y a bien de la difference entre la charité et l'amour humain qu'elle produit en nous : car la voix de la charité prononce, intime et opere tous les commandemens de Dieu dedans nos cœurs : l'amour humain qui reste après elle, les dit voire et intime quelquefois tous ; mais il ne les opere jamais tous, ains quelques-uns seulement. La charité prononce et assemble toutes les sylla-

bes, c'est-à-dire, toutes les circonstances des commandemens de Dieu ; cet amour humain en laisse tousjours quelqu'une en arriere, et surtout celle de la droicte et pure intention. Et quant au ton, la charité l'a fort esgal, doux et gracieux ; mais cet amour humain va tousjours ou trop haut ès choses terrestres, ou trop bas ès celestes ; et ne commence jamais sa besoigne qu'après que la charité a cessé de faire la sienne. Car tandis que la charité est en l'ame, elle se sert de cet amour humain qui est sa creature, et l'employe pour faciliter ses operations ; si que pendant ce temps-là les œuvres de cet amour, comme d'un serviteur, appartiennent à la charité qui en est la dame : mais la charité estant esloignée, alors les actions de cet amour sont du tout à luy, et n'ont plus l'estime et valeur de la charité. (1) Car comme le baston d'Elisée, en l'absence d'iceluy, quoyqu'en la main du serviteur Giezi qui l'avoit receu de celles d'Elisée, ne faisoit nul miracle, aussi les actions faictes en l'absence de la charité par la seule habitude de l'amour humain, ne sont d'aucun merite ny d'aucune valeur pour la vie eternelle, quoyque cet amour humain ait appris à les faire de la charité, et ne soit son serviteur. Et cela se fait de la sorte, parce que cet amour humain, en l'absence de la charité, n'a plus aucune force surnaturelle, pour porter l'ame à l'excellente action de l'amour de Dieu sur toutes choses.

CHAPITRE X.

Combien cet amour imparfaict est dangereux.

Helas ! mon Theotime, voyez, je vous prie, le pauvre Judas (2), après qu'il eust trahi son maistre, comme il va rapporter l'argent aux Juifs, comme il recognoist son peché, comme il parle honorablement du sang de cet agneau immaculé. C'estoient des effets de l'amour imparfaict, que la precedente charité passée luy avoit laissés dans le cœur. On descend à l'impieté par certains degrez ; et nul presque ne parvient à l'extremité de la malice en un instant.

Les parfumiers, quoyqu'ils ne soient plus en leurs boutiques, portent long-temps l'odeur des parfums qu'ils ont maniez. Ainsi ceux qui ont esté ès cabinets des onguents celestes, c'est-à-dire, en la tres-saincte charité, ils en gardent encore quelque temps après la senteur.

Quand le cerf a passé la nuict en quelque lieu, la matinée mesme l'assentiment et le vent en est encore frais ; le soir il est plus malaisé à prendre : mais à mesme que ses alleures sont vieilles et

---

(1) IV. Reg. IV, 29. — (2) Matth. XXVII, 3, 4.

dures, les chiens vont aussi perdant cognoissance. Quand la charité a regné quelque temps en une ame, on y trouve ses passées, sa piste, ses alleures, son vent, pour quelque temps après qu'elle l'a quitté : mais petit à petit enfin tout cela s'evanouit, et on perd toute sorte de cognoissance que jamais la charité y ayt esté.

Nous avons veu des jeunes gens bien nourris en l'amour de Dieu, qui se detraquant ont demeuré quelque temps au milieu de leur malheureuse decadence, qu'on ne laissoit pas de voir en eux des grandes marques de leur vertu passée ; et que l'habitude acquise du temps de la charité respugnant au vice present, on avoit peine durant quelques mois de discerner s'ils estoient hors de la charité ou non, et s'ils estoient vertueux ou vicieux ; jusques à ce que le progrès faisoit clairement cognoistre que ces exercices vertueux ne prenoient pas leur origine de la charité presente, mais de la charité passée ; non de l'amour parfaict, mais de l'imparfaict, que la charité avoit laissé après soy, comme marque du logement qu'elle avoit fait en ces ames-là.

Or cet amour imparfaict est bon en soy-mesme, Theotime : car estant creature de la saincte charité, et comme de son train, il ne se peut qu'il ne soit bon, et d'effect à servir fidellement la charité, tandis qu'elle a sejourné dedans l'ame, et est tousjours prest de la servir si elle y retournoit. Que s'il ne peut faire les actions de l'amour parfaict, il n'en est pourtant pas à mespriser ; car la condition de sa nature est telle. Ainsi les estoilles, qui, en comparaison du soleil, sont fort imparfaictes, sont neantmoins extresmement belles regardées en particulier ; et ne tenant point de rang en la presence du soleil, elles en tiennent en son absence.

Toutesfois, quoyque cet amour imparfaict soit bon en soy, il nous est neantmoins perilleux, pour autant que souvent nous nous contentons de l'avoir luy seul ; parce qu'ayant plusieurs traits exterieurs et interieurs de la charité, pensant que ce soit elle-mesme que nous avons, nous nous amusons, et estimons d'estre saincts, tandis qu'en cette vaine persuasion les pechez qui nous ont privez de la charité croissent, grossissent et multiplient si fort, qu'enfin ils se rendent maistres de nostre cœur.

(1) Si Jacob n'eust point abandonné sa parfaicte Rachel, et se fust tousjours tenu près d'elle au jour de ses nopces, il n'eust pas esté trompé comme il fust : mais parce qu'il la laissa aller sans luy à la chambre, il fut tout estonné, le jour suivant, de trouver qu'en son lieu il n'avoit que l'imparfaicte Lia, qu'il croyoit neantmoins estre sa chere Rachel : mais Laban l'avoit ainsi trompé. Or l'amour-propre nous deçoit de mesme façon. Pour peu que nous quittions la charité, il fourre en nostre estime cette habitude imparfaicte, et nous prenons nostre contentement en elle, comme si c'estoit la vraye charité, jusques à ce que quelque claire lumiere nous fasse voir que nous sommes abusez.

Hé Dieu ! n'est-ce pas une grande pitié de voir une ame, qui se flatte en cette imagination d'estre saincte, demeurant en repos, comme si elle avoit la charité, se trouver toutesfois enfin que sa saincteté est feinte, et que son repos n'est qu'une lethargie, et sa joye une manie ?

CHAPITRE XI.

Moyen pour recognoistre cet amour imparfaict.

(1) Mais quel moyen, me direz-vous, de discerner si c'est Rachel ou Lia, la charité ou l'amour imparfaict qui me donne les sentimens de devotion dont je suis touché ? Si examinant en particulier les objects des desirs, des affections et des desseins que vous avez presentement, vous en trouvez quelqu'un pour lequel vous voulussiez contrevenir à la volonté et au bon plaisir de Dieu, pechant mortellement ; c'est hors de doute que tout le sentiment, toute la facilité et promptitude que vous avez à servir Dieu, n'a point d'autre source que de l'amour humain et imparfaict. Car si l'amour parfaict regnoit en vous, ô Seigneur Dieu, il romproit toute affection, tout desir, tout dessein, duquel l'object seroit si pernicieux, et ne pourroit souffrir que vostre cœur le regardast.

Mais remarquez que j'ay dit cet examen devoir estre fait des affections que vous avez presentement. Car il n'est pas besoin de vous imaginer celles qui pourroient naistre par après ; puisqu'il suffit que nous soyons fideles ès occurrences presentes, selon la diversité des temps, et que chaque saison a bien assez de son travail et de sa peine.

Que si toutesfois vous vouliez exercer vostre cœur à la vaillance spirituelle, par la representation de diverses rencontres et de divers assauts, vous le pourriez utilement faire, pourveu qu'après les actes de cette vaillance imaginaire que vostre cœur auroit faits, vous ne vous estimassiez point plus vaillant. (2) Car les enfans d'Ephraïm, qui faisoient merveilles à bien descocher leurs arcs ès essais de guerre qu'ils faisoient

---

(1) Genes. xxix.

(1) Genes. xxix. — (2) Psalm. lxxvii, 9.

entre eux, quand ce vint au faict et au prendre, « (1) au jour de la bataille ils tournerent le dos », et n'eurent seulement pas l'asseurance de mettre leurs flesches au trait, ni de regarder la poincte de celles de leurs ennemis.

Quand doncques on fait la practique de cette vaillance pour les occurrences futures, ou seulement possibles, si on a un sentiment bon et fidele, on en remercie Dieu; car ce sentiment est tousjours bon: mais pourtant on demeure avec humilité entre la confiance et defiance, esperant que moyennant l'assistance divine on feroit en l'occasion ce qu'on s'imagine, et craignant toutesfois que, selon nostre misere ordinaire, peut-estre n'en ferions-nous rien, et perdrions courage. Mais si la defiance se rendoit si demesurée, qu'il nous semblast de n'avoir ny force, ny courage, et que partant il nous arrivast du desespoir sur le subject des tentations imaginées, comme si nous n'estions pas en la charité et grace de Dieu; il nous faut alors faire resolution, malgré nostre sentiment et descouragement, de bien estre fideles en tout ce qui nous arrivera jusqu'à la tentation qui nous met en peine, et esperer que, lorsqu'elle arrivera, Dieu multipliera sa grace, redoublera son secours, et nous fera toute l'assistance requise; et que ne nous donnant pas la force pour une guerre imaginaire, et non necessaire, il la nous donnera quand ce viendra au besoin. Car comme plusieurs ont perdu le cœur en l'assaut, plusieurs aussi y ont perdu la crainte, et ont pris du courage et resolution en la presence du peril et de la necessité, qui ne l'eussent jamais sceu prendre en son absence. Et ainsi plusieurs serviteurs de Dieu, se representant les tentations absentes, s'en sont effrayez jusques presque à perdre courage, qui les voyant presentes se sont comportez fort courageusement. Enfin ces espouvantemens pris pour la representation des assauts futurs, lorsqu'il nous semble que le cœur nous manque, il suffit de desirer du courage, et se confier en Dieu qu'il nous en donnera quand il sera temps. Samson n'avoit certes pas toujours son courage: ains il est marqué en l'Escriture, que le lyon des vignes de Tamnatha, « (1) venant à luy furieusement et ru- « gissant, l'esprit de Dieu le saisit », c'est-à-dire, Dieu luy donna le mouvement d'une nouvelle force et d'un nouveau courage; et « (2) il mit en « pieces le lyon, comme il eust fait un chevreau »; et tout de mesme quand il desfit les mille Philistins qui le vouloient desfaire en la campagne de Lechi. Ainsi, mon cher Theotime, il n'est pas necessaire que nous ayons tousjours le sentiment et mouvement du courage requis à surmonter le « (3) lyon rugissant qui va çà et là rodant « pour nous devorer », cela nous pourroit donner de la vanité et presomption. Il suffit bien que nous ayons bon desir de combattre vaillamment, et une parfaicte confiance que l'esprit divin nous assistera de son secours, lorsque l'occasion de l'employer se presentera.

(1) Judic. xiv, 5, 6. — (2) Judic. xv.
(3) I. Petr. v, 8.

(1) Psalm. lxxvii.

LIVRE CINQUIESME.

DES DEUX PRINCIPAUX EXERCICES DE L'AMOUR SACRÉ, QUI SE FONT PAR COMPLAISANCE ET BIENVEUILLANCE.

CHAPITRE PREMIER.

De la sacrée complaisance de l'amour; et premierement en quoy elle consiste.

L'amour n'est autre chose, ainsi que nous l'avons dit, sinon le mouvement et escoulement du cœur, qui se fait envers le bien, par le moyen de la complaisance que l'on a en iceluy: de sorte que la complaisance est le grand motif de l'amour, comme l'amour est le grand motif de la complaisance.

Or ce mouvement se practique ainsi envers Dieu. Nous sçavons par la foy, que la Divinité est un abysme incomprehensible de toute perfection, souverainement infiny en excellence, et infiniment souverain en bonté. Et cette verité que la foy nous enseigne, nous la considerons attentivement par la meditation; regardant cette immensité de biens qui sont en Dieu, ou tous ensemble, par maniere d'assemblage de toutes perfections, ou distinctement, considerant ses excellences l'une après l'autre; comme, par exemple, sa toute-puissance, sa toute sagesse, sa toute bonté, son eternité, son infinité. Or, quand nous avons rendu nostre entendement fort attentif à la grandeur des biens qui sont en ce divin object, il est impossible que nostre volonté ne soit touchée de complaisance en ce bien: et lors nous usons de nostre liberté, et de l'authorité que nous avons sur nous-mesmes, provoquant nostre propre cœur à repliquer et renforcer sa premiere complaisance par des actes d'approbation et resjouyssance. O! dit alors l'ame devote, que vous estes beau, mon bien-aimé, que vous estes beau! vous estes « (1) tout « desirable; ains vous estes le desir mesme. Tel « est mon bien-aimé, et il est l'amy de mon cœur, « ô filles de Hierusalem! » O que beny soit à jamais mon Dieu, de quoy il est si bon: hé! que je meure, ou que je vive, je suis trop heureuse de sçavoir que mon Dieu est si riche en tous biens, que sa bonté est si infinie, et son infinité si bonne.

Ainsi, approuvant le bien que nous voyons en Dieu, et nous resjouissant d'iceluy, nous faisons l'acte d'amour, que l'on appelle complaisance. Car nous nous plaisons du plaisir divin infiniment plus que du nostre propre: et c'est cet amour qui donnoit tant de contentement aux saincts, quand ils pouvoient raconter les perfections de leur bien-aimé, et qui leur faisoit prononcer avec tant de suavité que Dieu estoit Dieu. « (2) Or sa- « chez, disoient-ils, que le Seigneur est Dieu »: O Dieu! mon Dieu, vous estes mon Dieu: (3) « J'ay dit au Seigneur: Vous estes mon Dieu, « Dieu de mon cœur, et mon Dieu et le lot de « mon heritage eternellement. » Il est Dieu de nostre cœur par cette complaisance, d'autant que par icelle nostre cœur l'embrasse et le rend sien. Il est nostre heritage, d'autant que par cet acte nous jouyssons des biens qui sont en Dieu, et, comme d'un heritage, nous en tirons toute sorte de plaisir et de contentement. Par cette complaisance nous beuvons et mangeons spirituellement les perfections de la Divinité: car nous les nous rendons propres, et les tirons dedans nostre cœur.

(4) Les brebis de Jacob attirerent dans leurs entrailles la varieté des couleurs qu'elles voyoient en la fontaine en laquelle on les abreuvoit; car en effect leurs petits agneaux s'en trouvoient par après tachetez. Ainsi une ame esprise de l'amou-reuse complaisance qu'elle prend à considerer la Divinité, et en icelle une infinité d'excellence, en attire aussi dans son cœur les couleurs, c'est-à-dire, la multitude des merveilles et perfections qu'elle contemple, et les rend siennes par le contentement qu'elle y prend.

O Dieu! quelle joye aurons-nous au ciel, Theotime, lorsque nous verrons le bien-aimé de nos cœurs, comme une mer infinie, de laquelle les eaux ne sont que perfection et bonté? Alors, comme des cerfs, qui longuement pourchassez et mal menez, s'abouchant à une claire et fraische fontaine, tirent à eux la fraischeur de ces belles eaux; ainsi nos cœurs après tant de langueurs et de desirs, arrivans à la source forte et vivante de la Divinité, tireront par leur complaisance toutes les perfections de ce bien-aimé, et en auront la parfaicte jouyssance, par la resjouyssance qu'ils y prendront, se remplissant de ses delices immortelles: et en cette sorte le cher espoux entrera dedans nous, comme dans son lict nuptial, pour communiquer sa joye eternelle à nostre ame, selon qu'il dit luy-mesme, (1) que si nous gardons la saincte loy de son amour, il viendra et fera son sejour en nous.

Tel est le doux et noble larcin de l'amour, qui, sans decolorer le bien-aimé, se colore de ses couleurs; sans le despouiller, se revest de sa robbe; sans luy rien oster, prend tout ce qu'il a; et sans l'appauvrir, s'enrichit de ses biens: comme l'air prend la lumiere, sans amoindrir la splendeur originaire du soleil; et le miroüer la grace du visage, sans diminuer celle de l'homme qui se mire.

« (2) Ils ont esté faicts abominables, comme les « choses qu'ils ont aymées, » dit le prophete, parlant des meschans: et on peut de mesme dire des bons, qu'ils se sont faits aimables comme les choses qu'ils ont aimées. Voyez, je vous prie, le cœur de Ste. Claire de Montefalcoz. Il prit tant de plaisir en la passion du Sauveur, et à mediter la tres-saincte Trinité, qu'aussi tira-t-il dedans soy toutes les marques de la passion, et une representation admirable de la Trinité, s'estant faict comme les choses qu'il aimoit. L'amour que le grand apostre S. Paul portoit à la vie, mort et passion de Nostre-Seigneur, fut si grand, qu'il tira la vie mesme, la mort et la passion de ce divin Sauveur dans le cœur de son amoureux serviteur, duquel la volonté en estoit remplie par dilection, sa memoire par meditation, et son entendement par contemplation. Mais par quel canal et conduict estoit venu le doux Jesus dans le cœur de S. Paul? Par le canal de la complaisance, comme il le de-

---

(1) Cant. Cant. v, 16. — (2) Psalm. xcix, 3.
(3) Psalm. xv, 2. Ps. lxxii, 26.
(4) Genes. xxx, 39.

(1) Joan. xiv, 23. — (2) Osée, ix, 10.

clare luy-mesme, disant : « (1) Jà n'advienne que « je me glorifie, sinon en la croix de Nostre-Sei- « gneur Jesus-Christ. » Car si vous y prenez bien garde, entre se glorifier en une personne, et se complaire en icelle ; prendre à gloire et prendre à plaisir une chose, il n'y a pas autre différence, sinon que celuy qui prend une chose à gloire, outre le plaisir, il adjouste l'honneur, l'honneur n'estant pas sans plaisir, bien que le plaisir puisse estre sans honneur. Cette ame doncques avoit une telle complaisance, et se sentoit tant honorée en la bonté divine qui reluit en la vie, mort et passion du Sauveur, qu'il ne prenoit aucun plaisir qu'en cet honneur. Et c'est cela qui luy fait dire: « (2) Jà n'advienne que je me glorifie, sinon en « la croix » de mon Sauveur, comme il dit aussi qu'il ne vivoit pas luy-mesme, ains Jesus-Christ vivoit en luy.

CHAPITRE II.

Que par la saincte complaisance nous sommes rendus comme petits enfans aux mammelles de Nostre-Seigneur.

O Dieu ! que l'ame est heureuse, qui prend son plaisir à sçavoir et cognoistre que Dieu est Dieu, et que sa bonté est une infinie bonté ! Car ce celeste espoux, par cette porte de la complaisance « (3) entre en elle et soupe avec nous, comme « nous avec luy. » Nous nous paissons avec luy de sa douceur, par le plaisir que nous y prenons, et rassasions nostre cœur ès perfections divines, par l'aise que nous en avons. Et ce repas est un *souper*, à cause du repos qui le suit ; la complaisance nous faisant doucement reposer en la suavité du bien qui nous delecte, et duquel nous repaissons nostre cœur. Car, comme vous sçavez, Theotime, le cœur se paist des choses esquelles il se plaist ; si qu'en nostre langue françoise on dit que l'un se paist de l'honneur, l'autre des richesses, comme le sage avoit dit que « (4) la bouche « des fols se paist d'ignorance ; » et la souveraine sagesse proteste que sa (5) *viande*, c'est-à-dire, son plaisir, n'est autre chose que de *faire la volonté* de son Pere. En somme l'aphorisme des medecins est vray, que ce qui est savouré, nourrit ; et celuy des philosophes, ce qui plaist paist.

« (6) Que mon bien-aimé vienne en son jardin, « dit l'espouse sacrée, et qu'il y mange le fruict « de ses pommes. » Or le divin espoux vient en son jardin, quand il vient en l'ame devote : car puisqu'il se « (1) plaist d'estre avec les enfans des « hommes, » où peut-il mieux loger qu'en la contrée de l'esprit qu'il a fait à son image et ressemblance ? En ce jardin, luy-mesme y plante la complaisance amoureuse que nous avons en sa bonté, et de laquelle nous nous paissons ; comme de mesme sa bonté se plaist et se paist en nostre complaisance, ainsi que de rechef nostre complaisance s'augmente de quoy Dieu se plaist de nous voir plaire en luy : de sorte que ces reciproques plaisirs font l'amour d'une incomparable complaisance, par laquelle nostre ame, faicte (2) *jardin* de son espoux, et ayant de sa bonté les *pommiers* des delices, elle luy en rend *le fruict* ; puisqu'il se plaist de la complaisance qu'elle a en luy. Ainsi tirons-nous le cœur de Dieu dedans le nostre, et il y respand son baume precieux. Et ainsi se practique ce que la saincte espouse dit avec tant d'allegresse : Le roy de mon cœur « (3) m'a menée « dans ses cabinets : nous tressaillirons et nous res- « jouirons en vous, nous rementevant de vos mam- « melles plus aimables que le vin : les bons vous « aiment. » Car, je vous prie, Theotime, qui sont les *cabinets* de ce roy d'amour, sinon ses mammelles qui abondent en varieté de douceurs et suavitez ? la poictrine et les mammelles de la mere sont les cabinets des thresors du petit enfant : il n'a point d'autres richesses que celles-là, qui luy sont plus precieuses que l'or et le topase, plus aimables que le reste du monde.

L'ame doncques qui contemple les thresors infinis de perfections divines en son bien-aimé, se tient pour trop heureuse et riche, d'autant que l'amour rend sien par complaisance tout le bien et contentement de ce cher espoux. Et tout ainsi que l'enfançon fait de petits eslans du costé du sein de sa mere, et trepigne d'aise de le voir découvert ; comme la mere aussi, de son costé, le luy presente avec un amour tousjours un peu empressé : de mesme l'ame devote ressent des tressaillemens et eslans de joye nompareille pour le plaisir qu'elle a de regarder les thresors des perfections du roy de son sainct amour ; et surtout quand elle voit que luy-mesme les luy monstre par amour, et qu'entre ces perfections celle de son amour infiny reluit excellemment. Hé ! n'a-t-elle pas raison, cette belle ame, de s'escrier ; O mon roy, que vos richesses sont aimables, et que vos amours sont riches ! Hé, qui en a plus de joye, ou vous qui en jouyssez, ou moy qui m'en resjouys ? « (4) Nous tressaillons d'allegresse en la « souvenance de vostre sein » si fecond en toute excellence de suavité ; moy, parce que mon bien-

---

(1) Galat. vi, 14. — (2) Galat. ii, 20.
(3) Apoc. iii, 20. — (4) Prov. xv, 14.
(5) Joan. iv, 59. — (6) Cant. Cant. v, 1.

(1) Prov. viii, 31. — (2) Cant. Cant. v, 1.
(3) Cant. Cant. i, 3. — (4) Ibid. i, 5.

aimé en jouyt; vous, parce que vostre bien-aimée s'en resjouyt : car ainsi nous en jouyssons tous deux, puisque vostre bonté vous fait jouyr de ma resjouyssance, et mon amour me fait resjouyr de vostre jouyssance. « (1) Ah! les justes et bons « vous aiment. » Et comme pourroit-on estre bon, et n'aimer pas une si grande bonté? Les princes terrestres ont leurs thresors ès cabinets de leurs palais, leurs armes en leurs arcenals; mais le prince celeste, il a son thresor en son sein, ses armes dans sa poictrine : et parce que son thresor est sa bonté, comme ses armes sont ses amours, son sein ressemble à celuy d'une douce mere, dont les mammelles sont comme deux cabinets riches en douceur de bon laict, armez d'autant de traits pour assubjettir le cher petit poupon, comme il en peut faire de traictes en tettant.

Certes, la nature a logé les mammelles en la poictrine, afin que la chaleur du cœur y faisant la concoction du laict, comme la mere est la nourrice de l'enfant, le cœur d'icelle en fust aussi le nourricier; et que le laict fust une viande toute d'amour, « (2) meilleure cent fois que le vin. » Notez cependant, Theotime, que la comparaison du laict et du vin semble si propre à l'espouse sacrée, qu'elle ne se contente pas de dire une fois que les « (3) mammelles de son espoux « surpassent le vin; » mais elle le repete par trois fois. Le vin, Theotime, est le laict des raisins; et le laict est le vin des mammelles : aussi l'espouse sacrée dit que son bien-aimé est raisin pour elle, mais (4) *raisin cyprin*, c'est-à-dire, d'une odeur excellente. Moyse dit que les Israëlites pouvoient « (5) boire le sang tres-pur et « tres-bon du raisin; » et Jacob descrivant à son fils Judas la fertilité du lot qu'il auroit en la terre promise, prophetisa sous cette figure la veritable felicité des chrestiens, disant que le Sauveur « (6) laveroit sa robbe, c'est-à-dire, la saincte « Eglise, au sang du raisin, » c'est-à-dire, en son propre sang. Or le sang et le laict ne sont non plus differens l'un de l'autre, que le verjus et le vin : car comme le verjus meurissant par la chaleur du soleil, change de couleur, devient vin agreable, et se rend propre à nourrir; aussi le sang assaisonné par la chaleur du cœur, prend la belle couleur blanche, et devient une nourriture grandement convenable aux enfans.

Le laict, qui est une viande cordiale toute d'amour, represente la science et theologie mystique, c'est-à-dire, le doux savourement provenant de la complaisance amoureuse que l'esprit reçoit, lorsqu'il medite les perfections de la bonté divine : mais le vin signifie la science ordinaire et acquise, qui se tire à force de speculation sous le pressoir de plusieurs argumens et disputes. Or le laict que nos ames succent ès mammelles de la charité de Nostre-Seigneur, vaut mieux incomparablement que le vin que nous tirons des discours humains : car ce laict prend son origine de l'amour celeste, qui le prepare à ses enfans avant mesme qu'ils y ayent pensé; il a un goust amiable et suave, son odeur surpasse tous les parfums, il rend l'haleine franche et douce comme d'un enfant de laict; il donne une joye sans insolence, il enyvre sans hebeter; il ne leve pas le sens, mais il le releve.

Quand le sainct homme Isaac embrassa et baisa son cher enfant Jacob « (1) il sentit la bonne « odeur de ses vestemens; » et soudain parfumé d'un plaisir extresme : O! dit-il, « voicy que l'o- « deur de mon fils est comme l'odeur d'un champ « fleury que Dieu a beny. » L'habit et le parfum estoit en Jacob, mais Isaac en eust la complaisance et resjouyssance. Helas! l'ame qui tient par amour son Sauveur entre les bras de ses affections, combien delicieusement sent-elle les parfums des perfections infinies qui se retrouvent en luy! et avec quelle complaisance dit-elle en soy-mesme : Ah! « voicy que la senteur de mon Dieu est comme la sen- « teur d'un jardin fleurissant! Hé que (2) ses mam- « melles sont precieuses, respandant les parfums « souverains! » Ainsi l'esprit du grand S. Augustin, balançant entre les sacrez contentemens qu'il avoit à considerer d'un costé le mystere de la naissance de son maistre, et de l'autre part le mystere de la passion, s'escrioit tout ravy en cette complaisance :

Entre l'un et l'autre mystere,
Auquel dois-je mon cœur ranger?
D'un costé le sein de la mere
M'offre son laict pour en manger;
De l'autre la playe salutaire
Jette son sang pour m'abbreuver.

CHAPITRE III.

Que la sacrée complaisance donne nostre cœur à Dieu, et nous fait sentir un perpetuel desir en la jouyssance.

L'amour que nous portons à Dieu prend son origine de la premiere complaisance que nostre cœur sent, soudain qu'il aperçoit la bonté divine, lorsqu'il commence à tendre vers icelle. Or,

---

(1) Cant. Cant. I, 5. — (2) Ibid. I, 3.
(3) Cant. Cant. 1, 3. — (4) Ibid. XIII.
(5) Deuter. XXXII, 14. — (6) Genes. XLIX, 11.

(1) Genes. XXVII, 27. — (2) Cant. Cant. I, 2.

quand nous accroissons et renforçons cette premiere complaisance, par le moyen de l'exercice de l'amour, ainsi que nous avons declaré ès chapitres precedens, alors nous attirons dedans nostre cœur les perfections divines, et jouyssons de la divine bonté, par la resjouyssance que nous y prenons; practiquant cette premiere partie du contentement amoureux que l'espouse sacrée exprime, disant : « (1) Mon bien-aimé est à moy. » Mais parce que cette complaisance amoureuse estant en nous qui l'avons, ne laisse pas d'estre en Dieu en qui nous la prenons, elle nous donne reciproquement à la divine bonté : si que, par ce sainct amour de complaisance, nous jouyssons des biens qui sont en Dieu, comme s'ils estoient nostres. Mais parce que les perfections divines sont plus fortes que nostre esprit, entrant en iceluy elles le possedent reciproquement : de sorte que nous ne disons pas seulement que Dieu est nostre par cette complaisance, mais aussi que nous sommes à luy.

L'herbe aproxis, ainsi que nous avons dit ailleurs, a une si grande correspondance avec le feu, qu'encore qu'elle en soit esloignée, soudain neantmoins qu'elle est à son aspect, elle attire la flamme et commence à brusler, concevant son feu, non tant à la chaleur qu'à la lueur de celuy qu'on luy presente. Quand donc par cette attraction elle s'est unie au feu, si elle sçavoit parler, ne pourroit-elle pas dire : Mon bien-aimé feu est mien, puisque je l'ay attiré à moy, et que je jouys de ses flammes : mais moy je suis à luy, car si je l'ay tiré à moy, il me reduit en luy, comme plus fort et plus noble : il est mon feu, et je suis son herbe : je l'attire, et il me brusle. Ainsi nostre cœur s'estant mis en la presence de la divine bonté, et ayant attiré les perfections d'icelle par la complaisance qu'il y prend, peut dire en verité : La bonté de Dieu est toute mienne, puisque je jouys de ses excellences, et moy je suis tout sien, puisque ses contentemens me possedent.

Par la complaisance, nostre ame (2), comme une toison de Gedeon, se remplit toute de la rosée celeste : et cette rosée est à la toison, parce qu'elle est descendue en icelle ; mais reciproquement la toison est à la rosée, parce qu'elle est detrempée par icelle et en reçoit le prix. Qui est plus l'un à l'autre, ou la perle à l'huistre, ou l'huistre à la perle ? La perle est à l'huistre qui l'a attirée à soy ; mais l'huistre est à la perle, laquelle luy donne la valeur et l'estime. La complaisance nous rend possesseurs de Dieu, tirant en nous les perfections d'iceluy, et nous rend possedez de Dieu, nous attachant et appliquant aux perfections d'iceluy.

Or, en cette complaisance nous assouvissons tellement nostre ame de contentement, que nous ne laissons pas de desirer de l'assouvir encore ; et savourant la bonté divine, nous la voudrions encore savourer : en nous rassasiant, nous voudrions tousjours manger ; comme en mangeant nous nous sentons rassasier (1). Le chef des apostres ayant dit en sa premiere epistre, que les anciens prophetes avoient manifesté les graces qui devoient abonder parmy les chrestiens, et entre autres choses la passion de Nostre-Seigneur et la gloire qui la devoit suivre, tant par la resurrection de son corps que par l'exaltation de son nom ; enfin il conclut que les anges mesmes desirent de regarder les mysteres de la redemption en ce divin Sauveur, « (2) auquel, dit-il, les anges « desirent regarder. » Mais comme donc se peut-il entendre que les anges qui voient le Redempteur, et en iceluy tous les mysteres de nostre salut, desirent neantmoins encore de le voir ? Theotime, ils le voient certes tousjours, mais d'une veuë si agreable et delicieuse, que la complaisance qu'ils en ont, les assouvit sans leur oster le desir, et les fait desirer sans leur oster l'assouvissement : la jouyssance n'est pas diminuée par le desir, ains en est perfectionnée ; comme leur desir n'est pas estouffé, ains affiné par la jouyssance.

La jouyssance d'un bien qui contente tousjours, ne flestrit jamais, ains se renouvelle et fleurit sans cesse : elle est tousjours aimable, tousjours desirable. Le continuel contentement des celestes amoureux produict un desir perpetuellement content, comme leur continuel desir fait naistre en eux un contentement perpetuellement desiré. Le bien qui est finy, termine le desir, quand il donne la jouyssance, et oste la jouyssance, quand il donne le desir, ne pouvant estre possedé et desiré tout ensemble. Mais le bien infiny fait regner le desir dans la possession, et la possession dans le desir ; ayant de quoy assouvir le desir par sa saincte presence, et de quoy le faire tousjours vivre par la grandeur de son excellence, laquelle nourrit en tous ceux qui la possedent, un desir tousjours content et un contentement tousjours desireux.

Imaginez-vous, Theotime, ceux qui tiennent en leurs bouches l'herbe scitique ; car, à ce qu'on dit, ils n'ont jamais ny faim ny soif, tant elle les rassasie ; et jamais pourtant ils ne perdent l'appetit, tant elle les subtente delicieusement. Quand nostre volonté a rencontré Dieu, elle se repose

---

(1) Cant. Cant. II, 16. — (2) I. Judic. VI, 38.

(1) I. Petr. I, 10, 11. — (2) I. Petr. I, 12.

en luy, prenant une souveraine complaisance, et neantmoins elle ne laisse pas de faire le mouvement de son desir : car comme elle desire d'aimer, elle aime aussi de desirer ; elle a le desir de l'amour, et l'amour du desir. Le repos du cœur ne consiste pas à demeurer immobile, mais à n'avoir besoin de rien ; il ne gist pas à n'avoir point de mouvement, mais à n'avoir point d'indigence de se mouvoir.

Les esprits perdus ont un mouvement eternel sans nul meslange de tranquillité : nous autres mortels qui sommes encore en ce pelerinage, avons tantost du repos, tantost du mouvement en nos affections ; les esprits bienheureux ont tousjours le repos en leurs mouvemens, et le mouvement en leur repos, n'y ayant que Dieu seul qui ait le repos sans mouvement, parce qu'il est souverainement un acte pur et substantiel. Or, bien que selon la condition ordinaire de cette vie mortelle, nous n'ayons pas le repos en nostre mouvement, si est-ce toutesfois que lorsque nous faisons les essais des exercices de la vie immortelle, c'est-à-dire, que nous practiquons les actes du sainct amour, nous trouvons du repos dans le mouvement de nos affections, et du mouvement au repos de la complaisance que nous avons en nostre bien-aimé, recevant par ce moyen des avant-gousts de la future felicité à laquelle nous aspirons.

S'il est vray que le cameleon vive de l'air, partout où il va dans l'air, il a de quoy se repaistre : que s'il se remue d'un lieu à l'autre, ce n'est pas pour chercher de quoy se rassasier, mais pour s'exercer dedans son aliment, comme les poissons dedans la mer. Qui desire Dieu en le possedant, ne le desire pas pour le chercher, mais pour exercer cette affection dedans le bien mesme duquel il jouyt : car le cœur ne fait pas ce mouvement de desir comme pretendant à la jouyssance pour l'avoir, puisqu'il l'a desjà, mais comme s'estendant à la jouyssance laquelle il a : non pour obtenir le bien, mais pour s'y recreer et entretenir : non pour en jouyr, mais pour s'y esjouyr ; ainsi que nous marchons et nous esmouvons pour aller en quelque delicieux jardin, auquel estant arrivez, nous ne laissons pas de marcher et nous remuer derechef, non plus pour y venir, mais pour nous promener et passer le temps en iceluy : nous avons marché pour aller jouyr de l'amenité du jardin ; y estant, nous marchons pour nous esjouyr en la jouyssance d'iceluy.

Requerez l'Eternel avec un grand courage,
Sans cesser de tousjours rechercher son visage (1).

On cherche tousjours celuy qu'on aime tousjours, dit le grand sainct Augustin : l'amour cherche ce qu'il a trouvé, non afin de l'avoir, mais pour tousjours l'avoir.

En somme, Theotime, l'ame qui est en l'exercice de l'amour de complaisance, crie perpetuellement en son sacré silence : Il me suffit que Dieu soit Dieu, que sa bonté soit infinie, que sa perfection soit immense ; que je meure, ou que je vive, il importe peu pour moy, puisque mon cher bien-aimé vit eternellement d'une vie toute triomphante : la mort mesme ne peut attrister le cœur qui sçait que son souverain amour est vivant. C'est assez pour l'ame qui aime, que celuy qu'elle aime plus que soy-mesme, soit comblé de biens eternels, puisqu'elle vit plus en celuy qu'elle aime, qu'en celuy qu'elle anime ; ains qu'elle ne vit pas elle-mesme, mais son bien-aimé vit en elle (1).

CHAPITRE IV.

De l'amoureuse condoleance par laquelle la complaisance de l'amour est encore mieux declarée.

La compassion, condoleance, commiseration, ou misericorde, n'est autre chose qu'une affection qui nous fait participer à la passion et douleur de celuy que nous aimons, tirant la misere qu'il souffre dans nostre cœur, dont elle est appellée misericorde, comme qui diroit une misere de cœur : comme la complaisance tire dedans le cœur de l'amant le plaisir et contentement de la chose aimée. Or c'est l'amour qui fait l'un et l'autre effect, par la vertu qu'il a d'unir le cœur qui aime à ce qui est aimé, rendant par ce moyen les biens et les maux des amis communs, et ce qui se passe en la compassion donne beaucoup de clarté à ce qui regarde la complaisance.

La compassion tire sa grandeur de celle de l'amour qui la produit. Ainsi sont grandes les condoleances des meres sur les afflictions de leurs enfans uniques, comme l'Escriture tesmoigne souvent. (2) Quelle condoleance dans le cœur d'Agar sur la douleur de son Ismaël qu'elle voyoit presque perir de soif au desert ! (3) Quelle commiseration en l'ame de David sur la mort de son Absalon ! Hé ! ne voyez-vous pas le cœur maternel du grand apostre, « (4) malade avec les ma-« lades, bruslant de zele pour les scandalisez, « avec une douleur continuelle pour la perte des « Juifs, et mourant tous les jours pour ses chers « enfans spirituels ? » Mais surtout considerez comme l'amour tire toutes les peines, tous les

(1) Ps. CIV, 4.

(1) Galat. II, 20.
(2) Genes. XXI. — (3) II. Reg. XVIII, 33.
(4) II. ad Cor. XI, 29. Rom. IX, 2. I. ad Cor. XV, 31.

tourmens, les travaux, les souffrances, les douleurs, les blesseures, la passion, la croix et la mort mesme de nostre Redempteur dans le cœur de sa tres-sacrée Mere ! Helas ! les mesmes clous qui crucifierent le corps de ce divin enfant, crucifierent aussi le cœur de la Mere, les mesmes espines qui percerent son chef, outrepercerent l'ame de cette Mere toute douce : elle eut les mesmes miseres de son Fils par commiseration; les mesmes douleurs par condoleance ; les mesmes passions par compassion ; et en somme, *l'espée* (1) *de la mort* qui transperça le corps de ce tres-aimé Fils, *outreperça* de mesme le *cœur* de cette tres-amante Mere : dont elle pouvoit bien dire, qu'il luy estoit « (2) un bouquet de myrrhe au milieu « de ses mammelles, » c'est-à-dire en sa poictrine et au milieu de son cœur. Jacob oyant la triste, quoy que fausse nouvelle de la mort de son cher Joseph, vous voyez quelle affliction il en sent : « (3) Ah ! dit-il, je descendray en regret aux en- « fers, » c'est-à-dire, au lymbe, dans le sein d'A- braham, « vers cet enfant. »

La condoleance tire aussi sa grandeur de celle des douleurs que l'on voit souffrir à ceux que l'on aime : car, pour petite que soit l'amitié, si les maux qu'on voit endurer sont extresmes, ils nous font une grande pitié. On voit pour cela Cesar pleurer sur Pompée : (4) et les filles de Hierusalem ne sceurent jamais s'empescher de pleurer sur Nostre-Seigneur, bien que la pluspart d'entre elles ne luy fussent pas grandement affectionnées : comme aussi les amis de Job (5), quoyque mauvais amis, firent des grands gemissemens, voyant l'effroyable spectacle de son incomparable misere. (6) Et quel grand coup de douleur au cœur de Jacob, de penser que son cher enfant estoit trespassé d'une mort si cruelle, comme est celle d'estre devoré d'une beste sauvage ! Mais la commiseration, outre tout cela, se renforce merveilleusement par la presence de l'object miserable. Pour cela la pauvre Agar s'esloignoit de son fils languissant, afin d'alleger en quelque sorte la douleur de compassion qu'elle sentoit, disant : « (7) « Je ne verray pas mourir l'enfant » : (8) comme au contraire Nostre-Seigneur pleure, voyant le sepulcre de son bien-aimé Lazare, (9) et regardant sa chere Hierusalem ; (10) et nostre bon homme Jacob est outré de douleur quand il voit la robbe ensanglantée de son pauvre petit Joseph.

Or autant de causes agrandissent la complai-

(1) Luc, II, 35. — (2) Cant. Cant. I, 12.
(3) Genes. XXXVII, 35. — (4) Luc, V, XXIII, 27.
(5) Job. II, 12. — (6) Genes. XXXVII, 34.
(7) Genes. XXI, 16. — (8) Joan. XI, 35.
(9) Luc, XIX, 41. — (10) Genes. XXXVII.

sance. A mesure que l'amy nous est plus cher, nous avons plus de plaisir en son contentement, et son bien entre plus avant en nostre ame. Que si le bien est excellent, nostre joie en est aussi plus grande. Mais si nous voyons l'amy en la jouyssance d'iceluy, nostre resjouyssance en devient extresme. Quand le bon Jacob sceut que son fils vivoit, ô Dieu ! quelle joye ! « (1) son esprit re- « vint en luy, il revescut », et par maniere de dire, il ressuscita. Mais qu'est-ce à dire, il revescut ou il ressuscita ? Theotime, les esprits ne meurent de leur propre mort que par le peché qui les separe de Dieu, lequel est leur vraye vie surnaturelle ; mais ils meurent quelquefois de la mort d'autruy ; et cela arriva au bon Jacob duquel nous parlons. Car l'amour, qui tire dans le cœur de l'amant le bien et le mal de la chose aimée, l'un par complaisance, l'autre par commiseration, tira la mort de l'aimable Joseph dans le cœur de l'amant Jacob ; et par un miracle impossible à toute autre puissance qu'à celle de l'amour, l'esprit de ce bon pere estoit plein de la mort de celuy qui estoit vivant et regnant, d'autant que l'affection ayant esté trompée devança l'effect.

Or, quand au contraire il sceut qu'en verité son fils estoit en vie, l'amour qui avoit si longuement tenu le trespas presupposé du fils dans l'esprit de ce bon pere, voyant qu'il avoit esté deceu, rejetta promptement cette feinte mort, et en sa place fit entrer la veritable vie de ce mesme enfant. Ainsi donc *il revescut* d'une nouvelle vie, parce que la vie de son fils entra dans son esprit par complaisance, et l'anima d'un contentement nompareil ; duquel se trouvant assouvy, et ne tenant plus compte d'aucun autre plaisir en comparaison d'iceluy, « Il me suffit, dit-il, si mon en- « fant Joseph est en vie ». Mais quand de ses propres yeux il vit par experience la verité des grandeurs de ce cher enfant en Gessen, *panché sur luy*, et *pleurant* assez long-temps *sus le col d'iceluy* : « Hé ! dit-il, (2) maintenant je mourray « joyeux, mon cher fils, puisque j'ay veu vostre « face, et que vous vivez encore. » O Dieu ! Theotime, quelle joye ! et que ce vieillard l'exprime excellemment ! Car que veut-il dire par ces paroles : *Maintenant je mourray content, puisque j'ay veu ta face ;* sinon que son allegresse est si grande, qu'elle est capable de rendre joyeuse et agreable la mort mesme, qui est la plus triste et horrible chose du monde. Dites-moy, je vous prie, Theotime, qui ressent plus le bien de Joseph, ou luy qui en jouyt, ou Jacob qui s'en resjouyt ? Certes, si le bien n'est bien que pour le contentement qu'il nous donne, le pere en a autant et plus que

(1) Genes. XLV, 27. — (2) Genes. XLVI, 30.

le fils : car le fils, avec la qualité de vice-roi qu'il possede, a par consequent beaucoup de soins et d'affaires ; mais le pere jouyt par complaisance, et possede purement ce qui est de bon en cette grandeur et dignité de son fils, sans charge, sans soin et sans peine. *Je mourray joyeux*, dit-il. Helas ! qui ne voit son contentement ? Si la mort mesme ne peut troubler sa joye, qui la pourra donc jamais alterer ? Si son aise vit emmy les detresses de la mort, qui le pourra jamais esteindre ? « (1) L'amour est fort comme la mort ; » et les allegresses de l'amour surmontent les tristesses de la mort ; car la mort ne les peut faire mourir, ains les avive : si que, comme il y a un feu qui par merveille se nourrit en une fontaine proche de Grenoble, ainsi que nous savons fort asseurement, et que mesme le grand sainct Augustin atteste ; aussi la saincte charité est si forte qu'elle nourrit ses flammes et ses consolations emmy les plus tristes angoisses de la mort ; et « (2) les eaux « des tribulations ne peuvent esteindre son feu. »

CHAPITRE V.

De la condoleance et complaisance de l'amour en la passion de Nostre-Seigneur.

Quand je voy mon Sauveur sur le mont des Olives, avec son « (3) ame triste jusqu'à la mort ; » hé ! Seigneur Jesus, ce dis-je, qui a peu porter ces tristesses de la mort dans l'ame de la vie, sinon l'amour, qui excitant la commiseration, attira par icelle nos miseres dans vostre cœur souverain ? Or une ame devote voyant cet abysme d'ennuys et de detresses en ce divin amant, comme peut-elle demeurer sans une douleur sainctement amoureuse ? Mais considerant d'ailleurs que toutes les afflictions de son bien-aimé ne procedent pas d'aucune imperfection ni manquement de force, ains de la grandeur de sa chere dilection ; elle ne peut qu'elle ne se fonde toute d'un amour sainctement douloureux. Si qu'elle s'escrie, *je suis noire* (4) *de douleur par compassion, mais je suis belle d'amour par complaisance :* les angoisses de mon bien-aimé m'ont toute *decolorée* (5). Car comme pourroit une fidelle amante voir tant de tourmens en celuy qu'elle aime plus que sa vie, sans en devenir toute transie, have et desseichée de douleur ? Les pavillons des nomades, perpetuellement exposez aux injures de l'air et de la guerre, sont presque tousjours frippez et couverts de poussiere ; et moy, toute exposée aux regrets que par condoleance je reçois des travaux nompareils de mon divin Sauveur, je suis toute couverte de detresse, et transpercée de douleur. Mais parce que les douleurs de celuy que j'aime proviennent de son amour, à mesure qu'elles m'affligent par compassion, elles me delectent par complaisance. Car comme pourroit une fidelle amante n'avoir pas un extreme contentement de se voir tant aimée de son celeste espoux ? Pour cela doncques la beauté de l'amour est en la laideur de la douleur. Que si je porte le deuil sur la passion et mort de mon roy, toute haslée et noire de regret, je ne laisse pas d'avoir une douceur incomparable de voir l'excez de son amour emmy les travaux de ses douleurs. Et (1) *les tentes de Salomon* toutes brodées et recamées en une admirable diversité d'ouvrages, ne furent jamais si belles que je suis contente, et par consequent douce, amiable et agreable en la varieté des sentimens d'amour que j'ay parmi ces douleurs. L'amour esgale les amans : hé ! je le voy, ce cher amant, qu'il est un *feu* (2) d'amour, bruslant dans un *buisson* espineux de douleur, et j'en suis toute de mesme : je suis tout enflammée d'amour dedans les haillers de mes douleurs, je suis un *lys environné d'espines* (3). Hé ! ne veuillez pas regarder seulement les horreurs de mes poignantes douleurs, mais voyez la beauté de mes agreables amours. Helas ! il souffre des douleurs insupportables, ce divin amant bien-aimé : c'est cela qui m'attriste et me fait pasmer d'angoisse : mais il prend plaisir à souffrir, il aime ses tourmens et meurt d'aise de mourir de douleur pour moy. C'est pourquoy, comme je suis dolente de ses douleurs, je suis aussi toute ravie d'aise de son amour : non-seulement je m'attriste avec luy, mais je me glorifie en luy.

Ce fut cet amour, Theotime, qui attira sur l'amoureux seraphique sainct François les stigmates, et sur l'amoureuse angelique saincte Catherine de Sienne les ardentes blessures du Sauveur, la complaisance amoureuse ayant aiguisé les pointes de la compassion douloureuse, ainsi que le miel rend plus penetrant et sensible l'amertume de l'absinthe : comme au contraire la souefve odeur des roses est affinée par le voisinage des aulx qui sont plantez près des rosiers. Car de mesme l'amoureuse complaisance que nous avons prise en l'amour de Nostre-Seigneur, rend infiniment plus forte la compassion que nous avons de ses douleurs : comme reciproquement, repassans de la compassion des douleurs à la complaisance des amours, le plaisir en est bien plus ardent et re-

---

(1) Cant. Cant. VIII, 6. — (2) Cant. Cant. VII.
(3) Matth. XXVI, 38. — (4) Cant. Cant. I, 4.
(5) Cant. Cant. I, 5.

(1) Cant. Cant. I, 4.
(2) Exod. III, 2. — (3) Cant. Cant. II, 1.

levé. Alors se practique la douleur de l'amour, et l'amour de la douleur : alors la condoleance amoureuse et la complaisance douloureuse, comme d'autres Esaü et Jacob, *debattans* (1) à qui fera plus d'effort, mettent l'ame en des convulsions et agonies incroyables; et se fait une extase amoureusement douloureuse, et douloureusement amoureuse. Aussi ces grandes ames de sainct François et saincte Catherine sentirent des amours nompareilles en leurs douleurs, et des douleurs incomparables en leurs amours, lorsqu'elles furent stigmatizées ; savourant l'amour joyeux d'endurer pour l'amy, que leur Sauveur exerça au supresme degré sur l'arbre de la croix. Ainsi naist l'union precieuse de nostre cœur avec son Dieu, laquelle, comme un Benjamin mystique, est « enfant de douleur et de joye tout ensem-« ble (2) ».

Il ne se peut dire, Theotime, combien le Sauveur desire d'entrer en nos ames par cet amour de complaisance douloureuse. « (3) Helas, dit-il, « ouvre moy, ma chere sœur, m'amie, ma co-« lombe, ma toute pure; car ma teste est toute « pleine de rosée, et mes cheveux des gouttes « de la nuit. ». Qui est cette *rosée*, et qui sont ces *gouttes de la nuit*, sinon les afflictions et peines de sa passion ? Les perles, certes, (comme nous avons dit assez souvent) ne sont autre chose que gouttes de la rosée, que la fraischeur de la nuit esploye sur la face de la mer, receues dans les escailles des huistres ou mere-perles. Hé ! veut dire le divin amoureux de l'ame, je suis chargé des peines et sueurs de ma passion qui se passa presque toute, ès tenebres de la nuict, ou en la nuict des tenebres que le soleil s'obscurcissant fit au plus fort de son midy. Ouvre doncques ton cœur devers moy, comme les mere-perles leurs escailles du costé du ciel, et je respandray sur toi la rosée de ma passion qui se convertira en perles de consolation.

CHAPITRE VI.

De l'amour de bienveuillance que nous exerçons envers Nostre-Seigneur par maniere de desir.

En l'amour que Dieu exerce envers nous, il commence tousjours par la bienveuillance, voulant et faisant en nous, tout le bien qui y est, auquel par après il se complait. Il fit David selon son cœur par bienveuillance, puis il le « (4) trouva « selon son cœur par complaisance. » Il crea premierement l'univers pour l'homme, et l'homme en l'univers, donnant à chasque chose le degré de bonté qui luy estoit convenable, par sa pure bienveuillance; puis il approuva « (1) tout ce « qu'il avoit fait, trouvant que tout estoit tres-« bon, et se reposa par complaisance en son ou-« vrage. »

Mais nostre amour envers Dieu commence au contraire par la complaisance que nous avons en la souveraine bonté et infinie perfection que nous sçavons estre en la Divinité ; puis nous venons à l'exercice de la bienveuillance. Et comme la complaisance que Dieu prend en ses creatures, n'est autre chose qu'une continuation de sa bienveuillance envers elles, aussi la bienveuillance que nous portons à Dieu, n'est autre chose qu'une approbation et perseverance de la complaisance que nous avons en luy.

Or cet amour de bienveuillance envers Dieu se practique ainsi. Nous ne pouvons desirer d'un vray desir aucun bien à Dieu, parce que sa bonté est infiniment plus parfaicte que nous ne sçaurions ny desirer ny penser. Le desir n'est que d'un bien futur, et nul bien n'est futur en Dieu, puisque tout bien luy est tellement present, que la presence du bien en sa divine majesté n'est autre chose que la divinité mesme. Ne pouvant donc point faire aucun desir absolu pour Dieu, nous en faisons des imaginaires et conditionnels, en cette sorte : Je vous ay dit, « (2) Seigneur, vous « estes mon Dieu, qui tout plein de vostre infinie « bonté ne pouvez avoir indigence, ny de mes « biens », ny de choses quelconques : mais si, par imagination de chose impossible, je pouvois penser que vous eussiez besoin de quelque bien, je ne cesserois jamais de vous le souhaiter, au prix de ma vie, de mon estre, et de tout ce qui est au monde. Que si estant ce que vous estes, et que vous ne pouvez jamais cesser d'estre, il estoit possible que vous receussiez quelque accroissement de bien, ô mon Dieu ! quel desir aurois-je que vous l'eussiez, alors ; ô Seigneur eternel, je voudrois voir convertir mon cœur en souhait, et ma vie en soupir, pour vous desirer ce bien-là. Ah ! mais pourtant, ô le sacré bienaimé de mon ame, je ne desire pas de pouvoir desirer aucun bien à votre majesté; ains je me complais de tout mon cœur en ce supresme degré de bonté que vous avez, auquel ny par desir, ny mesme par pensée, on ne peut rien adjouster. Mais si ce desir estoit possible, ô Divinité infinie, ô infinité divine, mon ame voudroit estre ce desir, et n'estre rien autre chose que cela, tant elle desireroit de desirer pour vous ce qu'elle se complaist infiniment de ne pouvoir pas desirer, puisque l'impuissance de faire ce desir provient de l'in-

---

(1) Genes. xxv, 22. — (2) Genes. xxxv, 18.
(3) Cant. Cant. v, 2. — (4) Act. xiii, 22.

(1) Genes. 1, 31. — (2) Ps. xv, 2.

finie infinité de vostre perfection, qui surpasse tout souhait et toute pensée. Hé! que j'aime cherement l'impossibilité de vous pouvoir desirer aucun bien, ô mon Dieu, puisqu'elle provient de l'incomprehensible immensité de vostre abondance, laquelle est si souverainement infinie, que s'il se trouvoit un desir infini, il seroit infiniment assouvy par l'infinité de vostre bonté qui le convertiroit en une infinie complaisance. Ce desir doncques, par imagination de choses impossibles, peut estre quelquefois utilement practiqué emmy les grands sentimens et ferveurs extraordinaires. Aussi dit-on que le grand S. Augustin en faisoit souvent de pareille sorte.

C'est encore une sorte de bienveuillance envers Dieu, quand, considerant que nous ne pouvons l'agrandir en luy-mesme, nous desirons de l'agrandir en nous, c'est-à-dire, de rendre de plus en plus et tousjours plus grande la complaisance que nous avons en sa bonté. Et lors, mon Theotime, nous ne desirons pas la complaisance pour le plaisir qu'elle nous donne, mais parce seulement que ce plaisir est en Dieu. Car comme nous ne desirons pas la condoleance pour la douleur qu'elle met en nos cœurs, mais parce que cette douleur nous unit et associe à nostre bien-aimé douloureux, ainsi n'aimons-nous pas la complaisance, parce qu'elle nous rend du plaisir, mais d'autant que ce plaisir se prend en l'union du plaisir et bien qui est en Dieu, auquel pour nous unir davantage nous voudrions nous complaire d'une complaisance infiniment plus grande, à l'imitation de la tres-saincte reyne et mere d'amour, de laquelle l'ame sacrée *magnifioit* (1) et aggrandissoit perpetuellement Dieu. Et afin que l'on sceut que cet aggrandissement se faisoit par la complaisance qu'elle avoit en la divine bonté, elle declare que son « (2) esprit avoit tressailly « de contentement en Dieu son Sauveur. »

CHAPITRE VII.

Comment le desir d'exalter et magnifier Dieu nous separe des plaisirs inferieurs, et nous rend attentifs aux perfections divines.

Doncques l'amour de bienveuillance nous fait desirer d'aggrandir en nous de plus en plus la complaisance que nous prenons en la bonté divine : et pour faire cet aggrandissement, l'ame se prive soigneusement de tout autre plaisir pour s'exercer plus fort à se plaire en Dieu. Un religieux demanda au devot frere Gilles, l'un des premiers et plus saincts compagnons de S. François, ce qu'il pourroit faire pour estre plus agreable à Dieu; et il luy respondit en chantant, « l'une « à l'un, l'une à l'un. » Ce que par apres expliquant : donnez tousjours, dit-il, toute vostre ame qui est une à Dieu seul qui est un. L'ame s'escoule par les plaisirs, et la diversité d'iceux la dissipe et l'empesche de se pouvoir appliquer attentivement à celuy qu'elle doit prendre en Dieu. Le vray amant n'a presque point de plaisir, sinon en la chose aimée. Ainsi « (1) toutes choses sem- « bloient ordure » et boue au glorieux S. Paul, en comparaison de son Sauveur. Et l'espouse sacrée n'est toute que pour son bien-aimé : « (2) « Mon cher amy est tout à moy, et moy je suis « toute à luy. » Que si l'ame qui est en cette saincte affection rencontre les creatures, pour excellentes qu'elles soient, voire mesme quand ce seroient les anges ; elle ne s'arreste point avec icelles, sinon autant qu'il faut pour estre aidée et secourue en son desir. Dites-moy doncques, leur fait-elle, dites-moy, je vous en conjure, « (3) avez-vous « point veu celuy qui est l'amy de mon ame ? » La glorieuse amante Magdeleine rencontra les anges au sepulcre, qui luy parlerent sans doute angeliquement, c'est-à-dire, bien suavement, voulant appaiser l'ennuy auquel elle estoit : mais au contraire, toute esplourée, elle ne sceut prendre aucune complaisance ny en leur douce parole, ny en la splendeur de leurs habits, ny en la grace toute celeste de leur maintien, ny en la beauté toute aimable de leurs visages; ains toute couverte de larmes, « (4) ils m'ont enlevé mon Sei- « gneur, disoit-elle, et je ne sçay où ils l'ont mis »: et se tournant, « elle voit son doux Sauveur, » mais en forme de jardinier, dont son cœur ne se peut contenter ; car toute pleine de l'amour de la mort de son maistre, elle ne veut point de fleurs, ny par consequent de jardinier. Elle a dedans son cœur la croix, les cloux, les espines ; elle cherche son crucifié. Hé! mon cher maistre jardinier, dit-elle, si vous aviez peut-estre point planté mon bien-aimé Seigneur trespassé comme un lys froissé et fanné entre vos fleurs; « (5) dites-le-moy vis- « tement, et moy je l'emporteray. » Mais il ne l'appelle pas plustot par son nom, que toute fondue en plaisir, « (6) Hé, Dieu, dit-elle, mon mais- « tre! »Rien certes ne la peut assouvir, elle ne sçauroit se plaire avec les anges, non pas mesme avec son Sauveur s'il ne paroist en la forme en laquelle il luy avoit ravy son cœur. (7) Les mages ne peuvent se complaire ny en la beauté de la ville de Hierusalem, ny en la magnificence de la cour

---

(1) Luc, I, 46. — (2) Ibid. 47.

(1) Ad. Philipp. III, 8. — (2) Cant. Cant. II, 16.
(3) Cant. Cant. III, 3. — (4) Joan. xx, 13.
(5) Joan. xx, 15. — (6) Ibid., 16.
(7) Matth. II.

d'Herodés, ny en la clarté de l'estoile; leur cœur cherche la petite spelonque et le petit enfant de Bethleem. (1) La mere de belle dilection, et l'espoux de tres-sainct amour ne se peuvent arrester entre les parens et amis, ils vont tousjours *en douleur cherchant* (2) l'unique object de leur complaisance. Le desir d'agrandir la saincte complaisance retranche tout autre plaisir pour plus fortement practiquer celui auquel la divine bienveuillance l'excite.

Or, pour encore mieux magnifier ce souverain bien-aimé, l'ame va tousjours « (3) cherchant la « face d'iceluy » : c'est-à-dire, avec une attention tousjours plus soigneuse et ardente, elle va remarquant toutes les particularitez des beautez et perfections qui sont en luy, faisant un progrès continuel en cette douce recherche de motifs qui la puissent perpetuellement presser de se plaire de plus en plus en l'incomprehensible bonté qu'elle aime. Ainsi David cotte par le menu les œuvres et merveilles de Dieu en plusieurs de ses psalmes celestes; (4) et l'amante sacrée arrange ès cantiques divins comme une armée bien ordonnée toutes les perfections de son espoux, l'une après l'autre, pour provoquer son ame à la tres-saincte complaisance, afin de magnifier plus hautement son excellence, et d'assujettir encore tous les autres esprits à l'amour de son amy tant aimable.

CHAPITRE VIII.

Comme la saincte bienveuillance produit la louange du divin bien-aimé.

L'honneur, mon cher Theotime, n'est pas en celuy que l'on honore, mais en celui qui honore. Car combien de fois arrive-t-il que celuy que nous honorons n'en sçait rien, et n'y a seulement pas pensé? Combien de fois louons-nous ceux qui ne nous cognoissent pas ou qui dorment? Et toutesfois, selon l'estime commune des hommes et leur ordinaire façon de concevoir, il semble que c'est faire du bien à quelqu'un quand on luy fait de l'honneur, et qu'on luy donne beaucoup quand on luy donne des titres et des louanges; et nous ne faisons pas difficulté de dire qu'une personne est riche d'honneur, de gloire, de reputation, de louange, encore qu'en verité nous sçachions bien que tout cela est hors de la personne honorée, et que bien souvent elle n'en reçoit aucune sorte de profit, suivant ce mot attribué au grand sainct Augustin : O pauvre Aristote! tu es loué où tu es absent, et tu es bruslé où tu es present.

(1) Luc, II. — (2) Luc, II. — (3) Ps. XXVI, 8. — (4) Cant. Cant. V, 10, et seq.

Quel bien revient-il, je vous prie, à Cesar et à Alexandre-le-Grand de tant de vaines paroles que plusieurs vaines ames employent à leur louange.

Dieu, comblé d'une bonté qui surmonte toute louange et tout honneur, ne reçoit aucun advantage ny surcroist de bien pour toutes les benedictions que nous luy donnons; il n'en est ny plus riche, ny plus grand, ny plus content, ny plus heureux : car son heur, son contentement, sa grandeur et ses richesses, ne sont ny peuvent estre que la divine infinité de sa bonté. Toutefois parce que, selon nostre apprehension ordinaire, l'honneur est estimé l'un des plus grands effects de nostre bienveuillance envers les autres, et que par iceluy non-seulement nous ne presupposons point d'indigence en ceux que nous honorons, mais plutost nous protestons qu'ils abondent en excellence; partant nous employons cette sorte de bienveuillance envers Dieu, qui non-seulement l'agree, mais la requiert comme conforme à nostre condition, et si propre pour tesmoigner l'amour respectueux que nous luy devons, que mesme il nous a ordonné de luy rendre et rapporter tout honneur et gloire.

Ainsi donc l'ame qui a pris une grande complaisance en l'infinie perfection de Dieu, voyant qu'elle ne peut luy souhaiter aucun aggrandissement de bonté, parce qu'il en a infiniment plus qu'elle ne peut desirer ny mesme penser, elle desire au moins que son nom soit beny, exalté, loué, honoré et adoré de plus en plus; et commençant par son propre cœur, elle ne cesse point de le provoquer à ce sainct exercice : et comme une avette sacrée, elle va voletant çà et là sur les fleurs des œuvres et excellences divines, recueillant d'icelles une douce varieté de complaisances, desquelles elle fait naistre et compose le miel celeste de benedictions, louanges et confessions honorables, par lesquelles, autant qu'elle peut, elle magnifie et glorifie le nom de son bien-aimé, à l'imitation du grand psalmiste, qui ayant environné et comme parcouru en esprit les merveilles de la divine bonté, immoloit sur l'autel de son cœur l'hostie mystique des eslans de sa voix par cantiques et psalmes d'admiration et benediction.

Mon cœur volant çà et là
Des aisles de sa pensée,
Ravy d'admiration,
D'une voix haut eslancée,
Un sacrifice immola,
Sur la harpe bien sonnée,
Chantant benediction
Au Seigneur Dieu de Sion.

Mais ce desir de louer Dieu que la saincte bienveuillance excite en nos cœurs, Theotime, est insatiable: car l'ame qui en est touchée, voudroit avoir des louanges infinies pour les donner à son bien-aimé, parce qu'elle voit que ses perfections sont plus qu'infinies; si que se trouvant bien esloigné de pouvoir satisfaire à son souhait, elle fait des extresmes efforts d'affection pour en quelque sorte louer cette bonté toute louable; et ces efforts de bienveuillance s'aggrandissent admirablement par la complaisance, car à mesure que l'ame trouve Dieu bon, savourant de plus en plus la suavité d'iceluy, et se complaisant en son infinie beauté, elle voudroit aussi relever plus hautement les louanges et benedictions qu'elle luy donne. Or, à mesure aussi que l'ame s'eschauffe à louer la douceur incomprehensible de Dieu, elle aggrandit et dilate la complaisance qu'elle prend en icelle, et par cet aggrandissement elle s'anime de plus fort à la louange. De sorte que l'affection de complaisance et celle de louange, par ces reciproques poussemens et mutuelles inclinations qu'elles font l'une à l'autre, s'entredonnent des grands et continuels accroissemens.

Ainsi les rossignols se complaisent tant en leur chant, au rapport de Pline, que, pour cette complaisance, quinze jours et quinze nuicts durant ils ne cessent jamais de gazouiller, s'efforçant de tousjours mieux chanter en l'envy les uns des autres: de sorte que lorsqu'ils se desgoisent le mieux, ils y ont plus de complaisance, et cet accroissement de complaisance les porte à faire les plus grands efforts de mieux gringotter, augmentant tellement leur complaisance par leur chant, et leur chant par leur complaisance, que maintesfois on les voit mourir, et leur gosier esclater à force de chanter: oiseaux dignes du beau nom de Philomele, puisqu'ils meurent ainsi en l'amour et pour l'amour de la melodie.

O Dieu! mon Theotime, que le cœur ardemment pressé de l'affection de louer son Dieu reçoit une douleur grandement delicieuse et une douceur grandement douloureuse, quand après mille efforts de louange il se trouve si court! Helas! il voudroit, ce pauvre rossignol, tousjours plus hautement lancer ses accens et perfectionner sa melodie pour mieux chanter les benedictions de son cher bien-aimé. A mesure qu'il loue, il se plaist à louer, et à mesure qu'il se plaist à louer, il se deplaist de ne pouvoir encore mieux louer; et pour se contenter au mieux qu'il peut en cette passion, il fait toutes sortes d'efforts entre lesquels il tombe en langueur, comme il advenoit au tres-glorieux sainct François, qui emmy les plaisirs qu'il prenoit à louer Dieu et chanter ses cantiques d'amour, jettoit une grande affluence de larmes, et laissoit souvent tomber de foiblesse ce que pour alors il tenoit en main, demeurant comme un sacré Philomele à cœur failly, et perdant souvent le respirer à force d'aspirer aux louanges de celuy qu'il ne pouvoit jamais assez louer.

Mais oyez une similitude agreable sur ce subject, tirée du nom que ce sainct amoureux donnoit à ses religieux; car il les appeloit cygales, à raison des louanges qu'ils rendoient à Dieu emmy la nuict. Les cygales, Theotime, ont leur poictrine pleine de tuyaux, comme si elles estoient des orgues naturelles, et pour mieux chanter elles ne vivent que de la rosée, laquelle elles ne tirent pas par la bouche, car elles n'en ont point, ains la succent par une petite languette qu'elles ont au milieu de l'estomac, par laquelle elles jettent aussi tous leurs sons avec tant de bruit, qu'elles semblent n'estre que voix. Or l'amant sacré est comme cela; car toutes les facultez de son ame sont autant de tuyaux qu'il a en sa poictrine pour resonner les cantiques et louanges du bien-aimé: sa devotion au milieu de toutes est la langue de son cœur, selon sainct Bernard, par laquelle il reçoit la rosée des perfections divines, les suçant et attirant à soy comme son aliment, par la tressaincte complaisance qu'il y prend, et par cette mesme langue de devotion il fait toutes ses voix d'oraison, de louange, de cantiques, de psalmes, de benedictions, selon le tesmoignage d'une des plus insignes cygales spirituelles qui ait jamais esté ouye, laquelle chantoit ainsi:

(1) Beny Dieu, sainctement poussée,
O mon ame, et vous, mes esprits:
Que je n'aye aucune pensée
Ny force au dedans ramassée,
Qui du Seigneur taise le prix.

Car ce n'est pas comme s'il eust dit: Je suis une cygale mystique. Mon ame, mes esprits, mes pensées et toutes les facultez qui sont ramassées au dedans de moi, sont orgues. O qu'à jamais tout cela benisse le nom et retentisse les louanges de mon Dieu!

(2) Ma bouche à jamais sera pleine
Du bruit de sa gloire hautaine,
Et n'aura bien qu'à le chanter;
La troupe d'ennuis oppressée,
Humble de cœur et de pensée,
Prendra plaisir à m'escouter.

(1) Ps. CII, 1. — (2) Ps. XXXIII, 2, 3.

CHAPITRE IX.

Comme la bienveuillance nous fait appeller toutes les creatures à la louange de Dieu.

Le cœur atteint et pressé du desir de louer plus qu'il ne peut la divine bonté, après divers efforts sort maintesfois de soy-mesme pour convier toutes les creatures à les secourir en son dessein. (1) Comme nous voyons avoir fait les trois enfans en la fournaise en cet admirable cantique de benedictions, par lequel ils excitent tout ce qui est au ciel, et la terre et sous terre, à rendre grace à Dieu eternel, en le louant et benissant souverainement. Ainsi le glorieux psalmiste, tout esmeu de la passion sainctement dereglée qui le portoit à louer Dieu, va sans ordre sautant du ciel à la terre et de la terre au ciel, appelant pesle-mesle les anges, les poissons, les monts, les eaux, les dragons, les oyseaux, les serpens, le feu, la gresle, les brouillards, assemblant par ses souhaits toutes les creatures, afin que toutes ensemble s'accordent à magnifier pieusement leur Createur, les unes celebrant elles-mesmes les divines louanges, et les autres donnant le subject de le louer par les merveilles de leurs differentes proprietez, lesquelles manifestent la grandeur de leur facteur; si que ce divin psalmiste royal ayant composé une grande quantité de psaumes avec cette inscription, *louez Dieu*; après avoir discouru parmy toutes les creatures pour leur faire les sainctes semonces de benir la Majesté celeste, et parcouru une grande varieté de moyens et instrumens propres à la celebration des louanges de cette eternelle bonté; enfin comme tombant en defaillance d'haleine, il conclut toute sa sacrée psalmodie par cet eslan : « (2) Tout esprit loue « le Seigneur », c'est-à-dire, tout ce qui a vie, ne vive ny ne respire que pour benir le Createur, selon l'encouragement qu'il avoit donné ailleurs.

(3) Sus donc d'une bouche animée,
Celebrons tous la renommée
De l'Eternel, à qui mieux mieux :
Nostre voix ensemble meslée
Bien haut sur la voute estoilée
Esleve son nom glorieux.

Ainsi le grand sainct François chanta le cantique du soleil et cent autres excellentes benedictions, pour invoquer les creatures à venir aider son tant alangoury, de quoy il ne pouvoit à son gré louer le cher Sauveur de son ame. Ainsi la celeste espouse se sentant presque evanouie entre les violens essais qu'elle faisoit de benir et magnifier le bien-aimé roy de son cœur : « (1) Hé ! crioit-elle « à ses compagnes, ce divin espoux m'a menée « par la contemplation en ses celliers à vin, » me faisant savourer les delices incomparables des perfections de son excellence; et je me suis tellement destrempée et sainctement enyvrée par la complaisance que j'ay prise en cet abysme de beauté, que mon ame va (2) *languissante*, blessée d'un desir amoureusement mortel qui me presse de louer à jamais une si eminente bonté. Helas ! venez, je vous supplie, au secours de mon pauvre cœur qui va tout maintenant definir; « (3) soutenez-le de grace, et l'appuyez de toutes « fleurs, confortez-le et l'environnez de pommes, « autrement il tombe pasmé. »

Là complaisance tire les suavitez divines dedans le cœur, lequel se remplit si ardemment qu'il en est tout esperdu. Mais l'amour de la bienveuillance fait sortir nostre cœur de soy-mesme, et le fait exhaler en vapeurs de parfums delicieux, c'est-à-dire, en toutes sortes de sainctes louanges; et n'en pouvant neantmoins tant pousser comme il desireroit, ô, dit-il, que toutes les creatures viennent contribuer les *fleurs* de leurs benedictions, les *pommes* de leurs actions de graces, de leurs honneurs et de leurs adorations, afin que de toutes parts on sente les odeurs respandues à la gloire de celuy duquel l'infinie douceur surpasse tout honneur, et que nous ne pouvons jamais bien dignement magnifier.

C'est cette divine passion qui fait tant faire de predications, qui fait passer en tant de hasards les Xaviers, les Berzées, les Antoines, cette multitude de jesuites, de capucins et de religieux et autres ecclesiastiques de toutes sortes, ès Indes, au Japon, en Maragnan, afin de faire cognoistre, recognoistre et adorer le nom sacré de Jesus emmy ces grands peuples. C'est cette passion saincte qui fait tant escrire de livres de pieté, tant fonder d'eglises, d'autels, de maisons pieuses, et en somme qui fait veiller, travailler et mourir tant de serviteurs de Dieu entre les flammes du zele qui les consume et devore.

CHAPITRE X.

Comme le desir de louer Dieu nous fait aspirer au ciel.

L'ame amoureuse voyant qu'elle ne peut assouvir le desir qu'elle a de louer son bien-aimé, tandis qu'elle vit entre les miseres de ce monde, et sçachant que les louanges qu'on rend au ciel à la

---

(1) Daniel, III, 57.
(2) Ps. CL. 6. — (3) Ps. XXXIII, 4.

(1) Cant. Cant. II, 4. — (2) Ibid. 5. — (3) Ibid.

divine bonté se chantent d'un air incomparablement plus agreable : O Dieu! dit-elle, que les louanges respandues par ces bienheureux esprits devant le throsne de mon roy celeste sont louables, que leurs benedictions sont dignes d'estre benites! O que de bonheur d'ouyr cette melodie de la tres-saincte eternité, en laquelle, par une tres-souefve rencontre de voix dissemblables et de tons dispareils, se font ces admirables accords esquels toutes les parties avançant les unes sur les autres par une suite continuelle et incomprehensible liaison de chasses, en entend de toutes parts retentir des perpetuels *alleluya!*

Voix pour leur esclat comparées aux *tonnerres* (1), aux trompettes, au *bruit des vagues* de la mer agitée; mais voix qui aussi pour leur incomparable douceur et suavité sont comparées à la melodie des *harpes* (2) delicatement et delicieusement sonnées par la main des plus excellens joueurs; et voix qui toutes s'accordent à dire le joyeux cantique paschal *alleluya* (3), *louez Dieu, amen, louez Dieu.* Car sçachez, Theotime(4)*qu'une voix sort du throsne* divin, qui ne cesse de crier aux heureux habitans de la glorieuse Hierusalem celeste: « dictes à Dieu louanges, ô vous qui estes « ses serviteurs et qui le craignez, grands et pe- « tits : » à quoy toute cette multitude innombrable des saincts, les chœurs des anges et les chœurs des hommes assemblez, respond chantant de toute sa force, (5) *alleluya, louez Dieu.* Mais quelle est cette voix admirable qui sortant du throsne divin, annonce les *alleluya* aux esleuz, sinon la tressaincte complaisance, laquelle estant receue dedans l'esprit, leur fait ressentir la douceur des perfections divines, ensuite de laquelle naist en eux l'amoureuse bienveuillance, source vive des louanges sacrées? Ainsi par effect la complaisance procedant du throsne, vient intimer les grandeurs de Dieu aux bienheureux, et la bienveuillance les excite à respandre reciproquement devant le throsne les parfums de louange. C'est pourquoy par maniere de response, ils chantent eternellement, *alleluya*, c'est-à-dire, *louez Dieu.* La complaisance vient du throsne dans le cœur, et la bienveuillance va du cœur au throsne.

O que ce temple est aimable où tout retentit en louange! Que de douceur à ceux qui vivent en ce sacré sejour où tant de Philomeles et rossignols celestes chantent avec cette saincte contention d'amour les cantiques d'eternelle suavité!

Le cœur donc qui ne peut en ce monde ny chanter, ny ouyr les louanges divines à son gré, entre en des plaisirs nompareils d'estre deslivré des liens de cette vie pour aller en l'autre où on loue si parfaictement le bien-aimé celeste; et ces desirs s'estant ainsi emparez du cœur se rendent quelquefois si puissans et pressans dans la poictrine des amans sacrez, que bannissant tous autres desirs, ils mettent en degoust toutes choses terrestres, et rendent l'ame toute alangourie et malade d'amour : voire mesme cette saincte passion passe aucune fois si avant, que, si Dieu le permet, on en meurt.

Ainsi ce glorieux et seraphique amant sainct François, ayant longuement esté travaillé de cette forte affection de louer Dieu, enfin en ses dernieres années, après qu'il eust asseurance, par une tres-speciale revelation, de son salut eternel, il ne pouvoit contenir sa joye, et s'alloit de jour en jour consumant, comme si sa vie et son ame se fust evaporée ainsi que l'encens sur le feu des ardens desirs qu'il avoit de voir son maistre pour le louer incessamment; en sorte que ces ardeurs prenant tous les jours de nouveaux accroissemens, son ame sortit de son corps par un eslan qu'elle fit vers le ciel; car la divine providence voulut qu'il mourust en prononçant ces sacrées paroles : « (1) Hé! tirez hors de cette prison mon « ame, ô Seigneur, afin que je benisse vostre nom: « les justes m'attendent jusqu'à ce que vous me « rendiez ma tranquillité desirée. » Theotime, voyez de grace cet esprit, qui comme un celeste rossignol enfermé dans la cage de son corps, dans laquelle il ne peut chanter à souhait les benedictions de son celeste amour, sçait qu'il gazouilleroit et pratiqueroit mieux son beau ramage s'il pouvoit gagner l'air pour jouyr de sa liberté et de la societé des autres Philomeles entre les gayes et florissantes collines de la contrée bienheureuse. C'est pourquoy il exclame, Helas! ô Seigneur de ma vie, hé! par vostre bonté toute douce delivrez-moy, pauvre que je suis, de la cage de mon corps, retirez-moy de cette petite prison; afin qu'affranchy de cet esclavage, je puisse voler où mes chers compagnons m'attendent là haut au ciel pour me joindre à leurs chœurs et m'environner de leur joye. Là, Seigneur, alliant ma voix aux leurs, je feray avec eux une douce harmonie d'airs et d'accens delicieux, chantant, louant et benissant vostre misericorde. Cet admirable sainct, comme un orateur qui veut finir et conclure tout ce qu'il a dit par quelque courte sentence, mit cette heureuse fin à tous ses souhaits et desirs, desquels ces paroles furent l'abregé. Parolles auxquelles il attacha si fortement son ame qu'il expira en les souspirant. Mon Dieu, Theotime, quelle douce et chere mort.

(1) Apoc. XIV, 2. — (2) Ibid. — (3) Ibid. XIX, 1, 4. — (4) Apoc. XIX, 5. — (5) Ibid. 6.

(1) Ps. CXLI, 8.

fut celle-cy! mort heureusement amoureuse, amour sainctement mortel.

CHAPITRE XI.

Comme nous practiquons l'amour de bienveuillance ès louanges que nostre Redempteur et sa mere donnent à Dieu.

Nous allons donc montant en ce sainct exercice de degré en degré, par les creatures que nous invitons à louer Dieu, passant des insensibles aux raisonnables et intellectuelles, et de l'Eglise militante à la triomphante, en laquelle nous nous relevons entre les anges et les saincts, jusqu'à ce qu'au-dessus de tous nous ayons rencontré la tres-saincte Vierge, laquelle d'un air incomparable loue et magnifie la Divinité plus hautement, plus sainctement et plus delicieusement que tout le reste des creatures ensemble ne sçauroit jamais faire.

Estant, il y a deux ans, à Milan, où la veneration des recentes memoires du grand archevesque sainct Charles m'avoit attiré avec quelques-uns de nos ecclesiastiques, nous ouysmes en diverses Eglises plusieurs sortes de musiques : mais en un monastere de filles nous ouysmes une religieuse, de laquelle la voix estoit si admirablement delicieuse qu'elle seule respandoit incomparablement plus de suavité dans nos esprits que ne fit tout le reste ensemble, qui quoyqu'excellent, sembloit neantmoins n'estre fait que pour donner lustre et rehausser la perfection et l'esclat de cette voix unique. Ainsi, Theotime, entre tous les chœurs des hommes et tous les chœurs des anges on entend cette voix hautaine de la tres-saincte Vierge, qui relevée au-dessus de tout rend plus de louange à Dieu que tout le reste des creatures. Aussi le Roy celeste la convie tout particulierement à chanter : « (1) Monstre-moy ta face, dit-il, ô ma « bien-aimée : que ta voix sonne à mes oreilles, « car ta voix est toute douce, et ta face toute « belle. »

Mais ces louanges que cette *Mere* d'honneur et *de belle dilection* (2), avec toutes les creatures ensemble, donne à la Divinité, quoyqu'excellentes et admirables, sont neantmoins si infiniment inferieures au merite infiny de la bonté de Dieu, qu'elles n'ont aucune proportion avec iceluy ; et partant, quoyqu'elles contentent grandement la sacrée bienveuillance que le cœur amant a pour son bien-aimé, si est-ce qu'elles ne l'assouvissent pas. Il passe donc plus avant, et invite le Sauveur de louer et glorifier son Pere eternel de toutes les benedictions que son amour filial luy peut fournir. Et lors, Theotime, l'esprit arrive en un lieu de silence; car nous ne sçavons plus faire autre chose qu'admirer. O quel cantique du Fils pour le Pere! ô que ce cher bien-aimé, « est « beau entre tous les enfans des hommes ! (1) » ô que sa voix est douce, comme procedante des « levres (2) sur lesquelles la plenitude de la grace « est respandue ! » Tous les autres sont parfumez, mais luy il est le parfum mesme : les autres sont embaumez, mais luy il est le *beaume respandu* (3). Le Pere eternel reçoit les louanges des autres comme senteurs de fleurs particulieres ; mais au sentir des benedictions que le Sauveur luy donne, il s'escrie sans doute : « (4) O voicy « l'odeur des louanges de mon Fils, comme l'o- « deur d'un champ plein de fleurs que j'ay beny. » Ouy, mon cher Theotime, toutes les benedictions que l'Eglise militante et triomphante donne à Dieu, sont benedictions angeliques et humaines : car si bien elles s'adressent au Createur, toutesfois elles procedent de la creature ; mais celles du Fils elles sont divines, car elles ne regardent pas seulement Dieu comme les autres, ains elles proviennent de Dieu ; car le Redempteur est vray Dieu : elles sont divines, non-seulement quant à leur fin, mais quant à leur origine; divines, parce qu'elles tendent à Dieu. Dieu provoque l'ame, et donne la grace requise pour la production des autres louanges : mais celles du Redempteur, luy qui est Dieu les produit luy-mesme ; c'est pourquoy elles sont infinies.

Celuy qui le matin ayant ouy assez longuement entre les boscages voisins un gazouillement agreable d'une grande quantité de serins, linottes, chardonnets et autres tels menus oyseaux, entendroit enfin un maistre rossignol, qui en parfaicte melodie rempliroit l'air et l'oreille de son admirable voix, sans doute qu'il prefereroit ce seul chantre boscager à toute la troupe des autres. Ainsi après avoir ouy toutes les louanges que tant de differentes creatures, à l'envy les unes des autres, rendent unanimement à leur Createur; quand enfin on escoute celle du Sauveur, on y trouve une certaine infinité de merite de valeur, de suavité qui surmonte toute esperance et attente du cœur ; et l'ame alors, comme resveillée d'un profond sommeil, est tout à coup ravie par l'extremité de la douceur de telle melodie.

Hé, je l'entends, ô la voix, « (5) la voix de mon « bien-aimé ! » voix reyne de toutes les voix, voix au prix de laquelle les autres voix ne sont qu'un

---

(1) Cant. Cant. II, 13, 14. — (2) Eccl. XXIV, 24.

(1) Psal. XLIV, 3. — (2) Ibid.
(3) Cant. Cant. I, 2. — (4) Genes. XXVII, 27.
(5) Cant. Cant. II, 8.

muet et morne silence. Voyez comme ce cher amy s'eslance, « (1) le voici qui vient tressaillant « ès plus hautes montagnes, outrepassant les col- « lines. » Sa voix retentit au-dessus des seraphins et de toute créature; il a la veuë de *chevreuil* (2) pour penetrer plus avant que nul autre en la beauté de l'object sacré qu'il veut louer : il aime la melodie de la gloire et louange de son Pere plus que tous ; c'est pourquoy il fait des tressaillemens, des louanges et benedictions au-dessus de tous. Tenez, *le voilà* (3) ce divin amour du bien-aimé, comme « il est derriere le paroy » de son humanité; voyez qu'il se fait entrevoir par les playes de son corps et l'ouverture de son flanc, « comme par des fenestres et comme par un treil- « lis au travers duquel il nous regarde. »

Ouy certes, Theotime, l'amour divin, assis sur le cœur du Sauveur comme sur son throsne royal, regarde par la fente de son costé percé tous les cœurs des enfans des hommes. Car ce cœur estant le roy des cœurs, tient tousjours ses yeux sur les cœurs. Mais comme ceux qui regardent au travers des treillis voyent et ne sont qu'entreveuz, ainsi le divin amour de ce cœur, ou plutost ce cœur du divin amour, voit tousjours clairement les nostres et les regarde des yeux de sa dilection ; mais nous ne le voyons pas pourtant, seulement nous l'entrevoyons. Car, ô Dieu, si nous le voyions ainsi qu'il est, nous mourrions d'amour pour luy, puisque nous sommes mortels, comme luy-mesme mourut pour nous, tandis qu'il estoit mortel, et comme il en mourroit encore si maintenant il n'estoit immortel. O si nous oyions ce divin cœur comme il chante d'une voix d'infinie douceur le cantique de louange à la divinité! Quelle joye, Theotime, quels efforts de nos cœurs pour se lancer afin de les tousjours ouyr! Il nous y semond certes, ce cher amy de nos ames : *Sus, leve-toy*, dit-il, sors de toy-mesme, prend le vol vers moy, *ma colombe, ma tres-belle* (4), en ce celeste sejour où toutes choses sont joye, et où toutes sont louanges et benedictions. Tout *y fleurit* (5), tout y respand de la douceur et du parfum : les *tourterelles* qui sont les plus sombres de tous les oyseaux, y *resonnent* neantmoins leur ramage : Viens, ma bien-aimée toute chere; et pour me voir plus clairement, viens ès mesmes fenestres par lesquelles je te regarde : viens considerer mon cœur *en la caverne* (6) de l'ouverture de mon flanc qui fut faicte lorsque mon corps, comme une maison reduite en *masures*, fut si piteusement demoli sur l'arbre de la croix ; *viens et me monstre ta face* (1). Hé! je la voy maintenant sans que tu me la monstres, mais alors je la verray, et tu me la monstreras, car tu verras que je te voy : *fay que j'escoute ta voix* (2), car je la veux allier avec la mienne ; ainsi *ta face* sera belle, *et ta voix tres-agreable*. O quelle suavité à nos cœurs, quand nos voix unies et meslées avec celle du Sauveur participeront à l'infinie douceur des louanges que ce Fils bien-aimé rend à son Pere eternel!

CHAPITRE XII.

De la souveraine louange que Dieu se donne à soymesme, et de l'exercice de bienveuillance que nous faisons en icelle.

Toutes les actions humaines de nostre Sauveur sont infinies en valeur et merite, à raison de la personne qui les produit qui est un mesme Dieu avec le Pere et le Sainct-Esprit. Mais elles ne sont pas pourtant de nature et essence infinie. Car tout ainsi qu'estant en une chambre nous ne recevons pas la lumiere selon la grandeur de la clarté du soleil qui la respand, mais selon la grandeur de la fenestre par laquelle il la communique : de mesme les actions humaines du Sauveur ne sont pas infinies, bien qu'elles soient d'infinie valeur ; d'autant qu'encore que la personne divine les fasse, elle ne les fait pas toutesfois selon l'estendue de son infinité, mais selon la grandeur finie de son humanité par laquelle elle les fait. De sorte que comme les actions humaines de nostre doux Sauveur sont infinies en comparaison des nostres, aussi sont-elles finies en comparaison de l'essentielle infinité de la divinité : elles sont d'infinie valeur, estime et dignité, parce qu'elles procedent d'une personne qui est Dieu : mais elles sont d'essence et nature finie, parce que Dieu les fait selon sa nature et substance humaine qui est finie. La louange donc qui part du Sauveur, en tant qu'il est homme, n'estant pas de tout poinct infinie, elle ne peut correspondre de toutes parts à la grandeur infinie de la Divinité à laquelle elle est destinée.

C'est pourquoy après le premier ravissement d'admiration qui nous saisit quand nous avons rencontré une louange si glorieuse, comme est celle que le Sauveur donne à son Pere, nous ne laissons pas de recognoistre que la Divinité est encore infiniment plus louable, qu'elle ne peut estre louée, ny par toutes les creatures, ny par l'humanité mesme du Fils eternel.

Si quelqu'un louoit le soleil à cause de sa lumiere, plus il s'esleveroit vers iceluy pour le louer, plus il le trouveroit louable, parce qu'il y

---

(1) Cant. Cant. II, 8. — (2) Ibid. 9. — (3) Ibid. (4) Cant. Cant. II, 1. — (5) Ibid. (6) Cant. Cant. II, 14.

(1) Cant. Cant. II, 14. — (2) Ibid.

verroit tousjours plus de splendeur. Que si c'est cette beauté de la lumiere qui provoque les alouettes à chanter, comme il est fort probable, ce n'est pas merveille si elles chantent plus clairement à mesure qu'elles volent plus hautement, s'eslevant esgalement en chant et en vol, jusqu'à tant que ne pouvant presque plus chanter, elles commencent à descendre de ton et de corps, rabaissant petit à petit leur vol comme leur voix. Ainsi, mon Theotime, à mesure que nous montons par bienveuillance vers la Divinité pour entonner et ouyr ses louanges, nous voyons qu'il est tousjours au-dessus de toute louange ; et finalement nous cognoissons qu'il ne peut estre loué selon qu'il merite, sinon par luy-mesme qui seul peut dignement esgaler sa souveraine bonté par une souveraine louange.

Alors nous exclamons, « gloire soit au Pere, et « au Fils, et au Sainct-Esprit. » Et en fin qu'on sçache que ce n'est pas la gloire des louanges creées que nous souhaitons à Dieu par cet eslan, ains la gloire essentielle et eternelle qu'il a en luy-mesme, par luy-mesme, de luy-mesme, et qui est luy-mesme, nous adjoustons : « Ainsi qu'il l'a-« voit au commencement, et maintenant, et tous-« jours ès siecles des siecles. Amen. » Comme si nous disions par souhait : qu'à jamais Dieu soit glorifié de la gloire qu'il avoit avant toute creature en son infinie eternité et eternelle infinité. Pour cela nous adjoustons ce verset de gloire à chaque psalme et cantique, selon la coustume ancienne de l'Eglise orientale, que le grand S. Hierosme supplia S. Damasse pape de vouloir establir de deça en Occident, pour protester que toutes les louanges humaines et angeliques sont trop basses pour dignement louer la divine bonté ; et qu'afin qu'elle soit dignement louée, il faut qu'elle soit sa gloire, sa louange et sa benediction elle-mesme.

O Dieu, quelle complaisance, quelle joye à l'ame qui aime, de voir son desir assouvy ; puisque son bien-aimé se loue, benit et magnifie infiniment soy-mesme ! Mais en cette complaisance naist derechef un nouveau desir de louer, car le cœur voudroit louer cette si digne louange que Dieu se donne à soy-mesme, l'en remerciant profondement, et rappellant derechef toutes choses à son secours pour venir avec luy glorifier la gloire de Dieu, benir sa benediction infinie, et louer sa louange eternelle : si que, par ce retour et repetition de louange sur louange, il s'engage entre la complaisance et la bienveuillance en un tres-heureux labyrinthe d'amour, tout abysmé en cette immense douceur, louant souverainement la Divinité de quoy elle ne peut estre assez louée que par elle-mesme. Et bien qu'au commencement l'ame amoureuse eust eu quelque sorte de desir de pouvoir assez louer son Dieu, si-est-ce que revenant à soy elle proteste qu'elle ne voudroit pas le pouvoir assez louer, ains demeure en une tres-humble complaisance de voir que la divine bonté est si tres-infiniment louable, qu'elle ne peut estre suffisamment louée que par sa propre infinité.

En cet endroit, le cœur ravy en admiration chante le Cantique du silence sacré :

A vostre divine excellence
On dedie dans Sion
L'hymne d'admiration,
Qui ne chante qu'en silence.

Car ainsi les seraphins d'Isaye (1) adorant Dieu et le louant, voilent leurs faces et leurs pieds, pour confesser qu'ils n'ont nulle suffisance de le bien considerer ny de le bien servir ; car les pieds sur lesquels on va representent le service. Mais pourtant « (2) ils volent des deux aisles, » par le continuel mouvement de la complaisance et de la bienveuillance, et leur amour prend son repos en cette douce inquietude.

Le cœur de l'homme n'est jamais tant inquietté que quand on empesche le mouvement par lequel il s'estend et resserre continuellement, et jamais si tranquille que quand il a ses mouvemens libres ; de sorte que sa tranquillité est en son mouvement. Or c'en est de mesme de l'amour des seraphins, et de tous les hommes seraphiques : car il a son repos en son continuel mouvement de complaisance par lequel il tire Dieu en soy, comme le resserrant ; et de bienveuillance par lequel il s'estend et jette tout en Dieu. Cet amour donc voudroit bien voir les merveilles de l'infinie bonté de Dieu, mais il « (3) re-« plie les aisles de ce desir sur son visage, » confessant qu'il n'y peut reussir. Il voudroit aussi rendre quelque digne service, mais il « (4) replie « le desir sur ses pieds, » avouant qu'il n'en a pas le pouvoir ; et ne luy reste que les *deux aisles* (5) de complaisance et bienveuillance avec lesquelles il *vole* et s'eslance vers Dieu.

(1) Isa. VI, 2. — (2) Ibid. — (3) Ibid.
(4) Isa. VI, 2. — (5) Ibid.

LIVRE SIXIESME.

DES EXERCICES DU SAINCT AMOUR EN L'ORAISON.

CHAPITRE PREMIER.

Description de la theologie mystique, qui n'est autre chose que l'oraison.

Nous avons deux principaux exercices de nostre amour envers Dieu; l'un affectif, et l'autre effectif, ou comme dit S. Bernard, actif. Par celuy-là nous affectionnons Dieu et ce qu'il affectionne : par celuy-cy nous servons Dieu, et faisons ce qu'il nous ordonne. Celuy-là nous joint à la bonté de Dieu, celuy-cy nous fait executer sa volonté. L'un nous remplit de complaisance, de bienveuillance, d'eslans, de souhaits, de souspirs et d'ardeurs spirituelles, nous faisant practiquer les sacrées infusions et meslanges de nostre esprit avec celuy de Dieu; l'autre respand en nous la solide resolution, la fermeté de courage et l'inviolable obeyssance requise pour effectuer les ordonnances de la volonté de Dieu; et pour souffrir, agreer, approuver et embrasser tout ce qui provient de son bon plaisir. L'un nous fait plaire en Dieu, l'autre nous fait plaire à Dieu. Par l'un nous concevons, par l'autre nous produisons. Par l'un nous « mettons Dieu sur nostre « cœur (1), » comme un etendard d'amour auquel toutes nos affections se rangent; par l'autre nous le « (2) mettons sur nostre bras, » comme une epée de dilection par laquelle nous faisons tous les exploits des vertus.

Or le premier exercice consiste principalement en l'oraison, en laquelle se passent tant de divers mouvemens interieurs, qu'il est impossible de les exprimer tous, non-seulement à cause de leur quantité, mais aussi à raison de leur nature et qualité; laquelle estant spirituelle, ne peut estre que grandement deliée et presqu'imperceptible à nos entendemens. Les chiens les plus sages et les mieux dressez tombent souvent en deffaut, perdant la piste et le sentiment pour la varieté des ruses dont les cerfs usent, faisant les horvaris, donnant le change et practiquant mille malices pour s'echapper devant la meute; et nous perdons souvent de veuë et de cognoissance nostre propre cœur en l'infinie diversité des mouvemens par lesquels il se tourne en tant de façons et avec une si grande promptitude qu'on ne peut discerner ses erres.

Dieu seul est celuy qui, par son infinie science, voit, sonde et penetre tous les tours et contours de nos esprits : il « (1) entend nos pensées de « loin, il trouve tous nos sentiers, faufilans et « detours : sa science en est admirable, elle pre- « vaut au-dessus de nostre capacité, et nous n'y « pouvons atteindre. » Certes, si nos esprits vouloient faire retour sur eux-mesmes par les reflechissemens et replis de leurs actions, ils entreroient en des labyrinthes esquels ils perdroient sans doute l'yssuë, et ce seroit une attention insupportable de penser quelles sont nos pensées, considerer nos considerations, voir toutes nos veuës spirituelles, discerner que nous discernons, nous ressouvenir que nous nous ressouvenons : ce seroient des entortillemens que nous ne pourrions defaire. Ce traité est donc difficile, sur-tout à qui n'est pas homme de grande oraison.

Nous ne prenons pas icy le mot d'oraison pour la seule priere ou demande de quelque bien, respandue devant Dieu par les fideles, comme sainct Basile le nomme, mais comme sainct Bonaventure, quand il dit que l'oraison, à parler generalement, comprend tous les actes de contemplation; ou comme S. Gregoire Hyssene, quand il enseignoit que l'oraison est un entretien et conversation de l'ame avec Dieu; ou bien comme S. Chrysostome, quand il asseure que l'oraison est un devis avec la divine Majesté; ou enfin comme S. Augustin et S. Damascene, quand ils disent que l'oraison est une montée ou eslevement de l'esprit en Dieu. Que si l'oraison est un colloque, un devis, ou une conversation de l'ame avec Dieu, par icelle donc nous parlons à Dieu, et Dieu reciproquement parle à nous; nous aspirons à luy et respirons en luy, et mutuellement il inspire en nous et respire sur nous.

Mais de quoy devisons-nous en l'oraison ? quel est le subject de nostre entretien ? Theotime, on

---

(1) Cant. Cant. VIII, 6. — (2) Ibid.

(1) Ps. CXXXVIII, 5.

n'y parle que de Dieu : car de qui pourroit deviser et s'entretenir l'amour, que du bien-aymé ? et pour cela l'oraison et la theologie mystique ne sont qu'une mesme chose. Elle s'appelle theologie, parce que, comme la theologie speculative a Dieu pour son object, celle-cy aussi ne parle que de Dieu, mais avec trois differences : car 1. celle-là traicte de Dieu, en tant qu'il est Dieu ; et celle-cy en parle, en tant qu'il est souverainement aimable ; c'est-à-dire, celle-là regarde la Divinité de la supresme bonté, et celle-cy la supresme bonté de la Divinité. 2. La speculative traicte de Dieu avec les hommes et entre les hommes, la mystique parle de Dieu avec Dieu et en Dieu mesme. 3. La speculative tend à la cognoissance de Dieu, et la mystique à l'amour de Dieu : de sorte que celle-là rend ses escoliers sçavans, doctes et theologiens ; mais celle-cy rend les siens ardens, affectionnez, amateurs de Dieu, et Philothées ou Theophiles.

Or elle s'appelle mystique, parce que la conversation y est toute secrette, et ne se dit rien en icelle entre Dieu et l'ame que de cœur à cœur par une communication incommunicable à tout autre qu'à ceux qui la font. Le langage des amans est si particulier que nul ne l'entend qu'eux-mesmes. « (1) Je dors, disoit l'amante sacrée, et « mon cœur veille : hé ! voilà que mon bien-aimé « me parle. » Qui eust pu deviner que cette espouse estant endormie eust neantmoins devisé avec son espoux ? Mais où l'amour regne, on n'a point besoin du bruit des paroles exterieures, ny de l'usage des sens pour s'entretenir et s'entr'ouyr l'un à l'autre. En somme, l'oraison et theologie mystique n'est autre chose qu'une conversation par laquelle l'ame s'entretient amoureusement avec Dieu de sa tres-aimable bonté pour s'unir et joindre à icelle.

L'oraison est une *manne* (2) pour l'infinité des gousts amoureux et des precieuses suavitez qu'elle donne à ceux qui en usent : mais elle est *secrette* (3) parce qu'elle *tombe avant la clarté* (4) d'aucune science, *en la solitude* mentale où l'ame traicte seule à seule avec son Dieu. « (5) Qui est celle-cy, « peut-on dire d'elle, qui monte par le desert « comme une nuée de parfums, de myrrhe, « d'encens et de toutes les poudres du parfu- « meur ? » Aussi le desir du secret l'avoit incitée de faire cette supplication à son espoux : « (6) Ve- « nez, mon bien-aimé, sortons aux champs, se- « journons ès villages ; » pour cela l'amante celeste est appellée tourterelle, oyseau qui se plaist ès lieux ombrageux et solitaires, esquels elle ne se sert de son ramage que pour son unique paron, ou le flattant tandis qu'il est en vie, ou le regrettant après sa mort. Pour cela au Cantique l'espoux divin et l'espouse celeste representent leurs amours par un continuel devis. Que si leurs amys et amies parlent par fois emmy leur entretien, ce n'est qu'à la derobée, et de sorte qu'ils ne troublent point le colloque. Pour cela la bienheureuse mere Therese de Jesus trouvoit plus de profit au commencement ès mysteres où Nostre-Seigneur fut plus seul, comme au jardin des Olives, et lorsqu'il fut attendant la Samaritaine ; car il luy estoit advis qu'estant seul, il la devoit plutost admettre auprès de luy.

L'amour desire le secret ; et quoyque les amans n'ayent rien à dire de secret, ils se plaisent toutesfois à le dire secrettement : et c'est en partie, si je ne me trompe, parce qu'ils ne veulent parler que pour eux-mesmes ; et disant quelque chose à haute voix, il leur est advis que ce n'est plus pour eux seuls ; partie, parce qu'ils ne disent pas les choses communes à la façon commune, ains avec des traits particuliers et qui ressentent la speciale affection avec laquelle ils parlent. Le langage de l'amour est commun quant aux paroles, mais quant à la maniere et prononciation, il est si particulier que nul ne l'entend, sinon les amans. Le nom d'amy estant dit en commun n'est pas grand chose, mais estant dit à part, en secret, à l'oreille, il veut dire merveille ; et à mesure qu'il est dit plus secrettement, sa signification en est plus aimable. O Dieu ! quelle difference entre le langage de ces anciens amateurs de la Divinité, Ignace, Cyprien, Chrysostome, Augustin, Hilaire, Ephrem, Gregoire, Bernard, et celui des theologiens moins amoureux ! Nous usons de leurs mesmes mots, mais entr'eux c'estoient des mots pleins de chaleur et de la suavité des parfums amoureux : parmy nous ils sont froids et sans aucune senteur.

L'amour ne parle pas seulement par la langue, mais par les yeux, les souspirs et contenances. Ouy mesme le silence et la taciturnité luy tiennent lieu de parole. (1) « Mon cœur vous l'a dit, « ô Seigneur ! ma face vous a cherché : ô Seigneur, « je chercheray vostre face. » « (2) Mes yeux ont « defailly, disant : Quand me consolerez-vous ? » « (3) Exaucez ma priere, ô Seigneur, et depreca- « tion : escoutez de vos oreilles mes larmes. » « (4) Que la prunelle de ton œil ne se taise « point », disoit le cœur desolé des habitans de Hierusalem à leur propre ville. Voyez-vous,

---

(1) Cant. Cant. v, 2. — (2) Apoc. ii, 17.
(3) Apoc. ii, 17. — (4) Ex. xvi, 13, 14.
(5) Cant. Cant. iii, 6. — (6) Cant. Cant. vii, 11.

(1) Ps. xxvi, 8. — (2) Ps. cxviii, 82.
(3) Ps. xxxviii, 13. — (4) Thren. ii, 18.

Theotime, que le silence des amans affligez parle de la prunelle des yeux et par les larmes. Certes, en la theologie mystique c'est le principal exercice de parler à Dieu et d'ouyr parler Dieu au fond du cœur : et parce que ce devis se fait par de tres-secrettes aspirations et inspirations, nous l'appellons colloque de silence; les yeux parlent aux yeux, et le cœur au cœur : et nul n'entend ce qui se dit que les amans sacrez qui parlent.

CHAPITRE II.
De la meditation, premier degré de l'oraison ou theologie mystique.

Ce mot est grandement en usage dans les sainctes Escritures, et ne veut dire autre chose qu'une attentive et reiterée pensée propre à produire des affections ou bonnes ou mauvaises. Au premier psalme, l'homme est dict « (1) bienheureux « qui a sa volonté en la loy du Seigneur, et qui « meditera en la loy d'iceluy jour et nuict. » Mais au second psalme : « (2) Pourquoy ont fremy les « nations et les peuples? Pourquoy ont-ils me- « dité choses vaines? » La meditation doncques se fait pour le bien et pour le mal. Toutesfois, d'autant qu'en l'Escriture saincte le mot de meditation est employé ordinairement pour l'attention que l'on a aux choses divines, afin de s'exciter à les aimer, il a esté par maniere de dire canonisé du commun consentement des theologiens, aussi bien que le nom d'ange et de zele, comme au contraire celuy de dol et de demon a esté diffamé : si que, maintenant quand on nomme la meditation, on entend parler de celle qui est saincte, et par laquelle on commence la theologie mystique.

Or, toute meditation est une pensée; mais toute pensée n'est pas une meditation. Maintesfois nous avons des pensées auxquelles nostre esprit s'attache sans dessein ny pretention quelconque par maniere de simple amusement, ainsi que nous voyons les mouches communes voler çà et là sur les fleurs sans en tirer chose aucune; et cette espece de pensée, pour attentive qu'elle soit, ne peut porter le nom de meditation, ains doit estre simplement appelée pensée. Quelquefois nous pensons attentivement à quelque chose pour apprendre ses causes, ses effets, ses qualitez, et cette pensée s'appelle estude; en laquelle l'esprit fait comme les hanetons qui voletent sur les fleurs et les feuilles indistinctement pour les manger et s'en nourrir. Mais quand nous pensons aux choses divines, non pour apprendre, mais pour nous affectionner à elles; cela s'appelle mediter; et cet exercice, meditation, auquel nostre esprit, non comme une mouche par simple amusement, ny comme un haneton pour manger et se remplir, mais comme une sacrée avette, va çà et là sur les fleurs des saincts mysteres pour en extraire le miel du divin amour.

Ainsi plusieurs sont tousjours songeans et attachez à certaines pensées inutiles, sans sçavoir presque à quoy ils pensent : et ce qui est admirable, ils n'y sont attentifs que par inadvertance, et voudroient ne point avoir telles cogitations; tesmoin celuy qui disoit : « (1) Mes pensées se » sont dissipées, tourmentant mon cœur. » Plusieurs aussi estudient, et par une occupation tres-laborieuse se remplissent de vanité, ne pouvant resister à la curiosité; mais il y en a peu qui s'employent à mediter pour eschauffer leur cœur au sainct amour celeste. En somme, la pensée et l'estude se font de toutes sortes de choses; mais la meditation, ainsi que nous en parlons maintenant, ne regarde que les objects, la consideration desquels nous peut rendre bons et devots. Si que la meditation n'est autre chose qu'une pensée attentive, reiterée ou entretenue volontairement en l'esprit, afin d'exciter la volonté à de sainctes et salutaires affections et resolutions.

La saincte parole explique certes admirablement en quoy consiste la saincte meditation par une excellente similitude. Ezechias voulant exprimer en son cantique l'attentive consideration qu'il fait de son mal : « (2) Je crieray, dit-il, « comme un poussin d'arondelle, et je mediteray « comme une colombe. » Car, mon cher Theotime, si jamais vous y avez pris garde, les petits des arondelles ouvrent grandement leur bec quand ils font leur piallement, et au contraire les colombes entre tous les oyseaux font leur grommellement à bec clos et enfermé, roulant leur voix dans leur gosier et poictrine sans que rien en sorte que par maniere de retentissement et resonnement, et ce petit grommellement leur sert esgalement pour exprimer leurs douleurs comme pour declarer leurs joyes. Ezechias donc pour monstrer qu'emmy son ennuy il faisoit plusieurs oraisons vocales : « Je crieray, dit-il, com- « me le poussin de l'arondelle », ouvrant ma bouche pour pousser devant Dieu plusieurs voix lamentables : et pour tesmoigner d'autre part, qu'il employoit aussi la saincte oraison mentale : « Je mediteray, adjoste-t-il, comme la colombe », roulant et contournant mes pensées dedans mon cœur par une attentive consideration, afin de

---

(1) Ps. I, 2. — (2) Ps. II, 1.

(1) Job, XVII, 11. — (2) Isa. XXXVIII, 14.

m'exciter à benir et louer la souveraine misericorde de mon Dieu qui m'a retiré des portes de la mort, ayant compassion de ma misere. « Ainsi, dit Isaïe (1), nous rugirons ou bruirons « comme des ours, et gemirons meditant comme « colombes » ; le bruit des ours se rapportant aux exclamations par lesquelles on s'escrie en l'oraison vocale, et les gemissemens des colombes à la saincte meditation.

Mais afin que l'on sçache que les colombes ne font pas leur grunement seulement ès occasions de tristesse, ains encore en celles de la joye, l'espoux sacré descrivant le printemps naturel pour exprimer les graces du printemps spirituel : « (2) La voix, dit-il, de la tourterelle a esté ouye « en nostre terre », parce qu'au printemps la tourterelle commence à s'eschauffer, ce qu'elle tesmoigne par son ramage qu'elle respand plus frequemment ; et tost après : « (3) Ma colombe, « monstre-moy ta face : que ta voix resonne à « mes oreilles ; car ta voix est douce, et ta face « tres-bienseante et gracieuse ». Il veut dire, Theotime, que l'ame devote lui est tres-agreable, quand elle se presente devant luy, et qu'elle medite, comme la colombe, pour s'eschauffer au sainct amour spirituel. Ains celuy qui avoit dit : « (4) Je mediteray comme la colombe », exprimant sa conception d'une autre sorte : « (5) Je « repenseray, dit-il, devant vous, ô mon Dieu, « toutes mes années en l'amertume de mon ame» ; car mediter et repenser pour exciter les affections n'est qu'une mesme chose. Dont Moyse avertissant le peuple de repenser les faveurs receues de Dieu, il adjouste cette raison : « (6) Afin, « dit-il, que tu observes ses commandemens, et « que tu chemines en ses voyes, et que tu le « craignes.» » Et Nostre-Seigneur mesme fait ce commandement à Josué : « (7) Tu mediteras en « livre de la loy jour et nuict, afin que tu gardes « et fasses ce qui est escrit en iceluy. » Ce qu'en l'un des passages est exprimé par le mot de *mediter*, est déclaré en l'autre par celuy de *repenser*. Et pour monstrer que la pensée reiterée et la meditation tend à nous esmouvoir aux affections, resolutions et actions, il est dit en l'un et l'autre passage, qu'il faut repenser et mediter en la loy pour l'observer et practiquer. En ce sens l'apostre nous exhorte en cette sorte : « (8) Repensez à « celuy qui a receu une telle contradiction des « pecheurs, afin que vous ne vous laissiez, man-« quans de courage. » Quand il dit, *repensez*, c'est autant comme s'il disoit : Meditez. Mais pourquoy veut-il que nous meditions la saincte passion ? Non certes afin que nous devenions sçavans, mais afin que nous devenions patiens et courageux au chemin du ciel. « (1) O comme j'ay chery vostre « loy, mon Seigneur ! dit David : c'est tout le jour « ma meditation. » Il medite en la loy, parce qu'il la cherit ; et il la cherit, parce qu'il la medite.

La meditation n'est autre chose que le ruminement mystique requis, pour n'estre point immonde, auquel une des devotes bergeres qui suivoient la sacrée Sulamite nous invite, car elle assure que la saincte doctrine est comme « (2) un « vin precieux. », digne non-seulement d'estre *beu* par les pasteurs et docteurs, mais d'estre soigneusement savouré, et par maniere de dire, masché et *ruminé*. « Ton gosier, dit-elle, dans « lequel se forment les paroles sainctes, est un « vin tres-bon, digne de mon bien-aimé, pour « estre beu de ses levres, et de ses dents pour « estre ruminé. » Ainsi le bienheureux Isaac comme un agneau net et pur « (3) sortoit devers « le soir aux champs pour se retirer », conferer et exercer son esprit avec Dieu, c'est-à-dire, prier et mediter.

L'avette va voletant çà et là au printemps sur les fleurs ; non à l'aventure, mais à dessein ; non pour se recreer seulement à voir la gaye diapreure du païsage, mais pour chercher le miel, lequel ayant trouvé, elle le succe et s'en charge ; puis le portant dans sa ruche, elle l'accommode artistement en separant la cire, et d'icelle faisant le bornal, dans lequel elle reserve le miel pour l'hyver suivant. Or telle est l'ame devote en la meditation. Elle va de mystere en mystere, non point à la volée ny pour se consoler seulement à voir l'admirable beauté de ces divins objects ; mais destinement et à dessein pour trouver des motifs d'amour ou de quelque celeste affection ; et les ayant trouvez elle les tire à soy, elle les savoure, elle s'en charge, et les ayant reduits et colloquez dedans son cœur, elle met à part ce qu'elle voit de plus propre pour son avancement, faisant enfin des resolutions convenables pour le temps de la tentation. Ainsi la celeste amante, comme une abeille mystique, va voletant au Cantique des Cantiques, tantost sur les yeux, tantost sur les levres, sur les joues, sur la chevelure de son bien-aimé pour en tirer la suavité de mille affections amoureuses, remarquant par le menu tout ce qu'elle trouve de rare pour cela : de sorte

---

(1) Isa. LIX, 11. — (2) Cant. Cant. II, 12.
(3) Cant. Cant. II, 14.— (4) Is. XXXVIII, 14.
(5) Is. XXXVIII, 15. — (6) Deut. VIII, 6.
(7) Jos. I, 8.— (8) Ad Hebr. XII, 3.

(1) Ps. CXVIII, 97. — (2) Cant. Cant. VII, 9.
(3) Genes. XXIV, 63.

que toute ardente de la sacrée dilection, elle parle avec luy, et l'interroge, elle l'escoute, elle souspire, elle aspire, elle l'admire; comme luy de son costé la comble de contentement, l'inspirant, luy touchant et ouvrant le cœur, puis respandant en iceluy des clartez, des lumieres, des douceurs sans fin, mais d'une façon si secrette que l'on peut bien parler de cette saincte conversation de l'ame avec Dieu, comme le sacré texte dit de celle de Dieu avec Moyse : « (1) Que Moyse « estant seul sur le coupeau de la montagne, il « parloit à Dieu, et Dieu luy respondoit. »

CHAPITRE III.

Description de la contemplation, et de la premiere difference qu'il y a entre icelle et la meditation.

Theotime, la contemplation n'est autre chose qu'une amoureuse, simple et permanente attention de l'esprit aux choses divines; ce que vous entendrez aisement par la comparaison de la meditation avec elle.

Les petits mouschons des abeilles s'appellent nymphes ou schadons jusqu'à ce qu'ils fassent le miel, et lors on les appelle avettes ou abeilles. De mesme l'oraison s'appelle meditation jusqu'à ce qu'elle ait produit le miel de la devotion : après cela elle se convertit en contemplation. Car comme les avettes parcourent le païsage de leur contrée pour le picorer çà et là et recueillir le miel, lequel ayant amassé elles travaillent sur iceluy pour le plaisir qu'elles prennent en sa douceur. Ainsi nous meditons pour recueillir l'amour de Dieu, mais l'ayant recueilly nous contemplons Dieu et sommes attentifs à sa bonté pour la suavité que l'amour nous y fait trouver. Le desir d'obtenir l'amour divin nous fait mediter, mais l'amour obtenu nous fait contempler; car l'amour nous fait trouver une suavité si agreable en la chose aimée, que nous ne pouvons assouvir nos esprits de la voir et considerer.

Voyez la reyne de Saba (2), Theotime, comme considerant par le menu la sagesse de Salomon en ses responses, en la beauté de sa maison, en la magnificence de sa table, ès logis de ses serviteurs, en l'ordre que tous ceux de sa cour tenoient pour l'exercice de leurs charges, en leurs vestemens et maintiens, en la multitude des holocaustes qu'ils offroient en la maison du Seigneur, elle demeura toute esprise d'un ardent amour qui convertit sa meditation en contemplation, par laquelle estant toute ravie hors de soy-mesme elle dit plusieurs paroles d'extreme contentement. La veuë de tant de merveilles engendra dans son cœur un extresme amour, et cet amour produisit un nouveau desir de voir tousjours plus et jouyr de la presence de celuy auquel elle les avoit veuës, dont elle s'escrie : « (1) Hé! que « bienheureux sont les serviteurs qui sont tous-« jours autour de vous et oyent vostre sapience. » Ainsi nous commençons quelquefois à manger pour exciter nostre appetit; mais l'appetit estant reveillé nous poursuivons à manger pour contenter l'appetit. Et nous considerons au commencement la bonté de Dieu pour exciter nostre volonté à l'aimer; mais l'amour estant formé dans nos cœurs, nous considerons cette mesme bonté pour contenter nostre amour qui ne se peut assouvir de tousjours voir ce qu'il aime. Et en somme, la meditation est mere de l'amour, mais la contemplation est sa fille : c'est pourquoy j'ay dit que la contemplation estoit une attention amoureuse, car on appelle les enfans du nom de leurs peres, et non pas les peres du nom de leurs enfans.

Il est vray, Theotime, que comme l'ancien Joseph fut la couronne et la gloire de son pere, luy donna un grand accroissement d'honneurs et de contentemens, et le fit rajeunir en sa vieillesse; ainsi la contemplation couronne son pere qui est l'amour, le perfectionne, et luy donne le comble d'excellence. Car l'amour ayant excité en nous l'attention contemplative, cette attention fait naistre reciproquement un plus grand et fervent amour, lequel enfin est couronné de perfections lorsqu'il jouyt de ce qu'il aime. L'amour nous fait plaire en la veuë de nostre bien-aimé, et la veuë du bien-aimé nous fait plaire en son divin amour; en sorte que, par ce mutuel mouvement de l'amour à la veuë, et de la veuë à l'amour, comme l'amour rend plus belle la beauté de la chose aimée, aussi la veuë d'icelle rend l'amour plus amoureux et delectable. L'amour par une imperceptible faculté fait paroistre la beauté que l'on aime plus belle; et la veuë pareillement affine l'amour pour luy faire trouver la beauté plus aimable : l'amour presse les yeux de regarder tousjours plus attentivement la beauté bien-aimée, et la veuë force le cœur de l'aimer tousjours plus ardemment.

CHAPITRE IV.

Qu'en ce monde l'amour prend sa naissance, mais non pas son excellence, de la cognoissance de Dieu.

Mais qui a plus de force, je vous prie, ou l'amour pour faire regarder le bien-aimé, ou la veuë pour le faire aimer? Theotime, la cognoissance

---

(1) Ex. xix, 3. — (2) III. Reg. x, 4.

(1) III. Reg. x, 8.

est requise à la production de l'amour : car jamais nous ne sçaurions aimer ce que nous ne cognoissons pas : et à mesure que la cognoissance attentive du bien s'augmente, l'amour aussi prend davantage de croissance, pourveu qu'il n'y ait rien qui empesche son mouvement. Mais neantmoins il arrive maintesfois que la cognoissance ayant produit l'amour sacré, l'amour ne s'arrestant pas dans les bornes de la cognoissance qui est en l'entendement, passe outre et s'avance bien fort au-delà d'icelle; si qu'en cette vie mortelle nous pouvons avoir plus d'amour que de cognoissance de Dieu, dont le grand S. Thomas asseure que souvent les plus simples et les femmes abondent en devotion, et sont ordinairement plus capables de l'amour divin que les habiles gens et sçavans.

Le fameux abbé S. André de Verceil, maistre de S Antoine de Padoue, en ses commentaires sur S. Denys, repete plusieurs fois que l'amour penetre où la science exterieure ne sçauroit atteindre, et dit que plusieurs evesques ont jadis penetré le mystere de la Trinité, quoyqu'ils ne fussent pas doctes, admirant sur ce propos son disciple S. Antoine de Padoue, qui sans science mondaine avoit une si profonde theologie mystique, que comme un autre S. Jean-Baptiste on le pouvoit nommer « (1) une lampe luisante et ardente. » Le bien-heureux frere Gilles, des premiers compagnons de S. François, dit un jour à S. Bonaventure : O que vous estes heureux, vous autres doctes ! car vous sçavez maintes choses par lesquelles vous louez Dieu : mais nous autres idiots, que ferons-nous ? Et S. Bonaventure respondit : La grace de pouvoir aimer Dieu suffit. Mais mon pere, repliqua frere Gilles, un ignorant peut-il autant aimer Dieu qu'un lettré ? Il le peut, dit S. Bonaventure, ains je vous dis qu'une pauvre simple femme peut autant aimer Dieu qu'un docteur en theologie. Lors frere Gilles entrant en ferveur, s'escria : O pauvre et simple femme, aime ton Sauveur, et tu pourras estre autant que frere Bonaventure ; et là-dessus il demeura trois heures en ravissement.

La volonté certes ne s'apperçoit pas du bien, que par l'entremise de l'entendement ; mais l'ayant une fois apperceu, elle n'a plus besoin de l'entendement pour practiquer l'amour : car la force du plaisir qu'elle sent ou prétend sentir de l'union a son object, l'attire puissamment à l'amour et au desir de la jouyssance d'iceluy, si que la cognoissance du bien donne la naissance à l'amour, mais non pas la mesure, comme nous voyons que la cognoissance d'une injure esmeut la cholere ; laquelle si elle n'est soudain estouffée, devient presque tousjours plus grande que le subject ne requiert ; les passions ne suivant pas la cognoissance qui les esmeut, mais la laissant bien souvent en arriere, elles s'avancent sans mesure, ny limite quelconque devers leur object.

Or cela arrive encore plus fortement en l'amour sacré, d'autant que nostre volonté n'y est pas appliquée par une cognoissance naturelle, mais par la lumiere de la foy ; laquelle nous asseurant de l'infinité du bien qui est en Dieu, nous donne assez de subject de l'aimer de tout nostre pouvoir. Nous foüissons la terre pour trouver l'or et l'argent, employant une peine presente pour un bien qui n'est encore qu'esperé : de sorte que la cognoissance incertaine nous met en un travail present et reel. Puis à mesure que nous descouvrons la veine de la miniere, nous en cherchons tousjours davantage et plus ardemment. Un bien petit sentiment eschauffe la meute à la queste : ainsi, cher Theotime, une cognoissance obscure environnée de beaucoup de nuages, comme est celle de la foy, nous affectionne infiniment à l'amour de la bonté qu'elle nous fait appercevoir. Or combien est-il vray, selon que S. Augustin s'escrioit, que les idiots ravissent les cieux, tandis que les sçavans s'abysment ès enfers.

A vostre advis, Theotime, qui aimeroit plus la lumiere, ou l'aveugle né qui sçauroit tous les discours que les philosophes en font et toutes les louanges qu'ils luy donnent, ou le laboureur qui d'une veuë bien claire sent et ressent l'agreable splendeur du beau soleil levant ? Celuy-là en a plus de cognoissance, et celuy-cy plus de jouyssance ; et cette jouyssance produit un amour bien plus vif et animé, que ne fait la simple cognoissance du discours : car l'experience d'un bien nous le rend infiniment plus aimable que toutes les sciences qu'on en pourroit avoir. Nous commençons d'aimer par la cognoissance que la foy nous donne de la bonté de Dieu, laquelle par apres nous savourons et goustons par l'amour ; et l'amour esguise nostre goust, et nostre goust affine nostre amour : si que, comme nous voyons entre les efforts des vents les ondes s'entrepresser et s'eslever plus haut comme à l'envy par le rencontre qu'elles font l'une de l'autre : ainsi le goust du bien en rehausse l'amour, et l'amour en rehausse le goust, selon que la divine sagesse a dit : « (1) Ceux qui me goustent, auront encore appetit ; et ceux qui me boivent, seront encore « alterez. » Qui aima plus Dieu, je vous prie, ou le theologien Ocham que quelques-uns ont nommé le plus subtil des mortels, ou Ste Catherine de

(1) Joan. v, 35.

(1) Eccl. xxiv, 29.

Genne, femme idiote? Celuy-là le cogneut mieux par science, celle-cy par experience : et l'experience de celle-cy la conduisit bien avant en l'amour seraphique, tandis que celuy-là avec sa science demeura bien esloigné de cette si excellente perfection.

Nous aimons extremement les sciences avant que nous les sçachions, dit S. Thomas, par la seule cognoissance confuse et sommaire que nous en avons; et il faut dire de mesme que la cognoissance de la bonté divine applique nostre volonté à l'amour: mais depuis que la volonté est en train, son amour va de soy-mesme croissant par le plaisir qu'il sent de s'unir à ce souverain bien. Avant que les petits ayent tasté le miel et le sucre, on a de la peine a le leur faire recevoir en leurs bouches, mais après qu'ils ont savouré sa douceur, ils l'aiment beaucoup plus qu'on ne voudroit, et pourchassent esperduement d'en avoir tousjours.

Il faut neantmoins advouer que la volonté attirée par la delectation qu'elle sent en son object, est bien plus fortement portée à s'unir avec luy, quand l'entendement de son costé luy en propose excellemment la bonté; car elle y est alors tirée et poussée tout ensemble : poussée par la cognoissance, tirée par la delectation; si que la science n'est point de soy-mesme contraire, ains est fort utile à la devotion; et si elles sont joinctes ensemble, elles s'entr'aident admirablement, quoyqu'il arrive fort souvent que par nostre misere la science empesche la naissance de la devotion, d'autant que la science enfle et enorgueillit : et l'orgueil, qui est contraire à toute vertu, est la ruine totale de la devotion. Certes l'eminente science des Cyprians, Augustins, Hilaires, Chrysostomes, Basiles, Gregoires, Bonaventures, Thomas, a non-seulement beaucoup illustré, mais grandement affiné leur devotion; comme reciproquement leur devotion a non-seulement rehaussé, mais extremement perfectionné leur science.

CHAPITRE V.

Seconde difference entre la meditation et la contemplation.

La meditation considere par le menu et comme piece à piece les objects qui sont propres à nous esmouvoir : mais la contemplation fait une veuë toute simple et ramassée sur l'object qu'elle aime; et la consideration ainsi unie fait aussi un mouvement plus vif et fort. On peut regarder la beauté d'une riche couronne en deux sortes, ou bien voyant tous ses fleurons et toutes les pierres precieuses dont elle est composée l'une après d'autre; ou bien, après avoir consideré ainsi toutes les pieces particulieres, regardant tout l'esmail d'icelles ensemble d'une seule et simple veuë. La premiere sorte ressemble à la meditation, en laquelle nous considerons, par exemple, les effects de la misericorde divine pour nous exciter à son amour. Mais la seconde est semblable à la contemplation, en laquelle nous regardons d'un seul traict arresté de nostre esprit toute la varieté des mesmes effects, comme une seule beauté composée de toutes ces pieces qui font un seul brillant de splendeur. Nous comptons en meditant, ce semble, les perfections divines que nous voyons en un mystere; mais en contemplant nous en faisons une somme totale. Les compagnes de l'espouse sacrée lui avoyent demandé quel estoit son bien-aimé; elle leur respond, descrivant admirablement toutes les pieces de sa parfaicte beauté : « (1) Son teint est blanc et vermeil, sa
« teste d'or, ses cheveux comme un jetton de
« fleurs de palmes non encore du tout espanouies,
« ses yeux de colombe, ses joues comme petites
« tables, planches ou carreaux de jardin, ses le-
« vres comme lys, parsemées de toutes odeurs,
« ses mains annelées de jacinthe, ses jambes
« comme colomnes de marbre. » Ainsi va-t-elle meditant cette souveraine beauté en detail, jusques à ce qu'enfin elle conclut par maniere de contemplation, mettant toutes les beautez en une: « (2) Son gosier, dit-elle, est tres-suave, et luy il
« est tout desirable : et tel est mon bien-aimé, et
« il est mon cher amy. »

La meditation est semblable à celuy qui odore l'œillet, la rose, le rosmarin, le thim, le jasmin, la fleur d'orange, l'un après l'autre distinctement; mais la contemplation est pareille à celuy qui odore l'eau de senteur composée de toutes ces fleurs. Car celuy-cy en un seul sentiment reçoit toutes les odeurs unies que l'autre avoit senties divisées et separées; et n'y a point de doute que cette unique odeur qui provient de la confusion de toutes ces senteurs, ne soit elle seule plus suave et precieuse que les senteurs desquelles elle est composée, odorées separement l'une après l'autre. C'est pourquoy le divin espoux estime tant que sa bien-aimée le regarde d'*un seul œil* (3), et que sa chevelure soit si bien tressée qu'elle ne semble qu'*un seul cheveu*. Car qu'est-ce regarder l'espoux d'un seul œil, que de le voir d'une simple veuë attentive sans multiplier les regards? Et qu'est-ce porter ces cheveux ramassés, que de ne point respandre sa pensée en varieté de considerations? O que bienheureux sont ceux qui, après avoir discouru sur

---

(1) Cant. Cant. v, 10 et seq. — (2) Ibid.
(3) Cant. Cant. iv.

la multitude des motifs qu'ils ont d'aimer Dieu, réduisans tous leurs regards en une seule veuë et toutes leurs pensées en une seule conclusion, arrestent leur esprit en l'unité de la contemplation, à l'exemple de S. Augustin ou de S. Bruno; prononçant secrettement en leur ame, par une admiration permanente, ces paroles amoureuses: Ô bonté! bonté! ô bonté tousjours ancienne et tousjours nouvelle! et à l'exemple du grand sainct François, qui planté sur ses genoux en oraison, passa toute la nuict en ces paroles: O Dieu, vous estes mon Dieu et mon tout, les inculquant continuellement, au recit du bienheureux frere Bernard de Quinteval, qui l'avoit ouy de ses oreilles.

Voyez S. Bernard, Theotime: il avoit medité toute la passion piece à piece, puis de tous les principaux poincts mis ensemble il en fit un bouquet d'amoureuse douleur: en le mettant sur sa poictrine pour convertir sa meditation en contemplation, il s'escria: « (1) Mon bien-aimé est « un bouquet de myrrhe pour moy. »

Mais voyez encor plus devotement le Createur du monde, comme en la creation il alla premierement meditant sur la bonté de ses ouvrages piece à piece separement: à mesure qu'il les voyoit produicts, « (2) il vit, dit l'Escriture, que « la lumiere estoit bonne, que le ciel et la terre « estoit une bonne chose; » puis les herbes et plantes, le soleil, la lune et les estoiles, les animaux, et en somme toutes les creatures, ainsi qu'il creoit l'une après l'autre; jusques à ce qu'enfin tout l'univers estant accomply, la divine meditation, par maniere de dire, se changea en contemplation: car regardant toute la bonté qui estoit en son ouvrage d'un seul traict de son œil, « (3) il vit, dit Moyse, tout ce qu'il avoit fait; et « tout estoit tres-bon. » Les pieces differentes, considerées separement par maniere de meditation, estoyent bonnes; mais regardées d'une seule veuë toutes ensemble par forme de contemplation, elles furent trouvées tres-bonnes: comme plusieurs ruisseaux qui s'unissant font une riviere qui porte des plus grandes charges que la multitude des mesmes ruisseaux separez n'eust sceu faire.

Après que nous avons esmeu une grande quantité de diverses affections pieuses par la multitude des considerations dont la meditation est composée, nous assemblons enfin la vertu de toutes ces affections, lesquelles de la confusion et meslange de leurs forces font naistre une certaine quintessence d'affection, et d'affection plus active et puissante que toutes les affections desquelles elle procede: d'autant qu'encore qu'elle ne soit qu'une, elle comprend la vertu et proprieté de toutes les autres, et se nomme affection contemplative.

Ainsi dit-on entre les theologiens, que les anges plus eslevez en gloire ont une cognoissance de Dieu et des creatures beaucoup plus simple que leurs inferieurs, et que les especes ou idées par lesquelles ils voyent, sont plus universelles; en sorte que ce que les anges moins parfaicts voyent par plusieurs especes et divers regards, les plus parfaicts le voyent par moins d'especes et moins de traicts de leur veuë. Et le grand S. Augustin, suivy par S. Thomas, dit qu'au ciel nous n'aurons pas ces grandes vicissitudes, varietez, changemens et retours de pensées et cogitations qui vont et reviennent d'object en object et de chose à autre; ains qu'avec une seule pensée nous pourrons estre attentifs à la diversité de plusieurs choses, et en recevoir la cognoissance. Certes, à mesure que l'eau s'esloigne de son origine, elle se divise et dissipe ses sillons, si avec un grand soin on ne la contient ensemble; et les perfections se separent et partagent à mesure qu'elles sont esloignées de Dieu qui est leur source; mais quand elles s'en approchent, elles s'unissent jusqu'à ce qu'elles soient abysmées en cette souverainement unique perfection, qui est « (1) l'unité necessaire et la meilleure partie que « Magdeleine choisit, laquelle ne luy sera point « ostée. »

CHAPITRE VI.

Que la contemplation se fait sans peine, qui est la troisiesme difference entre icelle et la meditation.

Or la simple veuë de la contemplation se fait en l'une de ces trois façons. Quelquefois nous regardons seulement à quelqu'une des perfections de Dieu, comme par exemple, à son infinie bonté, sans penser aux autres attributs ou vertus d'iceluy, comme un espoux arrestant simplement sa veuë sur le beau teint de son espouse, qui par ce moyen regarderoit voirement tout son visage, d'autant que le teint est respandu sur presque toutes les pieces d'iceluy, et toutesfois ne seroit attentif ny aux traits ny à la grace, ny aux autres parties de la beauté. Car de mesme quelquefois l'esprit regardant la bonté souveraine de la Divinité, bien qu'il voye en icelle la justice, la sagesse, la puissance, il n'est neantmoins en attention que pour la bonté, à laquelle la simple veuë de la contemplation s'adresse. Quelquefois aussi nous sommes attentifs

---

(1) Cant. Cant. I, 12. — (2) Genes. I. — (3) Ibid.   (1) Luc, X, 42.

à regarder en Dieu plusieurs de ses infinies perfections, mais d'une veuë simple et sans distinction : comme celuy qui d'un traict d'œil passant sa veuë dès la teste jusqu'aux pieds de son espouse richement parée, auroit attentivement tout veu en general et rien en particulier, ne sçachant bonnement dire, ny quel carquant, ny quelle robe elle portoit, ny quelle contenance elle tenoit, ou quel regard elle faisoit, ains seulement que tout y est beau et agreable. Car ainsi par la contemplation on tire maintesfois un seul traict de simple consideration sur plusieurs grandeurs et perfections divines tout ensemble, et n'en sçauroit-on toutesfois dire chose quelconque en particulier, sinon que tout est parfaictement bon et beau. Et enfin nous regardons d'autres fois, non plusieurs ny une seule des perfections divines, ains seulement quelque action ou quelque œuvre divine à laquelle nous sommes attentifs, comme par exemple, à l'acte de misericorde, par lequel Dieu pardonne les pechez, ou à l'acte de la creation, ou de la resurrection du Lazarre, ou de la conversion de S. Paul ; ainsi qu'un espoux qui ne regarderoit pas les yeux, ains seulement la douceur du regard que son espouse jette sur luy, ne considereroit point sa bouche, mais la suavité des paroles qui en sortent. Et lors, Theotime, l'ame fait une certaine saillie d'amour, non-seulement sur l'action qu'elle considere, mais sur celuy duquel elle procede : « (1) Vous estes bon, Seigneur, et en vostre « bonté apprenez-moy vos justifications » : « (2) « Vostre gosier, c'est-à-dire, la parole qui en « provient est tres-suave, et vous estes tout desi-« rable. » « (3) Helas ! que vos paroles sont dou-« ces à mes entrailles, plus que le miel à ma « bouche ! Ou bien avec S. Thomas » : « (4) Mon « Seigneur et mon Dieu ! » et avec Ste Magde-« leine : « (5) Rabbony, ah ! mon maistre. »

Mais en quelle des trois façons que l'on procede, la contemplation a tousjours cette excellence, qu'elle se fait avec plaisir, d'autant qu'elle presuppose que l'on a trouvé Dieu et son sainct amour, qu'on en jouyt, et qu'on s'y dilecte en disant : « (6) J'ay trouvé celuy que mon ame che-« rit ; je l'ay trouvé et ne le quitteray point. » En quoy elle differe d'avec la meditation qui se fait presque tousjours avec peine, travail et discours, nostre esprit allant par icelle de consideration en consideration, cherchant en divers endroits ou le bien-aimé de son amour, ou l'amour de son bien-aimé. Jacob travaille en meditation pour avoir Rachel, mais il se resjouyt avec elle, et oublie tout son travail en la contemplation. L'espoux divin, comme berger qu'il est, prepara un festin somptueux à la façon champestre pour son espouse sacrée, lequel il descrit, en sorte que mystiquement il representoit tous les mysteres de la redemption humaine : « (1) Je suis venu en mon « jardin, dit-il, j'ai moissonné ma myrrhe avec « tous mes parfums, j'ay mangé mon bornal avec « mon miel, j'ay meslé mon vin avec mon laict ; « mangez, mes amis, et beuvez, et vous enyvrez « mes tres-chers. » Theotime, hé ! quand fut-ce, je vous prie, que Nostre-Seigneur vint en son jardin, sinon quand il vint ès tres-pures, tres-humbles et tres-douces entrailles de sa mere, pleine de toutes les plantes fleurissantes des sainctes vertus ? Et qu'est-ce à Nostre-Seigneur de moissonner sa myrrhe avec ses parfums, sinon assembler souffrances à souffrances jusqu'à la mort, et la mort de la croix, joignant par icelles merites à merites, thresors à thresors pour enrichir ses enfans spirituels ? Et comme mangea-t-il son bornal avec son miel, sinon quand il vescut d'une vie nouvelle, reunissant son ame plus douce que le miel à son corps percé et navré de plus de trous qu'un bornal ? Et lorsque montant au ciel il prit possession de toutes les circonstances et dependances de sa divine gloire, que fit-il autre chose, sinon mesler le vin rejouyssant de la gloire essentielle de son ame avec le laict delectable de la felicité parfaicte de son corps, en une sorte encore plus excellente qu'il n'avoit pas fait jusqu'à l'heure.

Or en tous ces divins mysteres qui comprennent tous les autres, il y a de quoy bien *manger* et bien *boire* pour tous les *chers amis*, et de quoy *s'enyvrer* pour les *tres-chers amis*. Les uns mangent et boivent ; mais ils mangent plus qu'ils ne boivent, et ne s'enyvrent pas. Les autres mangent et boivent ; mais ils boivent beaucoup plus qu'ils ne mangent : et ce sont ceux qui s'enyvrent. Or *manger*, c'est mediter ; car en meditant on masche, tournant çà et là la viande spirituelle entre les dents de la consideration pour l'esmier, froisser et digerer : ce qui se fait avec quelque peine. *Boire*, c'est contempler, et cela se fait sans peine ny resistance, avec plaisir et coulamment. Mais *s'enyvrer*, c'est contempler si souvent et si ardemment qu'on soit tout hors de soymesme pour estre tout en Dieu. Saincte et sacrée yvresse, qui au contraire de la corporelle nous aliene, non du sens spirituel, mais des sens corporels, qui ne nous hebeste ny abestit pas, ains nous angelise, et par maniere de dire, divinise ;

---

(1) Psalm. CXVII, 68. — (2) Cant. Cant. V, 16.
(3) Psalm. CXVIII, 103. — (4) Joan. XX, 28.
(5) Joan. XX, 16. — (6) Cant. Cant. III, 4.

(1) Cant. Cant. V, 1.

qui nous met hors de nous, non pour nous ravaler et ranger avec les bestes, comme fait l'yvresse terrestre, mais pour nous eslever au-dessus de nous et nous ranger avec les anges, en sorte que nous vivions plus en Dieu qu'en nous-mesmes, estant attentifs et occupés par amour à voir sa beauté et nous unir à sa bonté.

Or d'autant que pour parvenir à la contemplation nous avons pour l'ordinaire besoin d'ouyr la saincte parole, de faire des devis et colloques spirituels avec les autres à la façon des anciens anachoretes, de lire des livres devots, de prier, mediter, chanter des cantiques, former des bonnes pensées; pour cela la saincte contemplation estant la fin et le but auquel tous ces exercices tendent, ils se reduisent tous à elles; et ceux qui les practiquent, sont appelez contemplatifs : comme aussi cette sorte d'occupation est nommée vie contemplative, à raison de l'action de nostre entendement par laquelle nous regardons la verité de la beauté et bonté divine avec une attention amoureuse, c'est-à-dire, avec un amour qui nous rend attentifs, ou bien avec une attention qui provient de l'amour, et augmente l'amour que nous avons envers l'infinie suavité de Nostre-Seigneur.

CHAPITRE VII.

Du recueillement amoureux de l'ame en la contemplation.

Je ne parle pas ici, Theotime, du recueillement par lequel ceux qui veulent prier se mettent en la presence de Dieu, rentrans en eux-mesmes, et retirans par maniere de dire, leur ame dedans leur cœur pour parler à Dieu. Car ce recueillement se fait par le commandement de l'amour, qui nous provoquant à l'oraison, nous fait prendre ce moyen de la bien faire : de sorte que nous faisons nous-mesmes ce retirement de nostre esprit. Mais le recueillement duquel j'entends de parler, ne se fait pas par le commandement de l'amour, ains par l'amour mesme : c'est-à-dire, nous ne le faisons pas nous-mesmes par election, d'autant qu'il n'est pas en nostre pouvoir de l'avoir quand nous voulons, et ne despend pas de nostre soin ; mais Dieu le fait en nous quand il luy plaist par sa tres-saincte grace. Celuy, dit la bienheureuse mere Therese de Jesus, qui a laissé par escrit que l'oraison de recueillement se fait comme quand un herisson ou une tortue se retire au-dedans de soy, l'entendoit bien, hormis que ces bestes se retirent au-dedans d'elles-mesmes quand elles veulent ; mais le recueillement ne gist pas en nostre volonté, ains il nous advient quand il plaist à Dieu de nous faire cette grace.

Or, il se fait ainsi. Rien n'est si naturel au bien que d'unir et attirer à soy les choses qui le peuvent sentir, comme font nos ames, lesquelles tirent tousjours et se rendent à leur thresor, c'est-à-dire, à ce qu'elles aiment. Il arrive donc quelquefois que Nostre-Seigneur respand imperceptiblement au fond du cœur une certaine douce suavité qui tesmoigne sa presence, et lors les puissances, voire mesme les sens exterieurs de l'ame par un certain secret consentement se retournent du costé de cette intime partie où est le tres-aimable et tres-cher espoux. Car tout ainsi qu'un nouvel essaim, ou jetons de mouches à miel, lorsqu'il veut fuir et changer de pays, est rappellé par le son que l'on fait doucement sur des bassins, ou par l'odeur du vin emmiellé, ou bien encore par la senteur de quelques herbes odorantes, en sorte qu'il s'arreste par l'amorce de ces douceurs et entre dans la ruche qu'on luy a preparée, de mesme Nostre-Seigneur prononçant quelque secrette parole de son amour, ou repandant l'odeur du vin de sa dilection plus delicieuse que le miel, ou bien evaporant les parfums de ses vestemens, c'est-à-dire, quelques sentimens de ses consolations celestes en nos cœurs, et par ce moyen leur faisant sentir sa tres-aimable presence, il retire à soy toutes les facultez de nostre ame, lesquelles se ramassent autour de luy et s'arrestent en luy comme en leur object tres-desirable. Et comme qui mettroit un morceau d'aymant entre plusieurs esguilles, verroit que soudain toutes les pointes se retourneroient du costé de leur aymant bien-aimé, et se viendroient attacher à luy ; aussi lorsque Nostre-Seigneur fait sentir au milieu de nostre ame sa tres-delicieuse presence, toutes nos facultez retournent leurs pointes de ce costé-là pour se venir joindre à cette incomparable douceur.

O Dieu ! dit l'ame alors, à l'imitation de S. Augustin, où vous allois-je cherchant, beauté tres-infinie ? Je vous cherchois dehors, et vous estiez au milieu de mon cœur. (1) Toutes les affections de Magdeleine, et toutes ses pensées estoient espanchées autour du sepulchre de son Sauveur qu'elle alloit questant çà et là ; et bien qu'elle l'eust trouvé et qu'il parlast à elle, elle ne laisse pas de les laisser esparses, parce qu'elle ne s'appercevoit pas de sa presence : mais soudain qu'il l'eust appelée par son nom, la voilà qu'elle se ramasse et s'attache toute à ses pieds : une seule parole la met en recueillement.

Imaginez-vous, Theotime, la tres-Ste Vierge

---

(1) Joan. xx.

Nostre-Dame, lorsqu'elle eut conceu le Fils de Dieu son unique amour. L'ame de cette mere bien-aimée se ramasse toute sans doute autour de cet enfant bien-aimé ; et parce que ce divin amy estoit emmy ses entrailles sacrées, toutes les facultez de son ame se retirent en elle-mesme, comme sainctes avettes dedans la ruche en laquelle estoit leur miel; et à mesure que la divine grandeur s'est, par maniere de dire, restrecie et raccourcie dedans son sein virginal, « (1) son ame ag- « grandissoit et magnifioit » les louanges de cette infinie debonnaireté, et son « (2) esprit tressail- « loit de contentement » dedans son corps (comme S. Jean dedans celuy de sa mere) autour de son Dieu qu'elle sentoit. Elle ne lançoit point ses pensées ny ses affections hors d'elle-mesme, puisque son thresor, ses amours et ses delices estoient au milieu de ses entrailles sacrées.

Or, ce mesme contentement peut estre practiqué par imitation entre ceux qui ayant communié, sentent par la certitude de la foy ce que « (3) non « la chair ny le sang, mais le Pere celeste leur a « revelé » ; que leur Sauveur est en corps et en ame present d'une tres-reelle presence à leur corps et à leur ame par ce tres-adorable sacrement. Car comme la mere-perle ayant receu les gouttes de la fraische rosée du matin, se resserre, non-seulement pour les conserver pures de tout le meslange qui s'en pourroit faire avec les eaux de la mer, mais aussi pour l'aise qu'elle ressent d'appercevoir l'agreable fraischeur de ce germe que le ciel luy envoye ; ainsi arrive-t-il à plusieurs saincts et devots fideles qu'ayant receu le divin Sacrement qui contient la rosée de toutes benedictions celestes, leur ame se resserre, et toutes les facultez se recueillent, non-seulement pour adorer ce roy nouvellement present d'une presence admirable à leurs entrailles, mais pour l'incroyable consolation et rafraischissement spirituel qu'ils reçoivent de sentir par la foy ce germe divin de l'immortalité en leur interieur. Où vous noterez soigneusement, Theotime, qu'en somme tout ce recueillement se fait par l'amour, qui sentant la presence du bien-aimé par les attraits qu'il respand au milieu du cœur, ramasse et rapporte toute l'ame vers iceluy par une tres-aimable inclination, par un tres-doux contournement et par un delicieux reply de toutes les facultez du costé du bien-aimé, qui les attire à soy par la force de sa suavité, avec laquelle il lie et tire les cœurs, comme on tire les corps par les cordes et liens materiels.

Mais ce doux recueillement de nostre ame en soy-mesme ne se fait pas seulement par le sentiment de la presence divine au milieu de nostre cœur, ains en quelle maniere que ce soit que nous nous mettions en cette sacrée presence. Il arrive quelquefois que toutes nos puissances interieures se ressserrent et ramassent en elles-mesmes par l'extresme reverence et douce crainte qui nous saisit, en consideration de la souveraine majesté de celuy qui nous est present et nous regarde, ainsi que pour distraits que nous soyons, si le pape ou quelque grand prince comparoist, nous revenons à nous-mesmes, et retournons nos pensées sur nous pour nous tenir en contenance et respect. On dit que la veuë du soleil fait recueillir les fleurs de la flamble, autrement appelée glay, parce qu'elles se ferment et resserrent en elles-mesmes à la lueur du soleil, en l'absence duquel elles s'epanouissent et se tiennent ouvertes toutes la nuict. C'en est de mesme en cette sorte de recueillement de laquelle nous parlons : car à la seule presence de Dieu, au seul sentiment que nous avons qu'il nous regarde, ou dès le ciel, ou de quelque autre lieu hors de nous ; bien que pour lors nous ne pensions pas à l'autre sorte de presence par laquelle il est en nous, nos facultez et puissances se ramassent et assemblent en nous-mesmes pour la reverence de sa divine majesté que l'amour nous fait craindre d'une crainte d'honneur et de respect.

Certes je cognois une ame à laquelle sitost que l'on mentionnoit quelque mystere ou sentence qui lui ramentevoit un peu plus expressement que l'ordinaire la presence de Dieu, tant en confession qu'en particuliere conference, elle rentroit si fort en elle-mesme, qu'elle avoit peine d'en sortir pour parler et respondre : en telle sorte qu'en son exterieur elle demeuroit comme destituée de vie et tous les sens engourdis, jusques à ce que l'espoux lui permist de sortir, qui estoit quelquefois assez tost, et d'autres fois plus tard.

CHAPITRE VIII

Du repos de l'ame recueillie en son bien-aimé.

L'ame estant donc ainsi recueillie dedans elle-mesme en Dieu ou devant Dieu, se rend parfois si doucement attentive à la bonté de son bien-aimé, qu'il lui semble que son attention ne soit presque pas attention, tant elle est simplement et delicatement exercée : comme il arrive en certains fleuves qui coulent si doucement et esgalement, qu'il semble à ceux qui les regardent, ou naviguent sur iceux, de ne voir ny sentir aucun mouvement, parce qu'on ne les voit nulle-

---

(1) Luc, I, 46, 47. — (2) Luc, I, 41.
(3) Matth. XVI, 17.

ment ondoyer ni flotter. Et c'est cet aimable repos de l'ame que la bienheureuse vierge Therese de Jesus appelle oraison de quietude ; non gueres different de ce qu'elle-mesme nomme sommeil des puissances, si toutesfois je l'entends bien.

Certes, les amans humains se contentent par fois d'estre auprès ou à la veuë de la personne qu'ils aiment, sans parler à elle, et sans discourir à part eux ny d'elle, ny de ses perfections ; rassasiez, ce semble, et satisfaicts de savourer cette bien-aimée presence, non par aucune consideration qu'ils fassent sur icelle, mais par un certain accoisement et repos que leur esprit prend en elle. « (1) Mon bien-aimé m'est un bouquet de « myrrhe, il demeurera sur mon sein. » « (2) Mon « bien-aimé est à moy, et moy je suis à luy, qui « paist entre les lys, tandis que le jour aspire et « que les ombres s'inclinent. » « (3) Monstrez-« moi donc, ô l'amy de mon ame, où vous paissez, où vous couchez sur le midy. » Voyez-vous, Theotime, comme la saincte Sulamite se contente de sçavoir que son bien-aimé soit avec elle, ou en son parc, ou ailleurs, pourveu qu'elle sache où il est : aussi est-elle Sulamite toute paisible, toute tranquille et en repos.

Or ce repos passe quelquefois si avant en sa tranquillité, que toute l'ame et toutes les puissances d'icelle demeurent comme endormies, sans faire aucun mouvement ny action quelconque, sinon la seule volonté, laquelle mesme ne fait aucune autre chose, sinon recevoir l'aise et la satisfaction que la presence du bien-aimé luy donne. Et ce qui est encore plus admirable, c'est que la volonté n'apperçoit point cet aise et contentement qu'elle reçoit, jouyssant insensiblement d'iceluy, d'autant qu'elle ne pense pas à soy, mais à celuy la presence duquel luy donne ce plaisir : comme il arrive maintesfois que surpris d'un leger sommeil nous entrevoyons seulement ce que nos amys disent autour de nous, ou ressentons les caresses qu'ils nous font, presque imperceptiblement, sans sentir que nous sentons.

Neantmoins l'ame qui en ce doux repos jouyt de ce delicat sentiment de la presence divine, quoyqu'elle ne s'apperçoive pas de cette jouyssance, tesmoigne toutesfois clairement combien ce bonheur luy est precieux et aimable, quand on le luy veut oster, ou que quelque chose l'en destourne ; car alors la pauvre ame fait des plaintes, crie, voire quelquefois pleure comme un petit enfant qu'on a esveillé avant qu'il eust assez dormy ; lequel, par la douleur qu'il ressent de son resveil, monstre bien la satisfaction qu'il avoit en son sommeil. « Dont le divin berger (1) « adjure les filles de Sion, par les chevreuils et « cerfs des campagnes, qu'elles n'esveillent point « sa bien-aimée jusques à ce qu'elle le veuille », c'est-à-dire, qu'elle s'esveille d'elle-mesme. Non, Theotime, l'ame ainsi tranquille en son Dieu ne quitteroit pas ce repos pour tous les plus grands biens du monde.

Telle fut presque la quietude de la tres-saincte Magdeleine, quand « (2) assise aux pieds de son « maistre elle escoutoit sa saincte parole. » Voyez-la, je vous prie, Theotime, elle est assise en une profonde tranquillité, elle ne dit mot, elle ne pleure point, elle ne sanglotte point, elle ne souspire point, elle ne bouge point, elle ne prie point. Marthe toute empressée passe et repasse dedans la salette ; Marie n'y pense point. Et que fait-elle donc ? Elle ne fait rien, ains escoute. Et qu'est-ce à dire, elle escoute ? C'est-à-dire, elle est là comme un vaisseau d'honneur à recevoir goutte à goutte « (3) la myrrhe de suavité « que les levres de son bien-aimé distilloient » dans son cœur : et ce divin amant jaloux de l'amoureux sommeil et repos de cette bien-aimée, tança Marthe qui la vouloit esveiller. « (4) Mar-« the, Marthe, tu es bien embesoignée, et te « troubles après plusieurs choses : une seule chose « neantmoins est requise : Marie a choisy la meil-« leure part qui ne luy sera point ostée. » Mais quelle fut la partie ou portion de Marie ? De demeurer en paix, en repos, en quietude auprès de son doux Jesus.

Les peintres peignent ordinairement le bien-aimé sainct Jean en la cene, non-seulement reposant, mais dormant sur la poictrine de son maistre, parce qu'il y fut assis à la façon des Levantins, en sorte que sa teste tendoit vers le sein de son cher maistre ; sur lequel comme il ne dormoit pas du sommeil corporel, ny ayant aucune vraye semblance en cela, aussi ne douté-je point que se trouvant si près de la source des douceurs eternelles, il n'y fist un profond, mystique et doux sommeil, comme un enfant d'amour qui attaché au sein de sa mere alaicte en dormant, et dort en alaictant. O Dieu ! quelles delices à ce Benjamin, enfant de la joye du Sauveur, de dormir ainsi entre les bras de son Pere, qui le jour suivant, comme le Benoni, enfant de douleur, le recommanda aux douces mammelles de sa mere. Rien n'est plus desirable au petit enfant, soit qu'il veille ou qu'il dorme, que la poictrine de son pere et le sein de sa mere.

---

(1) Cant. Cant. I, 12.
(2) Cant. Cant. II, 16, 17. — (3) Ibid. I, 6.

(1) Cant. Cant. II, 17. — (2) Luc, X, 39.
(3) Cant. Cant. V, 13. — (4) Luc, X, 41, 42.

Quand doncques vous serez en cette simple et pure confiance filiale auprès de Nostre-Seigneur, demeurez-y, mon cher Theotime, sans vous remuer nullement, pour faire des actes sensibles, ny de l'entendement ny de la volonté; car cet amour simple de confiance, et cet endormissement amoureux de vostre esprit entre les bras du Sauveur, comprend par excellence tout ce que vous allez cherchant çà et là pour vostre goust. Il est mieux de dormir sur cette sacrée poictrine, que de veiller ailleurs où que ce soit.

CHAPITRE IX.

Comme ce repos sacré se practique.

N'avez-vous jamais pris garde, Theotime, à l'ardeur avec laquelle les petits enfans s'attachent quelquefois au sein de leurs meres, quand ils ont faim? On les voit grommellans, serrer et presser la mammelle, succans le laict si avidement, que mesme ils en donnent de la douleur à leurs meres. Mais après que la fraischeur du laict a aucunement appaisé la chaleur appetissante de leur petite poictrine, et que les agreables vapeurs qu'il envoye à leur cerveau commencent à les endormir, Theotime, vous les verriez fermer tout bellement leurs petits yeux, et ceder petit à petit au sommeil, sans quitter neantmoins la mammelle, sur laquelle ils ne font nulle action que celle d'un long et presque insensible mouvement de levres, par lequel ils tirent tousjours le laict qu'ils avalent imperceptiblement : et cela ils le font sans y penser, mais non pas certes sans plaisir : car si on leur oste la mammelle avant que le profond sommeil les ait accablez, ils s'esveillent et pleurent amerement, tesmoignans en la douleur qu'ils ont en la privation, qu'ils avoient beaucoup de douceur en la possession. Or, il en est de mesme de l'ame qui est en repos et quietude devant Dieu; car elle succe presque insensiblement la douceur de cette presence, sans discourir, sans operer et sans faire chose quelconque par aucune de ses facultez, sinon par la seule pointe de la volonté qu'elle remue doucement et presque imperceptiblement, comme la bouche par laquelle entre la delectation et l'assouvissement insensible qu'elle prend à jouyr de la presence divine. Que si on incommode cette pauvre petite pouponne, et qu'on luy veuille oster la poupette, d'autant qu'elle semble endormie, elle monstre bien alors qu'encore qu'elle dorme pour tout le reste des choses, elle ne dort pas neantmoins pour celle-là; car elle apperçoit le mal de cette separation, et s'en fasche, monstrant par là le plaisir qu'elle prenoit, quoyque sans y penser, au bien qu'elle possedoit. La bienheureuse mere Therese ayant escrit qu'elle trouvoit cette similitude à propos, je l'ay ainsi voulu declairer.

Mais dictes-moy, Theotime, l'ame recueillie en son Dieu, pourquoy, je vous prie, s'inquieteroit-elle? N'a-t-elle pas subject de s'associer et demeurer en repos? car que chercheroit-elle? Elle a trouvé celuy qu'elle cherchoit. Que luy reste-t-il plus! sinon de dire : « (1) J'ay trouvé mon cher « bien-aimé; je le tiens, et ne le quitteray point. » Elle n'a plus besoin de s'amuser à discourir par l'entendement; car elle voit d'une si douce veuë son espoux present, que les discours luy seroient inutiles et superflus. Que si mesme elle ne le voit pas par l'entendement, elle ne s'en soucie point, se contentant de le sentir près d'elle par l'aise et satisfaction que la volonté en reçoit. Hé! la mere de Dieu, Nostre-Dame et maistresse, estant enceinte, ne voyoit pas son divin enfant : mais le sentant dedans ses entrailles sacrées, vray Dieu, quel contentement en ressentoit-elle? Et saincte Elizabeth ne jouyt-elle pas admirablement des fruicts de la divine presence du Sauveur, sans le voir, au jour de la tres-saincte visitation? L'ame non plus n'a aucun besoin, en ce repos, de la memoire; car elle a present son bien-aimé. Elle n'a pas aussi besoin de l'imagination : car qu'est-il besoin de se representer en image, soit exterieure, soit interieure, celuy de la presence duquel on jouyt? De sorte qu'enfin c'est la seule volonté qui attire doucement, et comme en tettant tendrement le laict de cette douce presence; tout le reste de l'ame demeurant en quietude avec elle par la suavité du plaisir qu'elle prend.

On ne se sert pas seulement du vin emmiellé pour retirer et rappeler les avettes dans les ruches, mais on s'en sert encore pour les appaiser : car quand elles font des seditions et mutineries entre elles, s'entretuant et desfaisant les unes les autres, leur gouverneur n'a point de meilleur remede que de jetter du vin emmiellé au milieu de ce petit peuple effarouché; d'autant que les particuliers desquels il est composé, sentans cette suave et agreable odeur, s'appaisent, et s'occupans à la jouyssance de cette douceur, demeurent accoisez et tranquilles. O Dieu eternel! quand par vostre douce presence vous jettez les odorans parfums dedans nos cœurs, parfums resjouyssans plus que le vin delicieux et plus que le miel, alors toutes les puissances de nos ames entrent en un agreable repos, avec un accoisement si parfait qu'il n'y a plus aucun sentiment que celuy de la volonté, laquelle, comme l'odorat spirituel, demeure doucement engagée à sentir,

(1) Cant. Cant. II, 4.

sans s'en appercevoir, le bien incomparable d'avoir son Dieu present.

CHAPITRE X.

Des divers degrez de cette quietude, et comme il la faut conserver.

Il y a des esprits actifs, fertiles et foisonnans en consideration : il y en a qui sont souples, replians, et qui aiment grandement à sentir ce qu'ils font, qui veulent tout voir et esplucher ce qui se passe en eux, retournant perpetuellement leur veuë sur eux-mesmes pour recognoistre leur advancement. Il y en a encore d'autres qui ne se contentent pas d'estre contens, s'ils ne sentent, regardent et savourent leur contentement ; et sont semblables à ceux qui estant bien vestus contre le froid, ne penseroient pas l'estre, s'ils ne savoient combien de robbes ils portent ; ou qui voyant leurs cabinets pleins d'argent, ne penseroient pas estre riches, s'ils ne sçavoient le compte de leurs escus.

Or tous ces esprits sont ordinairement subjects d'estre troublés en la saincte oraison. Car si Dieu leur donne le sacré repos de sa presence, ils le quittent volontairement pour voir comme ils se comportent en iceluy, et pour examiner s'ils y ont bien du contentement, s'inquietant pour sçavoir si leur tranquillité est bien tranquille, et leur quietude bien quiete : si que, en lieu d'occuper doucement leur volonté à sentir les suavitez de la presence divine, ils employent leur entendement à discourir sur les sentimens qu'ils ont ; comme une espouse qui s'amuseroit à regarder la bague avec laquelle elle auroit esté espousée, sans voir l'espoux mesme qui la luy auroit donnée. Il y a bien de la difference, Theotime, entre s'occuper en Dieu qui nous donne du contentement, et s'amuser au contentement que Dieu nous donne.

L'ame donc à qui Dieu donne la saincte quietude amoureuse en l'oraison, se doit abstenir, tant qu'elle peut, de se regarder soy-mesme ny son repos, lequel, pour estre gardé, ne doit point estre curieusement regardé : car qui l'affectionne trop, le perd ; et la juste regle de le bien affectionner, c'est de ne point l'affecter. Et comme l'enfant qui, pour voir où il a ses pieds, a osté sa teste du sein de sa mere, y retourne tout incontinent, parce qu'il est fort mignard ; ainsi faut-il que si nous nous appercevons d'estre distraits par la curiosité de sçavoir ce que nous faisons en l'oraison, soudain nous remettions nostre cœur en la douce et paisible attention de la presence de Dieu, de laquelle nous estions divertis.

Neantmoins il ne faut pas croire qu'il y ait aucun peril de perdre cette sacrée quietude par les actions du corps ou de l'esprit, qui ne se font ny par legereté ny par indiscretion. Car comme dit la bienheureuse mere Therese, c'est une superstition d'estre si jaloux de ce repos, que de ne vouloir ny tousser, ny cracher, ny respirer, de peur de le perdre : d'autant que Dieu qui donne cette paix, ne l'oste pas pour tels mouvemens necessaires, ny pour les distractions et divagations de l'esprit, quand elles sont involontaires : et la volonté estant une fois bien amorcée à la presence divine, ne laisse pas d'en savourer les douceurs, quoyque l'entendement ou la memoire se soient eschappez et desbandez après des pensées estrangeres et inutiles.

Il est vray qu'alors la quietude de l'ame n'est pas si grande, comme si l'entendement et la memoire conspiroient avec la volonté ; mais toutesfois elle ne laisse pas d'estre une vraye tranquillité spirituelle, puisqu'elle regne en la volonté qui est la maistresse de toutes les autres facultez. Certes, nous avons veu une ame extresmement attachée et joincte à Dieu, laquelle neantmoins avoit l'entendement et la memoire tellement libre de toute occupation interieure, qu'elle entendoit fort distinctement ce qui se disoit autour d'elle, et s'en ressouvenoit fort entierement, encore qu'il luy fust impossible de respondre ny de se desprendre de Dieu, auquel elle estoit attachée par l'application de sa volonté : mais je dis tellement attachée, qu'elle ne pouvoit estre retirée de cette douce occupation sans en recevoir une grande douleur qui la provoquoit à des gemissemens, lesquels mesme elle faisoit au plus fort de sa consolation et quietude ; comme nous voyons les petits enfans grommeler et faire des petits plaints quand ils ont ardemment desiré le laict, et qu'ils commencent à tetter ; ou comme fit Jacob(1), qui en embrassant la belle et chaste Rachel, jettant un cri pleura de la vehemence de la consolation et tendreté qu'il sentoit. Si que cette ame de laquelle je parle, ayant la seule volonté engagée, et l'entendement, memoire, ouïe et imagination libres, ressembloit, comme je pense, au petit enfant qui alaictant pourroit voir, ouïr et mesme remuer le bras, sans pour cela quitter la mammelle.

Mais pourtant la paix de l'ame seroit bien plus grande et plus douce, si on ne faisoit point de bruit autour d'elle, et qu'elle n'eust aucun subject de se mouvoir ny quant au cœur ny quant au corps ; car elle voudroit bien estre toute occupée en la suavité de cette presence divine, mais ne

(1) Genes. XXIX, 11.

pouvant quelquefois s'empescher d'estre divertie ès autres facultez, elle conserve au moins la quietude en la volonté, qui est la faculté par laquelle elle reçoit la jouyssance du bien. Et notez qu'alors la volonté retenue en quietude par le plaisir qu'elle prend en la presence divine, elle ne se remue point pour ramener les autres puissances qui s'egarent; d'autant que si elle vouloit entreprendre cela, elle perdroit son repos, s'esloignant de son cher bien-aimé, et perdroit sa peine de courir çà et là pour attraper ces puissances volages, lesquelles aussi bien ne peuvent jamais estre si utilement appelées à leur devoir que par la perseverance de la volonté en la saincte quietude : car petit à petit toutes les facultez sont attirées par le plaisir que la volonté reçoit, et duquel elle leur donne certains ressentimens, comme des parfums qui les excitent à venir auprès d'elle pour participer au bien dont elle jouyt.

CHAPITRE XI.

Suite du discours des divers degrez de la saincte quietude, et d'une excellente abnegation de soymesme qu'on y practique quelquefois.

Suivant ce que nous avons dit, la saincte quietude a donc divers degrez. Car quelquefois elle est en toutes les puissances de l'ame, joinctes et unies à la volonté; quelquefois elle est seulement en la volonté, en laquelle elle est aucunes fois sensiblement, et d'autres fois imperceptiblement; d'autant qu'il arrive parfois que l'ame tire un contentement incomparable de sentir par certaines douceurs interieures que Dieu luy est present (1), comme il advint à Ste Elisabeth, quand Nostre-Dame la visita : et d'autres fois l'ame a une certaine ardente suavité d'estre en la presence de Dieu, laquelle pour lors luy est imperceptible (2); comme il advint aux disciples pelerins qui ne s'apperçurent bonnement de l'agreable plaisir dont ils estoient touchez, marchans avec Nostre-Seigneur, sinon quand ils furent arrivez, et qu'ils l'eurent recogneu en la divine fraction du pain. Quelquefois non-seulement l'ame s'apperçoit de la presence de Dieu, mais elle l'escoute parler par certaines clartez et persuasions interieures qui tiennent lieu de paroles : aucunes fois elle le sent parler et luy parle reciproquement, mais si secrettement, si doucement, si bellement, que c'est sans pour cela perdre la saincte paix et quietude : si que sans se resveiller, elle *veille* (3)

(1) Luc, I, 41. — (2) Luc, XXIV, 32.
(3) Cant. Cant. V, 2.

avec luy, c'est-à-dire, elle veille et parle à son bien-aimé avec autant de suave tranquillité et de gracieux repos, comme si elle *sommeilloit* (1) doucement. Et d'autres fois elle sent parler l'espoux, mais elle ne sçauroit luy parler, parce que l'aise de l'ouïr, ou la reverence qu'elle luy porte, la tient en silence; ou bien parce qu'elle est en seicheresse et tellement alangourie d'esprit, qu'elle n'a de force que pour ouïr, et non pas pour parler : comme il arrive corporellement quelquefois à ceux qui commencent à s'endormir, ou qui sont grandement affoiblis par quelque maladie.

Mais enfin quelquefois ny elle n'ouït son bien-aimé, ny elle ne luy parle, ny elle ne sent aucun signe de sa presence; ains simplement elle sçait qu'elle est en la presence de son Dieu, auquel il plaist qu'elle soit là. Imaginez-vous, Theotime, que le glorieux apostre S. Jean eust dormy d'un sommeil corporel sur la poictrine de son cher Seigneur en la saincte cene, et qu'il se fust endormy par le commandement d'iceluy. Certes en ce cas-là il eust esté en la presence de son maistre, sans le sentir en façon quelconque.

Et remarquez, je vous prie, qu'il faut plus de soin pour se mettre en la presence de Dieu, que pour y demeurer lorsque l'on s'y est mis. Car pour s'y mettre, il faut appliquer sa pensée, et la rendre actuellement attentive à cette presence, ainsi que je le dis en l'introduction. Mais quand on s'est mis en cette presence, on s'y tient par plusieurs autres moyens, tandis que, soit par l'entendement, soit par la volonté, on fait quelque chose en Dieu ou pour Dieu; comme, par exemple, le regardant, ou quelque chose pour l'amour de luy; l'escoutant, ou ceux qui parlent pour luy; parlant à luy ou à quelqu'un pour l'amour de luy; et faisant quelque œuvre, quelle qu'elle soit pour son honneur et service. Ains on se maintient en la presence de Dieu, non-seulement l'escoutant, ou le regardant; ou luy parlant, mais aussi attendant s'il luy plaira de nous regarder, de nous parler, ou de nous faire parler à luy; ou bien encore ne faisant rien de tout cela, mais demeurant simplement où il luy plaist que nous soyons, et parce qu'il luy plaist que nous y soyons. Que si à cette simple façon de demeurer devant Dieu, il luy plaist d'adjouster quelque petit sentiment que nous sommes tous siens et qu'il est tout nostre, ô Dieu, que ce nous est une grace desirable et precieuse!

Mon cher Theotime, prenons encore la liberté de faire cette imagination. Si une statue que le sculpteur auroit nichée dans la gallerie de quel-

(1) Cant. Cant. V, 2.

que grand prince, estoit douée d'entendement, et qu'elle pust discourir et parler, et qu'on luy demandast : O belle statue, dis-moy, pourquoy es-tu là dans cette niche? Parce, respondroit-elle, que mon maistre m'y a colloquée. Et si l'on repliquoit : Mais pourquoy y demeures-tu sans rien faire? Parce, diroit-elle, que mon maistre ne m'y a pas placée afin que je fisse chose quelconque, ains seulement afin que j'y fusse immobile. Que si de rechef on la pressoit, en disant : Mais, pauvre statue, de quoy te sert-il d'estre là de la sorte? Hé! Dieu, respondroit-elle, je ne suis pas icy pour mon interest et service, mais pour obeir et servir à la volonté de mon Seigneur et Sculpteur; et cela me suffit. Et si on rechargeoit en cette sorte : Or dis moy donc, statue, je te prie, tu ne vois point ton maistre; et comme prends-tu du contentement à le contenter? Non, certes, confesseroit-elle, je ne le vois pas; car j'ai des yeux non pas pour voir, comme j'ay des pieds non pas pour marcher; mais je suis trop contente de savoir que mon cher maistre me voit icy, et prend plaisir de m'y voir. Mais si l'on continuoit la dispute avec la statue, et qu'on luy dit : Mais ne voudrois-tu pas bien avoir du mouvement pour t'approcher de l'ouvrier qui t'a faite, afin de luy faire quelque autre meilleur service? Sans doute elle le nieroit, et protesteroit qu'elle ne voudroit pas faire autre chose, sinon que son maistre le voulust. Et quoy donc, concluroit-on, tu ne desires rien, sinon d'estre une immobile statue, là, dedans cette niche? Non, certes, diroit enfin cette sage statue; non je ne veux rien estre, sinon une statue, et tousjours dedans cette niche, tandis que mon sculpteur le voudra; me contentant d'estre icy et ainsi, puisque c'est le contentement de celuy à qui je suis, et par qui je suis ce que je suis.

O vray Dieu! que c'est une bonne façon de se tenir en la presence de Dieu, d'estre et de vouloir tousjours et à jamais estre en son bon plaisir! Car ainsi, comme je pense, en toutes occurrences, ouy mesme en dormant profondement, nous sommes encore plus profondement en la tres-saincte presence de Dieu. Ouy certes, Theotime, car si nous l'aimons, nous nous endormons non-seulement à sa veuë, mais à son gré, et non-seulement par sa volonté, mais selon sa volonté : et semble que ce soit luy-mesme, nostre Createur et Sculpteur celeste qui nous jette là sur nos licts comme des statues dans leurs niches, afin que nous nichions dans nos licts, comme les oyseaux couchent dans leurs nids. Puis à nostre resveil, si nous y pensons bien, nous trouvons que Dieu nous a tousjours esté present, et que nous ne nous sommes pas non plus esloignez ny separez de luy. Nous avons donc esté là en la presence de son bon plaisir, quoyque sans le voir et sans nous en appercevoir; si que nous pourrions dire, à l'imitation de Jacob : « (1) Vrayment, « j'ay dormy auprès de mon Dieu et entre les bras « de sa divine presence et providence, et je n'en « sçavois rien. »

Or, cette quietude en laquelle la volonté n'agist que par un tres-simple acquiescement au bon plaisir divin, voulant estre en l'oraison sans aucune pretention que d'estre à la veuë de Dieu selon qu'il luy plaira, c'est une quietude souverainement excellente; d'autant qu'elle est pure de toute sorte d'interest, les facultez de l'ame ny prenant aucun contentement, ny mesme la volonté, sinon en sa supresme pointe, en laquelle elle se contente de n'avoir aucun autre contentement, sinon celuy d'estre sans contentement pour l'amour du contentement et bon plaisir de son Dieu dans lequel elle se repose. Car, en somme, c'est le comble de l'amoureuse extase de n'avoir pas sa volonté en son contentement, mais en celuy de Dieu, ou de n'avoir pas son contentement en sa volonté, mais en celle de Dieu.

CHAPITRE XII.

De l'escoulement ou liquefaction de l'ame en Dieu.

Les choses humides et liquides reçoivent aisement les figures et limites qu'on leur veut donner; d'autant qu'elles n'ont nulle fermeté ny solidité qui les arreste ou borne en elles-mesmes. Mettez de la liqueur dans un vaisseau, et vous verrez qu'elle demeurera bornée dans les limites du vaisseau; lequel, s'il est rond ou carré, la liqueur sera de mesme, n'ayant aucune limite ny figure, sinon celle du vaisseau qui la contient.

L'ame n'en est pas de mesme par nature, car elle a ses figures et ses bornes propres. Elle a sa figure par ses habitudes et inclinations, et ses bornes par sa propre volonté; et quand elle est arrestée à ses inclinations et volontez propres, nous disons qu'elle est dure, c'est-à-dire, opiniastre, obstinée. « (2) Je vous osteray, dit Dieu, vostre cœur de pierre »; c'est-à-dire, je vous osteray vostre obstination. Pour faire changer de figure au caillou, au fer, au bois, il y faut la coignée, le marteau, le feu. On appelle cœur de fer, de bois ou de pierre, celuy qui ne reçoit pas aisement les impressions divines, ains demeure en sa propre volonté emmy les inclinations qui accompagnent nostre nature depravée. Au contraire,

(1) Genes. XXVIII, 16. — (2) Ezech. XXXVI, 26.

un cœur doux, maniable et traictable, est appelé un cœur fondu et liquefié.

« (1) Mon cœur, dit David parlant en la personne « de Nostre-Seigneur sur la croix, mon cœur est « fait comme de la cire fondue au milieu de mes « entrailles. » Cleopatre, cette infame reyne d'Egypte, voulant encherir sur tous les excez et toutes les dissolutions que Marc-Antoine avoit faits en banquets, fit apporter à la fin d'un festin qu'elle faisoit à son tour, un bocal de fin vinaigre, dans lequel elle jetta une des perles qu'elle portoit en ses oreilles, estimée deux cent cinquante mille escus : puis la perle estant resolue, fondue et liquefiée, elle l'avala, et eust encore ensevely dans son estomach l'autre perle qu'elle avoit en l'autre oreille, si Licius Plautus ne l'eust empeschée. Le cœur du Sauveur, vraye perle orientale, uniquement unique et de prix inestimable, jetté au milieu d'une mer d'aigreurs incomparables au jour de sa passion, se fondit en soy-mesme, se resolut, defit et escoula en douleur sous l'effort de tant d'angoisses mortelles ; mais l'amour, plus fort que la mort, amollit, attendrit et fait fondre les cœurs encore bien plus promptement que toutes les autres passions.

« (2) Mon ame, dit l'amante sacrée, s'est toute « fondue à mesme que mon bien-aimé a parlé. » Et qu'est-ce à dire, elle *s'est fondue*, si non elle ne s'est plus contenuë en elle-mesme, ains s'est escoulée devers son divin amant? Dieu ordonna à Moyse qu'il « (3) parlast au rocher, et qu'il « produiroit des eaux » : ce n'est donc pas merveille si luy mesme fit fondre l'ame de son amante, lorsqu'il luy parloit en sa douceur. Le beaume est si espais de sa nature, qu'il n'est point fluide ny coulant ; et plus il est gardé, plus il s'espaissit, et enfin s'endurcit, devenant rouge et transparent : mais la chaleur le dissout et rend fluide. L'amour avoit rendu l'espoux fluide et coulant, dont l'espouse l'appelle *une huile respandue*.(4). Et voilà que maintenant elle asseure qu'elle-mesme est toute fondüe d'amour : « Mon ame, dit-elle, « s'est escoulée, lorsque mon bien-aimé a parlé. » L'amour de l'espoux estoit dans son cœur et dans son sein, comme un vin nouveau bien puissant qui ne peut estre retenu dans son tonneau, car il se respandoit de toutes parts ; et parce que l'ame suit son amour, après que l'espouse a dit : (5) « Vos mammelles sont meilleures que le vin, res-« pandant des onguens precieux », elle adjouste : « Vostre nom est une huile respandue. ». Et comme l'espoux auroit respandu son amour et son ame dans le cœur de l'espouse, aussi l'espouse reciproquement verse son ame dans le cœur de l'espoux. Et comme l'on voit qu'un bornal ou cousteau, touché des rayons ardens, sort de soy-mesme et quitte sa forme pour s'escouler devers l'endroit duquel les rayons le touchent ; ainsi l'ame de cette amante s'escoula du costé de la voix de son bien-aimé, sortant d'elle-mesme et des limites de son estre naturel pour suivre celuy qui luy parloit.

Mais comme se fait cet escoulement sacré de l'ame en son bien-aimé? Une extreme complaisance de l'amant en la chose aimée produit une certaine impuissance spirituelle qui fait que l'ame ne se sent plus aucun pouvoir de demeurer en soy-mesme? C'est pourquoy, comme un beaume fondu qui n'a plus de fermeté ny de solidité, elle se laisse aller et escouler en ce qu'elle aime. Elle ne se jette pas par maniere d'eslancement, ny elle ne se serre pas par maniere d'union, mais elle se va doucement coulant comme une chose fluide et liquide dedans la Divinité qu'elle aime. Et comme nous voyons que les nuées espaissies par le vent du midy, se fondant et convertissant en pluye, ne peuvent plus demeurer en elles-mesmes, ains tombent et s'escoulent en bas, se meslant si intimement avec la terre qu'elles destrempent, qu'elles ne sont plus qu'une mesme chose avec icelle; ainsi l'ame laquelle quoy que amante, demeuroit encore en elle-mesme, sort par cet escoulement sacré et fluidité saincte, et se quitte soy-mesme, non-seulement pour s'unir au bien-aimé, mais pour se mesler toute et se destremper avec luy.

Vous voyez donc bien, Theotime, que l'escoulement d'une ame en son Dieu n'est autre chose qu'une veritable extase, par laquelle l'ame est toute hors des bornes de son maintien naturel, toute meslée, absorbée et engloutie en son Dieu. Dont il arrive que ceux qui parviennent à ce sainct excés de l'amour divin, estans par après revenus à eux, ne voyent rien en la terre qui les contente, et vivans en un extresme aneantissement d'eux-mesmes, demeurent fort alangouris en tout ce qui appartient aux sens, et ont perpetuellement au cœur la maxime de la bienheureuse vierge Therese de Jesus : « Ce qui n'est pas « Dieu ne m'est rien. » Et semble que telle fut la passion amoureuse de ce grand amy du bien-aimé, qui disoit : « (1) Je vis, mais non pas moy ; ains « Jesus-Christ vit en moy : » et, (2) nostre vie « est cachée avec Jesus-Christ en Dieu. » Car, dites-moy, je vous prie, Theotime, si une goutte d'eau elementaire jettée dans un ocean d'eau de

---

(1) Ps. XXI, 15.
(2) Cant. Cant. v, 6. — (3) Num. xx, 8.
(4) Cant. Cant. I, 2. — (5) Ibid. I, 1, 2.

(1) Ep. ad Gal. II, 20. — (2) Ep. ad Coloss. III, 3.

naffe, estoit vivante, et qu'elle pust parler et dire l'estat auquel elle seroit, ne crieroit-elle pas de grande joye : O mortels, *je vis* voirement, mais je ne vis *pas moy-mesme*; *ains* cet ocean *vit en moy*, et ma *vie est cachée en* cet abysme.

L'ame escoulée en Dieu ne meurt pas : car comme pourroit-elle mourir d'estre abysmée en la vie ? mais elle vit sans vivre en elle-mesme; parce que, comme les estoiles, sans perdre leur lumiere, ne luisent plus en la presence du soleil, ains le soleil luit en elles, et sont cachées en la lumiere du soleil, aussi l'ame, sans perdre sa vie, ne vit plus estant meslée avec Dieu, ains Dieu vit en elle. Tels furent, je pense, les sentimens des grands bienheureux Philippe Nerius et François Xavier, quand accablez des consolations celestes ils demandoient à Dieu qu'il se retirast pour un peu d'eux, puisqu'il vouloit que leur vie parust aussi encore un peu au monde; ce qui ne se pouvoit, tandis qu'elle estoit toute *cachée* et absorbée *en Dieu*.

CHAPITRE XIII.

De la blessure d'amour.

Tous ces mots amoureux sont tirez de la ressemblance qu'il y a entre les affections du cœur et les passions du corps. La tristesse, la crainte, l'esperance, la haine et les autres affections de l'ame n'entrent point dans le cœur que l'amour ne les y tire apres soy. Nous ne haïssons le mal, sinon parce qu'il est contraire au bien que nous aimons : nous craignons le mal futur, parce qu'il nous privera du bien que nous aimons. Qu'un mal soit extresme, nous ne le haïssons neantmoins jamais, sinon à mesure que nous cherissons le bien auquel il est opposé. Qui n'aime pas beaucoup la chose publique, ne se met pas beaucoup en peine si elle se ruine : qui n'aime guere Dieu, ne hait non plus guere le peché. L'amour est la premiere, ains le principe et l'origine de toutes les passions; c'est pourquoy c'est luy qui entre le premier dans le cœur : et parce qu'il penetre et perce jusqu'au fin fond de la volonté où il a son siege, on dit qu'il blesse le cœur. Il est aigu, dit l'apostre de la France, et entre tres-intimement dans l'esprit. Les autres affections entrent voirement aussi, mais c'est par l'entremise de l'amour; car c'est luy qui perçant le cœur leur fait passage. Ce n'est que la pointe du dard qui blesse, le reste agrandit seulement la blessure et la douleur.

Or s'il blesse, il donne par consequent de la douleur. Les grenades, par leur couleur vermeille, par la multitude de leurs grains si bien serrez et rangez, et par leurs belles couronnes, representent naïvement, ainsi que dit sainct Gregoire, la tres-saincte charité : toute vermeille, à cause de son ardeur envers Dieu, comblée de toute la varieté des vertus, et qui seule obtient et porte la couronne des recompenses eternelles : mais le suc des grenades, qui, comme nous sçavons, est si agreable aux sains et aux malades, est tellement meslé d'aigreur et de douceur, qu'on ne sçauroit discerner s'il resjouyst le goust, ou bien parce qu'il a son aigreur doucette, ou bien parce qu'il a une douceur aigrette. Certes, Theotime, l'amour est ainsi aigre-doux; et tandis que nous sommes en ce monde, il n'a jamais une douceur parfaitement douce, parce qu'il n'est pas parfaict ny jamais purement rassasié et satisfaict; et neantmoins il ne laisse pas d'estre grandement agreable, son aigreur affinant la suavité de sa douceur, comme sa douceur aiguise la grace de son aigreur. Mais cela comme se peut-il faire ? On a veu tel jeune homme entrer en conversation, libre, sain et fort gay, qui, ne prenant pas garde à soy, sent bien, avant que d'en sortir, que l'amour se servant des regards, des maintiens, des paroles d'une imbecille et foible creature, comme d'autant de flesches, aura feru et blessé son chetif cœur, en sorte que le voilà tout triste, morne et estonné. Pourquoy, je vous prie, est-il triste? C'est sans doute parce qu'il est blessé. Et qui l'a blessé? L'amour. Mais puisque l'amour est enfant de la complaisance, comme peut-il blesser et donner de la douleur? Quelquefois l'object bien-aimé est absent : et lors, mon cher Theotime, l'amour blesse le cœur par le desir qu'il excite, lequel ne pouvant estre satisfaict, tourmente gratuitement l'esprit.

Si une abeille avoit piqué un enfant, certes, vous auriez beau luy dire : Ah! mon enfant, l'abeille qui t'a piqué, c'est celle-là mesme qui fait le miel que tu trouves si bon. Car il est vray, diroit-il, son miel est bien doux à mon goust, mais sa piqueure est bien douloureuse, et tandis que son esguillon est dedans ma joue, je ne puis m'accoiser : et ne voyez-vous pas que ma face est tout enflée? Theotime, certes, l'amour est une complaisance, et par consequent il est fort agreable, pourveu qu'il ne laisse point dedans nos cœurs l'esguillon du desir; mais quand il le laisse, il laisse avec iceluy une grande douleur. Il est vray que cette douleur provient de l'amour, et partant c'est une aimable et aimable douleur. Oyez les eslans douloureux, mais amoureux d'un amant royal : « (1) Mon ame a soif de son Dieu « fort et vivant. Hé! quand viendray-je et parois- « tray-je devant la face de mon Dieu! Mes lar-

(1) Ps. LXI, 3, 4.

« mes m'ont servy de pain nuict et jour, tandis
« qu'on me dit : Où est ton Dieu ? » Ainsi la sacrée Sulamite, toute destreimpée en ses douleurs amoureuses, parlant aux filles de Hierusalem : «.(1) Helas ! dit-elle, je vous en conjure, si vous « rencontrez mon amy, annoncez-luy ma peine, « parce que je languis toute blessée de son « amour. ».«(2) L'esperance differée afflige l'ame.»

Or les douloureuses blesseures de l'amour sont de plusieurs sortes. 1. Les premiers traicts que nous recevons de l'amour, s'appellent blesseures; parce que le cœur qui sembloit sain, entier et tout à soy-mesme, tandis qu'il n'aimoit pas, commence, lorsqu'il est atteint d'amour, à se separer et diviser de soy-mesme pour se donner à l'object aimé. Or cette division ne se peut faire sans douleur, puisque la douleur n'est autre chose que la division des choses vivantes qui se tiennent l'une à l'autre. 2. Le desir pique et blesse incessamment le cœur dans lequel il est, comme nous avons dit. 3. Mais, Theotime, parlant de l'amour sacré, il y a en la practique d'iceluy une sorte de blesseure que Dieu luy-mesme faict quelquefois en l'ame qu'il veut grandement perfectionner. Car il luy donne des sentimens admirables et des attraicts nompareils pour sa souveraine bonté, comme la pressant et sollicitant de l'aimer; et lors elle s'eslance de force comme pour voler plus haut vers son divin object : mais demeurant courte, parce qu'elle ne peut pas tant aimer comme elle desire, ô Dieu ! elle sent une douleur qui n'a point d'esgale. A mesme temps qu'elle est attirée puissamment à voler vers son cher bien-aimé, elle est aussi retenue puissamment et ne peut voler, comme attachée aux basses miseres de cette vie mortelle et de sa propre impuissance; elle desire « (3) des aisles de colombe pour voler « en son repos, » et elle n'en trouve point. La voilà donc rudement tourmentée entre la violence de ses eslans et celle de son impuissance. « (4) O miserable que je suis ! disoit l'un de ceux « qui ont experimenté ce travail, qui me delivrera « du corps de cette mortalité ? » Alors, si vous y prenez garde, Theotime, ce n'est pas le desir d'une chose absente qui blesse le cœur, car l'ame sent que son Dieu est present, il l'a desja «(5) me- « née dans son cellier à vin, il a arboré sur son « cœur l'estendard de l'amour ; » mais quoy que desja il la voye toute sienne, il presse, et descoche de temps en temps mille et mille traicts de son amour, luy monstrant par de nouveaux moyens combien il est plus aimable qu'il n'est

(1) Cant. Cant. v, 8.
(2) Prov. xiii, 12. — (3) Ps. liv. vii.
(4) Ep. ad Rom. iv, 24. — (5) Cant. Cant. ii, 4.

aimé, et elle qui n'a pas tant de force pour l'aimer, que d'amour pour s'efforcer, voyant ses efforts si imbecilles en comparaison du desir qu'elle a pour aimer dignement celuy que nulle force ne peut assez aimer; helas ! elle se sent outrée d'un tourment incomparable : car autant d'eslans qu'elle fait pour voler plus haut en son desirable amour, autant reçoit-elle de secousses de douleur.

Ce cœur amoureux de son Dieu, desirant infiniment d'aimer, voit bien que neantmoins il ne peut ny assez aimer ny assez desirer. Or ce desir qui ne peut reussir, est comme un dard dans le flanc d'un esprit genereux : mais la douleur qu'on en reçoit, ne laisse pas d'estre aimable, d'autant que quiconque desire bien d'aimer, aime aussi bien à desirer, et s'estimeroit le plus miserable de l'univers s'il ne desiroit continuellement d'aimer ce qui est si souverainement aimable. Desirant d'aimer, il reçoit de la douleur; mais aimant à desirer, il reçoit de la douceur.

Vray Dieu, Theotime, que vais-je dire ? les bienheureux qui sont en paradis, voyans que Dieu est encore plus aimable qu'ils ne l'aiment, pasmeroient et periroient eternellement du desir de l'aimer davantage, si la tres-saincte volonté de Dieu n'imposoit à la leur le repos admirable dont elle jouyt ; car ils aiment si souverainement cette souveraine volonté, que son vouloir arreste le leur, et le contentement divin les contente, acquiesçans d'estre bornez en leur amour par la volonté mesme de laquelle la bonté est l'object de leur amour. Que si cela n'estoit, leur amour seroit esgalement delicieux et douloureux; delicieux pour la possession d'un si grand bien, douloureux pour l'extresme desir d'un plus grand amour. Dieu doncques tirant continuellement, s'il faut ainsi dire, des sagettes du carquois de son infinie beauté, blesse l'ame de ses amans, leur faisant clairement voir qu'ils ne l'aiment pas à beaucoup près de ce qu'il est aimable. Celuy des mortels qui ne desire pas d'aimer davantage la divine bonté, il ne l'aime pas assez : la suffisance en ce divin exercice ne suffit pas à celuy qui veut s'y arrester comme si elle luy suffisoit.

CHAPITRE XIV.

De quelques autres moyens par lesquels le sainct amour blesse les cœurs.

Rien ne blesse tant un cœur amoureux que de voir un autre cœur blessé d'amour pour luy. Le pelican fait son nid en terre, dont les serpens viennent souvent piquer ses petits. Or quand cela arrive, le pelican, comme un excellent medecin naturel, de la pointe de son bec, blesse de toutes parts ces pauvres poussins, pour avec le sang faire sortir le venin que la morsure des serpens a respandu par tous les endroicts de leur corps : et pour faire sortir tout le venin, il laisse sortir tout le sang, et par consequent il laisse ainsi mourir cette petite troupe pelicanne. Mais les voyant morts, il se blesse soy-mesme et respand son sang sur eux ; il les vivifie d'une nouvelle et plus pure vie : son amour les a blessez, et soudain par ce mesme amour il se blesse soy-mesme. Jamais nous ne blessons un cœur de la blessure d'amour, que nous n'en soyons soudain blessez nous-mesmes. Quand l'ame voit son Dieu blessé d'amour pour elle, elle en reçoit soudain une reciproque blesseure. « (1) Tu as blessé mon cœur, » dit le celeste amant à sa Sulamite ; et la Sulamite s'escrie : « (2) Dites à mon bien-aimé que je suis blessée « d'amour. » Les avettes ne blessent jamais qu'elles ne demeurent blessées à mort. Voyons aussi le Sauveur de nos ames blessé d'amour pour nous jusques à la mort et la mort de la croix, comme pourrions-nous n'estre pas blessez pour luy ? mais je dis blessez d'une playe d'autant plus douloureusement amoureuse, que la sienne a esté amoureusement douloureuse, et que jamais nous ne le pouvions tant aimer que son amour et sa mort le requierent.

C'est encore une autre blesseure d'amour, quand l'ame sent bien qu'elle aime son Dieu, et que neantmoins Dieu la traicte comme s'il ne sçavoit pas d'estre aimé, ou comme s'il estoit en deffiance de son amour. Car alors, mon cher Theotime, l'ame reçoit des extresmes angoisses, luy estant insupportable de voir et sentir le seul semblant que Dieu fait de se defier d'elle.

Le pauvre S. Pierre avoit et sentoit son cœur tout remply d'amour pour son Maistre : et Nostre-Seigneur dissimulant de le sçavoir : (3) « Pierre, « dit-il, m'aimes-tu plus que ceux-cy ? Hé, Sei- « gneur, respondit cet apostre, vous sçavez que « je vous aime. Mais, Pierre, m'aimes-tu, repli- « que le Sauveur ? Mon cher Maistre, dit l'apos- « tre, je vous aime, certes, vous le sçavez. » Et ce doux Maistre pour l'esprouver, et se deffiant d'estre aimé : « Pierre, dit-il, m'aimes-tu ? » Ah ! Seigneur, vous blessez ce pauvre cœur qui grandement affligé s'escrie amoureusement, mais douloureusement : « Mon Maistre, vous savez tou- « tes choses, vous sçavez certes bien que je vous « aime. »

Un jour on faisoit des exorcismes sur une personne possedée ; et le malin esprit estant pressé de dire quel estoit son nom : Je suis, respondit-il

(1) Cant. Cant. iv, 9. — (2) Ibid. v, 8.
(3) Joan. xxi, 15 et seq.

ce malheureux privé d'amour ; et soudain saincte Catherine de Gennes, qui estoit là presente, se sentit troubler et renverser toutes les entrailles, d'autant qu'elle avoit seulement ouy prononcer le mot de privation d'amour. Car comme les demons haïssent si fort l'amour divin, qu'ils tremblent lorsqu'ils en voyent le signe ou qu'ils en oyent le nom, c'est-à-dire quand ils voyent la croix et qu'ils oyent prononcer le nom de Jesus ; ainsi ceux qui aiment fortement Nostre-Seigneur tremoussent de douleur et d'horreur quand ils voyent quelque signe ou qu'ils entendent quelque parole qui represente la privation de ce sainct amour.

S. Pierre estoit bien asseuré que Nostre-Seigneur sçachant tout, ne pouvoit pas ignorer combien il estoit aimé de luy ; mais parce que la repetition de cette demande, *m'aimes-tu?* a l'apparence de quelque deffiance, S. Pierre s'en attriste grandement. Helas ! cette pauvre ame qui sent bien qu'elle est resolue de plustost mourir que d'offenser son Dieu, mais ne sent pas neantmoins un seul brin de ferveur, ains au contraire une froideur extreme qui la tient toute engourdie et si foible qu'elle tombe à tous coups en des imperfections fort sensibles : cette ame, dis-je, Theotime, elle est toute blessée ; car son amour est grandement douloureux de voir que Dieu fait semblant de ne voir pas combien elle l'aime, la laissant comme une creature qui ne luy appartient pas ; et luy est advis qu'emmy ses defauts, ses distractions et froideurs, Nostre-Seigneur descoche contre elle ce reproche : Comme peux-tu dire que tu m'aimes, puisque ton ame n'est pas avec moy ? ce qui luy est un dard de douleur au travers de son cœur, mais un dard de douleur qui procede d'amour ; car si elle n'aimoit pas, elle ne seroit pas affligée de l'apprehension qu'elle a de ne pas aimer.

Quelquesfois cette blesseure d'amour se fait par le seul souvenir que nous avons d'avoir esté jadis sans aimer Dieu. O que tard je vous ay aimée, beauté antique et nouvelle ! disoit ce sainct qui avoit esté trente ans heretique (1). La vie passée est en horreur à la vie presente de celuy qui a passé sa vie precedente sans aimer la souveraine bonté.

L'amour mesme nous blesse quelquesfois par la seule consideration de la multitude de ceux qui mesprisent l'amour de Dieu ; si que nous pasmons de detresse pour ce subject, comme faisoit celuy qui disoit : « (2) Mon zele, ô Seigneur, m'a « fait secher de douleur, parce que mes ennemis « n'ont pas gardé ta loy. » Et le grand S. Fran-

(1) S. Augustin. — (2) Ps. cxviii, 139.

çois pensant ne point estre entendu, pleuroit un jour, sanglottoit et se lamentoit si fort, qu'un bon personnage l'oyant, accourut comme au secours de quelqu'un qu'on vouloit esgorger; et le voyant tout seul, il luy demanda : Pourquoy cries-tu ainsi, pauvre homme? Helas, dit-il, je pleure de quoy Nostre-Seigneur a tant enduré pour l'amour de nous, et personne n'y pense. Et ces paroles dictes, il recommença ses larmes ; et ce bon personnage se mit aussi à gemir et pleurer avec luy.

Mais comme que ce soit, cecy est admirable ès blessures receues par le divin amour, que la douleur en est agreable, et tous ceux qui le sentent y consentent et ne voudroient pas changer cette douleur à toute la douceur de l'univers. Il n'y a point de douleur emmy l'amour, ou s'il y a de la douleur, c'est une bien-aimée douleur. Un seraphin tenant un jour une flesche toute d'or, de la pointe de laquelle sortoit une petite flamme, il la darda dans le cœur de la bienheureuse mere Therese, et la voulant retirer, il sembloit à cette vierge qu'on luy arrachast les entrailles, la douleur estant si grande qu'elle n'avoit plus de force que pour jetter des foibles et petits gemissemens; mais douleur pourtant si aimable, qu'elle eust voulu n'en estre jamais delivrée. Telle fut la sagette d'amour que Dieu descocha dans le cœur de la grande Ste Catherine de Gennes au commencement de sa conversion, dont elle demeura toute changée et comme morte au monde et aux choses creées pour ne vivre plus qu'au Createur. « (1) Le « bien-aimé est un bouquet de myrrhe amer, » et ce bouquet amer est reciproquement le bien-aimé qui *demeure* cherement colloqué *sur le sein* de la bien-aimée, c'est-à-dire, le plus aimé de tous les bien-aimez.

CHAPITRE XV.
De la langueur amoureuse du cœur blessé de dilection.

C'est chose assez cogneue que l'amour humain a la force non-seulement de blesser le cœur, mais de rendre malade le corps jusqu'à la mort, d'autant que comme la passion et temperament du corps a beaucoup de pouvoir d'incliner l'ame et la tirer après soy, aussi les affections de l'ame ont une grande force pour remuer les humeurs et changer les qualitez du corps. Mais outre cela, l'amour, quand il est vehement, porte si impetueusement l'ame en la chose aimée, et l'occupe si fortement, qu'elle manque à toutes ses autres operations, tant sensitives qu'intellectuelles, si que, pour nourrir cet amour et le seconder, il semble que l'ame abandonne tout autre exercice, et soy-mesme encore. Dont Platon a dit que l'amour estoit pauvre, dechiré, nud, deschaux, chetif, sans maison, couchant dehors sur la dure, ès porte, tousjours indigent. Il est pauvre, parce qu'il fait quitter tout pour la chose aimée; il est sans maison, parce qu'il fait sortir l'ame de son domicile pour suivre tousjours celuy qui est aimé, il est chetif, pasle, maigre et desfait, parce qu'il fait perdre le sommeil, le boire et le manger; il est nud et deschaux, parce qu'il fait quitter toutes autres affections pour prendre celle de la chose aimée; il couche dehors sur la dure, parce qu'il fait demeurer à descouvert le cœur qui aime, luy faisant manifester ses passions par des souspirs, plaintes, louanges, soupçons, jalousies; il est tout estendu comme un gueux aux portes, parce qu'il fait que l'amant est perpetuellement attentif aux yeux et à la bouche de la personne qu'il aime, et tousjours attaché à ses oreilles pour luy parler et mendier des faveurs, desquelles il n'est jamais rassasié : or, les yeux, les oreilles et la bouche sont les portes de l'ame. Et enfin c'est sa vie que d'estre tousjours indigent, car si une fois il est rassasié, il n'est plus ardent, et par consequent il n'est plus amour.

Certes, je sçay bien, Theotime, que Platon parloit ainsi de l'amour abject, vil et chetif des mondains; mais neantmoins ces proprietez ne laissent pas de se trouver en l'amour celeste et divin. Car voyez un peu ces premiers maistres de la doctrine chrestienne, c'est-à-dire ces premiers docteurs du sainct amour evangelique, et oyez ce que disoit l'un d'entr'eux qui avoit le plus eu de travail : « (1) Jusques à maintenant, dit-il, nous avons faim « et soif, et sommes nuds, et sommes soufflettez, « et sommes vagabonds : nous sommes rendus « comme les balieures de ce monde, et comme la « racleure ou peleure de tous. » Comme s'il disoit : Nous sommes tellement abjects, que si le monde est un palais, nous en sommes estimez les balieures ; si le monde est une pomme, nous en sommes la racleure. Qui les avoit reduits, je vous prie, à cet estat, sinon l'amour? Ce fut l'amour qui jetta S. François nud devant son evesque, et le fit mourir nud sur la terre ; ce fut l'amour qui le fit mendiant toute sa vie ; ce fut l'amour qui envoya le grand François Xavier, pauvre indigent, deschiré, çà et là parmy les Indes et entre les Japonois; ce fut l'amour qui reduisit le grand cardinal S. Charles, archevesque de Milan, à cette extresme pauvreté parmy toutes les richesses que sa naissance et sa dignité luy donnoient; que comme dit cet eloquent orateur d'Italie, monsei-

---

(1) Cant. Cant. I, 12.

(1) I. Cor. IV, 11, 13.

gneur Panigarole, il estoit comme un chien en la maison de son maistre, ne mangeant qu'un peu de pain, ne beuvant qu'un peu d'eau, et couchant sur un peu de paille.

Oyons de grace la saincte Sulamite, comme elle s'escrie presque en cette sorte : quoyque à raison de mille consolations que mon amour me donne, je sois « (1) plus belle que les riches ten-« tes de mon Salomon, » je veux dire, plus belle que le ciel, qui n'est qu'un pavillon inanimé de sa majesté royale, puisque je suis son pavillon animé ; si suis-je neantmoins toute *noire* (2), deschirée, poudreuse et toute gastée de tant de blesseures et de coups que ce mesme amour me donne. « (3) Hé! ne prenez pas garde à mon teint ; car « je suis voirement brune, d'autant que mon bien-« aimé qui est mon soleil, » a dardé les rayons de son amour sur moy : rayons qui esclairent par leur lumière, mais qui par leur ardeur m'ont rendue haslée et noirastre, et me touchant de leur splendeur ils m'ont *osté ma couleur* (4). La passion amoureuse me fait trop heureuse de me donner un tel espoux comme est mon roy : mais cette mesme passion qui me tient lieu de *mere*, puisqu'elle seule m'a mariée, et non mes merites ; elle a des autres *enfans* qui *me donnent des assauts* (5) et des travaux nompareils, me reduisans à telle langueur, que comme d'un costé je ressemble une reyne qui est au costé de son roy, aussi de l'autre je suis comme une chetive *vigneronne* (6) qui dans une chetive cabane *garde* une vigne, et une vigne encore qui n'est pas sienne.

Certes, Theotime, quand les blesseures et playes de l'amour sont frequentes et fortes, elles nous mettent en langueur et nous donnent la bien aimable maladie d'amour. Qui pourroit jamais descrire les langueurs amoureuses des Ste Catherine de Sienne et de Gennes, ou de Ste Angele de Foligny, ou de Ste Christine, ou de la bienheureuse mere Therese, ou de S. Bernard, ou de S. François ? Et quant à ce dernier, sa vie ne fut autre chose que larmes, souspirs, plaintes, langueurs, definemens, pasmoisons amoureuses. Mais rien n'est si admirable en tout cela que cette admirable communication que le doux Jesus luy fit de ses amoureuses et precieuses douleurs par l'impression de ses playes et stigmates. Theotime, j'ay souvent considéré cette merveille, et en ay fait cette pensée. Ce grand serviteur de Dieu, homme tout seraphique, voyant la vive image de son Sauveur crucifié, effigiée en un seraphin lumineux qui luy apparut sur le mont Alverne, il s'attendrit plus qu'on ne sçauroit imaginer, saisi d'une consolation et d'une compassion souveraine ; car regardant ce beau miroir d'amour que les anges ne se peuvent jamais assouvir de regarder, helas ! il pasmoit de douceur et de contentement. Mais voyant aussi d'autre part la vive representation des playes et blesseures de son Sauveur crucifié, il sentit en son ame ce « (1) glaive impi-« teux qui transperça la sacrée poictrine » de la Vierge Mere au jour de la passion, avec autant de douleur interieure que s'il eust esté crucifié avec son cher Sauveur. O Dieu ! Theotime, si l'image d'Abraham, eslevant le coup de la mort sur son cher unique pour le sacrifier, image faicte par un peintre mortel, eut bien le pouvoir toutesfois d'attendrir et faire pleurer le grand S. Gregoire, evesque de Nisse, toutes les fois qu'il la regardoit ; hé ! combien fut extreme l'attendrissement du grand S. François quand il vit l'image de Nostre-Seigneur se sacrifiant soy-mesme sur la croix ! image que non une main mortelle, mais la main maistresse d'un seraphin celeste avoit tirée et effigiée sur son propre original, representant si vivement et au naturel le divin roy des anges, meurtry, blessé, percé, froissé, crucifié.

Cette ame doncques ainsi amollie, attendrie et presque toute fondue en cette amoureuse douleur, se trouva par ce moyen extremement disposée à recevoir les impressions et marques de l'amour et douleur de son souverain amant. Car la memoire estoit toute detrempée en la souvenance de ce divin amour, l'imagination appliquée fortement à se representer les blesseures et meurtrisseures que les yeux regardoient alors si parfaitement bien exprimées en l'image presente ; l'entendement recevoit les especes infiniment vives que l'imagination luy fournissoit, et enfin l'amour employoit toutes les forces de la volonté pour se complaire et conformer à la passion du bien-aimé, dont l'ame sans doute se trouvoit toute transformée en un second crucifix. Or l'ame comme forme et maistresse du corps, usant de son pouvoir sur iceluy, imprima les douleurs des playes dont elle estoit blessée, ès endroits correspondans à ceux esquels son amant les avoit endurées. L'amour est admirable pour aiguiser l'imagination, afin qu'elle penetre jusqu'à l'exterieur. L'amour donc fit passer les tourmens interieurs de ce grand amant S. François jusqu'à l'exterieur, et blessa le corps du mesme dard de douleur duquel il avoit blessé le cœur.

Mais de faire les ouvertures en la chair par dehors, l'amour qui estoit dedans ne le pouvoit pas bonnement faire : c'est pourquoy l'ardent sera-

---

(1) Cant. Cant. I, 4. — (2) Ibid. — (3) Ibid. 5.
(4) Cant. Cant. I, 5. — (5) Ibid.
(6) Cant. Cant. I, 5.

(1) Luc, III, 35.

phin venant au secours, darda des rayons d'une clarté si penetrante, qu'elle fit reellement en la chair les playes exterieures du crucifix que l'amour avoit imprimées interieurement en l'ame. Ainsi le seraphin voyant Isaïe n'oser entreprendre de parler, d'autant qu'il sentoit ses levres souillées, vint au nom de Dieu luy toucher et espurer les levres avec un charbon pris sur l'autel, secondant en cette sorte le desir d'iceluy. La myrrhe produit sa stacte et premiere liqueur, comme par maniere de sueur et de transpiration; mais afin qu'elle jette bien tout son suc, il la faut aider par l'incision. De mesme l'amour divin de S. François parut en toute sa vie comme par maniere de sueur, car il ne respiroit en toutes ses actions que cette sacrée dilection; mais pour en faire paroistre tout-à-faict l'incomparable abondance, le celeste seraphin le vint inciser et blesser. Et afin que l'on sceust que ses playes estoient playes de l'amour du ciel, elles furent faictes, non avec le fer, mais avec des rayons de lumiere. O vray Dieu, Theotime, que de douleurs amoureuses, et que d'amours douloureuses! car non-seulement alors, mais tout le reste de sa vie ce pauvre sainct alla tousjours traisnant et languissant comme bien malade d'amour.

Le bienheureux Philippe Nerius, agé de quatre-vingts ans, eut une telle inflammation de cœur pour le divin amour, que la chaleur se faisant faire place aux costes, les eslargit bien fort, et en rompit la quatriesme et cinquiesme, afin qu'il pust recevoir plus d'air pour le rafraischir. Le bienheureux Stanislaüs Kosca, jeune garçon de quatorze ans, estoit si fort assailly de l'amour de son Sauveur, que maintesfois il tomboit en deffaillance tout pasmé, et estoit contrainct d'appliquer sur sa poictrine des linges trempez en l'eau froide pour moderer la violence de l'ardeur qu'il sentoit.

Et en somme, comme pensez-vous, Theotime, qu'une ame qui a une fois un peu à souhait tasté les consolations divines, puisse vivre en ce monde meslé de tant de miseres, sans douleur et langueur, presque perpetuelle? On a maintesfois ouy ce grand homme de Dieu François Xavier, lançant sa voix au ciel, lorsqu'il croyoit estre bien solitaire, en cette sorte : Hé! mon Seigneur, non de grace, ne m'accablez pas d'une si grande affluence de consolations, ou si par vostre infinie bonté il vous plaist me faire ainsi abonder en delices, tirez-moy donc en paradis : car qui a une fois bien gousté en l'interieur vostre douceur, il luy est force de vivre en amertume, tandis qu'il ne jouyt pas de vous. Quand doncques Dieu a donné un peu largement de ses divines douceurs à une ame, et qu'il les luy oste, il la blesse par cette privation, et elle par après demeure languissante, souspirant avec David :

(1) Helas! quand viendra le jour
Que la douceur d'un retour
M'ostera cette souffrance?

Et avec le grand apostre : « (2) O moy misera-« ble homme! qui me delivrera du corps de cette « mortalité? »

(1) Ps. XLI, 3. — (2) Ad Rom. VII, 24.

LIVRE SEPTIESME.

DE L'UNION DE L'AME AVEC SON DIEU, QUI SE PARFAIT EN L'ORAISON.

CHAPITRE PREMIER.

Comme l'amour fait l'union de l'ame avec Dieu en l'oraison.

Nous ne parlons pas ici de l'union generale du cœur avec son Dieu, mais de certains actes et mouvemens particuliers que l'ame recueillie en Dieu fait par maniere d'oraison, afin de s'unir et joindre de plus en plus à sa divine bonté. Car il y a, certes, difference entre unir et joindre une chose à l'autre, et serrer ou presser une chose contre une autre ou sur une autre : d'autant que pour joindre et unir il n'est besoin que d'une simple application d'une chose à l'autre, en sorte qu'elles se touchent et soyent ensemble, ainsi que nous joignons les vignes aux ormeaux et les jasmins aux treilles des berceaux que l'on fait ès jardins; mais pour serrer et presser, il faut faire une application forte qui accroisse et augmente l'union : de sorte que serrer, c'est intimement et fortement joindre, comme nous voyons que le lierre se joint aux arbres; car il ne s'unit pas seulement, mais il se presse et serre si fort à eux, que mesme il penetre et entre dans leurs escorces.

La comparaison de l'amour des petits enfans envers leurs meres ne doit point estre abandonnée, à cause de son innocence et pureté. Voyons donc ce beau petit enfant auquel sa mere assise presente son sein. Il se jette de force entre les bras d'icelle, ramassant et pliant tout son petit corps dans ce giron et sur cette poictrine aimable. Et voyez reciproquement sa mere, comme, le recevant, elle le serre, et par maniere de dire le colle à son sein, et le baisant joint sa bouche à la sienne. Mais voyez derechef ce petit poupon appasté des caresses maternelles, comme de son costé il coopere à cette union d'entre sa mere et lui; car il se serre aussi et se presse tant qu'il peut par luy-mesme sur la poictrine et le visage de sa mere, et semble qu'il se veuille tout enfoncer et cacher dans ce sein agreable duquel il est extraict.

Or alors, Theotime, l'union est parfaicte; laquelle n'estant qu'une, ne laisse pas de proceder de la mere et de l'enfant; en sorte neantmoins qu'elle depend toute de la mere : car elle a attiré à soy l'enfant, elle l'a la premiere serré entre ses bras et pressé sur sa poictrine, et les forces du poupon ne sont pas si grandes qu'il eust pu se serrer et prendre si fort à sa mere. Mais toutesfois ce pauvre petit fait bien ce qu'il peut de son costé, et se joint de toute sa force au sein maternel, non-seulement consentant à la douce union que sa mere practique, mais y contribuant ses foibles efforts de tout son cœur. Et je dis ses foibles efforts, parce qu'ils sont si imbeciles qu'ils ressemblent presque plutost des essais d'union que non pas une union.

Ainsi donc, Theotime, Nostre-Seigneur monstrant le tres-aimable sein de son divin amour à l'ame devote, il la tire toute à soy, la ramasse, et, par maniere de dire, il replie toutes les puissances d'icelle dans le giron de sa douceur plus que maternelle; puis, bruslant d'amour, il serre l'ame, il la joint, la presse et colle sur ses levres de suavité et sur sa delicieuse poictrine, la *baisant du sacré baiser de sa bouche*, et lui faisant savourer ses *mammelles meilleures que le vin* (1). Alors l'ame, amorcée des delices de ses faveurs, non-seulement consent et se preste à l'union que Dieu fait, mais de tout son pouvoir elle coopere, s'efforçant de se joindre et serrer de plus en plus à la divine bonté; de sorte toutesfois qu'elle recognoist bien que son union et liaison à cette souveraine douceur depend toute de l'operation divine, sans laquelle elle ne pourroit seulement pas faire le moindre essay du monde pour s'unir à icelle.

Quand on voit une exquise beauté regardée avec grande ardeur, ou une excellente melodie escoutée avec une grande attention, ou un rare discours entendu avec grande contention, on dit que cette beauté-là tient collez sur soy les yeux des spectateurs, que cette musique tient attachées les oreilles, que ce discours ravit les cœurs des auditeurs. Qu'est-ce à dire, tenir collez les yeux, tenir attachées les oreilles, et ravir les cœurs, sinon unir et joindre fort serrés les sens et puissances dont on parle, à leurs objects? L'ame donc se serre et se presse sur son object, quand elle s'y affectionne avec grande attention : car le serrement n'est autre chose que le progrez et avancement de l'union et conjonction. Nous usons mesme de ce mot, selon nostre langage, ès choses morales. Il me presse de faire ceci ou cela, il me presse de demeurer; c'est-à-dire, il n'employe pas seulement sa persuasion ou sa priere, mais il l'employe avec contention et effort, comme firent les pelerins en Emmaüs, qui non-seulement supplierent Nostre-Seigneur, mais le presserent et serrerent à force; *le contraignans*, d'une amoureuse violence, *d'arrester* au logis avec eux (1).

Or, en l'oraison, l'union se fait souvent par maniere de petits, mais frequens eslancemens et advancemens de l'ame en Dieu. Et si vous prenez garde aux petits enfans unis et joincts au sein de leurs meres, vous verrez que de temps en temps ils se pressent et serrent par des petits eslans que le plaisir de tetter leur donne. Ainsi en l'oraison le cœur uny à son Dieu fait maintesfois certaines recharges d'union par des mouvemens avec lesquels il se serre et presse davantage en sa divine douceur. Comme par exemple, l'ame ayant longuement demeuré au sentiment d'union par lequel elle savoure doucement combien elle est heureuse d'estre à Dieu, enfin accroissant cette union par un serrement et eslan cordial : ouy, Seigneur, dira-t-elle, je suis vostre toute, toute, toute sans exception, ou bien : Hé! Seigneur, je le suis, certes, et je le veux estre tousjours plus; ou bien, par maniere de priere : O doux Jesus, hé! tirez-moy tousjours plus avant dans vostre cœur, afin que votre amour m'engloutisse, et que je sois du tout abysmée en sa douceur!

Mais d'autres fois l'union se fait, non par des eslancemens repetez, ains par maniere d'un continuel insensible pressement et advancement du

---

(1) Cant. Cant. I, 1.

(1) Luc, XXIV, 29.

cœur en la divine bonté. Car comme nous voyons qu'une grande et pesante masse de plomb, d'airain, ou de pierre, quoyqu'on ne la pousse point, se serre, enfonce et presse tellement contre la terre sur laquelle elle est posée, qu'enfin avec le temps on la trouve toute enterrée à cause de l'inclination de son poids ; qui par sa pesanteur la fait tousjours tendre au centre ; ainsi nostre cœur estant une fois joint à son Dieu, s'il demeure en cette union, et que rien ne l'en divertisse, il va s'enfonçant continuellement par un insensible progrez d'union, jusques à ce qu'il soit tout en Dieu, à cause de l'inclination sacrée que le sainct amour luy donne de s'unir tousjours davantage à la souveraine bonté. Car, comme dit le grand apostre de France, l'amour est une vertu unitive, c'est-à-dire qui nous porte à la parfaicte union du souverain bien. Et puisque c'est une verité indubitable que le divin amour, tandis que nous sommes en ce monde, est un mouvement ou au moins une habitude active et tendante au mouvement ; lors mesme qu'il est parvenu à la simple union, il ne laisse pas d'agir, quoyque imperceptiblement, pour l'accroistre et perfectionner de plus en plus.

Ainsi les arbres qui aiment d'estre transplantez, après qu'ils le sont, estendent leurs racines et se fourrent bien avant dans le sein de la terre, qui est leur element et aliment, nul ne s'appercevant de cela tandis qu'il se fait, ains seulement quand il est fait. Et le cœur humain, transplanté du monde en Dieu par le celeste amour, s'il s'exerce fort en l'oraison, certes il s'estendra continuellement, et se serrera à la Divinité, s'unissant de plus en plus à sa bonté, mais par des accroissemens imperceptibles, desquels on ne remarque pas bonnement le progrez taudis qu'il se fait, ains quand il est fait. Si vous beuvez quelque exquise liqueur, par exemple de l'eau imperiale, la simple union d'icelle avec vous se fera à mesure que vous la recevrez ; car la reception et l'union sont une mesme chose en cet endroit : mais par après, petit à petit, cette union s'agrandira par un progrez imperceptiblement sensible ; car la vertu de cette eau, penetrant de toutes parts, confortera le cerveau, revigorera le cœur, et estendra sa force sur tous vos esprits. Ainsi un sentiment de dilection, comme, par exemple, *que Dieu est bon!* estant entré dedans le cœur, d'abord il fait l'union avec cette bonté ; mais estant entretenu un peu longuement comme un parfum precieux, il penetre de tous costez l'ame, il se respand et dilate dans nostre volonté, et, par maniere de dire, il s'incorpore avec nostre esprit, se joignant et serrant de toutes parts de plus en plus à nous et nous unissant à luy. Et c'est ce que nous enseigne le grand David, quand il compare les sacrées paroles au miel (1). Car qui ne sçait que la douceur du miel s'unit de plus en plus à nostre sens par un progrez continuel de savourement, lorsque le tenans longuement en la bouche, ou que l'avalans tout bellement, sa saveur penetre plus avant le sens de nostre goust ? Et de mesme ce sentiment de la bonté celeste, exprimé par cette parole de sainct Bruno : *O bonté!* ou par celle de sainct Thomas : *mon Seigneur et mon Dieu!* ou par celle de Magdeleine : *Hé! mon maistre!* ou par celle de sainct François : *mon Dieu et mon tout!* Ce sentiment, dis-je, demeurant un peu longuement dedans un cœur amoureux, il se dilate, il s'estend et s'enfonce par une intime penetration en l'esprit, et de plus le detrempe tout de sa saveur, qui n'est autre chose qu'accroistre l'union, comme fait l'onguent precieux ou le beaume, qui, tombant sur le cotton, se mesle et s'unit tellement de plus en plus, petit à petit, avec iceluy, qu'enfin on ne sçauroit plus dire si le cotton est parfumé ou s'il est parfum, ni si le parfum est cotton ou le cotton parfum. O qu'heureuse est une ame qui, en la tranquillité de son cœur, conserve amoureusement le sacré sentiment de la presence de Dieu ! car son union avec la divine bonté croistra perpetuellement, quoyqu'insensiblement, et detrempera tout l'esprit d'iceluy de son infinie suavité. Or, quand je parle du sacré sentiment de la presence de Dieu en cet endroit, je n'entends pas parler du sentiment sensible, mais de celuy qui reside en la cime et supreme poincte de l'esprit, où le divin amour regne et fait ses exercices principaux.

CHAPITRE II.

Des divers degrez de la saincte union qui se fait en l'oraison.

L'union se fait quelquefois sans que nous y cooperions, sinon par une simple suite ; nous laissans unir sans resistance à la divine bonté, comme un petit enfant amoureux du sein de sa mere, mais tellement alangoury, qu'il ne peut faire aucun mouvement pour y aller ni pour se serrer quand il y est, mais seulement est bien aise d'estre pris et tiré entre les bras de sa mere, et d'estre pressé par elle sur sa poictrine.

Quelquefois nous cooperons, lorsqu'estans tirez nous courons volontiers pour seconder la douce force de la bonté qui nous tire et nous serre à soy par son amour.

(1) Ps. CXVIII, 103.

Quelquefois il nous semble que nous commençons à nous joindre et serrer à Dieu avant qu'il se joigne à nous, parce que nous sentons l'action de l'union de nostre costé, sans sentir celle qui se fait de la part de Dieu ; lequel toutesfois sans doute nous previent tousjours, bien que tousjours nous ne sentions pas sa prevention : car s'il ne s'unissoit à nous, jamais nous ne nous unirions à luy ; il nous choisit et saisit tousjours avant que nous ne le choisissions ny saisissions. Mais quand, suivant ses attraits imperceptibles, nous commençons à nous unir à luy, il fait quelquefois le progrez de nostre union, secourant nostre imbecillité, et se serrant sensiblement luymesme à nous, si que nous le sentons qu'il entre et penetre nostre cœur par une suavité incomparable. Et quelquefois aussi, comme il nous a attirez insensiblement à l'union, il continue insensiblement à nous aider et secourir. Et nous ne sçavons comme une si grande union se fait, mais nous sçavons bien que nos forces ne sont pas assez grandes pour la faire, si que nous jugeons bien par là que quelque secrette puissance fait son insensible action en nous : comme les nochers qui portent du fer, lorsque sous un vent fort foible ils sentent leurs vaisseaux cingler puissamment, cognoissent qu'ils sont proche des montaignes de l'aymant, qui les tirent imperceptiblement, et voyent en cette sorte un cognoissable et perceptible avancement provenant d'un moyen incogneu et imperceptible. Car ainsi lorsque nous voyons nostre esprit s'unir de plus en plus à Dieu sous de petits efforts que nostre volonté fait, nous jugeons bien que nous avons trop peu de vent pour cingler si fort, et qu'il faut que l'amant de nos ames nous tire par l'influence secrette de sa grace, laquelle il veut nous estre imperceptible, afin qu'elle nous soit plus admirable, et que, sans nous amuser à sentir ses attraits, nous nous occupions plus purement et simplement à nous unir à sa bonté.

Aucunesfois cette union se fait si insensiblement, que nostre cœur ne sent ni l'operation divine en nous, ni nostre cooperation ; ains il trouve la seule union insensiblement toute faicte, à l'imitation de Jacob, qui, sans y penser, se trouva marié avec Lia (1); ou plustost, comme un autre Samson (2), mais plus heureux, il se trouve lié et serré des cordes de la saincte union, sans que nous nous en soyons apperceus.

D'autres fois nous sentons les serremens, l'union se faisant par des actions sensibles tant de la part de Dieu que de la nostre.

Quelquefois l'union se fait par la seule volonté et en la seule volonté, et aucunes fois l'entendement y a sa part, parce que la volonté le tyre après soy et l'applique à son object, lui donnant un plaisir special d'estre fiché à le regarder ; comme nous voyons que l'amour respand une profonde et speciale attention en nos yeux corporels, pour les arrester à voir ce que nous aimons.

Quelquefois cette union se fait de toutes les facultez de l'ame, qui se ramassent toutes autour de la volonté ; non pour s'unir elles-mesmes à Dieu, car elles n'en sont pas toutes capables, mais donner plus de commodité à la volonté de faire son union. Car si les autres facultez estoient appliquées une chacune à son object propre, l'ame, operant par icelles, ne pourroit pas si parfaitement s'employer à l'action par laquelle l'union se fait avec Dieu. Telle est la varieté des unions.

Voyez sainct Marcial (car ce fust, comme on dit, le bienheureux enfant duquel il est parlé en sainct Marc) : Nostre-Seigneur le prit, le leva, et le tint assez longuement entre ses bras (1). O beau petit Marcial ! que vous estes heureux d'estre saisi, pris, porté, uny, joint et serré sur la poictrine celeste du Sauveur, et baisé de sa bouche sacrée, sans que vous y cooperiez, qu'en ne faisant pas resistance à recevoir ses divines caresses ! Au contraire, sainct Simeon embrasse et serre Nostre-Seigneur sur son sein, sans que Nostre-Seigneur fasse aucun semblant de cooperer à cette union (2), bien que, comme chante la tres-saincte Eglise, *le vieillard portoit l'enfant, mais l'enfant gouvernoit le vieillard* (3). Sainct Bonaventure, touché d'une saincte humilité, non-seulement ne s'unissoit pas à Nostre-Seigneur, ains se retiroit de sa presence reelle, c'est-à-dire du tres-sainct sacrement de l'eucharistie, quand un jour oyant messe, Nostre-Seigneur se vint unir à lui, lui portant son divin sacrement. Or cette union faicte, hé Dieu ! Theotime, pensez de quel amour cette saincte ame serra son Sauveur sur son cœur. A l'opposite, saincte Catherine de Sienne desirant ardemment Nostre-Seigneur en la saincte communion, pressant et poussant son ame et son affection devers lui, il se vint joindre à elle, entrant en sa bouche avec mille benedictions. Ainsi Nostre-Seigneur commença l'union avec sainct Bonaventure, et saincte Catherine sembla commencer celle qu'elle eut avec son Sauveur. La sacrée amante du cantique parle comme ayant practiqué l'une et l'autre sorte d'union : « Je suis toute à mon bien-aimé, ce dit« elle, et son retour est devers moi (4); » car c'est

(1) Gen. XXIX, 24. — (2) Judic. XVI.

(1) Marc. IX, 35. — (2) Luc, II, 28.
(3) Luc, II, 28. — (4) Cant. Cant. VII, 10.

autant que si elle disoit : Je me suis unie à mon cher amy, et reciproquement il se retourne devers moi, pour, en s'unissant de plus en plus à moi, se rendre aussi tout mien. « Mon cher amy « m'est un bouquet de myrrhe, il demeurera sur « mon sein (1), » et je l'y serrerai comme un bouquet de suavité. « Mon ame, dit David, s'est ser- « rée à vous, ô mon Dieu! et vostre main droicte « m'a empoigné et saisi (2) » Mais ailleurs elle confesse d'estre prevenue, disant : « Mon cher « ami est tout à moy, et moy je suis toute sien- « ne (3); » nous faisons une saincte union par laquelle il se joint à moi, et moy je me joins à lui. Et pour monstrer que tousjours toute l'union se fait par la grace de Dieu, qui nous tire à soy et par ses attraits esmeut nostre ame et anime le mouvement de nostre union envers lui, elle s'escrie comme toute impuissante, *Tirez-moi* (4) ; mais pour tesmoigner qu'elle ne se laissera pas tirer comme une pierre ou comme un forçat, ains qu'elle cooperera de son costé, et meslera son foible mouvement parmy les puissans attraits de son amant : « Nous courrons, dit-elle, à l'odeur « de vos parfums (5). » Et afin qu'on sçache que si on la tire un peu fortement par la volonté, toutes les puissances de l'ame se porteront à l'union : « Tirez-moy, dit-elle, et nous courrons. » L'espoux n'en tire qu'une, et plusieurs courent à l'union. La volonté est la seule que Dieu veut, mais toutes les autres puissances courent après elle pour estre unies à Dieu avec elle.

A cette union le divin berger des ames provoquoit sa chere Sulamite. « Mettez-moy, disoit-il, « comme un sceau sur vostre cœur, comme un ca- « chet sur vostre bras (6). » Pour bien imprimer un cachet sur la cire, on ne le joint pas seulement, mais on le presse bien serré. Ainsi veut-il que nous nous unissions à luy d'une union si forte et pressée que nous demeurions marquez de ses traits.

Le sainct *amour du Sauveur nous presse* (7). O Dieu, quel exemple d'union excellente ! Il s'estoit joint à nostre nature humaine par grace, comme une vigne à son ormeau, pour la rendre aucunement participante de son fruit. Mais voyant que cette union s'estoit defaite par le peché d'Adam, il fit une union plus serrée et pressante en l'incarnation ; par laquelle la nature humaine demeure à jamais jointe en unité de personne à la Divinité. Et afin que non-seulement la nature humaine, mais tous les hommes pussent s'unir intimement à sa bonté, il institua le sacrement de la tres-saincte eucharistie, auquel un chacun peut participer pour unir son Sauveur à soy-mesme reellement et par maniere de viande. Theotime, cette union sacramentelle nous sollicite et nous aide à la spirituelle de laquelle nous parlons.

CHAPITRE III.

Du souverain degré d'union par la suspension et ravissement.

Soit doncques que l'union de nostre ame avec Dieu se fasse imperceptiblement, soit qu'elle se fasse perceptiblement, Dieu en est tousjours l'auteur, et nul ne peut s'unir à luy, s'il ne va à luy : nul ne peut aller à luy, s'il n'est tiré par luy, comme tesmoigne le divin espoux, disant : « Nul « ne peut venir à moy, sinon que mon pere le « tire (1) ; » ce que sa celeste espouse proteste aussi, disant : « Tirez-moy, nous courrons à l'odeur de « vos parfums (2). »

Or la perfection de cette union consiste en deux poincts : qu'elle soit pure, et qu'elle soit forte. Ne puis-je pas m'approcher d'une personne pour luy parler, pour le mieux voir, pour obtenir quelque chose de luy, pour odorer les parfums qu'il porte ; pour m'appuyer sur luy ? Et lors je m'approche voirement de luy et me joints à luy ; mais l'approchement et union n'est pas ma principale pretention, ains je m'en sers seulement comme d'un moyen et d'une disposition pour obtenir une autre chose. Que si je m'approche de luy et me joints à luy, non pour aucune autre fin que pour estre proche de luy et jouir de cette prochaineté et union, c'est alors un approchement d'union pure et simple.

Ainsi plusieurs s'approchent de Nostre-Seigneur : les uns pour l'ouïr, comme Magdeleine ; les autres pour estre gueris, comme l'hemorroïsse; les autres pour l'adorer, comme les mages ; les autres pour le servir, comme Marthe ; les autres pour vaincre leur incredulité, comme sainct Thomas ; les autres pour le parfumer, comme Magdeleine, Joseph, Nicodeme. Mais sa divine Sulamite le cherche pour le trouver, et l'ayant trouvé ne veut autre chose que de le tenir bien serré ; et le tenant ne jamais le quitter. « Je le tiens, dit- « elle, et ne l'abandonnerai point (3). » Jacob, dit sainct Bernard, tenant Dieu bien serré, le veut bien quitter pourveu qu'il reçoive sa benediction ; mais la Sulamite ne le quittera point, quelques benedictions qu'il lui donne : car elle ne veut pas les benedictions de Dieu, elle veut le

---

(1) Cant. Cant. I, 12.
(2) Psal. LXII, 9. — (3) Cant. Cant. II, 16.
(4) Cant. Cant. I, 3. — (5) Ibid.
(6) Cant. Cant. VIII, 6.— (7) II. Ep. ad Cor. V, 14.

(1) Joan. VI, 44. — (2) Cant. Cant. I, 3.
(3) Cant. Cant. III, 1.

Dieu des benedictions, disant avec David : « Qu'y « a-t-il au ciel pour moy, et que veux-je sur la « terre, sinon vous (1)? Vous estes le Dieu de « mon cœur et mon partage à toute eternité(2). »

Ainsi fut la glorieuse *Mere auprès de la croix de son Fils* (3). Hé! que cherchez-vous, ô Mere de la vie, en ce mont de Calvaire et en ce lieu de mort? Je cherche, eust-elle dit, mon enfant qui est la vie de ma vie. Et pourquoi le cherchez-vous? Pour estre auprès de lui. Mais maintenant il est parmi les tristesses de la mort. Hé! ce ne sont pas les allegresses que je cherche, c'est luy-mesme, et partout mon cœur amoureux me fait rechercher d'estre unie à cet aimable enfant, mon cher bien-aimé. En somme, la pretention de l'ame en cette union n'est autre que d'estre avec son amant.

Mais quand l'union de l'ame avec Dieu est grandement tres-estroicte et tres-serrée, elle est appelée par les theologiens, inhesion ou adhesion, parce que par icelle l'ame demeure prise, attachée, collée, et affichée à la divine Majesté : en sorte que mal aisement peut-elle s'en desprendre et retirer. Voyez, je vous prie, cet homme pris et serré par attention à la suavité d'une harmonieuse musique, ou bien (ce qui est extravagant) à la niaiserie d'un jeu de cartes; vous l'en voulez retirer, et vous ne pouvez : quelles affaires qu'il ait au logis, on ne le peut arracher, il en perd mesme le boire et le manger. O Dieu! Theotime, combien plus doit estre attachée et serrée l'ame qui est amante de son Dieu, quand elle est unie à la divinité de l'infinie douceur, et qu'elle est prise et esprise en cet object d'incomparables perfections? Telle fut celle du grand vaisseau d'election, qui s'escrioit : « Afin que je vive à Dieu, je « suis affiché à la croix avec Jesus-Christ (4). » Aussi proteste-t-il que rien, non pas *la mort* mesme, *ne le peut separer* (5) de son maistre. Et cet effet de l'amour fut mesme practiqué entre David et Jonathas; car il est dit que *l'ame de Jonathas fut collée à celle de David* (6). Aussi est-ce un axiome celebré par les anciens peres, que l'amitié qui peut finir, ne fut jamais vraie amitié, ainsi que j'ai dit ailleurs.

Voyez, je vous prie, Theotime, ce petit enfant attaché au sein et au col de sa mere. Si on le veut arracher de là pour le porter en son berceau, parce qu'il est temps, il marchande et dispute tant qu'il peut ne point quitter ce sein tant aimable. Si on le fait deprendre d'une main, il s'accroche de l'autre, et si on l'enleve du tout, il se met à pleurer; et tenant son cœur et ses yeux où il ne peut plus tenir son corps, il va reclamant sa chere mere, jusques à ce qu'à force de le bercer on l'ait endormy. Ainsi l'ame, laquelle, par l'exercice de l'union, est parvenue jusqu'à demeurer prise et attachée à la divine bonté, n'en peut estre tirée presque que par force et avec beaucoup de douleur; on ne la peut faire desprendre : si on destourne son imagination, elle ne laisse pas de se tenir prise par son entendement; que si on tire son entendement, elle se tient attachée par la volonté; et si on la fait encore abandonner de la volonté par quelque distraction violente, elle se retourne de moment en moment du costé de son cher object, duquel elle ne peut du tout se desprendre, renouant tant qu'elle peut les doux liens de son union avec luy par des frequens retours qu'elle fait comme à la desrobée, experimentant en cela la peine de sainct Paul : car elle est *pressée de deux* desirs (1), d'estre delivrée de toute occupation exterieure pour demeurer en son interieur avec Jesus-Christ, et d'aller neantmoins à l'œuvre de l'obeyssance que l'union mesme avec Jesus-Christ luy enseigne estre requise.

Or la bienheureuse mere Therese dit excellemment que l'union estant parvenue jusqu'à cette perfection que de nous tenir pris et attachez avec Nostre-Seigneur, elle n'est point differente du ravissement, suspension ou pendement d'esprit; mais qu'on l'appelle seulement union, ou suspension, ou pendement, quand elle est courte; et quand elle est longue, on l'appelle extase ou ravissement; d'autant qu'en effect l'ame attachée à son Dieu si fermement et si serrée qu'elle n'en puisse pas aisement estre desprise, elle n'est plus en soy-mesme, mais en Dieu : non plus qu'un corps crucifié n'est plus en soy-mesme, mais en la croix; et que le lierre attaché à la muraille n'est plus en soy, mais en la muraille.

Mais afin d'eviter toute equivoque, sachez, Theotime, que *la charité est un lien*, et un lien *de perfection* (2); et qui a plus de charité, il est plus estroictement uny et lié à Dieu. Or nous ne parlons pas de cette union qui est permanente en nous, par maniere d'habitude, soit que nous dormions, soit que nous veillions : nous parlons de l'union qui se fait par l'action, et qui est un des exercices de la charité et dilection. Imaginez-vous donc que sainct Paul, sainct Denys, sainct Augustin, sainct Bernard, sainct François, saincte Catherine de Gennes ou de Sienne, sont encore en ce monde, et qu'ils dorment de lassitude après

---

(1) Psalm. LXII, 25, 26. — (2) Joan. XIX, 25.
(3) Ibid. — (4) Ep. ad Gal. II, 19.
(5) Ep. ad Rom. VIII, 38, 39.
(6) I. Reg. XVIII, 1?

(1) Ep. ad Philip. I, 23. —(2) Ep. ad Colos. III, 14.

plusieurs travaux pris pour l'amour de Dieu; representez-vous d'autre part quelque bonne ame; mais non pas si saincte comme eux, qui fust en l'oraison d'union à mesme temps : je vous demande, mon cher Theotime, qui est plus uni, plus serré, plus attaché à Dieu, ou ces grands saincts qui dorment, ou cette ame qui prie? Certes, ce sont ces aimables amans; car ils ont plus de charité, et leurs affections, quoyqu'en certaines façons dormantes, sont tellement engagées et prises à leurs maistres, qu'elles en sont inseparables. Mais, ce me direz-vous, comme se peut-il faire qu'une ame qui est en l'oraison d'union, et mesme jusqu'à l'extase, soit moins unie à Dieu que ceux qui dorment, pour saincts qu'ils soient? Voicy que je vous dis, Theotime : celle-là est plus avant en l'exercice de l'union, et ceux-cy sont plus avant en l'union; ceux-cy sont unis et ne s'unissent pas, puisqu'ils dorment; et celle-là s'unit, estant en l'exercice et practique actuelle de l'union.

Au demeurant, cet exercice de l'union avec Dieu se peut mesme practiquer par des courts et passagers, mais frequens eslans de notre cœur en Dieu par maniere d'oraisons jaculatoires faictes à cette intention. Ah Jesus! qui me donnera la grace que je sois un seul esprit avec vous! Enfin, Seigneur, rejettant la multiplicité des creatures, je ne veux que vostre unité! O Dieu, vous estes le seul un et la seule unité necessaire à mon ame! Helas! cher amy de mon cœur, unissez ma pauvre unique ame à vostre tres-unique bonté! Hé! vous estes tout mien, quand seray-je tout vostre? L'aymant tire le fer et le serre. O Seigneur Jesus, mon amant, soyez mon tire-cœur, serrez, pressez et unissez à jamais mon esprit sur vostre paternelle poictrine! Hé! puisque je suis fait pour vous, pourquoy ne suis-je pas en vous? Abysmez cette goutte d'esprit que vous m'avez donné, dedans la mer de vostre bonté de laquelle elle procede. Ah! Seigneur, puisque vostre cœur m'aime, que ne me ravit-il à soy, puisque je le veux bien? *Tirez-moy, et je courray à la suite* (1) de vos attraicts, pour me jetter entre vos bras paternels, et n'en bouger jamais ès siecles des siecles. Amen.

CHAPITRE IV.
Du ravissement, et de la premiere espece d'iceluy.

L'extase s'appelle ravissement, d'autant que par icelle Dieu nous attire et esleve à soy; et le ravissement s'appelle extase, en tant que par iceluy nous sortons et demeurons hors et au-dessus de nous-mesmes pour nous unir à Dieu. Et bien que les attraicts par lesquels nous sommes attirez de la part de Dieu, soyent admirablement doux, suaves et delicieux : si est-ce qu'à cause de la force que la beauté et bonté divine a pour tirer à soy l'attention et application de l'esprit, il semble que non-seulement elle nous esleve, mais qu'elle nous ravit et emporte. Comme au contraire à raison du tres-volontaire consentement et ardent mouvement par lequel l'ame ravie s'escoule après les attraicts divins, il semble que non-seulement elle monte et s'esleve, mais qu'elle se jette et s'eslance hors de soy en la Divinité mesme. Et c'en est de mesme en la tres-infame extase ou abominable ravissement qui arrive à l'ame, lorsque par les amorces des plaisirs charnels elle est mise hors de sa propre dignité spirituelle, et au-dessous de sa condition naturelle: car en tant que volontairement elle suit cette malheureuse volupté, et se precipite hors de soy-mesme, c'est-à-dire, hors de l'estat spirituel, on dit qu'elle est en l'extase sensuelle; mais en tant que les appas sensuels la tirent puissamment, et, par maniere de dire, l'entrainent dans cette basse et vile condition, on dit qu'elle est ravie et emportée hors de soy-mesme, parce que ces voluptez grossieres la demettent de l'usage de la raison et intelligence, avec une si furieuse violence, que, comme dit l'un des plus grands philosophes, l'homme estant en cet accident semble estre tombé en espilepsie, tant l'esprit demeure absorbé et comme perdu. O hommes! jusques à quand serez-vous si insensez que de vouloir ravaler vostre dignité naturelle, descendans volontairement et vous precipitans en la condition des bestes brutes!

Mais, mon cher Theotime, quant aux extases sacrées, elles sont de trois sortes : l'une est de l'entendement, l'autre de l'affection, et la troisiesme de l'action; l'une est en la splendeur, l'autre en la ferveur, et la troisiesme en l'œuvre; l'une se faict par l'admiration, l'autre par la devotion, et la troisiesme par l'operation. L'admiration se fait en nous par la rencontre d'une verité nouvelle que nous ne cognoissions pas ny n'attendions pas de cognoistre. Et si à la nouvelle verité que nous rencontrons, est jointe la beauté et bonté, l'admiration qui en provient est grandement delicieuse. Ainsi la reyne de Saba trouvant en Salomon plus de veritable sagesse qu'elle n'avoit pensé, elle demeura toute pleine d'admiration (1) : et les Juifs, voyans en nostre Sauveur une science qu'ils n'eussent jamais creue, furent surpris d'une grande admiration (2). Quand donc

---

(1) Cant. Cant. I.

(1) III. Reg. X, 4, 5. — (2) Matth. XIII, 54.

il plaist à la divine bonté de donner à nostre entendement quelque speciale clarté, par le moyen de laquelle il vient à contempler les mysteres divins d'une contemplation extraordinaire et fort relevée, alors voyant plus de beauté en iceux qu'il n'avoit pu s'imaginer, il entre en admiration.

Or, l'admiration des choses agreables attache et colle fortement l'esprit à la chose admirée, tant à raison de l'excellence de la beauté qu'elle luy descouvre, qu'à raison de la nouveauté de cette excellence; l'entendement ne se pouvant assez assouvir de voir ce qu'il n'a encore point veu, et qui est si agreable à voir. Et quelquefois, outre cela, Dieu donne à l'ame une lumiere non-seulement claire, mais croissante comme l'aube du jour; et alors comme ceux qui ont trouvé une miniere d'or, fouillent tousjours plus avant pour trouver tousjours davantage de ce tant desiré metail, ainsi l'entendement va de plus en plus s'enfonçant en la consideration et admiration de son divin object: car ne plus ne moins que l'admiration a causé la philosophie et attentive recherche des choses naturelles, elle a aussi causé la contemplation et theologie mystique, et d'autant que cette admiration, quand elle est forte, nous tient hors et au-dessus de nous-mesmes par la vive attention et application de nostre entendement aux choses celestes, elle nous porte par consequent en l'extase.

CHAPITRE V.

De la seconde espece de ravissement.

Dieu attire les esprits à soy par sa souveraine beauté et incomprehensible bonté: excellences qui toutes deux ne sont neantmoins qu'une supresme divinité tres-uniquement belle et bonne tout ensemble. Tout se fait pour le bon et pour le beau: toutes choses regardent vers luy, sont meues et contenues par luy et pour l'amour de luy. Le bon et le beau est desirable, aimable et cherissable à tous; pour luy toutes choses font et veulent tout ce qu'elles operent et veulent. Et quant au beau, parce qu'il attire et rappelle à soy toutes choses, les Grecs l'appellent d'un nom qui est tiré d'une parole, qui veut dire appeler.

De mesme quant au bien, sa vraye image c'est la lumiere, surtout en ce que la lumiere recueille, reduit et convertit à soy tout ce qui est: dont le soleil entre les Grecs est nommé d'une parole, laquelle monstre qu'il fait que toutes choses soient ramassées et serrées, rassemblant les dispersées, comme la bonté convertit à soy toutes choses, estant non-seulement la souveraine unité, mais souverainement unissante, d'autant que toutes choses la desirent comme leur principe, leur conservation et leur derniere fin : de sorte qu'en somme le bon et le beau ne sont qu'une mesme chose, d'autant que toutes choses desirent le beau et le bon.

Ce discours, Theotime, est presque tout composé des paroles du divin sainct Denis areopagite. Et certes, il est vray que le soleil, source de la lumiere corporelle, est la vraye image du bon et du beau : car entre les creatures purement corporelles, il n'y a point de bonté ny de beauté esgale à celle du soleil. Or la beauté et la bonté du soleil consiste en sa lumiere, sans laquelle rien ne seroit beau et rien ne seroit bon en ce monde corporel. Elle esclaire tout comme belle; elle eschauffe et vivifie tout, comme bonne. En tant qu'elle est belle et claire, elle attire tous les yeux qui ont veue au monde : en tant qu'elle est bonne et qu'elle eschauffe, elle attire à soy tous les appetits et toutes les inclinations du monde corporel : car elle tire et esleve les exhalations et vapeurs; elle tire et fait sortir les plantes et les animaux de leurs origines, et ne se fait aucune production à laquelle la chaleur vitale de ce grand luminaire ne contribue. Ainsi Dieu, pere de toute lumiere, souverainement bon et beau par sa beauté, attire nostre entendement à le contempler, et par sa bonté il attire nostre volonté à l'aimer. Comme beau, comblant nostre entendement de delices, il respand son amour dans nostre volonté; comme bon, remplissant nostre volonté de son amour, il excite nostre entendement à le contempler; l'amour nous provoquant à la contemplation, et la contemplation à l'amour. Dont il s'ensuit que l'extase et le ravissement despend totalement de l'amour : car c'est l'amour qui porte l'entendement à la contemplation, et la volonté à l'union; de maniere qu'enfin il faut conclure avec le grand sainct Denis, que l'amour divin est extatique, ne permettant pas que les amans soyent à eux-mesmes, ains à la chose aimée. A raison de quoy cet admirable apostre sainct Paul estant en la possession de ce divin amour, et faict participant de sa force extatique, d'une bouche divinement inspirée : « Je vis, dit-il, non plus moy, « mais Jesus-Christ vit en moy (1). » Ainsi, comme un vray amoureux sorty hors de soy en Dieu, il vivoit, non plus de sa propre vie, mais de la vie de son bien-aimé, comme souverainement aimable.

Or ce ravissement d'amour se fait sur la volonté en cette sorte. Dieu la touche par ses attraits de suavité : et lors, comme une esguille touchée par l'aymant se tourne et remue vers le

(1) Ep. ad Gal. II, 20.

pole, s'oubliant de son insensible condition; ainsi la volonté, atteinte de l'amour celeste, s'eslance et porte en Dieu, quittant toutes ses inclinations terrestres, entrant par ce moyen en un ravissement, non de cognoissance, mais de jouyssance; non d'admiration, mais d'affection; non de science, mais d'experience; non de veuë, mais de goust et de savourement.

Il est vray que, comme j'ay desjà signifié, l'entendement entre quelquefois en admiration, voyant la sacrée delectation que la volonté a en son extase, comme la volonté reçoit souvent de la delectation, appercevant l'entendement en admiration : de sorte que ces deux facultez s'entrecommuniquent leur ravissement, le regard de la beauté nous la faisant aimer, et l'amour nous la faisant regarder. On n'est guere souvent eschauffé des rayons du soleil qu'on n'en soit esclairé, ny esclairé qu'on n'en soit eschauffé. L'amour fait facilement admirer, et l'admiration facilement aimer.

Toutesfois les deux extases de l'entendement et de la volonté ne sont pas tellement appartenantes l'une à l'autre, que l'une ne soit bien souvent sans l'autre : car comme les philosophes ont eu plus de la cognoissance que de l'amour du Createur, aussi les bons chrestiens en ont maintesfois plus d'amour que de cognoissance, et par consequent l'excez de la cognoissance n'est pas toujours suivy de celuy de l'amour, non plus que l'excez de l'amour n'est pas toujours accompagné de celuy de la cognoissance, ainsi que j'ay remarqué ailleurs. Or l'extase de l'admiration, estant seule, ne nous fait pas meilleurs, suivant ce qu'en dit celuy qui avoit esté ravy en extase jusqu'au troisiesme ciel : « Si je cognoissois, dit-il, tous les mysteres et toute la science, et je n'aye pas la charité, je ne suis rien (1); » et partant le malin esprit peut extasier, s'il faut ainsi parler, et ravir l'entendement, luy representant les merveilleuses intelligences qui le tiennent eslevé et suspendu au-dessus de ses forces naturelles, et par telles clartez, il peut encore donner à la volonté quelque sorte d'amour vain, mol, tendre et imparfaict; par maniere de complaisance, satisfaction et consolation sensible. Mais de donner la vraye extase de la volonté, par laquelle elle s'attache uniquement et puissamment à la bonté divine, cela n'appartient qu'à cet *Esprit* souverain, *par lequel la charité de Dieu est respandue dedans nos cœurs* (2).

(1) I. Ep. ad Cor. XIII, 2.—(2) Ep. ad Rom. V, 5.

CHAPITRE VI.

Des marques du bon ravissement, et de la troisiesme espece d'iceluy.

En effet, Theotime, on a veu en nostre age plusieurs personnes qui croyoient elles-mesmes, et chacun avec elles, qu'elles fussent fort souvent ravies divinement en extase; et enfin toutesfois on descouvroit que ce n'estoient qu'illusions et amusemens diaboliques. Un certain prestre, du temps de sainct Augustin, se mettoit en extase toujours quand il vouloit, chantant ou faisant chanter certains airs lugubres et pitoyables; et ce pour seulement contenter la curiosité de ceux qui desiroient voir ce spectacle. Mais ce qui est admirable, c'est que son extase passoit si avant, qu'il ne sentoit mesme pas quand on luy appliquoit le feu, sinon après qu'il estoit revenu à soy : et neantmoins, si quelqu'un parloit un peu fort et à voix claire, il l'entendoit comme de loin, et n'avoit aucune respiration. Les philosophes mesmes ont recogneu certaines especes d'extases naturelles, faictes par la vehemente application de l'esprit à la consideration des choses plus relevées. C'est pourquoy il ne se faut pas estonner si le malin esprit, pour faire le singe, tromper les ames, scandaliser les foibles, et *se transformer en esprit de lumiere* (1), opere des ravissemens en quelques ames peu solidement instruites en la vraye pieté.

Afin donc qu'on puisse discerner les extases divines d'avec les humaines et diaboliques, les serviteurs de Dieu ont laissé plusieurs documens. Mais quant à moy, il me suffira pour mon propos de vous proposer deux marques de la bonne et saincte extase. L'une est que l'extase sacrée ne se prend ny attache jamais tant à l'entendement qu'à la volonté, laquelle elle esmeut, eschauffe et remplit d'une puissante affection envers Dieu; de maniere que si l'extase est plus belle que bonne, plus lumineuse que chaleureuse, plus speculative qu'affective, elle est grandement douteuse et digne de soupçon. Je ne dis pas qu'on ne puisse avoir des ravissemens, des visions mesme prophetiques, sans avoir la charité : car je sçay bien que comme on peut avoir la charité sans estre ravy et sans prophetiser, aussi peut-on estre ravy et prophetiser sans avoir la charité; mais je dis que celuy qui en son ravissement a plus de clarté en l'entendement pour admirer Dieu, que de chaleur en la volonté pour l'aimer, il doit estre sur ses gardes : car il y a danger que cette extase ne soit fausse, et ne rende l'esprit

(1) II. ad Cor. XI, 14.

plus enflé qu'edifié, le mettant voirement comme *Saül*, *Balaam* et *Caïphe*, *entre les prophetes* (1), mais le laissant neantmoins entre les reprouvez.

La seconde marque des vrayes extases consiste en la troisiesme espece d'extase que nous avons marquée cy-dessus. Extase toute saincte, toute aimable, et qui couronne les deux autres; et c'est l'extase de l'œuvre et de la vie. L'entiere observation des commandemens de Dieu n'est pas dans l'enclos des forces humaines, mais elle est bien pourtant dans les confins de l'instinct de l'esprit humain, comme tres-conforme à la raison et lumiere naturelle : de sorte que vivant selon les commandemens de Dieu, nous ne sommes pas pour cela hors de nostre inclination naturelle. Mais outre les commandemens divins, il y a des inspirations celestes pour l'execution desquelles il ne faut pas seulement que Dieu nous esleve au-dessus de nos forces, mais aussi qu'il nous tire au-dessus des instincts et des inclinations de nostre nature, d'autant qu'encore que ces inspirations ne sont pas contraires à la raison humaine, elles l'excedent toutesfois, la surmontent, et sont au-dessus d'icelle : de sorte que lors nous ne vivons pas seulement une vie civile, honneste et chrestienne, mais une vie surhumaine, spirituelle, devote, et extatique, c'est-à-dire, une vie qui est en toute façon hors et au-dessus de nostre condition naturelle.

Ne point desrober, ne point mentir, ne point commettre de luxure, prier Dieu, ne point jurer en vain, aimer et honorer son pere, ne point tuer : c'est vivre selon la raison naturelle de l'homme. Mais quitter tous nos biens, aimer la pauvreté, l'appeller et tenir en qualité de tres-delicieuse maistresse; tenir les opprobres, mespris, abjections, persecutions, martyres, pour des felicitez et beatitudes; se contenir dans les termes d'une absolue chasteté, et enfin vivre emmy le monde et en cette vie mortelle contre toutes les opinions et maximes du monde, et outre le courant du fleuve de cette vie, par des ordinaires resignations, renoncemens et abnegations de nous-mesmes : ce n'est pas vivre humainement, mais surhumainement; ce n'est pas vivre en nous, mais hors de nous et au-dessus de nous. Et parce que nul ne peut sortir en cette façon au-dessus de soy-mesme, *si le Pere* eternel *ne le tire* (2), partant cette sorte de vie doit estre un ravissement continuel et une extase perpetuelle d'action et d'operation.

« Vous estes morts, disoit le grand apostre aux « Colossiens, et vostre vie est cachée avec Jesus- « Christ en Dieu (3). » La mort fait que l'ame ne vit plus en son corps ni en l'enclos d'iceluy. Que veut donc dire, Theotime, cette parole de l'apostre : *Vous estes morts ?* C'est comme s'il eust dit : Vous ne vivez plus en vous-mesmes, ny dedans l'enclos de vostre propre condition naturelle, vostre ame ne vit plus selon elle-mesme, mais au-dessus d'elle-mesme. Le phœnix est phœnix, en cela qu'il aneantit sa propre vie à la faveur des rayons du soleil, pour en avoir une plus douce et vigoureuse, cachant, par maniere de dire, sa vie sous les cendres : Les bigats et vers à soye changent leur estre; et de vers se font papillons; les abeilles naissent vers, puis deviennent nymphes, marchans sur leurs pieds, et enfin deviennent mouches volantes. Nous en faisons de mesme, Theotime, si nous sommes spirituels : car nous quittons nostre vie humaine pour vivre d'une autre vie plus eminente au-dessus de nous-mesmes, *cachant* toute cette vie nouvelle en *Dieu avec Jesus-Christ*, qui seul la voit, la cognoist et la donne. Nostre vie nouvelle, c'est l'amour celeste qui vivifie et anime nostre ame, et cet amour est tout *caché en Dieu*, et és choses divines *avec Jesus-Christ*. Car, puisque, comme disent les lettres sacrées de l'Evangile, après que Jesus-Christ se fut un peu laissé voir à ses disciples en montant là haut au ciel, enfin *une nuée* l'environna, qui *l'osta* et cacha *de devant leurs yeux* (1); Jesus-Christ donc est caché au ciel en Dieu; or Jesus-Christ est nostre amour, et nostre amour est la vie de nostre ame : donc nostre vie est *cachée en Dieu avec Jesus-Christ*; et *quand Jesus-Christ qui est* nostre amour, et par consequent nostre *vie* spirituelle, *viendra paroistre au jour du jugement*, *alors* nous *apparoistrons avec luy en gloire* (2) : c'est-à-dire, Jesus-Christ nostre amour nous glorifiera, nous communiquant sa felicité et splendeur.

CHAPITRE VII.

Comme l'amour est la vie de l'ame, et suite du discours de la vie extatique.

L'ame est le premier acte et principe de tous les mouvemens vitaux de l'homme; et comme parle Aristote, elle est le principe par lequel nous vivons, sentons et entendons : dont il s'ensuit que nous cognoissons la diversité des vies, selon la diversité des mouvemens : en sorte mesme que les animaux qui n'ont point de mouvement naturel, sont du tout sans vie. Ainsi, Theotime, l'amour est le premier acte et principe de nostre vie devote ou spirituelle, par lequel nous vivons, sentons et nous esmouvons; et nostre vie spiri-

---

(1) I. Reg. x, 11. Num. xxii. Joan. xi, 51.
(2) Joan. vi, 44. — (3) Ep. ad Coloss. iii, 3.

(1) Act. i, 9. — (2) Ep. ad Coloss. iii, 4.

tuelle est telle que sont nos mouvemens affectifs: et un cœur qui n'a point de mouvement et d'affection, il n'a point d'amour; comme au contraire un cœur qui a de l'amour n'est point sans mouvement affectif. Quand donc nous avons colloqué nostre amour en Jesus-Christ, nous avons par consequent mis en luy nostre vie spirituelle : or, il est caché maintenant en Dieu au ciel, comme Dieu fut caché en luy tandis qu'il estoit en terre: c'est pourquoy nostre vie est cachée en luy; et quand il paroistra en gloire, nostre vie et nostre amour paroistra de mesme avec luy en Dieu. Ainsi S. Ignace, au rapport de S. Denys, disoit que son amour estoit crucifié, comme s'il eust voulu dire : Mon amour naturel et humain, avec toutes les passions qui en dependent, est attaché sur la croix : je l'ai fait mourir comme un amour mortel qui faisoit vivre mon cœur d'une vie mortelle : et comme mon Sauveur fut crucifié et mourut selon sa vie mortelle pour ressusciter à l'immortelle ; aussi je suis mort avec luy sur la croix selon mon amour naturel qui estoit la vie mortelle de mon ame, afin que je ressuscitasse à la vie surnaturelle d'un amour qui pouvant estre exercé au ciel, est aussi par consequent immortel.

Quand doncques on void une personne qui, en l'oraison, a des ravissemens par lesquels elle sort et monte au-dessus de soy-mesme en Dieu, et neantmoins n'a point d'extase en sa vie, c'est-à-dire, ne fait point une vie relevée et attachée à Dieu par abnegation des convoitises mondaines, et mortification des volontez, et inclinations naturelles ; par une interieure douceur, simplicité, humilité, et surtout par une continuelle charité; croyez, Theotime, que tous ces ravissemens sont grandement douteux et perilleux : ce sont ravissemens propres à faire admirer les hommes, mais non pas à les sanctifier. Car quel bien peut avoir une ame d'estre ravie à Dieu par l'oraison, si en sa conversation et en sa vie elle est ravie des affections terrestres, basses et naturelles ? Estre au-dessus de soy-mesme en l'oraison, et au-dessous de soy en la vie et operation ; estre angelique en la meditation, et bestial en la conversation, c'est clocher de part et d'autre, jurer en Dieu, et jurer en Melchon (1); et en somme, c'est une vraye marque que tels ravissemens et telles extases ne sont que des amusemens et tromperies du malin esprit. Bienheureux sont ceux qui vivent une vie sur-humaine, extatique, relevée au-dessus d'eux-mesmes, quoy qu'ils ne soyent point ravis au-dessus d'eux-mesmes en l'oraison. Plusieurs saincts sont au ciel, qui jamais ne furent en extase ou ravissement de contemplation. Car combien de martyrs et de grands saincts et sainctes voyons-nous en l'histoire n'avoir jamais eu en l'oraison autre privilege que celuy de la devotion et ferveur ? mais il n'y eut jamais sainct qui n'ait eu l'extase et ravissement de la vie et de l'operation, se surmontant soy-mesme et ses inclinations naturelles.

Et qui ne voit, Theotime, je vous prie, que c'est l'extase de la vie et operation de laquelle le grand apostre parle, principalement quand il dit : « Je « vis, mais non plus moy, ains Jesus-Christ vit « en moy (1) ? » Car il l'explique luy-mesme en autres termes aux Romains, disant que *nostre vieil homme est crucifié ensemblement avec Jesus-Christ* (2), que nous sommes *morts au peché* (3) avec luy, et que de mesme nous sommes ressuscitez avec luy pour *marcher en nouveauté de vie* (4) afin de ne *plus servir au peché* (5). Voilà deux hommes representez en un chacun de nous, Theotime, et par consequent deux vies, l'une du vieil homme, qui est une vieille vie ; comme on dit de l'aigle, qui estant devenue vieille, va traisnant ses plumes et ne peut plus prendre son vol ; l'autre vie est de l'homme nouveau, qui est aussi une vie nouvelle, comme celle de l'aigle, laquelle deschargée de ses vieilles plumes qu'elle a secouées dans la mer, en prend des nouvelles, et s'estant rajeunie, vole en la nouveauté de ses forces.

En la premiere vie, nous vivons selon le vieil homme, c'est-à-dire, selon les defauts, foiblesses, et infirmitez que nous avons contractées par le peché de nostre premier pere Adam : et partant nous vivons au peché d'Adam, et nostre vie est une vie mortelle, ains la mort mesme. En la seconde vie, nous vivons selon l'homme nouveau, c'est-à-dire selon les graces, faveurs, ordonnances, et volontez de nostre Sauveur, et par consequent nous vivons au salut et à la redemption, et cette nouvelle vie est une vie vive, vitale, et vivifiante. Mais quiconque veut parvenir à la nouvelle vie, il faut qu'il passe par la mort de la vieille, *crucifiant sa chair avec* tous *les vices et* toutes *les convoitises* d'icelle (6) ; et l'ensevelissant sous les eaux du sainct baptesme ou de la penitence : comme Naaman qui noya et ensevelit dans les eaux du Jourdain sa vieille vie lepreuse et infecte (7), pour vivre une vie nouvelle, saine et nette. Car on pouvoit bien dire de cet homme, qu'il n'estoit plus le vieil Naaman lepreux et infect, ains un Naaman nouveau, net, sain et honneste, parce

---

(1) III. Reg. XVIII, 21. Sophon. I, 5.

(1) Ep. ad Gal. II, 20. — (2) Ep. ad Rom. VI, 6.
(3) Ep. ad Rom. VI, 11. — (4) Ibid. 4.
(5) Ep. ad Rom. VI, 6. — (6) Gal. V, 24.
(7) IV. Reg. V, 14.

qu'il estoit mort à la lepre, et vivoit à la santé et netteté.

Or quiconque est ressuscité à cette nouvelle vie du Sauveur, il ne vit plus ni à soy, ni pour soy, ni en soy, ains à son Sauveur, en son Sauveur et pour son Sauveur. « Estimez, dit S. Paul, « que vous estes vraiment morts au peché, et vi- « vans à Dieu en Jesus-Christ Nostre Seigneur (1). »

CHAPITRE VIII.

Admirable exhortation de S. Paul à la vie extatique et surhumaine.

Mais enfin S. Paul fait le plus fort, le plus pressant et le plus admirable argument qui fut jamais fait, ce me semble, pour nous porter tous à l'extase et ravissement de la vie et operation. Oyez, Theotime, je vous prie, soyez attentif et pesez la force et efficace des ardentes et celestes paroles de cet apostre tout ravi et transporté de l'amour de son maistre. Parlant donc de soymesme (et il en faut autant dire d'un chacun de nous), « La charité, dit-il, de Jesus - Christ « nous presse (2). » Oui, Theotime, rien ne presse tant le cœur de l'homme que l'amour. Si un homme sçait d'estre aimé de qui que ce soit, il est pressé d'aimer reciproquement; mais si c'est un homme vulgaire qui est aimé d'un grand seigneur, certes, il est bien plus pressé; mais si c'est d'un grand monarque, combien est-ce qu'il est pressé davantage? Et maintenant, je vous prie, sçachant que Jesus-Christ, vrai Dieu eternel, tout-puissant, nous a aimés jusqu'à vouloir souffrir pour nous la mort, et la mort de la croix; ô mon cher Theotime! n'est-ce pas cela avoir nos cœurs sous le pressoir, et les sentir presser de force et en exprimer de l'amour par une violence et contrainte qui est d'autant plus violente qu'elle est toute aimable et amiable? Mais comme est-ce que ce divin amant nous presse? « La charité de « Jesus-Christ nous presse, dit son sainct apostre, « *estimans cecy*. » Qu'est-ce à dire, *estimans cecy*? C'est-à-dire, que la charité du Sauveur nous presse, lors principalement que nous estimons, considerons, pesons, meditons et sommes attentifs à cette resolution de la foy. Mais quelle resolution? Voyez, je vous prie, Theotime, comme il va gravement, fichant et poussant sa conception dans nos cœurs: *estimans cecy*, dit-il. Et quoy? « Que si un est mort pour tous, doncques « tous sont morts; et Jesus-Christ est mort pour « tous (3). » Il est vray, certes, si un Jesus-Christ est mort pour tous, doncques tous sont morts en

---

(1) Ep. ad Rom. vi, 11. — (2) II. ad Cor. v, 14. (3) II. ad Cor. v, 14.

---

la personne de cet unique Sauveur qui est mort pour eux : et sa mort leur doit estre imputée, puisqu'elle a esté endurée pour eux et en leur consideration.

Mais que s'ensuit-il de cela? Il m'est advis que j'oye cette bouche apostolique comme un tonnerre qui exclame aux oreilles de nos cœurs : il s'ensuit doncques, ô chrestiens! ce que Jesus-Christ a desiré de nous en mourant pour nous. Mais qu'est-ce qu'il a desiré de nous, sinon que nous nous conformassions à lui; « afin, dit l'apos- « tre, que ceux qui vivent ne vivent plus desor- « mais à eux-mesmes, ains à celuy qui est mort « et ressuscité pour eux (1). » Vray Dieu, Theotime, que cette consequence est forte en matiere d'amour! Jesus-Christ est mort pour nous, il nous a donné la vie par sa mort, nous ne vivons que parce qu'il est mort; il est mort pour nous, à nous et en nous. Nostre vie n'est donc plus nostre, mais à celuy qui nous l'a acquise par sa mort : nous ne devons donc plus vivre à nous, mais à luy; non en nous, mais en luy; non pour nous, mais pour luy. Une jeune fille de l'isle de Sestos avoit nourry une petite aigle avec le soin que les enfans ont accoutumé d'employer en telles occupations; l'aigle devenue grande commença petit à petit à voler et chasser aux oyseaux selon son instinct naturel : puis s'estant rendue plus forte, elle se rua sur les bestes sauvages, sans jamais manquer d'apporter tousjours fidelement sa proye à sa chere maistresse, comme en recognoissance de la nourriture qu'elle avoit receue d'icelle. Or advint que cette jeune demoiselle mourut un jour, tandis que la pauvre aigle estoit au pourchas, et son corps, selon la coustume de ce temps et de ce pays-là, fut mis sur un bûcher en public pour estre bruslé; mais ainsi que la flamme du feu commençoit à la saisir, l'aigle survint à grands traits d'aisles, et voyant cet inopiné et triste spectacle, outrée de douleur, elle lascha ses serres, et abandonnant sa proye, se vint jetter sur sa pauvre chere maistresse, et la couvrant de ses aisles, comme pour la defendre du feu, ou pour l'embrasser de pitié, elle demeura ferme et immobile, mourant et bruslant courageusement avec elle; l'ardeur de son affection ne pouvant ceder la place aux flammes et ardeurs du feu, pour se rendre victime et holocauste de son brave et prodigieux amour, comme sa maistresse l'estoit de la mort et des flammes.

Ah! Theotime, quel essor nous fait prendre cette aigle! Le Sauveur nous a nourris dès nostre tendre jeunesse; ainsi il nous a formez et re-

---

(1) II. ad Cor. v, 15.

ceus, comme une aimable nourrice, entre les bras de sa divine providence dès l'instant de nostre conception. Il nous a rendus siens par le baptesme, et nous a nourris tendrement, selon le cœur et selon le corps, par un amour incomprehensible; et pour nous acquerir la vie, il a supporté la mort, et nous a repeuz de sa propre chair et de son propre sang. Hé! que reste-t-il doncques, quelle conclusion avons-nous plus à prendre, mon cher Theotime, sinon « que ceux « qui vivent ne vivent plus à eux-mesmes, ains a « celuy qui est mort pour eux (1)? » C'est-à-dire, que nous consacrions au divin amour de la mort de nostre Sauveur tous les momens de nostre vie, rapportans à sa gloire toutes nos proyes, toutes nos conquestes, toutes nos œuvres, toutes nos actions, toutes nos pensées et toutes nos affections. Voyons-le, Theotime, ce divin Redempteur estendu sur la croix, comme sur son bûcher d'honneur, où il meurt d'amour pour nous, mais d'un amour plus douloureux que la mort mesme, ou d'une mort plus amoureuse que l'amour mesme. Hé! que ne nous jettons-nous en esprit sur luy pour mourir sur la croix avec luy, qui pour l'amour de nous a bien voulu mourir! Je le tiendray, devrions-nous dire, si nous avions la generosité de l'aigle, et ne le quitteray jamais; je mourray avec luy et brusleray dedans les flammes de son amour : un mesme feu consumera ce divin Createur et sa chetive creature? Mon Jesus *est tout mien, et je suis toute sienne* (2), je vivray et mourray sur sa poictrine; *ny la mort ny la vie ne me separera* jamais de luy (3). Ainsi doncques se fait la saincte extase du vray amour, quand nous ne vivons plus selon les raisons et inclinations humaines, mais au-dessus d'icelles, selon les inspirations et instincts du divin Sauveur de nos ames.

CHAPITRE IX.

Du supresme effect de l'amour affectif, qui est la mort des amans, et premierement de ceux qui moururent en amour.

L'amour est fort comme la mort (4). La mort separe l'ame du mourant d'avec son corps et d'avec toutes les choses du monde : l'amour sacré separe l'ame de l'amant d'avec son corps et d'avec toutes les choses du monde; et il n'y a point d'autre difference, sinon en ce que la mort fait tousjours par effect ce que l'amour ne fait ordinairement que par l'affection. Or, je dis ordinairement, Theotime, parce que quelquefois l'amour sacré est bien si violent, que mesme par effect il cause la separation du corps et de l'ame, faisant mourir les amans d'une mort très-heureuse qui vaut mieux que cent vies.

Comme c'est le propre des reprouvez de mourir en peché, aussi est-ce le propre des esleus de mourir en l'amour et grace de Dieu : mais cela toutesfois advient differemment. Le juste ne meurt jamais à l'improveu; car c'est avoir bien proveu à sa mort, que d'avoir perseveré en la justice chrestienne jusques à la fin. Mais il meurt bien quelquefois de mort subite ou soudaine. C'est pourquoy l'Eglise toute sage ne nous fait pas simplement requerir, ès litanies, d'estre delivrez de mort soudaine, mais de mort soudaine et improveue : pour estre soudaine, elle n'en est pas pire, sinon qu'elle soit encore improveue. Si des esprits foibles et vulgaires eussent veu le feu du ciel tomber sur sainct Siméon Stylite, et le tuer, qu'eussent-ils pensé, sinon des pensées de scandale? Mais l'on n'en doit toutesfois point faire d'autre, sinon que ce grand sainct s'estant immolé tres-parfaictement à Dieu en son cœur desjà tout consumé d'amour, le feu vint du ciel pour faire l'holocauste et le brusler du tout : car l'abbé Julien, esloigné d'une journée, vit l'ame d'iceluy montant au ciel, et fit jetter de l'encens à mesme heure pour en rendre graces à Dieu. Le bienheureux Hommebor, Cremonois, oyant un jour la saincte messe, planté sur ses deux genoux en extresme devotion, ne se leva point à l'Evangile, selon la coustume; et pour cela ceux qui estoient autour de luy le regarderent, et virent qu'il estoit trespassé. Il y a eu de nostre age de tres-grands personnages en vertu et doctrine, que l'on a trouvés morts, les uns en un confessionnal, les autres oyans le sermon; et mesme on en a veu quelques-uns tomber morts au sortir de la chaire où ils avoient presché avec grande ferveur; morts, toutes soudaines, mais non improveues. Et combien de gens de bien voit-on mourir apoplectiques, lethargiques, et en mille sortes fort subitement, et des autres mourir en resveries et frenesie, hors de l'usage de raison? Et tous ceux-cy, avec les enfans baptisez, sont decedez en grace, et par consequent en l'amour de Dieu. Mais comme pouvoient-ils deceder en l'amour de Dieu, puisque mesme ils ne pensoient pas en Dieu lors de leur trespas?

Les savans hommes, Theotime, ne perdent pas leur science en dormant : autrement ils seroient ignorans à leur resveil, et faudroit qu'ils retournassent à l'escole. Or, c'en est de mesme de toutes les habitudes de prudence, de temperance, de foy, d'esperance, de charité; elles sont tousjours

---

(1) II. ad Cor. v, 15. — (2) Cant. Cant. II, 16.
(3) Ep. ad Rom. VIII, 38, 39.
(4) Cant. Cant. VIII, 6.

dedans l'esprit des justes, bien qu'ils n'en fassent pas tousjours les actions. En un homme dormant, il semble que toutes ses habitudes dorment avec luy, et qu'elles se resveillent aussi avec luy. Ainsi donc l'homme juste mourant subitement, ou accablé d'une maison qui luy tombe dessus, ou tué par la foudre, ou suffoqué d'un catharre, ou bien mourant hors de son bon sens par la violence de quelque fievre chaude, il ne meurt certes pas en l'exercice de l'amour divin, mais il meurt neantmoins en l'amour d'iceluy, dont le Sage a dit : « Le juste, s'il est prevenu de la mort, « il sera en refrigere (1) : » car il suffit, pour obtenir la vie eternelle, de mourir en l'estat et habitude de l'amour et charité.

Plusieurs saincts neantmoins sont morts non-seulement en charité et avec l'habitude de l'amour celeste, mais aussi en l'action et practique d'iceluy. Sainct Augustin mourut en l'exercice de la saincte contrition, qui n'est pas sans amour : sainct Hierosme, exhortant ses chers enfans à l'amour de Dieu, du prochain et de la vertu : sainct Ambroise, tout ravy, devisant doucement avec son Sauveur, soudain après avoir receu le tresdivin sacrement de l'autel : sainct Antoine de Padoue, après avoir recité un hymne à la glorieuse Vierge mere, et parlant en grande joie avec le Sauveur : sainct Thomas d'Aquin, joignant les mains, eslevant ses yeux au ciel, haussant fortement sa voix, et prononçant, par maniere d'eslans, avec grande ferveur, ces paroles du Cantique qui estoient les dernieres qu'il avoit exposées : *Venez, ô mon cher bien-aimé, et sortons ensemble aux champs* (2). Tous les apostres et presque tous les martyrs sont morts priant Dieu : le bienheureux et venerable Bede, ayant sceu par revelation l'heure de son trespas, alla à vespres (et c'estoit le jour de l'Ascension), et se tenant debout, appuyé seulement aux accoudoirs de son siege, sans maladie quelconque, finit sa vie au mesme instant qu'il finit de chanter vespres, comme justement pour suivre son maistre montant au ciel, afin d'y jouir du beau matin de l'eternité qui n'a point de vespres. Jean Gerson, chancelier de l'université de Paris, homme si docte et si pieux, que comme dit Sixtus Senensis, on ne peut discerner s'il a surpassé sa doctrine par la pieté, ou sa pieté par la doctrine, ayant expliqué les cinquante proprietez de l'amour divin, marquées au Cantique des Cantiques, trois jours après monstrant un visage et un cœur fort vif, expira, prononçant et repetant plusieurs fois, par maniere d'oraison jaculatoire, ces sainctes paroles tirées du mesme cantique : O Dieu ! vostre *dilection est*

(1) Sap. IV, 7. — (2) Cant. Cant. VII, 11.

forte comme la mort (1). Sainct Martin, comme chacun sait, mourut si attentif à l'exercice de devotion, qu'il ne se peut rien dire de plus. Sainct Louis, ce grand roy entre les saincts, et grand sainct entre les roys, frappé de pestilence, ne cessa jamais de prier : puis ayant receu le divin viatique, estendant les bras en croix, les yeux fichez au ciel, expira, souspirant ardemment ces paroles d'une parfaicte confiance amoureuse : « Hé ! Seigneur, j'entreray en vostre maison, je « vous adoreray en vostre sainct temple, et beni- « ray vostre nom (2). » Sainct Pierre Celestin, tout detrempé en de cruelles afflictions qu'on ne peut bonnement dire, estant arrivé à la fin de ses jours, se mit à chanter comme un cygne sacré, le dernier des psaumes, et acheva son chant et sa vie en ces amoureuses paroles : « Que tout es- « prit loue le Seigneur (3). » L'admirable et saincte Eusebe, surnommé l'estrangere, mourut à genoux en une fervente priere ; sainct Pierre le martyr, escrivant avec son doigt et de son propre sang la confession de la foy pour laquelle il mouroit, et disant ces paroles : « Seigneur, je re- « commande mon esprit en vos mains (4) ; » et le grand apostre des Japonois, François Xavier, tenant et baisant l'image du crucifix, et repetant à tout coup ces eslans d'esprit : « O Jesus, le Dieu « de mon cœur ! »

CHAPITRE X.

De ceux qui moururent par l'amour et pour l'amour divin.

Tous les martyrs, Theotime, moururent pour l'amour divin ; car quand on dit que plusieurs sont morts pour la foy, on ne doit pas entendre que ç'ait esté pour la foy morte, ains pour la foy vivante, c'est-à-dire animée de la charité. Aussi la confession de la foy n'est pas tant un acte de l'entendement et de la foy, comme c'est un acte de la volonté et de l'amour de Dieu. Et c'est pourquoy le grand sainct Pierre, gardant la foy dans son ame au jour de la passion, perdit neantmoins la charité, ne voulant pas avouer de bouche pour son maistre celuy qu'il recognoissoit pour tel en son cœur (5). Mais pourtant il y a eu des martyrs qui moururent expressement pour la charité seule, comme le grand precurseur du Sauveur, qui fut martyrisé pour la correction fraternelle ; et les glorieux princes des apostres, sainct Pierre et sainct Paul, mais principalement sainct Paul, moururent pour avoir converty à la saincteté et

(1) Cant. Cant. VIII, 6. — (2) Ps. V, 8.
(3) Psalm. CL, 6. — (4) Ps. XXX, 6.
(5) Matth. XXVI, 70.

chasteté les femmes que l'infame Neron avoit desbauchées; les saincts evesques Stanislaüs et Thomas de Cantorberi furent aussi tuez pour un subject qui ne regardoit pas la foy, mais la charité, et enfin une grande partie de sainctes vierges et martyres furent massacrées pour le zele qu'elles eurent à garder la chasteté que la charité leur avoit fait dedier à l'espoux celeste.

Mais il y a entre les amans sacrez qui s'abandonnent si absolument aux exercices de l'amour divin, que ce sainct feu les devore et consume leur vie. Le regret quelquefois empesche si longuement les affligez de boire, de manger et de dormir, qu'enfin affoiblis et allangouris ils meurent; et lors le vulgaire dit qu'ils sont morts de regret : mais ce n'est pas la verité, car ils meurent de deffaillance de forces et d'inanition. Il est vray que cette deffaillance leur estant arrivée à cause du regret, il faut advouer que, s'ils ne sont pas morts de regret, ils sont morts à cause du regret et par le regret. Ainsi, mon cher Theotime, quand l'ardeur du sainct amour est grande, elle donne tant d'assauts au cœur, elle le blesse si souvent, elle luy cause tant de langueurs, elle le porte en des extases et ravissemens si frequens, que par ce moyen l'ame presque toute occupée en Dieu, ne pouvant fournir assez d'assistances à la nature pour faire la digestion et nourriture convenable, les forces animales et vitales commencent à manquer petit à petit, la vie s'accourcit, et le trespas arrive.

O Dieu! Theotime, que cette mort est heureuse! Que douce est cette amoureuse sagesse, qui, nous blessant de cette playe incurable de la sacrée dilection, nous rend pour jamais languissans et malades d'un battement de cœur si pressant, qu'enfin il faut mourir. De combien pensez-vous que ces sacrées langueurs, et les travaux supportez pour la charité, avançassent les jours aux divins amans, comme à saincte Catherine de Sienne, à sainct François, au petit Stanislaüs Kostca, à sainct Charles, et à plusieurs centaines d'autres, qui moururent si jeunes? Certes, quant à sainct François, dès qu'il eut receu les sainctes stigmates de son maistre, il eut de si fortes et penibles douleurs, tranchées, convulsions et maladies, qu'il ne luy demeura que la peau et les os, et sembloit plustost une anatomie, ou une image de la mort, qu'un homme vivant et respirant encore.

CHAPITRE XI.

Que quelques-uns entre les divins amans moururent encore d'amour.

Tous les esleus donc, Theotime, meurent en l'habitude de l'amour sacré; mais quelques-uns, outre cela, meurent en l'exercice de ce sainct amour, les autres pour cet amour, et d'autres par ce mesme amour. Mais ce qui appartient au souverain degré d'amour, c'est que quelques-uns meurent d'amour; et c'est lorsque non-seulement l'amour blesse l'ame, en sorte qu'il la met en langueur, mais quand il la transperce, donnant son coup droit dans le milieu du cœur, et si fortement, qu'il pousse l'ame dehors de son corps; ce qui se fait ainsi. L'ame attirée puissamment par les suavitez divines de son bien-aimé, pour correspondre de son costé à ses doux attraits, elle s'eslance de force et tant qu'elle peut devers ce desirable amy attrayant; et ne pouvant tirer son corps apres soy, plustost que de s'arrester avec luy parmy les miseres de cette vie, elle le quitte et se separe, volant seule comme une belle colombelle dans le sein delicieux de son celeste espoux. Elle s'eslance en son bien-aimé, et son bien-aimé la tire et ravit à soy; et comme l'espoux *quitte pere et mere pour se joindre* (1) à sa bien-aimée, ainsi cette chaste espouse quitte la chair pour s'unir à son bien-aimé. Or c'est le plus violent effet que l'amour fasse en une ame, et qui requiert auparavant une grande nudité de toutes les affections qui peuvent tenir le cœur attaché ou au monde ou au corps : en sorte que comme le feu, ayant separé petit à petit l'essence de sa masse, et l'ayant du tout espurée, fait enfin sortir la quintessence; aussi le sainct amour ayant retiré le cœur humain de toutes humeurs, inclinations et passions, autant qu'il se peut, il en fait par apres sortir l'ame, afin que, par cette mort precieuse aux yeux divins, elle passe en la gloire immortelle.

Le grand S. François, qui en ce subject de l'amour celeste me revient tousjours devant les yeux, ne pouvoit pas eschapper qu'il ne mourust par l'amour à cause de la multitude et grandeur des langueurs, extases et deffaillances que sa dilection envers Dieu luy donnoit; mais outre cela, Dieu, qui l'avoit exposé à la veuë de tout le monde, comme un miracle d'amour, voulut que non-seulement il mourust pour l'amour, ains qu'il mourust encore d'amour. Car voyez, je vous supplie, Theotime, son trespas. Se voyant sur le point de son despart, il se fit mettre nud sur la terre; puis ayant receu un habit en aumosne, duquel on le vestit; il harangua ses freres, les animant à l'amour et crainte de Dieu et de l'Eglise, fit lire la passion du Sauveur, puis commença avec une ardeur extresme à prononcer le psalme 141 : « J'ai crié de « ma voix au Seigneur : j'ai supplié de ma voix le « Seigneur (2); » et ayant prononcé ces dernieres

(1) Gen. II, 24. — (2) Psalm. CXLI, 2.

paroles : « O Seigneur, tirez mon ame de la pri-« son, afin que je benisse vostre sainct nom ; les « justes m'attendent jusques à ce que vous me « guerdonniez (1), » il expira l'an quarante-cinquiesme de son age. Qui ne voit, je vous prie, Theotime, que cet homme seraphique, qui avoit tant desiré d'estre martyrisé et de mourir pour l'amour, mourut enfin d'amour, ainsi que je l'ai expliqué ailleurs?

Ste Magdeleine ayant, l'espace de trente ans, demeuré en la grotte que l'on voit encore en Provence, ravie tous les jours sept fois, et eslevée en l'air par les anges, comme pour aller chanter les sept heures canoniques en leur chœur, enfin un jour de dimanche elle vint à l'eglise, en laquelle son cher evesque S. Maximin la trouvant en contemplation, les yeux pleins de larmes et les bras eslevez, il la communia, et tost après elle rendit son bienheureux esprit, qui derechef alla pour jamais aux pieds de son Sauveur jouir de *la meilleure part* qu'elle avoit desjà *choisie* (2) en ce monde.

S. Basile avoit fait une estroite amitié avec un grand medecin, juif de nation et de religion, en intention de l'attirer à la foy de Nostre-Seigneur : ce que toutesfois il ne put oncques faire, jusques à ce que, rompu de jeusnes, veilles et travaux, estant arrivé à l'article de la mort, il s'enquist du medecin quelle opinion il avoit de sa santé, le conjurant de le luy dire franchement ; ce que le medecin fit, et luy ayant tasté le pouls : Il n'y a plus, dit-il, aucun remede; devant que le soleil soit couché, vous trespasserez. Mais que direz-vous, repliqua alors le malade, si je suis encore demain en vie? Je me feray chretien, je vous le promets, dit le medecin. Le sainct pria donc Dieu, et impetra la prolongation de sa vie corporelle en faveur de la spirituelle de son medecin, lequel, ayant veu cette merveille, se convertit ; et S. Basile, se levant courageusement du lict, alla à l'eglise, et le baptisa avec toute sa famille ; puis estant revenu à sa chambre et remis dans son lict, après s'estre assez longuement entretenu par l'oraison avec Nostre-Seigneur, il exhorta sainctement les assistans à servir Dieu de tout leur cœur; et enfin, voyant les anges venir à luy, prononçant avec extresme suavité ces paroles : Mon Dieu, je vous recommande mon ame et la remets entre vos mains, il expira ; et le pauvre medecin, converti, le voyant trespassé, l'embrassant et fondant en larmes sur iceluy : O grand Basile, serviteur de Dieu, dit-il, en verité, si vous eussiez voulu, vous ne fussiez non plus mort aujourd'huy qu'hier. Qui ne voit que cette mort fût toute d'amour? Et la bienheureuse mere Therese de Jesus revela, après son trespas, qu'elle estoit morte d'un assaut et impetuosité d'amour qui avoit esté si violent, que la nature ne le pouvant supporter, l'ame s'en estoit allée vers le bien-aimé object de ses affections.

CHAPITRE XII.

Histoire merveilleuse du trespas d'un gentilhomme qui mourut d'amour sur le Mont d'Olivet.

Outre ce qui a esté dit, j'ay trouvé une histoire, laquelle, pour estre extresmement admirable, n'en est que plus croyable aux amans sacrez, puisque, comme dit le sainct apostre, *la charité croit* tres-volontiers *toutes choses* (1), c'est-à-dire, elle ne pense pas aisement qu'on mente; et s'il n'y a des marques apparentes de faussté en ce qu'on luy represente, elle ne fait pas difficulté de les croire, mais surtout quand ce sont choses qui exaltent et magnifient l'amour de Dieu envers les hommes, ou l'amour des hommes envers Dieu ; d'autant que la charité, qui est reyne souveraine des vertus, se plaist, à la façon des princes, ès choses qui servent à la gloire de son empire et domination. Et bien que le recit que je veux faire ne soit ny tant publié ny si bien tesmoigné comme la grandeur de la merveille qu'il contient le requerroit, il ne perd pas pour cela sa verité : car, comme dit excellemment S. Augustin, à peine sçait-on les miracles, pour magnifiques qu'ils soient, au lieu mesme où ils se font ; et encore que ceux qui les ont veus les racontent, on a peine de les croire : mais ils ne laissent pas pour cela d'estre veritables ; et, en matiere de religion, les ames bien faictes ont plus de suavité à croire les choses esquelles il y a plus de difficulté et d'admiration.

Un fort illustre et vertueux chevalier alla donc un jour outre mer en Palestine, pour visiter les saincts lieux esquels Nostre-Seigneur avoit fait les œuvres de nostre redemption ; et, pour commencer dignement ce sainct exercice, avant toutes choses il se confessa et communia devotement : puis alla en premier lieu en la ville de Nazareth, où l'ange annonça à la Vierge tres-saincte la tres-sacrée incarnation, et où se fit la tres-adorable conception du Verbe eternel ; et là ce digne pelerin se mit à contempler l'abysme de la bonté celeste qui avoit daigné prendre chair humaine pour retirer l'homme de perdition. De là il passa à Bethleem, au lieu de la nativité, où on ne sçauroit dire combien de larmes il respandit, contemplant celles desquelles le Fils de Dieu, petit enfant de la

---

(1) Psalm. CXLI, 8. — (2) Luc, X, 42.

(1) I. ad Cor. XIII, 7.

Vierge, avoit arrousé ce sainct estable, baisant et rebaisant cent fois cette terre sacrée, et leschant la poussiere sur laquelle la premiere enfance du divin poupon avoit esté receuë. De Bethleem il alla en Bethabara, et passa jusqu'au petit lieu de Bethanie, où, se ressouvenant que Nostre-Seigneur s'estoit devestu pour estre baptisé, il se despouilla aussi luy-mesme; et entrant dans le Jourdain, se lavant et beuvant des eaux d'iceluy, il luy estoit advis d'y voir son Sauveur recevant le baptesme par la main de son precurseur, et le Sainct-Esprit descendant visiblement sur iceluy sous la forme de colombe, avec les cieux encore ouverts, d'où, ce luy sembloit, descendoit la voix du Pere eternel, disant : « Cestuy-cy est mon « Fils bien-aimé, auquel je me complais (1). » De Bethanie il va dans le desert, et y voit, des yeux de son esprit, le Sauveur jeusnant, combattant et vainquant l'ennemy, puis les anges qui le servent de viandes admirables. De là il va sur la montagne de Thabor, où il voit le Sauveur transfiguré; puis en la montagne de Sion, où il voit, ce luy semble encore, Nostre-Seigneur agenouillé dans le cenacle, lavant les pieds aux disciples, et leur distribuant par après son divin corps en la sacrée eucharistie. Il passe le torrent de Cedron, et va au jardin de Gethsemani, où son cœur se fond ès larmes d'une tres-aimable douleur lorsqu'il s'y represente son cher Sauveur suer le sang en cette extreme agonie qu'il y souffroit; puis tost après lié, garotté et mené en Hierusalem, où il s'achemine aussi, suivant partout les traces de son bien-aimé; et le voit en imagination traisné çà et là chez Anne, chez Caïphe, chez Pilate, chez Herodes, fouetté, bafoué, craché, couronné d'espines, presenté au peuple, condamné à mort, chargé de sa croix, laquelle il porte, et la portant fait la pitoyable rencontre de sa Mere toute detrempée de douleur, et des dames de Hierusalem, pleurantes sur luy. Si monte enfin ce devost pelerin sur le mont Calvaire, où il voit en esprit la croix estenduë sur terre, et Nostre-Seigneur que l'on renverse et que l'on cloue pieds et mains sur icelle tres-cruellement. Il contemple de suite comme on leve la croix et le crucifié en l'air, et le sang qui ruisselle de tous les endroits de son divin corps. Il regarde la pauvre sacrée Vierge toute transpercée du *glaive* (2) de douleur; puis il tourne les yeux sur le Sauveur crucifié, duquel il escoute les sept paroles avec un amour nompareil; et enfin le voit mourant, puis mort, puis recevant le coup de lance, et monstrant par l'ouverture de la playe son cœur divin; puis osté de la croix et porté au sepulchre où il va le suivant,

(1) Matth. xvii, 5. — (2) Luc, ii, 35.

jettant une mer de larmes sur les lieux detrempez du sang de son Redempteur; si qu'il entre dans le sepulchre et ensevelit son cœur auprès du corps de son maistre; puis, ressuscitant avec luy, il va en Emmaüs, et voit tout ce qui se passe entre le Seigneur et les deux disciples; et enfin revenant sur le mont Olivet où se fit le mystere de l'Ascension, et là, voyant les dernieres marques et vestiges des pieds du divin Sauveur, prosterné sur icelles, et les baisant mille et mille fois avec des souspirs d'un amour infiny, il commença à retirer à soy toutes les forces de ses affections, comme un archer retire la corde de son arc quand il veut descocher sa flesche; puis se relevant, les yeux et les mains tendus au ciel : O Jesus, dit-il, mon doux Jesus, je ne sçay plus où vous chercher et suivre en terre : hé! Jesus, Jesus, mon amour, accordez donc à ce cœur qu'il vous suive et s'en aille après vous là-haut; et avec ces ardentes paroles il lança quant et quant son ame au ciel, comme une sacrée sagette, que comme divin archer il tira au blanc de son tres-heureux object.

Mais ses compagnons et serviteurs qui virent ainsi subitement tombé comme mort ce pauvre amant, estonnez de cet accident, coururent de force au medecin, qui venant, trouva qu'en effect il estoit trespassé; et pour faire jugement asseuré des causes d'une mort tant inopinée, s'enquiert de quelle complexion, de quelles mœurs et de quelle humeur estoit le deffunct; et il apprit qu'il estoit d'un naturel tout doux, aimable, devost à merveilles, et grandement ardent en l'amour de Dieu. Sur quoy, sans doute, dit le medecin, son cœur s'est donc esclaté d'excès et de ferveur d'amour. Et afin de mieux affermir son jugement, il le voulut ouvrir, et trouva ce brave cœur ouvert, avec ce sacré mot gravé au-dedans d'iceluy : *Jesus, mon amour!* L'amour doncques fit en ce cœur l'office de la mort, separant l'ame du corps sans concurrence d'aucune autre cause. Et c'est S. Bernardin de Sienne, autheur fort docte et fort sainct, qui fait ce recit, au premier de ses sermons de l'Ascension.

Certes, un autre autheur presque du mesme age, qui a celé son nom par humilité, mais qui seroit neantmoins digne d'estre nommé, en un livre qu'il a intitulé, *Miroir des spirituels*, raconte une autre histoire encore plus admirable. Car il dit qu'ès quartiers de Provence il y avoit un seigneur grandement adonné à l'amour de Dieu et à la devotion du tres-sainct sacrement de l'autel. Or, un jour estant extremement affligé d'une maladie qui luy donnoit des vomissemens continuels, on luy apporta la divine communion, laquelle n'osant recevoir à cause du danger qu'il y avoit de la rejetter ; il supplia son curé de la luy mettre sur la poictrine, et le signer avec icelle du signe de la croix; ce qui fut faict ; et en un moment cette poictrine enflammée du sainct amour se fendit, et tira dedans soy le celeste aliment dans lequel estoit le bien-aimé, et à mesme temps expira. Je vois bien à la verité que cette histoire est grandement extraordinaire, et qui meriteroit un tesmoignage du plus grand poids ; mais après la tres-veritable histoire du cœur fendu de saincte Claire de Montfalcon, que tout le monde peut voir encore maintenant, et celle des stigmates de S. François qui est tres-asseurée, mon ame ne trouve rien de malaisé à croire parmy les effects du divin amour.

CHAPITRE XIII (1).

Que la tres-sacrée Vierge mere de Dieu mourut d'amour pour son Fils.

On ne peut quasi pas bonnement douter que le grand S. Joseph ne fust trespassé avant la passion et mort du Sauveur, qui sans cela n'eust pas recommandé sa mere à S. Jean. Et comme pourroit-on donc imaginer que le cher enfant de son cœur, son nourrisson bien-aimé, ne l'assistast à l'heure de son passage ? *Bienheureux sont les misericordieux, car ils obtiendront misericorde* (2). Helas! combien de douceur, de charité et de misericorde furent exercées par ce bon pere nourricier envers le Sauveur, lorsqu'il naquit petit enfant au monde! Et qui pourroit donc croire qu'iceluy sortant de ce monde, ce divin Fils ne luy rendist la pareille au *centuple* (3), le comblant de suavitez celestes ? Les cigoignes sont un vray pourtrait de la mutuelle pieté des enfans envers les peres, et des peres envers les enfans : car comme ce sont des oyseaux passagers, elles portent leurs peres et meres vieux en leurs passages, ainsi qu'estant encore petites, leurs peres et meres les avoient portées en mesme occasion. Quand le Sauveur estoit encore petit, le grand Joseph, son pere nourricier, et la tres-glorieuse Vierge sa mere l'avoient porté maintesfois, et specialement au passage qu'ils firent de Judée en Egypte et d'Egypte en Judée. Hé! qui doutera doncques que ce sainct pere, parvenu à la fin de ses jours, n'ayt reciproquement esté porté par son divin nourrisson au passage de ce monde en l'autre, dans le sein d'Abraham, pour de là le transporter dans le sein à la gloire, le jour de son ascension ? Un sainct qui avoit tant aimé en sa vie ne pouvoit mourir que d'amour ; car son ame ne pouvant à souhait aimer son cher Jesus entre les distractions de cette vie, et ayant achevé le service qui estoit resquis au bas age d'iceluy, que restoit-il, sinon qu'il dit au Pere eternel : « O Pere, j'ay « accomply l'œuvre que vous m'aviez donnée en « charge (1) ; » et puis au Fils : « O mon enfant, comme vostre Pere celeste remit vostre corps entre mes mains au jour de vostre venue en ce monde, ainsi en ce jour de mon depart de ce monde, je remets mon esprit entre les vostres. »

Telle, comme je pense, fut la mort de ce grand patriarche, homme choisi pour faire les plus tendres et amoureux offices qui furent ny seront jamais faits à l'endroit du Fils de Dieu, après ceux qui furent practiquez par sa celeste espouse, vraye mere naturelle de ce mesme Fils, de laquelle il est impossible d'imaginer qu'elle soit morte d'autre sorte de mort que de celle d'amour ; mort la plus noble de toutes, et deue par consequent à la plus noble vie qui fut oncques entre les creatures ; mort de laquelle les anges mesmes desireroient de mourir s'ils estoient capables de mort. Si les premiers chrestiens furent dits n'avoir qu'*un cœur et une ame* (2) à cause de leur parfaicte mutuelle dilection ; si S. Paul ne vivoit plus luy-mesme (3), ains Jesus-Christ vivoit en luy, à raison de l'extresme union de son cœur à celuy de son maistre, par laquelle son ame estoit comme morte en son cœur qu'elle animoit, pour vivre dans le cœur du Sauveur ; ô vray Dieu! combien est-il plus veritable que la sacrée Vierge et son Fils n'avoient qu'une ame, qu'un cœur, et qu'une vie ; en sorte que cette sacrée mere, vivant, ne vivoit pas elle, mais son Fils vivoit en elle : mere la plus amante et la plus aimée qui pouvoit jamais estre, mais amante et aimée d'un amour incomparablement plus eminent que celuy de tous les ordres des anges et des hommes, à mesure que les noms de mere unique et de fils unique sont aussi des noms au-dessus de tous autres noms en matiere d'amour. Et je dis de mere unique et d'enfant unique, parce que tous les autres enfans des hommes partagent la recognoissance de leur production entre le pere et la mere : mais en celuy-ci, comme toute sa naissance humaine dependit de sa seule mere, laquelle seule contribua ce qui estoit requis à la vertu du Sainct-Esprit pour la conception de ce divin enfant, aussi à elle seule fut deu et rendu tout l'amour qui provient de la production ; de sorte que ce fils et cette mere furent unis d'une union d'au-

---

(1) Ce chapitre est extrait d'un sermon prononcé par le Saint, le jour de l'assomption de Notre-Dame, l'an 1602, à Saint-Jean-en-Grève.
(2) Matth. v, 7. — (3) Matth. xix, 29.

(1) Joan. xvii, 4. — (2) Act. iv, 32.
(3) Galat. ii, 20.

tant plus excellente, qu'elle a un nom différent en amour par-dessus tous les autres noms. Car à qui de tous les seraphins appartient-il de dire au Sauveur : Vous estes mon vray fils, et je vous aime comme mon vray fils? Et à qui de toutes les creatures fut-il jamais dit par le Sauveur : Vous estes ma vraye mere, et je vous aime comme ma vraye mere; vous estes ma vraye mere toute mienne, et je suis vostre vray fils tout vostre? Si doncques un serviteur amant osa bien dire, et le dit en verité, qu'il n'avoit point d'autre vie que celle de son maistre, helas! combien hardiment et ardemment devoit exclamer cette mere : Je n'ay point d'autre vie que la vie de mon fils, ma vie est toute en la sienne, et la sienne toute en la mienne! Car ce n'estoit plus union, ains unité de cœur, d'ame et de vie, entre cette mere et ce fils.

Or, si cette mere vescut de la vie de son fils, elle mourust aussi de la mort de son fils : car quelle est la vie, telle est la mort. Le phœnix, comme on dit, estant fort envieilly, ramasse sur le haut d'une montagne une quantité de bois aromatiques, sur lesquels, comme sur son lict d'honneur, il va finir ses jours : car lorsque le soleil, au fort de son midy, jette ses rayons plus ardens, ce tout unique oyseau, pour contribuer à l'ardeur du soleil un surcroist d'action, ne cesse point de battre des aisles sur son buscher, jusqu'à ce qu'il luy ait fait prendre feu, et bruslant avec iceluy, il se consume et meurt entre ces flammes odorantes. De mesme, Theotime, la Vierge-Mere, ayant assemblé en son esprit, par une vive et continuelle memoire, tous les plus aimables mysteres de la vie et mort de son fils, et recevant tousjours à droit fil parmy cela les plus ardentes inspirations que son fils, soleil de justice, jettast sur les humains au plus fort du midy de sa charité; puis d'ailleurs faisant aussi de son costé un perpetuel mouvement de contemplation, enfin le feu sacré de ce divin amour le consuma tout comme un holocauste de suavité, de sorte qu'elle en mourut; son ame estant toute ravie et transportée entre les bras de la dilection de son Fils. O mort amoureusement vitale! ô amour vitalement mortel!

Plusieurs amans sacrez furent presens à la mort du Sauveur, entre lesquels ceux qui eurent le plus d'amour eurent le plus de douleur : car l'amour alors estoit tout detrempé en la douleur, et la douleur en l'amour; et tous ceux qui pour leur Sauveur estoient passionnez d'amour furent amoureux de sa passion et douleur. Mais la douce Mere, qui aimoit plus que tous, fut plus que tous *outrepercée* du *glaive* (1) de douleur. La douleur du Fils fut alors une espée tranchante qui passa au travers du cœur de la Mere, d'autant que ce cœur de mere estoit collé, joinct et uny à son Fils d'une union si parfaicte, que rien ne pouvoit blesser l'un qu'il ne navrast aussi vivement l'autre. Or cette poictrine maternelle, estant ainsi blessée d'amour, non-seulement ne chercha pas la guerison de sa blesseure, mais aima sa blesseure plus que toute guerison; gardant cherement les traits de douleur qu'elle avoit receus à cause de l'amour qui les avoit descochez dans son cœur, et desirant continuellement d'en mourir, puisque son Fils en estoit mort, qui, comme dit toute l'Escriture saincte et tous les docteurs, mourut entre les flammes de la charité, holocauste parfaict pour tous les pechez du monde.

CHAPITRE XIV.

Que la glorieuse Vierge mourut d'un amour extresmement doux et tranquille.

On dit d'un costé que Nostre-Dame revela à Ste Mathilde que la maladie de laquelle elle mourut ne fut autre chose qu'un assaut impetueux du divin amour. Mais Ste Brigide et S. Jean Damascene tesmoignent qu'elle mourut d'une mort extresmement paisible; et l'un et l'autre est vray, Theotime.

Les estoiles sont merveilleusement belles à voir, et jettent des clartez agreables; mais si vous y avez pris garde, c'est par brillemens, estincellemens et eslans qu'elles produisent leurs rayons, comme si elles enfantoient la lumiere avec effort à diverses reprises, soit que leur clarté estant foible ne puisse pas agir si continuellement avec esgalité, soit que nos yeux imbecilles ne fassent pas leur veuë constante et ferme à cause de la grande distance qui est entre eux et ces astres. Ainsi pour l'ordinaire les saincts qui moururent d'amour sentirent une grande varieté d'accidens et symptomes de dilection avant que d'en venir au trespas, force eslans, force assauts, force extases, force langueurs, force agonies, et sembloit que leur amour enfantast par effort et à plusieurs reprises leur bienheureuse mort : ce qui se fit à cause de la debilité de leur amour, non encore absolument parfaict, qui ne pouvoit pas continuer sa dilection avec une esgale fermeté.

Mais ce fut toute autre chose en la tres-saincte Vierge. Car comme nous voyons croistre la belle aube du jour, non à diverses reprises et par secousses, ains par une certaine dilatation et croissance continue, qui est presque insensiblement sensible; en sorte que vraiment on la voit croistre en clarté, mais si esgalement que nul n'appercoit aucune interruption, separation ou dis-

---

(1) Luc, II, 35.

continuation de ses accroissemens : ainsi le divin amour croissoit à chaque moment dans le cœur virginal de nostre glorieuse dame, mais par des croissances douces, paisibles, et continues, sans agitation, ni secousse, ni violence quelconque. Ah! non, Theotime, il ne faut pas mettre une impetuosité d'agitation en ce celeste amour du cœur maternel de la Vierge; car l'amour de soy-mesme est doux, gracieux, paisible et tranquille. Que s'il fait quelquefois des assauts, s'il donne des secousses à l'esprit, c'est parce qu'il y trouve de la resistance. Mais quand les passages de l'ame luy sont ouverts sans opposition ni contrarieté, il fait ses progrès paisiblement avec une suavité nompareille. Ainsi donc la saincte dilection employoit sa force dans le cœur virginal de sa Mere sacrée, sans effort ni violente impetuosité, d'autant qu'elle ne trouvoit ni resistance ni empeschement quelconque. Car comme l'on voit les grands fleuves faire des bouillons et rejaillissemens avec grand bruit ès endroits raboteux, esquels les rochers font des bancs et escueils qui s'opposent et empeschent l'escoulement des eaux, ou au contraire se trouvans en la plaine ils coulent et flottent doucement sans effort : de mesme le divin amour trouvant ès ames humaines plusieurs empeschemens et resistances, comme à la verité toutes en ont, quoique differemment, il y fait des violences, combattant les mauvaises inclinations, frappant le cœur, poussant la volonté par diverses agitations et differens efforts, afin de se faire faire place, ou du moins outrepasser ces obstacles.

Mais en la Vierge sacrée, tout favorisoit et secondoit le cours de l'amour celeste. Les progrès et accroissemens d'iceluy se faisoient incomparablement plus grands qu'en tout le reste des creatures, progrès neantmoins infiniment doux, paisibles et tranquilles. Non, elle ne pasma pas d'amour ni de compassion auprès de la croix de son Fils, encore qu'elle eust alors le plus ardent et douloureux accès d'amour qu'on puisse imaginer : car bien que l'accès fust extreme, si fut-il toutefois esgalement fort et doux tout ensemble, puissant et tranquille, actif et paisible, composé d'une chaleur aiguë, mais suave.

Je ne dis pas, Theotime, qu'en l'ame de la tres-saincte Vierge il n'y eust deux portions, et par consequent deux appetits, l'un selon l'esprit et la raison superieure, l'autre selon les sens et la raison inferieure; en sorte qu'elle pouvoit sentir des repugnances et contrarietez de l'un à l'autre appetit; car ce travail se trouva mesme en Nostre-Seigneur son Fils. Mais je dis qu'en cette celeste Mere toutes les affections estoient si bien rangées et ordonnées, que le divin amour exerçoit en elle son empire et sa domination tres-paisiblement, sans estre troublée par la diversité des volontez ou appetits, ni par la contrarieté des sens; parce que les repugnances de l'appetit naturel, ni les mouvemens des sens, n'arrivoient jamais jusques au peché, non pas mesme jusques au peché veniel; ains au contraire tout cela estoit sainctement et fidelement employé au service du sainct amour pour l'exercice des autres vertus, lesquelles pour la pluspart ne peuvent estre practiquées qu'entre les difficultez, oppositions et contradictions.

Les espines, selon l'opinion vulgaire, sont non-seulement differentes, mais aussi contraires aux fleurs; et semble que, s'il n'y en avoit point au monde, la chose en iroit mieux; qui a fait penser à sainct Ambroise que sans le peché il n'en seroit point. Mais toutefois, puisqu'il y en a, le bon laboureur les rend utiles, et en fait des hayes et clostures autour des champs et jeunes arbres, ausquels elles servent de defenses et remparts contre les animaux. Ainsi la glorieuse Vierge ayant eu part à toutes les miseres du genre humain, excepté celles qui tendent immediatement au peché, elle les employa tres-utilement pour l'exercice et accroissement des sainctes vertus de force, temperance, justice et prudence, pauvreté, humilité, souffrance, compassion : de sorte qu'elles ne donnoient aucun empeschement, ains beaucoup d'occasions à l'amour celeste de se renforcer par des continuels exercices et avancemens; et chez elle, Magdeleine ne se divertit point de l'attention avec laquelle elle reçoit les impressions amoureuses du Sauveur, pour toute l'ardeur et sollicitude que Marthe peut avoir. Elle a choisi l'amour de son Fils, et rien ne le luy oste.

L'aymant, comme chacun sçait, Theotime, tire naturellement à soy le fer par une vertu secrette et tres-admirable : mais pourtant cinq choses empeschent cette operation : 1º la trop grande distance de l'un à l'autre; 2º s'il y a quelque diamant entre deux; 3º si le fer est engraissé; 4º s'il est frotté d'un ail; 5º si le fer est trop pesant. Nostre cœur est fait pour Dieu qui l'alleche continuellement, et ne cesse de jetter en luy les attraits de son celeste amour. Mais cinq choses empeschent la saincte attraction d'operer; 1º le peché qui nous esloigne de Dieu; 2º l'affection aux richesses; 3º les plaisirs sensuels; 4º l'orgueil et vanité; 5º l'amour propre avec la multitude des passions desreglées qu'il produit, et qui sont en nous un pesant fardeau, lequel nous accable. Or nul de ces empeschemens n'eut lieu au cœur de la glorieuse Vierge : 1º tousjours preservée de tout peché; 2º tousjours tres-pauvre de cœur; 3º tousjours tres-pure; 4º tousjours tres-humble ; 5° tousjours maistresse paisible de toutes ses passions, et toute exempte de la rebellion que l'amour propre fait à l'amour de Dieu. Et c'est pourquoy, comme le fer, s'il estoit quitte de tous empeschemens et mesme de sa pesanteur, seroit attiré fortement, mais doucement et d'une attraction esgale, par l'aymant, en sorte neantmoins que l'attraction seroit tousjours plus active et plus forte à mesure que l'un seroit plus près de l'autre, et que le mouvement seroit plus proche de sa fin ; ainsi la tres-saincte Mere n'ayant rien en soy qui empeschast l'operation du divin amour de son Fils, elle s'unissoit avec iceluy d'une union incomparable, par des extases douces, paisibles et sans efforts ; extases esquelles la partie sensible ne laissoit pas de faire ses actions, sans donner pour cela aucune incommodité à l'union de l'esprit : comme reciproquement la parfaicte application de son esprit ne donnoit pas fort grand divertissement aux sens. Si que la mort de cette Vierge fut plus douce qu'on ne se peut imaginer, son Fils *l'attirant* suavement *à l'odeur de ses parfums* (1), et elle s'escoulant tres-amiablement après la senteur sacrée d'iceux dedans le sein de la bonté de son Fils. Et, bien que cette saincte ame aimast extresmement son tres-sainct, tres-pur et tres-aimable corps ; si le quitta-t-elle neantmoins sans peine ny resistance quelconque, comme la chaste Judith, quoiqu'elle aimast grandement les habits de penitence et de viduité, les quitta neantmoins et s'en despouilla avec plaisir pour se revestir de ses habits nuptiaux quand elle alla se rendre victorieuse d'Holophernes ; ou comme Jonathas, quand, pour l'amour de David, il se despouilla de ses vestemens. L'amour avoit donné près de la croix à cette divine espouse les supresmes douleurs de la mort ; certes il estoit raisonnable qu'enfin la mort luy donnast les souveraines delices de l'amour.

(1) Cant. Cant. I, 3.

LIVRE HUITIESME.

DE L'AMOUR DE CONFORMITÉ, PAR LEQUEL NOUS UNISSONS NOSTRE VOLONTÉ A CELLE DE DIEU, QUI NOUS EST SIGNIFIÉE PAR SES COMMANDEMENS, CONSEILS ET INSPIRATIONS.

CHAPITRE PREMIER.

De l'amour de conformité provenant de la sacrée complaisance.

Comme *la bonne terre* ayant receu *le grain* le rend en sa saison *au centuple* (1), ainsi le cœur qui a pris de la complaisance en Dieu ne se peut empescher de vouloir reciproquement donner à Dieu une autre complaisance. Nul ne nous plaist à qui nous ne desirons de plaire. Le vin frais rafraischit pour un temps ceux qui le boivent : mais soudain qu'il a esté eschauffé par l'estomach dans lequel il entre, il l'eschauffe reciproquement ; et plus l'estomach luy donne de chaleur, plus il luy en rend. Le veritable amour n'est jamais ingrat, il tasche de complaire à ceux esquels il se complaist ; et de là vient la conformité des amans, qui nous fait estre tels que ce que nous aimons. Le tres-devot et tres-sage roy Salomon devint idolastre et fol, quand il aima les femmes idolastres et folles, et eut autant d'idoles que ses femmes en avoient (1). L'Escriture appelle pour cela effeminez les hommes qui aiment eperdument les femmes pour leur sexe, parce que l'amour les transforme d'hommes en femmes quant aux mœurs et humeurs.

Or cette transformation se fait insensiblement par la complaisance, laquelle estant en nos cœurs, en engendre une autre pour donner à celuy de qui nous l'avons receue. On dit qu'il y a ès Indes un petit animal terrestre qui se plaist tant avec les poissons et dans la mer, qu'à force de venir souvent nager avec eux, enfin il devient poisson, et d'animal terrestre il est rendu tout à fait animal marin. Ainsi à force de se plaire en Dieu, on devient conforme à Dieu, et nostre volonté se transforme en celle de la divine majesté par la complaisance qu'elle y prend. L'amour, dit sainct Chrysostome, ou il trouve ou il fait la ressemblance ; l'exemple de ceux que nous aimons a un

(1) Luc, VIII, 8.

(1) III. Reg. XI.

doux et imperceptible empire et une autorité insensible sur nous ; il est forcé ou de les quitter, ou de les imiter. Celuy qui, attiré de la suavité des parfums, entre en la boutique d'un parfumeur, en recevant le plaisir qu'il prend à sentir ces odeurs, il se parfume soy-mesme, et au sortir de là il donne part aux autres du plaisir qu'il a receu, repandant entre eux la senteur des parfums qu'il a contractée. Avec le plaisir que nostre cœur prend en la chose aimée, il tire à soy les qualitez d'icelle; car la delectation ouvre le cœur, comme la tristesse le resserre, dont l'Escriture sacrée use souvent du mot de dilater, en lieu de celuy de resjouyr. Or le cœur se trouvant ouvert par le plaisir, les impressions des qualitez desquelles le plaisir despend entrent aisement en l'esprit : et avec elles les autres encore qui sont au mesme subject, bien qu'elles nous deplaisent, ne laissent pas d'entrer en nous parmy la presse du plaisir, comme celuy qui *sans robbe nuptiale* (1) entra au festin parmy ceux qui estoient parez. Ainsi les disciples d'Aristote se plaisoient à parler begue comme luy, et ceux de Platon tenoient les espaules courbées à son imitation. En somme, le plaisir que l'on a en la chose est un certain fourrier, qui fourre dans le cœur amant les qualitez de la chose qui plaist. Et pour cela la sacrée complaisance nous transforme en Dieu que nous aimons ; et à mesure qu'elle est grande, la transformation est plus parfaicte. Ainsi les saincts qui ont grandement aimé ont esté fort vistement et parfaictement transformez, l'amour transportant et transmettant les mœurs et humeurs de l'un des cœurs en l'autre.

Chose estrange, mais veritable ! s'il y a deux luths unisones, c'est-à-dire de mesme son et accord, l'un près de l'autre, et que l'on joue d'un d'iceux, l'autre, quoiqu'on ne le touche point, ne laissera pas de resonner comme celuy duquel on joue, la convenance de l'un à l'autre, comme par un amour naturel, faisant cette correspondance. Nous avons repugnance d'imiter ceux que nous haïssons, ès choses mesmes qui sont bonnes ; et les Lacedemoniens ne voulurent pas suivre le bon conseil d'un mechant homme, sinon après qu'un homme de bien l'auroit prononcé. Au contraire, on ne peut s'empescher de se conformer à ce qu'on aime. Le grand apostre dit, comme je pense en ce sens, que *la loy n'est point mise aux justes* (2). Car, en verité, le juste n'est juste, sinon parce qu'il a le sainct amour; et s'il a l'amour, il n'a pas besoin qu'on le presse par la rigueur de la loy, puisque l'amour est le plus pressant docteur et solliciteur pour persuader au cœur qu'il possede l'obeissance aux volontez et intentions du bien-aimé. L'amour est un magistrat qui exerce sa puissance sans bruit, sans prevots ni sergens ; par cette mutuelle complaisance par laquelle, comme nous nous plaisons en Dieu, nous desirons aussi reciproquement de luy plaire. L'amour est l'abbregé de toute la theologie, qui rend tres-sainctement docte l'ignorance des Pauls, des Antoines, des Hilarions, des Simeons, des François, sans livres, sans precepteurs, sans art. En vertu de cet amour, la bien-aimée peut dire en asseurance, *mon bien-aimé est tout mien*, par la complaisance de laquelle il me plaist et me paist; *et moy je suis toute à luy* (1), par bienveuillance de laquelle je luy plais et le repais. Mon cœur se paist de se plaire en luy, et le sien se paist de quoy je luy plais pour luy; tout ainsi qu'un sacré berger il me paist, comme sa chere brebis, entre les lys de ses perfections esquelles je me plais; et pour moy, comme sa chere brebis, je le pais du laict de mes affections, par lesquelles je luy veux plaire. Quiconque se plaist veritablement en Dieu desiré de plaire fidelement à Dieu, et, pour luy plaire, de se conformer à luy.

CHAPITRE II.

De la conformité de soumission qui procede de l'amour de la bienveuillance.

La complaisance attire donc en nous les traits des perfections divines, selon que nous sommes capables de les recevoir ; comme le miroir reçoit la ressemblance du soleil, non selon l'excellence et grandeur de ce grand et admirable luminaire, mais selon la capacité et mesure de sa glace, si que nous sommes ainsi rendus conformes à Dieu.

Mais, outre cela, l'amour de bienveuillance nous donne cette saincte conformité par une autre voye. L'amour de complaisance tire Dieu dedans nos cœurs, mais l'amour de bienveuillance jette nos cœurs en Dieu, et par consequent toutes nos actions et affections, les luy dediant et consacrant tres amoureusement : car la bienveuillance desire à Dieu tout l'honneur, toute la gloire et toute la recognoissance qu'il est possible de luy rendre, comme un certain bien exterieur qui est deu à sa bonté.

Or ce desir se practique selon la complaisance que nous avons en Dieu, en la façon qui s'ensuit. Nous avons eu une extresme complaisance à voir que Dieu est souverainement bon ; et partant nous desirons, par l'amour de bienveuillance, que tous les amours qu'il nous est possible d'imagi-

(1) Matt. XXII, 12. — (2) I. ad Tim. I, 9.

(1) Cant. Cant. II, 16.

ner, soient employez à bien aimer cette bonté. Nous nous sommes pleu en la souveraine excellence de la perfection de Dieu ; ensuite de cela nous desirons qu'il soit souverainement loué, honoré et adoré. Nous nous sommes delectez à considerer comme Dieu est non-seulement le premier principe, mais aussi la derniere fin, autheur, conservateur et seigneur de toutes choses, à raison de quoy nous souhaitons que tout luy soit soumis par une souveraine obeissance. Nous voyons la volonté de Dieu souverainement parfaicte, droite, juste et equitable ; et à cette consideration nous desirons qu'elle soit la reigle et la loy souveraine de toutes choses, et qu'elle soit suivie, servie et obeie par toutes les autres volontez.

Mais notez, Theotime, que je ne traite pas icy de l'obeissance qui est deue à Dieu, parce qu'il est nostre Seigneur et maistre, nostre pere et bienfaicteur ; car cette sorte d'obeissance appartient à la vertu de justice, et non pas à l'amour. Non, ce n'est pas cela dont je parle à present ; car encore qu'il n'y eust ni enfer pour punir les rebelles, ni paradis pour recompenser les bons, et que nous n'eussions nulle sorte d'obligations ni de devoir à Dieu (et cecy soit dit par imagination de chose impossible, et qui n'est presque pas imaginable), si est-ce toutesfois que l'amour de bienveuillance nous porteroit à rendre toute obeissance et soumission à Dieu par election et inclination, voire mesme par une douce violence amoureuse, en consideration de la souveraine bonté, justice et droiture de la divine volonté.

Voyons-nous pas, Theotime, qu'une fille, par une libre election qui procede de l'amour de bienveuillance, s'assujettit à un espoux, auquel d'ailleurs elle n'avoit aucun devoir ; ou qu'un gentilhomme se soumet au service d'un prince estranger, ou bien jette sa volonté ès mains du superieur de quelque ordre de religion auquel il se rangera ?

Ainsi doncques se fait la conformité de nostre cœur avec celuy de Dieu, lorsque par la saincte bienveuillance nous jettons toutes nos affections entre les mains de la divine volonté, afin qu'elles soient par icelles pliées et maniées à son gré, moulées et formées selon son bon plaisir. Et en ce poinct consiste la tres-profonde obeissance d'amour, laquelle n'a pas besoin d'estre excitée par menaces ou recompenses, ni par aucune loy ou par quelque commandement ; car elle previent tout cela, se soumettant à Dieu pour la seule tres-parfaicte bonté qui est en luy, à raison de laquelle il merite que toute volonté luy soit obeissante, sujette et soumise, se conformant et unissant à jamais en tout et partout à ses intentions divines.

CHAPITRE III.

Comme nous nous devons conformer à la divine volonté, que l'on appelle signifiée.

Nous considerons quelquefois la volonté de Dieu en elle-mesme ; et la voyant toute saincte et toute bonne, il nous est aisé de la louer, benir et adorer, et de sacrifier nostre volonté et toutes celles des autres creatures à son obeissance, par cette divine exclamation : *Vostre volonté soit faicte en la terre comme au ciel* (1). D'autres fois nous considerons la volonté de Dieu en ses effects particuliers, comme ès evenemens qui nous touchent, et ès occurrences qui nous arrivent ; et finalement en la declaration et manifestation de ses intentions. Et, bien qu'en verité sa divine majesté n'ait qu'une tres-unique et tres-simple volonté, si est-ce que nous la marquons de noms differens, suivant la varieté des moyens par lesquels nous la cognoissons ; varieté selon laquelle nous sommes aussi diversement obligez de nous conduire à icelle.

La doctrine chrestienne nous propose clairement les veritez que Dieu veut que nous croyions, les biens qu'il veut que nous esperions, les peines qu'il veut que nous craignions, ce qu'il veut que nous aimions, les commandemens qu'il veut que nous fassions et les conseils qu'il desire que nous suivions. Et tout cela s'appelle la volonté signifiée de Dieu, parce qu'il nous a signifié et manifesté qu'il veut et entend que tout cela soit cru, esperé, craint, aimé et practiqué.

Or, d'autant que cette volonté signifiée de Dieu procede par maniere de desir, et non par maniere de vouloir absolu, nous pouvons ou la suivre par obeissance, ou luy resister par desobeissance : car Dieu fait trois actes de sa volonté pour ce regard ; il veut que nous puissions resister, il desire que nous ne resistions pas, et permet neantmoins que nous resistions si nous voulons. Que nous puissions resister, cela depend de nostre naturelle condition et liberté ; que nous resistions, cela depend de nostre malice ; que nous ne resistions pas, c'est selon le desir de la divine bonté. Quand doncques nous resistons, Dieu ne contribue rien à nostre desobeissance, ains *laissant* nostre volonté *en la main* (2) de son franc arbitre, il permet qu'elle choisisse le mal. Mais quand nous obeissons, Dieu contribue son secours, son inspiration et sa grace. Car la permission est une action de la volonté, qui de soy-

(1) Matth. VI, 10. — (2) Eccl. XV, 14.

mesme est brehaigne, sterile, infeconde, et par maniere de dire c'est une action passive, qui ne fait rien, ains laisse faire. Au contraire, le desir est une action active, feconde, fertile, qui excite, semond et presse. C'est pourquoy Dieu desirant que nous suivions sa volonté signifiée, il nous sollicite, exhorte, incite, inspire, aide et secourt; mais, permettant que nous resistions, il ne fait autre chose que de simplement nous laisser faire ce que nous voulons, selon nostre libre election, contre son desir et intention. Et toutefois ce desir est un vray desir : car comme peut-on exprimer plus naïfvement le desir que l'on a qu'un amy fasse bonne chere, que de preparer un bon et excellent festin, comme fit ce roy de la parabole evangelique, puis l'inviter, presser, et presque contraindre par prieres, exhortations et poursuites, de venir s'asseoir à table et de manger. Certes, celuy qui, à vive force, ouvriroit la bouche à un amy, luy fourreroit la viande dans le gosier, et la luy feroit avaler, il ne luy donneroit pas un festin de courtoisie, mais le traiteroit en beste, et comme un chapon que l'on veut engraisser. Cette espece de bienfait veut estre offert par semonces, remonstrances et sollicitations; et non violemment et forcement exercé. C'est pourquoy il se fait par maniere de desir, et non de vouloir absolu. Or c'en est de mesme de la volonté signifiée de Dieu; car par icelle Dieu desire d'un vray desir que nous fassions ce qu'il declare; et à cette occasion il nous fournit tout ce qui est requis, nous exhortant et pressant de l'employer. En ce genre de faveur on ne peut rien desirer de plus : et comme les rayons du soleil ne laissent pas d'estre vrays rayons, quand ils sont rejettez et repoussez par quelque obstacle, aussi la volonté signifiée de Dieu ne laisse pas d'estre vraye volonté de Dieu, encore qu'on luy resiste, et bien qu'elle ne fasse pas tant d'effets comme si on la secondoit.

La conformité donc de nostre cœur à la volonté signifiée de Dieu consiste en ce que nous voulions tout ce que la divine bonté nous signifie estre de son intention, croyans selon sa doctrine, esperans selon ses promesses, craignans selon ses menaces, aimans et vivans selon ses ordonnances et advertissemens, à quoy tendent les protestations que si souvent nous en faisons ès sainctes ceremonies ecclesiastiques. Car pour cela nous demeurons debout, tandis qu'on lit les leçons de l'Evangile, comme prests d'obeir à la saincte signification de la volonté de Dieu, que l'Evangile contient. Pour cela nous baisons le livre à l'endroict de l'Evangile, comme adorans la saincte parole qui declare la volonté celeste. Pour cela plusieurs saincts et sainctes portoient sur leurs poictrines anciennement l'Evangile en escrit comme un epitheme d'amour, ainsi qu'on lit de Ste Cecile; et de fait on trouva celuy de S. Matthieu sur le cœur de S. Barnabé trespassé, escrit de sa propre main. Ensuite de quoy, ès anciens conciles, on mettoit au milieu de l'assemblée de tous les evesques un grand throsne, et sur iceluy le livre des saincts Evangiles qui representoit la personne du Sauveur, roy, docteur, directeur, esprit, et unique cœur des conciles et de toute l'Eglise : tant on honoroit la signification de la volonté de Dieu exprimée en ce divin livre. Certes, le grand miroir de l'ordre pastoral, S. Charles archevesque de Milan, n'estudioit jamais dans l'Escriture saincte, qu'il ne se mist à genoux et teste nue, pour tesmoigner le respect avec lequel il falloit entendre et lire la volonté de Dieu signifiée.

CHAPITRE IV.

De la conformité de nostre volonté avec celle que Dieu a de nous sauver.

Dieu nous a signifié en tant de sortes et par tant de moyens qu'il vouloit que nous fussions tous sauvez, que nul ne le peut ignorer: A cette intention, il nous a faits à son image et semblance par la creation, et s'est fait à nostre image et semblance par l'incarnation; après laquelle il a souffert la mort pour racheter toute la race des hommes et la sauver; ce qu'il fit avec tant d'amour, que, comme raconte le grand S. Denys, apostre de la France, il dit un jour au sainct homme Carpus, qu'il estoit prest de pâtir encore une fois pour sauver les hommes, et que cela luy seroit agreable, s'il se pouvoit faire sans le peché d'aucun homme.

Or, bien que tous ne se sauvent pas, cette volonté neantmoins ne laisse pas d'estre une vraye volonté de Dieu, qui agist en nous selon la condition de sa nature et de la nostre : car sa bonté le porte à nous communiquer liberalement le secours de sa grace, afin que nous parvenions au bonheur de sa gloire; mais nostre nature requiert que sa liberalité nous laisse en liberté de nous en prevaloir pour nous sauver, ou de les mepriser pour nous perdre.

« J'ay demandé une chose, soit le prophete, « et c'est celle là que je requerray à jamais : que « je voye la volupté du Seigneur, et que je visite « son temple (1). » Mais quelle est la volupté de la souveraine bonté, sinon de se respandre et communiquer ses perfections? Certes, ses *delices sont d'estre avec les enfans des hommes* (2), pour

(1) Ps. XXVI, 4. — 2) Proverb. VIII, 31

verser ses graces sur eux. Rien n'est si agreable et delicieux aux gens libres que de faire leur volonté. Nostre *sanctification est la volonté de Dieu* (1), et nostre salut son bon plaisir : or il n'y a nulle difference entre le bon plaisir et la bonne volupté, ni par consequent donc entre la bonne volupté et la bonne volonté divine; ains la volonté que Dieu a pour le bien des hommes est appelée *bonne.* (2), parce qu'elle est aimable, propice, favorable, agreable, delicieuse : et, comme les Grecs, après S. Paul, ont dit, c'est une vraye philanthropie, c'est-à-dire une bienveuillance ou volonté toute amoureuse envers les hommes.

Tout le temple celeste de l'Eglise triomphante et militante resonne de toutes parts les cantiques de ce doux amour de Dieu envers nous. Et le corps tres-sacré du Sauveur, comme un temple tres-sainct de sa divinité, est tout paré de marques et enseignes de cette bienveuillance. C'est pourquoy, en visitant le temple divin, nous voyons ces aimables delices que son cœur prend à nous favoriser.

Regardons donc cent fois le jour cette amoureuse volonté de Dieu; et fondans nostre volonté dans icelle, escrions devotement : O bonté d'infinie douceur! que vostre volonté est aimable! que vos faveurs sont desirables! Vous nous avez creez pour la vie eternelle; et vostre poictrine maternelle, enflée des mammelles sacrées d'un amour incomparable, abonde en laict de misericorde, soit pour pardonner aux penitens, soit pour perfectionner les justes. Hé! pourquoy donc ne collons-nous pas nos volontez à la vostre, comme les petits enfans s'attachent au sein de leurs meres, pour succer le laict de vos eternelles benedictions.

Theotime, nous devons vouloir nostre salut, ainsi que Dieu le veut : or il veut nostre salut par maniere de desir, et nous le devons aussi incessamment desirer ensuite de son desir. Non-seulement il veut, mais en effet il nous donne tous les moyens requis pour nous faire parvenir au salut; et nous, ensuite du desir que nous avons d'estre sauvez, nous devons non-seulement vouloir, mais en effet accepter toutes les graces qu'il nous a preparées et qu'il nous offre. Il suffit de dire : Je desire d'estre sauvé; mais il ne suffit pas de dire : Je desire embrasser les moyens convenables pour y parvenir; ains il faut d'une resolution absolue vouloir et embrasser les graces que Dieu nous depart : car il faut que nostre volonté corresponde à celle de Dieu. Et d'autant qu'elle nous donne les moyens de nous sauver, nous les devons recevoir, comme nous devons desirer le salut, ainsi qu'elle le nous desire, et parce qu'elle le desire.

Mais il arrive maintefois que les moyens de parvenir au salut, considerez en bloc ou en general, sont agreables à nostre cœur, et regardez en detail et particulier, ils luy sont effroyables : car n'avons-nous pas veu le pauvre S. Pierre disposé à recevoir en general toutes sortes de peines, et la mort mesme, pour suivre son maistre ! et neantmoins, quand ce vint au fait et au prendre, paslir, trembler, et renier son maistre à la voix d'une simple servante? Chacun pense pouvoir *boire le calice* (1) de Nostre-Seigneur avec luy; mais quand on le nous presente par effect, on s'enfuit, on quitte tout. Les choses representées particulierement font une impression plus forte, et blessent plus sensiblement l'imagination. C'est pourquoy en l'Introduction nous avons donné par advis qu'après les affections generales on fist les resolutions particulieres en la saincte oraison. David acceptoit en particulier les afflictions comme un acheminement à sa perfection, quand il chantoit en cette sorte : « O qu'il m'est bon, Sei-« gneur, que vous m'ayez humilié, afin que j'ap-« prenne vos justifications (2)! » Ainsi furent les apostres *joyeux* ès tribulations, de quoy ils avoient la faveur *d'endurer des ignominies pour le nom* (3) de leur Sauveur.

CHAPITRE V.

De la conformité de nostre volonté à celle de Dieu, qui nous est signifiée par ses commandemens.

Le desir que Dieu a de nous faire observer ses commandemens est extresme, ainsi que toute l'Escriture tesmoigne. Et comme le pouvoit-il mieux exprimer que par les grandes recompenses qu'il propose aux observateurs de sa loy, et les estranges supplices dont il menace les violateurs d'icelle? C'est pourquoy David exclame : « O Sei-« gneur, vous avez ordonné que vos commande-« mens soient trop plus observez (4). »

Or l'amour de complaisance, regardant ce desir divin, veut complaire à Dieu en l'observant : l'amour de bienveuillance, qui veut tout soumettre à Dieu, soumet par consequent nos desirs et nos volontez à celle-cy que Dieu nous a signifiée; et de là provient non-seulement l'observation, mais aussi l'amour des commandemens que David exalte d'un style extraordinaire au psalme CXVIII, qu'il semble n'avoir fait que pour ce subject.

Que j'aime vostre loy d'un tres-ardent amour!
C'est tout mon entretien, j'en parle tout le jour.

---

(1) I. ad Thessal. IV, 3. — (2) Ad Rom. XII, 2.

(1) Matth. XX, 22. — (2) Psalm. CXVIII, 71.
(3) Act. V, 41. — (4) Psalm. CXVIII, 4.

O Seigneur! je cheris vos tres-saincts tesmoignages
Plus que l'or et l'esclat du topase doré.
Que doux à mon palais sont vos sacrez langages,!
Pour moy fade est le miel, s'ils leur est comparé (1).

Mais pour exciter ce sainct et salutaire amour des commandemens, nous devons contempler leur beauté, laquelle est admirable. Car comme il y a des œuvres qui sont mauvaises, parce qu'elles sont defendues, et des autres qui sont defendues, parce qu'elles sont mauvaises, aussi y en a-t-il qui sont bonnes, parce qu'elles sont commandées, et des autres qui sont commandées, parce qu'elles sont bonnes et tres-utiles : de sorte que toutes sont tres-bonnes et tres-aimables, parce que le commandement donne la bonté aux unes; qui n'en auroient point autrement, et donne un surcroist de bonté aux autres, qui sans estre commandées ne laisseroient pas d'estre bonnes.

Nous ne recevons pas le bien en bonne part, quand il nous est presenté par une main ennemie. Les Lacedemoniens ne voulurent pas suivre un fort sain et salutaire conseil d'un meschant homme, jusqu'à ce qu'un homme de bien leur redit. Au contraire, le present n'est jamais qu'agreable quand un amy le fait : les plus doux commandemens deviennent aspres, si un cœur tyran et cruel les impose; et ils deviennent tres-aimables, quand l'amour les ordonne : le service de Jacob luy sembloit une royauté, parce qu'il procedoit de l'amour (2). O que doux et desirable est le joug de la loy celeste, qu'un roy tant aimable a establie sur nous!

Plusieurs observent les commandemens, comme on avale les medecines, plus crainte de mourir damnez que pour le plaisir de vivre au gré du Sauveur. Ains, comme il y a des personnes qui, pour agreable que soit un medicament, ont du contre-cœur à le prendre, seulement parce qu'il porté le nom de medicament; aussi y a-t-il des ames qui ont en horreur les actions commandées, seulement parce qu'elles sont commandées : et s'est trouvé tel homme, ce dit-on, qui ayant doucement vescu dans la grande ville de Paris l'espace de quatre-vingts ans, sans en sortir, soudain qu'on luy eut enjoint de par le roy d'y demeurer encore le reste de ses jours, il alla dehors voir les champs, que de sa vie il n'avoit desirés.

Au contraire le cœur amoureux aime les commandemens; et plus ils sont de chose difficile, plus il les trouve doux et agreables, parce qu'il complaist plus parfaitement au bien-aimé, et luy rend plus d'honneur. Il *lance* et *chante* des *hymnes* d'allegresse, *quand* Dieu luy *enseigne ses*

(1) Psalm. CXVIII. — (2) Genes. XXIX, 20.

commandemens et *justifications* (1). Et comme le pelerin qui va gayement chantant en son voyage, adjouste voirement la peine du chant à celle du marcher, et neantmoins en effect par surcroist de peine il se desennuye et allege du travail du chemin; aussi l'aimant sacré trouve tant de suavité aux commandemens, que rien ne luy donne tant d'haleine et de soulagement en cette vie mortelle que la gracieuse charge des preceptes de son Dieu. Dont le saint psalmiste s'écrie : « O Sei« gneur, vos justifications ou commandemens me « sont des douces chansons en ce lieu de mon « pelerinage (2). » On dit que les mulets et chevaux chargez de figues succombent incontinent au faix, et perdent toute leur force. Plus douce que les figues est la loy du Seigneur; mais l'homme brutal, qui s'est rendu *comme le cheval et mulet, esquels il n'y a point d'entendement* (3), perd le courage, et ne peut trouver des forces pour porter cet aimable faix. Au contraire, une branche d'agnus-castus empesche de lassitude le voyageur qui la porte; aussi la croix, la mortification, le joug, la loy du Sauveur, qui est le vrai agneau chaste, est une charge qui delasse, qui soulage, et recrée les cœurs qui aiment sa divine majesté. On n'a point de travail en ce qui est aimé; ou s'il y a du travail, c'est un travail bienaimé : le travail meslé du sainct amour est un certain aigre-doux plus agreable au goust qu'une pure douceur.

Le divin amour nous rend donc ainsi conformes à la volonté de Dieu, et nous fait soigneusement observer ses commandemens en qualité de desir absolu de sa majesté à laquelle nous voulons plaire. Si que cette complaisance previent par sa douce et aimable violence la necessité d'obeir qui la nous impose, convertissant cette necessité en vertu de dilection, et toute la difficulté en delectation.

CHAPITRE VI.

De la conformité de nostre volonté à celle que Dieu nous a signifiée par ses conseils.

Le commandement tesmoigne une volonté fort entiere et pressante de celuy qui ordonne : mais le conseil ne nous represente qu'une volonté de souhaict. Ce commandement nous oblige : le conseil nous incite seulement. Le commandement rend coupables les transgresseurs; le conseil rend seulement moins louables ceux qui ne le suivent pas. Les violateurs des commandemens meritent d'estre damnez; ceux qui negligent les conseils

(1) Psalm. CXVIII, 171. — (2) Ibid. 54.
(3) Psalm. XXXI, 9.

meritent seulement d'estre moins glorifiez. Il y a différence entre commander et recommander. Quand on commande, on use d'autorité pour obliger; quand on recommande, on use d'amitié pour induire et provoquer. Le commandement impose nécessité, le conseil et recommandation nous incite à ce qui est de plus grande utilité. Au commandement correspond l'obeissance, et la creance au conseil. On suit le conseil afin de plaire, et le commandement pour ne pas deplaire. C'est pourquoy l'amour de complaisance, qui nous oblige de plaire au bien-aimé, nous porte par conséquent à la suite de ses conseils; et l'amour de bienveuillance, qui veut que toutes les volontez et affections luy soient soumises, fait que nous voulons, non-seulement ce qu'il ordonne, mais ce qu'il conseille et à quoy il exhorte. Ainsi que l'amour et respect qu'un enfant fidèle porte à son bon pere le fait resoudre de vivre, non-seulement selon les commandemens qu'il impose, mais encore selon les desirs et inclinations qu'il manifeste.

Le conseil se donne voirement en faveur de celuy qu'on conseille, afin qu'il soit parfait. « Si « tu veux estre parfait, dit le Sauveur, va, vens « tout ce que tu as, et le donne aux pauvres, et « me suis (1). »

Mais le cœur amoureux ne reçoit pas le conseil pour son utilité, ains pour se conformer au desir de celuy qui conseille, et rendre l'hommage qui est deu à sa volonté. Et partant il ne reçoit les conseils sinon ainsi que Dieu le veut; et Dieu ne veut pas qu'un chacun observe tous les conseils, ains seulement ceux qui sont convenables selon la diversité des personnes, des temps, des occasions et des forces, ainsi que la charité le requiert: car c'est elle qui, comme reyne de toutes les vertus, de tous les commandemens, de tous les conseils, et en somme de toutes les lois et de toutes les actions chrestiennes, leur donne à tous et à toutes le rang, l'ordre, le temps et la valeur.

Si ton pere ou ta mere ont une vraye nécessité de ton assistance pour vivre, il n'est pas temps alors de practiquer le conseil de la retraite en un monastere; car la charité t'ordonne que tu ailles en effect executer ce commandement d'*honorer*, servir, aider, et secourir *ton pere ou ta mere* (2). Tu es un prince, par la posterité duquel les subjects de la couronne qui t'appartient doivent estre conservez en paix, et assurez contre la tyrannie, sedition et guerre civile: l'occasion donc d'un si grand bien t'oblige de produire en un sainct mariage des legitimes successeurs. Ce n'est pas perdre la chasteté, ou au moins c'est la perdre chastement, que de la sacrifier au bien public en faveur de la charité. As-tu une santé foible, inconstante, qui a besoin de grands supports? ne te charge pas donc volontairement de la pauvreté effectuelle; car la charité te le defend. Non-seulement la charité ne permet pas aux peres de famille de tout vendre pour donner aux pauvres, mais leur ordonne d'assembler honnestement ce qui est requis pour l'education et sustentation de la femme, des enfans et serviteurs; comme aussi aux roys et princes d'avoir des thresors qui, provenus d'une juste espargne, et non de tyranniques inventions, servent comme de salutaires preservatifs contre les ennemis visibles. Sainct Paul ne conseille-t-il pas aux mariez, passé le temps de l'oraison, de *retourner* (1) au train bien reglé du devoir nuptial?

Les conseils sont tous donnés pour la perfection du peuple chrestien, mais non pas pour celle de chaque chrestien en particulier. Il y a des circonstances qui les rendent quelquefois impossibles, quelquefois inutiles, quelquefois perilleux, quelquefois nuisibles à quelques-uns, qui est une des intentions pour lesquelles Nostre-Seigneur dit de l'un d'iceux ce qu'il veut estre entendu de tous: *Qui le peut prendre, qu'il le prenne* (2); comme s'il disoit, ainsi que sainct Hierosme expose: Qui peut gagner et emporter l'honneur de la chasteté comme un prix de reputation, qu'il le prenne; car il est exposé à ceux qui courront vaillamment. Tous doncques ne peuvent pas, c'est-à-dire, il n'est pas expedient à tous d'observer tous les conseils, lesquels estans donnez en faveur de la charité, elle sert de regle et de mesure à l'execution d'iceux.

Quand donc la charité l'ordonne, on tire les moines et religieux des cloistres pour en faire des cardinaux, des prelats, des curez; voire mesme on les reduit quelquefois au mariage pour le repos des royaumes, ainsi que j'ai dit ci-dessus. Que si la charité fait sortir des cloistres ceux qui, par vœu solennel, s'y estoient attachez; à plus forte raison, et pour moindre subject, on peut, par l'autorité de cette mesme charité, conseiller à plusieurs de demeurer chez eux, garder leurs moyens, se marier; voire de prendre les armes et aller à la guerre, qui est une profession si dangereuse.

Or, quand la charité porte les uns à la pauvreté, et qu'elle en retire les autres; quand elle en pousse les uns au mariage, les autres à la continence; qu'elle enferme l'un dans le cloistre, et en fait sortir l'autre, elle n'a point besoin d'en rendre raison à personne; car elle a la plenitude

(1) Matth. xix, 21. — (2) Ex. xx, 12.

(1) I. ad Cor. vii, 5. — (2) Matth. xix, 12.

de la puissance en la loy chrestienne, selon qu'il est escrit : *La charité peut toutes choses* (1) ; elle a le comble de la prudence, selon qu'il est dit : *La charité ne fait rien en vain* (2). Que si quelqu'un veut contester, et luy demander pourquoi elle fait ainsi, elle respondra hardiment : *Parce que le Seigneur en a besoin* (3) ; tout est fait pour la charité, et la charité pour Dieu ; tout doit servir à la charité, et elle à personne; non pas mesme à son bien-aimé, duquel elle n'est pas servante, mais espouse. Pour cela on doit prendre d'elle l'ordre de l'exercice des conseils : car aux uns elle ordonnera la chasteté, et non la pauvreté ; aux autres l'obeissance, et non la chasteté ; aux autres le jeusne, et non l'aumosne ; aux autres l'aumosne, et non le jeusne ; aux autres la solitude, et non la charge pastorale ; aux autres la conversation, et non la solitude. En somme, c'est une eau sacrée par laquelle le jardin de l'Eglise est fecondé ; et, bien qu'elle n'ait qu'une couleur sans couleur, les fleurs neantmoins qu'elle fait croistre ne laissent pas d'avoir une chacune sa couleur differente. Elle fait des martyrs plus vermeils que la rose, des vierges plus blanches que le lys ; aux uns elle donne le fin violet de la mortification, aux autres le jaune des soucis du mariage ; employant diversement les conseils pour la perfection des ames qui sont si heureuses que de vivre sous sa conduite.

CHAPITRE VII.

Que l'amour de la volonté de Dieu, signifiée ès commandemens, nous porte à l'amour des conseils.

O Theotime, que cette volonté divine est aimable ! ô qu'elle est amiable et desirable ! ô loy toute d'amour et toute pour l'amour ! Les Hebrieux, par le mot de paix, entendent l'assemblage et comble de tous biens, c'est-à-dire, la felicité ; et le psalmiste s'escrie : « Qu'une paix planthreuse « abonde à ceux qui aiment la loy de Dieu, et que « nul choppement ne leur arrive (4) ; » comme s'il vouloit dire : O Seigneur, que de suavitez en l'amour de vos sacrez commandemens! toute douceur delicieuse saisit le cœur qui est saisi de la dilection de vostre loy. Certes ce grand roy, qui avoit son cœur fait selon le cœur de Dieu, savouroit si fort la parfaicte excellence des ordonnances divines, qu'il semble que ce soit un amoureux esprit de la beauté de cette loy, comme de la chaste espouse et reyne de son cœur, ainsi qu'il appert par les continuelles louanges qu'il lui donne.

(1) I. ad. Cor. XIII. — (2) Ibid. 4.
(3) Matth. XXI, 3. — (4) Psalm. CXVIII, 165.

Quand l'espouse celeste veut exprimer l'infinie suavité des parfums de son divin espoux : « Vos- « tre nom, luy dit-elle, est un onguent respan- « du (1) ; » comme si elle disoit : Vous, estes si excellemment parfumé, qu'il semble que vous soyez tout parfum, et qu'il soit à propos de vous appeller onguent et parfum, plustost qu'oinct et parfumé. Ainsi l'ame qui aime Dieu est tellement transformée en la volonté divine, qu'elle merite plustost d'estre nommée volonté de Dieu ; qu'obeissante ou subjecte à la volonté divine, dont Dieu dit par Isaïe qu'il *appellera* l'Eglise chrestienne *d'un nom nouveau que la bouche du Seigneur nommera* (2), marquera et gravera dans le cœur de ses fideles ; puis expliquant ce nom, il dit que ce sera *ma volonté en icelle* (3) ; comme s'il disoit qu'entre ceux qui ne sont pas chrestiens, un chacun a sa volonté propre au milieu de son cœur ; mais parmy les vrais enfans du Sauveur, chacun quittera sa volonté, et il n'y aura plus qu'une volonté maistresse, regente et universelle, qui animera, gouvernera et dressera toutes les ames, tous les cœurs et toutes les volontez ; et le nom d'honneur des chrestiens ne sera autre chose, sinon la volonté de Dieu en eux : volonté qui regnera sur toutes les volontez, et les transformera toutes en soy ; de sorte que les volontez des chrestiens et la volonté de Nostre-Seigneur ne soyent plus qu'une seule volonté. Ce qui fut parfaictement verifié en la primitive Eglise, lorsque, comme dit le glorieux S. Luc, *en la multitude des croyans il n'y avoit qu'un cœur et qu'une ame* (4) : car il n'entend pas parler du cœur qui fait vivre nos corps, ny de l'ame qui anime ces cœurs d'une vie humaine ; mais il parle du cœur qui donne la vie celeste à nos ames, et de l'ame qui anime nos cœurs de la vie surnaturelle ; cœur et ame tres-unique des vrais chrestiens, qui n'est autre chose que la volonté de Dieu. *La vie*, dit le psalmiste, *est en la volonté* (5) de Dieu, non-seulement parce que nostre vie temporelle despend de la volonté divine, mais aussi d'autant que nostre vie spirituelle gist en l'execution d'icelle par laquelle Dieu vit et regne en nous, et nous fait vivre et subsister en luy. Au contraire, le meschant, *dès le siecle*, c'est-à-dire, tousjours, a rompu le joug de la loy de Dieu et a dit : *Je ne serviray point* (6) ! C'est pourquoy Dieu dit qu'il l'*a appellé, dès le ventre* de sa mere, *transgresseur* (7) et rebelle ; et parlant au roy de Tyr, il luy reproche qu'il avoit *mis son cœur*

(1) Cant. Cant. I, 2. — (2) Isa. LXII, 2.
(3) Isa. LXII, 4. — (4) Act. IV, 32.
(5) Psalm. XXIX, 6. — (6) Jerem. II, 20.
(7) Isa. XLVIII, 8.

comme le cœur de Dieu (1) : car l'esprit revolté veut que son cœur soit maistre de soy-mesme, et que sa propre volonté soit souveraine comme la volonté de Dieu. Il ne veut pas que la volonté divine regne sur la sienne, ains veut estre absolu et sans dependance quelconque. O Seigneur eternel, ne le permettez pas ; ains faites que jamais *ma volonté ne soit faite, mais la vostre* (2). Helas ! nous sommes en ce monde, non point pour faire nos volontez, mais celle de vostre bonté qui nous y a mis. *Il fut escrit* de vous, ô Sauveur de mon ame, que vous *fissiez la volonté* (3) de vostre Pere eternel ; et par le premier vouloir humain de vostre ame, à l'instant de vostre conception, vous embrassastes amoureusement cette loy de la volonté divine, et la mistes *au milieu de* vostre *cœur* (4) pour y regner et dominer eternellement. Hé ! qui fera la grace à mon ame qu'elle n'ait point de volonté que la volonté de Dieu ?

Or, quand nostre amour est extresme à l'endroict de la volonté de Dieu, nous ne nous contentons pas de faire seulement la volonté divine qui nous est signifiée ès commandemens, mais nous nous rangeons encore à l'obeissance des conseils, lesquels ne nous sont donnez que pour plus parfaictement observer les commandemens, auxquels aussi ils se rapportent, ainsi que dit excellemment S. Thomas. O combien excellente est l'observation de la defense des injustes voluptez en celuy qui a mesme renoncé aux plus justes et legitimes delices ! O combien celui-là est esloigné de convoiter le bien d'autrui, qui rejette toutes richesses, et celles mesme que sainctement il pourroit garder ! Que celuy-cy est bien esloigné de vouloir preferer sa volonté à celle de Dieu, qui pour faire la volonté de Dieu, s'assujettit à celle d'un homme !

David estoit un jour en son preside, et la garnison des Philistins en Bethleem. Or il fit un souhaict, disant : « O si quelqu'un me donnoit « à boire de l'eau de la citerne qui est à la porte « de Bethleem ! (5) » Et voilà qu'il n'eust pas plus tost dit le mot, que trois vaillans chevaliers partent de là ; main et teste baissée, traversent l'armée ennemie, vont à la citerne de Bethleem, puisent de l'eau, et l'apportent à David : lequel, voyant le hazard auquel ces gentilshommes s'estoient mis pour contenter son appetit, *ne voulut point boire* cette eau conquise au peril de leur sang et de leur vie, *ains la respandit en oblation* (6) au Pere eternel. Hé ! voyez, je vous prie,

Theotime, quelle ardeur de ces chevaliers au service et contentement de leur maistre ! ils volent et fendent la presse des ennemis, avec mille dangers de se perdre, pour assouvir un seul simple souhaict que le roy leur tesmoigne. Le Sauveur estant en ce monde declara sa volonté en plusieurs choses par maniere de commandement, et en plusieurs autres il la signifia seulement par maniere de souhaict : car il loua fort la chasteté, la pauvreté, l'obeissance et resignation parfaicte, l'abnegation de la propre volonté, la viduité, le jeusne, la priere ordinaire ; et ce qu'il dit de la chasteté, que qui en pourroit emporter le prix, qu'il le print, il l'a assez dit de tous les autres conseils. A ce souhaict, les plus vaillans chrestiens se sont mis à la course ; et forçans toutes les repugnances, convoitises, et difficultez, ont atteint à la saincte perfection, se rangeans à l'estroicte observance des desirs de leur roy, obtenans par ce moyen la couronne de gloire.

Certes, ainsi que tesmoigne le divin psalmiste, Dieu n'exauce pas seulement l'oraison de ses fideles, ains il exauce mesme encore le seul desir d'iceux, et *la seule preparation qu'ils font en leurs cœurs* (1) pour prier : tant il est favorable et propice à faire la volonté de ceux qui l'aiment. Et pourquoi donc reciproquement ne serons-nous si jaloux de suivre la sacrée volonté de Nostre-Seigneur, que nous fassions non-seulement ce qu'il commande, mais encore ce qu'il tesmoigne d'agreer et souhaiter ? Les ames nobles n'ont pas besoin d'un plus fort motif pour embrasser un dessein, que de sçavoir que le bien-aimé le desire. *Mon ame*, dit l'une d'icelles, *s'est escoulée soudain que mon amy a parlé* (2).

CHAPITRE VIII.

Que le mespris des conseils evangeliques est un grand peché.

Les paroles par lesquelles Nostre-Seigneur nous exhorte de tendre et pretendre à la perfection sont si fortes et pressantes, que nous ne sçaurions dissimuler l'obligation que nous avons de nous engager à ce dessein. « Soyez saincts, « dit-il, parce que je suis sainct (3). Qui est « sainct, qu'il soit encore davantage sanctifié ; et « qui est juste, qu'il soit encore plus justifié (4). « Soyez parfaicts, ainsi que vostre Pere celeste « est parfaict (5). » Pour cela, le grand sainct Bernard escrivant au glorieux sainct Guarin, abbé d'Aux, duquel la vie et les miracles ont tant

---

(1) Ezec. xxviii, 2. — (2) Luc, xxii, 42.
(3) Psalm. xxxix, 8, 9. — (4) Ibid.
(5) II. Reg. xxiii, 15.— (6) II. Reg. xxiii, 16.

(1) Psalm. ix, 39.
(2) Cant. Cant. v, 6. — (3) Levit. xi, 44.
(4) Apoc. xxii, 11. — (5) Matt. v, 48.

rendu de bonne odeur en son diocese : L'homme juste, dit-il, ne dit jamais, c'est assez ; il a tousjours faim et soif de la justice.

Certes, Theotime, quant aux biens temporels, rien ne suffit à celuy auquel ce qui suffit ne suffit pas : car qu'est-ce qui peut suffire à un cœur auquel la suffisance n'est pas suffisante ? Mais quant aux biens spirituels, celuy n'en a pas ce qui luy suffit auquel il suffit d'avoir ce qui luy suffit, et la suffisance n'est pas suffisante, parce que la vraye suffisance ès choses divines consiste en partie au desir de l'affluence. Dieu, au commencement du monde, commanda à la terre « de « germer l'herbe verdoyante faisant sa semence, « et tout arbre fruictier faisant son fruict, un « chacun selon son espece, qui eust aussi sa se- « mence en soy mesme (1). »

Et ne voyons-nous pas par experience, que les plantes et fruicts n'ont pas leur juste croissance et maturité, que quand elles portent leurs graines et pepins, qui leur servent de geniture pour la production de plantes et d'arbres de pareille sorte. Jamais nos vertus n'ont leur juste stature et suffisance, qu'elles ne produisent en nous des desirs de faire progrez ; qui, comme semences spirituelles, servent en la production de nouveaux degrez de vertus. Et me semble que la terre de nostre cœur a commandement de germer les plantes de vertus qui portent les fruicts des sainctes œuvres, une chacune selon son genre, et qui ait les semences des desirs et desseins de tousjours multiplier et avancer en perfection. Et la vertu qui n'a point la graine ou le pepin de ces desirs, elle n'est pas en sa suffisance et maturité. « O doncques, dit sainct Bernard au fai- « neant, tu ne veux pas t'avancer en la perfection ? « Non. Et tu ne veux pas non plus empirer ? Non « de vray. Et quoy donc tu ne veux estre ni pis « ni meilleur ! Helas ! pauvre homme, tu veux es- « tre ce qui ne peut estre. Rien voirement n'est « stable ni ferme en ce monde ; mais de l'homme « il en est dit encore plus particulierement *que « jamais il ne demeure en un estat* (2). Il faut « donc ou qu'il s'avance, ou qu'il retourne en ar- « riere. »

Or je ne dis pas, non plus que sainct Bernard, que ce soit peché de ne practiquer pas les conseils. Non certes, Theotime : car c'est la propre difference du commandement au conseil, que le commandement nous oblige sous peine de peché, et le conseil nous invite sans peine de peché. Neantmoins je dis bien que c'est un grand peché de mespriser la pretention à la perfection chrestienne, et encore plus de mespriser la semonce par laquelle Nostre-Seigneur nous y appelle : mais c'est une impieté insupportable de mespriser les conseils et moyens d'y parvenir, que Nostre-Seigneur nous marque. C'est une heresie de dire que Nostre-Seigneur ne nous a pas bien conseillez, et un blasphesme de dire à Dieu : *Retire-toy de nous, nous ne voulons pas la science de tes voyes* (1). Mais c'est une irreverence horrible contre celuy qui avec tant d'amour et de suavité nous invite à la perfection, de dire : Je ne veux pas estre sainct ny parfait, ny avoir plus de part en vostre bienveuillance, ny suivre les conseils que vous me donnez pour faire progrez en icelle.

On peut bien, sans pecher, ne suivre pas les conseils pour l'affection que l'on a ailleurs : comme, par exemple, on peut bien ne vendre pas ce que l'on a, et ne le donner pas aux pauvres, parce qu'on n'a pas le courage de faire un si grand renoncement : on peut bien aussi se marier, parce qu'on aime une femme, ou qu'on n'a pas assez de force en l'ame pour entreprendre la guerre qu'il faut faire à la chair. Mais de faire profession de ne vouloir point suivre les conseils, ni aucun d'iceux, cela ne se peut faire sans mespris de celuy qui les donne. De ne suivre pas le conseil de virginité afin de se marier, cela n'est pas mal fait ; mais de se marier pour preferer le mariage à la chasteté, comme font les heretiques, c'est un grand mespris, ou du conseiller, ou du conseil. Boire du vin contre l'advis du medecin, quand on est convaincu de la soif ou de la fantaisie d'en boire, ce n'est pas proprement mespriser le medecin, ny son advis ; mais dire : Je ne veux point suivre l'advis du medecin, il faut que cela provienne d'une mauvaise estime qu'on a de luy. Or, quant aux hommes, on peut souvent mespriser leur conseil, et ne mespriser pas ceux qui le donnent, parce que ce n'est pas mespriser un homme d'estimer qu'il ait erré. Mais quant à Dieu, rejetter son conseil et le mespriser, cela ne peut provenir que de l'estime que l'on fait qu'il n'a pas bien conseillé : ce qui ne peut estre pensé que par esprit de blasphesme, comme si Dieu n'estoit pas assez sage pour sçavoir, ou assez bon pour vouloir bien conseiller. Et c'en est de mesme des conseils de l'Eglise, laquelle, à raison de la continuelle assistance du Sainct-Esprit qui l'enseigne et conduit en toute verité, ne peut jamais donner des mauvais advis.

(1) Job. XXI, 14.

(1) Genes. I, 11. — (2) Job. XIV, 12.

CHAPITRE IX.

Suite du discours commencé. Comme chacun doit aimer, quoique non pas practiquer tous les conseils evangeliques; et comme neantmoins chacun doit practiquer ce qu'il peut.

Encore que tous les conseils ne puissent, ny doivent estre practiquez par chaque chrestien en particulier, si est-ce qu'un chacun est obligé de les aimer tous, parce qu'ils sont tous tres-bons. Si vous avez la migraine, et que l'odeur du musc vous nuise, laisserez-vous pour cela d'advouer que cette senteur soit bonne et agreable? Si une robe d'or ne vous est pas advenante, direz-vous qu'elle ne vaut rien? Si une bague n'est pas pour vostre doigt, la jetterez-vous pour cela dans la boue? Louez donc, Theotime, et aimez cherement tous les conseils que Dieu a donnez aux hommes. O que beny soit à jamais l'ange du grand conseil, avec tous les advis qu'il donne, et les exhortations qu'il fait aux humains! « le « cœur est resjouy par les onguens et bonnes « senteurs, dit Salomon; et par les bons conseils « de l'amy, l'ame est adoucie (1) ». Mais de quel amy, et de quels conseils parlons-nous? O Dieu! c'est de l'amy des amis; et ses conseils sont plus aimables que le miel. L'amy, c'est le Sauveur, ses conseils sont pour le salut.

Resjouïssons-nous, Theotime, quand nous verrons des personnes entreprendre la suite des conseils que nous ne pouvons, ou ne devons pas observer : prions pour eux, benissons-les, favorisons-les, et les aidons. Car la charité nous oblige de n'aimer pas seulement ce qui est bon pour nous, mais d'aimer encore ce qui est bon pour le prochain.

Nous tesmoignerons assez d'aimer tous les conseils, quand nous observerons devotement ceux qui nous seront convenables. Car tout ainsi que celuy qui croit un article de foy, d'autant que Dieu l'a revelé par sa parole, annoncée et declarée par l'Eglise, ne sçauroit mescroire les autres; et celuy qui observe un commandement pour le vray amour de Dieu, est tout prest d'observer les autres quand l'occasion s'en presentera : de mesme que celuy qui aime et estime un conseil evangelique, parce que Dieu l'a donné, il ne peut qu'il n'estime consecutivement tous les autres, puisqu'ils sont aussi de Dieu. Or nous pouvons aisement en practiquer plusieurs, quoique non pas tous ensemble : car, Dieu en a donné plusieurs, afin que chacun en puisse observer quelques-uns,

et il n'y a jour que nous n'en ayons quelque occasion.

La charité requiert-elle que, pour secourir vostre pere ou vostre mere, vous demeuriez chez eux : conservez neantmoins l'amour et l'affection à vostre retraite, ne tenez vostre cœur au logis paternel qu'autant qu'il le faut, pour y faire ce que la charité vous ordonne. N'est-il pas expedient, à cause de vostre qualité, que vous gardiez la parfaicte chasteté : gardez-en donc au moins ce que, sans faire tort à la charité, vous en pourrez garder. Qui ne peut faire le tout, qu'il fasse quelque partie. Vous n'estes pas obligé de rechercher celuy qui vous a offensé : car c'est à luy de revenir à soy, et venir à vous pour vous donner satisfaction, puisqu'il vous a prevenu par injure et outrage : mais allez neantmoins, Theotime, faites ce que le Sauveur vous conseille, prevenez-le au bien, rendez-luy bien pour mal, *jetez sur sa teste et sur son cœur un brasier ardent* (1) de tesmoignage de charité, qui le brusle tout, et le force de vous aimer. Vous n'estes pas obligé par la rigueur de la loy de donner à tous les pauvres que vous rencontrerez, ains seulement à ceux qui en ont un tres-grand besoin, mais ne laissez pas pour cela, suivant le conseil du Sauveur, de donner volontiers à tous les indigens que vous trouverez, autant que vostre condition et que les veritables necessités de vos affaires le permettront. Vous n'estes pas obligé de faire aucun vœu, mais faites-en pourtant quelques-uns qui seront jugez propres par vostre pere spirituel, pour vostre advancement en l'amour divin. Vous pouvez librement user du vin dans les termes de la bienseance; mais selon le conseil de sainct Paul à Thimothée, n'en prenez que ce qu'il vous faut pour soulager vostre estomac.

Il y a divers degrez de perfection ès conseils. De prester aux pauvres, hors la tres-grande necessité, c'est le premier degré de l'aumosne : et c'est un degré plus haut de leur donner, plus haut encore de donner tout, et enfin encore plus haut de donner sa personne, la vouant au service des pauvres. L'hospitalité, hors l'extreme necessité, est un conseil; recevoir l'estranger est le premier degré d'iceluy, mais aller sur les advenues des chemins pour le semondre, comme faisoit Abraham, c'est un degré plus haut; et encore plus de se loger ès lieux perilleux pour retirer, ayder, et servir les passans; en quoy excella ce grand sainct Bernard de Menthon, originaire de ce diocese, lequel estant issu d'une maison fort illustre, habita plusieurs années entre les jougs et cimes de nos Alpes, y assembla plu-

(1) Proverb. XXVII, 9.

(1) Ad Rom. XII, 20.

sieurs compagnons, pour attendre, loger, secourir, delivrer des dangers de la tourmente les voyageurs et passans, qui mourroient souvent entre les orages, les neiges et froidures, sans les hospitaux que ce grand amy de Dieu establit et fonda ès deux monts, qui pour cela sont appellez de son nom, Grand Sainct-Bernard au diocese de Sion, et Petit Sainct-Bernard en celuy de Tarentaise. Visiter les malades qui ne sont pas en extresme necessité, c'est une louable charité; les servir est encore meilleur; mais se dedier à leur service, c'est l'excellence de ce conseil, que les clercs de la Visitation des infirmes exercent par leur propre institut, et plusieurs dames en divers lieux, à l'imitation de ce grand sainct Sanson, gentilhomme et medecin romain, qui, en la ville de Constantinople, où il fut fait prestre, se dedia tout-à-fait, avec une admirable charité, au service des malades, en un hospital qu'il y commença, et que l'empereur Justinian esleva et paracheva; à l'imitation des sainctes Catherine de Sienne et de Gennes, de saincte Elizabeth de Hongrie, et des glorieux amys de Dieu sainct François et le bienheureux Ignace de Loyola, qui, au commencement de leurs ordres, firent cet exercice avec ardeur et utilité spirituelle incomparable.

Les vertus ont donc une certaine estenduë de perfection : et pour l'ordinaire nous ne sommes pas obligez de les practiquer en l'extremité de leur excellence; il suffit d'entrer si avant en l'exercice d'icelles, qu'en effect on y soit. Mais de passer outre, et s'avancer en la perfection, c'est un conseil; les actes heroïques des vertus n'estant pas pour l'ordinaire commandez, ains seulement conseillez. Que si, en quelque occasion, nous nous trouvons obligez de les exercer, cela arrive pour des concurrences rares et extraordinaires, qui les rendent necessaires à la conservation de la grace de Dieu. Le bienheureux portier de la prison de Sebaste, voyant l'un des quarante qui estoient lors martyrisez, perdre le courage et la couronne du martyre, se mist en sa place sans que personne le poursuivist, et fut ainsi le quarantiesme de ces glorieux et triomphans soldats de Nostre-Seigneur. Sainct Adauctus, voyant que l'on conduisoit sainct Felix au martyre : Et moy, dit-il, sans estre pressé de personne, je suis aussi bien chrestien que celuy-cy, adorant le mesme Sauveur. Puis baisant sainct Felix, s'achemina avec luy au martyre, et eut la teste tranchée. Mille des anciens martyrs en firent de mesme; et pouvans esgalement eviter et subir le martyre sans pecher, ils choisirent de le subir genereusement plutost que de l'eviter loisiblement. En ceux-cy donc le martyre fut un acte heroïque de la force et constance qu'un sainct excés d'a-mour leur donna. Mais quand il est forcé d'endurer le martyre, ou renoncer à la foy, le martyre ne laisse pas d'estre martyre, et un excellent acte d'amour et de force : neantmoins je ne sçay s'il le faut nommer acte heroïque, n'estant pas choisi par aucun excés d'amour, ains par la necessité de la loy, qui en ce cas le commande. Or en la practique des actions heroïques de la vertu, consiste la parfaicte imitation du Sauveur, qui, comme dit le grand sainct Thomas, eut dès l'instant de sa conception toutes les vertus en un degré heroïque; et certes, je dirois volontiers plus qu'heroïque, puisqu'il n'estoit pas simplement plus qu'homme, mais infiniment plus qu'homme, c'est-à-dire vray Dieu.

CHAPITRE X.

Comme il se faut conformer à la volonté divine qui nous est signifiée par les inspirations; et, premierement, de la varieté des moyens par lesquels Dieu nous inspire.

Les rayons du soleil esclairent en eschauffant, et eschauffent en esclairant. L'inspiration est un rayon celeste qui porte dans nos cœurs une lumiere chaleureuse; par laquelle il nous fait voir le bien, et nous eschauffe au pourchas d'iceluy. Tout ce qui a vie sur terre s'engourdit au froid de l'hyver; mais au retour de la chaleur vitale du printemps tout reprend son mouvement. Les animaux terrestres courent plus vistement, les oyseaux volent plus hautement et chantent plus gayement, et les plantes poussent leurs feuilles et leurs fleurs tres-agreablement. Sans l'inspiration, nos ames vivroient paresseuses, percluses et inutiles; mais à l'arrivée des divins rayons de l'inspiration, nous sentons une lumiere meslée d'une chaleur vivifiante, laquelle esclaire nostre entendement, resveille et anime nostre volonté, luy donnant la force de vouloir et faire le bien appartenant au salut eternel. Dieu ayant formé le corps humain *du limon de la terre*, ainsi que dit Moyse, *il inspira* en iceluy *la respiration de vie, et il fut fait en ame vivante* (1), c'est-à-dire en ame qui donnoit vie, mouvement et operation au corps; et ce mesme Dieu eternel souffle et pousse les inspirations de la vie surnaturelle en nos ames, afin que, comme dit le grand apostre, elles soyent *faictes en esprit vivifiant* (2), c'est-à-dire en esprit qui nous fasse vivre, mouvoir, sentir, et ouvrer les œuvres de la grace : en sorte que celuy qui nous a donné l'estre nous donne aussi l'operation. L'haleine de l'homme eschauffe les

(1) Genes. II, 7. — (2) I. Cor. XV, 45.

choses esquelles elle entre, tesmoin l'enfant de la Sunamite, sur la bouche duquel le prophete Helisée ayant mis la sienne, et halené sur iceluy, sa chair s'eschauffa (1); et l'experience est toute manifeste. Mais quant au souffle de Dieu, non-seulement il eschauffe, ains il esclaire parfaictement, d'autant que l'esprit divin est une lumiere infinie, duquel le souffle vital est appelé inspiration; d'autant que par iceluy cette supresme bonté halene et inspire en nous les desirs et intentions de son cœur.

Or les moyens d'inspirer dont elle use sont infinis. S. Antoine, S. François, S. Anselme, et mille autres, reçoivent souvent des inspirations par la veuë des creatures. Le moyen ordinaire, c'est la predication; mais quelquefois ceux auxquels la parole ne profite pas sont instruits par la tribulation, selon le dire du prophete : *L'affliction donnera intelligence à l'ouyë*, c'est-à-dire, ceux qui par l'ouyë des menaces celestes sur les meschans ne se corrigent pas apprendront la verité par l'evenement et les effects, et deviendront sages sentant l'affliction. Ste Marie Egyptienne fut inspirée par la veuë d'une image de Nostre-Dame; S. Antoine, oyant l'Evangile qu'on lit à la messe; S. Augustin, oyant le recit de la vie de S. Antoine; le duc de Candie, oyant l'imperatrice morte; S. Pachome, voyant un exemple de charité; le bienheureux Ignace de Loyola, lisant la vie des saincts; S. Cyprian (ce n'est pas le grand evesque de Carthage, ains un autre qui fut lays, mais glorieux martyr) fut touché voyant le diable confesser son impuissance sur ceux qui se confient en Dieu. Lorsque j'estois jeune, à Paris, deux escoliers, dont l'un estoit heretique, passant la nuit au fauxbourg Sainct-Jacques en une desbauche, ouyrent sonner les matines des Chartreux; et l'heretique demandant à l'autre à quelle occasion on sonnoit, il luy fit entendre avec quelle devotion on celebroit les offices sacrez en ce sainct monastere. O Dieu, dit-il, que l'exercice de ces religieux est different du nostre! ils font celuy des anges, et nous celuy des bestes brutes. Et voulant voir par experience, le jour suivant, ce qu'il avoit appris par le recit de son compagnon, il trouva ces peres dans leurs formes, rangez comme des statues de marbre en une suite de niches, immobiles à toute autre action qu'à celle de la psalmodie, qu'ils faisoient avec une attention et devotion vrayement angelique, selon la coustume de ce sainct ordre; si que ce pauvre jeune homme, tout ravy d'admiration, demeura pris en la consolation extreme qu'il eut de voir Dieu si bien adoré parmy les catholiques, et se resolut, comme il fit par après, de se ranger dans le giron de l'Eglise, vraye et unique espouse de celuy qui l'avoit visité de son inspiration, dans l'infame litiere de l'abomination en laquelle il estoit.

O que bienheureux sont ceux qui tiennent leurs cœurs ouverts aux sainctes inspirations! car jamais ils ne manquent de celles qui leur sont necessaires pour bien et devotement vivre en leurs conditions, et pour sainctement exercer les charges de leur profession. Car, comme Dieu donne, par l'entremise de la nature, à chaque animal, les instincts qui luy sont requis pour sa conservation et pour l'exercice de ses proprietez naturelles; aussi, si nous ne resistions pas à la grace de Dieu, il donne à chacun de nous les inspirations necessaires pour vivre, operer, et nous conserver en la vie spirituelle. « Hé! Seigneur, disoit le fidele « Eliezer, voicy que je suis près de cette fontaine « d'eau; et les filles de cette cité sortiront pour « puiser de l'eau. La jeune fille donc à laquelle je « diray, penchez vostre cruche, afin que je boive, et « elle respondra : Beuvez, ains je donneray encore « à boire à vos chameaux : c'est celle-là que vous « avez preparée pour vostre serviteur Isaac (1). » Theotime, Eliezer ne se laisse entendre de desirer de l'eau que pour sa personne : mais la belle Rebecca, obeissant à l'inspiration que Dieu et sa debonnaireté luy donnoient, s'offre d'abreuver encore les chameaux. Pour cela elle fut rendue espouse du sainct Isaac, belle-fille du grand Abraham, et grand'mere du Sauveur. Les ames certes qui ne se contentent pas de faire ce que par les commandemens et conseils le divin espoux requiert d'elles, mais sont promptes à suivre les sacrées inspirations, ce sont celles que le Pere eternel a preparées pour estre espouses de son Fils bien-aimé. Et quant au bon Eliezer, parce qu'il ne peut autrement discerner entre les filles de Haran, ville de Nachor, celle qui estoit destinée au fils de son maistre, Dieu luy fait cognoistre par inspiration. Quand nous ne sçavons que faire, et que l'assistance humaine nous manque en nos perplexitez, Dieu alors nous inspire. Et si nous sommes humblement obeissans, il ne permet point que nous errions. Or je ne dis rien de plus de ces inspirations necessaires, pour en avoir souvent parlé en cet œuvre, et encore en l'Introduction à la vie devote.

(1) Genes. XXIV, 12, 13, 14.

(1) IV. Reg. IV, 34.

CHAPITRE XI.

De l'union de nostre volonté à celle de Dieu, ès inspirations qui sont données pour la practique extraordinaire des vertus, et de la perseverance en la vocation, premiere marque de l'inspiration.

Il y a des inspirations qui tendent seulement à une extraordinaire perfection des exercices ordinaires de la vie chrestienne. La charité envers les pauvres malades est un exercice ordinaire des vrais chrestiens; mais exercice ordinaire qui fut practiqué en perfection extraordinaire par sainct François et Ste Catherine de Sienne, quand ils lechoient et suçoient les ulcéres des lepreux et chancreux; et par le glorieux S. Louys, quand il servoit à genoux et teste nue les malades, dont un abbé de Cisteaux demeura tout eperdu d'admiration, le voyant en cette posture manier et agencer un miserable ulceré de playes horribles et chancreuses. Comme encore c'estoit une practique bien extraordinaire de ce sainct monarque de servir à table les pauvres les plus vils et abjects, et manger les restes de leurs potages. S. Hierosme recevant en son hospital de Bethleem les pelerins d'Europe qui fuyoient la persecution des Goths, ne leur lavoit pas seulement les pieds, mais s'abbaissoit jusques-là que de laver encore et frotter les jambes de leurs chameaux, à l'exemple de Rebecca dont nous parlions naguerres, qui non-seulement puisa de l'eau pour Eliezer, mais aussi pour ses chameaux. S. François ne fut pas seulement extreme en la practique de la pauvreté, comme chacun sçait, mais il le fut encore en celle de la simplicité. Il racheta un agneau, de peur qu'on ne le tuast, parce qu'il representoit Nostre-Seigneur. Il portoit respect presque à toutes creatures en contemplation de leur Createur, par une non accoutumée mais prudente simplicité. Telles fois il s'est amusé à retirer les vermisseaux du chemin, afin que quelqu'un ne les foulast au passage, se ressouvenant que son Sauveur s'estoit parangonné au vermisseau. Il appelloit les creatures ses freres et sœurs, par certaine consideration admirable que le sainct amour luy suggeroit. S. Alexis, seigneur de tres-noble extraction, practiqua excellemment l'abjection de soy-mesme, demeura dix-sept ans incogneu chez son propre pere à Rome en qualité de pauvre pelerin. Toutes ces inspirations furent, pour les exercices ordinaires, practiquées neantmoins en perfection extraordinaire. Or en cette sorte d'inspiration, il faut observer les regles que nous avons données pour les desirs, en nostre Introduction. Il ne faut pas vouloir suivre plusieurs exercices à la fois et tout-à-coup : car souvent l'ennemy tasche de nous faire entreprendre et commencer plusieurs desseins, afin qu'accablez de trop de besoigne, nous n'achevions rien, et laissions tout imparfaict. Quelquesfois mesmement il nous suggère la volonté d'entreprendre de commencer quelque excellente besoigne, laquelle il prevoit que nous n'accomplirons pas, pour nous detourner d'en poursuivre une moins excellente que nous eussions aisement achevée : car il ne se soucie point qu'on fasse force desseins et commencemens, pourveu qu'on n'acheve rien. Il ne veut pas empescher, non plus que Pharaon, que les mystiques femmes d'Israël, c'est-à-dire les ames chrestiennes, enfantent des masles, pourveu qu'avant qu'ils croissent on les tue. Au contraire, dit le grand S. Hierosme, entre les chrestiens on n'a pas tant d'egard au commencement qu'à la fin. Il ne faut pas tant avaler de viande qu'on ne puisse faire la digestion de ce que l'on en prend. L'esprit seducteur nous arreste au commencement, et nous fait contenter du printemps fleury : mais l'esprit divin ne nous fait regarder le commencement que pour parvenir à la fin, et ne nous fait resjouir des fleurs du printemps que pour la pretention de jouir des fruicts de l'esté et de l'automne.

Le grand sainct Thomas est d'opinion qu'il n'est pas expedient de beaucoup consulter et longuement deliberer sur l'inclination que l'on a d'entrer dans une bonne et bien formée religion; et il a raison : car la religion estant conseillée par Nostre-Seigneur en l'Evangile, qu'est-il besoin de beaucoup de consultations? Il suffit d'en faire une bonne avec quelque peu de personnes qui soient bien prudentes et capables de telle affaire, et qui nous puissent aider à prendre une courte et solide resolution. Mais dès que nous avons deliberé et resolu, et en ce subject, et en tout autre qui regarde le service de Dieu, il faut estre fermes et invariables, sans se laisser nullement esbranler par aucune sorte d'apparence de plus grand bien : car bien souvent, dit le glorieux sainct Bernard, le malin nous donne le change; et pour nous destourner d'achever un bien, il nous en propose un autre qui semble meilleur, lequel après que nous avons commencé, pour nous divertir de le parfaire, il en presente un troisiesme; se contentant que nous fassions plusieurs commencemens, pourveu que nous ne fassions point de fin. Il ne faut pas mesme passer d'une religion en une autre sans des motifs grandement considerables, dit sainct Thomas après l'abbé Nestorius, rapporté par Cassian.

J'emprunte du grand sainct Anselme, escrivant à Lauzon, une belle similitude. Comme un arbrisseau souvent transplanté ne sçauroit prendre racine, ni par consequent venir à sa perfection, et rendre le fruict desiré; ainsi l'ame qui transplante son cœur de dessein en dessein ne sçauroit profiter ni prendre la juste croissance de sa perfection, puisque la perfection ne consiste pas en commencemens, mais en accomplissemens. Les animaux sacrés d'Ezechiel alloient, *où l'impetuosité de l'esprit les portoit, et ne se retournoient point en marchant, mais un chacun s'avançoit, cheminant devant sa face* (1). Il faut aller où l'inspiration nous pousse, et ne point se revirer ni retourner en arriere, ains marcher du costé où Dieu a contourné nostre face, sans changer de visée. Qui est en bon chemin, qu'il se sauve. Il arrive que l'on quitte quelquefois le bien pour chercher le mieux; et que laissant l'un on ne trouve pas l'autre : mieux vaut la possession d'un petit thresor trouvé, que la pretention d'un plus grand qu'il faut aller chercher.

L'inspiration est suspecte qui nous pousse à quitter un vray bien que nous avons present, pour en pourchasser un meilleur à venir. Un jeune homme portugais, nommé François Bassus, estoit admirable, non-seulement en l'eloquence divine, mais en la practique des vertus, sous la discipline du bienheureux Philippe Nerius, en la congregation de l'Oratoire de Rome. Or il creut d'estre inspiré de quitter cette saincte société pour se rendre en une religion formelle, et enfin se resolut à cela. Mais le bienheureux Philippe, assistant à sa reception en l'ordre de sainct Dominique, pleuroit amerement, dont estant interrogé par François-Marie Tauruse, qui depuis fut archevesque de Sienne, et cardinal, pourquoy il jettoit ces larmes : Je deplore, dit-il, la perte de tant de vertus. Et de fait, ce jeune homme si excellemment sage et devot en la congregation, sitost qu'il fut en la religion, devint tellement inconstant et volage, qu'agité de divers desirs de nouveautez et changemens, il donna par après de grands et fascheux scandales.

Si l'oyseleur va droit au nid de la perdrix, elle se presentera à luy, et contrefera l'errenée et boiteuse; et se lançant comme pour faire grand vol, se laissera tout-à-coup tomber, comme si elle n'en pouvoit plus, afin que le chasseur s'amusant après elle, et croyant qu'il la pourra aisement prendre, soit diverty de rencontrer ses petits hors du nid; puis comme il l'a quelque temps suivie, et qu'il cuide l'attraper, elle prend l'air et s'eschappe. Ainsi nostre ennemy voyant un homme qui, inspiré de Dieu, entreprend une profession et maniere de vivre propre à son advancement en l'amour celeste, il luy persuade de prendre une autre voye de plus grande perfection en apparence; et l'ayant desvoyé de son premier chemin, il luy rend petit à petit impossible la suite du second; et luy en propose un troisiesme, afin que l'occupant en la recherche continuelle de divers et nouveaux moyens pour se perfectionner, il l'empesche d'en employer aucun, et par consequent de parvenir à la fin pour laquelle il les cherche, qui est la perfection. Les jeunes chiens à tous rencontres quittent la meute, et tirent au change; mais les vieux, qui sont sages, ne prennent jamais le change, ains suivent toujours les erres sur lesquelles ils sont. Qu'un chacun donc ayant trouvé la tres-saincte volonté de Dieu en sa vocation, demeure sainctement et amoureusement en icelle, y practiquant les exercices convenables selon l'ordre de la discretion, et avec le zele de la perfection.

CHAPITRE XII.

De l'union de la volonté humaine à celle de Dieu ès inspirations qui sont contre les loix ordinaires; et de la paix et douceur de cœur, seconde marque de l'inspiration.

Il se faut donc comporter ainsi, Theotime, ès inspirations qui ne sont extraordinaires que d'autant qu'elles nous incitent à practiquer avec une extraordinaire ferveur et perfection les exercices ordinaires du chrestien. Mais il y a d'autres inspirations que l'on appelle extraordinaires, non-seulement parce qu'elles font avancer l'ame au-delà du train ordinaire, mais aussi parce qu'elles la portent à des actions contraires aux loix, regles et coutumes de la tres-saincte Eglise, et qui partant sont plus admirables qu'imitables. La saincte damoiselle que les historiens appellent Eusebe l'estrangere, quitta Rome sa patrie, et, s'habillant en garçon avec deux autres filles, s'embarqua pour aller outre mer, et passa en Alexandrie, et de là en l'isle de Cò, où se voyant en asseurance, elle reprint les habits de son sexe, et se remettant sur mer elle alla au pays de Carie en la ville de Mylassa, où le grand Paul, qui l'avoit trouvée en Cò, et l'avoit prise sous sa conduite spirituelle, la mena; et où par après estant devenu evesque, il la gouverna si sainctement qu'elle dressa un monastere, et s'employa au service de l'Eglise en l'office qu'en ce temps-là on appelloit de diacresse, avec tant de charité, qu'elle mourut enfin toute saincte, et fut recogneue pour telle par une grande multitude de miracles que Dieu fit par ses reliques et intercessions. De s'habiller des habits du sexe duquel on n'est pas et s'exposer ainsi déguisée au voyage avec des hommes, cela est non-seulement au-

(1) Ezech. I, 12.

delà mais contraire aux regles ordinaires de la modestie chrestienne. Un jeune homme donna un coup de pied à sa mere, et touché de vive repentance s'en vint confesser à sainct Antoine de Padoue, qui pour lui imprimer vivement en l'ame l'horreur de son peché, luy dit entre autres choses : Mon enfant, le pied qui a servy d'instrument à vostre malice, pour un si grand forfait, meriteroit d'estre coupé ; ce que le garçon prit si à cœur, qu'estant de retour chez sa mere, ravy du sentiment de sa contrition, il se coupa le pied. Les paroles du sainct n'eussent pas eu cette force selon leur portée ordinaire, si Dieu n'y eust adjousté son inspiration, mais inspiration si extraordinaire qu'on croiroit que ce fust plustost une tentation, si le miracle de la reunion de ce pied coupé, fait par la benediction du sainct, ne l'eust autorisée. Sainct Paul, premier hermite, sainct Antoine, saincte Marie Egyptiaque, ne se sont pas abismez en ces vastes solitudes, privez d'ouir la messe, de se communier et confesser, et privez, jeunes gens qu'ils estoient encore, de conduite et de toute assistance, sans une forte inspiration. Le grand Simeon Stylite fit une vie qu'homme du monde n'eust pu penser ni entreprendre sans l'instinct et l'assistance celeste. Sainct Jean evesque, surnommé le silentiaire, quittant son evesché à l'insceu de tout son clergé, alla passer le reste de ses jours au monastere de Laura, sans qu'on pust oncques avoir de ses nouvelles : cela n'estoit-ce pas contre les regles de la tres-saincte residence ? Et le grand sainct Paulin, qui se vendit pour racheter l'enfant d'une pauvre vefve, comme le pouvoit-il faire selon les loix ordinaires, puisqu'il n'estoit pas sien, ains à son eglise et au public par la consecration episcopale ? Ces filles et femmes qui, poursuivies pour leur beauté, defigurerent leurs visages par des blesseures volontaires, afin de garder leur chasteté sous la faveur d'une saincte laideur, ne faisoient-elles pas chose, ce semble, defendue ?

Or une des meilleures marques de la bonté de toutes les inspirations, et particulierement des extraordinaires, c'est la paix et la tranquillité du cœur qui les reçoit : car l'Esprit divin est voirement violent ; mais d'une violence douce, suave et paisible. Il vient comme *un vent impetueux* (1) et comme un foudre celeste, mais il ne renverse point les apostres, il ne les trouble point, la frayeur qu'ils reçoivent de son bruit est momentanée, et se trouve soudain suivie d'une douce asseurance. C'est pourquoi ce feu *s'assied sur un chacun d'iceux* (2), comme y prenant et donnant son sacré repos : et comme le Sauveur est appellé paisible ou pacifique Salomon, aussi son espouse est appellée Sulamite tranquille, et fille de paix : et la voix, c'est-à-dire l'inspiration de l'espoux ne l'agite ni la trouble nullement ; ains l'attire si suavement, qu'il la fait doucement fondre, et comme escouler son ame en luy : « Mon ame, dit-elle, s'est fondue quand mon « bien-aimé a parlé (1). » Et, bien qu'elle soit belliqueuse et guerriere, si est-ce que tout ensemble elle est tellement paisible, qu'emmy les armées et batailles, elle continue les accords d'une melodie nompareille. « Que verrez-vous, « dit-elle, en la Sulamite, sinon les chœurs des « armées (2) ? » Ses armées sont des chœurs, c'est-à-dire des accords des chantres, et ses chœurs sont des armées, parce que les armes de l'Eglise et de l'ame devote ne sont autre chose que les oraisons, les hymnes, les cantiques et les psaumes. Ainsi les serviteurs de Dieu qui ont eu les plus hautes et relevées inspirations, ont esté les plus doux et paisibles de l'univers, Abraham, Isaac et Jacob. Moyse est qualifié *le plus debonnaire d'entre tous* (3) les hommes ; David est recommandé par sa mansuetude.

Au contraire l'esprit malin est turbulent, aspre, remuant ; et ceux qui suivent ses suggestions infernales, cuydans que ce soient inspirations celestes, sont ordinairement cognoissables, parce qu'ils sont inquiets, testus, fiers, entrepreneurs et remueurs d'affaires ; qui sous le pretexte de zele, renversent tout sens dessus dessous, censurent tout le monde, tancent un chacun, blasment toutes les choses ; gens sans conduite, sans condescendance, qui ne supportent rien, exerçans les passions de l'amour-propre sous le nom de la jalousie de l'honneur divin.

CHAPITRE XIII.

Troisiesme marque de l'inspiration, qui est la saincte obeissance à l'Eglise et aux superieurs.

A la paix et douceur du cœur est inseparablement conjoincte la tres-saincte humilité. Mais je n'appelle pas humilité ce ceremonieux assemblage de paroles, de gestes, de baisement de terre, de reverences, d'inclinations, quand il se fait, comme il advient souvent, sans aucun sentiment interieur de sa propre abjection et de la juste estime du prochain. Car tout cela n'est qu'un vain amusement des foibles esprits, et doit plustost estre nommé phantosme d'humilité, qu'humilité. Je parle d'une humilité noble, reelle, moëlleuse, solide, qui nous rend souples à la correc-

---

(1) Act. II, 2. — (2) Ibid. 3.

(1) Cant. Cant. V, 6. — (2) Ibid. VII, 1.
(3) Num. XII, 3.

tion, maniables et prompts à l'obeissance. Tandis que l'incomparable Simeon Stylite estoit encore novice à Tolede, il se rendit impliable à l'advis de ses superieurs, qui le vouloient empescher de practiquer tant d'estranges rigueurs, par lesquelles il sevissoit desordonnement contre soymesme; si que enfin il fut pour cela chassé du monastere, comme peu susceptible de la mortification du cœur, et trop adonné à celle du corps. Mais estant par après rappelé et devenu plus devot et plus sage en la vie spirituelle, il se comporta bien d'une autre façon, ainsi qu'il tesmoigna en l'action suivante. Car lorsque les hermites espars parmy les deserts voisins d'Antioche sceurent la vie extraordinaire qu'il faisoit sur sa colomne, en laquelle il sembloit estre ou un ange terrestre, ou un homme celeste, ils luy envoyerent un deputé d'entre eux, auquel ils donnerent ordre de lui parler de leur part en cette sorte : Pourquoy est-ce, Simeon, que laissant le grand chemin de la vie devote frayé par tant de grands et saincts devanciers, vous en suivez un autre incogneu aux hommes, et tant esloigné de tout ce qui a esté veu et ouy jusqu'à present? Quittez, Simeon, cette colomne, et rangez-vous meshuy avec les autres à la façon de vivre et à la methode de servir Dieu, usitée par les bons peres predecesseurs. Que si Simeon acquiesçoit à leur advis, et pour condescendre à leur volonté, se monstroit prompt à vouloir descendre, ils donneroient charge au deputé de luy laisser la liberté de perseverer en ce genre de vie jà commencée; d'autant que par son obeissance, disoient ces bons peres, on pourra bien cognoistre qu'il a entrepris cette sorte de vie par l'inspiration divine : mais si au contraire il resistoit, et que mesprisant leur exhortation, il voulust suivre sa propre volonté, ils resolurent qu'il le falloit retirer par force, et luy faire abandonner sa colomne. Le deputé donc estant venu à la colomne, il n'eut pas sitost fait son ambassade, que le grand Simeon, sans delay, sans replique quelconque, se print à vouloir descendre avec une obeissance et humilité digne de sa rare saincteté. Ce que voyant le delegué : Arrestez, dit-il, ô Simeon, demeurez-là; perseverez constamment, et ayez bon courage, poursuivez vaillamment vostre entreprise; vostre sejour sur cette colomne est de Dieu.

Mais voyez, Theotime, je vous prie, comme ces anciens et saincts anachoretes, en leur assemblée generale, ne trouvent point de marque plus asseurée de l'inspiration celeste en un subject si extraordinaire, comme fut la vie de ce sainct Stylite, que de le voir simple, doux et maniable sous les loix de la tres-saincte obeissance : aussi Dieu, benissant la sousmission de ce grand homme, lui donna la grace de perseverer trente ans entiers sur une colomne haute de trente-six coudées, après avoir desjà esté sept ans sur les autres colomnes de six, de douze, et de vingt pieds de hauteur, et ayant auparavant esté dix ans sur une petite pointe de rocher au lieu appelé la Mandre. Ainsi cet oyseau de paradis, vivant en l'air sans toucher terre, fut un spectacle d'amour pour les anges, et d'admiration pour les humains. Tout est asseuré en l'obeissance, tout est suspect hors de l'obeissance.

Quand Dieu jette des inspirations dans un cœur, la premiere qu'il respand est celle de l'obeissance. Mais y eut-il jamais une plus illustre et sensible inspiration que celle qui fut donnée au glorieux S. Paul? Or le chef principal d'icelle fut qu'il allast en la cité, en laquelle il apprendroit par la bouche d'Ananie ce qu'il avoit à faire : et cet Ananie, homme grandement celebre, estoit, comme dit S. Dorothée, evesque de Damas. Quiconque dit qu'il est inspiré, et refuse d'obeir aux superieurs et suivre leurs advis, il est un imposteur. Tous les prophetes et predicateurs qui ont esté inspirés de Dieu ont tousjours aimé l'Eglise, tousjours adhéré à sa doctrine, tousjours aussi esté approuvez par icelle, et n'ont jamais rien annoncé si fortement que cette verité, que *les levres du prestre gardoient la science*, *et* qu'on devoit *requerir la loy de sa bouche* (1). De sorte que les missions extraordinaires sont des illusions diaboliques, et non des inspirations celestes, si elles ne sont recogneues et approuvées par les pasteurs qui sont de la mission ordinaire. Car ainsi s'accordent Moyse et les prophetes. S. François, S. Dominique, et les autres peres des ordres religieux, vindrent au service des ames par une inspiration extraordinaire, mais ils se sousmirent d'autant plus humblement et cordialement à la sacrée hierarchie de l'Eglise. En somme les trois meilleures et plus asseurées marques des legitimes inspirations, sont la perseverance contre l'inconstance et legereté, la paix et douceur de cœur contre les inquietudes et empressemens, l'humble obeissance contre l'opiniastreté et bigarrerie.

Et pour conclure tout ce que nous avons dit de l'union de nostre volonté à celle de Dieu, qu'on appelle signifiée, presque toutes les herbes qui ont les fleurs jaunes, et mesme la chicorée sauvage, qui les a bleues, les tournent tousjours du costé du soleil, et suivent ainsi son contour : mais l'heliotropium ne contourne pas seulement ses fleurs, ains encore toutes ses feuilles à la suite de ce grand luminaire. De mesme tous les esleus

(1) Malach. II, 7.

tournent la fleur de leur cœur, qui est l'obeissance aux commandemens, du costé de la volonté divine : mais les ames vivement esprises du sainct amour ne regardent pas seulement cette divine bonté par l'obeissance aux commandemens, ains aussi par l'union de toutes leurs affections, suivant le contour de ce divin soleil en tout ce qu'il leur commande, conseille et inspire, sans reserve ni exception quelconque, dont elles peuvent dire avec le sacré psalmiste : « Seigneur, vous avez « empoigné ma main droite, et m'avez conduit en « vostre volonté, et m'avez recueilli avec beau- « coup de gloire (1). J'ai esté fait comme un che- « val envers vous, et je suis tousjours avec « vous (2). » Car, comme un cheval bien dressé se manie aisement, doucement et justement, en toutes façons, par l'escuyer qui le monte ; aussi l'ame aimante est si souple à la volonté de Dieu, qu'il en fait tout ce qu'il veut.

CHAPITRE XIV.

Briefve methode pour cognoistre la volonté de Dieu.

S. Basile dit que la volonté de Dieu nous est tesmoignée par ses ordonnances ou commandemens, et que lors il n'y a rien à deliberer, car il faut faire simplement ce qui est ordonné ; mais que pour le reste il est en nostre liberté de choisir à nostre gré ce que bon nous semblera, bien qu'il ne faille pas faire tout ce qui est loisible, ains seulement ce qui est expedient ; et qu'enfin, pour bien discerner ce qui est convenable, il faut ouïr l'advis du pere spirituel.

Mais, Theotime, je vous advertis d'une tentation ennuyeuse qui arrive maintesfois aux ames qui ont un grand desir de suivre en toutes choses ce qui est le plus selon la volonté de Dieu. Car l'ennemi, en toutes occurrences, les met en doute si c'est la volonté de Dieu qu'elles fassent une chose plustost qu'une autre ; comme, par exemple, si c'est la volonté de Dieu qu'elles mangent avec l'amy, ou qu'elles ne mangent pas ; qu'elles prennent des habits gris ou noirs, qu'elles jeusnent le vendredy ou le samedy, qu'elles aillent à la recreation ou qu'elles s'en abstiennent, en quoy elles consument beaucoup de temps ; et tandis qu'elles s'occupent et embarrassent à vouloir discerner ce qui est meilleur, elles perdent inutilement le loisir de faire plusieurs biens, desquels l'execution seroit plus à la gloire de Dieu, que ne sçauroit estre le discernement du bien et du mieux auquel elles se sont amusées.

On n'a pas accoutumé de peser la menue mon-

(1) Psalm. LXII, 24. — (2) Ibid. 23.

noye, ains seulement les pieces d'importance. Le trafic seroit trop ennuyeux et mangeroit trop de temps, s'il falloit peser les sols, les liards, les deniers et les pites. Ainsi ne doit-on pas peser toutes sortes de menues actions pour sçavoir si elles valent mieux que les autres. Il y a mesme bien souvent de la superstition à vouloir faire cet examen : car à quel propos mettra-t-on en difficulté s'il est mieux d'ouïr la messe en une église qu'en une autre, de filer que de coudre, de donner l'aumosne à un homme qu'à une femme ? Ce n'est pas bien servir un maistre, d'employer autant de temps à considerer ce qu'il faut faire comme à faire ce qui est requis. Il faut mesurer nostre attention à l'importance de ce que nous entreprenons : ce seroit un soin deregló de prendre autant de peine à deliberer pour faire un voyage d'une journée, comme pour celuy de trois ou quatre cents lieues.

Le choix de la vocation, le dessein de quelque affaire de grande consequence, de quelque œuvre de longue haleine, ou de quelque depense bien grande, le changement de sejour, l'election des conversations, et telles semblables choses, meritent qu'on pense serieusement ce qui est plus selon la volonté divine. Mais ès menues actions journalieres, esquelles mesme la faute n'est ni de consequence ni irreparable, qu'est-il besoin de faire l'embesoigné, l'attentif et l'empesché à faire des importunes consultations ? A quel propos me mettray-je en depense pour appprendre si Dieu aime mieux que je dise le rosaire ou l'office de Nostre-Dame, puisqu'il ne sçauroit y avoir tant de difference entre l'un et l'autre, qu'il faille pour cela faire une grande enqueste ? que j'aille plustost à l'hospital visiter les malades, qu'à vespres ; que j'aille plustost au sermon qu'en une eglise où il y a indulgence ? Il n'y a rien pour l'ordinaire de si apparemment remarquable en l'un plus qu'en l'autre, qu'il faille pour cela entrer en grande deliberation. Il faut aller tout à la bonne foy et sans subtilité en telles occurrences ; et, comme dit S. Basile, faire librement ce que bon nous semblera, pour ne point lasser nostre esprit, perdre le temps, et nous mettre en danger d'inquietude, scrupule et superstition. Or j'entends tousjours, quand il n'y a pas grande disproportion entre une œuvre et l'autre, et qu'il ne se rencontre point de circonstance considerable d'une part plus que de l'autre.

Es choses mesme de consequence il faut estre bien humble, et ne point penser de trouver la volonté de Dieu à force d'examen et de subtilité de discours. Mais après avoir demandé la lumiere du Sainct-Esprit, appliqué nostre consideration à la recherche de son bon plaisir, pris le conseil de nostre directeur, et, s'il y eschoit, de deux ou trois autres personnes spirituelles, il se faut resoudre et determiner au nom de Dieu, et ne faut plus par après revoquer en doute nostre choix, mais le cultiver et soutenir devotement, paisiblement et constamment. Et, bien que les difficultez, tentations et diversitez d'evenemens, qui se rencontrent au progrez de l'execution de nostre dessein, nous pourroient donner quelque defiance d'avoir bien choisi, il faut neantmoins demeurer fermes, et ne point regarder tout cela, ains considerer que si nous eussions fait un autre choix, nous eussions peut-estre trouvé cent fois pis; outre que nous ne sçavons pas si Dieu veut que nous soyons exercez en la consolation ou en la tribulation, en la paix ou en la guerre. La resolution estant sainctement prise, il ne faut jamais douter de la saincteté de l'execution : car, s'il ne tient à nous, elle ne peut manquer : faire autrement c'est une marque d'un grand amour-propre, ou d'enfance, foiblesse, ou niaiserie d'esprit.

LIVRE NEUVIESME.

DE L'AMOUR DE SOUMISSION, PAR LEQUEL NOSTRE VOLONTÉ S'UNIT AU BON PLAISIR DE DIEU.

CHAPITRE PREMIER.

De l'union de nostre volonté avec la volonté divine, qu'on appelle volonté de bon plaisir.

Rien ne se fait, hormis le peché, que par la volonté de Dieu, qu'on appelle volonté absolüe et de bon plaisir, que personne ne peut empescher, et laquelle ne nous est point cogneue que par les effects, qui estant arrivez, nous manifestent que Dieu les a voulus et desseignez.

1. Considerons en bloc, Theotime, tout ce qui a esté, qui est, et qui sera; et tout ravis d'estonnement, nous serons contraints d'exclamer, à l'imitation du psalmiste : « O Seigneur, je vous « loueray, parce que vous estes excessivement « magnifié : vos œuvres sont merveilleuses, et mon « ame le recognoist trop plus (1). Vostre science « est admirable au-dessus de moy, elle prevaut, « et je ne puis y atteindre (2). » Et de-là nous passerons à la tres-saincte complaisance, nous resjouyssans de quoy Dieu est si infiny en sagesse, puissance et bonté, qui sont les trois proprietez divines, desquelles l'univers n'est qu'un petit essay et comme une monstre.

2. Voyons les hommes et les anges, et toute cette varieté de natures, de qualitez, conditions, facultez, affections, passions, graces et privileges que la supresme providence a establies en la multitude innombrable de ces intelligences celestes, et des personnes humaines, esquelles est si admirablement exercée la justice et misericorde divine; et nous ne pourrons nous contenir de chanter avec une joie pleine de respect et de crainte amoureuse :

J'ay pour object de mon cantique
La justice et le jugement.
Je vous consacre ma musique,
O Dieu tout juste et tout clement (1)!

Theotime, nous devons avoir une extreme complaisance de voir comme Dieu exerce sa misericorde par tant de diverses faveurs qu'il distribue aux anges et aux hommes, au ciel et en la terre; et comme il practique la justice par une infinie varieté de peines et chastimens : car sa justice et sa misericorde sont esgalement aimables et admirables en elles-mesmes, puisque l'une et l'autre ne sont autre chose qu'une mesme tres-unique bonté et divinité. Mais d'autant que les effects de sa justice nous sont aspres et pleins d'amertume, il les adoucit tousjours par le meslange de ceux de sa misericorde, et fait qu'emmy les eaux du deluge de sa juste indignation, l'olive verdoyante soit conservée; et que l'ame devote, comme une chaste colombe, l'y puisse enfin trouver, si toutesfois elle veut bien amoureusement mediter à la façon des colombes. Ainsi la mort, les afflictions, les sueurs, les travaux, dont nostre vie abonde; qui, par la juste ordonnance de Dieu, sont les peines du peché, sont aussi, par sa douce misericorde, des eschelons pour monter au ciel, des moyens pour profiter en la grace, et

---

(1) Psalm. CXXXVIII, 14. — (2) Ibid. 6.

(1) Psalm. C, 1.

des merites pour obtenir la gloire. Bienheureuses sont la pauvreté, la faim, la soif, la tristesse, la maladie, la mort, la persecution; car ce sont voirement des equitables punitions de nos fautes; mais punitions tellement temperées, et comme parlent les medecins, tellement aromatisées de suavité, debonnaireté et clemence divine, que leur amertume est tres-aimable. Chose estrange, mais veritable, Theotime, si les damnez n'estoient aveuglez de leur obstination et de la haine qu'ils ont contre Dieu, ils trouveroient de la consolation en leurs peines, et verroient la misericorde divine admirablement meslée avec les flammes qui les bruslent eternellement. Si que les saincts considerans, d'une part, les tourmens des damnez, si horribles et effroyables, ils en louent la justice divine, et s'escrient :

Vous estes juste, ô Dieu! vous estes equitable,
La justice à jamais regne en vos jugemens (1).

Mais voyant d'autre part que ces peines, quoique eternelles et incomprehensibles, sont toutesfois moindres de beaucoup que les coulpes et crimes pour lesquels elles sont infligées, ravis de l'infinie misericorde de Dieu : O Seigneur, diront-ils, que vous estes bon! puisque au plus fort de vostre ire, vous ne pouvez contenir le torrent de vos misericordes, qu'elles n'escoulent leurs eaux dans les impetueuses flammes de l'enfer.

Vous n'avez oublié la bonté de vostre ame,
Non pas mesme jettant les damnez dans la flamme
De l'enfer eternel, emmy vostre fureur.
Vous n'avez sceu garder vostre saincte douceur
De respandre les traicts de la compassion
Emmy les justes coups de la punition.

5. Venons par après à nous-mesmes en particulier, et voyons une quantité de biens interieurs et exterieurs, comme aussi un nombre tres-grand de peines interieures et exterieures, que la providence divine nous a preparées selon sa tres-saincte justice et misericorde, et comme ouvrans les bras de nostre consentement, embrassons tout cela tres-amoureusement, acquiesçans à sa tres-saincte volonté, et chantans à Dieu, par maniere d'un hymne d'eternel acquiescement : « Vostre volonté « soit faicte en la terre comme au ciel (2). » Ouy, Seigneur, vostre volonté soit faicte en la terre, où nous n'avons point de plaisir sans meslange de quelque douleur, point de roses sans espines, point de jour sans la suite d'une nuict, point de printemps sans qu'il soit precedé de l'hyver : en la terre, Seigneur, où les consolations sont rares, et les travaux innombrables. O Dieu! neantmoins que vostre volonté soit faicte, non-seulement en l'execution de vos commandemens, conseils et inspirations qui doivent estre practiquez par nous, mais aussi en la souffrance des afflictions et peines qui doivent estre receues en nous, afin que vostre volonté fasse par nous, en nous et de nous tout ce qu'il luy plaira.

CHAPITRE II.

Que l'union de nostre volonté au bon plaisir de Dieu se fait principalement ès tribulations.

Les peines considerées en elles-mesmes ne peuvent estre aimées : mais regardées en leur origine, c'est-à-dire en la providence et volonté divine qui les ordonne, elles sont infiniment aimables. Voyez la verge de Moyse en terre, c'est un serpent effroyable : voyez-la en la main de Moyse, c'est une baguette de merveilles. Voyez les tribulations en elles-mesmes, elles sont affreuses : voyez-les en la volonté de Dieu, elles sont des amours et des delices. Combien de fois nous est-il arrivé d'avoir à contre-cœur les remedes et medicamens, tandis que le medecin ou l'apothicaire les presentoit; et que nous estans offerts par une main bien-aimée, l'amour surmontant l'horreur, nous les recevions avec joie? Certes, ou l'amour oste l'aspreté du travail, ou il rend le sentiment aimable. On dit qu'en Béotie il y a un fleuve dans lequel les poissons paroissent tout d'or ; mais ostez-les de ces eaux qui sont le lieu de leur origine, ils ont la couleur naturelle des autres poissons. Les afflictions sont comme cela : si nous les regardons hors la volonté de Dieu, elles ont leur amertume naturelle; mais qui les considere en ce bon plaisir eternel, elles sont toutes d'or, aimables et precieuses plus qu'il ne se peut dire.

Si le grand Abraham eust veu la necessité de tuer son fils hors la volonté de Dieu, pensez, Theotime, combien de peines et de convulsions de cœur il eust souffert : mais la voyant dans le bon plaisir de Dieu, elle luy est toute d'or, et il l'embrasse tendrement. Si les martyrs eussent veu leurs tourmens hors ce bon plaisir, comment eussent-ils pu chanter entre les fers et les flammes? Le cœur vrayment amoureux aime le bon plaisir divin, non-seulement es consolations; mais aussi ès afflictions; ains il l'aime plus en la croix, ès peines et travaux, parce que c'est la principale vertu de l'amour de faire souffrir l'amant pour la chose aimée.

Les stoïciens, particulierement le bon Epictete, colloquoient toute leur philosophie à s'abstenir

(1) Psalm. CXVIII, 137. —(2) Matth. VI, 10.

et soustenir, à se deporter et supporter, à s'abstenir et se deporter des plaisirs, voluptez et honneurs terrestres, à soustenir et supporter les injures, travaux, et incommoditez. Mais la doctrine chrestienne, qui est la vraie philosophie, a trois principes sur lesquels elle establit tout son exercice : l'abnegation de soy-mesme, qui est bien plus que de s'abstenir des plaisirs ; porter sa croix, qui est bien plus que de la supporter ; suivre Nostre-Seigneur, non-seulement en ce qui est de renoncer à soy-mesme et porter sa croix, mais aussi en ce qui est de la practique de toutes sortes de bonnes œuvres. Mais toutefois on ne tesmoigne point tant l'amour en l'abnegation ni en l'action, comme on fait en la passion. Certes, le Sainct-Esprit marque en l'Escriture saincte le plus haut poinct de l'amour de Nostre-Seigneur envers nous en la mort et passion qu'il a souffertes pour nous.

1. Aimer la volonté de Dieu ès consolations, c'est un bon amour, quand en verité on aime la volonté de Dieu, et non pas la consolation en laquelle elle est ; neantmoins c'est un amour sans contradiction, sans repugnance et sans effort : car qui n'aimeroit une si digne volonté en un subject si agreable ?

2. Aimer la volonté divine en ses commandemens, conseils, et inspirations, c'est un second degré d'amour plus parfaict : car il nous porte à renoncer et quitter nostre propre volonté, et nous fait abstenir et deporter de plusieurs voluptez, mais non pas de toutes.

3. Aimer les souffrances et afflictions pour l'amour de Dieu, c'est le haut poinct de la tres-saincte charité : car en cela il n'y a rien d'aimable que la seule volonté divine ; il y a une grande contradiction de la part de nostre nature : et non-seulement on quitte toutes les voluptez, mais on embrasse les tourmens et travaux.

Le malin ennemy sçavoit bien que c'estoit le dernier affinement de l'amour, quand après avoir ouy de la bouche de Dieu que Job estoit juste, droicturier, craignant Dieu, fuyant le peché et ferme en l'innocence, il estima tout cela peu de chose en comparaison de la souffrance des afflictions par lesquelles il fit le dernier et le plus grand essay de l'amour de ce grand serviteur de Dieu ; et pour les rendre extresmes, il les composa de la perte de tous ses biens et de tous ses enfans, de l'abandonnement de tous ses amis, d'une arrogante contradiction de ses plus grands confederez et de sa femme, mais contradiction pleine de mespris, moqueries et reproches, à quoy il adjousta l'assemblage de presque toutes les maladies humaines, notamment une playe universelle, cruelle, infecte, horrible.

Or voilà toutesfois le grand Job, comme le roy des miserables de la terre, assis sur un fumier, comme sur le throsne de la misere, paré de playes, d'ulceres, de pourriture, comme de vestemens royaux assortissans à la qualité de sa royauté, avec une si grande abjection et aneantissement, que, s'il n'eust parlé, on ne pouvoit discerner si Job estoit un homme reduit en fumier, ou le fumier estoit une pourriture en forme d'homme. Or le voilà, dis-je, le grand Job qui s'escrie : « Si nous avons receu des biens de la « main de Dieu, pourquoy n'en recevrons-nous « pas aussi bien les maux (1) ? » O Dieu, que cette parole est de grand amour ! Il pense, Theotime, que c'est de la main de Dieu qu'il a receu les biens, tesmoignant qu'il n'avoit pas tant estimé les biens parce qu'ils estoient biens, comme parce qu'ils provenoient de la main du Seigneur. Ce qu'estant ainsi, il conclut que doncques il faut supporter amoureusement les adversitez, puisqu'elles procedent de la mesme main du Seigneur, esgalement aimable, lorsqu'elle distribue les afflictions, comme quand elle donne les consolations. Les biens sont volontiers receus de tous ; mais de recevoir les maux, il n'appartient qu'à l'amour parfaict, qui les aime d'autant plus, qu'ils ne sont aimables que pour le respect de la main qui les donne.

Le voyageur qui a peur de faillir le droit chemin, marchant en doute, va regardant çà et là le pays où il est, et s'amuse presque à chaque bout de champ à considerer s'il ne se fourvoye point ; mais celuy qui est asseuré de sa route, va gayement, hardiment et vistement. Ainsi certes, l'amour voulant aller à la volonté de Dieu par les consolations, il va tousjours en crainte, de peur de prendre le change, et qu'en lieu d'aimer le bon plaisir de Dieu, il n'aime le plaisir propre qui est en la consolation. Mais l'amour qui tire chemin devers la volonté de Dieu en l'affliction, il marche en asseurance : car l'affliction n'estant nullement aimable en elle-mesme, il est bien aisé de ne l'aimer que pour le respect de la main qui la donne. Les chiens sont à tous coups en défaut au printemps, et n'ont quasi nul sentiment, parce que les herbes et fleurs poussent alors si fortement leur senteur, qu'elle outrepasse celle du cerf ou du lievre. Parmy le printemps des consolations, l'amour n'a presque nulle recognoissance du bon plaisir de Dieu, parce que le plaisir sensible de la consolation jette tant d'attraicts dedans le cœur, qu'il en est diverty de l'attention qu'il devroit avoir à la volonté de Dieu. Nostre-Seigneur ayant donné le choix à saincte

(1) Job. II, 10.

Catherine de Sienne d'une couronne d'or ou d'une couronne d'espines, elle choisit celle-cy, comme plus conforme à l'amour. C'est une marque asseurée de l'amour, dit la bienheureuse Angele de Foligny, que de vouloir souffrir; et le grand apostre s'escrie qu'*il ne se glorifie qu'en la croix, en l'infirmité* (1), en la persecution.

CHAPITRE III.

De l'union de nostre volonté au bon plaisir divin, ès afflictions spirituelles, par la resignation.

L'amour de la croix nous fait entreprendre des afflictions volontaires, comme, par exemple, des jeusnes, veilles, cilices et autres macerations de la chair, et nous fait renoncer aux plaisirs, honneurs et richesses; et l'amour en ces exercices est tout agreable au bien-aimé. Toutesfois il l'est encore davantage quand nous recevons avec patience, doucement et agreablement les peines, tourmens et tribulations, en consideration de la volonté divine qui nous les envoye. Mais l'amour est alors en son excellence, quand nous ne recevons pas seulement avec douceur et patience les afflictions, ains nous les cherissons, nous les aimons et les caressons à cause du bon plaisir divin duquel elles procedent.

Or entre tous les essays de l'amour parfaict, celui qui se fait par l'acquiescement de l'esprit aux tribulations spirituelles est sans doute le plus fin et le plus relevé. La bienheureuse Angele de Foligny fait une admirable description des peines interieures esquelles quelquefois elle s'estoit trouvée, disant que son ame estoit en tourment comme un homme qui, pieds et mains liez, seroit pendu par le col, et ne seroit pourtant pas estranglé; mais demeureroit en cet estat entre mort et vif, sans esperance de secours, ne pouvant ni se soustenir de ses pieds, ni s'ayder de ses mains, ni crier de la bouche, ni mesme souspirer ou plaindre. Il est ainsi, Theotime. L'ame est quelquefois tellement pressée d'afflictions interieures, que toutes ses facultez et puissances en sont accablées par la privation de tout ce qui la peut alleger, et par l'apprehension et impression de tout ce qui la peut attrister. Si qu'à l'imitation de son Sauveur, elle *commence à s'ennuyer, à craindre* (2), à s'espouvanter, puis *à s'attrister* (3) d'une tristesse pareille à celle des mourans, dont elle peut dire : *Mon ame est triste jusques à la mort* (4); et du consentement de tout son interieur elle desire, demande et

(1) Ep. ad Gal. VI, 14. II. ad Cor. XII, 5.
(2) Marc. XIV, 33. — (3) Matth. XXVI, 37.
(4) Matth. XXVI, 38.

supplie que, *s'il est possible, ce calice soit esloigné* (1) d'elle; ne luy restant plus que la fine supresme poincte de l'esprit, laquelle attachée au cœur et bon plaisir de Dieu, dit par un tres-simple acquiescement : O Pere eternel, *mais toutesfois ma volonté ne soit faicte, ains la vostre* (2). Et c'est l'importance que l'ame fait cette resignation parmy tant de trouble, entre tant de contradictions et repugnances, qu'elle ne s'apperçoit presque pas de la faire; au moins luy est-il advis que c'est si languidement, que ce ne soit pas de bon cœur ni comme il est convenable, puisque ce qui se passe alors pour le bon plaisir divin, se fait non-seulement sans plaisir et contentement, mais contre tout le plaisir et contentement de tout le reste du cœur, auquel l'amour permet bien de se plaindre, au moins de ce qu'il ne se peut pas plaindre, et de dire toutes les lamentations de Job et de Hieremie, mais à la charge que tousjours le sacré acquiescement se fasse dans le fond de l'ame, en la supresme et plus delicate poincte de l'esprit : et cet acquiescement n'est pas tendre, ni doux, ni presque pas sensible, bien qu'il soit veritable, fort, indomptable et tres-amoureux, et semble qu'il soit retiré au fin bout de l'esprit comme dans le dongeon de la forteresse où il demeure courageux, quoique tout le reste soit pris et pressé de tristesse. Et plus l'amour en cet estat est denué de tout secours, abandonné de toute l'assistance des vertus et facultez de l'ame, plus il en est estimable de garder si constamment sa fidelité.

Cette union et conformité au bon plaisir divin se fait, ou par la saincte resignation, ou par la tres-saincte indifference. Or la resignation se practique par maniere d'effort et de soumission : on voudroit bien vivre en lieu de mourir; neantmoins, puisque c'est le bon plaisir de Dieu qu'on meure, on acquiesce. On voudroit vivre, s'il plaisoit à Dieu, et de plus on voudroit qu'il pleust à Dieu de faire vivre. On meurt de bon cœur, mais on vivroit encore plus volontiers; on passe d'assez bonne volonté, mais on demeureroit encore plus affectionnement. Job en ses travaux fait l'acte de resignation : « Si nous avons receu « les biens, dit-il, de la main de Dieu, pourquoy « n'en soustiendrions-nous les peines et travaux « qu'il nous envoye (3) ? » Voyez, Theotime, qu'il parle de soustenir, supporter, endurer. « Comme il a pleu au Seigneur, ainsi a-t-il esté « fait : le nom du Seigneur soit beni (4). » Ce sont les paroles de resignation et acception, par maniere de souffrance et de patience.

(1) Matth. XXVI, 39. — (2) Luc, XXII, 42.
(3) Job, II, 10. — (4) Ibid. 21.

CHAPITRE IV.

De l'union de nostre volonté au bon plaisir de Dieu par l'indifférence.

La resignation prefere la volonté de Dieu à toutes choses; mais elle ne laisse pas d'aimer beaucoup d'autres choses outre la volonté de Dieu. Or l'indifférence est au-dessus de la resignation : car elle n'aime rien, sinon pour l'amour de la volonté de Dieu. Certes, le cœur le plus indifferent du monde peut estre touché de quelque affection, tandis qu'il ne sçavoit encore pas où est la volonté de Dieu. Eliezer estant arrivé à la fontaine de Haram, vit bien la vierge Rebecca (1), et la trouva sans doute *trop plus belle et agreable* (2); mais pourtant il demeura en indifference, jusqu'à ce que, par le signe que Dieu luy avoit inspiré, il cogneust que la volonté divine l'avoit *preparée au fils de* son *maistre* (3): car alors il lui donna *les pendans d'oreilles et les bracelets d'or* (4). Au contraire, si Jacob n'eust aimé en Rachel que l'alliance de Laban, à laquelle son pere Isaac l'avoit obligé, il eust autant aimé Lia que Rachel, puisque l'une et l'autre estoient esgalement filles de Laban, et par consequent la volonté de son pere eust esté aussi bien accomplie en l'une comme en l'autre. Mais parce que, outre la volonté de son pere, il vouloit satisfaire à son goust particulier, amorcé de la beauté et gentillesse de Rachel, il se fascha d'espouser Lia, et la print à contre-cœur par resignation.

Le cœur indifferent n'est pas comme cela : car sçachant que la tribulation, quoiqu'elle soit laide comme une autre Lia, ne laisse pas d'estre fille, et fille bien-aimée du bon plaisir divin, il l'aime autant que la consolation, laquelle neantmoins en elle-mesme est plus agreable; ains il aime encore plus la tribulation, parce qu'il ne voit rien d'aimable en elle que la marque de la volonté de Dieu. Si je ne veux que de l'eau pure, que m'importe-t-il qu'elle me soit apportée dans un vase d'or ou dans un verre, puisqu'aussi bien ne prendray-je que de l'eau? Ains, je l'aimeray mieux dans un verre, parce qu'il n'a point d'autre couleur que celle de l'eau mesme, laquelle j'y vois aussi beaucoup mieux. Qu'importe-t-il que la volonté de Dieu me soit presentée en la tribulation ou en la consolation, puisqu'en l'une et en l'autre je ne veux ni ne cherche autre chose que la volonté divine, laquelle y paroist d'autant mieux qu'il n'y a point d'autre beauté en icelle que celle de ce tres-sainct bon plaisir eternel?

Heroïque, ains plus qu'heroïque l'indifference de l'incomparable sainct Paul : « Je suis pressé, « dit-il aux Philippiens, de deux costez, ayant « desir d'estre delivré de ce corps, et d'estre « avec Jesus-Christ, chose trop meilleure; « mais aussi de demeurer en cette vie pour « vous (1). » En quoy il fut imité par le grand evesque sainct Martin, qui, parvenu à la fin de la vie, pressé d'un extreme desir d'aller voir son Dieu, ne laissa pas pourtant de tesmoigner qu'il demeureroit aussi volontiers entre les travaux de sa charge, pour le bien de son cher troupeau, comme si après avoir chanté ce cantique :

Que vos pavillons souhaitables,
O Dieu des armées redoutables,
Helas! à bon droict sont aimez!
Mon ame fond d'ardeur extresme,
Et mes sens se pasment de mesme
Après vos parvis reclamez;
Mon cœur bondit, ma chair ravie
Saute après vous, Dieu de la vie (2),

il vint par après faire cette exclamation : O Seigneur, neantmoins si je suis encore requis au service du salut de vostre peuple, je ne refuse point le travail : vostre volonté soit faicte. Admirable indifference de l'apostre! admirable celle de cet homme apostolique. Ils voyent le paradis ouvert pour eux, ils voyent mille travaux ouverts en terre; l'un et l'autre leur est indifferent au choix, et il n'y a que la volonté de Dieu qui puisse donner le contre-poids à leurs cœurs. Le paradis n'est point plus aimable que les miseres de ce monde, si le bon plaisir divin est esgalement là et icy. Les travaux leur sont un paradis si la volonté divine se trouve en iceux; et le paradis un travail, si la volonté de Dieu n'y est pas. Car, comme dit David, ils ne demandent ny au ciel ny en la terre que de voir le bon plaisir de Dieu accomply. « O Seigneur, qu'y a-t-il au ciel pour « moy, ou que veux-je en terre, sinon vous (3)? »

Le cœur indifferent est comme une boule de cire entre les mains de son Dieu, pour recevoir semblablement toutes les impressions du bon plaisir eternel : un cœur sans choix, esgalement disposé à tout, sans aucun autre object de sa volonté que la volonté de son Dieu, qui ne met point son amour ès choses que Dieu veut, ains en la volonté de Dieu qui les veut. C'est pourquoy quand la volonté de Dieu est en plusieurs choses, il choisit, à quelque prix que ce soit, celle où il y

---

(1) Genes. XXVI. — (2) Ibid. v, 16.
(3) Genes. XXVI, 14. — (4) Genes. XXIX.

(1) Ep. ad Philipp. I, 23, 24. — (2) Psalm. LXXX.
(3) Psalm. LXXII, 25.

en a le plus. Le bon plaisir de Dieu est au mariage et en la virginité : mais parce qu'il est plus en la virginité, le cœur indifferent choisit la virginité, quand elle luy devroit couster la vie, comme elle fit à la chere fille spirituelle de sainct Paul, saincte Thecle, à saincte Cecile, à saincte Agathe, et mille autres. La volonté de Dieu est au service du pauvre et du riche, mais un peu plus en celuy du pauvre ; le cœur indifferent choisira ce parti. La volonté de Dieu est en la modestie exercée entre les consolations, et en la patience practiquée entre les tribulations ; l'indifference prefere celle-cy, car il y a plus de la volonté de Dieu. En somme, le bon plaisir de Dieu est le souverain object de l'ame indifferente ; partout où elle le voit, elle *court à l'odeur de ses parfums* (1), et cherche tousjours l'endroit où il y en a plus, sans consideration d'aucune autre chose. Il est conduict par la divine volonté comme par un lien tres-aimable, et partout où elle va, il la suit : il aimeroit mieux l'enfer avec la volonté de Dieu, que le paradis sans la volonté de Dieu. Ouy mesme il prefereroit l'enfer au paradis, s'il sçavoit qu'en celuy-là il y eust un peu plus du bon plaisir divin qu'en celuy-cy : en sorte que si, par imagination de chose impossible, il sçavoit que sa damnation fust un peu plus agreable à Dieu que sa salvation, il quitteroit sa salvation et courroit à la damnation.

CHAPITRE V.

Que la saincte indifference s'estend à toutes choses.

L'indifference se doit practiquer ès choses qui regardent la vie naturelle, comme la santé, la maladie, la beauté, la laideur, la foiblesse, la force; ès choses de la vie civile, pour les honneurs, rangs, richesses ; ès varietez de la vie spirituelle, comme secheresses, consolations, gousts, ariditez ; ès actions, ès souffrances, et en somme toutes sortes d'evenemens. Job, quant à la vie naturelle, fut ulceré d'une playe la plus horrible qu'on eust veue. Quant à la vie civile, il fut moqué, bafoué, vilipendé et par ses plus proches : en la vie spirituelle, il fut accablé de langueurs, pressures, convulsions, angoisses, tenebres, et de toutes sortes d'intolerables douleurs interieures, ainsi que ses plaintes et lamentations font foy. Le grand apostre nous annonce une generale indifference, pour « nous monstrer vrays serviteurs de Dieu,
« en fort grande patience ès tribulations, ès
« necessitez, ès angoisses, ès blessures, ès prisons,
« ès seditions, ès travaux, ès veilles, ès jeusnes ;
« en chasteté, en science, en longanimité et sua-

(1) Cant. Cant. III, 1.

« vité au Sainct-Esprit, en charité non feinte, en
« parole de verité, en la vertu de Dieu, par les
« armes de justice à droicte et à gauche, par la
« gloire et par l'abjection, par l'infamie et bonne
« renommée ; comme seducteurs, et neantmoins
« veritables ; comme incogneus, et toutesfois re-
« cogneus ; comme mourans, et toutesfois vivans ;
« comme chastiez, et toutesfois non tuez ; comme
« tristes, et toutesfois tousjours joyeux ; comme
« pauvres, et toutesfois enrichissans plusieurs ;
« comme n'ayans rien, et toutesfois possedans
« toutes choses (1). »

Voyez, je vous prie, Theotime, comme la vie des apostres estoit affligée ; selon le corps, par les blesseures ; selon le cœur, par les angoisses ; selon le monde, par l'infamie et les prisons : et parmy tout cela, ô Dieu ! quelle indifference ! leur tristesse est joyeuse, leur pauvreté est riche, leurs morts sont vitales, et leurs deshonneurs honorables : c'est-à-dire, ils sont joyeux d'estre tristes, contens d'estre pauvres, revigorez de vivre entre les perils de la mort, et glorieux d'estre avilis ; parce que telle estoit la volonté de Dieu.

Et parce qu'elle estoit plus recogneue ès souffrances qu'ès actions des autres vertus, il met l'exercice de la patience le premier, disant : « Paroissons en toutes choses comme serviteurs
« de Dieu, en beaucoup de patience ès tribula-
« tions, ès necessitez, ès angoisses, et puis enfin
« en chasteté, en prudence, en longanimité (2). »

Ainsi nostre divin Sauveur fut affligé incomparablement en sa vie civile, condamné comme criminel de leze majesté divine et humaine, battu, fouetté, baffoué, et tourmenté avec une ignominie extraordinaire ; en sa vie naturelle, mourant entre les plus cruels et sensibles tourmens qu'on puisse imaginer ; en sa vie spirituelle, souffrant des tristesses, craintes, espouvantemens, angoisses, delaissemens et oppressions interieures, qui n'en eurent ny n'en auront jamais de pareilles. Car encore que la supresme portion de son ame fust souverainement jouissante de la gloire eternelle, si est-ce que l'amour empeschoit cette gloire de respandre ses delices ny ès sentimens, ny en l'imagination, ny en la raison inferieure, laissant ainsi tout le cœur exposé à la mercy de la tristesse et angoisse.

Ezechiel vit *le simulachre d'une main* qui le *saisit par un seul flocquet des cheveux de sa teste, l'eslevant entre le ciel et la terre* (3). Nostre Seigneur aussi eslevé en la croix entre la terre et le ciel, n'estoit, ce semble, tenu de la main

(1) II. Ep. ad Cor. VI, 4, et seq.
(2) II. ad Cor. VI, 4, 6. — (3) Ezech. VIII, 3.

de son Pere que par l'extresme poincte de l'esprit, et, par maniere de dire, par un seul cheveu de sa teste, qui touché de la douce main du Pere eternel recévoit une souveraine affluence de felicité, tout le reste demeurant abysmé dans la tristesse et ennuy. C'est pourquoy il s'escrie : « Mon « Dieu, mon Dieu, pourquoy m'as-tu delaissé(1)? ».

On dit que le poisson qu'on appelle lanterne de mer, au plus fort des tempestes, tient sa langue hors des ondes, laquelle est si fort luisante, rayonnante et claire, qu'elle sert de phare et flambeau aux nochers. Ainsi emmy la mer des passions dont Nostre-Seigneur fut accablé, toutes les facultez de son ame demeurerent comme englouties et ensevelies dans la tourmente de tant de peines, hormis la poincte de l'esprit qui, exempte de tout travail, estoit toute claire et resplendissante de gloire et felicité. O que bienheureux est l'amour qui regne dans la cime de l'esprit des fidelles, tandis qu'ils sont entre les vagues et les flots des tribulations interieures!

CHAPITRE VI.
De la practique de l'indifference amoureuse ès choses du service de Dieu.

On ne cognoist presque point le bon plaisir divin que par les evenemens ; et, tandis qu'il nous est incogneu, il nous faut attacher le plus fort qu'il nous est possible à la volonté de Dieu, qui nous est manifestée ou signifiée. Mais soudain que le bon plaisir de sa divine majesté comparoist, il faut aussitost se ranger amoureusement à son obeissance.

Ma mere, ou moy-mesme (car c'est tout un), sommes au lict malades : que sçay-je si Dieu veut que la mort s'ensuive? certes je n'en sçay rien : mais je sçay bien pourtant qu'en attendant l'evenement que son bon plaisir a ordonné, il veut, par la volonté declarée, que j'employe les remedes convenables à la guerison. Je le feray donc fidelement sans rien oublier de ce que bonnement je pourray contribuer à cette intention. Mais si c'est le bon plaisir divin que le mal, victorieux des remedes, apporte enfin la mort, soudain que j'en seray certifié par l'evenement, j'acquieceray amoureusement par la pointe de mon esprit, nonobstant toute la repugnance des puissances inferieures de mon ame. *Ouy*, Seigneur, je le veux bien, ce diray-je, *parce que tel a esté vostre bon plaisir* (2) : il vous a ainsi pleu, et il me plaist ainsi à moy qui suis tres-humble serviteur de vostre volonté.

Mais si le bon plaisir divin m'estoit declaré

(1) Matth. XXVII, 46. — (2) Matth. XI, 26.

avant l'evenement d'iceluy, comme au grand sainct Pierre la façon de sa mort, au grand sainct Paul ses liens et prisons, à Hieremie la destruction de sa chere Hierusalem, à David la mort de son fils; alors il faudroit unir à l'instant nostre volonté à celle de Dieu, à l'exemple du grand Abraham ; et comme luy, s'il nous estoit commandé, entreprendre l'execution du decret eternel en la mort mesme de nos enfans. Admirable union de la volonté de ce patriarche avec celle de Dieu! qui, croyant que ce fust le bon plaisir divin qu'il sacrifiast son enfant, le voulut et entreprit si fortement : admirable celle de la volonté de l'enfant qui se sousmit si doucement au glaive paternel, pour faire vivre le bon plaisir de son Dieu au prix de sa propre mort.

Mais notez, Theotime, un traict de la parfaicte union d'un cœur indifferent avec le bon plaisir divin. Voyez Abraham l'espée au poing, le bras relevé, prest à donner le coup de mort à son cher unique enfant. Il fait cela pour plaire à la volonté divine ; et voyez à mesme temps un ange qui, de la part de cette mesme volonté, l'arreste tout court, et soudain il retient son coup ; esgalement prest à sacrifier son fils et à ne le sacrifier pas, la vie et la mort d'iceluy lui estant indifferente en la presence de Dieu. Quand Dieu luy ordonne de sacrifier cet enfant, il ne s'attriste point; quand il l'en dispense, il ne s'en resjouit point. Tout est pareil à ce grand cœur, pourveu que la volonté de son Dieu soit servie.

Ouy, Theotime : car Dieu bien souvent, pour nous exercer en cette saincte indifference, nous inspire des desseins fort relevez, desquels pourtant il ne veut pas le succès; et lors, comme il nous faut hardiment, courageusement et constamment commencer et suivre l'ouvrage tandis qu'il se peut, aussi faut-il acquiescer doucement et tranquillement à l'evenement de l'entreprise, tel qu'il plaist à Dieu nous le donner. Sainct Louis, par inspiration, passe la mer pour conquerir la Terre-Saincte ; le succès fut contraire, et il acquiesce doucement. J'estime plus la tranquillité de cet acquiescement que la magnanimité du dessein. Sainct François va en Égypte pour y convertir les infideles, ou mourir martyr entre les infideles, telle fut la volonté de Dieu ; il revient neantmoins sans avoir fait ni l'un ni l'autre, et telle fut aussi la volonté de Dieu. Ce fut esgalement la volonté de Dieu que sainct Antoine de Padoue desirast le martyre, et qu'il ne l'obtinst pas. Le bienheureux Ignace de Loyola ayant, avec tant de travaux, mis sur pied la compagnie de Jesus, de laquelle il voyoit tant de beaux fruicts, et en prevoyoit encore de plus beaux à l'avenir, eut neantmoins le courage de se promettre que, s'il la voyoit dissiper, qui seroit le plus aspre deplaisir, dans demy-heure après il en seroit resolu, et s'accoiseroit en la volonté de Dieu. Ce docte et sainct predicateur d'Andalousie, Jean Avila, ayant dessein de dresser une compagnie de prestres reformez pour le service de la gloire de Dieu, en quoy il avoit desjà fait un grand progrez, lorsqu'il vit celle des jesuites en campagne qui luy sembla suffire pour cette saison-là, il arresta court son dessein avec une douceur et une humilité nompareille. O que bienheureuses sont telles ames, hardies et fortes aux entreprises que Dieu leur inspire, souples et douces à les quitter, quand Dieu en dispose ainsi! Ce sont des traicts d'une indifference tres-parfaicte, de cesser de faire un bien quand il plaist à Dieu, et de s'en retourner de moitié chemin, quand la volonté de Dieu, qui est nostre guide, l'ordonne. Certes, Jonas eut grand tort de s'attrister de quoy, à son advis, Dieu n'accomplissoit pas sa prophetie sur Ninive (1). Jonas fit la volonté de Dieu, annonçant la subversion de Ninive : mais il mesla son interest et sa volonté propre avec celle de Dieu ; c'est pourquoy, quand il voit que Dieu n'execute pas sa prediction selon la rigueur des paroles dont il avoit usé en l'annonçant, il s'en fasche et murmure indignement. Que s'il eust eu pour seul motif de ses actions le bon plaisir de la divine volonté, il eust été aussi content de le voir accomply en la remission de la peine que Ninive avoit meritée, comme de le voir satisfait en la punition de la coulpe que Ninive avoit commise. Nous voulons que ce que nous entreprenons et manions, reussisse : mais n'est-il pas raisonnable que Dieu fasse toutes choses à son gré ? S'il veut que Ninive soit menacée, et que neantmoins elle ne soit pas renversée, puisque la menace suffit à la corriger, pourquoy Jonas s'en plaint-il ?

Mais cela est ainsi, il ne faudra donc rien affectionner, ains laisser les affaires à la mercy des evenemens ? Pardonnez-moy, Theotime : il ne faut rien oublier de tout ce qui est requis pour faire bien reussir les entreprises que Dieu nous met en main ; mais à la charge que, si l'evenement est contraire, nous le recevrons doucement et tranquillement : car nous avons commandement d'avoir un grand soin des choses qui regardent la gloire de Dieu, et qui sont en nostre charge : mais nous ne sommes pas obligez ni chargez de l'evenement, car il n'est pas en nostre pouvoir. *Ayez soin de luy* (2), fut-il dit au maistre d'estable, en la parabole du pauvre homme my-mort entre Hierusalem et Hierico. Il n'est pas dit, remarque sainct Bernard, gueris-le ; mais, ayes soin de luy. Ainsi les apostres, avec une affection nompareille, preschent premierement aux Juifs, bien qu'ils sceussent qu'enfin il les faudroit quitter comme une terre infructueuse, et se retourner du costé des gentils. C'est à nous de bien *planter* et bien *arrouser* ; mais de *donner l'accroissement* (1), cela n'appartient qu'à Dieu.

Le grand psalmiste fait cette priere au Sauveur, comme par une acclamation de joye et de presage de victoire : O Seigneur, *par vostre beauté et bonne grace, bandez vostre arc, marchez heureusement* (2), *et montez à cheval*; comme s'il vouloit dire, que, par les traicts de son sainct amour, descochez dans les cœurs humains, il se rendoit maistre des hommes pour les manier à son gré, tout ainsi qu'un cheval bien dressé. O Seigneur! vous estes le chevalier royal, qui tournez à toutes mains les esprits de vos fideles amans; vous les poussez quelquefois à toute bride, et ils courent à toute outrance ès entreprises que vous leur inspirez ; et puis, quand il vous semble bon, vous les faictes parer au milieu de la carriere au plus fort de leur course.

Mais derechef, si l'entreprise faicte par inspiration perit par la faute de ceux à qui elle estoit confiée, comme peut-on dire alors qu'il faut acquiescer à la volonté de Dieu? Car, me dira quelqu'un, ce n'est pas la volonté de Dieu qui empesche l'evenement, ains ma faute, de laquelle la volonté divine n'est pas la cause. Il est vray, mon enfant, ta faute ne t'est pas advenue par la volonté de Dieu; car Dieu n'est pas auteur du peché : mais c'est bien pourtant la volonté divine que ta faute soit suivie de la defaite et du manquement de ton entreprise en punition de ta faute. Car, si sa bonté ne luy peut permettre de vouloir ta faute, sa justice fait qu'il veut la peine que tu en souffres. Ainsi Dieu ne fut pas cause que David pechast ; mais il luy infligea bien la peine deue à son peché. Il ne fut pas la cause du peché de Saül, mais ouy bien qu'en punition la victoire perit entre les mains d'iceluy.

Quand doncques il arrive que les desseins sacrez ne reussissent pas, en punition de nos fautes, il faut esgalement detester la faute par une solide repentance, et accepter la peine que nous en avons. Car comme le peché est contre la volonté de Dieu, aussi la peine est selon sa volonté.

(1) I. ad Cor. III, 6. — (2) Psalm. XLIV, 5.

---

(1) Joan. IV. — (2) Luc, 10, 35.

CHAPITRE VII.

De l'indifference que nous devons practiquer en ce qui regarde nostre advancement ès vertus.

Dieu nous a ordonné de faire tout ce que nous pourrons pour acquerir les sainctes vertus : n'oublions donc rien pour bien reussir dans cette saincte entreprise. Mais après que nous aurons *planté* et *arrousé*, sçachons que c'est à Dieu de *donner l'accroissement* (1) aux arbres de nos bonnes inclinations et habitudes. C'est pourquoy il faut attendre le fruict de nos desirs et travaux de sa divine providence. Que si nous ne sentons pas le progrez et advancement de nos esprits en la vie devote, tel que nous voudrions, ne nous troublons point, demeurons en paix ; que tousjours la tranquillité regne dans nos cœurs. C'est à nous de bien cultiver nos ames, et partant il y faut fidelement vaquer. Mais, quant à l'abondance de la prise et de la moisson, laissons-en le soin à Nostre-Seigneur. Le laboureur ne sera jamais tancé s'il n'a pas belle cueillette, mais ouy bien s'il n'a pas bien labouré et ensemencé ses terres. Ne nous inquietons point pour nous voir tousjours novices en l'exercice des vertus : car au monastere de la vie devote chacun s'estime tousjours novice, et toute la vie y est destinée à la probation ; ny ayant point de plus evidente marque d'estre non-seulement novice, mais digne d'expulsion et reprobation, que de penser et se tenir pour profés. Car selon la regle de cet ordre-là, non la solemnité, mais l'accomplissement des vœux rend les novices profés. Or les vœux ne sont jamais accomplis tandis qu'il y a quelque chose à faire pour l'observance d'iceux. Et l'obligation de servir Dieu, et faire progrez en son amour, dure tousjours jusques à la mort. Voire mais, me dira quelqu'un, si je cognois que c'est par ma faute que mon advancement ès vertus est retardé, comme pourray-je m'empescher de m'en attrister et inquieter ? J'ai dit cecy en l'Introduction à la vie devote ; mais je le redis volontiers, parce qu'il ne peut jamais assez estre dit. Il se faut attrister pour les fautes commises, d'une repentance forte, rassise, constante, tranquille, mais non turbulente, non inquiete, non decouragée. Cognoissez-vous que vostre retardement au chemin des vertus est provenu de vostre coulpe ? Or sus, humiliez-vous devant Dieu, implorez sa misericorde, prosternez-vous devant la face de sa bonté, et demandez-luy en pardon ; confessez vostre faute, et criez-luy mercy à l'oreille mesme de vostre confesseur pour en recevoir l'absolution. Mais cela faict, demeurez en paix, et ayant detesté l'offense, embrassez amoureusement l'abjection qui est en vous pour le retardement de vostre advancement au bien.

Helas ! mon Theotime, les ames qui sont en purgatoire, y sont sans doute pour leurs pechez, pechez qu'elles ont detestez et detestent souverainement : mais quant à l'abjection et peine qui leur en reste d'estre arrestées en ce lieu-là, et privées pour un temps de la jouissance de l'amour bienheureux du paradis, elles la souffrent amoureusement, et prononcent devostement le cantique de la justice divine : *Vous estes juste, Seigneur, et vostre jugement equitable* (1). Attendons donc en patience nostre advancement ; et en lieu de nous inquieter d'en avoir si peu fait par le passé, procurons avec diligence d'en faire plus à l'avenir.

Voyez cette bonne ame, je vous prie ; elle a grandement desiré et tasché de s'affranchir de la colere, en quoy Dieu l'a favorisée ; car il l'a rendue quitte de tous les pechez qui procedent de la colere. Elle mourroit plustost que de dire un seul mot injurieux, ou de lascher un seul traict de haine. Neantmoins elle est encore subjecte aux assauts et premiers mouvemens de cette passion, qui sont certains eslans, et esbranlemens, et saillies du cœur irrité, que la paraphrase chaldaïque appelle tremoussemens, disant : *Tremoussez, et veuillez point pecher* (2) ; où nostre sacrée version a dit : *Courroucez-vous, et ne veuillez point pecher*, qui est en effect une mesme chose : car le prophete ne veut dire, sinon que si le courroux nous surprend, excitant en nos cœurs les premiers *tremoussemens* de la colere, nous nous gardions bien de nous laisser emporter plus avant en cette passion, d'autant que nous *pecherions*. Or, bien que ces premiers eslans et tremoussemens ne soient aucunement peché, neantmoins la pauvre ame qui en est souvent atteinte se trouble, s'afflige, s'inquiete, et pense bien faire de s'attrister, comme si c'estoit l'amour de Dieu qui la provoquast à cette tristesse : et cependant, Theotime, ce n'est pas l'amour celeste qui fait ce trouble, car il ne se fasche que pour le peché ; c'est nostre amour-propre qui voudroit que nous fussions exempts de la peine et du travail que les assauts de l'ire nous donnent. Ce n'est pas la coulpe qui nous deplaist en ces eslans de la colere, car il n'y a du tout point de peché ; c'est la peine d'y resister qui nous inquiete.

Ces rebellions de l'appetit sensuel, tant en l'ire

---

(1) I. Cor. III, 6.

(1) Psalm. CXVIII, 137. — (2) Psalm. IV, 5.

qu'en la convoitise, sont laissées en nous pour nostre exercice, afin que nous practiquions la vaillance spirituelle en leur resistant. C'est le Philistin que les vrais Israëlites doivent tousjours combattre, sans que jamais ils le puissent abattre ; ils le peuvent affoiblir, mais non pas aneantir. Il ne meurt jamais qu'avec nous, et vit tousjours avec nous. Il est, certes, execrable et detestable, d'autant qu'il est issu du peché et tend perpetuellement au peché. C'est pourquoy comme nous sommes appellez *terre*, parce que nous sommes *extraits de la terre*, et que nous *retournerons en terre* (1); ainsi cette rebellion est appellée par le grand apostre peché, comme provenue du peché et tendante au peché, quoiqu'elle ne nous rende nullement coulpable, sinon quand nous la secondons et luy obeissons (2). Dont le mesme apostre nous advertit de faire en sorte que ce mal-là *ne regne point en nostre corps mortel pour obeir aux convoitises d'iceluy* (3). Il ne nous defend pas de sentir le peché, mais seulement d'y consentir; il n'ordonne pas que nous empeschions le peché de venir en nous et d'y estre, mais il commande qu'il n'y *regne* pas. Il est en nous, quand nous sentons la rebellion de l'appetit sensuel; mais il ne regne pas en nous, sinon quand nous y consentons. Le medecin n'ordonnera jamais au febricitant de n'avoir pas soif, car ce seroit une impertinence trop grande; mais il luy dira bien qu'il s'abstienne de boire, encore qu'il ait soif. Jamais on ne dira à une femme enceinte qu'elle n'ait pas envie de manger des choses extraordinaires, car cela n'est pas en son pouvoir; mais on luy dira bien qu'elle die ses appetits, afin que, s'ils sont de chose nuisible, on divertisse son imagination, et que telle fantaisie ne regne pas en sa cervelle.

L'eguillon de la chair, messager de Satan (4), piquoit rudement le grand sainct Paul pour le faire precipiter au peché. Le pauvre apostre souffroit cela comme une injure honteuse et infame : c'est pourquoy il l'appelloit un *soufflettement* (5) et baffouement, et prioit Dieu qu'il luy plust de l'en delivrer; mais Dieu luy respondit : «.O Paul, « ma grace te suffit, car ma force se perfectionne « en l'infirmité (6) ; » à quoy ce grand sainct homme acquiesçant : « doncques, dit-il, volon- « tiers je me glorifieray en mes infirmitez, afin « que la vertu de Jesus-Christ habite en moy (7). » Mais remarquez, de grace, que la rebellion sensuelle est en cet admirable vaisseau d'election, lequel recourant au remede de l'oraison, nous

(1) Genes. III, 19. — (2) Rom. VII.
(3) Rom. VI, 12. — (4) II. Cor. XII, 7. — (5) Ibid.
(6) II. Cor. XII, 9. — (7) Ibid.

monstre qu'il nous faut combattre par ce mesme moyen les tentations que nous sentons. Remarquez encore que si Nostre-Seigneur permet ces cruelles revoltes en l'homme, ce n'est pas tousjours pour le punir de quelque peché, ains pour manifester la force et vertu de l'assistance et grace divine : et remarquez enfin que non-seulement nous ne devons pas nous inquieter en nos tentations ni en nos infirmitez, mais nous devons nous glorifier d'estre infirmes; afin que la vertu divine paroisse en nous, soustenant nostre foiblesse contre l'effort de la suggestion et tentation. Car le glorieux apostre appelle ses *infirmitez* les eslans et rejetons d'impureté qu'il ressentoit, et dit qu'il se glorifioit en icelles, parce que si bien il les sentoit par sa misere, neantmoins par la misericorde de Dieu il n'y consentoit pas.

Certes, comme j'ay dit cy-dessus, l'Eglise condamna l'erreur de certains solitaires, qui disoient qu'en ce monde, nous pouvions estre parfaictement exempts des passions d'ire, de convoitise, de crainte et autres semblables. Dieu veut que nous ayons des ennemis, Dieu veut que nous les repoussions. Vivons donc courageusement entre l'une et l'autre volonté divine, souffrans avec patience d'estre assaillis, et taschans avec vaillance de faire teste et resister aux assaillans.

CHAPITRE VIII.

Comme nous devons unir nostre volonté à celle de Dieu en la permission des pechez.

Dieu hait souverainement le peché, et neantmoins il le permet tres-sagement pour laisser agir la creature raisonnable selon la condition de la nature, et rendre les bons plus recommandables, quand, pouvant violer la loy, ils ne la violent pas. Adorons donc et benissons cette saincte permission. Mais puisque la Providence qui permet le peché le hait infiniment, detestons-le avec elle, haïssons-le; desirans de tout nostre pouvoir que le peché permis ne soit point commis : et ensuite de ce desir employons tous les remedes qu'il nous sera possible pour empescher la naissance, le progrez et le regne du peché, à l'imitation de Nostre-Seigneur qui ne cesse d'exhorter, promettre, menacer, defendre, commander, et inspirer parmy nous, pour destourner nostre volonté du peché, en tant qu'il se peut faire, sans luy oster sa liberté.

Mais quand le peché est commis, faisons tout ce qui est en nous afin qu'il soit effacé : comme Nostre-Seigneur qui asseura Carpus, ainsi qu'il a esté ci-devant noté, que s'il estoit requis, il subiroit derechef la mort pour delivrer une seule ame du peché. Que si le pecheur s'obstine, pleurons,

Theotime, souspirons, prions pour luy avec le Sauveur de nos ames, qui ayant jetté maintes larmes toute sa vie sur les pescheurs, et sur ceux qui les representoient, mourut enfin les yeux couverts de pleurs, et son corps tout detrempé de sang, regrettant la perte des pecheurs. Cette affection toucha si vivement David, qu'il en tomba à cœur failly. « La pamoison, dit-il, m'a saisi pour » les pecheurs abandonnans vostre loy (1); » et le grand apostre proteste qu'il a *au cœur une douleur continuelle* (2) pour l'obstination des Juifs.

Cependant pour obstinez que les pecheurs pussent estre, ne perdons pas courage de les ayder et servir : car que sçavons-nous si par aventure ils feront penitence et seront sauvez ? Bienheureux est celuy qui peut dire à ses prochains, comme S. Paul : « Je n'ay cessé ni jour ni nuict en vous « admonestant un chacun de vous avec larmes (3). « Et partant je suis net du sang de tous : car je « ne me suis point espargné que je ne vous aye « annoncé tout le bon plaisir de Dieu (4). » Tandis que nous sommes dans les bornes de l'esperance que le pecheur se puisse amender, qui sont tousjours de mesme estendue que celles de sa vie, il ne faut jamais le rejetter, ains prier pour luy, et l'ayder autant que son malheur le permettra.

Mais en fin finale, après que nous avons pleuré sur les obstinez, et que nous leur avons rendu le devoir de charité pour essayer de les retirer de perdition, il faut imiter Nostre-Seigneur et les apostres, c'est-à-dire divertir nostre esprit de là, le retourner sur des autres objects et à d'autres occupations plus utiles à la gloire de Dieu. « Il « falloit, disent les apostres aux Juifs, vous an- « noncer premierement la parole de Dieu : mais « d'autant que vous la rejettez, et vous tenez pour « indignes du regne de Jesus-Christ, voicy que « nous nous retournons du costé des gentils (5). » « On vous ostera, dit le Sauveur, le royaume de « Dieu, et il sera donné à une nation qui en fera « du fruict (6). » Car on ne sçauroit s'amuser à pleurer trop longuement les uns, que ce ne fust en perdant le temps propre et requis à procurer le salut des autres. L'apostre, certes, dit qu'il a *une douleur continuelle* pour la perte des Juifs ; mais c'est, comme nous disons, que nous benissons Dieu en tout temps : car cela ne veut dire autre chose, sinon que nous le benissons fort souvent et en toutes occasions : et de mesme le glorieux S. Paul avoit *une continuelle douleur en son cœur* à cause de la reprobation des Juifs, parce

(1) Psalm. CXVIII, 53. — (2) Rom. IX, 2.
(3) Act. XX, 31. — (4) Act. XX, 26, 27.
(5) Act. XIII, 46. — (6) Matth. XXI, 43.

qu'à toutes occasions il regrettoit leur malheur.

Au reste, il faut adorer, aimer, et loüer à jamais la justice vengeresse et punissante de nostre Dieu, comme nous aimons sa misericorde, parce que l'une et l'autre est fille de sa bonté. Car par sa grace il nous veut faire bons, comme tres-bon, ains souverainement bon qu'il est ; par sa justice il veut chastier le peché, parce qu'il le hait : or il le hait, parce qu'estant souverainement bon, il deteste le souverain mal qui est l'iniquité. Et notez pour conclusion que jamais Dieu ne retire sa misericorde de nous que par l'equitable vengeance de sa justice punissante, et jamais nous n'echappons à la rigueur de sa justice que par sa misericorde justifiante; et tousjours, ou punissant, ou gratifiant, son bon plaisir est agreable, aimable, et digne d'eternelle benediction. Ainsi le juste qui chante les louanges de sa misericorde pour ceux qui seront sauvez, se resjouira de mesme quand il verra la vengeance ; les bienheureux approuveront avec allegresse le jugement de la damnation des reprouvez, comme celuy du salut des esleus ; et les anges ayant exercé leur charité envers les hommes qu'ils ont en garde, demeureront en paix, les voyans obstinez ou mesme damnez. Il faut donc acquiescer à la volonté divine, et luy baiser avec une dilection et reverence egale la main droite de sa misericorde et la main gauche de sa justice.

CHAPITRE IX.

Comme la pureté de l'indifference se doit practiquer ès actions de l'amour sacré.

Un musicien des plus excellens de l'univers, et qui jouoit parfaictement du luth, devint en si peu de temps si extresmement sourd, qu'il ne luy resta plus aucun usage de l'ouïe ; neantmoins il ne laissa pas pour cela de chanter et manier son luth delicatement à merveilles, à cause de la grande habitude qu'il en avoit, et que sa surdité ne luy avoit pas ostée. Mais parce qu'il n'avoit aucun plaisir en son chant, ni au son du luth, d'autant qu'estant privé de l'ouïe il n'en pouvoit appercevoir la douceur et la beauté, il ne chantoit plus ni ne sonnoit du luth que pour contenter un prince, duquel il estoit nay subject, et auquel il avoit une extresme inclination de complaire, accompagnée d'une infinie obligation pour avoir esté nourry dès sa jeunesse chez luy. C'est pourquoy il avoit un plaisir nompareil de luy plaire ; et quand son prince luy tesmoignoit d'agreer son chant, il estoit tout ravy de contentement. Mais il arrivoit quelquefois que le prince, pour essayer l'amour de cet aimable musicien, luy commandoit de chanter, et soudain le laissant là en sa chambre, il s'en alloit à la chasse ; mais le desir que le chantre avoit de suivre ceux de son maistre, luy faisoit continuer aussi attentivement son chant, comme si le prince eust esté present ; quoiqu'en verité il n'avoit aucun plaisir à chanter : car il n'avoit ni le plaisir de la melodie, duquel sa surdité le privoit, ni celuy de plaire au prince, puisque le prince estant absent ne jouissoit pas de la douceur des beaux airs qu'il chantoit.

Mon cœur est prest, Seigneur, mon cœur est disposé
De sonner un cantique à ton los composé ;
Mon ame et mon esprit volontaire se range
    A chanter ta louange.
  Sus donc, ma gloire, il se faut reveiller :
Harpe et psalterion, cessez de sommeiller (1).

Certes le cœur humain est le vray chantre du cantique de l'amour sacré, et il est luy-mesme la harpe et le psalterion. Or, ce chantre s'escoute soy-mesme pour l'ordinaire, et prend un grand plaisir d'ouïr la melodie de son cantique ; c'est-à-dire, nostre cœur aimant Dieu savoure les delices de cet amour, et prend un contentement nompareil d'aimer un object tant aimable. Voyez, je vous prie, Theotime, ce que je veux dire. Les jeunes petits rossignols s'essayent de chanter au commencement pour imiter les grands ; mais estant façonnez et devenus maistres, ils chantent pour le plaisir qu'ils prennent en leur propre gazouillement, et s'affectionnent si passionnement à cette delectation, ainsi que j'ai dit ailleurs, qu'à force de pousser leurs voix, leur gozier s'esclatte, dont ils meurent. Ainsi nos cœurs, au commencement de leur devotion, aiment Dieu, pour s'unir à luy, luy estre agreables, et l'imiter en ce qu'il nous a aimez eternellement ; mais petit à petit estant duits et exercez au sainct amour, ils prennent imperceptiblement le change, et en lieu d'aimer Dieu pour plaire à Dieu, ils commencent d'aimer pour le plaisir qu'ils ont eux-mesmes ès exercices du sainct amour, et en lieu qu'ils estoient amoureux de Dieu, ils deviennent amoureux de l'amour qu'ils luy portent ; ils sont affectionnez à leurs affections, et ne se plaisent plus en Dieu, mais aux plaisirs qu'ils ont en son amour, se contentans en cet amour, en tant qu'il est à eux, qu'il est dans leur esprit, et qu'il en procede. Car encore que cet amour sacré s'appelle amour de Dieu, parce que Dieu est aimé par iceluy, il ne laisse pas d'estre nostre, parce que nous sommes les amans qui aimons par iceluy. Et c'est là le subject du change : car en lieu d'aimer ce sainct amour, parce qu'il tend à Dieu, qui est l'aimé, nous l'aimons parce qu'il procede de nous qui sommes les amans. Or qu ne voit qu'ainsi faisant, ce n'est plus Dieu que nous cherchons, ains que nous revenons à nous-mesmes, aimant l'amour en lieu d'aimer le bien-aimé ; aimant, dis-je, cet amour, non pour le bon plaisir et contentement de Dieu, mais pour le plaisir et contentement que nous en tirons nous-mesmes. Ce chantre donc qui chantoit au commencement à Dieu et pour Dieu, chante maintenant plus à soy-mesme et pour soy-mesme que pour Dieu ; et s'il prend plaisir à chanter, ce n'est plus tant pour contenter l'oreille de son Dieu, que pour contenter la sienne. Et d'autant que le cantique de l'amour divin est le plus excellent de tous, il l'aime aussi davantage, non à cause de l'excellence divine qui y est louée, mais parce que l'air du chant en est plus delicieux et agreable.

CHAPITRE X.

Moyen de cognoistre le change au subject de ce sainct amour.

Vous cognoistrez bien cela, Theotime : car si ce rossignol mystique chante pour contenter Dieu, il chantera le cantique qu'il sçaura estre le plus agreable à la divine providence. Mais s'il chante pour le plaisir que luy-mesme prend en la melodie de son chant, il ne chantera pas le cantique qui est le plus agreable à la bonté celeste, ains celuy qui est le plus à son gré de luy-mesme, et duquel il pense tirer plus de plaisir. De deux cantiques qui seront voirement l'un et l'autre divins, il se peut bien faire que l'un sera chanté parce qu'il est divin, et l'autre parce qu'il est agreable. Rachel et Lia sont esgalement espouses de Jacob (1) ; mais l'une est aimée de luy en qualité d'espouse seulement, et l'autre en qualité de belle. Le cantique est divin ; mais le motif qui le nous fait chanter, c'est la delectation spirituelle que nous en pretendons.

Ne vois-tu pas, dira-t-on à cet evesque, que Dieu veut que tu chantes le cantique pastoral de sa dilectation emmy ton troupeau, lequel, en vertu de son sainct amour, il te recommande par trois fois de paistre en la personne du grand S. Pierre qui fut le premier des pasteurs (2) ? Que me repondras-tu ? Qu'à Rome, qu'à Paris il y a plus de delices spirituelles et qu'on y peut practiquer le divin amour avec plus de suavité. O

(1) Psalm. LVI, 8, 9.

(1) Genes. XXIX. — (2) Joan. XXI.

Dieu! ce n'est donc pas pour vous plaire que cet homme veut chanter, c'est pour le plaisir qu'il prend à cela; ce n'est pas vous qu'il cherche en l'amour, c'est le contentement qu'il a ès exercices du sainct amour. Les religieux voudroient chanter le cantique des pasteurs, et les mariez celuy des religieux; afin, ce disent-ils, de pouvoir mieux aimer et servir Dieu. Hé! vous vous trompez, mes chers amis; ne dictes pas que c'est pour mieux aimer et servir Dieu: ô nenny, certes, c'est pour mieux servir vostre propre contentement, lequel vous aimez plus que le contentement de Dieu. La volonté de Dieu est en la maladie aussi bien et presque ordinairement mieux qu'en la santé. Que si nous aimons mieux la santé, ne disons pas que c'est pour tant mieux servir Dieu: car qui ne voit que c'est la santé que nous cherchons en la volonté de Dieu, et non pas la volonté de Dieu en la santé?

Il est mal-aisé, je le confesse, de regarder longuement et avec plaisir la beauté d'un miroir, qu'on ne s'y regarde, ains qu'on ne se plaise à s'y regarder soy-mesme; mais il y a pourtant de la différence entre le plaisir que l'on prend à regarder un miroir, parce qu'il est beau, et l'aise que l'on a de regarder dans un miroir, parce qu'on s'y voit. Il est aussi sans doute mal-aisé d'aimer Dieu, qu'on n'aime quant et quant le plaisir que l'on prend en son amour: mais neantmoins il y a bien à dire entre le contentement que l'on a d'aimer Dieu parce qu'il est beau, et celuy que l'on a de l'aimer parce que son amour nous est agreable. Or, il faut tascher de ne chercher en Dieu que l'amour de sa beauté, et non le plaisir qu'il y a en la beauté de son amour. Celui qui priant Dieu s'apperçoit qu'il prie, n'est pas parfaitement attentif à prier; car il divertit son attention de Dieu, lequel il prie pour penser à la prière par laquelle il le prie. Le soin mesme que nous avons à n'avoir point de distractions, nous sert souvent de fort grande distraction: la simplicité ès actions spirituelles est la plus recommandable. Voulez-vous regarder Dieu, regardez-le donc, et soyez attentif à cela: car si vous reflechissez et retournez vos yeux de dessus vous-mesme pour voir la contenance que vous tenez en le regardant, ce n'est plus luy que vous regardez, c'est vostre maintien, c'est vous-mesme. Celuy qui est en une fervente oraison, ne sait s'il est en oraison ou non; car il ne pense pas en l'oraison qu'il fait, ains à Dieu auquel il la fait. Qui est en l'ardeur de l'amour sacré, il ne retourne point son cœur sur soy-mesme pour regarder ce qu'il fait, ains il le tient arresté et occupé en Dieu auquel il applique son amour. Le chantre celeste prend tant de plaisir de plaire à son Dieu, qu'il ne prend nul plaisir en la melodie de sa voix, sinon parce qu'elle plaist à son Dieu.

Pourquoy pensez-vous, Theotime, qu'Amnon, fils de David, aimast si esperduement Thamar (1), que mesme il cuida mourir d'amour? Estimez-vous que ce fust elle-mesme qu'il aimast? vous verrez bientost que non. Car soudain qu'il eust assouvy son execrable desir, il la poussa cruellement dehors et la rejetta ignominieusement. S'il eust aimé Thamar, il n'eust pas fait cela: car Thamar estoit tousjours Thamar: mais parce que ce n'estoit pas Thamar qu'il aimoit, ains l'infasme plaisir qu'il pretendoit en elle, soudain qu'il eust ce qu'il cherchoit, il la baffoua felonnellement, et la traicta brutalement. Son plaisir estoit en Thamar, mais son amour estoit au plaisir, et non pas en Thamar: c'est pourquoy, le plaisir passé, il eust volontiers fait passer Thamar. Vous verrez, Theotime, cet homme qui prie Dieu, ce vous semble, avec tant de devotion, et qui est si ardent aux exercices de l'amour celeste; mais attendez un peu, et vous verrez si c'est Dieu qu'il aime. Hélas! soudain que la suavité et satisfaction qu'il prenoit en l'amour cessera, et que les secheresses arriveront, il quittera tout là, il ne priera plus qu'en passant. Or, si c'estoit Dieu qu'il aimoit, pourquoy eust-il cessé de l'aimer, puisque Dieu est tousjours Dieu? C'estoit donc la consolation de Dieu qu'il aimoit, et non le Dieu de consolation. Plusieurs, certes, ne se plaisent point en l'amour divin, sinon qu'il soit confit au sucre de quelque suavité sensible, et feroient volontiers comme les petits enfans, auxquels quand on donne du miel sur un morceau de pain, ils lechent et sucent le miel, et jettent par après le pain: car si la suavité estoit inseparable de l'amour, ils quitteroient l'amour, et tireroient la suavité. C'est pourquoy ils suivent l'amour à cause de la suavité, laquelle quand ils n'y rencontrent pas, ils ne tiennent compte de l'amour. Mais tels gens sont exposez à beaucoup de dangers, ou de retourner en arriere quand les gousts et consolations leur manquent, ou de s'amuser à des vaines suavitez bien esloignées du veritable amour, et prendre le miel d'Heraclée pour celuy de Narbonne.

CHAPITRE XI.

De la perplexité du cœur qui aime, sans sçavoir qu'il plaist au bien-aimé.

Le chantre duquel j'ai parlé, estant devenu sourd, n'avoit nul contentement à chanter, que celuy de voir aucunes fois son prince attentif à

---

(1) II. Reg. XIII.

l'ouyr et y prendre plaisir. O que bienheureux est le cœur qui aime Dieu sans aucun autre plaisir que celuy qu'il prend de plaire à Dieu! car quel plaisir peut-on jamais avoir plus pur et plus parfaict que celuy que l'on prend dans le plaisir de la divinité? Neantmoins ce plaisir de plaire à Dieu n'est pas, à proprement parler, l'amour divin, ains seulement un fruict d'iceluy, qui en peut estre separé, ainsi qu'un citron de son citronnier. Car, comme j'ai dit, nostre musicien chantoit tousjours, sans tirer aucun plaisir de son chant, puisque la surdité l'en empeschoit, et maintesfois il chantoit aussi sans avoir le plaisir de plaire à son prince, parce que le prince lui ayant commandé de chanter, se retiroit ou alloit à la chasse, sans prendre ni le loisir ni le plaisir de l'ouïr.

Tandis, ô Dieu! que je vois vostre douce face qui tesmoigne d'agreer le chant de mon amour, helas! que je suis consolé! car y a-t-il aucun plaisir qui esgale le plaisir de bien plaire à son Dieu? Mais, quand vous retirez vos yeux de moy, et que je n'apperçois plus la douce faveur de la complaisance que vous preniez en mon cantique, vray Dieu, que mon ame est en grande peine! mais sans cesser pourtant de vous aimer fidelement, et de chanter continuellement l'hymne de sa dilectation, non pour aucun plaisir qu'elle y trouve, car elle n'en a point, ains chante pour le pur amour de vostre volonté.

On a veu tel enfant malade manger courageusement, avec un incroyable degoust, ce que sa mere luy donnoit, pour le seul desir qu'il avoit de la contenter; et alors il mangeoit sans prendre aucun plaisir en la viande, mais non pas sans un autre plaisir plus estimable et relevé, qui estoit le plaisir de plaire à sa mere et de la voir contente. Mais l'autre qui, sans voir sa mere, pour la seule cognoissance qu'il avoit de sa volonté, prenoit tout ce qu'on luy apportoit de sa part, il mangeoit sans aucun plaisir : car il n'avoit ni le plaisir de manger, ni le contentement de voir le plaisir de sa mere : ains mangeoit simplement et purement pour faire la volonté d'icelle. La seule satisfaction d'un prince present, ou de quelque personne fortement aimée, fait delicieuses les veillées, les peines, les sueurs, et rend les hazards desirables : mais il n'y a rien de si triste que de servir un maistre qui n'en sçait rien, ou s'il le sçait, ne fait nul semblant d'en sçavoir gré, et faut bien en ce cas-là que l'amour soit puissant, puisqu'il se soustient luy seul, sans estre appuyé d'aucun plaisir, ni d'aucune pretention.

Ainsi arrive-t-il quelquefois que nous n'avons nulle consolation ès exercices de l'amour sacré, d'autant que, comme chantres sourds, nous n'oyons pas nostre propre voix, ni ne pouvons jouir de la suavité de nostre chant; ains au contraire, outre cela, nous sommes pressez de mille craintes, troublez de mille tintamares que l'ennemy fait autour de nostre cœur, nous suggerant que peut-estre ne sommes-nous point agreables à nostre maistre, et que nostre amour est inutile, ouy mesme qu'il est faux et vain, puisqu'il ne produit point de consolation. Or alors, Theotime, nous travaillons non-seulement sans plaisir, mais avec un extresme ennuy, ne voyans ny le bien de nostre travail, ny le contentement de celuy pour qui nous travaillons.

Mais ce qui accroist le mal en occurrence, c'est que l'esprit et supresme poincte de la raison ne nous peut donner aucune sorte d'allegement : car cette pauvre portion superieure de la raison estant toute environnée des suggestions que l'ennemy luy fait, elle est mesme toute alarmée, et se trouve assez embesoignée à se garder d'estre surprise d'aucun consentement au mal; de sorte qu'elle ne peut faire aucune sortie pour desengager la portion inferieure de l'esprit. Et bien qu'elle n'ait pas perdu le courage, elle est pourtant si terriblement attaquée, que, si elle est sans coulpe, elle n'est pas sans peine : car, pour comble de son ennuy, elle est privée de la generale consolation que l'on a presque tousjours en tous les autres maux de ce monde, qui en est l'esperance qu'ils ne seront pas perdurables, et que l'on en verra la fin ; si que le cœur en ces ennuys spirituels tombe en une certaine impuissance de penser à leur fin, et par consequent d'estre allegé par l'esperance. La foy, certes, residente en la cime de l'esprit, nous asseure bien que ce trouble finira, et que nous jouirons un jour du repos : mais la grandeur du bruit et des cris que l'ennemy fait dans le reste de l'ame en la raison inferieure, empeschent que les advis et remonstrances de la foy ne sont presque point entendus, et ne nous demeurent en l'imagination que ce triste presage : Helas! je ne seray jamais joyeux.

O Dieu! mon cher Theotime, mais c'est alors qu'il faut tesmoigner une invincible fidelité envers le Sauveur, le servant purement pour l'amour de sa volonté, non-seulement sans plaisir, mais parmy ce deluge de tristesses, d'horreurs, de frayeurs, et d'attaques, comme fit sa glorieuse mere et sainct Jean au jour de sa passion, qui, entre tant de blasphemes, de douleurs et de detresses mortelles, demeurent fermes en l'amour, lors mesme que le Sauveur ayant retiré toute sa saincte joye dans la cime de son esprit, ne respondoit ni allegresse ni consolation quelconque en son divin visage, et que ses yeux allangouris et couverts des tenebres de la mort, ne jettoient plus que des regards de douleur, comme aussi le soleil des rayons d'horreurs et d'affreuses tenebres.

CHAPITRE XII.

Comme, entre ces travaux interieurs, l'ame ne cognoist pas l'amour qu'elle porte à son Dieu; et du trespas tres-aimable de la volonté.

Le grand sainct Pierre estant à la veille d'estre martyrisé, l'ange vint en la prison qu'il remplit toute de splendeur, esveilla sainct Pierre, le fit lever, ceindre, chausser, vestir, luy osta les liens et menottes, le tira hors de la prison, et le mena au travers de la premiere et seconde garde jusqu'à la porte de fer qui menoit en la ville, laquelle s'ouvrit devant eux; et, ayans passé une rue, l'ange laissa là le glorieux sainct Pierre en pleine liberté (1). Voilà une grande varieté d'actions fort sensibles : et sainct Pierre neantmoins qui avoit esté esveillé avant toutes choses, ne pensoit pas que ce qui se faisoit par l'ange fust vray; ains estimoit que ce fust une vision imaginaire. Il estoit esveillé, et ne pensoit pas l'estre; il s'estoit chaussé et vestu, et ne sçavoit pas qu'il l'eust faict; il marchoit, et n'estimoit pas de marcher; et estoit delivré, et ne le croyoit pas : et cela d'autant que la merveille de sa delivrance fut si grande qu'elle occupoit son esprit, en telle sorte qu'encore qu'il eust assez de sentiment et de cognoissance pour faire ce qu'il faisoit, neantmoins il n'en avoit pas assez pour cognoistre qu'il le faisoit reellement et tout de bon : il voyoit bien l'ange, mais il ne s'appercevoit pas que ce fust d'une vraye et naturelle vision : c'est pourquoy il n'avoit nulle consolation de sa delivrance, jusqu'à ce qu'en revenant à soy, « Maintenant, dit-« il, je cognois en verité que Dieu a envoyé son « ange, et m'a delivré de la main d'Herodes, et « de toute l'attente du peuple juif (2). »

Or, il en est de mesme, Theotime, d'une ame qui est grandement chargée d'ennuys interieurs : car, bien qu'elle ait le pouvoir de croire, d'esperer et d'aimer Dieu, et qu'en verité elle le fasse; toutesfois elle n'a pas la force de bien discerner si elle croit, espere et cherit son Dieu, d'autant que la detresse l'occupe et accable si fort qu'elle ne peut faire aucun retour sur soy-mesme pour voir ce qu'elle fait; et c'est pourquoy il luy est advis qu'elle n'a ni foy, ni esperance, ni charité, ains seulement des fantosmes et inutiles impressions de ces vertus-là, qu'elle sent presque sans les sentir, et comme estrangeres, non comme domestiques de son ame. Que si vous y prenez garde, vous trouverez que nos esprits sont toujours en pareil estat quand ils sont puissamment occupez de quelque violente passion : car ils font plusieurs actions comme un songe, et desquelles ils ont si peu de sentiment, qu'il ne leur est presque pas advis que ce soit en verité que les choses se passent. C'est pourquoy le sacré psalmiste exprime la grandeur de la consolation que les Israelites eurent au retour de la captivité de Babylone, en ces paroles :

Lorsqu'il pleut au Seigneur de Sion le servage
   En liberté changer,
Un tel ravissement surprit nostre courage,
   Que nous pensions songer.

Et comme porte la saincte version latine après les Septante : *Nous fusmes faicts comme consolez* (1); c'est-à-dire, l'admiration de la grandeur du bien qui nous arriva estoit si excessive, qu'elle nous empeschoit de bien sentir la consolation que nous receusmes; et nous estoit advis que nous ne fussions pas veritablement consolez, et que nous n'eussions pas une consolation en verité, ains seulement en figure et en songe.

Tels doncques sont les sentimens de l'ame, laquelle est entre les angoisses spirituelles qui rendent l'amour extremement pur et net : car estant privé de tout plaisir par lequel il puisse estre attaché à son Dieu, il nous joint et unit à Dieu immediatement, volonté à volonté, cœur à cœur, sans aucune entremise de contentement ou pretention. Helas! Theotime, que le pauvre cœur est affligé, quand, comme abandonné de l'amour, il regarde partout et ne le trouve point, ce luy semble : il ne le trouve point ès sens exterieurs, car ils n'en sont pas capables; ni en l'imagination qui est cruellement tourmentée de diverses impressions, ni en la raison troublée de mille obscuritez de discours et apprehensions estranges : et bien qu'enfin elle le trouve en la cime et supresme poincte de l'esprit où cette divine dilection reside, si est-ce neantmoins qu'elle le mecognoist, et luy est advis que ce n'est pas luy; parce que la grandeur des ennuys et des tenebres l'empesche de sentir sa douceur. Elle le voit sans le voir, et le rencontre sans le cognoistre, comme si c'estoit en songe et en image. Ainsi Magdeleine ayant rencontré son cher maistre, n'en reçoit aucun allegement, d'autant qu'elle ne pensoit pas que ce fust luy, ains seulement le jardinier (2).

Mais que peut donc faire l'ame qui est en cet estat? Theotime, elle ne sçait comme se maintenir entre tant d'ennuys, et n'a plus de force que pour laisser mourir sa volonté entre les mains de la volonté de Dieu, à l'imitation du doux Jesus,

(1) Act. XII. — (2) Act. II.

(1) Psalm. CXXV, 1. — (2) Joan. XX.

qui, estant arrivé au comble des peines de la croix que le pere luy avoit prefigées, et ne pouvant plus resister à l'extremité de ses douleurs, fit comme le cerf, qui hors d'haleine et accablé de la meute, se rendant à l'homme, jette les derniers abboys la larme à l'œil. Car ainsi ce divin Sauveur, proche de sa mort, et jettant les derniers souspirs avec un grand cri et force larmes : Helas! dit-il, *ô mon pere, je recommande mon esprit en vos mains* : parole, Theotime, qui fut la derniere de toutes, et par laquelle le fils bien-aimé donna le souverain tesmoignage de son amour envers son pere. Quand donc tous nos defauts, quand nos ennuys sont en leur extremité, cette parole, ce sentiment, ce renoncement de nostre ame entre les mains de nostre Sauveur, ne nous peut manquer. Le fils recommanda son esprit au père en cette derniere et incomparable detresse; et nous, lorsque les convulsions des peines spirituelles nous ostent toute autre sorte d'allegemens et de moyens de resister, recommandons nostre esprit ès mains de ce fils eternel qui est nostre vray pere; et baissant la teste de nostre acquiescement à son plaisir, consignons-luy toute nostre volonté.

CHAPITRE XIII.

Comme la volonté, estant morte à soy, vit purement en la volonté de Dieu.

Nous parlons avec une proprieté toute particuliere de la mort des hommes, en nostre langage françois : car nous l'appellons trespas; et les morts, trespassez, signifiant que la mort entre les hommes n'est qu'un passage d'une vie à l'autre, et que mourir n'est autre chose, sinon outrepasser les confins de cette vie mortelle pour aller à l'immortelle. Certes, nostre volonté ne peut jamais mourir, non plus que nostre esprit : mais elle outrepasse quelquefois les limites de sa vie ordinaire, pour vivre toute en la volonté divine. C'est lorsqu'elle ne sçait ni ne veut plus rien vouloir, ains elle s'abandonne totalement et sans reserve au bon plaisir de la divine Providence; se meslant et destrempant tellement avec ce bon plaisir, qu'elle ne paroist plus, mais est toute cachée avec Jesus-Christ en Dieu, où elle vit, non plus elle-mesme, ains la volonté de Dieu vit en elle.

Que devient la clarté des estoiles, quand le soleil paroist sur nostre horizon? Elle ne perit certes pas, mais elle est ravie et engloutie dans la souveraine lumiere du soleil, avec laquelle elle est heureusement meslee et conjoincte. Et que devient la volonté humaine, quand elle est entierement abandonnée au bon plaisir divin? Elle ne perit pas tout-à-fait; mais elle est tellement abysmée et meslée avec la volonté de Dieu, qu'elle ne paroist plus, et n'a plus aucun vouloir separé de celui de Dieu. Imaginez-vous, Theotime, le glorieux, et non jamais assez loué, S. Louis, qui s'embarque et fait voile pour aller outre mer, et voyez que la reyne, sa chere femme, s'embarque avec sa majesté. Or, qui eust demandé à cette brave princesse : Où allez-vous, madame? Elle eust sans doute respondu : Je vay où le roy va. Et qui eust derechef demandé : Mais sçavez-vous bien, madame, où le roy va? Elle eust aussi respondu : Il me l'a dit en general, et neantmoins je n'ay aucun soucy de sçavoir où il va, ains seulement d'aller avec luy. Que si on eust repliqué : Doncques, madame, vous n'avez point de dessein en ce voyage? Non, eust-elle dit, je n'en ay point d'autre que d'estre avec mon cher seigneur et mary. Voire mais, luy eust-on pu dire, il va en Egypte pour passer en Palestine, il logera à Damiette, dans Acre et plusieurs autres lieux : n'avez-vous pas intention, madame, d'y aller aussi? A cela elle eust respondu : Non vrayment, je n'ay nulle intention, sinon d'estre auprès de mon roy; et les lieux où il va me sont indifferens et de nulle consideration, sinon en tant qu'il y sera; je vay sans desir d'aller, car je n'affectionne rien que la presence du roy. C'est donc le roy qui va, et qui veut le voyage; et quant à moy, je ne vay pas, je suis : je ne veux pas le voyage, ains la seule presence du roy; le sejour, le voyage et toute sorte de diversitez m'estant tout-à-fait indifferentes.

Certes, si on demande à quelque serviteur qui est à la suite de son maistre, où il va, il ne doit pas respondre qu'il va en tel ou tel lieu, ains seulement qu'il suit son maistre : car il ne va nulle part par sa volonté, ains seulement par celle de son maistre. Ainsi, mon Theotime, une volonté resignée en celle de son Dieu ne doit avoir aucun vouloir, ains suivre simplement celuy de Dieu. Et comme celuy qui est dans un navire, ne se remue pas de son mouvement propre, ains se laisse seulement mouvoir selon le mouvement du vaisseau dans lequel il est; de mesme le cœur qui est embarqué dans le bon plaisir divin, ne doit avoir aucun autre vouloir que celuy de se laisser porter au vouloir de Dieu. Et lors le cœur ne dit plus : *Vostre volonté soit faicte, non la mienne;* car il n'a plus aucune volonté à renoncer, ains il dit ces paroles : Seigneur, je remets ma volonté entre vos mains; comme si sa volonté n'estoit plus en sa disposition, ains en celle de la divine Providence. De sorte que ce n'est pas proprement comme les serviteurs suivent leur maistre : car, encore que le voyage se fasse par la volonté de leur maistre, leur suite toutesfois se fait par leur propre volonté particuliere, bien qu'elle soit une volonté suivante et servante, sousmise et assujettie à celle de leur maistre : si que tout ainsi que le maistre et le serviteur sont deux, aussi la volonté du maistre et celle du serviteur sont deux. Mais la volonté qui est morte à soy-mesme pour vivre en celle de Dieu, elle est sans aucun vouloir particulier, demeurant non-seulement conforme et subjecte, mais toute aneantie en elle-mesme et convertie en celle de Dieu : comme on diroit d'un petit enfant qui n'a point encore l'usage de sa volonté pour vouloir ni aimer chose quelconque que le sein et le visage de sa chere mere ; car il ne pense nullement à vouloir estre d'un costé ni d'autre, ni à vouloir autre chose quelconque, sinon d'estre entre les bras de sa mere avec laquelle il pense estre une mesme chose, et n'est nullement en soucy d'accommoder sa volonté à celle de sa mere, car il ne sent point la sienne, et ne cuide pas d'en avoir une, laissant le soin à sa mere d'aller, de faire et de vouloir ce qu'elle trouvera bon pour luy.

C'est certes la souveraine perfection de nostre volonté que d'estre ainsi unie à celle de nostre souverain bien, comme fut celle du sainct qui disoit : *O Seigneur, vous m'avez conduict et mené à vostre volonté*; car que vouloit-il dire, sinon qu'il n'avoit nullement employé sa volonté pour se conduire, s'estant simplement laissé guider et mener à celle de son Dieu ?

CHAPITRE XIV.

Eclaircissement sur ce qui a esté dit touchant le trespas de nostre volonté.

Il est croyable que la tres-saincte Vierge Nostre-Dame recevoit tant de contentement de porter son cher petit Jesus entre ses bras, que le contentement empeschoit la lassitude, ou du moins rendoit la lassitude agreable. Car, si de porter une branche d'agnus-castus soulage les voyageurs et les delasse, quel allegement ne recevoit pas la glorieuse Mere de porter l'Agneau de Dieu immaculé ? Que si, par fois, elle le laissoit marcher sur ses pieds avec elle, le tenant par la main, ce n'estoit pas qu'elle n'eust mieux aimé de l'avoir pendant à son col sur sa poictrine : mais elle le faisoit pour l'exercer à former ses pas et à cheminer luy-mesme. Et nous autres, Theotime, comme petits enfans du Pere celeste, nous pouvons aller avec luy en deux sortes : car nous pouvons aller, premierement, marchans des pas de nostre propre vouloir, lequel nous conformons au sien, tenant tousjours de la main de nostre obeissance celle de son intention divine, et la suivant partout où elle nous conduit, qui est ce que Dieu requiert de nous par la signification de sa volonté. Car, puisqu'il veut que je fasse ce qu'il m'ordonne, il veut que j'aye le pouvoir de le faire. Dieu m'a signifié qu'il vouloit que je sanctifiasse le jour du repos : puisqu'il veut que je le fasse, il veut donc que je le veuille faire, et que pour cela j'aye mon propre vouloir par lequel je suive le sien, me conformant et correspondant à iceluy. Mais nous pouvons aussi aller avec Nostre-Seigneur sans avoir aucun vouloir propre, nous laissans simplement porter à son bon plaisir divin, comme un petit enfant entre les bras de sa mere, par une certaine sorte de consentement admirable qui se peut appeller union, ou plustost unité de nostre volonté avec celle de Dieu. Et c'est la façon avec laquelle nous devons tascher de nous comporter en la volonté du bon plaisir divin, d'autant que les effets de cette volonté du bon plaisir procedent purement de sa providence ; et sans que nous les fassions, ils nous arrivent. Il est vray que nous pouvons bien vouloir qu'ils nous arrivent selon la volonté de Dieu, et ce vouloir est tres-bon : mais nous pouvons bien aussi recevoir les evenemens du bon plaisir celeste par une tres-simple tranquillité de nostre volonté, qui ne voulant chose quelconque, acquiesce simplement à tout ce que Dieu veut estre faict en nous, sur nous et de nous.

Si on eust demandé au doux enfant Jesus, estant porté entre les bras de sa Mere, où il alloit ? n'eust-il pas eu raison de respondre : Je ne vay pas, c'est ma mere qui va pour moy ? Et qui luy eust demandé : Mais au moins n'allez-vous pas avec vostre mere ? n'eust-il pas eu raison de dire : Non, je ne vay nullement ; ou si je vay là où ma mere me porte, je n'y vay pas avec elle ni par mes propres pas ; ains j'y vay par les pas de ma mere, par elle et en elle ? Et qui luy eust repliqué : Mais au moins, ô tres-cher divin enfant ! vous voulez bien vous laisser porter à vostre douce mere ? Non fay, certes, eust-il pu dire, je ne veux rien de tout cela ; ains comme ma toute bonne mere marche pour moy, aussi elle veut pour moy : je luy laisse esgalement le soin et d'aller et de vouloir aller moy où bon luy semblera ; et, comme je ne marche que par ses pas, aussi je ne veux que par son vouloir ; et, dès que je me trouve entre ses bras, je n'ay aucune attention ny à vouloir, ny à ne vouloir pas, laissant tout autre soin à ma mere, hormis celuy d'estre sur son sein, de sucer ses sacrées mammelles, et de me tenir bien attaché à son col tres-aimable pour le *baiser* amoureusement *des baisers de ma bouche* (1), et,

(1) Cant. Cant. I, 1.

afin que vous le sçachiez, tandis que je suis parmy les delices de ces sainctes caresses qui surpassent toute suavité, il m'est advis que ma mere est un arbre de vie, et que je suis en elle comme son fruict ; que je suis son propre cœur au milieu de sa poictrine, ou son ame au milieu de son cœur. C'est pourquoy, comme son marcher suffit pour elle et pour moy, sans que je me mesle de faire aucun pas, aussi sa volonté suffit pour elle et pour moy, sans que je fasse aucun vouloir pour ce qui est d'aller ou de venir : aussi ne prends-je point garde si elle va vite ou tout bellement, ny si elle va d'un costé ou d'autre, ny je ne m'enquiers nullement où elle veut aller, me contentant que, comme que ce soit, je suis tousjours entre ses bras, joignant ses aimables mammelles où je me repais comme *entre les lys* (1). O divin Enfant de Marie ! permettez à ma chetive ame ces eslans de dilection. Or, allez donc, ô cher petit Enfant tres-aimable, ou plustost n'allez pas, mais demeurez ainsi sainctement collé à la poictrine de vostre douce mere ; allez tousjours en elle et par elle, ou avec elle, et n'allez jamais sans elle, tandis que vous estes enfant. *O que bienheureux est le sein qui vous a porté, et les mammelles que vous avez sucées* (2) : Le Seigneur de nos ames eut l'usage de raison dès l'instant de sa conception au sein de sa mere, et pouvoit faire tous ses discours, ouy mesme le glorieux sainct Jean son precurseur, dès le jour de sa saincte visitation. Et, bien que l'un et l'autre, pendant ce temps-là et celuy de l'enfance, jouist de sa propre liberté pour vouloir et ne vouloir pas les choses, si est-ce qu'ils laisserent le soin en ce qui estoit de leur conduite exterieure, à leurs meres, de faire et vouloir pour eux ce qui estoit requis.

Theotime, nous devons estre comme cela, nous rendans pliables et maniables au bon plaisir divin, comme si nous estions de cire ; ne nous amusans point à souhaiter et vouloir les choses, mais les laissans vouloir et faire à Dieu pour nous ainsi qu'il luy plaira, *jettans en luy toute nostre sollicitude, d'autant qu'il a soin de nous* (3), ainsi que l'a dit le sainct apostre. Et notez qu'il dit, *toute nostre sollicitude*, c'est-à-dire autant celle que nous avons de recevoir les evenemens, comme celle de vouloir ou ne vouloir pas : car il aura soin du succez de nos affaires, et de vouloir pour nous ce qui sera le meilleur.

Cependant employons cherement nostre soin à benir Dieu de tout ce qu'il fera, à l'exemple de Job, disans : « Le Seigneur m'a donné beaucoup, « le Seigneur me l'a osté ; le nom du Seigneur « soit beny (1). » Non, Seigneur, je ne veux aucuns evenemens : car je les vous laisse vouloir pour moy tout à vostre gré ; mais en lieu de vouloir les evenemens, je vous beniray de quoy vous les aurez voulus. O Theotime ! que cette occupation de nostre volonté est excellente, quand elle quitte le soin de vouloir et choisir les effects du bon plaisir divin, pour louer et remercier ce bon plaisir de tels effects.

CHAPITRE XV.

Du plus excellent exercice que nous puissions faire parmy les peines interieures et exterieures de cette vie, ensuite de l'indifference et trespas de la volonté.

Benir Dieu et le remercier pour tous les evenemens que sa providence ordonne, c'est à la verité une occupation toute saincte ; mais si, tandis que nous laissons le soin à Dieu de vouloir et faire ce qui luy plaist en nous, sur nous, et de nous, sans estre attentif à ce qui se passe, quoy que nous le sentions bien, nous pouvions divertir nostre cœur et appliquer nostre attention en la bonté et douceur divine, la benissant, non en ses effects ny ès evenemens qu'elle ordonne, mais elle-mesme et en sa propre excellence, nous ferions sans doute un exercice beaucoup plus eminent.

Demetrius tenant le siege devant Rhodes, Protogenes, qui estoit en une petite maison des fauxbourgs, ne cessa jamais de travailler, mais avec tant d'asseurance et de repos d'esprit, qu'encore qu'on luy tinst presque tousjours l'espée à la gorge, il fit l'excellent chef-d'œuvre d'un satyre admirable qui s'esgayoit à jouer du flageolet. O Dieu ! quelles ames, qui, entre toutes sortes d'accidens, tiennent tousjours leur attention et affection sur la bonté eternelle pour l'honorer et cherir à jamais !

La fille d'un excellent medecin et chirurgien estant en fievre continue, et sçachant que son pere l'aimoit uniquement, disoit à l'une de ses amies : Je sens beaucoup de peine, mais pourtant je ne pense point aux remedes ; car je ne sçay pas ce qui pourroit servir à ma guerison ; je pourrois desirer une chose, et il m'en faudroit une autre. Ne gagné-je donc pas mieux de laisser tout ce soin à mon pere, qui sçait, qui peut et qui veut pour moy tout ce qui est requis à ma santé ? J'aurois tort d'y penser, car il y pensera assez pour moy ; j'aurois tort de vouloir quelque chose, car

---

(1) Cant. Cant. II, 26. — (2) Luc, XI, 27.
(3) I. Luc, V, 7.

(1) Job, I, 21.

il voudra assez tout ce qui me sera profitable. Seulement donc j'attendray qu'il veuille ce qu'il jugera expedient, et ne m'amuseray qu'à le regarder quand il sera près de moy, à luy tesmoigner mon amour filial, et luy faire cognoistre ma confiance parfaicte. Et sur ces paroles elle s'endormit. Tandis que son pere, jugeant à propos de la saigner, disposa ce qui estoit requis, et venant à elle, ainsi qu'elle se resveilla, après l'avoir interrogée comme elle se trouvoit de son sommeil, il luy demanda si elle ne vouloit pas bien estre saignée pour guerir. Mon pere, respondit-elle, je suis vostre: je ne sçay ce que je dois vouloir pour guerir, c'est à vous de vouloir et faire pour moy tout ce qui vous semblera bon; car quant à moy, il me suffit de vous aimer et honorer de tout mon cœur comme je fay. Voilà donc qu'on luy bande le bras, et que le pere mesme porte la lancette sur la veine. Mais tandis qu'il donne le coup et que le sang en sort, jamais cette aimable fille ne regarda son bras piqué, ny son sang sortir de la veine; ains tenant les yeux arrestez sur le visage de son pere, elle ne disoit autre chose, sinon par fois tout doucement: Mon pere m'aime bien, et moy je suis toute sienne; et quand tout fut faict, elle ne le remercia point, mais seulement repeta encore une fois les mesmes paroles de son affection et confiance filiale.

Or dites-moy maintenant, mon amy Theotime, cette fille ne tesmoigna-t-elle pas un amour plus attentif et plus solide envers son pere, que si elle eust eu beaucoup de soin de luy demander des remedes à son mal, de regarder comme on luy ouvroit la veine, ou comme le sang couloit, et de luy dire beaucoup de paroles de remerciement? Il n'y a, certes, doute quelconque en cela: car, si elle eust pensé à soy, qu'eust-elle gaigné, sinon d'avoir soucy inutile, puisque son pere en avoit assez pour elle? Regardant son bras, qu'eust-elle fait, sinon recevoir de la frayeur? et remerciant son pere, quelle vertu eust-elle practiquée, sinon celle de la gratitude? N'a-t-elle pas donc mieux fait de s'occuper toute ès demonstrations de son amour filial, infiniment plus agreable au pere que toute autre vertu?

« Mes yeux sont tousjours au Seigneur, car il
« desengagera mes pieds des filets et des pie-
« ges (1). » Es-tu tombé dans le filet des adversitez?
hé! ne regarde pas ton adventure ni les pieges
esquels tu es pris; regarde Dieu, et le laisse faire;
il aura soin de toy. « Jette ta pensée sur luy, et
« il te nourrira (2). » Pourquoy te mesles-tu de
vouloir ou ne vouloir pas les evenemens et accidens du monde, puisque tu ne sçais pas ce que tu dois vouloir, et que Dieu voudra toujours assez pour toy tout ce que tu pourras vouloir sans que tu t'en mettes en peine? Attens donc en repos d'esprit les effects du bon plaisir divin, et que son vouloir te suffise, puisqu'il est tousjours très-bon; car ainsi ordonna-t-il à sa bien-aimée saincte Catherine de Sienne: Pense en moy, luy dit-il, et je penseray pour toy.

Il est fort mal-aisé de bien exprimer cette extresme indifference de la volonté humaine, qui est ainsi reduite et trespassée en la volonté de Dieu; car il ne faut pas dire, ce me semble, qu'elle acquiesce à celle de Dieu, puisque l'acquiescement est un acte de l'ame qui declare son consentement. Il ne faut pas dire non plus qu'elle accepte ni qu'elle reçoit, d'autant que accepter et recevoir sont certaines actions qu'on peut, en certaine façon, appeler actions passives, lesquelles nous embrassons et prenons ce qui nous arrive. Il ne faut pas dire aussi qu'elle permet, d'autant que la permission est un acte de la volonté, et, par consequent, un certain vouloir oisif qui ne veut voirement rien faire, mais veut pourtant laisser faire. Il me semble donc plustost que l'ame qui est en cette indifference, et qui ne veut rien, ains laisse vouloir à Dieu ce qui luy plaira, doit estre dite avoir sa volonté en une simple et generale attente; d'autant qu'attendre ce n'est pas faire ou agir, ains demeurer exposé à quelque evenement. Et si vous y prenez garde, l'attente de l'ame est vrayment volontaire, et toutesfois ce n'est pas une action, mais une simple disposition à recevoir ce qui arrivera: et lorsque les evenemens sont arrivez et receus, l'attente se convertit en consentement ou acquiescement; mais avant la venue d'iceux, en verité, l'ame est en une simple attente, indifferente à tout ce qu'il plaira à la volonté divine d'ordonner.

Notre Sauveur exprime ainsi l'extresme soumission de la volonté humaine à celle de son Pere eternel: « Le Seigneur Dieu, dit-il, a ouvert
« mon oreille (1), » c'est-à-dire, m'a annoncé son bon plaisir touchant la multitude des travaux que je dois souffrir; « et moy, dit-il par après, je
« ne contredis point, je ne me retire point en ar-
« riere. » Qu'est-ce à dire, *je ne contredis point, je ne me tire point en arriere*? sinon ma volonté est en une simple attente, et demeure disposée à tout ce que celle de Dieu ordonnera; ensuite de quoy « je baille et abandonne mon corps à la
« mercy de ceux qui le battront, et mes joues à
« ceux qui les peleront (2); » preparé à tout ce qu'ils voudront faire de moy. Mais voyez, je vous prie, Theotime, que tout ainsi que nostre Sau-

---

(1) Psalm. XXIV, 15. — (2) Psalm. LIV, 23.

(1) Isa. L, 5. — (2) Isa. L, 6.

veur, après l'oraison de resignation qu'il fit au jardin des Olives, et sa prise, se laissa manier et mener au gré de ceux qui le crucifierent, avec un abandonnement admirable de son corps et de sa vie entre leurs mains ; aussi mit-il son ame et sa volonté par une indifference tres-parfaicte ès mains de son Pere eternel ; car bien qu'il dit : « Mon Dieu, mon Dieu, pourquoy m'as-tu abandonné (1) ? » ce fut pour nous faire sçavoir les veritables amertumes et peines de son ame ; et non pour contrevenir à la tres-saincte indifference en laquelle il estoit ; ainsi qu'il monstra bientost après, concluant toute sa vie et sa passion par ces incomparables paroles : « Mon Pere, je remets « mon esprit entre vos mains (2). »

CHAPITRE XVI.

Du depouillement parfaict de l'ame unie à la volonté de Dieu.

Representons-nous le doux Jesus, Theotime, chez Pilate, où, pour l'amour de nous, les gens d'armes, ministres de la mort, le devestirent de ses habits l'un après l'autre ; et non contens de cela, luy osterent encore sa peau, la dechirans à coups de verges et de fouets : comme par après son ame fut despouillée de son corps, et le corps de sa vie par la mort qu'il souffrit en la croix : mais trois jours passez, par sa tres-saincte resurrection, l'ame se revestit de son corps glorieux, et le corps de sa peau immortelle, et s'habilla de vestemens differens, ou en pelerin, ou en jardinier, ou d'autre sorte, selon que le salut des hommes et la gloire de son Pere le requeroient. L'amour fit tout cela, Theotime, et c'est l'amour aussi qui entrant en une ame, afin de la faire heureusement mourir à soy et revivre à Dieu, la fait despouiller de tous les desirs humains et de l'estime de soy-mesme, qui n'est pas moins attachée à l'esprit que la peau à la chair, et la desnue enfin des affections plus aimables ; comme mesme celles qu'elle avoit aux consolations spirituelles, aux exercices de pieté, et à la perfection des vertus, qui sembloient estre la propre vie de l'ame devote.

Alors, Theotime, l'ame a raison de s'escrier : *J'ai osté mes habits, comme m'en revestiray-je* (3) ? *j'ai lavé mes pieds* de toutes sortes d'affections, *comme les souillerois-je de rechef* (4) ? *Nue je suis sortie de la main de Dieu, et nue j'y retourneray. Le Seigneur m'avoit donné* beaucoup de desirs, *le Seigneur me les a ostez*;

son sainct nom soit beny. Ouy, Theotime, le mesme Seigneur qui nous fait desirer les vertus en nostre commencement, et qui nous les fait practiquer en toutes occurrences, c'est luy-mesme qui nous oste l'affection des vertus, et de tous les exercices spirituels ; afin qu'avec plus de tranquillité, de pureté et de simplicité, nous n'affectionnions rien que le bon plaisir de sa divine majesté. Car comme la belle et sage Judith avoit voirement dans ses cabinets ses beaux habits de feste, et neantmoins ne les affectionnoit point, ny ne s'en para jamais en sa viduité, sinon, quand, inspirée de Dieu, elle alla ruiner Holofernes ; ainsi, quoyque nous ayons appris la practique des vertus et les exercices de devotion, si est-ce que nous ne devons point les affectionner ny en revestir nostre cœur, sinon à mesure que nous sçavons que c'est le bon plaisir de Dieu. Et comme Judith demeura tousjours en habits de deuil, sinon en cette occasion en laquelle Dieu voulut qu'elle se mist en pompe (1) ; aussi devons-nous paisiblement demeurer revestus de nostre misere et abjection parmy nos imperfections et foiblesses, jusqu'à ce que Dieu nous exalte à la practique des excellentes actions.

On ne peut longuement demeurer en cette privation, despouillé de toute sorte d'affections ; c'est pourquoy, selon l'advis du sainct apostre, après que nous avons *osté les vestemens du vieil Adam*, il se faut *revestir des habits du nouvel homme* (2), c'est-à-dire de Jesus-Christ ; car, ayant tout renoncé, voire mesme les affections des vertus, pour ne vouloir ny de celles-là, ny d'autres quelconques, qu'autant que le bon plaisir divin portera, il nous faut revestir derechef de plusieurs affections, et peut-estre des mesmes que nous avons renoncées et resignées ; mais il s'en faut de rechef revestir, non plus parce qu'elles nous sont agreables, utiles, honorables, et propres à contenter l'amour que nous avons pour nous-mesmes, ains parce qu'elles sont agreables à Dieu, utiles à son honneur, et destinées à sa gloire.

Eliezer portoit des pendans d'oreilles, des brasselets et des vestemens neufs, pour la fille que Dieu avoit preparée au fils de son maistre ; et par effect il les donna à la vierge Rebecca, sitost qu'il cogneut qu'elle estoit celle-là (3). Il faut des habits neufs à l'espouse du Sauveur. Si pour l'amour de luy elle s'est despouillée de l'affection ancienne qu'elle avoit à ses parens (4), au pays, à la maison, aux amis, il faut qu'elle en prenne une toute nouvelle, affectionnant tout

---

(1) Matth. xxvii, 46. — (2) Luc, xxiii, 46.
(3) Cant. Cant. v, 3. — (4) Job, i, 21.

(1) Judith. x. — (2) Coloss. iii, 9, 10.
(3) Genes. xxiv. — (4) Ps. xliv, 2.

22.

cela en son rang, non plus selon les considerations humaines, mais parce que l'espoux celeste le veut, le commande et l'entend, et qu'*il a mis un tel ordre en la charité* (1). Si on s'est desnué de la vieille affection aux consolations spirituelles, aux exercices de la devotion, à la practique des vertus, voire mesme à nostre propre advancement en la perfection, il se faut revestir d'une autre affection toute nouvelle, aimant toutes ces graces et faveurs celestes, non plus parce qu'elles perfectionnent et ornent nostre esprit, mais parce que le nom de Nostre-Seigneur en est sanctifié, que son royaume en est enrichy, et son bon plaisir glorifié.

Ainsi sainct Pierre s'habille dans la prison, non par son election, mais à mesure que l'ange le luy commande (2). Il met sa ceinture, puis ses sandales, puis ses autres vestemens; et le glorieux sainct Paul, despouillé en un moment de toutes affections, « Seigneur, dit-il, que voulez-vous que je « fasse (3)? » c'est-à-dire, que vous plaist-il que j'affectionne; puisque me jettant à terre, vous avez fait mourir ma volonté propre? Hé! Seigneur, mettez vostre bon plaisir en sa place, et « m'en-« seignez de faire vostre volonté; car vous estes « mon Dieu (1). » Theotime, quiconque a tout quitté pour Dieu, ne doit rien reprendre que comme Dieu le veut; il ne nourrit plus son corps, sinon comme Dieu l'ordonne, afin qu'il serve à l'esprit; il n'etudie plus que pour servir le prochain et sa propre ame, selon l'intention divine; il practique les vertus, non selon qu'elles sont plus à son gré, mais selon que Dieu le desire.

Dieu commanda au prophete Isaïe de se despouiller, et il le fit (2); marchant et preschant en cette sorte, ou trois jours entiers, comme quelques-uns dient, ou trois ans, comme les autres pensent : puis il reprit ses habits, quand le terme que Dieu luy avoit prefigé fut passé. Ainsi se faut-il desnuer de toutes affections, petites et grandes, et faut souvent examiner nostre cœur pour voir s'il est bien prest à se devestir, comme fit Isaïe, de tous ses habits; puis reprendre aussi, quand il est temps, les affections convenables au service de la charité, afin de mourir en croix, nuds, avec nostre divin Sauveur, et ressusciter par après en un nouvel homme avec luy. *L'amour est fort comme la mort* (3), pour nous faire tout quitter : il est magnifique comme la resurrection, pour nous parer de gloire et d'honneur.

(1) Cant. Cant. II, 4. — (2) Act. XII, 8.
(3) Act. IX, 6.

(1) Psalm. CXLII, 10. — (2) Isa. XX, 2.
(3) Cant. Cant. VIII, 6.

LIVRE DIXIESME.

DU COMMANDEMENT D'AIMER DIEU SUR TOUTES CHOSES.

CHAPITRE PREMIER.

De la douceur du commandement que Dieu nous a fait de l'aimer sur toutes choses.

L'homme est la perfection de l'univers; l'esprit est la perfection de l'homme; l'amour, celle de l'esprit; et la charité, celle de l'amour. C'est pourquoy l'amour de Dieu est la fin, la perfection et l'excellence de l'univers. En cela, Theotime, consiste la grandeur et primauté du commandement de l'amour divin, que le Sauveur nomme *le premier et le tres-grand commandement* (1). Ce commandement est comme un soleil qui donne le lustre et la dignité à toutes les loix sacrées, à toutes les ordonnances divines, et à toutes les sainctes Escritures. Tout est faict pour ce celeste amour, et tout se rapporte à iceluy. De l'arbre sacré de ce commandement dependent tous les conseils, exhortations, inspirations, et les autres commandemens, comme ses fleurs; et la vie eternelle, comme son fruict : et tout ce qui ne tend point à l'amour eternel, tend à la mort eternelle. Grand commandement, duquel la parfaicte practique dure en la vie eternelle, ains n'est autre chose que la vie eternelle.

Mais voyez, Theotime, combien cette loy d'amour est aimable. Hé! Seigneur Dieu, ne suffisoit-il pas qu'il vous plust de nous permettre ce divin amour, comme Laban permit celuy de Rachel à Jacob (1), sans qu'il vous plust encore de

(1) Matth. XXII, 38.

(1) Genes. XXIX.

nous y semondre par exhortations, de nous y pousser par vos commandemens? Mais non, bonté divine, afin que ny vostre grandeur, ny nostre bassesse, ny pretexte quelconque, ne nous retardast de vous aimer, vous nous le commandez. Le pauvre Appelles ne se pouvant garder d'aimer, n'osoit toutesfois aimer la belle Compaspé, parce qu'elle appartenoit au grand Alexandre. Mais quand il eut congé de l'aimer, combien s'en estima-t-il obligé à celuy qui le luy permettoit! Il ne sçavoit s'il devoit plus aimer, ou cette belle Compaspé, qu'un si grand empereur luy avoit quittée, ou ce grand empereur, qui luy avoit quitté une si belle Compaspé.

O vray Dieu! si nous le sçavions entendre, mon cher Theotime, quelle obligation aurions-nous à ce souverain bien, qui non-seulement nous permet, mais nous commande de l'aimer! Helas, ô Dieu! je sçay pas si je dois plus aimer votre infinie beauté, qu'une si divine bonté m'ordonne d'aimer, ou vostre divine bonté qui m'ordonne d'aimer une si tres-infinie beauté. O beauté, combien estes-vous aimable, m'estant octroyée par une si immense bonté! O bonté, que vous estes aimable de me communiquer une si eminente beauté!

Dieu, au jour du jugement, imprimera ès esprits des damnez l'apprehension de la perte qu'ils feront, en une façon admirable: car la divine majesté leur fera clairement voir la souveraine beauté de sa face, et les tresors de sa bonté; et à la veüe de cet abysme infini de delices, la volonté, par un effort extreme, se voudra lancer sur iceluy pour s'unir à luy, et jouir de son amour : mais ce sera pour neant, d'autant qu'elle sera comme une femme qui, entre les douleurs de l'enfantement, après avoir enduré des violentes tranchées, des convulsions cruelles et des detresses insupportables, meurt enfin sans pouvoir enfanter. Car à mesure que la claire et belle cognoissance de la divine beauté aura penetré les entendemens de ces esprits infortunez, la divine justice ostera tellement la force à la volonté, qu'elle ne pourra nullement aimer cet object que l'entendement luy proposera et representera estre tant aimable; et cette veüe qui devoit engendrer un si grand amour en la volonté, en lieu de cela, y fera naistre une tristesse infinie, laquelle sera rendue eternelle par la souvenance qui demeurera à jamais en ces ames perdues de la souveraine beauté qu'elles auront veüe : souvenance sterile de tout bien, ains fertile de travaux, de peines, de tourmens et de desespoirs immortels: d'autant qu'en la volonté se trouvera tout ensemble une impossibilité, ains une effroyable et eternelle aversion et repugnance

d'aimer cette tant desirable excellence : si que les miserables damnez demeureront à jamais en une rage desesperée, de sçavoir une perfection si souverainement aimable, sans en pouvoir jamais avoir ny la jouissance, ny l'amour; parce que, tandis qu'ils l'ont pu aimer, ils ne l'ont pas voulu. Ils brusleront d'une soif d'autant plus violente, que le souvenir de cette source des eaux de la vie eternelle aiguisera leurs ardeurs : ils mourront immortellement, *comme des chiens*, d'une *faim* (1) d'autant plus vehemente, que leur memoire en affirmera l'insatiable cruauté par le souvenir du festin duquel ils auront esté privez.

Car alors, fremissant de rage,
Le pervers tout sec deviendra :
Mais, quoyque brasse en son courage
Le meschant, tout luy defaudra (2).

Certes, je ne voudrois pas asseurer que cette veüe de la beauté de Dieu, que les malheureux auront, comme en éloyse, et à guise d'un esclair, doive estre de mesme clarté que celle des bienheureux ; mais elle sera pourtant si claire, qu'*ils verront le fils de l'homme en sa majesté*: *ils verront celuy qu'ils ont perce* (3), et par la veüe de cette gloire, cognoistront la grandeur de leur perte. Si Dieu avoit defendu à l'homme de l'aimer, que de regrets ès ames genereuses! que ne feroient-elles pas pour en obtenir la permission! David entra au hazard d'un combat extresmement rude, pour avoir la fille du roy (4). Et qu'est-ce que ne fit pas Jacob pour pouvoir espouser Rachel (5), et le prince Sichen pour avoir Dina en mariage (6)? Les damnez s'estimeroient bienheureux, s'ils pensoient de pouvoir quelquefois aimer Dieu; et les bienheureux s'estimeroient damnez, s'ils croyoient de pouvoir estre une fois privez de cet amour sacré.

Hé! vray Dieu! combien est desirable la suavité de ce commandement, Theotime, puisque si la divine volonté le faisoit aux damnez, ils seroient en un moment delivrez de leur plus grand malheur, et que les bienheureux ne sont bienheureux que par la practique d'iceluy! O amour celeste! que vous estes aimable à nos ames! et que benie soit à jamais la bonté, laquelle nous commande avec tant de soin qu'on l'aime, quoyque son amour soit si desirable et necessaire à nostre bonheur, que sans iceluy nous ne puissions estre que malheureux!

(1) Psalm. LVIII, 7. — (2) Psalm. CXI, 10.
(3) Matth. XXIV, 40; Joan. XIX, 37.
(4) I. Reg. XVIII. — (5) Genes. XXIX.
(6) Genes. XXXIV.

CHAPITRE II.

Que ce divin commandement de l'amour tend au ciel, mais est toutesfois donné aux fideles de ce monde.

Si aucune *loy n'est imposée au juste* (1), parce que prevenant la loy; et sans avoir besoin d'estre sollicité par icelle, il fait la volonté de Dieu, par l'instinct de la charité qui regne en son ame, combien devons-nous estimer les bienheureux de paradis, libres et exempts de toute sorte de commandemens, puisque de la jouissance en laquelle ils sont de la souveraine beauté et bonté du bien-aimé, coule et procede une douce mais inevitable necessité en leurs esprits d'aimer eternellement la tres-saincte divinité? Nous aimerons Dieu au ciel, Theotime, non comme liez et obligez par la loy, mais comme attirez et ravis par la joye que cet object si parfaictement aimable donnera à nos cœurs. Alors la force du commandement cessera pour faire place à la force du contentement, qui sera le fruit et le comble de l'observation du commandement. Nous sommes donc destinez au contentement qui nous est promis en la vie immortelle, par ce commandement qui nous est fait en cette vie mortelle, en laquelle nous sommes, à la verité, obligez de l'observer tres-estroictement, puisque c'est la loy fondamentale que le roy Jesus a donnée aux citoyens de la Hierusalem militante, pour leur faire meriter la bourgeoisie et la joye de la Hierusalem triomphante.

Certes, là-haut, au ciel, nous aurons un cœur tout libre de passions, une ame tout espurée de distractions, un esprit affranchy de contradictions, et des forces exemptes de repugnances; et partant nous y aimerons Dieu par une perpetuelle et non jamais interrompue dilection, ainsi qu'il est dit de ces quatre animaux sacrez, qui, representans les evangelistes, *sans cesser ny jour ny nuict* (2), louoient continuellement la Divinité. O Dieu! quelle joye, quand, establis en ces eternels tabernacles, nos esprits seront en ce mouvement perpetuel, emmy lequel ils auront le repos tant desiré de leur eternelle dilection!

Heureux qui loge en ta maison,
Il te loue en toute saison (3).

Mais il ne faut pas pretendre à cet amour si extremement parfaict en cette vie mortelle : car nous n'avons pas encore ny le cœur, ny l'ame, ny l'esprit, ny les forces des bienheureux. Il suffit

(1) I. ad Tim. I, 9.
(2) Apoc. IV, 8. — (3) Psalm. LXXXVIII, 5.

que nous aimions de tout le cœur, et de toutes les forces que nous avons. Tandis que nous sommes petits enfans, nous sommes sages comme petits enfans, nous parlons en petits enfans, nous aimons comme petits enfans (1) : mais quand nous serons parfaicts là-haut, au ciel, nous serons quittes de nostre enfance, et aimerons Dieu parfaictement. Et ne faut pas non plus, Theotime, que pendant l'enfance de nostre vie mortelle, nous laissions de faire ce qui est en nous, selon qu'il nous est commandé, puisque non-seulement nous le pouvons, mais il est tres-aisé; tout ce commandement estant de l'amour, et de l'amour de Dieu, qui estant souverainement bon, est souverainement aimable.

CHAPITRE III.

Comme, tout le cœur estant employé en l'amour sacré, on peut neantmoins aimer Dieu differemment, et aimer encore plusieurs autres choses avec Dieu.

Qui dit tout, ne forclost rien; et toutesfois un homme ne laissera pas d'estre tout à Dieu, tout à son pere, tout à sa mere, tout au prince, tout à la republique, tout à ses enfans, tout à ses amis; en sorte qu'estant tout à chacun, il sera encore tout à tous. Or cela est ainsi, d'autant que le devoir par lequel on est tout aux uns, n'est pas contraire au devoir par lequel on est tout aux autres.

L'homme se donne tout par l'amour, et se donne tout autant qu'il aime. Il est donc souverainement donné à Dieu, lorsqu'il aime souverainement sa divine bonté. Et quand il s'est ainsi donné, il ne doit rien aimer qui puisse oster son cœur à Dieu. Or, jamais aucun amour n'oste nos cœurs à Dieu, sinon celuy qui luy est contraire.

Sara ne se fasche point de voir Ismaël autour du cher Isaac, tandis qu'il ne se joue point à le heurter et piquer (2) : et la divine bonté ne s'offense point de voir en nous des autres amours auprès du sien, tandis qu'ils conservent envers luy la reverence et sousmission qui luy est deue.

Certes, Theotime, là-haut en paradis, Dieu se donnera tout à nous, et non pas en partie, puisque c'est un tout qui n'a point de partie; mais il se donnera pourtant diversement et avec autant de differences qu'il y aura de bienheureux. Ce qui se fera ainsi, parce que se donnant tout à tous et tout à un chacun, il ne se donnera jamais totalement, ny à pas un en particulier, ny à tous en general. Or, nous nous donnerons à luy selon la mesure qu'il se

(1) I. ad Cor. XIII, 11. — (2) Genes. XXI, 9, 10.

donnera à nous : car nous le verrons voirement tous *face à face* (1), ainsi qu'il est en sa beauté ; et l'aimerons de cœur à cœur, ainsi qu'il est en sa bonté : mais tous toutesfois ne le verront pas avec une esgale clarté, ny ne l'aimeront pas avec une esgale suavité, ains un chacun le verra et l'aimera selon la particuliere mesure de gloire que la divine Providence luy a preparée. Nous aurons tous esgalement la plenitude de ce divin amour ; mais les plenitudes pourtant seront inesgales en perfection. Le miel de Narbonne est tout doux, si est bien celuy de Paris : tous deux sont pleins de douceur; mais l'un neantmoins est plein d'une meilleure, plus fine et plus forte douceur : et bien que l'un et l'autre soient tout doux, ny l'un ny l'autre n'est pas toutesfois totalement doux. Je fay hommage au prince souverain, et je le fay encore au subalterne ; j'engage donc envers l'un et envers l'autre toute ma fidelité, et toutesfois je ne l'engage pas totalement ny à l'un ny à l'autre : car en celle que je preste au souverain, je n'exclus pas celle du subalterne ; et en celle du subalterne, je ne comprends pas celle du souverain. Que si au ciel, où ces paroles : *Tu aimeras le Seigneur ton Dieu de tout ton cœur* (2), seront si excellemment practiquées, on aura des grandes differences en l'amour, ce n'est pas merveille si en cette vie mortelle il y en a beaucoup.

Theotime, non-seulement entre ceux qui aiment Dieu de tout leur cœur, il y en a qui l'aiment plus et les autres moins ; mais une mesme personne se surpasse maintesfois soy-mesme, en ce souverain exercice de la dilection de Dieu sur toutes choses. Appelles faisoit mieux une fois qu'autre ; il se surmontoit aucunefois soy-mesme : car bien qu'il mist ordinairement tout son art et toute son attention à peindre Alexandre-le-Grand, si est-ce qu'il ne l'y mettoit pas tousjours totalement, ny si entierement qu'il ne luy restast des autres efforts par lesquels il n'employoit pas ny un plus grand artifice, ny une plus grande affection ; mais il l'employoit plus vivement et parfaitement. Il appliquoit tousjours tout son esprit à bien faire ces tableaux d'Alexandre, parce qu'il l'appliquoit sans reserve ; mais il l'appliquoit aucunefois plus fortement et plus heureusement. Qui ne sçait que l'on profite en ce sainct amour, et que la fin des saincts est comblée d'un plus parfaict amour que le commencement ?

Or, selon la maniere de parler des sainctes Escritures, faire quelque chose de tout son cœur, ne veut dire autre chose, sinon la faire de bon cœur, sans reserve. « O Seigneur, disoit David,

(1) I. ad Cor. XIII, 12. — (2) Deut. IV, 5.

« je vous ay cherché de tout mon cœur. J'ay crié « de tout mon cœur, Seigneur, exaucez-moi (1). » Et la sacrée parole tesmoigne que vrayment il avoit suivy Dieu de tout son cœur.; et nonobstant cela, elle ne laisse pas de dire qu'Ezechias « n'eust « point son semblable entre tous les roys de Juda, « ny devant, ny après luy : qu'il s'unit à Dieu, « et ne se destourna point de luy (2) ; » puis traictant de Josias, elle dit « qu'il n'y eust aucun « roy devant luy, qui luy fust semblable, qui se « retournast au Seigneur de tout son cœur, de « toute son ame, et de toute sa force, selon toute « la loy de Moyse ; nul aussi après luy ne s'es- « leva de semblable (3). » Voyez donc, Theotime, je vous prie, voyez comme David, Ezechias, et Josias aimerent Dieu de tout leur cœur, et que neantmoins ils ne l'aiment pas tous trois esgalement, puisque aucun de ces trois n'eust son semblable en cet amour, ainsi que dit le sacré texte. Tous trois l'aimerent un chacun de tout son cœur ; mais pas un d'entre eux, ny tous trois ensemble, ne l'aimerent totalement, ains chacun en sa façon particuliere ; si que, comme tous trois furent semblables, en ce qu'ils donnerent un chacun tout son cœur, aussi furent-ils dissemblables tous trois en la maniere de le donner : ains il n'y a point de doute que David, pris à part, ne fust grandement dissemblable à soy-mesme en cet amour, et qu'avec son second *cœur que Dieu crea net* et pur en luy, avec son *esprit droit* que Dieu *renouvella* en *ses entrailles* (4), par la tres-saincte penitence, il ne chantast beaucoup plus melodieusement le cantique de sa dilection, qu'il n'avoit jamais fait avec son cœur et son esprit premier.

Tous les vrays amans sont egaux, en ce que tous donnent tout leur cœur à Dieu, et de toute leur force ; mais ils sont inegaux, en ce qu'ils le donnent tous diversement, et avec des differentes façons, dont les uns donnent tout leur cœur, de toute leur force, moins parfaitement que les autres. Qui le donne tout par le martyre, qui tout par la virginité, qui tout par la pauvreté, qui tout par l'action, qui tout par l'exercice pastoral : et tous le donnans tout par l'observance des commandemens, les uns pourtant le donnent avec moins de perfection que les autres.

Ouy mesme Jacob qui estoit appellé le *sainct* de Dieu en Daniel, et que Dieu proteste d'avoir *aimé*, confesse luy-mesme qu'il avoit *servi* Laban *de toutes ses forces* (5). Et pourquoy avoit-il servi Laban, sinon pour avoir Rachel, qu'il ai-

(1) Psalm. CXVIII, 10, 45. — (2) IV. Reg. 5, 6. (3) IV. Reg. XXIII, 25. — (4) Ps. L, 12. (5) Daniel. III, 55 ; Rom. IX, 13 ; Gen. XXXI, 6.

moit de toutes ses forces? Il sert Laban de toutes ses forces, il sert Dieu de toutes ses forces : il aime Rachel de toutes ses forces, il aime Dieu de toutes ses forces ; mais il n'aime pas pour cela Rachel comme Dieu, ny Dieu comme Rachel. Il aime Dieu comme son Dieu, sur toutes choses, et plus que soy-mesme ; il aime Rachel comme sa femme, sur toutes les autres femmes, et comme luy-mesme. Il aime Dieu de l'amour absolument et souverainement supresme, et Rachel du supresme amour nuptial. Et l'un des amours n'est point contraire à l'autre, puisque celuy de Rachel ne viole point les privileges et advantages souverains de celuy de Dieu.

De sorte, Theotime, que le prix de l'amour que nous portons à Dieu, depend de l'eminence et excellence du motif pour lequel et selon lequel nous l'aimons, en ce que nous l'aimons pour sa souveraine infinie bonté, comme Dieu et selon qu'il est Dieu. Or, une goutte de cet amour vaut mieux, a plus de force, et merite plus d'estime que tous les autres amours qui jamais puissent estre ès cœurs des hommes et parmy les cœurs des anges ; car tandis que cet amour vit, il regne et tient le sceptre sur toutes affections, faisant preferer Dieu en sa volonté, à toutes choses indifferemment, universellement et sans reserve.

CHAPITRE IV.

De deux degrez de perfection, avec lesquels ce commandement peut estre observé en cette vie mortelle.

Tandis que le grand roy Salomon, jouissant encore de l'esprit divin, composoit le sacré Cantique des cantiques, il avoit, selon la permission de ce temps-là, une grande varieté de dames et damoiselles dediées à son amour, en diverses conditions et sous differentes qualitez. Car, premierement, il y en avoit une qui estoit uniquement l'unique amie, toute parfaicte, toute rare, comme une singuliere colombe avec laquelle les autres n'entroient point en comparaison, et que pour cela il appela de son nom, Sulamite. Secondement, il en avoit soixante, qui, après celle-là, tenoient le premier degré d'honneur et d'estime, et qui furent nommées reynes ; outre lesquelles il y avoit, en troisiesme lieu, encore quatre-vingts dames qui n'estoient voirement pas reynes, mais qui pourtant avoient part au lict royal en qualité d'honorables et legitimes amies. Et finalement il y avoit des jeunes damoiselles sans nombre, reservées à estre mises en la place des precedentes, à mesure qu'elles viendroient à defaillir.

Or sur l'idée de ce qui se passoit en son palais,
il descrivit les diverses perfections des ames, qui à l'advenir devoient adorer, aimer et servir le grand roy pacifique Jesus-Christ Nostre Seigneur ; entre lesquelles il y en a qui estant nouvellement delivrées de leurs pechez, et bien resolues d'aimer Dieu, sont neantmoins encore novices, apprentisses, tendres et foibles ; si qu'elles aiment voirement la divine suavité, mais avec meslange de tant d'autres differentes affections, que leur amour sacré estant encore comme en son enfance, elles aiment avec Nostre-Seigneur quantité de choses superflues, vaines et dangereuses. Et comme un phœnix nouvellement esclos de sa cendre, n'ayant encore que des petites plumes fluettes et des poils follets, ne peut faire que des petits eslans, par lesquels il doit estre dit sauter plustost que voler ; ainsi ces tendres jeunes ames nouvellement nées dans la cendre de leur penitence, ne peuvent encore pas prendre l'essor et voler au plein air de l'amour sacré, retenues dans une multitude de mauvaises inclinations et habitudes depravées que les pechez de la vie passée leur ont laissées. Elles sont neantmoins vivantes, animées, et emplumées de l'amour, et de l'amour vray, autrement elles n'eussent pas quitté le peché ; mais amour neantmoins encore foible et jeune, qui, environné d'une quantité d'autres amours, ne peut pas produire tant de fruict, comme il feroit s'il possedoit entierement le cœur.

Tel fut l'enfant prodigue, quand quittant l'infasme compagnie, ou la garde des pourceaux entre lesquels il avoit vescu, il vint ès bras de son pere, à demi-nud et tout souillé des ordures qu'il avoit contractées parmy ces vilains animaux. Car qu'est-ce quitter les pourceaux, sinon se retirer des pechez? Et qu'est-ce venir tout deschiré, drilleux et infecté, sinon avoir encore l'affection embarrassée des habitudes et inclinations qui tendent au peché ? Mais cependant il avoit la vie de l'ame qui est l'amour : et comme un phœnix renaissant de sa cendre, il se trouva ressuscité : *Il estoit mort*, dit son pere, *et il est revenu à vie* (1), il est ravivé. Or ces ames sont nommées jeunes filles au cantique, d'autant qu'ayant senty l'odeur du nom de l'espoux qui ne respire que salut et pardon, elles l'aiment d'un amour vray : mais amour qui, comme elles, est en sa tendre jeunesse ; d'autant que tout ainsi que les jeunes fillettes aiment voirement bien leurs espoux, si elles en ont, mais ne laissent pas d'aimer grandement les bagues et bagatelles, leurs compagnes avec lesquelles elles s'amusent esperduement à jouer, danser et folastrer, s'en-

---

(1) Luc, xv, 32.

tretenans avec les petits oyseaux, petits chiens, escurieux, et autres tels jouets; aussi ces ames jeunes et novices aiment, certes, bien l'espoux sacré, mais avec une multitude de distractions et divertissemens volontaires : de sorte que l'aimant par-dessus toutes choses, elles ne laissent pas de s'amuser à plusieurs choses qu'elles n'aiment pas selon luy, ains outre luy, hors de luy et sans luy. Certes, comme les menus desreglemens en paroles, en gestes, en habits, en passe-temps, en folastreries, ne sont pas, à proprement parler, contre la volonté de Dieu, aussi ne sont-ils pas selon icelle, ains hors d'icelle et sans icelle.

Mais il y a des ames qui ayant desjà fait quelque progrez en l'amour divin, ont retranché tout l'amour qu'elles avoient aux choses dangereuses, et neantmoins ne laissent pas d'avoir des amours dangereux et superflus, parce qu'elles affectionnent avec excès et par un amour trop tendre et passionné ce que Dieu veut qu'elles aiment. Dieu vouloit qu'Adam aimast tendrement Eve, mais non pas aussi tendrement, que pour luy complaire, il violast l'ordre que sa divine majesté luy avoit donné. Il n'aima pas donc une chose superflue, ni de soy-mesme dangereuse; mais il l'aima avec superfluité et dangereusement. L'amour de nos parens, amis, bienfaicteurs est de soy-mesme selon Dieu, mais nous les pouvons aimer excessivement; comme aussi nos vocations, pour spirituelles qu'elles soient, et nos exercices de pieté (que toutesfois nous devons tant affectionner) peuvent estre aimez desreglement, lorsque l'on les prefere à l'obeissance et au bien plus universel, ou que l'on les affectionne en qualité de derniere fin, bien qu'ils ne soient que des moyens et acheminemens à nostre filiale pretention, qui est le divin amour. Et ces ames qui n'aiment rien que ce que Dieu veut qu'elles aiment, mais qui excedent en la façon d'aimer, aiment voirement la divine bonté sur toutes choses, mais non pas en toutes choses : car les choses mesmes qu'il leur est non-seulement permis, mais ordonné d'aimer selon Dieu, elles ne les aiment pas seulement selon Dieu, ains pour des causes et motifs qui ne sont pas, certes, contre Dieu, mais bien hors de Dieu : de sorte qu'elles ressemblent au phœnix, qui ayant ses premieres plumes, et commençant à se renforcer, se guinde desjà en plein air, mais n'a pourtant pas encore assez de force pour demeurer longuement au vol, dont il descend souvent prendre terre pour s'y reposer. Tel fut le pauvre jeune homme, qui ayant *observé les commandemens* de Dieu *dès son bas age* (1), ne desiroit pas les biens d'autruy, mais il affectionnoit trop tendrement ceux qu'il avoit. C'est pourquoy, quand Nostre-Seigneur luy conseilla de les *donner aux pauvres* (1), il devint tout triste et melancholique. Il n'aimoit rien que ce qu'il luy estoit loisible d'aimer, mais il l'aimoit d'un amour superflu et trop serré. Ces ames donc, Theotime, aiment voirement trop ardemment et avec superfluité ; mais elles n'aiment point les superfluitez, ains seulement ce qu'il faut aimer. Et pour cela elles jouissent du lict nuptial du Salomon celeste, c'est-à-dire des unions, des recueillemens et des repos amoureux dont il a esté parlé aux livres v et vi; mais elles n'en jouissent pas en qualité d'espouses, parce que la superfluité avec laquelle elles affectionnent les choses bonnes, fait qu'elles n'entrent pas fort souvent en ces divines unions de l'espoux, estant occupées et diverties pour aimer hors de luy et sans luy ce qu'elles ne doivent aimer qu'en luy et pour luy.

CHAPITRE V.

De deux autres degrez de plus grande perfection avec lesquels nous pouvons aimer Dieu sur toutes choses.

Or il y a des autres ames qui n'aiment ni les superfluitez, ni avec superfluité ; ains aiment seulement ce que Dieu veut, et comme Dieu veut. Ames heureuses, puisqu'elles aiment Dieu et leurs amis en Dieu, et leurs ennemis pour Dieu. Elles aiment plusieurs choses avec Dieu, mais pas une, sinon en Dieu et pour Dieu ; c'est Dieu qu'elles aiment, non-seulement sur toutes choses, mais en toutes choses, et toutes choses en Dieu, semblables au phœnix parfaictement rajeuny et revigoré, que l'on ne voit jamais qu'en l'air, ou sur les coupeaux des monts qui sont en l'air. Car ainsi ces ames n'aiment rien, si ce n'est en Dieu, quoyque toutesfois elles aiment plusieurs choses avec Dieu, et Dieu pour plusieurs choses. Sainct Luc recite que Nostre-Seigneur invita à sa suite un jeune homme qu'il aimoit voirement bien fort (2), mais il aimoit encore grandement son pere, et pour cela vouloit retourner à luy ; et Nostre-Seigneur luy retranche cette superfluité d'amour, et l'excite à un amour plus pur, afin que non-seulement il aime Nostre-Seigneur plus que son pere, mais qu'il n'aime son pere qu'en Nostre-Seigneur : « Laisse aux morts « le soin d'ensevelir leurs morts ; mais quant à « toy (qui as trouvé la vie), va et annonce le « royaume de Dieu (3). » Et ces ames, comme vous

(1) Matth. xix, 20.

(1) Matth. xix, 22.
(2) Luc, ix, 59. — (3) Ibid, 60.

voyez, Theotime, ayans si grande union avec l'espoux, elles meritent bien de participer à son rang, et d'estre reynes comme il est roy, puisqu'elles luy sont toutes dediées sans division ni separation quelconque, n'aimans rien hors de luy et sans luy, ains seulement en luy et pour luy.

Mais enfin au-dessus de toutes ces ames il y en a une tres-uniquement unique, qui est la reyne des reynes, la plus aimante, la plus aimable et la plus aimée de toutes les amies du divin espoux, qui non-seulement aime Dieu sur toutes choses et en toutes choses, mais n'aime que Dieu en toutes choses : de sorte qu'elle n'aime pas plusieurs choses, ains une seule chose qui est Dieu. Et parce que c'est Dieu seul qu'elle aime en tout ce qu'elle aime, elle l'aime esgalement partout, selon que le bon plaisir d'iceluy le requiert, hors de toutes choses et sans toutes choses. Si ce n'est qu'Ester qu'Assuerus aime, pourquoy l'aimera-t-il plus lorsqu'elle est parfumée et parée, que lorsqu'elle est en son habit ordinaire? Si ce n'est que mon Sauveur que j'aime, pourquoy n'aimeray-je pas autant la montagne de Calvaire que celle de Thabor, puisqu'il est aussi veritablement en l'une qu'en l'autre? Et pourquoy ne diray-je pas aussi cordialement en l'une comme en l'autre : *Il est bon d'estre icy* (1)? J'aime le Sauveur en *Egypte* (2), sans aimer l'Egypte? pourquoy ne l'aimeray-je pas au festin de *Simon le lepreux* (3), sans aimer le festin? et si je l'aime entre les *blasphesmes* (4) qu'on repand sur luy, sans aimer les blasphesmes, pourquoy ne l'aimeray-je pas parfumé de *l'onguent* (5) precieux de Magdeleine, sans aimer ny l'onguent ny la senteur? C'est le vray signe que nous n'aimons que Dieu en toutes choses, quand nous l'aimons esgalement en toutes choses, puisque estant toujours esgal à soy-mesme, l'inesgalité de nostre amour envers luy ne peut avoir origine que de la consideration de quelque chose qui n'est pas luy. Or cette sacrée amante n'aime non plus son roy avec tout l'univers, que s'il estoit tout seul sans univers : parce que tout ce qui est hors de Dieu, et n'est pas Dieu, ne luy est rien. Ame toute pure, qui n'aime pas mesme le paradis, sinon parce que l'espoux y est aimé : mais l'espoux si souverainement aimé en son paradis, que s'il n'y avoit point de paradis à donner, il n'en seroit ny moins aimable, ny moins aimé par cette courageuse amante qui ne sçait pas aimer le paradis de son espoux, ains seulement son espoux de paradis, et qui ne prise pas moins le Calvaire, tandis que son espoux y est crucifié, que le ciel où il est glorifié. Celuy qui pese une des petites boulettes du cœur de saincte Claire de Montefalco, y trouve autant de poids comme il en trouve les pesant toutes trois ensemble. Ainsi le grand amour trouve Dieu autant aimable luy seul, que toutes les creatures avec luy ensemble, d'autant qu'il n'aime toutes les creatures qu'en Dieu et pour Dieu.

De ces ames si parfaictes, il y en a si peu, que chacune d'elles est appelée *unique de sa mere* (1), qui est la Providence divine. Elle est dite *unique colombe* (2), qui pour tout n'aime que son colombeau. Elle est nommée *parfaicte* (3), parce qu'elle est rendue par amour une mesme chose avec la souveraine perfection, dont elle peut dire avec une tres-humble verité : *Je ne suis que pour mon bien-aimé, et son cœur est tourné devers moy* (4).

Or il n'y a que la tres-saincte Vierge Nostre-Dame, qui soit parfaictement parvenue à ce degré d'excellence en l'amour de son cher bien-aimé, car elle est une *colombe* si uniquement *unique* en dilection, que toutes les autres estant mises auprès d'elle en parangon, meritent plustost le nom de corneilles que de *colombes*. Mais laissans cette nompareille reyne en son incomparable eminence, on a, certes, veu des ames qui se sont tellement trouvées en l'estat de ce pur amour, qu'en comparaison des autres, elles pouvoient tenir rang de reynes, de *colombes uniques*, et de parfaictes amies de l'espoux. Car, je vous prie, Theotime, que devoit estre celuy qui de tout son cœur chantoit à Dieu :

Dans le ciel sinon toy qui me peut estre cher,
Et que veux-je icy bas sinon toy rechercher (5)?

Et celuy qui s'escrioit : « J'ay estimé toutes cho-« ses boue et fange, afin de m'acquerir Jesus-« Christ (6), » ne tesmoignoit-il pas qu'il n'aimoit rien hors de son maistre, et qu'il aimoit son maistre hors de toutes choses? Et quel pouvoit estre le sentiment de ce grand amant qui souspiroit toute la nuict : *Mon Dieu est pour moy toutes choses*? Tels furent sainct Augustin, sainct Bernard, les deux sainctes Catherine de Sienne et de Genes, et plusieurs autres, à l'imitation desquels un chacun peut aspirer à ce divin degré d'amour. Ames rares et singulieres qui n'ont plus aucune ressemblance avec les oyseaux de ce monde, non pas mesme avec le phœnix qui est si uniquement rare, ains sont seulement representées par cet oyseau, que pour son excellente beauté

---

(1) Matth. XVII, 4. — (2) Ibid. II, 24.
(3) Matth. XXVI, 6. — (4) Ibid. XXVII, 39.
(5) Matth. XXVI, 7.

(1) Cant. Cant. VI, 8. — (2) Ibid. — (3) Ibid.
(4) Cant. Cant. VIII, 10. — (5) Psalm. LXXII, 25.
(6) Philipp. III, 8.

et noblesse, on dit n'estre pas de ce monde, ains du paradis, dont il porte le nom. Car ce bel oyseau, desdaignant la terre, ne la touche jamais, vivant tousjours en l'air : de sorte que lors mesme qu'il veut se delasser, il ne s'attache aux arbres que par des petits filets auxquels il demeure suspendu en l'air, hors duquel et sans lequel il ne peut ny voler ny reposer. Et de mesme ces grandes ames n'aiment pas, à proprement parler, les creatures en elles-mesmes, ains en leur Createur, et leur Createur en icelles. Que si elles s'attachent par la loy de la charité à quelque creature, ce n'est que pour se reposer en Dieu, unique et finale pretention de leur amour. Si que trouvant Dieu ès creatures, et les creatures en Dieu, elles aiment Dieu ; et non les creatures, comme ceux qui peschent aux perles, trouvans les perles dans les huistres, n'estiment toutesfois leur pesche que pour les seules perles.

Au demeurant, il n'y eust, comme je pense, jamais creature mortelle qui aimast l'espoux celeste de ce seul amour si parfaictement pur, sinon la Vierge qui fut son espouse et mere tout ensemble. Ains au contraire, quant à la practique de ces quatre differences d'amour, on ne sçauroit guere vivre qu'on ne passe de l'un à l'autre. Les ames qui, comme jeunes filles, sont encore embarrassées de plusieurs affections vaines et dangereuses, ne laissent pas d'avoir quelquefois des sentimens de l'amour plus pur et plus supresme : mais parce que ce ne sont que des estoyles et eclairs passagers, on ne peut pas dire que ces ames soient pour cela hors de l'estat des jeunes filles novices et apprentisses. Et de mesme il arrive quelquefois aux ames qui sont au rang des uniques et parfaictes amantes, qu'elles se demettent et relaschent bien fort, voire mesme jusqu'à commettre de grandes imperfections et des fascheux pechez veniels, comme on voit en plusieurs dissensions assez aigres, survenues entre des grands serviteurs de Dieu, ouy mesme entre quelques-uns des divins apostres que l'on ne peut nier estre tombez entre quelques imperfections, par lesquelles la charité n'estoit pas, certes, violée, mais ouy bien toutesfois la ferveur d'icelle. Or, d'autant neantmoins que ces grandes ames aimoient pour l'ordinaire Dieu d'un amour parfaictement pur, on ne doit pas laisser de dire qu'elles ont esté en l'estat de la parfaicte dilection. Car, comme nous voyons que les bons arbres ne produisent jamais aucun fruict veneneux, mais ouy bien du fruict verd ou vereux et taré du guy et de la mousse ; ainsi les grands saincts ne produisent jamais aucun peché mortel, mais ouy bien des actions inutiles, mal meures, aspres, rudes et mal assaisonnées : et lors il faut confesser que ces arbres sont fructueux ; autrement ils ne seroient pas bons ; mais il ne faut pas nier non plus que quelques-uns de leurs fruicts ne soient infructueux : car qui niera que les chatons et le guy des arbres ne soit un fruict infructueux ? Et qui niera que les menues coleres, et les petits excès de joye, de risée, de vanité, et autres telles passions, ne soient des mouvemens inutiles et illegitimes ?- et toutesfois *le juste en produit sept fois* (1), c'est-à-dire bien souvent.

CHAPITRE VI.

Que l'amour de Dieu sur toutes choses est commun à tous les amans.

Y ayant tant de divers degrez d'amour entre les vrays amans, il n'y a neantmoins qu'un seul commandement d'amour qui oblige generalement et esgalement un chacun d'une toute pareille et totalement esgale obligation, quoyqu'il soit observé differemment et avec une infinie varieté de perfections, ny ayant peut-estre point d'ames en terre, non plus que d'anges au ciel, qui ayent entre elles une parfaicte esgalité de dilection ; puisque, comme *une estoile est differente d'avec l'autre estoile en clarté* (2), ainsi en sera-t-il parmy les bienheureux ressuscitez, où chacun chante un cantique de gloire, et reçoit *un nom que nul ne sçait, sinon celui qui le reçoit* (3). Mais quel est donc le degré d'amour auquel le divin commandement nous oblige tous esgalement, universellement et tousjours ?

C'a esté un traict de la providence du Sainct-Esprit, qu'en nostre version ordinaire que sa divine majesté a canonisée et sanctifiée par le concile de Trente, le celeste commandement d'aimer est exprimé par le mot de dilection, plustost que par celuy d'aimer : car, bien que la dilection soit un amour, si est-ce qu'elle n'est pas un simple amour, ains un amour accompagné de choix et de dilection, ainsi que la parole mesme le porte, comme remarque le tres-glorieux sainct Thomas. Car ce commandement nous enjoint un amour esleu entre mille, comme le *bien-aimé* de cet amour *est exquis entre mille* (4), ainsi que la bien-aimée Sulamite l'a remarqué au Cantique. C'est l'amour qui doit prevaloir sur tous nos amours et regner sur toutes nos passions. Et c'est ce que Dieu requiert de nous, que entre tous nos amours le sien soit plus cordial, dominant sur tout nostre cœur ; le plus affectionné, occupant toute nostre ame ; le plus general, employant toutes nos puissances ; le plus relevé,

---

(1) Proverb. XXIV, 16. — (2) 1. Cor. XV, 4.
(3) Apoc. II, 17. — (4) Cant. Cant. V, 10.

remplissant tout nostre esprit; et le plus ferme, exerçant toute nostre force et vigueur. Et parce que par iceluy nous choisissons et eslisons Dieu pour le souverain object de nostre esprit, c'est un amour de souveraine eslection, ou une eslection de souverain amour.

Vous sçavez, Theotime, qu'il y a plusieurs especes d'amour : comme, par exemple, il y a un amour paternel, filial, fraternel, nuptial, de société, d'obligation, de dependance, et cent autres, qui tous sont differens en excellence, et tellement proportionnez à leurs objects, qu'on ne peut bonnement les adresser ou approprier aux autres. Qui aimeroit son pere d'un amour seulement fraternel, certes, il ne l'aimeroit pas assez ; qui aimeroit sa femme seulement comme son pere, il ne l'aimeroit pas convenablement ; qui aimeroit son laquais d'un amour filial, il commettroit une impertinence. L'amour est comme l'honneur : tout ainsi que les honneurs se diversifient selon la varieté des excellences pour lesquelles on honore, aussi les amours sont differens selon la diversité des bontez pour lesquelles on aime. Le souverain honneur appartient à la souveraine excellence, et le souverain amour à la souveraine bonté. L'amour de Dieu est l'amour sans pair, parce que la bonté de Dieu est la bonté nompareille. « Escoute, Israël, ton Dieu ; il est seul Seigneur, et partant tu l'aimeras de tout ton cœur, de toute ton ame, de tout ton entendement et de toute ta force (1). » Parce que Dieu est seul Seigneur, et que sa bonté est infiniment eminente au-dessus de toute bonté, il le faut aimer d'un amour relevé, excellent, et puissant au-dessus de toute comparaison. C'est cette supresme dilection qui met Dieu en telle estime dedans nos ames, et fait que nous prisons si hautement le bien de luy estre agreables, que nous le preferons et affectionnons sur toutes choses. Or, ne voyez-vous pas, Theotime, que quiconque aime Dieu de cette sorte, il a toute son ame et toute sa force dediée à Dieu, puisque tousjours et à jamais en toutes occurrences il preferera la bonne grace de Dieu à toutes choses, et sera tousjours prest de quitter tout l'univers pour conserver l'amour qu'il doit à la divine bonté ? Et c'est en somme l'amour d'excellence, ou l'excellence de l'amour qui est commandé à tous les mortels en general, et à chacun d'iceux en particulier, dès-lors qu'ils ont le franc usage de la raison : amour suffisant pour un chacun, et necessaire à tous pour estre sauvez.

(1) Deut. VI, 4, 5.

CHAPITRE VII.

Esclaircissement du chapitre precedent.

On ne cognoist pas tousjours clairement ny jamais tout-à-fait certainement, au moins d'une certitude de foy, si on a le vray amour de Dieu requis pour estre sauvé : mais on ne laisse pas pourtant d'en avoir plusieurs marques, entre lesquelles la plus asseurée et presque infaillible paroist, quand quelque grand amour des creatures s'oppose aux desseins de l'amour de Dieu. Car alors, si l'amour divin est en l'ame, il fait paroistre la grandeur du credit et de l'autorité qu'il a sur la volonté, monstrant par effect que non-seulement il n'a point de maistre, mais que mesme il n'a point de compagnon ; reprimant et renversant tout ce qui le contrarie, et se faisant obeir en ses intentions. Quand la malheureuse troupe des esprits diaboliques s'estant revoltée contre son Createur, voulut attirer à sa faction la saincte compagnie des esprits bienheureux, le glorieux S. Michel animant ses compagnons à la fidelité qu'ils devoient à leur Dieu, crioit à haute voix (mais d'une façon angelique) parmy la celeste Hierusalem : *Qui est comme Dieu ?* Et par ce mot il renversa le felon Lucifer avec sa suite, qui se vouloit esgaler à la divine majesté ; et de là, comme on dit, le nom fut imposé à S. Michel, puisque Michel ne veut dire autre chose sinon : *Qui est comme Dieu?* Et lorsque les amours des choses créées veulent tirer nos esprits à leur party pour nous rendre desobeissans à la divine majesté, si le grand amour divin se trouve en l'ame, il fait teste, comme un autre S. Michel, et asseure les puissances et forces de l'ame au service de Dieu par ce mot de fermeté : *Qui est comme Dieu ?* Quelle bonté y a-t-il ès creatures, qui doive attirer le cœur humain à se rebeller contre la souveraine bonté de son Dieu ?

Lorsque le sainct et brave gentilhomme Joseph cogneut que l'amour de sa maistresse tendoit à la ruyne de celuy qu'il devoit à son maistre : Ah ! dit-il, Dieu m'en garde de violer le respect que je dois à mon maistre, qui se confie tant en moy ! *Comment donc pourray-je perpetrer ce crime, et pecher contre mon Dieu* (1) ? Tenez, Theotime, voilà trois amours dans le cœur de l'aimable Joseph ; car il aime sa dame, son maistre et son Dieu : mais lorsque celuy de sa dame s'oppose à celuy de son maistre, il le quitte tout court et s'enfuit, comme il eust aussi quitté celuy de son maistre, s'il eust esté contraire à celuy de son Dieu. Entre tous les amours, celuy de Dieu doit

(1) Genes. XXXIX, 8, 9.

estre tellement preferé, qu'on soit disposé à les quitter tous pour celuy-cy seul.

Saraï donna sa servante Agar à son mari Abraham, selon l'usage legitime de ce temps-là : mais Agar *estant devenue mere, mesprisa* grandement sa *dame* (1) Saraï. Jusques à cela on n'eust presque sçeu discerner quel estoit le plus grand amour en Abraham, ou celuy qu'il portoit à Saraï, ou celuy qu'il avoit pour Agar ; car il en usoit avec Agar comme avec Saraï, et de plus Agar avoit l'advantage de la fertilité. Mais quand ce vint à mettre ces deux amours en comparaison, le bon Abraham fit bien voir lequel estoit le plus fort. Car Saraï ne luy eut pas plus tost remontré que Agar la mesprisoit, qu'il luy respondit : « Agar, « ta chambriere, est en ta puissance, fais-en comme « tu voudras (2). » Si que Saraï *affligea* dès-lors tellement cette pauvre Agar, qu'elle fut contraincte de se retirer. La divine dilection veut bien que nous ayons des autres amours, et souvent on ne sçauroit discerner quel est le principal amour de nostre cœur ; car ce cœur humain tire maintefois tres-affectionnement dans le lict de sa complaisance l'amour des creatures : ains il arrive souvent qu'il multiplie beaucoup plus les actes de son affection envers la creature, que ceux de la dilection envers son Createur. Et la sacrée dilection toutesfois ne laisse pas d'exceller au-dessus de tous les autres amours, ainsi que les evenemens font voir quand la creature s'oppose au Createur : car alors nous prenons le party de la dilection sacrée, et luy soumettons toutes nos autres affections.

Il y a souvent difference, ès choses sacrées, entre la grandeur et la bonté. Une des perles de Cleopatre valoit mieux que le plus haut de nos rochers ; mais celuy-cy est bien grand, l'un a plus de grandeur, l'autre plus de valeur. On demande quelle est la plus excellente gloire d'un prince, ou celle qu'il acquiert en la guerre par les armes, ou celle qu'il merite en la paix par la justice : et il me semble que la gloire militaire est plus grande, et l'autre est meilleure ; ainsi qu'entre les instrumens, les tambours et trompettes font plus de bruit, mais les luths et les espinettes font plus de melodie ; le son des uns est plus fort, et l'autre plus suave et spirituel. Une once de baume ne respandra pas tant d'odeur qu'une livre d'huile d'aspic ; mais la senteur du baume sera tousjours meilleure et plus aimable.

Il est vray, Theotime, vous verrez une mere tellement embesoignée de son enfant, qu'il semble qu'elle n'ait aucun autre amour que celuy-là ;

(1) Genes. XVI, 2. — (2) Genes. XVI, 6.

elle n'a plus d'yeux que pour le voir, plus de bouche que pour le baiser, plus de poictrine que pour l'alaicter, ny plus de soin que pour l'eslever, et semble que le mary ne luy soit plus rien au prix de cet enfant. Mais s'il falloit venir au choix de perdre l'un ou l'autre, on verroit bien qu'elle estime plus le mary, et que, si bien l'amour de l'enfant estoit le plus tendre, le plus pressant, le plus passionné, l'autre neantmoins estoit le plus excellent, le plus fort, le meilleur. Ainsi quand un cœur aime Dieu en consideration de son infinie bonté, pour peu qu'il ait de cette excellente dilection, il preferera la volonté de Dieu à toutes choses ; et en toutes les occasions qui se presenteront, il quittera tout pour se conserver en la grace de la souveraine bonté, sans que chose quelconque l'en puisse separer : de sorte qu'encore que ce divin amour ne presse ny n'attendrisse tousjours pas tant le cœur comme les autres amours ; si est-ce que ès occurrences il fait des actions si relevées et excellentes, qu'une seule vaut mieux que dix millions d'autres. Les lapines ont une fertilité incomparable, les elephantes ne font jamais qu'un elephanteau ; mais ce seul elephanteau vaut mieux que tous les lapins du monde. Les amours que l'on a pour les creatures, foisonnent bien souvent en multitude de productions ; mais quand l'amour sacré fait son œuvre, il le fait si esminent qu'il surpasse tout, car il fait preferer Dieu à toutes choses sans reserve.

CHAPITRE VIII.

Histoire memorable pour faire bien concevoir en quoy gist la force et excellence de l'amour sacré.

O mon cher Theotime, que la force de cet amour de Dieu sur toutes choses doit donc avoir une grande estendue ! Il doit surpasser toutes les affections, vaincre toutes les difficultez, et preferer l'honneur de la bienveuillance de Dieu à toutes choses : mais je dis *à toutes choses*, absolument, sans exception ny reserve quelconque ; et dis ainsi avec un grand soin, parce qu'il se trouve des personnes qui quitteroient courageusement les biens, l'honneur, et la vie propre, pour Nostre-Seigneur, lesquelles neantmoins ne quitteroient pas pour luy quelque autre chose de beaucoup moindre consideration.

Du temps des empereurs Valerianus et Gallus, il y avoit à Antioche un prestre nommé Saprice, et un homme seculier nommé Nicephore, lesquels, à raison de l'extreme et longue amitié qu'ils avoient eue ensemble, estoient estimez freres ; et neantmoins il advint qu'enfin, pour je ne sçay quel subject, cette amitié defaillit, et, selon la coustume, elle fût suivie d'une haine encore plus ardente, laquelle regna quelque temps entre eux, jusqu'à ce que Nicephore, recognoissant sa faute, fit trois divers essays de se reconcilier avec Saprice, auquel, tantost par les uns, tantost par les autres de leurs amis communs, il faisoit porter de sa part toutes les paroles de satisfaction et de sousmission qu'on pouvoit desirer. Mais Saprice, impiable à ses semonces, refusa tousjours la reconciliation avec autant de fierté comme Nicephore la demandoit avec beaucoup d'humilité; de maniere qu'enfin le pauvre Nicephore estimant que si Saprice le voyoit prosterné devant luy, et requerant le pardon, il en seroit plus vivement touché, il le va trouver chez luy, et se jettant courageusement à ses pieds : Mon pere, luy dit-il, hé ! pardonnez-moy, je vous supplie, pour l'amour de Nostre-Seigneur. Mais cette humilité fut mesprisée et rejettée comme les precedentes.

Cependant voilà une aspre persecution qui s'esleve contre les chrestiens, en laquelle Saprice, entre autres, estant apprehendé, fit merveilles à souffrir mille et mille tourmens pour la confession de la foy, et specialement lorsqu'il fut roulé et agité tres-rudement dans un instrument fait exprès à guise de la vis d'un pressoir, sans que jamais il perdist sa constance, dont le gouverneur d'Antioche estant extremement irrité, il le condamna à la mort, ensuite de quoy il fut tiré hors de la prison en public pour estre mené au lieu où il devoit recevoir la glorieuse couronne du martyre. Ce que Nicephore n'eust pas plus tost apperceu, que soudain il accourut, et, ayant rencontré son Saprice, se prosternant en terre : Helas ! crioit-il à haute voix, ô martyr de Jesus-Christ, pardonnez-moy ; car je vous ai offensé. De quoy Saprice ne tenant compte, le pauvre Nicephore gagna vistement le devant par une autre rue, vint derechef en mesme humilité, le conjurant de luy pardonner en ces termes : O martyr de Jesus-Christ, pardonnez l'offense que vous je ay faicte comme homme que je suis, subject à faillir; car voilà que desormais une couronne vous est donnée par Nostre-Seigneur que vous n'avez point renié ; ains avez confessé son sainct nom devant plusieurs tesmoins. Mais Saprice continuant en sa fierté, ne luy respondit pas un seul mot; ains les bourreaux seulement, admirant la perseverance de Nicephore : Oncques, luy dirent-ils, nous ne vismes un si grand fol ; cet homme va mourir tout maintenant, qu'as-tu besoin de son pardon ? A quoy respondant Nicephore : Vous ne sçavez pas, dit-il, ce que je demande au confesseur de Jesus-Christ, mais Dieu le sçait.

Or tandis Saprice arriva au lieu du supplice, où Nicephore derechef s'estant jetté en terre devant luy : Je vous supplie, faisoit-il, ô martyr de Jesus-Christ, de me vouloir pardonner ; car il est escrit : *Demandez, et il vous sera octroyé*(1) : paroles lesquelles ne sceurent oncques fleschir le cœur felon et rebelle du miserable Saprice, qui, refusant obstinement de faire misericorde à son prochain, fut aussi, par le juste jugement de Dieu, privé de la tres-glorieuse palme du martyre : car les bourreaux luy commandant de se mettre à genoux, afin de luy trancher la teste, il commença à perdre courage, et de capituler avec eux, jusques à leur faire en fin finale cette deplorable et honteuse sousmission : Hé ! de grace, ne me coupez pas la teste, je m'en vay faire ce que les empereurs ordonnent, et sacrifier aux idoles. Ce que oyant le pauvre Nicephore, la larme à l'œil, il se print à crier : Ah ! mon cher frere, ne veuillez pas, je vous, ne veuillez pas transgresser la loy, et renier Jesus-Christ ; ne le quittez pas, je vous supplie, et ne perdez pas la celeste couronne que vous avez acquise par tant de travaux et de tourmens. Mais helas ! ce lamentable prestre, venant à l'autel du martyre pour y consacrer sa vie à Dieu eternel, ne s'estoit pas souvenu de ce que le prince des martyrs avoit dit : « Si tu apportes ton offrande à « l'autel, et tu te ressouviens, y estant, que ton « frere a quelque chose contre toy, laisse-là ton « offrande, et va premierement te reconcilier à « ton frere, et alors revenant tu presenteras ton « oblation (2). » C'est pourquoy Dieu repoussa son present, et retira sa misericorde de luy, permit que non-seulement il perdist le souverain bonheur du martyre, mais qu'encore il se precipitast au malheur de l'idolastrie, tandis que l'humble et doux Nicephore voyant cette couronne du martyre vacante par l'apostasie de l'endurci Saprice, touché d'une excellente et extraordinaire inspiration, se pousse hardiment pour l'obtenir, disant aux archers et bourreaux : Je suis, mes amis, je suis, en verité, chrestien, et crois en Jesus-Christ que cettuy-cy a renié ; mettez-moy donc, je vous prie, en sa place, et tranchez-moy la teste. De quoy les archers s'estonnans infiniement, ils en porterent la nouvelle au gouverneur, qui ordonna que Saprice fust mis en liberté, et Nicephore fust supplicié. Et cela advint le 9 febvrier, environ l'an 260 de nostre salut, ainsi que recitent Metaphraste et Surius. Histoire effroyable et digne d'estre grandement pesée pour le subject dont nous parlons. Car avez-vous veu, mon cher Theotime, ce courageux Saprice, comme il estoit hardy et ardent à maintenir la foy, comme il souffre mille tourmens, comme il est immobile

(1) Matth. vii, 7. — (2) Matth. v, 23, 24.

et ferme en la confession du nom du Sauveur, tandis qu'on le roule et fracasse dans cet instrument faict à mode de vis, et comme il est tout prest de recevoir le coup de la mort pour accomplir le poinct le plus eminent de la loy divine, preferant l'honneur de Dieu à sa propre vie. Et neantmoins, parce que d'ailleurs il prefera à la volonté divine la satisfaction que son cruel courage prend en la haine de Nicephore, il demeure court en sa course; et lorsqu'il est sur le poinct d'acconsuivre et gagner le prix de la gloire par le martyre, il s'abbat malheureusement, et se rompt le col, donnant de la teste dans l'idolatrie.

Il est donc vray, mon Theotime, que ce ne nous est pas assez d'aimer Dieu plus que nostre propre vie, si nous ne l'aimons generalement, absolument, et sans exception quelconque, plus que tout ce que nous affectionnons ou pouvons affectionner. Mais, ce me direz-vous, Nostre-Seigneur n'a-t-il pas assigné l'extremité de l'amour qu'on peut avoir pour luy, quand il dit que, « plus « grande charité ne peut-on avoir que d'exposer « sa vie pour ses amis (1)? » Il est, certes, vray, Theotime, qu'entre les particuliers actes et tesmoignages de l'amour divin, il n'y en a point de si grand que de subir la mort pour la gloire de Dieu. Neantmoins il est vray aussi que ce n'est qu'un seul acte et un seul tesmoignage qui est voirement le chef-d'œuvre de la charité, mais outre lequel il y en a aussi plusieurs autres que la charité requiert de nous, et les requiert d'autant plus ardemment et fortement, que ce sont des actes plus aisez, plus communs, et ordinaires à tous les amans, et plus generalement necessaires à la conservation de l'amour sacré. O miserable Saprice! oseriez-vous bien dire que vous aimiez Dieu comme il faut aimer Dieu, puisque vous ne preferiez pas sa volonté à la passion de la haine et rancune que vous aviez contre le pauvre Nicephore? Vouloir mourir pour Dieu, c'est le plus grand, mais non pas, certes, le seul acte de la dilection que nous devons à Dieu: et vouloir ce seul acte, en rejettant les autres, ce n'est pas charité, c'est vanité. La charité n'est point bigearre; et toutesfois elle le seroit extresmement, si, voulant plaire au bien-aimé ès choses d'extresme difficulté, elle permettoit qu'on luy desplust ès choses plus faciles. Comme peut vouloir mourir pour Dieu celuy qui ne veut pas vivre selon Dieu?

Un esprit bien reglé ayant volonté de subir la mort pour un amy, subiroit sans doute toute autre chose, puisque celuy-là doit avoir tout mesprisé, qui auparavant a mesprisé la mort. Mais l'esprit humain est foible, inconstant et bigearre; c'est pourquoy quelquefois les hommes choisissent plustost de mourir que de subir d'autres peines beaucoup plus legeres, et donnent volontiers leur vie pour des satisfactions extresmement niaises, pueriles et vaines. Agrippine, ayant appris que l'enfant qu'elle portoit seroit voirement empereur, mais qu'il la feroit par après mourir: Qu'il me tue, dit-elle, pourveu qu'il regne. Voyez, je vous prie, le desordre de ce cœur follement maternel; elle prefere la dignité de son fils à sa vie. Caton et Cleopastre aimerent mieux souffrir la mort que de voir le contentement et la gloire de leurs ennemis en leur prise; et Lucrece choisit de se donner impiteusement la mort, plustost que de supporter injustement la honte d'un faict auquel, ce semble, elle n'avoit point de coulpe. Combien y a-t-il de gens qui mourroient volontiers pour leurs amis, qui neantmoins ne voudroient pas vivre en leur service, et obeir à leurs autres volontés! Tel expose sa vie, qui n'exposeroit pas sa bourse. Et quoyqu'il s'en trouve plusieurs qui pour la defense de l'ami engagent leurs vies, il ne s'en trouve qu'un en un siecle qui voulust engager sa liberté ou perdre une once de la plus vaine et inutile reputation ou renommée du monde, pour qui que ce soit.

CHAPITRE IX.

Confirmation de ce qui a esté dit par une comparaison notable.

Vous sçavez, Theotime, quelle fut l'affection de Jacob pour sa Rachel. Et que ne fit-il pas pour en tesmoigner la grandeur, la force et la fidelité, dès-lors qu'il l'eut saluée auprès du puits de l'abbreuvoir (1)? Car jamais oncques plus il ne cessa de l'aimer; et pour l'avoir en mariage, il servit avec une ardeur nompareille sept ans entiers (2), luy estant encore advis que ce ne fust rien, tant l'amour adoucissoit les travaux qu'il supportoit pour cette bien-aimée, de laquelle estant par après frustré, il servit encore derechef sept ans durant pour l'obtenir, tant il estoit constant, loyal et courageux en sa dilection. Puis enfin l'ayant obtenue, il negligea toutes autres affections, ne tenant mesme presque aucun compte du devoir qu'il avoit à Lia, sa premiere espouse, femme de grand merite, et bien digne d'estre cherie, et du mespris de laquelle Dieu mesme eut compassion, tant il estoit remarquable (3).

Or après tout cela qui suffisoit pour assujettir la plus fiere fille du monde à l'amour d'un amant

(1) Joan. xv, 13.

(1) Genes. xxix — (2) Ibid. 20. — (3) Ibid. 31.

si fidele, c'est une honte, certes, de voir la foiblesse que Rachel fit paroistre en l'affection qu'elle avoit pour Jacob. La pauvre Lia n'avoit plus aucun lien d'amour avec Jacob que celuy de sa fertilité, par laquelle elle luy avoit donné quatre enfans masles, le premier desquels nommé Ruben, estant allé aux champs en temps de moisson, il y trouva des mandragores, lesquelles il cueillit, et dont par après, estant de retour au logis, il fit present à sa mere (1). Ce que voyant Rachel : « Faites-moy part, dit-elle à Lia, je vous « prie, ma sœur, des mandragores que vostre fils « vous a données. » « Mais vous semble-t-il, res« pondit Lia, que ce soit peu d'avantage pour vous « de m'avoir ravi mon mari, si vous n'avez encore « les mandragores de mon enfant ? » « Or sus, « repliqua Rachel, donnez-moy donc les man« dragores, et qu'en eschange mon mari soit avec « vous cette nuict. » La condition fut acceptée. Et comme Jacob revenoit des champs sur le soir, Lia luy alla au-devant, et puis toute comblée de joye : Ce sera ce soir, luy dit-elle, mon cher seigneur, mon amy, que vous serez pour moy : car j'ai acquis ce bonheur par le moyen des mandragores de mon enfant ; et sur cela luy fit le recit de la convention passée entre elle et sa sœur. Mais Jacob, que l'on sçache, ne sonna mot quelconque, etonné, comme je pense, et saisi de cœur, entendant l'imbecillité et l'inconstance de Rachel, qui pour si peu de chose avoit cedé à sa sœur l'honneur et la douceur de sa presence.

Et toutesfois revenans à nous, ô vray Dieu, combien de fois faisons-nous des elections infiniment plus honteuses et miserables ? Le grand S. Augustin prit un jour plaisir de voir et contempler à loisir des mandragores, pour mieux pouvoir discerner la cause pour laquelle Rachel les avoit si ardemment desirées ; et il trouva qu'elles estoient voirement belles à la veuë et d'agreable senteur, mais du tout insipides et sans goust. Or, Pline raconte que, quand les chirurgiens en presentent le jus à boire à ceux sur lesquels ils veulent faire quelque incision, afin de leur rendre le coup insensible, il arrive maintefois que la seule odeur fait l'operation, et endort suffisamment les patiens. C'est pourquoy la mandragore est une plante charmeresse, qui enchante les yeux, les douleurs, les regrets et toutes les passions par le sommeil. Au reste, qui en prend trop longuement l'odeur, en devient muet ; et qui en boit largement, meurt sans remede.

Theotime, les pompes, richesses et delectations mondaines peuvent-elles mieux estre representées ? Elles ont une apparence attrayante : mais qui mord dans ces pommes, c'est-à-dire, qui sonde leur nature, n'y trouve ni goust ni contentement. Neantmoins elles charment et endorment à la vanité de leur odeur ; et la renommée que les enfans du monde leur donnent, etourdit et assomme ceux qui s'y amusent trop attentivement, ou qui les prennent trop abondamment. Or c'est pour de telles mandragores, chimeres et fantosmes de contentemens que nous quittons les amours de l'Espoux celeste. Et comment donc pouvons-nous dire que nous l'aimions sur toutes choses, puisque nous preferons à sa grace de si chetives vanitez !

N'est-ce pas une lamentable merveille de voir David si grand à surmonter la haine, si courageux à pardonner l'injure, estre neantmoins si furieusement injurieux en l'amour, que, non content de posseder justement une grande multitude de femmes, il va iniquement usurper et ravir celle du pauvre Urie (1) ; et, par une lascheté insupportable, afin de prendre plus à soy l'amour de la femme, il donne cruellement la mort au mary ? Qui n'admirera le cœur de S. Pierre, si hardy entre les soldats armés, que luy seul de toute la troupe de son maistre met le fer au poigt et frappe (2) ; puis peu après est si couard entre les femmes, qu'à la seule parole d'une servante il renie et deteste son maistre (3) ? Et comme peut-on trouver si estrange que Rachel quittast son Jacob pour des pommes de mandragores, puisque Adam et Eve quitterent bien la grace pour une pomme qu'un serpent leur offre à manger (4) ?

En somme, Theotime, je vous dis ce mot digne d'estre noté. Les heretiques sont heretiques et en portent le nom, parce que entre les articles de la foy ils choisissent à leur goust et à leur gré ceux que bon leur semble pour les croire, rejettans les autres et les desadvouans. Et les catholiques sont catholiques, parce que, sans choix ni election quelconque, ils embrassent avec esgale fermeté, et sans exception, toute la foy de l'Eglise. Or il en est de mesme ès articles de la charité. C'est heresie en la dilection sacrée, de faire choix entre les commandemens de Dieu, pour en vouloir practiquer les uns, et violer les autres. « Ce« luy qui a dit, *Tu ne seras point luxurieux*, a « dit aussi, *Tu ne tueras point*. Que si tu ne « commets point la luxure, mais tu commets ho« micide (5), » ce n'est donc pas pour l'amour de Dieu que tu n'es pas luxurieux, ains c'est par quelque autre motif qui te fait choisir ce commandement plustost que l'autre ; choix qui fait

---

(1) Genes. xxx, 14 et seq.

(1) II. Reg. ix. — (2) Matth. xxvi, 51.
(3) Matth. xxvi, 69. — (4) Genes. iii, 6.
(5) Jac. ii, 11.

l'heresie en matiere de charité. Si quelqu'un me disoit qu'il ne me veut pas couper un bras pour l'amour qu'il me porte, et neantmoins me venoit arracher un œil ou me rompre la teste, ou me percer le corps de part en part : Hé! ce dirois-je, comme me dites-vous que c'est par amour que vous ne me coupez pas un bras, puisque vous m'arrachez un œil qui ne m'est pas moins precieux, ou que vous me donnez vostre espée à travers le corps, qui m'est encore plus dangereux ? C'est une vraye maxime, que le bien provient d'une cause vrayment entiere, et le mal de chaque defaut. Pour faire un acte de vraye charité, il faut qu'il procede d'un amour entier, general et universel, qui s'etende à tous les commandemens divins. Que si nous manquons d'amour en un seul commandement, nostre amour n'est plus entier ni universel, et le cœur dans lequel il est, ne peut estre dit vrayment amant, ny par consequent vrayment bon.

CHAPITRE X.

Comme nous devons aimer la divine bonté souverainement plus que nous-mesmes.

Aristote a eu raison de dire que le bien est voirement aimable, mais à un chacun principalement son bien propre; de sorte que l'amour que nous avons envers autruy provient de celuy que nous avons envers nous-mesmes. Car comme pouvoit dire autre chose un philosophe qui nonseulement n'aima pas Dieu, mais ne parla mesme presque jamais de l'amour de Dieu ? Amour de Dieu neantmoins qui precede tout amour de nous-mesmes, voire selon l'inclination naturelle de nostre volonté, ainsi que j'ai declaré au premier livre.

La volonté, certes, est tellement dediée, et s'il faut ainsi dire, elle est tellement consacrée à la bonté, que si une bonté infinie luy est monstrée clairement, il est impossible, sans miracle, qu'elle ne l'aime souverainement. Ainsi les bienheureux sont ravis et necessitez, quoique non forcez d'aimer Dieu, duquel ils voyent clairement la souveraine beauté; ce que l'Escriture monstre assez, quand elle compare le contentement qui comble les cœurs de ces glorieux habitans de la Hierusalem celeste à un torrent et *fleuve impetueux* (1), duquel on ne peut empescher les ondes qu'elles ne s'epanchent sur les plaines qu'elles rencontrent.

Mais en cette vie mortelle, Theotime, nous ne sommes pas necessitez de l'aimer si souverainement, d'autant que nous ne le cognoissons pas si clairement. Au ciel où nous le verrons face à face, nous l'aimerons cœur à cœur, c'est-à-dire, comme nous verrons tous, un chacun selon sa mesure; l'infinité de sa beauté d'une veuë souverainement claire; aussi serons-nous ravis en l'amour de son infinie bonté d'un ravissement souverainement fort, auquel nous ne voudrons ny ne pourrons vouloir faire jamais aucune resistance. Mais ici bas en terre où nous ne voyons pas cette souveraine bonté en sa beauté, ains l'entrevoyons seulement entre nos obscuritez, nous sommes à la verité inclinez et allechez, mais non pas necessitez de l'aimer plus que nous-mesmes; ains plustost au contraire, quoyque nous ayons cette saincte inclination naturelle d'aimer la Divinité sur toutes choses, nous n'avons pas neantmoins la force de la practiquer, si cette mesme Divinité ne respand surnaturellement dans nos cœurs sa tres-saincte charité.

Or il est vray pourtant que, comme la claire veuë de la Divinité produit infailliblement la necessité de l'aimer plus que nous-mêmes, aussi l'entrevuë, c'est-à-dire la cognoissance naturelle de la Divinité, produit infailliblement l'inclination et tendresse à l'aimer plus que nous-mesmes. Hé! de grace, Theotime, la volonté toute destinée à l'amour du bien, comme en pourroit-elle tant soit peu cognoistre un souverain, sans estre de mesme tant soit peu inclinée à l'aimer souverainement? Entre tous les biens qui ne sont pas infinis, nostre volonté preferera tousjours en son amour celuy qui luy est plus proche, et surtout le sien propre; mais il y a si peu de proportion entre l'infini et le fini, que nostre volonté qui cognoist un bien infini, est sans doute esbranlée, inclinée et incitée de preferer l'amitié de l'abysme de cette bonté infinie à toute sorte d'autre amour, et à celuy-là encore de nous-mesmes.

Mais surtout cette inclination est forte, parce que nous sommes plus en Dieu qu'en nous-mesmes, nous vivons plus en luy qu'en nous, et sommes tellement de luy, par luy, pour luy et à luy, que nous ne sçaurions, de sens rassis, penser ce que nous luy sommes et ce qu'il nous est, que nous ne soyons forcez de crier : Je suis vostre, Seigneur, et ne dois estre qu'à vous; mon ame est vostre, et ne doit vivre que par vous; ma volonté est vostre, et ne doit aimer que pour vous; mon amour est vostre, et ne doit tendre qu'en vous. Je vous dois aimer comme mon premier principe, puisque je suis de vous; je vous dois aimer comme ma fin et mon repos, puisque je suis pour vous; je vous dois aimer plus que mon estre, puisque mon estre subsiste par vous; je vous dois aimer plus que moy-mesme, puisque je suis tout à vous et en vous.

(1) Psalm. CIV, 5.

Que s'il y avoit où pouvoit avoir quelque souveraine bonté de laquelle nous fussions independans, pourveu que nous peussions nous unir à elle par amour, encore serions-nous incitez à l'aimer plus que nous-mesmes, puisque l'infinité de sa suavité seroit tousjours souverainement plus forte pour attirer nostre volonté à son amour, que toutes les autres bontez, et mesme que la nostre propre.

Mais si, par imagination de chose impossible, il y avoit une infinie bonté à laquelle nous n'eussions nulle sorte d'appartenance, et avec laquelle nous ne peussions avoir aucune union ni communication, nous l'estimerions certes plus que nous-mesmes : car nous cognoistrions qu'estant infinie, elle seroit plus estimable et aimable que nous; et par consequent nous pourrions faire des simples souhaits de la pouvoir aimer. Mais, à proprement parler, nous ne l'aimerions pas, puisque l'amour regarde l'union; et beaucoup moins pourrions-nous avoir la charité envers elle; puisque la charité est une amitié; et l'amitié ne peut estre que reciproque, ayant pour fondement la communication, et pour fin l'union. Ce que je dis ainsi pour certains esprits chimeriques et vains, qui sur des imaginations impertinentes roulent bien souvent des discours melancholiques qui les affligent grandement. Mais quant à nous, Theotime, mon cher amy, nous voyons bien que nous ne pouvons pas estre vrays hommes sans avoir inclination d'aimer Dieu plus que nous-mesmes, ny vrays chrestiens sans practiquer cette inclination. Aimons plus que nous-mesmes celuy qui nous est plus que tout, et plus que nous-mesmes. Amen : il est vray.

CHAPITRE XI.

Comme la tres-saincte charité produit l'amour du prochain.

Comme Dieu *crea l'homme à son image et semblance* (1), aussi a-t-il ordonné un amour pour l'homme à l'image et semblance de l'amour qui est deu à sa divinité. « Tu aimeras, dit-il, le Sei-
« gneur ton Dieu de tout ton cœur : c'est le pre-
« mier et le plus grand commandement. Or le
« second est semblable à iceluy : Tu aimeras ton
« prochain comme toy-mesme (2). » Pourquoy aymons-nous Dieu, Theotime? La cause pour laquelle on aime Dieu, dit sainct Bernard, c'est Dieu mesme : comme s'il disoit que nous aimons Dieu, parce qu'il est la tres-souveraine et tres-infinie bonté. Pourquoy nous aymons-nous nous-mesmes en charité? Certes, c'est parce que nous sommes l'image et semblance de Dieu. Et puisque tous les hommes ont cette mesme dignité, nous les aimons aussi comme nous-mesmes, c'est-à-dire en qualité de tres-sainctes et vivantes images de la Divinité. Car c'est en cette qualité-là, Theotime, que nous appartenons à Dieu d'une si estroicte alliance et d'une si aimable dependance, qu'il ne fait nulle difficulté de se dire nostre Pere, et nous nommer ses enfans. C'est en cette qualité que nous sommes capables d'estre unis à sa divine essence par la jouissance de sa souveraine bonté et felicité; c'est en cette qualité que nous recevons sa grace, et que nos esprits sont associez au sien tres-sainct, rendus, par maniere de dire, participans de sa divine nature, comme dit sainct Pierre (1). Et c'est donc ainsi que la mesme charité, qui produit les actes de l'amour de Dieu, produit quant et quant ceux de l'amour du prochain. Et tout ainsi que Jacob vit qu'une mesme eschelle touchoit le ciel et la terre, servant esgalement aux anges pour descendre comme pour monter (2), nous sçavons aussi qu'une mesme dilection s'etend à cherir Dieu et le prochain, nous relevant à l'union de nostre esprit avec Dieu et nous ramenant à l'amoureuse societé des prochains. En sorte toutesfois que nous aimons le prochain en tant qu'il est à l'image et semblance de Dieu, creé pour communiquer avec la divine bonté, participer à sa grace, et jouir de sa gloire.

Theotime, aimer le prochain par charité, c'est aimer Dieu en l'homme, ou l'homme en Dieu, c'est cherir Dieu seul pour l'amour de lui-mesme, et la creature pour l'amour d'iceluy. Le jeune Tobie accompagné de l'ange Raphaël, ayant abordé Raguël son parent, auquel neantmoins il estoit incogneu, Raguël ne l'eut pas plustost *regardé*, dit l'Escriture, que, se retournant devers Anne, sa femme : « Tenez, dit-il, voyez com-
« bien ce jeune homme est semblable à mon cou-
« sin! » Et, ayant dit cela, il les interrogea :
« D'où estes-vous, jeunes gens, mes chers freres? »
A quoy ils respondirent : « Nous sommes de la
« tribu de Nephthali, de la captivité de Ninive. »
Et il leur dit : « Cognoissez-vous Tobie mon frere? » « Ouy, nous le cognoissons, » dirent-ils. Et Raguël s'estant mis à dire beaucoup de bien d'iceluy, l'ange lui dit : « Tobie duquel vous
« vous enquerez, il est propre pere de celuy-cy. »
Lors Raguël s'advança, et le baisant avec beaucoup de larmes, et pleurant sur le col d'iceluy :
« Benediction sur toy, mon enfant, dit-il, car tu
« es le fils d'un bon et tres-bon personnage (3). »
Et la bonne dame *Anne, femme* de Raguël,

---

(1) Genes. 1, 26. — (2) Matth. xxii, 37 et seq.

(1) II. Petr. 1, 4. — (2) Genes. xxviii, 12.
(3) Tob. viii, et seq.

avec *Sara sa fille se mirent aussi à pleurer* de tendreté d'amour. Ne remarquez-vous pas que Raguël, sans cognoistre le petit Tobie, l'embrasse, le caresse, le baise, pleure d'amour sur luy? D'où provient cet amour, sinon de celuy qu'il portoit au vieil Tobie le pere, que cet enfant ressembloit si fort? *Beny sois-tu*, dit-il. Mais pourquoy? Non point, certes, parce que tu es un bon jeune homme, car cela je ne le sais pas encore, mais *parce que tu es fils* et ressembles à ton pere, qui est *un tres-homme de bien*.

Hé, vray Dieu! Theotime, quand nous voyons un prochain creé à l'image et semblance de Dieu, ne devrions-nous pas dire les uns aux autres : Tenez, voyez cette creature comme elle ressemble au Createur? Ne devrions-nous pas nous jetter sur son visage, la caresser, et pleurer d'amour pour elle? Ne devrions-nous pas luy donner mille et mille benedictions? Et quoi donc, pour l'amour d'elle? Non certes; car nous ne sçavons pas si elle est digne d'amour ou de haine en elle-mesme. Et pourquoy donc, ô Theotime? Pour l'amour de Dieu qui l'a formée à son image et semblance, et par consequent rendue capable de participer à sa bonté, en la grace et en la gloire; pour l'amour de Dieu, dis-je, de qui elle est, à qui elle est, par qui elle est, en qui elle est, pour qui elle est, et qu'elle luy ressemble d'une façon toute particuliere. Et c'est pourquoy, non-seulement le divin amour commande maintefois l'amour du prochain, mais il le produit, et respand luy-mesme dans le cœur humain comme sa ressemblance et son image; puisque tout ainsi que l'homme est l'image de Dieu, de mesme l'amour sacré de l'homme envers l'homme est la vraye image de l'amour celeste de l'homme envers Dieu. Mais ce discours de l'amour du prochain requiert un traicté à part, que je supplie le souverain amant des hommes vouloir inspirer à quelqu'un de ses plus excellens serviteurs, puisque le comble de l'amour de la divine bonté du Pere celeste consiste en la perfection de l'amour de nos freres et compagnons.

CHAPITRE XII.

Comme l'amour produit le zele.

Comme l'amour tend au bien de la chose aimée, ou s'y complaisant, si elle l'a, ou le luy desirant et pourchassant, si elle ne l'a pas; aussi il produit la haine par laquelle il fuit le mal contraire à la chose aimée, ou desirant et pourchassant de l'esloigner d'icelle, si elle l'a desja, ou le divertissant et empeschant de venir, si elle ne l'a pas encore. Que si le mal ne peut ny estre empesché ny estre esloigné, l'amour au moins ne laisse pas de le faire haïr et detester. Quand donc l'amour est ardent, et qu'il est parvenu jusques à vouloir oster, esloigner, et divertir ce qui est opposé à la chose aimée, on l'appelle zele : de sorte que, à proprement parler, le zele n'est autre chose sinon l'amour qui est en ardeur, ou plustost l'ardeur qui est en amour. Et partant, quel est l'amour, tel est le zele qui en est l'ardeur. Si l'amour est bon, le zele en est bon; si l'amour est mauvais, le zele en est mauvais. Or, quand je parle du zele, j'entends encore parler de la jalousie; car la jalousie est une espece de zele; et, si je ne me trompe, il n'y a que cette difference entre l'un et l'autre, que le zele regarde tout le bien de la chose aimée pour esloigner le mal contraire; et la jalousie regarde le bien particulier de l'amitié pour repousser tout ce qui s'y oppose.

Quand donc nous aimons ardemment les choses mondaines et temporelles, la beauté, les honneurs, les richesses, les rangs, ce zele, c'est-à-dire l'ardeur de cet amour, se termine pour l'ordinaire en envie; parce que ces basses choses sont si petites, particulieres, bornées, finies, et imparfaictes, que quand l'un les possede, l'autre ne les peut entierement posseder : de sorte qu'estant communiquées à plusieurs, la communication en est moins parfaicte pour un chacun. Mais, quand en particulier nous aimons ardemment d'estre aimez, le zele, ou bien l'ardeur de cet amour, devient jalousie; d'autant que l'amitié humaine, quoy qu'elle soit vertu, si est-ce qu'elle a cette imperfection à raison de nostre imbecillité, qu'estant departie à plusieurs, la part d'un chacun en est moindre. C'est pourquoy l'ardeur ou zele que nous avons d'estre aimez, ne peut souffrir que nous ayons des rivaux et compagnons; et si nous nous imaginons d'en avoir, nous entrons soudain en la passion de jalousie, laquelle, certes, a bien quelque ressemblance avec l'envie, mais ne laisse pas pour cela d'estre fort differente d'avec elle.

1. L'envie est tousjours injuste, mais la jalousie est quelquefois juste, pourvu qu'elle soit moderée; car les mariez, par exemple, n'ont-ils pas raison d'empescher que leur amitié ne reçoive diminution par le partage?

2. Par l'envie nous nous attristons que le prochain ait un bien plus grand ou pareil au nostre, encore qu'il ne nous oste rien de ce que nous avons, en quoy l'envie est desraisonnable, nous faisans estimer que le bien du prochain soit nostre mal. Mais la jalousie n'est nullement marrie que le prochain ait du bien, pourveu que ce ne soit pas le nostre : car le jaloux ne seroit pas marry que son compagnon fust aimé des autres femmes, pourveu que ce ne fust pas de la sienne. Voire mesme, à proprement parler, on n'est pas

jaloux d'un rival, sinon après qu'on estime d'avoir acquis l'amitié de la personne aimée. Que si avant cela il y a quelque passion, ce n'est pas jalousie, mais envie.

3. Nous ne presupposons pas de l'imperfection en celuy que nous envions ; ains au contraire nous l'estimons avoir le bien que nous luy envions : mais nous presupposons bien que la personne de laquelle nous sommes jaloux, soit imparfaite, changeante, corruptible et variable.

4. La jalousie procede de l'amour ; l'envie au contraire provient du manquement d'amour.

5. La jalousie n'est jamais qu'en matiere d'amour ; mais l'envie s'estend en toutes matieres de biens, d'honneurs, de faveurs, de beauté. Que si quelquefois on est envieux de l'amour qui est porté à quelqu'un, ce n'est pas pour l'amour, ains pour les fruicts qui en dependent. Un envieux se soucie peu que son compagnon soit aimé du prince, pourveu qu'il ne soit pas favorisé ni gratifié ès occurrences.

CHAPITRE XIII.

Comme Dieu est jaloux de nous.

Dieu dit ainsi : « Je suis le Seigneur ton Dieu « fort jaloux (1). Le Seigneur a pour son nom ja« loux (2). » Dieu doncques est jaloux, Theotime ; mais quelle est sa jalousie ? Certes, elle semble d'abord estre une jalousie de convoitise, telle qu'est celle des maris pour leurs femmes : car il veut que nous soyons tellement siens, que nous ne soyons en façon quelconque à personne qu'à luy. « Nul, dit-il, ne peut servir à deux mais« tres (3). » Il demande tout nostre cœur, toute nostre ame, tout nostre esprit, toutes nos forces. Pour cela mesme il s'appelle nostre espoux, et nos ames ses espouses ; et nomme toutes sortes d'esloignemens de luy, *fornication*, *adultere*. Et s'il a raison, ce grand Dieu tout uniquement bon, de vouloir tres-parfaictement tout nostre cœur : car nous avons un cœur petit, qui ne peut pas assez fournir d'amour pour aimer dignement la divine bonté ; n'est-il pas donc convenable que, ne luy pouvant donner tout l'amour qu'il seroit requis, il luy donne pour le moins tout celuy qu'il peut ? Le bien qui est souverainement aimable, ne doit-il pas estre souverainement aimé ? Or aimer souverainement, c'est aimer totalement.

Cette jalousie neantmoins que Dieu a pour nous, n'est pas en effect une jalousie de convoitise, ains de souveraine amitié : car ce n'est pas son interest que nous l'aimions, c'est le nostre. Nostre amour luy est inutile, mais il nous est de grand profit ; et s'il luy est agreable, c'est parce qu'il nous est profitable : car, estant le souverain bien, il se plaist à se communiquer par son amour, sans que bien quelconque luy en puisse revenir. Dont il s'escrie, se plaignant des pecheurs par maniere de jalousie : « Ils m'ont laissé, « moy qui suis la source d'eau vive ; et se sont « fouis des cisternes, cisternes dissipées et cre« vassées qui ne peuvent retenir les eaux (1). » Voyez un peu, Theotime, je vous prie, comme ce divin amant exprime delicatement la noblesse et generosité de sa jalousie. *Ils m'ont laissé*, dit-il, *moy qui suis la source d'eau vive*; comme s'il disoit : Je ne me plains pas de quoy ils m'ont quitté pour aucun dommage que leur abandonnement me puisse apporter : car quel dommage peut recevoir une source vive, si on n'y vient pas puiser de l'eau ? laissera-t-elle pour cela de ruisseler et flotter sur la terre ? Mais je regretté leur malheur, de quoy m'ayant *laissé*, ils se sont amusez à *des puits sans eaux*. Que si, par pensée de chose impossible, ils eussent pu rencontrer quelque autre fontaine d'eau vive, je supporterois aisement leur departie d'avec moy, puisque je n'ay nulle pretention en leur amour que celle de leur bonheur. Mais me quitter pour perir, m'abandonner pour se precipiter : c'est cela qui me fait estonner et fascher sur leur folie. C'est donc pour l'amour de nous qu'il veut que nous l'aimions, parce que nous ne pouvons cesser de l'aimer sans commencer de nous perdre, et que tout ce que nous luy ostons de nos affections, nous le perdons.

Mets-moy, dit le divin berger à la Sulamite, « mets-moy comme un cachet sur ton cœur, comme » un cachet sur ton bras (2). » Sulamite, certes, avoit son cœur tout plein de l'amour celeste de son cher amant, lequel, quoyqu'il ait tout, ne se contente pas, mais par une sacrée defiance de jalousie veut encore estre sur le cœur qu'il possede, et le *cacheter* de soy-mesme, afin que rien ne sorte de l'amour qui y est pour luy, et que rien n'y entre qui puisse y faire du meslange ; car il n'est pas assouvi de l'affection dont l'ame de sa Sulamite est comblée, si elle n'est invariable, toute pure, toute unique pour luy. Et pour ne jouir pas seulement des affections de nostre cœur, ains aussi des effects et operations de nos mains, il veut estre encore comme *un cachet sur* nostre *bras* droit, afin qu'il ne s'estende et ne soit employé que pour les œuvres de son service.

Et la raison de cette demande de l'amant divin

---

(1) Deut. v, 9. — (2) Exod. xxxiv, 14.
(3) Matth. vi, 24.

(1) Jerem. ii, 13. — (2) Cant. Cant. viii. 6.

est que, comme la mort est si forte, qu'elle separe l'ame de toutes choses et de son corps mesme, aussi l'amour sacré parvenu jusques au degré du zele, divise et esloigne l'ame de toutes autres affections, et l'espure de tout meslange ; d'autant qu'il n'est pas seulement *aussi fort que la mort*, ains il est aspre, inexorable, *dur*, et impiteux à chastier le tort qu'on luy fait, quand on reçoit avec luy des rivaux, *comme l'enfer est* (1) violent à punir les damnez. Et tout ainsi que l'enfer plein d'horreur, de rage, et de felonie, ne reçoit aucun meslange d'amour ; aussi l'amour jaloux ne reçoit aucun meslange d'autre affection, voulant que tout soit pour le bien-aimé. Rien n'est si doux que le colombeau, mais rien si impiteux que luy envers sa colombelle, quand il a quelque jalousie. Si jamais vous y avez pris garde, vous aurez veu, Theotime, que ce debonnaire animal, revenant de l'essor, et trouvant sa partie avec ses compagnons, il ne se peut empescher de ressentir un peu de defiance qui le rende aspre et bigearre ; de sorte que d'abord il la vient environner, grommelant, trepignant, et la frappant à traits d'aisles, quoiqu'il sçache bien qu'elle est fidele, et qu'il la voye toute blanche d'innocence.

Un jour Ste Catherine de Sienne estoit en un ravissement qui ne luy ostoit pas l'usage des sens; et, tandis que Dieu lui faisoit voir des merveilles, un sien frere passa près d'elle, qui faisant du bruit, la divertit, en sorte qu'elle se retourna pour le regarder un seul petit moment. Cette petite distraction survenue à l'improveu ne fut pas un peché ni une infidelité, ains une seule ombre de peché et une seule image d'infidelité. Et neantmoins la tres-saincte mere de l'Espoux celeste l'en tança si fort, et le glorieux S. Paul luy en fit une si grande confusion, qu'elle pensa fondre en larmes. Et David, retabli en grace par un parfaict amour, comme fut-il traicté pour le seul peché veniel qu'il commit, faisant faire le denombrement de son peuple (2) ?

Mais, Theotime, qui veut voir cette jalousie delicatement et excellemment exprimée, il faut qu'il lise les enseignemens que la seraphique Ste Catherine de Gennes a faicts pour declarer les proprietez du pur amour, entre lesquelles elle inculque et presse fort celle-cy : Que l'amour parfaict, c'est-à-dire l'amour estant parvenu jusqu'au zele, ne peut souffrir l'entremise ou interposition, ny le meslange d'aucune autre chose, non pas mesme des dons de Dieu, voire jusqu'à cette rigueur, qu'il ne permet pas qu'on affectionne le paradis, sinon pour y aimer plus parfaictement la bonté de celuy qui le donne : de sorte que *les lampes* de ce pur amour n'ont point d'huile, de lumignon, ni de fumée ; elles sont toutes *feu et flamme* que rien du monde *ne peut esteindre* (1) ; et ceux qui ont *ces lampes ardentes en* leurs *mains* (2), ont la tres-saincte crainte des chastes espouses, non pas celle des femmes adulteres. Celles-là craignent, et celles-cy aussi, mais differemment, dit S. Augustin. La chaste espouse craint l'absence de son espoux, l'adultere craint la presence du sien ; celle-là craint qu'il s'en aille, et celle-cy craint qu'il demeure ; celle-là est si fort amoureuse qu'elle en est toute jalouse, celle-cy n'est point jalouse, parce qu'elle n'est pas amoureuse ; celle-cy craint d'estre chastiée, et celle-là craint de n'estre pas assez aimée. Ains en verité elle ne craint pas, à proprement parler, de n'estre pas aimée, comme font les autres jalouses qui s'aiment elles-mesmes et veulent estre aimées, mais elle craint de n'aimer pas assez celuy qu'elle voit estre tant aimable, que nul ne le peut assez dignement aimer selon la grandeur de l'amour qu'il merite, ainsi que j'ay dit naguere. C'est pourquoy elle n'est pas jalouse d'une jalousie interessée, mais d'une jalousie pure qui ne procede d'aucune convoitise, ains d'une noble et simple amitié ; jalousie laquelle par après s'estend jusqu'au prochain avec l'amour duquel elle procede. Car, puisque nous aimons le prochain pour Dieu comme nous-mesmes, nous sommes aussi jaloux de luy pour Dieu comme nous le sommes de nous-mesmes ; de sorte que nous voudrions bien mourir pour l'empescher de perir.

Or, comme le zele est une ardeur enflammée, ou une inflammation ardente de l'amour, il a aussi besoin d'estre sagement et prudemment practiqué. Autrement, sous pretexte d'iceluy, on violeroit les termes de la modestie ou discretion, et seroit aisé de passer du zele à la colere, et d'une juste affection à une inique passion. C'est pourquoy n'estant pas icy le lieu de marquer les conditions du zele, mon Theotime, je vous advertis que pour l'execution d'iceluy vous ayez tousjours recours à celuy que Dieu vous a donné pour vostre conduite en la vie devote.

CHAPITRE XIV.

Du zele ou jalousie que nous avons pour Nostre-Seigneur.

Un chevalier desira qu'un peintre fameux luy fist un cheval courant ; et le peintre le luy ayant presenté sur le dos, et comme se vautrant, le chevalier commençoit à se courroucer, quand le peintre retournant l'image sens dessus dessous :

---

(1) Cant. Cant. VIII, 6. — (2) II. Reg. XXIV.

(1) Cant. Cant. VIII, 6, 7. — (2) Luc, XII, 35.

Ne vous faschez pas, monsieur, dit-il, pour changer la posture d'un cheval courant en celle d'un cheval se vautrant, il ne faut que renverser le tableau. Theotime, qui veut bien voir quel zele ou quelle jalousie nous devons avoir pour Dieu, il ne faut sinon bien exprimer la jalousie que nous avons pour les choses humaines, et puis la renverser; car telle devra estre celle que Dieu requiert de nous pour luy.

Imaginez-vous, Theotime, la comparaison qu'il y a entre ceux qui jouyssent de la lumiere du soleil, et ceux qui n'ont que la petite clarté d'une lampe. Ceux-là ne sont point envieux ny jaloux les uns des autres; car ils sçavent bien que cette lumiere-là est tres-suffisante pour tous, que la jouyssance de l'un n'empesche point la jouyssance de l'autre, et que chacun ne la possede pas moins, encore que tous la possedent generalement, que si un chacun luy seul la possedoit en particulier. Mais quant à la clarté d'une lampe, parce qu'elle est petite, courte, et insuffisante pour plusieurs, chacun la veut avoir en sa chambre; et qui l'a est envié des autres. Le bien des choses mondaines est si chetif et vil, que quand l'un en jouyt, il faut que l'autre en soit privé; et l'amitié humaine est si courte et infirme, qu'à mesure qu'elle se communique aux uns, elle s'affoiblit d'autant pour les autres: c'est pourquoy nous sommes jaloux et faschez quand nous y avons des corrivaux et compagnons. Le cœur de Dieu est si abondant en amour, son bien est si fort infiny, que tous le peuvent posseder, sans qu'un chacun pour cela le possede moins; cette infinité ne pouvant estre espuisée, quoyqu'elle remplisse tous les esprits de l'univers; car, après que tout en est comblé, son infinité luy demeure tousjours tout entiere, sans diminution quelconque. Le soleil ne regarde pas moins une rose avec mille millions d'autres fleurs, que s'il ne regardoit qu'elle seule; et Dieu ne respand pas moins son amour sur une ame, encore qu'il en aime une infinité d'autres, que s'il n'aimoit que celle-là seule, la force de sa dilection ne diminuant point pour la multitude des rayons qu'elle respand, ains demeurant tousjours toute pleine de son immensité.

Mais en quoy donc consiste le zele ou la jalousie que nous devons avoir pour la divine bonté? Theotime, son office est premierement de haïr, fuir, empescher, detester, rejetter, combattre et abattre, si l'on peut, tout ce qui est contraire à Dieu, c'est-à-dire à sa volonté, à sa gloire et à la sanctification de son nom. « J'ay haï l'iniquité, dit « David, et l'ay abominée (1). Ceux que vous « hayssez, ô Seigneur, ne les hayssois-je pas? et

(1) Psalm. cxxvIII, 165.

« ne sechois-je pas de regret sur vos ennemis (1)? « Mon zele m'a fait pasmer, parce que mes enne« mis ont oublié vos paroles (2). Au matin je « tuois tous les pecheurs de la terre, afin de rui« ner et exterminer tous les ouvriers d'iniquité (5). » Voyez, je vous prie, Theotime, ce grand roy, de quel zele il est animé, et comme il employe les passions de son ame au service de la saincte jalousie. Il ne *hayt* pas simplement l'iniquité, mais *l'abomine*, *il seche* de detresse en la voyant, il *tombe en defaillance*, et definiment de cœur; il la persecute, il la renverse, et l'*extermine*. Ainsi Phinées, outré d'un sainct zele, transperça sainctement d'un coup de glaive cet effronté Israëlite et cette vilaine Madianite qu'il trouva en l'infame trafic de leur passion (4). Ainsi le zele qui devoroit le cœur de Nostre-Sauveur fit qu'il esloigna, et quant et quant vengea l'irreverence et profanation que ces vendeurs et acheteurs faisoient dans le temple (5).

Le zele, en second lieu, nous rend ardemment jaloux pour la pureté des ames qui sont espouses de Jesus-Christ, selon le dire du sainct apostre aux Corinthiens. « Je suis jaloux de vous, de la « jalousie de Dieu, car je vous ay promis à un « homme, afin de vous representer comme une « vierge chaste à Jesus-Christ (6). » Eliezer eust esté extrememént piqué de jalousie, s'il eust veu la chaste et belle Rebecca qu'il conduisoit pour estre espousée au fils de son seigneur, en quelque peril; et sans doute il eust pu dire à cette saincte damoiselle: *Je suis jaloux de vous, de la jalousie que j'ay pour mon maistre; car je vous ay fiancée à un homme pour vous presenter comme une vierge chaste* au fils de mon seigneur Abraham. Ainsi veut dire le glorieux S. Paul à ses Corinthiens: J'ay esté envoyé de Dieu à vos ames pour traicter le mariage d'une eternelle union entre son fils nostre Sauveur et vous; *je vous ay promis* à luy *pour vous representer, ainsi qu'une vierge chaste* à ce divin Espoux; et voilà pourquoy *je suis jaloux*, non de ma jalousie, mais *de la jalousie de Dieu*, au nom duquel j'ay traicté avec vous. Cette jalousie, Theotime, faisoit mourir et pasmer tous les jours ce sainct apostre. « Je « meurs, dit-il, tous les jours pour vostre gloire (7). « Qui est infirme, que je ne sois aussi infirme? « Qui est scandalisé, que je ne brusle (8)? » Voyez, disent les anciens, voyez quel amour, quel soin et quelle jalousie une mere poule a pour ses

(1) Psalm. cxxxvIII, 21. — (2) Psalm. cxvIII, 139.
(3) Ibid. c, 8. — (4) Num. xxv, 8.
(5) Joan. II, 14, 15. — (6) II. Cor. xi, 2.
(7) I. ad Cor. xv, 31.
(8) II. ad Cor. xi, 29.

poussins (1). (Car Nostre-Seigneur, n'a pas estimé cette comparaison indigne de son Evangile.) La poule est une poule, c'est-à-dire un animal sans courage ny generosité quelconque, tandis qu'elle n'est pas mere ; mais quand elle l'est devenue, elle a un cœur de lyon, tousjours la teste levée, tousjours les yeux hagards ; tousjours elle va roulant sa veuë de toutes parts, pour peu qu'il y ait apparence de peril pour ses petits ; il n'y a ennemy aux yeux duquel elle ne se jette pour la defense de sa chere couvée, pour laquelle elle a un souci continuel qui la fait tousjours aller glossant et plaignant. Que si quelqu'un de ses poussins perit, quels regrets! quelle colere ! c'est la jalousie des peres et meres pour leurs enfans, des pasteurs pour leurs ouailles, des freres pour leurs freres. Quel zele des enfans de Jacob, quand ils sceurent que Dina avoit esté deshonorée (2) ! Quel zele de Job, sur l'apprehension et crainte qu'il avoit que ses enfans n'offençassent Dieu (3) ! Quel zele de S. Paul pour ses *freres selon la chair*, et pour ses enfans selon Dieu, pour lesquels il avoit desiré d'estre exterminé comme criminel d'*anathesme* et d'*excommunication* (4) ! Quel zele de Moyse envers son peuple, pour lequel il veut bien en certaine façon estre *rayé du livre* de vie (5) !

3. En la jalousie humaine nous craignons que la chose aimée ne soit possedée par quelque autre ; mais le zele que nous avons envers Dieu, fait que au contraire nous redoutons sur toutes choses que nous ne soyons pas assez entierement possedez par iceluy. La jalousie humaine nous fait apprehender de n'estre pas assez aimez ; la jalousie chrestienne nous met en peine de n'aimer pas assez. C'est pourquoy la saincte Sulamite s'escrioit : « O le bien-aimé de mon ame, mon- « trez-moy où vous reposez au midy, afin que je « ne m'esgare, et que je n'aille à la suite des trou- « peaux de vos compagnons (6). » Elle craint de n'estre pas toute à son sacré berger, et d'estre tant soit peu amusée après ceux qui se veulent rendre ses rivaux : car elle ne veut qu'en façon du monde les plaisirs, les honneurs et les biens exterieurs puissent occuper un seul brin de son amour qu'elle a tout dedié à son cher Sauveur.

CHAPITRE XV.

Advis pour la conduite du sainct zele.

D'autant que le zele est une ardeur et vehemence d'amour, il a besoin d'estre sagement conduit, autrement il violeroit les termes de la modestie et de la discretion. Non pas, certes, que le divin amour, pour vehement qu'il soit, puisse estre excessif en soy-mesme, ny ès mouvemens ou inclinations qu'il donne aux esprits, mais parce qu'il employe à l'execution de ses projets l'entendement, luy ordonnant de chercher les moyens de les faire reussir ; et la hardiesse ou colere, pour surmonter les difficultez qu'il rencontre, il advient tres-souvent que l'entendement propose et fait prendre des voyes trop aspres et violentes, et que la colere ou audace estant une fois esmeue, et ne se pouvant contenir dans les limites de la raison, emporte le cœur dans le desordre, en sorte que le zele est par ce moyen exercé indiscretement et desreglement : ce qui le rend mauvais et blasmable. David envoya Joab avec son armée contre son desloyal et rebelle enfant Absalon, lequel il defendit sur toutes choses qu'on ne touchast point, ordonnant qu'en toute occurrence on eust soin de le sauver (1). Mais Joab estant en besoigne, eschauffé à la poursuite de la victoire, tua luy-mesme de sa main le pauvre Absalon, sans avoir esgard à tout ce que le roy luy avoit dit (2). Le zele de mesme employe la colere contre le mal, et luy ordonne tousjours tres-expressement qu'en destruisant l'iniquité et le peché, elle sauve, s'il se peut, le pecheur et l'inique. Mais elle estant une fois en fougue comme un cheval fort en bouche et bigearre, elle se desrobe, emporte son homme hors de la lice, et ne pare jamais qu'au defaut d'haleine. Ce bon pere de famille que Nostre-Seigneur descrit en l'Evangile, cognent bien que les serviteurs ardens et violens sont coustumiers d'outrepasser l'intention de leur maistre (3) : car les siens s'offrant à luy pour aller sarcler son champ, afin d'en arracher l'ivraye : « Non, leur « dit-il, je ne le veux pas, de peur que d'adven- « ture avec l'ivraye vous ne tiriez aussi le fro- « ment (4). » Certes, Theotime, la colere est un serviteur qui estant puissant, courageux et grand entrepreneur, fait aussi d'abord beaucoup de besoigne ; mais il est si ardent, si remuant, si inconsideré et si impetueux, qu'il ne fait aucun bien que pour l'ordinaire il ne fasse quant et quant plusieurs maux. Or, ce n'est pas bon mesnage, disent nos gens des champs, de tenir des paons en la maison : car, encore qu'ils chassent aux araignes et en defont le logis, ils gastent toutesfois tant les couverts et les toits, que leur utilité n'est pas comparable au grand desgast qu'ils font. La colere est un secours donné de la nature à la raison, et employé par la grace au service du zele pour l'execution de ses desseins ; mais secours

---

(1) Matth. XXIII, 37. — (2) Gen. XXXIV.
(3) Job, I, 5. — (4) Rom. IX, 2, 3.
(5) Exod. XXXII, 32. — (6) Cant. Cant. I, 6.

(1) II. Reg. XVIII. — (2) Ibid. 14.
(3) Matth. XIII, 24. — (4) Ibid. XIII, 28, 29.

dangereux et peu desirable : car si elle vient forte, elle se rend maistresse, renversant l'autorité de la raison et les lois amoureuses du zele. Que si elle vient foible, elle ne fait rien que le seul zele ne fist luy seul sans elle ; et tousjours elle tient en une juste crainte, que se renforçant elle ne s'empare du cœur et du zele, les sousmettant à sa tyrannie, tout ainsi qu'un feu artificiel en un moment embrase un edifice ; et ne sçait-on comme l'esteindre. C'est un acte de desespoir de mettre dans une place un secours estranger qui se peut rendre le plus fort.

L'amour-propre nous trompe souvent, et nous donne le change, exerçant ses propres passions sous le nom du zele. Le zele s'est jadis servi aucunefois de la colere ; et maintenant la colere se sert en contrechange du nom de zele, pour, sous iceluy, tenir à couvert son ignominieux desreglement. Or je dis qu'elle se sert du nom de zele, parce qu'elle ne sçauroit se servir du zele en luy-mesme, d'autant que c'est le propre de toutes les vertus, mais surtout de la charité, de laquelle le zele est une dependance, d'estre si bonne que nul n'en peut abuser.

Un pecheur fameux vint un jour se jetter aux pieds d'un bon et digne prestre, protestant avec beaucoup de sousmission qu'il venoit pour trouver le remede à ses maux, c'est-à-dire, pour recevoir la saincte absolution de ses fautes. Un certain moyne nommé Demophile, estimant à son advis que ce pauvre penitent s'approchast trop du sainct autel, entra en une colere si violente, que, se ruant sur luy à grands coups de pieds, il le poussa et chassa hors de là ; injuriant outrageusement le bon prestre, qui, selon son devoir, avoit doucement recueilli ce pauvre repentant ; puis, courant à l'autel, il en osta les choses tres-sainctes qui y estoient et les emporta, de peur, comme il le vouloit faire accroire, que, par l'approchement du pecheur, le lieu n'eust esté profané. Or, ayant fait ce bel exploit de zele, il ne resta pas là, mais en fit grande feste au grand S. Denys areopagite, par une lettre qu'il luy escrivit, de laquelle il receut une excellente response digne de l'esprit apostolique dont ce grand disciple de sainct Paul estoit animé : car il luy fit voir clairement que son zele avoit esté indiscret, d'impruent et impudent tout ensemble, d'autant qu'encore que le zele de l'honneur deu aux choses sainctes soit bon et louable, si est-ce qu'il avoit esté practiqué contre toute raison, sans consideration ny jugement quelconque ; puisqu'il avoit employé les coups de pieds, les outrages, injures et reproches, en un lieu, en une occasion et contre des personnes qu'il devoit honorer, aimer et respecter ; si que le zele ne pouvoit estre bon, estant exercé avec un si grand desordre. Mais en cette mesme response ce grand sainct recite un autre exemple admirable d'un grand zele procedé d'une ame fort bonne, gastée neantmoins et viciée par l'excés de la colere qu'elle avoit excitée.

Un payen avoit seduit et fait retourner à l'idolastrie un chrestien candiot nouvellement converty à la foy. Carpus, homme eminent en pureté et saincteté de vie, et lequel, il y avoit grande apparence, avoit esté evesque de Candie, en conceut un si grand courroux, qu'oncques il n'en a souffert de tel, et se laissa porter si avant en cette passion, que s'estant levé à la minuict pour prier selon sa coustume, il concluoit à part soy qu'il n'estoit pas raisonnable que les hommes impies vescussent davantage, priant par grande indignation la divine justice de faire mourir d'un coup de foudre ces deux pecheurs ensemble, le payen seducteur et le chrestien seduit. Mais oyez, Theotime, ce que Dieu fit pour corriger l'aspreté de la passion dont le pauvre Carpus estoit outré. Premierement, il luy fit voir comme à un autre S. Estienne le ciel tout ouvert, et Jesus-Christ Nostre-Seigneur assis sur un grand throsne, environné d'une multitude d'anges qui luy assistoient en forme humaine ; puis il vit en bas la terre ouverte comme un horrible et vaste gouffre, et les deux desvoyez auxquels il avoit souhaité tant de mal, sur le bord de ce precipice, tremblans et presque pasmez d'effroy, à cause qu'ils estoient prests à tomber dedans, attirez d'un costé par une multitude de serpens, qui, sortant de l'abysme, s'entortilloient à leurs jambes, et avec les queues les chatouilloient et provoquoient à la cheute ; et de l'autre costé certains hommes les poussoient et frappoient pour les faire tomber, si qu'ils sembloient estre sur le point d'estre abysmez dans ce precipice. Or, considerez, je vous prie, mon Theotime, la violence de la passion de Carpus. Car, comme il racontoit par après luy-mesme à S. Denys, il ne tenoit compte de contempler Nostre-Seigneur et les anges qui se monstroient au ciel, tant il prenoit plaisir de voir en bas la detresse effroyable de ces deux miserables chetifs, se faschant seulement de ce qu'ils tardoient tant à perir, et partant s'essayoit de les precipiter luy-mesme ; ce que ne pouvant sitôt faire, il s'en depitoit et les maudissoit, jusqu'à ce qu'enfin levant les yeux au ciel, il vit le doux et tres-pitoyable Sauveur, qui, par une extreme pitié et compassion de ce qui se passoit, se leva de son throsne, et descendant jusqu'au lieu où estoient ces deux pauvres miserables, leur tendoit sa main secourable, à mesme temps que les anges aussi, qui d'un costé, qui d'autre, les retenoient pour les empescher de tomber dans cet espouvantable gouffre : et pour conclusion, l'aimable et debonnaire Jesus s'adressant au courroucé Carpus : Tiens, Carpus, dit-il, frappe desormais sur moy ; car je suis prest de pastir encore une fois pour sauver les hommes, et cela me seroit agreable, s'il se pouvoit faire sans le peché des autres hommes. Mais au surplus, advise ce qui te seroit meilleur, ou d'estre en ce gouffre avec les serpens, ou de demeurer avec les anges qui sont si grands amis des hommes. Theotime, le sainct homme Carpus avoit raison d'entrer en zele pour ces deux hommes, et son zele avoit justement excité la colere contre eux ; mais la colere estant esmeu avoit laissé la raison et le zele en derriere, outrepassant toutes les bornes et limites du sainct amour, et par consequent du zele qui en est la ferveur. Elle avoit converty la haine du peché en haine du pecheur, et la tres-douce charité en une furieuse cruauté.

Ainsi y a-t-il des personnes qui ne pensent pas qu'on puisse avoir beaucoup de zele si on n'a beaucoup de colere, n'estimans pas de pouvoir rien accommoder s'ils ne gastent tout, bien qu'au contraire le vray zele ne se serve presque jamais de la colere : car comme on n'applique pas le fer et le feu aux malades, que lorsqu'on ne peut faire autrement, aussi le sainct zele n'employe la colere qu'ès extresmes necessitez.

CHAPITRE XVI.

Que l'exemple de plusieurs saincts, qui semblent avoir exercé leur zele avec colere, ne fait rien contre l'advis du chapitre precedent.

Il est vray, certes, mon amy Theotime, que Moyse, Phinées, Helie, Mathathias, et plusieurs grands serviteurs de Dieu, se servirent de la colere pour exercer leur zele en beaucoup d'occasions signalées (1); mais notez, je vous prie, que c'estoit aussi des grands personnages, qui sçavoient bien manier leurs passions et ranger leur colere, pareils à ce brave capitaine de l'Evangile, qui *disoit à ses soldats* : « *Allez*, et ils alloient ; « *Venez*, et ils venoient (2) ». Mais nous autres qui sommes presque tous des certaines petites gens, nous n'avons pas tant de pouvoir sur nos mouvemens ; nostre cheval n'est pas si bien dressé, que nous le puissions pousser et faire parer à nostre guise. Les chiens sages et bien appris tirent pays, ou retournent sur eux-mesmes, selon que le piqueur leur parle ; mais les jeunes chiens apprentis s'esgarent et sont desobeissans.

(1) Exod. xxxii ; Num. xxv ; III. Reg. xviii ; et IV. Reg. 1 ; I. Mac. ii. — (2) Matt. viii, 9.

Les grands saincts, qui ont rendu sages leurs passions à force de les mortifier par l'exercice des vertus, peuvent aussi tourner leur colere à toute main, la lancer et la tirer, ainsi que bon leur semble. Mais nous autres qui avons des passions indomptées, toutes jeunes, ou du moins mal apprises, nous ne pouvons lascher nostre ire qu'avec peril de beaucoup de desordre ; parce qu'estant une fois en campagne, on ne la peut plus retenir ny ranger, comme il seroit requis.

Sainct Denys parlant à ce Demophile, qui vouloit donner le nom de zele à sa rage et furie : celuy, dit-il, qui veut corriger les autres, doit premierement avoir soin d'empescher que la colere ne deboute la raison de l'empire et domination que Dieu luy a donnés en l'ame, et qu'elle n'excite une revolte, sedition et confusion dans nous-mesmes. De façon que nous n'approuvons pas vos impetuositez poussées d'un zele indiscret, quand mille fois vous repeteriez Phinées et Helie : car telles paroles ne plurent pas à Jesus-Christ, quand elles lui furent dites par ses disciples qui n'avoient pas encore participé de ce doux et benin esprit. Phinées, Theotime, voyant un certain malheureux Israëlite offenser Dieu avec une Mohabite, il les tua tous deux (1). Helie avoit predit la mort d'Ochosias, lequel, indigné de cette prediction, envoya deux capitaines l'un après l'autre, avec chacun cinquante soldats, pour le prendre ; et l'homme de Dieu fit descendre le feu du ciel qui les devora (2). Or, un jour que Nostre-Seigneur passoit en Samarie, il envoya en une ville pour y faire prendre son logis, mais les habitans sçachans que Nostre-Seigneur estoit Juif de nation, et qu'il alloit en Hierusalem, ne le voulurent pas loger. « Ce que voyans « sainct Jean et sainct Jacques, ils dirent à Nos-« tre-Seigneur : « Voulez-vous que nous com-« mandions au feu qu'il descende et qu'il les « brusle ? » Et Nostre-Seigneur se retournant devers eux, les tança, disant : « Vous ne savez de « quel esprit vous estes. Le Fils de l'homme n'est « pas venu pour perdre les ames, mais pour les « sauver (3). » C'est cela donc, Theotime, que veut dire sainct Denis à Demophile, qui alleguoit l'exemple de Phinées et d'Helie : car sainct Jean et sainct Jacques, qui vouloient imiter Helie à faire descendre le feu du ciel sur les hommes, furent repris par Nostre-Seigneur, qui leur fit entendre que son esprit et son zele estoit doux, debonnaire et gracieux ; qu'il n'employoit l'indignation ou le courroux que tres-rarement, lorsqu'il n'y avoit plus esperance de pouvoir profiter

(1) Num. xxv, 8. — (2) IV. Reg. 1.
(3) Luc, ix, 54 et seq.

autrement. Saint Thomas d'Aquin, ce grand astre de la theologie, estant malade de la maladie de laquelle il mourut au monastere de Fosse-Neuve, ordre de Cisteaux, les religieux le prierent de leur faire une briefve exposition du sacré Cantique des cantiques, à l'imitation de saint Bernard. Et il leur respondit : Mes chers peres, donnez-moy l'esprit de saint Bernard, et j'interpreteray ce divin cantique comme sainct Bernard. De mesme, certes, si on nous dit à nous autres, petits chestiens miserables, imparfaicts et chetifs : Servez-vous de l'ire et de l'indignation en vostre zele, comme Phinées, Helie, Mathathias, sainct Pierre et sainct Paul, nous devons respondre : Donnez-nous l'esprit de la perfection et du pur zele avec la lumiere interieure de ces grands saincts, et nous nous animerons de colere comme eux. Ce n'est pas le fait de tout le monde de sçavoir se courroucer quand il faut et comme il faut.

Ces grands saincts estoient inspirez de Dieu immediatement, et partant pouvoient bien employer leur colere sans peril : car le mesme esprit qui les animoit à ces exploits, tenoit aussi les resnes de leur juste courroux, afin qu'il n'outrepassast les limites qu'il leur avoit prefigées. Une ire qui est inspirée ou excitée par le Sainct-Esprit, n'est plus l'ire de l'homme; et c'est *l'ire de l'homme* qu'il faut fuir, puisque, selon le glorieux sainct Jacques, elle *n'opere point la justice de Dieu* (1). Et d'effect, quand ces grands serviteurs de Dieu employoient la colere, c'estoit pour des occurrences si solemnelles et des crimes si excessifs, qu'il n'y avoit nul danger d'exceder la coulpe par la peine.

Parce qu'une fois le grand sainct Paul appelle les *Galates*, *insensez*, represente aux Candiots leurs mauvaises inclinations, et *resiste en face* (2) au glorieux sainct Pierre, son superieur, faut-il prendre licence d'injurier les pecheurs, blasmer les nations, controller et censurer nos conducteurs et prelats ? Certes, chacun n'est pas sainct Paul pour sçavoir faire les choses à propos. Mais les esprits aigres, chagrins, presomptueux et medisans, servans à leurs inclinations, humeurs, aversions et outre-cuidances, veulent couvrir leur injustice du manteau du zele, et chacun, sous le nom de ce feu sacré, se laisse brusler à ses propres passions. Le zele du salut des ames fait desirer la prelature, à ce que dit cet ambitieux ; fait courir çà et là le moyne destiné au chœur, à ce que dit cet esprit inquiet ; fait faire des rudes censures et murmurations contre les prelats de l'Eglise et contre les princes temporels, à ce que dit cet arrogant. Il ne se parle que de zele, et on ne voit point de zele, ains seulement des medisances, des coleres, des haines, des envies et des inquietudes d'esprit et de langue.

On peut practiquer le zele en trois façons. Premierement, en faisant des grandes actions de justice pour repousser le mal, et cela n'appartient qu'à ceux qui ont les offices publics de corriger, censurer et reprendre en qualité de superieurs, comme les princes, magistrats, prelats, predicateurs; mais parce que cet office est respectable, chacun l'entreprend, chacun s'en veut mesler. Secondement, on use du zele en faisant des actions de grande vertu pour donner bon exemple, suggerant les remedes au mal, exhortant à les employer, operant le bien opposé au mal qu'on desire exterminer : ce qui appartient à un chacun ; et neantmoins peu de gens le veulent faire. Enfin on exerce le zele tres-excellemment en souffrant et patissant beaucoup pour empescher et destourner le mal, et presque nul ne veut cette sorte de zele. Le zele specieux est ambitionné, c'est celuy auquel chacun veut employer son talent, sans prendre garde que ce n'est pas le zele que l'on y recherche, mais la gloire et l'assouvissement de l'outre-cuidance, colere, chagrin et autres passions.

Certes, le zele de Nostre-Seigneur parut principalement à mourir sur la croix pour detruire la mort et le peché des hommes, en quoy il fut souverainement imité par cet admirable vaisseau d'election et de dilection (1), ainsi que le represente le grand sainct Gregoire Nazianzene en paroles dorées. Car, parlant de ce sainct apostre :
« Il combat pour tous, dit-il, il respand des prie-
« res pour tous, il est passionné de jalousie en-
« vers tous, il est enflammé pour tous; ains mesme
« il a osé plus que cela pour ses freres selon la
« chair; en sorte que pour dire aussi moy-mesme
« cecy fort hardiment, il desire par charité qu'i-
« ceux soyent mis en sa place auprès de Jesus-
« Christ (2). O excellence de courage et de fer-
« veur d'esprit incroyable! il imite Jesus-Christ,
« qui *pour nous fut faict malediction*, qui *prit
« nos infirmitez, et porta nos maladies* (3) ; ou ,
« afin qu'il parle plus sobrement, luy le pre-
« mier, après le Sauveur, ne refuse pas de souf-
« frir, et d'estre reputé impie à leur occasion. »
Ainsi donc, Theotime, comme nostre Sauveur fut fouetté, condamné, crucifié en qualité d'homme voué, destiné et dedié à porter et supporter les opprobres, ignominies et punitions deues à tous

---

(1) Jac. 1, 10. — (2) Gal. 111 ; I. Tit. 1, 12 et seq.; Gal. 11, 11.

(1) Act. 1x, 15. — (2) Rom. 1x. — (3) Gal. 111, 13; Matth. viii, 17.

les pecheurs du monde, et à servir de sacrifice general pour le peché, ayant été faict comme anathesme, separé et abandonné de son pere eternel ; de mesme aussi, selon la veritable doctrine de ce grand Nazianzene, le glorieux apostre sainct Paul desira d'estre comblé d'ignominie, crucifié, separé, abandonné et sacrifié pour le peché des Juifs, afin de porter pour eux l'anathesme et la peine qu'ils meritoient. Et comme nostre Sauveur porta de sorte les pechez du monde, et fut faict tellement anathesme, sacrifié pour le peché, et delaissé de son pere, qu'il ne laissa pas d'estre perpetuellement le *fils bien-aimé auquel le pere prenoit son bon plaisir* (1); aussi le sainct apostre desira bien d'estre anathesme et separé de son maistre, pour estre abandonné d'iceluy, et delaissé à la mercy des opprobres et punitions deues aux Juifs ; mais il ne desira pas pourtant jamais d'estre privé de *la charité* et grace de son Seigneur, de laquelle rien aussi ne le pouvoit *separer* (2) ; c'est-à-dire, il desira d'estre traicté comme un homme separé de Dieu ; mais il ne desira pas d'en estre par effect separé ny privé de sa grace, car cela ne peut estre sainctement desiré. Ainsi l'espouse celeste, confesse que *l'amour* estant *fort comme la mort* (3), laquelle separe l'ame du corps, *le zele*, qui est un amour ardent, est encore bien *plus fort* : car il ressemble à *l'enfer* (4) qui separe l'ame de la veuë de Nostre-Seigneur ; mais jamais il n'est dit, ny ne se peut dire, que l'amour ou le zele soit semblable au peché, qui seul separe de la grace de Dieu. Et comme se pourroit-il faire que l'ardeur de l'amour pust faire desirer d'estre separé de la grace, puisque l'amour est la grace mesme, ou du moins ne peut estre sans la grace? Or le zele du grand sainct Paul fut practiqué en quelque sorte, ce me semble, par le petit sainct Paul, je veux dire sainct Paulin, qui, pour oster un esclave de son esclavage, se rendit esclave luy-mesme, sacrifiant sa liberté pour la rendre à son prochain.

O que bienheureux est, dit sainct Ambroise, celuy qui sçait la discipline du zele ! Tres-facilement, dit sainct Bernard, le diable se jouera de ton zele, si tu negliges la science. Que doncques ton zele soit enflammé de charité, embelly de science, affermy de constance. Le vray zele est enfant de la charité, car c'en est l'ardeur ; c'est pourquoy, comme elle, il est *patient, benin*, sans trouble, sans contention, sans haine, *sans envie, se resjouissant de la verité* (5). L'ardeur du vray zele est pareille à celle du chasseur, qui est diligent, soigneux, actif, laborieux et tres-affectionné au pourchas ; mais sans colere, sans ire, sans trouble. Car, si le travail des chasseurs estoit colere, ireux, chagrin, il ne seroit pas si aimé ny affectionné. Et de mesme le vray zele a des ardeurs extresmes, mais constantes, fermes, douces, laborieuses, esgalement aimables et infatigables. Tout au contraire, le faux zele est turbulent, brouillon, insolent, fier, colere, passager, esgalement impetueux et inconstant.

CHAPITRE XVII.

Comme Nostre-Seigneur practiqua tous les plus excellens actes de l'amour.

Ayant si longuement parlé des actes sacrez du divin amour, afin que plus aisement et sainctement vous en conserviez la memoire, je vous en presente un recueil et abregé. « La charité de Je-« sus-Christ nous presse (1), » dit le grand apostre. Ouy, certes, Theotime, elle nous force et violente par son infinie douceur practiquée en tout l'ouvrage de nostre redemption, auquel *s'est apparue la benignité et amour de Dieu* (2) envers les hommes. Car qu'est-ce que ce divin amant ne fit pas en matiere d'amour !

1. Il nous aima d'amour de complaisance, car ses *delices furent d'estre avec les enfans des hommes* (3), et d'attirer l'homme à soy, se rendant homme luy-mesme. 2. Il nous aima d'amour de bienveuillance, jettant sa propre divinité en l'homme, en sorte que l'homme fust Dieu. 3. Il s'unit à nous par une conjonction incomprehensible, en laquelle il adhera et se serra à nostre nature si fortement, indissolublement, et infiniment, que jamais rien ne fust si estroictement joint et pressé à l'humanité, qu'est maintenant la tres-saincte divinité en la personne du Fils de Dieu. 4. Il s'escoula tout en nous, et, par maniere de dire, fondit sa grandeur pour la reduire à la forme et figure de nostre petitesse, dont il est appellé source d'eau vive, rosée et pluye du ciel. 5. Il a esté en extase, non-seulement en ce que, comme dit sainct Denis, à cause de l'excés de son amoureuse bonté, il devient en certaine façon hors de soy-mesme, estendant sa providence sur toutes choses, et se trouvant en toutes choses ; mais aussi en ce que, comme dit sainct Paul, il s'est en quelque sorte quitté soy-mesme, il s'est vidé de soy-mesme, il s'est epuisé de sa grandeur, de sa gloire, il s'est demis du throsne de son incomprehensible majesté ; et s'il faut ainsi parler, *il s'est aneanty soy-mesme* (4) pour venir à nostre

---

(1) Matth. xvii, 5. — (2) Rom. viii, 39.
(3) Cant. Cant. viii, 6. — (4) Ibid. viii, 6.
(5) I. Cor. xiii, 4, 6.

(1) II. Cor. v, 14. — (2) Tit. iii, 4.
(3) Proverb. viii, 3. — (4) Philip. ii, 7.

humanité, nous remplir de sa divinité, nous combler de sa bonté, nous eslever à sa dignité, et nous donner le divin estre d'enfans de Dieu. Et celuy duquel si souvent il est escrit : *Je vis moy-mesme, dit le Seigneur* (1), il a pu dire par après, selon le langage de son apostre : *Je vis moy-mesme, non plus moy-mesme, mais l'homme vit en moy* (2). *Ma vie c'est l'homme, et mourir pour l'homme c'est mon profit* (3). *Ma vie est cachée avec l'homme en Dieu* (4). Celuy qui habitoit en soy-mesme, habite maintenant en nous; et celuy qui estoit vivant ès siecles dans le sein de son pere eternel, fut par après mortel dans le giron de sa mere temporelle. Celuy qui vivoit eternellement de sa vie divine, vecut temporellement de la vie humaine; et celuy qui jamais eternellement n'avoit esté que Dieu, sera eternellement à jamais encore homme, tant l'amour de l'homme a ravy Dieu et l'a tiré à l'extase. 6. Il admira souvent par dilection comme il fit le centenier et la Cananée. 7. Il contempla le jeune homme qui avoit jusqu'à l'heure gardé les commandemens, et desiroit d'estre acheminé à la perfection. 8. Il prit une amoureuse quietude en nous, et mesme avec quelque suspension de sens, emmy le sein de sa mere et en son enfance. 9. Il a eu des tendretez admirables envers les petits enfans qu'il prenoit entre ses bras et dorlotoit amoureusement, envers Marthe et Magdeleine, envers le Lazare qu'il pleura, comme sur la cité de Hierusalem. 10. Il fut animé d'un zele nompareil, qui, comme dit sainct Denys, se convertit en jalousie; detournant, en tant qu'il fut en luy, tout mal de sa bien-aimée nature humaine, au peril, ains au prix de sa propre vie; chassant le diable prince de ce monde, qui sembloit estre son rival et compagnon. 11. Il eut mille et mille langueurs amoureuses. Car d'où pouvoient proceder ces divines paroles : « Je dois estre baptisé de baptesme, et « comme suis-je angoissé et pressé jusqu'à ce que « je l'accomplisse (5)! » Il voyoit l'heure d'estre baptisé en son sang, et languissoit jusqu'à ce qu'il le fust; l'amour qui nous portoit le pressant, afin de nous voir delivrez par sa mort de la mort eternelle. Ainsi fut-il triste, et sua le sang de detresse au jardin des olives; non-seulement pour l'extresme douleur que son ame sentoit en la partie inferieure de sa raison, mais aussi par l'extresme amour qu'il nous portoit en la superieure portion d'icelle; la douleur luy donnant horreur de la mort, et l'amour luy donnant un extresme desir d'icelle : en sorte qu'un tres-aspre combat et une cruelle *agonie* se fit entre le desir et l'horreur de la mort, jusques à grande *effusion de sang* qui coula comme d'une source, *ruisselant jusques à terre* (1).

12. Enfin, Theotime, ce divin amoureux mourut entre les flammes et ardeurs de la dilection, à cause de l'infinie charité qu'il avoit envers nous, et par la force et vertu de l'amour; c'est-à-dire il mourut en l'amour, par l'amour, pour l'amour et d'amour. Car bien que les cruels supplices fussent tres-suffisans pour faire mourir qui que ce fust, si est-ce que la mort ne pouvoit jamais entrer dans la vie de celuy qui *tient les clefs de la vie et de la mort* (2), si le divin amour qui manie ces clefs n'eust ouvert les portes à la mort, afin qu'elle allast saccager ce divin corps et luy ravir la vie, l'amour ne se contentant pas de l'avoir rendu mortel pour nous, s'il ne le rendoit mort. Ce fut par election, et non par la force du mal, qu'il mourut. « Nul ne m'oste la vie, dit-il, « mais je la laisse et quitte moy-mesme. J'ay puis- « sance de la quitter et de la reprendre derechef « moy-mesme (3). » « Il fut offert, dit Isaïe, « parce qu'il le voulut (4) : » et partant, il n'est pas dit que son esprit s'en alla, le quitta et se separa de luy; mais au contraire, qu'il *mit son esprit dehors* (5), l'expira, le rendit et le *remit ès mains de* son *Pere* (6) eternel; si que S. Athanase remarque qu'il *baissa la teste* (7) pour mourir, afin de consentir et pancher à la venue de la mort, laquelle autrement n'eust osé s'approcher de luy; et *criant à pleine voix* (8), il remet son esprit à son pere, pour monstrer que, comme il avoit assez de force et d'haleine pour ne point mourir, il avoit aussi tant d'amour qu'il ne pouvoit plus vivre sans faire revivre par sa mort ceux qui sans cela ne pouvoient jamais eviter la mort, ny pretendre à la vraye vie. C'est pourquoy la mort du Sauveur fut un vray sacrifice, et sacrifice d'holocauste que luy-mesme offrit à son pere pour nostre redemption. Encore que les peines et douleurs de sa passion fussent si grandes et si fortes, que tout autre homme en fust mort, si est-ce que, quant à luy, il n'en fust jamais mort s'il n'eust voulu, et que le feu de son infinie charité n'eust consumé sa vie. Il fut donc le sacrificateur luy-mesme qui s'offrit à son pere, et s'immola en amour, à l'amour, par l'amour, pour l'amour et d'amour.

Mais, Theotime, gardez bien pourtant de dire que cette mort amoureuse du Sauveur se soit

---

(1) Ezech. xxxiii, 11, et alibi sæpè.
(2) Galat. ii, 20. — (3) Philip. i, 21.
(4) Coloss. iii, 3. — (5) Luc. xii, 50.

(1) Luc. xxii, 43, 44.
(2) Apoc. i, 18. — (3) Joan. x, 18. — (4) Isa. liii, 7.
(5) Matth. xxvii, 50. — (6) Luc. xxiii, 46.
(7) Joan. xix, 30. — (8) Luc. xxiii, 46.

faicte par maniere de ravissement. Car l'object pour lequel sa charité le porta à la mort, n'estoit pas tant aimable qu'il pust ravir à soy cette divine ame, laquelle sortit donc de son corps par maniere d'extase, poussée et lancée par l'affluence et force de l'amour; comme l'on voit la myrrhe pousser dehors sa premiere liqueur par sa seule abondance, sans qu'on la presse ny tire aucunement, selon ce que luy-mesme disoit, ainsi que nous avons remarqué: « Personne ne m'oste ny ravit mon « ame, mais je la donne volontairement (1). » O Dieu! Theotime, quel brasier pour nous enflammer à faire les exercices du saint amour pour le Sauveur tout bon, voyans qu'il les a si amoureusement practiquez pour nous qui sommes si mauvais! Cette *charité* donc *de Jesus-Christ nous presse* (2).

(1) Joan. x, 18. — (2) II. Cor. v, 14.

LIVRE ONZIESME.

DE LA SOUVERAINE AUTORITÉ QUE L'AMOUR SACRÉ TIENT SUR TOUTES LES VERTUS, ACTIONS ET PERFECTIONS DE L'AME.

CHAPITRE PREMIER.

Combien toutes les vertus sont agreables à Dieu.

La vertu est si aimable de sa nature, que Dieu la favorise par-tout où il la voit. Les payens, quoyque ennemis de sa divine majesté, practiquoient par fois quelques vertus humaines et civiles, desquelles la condition n'estoit pas au-dessus des forces de l'esprit raisonnable. Or, vous pouvez penser, Theotime, combien cela estoit peu de chose. Certes, encore que ces vertus eussent beaucoup d'apparence, si est-ce qu'en effect elles estoient de peu de valeur à cause de la bassesse de l'intention de ceux qui les practiquoient, qui ne travailloient presque que pour l'honneur, ainsi que dit S. Augustin, ou pour quelque autre pretention fort legere, comme est celle de l'entretien de la société civile, ou pour quelque petite inclination qu'ils avoient au bien; laquelle ne rencontrant point de grande contrarieté, les portoit à des menues actions de vertus, comme, par exemple, à s'entresaluer, à secourir les amis, vivre sobrement, ne point desrober, servir fidelement les maistres, payer les gages aux ouvriers. Et toutesfois, quoique cela fust ainsi mince et environné de plusieurs imperfections, Dieu en sçavoit gré à ces pauvres gens, et les en recompensoit abondamment.

Les sages-femmes auxquelles Pharaon donna charge de faire perir tous les masles des Israelites, estoient sans doute Egyptiennes et payennes (1): car s'excusant de quoy elles n'avoient pas executé la volonté du roy: « Les femmes hebrieu-

(1) Ex. I, 15.

« ses, disoient-elles, ne sont pas comme les « Egyptiennes; car elles sçavent l'art de recevoir « les enfans, et, devant que nous allions à elles, « elles ont enfanté (1): » excuse qui n'eust pas esté à propos, si ces sages-femmes eussent esté Hebrieuses; et n'est pas croyable que Pharaon eust donné une commission si impiteuse contre les Hebrieuses à des femmes hebrieuses de mesme nation et religion: et aussi Joseph tesmoigne qu'en effect elles estoient Egyptiennes. Or toutes Egyptiennes et payennes qu'elles estoient, elles *craignirent* d'offenser *Dieu* (2) par une cruauté si barbare et desnaturée comme eust esté celle du massacre de tant de petits enfans. De quoy la divine douceur leur sçeut si bon gré qu'elle *leur edifia des maisons* (3), c'est-à-dire, les rendit plantureuses en enfans et en biens temporels.

Nabuchodonosor, roy de Babylone, avoit combattu en une guerre juste contre la ville de Tyr, que la justice divine vouloit chastier. Et Dieu dit à Ezechiel qu'en recompense il *donneroit l'Egypte* en proye à *Nabuchodonosor* et à son armée, *parce*, dit Dieu, *qu'ils ont travaillé pour moy* (4). Doncques, adjoute S. Hierosme au commentaire, nous apprenons que si les payens mesme font quelque bien, ils ne sont point laissez sans salaire par le jugement de Dieu. Ainsi Daniel exhorta Nabuchodonosor infidele de *racheter ses pechez par aumosnes* (5), c'est-à-dire de se racheter des peines temporelles deues à ses pechez, dont il estoit menacé. Voyez-vous donc, Theotime, combien il est vray que Dieu fait estat des vertus, encore qu'elles soyent practiquées par des

(1) Ex. I, 19. — (2) Ex. I, 17. — (3) Ibid. 21. (4) Ezech. XXIX, 19, 20. — (5) Daniel, IV, 24.

personnes qui sont d'ailleurs mauvaises ? S'il n'eust agreé la misericorde des sages-femmes et la justice de la guerre des Babyloniens, eust-il pris le soin, je vous prie, de les salarier ? Et si Daniel n'eust sçeu que l'infidelité de Nabuchodonosor n'empescheroit pas que Dieu n'agreast ses aumosnes, pourquoy les luy eust-il conseillées ? Certes, l'apostre nous assure que les payens qui « n'ont pas la loy font naturellement ce qui ap- « partient à la loy (1). » Et quand ils le font, qui peut douter qu'ils ne fassent bien, et que Dieu n'en fasse compte ? Les payens cognurent que le mariage estoit bon et necessaire ; ils virent qu'il estoit convenable d'eslever les enfans ès arts, en l'amour de la patrie, en la vie civile, et ils le firent. Or, je vous laisse à penser si Dieu ne trouvoit pas bon cela, puisqu'il avoit donné la lumiere de la raison et l'instinct naturel à cette intention.

La raison naturelle est un bon arbre que Dieu a planté en nous ; les fruicts qui en proviennent ne peuvent estre que bons : fruicts qui, en comparaison de ceux qui procedent de la grace, sont à la verité de tres-petit prix, mais non pas pourtant de nul prix, puisque Dieu les a prisez, et pour iceux a donné des recompenses temporelles ; ainsi que, selon le grand S. Augustin, il salaria les vertus morales des Romains, de la grande etendue et magnifique reputation de leur empire.

Le peché rend sans doute l'esprit malade, qui partant ne peut pas faire des grandes et fortes operations, mais ouy bien des petites ; car toutes les actions des malades, ne sont pas malades : encore parle-t-on, encore voit-on, encore ouït-on, encore boit-on. L'ame qui est en peché peut faire des biens, qui estans naturels sont recompensez de salaires naturels ; estans civiles, sont payez de monnoye civile et humaine, c'est-à-dire, par des commoditez temporelles. Le pecheur n'est pas en la condition des diables, desquels la volonté est tellement detrempée et incorporée au mal, qu'elle ne peut vouloir aucun bien. Non, Theotime, le pecheur en ce monde n'est pas ainsi ; il est là emmy le chemin entre *Hierusalem* et *Hierico*, *blessé* à mort, mais non pas encore mort ; car, dit l'Evangile, il est *laissé à moitié vivant* (2) : et comme il est à moitié vif, il peut aussi faire des actions moitié vives. Il ne sçauroit voirement marcher, ny se lever, ny crier à l'aide ; non pas mesme parler, sinon languidement, à cause de son cœur failly ; mais il peut bien ouvrir les yeux, remuer les doigts, souspirer, dire quelque parole de plainte ; actions foibles, et nonobstant lesquelles il mourroit miserablement sur son sang, si le *misericordieux Samaritain*

ne luy eust appliqué son *huile et son vin*, et ne l'eust *emporté au logis* (1) pour le faire panser et traicter à ses propres dépens.

La naturelle raison est grandement blessée, et comme à moitié morte par le peché : c'est pourquoy, ainsi mal en poinct, elle ne peut observer tous les commandemens qu'elle voit bien pourtant estre convenables. Elle cognoist son devoir, mais elle ne peut le rendre ; et ses yeux ont plus de clarté pour luy monstrer le chemin que ses jambes de force pour l'entreprendre.

Le pecheur peut voirement bien observer quelques-uns des commandemens par-cy, par-là ; ains il peut mesme les observer tous pour quelque peu de temps, lorsqu'il ne se presente point de subject relevé auquel il faille practiquer les vertus commandées, ou de tentation pressante de commettre le peché defendu : mais que le pecheur puisse vivre long-temps en son peché sans en adjouster des nouveaux, cela ne se peut sans une speciale protection de Dieu. Car les ennemis de l'homme sont ardens, remuans et en perpetuelle action pour le precipiter ; et quand ils voyent qu'il n'arrive point d'occasion de practiquer les vertus ordonnées, ils suscitent mille tentations pour nous faire tomber ès choses prohibées ; et lors la nature sans la grace ne se peut garantir du precipice. Car si nous vainquons, « Dieu nous donne « la victoire par Jesus-Christ (2), » ainsi que dit S. Paul : « Veillez et priez, afin que vous n'en- « triez point en tentation (3). » Si Nostre-Seigneur disoit seulement, *Veillez*, nous penserions pouvoir assez faire de nous-mesmes ; mais quand il adjoute, *Priez*, il monstre que s'il ne *garde* nos ames au temps de la tentation, *en vain veilleront ceux qui les gardent* (4).

CHAPITRE II.

Que l'amour sacré rend les vertus excellemment plus agreables à Dieu qu'elles ne sont de leur propre nature.

Les maistres des choses rustiques admirent la franche innocence et pureté des petites fraises, parce qu'encore qu'elles rampent sur la terre et soyent continuellement foulées par les serpens, lezards et autres bestes venimeuses, si est-ce qu'elles ne reçoivent aucune impression du venin, n'acquierent aucune qualité maligne, signe qu'elles n'ont aucune affinité avec le venin. Telles sont donques les vertus humaines, Theotime ; lesquelles, quoyqu'elles soient en un cœur bas,

---

(1) Ad Rom. II, 14. — (2) Luc, x, 30.

(1) Luc, x, 33, 34. — (2) I. ad Cor. xv, 57.
(3) Matth. xxvi, 41. — (4) Psalm. cxxvi, 1.

terrestre et grandement occupé de peché, elles ne sont neantmoins aucunement infectées de la malice d'iceluy, estans d'une nature si franche et innocente, qu'elle ne peut estre corrompue par la société de l'iniquité, selon qu'Aristote mesme a dit, que la vertu estoit une habitude de laquelle aucun ne peut abuser. Que si les vertus estant ainsi bonnes en elles-mesmes, ne sont pas recompensées d'un loyer eternel, lorsqu'elles sont practiquées par les infideles ou par ceux qui sont en peché, il ne s'en faut nullement etonner, puisque le cœur duquel elles procedent n'est pas capable du bien eternel, s'estant d'ailleurs detourné de Dieu, et que l'heritage celeste appartenant au Fils de Dieu, nul n'y doit estre associé qui ne soit en luy et son frere adoptif; laissant à part que la convention par laquelle Dieu promet le paradis ne regarde que ceux qui sont en sa grace, et que les vertus des pecheurs n'ont aucune dignité ny valeur que celle de leur nature, qui par consequent ne les peut relever au merite des recompenses surnaturelles, lesquelles pour cela mesme sont appelées surnaturelles, d'autant que la nature, et tout ce qui en depend, ne peut ny les donner ny les meriter.

Mais les vertus qui se trouvent ès amis de Dieu, quoyqu'elles ne soient que morales et naturelles selon leur propre condition, sont neantmoins anoblies et relevées à la dignité d'œuvres sainctes, à cause de l'excellence du cœur qui les produit.

C'est une des proprietez de l'amitié, qu'elle rend agreable l'amy et tout ce qui est en luy de bon et d'honneste. L'amitié respand sa grace et faveur sur toutes les actions de celuy que l'on aime, pour peu qu'elles en soient susceptibles : les aigreurs des amis sont des douceurs, les douceurs des ennemis sont des aigreurs. Toutes les œuvres vertueuses d'un cœur amy de Dieu sont dediées à Dieu. Car le cœur qui s'est donné soymesme, comme n'a-t-il pas donné tout ce qui despend de luy-mesme? Qui donne l'arbre sans reserve ne donne-t-il pas aussi les feuilles, les fleurs et les fruicts? « Le juste fleurira comme la « palme, il croistra comme le cedre du Liban. « Plantez en la maison du Seigneur, ils fleuriront « ès parvis de la maison de nostre Dieu (1). » Puisque le juste est *planté en la maison* de Dieu, ses feuilles, ses fleurs et ses fruicts y croissent et sont dediés au service de sa majesté. Il est « comme l'arbre planté près le courant des eaux, « qui porte son fruict en son temps; ses feuilles « mesmes ne tombent point, tout ce qu'il fait « prosperera (2). » Non-seulement les *fruicts* de la charité et les fleurs des œuvres qu'elle ordonne, mais les *feuilles* mesmes des vertus morales et naturelles tirent une speciale prosperité de l'amour du cœur qui les produit. Si vous entez un rosier, et que dedans la fente du tige vous mettiez un grain de musc, les roses qui en proviendront seront toutes musquées. Fendez donc vostre cœur par la saincte penitence, et mettez l'amour de Dieu dans la fente; puis entant sur iceluy telle vertu que vous voudrez, les œuvres qui en proviendront seront parfumées de saincteté, sans qu'il soit besoin d'autre soin pour cela.

Les Spartes ayant ouy une tres-belle sentence de la bouche d'un meschant homme, n'estimerent pas qu'elle deust estre receue, si premierement elle n'estoit prononcée par la bouche d'un homme de bien. Pour donc la rendre digne de reception, ils ne firent autre chose que de la faire derechef proferer par un homme vertueux. Si vous voulez rendre saincte la vertu humaine et morale d'Epictete, de Socrate ou de Demades, faites-la seulement practiquer par une ame vraiment chrestienne, c'est-à-dire qui ait l'amour de Dieu. Ainsi Dieu *regarda* au bon *Abel* premierement, et puis *à ses offrandes* (1); en sorte que les offrandes prirent leur grace et dignité devant les yeux de Dieu de la bonté et pieté de celuy qui les presentoit. O bonté souveraine de ce grand Dieu! laquelle favorise tant ses amans, qu'elle cherit leurs moindres petites actions pour peu qu'elles soient bonnes, et les anoblit excellemment, leur donnant le titre et la qualité de sainctes! Hé! c'est en contemplation de son fils bienaimé, duquel il veut honorer les enfans adoptifs, sanctifiant tout ce qui est de bon en eux; les os, les cheveux, les vestemens, les sepulcres, et jusques à *l'ombre* (2) de leurs corps, la foy, l'esperance, l'amour, la religion, ouy mesme la sobrieté, la courtoisie, l'affabilité de leurs cœurs.

« Doncques, mes chers freres, dit l'apostre, « soyez stables et immobiles, abondans en toute « œuvre du Seigneur, sçachans que vostre travail « ne sera point inutile en Nostre-Seigneur (3). » Et notez, Theotime, que toute œuvre vertueuse doit estre estimée *œuvre du Seigneur*, voire mesme quand elle seroit practiquée par un infidele : car sa divine majesté dit à Ezechiel que Nabuchodonosor et son armée avoient *travaillé* (4) pour luy, parce qu'ils avoient fait une guerre legitime et juste contre les Tyriens; montrant assez par là que la justice des injustes est sienne, tend à luy et luy appartient; bien que les injustes qui font la justice ne soient pas siens, ne tendent

(1) Psalm. XCI, 13, 14. — (2) Psalm. I, 3.

(1) Genes. IV, 4. — (2) Act. V, 15.
(3) I. ad Cor. XV, 58. — (4) Ezech. XXIX, 20.

pas à luy et ne luy appartiennent pas. Car comme ce grand prophete et prince Job, quoyqu'il fust issu de race payenne et habitant de *la terre Hus* (1), ne laissa pas d'appartenir à Dieu ; ainsi les vertus morales, quoyque provenues d'un cœur pecheur, ne laissent pas d'appartenir à Dieu. Mais quand ces mesmes vertus se trouvent en un cœur vrayment chrestien, c'est-à-dire doué du saint amour, alors non-seulement elles appartiennent à Dieu, mais elles ne sont *point inutiles en Nostre-Seigneur,* ains sont rendues fructueuses et precieuses devant les yeux de sa bonté. Adjoustez à un homme la charité, dit S. Augustin, tout profite ; ostez-en la charité, tout le reste ne profite plus. Et « à ceux qui aiment Dieu, toutes « choses cooperent en bien (2), » dit l'apostre.

CHAPITRE III.

Comme il y a des vertus que la presence du divin amour releve à une plus grande excellence que les autres.

Mais il y a des vertus qui, à raison de leur naturelle alliance et correspondance avec la charité, sont aussi beaucoup plus capables de recevoir la precieuse influence de l'amour sacré, et par consequent la communication de la dignité et valeur d'iceluy. Telles sont la foy et l'esperance, qui avec la charité regardent immediatement Dieu ; et la religion avec la penitence et devotion, qui s'employent à l'honneur de sa divine majesté. Car ces vertus par leur propre condition ont un si grand rapport à Dieu, et sont si susceptibles des impressions de l'amour celeste, que pour les faire participer à la saincteté d'iceluy, il ne faut, sinon qu'elles ne soyent auprès de luy, c'est-à-dire en un cœur qui aime Dieu. Ainsi, pour donner le goust de l'olive aux raisins, il ne faut que planter la vigne entre les oliviers : car sans s'entretoucher aucunement, par le seul voisinage, ces plantes feront un reciproque commerce de leurs saveurs et proprietez : tant elles ont une grande inclination et estroicte convenance l'une envers l'autre.

Certes, toutes les fleurs, si ce ne sont celles de l'arbre Triste, et quelques autres de naturel monstrueux, toutes, dis-je, se resjouissent, espanouissent et s'embellissent à la veuë du soleil par la chaleur vitale qu'elles reçoivent de ses rayons. Mais toutes les fleurs jaunes, et surtout celles que les Grecs ont appellé heliotropium, et nous tourne-soleil, non-seulement reçoivent de la joye et complaisance en la presence du soleil, mais suivent par un amiable contour les attraicts de ses rayons, le regardans et se retournans devers luy depuis son levant jusques à son couchant. Ainsi toutes les vertus reçoivent un nouveau lustre et une excellente dignité par la presence de l'amour sacré : mais la foy, l'esperance, la crainte de Dieu, la pieté, la penitence et toutes les autres vertus qui d'elles-mesmes tendent particulierement à Dieu et à son honneur, elles ne reçoivent pas seulement l'impression du divin amour, par laquelle elles sont eslevées à une grande valeur ; mais elles se penchent totalement vers luy ; s'associant avec luy, le suivant et servant en toutes occasions. Car enfin, mon cher Theotime, la parole sacrée attribue une certaine proprieté et force de sauver, de sanctifier et de glorifier à la foy, à l'esperance, à la pieté, à la crainte de Dieu, à la penitence, qui tesmoigne bien que ce sont des vertus de grand prix, et qu'estant practiquées en un cœur qui a l'amour de Dieu, elles se rendent excellemment plus fructueuses et sainctes que les autres, lesquelles de leur nature n'ont pas une si grande convenance avec l'amour sacré. Et celuy qui s'escrie, « Si j'ay toute la foy, en sorte « mesme que je transporte les montagnes, et je « n'ay point la charité, je ne suis rien (1), » il monstre bien, certes, qu'avec la charité cette foy luy profiteroit grandement. La charité doncques est une vertu nompareille, qui n'embellit pas seulement le cœur auquel elle se trouve, mais benit et sanctifie aussi toutes les vertus qu'elle rencontre en iceluy, par sa seule presence, les embaumant et parfumant de son odeur celeste, par le moyen de laquelle elles sont rendues de grand prix devant Dieu ; ce qu'elle fait neantmoins beaucoup plus excellemment en la foy, en l'esperance, et ès autres vertus qui d'elles-mesmes ont une nature tendante à la pieté.

C'est pourquoy, Theotime, entre toutes les actions vertueuses nous devons soigneusement practiquer celles de la religion et reverence envers les choses divines ; celles de la foy, de l'esperance et de la tres-saincte crainte de Dieu, parlant souvent des choses celestes, pensans et aspirans à l'eternité, hantans les eglises et services sacrez, faisans des lectures devotes, observans les ceremonies de la religion chrestienne : car le sainct amour se nourrit à souhaict parmy ces exercices, et respand sur iceux plus abondamment ses graces et proprietez, qu'il ne fait sur les actions des vertus simplement humaines, ainsi que le bel arc-en-ciel rend odorantes toutes les plantes sur lesquelles il tombe, mais plus que toutes incomparablement celle de l'Aspalatus.

---

(1) Job. I. — (2) Rom. VIII, 28.

(1) I. Cor. XIII, 2.

CHAPITRE IV.

Comme le divin amour sanctifie encore plus excellemment les vertus, quand elles sont practiquées par son ordonnance et commandement.

Rachel, après avoir grandement desiré d'estre mere, fut rendue fertile par deux moyens, dont elle eut aussi des enfans de deux differentes façons. Car au commencement de son mariage, se croyant sterile, elle employa sa servante Bala, qu'elle donna à son cher Jacob, luy disant : « J'ai « Bala ma chambriere ; prenez-la en mariage, afin « qu'elle enfante sur mes genoux, et que j'aye des « enfans d'elle (1). » Et il arriva selon son souhait : car Bala conceut et mit au monde plusieurs enfans sur les genoux de Rachel, qui les recevoit comme veritablement siens, d'autant qu'ils lui venoient de deux personnes, dont la premiere luy appartenoit par la loy du mariage, et l'autre par obligation de service, et d'autant encore que ç'avoit esté par son ordonnance et volonté que sa servante Bala en estoit devenue mere. Mais elle eut par après deux autres enfans issus et procreez d'elle-mesme, à sçavoir Joseph et le cher Benjamin (2).

Je vous dis maintenant, mon cher Theotime, que la charité et dilection sacrée, plus belle cent fois que Rachel, mariée à l'esprit humain, souhaite sans cesse de produire des sainctes operations. Que si, au commencement, elle n'en peut avoir elle-mesme, de sa propre extraction, par l'union sacrée qui luy est uniquement propre, elle appelle les autres vertus, comme ses fideles servantes, et les associe à son mariage, commandant au cœur de les employer, afin que d'elles il fasse naistre des sainctes operations, mais operations qu'elle ne laisse pas d'adopter et estimer siennes, parce qu'elles sont produictes par son ordre et commandement, et d'un cœur qui luy appartient ; d'autant que, comme nous avons declaré ailleurs, l'amour est maistre du cœur, et par consequent de toutes les œuvres des autres vertus faictes par son consentement.

Mais, outre cela, cette divine dilection ne laisse pas d'avoir deux actes issus proprement et extraits d'elle-mesme, dont l'un est l'amour effectif, qui, comme un autre Joseph, usant de la plenitude de l'autorité royale, soumet et range tout le peuple de nos facultez, puissances, passions et affections, à la volonté de Dieu (3), afin qu'il soit aimé, obei et servi sur toutes choses, rendant par ce moyen executé le grand commandement celeste : « Tu « aimeras le Seigneur ton Dieu de tout ton cœur, « de toute ton ame, de tout ton esprit, de toutes « tes forces (1). » L'autre est l'amour affectif ou affectueux, qui, comme un petit Benjamin, est grandement delicat, tendre, agreable et aimable ; mais en cela plus heureux que Benjamin, que la charité, sa mere, ne meurt pas en le produisant (2), ains prend, ce semble, une nouvelle vie par la suavité qu'elle en ressent.

Ainsi donc, Theotime, les actions vertueuses des enfans de Dieu appartiennent toutes à la sacrée dilection : les unes, parce qu'elle-mesme les produit de sa propre nature ; les autres, d'autant qu'elle les sanctifie par sa vitale presence ; et les autres enfin, par l'authorité et le commandement dont elle use sur les autres vertus, desquelles elle les fait naistre. Et celles-cy, comme elles ne sont pas à la verité si eminentes en dignité que les actions proprement et immediatement issues de la dilection, aussi excellent-elles incomparablement au-dessus des actions qui ont toute leur saincteté de la seule presence et societé de la charité.

Un grand general d'armée, ayant gagné une signalée bataille, aura sans doute tout l'honneur de la victoire, et non sans cause : car il aura combattu luy-mesme en teste de l'armée, practiquant plusieurs beaux faits d'armes ; et pour le reste il aura disposé l'armée, puis ordonné et commandé tout ce qui aura esté executé ; si qu'il est estimé d'avoir tout fait, ou par soy-mesme en combattant de ses propres mains, ou par sa conduite en commandant aux autres. Que si mesme quelques troupes amies surviennent à l'improuvue et se joignent à l'armée, on ne laissera pas d'attribuer l'honneur de leur action au general, parce qu'encore qu'elles n'ayent pas receu ses commandemens, elles l'ont neantmoins servy, et suivy ses intentions. Mais pourtant après qu'on luy a donné toute la gloire en gros, on ne laisse pas d'en distribuer les pieces à chaque partie de l'armée, en disant ce que l'avant-garde, le corps et l'arriere-garde ont fait ; comme les François, les Italiens, les Allemands, les Espagnols, se sont comportez : oüy mesme on loue les particuliers qui se seront signalez au combat. Ainsi entre toutes les vertus, mon cher Theotime, la gloire de nostre salut et de nostre victoire sur l'enfer est deferée à l'amour divin, qui, comme prince et general de toute l'armée des vertus, fait tous les exploits par lesquels nous obtenons le triomphe. Car l'amour sacré a ses actions propres, issues et procedées de luy-mesme, par lesquelles

---

(1) Genes. xxx, 3. — (2) Ibid. 25 ; et xxxv, 18.
(3) Genes. xli, 40.

(1) Deut. vi, 5, et Matth. xxii, 37.
(2) Genes. xxxv, 19.

il a fait des miracles d'armes sur nos ennemis ; puis, outre cela, il dispose, commande et ordonne les actions des autres vertus, qui pour cette cause sont nommées actes commandez ou ordonnez de l'amour. Que si enfin quelques vertus font leurs operations sans son commandement, pourveu qu'elles servent à son intention, qui est l'honneur de Dieu, il ne laisse pas de les avouer siennes. Or neantmoins, quoiqu'en gros nous disions, après le divin apostre, *que la charité souffre tout, elle croit tout, elle espere tout, elle supporte tout* (1), et en somme qu'elle fait tout ; si est-ce que nous ne laissons pas de distribuer en particulier la louange du salut des bienheureux aux autres vertus, selon qu'elles ont excellé en un chacun : car nous disons que la foy en a sauvé les uns, l'aumosne quelques autres, la temperance, l'oraison, l'humilité, l'esperance, la chasteté, les autres ; parce que les actions de ces vertus ont paru avec lustre en ces saincts. Mais tousjours reciproquement aussi après qu'on a eslevé ces vertus particulieres, il faut rapporter tout leur honneur à l'amour sacré, qui à toutes donne la saincteté qu'elles ont. Car que veut dire autre chose le glorieux apostre, inculquant que *la charité est benigne, patiente*, qu'*elle croit tout, espere tout, supporte tout* (2), sinon que la charité ordonne et commande à la patience de patienter, et à l'esperance d'esperer, et à la foy de croire ? Il est vray, Theotime, qu'avec cela il signifie encore que l'amour est l'ame et la vie de toutes les vertus, comme s'il vouloit dire que la patience n'est pas assez patiente, ny la foy assez fidele, ny l'esperance assez confiante, ny la debonnaireté assez douce, si l'amour ne les anime et vivifie. Et c'est cela mesme que nous fait entendre ce mesme *vaisseau d'election* (3), quand il dit que *sans la charité rien ne luy profite*, et qu'*il n'est rien* (4) : car c'est comme s'il disoit que sans l'amour il n'est ny patient, ny debonnaire, ny constant, ny fidele, ny esperant, ainsi qu'il est convenable pour estre serviteur de Dieu, qui est le vray et desirable estre de l'homme.

CHAPITRE V.

Comme l'amour sacré mesle sa dignité parmy les autres vertus, en perfectionnant la leur particuliere.

J'ai veu à Tivoly, dit Pline, un arbre enté de toutes les façons qu'on peut enter, qui portoit toutes sortes de fruicts : car en une branche on trouvoit des cerises, en une autre des noix, et ès autres des raisins, des figues, des grenades, des pommes, et generalement toutes especes de fruicts. Cela, Theotime, estoit admirable ; mais il l'est bien plus encore de voir en l'homme chrestien la divine dilection sur laquelle toutes les vertus sont entées : de maniere que comme l'on pouvoit dire de cet arbre, qu'il estoit cerisier, pommier, noyer, grenadier ; aussi l'on peut dire de la charité qu'elle est patiente, douce, vaillante, juste ; ou plustost qu'elle est la patience, la douceur et la justice mesme.

Mais le pauvre arbre de Tivoly ne dura guere, comme le mesme Pline tesmoigne : car cette varieté de productions tarit incontinent son humeur radical, et le desseicha, ensorte qu'il en mourut, où au contraire la dilection se renforce et revigore de faire force fruicts en l'exercice de toutes les vertus ; ains, comme ont remarqué nos saincts Peres, elle est insatiable en l'affection qu'elle a de fructifier, et ne cesse de presser le cœur auquel elle se trouve, comme Rachel faisoit de son mary, disant : « Donnez-moy des enfans, « autrement je mourray (1). »

Or les fruicts des arbres entez sont tousjours selon le greffe : car si le greffe est de pommier, il jettera des pommes ; s'il est de cerisier, il jettera des cerises : ensorte neantmoins que tousjours ces fruicts-là tiennent du goust du tronc. Et de mesme, Theotime, nos actes prennent leur nom et leur espece des vertus particulieres desquelles ils sont issus, mais ils tirent de la sacrée charité le goust de leur saincteté ; aussi la charité est la racine et source de toute saincteté en l'homme. Et comme la tige communique sa saveur à tous les fruicts que les greffes produisent, en telle sorte que chaque fruict ne laisse pas de garder la proprieté naturelle du greffe duquel il est procedé ; ainsi la charité respand tellement son excellence et dignité ès actions des autres vertus, que neantmoins elle laisse à une chacune d'icelles la valeur et bonté particuliere qu'elle a de sa condition naturelle.

Toutes les fleurs perdent l'usage de leur lustre et de leur grace parmy les tenebres de la nuict ; mais au matin le soleil rendant ces mesmes fleurs visibles et agreables n'esgale pas toutesfois leurs beautez et leurs graces ; et sa clarté respandue esgalement sur toutes, les fait neantmoins inegalement claires et esclatantes, selon que plus ou moins elles se trouvent susceptibles des effets de sa splendeur : et la lumiere du soleil, pour esgale qu'elle soit sur la violette et sur la rose, n'esgalera jamais pourtant la beauté de celle-là à

---

(1) I. Cor. XIII, 7. — (2) Ibid. 4, 7.
(3) Act. IX, 15. — (4) I. Cor. XIII, 2, 3.

(1) Genes. XXX, 1.

la beauté de celle-cy, ny la grace d'une marguerite à celle du lys. Mais pourtant si la lumiere du soleil estoit fort claire sur la violette, et fort obscurcie par les brouillards sur la rose, alors sans doute elle rendroit plus agreable aux yeux la violette que la rose. Ainsi, mon Theotime, si avec une esgale charité l'un souffre la mort du martyre, et l'autre la faim du jeusne, qui ne voit que le prix de ce jeusne ne sera pas pour cela esgal à celuy du martyre? Non, Theotime : car qui oseroit dire que le martyre en soy-mesme ne soit pas plus excellent que le jeusne? Que s'il est plus excellent, la charité survenante ne luy ostant pas l'excellence qu'il a, ains la perfectionnant, luy laissera par consequent les avantages qu'il avoit naturellement sur le jeusne. Certes, nul homme de bon sens n'esgalera la chasteté nuptiale à la virginité, ni le bon usage des richesses à l'entiere abnegation d'icelles. Et qui oseroit aussi dire que la charité survenante à ces vertus leur ostast leurs proprietez et privileges, puisqu'elle n'est pas une vertu destruisante et appauvrissante, ains bonifiante, vivifiante, et enrichissante tout ce qu'elle trouve de bon ès ames qu'elle gouverne? Ains tant s'en faut que l'amour celeste oste aux vertus les preeminences et dignitez qu'elles ont naturellement, qu'au contraire ayant cette proprieté de perfectionner les perfections qu'elle rencontre, à mesure qu'elle trouve des plus grandes perfections, elle les perfectionne plus grandement : comme le sucre ès confitures assaisonne tellement les fruicts de sa douceur, que les adoucissant tous il les laisse neantmoins inegaux en goust et suavité, selon qu'ils sont inegalement savoureux de leur nature ; et jamais il ne rend les pesches et les noix ny si douces ny si agreables que les abricots et les mirabolans.

Il est vray toutesfois que si la dilection est ardente, puissante et excellente en un cœur, elle enrichira et perfectionnera aussi davantage toutes les œuvres des vertus qui en procederont. On peut souffrir la mort et le feu pour Dieu sans avoir la charité, ainsi que sainct Paul presuppose (1), et que je declare ailleurs ; à plus forte raison on la peut souffrir avec une petite charité. Or, je dis, Theotime, qu'il se peut bien faire qu'une fort petite vertu ait plus de valeur en une ame où l'amour sacré regne ardemment, que le martyre mesme en une ame où l'amour est allangoury, foible et lent. Ainsi les menues vertus de Nostre-Dame, de sainct Jean, et des autres grands saincts, estoient de plus grand prix devant Dieu que les plus relevées de plusieurs saincts inferieurs ; comme beaucoup des petits eslans amoureux des Seraphins sont plus enflammez que les plus relevez des anges du dernier ordre ; ainsi que le chant des rossignols apprentifs est plus harmonieux incomparablement que celuy des chardonnerets les mieux appris.

Pireicus à la fin de ses ans ne peignoit qu'en petit volume et choses de peu, comme boutiques de barbier, de cordonnier, petits asnes chargez d'herbes, et semblables menus fatras ; ce qu'il faisoit, comme Pline pense, pour assoupir sa grande renommée ; dont enfin on l'appella peintre de basse etoffe : et neantmoins la grandeur de son art paroissoit tellement en ses bas ouvrages, qu'on les vendoit plus que les grandes besoignes des autres. Ainsi, Theotime, les petites simplicitez, abjections et humiliations, esquelles les grands saincts se sont tant pleu pour se musser, et mettre leur cœur à l'abry contre la vaine gloire, ayant esté faictes avec une grande excellence de l'art et de l'ardeur du celeste amour, ont esté trouvées plus agreables devant Dieu que les grandes ou illustres besoignes de plusieurs autres qui furent faictes avec peu de charité et de devotion.

L'espouse sacrée *blesse* son espoux *avec un seul de* ses *cheveux* (1), desquels il fait tant d'estat, qu'il les compare aux *troupeaux des chevres de Galaad* (2) : et n'a pas plustost loué les *yeux* de sa devote amante, qui sont les parties les plus nobles de tout le visage, que soudain il loue la chevelure, qui est la plus fresle, vile et abjecte ; afin que l'on sçeut qu'en une ame esprise du divin amour, les exercices qui semblent fort chetifs sont neantmoins grandement agreables à sa divine majesté.

CHAPITRE VI.

De l'excellence du prix que l'amour sacré donne aux actions issues de luy-mesme, et à celles qui procedent des autres vertus.

Mais, ce me direz-vous, quelle est cette valeur, je vous prie, que le sainct amour donne à nos actions? O mon Dieu! Theotime, certes, je n'aurois pas l'asseurance de le dire, si le Sainct-Esprit ne l'avoit luy-mesme declaré en termes fort exprès par le grand apostre sainct Paul qui parle ainsi : « Ce qui à present est momentané et leger « de nostre tribulation, opere en nous sans « mesure en la sublimité un poids eternel de « gloire (3). » Pour Dieu, pesons ces paroles, nos *tribulations*, qui sont si *legeres* qu'elles *passent en un moment*, *operent en nous le poids* solide et stable *de la gloire*. Voyez de grace ces merveil-

(1) I. Cor. XIII, 3.

(1) Cant. Cant. IV, 9. — (2) Ibid. VI, 4 (3) Cor. II, IV, 17.

les! la *tribulation produit* la *gloire*, la *legereté* donne le *poids*, et les *momens* operent *l'eternité*. Mais qui peut donner tant de vertu à ces *momens* passagers, et à ces *tribulations* si *legeres*? L'escarlatte et la pourpre, ou fin cramoisy violet, est un drap grandement precieux et royal; mais ce n'est pas à raison de la laine, ains à cause de la teinture. Les œuvres des bons chrestiens sont de si grande valeur, que pour icelles on nous donne le ciel; mais, Theotime, ce n'est pas parce qu'elles procedent de nous, et sont la laine de nos cœurs, ains parce qu'elles sont teintes au sang du fils de Dieu; je veux dire que c'est d'autant que le Sauveur sanctifie nos œuvres par le merite de son sang.

Le sarment uni et joint au cep porte du fruict, non en sa propre vertu, mais en la vertu du cep. Or, nous sommes unis par la charité à nostre Redempteur, comme les membres au chef; c'est pourquoy nos fruicts et bonnes œuvres, tirant leur valeur d'iceluy, meritent la vie eternelle. La baguette d'Aaron estoit seche, incapable de fructifier d'elle-mesme; mais lorsque le nom de ce grand-prestre fust escrit sur icelle, en une nuict elle jetta ses *feuilles*, ses *fleurs* et ses *fruicts* (1). Nous sommes, quant à nous, branches seches, inutiles, infructueuses, qui « ne sommes pas suf- « fisans de penser quelque chose de nous-mes- « mes, comme de nous-mesmes; mais toute nostre « suffisance est de Dieu, qui nous a rendus offi- « ciers idoines (2) » et capables de sa volonté: et partant, soudain que, par le sainct amour, le nom du Sauveur grand *evesque de nos ames* (3), est gravé en nos cœurs, nous commençons à porter des fruicts delicieux pour la vie eternelle. Et comme les graines qui ne produiroient d'elles-mesmes que des melons de goust fade, en produisent des sucrins et muscats si elles sont detrempées en l'eau sucrée ou musquée, ainsi nos cœurs, qui ne sçauroient pas projetter une seule bonne pensée pour le service de Dieu, estans detrempez en la sacrée dilection par le Sainct-Esprit qui habite en nous, ils produisent des actions sacrées qui tendent et nous portent à la gloire immortelle. Nos œuvres, comme provenantes de nous, ne sont que des chetifs roseaux; mais ces *roseaux* deviennent *d'or* par la charité, et avec iceux on *arpente la Hierusalem* (4) celeste, qu'on nous donne à cette mesure: car tant aux hommes qu'aux anges, on distribue la gloire selon la charité et les actions d'icelle; de sorte que *la mesure de l'ange* est celle-là mesme *de l'homme* (5), et

(1) Num. XVII, 8. — (2) II. Cor. III, 5.
(3) I. Petr. II, 25. — (4) Apoc. XXI, 15.
(5) Apoc. XXI, 17.

Dieu a rendu et *rendra à chacun selon ses œuvres* (1); comme toute l'Escriture divine nous enseigne, laquelle nous assigne la felicité et joye eternelle du ciel pour recompense des travaux et bonnes actions que nous aurons practiquées en terre.

Recompense magnifique, et qui ressent la grandeur du maistre que nous servons, lequel, à la verité, Theotime, pouvoit, s'il lui eust pleu, exiger tres-justement de nous nostre obeissance et service, sans nous proposer aucun loyer ny salaire; puisque nous sommes siens par mille titres tres-legitimes, et que nous ne pouvions rien faire qui vaille qu'en luy, par luy, pour luy, et qui ne soit de luy. Mais, sa bonté neantmoins n'en a pas ainsi disposé; ains, en consideration de son fils Nostre-Sauveur, a voulu traicter avec nous de prix fait, nous recevant à gage, et s'engageant de promesses vers nous, qu'il nous salariera, selon nos œuvres, de salaires esternels. Or, ce n'est pas que nostre service luy soit ny necessaire ny utile: car, *après que nous avons fait tout ce qu'il nous a commandé* (2), nous devons neantmoins advouer, par une tres-humble verité ou veritable humilité, qu'en effect *nous sommes serviteurs tres-inutiles* et tres-infructueux à nostre maistre, qui, à cause de son essentielle surabondance de biens, ne peut recevoir aucun profit de nous; ains, convertissant toutes nos œuvres à nostre propre advantage et commodité, il fait que nous le servons autant inutilement pour luy que tres-utilement pour nous, qui par de si petits travaux gagnons de si grandes recompenses.

Il n'estoit donc pas obligé de nous payer nostre service, si ne l'eust promis. Mais ne pensez pas pourtant, Theotime, qu'en cette promesse il ait tellement voulu manifester sa bonté, qu'il ait oublié de glorifier sa sagesse; puisque au contraire il y a observé fort exactement les regles de l'equité, meslant admirablement la bienseance avec la liberalité. Car nos œuvres sont voirement extresmement petites, et nullement comparables à la gloire en leur quantité: mais elles lui sont neantmoins fort proportionnées en qualité, à raison du Sainct-Esprit qui, habitant en nos cœurs par la charité, les fait en nous, par nous et pour nous, avec un art si exquis, que les mesmes œuvres qui sont toutes nostres sont encore mieux toutes siennes; parce que, comme il les produit en nous, nous les produisons reciproquement en luy; comme il les fait pour nous, nous les faisons pour luy; et comme il les opere avec nous, nous cooperons aussi avec luy.

Or, le Sainct-Esprit habite en nous, si nous

(1) Apoc. XXII, 12. — (2) Luc. XVII, 10.

sommes membres vivans de Jesus-Christ, qui, à raison de cela, disoit à ses disciples : « Qui « demeure en moy, et moy en luy, iceluy porte « beaucoup de fruicts (1). » Et c'est, Theotime, parce que qui demeure en luy, il participe à son divin esprit, lequel est au milieu du cœur humain comme une vive source qui *rejaillit* et pousse ses eaux *jusqu'en la vie eternelle* (2). Ainsi l'*huile* de benediction, *versée* sur le Sauveur comme *sur le chef* de l'Eglise, tant militante que triomphante, *se respand sur* la societé des malheureux, qui, comme la *barbe* sacrée de ce divin maistre, sont tousjours attachez à sa face glorieuse (3); et *distille* encore *sur* la compagnie des fideles, qui, comme *vestemens*, sont joincts et unis par dilection à sa divine majesté; l'une et l'autre troupe, comme composée de *freres germains*, ayant à cette occasion sujet de s'escrier : « O que c'est une chose bonne et agrea« ble de voir les freres bien ensemble ! c'est « comme l'onguent qui descend en la barbe, la « barbe d'Aaron, et jusques au bord de son ves« tement. »

Ainsi donc nos œuvres, comme un petit grain de moustarde, ne sont aucunement comparables en grandeur avec l'arbre de la gloire qu'elles produisent; mais elles ont pourtant la vigueur et vertu de l'operer, parce qu'elles procedent du Sainct-Esprit, qui, par une admirable infusion de sa grace en nos cœurs, rend nos œuvres siennes, les laissant nostres tout ensemble, d'autant que nous sommes membres d'un chef duquel il est l'esprit, et entez sur un arbre duquel il est la divine humeur. Et parce qu'en cette sorte il agit en nos œuvres, et qu'en certaine façon nous operons ou cooperons en son action, il nous laisse pour nostre part tout le merite et profit de nos services et bonnes œuvres; et nous luy en laissons aussi tout l'honneur et toute la louange, recognoissans que le commencement, le progrez et la fin de tout le bien que nous faisons, depend de sa misericorde, par laquelle il est venu à nous, et nous a prevenus; il est venu en nous, et nous a assistez ; il est venu avec nous, et nous a conduits ; *achevant* ce qu'il avoit *commencé* (4). Mais, ô Dieu! Theotime, que cette bonté est misericordieuse sur nous en ce partage ! Nous luy donnons la gloire de nos louanges, helas! et luy nous donne la gloire de sa jouyssance; et en somme, par ses legers et passagers travaux, nous acquerons des biens perdurables à toute eternité. Ainsi soit-il.

(1) Joan. xv, 5. — (2) Ibid. iv, 14.
(3) Psalm. cxxxii, 2. — (4) Philip. i, 6.

CHAPITRE VII.

Que les vertus parfaictes ne sont jamais les unes sans les autres.

On dit que le cœur est la premiere partie de l'homme, qui reçoit la vie par l'union de l'ame; et l'œil, la derniere : comme au contraire, quand on meurt naturellement, l'œil commence le premier à mourir, et le cœur le dernier. Or, quand le cœur commence à vivre avant que les autres parties soient animées, sa vie, certes, est fort debile, tendre et imparfaicte; mais à mesure qu'elle s'establit plus entierement dans le reste du corps, elle est aussi plus vigoureuse en chaque partie, et particulierement au cœur; et l'on voit que la vie estant interessée en quelque membre, elle s'allangourit en tous les autres. Si un homme est navré au pied ou au bras, tout le reste en est incommodé, esmeu, occupé et alteré; si nous avons mal à l'estomach, les yeux, la voix, tout le visage s'en ressent : tant il y a de convenance entre toutes les parties de l'homme pour la jouissance de la vie naturelle.

Toutes les vertus ne s'acquierent pas ensemblement en un instant, ains les unes après les autres, à mesure que la raison, qui est comme l'ame de nostre cœur, s'empare tantost d'une passion, tantost de l'autre, pour la moderer et gouverner. Et pour l'ordinaire cette vie de nostre ame prend son commencement dans le cœur de nos passions, qui est l'amour; et s'estendant sur toutes les autres, elle vivifie enfin l'entendement mesme par la contemplation; comme au contraire la mort morale ou spirituelle fait sa premiere entrée en l'ame par consideration. *La mort entre par les fenestres* (1), dit le sacré texte, et son dernier effect consiste à ruiner le bon amour; lequel perissant, toute la vie morale est morte en nous.

Encore bien donc qu'on puisse avoir quelques vertus separées des autres, si est-ce neantmoins que ce ne peut estre que des vertus languissantes, imparfaictes et debiles, d'autant que la raison, qui est la vie de nostre ame, n'est jamais satisfaicte ny à son aise dans une ame, qu'elle n'occupe et possede toutes les facultez et passions d'icelle; et lorsqu'elle est offensée et blessée en quelqu'une de nos passions ou affections, toutes les autres perdent leur force et vigueur, et s'allangourissent estrangement.

Voyez-vous, Theotime, toutes les vertus sont vertus par la convenance ou conformité qu'elles ont à la raison; et une action ne peut estre dicte vertueuse, si elle ne procede de l'affection que le

(1) Jerem. ix, 21.

cœur porte à l'honnesteté et beauté de la raison. Or, si l'amour de la raison possede et anime un esprit, il fera tout ce que la raison voudra en toutes occurrences, et par consequent il practiquera toutes les vertus. Si Jacob aimoit Rachel, en consideration de ce qu'elle estoit fille de Laban, pourquoy mesprisoit-il Lia, qui estoit non-seulement fille, ains fille aisnée du mesme Laban (1)? Mais parce qu'il aimoit Rachel à cause de la beauté qu'il trouva en elle, jamais il ne sceut tant aimer la paůvre Lia, quoique feconde et sage fille, d'autant qu'elle n'estoit pas si belle à son gré. Qui aime une vertu pour l'amour de la raison et honnesteté qui y reluit, il les aimera toutes, puisqu'en toutes il trouvera ce mesme subject; et les aimera plus ou moins, chacune selon que la raison y paroistra plus ou moins resplendissante. Qui aime la liberalité, et n'aime pas la chasteté, il montre bien qu'il n'aime pas la liberalité pour la beauté de la raison : car cette beauté est encore plus grande en la chasteté; et où la cause est plus forte, les effects devroient estre plus forts. C'est donc un signe esvident que ce cœur-là n'est pas porté à la liberalité par le motif et la consideration de la raison : dont il s'ensuit que cette liberalité, qui semble estre vertu, n'en a que l'apparence, puisqu'elle ne procede pas de la raison, qui est le vray motif des vertus, ains de quelque autre motif estranger. Il suffit bien vrayment à un enfant d'estre nay dans le mariage, pour porter parmy le monde le nom, les armes et les qualitez du mary de sa mere; mais pour en porter le sang et la nature, il faut que non-seulement il soit nay dans le mariage, ains aussi du mariage. Les actions ont le nom, les armes et marques des vertus, parce que, naissant d'un cœur doué de raison, il est advis qu'elles soient raisonnables; mais pourtant elles n'en ont ny la substance ny la vigueur, si elles proviennent d'un motif estranger et adultere, et non de la raison. Il se peut donc bien faire que quelques vertus soient en un homme, auquel les autres manqueront; mais ce seront ou des vertus naissantes, encore toutes tendres et comme des fleurs en bouton, ou des vertus perissantes, mourantes, et comme des fleurs fletrissantes : car, en somme, les vertus ne peuvent avoir leur vraye integrité et suffisance, qu'elles ne soient toutes ensemble, ainsi que toute la philosophie et la theologie nous asseure.

Je vous prie, Theotime, quelle prudence peut avoir un homme intemperant, injuste et poltron, puisqu'il choisit le vice, et laisse la vertu? Et comme peut-on estre juste, sans estre prudent,

(1) Genes. xxix.

fort et temperant; puisque la justice n'est autre chose qu'une perpetuelle, forte, et constante volonté de rendre à chacun ce qui luy appartient; et que la science par laquelle le droit s'administre est nommée jurisprudence; et que, pour rendre à chacun ce qui luy appartient, il nous faut vivre sagement et modestement, et empescher les desordres de l'intemperance en nous, afin de nous rendre ce qui nous appartient à nous-mesmes? Et le mot de *vertu* ne signifie-t-il pas une force et vigueur appartenant à l'ame en proprieté, ainsi que l'on dit les herbes et pierres precieuses avoir telle et telle vertu ou proprieté?

Mais la prudence est-elle pas imprudente en l'homme intemperant? La force sans prudence, justice et temperance, n'est pas une force, mais une forcenerie; et la justice est injuste en l'homme poltron, qui ne l'ose pas rendre; en l'intemperant, qui se laisse emporter aux passions; et en l'imprudent, qui ne sçait pas discerner entre le droit et le tort. La justice n'est pas justice, si elle n'est prudente, forte et temperante; ny la prudence n'est pas prudence, si elle n'est temperante, juste et forte; ny la force n'est pas force, si elle n'est juste, prudente et temperante; ny la temperance n'est pas temperance, si elle n'est prudente, forte et juste : et en somme une vertu n'est pas vertu parfaicte, si elle n'est accompagnée de toutes les autres.

Il est bien vray, Theotime, qu'on ne peut pas exercer toutes les vertus ensemble, parce que les subjects ne s'en presentent pas tout-à-coup; ains il y a des vertus que quelques-uns des plus saincts n'ont jamais eu occasion de practiquer. Car S. Paul, premier hermite, par exemple, quel subject pouvoit-il avoir d'exercer le pardon des injures, l'affabilité, la magnificence, la debonnaireté? Mais toutesfois telles ames ne laissent pas d'estre tellement affectionnées à l'honnesteté de la raison, que encore qu'elles n'ayent pas toutes les vertus quant à l'effect, elles les ont toutes quant à l'affection, estant prestes et disposées de suivre et servir la raison en toutes occurrences, sans exception ny reserve.

Il y a certaines inclinations qui sont estimées vertus, et ne le sont pas, ains des faveurs et advantages de la nature. Combien y a-t-il de personnes qui, par leur condition naturelle, sont sobres, simples, douces, taciturnes, voire mesme chastes et honnestes? Or, tout cela semble estre vertus, et n'en a toutesfois pas le merite; non plus que les mauvaises inclinations ne sont dignes d'aucun blasme, jusques à ce que sur telles humeurs naturelles nous ayons enté le libre et volontaire consentement. Ce n'est pas vertu de ne manger guere par nature, mais ouy bien de s'abstenir par election : ce n'est pas vertu d'estre taciturne par inclination, mais ouy bien de se taire par raison. Plusieurs pensent avoir les vertus quand ils n'exercent pas les vices contraires. Celuy qui ne fut oncques assailli se peut voirement vanter de n'avoir pas esté fuyart, mais non pas d'avoir esté vaillant; celuy qui n'est pas affligé se peut louer de n'estre pas impatient, mais non pas d'estre patient. Ainsi semble-t-il à plusieurs d'avoir des vertus, qui n'ont toutesfois que des bonnes inclinations, et parce que ces inclinations sont les unes sans les autres, il est advis que les vertus le soyent aussi.

Certes, le grand S. Augustin, en une epistre qu'il escrit à S. Hierosme, montre que nous pouvons avoir quelque sorte de vertu, sans avoir les autres; et que neantmoins nous n'en pouvons point avoir de parfaictes, sans les avoir toutes; mais que quant aux vices, on peut avoir les uns sans avoir les autres : ains il est impossible de les avoir tous ensemble; de sorte qu'il ne s'ensuit pas que qui a perdu toutes les vertus ait par consequent tous les vices, puisque presque toutes les vertus ont deux vices opposez, non-seulement contraires à la vertu, mais aussi contraires entre eux-mesmes. Qui a perdu la vaillance par la temerité ne peut avoir à mesme temps le vice de couardise; et qui a perdu la liberalité par la prodigalité ne peut aussi à mesme temps estre blasmé de chicheté. Catilina, dit S. Augustin, estoit sobre, vigilant, patient à souffrir le froid, le chaud et la faim; c'est pourquoy il luy estoit advis, et à ses complices, qu'il fust grandement constant : mais cette force n'estoit pas prudente, puisqu'il choisissoit le mal en lieu du bien; elle n'estoit pas temperante, car il se relaschoit à de vilaines ordures; elle n'estoit pas juste, puisqu'il conjuroit contre sa patrie; elle n'estoit donc pas une constance, mais une opiniastreté, laquelle, pour tromper les sots, portoit le nom de constance.

CHAPITRE VIII.

Comme la charité comprend toutes les vertus.

« Un fleuve sortoit du lieu de delices pour arrouser le paradis terrestre, et de là se separoit en quatre chefs (1). » Or, l'homme est en un lieu de delices, où Dieu fait sourdre le fleuve de la raison et lumiere naturelle pour arrouser tout le paradis de nostre cœur; et ce fleuve se divise en quatre chefs, c'est-à-dire prend quatre courans selon les quatre regions de l'ame.

Car premierement, sur l'entendement qu'on appelle practique, c'est-à-dire, qui discerne des actions qu'il convient faire ou fuir, la lumiere naturelle respand la prudence qui incline nostre esprit à sagement juger du mal que nous devons eviter et chasser, et du bien que nous devons faire et pourchasser.

Secondement, sur nostre volonté elle fait saillir la justice, qui n'est autre chose qu'un perpetuel et ferme vouloir de rendre à chacun ce qui luy est deu.

Troisiesmement, sur l'appetit de convoitise elle fait couler la temperance qui modere les passions qui y sont.

Quatriesmement, et sur l'appetit irascible, ou de la colere, elle fait flotter la force qui bride et manie tous les mouvemens de l'ire.

Or, ces quatre fleuves ainsi separés se divisent par après en plusieurs autres, afin que toutes les actions humaines puissent estre bien dressées à l'honnesteté et felicité naturelle. Mais outre cela, Dieu voulant enrichir les chrestiens d'une speciale faveur, il fait sourdre sur la cime de la partie superieure de leur esprit une fontaine surnaturelle, que nous appelons grace, laquelle comprend voirement la foy et l'esperance, mais qui consiste toutesfois en la charité qui purifie l'ame de tous pechez, puis l'orne et l'embellit d'une beauté tres-delectable, et enfin espanche ses eaux sur toutes les facultés et operations d'icelle, pour donner à l'entendement une prudence celeste, à la volonté une saincte justice, à l'appetit de convoitise une temperance sacrée, et à l'appetit irascible une force devote; afin que tout le cœur humain tende à l'honnesteté et felicité surnaturelle, qui consiste en l'union avec Dieu. Que si ces quatre courans et fleuves de la charité rencontrent en une ame quelqu'une des quatre vertus naturelles, ils la reduisent à leur obeissance; se meslant avec elle pour la perfectionner, comme l'eau de senteur perfectionne l'eau naturelle quand elles sont meslées ensemble. Mais si la saincte dilection ainsi respandue ne trouve point les vertus naturelles en l'ame, alors elle-mesme fait toutes les operations selon que les occasions le requierent.

Ainsi l'amour celeste trouvant plusieurs vertus en S. Paul, en S. Ambroise, S. Denys, S. Pacome, il respandit sur icelles une agreable clarté, les reduisant toutes à son service. Mais en la Magdelaine, en Ste Marie Egyptiaque, au bon larron, et en cent autres tels penitens qui avoient esté grands pecheurs, le divin amour ne trouvant aucune vertu, fit la fonction et les œuvres de toutes les vertus, se rendant en iceux patient, doux, humble et liberal. Nous semons ès jardins une grande varieté de graines, et les couvrons toutes de terre, comme les ensevelissant jusqu'à ce que le soleil plus fort les fasse lever, et, par maniere

(1) Genes. ii, 10.

de dire, ressusciter, lorsqu'elles produisent leurs feuilles et leurs fleurs, avec de nouvelles graines, une chacune selon son espece ; en sorte qu'une seule chaleur celeste fait toute la diversité de ces productions par les semences qu'elle trouve cachées dans le sein de la terre.

Certes, mon Theotime, Dieu a respandu en nos ames les semences de toutes les vertus, lesquelles neantmoins sont tellement couvertes de nostre imperfection et foiblesse, qu'elles ne paroissent point, ou fort peu, jusqu'à ce que la vitale chaleur de la dilection sacrée les vienne animer et ressusciter ; produisant par icelles les actions de toutes les vertus ; si que, comme la manne contenoit en soy la varieté des saveurs de toutes les viandes, et en excitoit le goust dans la bouche des Israëlites (1), ainsi l'amour celeste comprend en soy la diversité des perfections de toutes les vertus, d'une façon si eminente et si relevée, qu'elle en produit toutes les actions en temps et lieu selon les occurrences. Josué desfit certes vaillamment les ennemis de Dieu par la bonne conduite des armées qu'il eut en charge ; mais Samson les desfaisoit encore plus glorieusement, qui de sa propre main avec des maschoires d'asne en tuoit à milliers (2). Josué, par son commandement et bon ordre, employant la valeur de ses troupes, faisoit des merveilles ; mais Samson, par sa propre force, sans employer aucune autre, faisoit des miracles. Josué avoit les forces de plusieurs soldats sous soy ; mais Samson les avoit en soy, et pouvoit luy seul autant que Josué et plusieurs soldats avec luy eussent pu tous ensemble. L'amour celeste excelle en l'une et l'autre façon ; car trouvant des vertus en une ame (et pour l'ordinaire au moins y trouve-t-il la foy, l'esperance et la penitence), il les anime, il leur commande, et les employe heureusement au service de Dieu ; et pour le reste des vertus qu'il ne trouve pas, il fait luy-mesme leurs fonctions, ayant autant et plus de force luy seul qu'elles ne sçauroient avoir toutes ensemble.

Certes, le grand apostre ne dit pas seulement que la charité nous donne la patience, benignité, constance, simplicité, mais il dit qu'elle-mesme est patiente, benigne, constante (3) ; et c'est le propre des supresmes vertus entre les anges et les hommes, de pouvoir non-seulement ordonner aux inferieures qu'elles operent, mais aussi de pouvoir elles-mesmes faire ce qu'elles commandent aux autres. L'evesque donne les charges de toutes les fonctions ecclesiastiques, d'ouvrir l'eglise, d'y lire, exorciser, esclairer, prescher, baptiser, sacrifier, communier, absoudre, et luy-mesme aussi peut faire et fait tout cela, ayant en soi une vertu eminente qui comprend toutes les autres inferieures. Ainsi sainct Thomas, en consideration de ce que sainct Paul asseure que la charité est patiente, benigne et forte : La charité, dit-il, fait et accomplit les œuvres de toutes les vertus. Et sainct Ambroise, escrivant à Demetrius, appelle la patience et les autres vertus, membres de la charité ; et le grand sainct Augustin dit que l'amour de Dieu comprend toutes les vertus et fait toutes leurs operations en nous. Voicy ses paroles : « Ce qu'on « dit que la vertu est divisée en quatre (il en- « tend les quatres vertus cardinales), on le dit, « ce me semble, à raison des diverses affections « qui proviennent de l'amour; de maniere que je « ne feray nul doute de definir ces quatre vertus : « en sorte que la temperance soit l'amour qui se « donne tout entier à Dieu ; la force, un amour « qui supporte volontiers toutes choses pour « Dieu ; la justice, une force servant à Dieu seul, « et pour cela commandant droictement à tout « ce qui est subject à l'homme ; la prudence, un « amour qui choisit ce qui luy est profitable pour « s'unir avec Dieu, et rejette ce qui luy est nui- « sible (1). » Celuy donc qui a la charité a son esprit revestu d'une belle robe nuptiale, laquelle, comme celle de Joseph, est parsemée de toute la varieté des vertus (2) ; ou plustost il a une perfection qui contient la vertu de toutes les perfections ou la perfection de toutes les vertus : et par ainsi *la charité est patiente, benigne ; elle n'est point envieuse*, mais honteuse ; *elle ne fait point de legeretez*, ains elle est prudente ; *elle ne s'enfle point* d'orgueil, ains elle est humble ; *elle n'est point ambitieuse* ou desdaigneuse, ains aimable et affable ; elle n'est point pointilleuse *à vouloir ce qui lui appartient*, ains franche et condescendante ; *elle ne s'irrite point*, ains est paisible ; *elle ne pense aucun mal*, ains est debonnaire ; *elle ne se resjouit point sur le mal*, ains *se resjouit* avec la verité et *en la verité* ; elle souffre tout, *elle croit* aisement tout ce qu'on luy dit de bien, sans aucune *opiniastreté*, contention ny defiance ; *elle espere tout* bien du prochain, sans jamais perdre courage de luy procurer son salut ; *elle soutient tout* (3), attendant sans inquietude ce qui luy est promis. Et pour conclusion la charité est le fin or et enflammé que Nostre-Seigneur conseilloit à l'evesque de Laodicée d'acheter (4), lequel contient le prix de toutes choses, qui peut tout et qui fait tout.

---

(1) Sap. XVI, 20. — (2) Judic. XV, 15.
(3) I. Cor. XIII.

(1) De morib. Eccl. c. 14. — (2) Genes. XXXVII, 3.
(3) I. ad Cor. XIII. — (4) Apoc. III, 18.

CHAPITRE IX.

Que les vertus tirent leur perfection de l'amour sacré.

La charité est doncques *le lien de perfection* (1), puisqu'en elle et par elle sont contenues et assemblées toutes les perfections de l'ame, et que sans elle non-seulement on ne sçauroit avoir l'assemblage entier des vertus, mais on ne peut mesme sans elle avoir la perfection d'aucune vertu. Sans le ciment et mortier qui lie les pierres et murailles, tout l'edifice se dissout ; sans les nerfs, muscles et tendons, tout le corps seroit defait ; et sans la charité, les vertus ne peuvent s'entretenir les unes aux autres. Nostre-Seigneur lie tousjours l'accomplissement des commandemens à la charité. « Qui a des commandemens, dit-il, et les « observe, c'est celuy qui m'aime. Celuy qui ne « m'aime pas ne garde pas mes commande- « mens (2). » *Si quelqu'un m'aime, il gardera mes paroles* (3). Ce que repetant le disciple bien-aimé : « Qui observe les commandemens de Dieu, « dit-il, la charité de Dieu est parfaicte en ice- « luy, et celle-cy est la charité de Dieu, que nous « gardions ses commandemens (4). » Or, qui auroit toutes les vertus, garderoit tous les commandemens : car qui auroit la vertu de religion, observeroit les trois premiers commandemens ; qui auroit la pieté, observeroit le quatriesme ; qui auroit la mansuetude et debonnaireté, observeroit le cinquiesme ; par la chasteté on garderoit le sixiesme ; par la liberalité on eviteroit de violer le septiesme ; par la verité on feroit le huitiesme ; et par la parcimonie et pudicité on observeroit le neuviesme et dixiesme. Que si on ne peut garder les commandemens sans la charité, à plus forte raison ne peut-on sans icelle avoir toutes les vertus.

On peut, certes, bien avoir quelque vertu et demeurer quelque peu de temps sans offenser Dieu, encore que l'on n'ait pas le divin amour. Mais tout ainsi que nous voyons parfois des arbres arrachez de terre faire quelques productions, non toutesfois parfaictes ny pour long-temps ; de mesme un cœur separé de la charité peut voirement produire quelques actes de vertu, mais non pas longuement.

Toutes les vertus separées de la charité sont fort imparfaictes, puisqu'elles ne peuvent sans icelle parvenir à leur fin, qui est de rendre l'homme heureux. Les abeilles sont en leur naissance des petits chadons et vermisseaux sans pieds, sans ailes et sans formes ; mais par succession de temps elles se changent et deviennent petites mouches ; puis enfin quand elles sont fortes et qu'elles ont leur croissance, alors on dit qu'elles sont avettes formées, faictes et parfaictes, parce qu'elles ont ce qu'il faut pour voler et faire le miel. Les vertus ont leur commencement, leurs progrès et leur perfection, et je ne nie pas que sans la charité elles ne puissent naistre, voire mesme faire progrez ; mais qu'elles ayent leur perfection pour porter le titre de vertus faictes, formées et accomplies, cela depend de la charité, qui leur donne la force de voler en Dieu, et recueillir de la misericorde d'iceluy le miel du vray merite et de la sanctification des cœurs esquels elles se trouvent.

La charité est entre les vertus, comme le soleil entre les estoiles : elle leur distribue à toutes leur clarté et beauté. La foy, l'esperance, la crainte et penitence, viennent ordinairement devant elle en l'ame pour luy preparer le logis ; et comme elle est arrivée, elles lui obeissent et la servent comme tout le reste des vertus, et elle les anime, les orne et vivifie toutes par sa presence.

Les autres vertus se peuvent reciproquement entre-aider et s'exciter mutuellement en leurs œuvres et exercices : car qui ne sçait que la chasteté requiert et excite la sobrieté, et que l'obeissance nous porte à la liberalité, à l'oraison, à l'humilité ? Or, par cette communication qu'elles ont entre elles, elles participent aux perfections les unes des autres : car la chasteté observée par obeissance a double dignité, à sçavoir la sienne propre et celle de l'obeissance. Ains elle a plus de celle de l'obeissance que de la sienne propre : car comme Aristote dit que celui qui desroboit pour pouvoir commettre la fornication estoit plus fornicateur que larron, d'autant que son affection tendoit toute à la fornication, et ne se servoit du larcin que comme d'un passage pour y parvenir ; ainsi qui observe la chasteté pour obeir, il est plus obeissant que chaste, puisqu'il employe la chasteté au service de l'obeissance. Mais pourtant du meslange de l'obeissance avec la chasteté ne peut reussir une vertu accomplie et parfaicte, puisque la derniere perfection, qui est l'amour, leur manque à toutes deux : de sorte que si mesme il se pouvoit faire que toutes les vertus se trouvassent ensemble en un homme, et que la seule charité luy manquast, cet assemblage de vertus seroit voirement un corps tres-parfaictement accomply de toutes ses parties, tel que fut celuy d'Adam, quand Dieu de sa main maistresse le forma du limon de la terre ; mais corps neantmoins qui seroit sans mouvement, sans vie et

---

(1) Coloss. III, 14. — (2) Joan. XIV, 21, 24, 25.
(3) I. Joan. II, 5. — (4) Ibid. V, 3.

sans grace, jusqu'à ce que Dieu *inspirast* en iceluy *le spiracle de vie* (1), c'est-à-dire la sacrée charité, sans laquelle rien ne nous profite.

Au demeurant, la perfection de l'amour divin est si souveraine, qu'elle perfectionne toutes les vertus, et ne peut estre perfectionnée par icelles, non pas mesme par l'obeissance, qui est celle laquelle peut le plus respandre de perfection sur les autres : car encore bien que l'amour soit commandé, et qu'en aimant nous practiquions l'obeissance, si est-ce neantmoins que l'amour ne tire pas sa perfection de l'obeissance, ains de la bonté de celuy qu'il aime ; d'autant que l'amour n'est pas excellent parce qu'il est obeissant, mais parce qu'il aime un bien excellent. Certes, en aimant nous obeissons, comme en obeissant nous aimons ; mais si cette obeissance est si excellemment aimable, c'est parce qu'elle tend à l'excellence de l'amour : et sa perfection depend, non de ce qu'en aimant nous obeissons, mais de ce qu'en obeissant nous aimons. De sorte que tout ainsi Dieu est esgalement la derniere fin de tout ce qui est bon, comme il en est la premiere source, de mesme l'amour, qui est l'origine de toute bonne affection, en est pareillement la derniere fin et perfection.

CHAPITRE X.

Digression sur l'imperfection des vertus des payens.

Ces anciens sages du monde firent jadis des magnifiques discours à l'honneur des vertus morales, ouy mesme en faveur de la religion. Mais ce que Plutarque a observé ès stoïciens est encore plus à propos pour tout le reste des payens. Nous voyons, dit-il, des navires qui portent des inscriptions fort illustres : il y en a qu'on appelle Victoire, les autres Vaillance, les autres Soleil ; mais pour cela elles ne laissent pas d'estre subjectes aux vents et aux vagues. Ainsi les stoïciens se vantent d'estre exempts de passions, sans peur, sans tristesse, sans ire, gens immuables et invariables ; mais en effect ils sont subjects au trouble, à l'inquietude, à l'impetuosité, et autres impertinences.

Pour Dieu, Theotime, je vous prie, quelle vertu pouvoient avoir ces gens-là, qui volontairement, et comme à prix faict, renversoient toutes les lois de la religion ? Seneque avoit fait un livre contre les superstitions, dans lequel il avoit repris l'impieté payenne avec beaucoup de liberté. Or, cette liberté, dit le grand sainct Augustin, se trouva en ses escrits, et non pas en sa vie,

(1) Genes. II, 7.

puisque mesme il conseilla que l'on rejettast de cœur la superstition, mais qu'on ne laissast pas de la practiquer ès actions (1). Car voicy ses paroles : « Lesquelles superstitions le sage observera comme commandées par les loix, non pas comme agreables aux dieux. » Comme pouvoient estre vertueux ceux qui, comme rapporte sainct Augustin, estimoient que le sage se devoit tuer, quand il ne pouvoit ou ne devoit plus supporter les calamitez de cette vie, et toutesfois ne vouloient pas advouer que les calamitez fussent miserables, ny les miseres calamiteuses, ains maintenoient que le sage estoit toujours heureux et sa vie bienheureuse ? « O quelle vie bienheureuse, dit sainct Augustin, pour laquelle eviter on a mesme recours à la mort ! Si elle est bienheureuse, que n'y demeurez-vous (2) ? » Aussi celuy d'entre les stoïciens et capitaines, qui pour s'estre tué soy-mesme en la ville d'Utique afin d'eviter une calamité qu'il estimoit indigne de sa vie, a esté tant loué par les cervelles profanes, fit cette action avec si peu de veritable vertu, que, comme dit sainct Augustin, il ne tesmoigna pas un courage qui voulust eviter la deshonnesteté, mais une ame infirme qui n'eut pas l'asseurance d'attendre l'adversité (3). Car s'il eust estimé chose infasme de vivre sous la victoire de Cesar, pourquoy eust-il commandé d'esperer en la douceur de Cesar ? Comme n'eust-il conseillé à son fils de mourir avec luy, si la mort estoit meilleure et plus honneste que la vie ? Il se tua donc, ou parce qu'il envia à Cesar la gloire qu'il eust eu de luy donner la vie, ou parce qu'il apprehenda la honte de vivre sous un vainqueur qu'il hayssoit ; en quoy il peut estre loué d'un gros, et, encore à l'adventure, grand courage, mais non pas d'un sage, vertueux et constant esprit. La cruauté qui se practique sans emotion et de sang-froid est la plus cruelle de toutes ; et c'en est de mesme du desespoir : car celuy qui est le plus lent, le plus deliberé, le plus resolu, est aussi le moins excusable et le plus desesperé.

Et quant à Lucrece (afin que nous n'oubliions pas aussi les valeurs du sexe moins courageux), ou elle fut chaste parmy la violence et le forcement du fils de Tarquinius, ou elle ne le fut pas (4). Si Lucrece ne fut pas chaste, pourquoy loue-t-on donc la chasteté de Lucrece ? Si Lucrece fut chaste et innocente en cet accident-là, Lucrece ne fut-elle pas meschante de tuer l'innocente Lucrece ? Si elle fut adultere, pourquoy

(1) Lib. VI De civit. c. X et XI.
(2) Lib. XIX De civit. c. IV.
(3) Supr. et lib. I, c. XXII et XXIII.
(4) Vid. Aug. lib. I Civit. c. XIX.

est-elle tant louée? Si elle fut pudique, pourquoy fut-elle tuée? Mais elle craignoit l'opprobre et la honte de ceux qui eussent pu croire que la deshonnesteté qu'elle avoit soufferte violemment tandis qu'elle estoit en vie, eust aussi esté soufferte volontairement, si après icelle elle fust demeurée en vie : elle eut peur qu'on l'estimast complice du peché, si ce qui avoit esté fait en elle vilainement estoit supporté par elle patiemment. Hé donc! faut-il, pour fuir la honte et l'opprobre qui depend de l'opinion des hommes, accabler l'innocent et tuer le juste? Faut-il maintenir l'honneur aux depens de la vertu, et la reputation au peril de l'equité? Telles furent les vertus des plus vertueux payens envers Dieu et envers eux-mesmes.

Et pour les vertus qui regardent le prochain, ils foulerent aux pieds et fort effrontement, par leurs lois mesmes, la principale qui est la pieté. Car Aristote, le plus grand cerveau d'entre eux, prononce cette horrible et tres-impiteuse sentence (1). « Touchant l'exposition , c'est-à-dire « l'abandonnement des enfans, ou leur educa- « tion, la loi soit telle : Qu'il ne faut rien nourrir « de ce qui est privé de quelque membre. Et « quant aux autres enfans, si les loix et coustu- « mes de la cité defendent qu'on n'abandonne pas « les enfans, et que le nombre des enfans se mul- « tiplie à quelqu'un ; en sorte qu'il en ait desjà « au double de la portée de ses facultés , il faut « prevenir et procurer l'avortement. » Seneque, ce sage tant loué : « Nous tuons, dit-il, les mons- « tres; et nos enfans, s'ils sont manqués, debiles, « imparfaicts ou monstrueux, nous les rejettons « et abandonnons (2). » De sorte que ce n'est pas sans cause que Tertulian reproche aux Romains qu'ils exposoient leurs enfans aux ondes, au froid, à la faim et aux chiens, et cela non par force de pauvreté, car, comme il dit, les presidens mesmes et magistrats practiquoient cette denaturée cruauté (3). O vray Dieu , Theotime, quels vertueux voilà! et quels sages pouvoient estre ces gens qui enseignoient une si cruelle et brutale sagesse? « Helas! dit le grand apostre, croyans « d'estre sages, ils ont esté faicts insensés, et « leur fol esprit a esté obscurcy, gens abandon- « nez au sens reprouvé (4). » Ah! quelle horreur qu'un si grand philosophe conseille l'avortement; c'est devancer l'homicide, dit Tertulian, d'empescher un homme conceu de naistre; et sainct Ambroise reprenant les payens de cette mesme barbarie : « On oste, dit-il, en cette sorte la vie « aux enfans avant qu'on la leur ait donnée (1) ».

Certes si les payens ont practiqué quelques vertus, ç'a esté pour la pluspart en faveur de la gloire du monde, et par consequent ils n'ont eu de la vertu que l'action, et non pas le motif et l'intention. Or, la vertu n'est pas vraye vertu, si elle n'a la vraye intention. La convoitise humaine a fait la force des payens, dit le concile d'Aurange, et la charité divine a fait celle des chrestiens (2). Les vertus des payens, dit sainct Augustin, ont esté non vrayes, mais vray-semblables, parce qu'elles ne furent pas exercées pour la fin convenable, mais pour des fins perissables. Fabricius sera moins puny que Catilina, non pas que celuy-là fust bon , mais parce que celuy-cy fust pire ; non pas que Fabricius eust des vrayes vertus, mais parce qu'il ne fust pas si esloigné des vrayes vertus. Si qu'au jour du jugement les vertus des payens les defendront, non afin qu'ils soient sauvez, mais afin qu'ils ne soient pas tant damnez. Un vice estoit osté par un autre vice entre les payens ; les vices se faisans place les uns aux autres, sans en laisser aucune à la vertu : et pour ce seul unique vice de la vaine gloire, ils reprimoient l'avarice et plusieurs autres vices. Voire mesme quelquefois ils mesprisoient la vanité par vanité, dont l'un d'entre eux qui sembloit le plus esloigné de la vanité, foulant aux pieds le lict bien paré de Platon : Que fais-tu, Diogenes? luy dit Platon. Je foule, respondit-il, le faste de Platon. Il est vray, repliqua Platon, tu le foules, mais par un autre faste. Si Seneque fut vain, on le peut recueillir de ses derniers propos; car la fin couronne l'œuvre, et la derniere heure les juge toutes. Quelle vanité, je vous prie! estant sur le point de mourir, il dit à ses amis qu'il n'avoit pu jusqu'à l'heure les remercier assez dignement, et que partant il leur vouloit laisser un legat de ce qu'il avoit en soy de plus agreable et de plus beau; et que s'ils le gardoient soigneusement, ils en recevroient de grandes louanges, adjoustant que ce magnifique legat n'estoit autre chose que l'image de sa vie. Voyez-vous, Theotime, comme les abois de cet homme sont puans de vanité? Ce ne fut pas l'amour de l'honnesteté, mais l'amour de l'honneur qui poussa ces sages mondains à l'exercice des vertus; et leurs vertus de mesme furent aussi differentes des vrayes vertus, comme l'amour de l'honnesteté et l'amour du merite d'avec l'amour de la recompense. Ceux qui servent les princes pour l'interest font ordinairement des services plus empressez, plus ardens et sensibles ; mais ceux qui servent par amour les font plus no-

(1) Lib. vii, Pol. c. xvi. — (2) De ira, lib. i, c. xv.
(3) In Apol. c. ix, et vide Lypsium, cent. i, ep. 85.
(4) Rom. i, 12, 21, 28.

(1) L. v, Exham. c. xviii. — (2) Concil. Araus. c. xvii, t. 7; lib. iv. cont. Jul. Pel, c. iii.

blés, plus genereux, et par consequent plus estimables.

Les escarboucles et rubis sont appelés par les Grecs de deux noms contraires : car ils les nomment pyropes et apyropes; c'est-à-dire, de feu et sans feu, ou bien enflammez et sans flamme; ils les nomment ignées, de feu, charbons ou escarboucles, parce qu'ils ressemblent au feu en lueur et splendeur; mais ils les appellent sans feu, ou, pour dire ainsi, ininflammables, parce que non-seulement leur lueur n'a nulle chaleur, mais ils ne sont nullement susceptibles de chaleur, et n'y a feu qui le puisse eschauffer. Ainsi nos anciens peres ont appelé les vertus des payens vertus et non vertus tout ensemble; vertus, parce qu'elles ont la lueur et l'apparence; non vertus, parce que non-seulement elles n'ont pas eu cette chaleur vitale de l'amour de Dieu qui seule les pouvoit perfectionner, mais elles n'en estoient pas susceptibles, puisqu'elles estoient en des subjects infideles. Y ayant de ce temps-là, dit S. Augustin, deux Romains grands en vertu, Cesar et Caton, la vertu de Caton fut de beaucoup plus approchante de la vraye vertu que celle de Cesar (1). Et ayant en quelque lieu que les philosophes destituez de la vraye pieté avoient resplendy en lumiere de vertu, il s'en desdit au livre de ses retractations, estimant que cette louange estoit trop grande pour des vertus si imparfaictes comme furent celles des payens, qui en verité ressemblent à ces vers à feu et luisans, qui ne sont luisans qu'emmy la nuict, et le jour venu perdent leur lueur (2). Car de mesme ces vertus payennes ne sont vertus qu'en comparaison des vices, mais, en comparaison des vertus des vrais chrestiens, ne meritent nullement le nom de vertus.

Parce neantmoins qu'elles ont quelque chose de bon, elles peuvent estre comparées aux pommes vereuses: car elles ont la couleur, et ce peu de substance qui leur reste, aussi bonnes que les vertus entieres; mais le ver de la vanité est au milieu, qui les gaste. C'est pourquoy qui en veut user doit separer le bon d'avec le mauvais. Je veux bien, Theotime, qu'il y eust quelque fermeté de courage en Caton, et que cette fermeté fust louable en soy; mais qui veut se prevaloir de son exemple, il faut que ce soit en un juste et bon subject, non pas se donnant la mort, mais la souffrant lorsque la vraye vertu le requiert, non pas pour la vanité de la gloire, mais pour la gloire de la verité, comme il advint à nos martyrs, qui avec des courages invincibles firent tant de miracles de constance et de valeur, que les Catons, les Horaces, les Seneques, les Lucreces, les Arries, ne meritent certes nulle consideration en comparaison : tesmoins les Laurens, les Vincens, les Vitaux, les Erasmes, les Eugenes, les Sebastiens, les Agathes, les Agnès, Catherines, Perpetues, Felicités, Symphoroses, Natalies, et mille milliers d'autres, qui me font tous les jours admirer les admirateurs des vertus payennes, non tant parce qu'ils admirent desordonnement les vertus imparfaictes des payens, comme parce qu'ils n'admirent point les vertus tres-parfaictes des chrestiens; vertus cent fois plus dignes d'admiration, et seules dignes d'imitation.

CHAPITRE XI.

Comme les actions humaines sont sans valeur lorsqu'elles sont faictes sans le divin amour.

Le grand amy de Dieu, Abraham, n'eust de Sara sa femme principale que son tres-cher fils unique Isaac, qui seul aussi fut son heritier universel; et bien qu'il eust encore Ismaël d'Agar, et plusieurs autres enfans de Cetura, ses femmes servantes et moins principales, si est-ce toutesfois qu'il ne leur donna, sinon quelques presens et legats pour les desjetter et exhereder, d'autant que, n'estans pas advouez de la femme principale, ils ne pouvoient pas aussi luy succeder. Or, ils ne furent pas advouez, parce que quant aux enfans de Cetura, ils nasquirent tous après la mort de Sara; et pour le regard d'Ismaël, quoyque sa mere Agar l'eust conceu par l'autorité de Sara sa maistresse, toutesfois, se voyant grosse, elle la *mesprisa* (1), et ne mit pas cet enfant au monde sur les genoux d'icelle, comme Bala mit les siens sur les genoux de Rachel. Theotime, il n'y a que les enfans, c'est-à-dire les actes de la tres-saincte charité, qui soient *heritiers de Dieu, coheritiers de Jesus-Christ* (2), et les enfans ou actes que les autres vertus conçoivent et enfantent sur ses genoux par son commandement, ou au moins sous les aisles et la faveur de sa presence. Mais quand les vertus morales, ou mesme les vertus surnaturelles, produisent leurs actions en l'absence de la charité, comme elles font entre les schismatiques, au rapport de S. Augustin, et quelquefois parmy les mauvais catholiques, elles n'ont nulle valeur pour le paradis, non pas mesme l'aumosne, quand elle nous porteroit *à distribuer toute nostre substance aux pauvres* (3); ny le martyre non plus, quand nous *livrerions* nostre *corps* aux flammes *pour estre bruslé* (4). Non, Theotime,

---
(1) Lib. v De civ. Dei, c. XII.
(2) Lib. I. Retract. c. III.

(1) Genes. XVI, 4. — (2) Ad Rom. VIII, 17.
(3) I. Cor. XIII, 3. — (4) Ibid.

sans la charité, dit l'apostre, tout cela *ne serviroit de rien* (1), ainsi que nous monstrons plus amplement ailleurs.

Or, il y a de plus, quand, en la production des vertus morales, la volonté se rend desobeissante à sa dame, qui est la charité, comme quand par l'orgueil, la vanité, l'interest temporel, ou par quelque autre mauvais motif, les vertus sont destournées de leur propre nature; certes, alors ces actions sont chassées et bannies de la maison d'Abraham et de la societé de Sara, c'est-à-dire, elles sont privées du fruict et des privileges de la charité, et par consequent demeurent sans valeur ny merite. Car ces actions-là, ainsi infectées d'une mauvaise intention, sont en effect plus vicieuses que vertueuses, puisqu'elles n'ont de la vertu que le corps exterieur, l'interieur appartenant au vice qui leur sert de motif : tesmoin les jeusnes, offrandes, et autres actions du pharisien (2).

Mais enfin outre tout cela, comme les Israëlites vescurent paisiblement en Egypte durant la vie de Joseph et de Levi, et soudain après la mort de Levi furent tyranniquement reduits en servitude, d'où provient le proverbe des Juifs, l'un des freres trespassé, les autres sont oppressez ; selon qu'il est rapporté en la grande Chronologie des Hebrieux, publiée par le sçavant archevesque d'Aix, Gilbert Genebrard, que je nomme par honneur et avec consolation, pour avoir esté son disciple, quoyque inutilement, lorsqu'il estoit lecteur royal à Paris, et qu'il exposoit le Cantique des cantiques ; de mesme les merites et fruicts des vertus tant morales que chrestiennes subsistent tres-doucement et tranquillement en l'ame, tandis que la sacrée dilection y vit et regne : mais à mesme que la dilection divine y meurt, tous les merites et fruicts des autres vertus meurent quant et quant ; et ce sont ces œuvres que les theologiens appellent mortifiées, parce que estant nées en vie sous la faveur de la dilection, et comme un Ismaël en la famille d'Abraham, elles perdent par après la vie et le droit d'heriter par la desobeissance et rebellion suivante de la volonté humaine qui est leur mere.

O Dieu, Theotime, quel malheur ! « Si le juste « se destourne de sa justice, et qu'il fasse l'ini- « quité, on n'aura plus memoire de toutes ses « justices, il mourra en son peché (3), » dit Nostre Seigneur en Ezechiel. De sorte que le peché mortel ruine tout le merite des vertus : car quant à celles qu'on practique tandis qu'il regne en l'ame, elles naissent tellement mortes qu'elles sont à jamais inutiles pour la pretention de la vie eternelle ; et quant à celles que l'on a practiquées avant qu'il fust commis, c'est-à-dire tandis que la dilection sacrée vivoit en l'ame, leur valeur et merite perit et meurt soudain à son arrivée, ne pouvans conserver leur vie après la mort de la charité qui la leur avoit donnée. Le lac que les profanes appellent communement Asphaltite, et les auteurs sacrés mer Morte, a une malediction si grande que rien ne peut vivre de ce que l'on y met. Quand les poissons du fleuve Jordain l'approchent, ils meurent promptement, s'ils ne rebroussent contre-mont ; les arbres de son rivage ne produisent rien de vivant, et bien que leurs fruicts ayent l'apparence et forme exterieure pareille aux fruicts des autres contrées, neantmoins, quand on les veut arracher, on trouve que ce ne sont qu'escorces et peleures pleines de cendre qui s'en vont au vent : marque des infasmes pechez pour la punition desquels cette contrée, peuplée de quatre citez plantureuses, fut jadis convertie en cet abysme de puanteur et d'infection ; et rien aussi ne peut, ce semble, mieux respresenter le malheur du peché que ce lac abominable qui prit son origine du plus execrable desordre que la chair humaine puisse commettre. Le peché donc, comme une mer morte et mortelle, tue tout ce qui l'aborde : rien n'est vivant de tout ce qui naist en l'ame qu'il occupe, ny de tout ce qui croist autour de luy. O Dieu, nullement, Theotime ! car non-seulement le peché est une œuvre morte, mais elle est tellement pestilente et veneneuse que les plus excellentes vertus de l'ame pecheresse ne produisent aucune action vivante ; et, quoyque quelquefois les actions des pecheurs ayent une grande ressemblance avec les actions des justes, ce ne sont toutesfois qu'escorces pleines de vent et de poussiere, regardées voirement, et mesme recompensées par la bonté divine de quelques presens temporels qui leur sont donnez comme aux enfans des chambrieres ; mais escorces pourtant qui ne sont ny ne peuvent estre savourées ni goustées par la divine justice pour estre salariées de loyer eternel : elles perissent sur leurs arbres, et ne peuvent estre conservées en la main de Dieu, parce qu'elles sont vuides de vraye valeur, comme il est dit en l'Apocalypse à l'evesque de Sardes, lequel estoit *estimé* un arbre *vivant*, à cause de plusieurs vertus qu'il practiquoit ; et neantmoins il estoit *mort* (1), parce que, estant en peché, ses vertus n'estoient pas des vrays fruicts vivans, mais des escorces mortes et des

---

(1) I. Cor. XIII, 3. — (2) Luc, XVIII, 12.
(3) Ezech. XVIII, 24.

(1) Apoc. III, 1.

amusemens pour les yeux, non des pommes savoureuses, utiles à manger. De sorte que nous pouvons tous lancer cette veritable voix, à l'imitation du sainct apostre : *Sans la charité je ne suis rien, rien ne me profite* (1) ; et celle-cy avec S. Augustin : *Mettez dans un cœur la charité, tout profite ; ostez du cœur la charité, rien ne profite.*

Or je dis, rien ne profite pour la vie eternelle, quoy que, comme nous disons ailleurs, les œuvres vertueuses des pecheurs ne soient pas inutiles pour la vie temporelle : mais, Theotime mon amy, *que profite-t-il à l'homme s'il gaigne tout le monde* temporellement, *et qu'il perde son ame eternellement* (2).

CHAPITRE XII.

Comme le sainct amour, revenant en l'ame, fait revivre toutes les œuvres que le peché avoit fait perir.

Les œuvres doncques que le pecheur fait tandis qu'il est privé du sainct amour, ne profitent jamais pour la vie eternelle, et pour cela sont appellées œuvres mortes ; mais les bonnes œuvres du juste sont au contraire nommées vives, d'autant que le divin amour les anime et vivifie de sa dignité. Que si par après elles perdent leur vie et valeur par le peché survenant, elles sont dites œuvres amorties, esteintes, ou mortifiées seulement, mais non pas œuvres mortes, si principalement on a esgard aux esleus. Car comme le Sauveur, parlant de la petite Thalite, fille de Jaïrus, dit *qu'elle n'estoit pas morte, ains dormoit* (3) seulement ; parce que, devant estre soudain ressuscitée, sa mort seroit de si peu de durée qu'elle ressembleroit plustost un sommeil qu'une vraye mort : ainsi les œuvres des justes, et surtout des esleus que le peché survenu fait mourir, ne sont pas dites œuvres mortes, ains seulement amorties, mortifiées, assoupies, ou pasmées ; parce qu'au prochain retour de la saincte dilection, elles doivent ou du moins peuvent bientost revivre et ressusciter. Le retour du peché oste la vie au cœur et à toutes ses œuvres ; le retour de la grace rend la vie au cœur et à toutes ses œuvres. Un hyver rigoureux amortit toutes les plantes de la campagne ; en sorte que s'il duroit tousjours, elles aussi tousjours demeureroient en cet estat de mort. Le peché, triste et tres-effroyable hiver de l'ame, amortit toutes les sainctes œuvres qu'il y trouve ; et s'il duroit tousjours, jamais rien ne reprendroit ny vie ny vigueur. Mais comme au retour du beau printemps, non-seulement les nouvelles semences qu'on jette en terre à la faveur de cette belle et feconde saison, germent et bourgeonnent agreablement chacune selon sa qualité, mais aussi les vieilles plantes que l'aspreté de l'hiver precedent avoit flestries, dessechées et amorties, reverdissent, se revigorent, et reprennent leur vertu et leur vie : de mesme le peché estant aboly, et la grace du divin amour revenant en l'ame, non-seulement les nouvelles affections que le retour de ce sacré printemps apporte, germent et produisent beaucoup de merites et benedictions ; mais les œuvres fanées et flestries sous la rigueur de l'hyver du peché passé, comme delivrées de leur ennemy mortel, reprennent leurs forces, se revigorent, et comme ressuscitées, fleurissent derechef, et fructifient en merites pour la vie eternelle. Telle est la toute-puissance du celeste amour, ou l'amour de la celeste toute-puissance. « Si « l'impie se destourne de son impieté, et qu'il « fasse jugement et justice, il vivifiera son ame. « Convertissez-vous, et faites penitence de vos « iniquitez, et l'iniquité ne vous sera pas à ruine, « dit le Seigneur tout-puissant (1). » Et qu'est-ce à dire, *l'iniquité ne vous sera point à ruine,* sinon que les *ruines* qu'elle avoit faictes seront reparées? Ainsi, outre mille caresses que l'enfant prodigue receut de son pere, il fut restably avec advantage en tous ses ornemens, et en toutes les graces, faveurs et dignitez qu'il avoit perdues (2) ; et Job, image innocente du pecheur penitent, reçoit enfin *au double de tout ce qu'il avoit eu* (3). Certes, le tres-sainct concile de Trente veut que l'on anime les penitens retournez en la sacrée dilection de Dieu eternel, par ces paroles de l'apostre : « Abondez en tout bon œuvre, sçachans « que vostre travail n'est point inutile en Nostre-« Seigneur (4) : car Dieu n'est pas injuste, pour « oublier vostre œuvre, et la dilection que vous « avez monstrée en son nom (5). » Dieu doncques n'oublie pas les œuvres de ceux qui ayans perdu la dilection par le peché, la recouvrent par la penitence. Or, Dieu oublie les œuvres quand elles perdent leur merite et leur saincteté par le peché survenant, et il s'en ressouvient quand elles retournent en vie et valeur par la presence du sainct amour. De sorte mesme qu'afin que les fideles soient recompensez de leurs bonnes œuvres, tant par l'accroissement de la grace et de la gloire future, que par l'effectuelle jouyssance de la vie eternelle, il n'est pas necessaire que l'on ne retombe point au peché, ains suffit, selon le

---

(1) I. Cor. XIII, 2, 3.
(2) Matth. XVI, 26. — (3) Marc, V, 39.

(1) Ezech. XVIII, 27, 30. — (2) Luc, XV, 22, 23.
(3) Job, XLII, 10. — (4) I. Cor. XV, 58.
(5) Hebr. VI, 10.

sacré concile, que l'on trespasse en la grace et charité de Dieu.

Dieu a promis des recompenses eternelles aux œuvres de l'homme juste ; mais *si le juste se destourne de sa justice* par le peché, Dieu n'aura *plus memoire des justices* et bonnes œuvres *qu'il avoit faictes* (1). Que si neantmoins, par après, ce pauvre homme tombé en peché se releve et retourne en l'amour divin par penitence, Dieu ne se ressouviendra plus de son peché ; et s'il ne se ressouvient plus du peché, il se ressouviendra doncques des bonnes œuvres precedentes, et de la recompense qu'il leur avoit promise ; puisque le peché, qui seul les avoit ostées de la memoire divine, est totalement effacé, aboly, aneanty ; si qu'alors la justice de Dieu oblige sa misericorde ; ou plustost la misericorde de Dieu oblige sa justice de regarder derechef les bonnes œuvres passées, comme si jamais il ne les avoit oubliées : autrement le sacré penitent n'eust pas osé dire à son maistre : « Rendez-moy l'allegresse « de vostre salutaire, et me confirmez de vostre « esprit principal (2). » Car, comme vous voyez, non-seulement il requiert une *nouveauté d'esprit* et de *cœur,* mais il pretend qu'on luy rende l'*allegresse* (3) que le peché luy avoit ravie. Or cette allegresse n'est autre chose que le *vin* du celeste amour qui *resjouyt le cœur de l'homme* (4).

Il n'est pas du peché en cet endroit comme des œuvres de charité. Car les œuvres du juste ne sont pas effacées, abolies, ou aneanties par le peché survenant, ains elles sont seulement oubliées. Mais le peché du meschant n'est pas seulement oublié, ains il est effacé, nettoyé, aboly, aneanty par la saincte penitence ; c'est pourquoy le peché survenant au juste ne fait pas revivre les pechez autrefois pardonnez, d'autant qu'ils ont esté tout-à-fait aneantis : mais l'amour revenant en l'ame du penitent, fait bien revivre les sainctes œuvres d'autrefois, parce qu'elles n'estoient pas abolies, ains seulement oubliées. Et cet oubly des bonnes œuvres des justes, après qu'ils ont quitté leur justice et dilection, consiste en ce qu'elles nous sont rendues inutiles, tandis que le peché nous rend incapables de la vie eternelle, qui est leur fruict ; et partant, sitost que par le retour de la charité, nous sommes remis au rang des enfans de Dieu, et par consequent rendus susceptibles de la gloire immortelle, Dieu se ressouvient de nos bonnes œuvres anciennes, et elles nous sont derechef rendues fructueuses. Il n'est pas raisonnable que le peché ait autant de force contre la charité, comme la charité en a contre le peché ; car le peché procede de nostre foiblesse, et la charité de la puissance divine. *Si le peché abonde* en malice pour ruiner, *la grace surabonde* pour reparer (1) ; et la *misericorde* de Dieu par laquelle il efface le peché, *s'exalte* tousjours, et se rend glorieusement triomphante *contre* la rigueur du *jugement* (2) par lequel Dieu avoit oublié les bonnes œuvres qui precedoient le peché. Ainsi tousjours ès guerisons corporelles que Nostre-Seigneur donnoit par miracle, non-seulement il rendoit la santé, mais il adjoustoit des benedictions nouvelles, faisant exceller la guerison au-dessus de la maladie, tant il est bonteux envers les hommes.

Que les guespes, taons, ou mouchons, et tels petits animaux nuisibles, estant morts, puissent revivre et ressusciter, je ne l'ay jamais veu, ny leu, ni ouy dire ; mais que les cheres avettes, mouches si vertueuses, puissent ressusciter, chacun le dit, et je l'ay maintesfois leu. On dit (ce sont les paroles de Pline) que gardant les corps morts des mouches à miel qu'on a noyées dans la maison, tout l'hyver, et les remettant au soleil le printemps suivant, couvertes de cendre de figuier, elles ressusciteront et seront bonnes comme auparavant. Que les iniquitez et œuvres malignes puissent revivre après que par la penitence elles ont esté noyées et abolies, certes, mon Theotime, jamais l'Escriture ny aucun theologien ne l'a dit, que je sçache, ains le contraire est autorisé par la sacrée parole, et par le commun consentement de tous les docteurs. Mais que les œuvres sainctes, qui, comme douces abeilles, font le miel du merite, estans noyées dans le peché, puissent par après revivre, quand, couvertes des cendres de la penitence, on les remet au soleil de la grace et charité, tous les theologiens le disent, et enseignent bien clairement ; et lors il ne faut pas douter qu'elles ne soient utiles et fructueuses comme avant le peché. Lorsque Nabusardan detruisit Hierusalem, et qu'Israël fut mené en captivité, le feu sacré de l'autel fut caché dans un puits, où il se convertit en boué ; mais cette boué tirée du puits, et remise au soleil lors du retour de la captivité, le feu mort ressuscita, et cette boué fut convertie en flammes (3). Quand l'homme juste est rendu esclave du peché, toutes les bonnes œuvres qu'il avoit faictes sont miserablement oubliées et reduites en boué ; mais au sortir de la captivité, lorsque par la penitence il retourne en la grace de la dilection divine, ses bonnes œuvres precedentes sont tirées du puits de l'oubly, et touchées des rayons de la miseri-

---

(1) Ezech. XVIII, 24. — (2) Psalm. L, 14.
(3) Psalm. L, 12. — (4) Ibid. CIII, 15.

(1) Rom. V, 20. — (2) Jac. II, 13.
(3) II. Mach. I, 19 et seq.

corde celeste, elles revivent et se convertissent en flammes aussi claires que jamais elles furent, pour estre remises sur l'autel sacré de la divine approbation, et avoir leur premiere dignité, leur premier prix et leur premiere valeur.

CHAPITRE XIII.

Comme nous devons reduire toute la practique des vertus et de nos actions au sainct amour.

Les bestes ne pouvant cognoistre la fin de leurs actions, tendent voirement à leur fin, mais n'y pretendent pas; car pretendre, c'est tendre à une chose par dessein avant que d'y tendre par effect; elles jettent leurs actions à leur fin, mais elles ne projettent point, ains suivent leurs instincts sans election ny intention. Mais l'homme est tellement maistre de ses actions humaines et raisonnables, qu'il les fait toutes pour quelque fin, et les peut destiner à une ou plusieurs fins particulieres, ainsi que bon luy semble, car il peut changer la fin naturelle d'une action, comme quand il jure pour tromper, puisqu'au contraire la fin du serment est d'empescher la tromperie; et peut adjouster à la fin naturelle d'une action quelque autre sorte de fin, comme quand, outre l'intention de secourir le pauvre, à laquelle l'aumosne tend, il adjouste l'intention d'obliger l'indigent à la pareille.

Or, nous adjoustons quelquesfois une fin de moindre perfection que n'est celle de nostre action; quelquesfois aussi nous adjoustons une fin d'esgale ou semblable perfection, et parfois encore une fin plus eminente et plus relevée. Car, outre le secours du souffreteux auquel l'aumosne tend specialement, ne peut-on pas pretendre, premierement, d'acquerir son amitié; secondement, d'edifier le prochain; tiercement, de plaire à Dieu? qui sont trois diverses fins, dont la premiere est moindre, la seconde n'est pas presque plus excellente, et la troisiesme est beaucoup plus excellente que la fin ordinaire de l'aumosne : si que nous pouvons, comme vous voyez, donner diverses perfections à nos actions, selon la varieté des motifs, fins et intentions, que nous prenons en les faisant.

Soyez bons changeurs, dit le Sauveur. Prenons donc bien garde, Theotime, de ne point changer les motifs et la fin de nos actions, qu'avec advantage et profit, et de ne rien faire en ce trafic que par bon ordre et raison. Tenez, voilà cet homme qui entre en charge pour servir le public et pour acquerir de l'honneur : s'il a plus de pretention de s'honorer que de servir la chose publique, ou qu'il soit esgalement desireux de l'un et de l'autre, il a tort, et ne laisse pas d'estre ambitieux; car il renverse l'ordre de la raison, esgalant ou preferant son interest au bien public. Mais si, pretendant pour sa fin principale de servir le public, il est bien aise aussi parmy cela d'accroistre l'honneur de sa famille, certes, on ne le sçauroit blasmer; parce que non-seulement ces deux pretentions sont honnestes, mais elles sont bien rangées. Cet autre se communie à Pasques pour ne point estre blasmé de son voisinage, et pour obeir à Dieu : qui doute qu'il ne fasse bien? Mais s'il se communie autant, ou plus pour eviter le blasme que pour obeir à Dieu, qui doute qu'il ne fasse impertinemment, esgalant ou preferant le respect humain à l'obeissance qu'il doit à Dieu? Je puis jeusner le caresme, ou par charité, afin de plaire à Dieu : ou par obeissance, parce que l'Eglise l'ordonne; ou par sobrieté, ou par diligence, pour mieux estudier; ou par prudence, afin de faire quelque espargne requise; ou par chasteté, afin de tromper le corps; ou par religion, pour mieux prier. Or, si je veux, je puis assembler toutes ces intentions, et jeusner pour tout cela; mais en ce cas il faut tenir bonne police à ranger ces motifs. Car si je jeusnois principalement pour espargner plus que pour obeir à l'Eglise, plus pour bien estudier que pour plaire à Dieu : qui ne voit que je pervertis le droit et l'ordre, preferant mon interest à l'obeissance de l'Eglise et au contentement de mon Dieu? Jeusner pour espargner est bon, jeusner pour obeir à l'Eglise est meilleur; jeusner pour plaire à Dieu est tres-bon : mais encore qu'il semble que de trois biens on ne puisse pas composer un mal, si est-ce que qui les colloqueroit en desordre, preferant le moindre au meilleur, il feroit sans doute un desreglement blasmable.

Un homme qui n'invite qu'un de ses amis, n'offense nullement les autres; mais s'il les invite tous, et qu'il donne les premieres seances aux moindres, reculant les plus honorables au bas bout, n'offense-t-il pas ceux-cy et ceux-là tout ensemble? ceux-cy, parce qu'il les deprime contre la raison; ceux-là parce qu'il les fait paroistre sots. Ainsi, faire une action pour un seul motif raisonnable, pour petit qu'il soit, la raison n'en est point offensée; mais qui veut avoir plusieurs motifs, il les doit ranger selon leurs qualitez; autrement il commet peché : car le desordre est un peché, comme le peché est un desordre. Qui veut plaire à Dieu et à Nostre-Dame fait tres-bien; mais qui voudroit plaire à Nostre-Dame esgalement ou plus qu'à Dieu, il commettroit un desreglement insupportable; et on luy pourroit dire ce qui fut dit à Caïn : Si vous avez bien offert, mais avez mal partagé; cessez, vous avez peché (1). Il faut donner à chaque fin le rang qui lui convient, et par consequent le souverain à celle de plaire à Dieu.

Or, le souverain motif de nos actions, qui est celuy du celeste amour, a cette souveraine proprieté, qu'estant plus pur, il rend l'action qui en provient plus pure; si que les anges et saincts du paradis n'aiment chose aucune pour autre fin quelconque que pour celle de l'amour de la divine bonté, et par le motif de luy vouloir plaire. Ils s'entr'aiment voirement tous tres-ardemment; ils nous aiment aussi, ils aiment les vertus, mais tout cela pour plaire à Dieu seulement. Ils suivent et practiquent les vertus, non en tant qu'elles sont belles et aimables, mais en tant qu'elles sont agreables à Dieu. Ils aiment leur felicité, non en tant qu'elle est à eux, mais en tant qu'elle plaist à Dieu. Ouy mesme ils aiment l'amour duquel ils aiment Dieu, non parce qu'il est en eux, mais parce qu'il tend à Dieu; non parce qu'il leur est doux, mais parce qu'il plaist à Dieu; non parce qu'ils l'ont et le possedent, mais parce que Dieu le leur donne, et qu'il y prend son bon plaisir.

CHAPITRE XIV.

Practique de ce qui a esté dit au chapitre precedent.

Purifions donc, Theotime, tant que nous pourrons, toutes nos intentions; et puisque nous pouvons respandre sur toutes les actions des vertus le motif sacré du divin amour, pourquoy ne le ferons-nous pas; rejettans ès occurrences toutes sortes de motifs vicieux, comme la vaine gloire et l'interest propre; et considerans tous les bons motifs que nous pouvons avoir d'entreprendre l'action qui se presente alors, afin de choisir celuy du sainct amour qui est le plus excellent de tous, pour en arrouser et detremper tous les autres? Par exemple, si je veux m'exposer vaillamment aux hazards de la guerre, je le puis, considerant divers motifs : car le motif naturel de cette action c'est celuy de la force et vaillance, à laquelle il appartient de faire entreprendre par raison les choses perilleuses; mais outre celuy-cy, j'en puis avoir plusieurs autres, comme celuy d'obeir au prince que je sers, celuy de l'amour envers le public, celuy de la magnanimité, qui me fait plaire en la grandeur de cette action. Or, venant donc à l'action, je me pousse au peril pour tous ces motifs; mais pour les relever tous au degré de l'amour divin, et les purifier parfaictement, je dirai en mon ame de tout mon cœur : O Dieu eternel qui estes le tres-cher amour de mes affections, si la vaillance, l'obeissance au prince, l'amour de la patrie et la magnanimité ne vous estoient agreables, je ne suivrois jamais leurs mouvemens que je sens maintenant; mais parce que ces vertus vous plaisent, j'embrasse cette occasion de les practiquer, et ne veux seconder leur instinct et inclination, sinon parce que vous les aimez, et que vous le voulez.

Vous voyez bien, mon cher Theotime, qu'en ce retour d'esprit nous parfumons tous les autres motifs de l'odeur et saincte suavité de l'amour, puisque nous ne les suivons pas en qualité de motifs simplement vertueux, mais en qualité de motifs voulus, agreez, aimez et cheris de Dieu. Qui desrobe pour yvrogner, il est plus yvrogne que larron, selon Aristote, et celuy qui exerce la vaillance, l'obeissance, l'affection envers sa patrie, la magnanimité pour plaire à Dieu, il est plus amoureux divin, que vaillant, obeissant, bon citoyen et magnanime, parce que toute sa volonté en cet exercice aboutit et vient fondre dans l'amour de Dieu, n'employant tous les autres motifs que pour parvenir à cette fin. Nous ne disons pas que nous allons à Lyon, mais à Paris, quand nous n'allons à Lyon que pour aller à Paris; ny que nous allons chanter, mais que nous allons servir Dieu, quand nous n'allons chanter que pour servir Dieu.

Que si quelquesfois nous sommes touchez de quelque motif particulier, comme, par exemple, s'il nous advenoit d'aimer la chasteté à cause de sa belle et tant agreable pureté, soudain, sur ce motif, il faut respandre celuy du divin amour en cette sorte : O tres-honneste et delicieuse blancheur de la chasteté, que vous estes aimable, puisque vous estes tant aimée par la divine bonté! Puis se retournant vers le Createur : Hé! Seigneur! je vous requiers une seule chose, c'est celle que je recherche en la chasteté, de voir et practiquer en icelle vostre bon plaisir et les delices que vous y prenez. Et lorsque nous entrons ès exercices des vertus, nous devons souvent dire de tout nostre cœur : *Ouy, Pere* eternel, *je feray, parce que ainsi a-t-il esté agreable* de toute eternité *devant vous* (1).

En cette sorte faut-il animer toutes nos actions de ce bon plaisir celeste, aimant principalement l'honnesteté et beauté des vertus, parce qu'elle est agreable à Dieu : car, mon cher Theotime, il se trouve des hommes qui aiment esperduement la beauté de quelques vertus, non-seulement sans aimer la charité, mais avec mespris de la charité. Origene, certes, et Tertulian aimerent tellement la blancheur de la chasteté, qu'ils violerent les

---

(1) Genes. IV.

(1) Matth. XI, 26.

plus grandes regles de la charité; l'un ayant choisi de commettre l'idolastrie plustost que de souffrir une horrible violence, de laquelle les tyrans vouloient souiller son corps; l'autre se separant de la tres-chaste Eglise catholique sa mere, pour mieux establir selon son gré la chasteté de sa femme. Qui ne sçait qu'il y a eu des pauvres de Lyon, qui, pour louer avec excez la mendicité, se firent heretiques, et de mendians devinrent de faux belitres? Qui ne sçait la vanité des enthousiastes, messaliens, euchistes, qui quitterent la dilection pour vanter l'oraison? Qui ne sçait qu'il y a eu des heretiques qui, pour exalter la charité envers les pauvres, deprimoient la charité envers Dieu; attribuant tout le salut des hommes à la vertu de l'aumosne, selon que S. Augustin le tesmoigne, quoyque le sainct apostre exclame, que qui « donne tout son bien aux pauvres, et il n'a « pas la charité, cela ne luy profite point (1)? »

Dieu *a mis sur moy l'estendard de sa charité* (2), dit la sacrée Sulamite. L'amour, Theotime, est l'estendard en l'armée des vertus : elles se doivent toutes ranger à luy ; c'est le seul drapeau sous lequel Nostre-Seigneur les fait combattre, luy qui est le vray general de l'armée. Reduisons donc toutes les vertus à l'obeissance de la charité; aimons les vertus particulieres, mais principalement parce qu'elles sont agreables à Dieu; aimons excellemment les vertus plus excellentes, non parce qu'elles sont excellentes, mais parce que Dieu les aime plus excellemment. Ainsi le sainct amour vivifiera toutes les vertus, les rendant toutes amantes, aimables et sur-aimables.

CHAPITRE XV.

Comme la charité comprend en soy les dons du Sainct-Esprit.

Afin que l'esprit humain suive aisement les mouvemens et instincts de la raison, pour parvenir au bonheur naturel qu'il peut pretendre, vivant selon les lois de l'honnesteté, il a besoin premierement de la temperance, pour reprimer les inclinations insolentes de la sensualité. Secondement, de la justice, pour rendre à Dieu, au prochain et à soy-mesme ce qu'il est obligé. Tiercement, de la force pour vaincre les difficultez qu'on sent à faire le bien et repousser le mal. Quatriesmement, de la prudence, pour discerner quels sont les moyens les plus propres pour parvenir au bien et à la vertu? Cinquiesmement, de la science, pour cognoistre le vray bien auquel il faut aspirer, et le vray mal qu'il faut rejetter.

(1) I. Cor. XIII, 3. — (2) Cant. Cant. II, 4.

Sixiesmement, de l'entendement pour bien penetrer les premiers et principaux fondemens, ou principes de la beauté et excellence de l'honnesteté. Septiesmement et en fin finale, de la sapience pour contempler la Divinité, premiere source de tout bien. Telles sont les qualitez par lesquelles l'esprit est rendu doux, obeissant et pliable aux loix de la raison naturelle qui est en nous.

Ainsi, Theotime, le Sainct-Esprit qui habite en nous, voulant rendre nostre ame souple, maniable et obeissante à ses divins mouvemens et celestes inspirations, qui sont les loix de son amour, en l'observation desquelles consiste la felicité surnaturelle de cette vie presente, il nous donne sept proprietez et perfections pareilles presqu'aux sept que nous venons de reciter, qui en l'Escriture saincte et ès livres des theologiens sont appelées dons du Sainct-Esprit.

Or, ils ne sont pas seulement inseparables de la charité; ains toutes choses bien considerées, et à proprement parler, ils sont les principales vertus, proprietez et qualitez de la charité. Car, 1. la sapience n'est autre chose en effect que l'amour qui savoure, gouste et experimente combien Dieu est doux et suave. 2. L'entendement n'est autre chose que l'amour attentif à considerer et penetrer la beauté des veritez de la foy, pour y cognoistre Dieu en luy-mesme, et puis de-là en descendant, le considerer ès creatures. 3. La science, au contraire, n'est autre chose que le mesme amour, qui nous tient attentifs à nous connoistre nous-mesmes et les creatures, pour nous faire remonter à une plus parfaicte cognoissance du service que nous devons à Dieu. 4. Le conseil est aussi l'amour, en tant qu'il nous rend soigneux, attentifs et habiles pour bien choisir les moyens propres à servir Dieu sainctement. 5. La force est l'amour qui encourage et anime le cœur pour executer ce que le conseil a determiné devoir estre faict. 6. La pieté est l'amour qui adoucit le travail, et nous fait cordialement, agreablement et d'une affection filiale, employer aux œuvres qui plaisent à Dieu, nostre Pere. Et 7. pour conclusion, la crainte n'est autre chose que l'amour, en tant qu'il nous fait fuir et eviter ce qui est desagreable à la divine Majesté.

Ainsi, Theotime, la charité nous sera une autre *eschelle* de Jacob, composée de sept dons du Sainct-Esprit, comme autant d'eschellons sacrez par lesquels les hommes angeliques *monteront* de la terre au ciel, pour s'aller unir à la poictrine de Dieu tout-puissant, *et descendront* (1) du ciel en terre, pour venir prendre le prochain par la main, et le conduire au ciel. Car, montant au premier

(1) Genes. XXVIII, 12.

eschellon, la crainte nous fait quitter le mal ; au second, la pieté nous excite à vouloir faire le bien; au troisiesme, la science nous fait cognoistre le bien qu'il faut faire, et le mal qu'il faut fuir ; au quatriesme, par la force, nous prenons courage contre toutes les difficultez qu'il y a en nostre entreprise ; au cinquiesme, par le conseil, nous choisissons les moyens propres à cela ; au sixiesme, nous unissons nostre entendement à Dieu, pour voir et penetrer les traits de son infinie beauté ; et au septiesme, nous joignons nostre volonté à Dieu, pour savourer et experimenter les douceurs de son incomprehensible bonté. Car sur le sommet de cette eschelle, Dieu estant penché devers nous, il nous donne le baiser d'amour, et nous fait tetter les sacrées *mammelles* de sa suavité, *meilleures que le vin* (1).

Mais si, ayant delicieusement jouy de ces amoureuses faveurs, nous voulons retourner en terre pour tirer le prochain à ce mesme bonheur ; du premier et plus haut degré où nous avons remply nostre volonté d'un zele tres-ardent, et avons parfumé nostre ame des parfums de la charité souveraine de Dieu, nous descendons au second degré, où nostre entendement prend une clarté nompareille, et fait provision des conceptions et maximes plus excellentes pour la gloire de la beauté et bonté divines. De là nous venons au troisiesme, où par le don du conseil nous advisons par quels moyens nous inspirerons dans l'esprit des prochains le goust et l'estime de la divine suavité. Au quatriesme, nous nous encourageons, recevant une saincte force pour surmonter les difficultez qui peuvent estre en ce dessein. Au cinquiesme, nous commençons à prescher par le don de science, exhortant les ames à la suite des vertus, et à la fuite des vices. Au sixiesme, nous taschons de leur imprimer la saincte pieté, afin que recognoissant Dieu pour Pere tres-aimable, ils luy obeissent avec une crainte filiale. Et au dernier degré, nous les pressons de craindre les jugemens de Dieu, afin que, meslant cette crainte d'estre damnez avec la reverence filiale, ils quittent plus ardemment la terre pour monter au ciel avec nous.

La charité cependant comprend les sept dons, et ressemble à une belle fleur de lys qui a six feuilles plus blanches que la neige, et au milieu les beaux martelets d'or de la sapience, qui poussent en nos cœurs les gousts et savouremens amoureux de la bonté du Pere nostre Createur, de la misericorde du Fils nostre Redempteur, et de la suavité du Sainct-Esprit nostre Sanctificateur. Et je mets ainsi cette double crainte ès deux derniers

(1) Cant. Cant. 1, 1.

degrez, pour accorder toutes les traductions avec la saincte et sacrée edition ordinaire. Car si en l'hebrieu le mot de crainte est repeté par deux fois, ce n'est pas sans mystere, ains pour monstrer qu'il y a un don de crainte filiale qui n'est autre chose que la pieté, et un don de la crainte servile, qui est le commencement de tout nostre acheminement à la souveraine sagesse.

CHAPITRE XVI.

De la crainte amoureuse des espouses ; suite du discours commencé.

Ah ! Jonathas, mon frere, disoit David, tu estois aimable sur l'amour des femmes (1). » Et c'est comme s'il eust dit : Tu meritois un plus grand amour que celuy des femmes envers leurs maris. Toutes choses excellentes sont rares. Imaginez-vous, Theotime, une espouse de cœur colombin, qui ait la perfection de l'amour nuptial ; son amour est incomparable, non-seulement en excellence, mais aussi en une grande varieté de belles affections et qualitez qui l'accompagnent. Il est non-seulement chaste, mais pudique ; il est fort, mais gracieux ; il est violent, mais tendre ; il est ardent, mais respectueux ; genereux, mais craintif ; hardy, mais obeissant ; et sa crainte est toute meslée d'une delicieuse confiance.

Telle, certes, est la crainte de l'ame qui a l'excellente dilection : car elle s'asseure tant de la souveraine bonté de son Espoux, qu'elle ne craint pas de le perdre, mais elle craint bien toutesfois de ne jouyr pas assez de sa divine presence, et que quelqu'occasion ne le fasse absenter pour un seul moment : elle a bien confiance de ne luy desplaire jamais, mais elle craint de ne luy plaire pas autant que l'amour le requiert : son amour est trop courageux pour entrer, voire mesme au seul soupçon d'estre jamais en sa disgrace ; mais il est aussi si attentif, qu'elle craint de ne luy estre pas assez unie : ouy, mesme l'ame arrive quelquesfois à tant de perfection, qu'elle ne craint plus de n'estre pas assez unie à luy, son amour l'asseurant qu'elle le sera tousjours ; mais elle craint que cette union ne soit pas si pure, simple et attentive, comme son amour luy fait pretendre. C'est cette admirable amante qui voudroit ne point aimer les gousts, les delices, les vertus et les consolations spirituelles, de peur d'estre divertie, pour peu que soit, de l'unique amour qu'elle porte à son bien-aimé, protestant que c'est luy-mesme, et non ses biens, qu'elle recherche,

(1) II. Reg. 1, 26.

et criant à cette intention : « Hé! monstrez-moy, « mon bien-aimé, où vous paissez et reposez au « midy, afin que je ne me divertisse point après « les plaisirs qui sont hors de vous (1). »

De cette sacrée crainte des divines espouses furent touchez ces grandes ames de S. Paul et S. François, Ste Catherine de Gennes, et autres, qui ne vouloient aucun meslange en leurs amours, ains taschoient de le rendre si pur, si simple, si parfaict, que ny les consolations ny les vertus mesmes ne tinssent aucune place entre leur cœur et Dieu ; en sorte qu'elles pouvoient dire : *Je vis, mais* non plus moy-mesme, ains Jesus-Christ vit en moy ; *mon Dieu m'est toutes choses* (2). Ce qui n'est point Dieu ne m'est rien : Jesus-Christ est ma vie : mon amour est crucifié, et telles autres paroles d'un sentiment extatique.

Or, la crainte initiale, ou des apprentifs, procede du vray amour ; mais amour encore tendre, foible et commençant. La crainte filiale procede de l'amour ferme, solide, et desjà tendant à la perfection ; mais la crainte des espouses provient de l'excellence et perfection amoureuse desjà toute acquise : et quant aux craintes serviles et mercenaires, elles ne procedent voirement pas de l'amour, mais elles precedent ordinairement l'amour pour luy servir de fourrier, ainsi que nous l'avons dit ailleurs, et sont bien souvent tres-utiles à son service. Vous verrez toutesfois, Theotime, une honneste dame qui, ne voulant *pas manger son pain en oisiveté* (3), non plus que celle que Salomon a tant louée, couchera la soye en une belle varieté de couleurs sur un satin bien blanc pour faire une broderie de plusieurs belles fleurs, qu'elle rehaussera par après fort richement d'or et d'argent selon les assortimens convenables. Cet ouvrage se fait à l'eguille, qu'elle passe partout où elle veut coucher la soye, l'or et l'argent ; mais neantmoins l'eguille n'est point mise dans le satin pour y estre laissée, ains seulement pour y introduire la soye, l'or et l'argent, et leur faire passage : de façon qu'à mesure que ces choses entrent dans le fond, l'eguille en est tirée et en sort. Ainsi la divine bonté voulant coucher en l'ame humaine une grande diversité de vertus, et les rehausser enfin de son amour sacré, il se sert de l'eguille de la crainte servile et mercenaire, de laquelle, pour l'ordinaire, nos cœurs sont premierement piquez, mais pourtant elle n'y est pas laissée ; ains à mesure que les vertus sont tirées et couchées en l'ame, la crainte servile et mercenaire en sort, selon le dire du bien-aimé disciple, que *la charité parfaicte*

(1) Cant. Cant. I, 6. — (2) Galat. II, 20.
(3) Prov. XXXI, 27.

pousse la crainte dehors (1). Ouy de vray, Theotime ; car les craintes d'estre damné et perdre le paradis sont effroyables et angoisseuses : et comme sçauroient-elles demeurer avec la sacrée dilection qui est toute douce, toute suave ?

CHAPITRE XVII.

Comme la crainte servile demeure avec le divin amour.

Toutesfois, encore que la dame dont nous avons parlé ne veuille pas laisser l'eguille en l'ouvrage quand il sera faict, si est-ce que tandis qu'elle y a quelque chose à faire, si elle est contrainte de se divertir pour quelque autre occurrence, elle laissera l'eguille piquée dans l'œillet, la rose ou la pensée qu'elle brode, pour la trouver plus à propos quand elle retournera pour ouvrer. De mesme, Theotime, tandis que la Providence divine fait la broderie des vertus et l'ouvrage de son sainct amour en nos ames, elle y laisse tousjours la crainte servile ou mercenaire, jusqu'à ce que la charité estant parfaicte, elle oste cette eguille piquante, et la remet, par maniere de dire, en son peloton. En cette vie doncques, en laquelle nostre charité ne sera jamais si parfaicte qu'elle soit exempte de peril, nous avons tousjours besoin de la crainte ; et, lorsque nous tressaillons de joye par amour, nous devons trembler d'apprehension par la crainte.

Prenez instruction de ce qu'il vous faut faire :
En crainte et sans orgueil servez le Tout-Puissant :
Egayez-vous en luy ; mais, vous esjouyssant,
Que votre cœur soumis en tremblant le revere (2).

Le grand pere Abraham envoya son serviteur Eliezer pour prendre une femme à son enfant unique Isaac (3). Eliezer va, et par inspiration celeste fit choix de la belle et chaste Rebecca, laquelle il amena avec soy ; mais cette sage demoiselle quitta Eliezer sitost qu'elle eust rencontré Isaac, et, estant introduite dans la chambre de Sara, elle demeura son espouse à jamais. Dieu envoye souvent la crainte servile, comme un autre Eliezer (Eliezer aussi veut dire *aide de Dieu*), pour traicter le mariage entre elle et l'amour sacré. Que si l'ame vient sous la conduite de la crainte, ce n'est pas qu'elle la veuille espouser : car, en effect, sitost que l'ame rencontre l'amour, elle s'unit à luy et quitte la crainte.

Mais, comme Eliezer, estant de retour, demeura dans la maison au service d'Isaac et Re-

(1) I. Joan. IV, 18.
(2) Psalm. II, 10, 11. — (3) Genes. XXIV.

becca, de mesme la crainte nous ayant amené au sainct amour, elle demeure avec nous pour servir ès occurrences et l'amour et l'ame amoureuse. Car l'ame, quoique juste, se voit maintesfois attaquée par des tentations extresmes ; et l'amour, tout courageux qu'il est, a fort à faire à se bien maintenir, à raison de la condition de la place en laquelle il se trouve, qui est le cœur humain, variable et subject à la mutinerie des passions. Alors donc, Theotime, l'amour employe la crainte au combat, et s'en sert pour repousser l'ennemy. Le brave prince Jonathas, allant à la charge sur les Philistins, emmy les tenebres de la nuict, voulut avoir son escuyer avec soy (1) ; et ceux qu'il ne tuoit pas, *son escuyer les tuoit* (2). Et l'amour, en voulant faire quelque entreprise hardie, il ne se sert pas seulement de ses propres motifs, ains aussi des motifs de la crainte servile et mercenaire. Et les tentations que l'amour ne desfait pas, la crainte d'estre damné les renverse. Si la tentation d'orgueil, d'avarice ou de quelque autre plaisir voluptueux, m'attaque : Eh ! ce diray-je, seroit-il bien possible que pour des choses si vaines, mon cœur voulust quitter la grace de son bien-aimé ? Mais si cela ne suffit pas, l'amour excitera la crainte. Eh ! ne vois-tu pas, miserable cœur, que, secondant cette tentation, les effroyables flammes d'enfer t'attendent, et que tu perds l'heritage eternel du paradis ? On se sert de tout ès extresmes necessitez, comme le mesme Jonathas fit quand, passant ces aspres rochers qui estoient entre luy et les Philistins, il ne se servoit pas seulement de ses *pieds*, mais gravissoit et montoit à belles *mains* (5) comme il pouvoit.

Tout ainsi donc que les nochers qui partent sous un vent favorable, en une saison propice, n'oublient pourtant jamais les cordages, ancres et autres choses requises en temps de fortune et parmy la tempeste ; aussi quoyque le serviteur de Dieu jouysse du repos et de la douceur du sainct amour, il ne doit jamais estre despourveu de la crainte des jugemens divins, pour s'en servir entre les orages et assauts des tentations. Outre que, comme la peleure d'une pomme, qui est de peu d'estime en soy-mesme, sert toutesfois grandement à conserver la pomme qu'elle couvre; aussi la crainte servile, qui est de peu de prix en sa propre condition au regard de l'amour, luy est neantmoins grandement utile à sa conservation pendant les hazards de cette vie mortelle. Et comme celuy qui donne une grenade, la donne voirement pour les grains et le suc qu'elle a au dedans, mais ne laisse pas pourtant de donner aussi l'escorce, comme une dependance d'icelle ; de mesme, bien que le Sainct-Esprit, entre ses dons sacrez, confere celuy de la crainte amoureuse aux ames des siens, afin qu'elles craignent Dieu en pieté comme leur pere et leur espoux, si est-ce toutesfois qu'il ne laisse pas de leur donner encore la crainte servile et mercenaire, comme un accessoire de l'autre plus excellente. Ainsi Joseph, envoyant à son pere plusieurs charges de toutes les richesses d'Egypte, ne luy donna pas seulement les thresors comme principaux presens, mais aussi les asnes qui les portoient (1).

Or, bien que la crainte servile et mercenaire soit grandement utile pour cette vie mortelle, si est-ce qu'elle est indigne d'avoir place en l'eternelle, en laquelle il y aura une asseurance sans crainte, une paix sans defiance, un repos sans soucy. Mais les services neantmoins que ces craintes servantes et mercenaires auront rendus à l'amour y seront recompensez ; de sorte que si ces craintes, comme des autres Moyse et Aaron, n'entrent pas en la terre de promission, leur posterité neantmoins et leurs ouvrages y entreront. Et quant aux craintes des enfans et des espouses, elles y tiendront leur rang et leur grade, non pour donner aucune defiance ou perplexité à l'ame, mais pour luy faire admirer et reverer avec sousmission l'incomprehensible majesté de ce Pere tout-puissant et de cet espoux de gloire.

Le respect au Seigneur porté
Est sainct, remply de pureté :
Sa crainte, en tout siecle, est durable,
Tout ainsi que sa majesté
Est à jamais tres-adorable.

CHAPITRE XVIII.

Comme l'amour se sert de la crainte naturelle servile et mercenaire.

Les esclairs, tonnerres, foudres, tempestes, inondations, tremble-terre, et autres tels accidens inopinez, excitent mesme les plus indevots à craindre Dieu ; et la nature, prevenant le discours en telles occurrences, pousse le cœur, les yeux et les mains mesme devers le ciel pour reclamer le secours de la tres-saincte Divinité, selon le sentiment commun du genre humain, qui est, dit Tite-Live, que ceux qui servent la Divinité prosperent, et ceux qui la mesprisent sont affligez. En la tourmente qui fit periller Jonas, les mariniers *craignirent d'une grande crainte, et crierent* soudain un chacun *à son dieu* (2). Ils ignoroient, dit sainct Hierosme, la verité, mais ils

---

(1) I. Reg. xiv, 1. — (2) Ibid. 15.
(5) I. Reg. xiv, 13.

(1) Genes. xlv, 25. — (2) Joan. i, 5.

recognoissoient la Providence, et creurent que c'estoit par jugement celeste qu'ils se trouvoient en ce danger; comme les Maltois, lorsqu'ils virent sainct Paul *eschappé* du naufrage, estre attaqué par la vipere, creurent que c'estoit par *vengeance* (1) divine. Aussi les tonnerres, tempestes, foudres, sont appelez voix du Seigneur par le psalmiste, qui dit de plus qu'elles *font la parole d'iceluy* (2), parce qu'elles annoncent sa crainte, et sont comme ministres de sa justice. Et ailleurs, souhaitant que la divine Majesté se fasse redouter à ses ennemis : « Lancez, dit-il, des esclairs, et « vous les dissiperez ; descochez vos dards, et « vous les troublerez (3) ; où il appelle les foudres *sagettes* et dards du Seigneur. Et, devant le psalmiste, la bonne mere de Samuel avoit desjà chanté que les *ennemis* mesme *de Dieu le craindroient*, d'autant qu'*il tonneroit sur eux dès le ciel* (4).

Certes, Platon en son Gorgias et ailleurs, tesmoigne qu'entre les payens il y avoit quelque sentiment de crainte, non-seulement pour les chastimens que la souveraine justice de Dieu practique en ce monde, mais aussi pour les punitions qu'il exerce en l'autre vie sur les ames de ceux qui ont des pechez incurables. Tant l'instinct de craindre la Divinité est gravé profondement en la nature humaine.

Mais cette crainte, toutesfois, practiquée par maniere d'eslan ou sentiment naturel, n'est ny louable ny vituperable en nous, puisqu'elle ne procede pas de nostre election. Elle est neantmoins un effect d'une tres-bonne cause, et cause d'un tres-bon effect ; car elle provient de la cognoissance naturelle que Dieu nous a donnée de sa providence, et nous fait recognoistre combien nous dependons de la toute-puissance souveraine, nous incitant à l'implorer ; et, se trouvant en une ame fidele, elle luy fait beaucoup de biens. Les chrestiens, parmy les estonnemens que les tonnerres, tempestes, et autres perils naturels leur apportent, invoquant le nom sacré de Jesus et de Marie, font le signe de la croix, se prosternent devant Dieu, et font plusieurs bons actes de foy, d'esperance et de religion. Le glorieux sainct Thomas d'Aquin, estant naturellement subject à s'effrayer quand il tonnoit, souloit dire, par maniere d'oraison jaculatoire, les divines paroles que l'Eglise estime tant, *Le Verbe a esté fait chair* (5). Sur cette crainte doncques, le divin amour fait maintesfois des actes de complaisance et de bienveuillance : *Je vous beniray*, Seigneur,

car *vous estes terriblement magnifie* (1). Que chacun vous craigne, ô Seigneur ! O grands de la terre, *entendez, servez Dieu en crainte, et tressaillez pour luy en tremblant* (2).

Mais il y a une autre crainte qui prend origine de la foy, laquelle nous apprend qu'après cette vie mortelle, il y a des supplices effroyablement eternels, ou eternellement effroyables, pour ceux qui en ce monde auront offensé la divine Majesté, et seront decedez sans s'estre reconciliez avec elle ; qu'à l'heure de la mort les ames seront jugées du jugement particulier; et à la fin du monde, tous comparoistront ressuscitez, pour estre derechef jugez du jugement universel. Car ces veritez chrestiennes, Theotime, frappent le cœur qui les considere d'un espouvantement extresme. Et comme pourroit-on se representer ces horreurs eternelles, sans fremir et trembler d'apprehension ? Or, quand ces sentimens de crainte prennent tellement place dans nos cœurs, qu'ils en bannissent et chassent l'affection et volonté du peché, comme le sacré concile de Trente parle, certes, ils sont grandement salutaires. *Nous avons conceu de vostre crainte*, ô Dieu, *et enfanté l'esprit* (3) *de salut*, est-il dit en Isaye : c'est-à-dire, vostre face courroucée nous a espouvantez, et nous a fait concevoir et enfanter l'esprit de penitence, qui est l'esprit de salut, ainsi que le psalmiste l'avoit dit : « Mes os n'ont « point de paix (4), » ains tremblent devant la face de vostre ire.

Nostre-Seigneur, qui estoit venu pour nous apporter la loy d'amour, ne laisse pas de nous inculquer cette crainte : « Craignez, dit-il, celuy « qui peut jetter le corps et l'ame en la ge- « henne (5). » Les Ninivites, par les menaces de leur subversion et damnation, firent penitence, et leur penitence fut agreable à Dieu (6) ; et en somme cette crainte est comprise ès dons du Sainct-Esprit, comme plusieurs anciens peres ont remarqué.

Que si la crainte ne forclost pas la volonté de pecher, ni l'affection au peché, certes, elle est meschante et pareille à celle des diables, qui cessent souvent de nuire, de peur d'estre tourmentez par l'exorcisme, sans cesser neantmoins de desirer et vouloir le mal qu'ils meditent à jamais ; pareille à celle du miserable forçat, qui voudroit manger le cœur du comite, quoiqu'il n'ose quitter la rame de peur d'estre battu ; pareille à la crainte de ce grand heresiarque du siecle passé, qui confesse d'avoir haï Dieu, d'autant qu'il punissoit

---

(1) Act. xxviii, 4. — (2) Psalm. cxlviii, 8.
(3) Psalm. cxliii, 6. — (4) I. Reg. ii, 10.
(5) Joan. i, 14.

(1) Ps. cxxxviii, 14. — (2) Ps. xi, 10, 12.
(3) Isa. xxvi, 18. — (4) Psalm. xxxvii, 4.
(5) Matt. x, 28. — (6) Jon. iii, 5.

les meschans. Certes, celuy qui aime le peché et le voudroit volontiers commettre, malgré la volonté de Dieu, encore qu'il ne le veuille commettre ; craignant seulement d'estre damné, il a une crainte horrible et detestable ; car, bien qu'il n'ait pas la volonté de venir à l'execution du peché, il a neantmoins l'execution en sa volonté, puisqu'il le voudroit faire si la crainte ne le tenoit ; et c'est comme par force qu'il n'en vient pas aux effects.

A cette crainte on en peut adjouster une autre, certes, moins malicieuse, mais autant inutile ; comme fut celle du juge Felix, qui, oyant parler du jugement divin, fut *tout espouvanté* (1), et toutesfois ne laissa pour cela de continuer en son avarice ; et celle de Balthazar, qui, voyant cette *main* prodigieuse qui *escrivoit* sa condamnation *contre la paroy*, fut tellement effrayé, qu'il *changea de visage, et les joinctures de ses reins se desserroyent, et ses genoux* tremoussans *s'entrehurtoyent l'un à l'autre* (2), et neantmoins ne fit point penitence. Or, de quoy sert-il de craindre le mal, si par la crainte on ne se resoud de l'eviter ?

La crainte donc de ceux qui, comme esclaves, observent la loy de Dieu pour eviter l'enfer, est fort bonne ; mais beaucoup plus noble et desirable est la crainte des chrestiens mercenaires, qui, comme serviteurs à gages, travaillent fidelement, non pas, certes, principalement pour aucun amour qu'ils ayent encore envers leurs maistres, mais pour estre salariez de la recompense qui leur est promise. O si *l'œil* pouvoit *voir*, ou *l'oreille* pouvoit *ouyr*, ou qu'il *peust monter au cœur de l'homme ce que Dieu a preparé à ceux qui* (3) *le servent !* hé, quelle apprehension auroit-on de violer les commandemens divins, de peur de perdre ces recompenses immortelles ! quelles larmes, quels gemissemens jetteroit-on quand par le peché on les auroit perdues ! Or, cette crainte neantmoins seroit blasmable, si elle enfermoit en soy l'exclusion du sainct amour. Car qui diroit, Je ne veux point servir Dieu pour aucun amour que je luy veuille porter, mais seulement pour avoir les recompenses qu'il promet, il feroit un blaspheme, preferant la recompense au maistre, le bienfaict au bienfaicteur, l'heritage au pere, et son propre profit à Dieu tout-puissant ; ainsi que nous avons plus amplement monstré au livre second.

Mais enfin, quand nous craignons d'offenser Dieu, non point pour eviter la peine de l'enfer ou la perte du paradis, mais seulement parce que Dieu estant nostre tres-bon pere, nous luy devons honneur, respect, obeissance, alors nostre crainte est filiale, d'autant qu'un enfant bien nay n'obeit pas à son pere en consideration du pouvoir qu'il a de punir sa desobeissance, ny aussi parce qu'il le peut exhereder, ains simplement parce qu'il est son pere : en sorte qu'encore que le pere seroit vieil, foible et pauvre, il ne laisseroit pas de le servir avec esgale diligence ; ains, comme la pieuse cigogne, il l'assisteroit avec plus de soin et d'affection, ainsi que Joseph voyant le bonhomme Jacob son pere, vieux, necessiteux, et reduit sous son sceptre, il ne laissa pas de l'honorer, servir et reverer avec une tendreté plus que filiale, et telle que ses freres, l'ayant recogneu, estimerent qu'elle opereroit encore après sa mort, et l'employerent pour obtenir pardon de luy, disans : « Vostre pere nous a commandé « que nous vous disions de sa part : Je vous prie « d'oublier le crime de vos freres, et le peché et « malice qu'ils ont exercez envers vous (1). » Ce qu'ayant ouy, *il se print à pleurer* (2), tant son cœur filial fut attendri, les desirs et volontez de son pere decedé luy estans representez. Ceux-là donc craignent Dieu d'une affection filiale, qui ont peur de luy desplaire, purement et simplement parce qu'il est leur pere tres-doux, tres-benin et tres-aimable.

Toutesfois, quand il arrive que cette crainte filiale est joincte, meslée et detrempée avec la crainte servile de la damnation eternelle, ou bien avec la crainte mercenaire de perdre le paradis, elle ne laisse pas d'estre fort agreable à Dieu, et s'appelle crainte initiale, c'est-à-dire crainte des apprentifs qui entrent ès exercices de l'amour divin. Car, comme les jeunes garçons qui commencent à monter à cheval, quand ils sentent leur cheval porter un peu plus haut, ne serrent pas seulement les genoux, ains se prennent à belles mains à la selle ; mais quand ils sont un peu plus exercez, ils se tiennent seulement en leurs serres : de mesme les novices et apprentifs au service de Dieu, se trouvant esperdus parmy les assauts que leurs ennemis leur livrent au commencement, ils ne se servent pas seulement de la crainte filiale, mais aussi de la mercenaire et servile, et se tiennent comme ils peuvent, pour ne point dechoir de leur pretention.

(1) Genes. L, 61, 17. — (2) Ibid.

---

(1) Act. XXIV, 25. — (2) Daniel, V, 5, 6.
(3) I. ad Cor. II, 9.

CHAPITRE XIX.

Comme l'amour sacré comprend les douze fruicts du Sainct-Esprit avec les huict beatitudes de l'Evangile.

Le glorieux S. Paul dit ainsi : « Or, le fruict « de l'esprit est la charité, la joye, la paix, la « patience, la benignité, la bonté, la longani- « mité, la mansuetude, la foy, la modestie, la « continence, la chasteté (1). » Mais voyez, Theotime, que ce divin apostre comptant ces douze fruicts du Sainct-Esprit, il ne les met que pour un seul fruict : car il ne dit pas, Les fruicts de l'esprit sont *la charité, la joye*; mais seulement, *Le fruict de l'esprit est la charité, la joye*. Or, voicy le mystere de cette façon de parler : « La « charité de Dieu est respandue en nos cœurs « par le Sainct-Esprit qui nous est donné (2). » Certes, la charité est l'unique fruict du Sainct-Esprit ; mais parce que ce fruict a une infinité d'excellentes proprietez, l'apostre, qui en veut representer quelques-unes par maniere de monstre, parle de cet unique fruict comme de plusieurs, à cause de la multitude des proprietez qu'il contient en son unité ; il parle reciproquement de tous ces fruicts comme d'un seul, à cause de l'unité en laquelle est comprise cette varieté. Ainsi qui diroit, le fruict de la vigne, c'est le raisin, le moust, le vin, l'eau-de-vie, la liqueur *resjouys- sant le cœur de l'homme* (3), le breuvage confortant l'estomach, il ne voudroit pas dire que ce fussent des fruicts de differentes especes, ains seulement qu'encore que ce ne soit qu'un seul fruict, il a neantmoins une quantité de diverses proprietez, selon qu'il est employé diversement.

L'apostre donc ne veut dire autre chose, sinon que le fruict du Sainct-Esprit est la charité, laquelle est joyeuse, paisible, patiente, benigne, bonteuse, longanime, douce, fidele, modeste, continente, chaste ; c'est-à-dire, que le divin amour donne une joye et consolation interieure avec une grande paix de cœur, qui se conserve entre les adversitez par la patience, et qui nous rend gracieux et benins à secourir le prochain par une bonté cordiale envers iceluy, bonté qui n'est point variable, ains constante et perseverante, d'autant qu'elle nous donne un courage de longue estendüe, au moyen de quoy nous sommes rendus doux, affables, et condescendans envers tous, supportans leurs humeurs et imperfections, et leur gardans une loyauté parfaicte,

(1) Gal. v, 22, 23. — (2) Rom. v, 5.
(3) Psalm. cm, 5.

tesmoignans une simplicité accompagnée de confiance, tant en nos paroles qu'en nos actions ; vivans modestement et humblement ; retranchans toutes superfluitez et tous desordres au boire, manger, vestir, coucher, jeux, passe-temps, et autres telles convoitises voluptueuses, par une saincte continence, et reprimans surtout les inclinations et seditions de la chair par une soigneuse chasteté, afin que toute nostre personne soit occupée en la divine dilection, tant interieurement par la joye, paix, patience, longanimité, bonté et loyauté, comme aussi exterieurement par la benignité, mansuetude, modestie, continence et chasteté.

Or, la dilection est appellée fruict, en tant qu'elle nous delecte, et que nous jouyssons de sa delicieuse suavité, comme d'une vraye pomme de paradis, recueillie de l'arbre de vie, qui est le Sainct-Esprit enté sur nos esprits humains, et habitant en nous par sa misericorde infinie. Mais quand non-seulement nous nous resjouyssons en cette divine dilection, et jouyssons de sa delicieuse douceur, ains que nous establissons toute nostre gloire en icelle comme en la couronne de nostre bonheur, alors elle n'est pas seulement un fruict doux à nostre gosier, mais elle est une beatitude et felicité tres-desirable, non-seulement parce qu'elle nous asseure la felicité de l'autre vie, mais parce qu'en celle-cy, elle nous donne un contentement d'inestimable valeur, contentement lequel est si fort que les eaux des tribulations et les fleuves des persecutions ne le peuvent esteindre ; ains non-seulement il ne perit pas, mais il s'enrichit parmy les pauvretez ; il s'agrandit ès abjections et humilitez ; il se resjouyt entre les larmes ; il se renforce d'estre abandonné de la justice, et privé de l'assistance d'icelle, lorsque la reclamant nul ne luy en donne ; il se recrée emmy la compassion et commiseration, lorsqu'il est environné de miserables et souffreteux ; il se delecte de renoncer à toutes sortes de delices sensuelles et mondaines pour obtenir la pureté et netteté de cœur ; il fait vaillance d'assoupir les guerres, noises et dissensions, et de mespriser les grandeurs et reputations temporelles ; il se ravigore d'endurer toutes sortes de souffrances, et tient que sa vraye vie consiste à mourir pour le bien-aimé.

De sorte, Theotime, qu'en somme la tressaincte dilection est une vertu, un don, un fruict et une beatitude. En qualité de vertu, elle nous rend obeissans aux inspirations interieures que Dieu nous donne par ses commandemens et conseils, en l'execution desquels on practique toutes vertus, dont la dilection est la vertu de toutes les vertus. En qualité de don, la dilection nous rend souples et maniables aux inspirations interieures, qui sont comme les commandemens et conseils secrets de Dieu, à l'execution desquels sont employez les sept dons du Sainct-Esprit; si que la dilection est le don des dons. En qualité de fruict, elle nous donne un goust et plaisir extresme en la practique de la vie devote, qui se sent ès douze fruicts du Sainct-Esprit, et partant elle est le fruict des fruicts. En qualité de beatitude, elle nous fait prendre à faveur extresme et singulier honneur les affronts, calomnies, vituperes et opprobres que le monde nous fait; et nous fait quitter, renoncer et rejetter toute autre gloire, sinon celle qui procede du bien-aimé crucifix, pour laquelle nous nous glorifions en l'abjection, abnegation et aneantissement de nous-mesmes, ne voulant d'autres marques de majesté, que la couronne d'espines du crucifix, le sceptre de son roseau, le mantelet de mespris qui lui fut imposé, et le throsne de sa croix, sur lequel les amoureux sacrez ont plus de contentement, de joye, de gloire et de felicité que jamais Salomon n'eust sur son throsne d'yvoire.

Ainsi la dilection est maintesfois representée par la grenade, qui tirant ses proprietez du grenadier, ne peut estre dite la vertu d'iceluy; comme encore elle semble estre son don, qu'il offre à l'homme par amour; et son fruict, puisqu'elle est mangée pour recreer le goust de l'homme; et enfin elle est, par maniere de dire, sa gloire et beatitude, puisqu'elle porte la couronne et diadesme.

CHAPITRE XX.

Comme le divin amour employe toutes les passions et afflictions de l'ame, et les reduit à son obeissance.

L'amour est la vie de nostre cœur. Et comme le contrepoids donne le mouvement à toutes les pieces mobiles d'une horloge, aussi l'amour donne à l'ame tous les mouvemens qu'elle a. Toutes nos affections suivent nostre amour, et selon iceluy, nous desirons, nous nous delectons, nous esperons et desesperons, nous craignons, nous nous encourageons, nous hayssons, nous fuyons, nous nous attristons, nous entrons en colere, nous triomphons. Ne voyons-nous pas les hommes qui ont donné leur cœur en proye à l'amour vil et abject des femmes, comme ils ne desirent que selon cet amour, ils n'ont plaisir qu'en cet amour; ils n'esperent ny desesperent que pour ce subject, ils ne craignent ny n'entreprennent que pour cela, ils n'ont à contre-cœur ny ne fuyent que ce qui les en destourne, ils ne s'attristent que de ce qui les en prive, ils n'ont de colere que par jalousie, ils ne triomphent que par cette infamie. C'en est de mesme des amateurs des richesses et des ambitieux de l'honneur : car ils sont rendus esclaves de ce qu'ils aiment, et n'ont plus de cœur en la poictrine, ny d'ame en leurs cœurs, ny d'affection en leur ame, que pour cela.

Quand donc le divin amour regne dans nos cœurs, il assubjettit royalement tous les autres amours de la volonté, et par consequent toutes les affections d'icelle, parce que naturellement elles suivent les amours : puis il dompte l'amour sensuel; et le reduisant à son obeissance, il tire aussi apres iceluy toutes les passions sensuelles. Car en somme, cette sacrée dilection est l'eau salutaire de laquelle Nostre-Seigneur disoit : « Ce-« luy qui boira de l'eau que je luy donneray, il « n'aura jamais soif (1). » Non vrayement, Theotime, qui aura l'amour de Dieu un peu abondamment, il n'aura plus ny desir, ny crainte, ny esperance, ny courage, ny joye que pour Dieu; et tous ses mouvemens seront accoisez en ce seul amour celeste.

L'amour divin et l'amour propre sont dedans nostre cœur, comme Jacob et Esaü dans le sein de Rebecca (2); ils ont une antipathie et repugnance fort grande l'un à l'autre, et *s'entre-choquent* (3) dedans le cœur continuellement, dont la pauvre ame s'escrie : « Helas! moy miserable, « qui me delivrera du corps de cette mort (4), » afin que le seul amour de mon Dieu regne paisiblement en moy? Mais il faut pourtant que nous ayons courage, esperant en la parole du Seigneur qui promet en commandant et commande en promettant la victoire à son amour; et semble qu'il dit à l'ame ce qu'il fit dire à Rebecca : « Deux na-« tions sont en ton sein, et deux peuples seront « separez dans tes entrailles : l'un des peuples « surmontera l'autre, et l'aisné servira au moin-« dre (5). » Car, comme Rebecca n'avoit que deux enfans en son sein, mais parce que d'iceux devoient naistre deux peuples, il est dit qu'elle avoit deux nations en son sein. Aussi l'ame ayant dedans son cœur deux amours, a, par consequent, deux grandes peuplades de mouvemens, affections et passions; et comme les deux enfans de Rebecca, par la contrarieté de leurs mouvemens, luy donnoient de grandes convulsions et douleurs d'entrailles, aussi les deux amours de nostre ame donnent de grands travaux à nostre cœur; et comme il fut dit qu'entre les deux enfans de

(1) Joan. IV, 18. — (2) Genes. XXV, 22.
(3) Genes. XXV, 22. — (4) Ad Rom. VII, 24.
(5) Genes. XXV, 23.

cette dame *le plus grand serviroit le moindre*, aussi a-t-il esté ordonné que des deux amours de nostre cœur, le sensuel servira le spirituel; c'est-à-dire que l'amour propre servira l'amour de Dieu.

Mais quand fut-ce que l'aisné des peuples qui estoient dans le sein de Rebecca servit le puisné? Certes, ce ne fut jamais que lorsque David subjugua en guerre les Iduméens, et que Salomon les maistrisa en paix. O quand sera-ce doncques que l'amour sensuel servira l'amour divin? Ce sera alors, Theotime, que l'amour armé, parvenu jusqu'au zele, asservira nos passions par la mortification, et bien plus, lorsque là-haut au ciel l'amour bienheureux possedera toute nostre ame en paix.

Or, la façon avec laquelle l'amour divin doit subjuguer l'appetit sensuel, est pareille à celle dont Jacob usa, quand, pour bon presage et commencement de ce qui devoit arriver par après, Esaü sortant du sein de sa mere, Jacob *l'empoigna par le pied* (1), comme pour l'enjamber, supplanter, et tenir subject, ou comme on dit, l'attacher par le pied, à guise d'un oyseau de proye, tel qu'Esaü fut en qualité de *chasseur* (2) et terrible homme. Car ainsi l'amour divin voyant naistre en nous quelque passion ou affection naturelle, il doit soudain la prendre par le pied et ranger à son service. Mais qu'est-ce à dire, la prendre par le pied? C'est la lier et assubjettir au dessein du service de Dieu. Ne voyez-vous pas comme Moyse transformoit le serpent en la baguette, le saisissant seulement par la queue (3)? Certes, de mesme donnant une bonne fin à nos passions, elles prennent la qualité des vertus.

Mais donc quelle methode doit-on tenir pour ranger les affections et passions au service du divin amour? Les medecins methodiques ont tousjours en bouche cette maxime: Que les contraires sont gueris par leurs contraires; et les spagiriques celebrent une sentence opposée à celle-là, disans que les semblables sont gueris par leurs semblables. Or, comme que c'en soit, nous sçavons que deux choses font disparoistre la lumiere des estoiles, l'obscurité des brouillards de la nuict, et la plus grande lumiere du soleil? et de mesme nous combattons les passions, ou leur opposant des passions contraires, ou leur opposant des plus grandes affections de leur sorte. S'il m'arrive quelque vaine esperance, je puis resister, luy opposant ce juste decouragement: O homme insensé! sur quels fondemens bastis-tu cette esperance? Ne vois-tu pas que ce grand auquel tu esperes est aussi près de la mort que toy-mesme? Ne cognois-tu pas l'instabilité, foiblesse et imbecillité des esprits humains? Aujourd'huy ce cœur duquel tu pretends est à toy, demain un autre l'emportera pour soy: en quoy donc prends-tu cette esperance? Je puis aussi resister à cette esperance, luy en opposant une plus solide: Espere en Dieu, ô mon ame; car c'est luy qui delivrera tes *pieds du piege* (1). Jamais *nul n'espera en luy qui ait esté confondu* (2). Jette tes pretentions ès choses eternelles et perdurables. Ainsi je puis combattre le desir des richesses et voluptez mortelles, ou par le mespris qu'elles meritent, ou par le desir des immortelles: et par ce moyen l'amour sensuel et terrestre sera ruiné par l'amour celeste; ou, comme le feu est esteint par l'eau à cause de ses qualitez contraires, ou comme il est esteint par le feu du ciel à cause de ses qualitez plus fortes et predominantes.

Nostre-Seigneur use de l'une et de l'autre methodes en ses guerisons spirituelles. Il guerit ses disciples de la crainte mondaine, leur imprimant dans le cœur une crainte superieure: « Ne craignez pas, dit-il, ceux qui tuent le corps, mais craignez celuy qui peut damner l'ame et le corps pour la gehenne (3). » Voulant une autre fois les guerir d'une basse joye, il leur en assigne une plus relevée: « Ne vous resjouyssez pas, dit-il, de quoy les esprits malins vous sont subjects, mais de quoy vos noms sont escrits au ciel (4); » et luy-mesme aussi rejette la joye par la tristesse: « Malheur à vous qui riez, car vous pleurerez (5). » Ainsi donc le divin amour supplante et assubjettit les affections et passions, les destournant de la fin à laquelle l'amour propre les veut porter, et les contournant à sa pretention spirituelle. Et comme l'arc-en-ciel touchant l'aspalatus luy oste son odeur, et luy en donne une plus excellente; aussi l'amour sacré touchant nos passions, leur oste leur fin terrestre, et leur en donne une celeste. L'appetit de manger est rendu grandement spirituel, si avant que de le practiquer on luy donne le motif de l'amour. Hé! non, Seigneur, ce n'est pas pour contenter cette chetive nature, ny pour assouvir cet appetit, que je vais à table, mais pour, selon vostre providence, entretenir ce corps que vous m'avez donné subject à cette misere: *Ouy*, Seigneur, *parce qu'ainsi il vous a pleu* (6). Si j'espere l'assistance d'un amy, ne puis-je pas dire: Vous avez establi nostre vie en sorte, Seigneur, que nous ayons à prendre secours, soulagement et consolation les uns des au-

---

(1) Genes. XXV, 25. — (2) Ibid. 27.
(3) Exod. IV, 4.

(1) Psalm. XXIV, 15. — (2) Eccli. II, 11.
(3) Matth. X, 28. — (4) Luc, X, 20.
(5) Luc, IV, 25. — (6) Matth. XI, 26.

tres ; et parce qu'il vous plaist, j'imploreray donc cet homme duquel vous m'avez donné l'amitié à cette intention. Y a-t-il quelque juste subject de crainte? Vous voulez, ô Seigneur, que je craigne, afin que je prenne les moyens convenables pour eviter cet inconvenient ; je le feray, Seigneur, puisque tel est vostre bon plaisir. Si la crainte est excessive, hé ! Dieu, Pere eternel, qu'est-ce que peuvent craindre vos enfans, et les poussins qui vivent sous vos ailes ? Or sus, je feray ce qui est convenable pour eviter le mal que je crains ; mais aprés cela, Seigneur, *je suis vostre, sauvez-moy* (1), s'il vous plaist ; et ce qui m'arrivera, je l'accepteray, parce que telle sera vostre bonne volonté. O saincte et sacrée alchymie ! ô divine poudre de projection, par laquelle tous les metaux de nos passions, affections et actions sont convertis en l'or tres-pur de la celeste dilection.

CHAPITRE XXI.

Que la tristesse est presque tousjours inutile, ains contraire au service du saint amour.

On ne peut enter un greffe de chesne sur un poirier, tant ces deux arbres sont de contraire humeur l'un à l'autre : on ne sçauroit, certes, non plus enter l'ire, ny la colere, ny le desespoir sur la charité, au moins seroit-il tres-difficile. Pour l'ire, nous l'avons veu au discours du zele ; pour le desespoir, sinon qu'on le reduise à la juste defiance de nous-mesmes, ou bien au sentiment que nous devons avoir de la vanité, foiblesse et inconstances des faveurs, assistances et promesses du monde, je ne vois pas quel service le divin amour en peut tirer.

Et quant à la tristesse, comme peut-elle estre utile à la saincte charité, puisque entre les fruicts du Sainct-Esprit, la joye est mise en rang, joignant la charité ? Neantmoins le grand apostre dit ainsi : « La tristesse qui est selon Dieu opere la « penitence stable en salut ; mais la tristesse du « monde opere la mort (2). » Il y a donc une *tristesse selon Dieu*, laquelle s'exerce, ou bien par les pecheurs en la penitence ; ou par les bons en la compassion pour les miseres temporelles du prochain ; ou par les parfaicts en la deploration, complainte et condoleance pour les calamitez spirituelles des ames. Car David, S. Pierre, la Magdelaine, pleurerent pour leurs pechez ; Agar pleura, voyant son fils presque mort de soif ; Hieremie sur la ruine de Hierusalem ; Nostre-Seigneur sur les Juifs ; et son grand apostre gemissant, dit ces paroles : « Plusieurs marchent, lesquels je vous « ay souvent dit, et le vous dis derechef, qu'ils « sont ennemys de la croix de Jesus-Christ (1). »

Il y a donc une *tristesse de ce monde* qui provient pareillement de trois causes.

Car 1. elle provient quelquefois de l'ennemy infernal, qui, par mille suggestions tristes, melancholiques et fascheuses, obscurcit l'entendement, allangourit la volunté, et trouble toute l'ame. Et comme un brouillard espais remplit la teste et la poictrine de rhume, et par ce moyen rend la respiration difficile, et met en perplexité le voyageur ; ainsi le malin remplissant l'esprit humain de tristes pensées, il luy oste la facilité d'aspirer en Dieu, et luy donne un ennuy et decouragement extreme, afin de le desesperer et le perdre. On dit qu'il y a un poisson nommé pescheteau, et surnommé diable de mer, qui, esmouvant et poussant çà et là le limon, trouble l'eau tout autour de soy pour se tenir en icelle comme dans l'embusche, de laquelle soudain qu'il apperçoit les pauvres petits poissons, il se rue sur eux, les brigande et les devore : d'où peut-estre est venu le mot de *pescher en eau trouble*, duquel on use communement. Or, c'est de mesme du diable d'enfer comme du diable de mer : car il fait ses embusches dans la tristesse, lorsque ayant rendu l'ame troublée par une multitude d'ennuyeuses pensées jettées çà et là dans l'entendement, il se rue par aprés sur les affections, les accablant de defiances, jalousies, aversions, envies, apprehensions superflues des pechez passez, et fournissant une quantité de subtilitez vaines, aigres et melancholiques, afin qu'on rejette toutes sortes de raisons et consolations.

2. La tristesse procede aussi d'autres fois de la condition naturelle, quand l'humeur melancholique domine en nous ; et celle-cy n'est pas voirement vicieuse en soy-mesme, mais nostre ennemy pourtant s'en sert grandement pour ourdir et trâmer plusieurs mille tentations en nos ames. Car comme les araignées ne font jamais presque leurs toiles que quand le temps est blafastre et le ciel nebuleux, de mesme cet esprit malin n'a jamais tant d'aisance pour tendre les filets de ses suggestions ès esprits doux, benins et gays, comme il en a ès esprits mornes, tristes et melancholiques : car il les agite aisement de chagrins, de soupçons, de haines, de murmurations, censures, envies, paresses et d'engourdissement spirituel.

3. Finalement, il y a une tristesse que la varieté des accidens humains nous apporte. « Quelle joye « puis-je avoir, disoit Tobie, ne pouvant voir la

---

(1) Psalm. CXVIII, 94.
(2) Gal. V, 22. II. Cor. VII, 10.

(1) Philip. III, 18.

« lumiere du ciel (1)? » Ainsi fut triste Jacob sur la nouvelle de la mort de son Joseph (2), et David pour celle de son Absalon (3). Or, cette tristesse est commune aux bons et aux mauvais : mais aux bons elle est moderée par l'acquiescement et resignation en la volonté de Dieu ; comme on vit en Tobie, qui de toutes les adversitez dont il fut touché, rendit graces à la divine Majesté, et en Job qui en benit le nom du Seigneur, et en Daniel qui convertit ses douleurs en cantiques. Au contraire, quant aux mondains, cette tristesse leur est ordinaire, et se change en regrets, desespoirs et estourdissemens d'esprits. Car ils sont semblables aux guenons et marmots, lesquels sont tousjours mornes, tristes et fascheux au defaut de la lune ; comme au contraire au renouvellement d'icelle, ils sautent, dansent et font leurs singeries. Le mondain est harnieux, maussade, amer et melancholique au defaut des prosperitez terrestres, et en l'affluence, il est presque tousjours bravache, esbaudy et insolent.

Certes, la tristesse de la vraye penitence ne doit pas tant estre nommée tristesse que desplaisir, ou sentiment et detestation du mal ; tristesse qui n'est jamais ny ennuyeuse ny chagrine ; tristesse qui n'engourdit point l'esprit, ains qui le rend actif, prompt et diligent; tristesse qui n'abat point le cœur, ains le releve par la priere et l'esperance, et luy fait faire les eslans de la ferveur de devotion ; tristesse laquelle, au fort de ses amertumes, produit tousjours la douceur d'une incomparable consolation, suivant le precepte du grand S. Augustin : Que le penitent s'attriste tousjours, mais que tousjours il se resjouysse de sa tristesse. La tristesse, dit Cassian, qui opere la solide penitence et l'agreable repentance, de laquelle on ne se repent jamais, elle est obeissante, affable, humble, debonnaire, souefve, patiente, comme estant issue et descendue de la charité. Si que, s'estendant à toute douleur de corps et contrition d'esprit, elle est, en certaine façon, joyeuse, animée, et de l'esperance revigorée de son profit, elle retient toute la suavité de l'affabilité et longanimité, ayant elle-mesme les fruicts du Sainct-Esprit que le sainct apostre raconte. « Or, les
« fruicts du Sainct-Esprit sont charité, joye, paix,
« longanimité, bonté, benignité, foy, mansue-
« tude, continence (4). » Telle est la vraye penitence, et telle la bonne tristesse qui, certes, n'est pas proprement triste ny melancholique, ains seulement attentive et affectionnée à detester, rejetter et empescher le mal du peché pour le passé et pour l'advenir. Nous voyons aussi maintesfois des penitences fort empressées, troublées, impatientes, pleureuses, ameres, souspirantes, inquietes, grandement aspres et melancholiques, lesquelles enfin se trouvent infructueuses et sans suite d'aucun veritable amendement, parce qu'elles ne procedent pas des vrays motifs de la vertu de penitence, mais de l'amour propre et naturel.

La tristesse du monde opere la mort (1), dit l'apostre. Theotime, il la faut donc bien eviter et rejetter selon nostre pouvoir. Si elle est naturelle, nous la devons repousser, contrevenant à ses mouvemens, la divertissant par exercices propres à cela, et usant des remedes et façons de vivre que les medecins mesmes jugeront à propos. Si elle provient de tentation, il faut bien descouvrir son cœur au Pere spirituel, lequel nous prescrira les moyens de la vaincre, selon ce que nous en avons dit en la quatriesme partie de l'Introduction à la vie devote. Si elle est accidentelle, nous recourrons à ce qui est marqué au huictiesme livre, afin de voir combien les tribulations sont aimables aux enfans de Dieu, et que la grandeur de nos esperances en la vie eternelle doit rendre presque inconsiderables tous les evenemens passagers de la temporelle.

Au reste, parmy toutes les melancholies qui nous peuvent arriver, nous devons employer l'autorité de la volonté superieure pour faire tout ce qui se peut en faveur du divin amour. Certes, il y a des actions qui dependent tellement de la disposition et complexion corporelle, qu'il n'est pas en nostre pouvoir de les faire à nostre gré. Car un melancholique ne sçauroit tenir ny ses yeux, ny sa parole, ny son visage en la mesme grace et suavité qu'il auroit s'il estoit deschargé de cette mauvaise humeur : mais il peut bien, quoyque sans grace, dire des paroles gracieuses, honteuses et courtoises, et malgré son inclination, faire par raison les choses convenables en paroles et en œuvres de charité, douceur et condescendance. On est excusable de n'estre pas tousjours gay, car on n'est pas maistre de la gayeté pour l'avoir quand on veut; mais on n'est pas excusable de n'estre pas tousjours honteux, maniable et condescendant, car cela est tousjours au pouvoir de notre volonté, et ne faut sinon se resoudre de surmonter l'humeur et inclination contraire.

---

(1) Tob. v, 12. — (2) Genes. xxxvii, 34.
(3) II. Reg. xviii, 33. — (4) Gal. v, 22, 23.

(1) II. ad Cor. vii, 10.

LIVRE DOUZIESME,

CONTENANT QUELQUES ADVIS POUR LE PROGREZ DE L'AME AU SAINCT AMOUR.

CHAPITRE PREMIER.

Que le progrez au saint amour ne depend pas de la complexion naturelle.

Un grand religieux de nostre age a escrit que la disposition naturelle sert de beaucoup à l'amour contemplatif, et que les personnes de complexion affective y sont plus propres. Or, je ne pense pas qu'il veuille dire que l'amour sacré soit distribué aux hommes ny aux anges, en suite, et moins encore en vertu des conditions naturelles; ny qu'il veuille dire que la distribution de l'amour divin soit faicte aux hommes selon leurs qualitez et habilitez naturelles : car ce seroit dementir l'Escriture, et violer la regle ecclesiastique par laquelle les Pelagiens furent declarez heretiques. Pour moy, je parle en ce traicté de l'amour surnaturel que Dieu respand en nos cœurs par sa bonté, et duquel la residence est en la supresme poincte de l'esprit : poincte qui est au-dessus de tout le reste de nostre ame, et qui est independante de toute complexion naturelle. Et puis, bien que les ames enclines à la dilection ayent d'un costé quelque disposition qui les rend plus propres à vouloir aimer Dieu, d'autre part, toutesfois, elles sont si subjectes à s'attacher par affection aux creatures aimables, que leur inclination les met autant en peril de se divertir de la pureté de l'amour sacré par le meslange des autres, comme elles ont de facilité à vouloir aimer Dieu; car le danger de mal aimer est attaché à la facilité d'aimer.

Il est pourtant vray que ces ames ainsi faictes, estant une fois bien purifiées de l'amour des creatures, font des merveilles en la dilection saincte, l'amour trouvant une grande aisance à se dilater en toutes les facultez du cœur : et de là procede une tres-agreable suavité, laquelle ne paroist pas en ceux qui ont l'ame aigre, aspre, melancholique et revesche.

Neantmoins, si deux personnes, dont l'une est aimante et douce, l'autre chagrine et amere, par condition naturelle, ont une charité esgale, elles aimeront sans doute esgalement Dieu, mais non pas semblablement. Le cœur de naturel doux aimera plus aisement, plus amiablement, plus doucement, mais non pas plus solidement ny plus parfaictement ; ains l'amour qui naistra emmy les espines et repugnances d'un naturel aspre et sec, sera plus brave et plus glorieux, comme l'autre sera aussi plus delicieux et gracieux.

Il importe donc peu que l'on soit naturellement disposé à l'amour, quand il s'agit d'un amour surnaturel et par lequel on n'agit que surnaturellement. Seulement, Theotime, je dirois volontiers à tous les hommes : O mortels! si vous avez le cœur enclin à l'amour, hé! pourquoy ne pretendez-vous pas au celeste et divin? Mais, si vous estes rudes et amers de cœur, helas! pauvres gens, puisque vous estes privez de l'amour naturel, pourquoy n'aspirez-vous à l'amour surnaturel qui vous sera amoureusement donné par celuy qui vous appelle si sainctement à l'aimer?

CHAPITRE II.

Qu'il faut avoir un desir continuel d'aimer.

« Thesaurisez des thresors au ciel (1). » Un thresor ne suffit pas au gré de ce divin amant ; ains il veut que nous ayons tant de thresors que nostre thresor soit composé de plusieurs thresors ; c'est-à-dire, Theotime, qu'il faut avoir un desir insatiable d'aimer Dieu, pour joindre tousjours dilection à dilection. Qu'est-ce qui presse si fort les avettes d'accroistre leur miel, sinon l'amour qu'elles ont pour luy? O cœur de mon ame, qui es creé pour aimer le bien infiny, quel amour peux-tu desirer, sinon cet amour qui est le plus desirable de tous les amours? Helas! ô ame de mon cœur! quel desir peux-tu aimer, sinon le plus aimable de tous les desirs? O amour des desirs sacrez! ô desirs du sainct amour! ô que *j'ai convoité de desirer* vos perfections (2)!

(1) Matth. VI, 20. — (2) Psalm. CXXIII, 20.

Le malade degousté n'a pas appetit de manger, mais il souhaite d'avoir appetit; il ne desire pas la viande, mais il desire de la desirer. Theotime, de sçavoir si nous aimons Dieu sur toutes choses, il n'est pas en nostre pouvoir, si Dieu mesme ne nous le revele : mais nous pouvons bien sçavoir si nous desirons de l'aimer; et quand nous sentons en nous le desir de l'amour sacré, nous sçavons que nous commençons d'aimer. C'est nostre partie sensuelle et animale qui demande à manger, mais c'est nostre partie raisonnable qui desire cet appetit : et d'autant que la partie sensuelle n'obeit pas tousjours à la partie raisonnable, il arrive maintesfois que nous desirons l'appetit et ne le pouvons pas avoir.

Mais le desir d'aimer et l'amour dependent de la mesme volonté; c'est pourquoy, soudain que nous avons formé le vray desir d'aimer, nous commençons d'avoir de l'amour; et à mesure que ce desir va croissant, l'amour aussi va s'augmentant. Qui desire ardemment l'amour, aimera bientost avec ardeur. O Dieu! qui nous fera la grace, Theotime, que nous bruslions de ce desir, qui est *le desir des pauvres et la preparation de leur cœur* (1) que Dieu *exauce* volontiers? Qui n'est pas asseuré d'aimer Dieu, il est pauvre; et s'il desire de l'aimer, il est mendiant; mais mendiant de l'heureuse mendicité, de laquelle le Sauveur a dit : « Bienheureux sont les mendians d'es« prit; car à eux appartient le royaume des « cieux (2) ! »

Tel fut S. Augustin, quand il s'escria : O aimer! ô marcher! ô mourir à soy-mesme! ô parvenir à Dieu! Tel S. François, disant : Que je meure de ton amour, ô l'amy de mon cœur, qui as daigné mourir pour mon amour. Telles saincte Catherine de Gennes et la bienheureuse mere Therese, quand, comme biches spirituelles, pantelantes et mourantes de la soif du divin amour, elles lançoient cette voix : « Hé! Seigneur, don« nez-moy cette eau (3). »

L'avarice temporelle par laquelle on desire avidemment les thresors terrestres, est *la racine de tous maux* (4); mais l'avarice spirituelle par laquelle on souhaite incessamment le fin or de l'amour sacré, est *la racine* de tous biens. Qui bien desire la dilection, bien la cherche; qui bien cherche, bien la trouvé; qui bien la trouve, il a trouvé la source de la vie de laquelle *il puisera le salut du Seigneur* (5). Crions nuict et jour, Theotime : Venez, ô Sainct-Esprit, remplissez les cœurs de vos fideles, et allumez en iceux le

---
(1) Psalm. ix, 39. — (2) Matth. v, 3.
(3) Joan. iv, 15. — (4) I. Tim. vi, 10.
(5) Proverb. viii, 35.

---

feu de vostre amour. O amour celeste, quand comblerez-vous mon ame?

CHAPITRE III.

Que pour avoir le desir de l'amour sacré, il faut retrancher les autres desirs.

Pourquoy pensez-vous, Theotime, que les chiens, en la saison printanniere, perdent plus souvent qu'en autre temps la trace et piste de la beste? C'est parce, disent les chasseurs et les philosophes, que les herbes et fleurs sont alors en leur vigueur; si que la varieté des odeurs qu'elles respandent estouffe tellement le sentiment des chiens, qu'ils ne sçavent ny choisir ny suivre la senteur de la proye entre tant de diverses senteurs que la terre exale. Certes, ces ames qui foisonnent continuellement en desirs, desseins et projets, ne desirent jamais comme il faut le sainct amour celeste, ny ne peuvent bien sentir la trace amoureuse et piste du divin bien-aimé, qui est comparé au *chevreuil et petit fan de biche* (1).

Le lys n'a point de saison, ains fleurit tost ou tard, selon qu'on le plante plus ou moins avant en terre : car si on ne le pousse que de trois doigts en terre, il fleurira incontinent; mais si on le pousse six ou neuf doigts, il fleurira aussi tousjours plus tard à mesme proportion. Si le cœur qui pretend à l'amour divin, est fort enfoncé dans les affaires terrestres et temporelles, il fleurira tard et difficilement; mais s'il n'est dans le monde que justement autant que sa condition le requiert, vous le verrez bientost fleurir en dilection, et respandre son odeur agreable.

Pour cela les saincts se retirerent ès solitudes, afin que despris des sollicitudes mondaines, ils vacassent plus ardemment au celeste amour. Pour cela l'espouse sacrée fermoit *l'un* de ses *yeux* (2), afin d'unir plus fortement sa veuë en l'autre seul, et viser plus justement par ce moyen au milieu du cœur de son bien-aimé qu'elle veut brusler d'amour. Pour cela elle-mesme tient sa perruque tellement plicée et ramassée dans sa tresse, qu'elle sembloit n'avoir qu'*un seul cheveu* (3) duquel elle se sert comme d'une chaisne pour lier et ravir le cœur de son espoux, qu'elle rend esclave de sa dilection.

Les ames qui desirent tout de bon d'aimer Dieu, ferment leur entendement aux discours des choses mondaines pour l'employer plus ardemment

---
(1) Cant. Cant. ii, 9. — (2) Ibid. iv, 9.
(3) Cant. Cant. iv, 9.

ès meditations des choses divines, et ramassent toutes leurs pretentions sous l'unique intention qu'elles ont d'aimer uniquement Dieu. Quiconque desire quelque chose qu'il ne desire pas pour Dieu, il en desire moins Dieu.

Un religieux demanda au bienheureux Gilles ce qu'il pourroit faire de plus agreable à Dieu. Il lui respondit en chantant : Une à un, une à un; c'est-à-dire une seule ame à un seul Dieu. Tant de desirs et d'amour en un cœur sont comme plusieurs enfans sur une mammelle, qui, ne pouvant tetter tous ensemble, la pressent tantost l'un, tantost l'autre, à l'envy, et la font enfin tarir et dessecher. Qui pretend au divin amour, doit soigneusement reserver son loisir, son esprit et ses affections pour cela.

CHAPITRE IV.

Que les occupations legitimes ne nous empeschent point de practiquer le divin amour.

La curiosité, l'ambition, l'inquietude avec l'inadvertance et inconsideration de la fin pour laquelle nous sommes en ce monde, sont cause que nous avons mille fois plus d'empeschemens que d'affaires, plus de tracas que d'œuvre, plus d'occupation que de besongne. Et ce sont ces embarrassemens, Theotime, c'est-à-dire les niaises, vaines et superflues occupations desquelles nous nous chargeons, qui nous divertissent de l'amour de Dieu, et non pas vrays et legitimes exercices de nos vocations. David, et après luy S. Louys, parmy tant de hazards, de travaux et d'affaires qu'ils eurent, soit en paix, soit en guerre, ne laissoient pas de chanter en verité :

Que veut mon cœur, sinon Dieu,
De ce qu'au ciel on admire?
Qu'est-ce qu'emmy ce bas lieu,
Sinon Dieu mon cœur respire (1)?

S. Bernard ne perdoit rien du progrez qu'il desiroit faire en ce sainct amour, quoyqu'il fust ès cours et armées des grands princes, où il s'employoit à reduire les affaires d'estat au service de la gloire de Dieu; il changeoit de lieu, mais il ne changeoit point de cœur, ny son cœur d'amour, ny son amour d'object; et, pour parler son propre langage, ces mutations se faisoient en luy, mais non pas de luy, puisque, bien que ses occupations fussent fort differentes, il estoit indifferent à toutes occupations, ne recevant pas la couleur des affaires et des conversations, comme le cameleon celle des lieux où il se trouve; ains demeurant tousjours uny à Dieu, tousjours blanc en pureté, tousjours vermeil de charité, et tousjours plein d'humilité.

Je sçay bien, Theotime, l'advis des sages.

Celuy fuit la cour et quitte le palais,
Qui veut vivre devot : rarement ès armées
On voit de pieté les ames animées.
La foy, la saincteté, sont filles de la paix.

Et les Israëlites avoient raison de s'excuser aux Babyloniens qui les pressoient de chanter les sacrés cantiques de Sion :

Helas ! mais en quelle musique,
En ce triste bannissement,
Pourrions-nous chanter sainctement
Du Seigneur le sacré cantique (1)?

Mais ne voyez-vous pas aussi que ces pauvres gens estoient non-seulement parmy les Babyloniens, ains encore captifs des Babyloniens. Quiconque est esclave des faveurs de la cour, du succès du palais, de l'honneur de la guerre, ô Dieu, c'en est fait, il ne sçauroit *chanter le cantique* de l'amour divin. Mais celuy qui n'est en cour, en guerre, au palais, que par devoir, Dieu l'assiste, et la douceur celeste luy sert d'epithesme sur le cœur pour le preserver de la peste qui regne en ces lieux-là.

Lorsque la peste affligea les Milanois, S. Charles ne fit jamais difficulté de hanter les maisons et toucher les personnes empestées : mais, Theotime, il les hantoit aussi, et touchoit seulement et justement autant que la necessité du service de Dieu le requeroit; et pour rien il ne fust allé au danger sans la vraye necessité, de peur de commettre le peché de tenter Dieu. Aussi ne fut-il atteint d'aucun mal, la divine Providence conservant celuy qui avoit en elle une confiance si pure, qu'elle n'estoit meslée ny de timidité, ny de temerité. Dieu a soin de mesme de ceux qui ne vont à la cour, au palais, à la guerre, sinon par la necessité de leur devoir : et il ne faut en cela ny estre si craintif que l'on abandonne les bonnes et justes affaires, faute d'y aller, ny si outrecuidé et presomptueux que d'y aller ou demeurer sans l'expresse necessité du devoir ou des affaires.

CHAPITRE V.

Exemple tres-amiable sur ce subject.

Dieu est *innocent à l'innocent* (2), bon au bon, cordial au cordial, tendre envers les tendres;

---

(1) Psalm. LXXII, 25, 29.

(1) Psalm. CXXXVI, 4. — (2) Psalm. XVII, 26.

et son amour le porte quelquesfois à faire des traits d'une sacrée et saincte mignardise pour les ames qui, par une amoureuse pureté et simplicité, se rendent comme petits enfans auprès de lui.

Un jour Ste Françoise disoit l'office de Nostre-Dame ; et comme il advient ordinairement que, s'il n'y a qu'une affaire en toute la journée, c'est au temps de l'oraison que la presse en arrive, cette saincte Dame fut appelée de la part de son mary pour un service domestique, et par quatre diverses fois, pensant reprendre le fil de son office, elle fut rappelée et contraincte de couper un mesme verset, jusques à ce que cette benite affaire pour laquelle on avoit si empressement diverty sa priere, estant enfin achévée, revenant à son office, elle trouva ce verset si souvent laissé par obeissance, et si souvent recommencé par devotion, tout escrit en beaux caracteres d'or, que sa devote compagne madame Vannocie jura d'avoir veu escrire par le cher ange gardien de la saincte, à laquelle par après S. Paul le revela.

Quelle suavité, Theotime, de cet espoux celeste envers cette douce et fidele amante ! Mais vous voyez cependant que les occupations necessaires à un chacun selon sa vocation ne diminuent point l'amour divin, ains l'accroissent, et dorent, par maniere de dire, l'ouvrage de la devotion. Le rossignol n'aime pas moins sa melodie quand il fait ses pauses que quand il chante ; les cœurs devots n'aiment pas moins l'amour quand ils se divertissent pour les necessitez exterieures, que quand ils prient : leur silence et leur voix, leur contemplation, leur occupation et leur repos chantent esgalement en eux le cantique de leur dilection.

CHAPITRE VI.

Qu'il faut employer toutes les occasions presentes en la practique du divin amour.

Il y a des ames qui font de grands projects de faire des excellens services à Nostre-Seigneur par des actions eminentes et des souffrances extraordinaires ; mais actions et souffrances desquelles l'occasion n'est pas présente, ny ne se presentera peut-estre jamais, et sur cela pensent d'avoir fait un traicté de grand amour ; en quoy elles se trompent fort souvent, comme il appert, en ce que, embrassant par sophaict, ce leur semble, des grandes croix futures, elles fuyent ardemment la charge des presentes qui sont moindres. N'est-ce pas une extreme tentation d'estre si vaillant en imagination et si lasche en execution ?

Hé ! Dieu nous garde de ces ardeurs imaginaires, qui nourrissent bien souvent dans le fond de nos cœurs la vaine et secrette estime de nous-mesmes ! Les grandes œuvres ne sont pas tousjours en nostre chemin ; mais nous pouvons à toutes heures en faire des petites excellemment, c'est-à-dire avec un grand amour. Voyez ce sainct, je vous prie, qui donne *un verre d'eau* (1) pour Dieu au pauvre passager alteré : il fait peu de chose, ce semble ; mais l'intention, la douceur, la dilection dont il anime son œuvre, est si excellente, qu'elle convertit cette simple eau en eau de vie et de vie eternelle.

Les avettes picotent dans les lys, les flambes et les roses ; mais elles ne font pas moins de butin sur les menues petites fleurs du rosmarin et du thim ; ains elles y cueillent non-seulement plus de miel, mais encore de meilleur miel ; parce que dedans ces petits vases le miel se trouvant plus serré, s'y conserve aussi bien mieux. Certes, ès bas et menus exercices de devotion, la charité se practique non-seulement plus frequemment, mais aussi pour l'ordinaire plus humblement, et par consequent plus utilement et sainctement.

Ces condescendances aux humeurs d'autruy, ce support des actions et façons agrestes et ennuyeuses du prochain, ces victoires sur nos propres humeurs et passions, ce renoncement à nos menues inclinations, cet effort contre nos aversions et respugnances, ce cordial et doux aveu de nos imperfections, cette peine continuelle que nous prenons de tenir nos ames en esgalité, cet amour de nostre abjection, ce benin et gracieux accueil que nous faisons au mespris et censure de nostre condition, de nostre vie, de nostre conversation, de nos actions ; Theotime, tout cela est plus fructueux à nos ames que nous ne sçaurions penser, pourveu que la celeste dilection le mesnage : mais nous l'avons desjà dit à Philothée.

CHAPITRE VII.

Qu'il faut avoir soin de faire nos actions fort parfaictement.

Nostre-Seigneur, au rapport des anciens, souloit dire aux siens : *Soyez bons monnoyeurs*. Si l'escu n'est de bon or, s'il n'a son poids, s'il n'est battu au coin legitime, on le rejette comme non recevable. Si une œuvre n'est de bonne espece, si elle n'est ornée de charité, si l'intention n'est pieuse, elle ne sera point receue entre les bonnes œuvres. Si je jeusne, mais pour espargner, mon jeusne n'est pas de bonne espece ; si c'est par temperance, mais que j'aye quelque peché mortel en mon ame, le poids manque à cette

---

(1) Matt. x, 42.

œuvre : car c'est la charité qui donne le poids à tout ce que nous faisons : si c'est seulement par conversation et pour m'accommoder à mes compagnons, cette œuvre n'est pas marquée au coin d'une intention approuvée. Mais si je jeusne par temperance, et que je sois en la grace de Dieu, et que j'aye intention de plaire à sa divine Majesté par cette temperance, l'œuvre sera une bonne monnoye, propre pour accroistre en moy le thresor de la charité.

C'est faire excellemment les actions petites, que de les faire avec beaucoup de pureté d'intention, et une forte volonté de plaire à Dieu; et lors elles nous sanctifient grandement. Il y a des personnes qui mangent beaucoup, et sont tousjours maigres, extenuées et allangouries, parce qu'elles n'ont pas la force digestive bonne : il y en a d'autres qui mangent peu, et sont tousjours en bon poinct et vigoureuses, parce qu'elles ont l'estomach bon. Ainsi y a-t-il des ames qui font beaucoup de bonnes œuvres, et croissent fort peu en charité, parce qu'elles les font ou froidement et laschement, ou par instinct et inclination de nature, plus que par inspiration de Dieu ou ferveur celeste ; et au contraire, il y en a qui font peu de besongne, mais avec une volonté et intention si saincte, qu'elles font un progrez extresme en dilection : elles ont peu de talent, mais elles le menagent si fidelement, que le Seigneur les en recompense largement.

CHAPITRE VIII.

Moyen general pour appliquer nos œuvres au service de Dieu.

« Tout ce que vous faites, et quoy que vous « fassiez en paroles et en œuvres, faites-le tout « au nom de Jesus-Christ. Soit que vous mangiez, « soit que vous beuviez, ou que vous fassiez « quelque autre chose, faites-le tout à la gloire « de Dieu (1). » Ce sont les paroles propres du divin apostre, lesquelles, comme dit le grand S. Thomas en les expliquant, sont suffisamment practiquées, quand nous avons l'habitude de la tres-saincte charité, par laquelle, bien que nous n'ayons pas une expresse et attentive intention de faire chaque œuvre pour Dieu, cette intention neantmoins est contenue couvertement en l'union et communion que nous avons avec Dieu, par laquelle tout ce que nous pouvons faire de bon est dedié avec nous à sa divine bonté. Il n'est pas besoin qu'un enfant, demeurant en la maison et puissance de son pere, declare que ce qu'il acquiert est acquis à son pere : car sa personne estant à son pere, tout ce qui en despend luy appartient aussi. Il suffit aussi que nous soyons enfans de Dieu par dilection, pour rendre tout ce que nous faisons entierement destiné à sa gloire.

Il est donc vray, Theotime, que, comme nous avons dit ailleurs, tout ainsi que l'olivier planté près de la vigne luy donne sa saveur, de mesme la charité se trouvant auprès des autres vertus, elle leur communique sa perfection. Mais, comme il est vray aussi que si l'on ente la vigne sur l'olivier, il ne luy communique pas seulement plus parfaitement son goust, mais la rend encore participante de son suc ; ne vous contentez pas aussi d'avoir la charité, et avec elle la practique des vertus, mais faites que ce soit par et pour elle que vous les practiquiez, afin qu'elles luy puissent estre justement attribuées.

Quand un peintre tient et conduit la main de l'apprentif, le trait qui en procede est principalement attribué au peintre ; parce que, encore que l'apprentif ait contribué le mouvement de sa main et l'application du pinceau, si est-ce que le maistre a aussi de sa part tellement meslé son mouvement avec celuy de l'apprentif, qu'imprimant en iceluy l'honneur de ce qui est bien au trait, il luy est specialement deferé, encore qu'on ne laisse pas de louer l'apprentif à cause de la souplesse avec laquelle il a accommodé son mouvement à la conduite du maistre. O que les actions des vertus sont excellentes, quand le divin amour leur imprime son sacré mouvement ! c'està-dire lorsqu'elles se font par le motif de la dilection ; mais cela se fait differemment.

Le motif de la divine charité respand une influence de perfection particuliere sur les actions vertueuses de ceux qui se sont specialement dediés à Dieu pour le servir à jamais. Tels sont les evesques et prestres qui, par une consecration sacramentelle, et par un caractere spirituel qui ne peut estre effacé, se vouent, comme serfs stigmatisez et marquez, au perpetuel service de Dieu. Tels les religieux, qui par leurs vœux, ou solemnels ou simples, sont immolés à Dieu en qualité d'*hosties vivantes et raisonnables* (1). Tels tous ceux qui se rangent aux congregations pieuses, dediez à jamais à la gloire divine. Tels tous ceux encore qui à dessein se procurent des profondes et puissantes resolutions de suivre la volonté de Dieu, faisant pour cela des retraites de quelques jours, afin d'exciter leurs ames, par divers exercices spirituels, à l'entiere reformation de leur vie; methode saincte, familiere aux anciens

---

(1) Coloss. III, 17. I. Cor. x, 31.

(1) Rom. XII, 1.

chrestiens, mais depuis presque tout-à-fait delaissée, jusqu'à ce que le grand serviteur de Dieu, Ignace de Loyola, la remit en usage du temps de nos peres.

Je sçay que quelques-uns n'estiment pas que cette oblation si generale de nous-mesmes estende sa vertu et porte son influence sur les actions que nous practiquons par après, sinon à mesure qu'en l'exercice d'icelles nous appliquons en particulier le motif de la dilection, les dediant specialement à la gloire de Dieu. Mais tous confessent neantmoins avec S. Bonaventure, loué d'un chacun à ce subject, que si j'ay resolu en mon cœur de donner cent escus pour Dieu, quoy que par après je fasse à loisir la distribution de cette somme, ayant l'esprit distrait et sans attention, toute la distribution neantmoins ne laissera pas d'estre faicte par amour, à cause qu'elle procede du premier object que le divin amour me fit faire de donner tout cela.

Mais de grace, Theotime, quelle difference y a-t-il entre celuy qui offre cent escus à Dieu, et celuy qui luy offre toutes ses actions? Certes, il n'y en a point, sinon que l'un offre une somme d'argent, et l'autre une somme d'actions. Et pourquoy donc, je vous prie, ne seront-ils l'un comme l'autre estimez faire la distribution des pieces de leurs sommes, en vertu de leurs premiers propos et fondamentales resolutions? Et si l'un distribuant ses escus sans attention, ne laisse pas de jouyr de l'influence de son premier dessein, pourquoy l'autre, distribuant ses actions, ne jouyra-t-il pas du fruict de sa premiere intention? Celuy qui destinément s'est rendu esclave amiable de la divine bonté, luy a par consequent dedié toutes ses actions.

Sur cette verité chacun devroit une fois en sa vie faire une bonne retraite, pour en icelle bien purger son ame de tout peché, pour ensuite faire une intime et solide resolution de vivre tout à Dieu, selon que nous avons enseigné en la premiere partie de l'Introduction à la vie devote: puis au moins une fois l'année faire la revue de sa conscience, et le renouvellement de la premiere resolution, que nous avons marqué en la cinquiesme partie de ce livre-là, auquel pour ce regard je vous renvoye.

Certes, S. Bonaventure advoue qu'un homme qui s'est acquis une si grande inclination et coustume de bien faire, que souvent il le fait sans speciale attention, ne laisse pas de meriter beaucoup par telles actions, lesquelles sont annoblies par la dilection de laquelle elles proviennent comme de la racine et source originaire de cette heureuse habitude, facilité et promptitude.

CHAPITRE IX.

De quelques autres moyens pour appliquer plus particulierement nos œuvres à l'amour de Dieu.

Quand les paonnesses couvent en des lieux bien blancs, les poulets sont aussi tous blancs; et quand nos intentions sont en l'amour de Dieu, lorsque nous projettons quelque bonne œuvre, ou que nous nous jettons en quelque vacation, toutes les actions qui s'en ensuivent prennent leur valeur et tirent leur noblesse de la dilection de laquelle elles ont leur origine. Car qui ne voit que les actions qui sont propres à ma vocation, ou requises à mon dessein, dependent de cette premiere election et resolution que j'ay faicte?

Mais, Theotime, il ne se faut pas arrester là: ains pour faire un excellent progrez en la devotion, il faut non-seulement au commencement de nostre conversion, et puis tous les ans, destiner nostre vie et toutes nos actions à Dieu; mais aussi il les luy faut offrir tous les jours, selon l'exercice du matin que nous avons enseigné à Philothée: car en ce renouvellement journalier de nostre oblation, nous respandons sur nos actions la vigueur et vertu de la dilection par une nouvelle application de nostre cœur à la gloire divine, au moyen de quoy il est tousjours plus sanctifié.

Outre cela, appliquons cent et cent fois le jour nostre vie au divin amour par la practique des oraisons jaculatoires, elevations de cœur et retraites spirituelles: car ces saincts exercices lançans et jettans continuellement nos esprits en Dieu, y portent ensuite toutes nos actions. Et comme se pourroit-il faire, je vous prie, qu'une ame, laquelle à tous momens s'eslance en la divine bonté, et souspire incessamment des paroles de dilection pour tenir tousjours son cœur dans le sein de ce Pere celeste, ne fust pas estimée faire toutes ses bonnes actions en Dieu et pour Dieu?

Celle qui dit: « Hé! Seigneur, je suis vostre (1). » « Mon bien-aimé est tout mien, et moy je suis « toute sienne (2). » Mon Dieu! vous estes mon tout. O Jesus, vous estes ma vie: hé! qui me fera la grace que je meure à moy-mesme, afin que je ne vive qu'à vous! O aimer, ô s'acheminer, ô mourir à soy-mesme! ô vivre à Dieu! ô estre en Dieu! O Dieu, ce qui n'est pas vous-mesme, ne m'est rien; celle-là, dis-je, ne dedie-t-elle pas continuellement ses actions au celeste espoux? O que bienheureuse est l'ame qui a une fois bien faict le despouillement et la parfaicte resignation

(1) Psalm. CXVIII, 94. — (2) Cant. Cant. II, 16.

de soy-mesme entre les mains de Dieu, dont nous avons parlé cy-dessus ! car par après elle n'a à faire qu'un petit souspir et regard en Dieu pour renouveller et confirmer son despouillement, sa resignation et son oblation, avec la protestation qu'elle ne veut rien que Dieu et pour Dieu, qu'elle ne s'aime, ny chose du monde, qu'en Dieu et pour l'amour de Dieu.

Or, cet exercice de continuelles aspirations est donc fort propre pour appliquer toutes nos œuvres à la dilection; mais principalement il suffit tres-abondamment pour les menues et ordinaires actions de nostre vie. Car quant aux œuvres relevées et de consequence, il est expedient, pour faire un profit d'importance, d'user de la methode suivante, ainsi que j'ay desjà touché ailleurs.

Eslevons en ces occurrences nos cœurs et nos esprits en Dieu, enfonçons nostre consideration et estendons nostre pensée dans la tres-saincte et glorieuse eternité : voyons qu'en icelle la divine bonté nous cherissoit tendrement, destinant pour nostre salut tous les moyens convenables à nostre progrez en sa dilection, et particulierement la commodité de faire le bien qui se presente alors à nous, ou de souffrir le mal qui nous arrive. Cela fait, desployans, s'il faut ainsi dire, et eslevans le bras de nostre consentement, embrassons cherement, ardemment et tres-amoureusement, soit le bien qui se presente à faire, soit le mal qu'il nous faut souffrir, en consideration de ce que Dieu l'a voulu eternellement, pour luy complaire et obeir à sa providence.

Voyez le grand sainct Charles, lorsque la peste attaqua son diocese. Il releva son courage en Dieu, et regarda attentivement qu'en l'eternité de la providence divine ce fleau estoit preparé et destiné à son peuple, et que emmy ce fleau cette mesme providence avoit ordonné qu'il eust un soin tres-amoureux de servir, soulager et assister cordialement les affligez, puisqu'en cette occasion il se trouvoit le pere spirituel, pasteur et evesque de cette province-là: c'est pourquoy, se representant la grandeur des peines, travaux et hazards, qu'il luy seroit forcé de subir pour ce subject, il s'immola en esprit au bon plaisir de Dieu; et, baisant tendrement cette croix, il s'escria du fond de son cœur, à l'imitation de sainct André : Je te salue, ô croix precieuse! je te salue, ô tribulation bienheureuse ! O affliction saincte, que tu es aimable, puisque tu es issue du sein aimable de ce Pere d'eternelle misericorde, qui t'a voulue de toute eternité, et t'a destinée pour ce cher peuple et pour moy ! O croix! mon cœur te veut, puisque celuy de mon Dieu t'a voulue. O croix ! mon ame te cherit et t'embrasse de toute sa dilection.

En cette sorte, devons-nous entreprendre les plus grandes affaires et les plus aspres tribulations qui nous puissent arriver. Mais quand elles seront de longue haleine, il faudra de temps en temps et fort souvent repeter cet exercice, pour continuer plus utilement nostre union à la volonté et bon plaisir de Dieu, prononçans cette briefve mais toute divine protestation de son Fils : *Ouy, ô Pere eternel, je le veux de tout cœur, parce qu'ainsi a-t-il esté agreable devant vous* (1). O Dieu ! Theotime, que de thresors en cette practique.

CHAPITRE X.

Exhortation au sacrifice que nous devons faire à Dieu de nostre franc arbitre.

J'adjouste au sacrifice de sainct Charles celuy du grand patriarche Abraham, comme une vive image du plus fort et loyal amour qu'on puisse imaginer en creature quelconque.

Il sacrifia, certes, toutes ses plus fortes affections naturelles qu'il pouvoit avoir, lorsque, oyant la voix de Dieu qui lui disoit : « Sors de « ton pays, et de ta parenté, et de la maison de « ton pere, et viens au pays que je te montre-« ray (2), » *il sortit* soudain, et se mit promptement en chemin *sans sçavoir où il iroit* (3). Le doux amour de la patrie, la suavité de la conversation des proches, les delices de la maison paternelle, ne l'esbranlerent point; il part hardiment et ardemment, et va où il plaira à Dieu de le conduire. Quelle abnegation, Theotime, quel renoncement ! On ne peut aimer Dieu parfaictement si l'on ne quitte les affections aux choses perissables.

Mais cecy n'est rien en comparaison de ce qu'il fit par après, quand Dieu *l'appelant* par deux fois, et ayant veu sa promptitude à respondre, *il lui dit*: « Prends Isaac ton enfant unique, lequel tu ai-« mes, et va en la terre de vision, où tu l'offriras « en holocauste sur l'un des monts que je te mon-« treray (4), » car voilà ce grand homme qui part soudain avec ce tant aimé et tant aimable fils, fait trois journées de chemin, arrive au pied de la montaigne, laisse là ses valets et l'asne, charge son fils Isaac du bois requis à l'holocauste, se reservant de porter luy-mesme le glaive et le feu ; et comme il va montant, ce cher enfant luy dit : « Mon pere ; » et il luy respond : « Que « veux-tu ? mon fils. » « Voicy, dit l'enfant, voicy « le bois et le feu ; mais où est la victime de « l'holocauste ? » A quoy le pere respond : « Dieu

(1) Matt. xi, 26. — (2) Genes. xii, 1.
(3) Hebr. xi, 18. — (4) Genes. xxii, 1, 2 et seq.

« se pourvoyera de la victime de l'holocauste, « mon enfant. » Et tandis *ils arrivent* sur le mont destiné, où soudain Abraham *construit un autel, arrange le bois sur iceluy, lie son Isaac et le colloque sur le buscher; il estend sa main* droicte, empoigne et tire à soy *le glaive,* il hausse le bras; et comme il est prest de descharger le coup pour immoler cet enfant, *l'ange crie* d'en haut : « Abraham, Abraham ; » qui respond : « Me voi« cy. » Et l'ange lui dit : « Ne tue pas l'enfant, « c'est assez ; maintenant je cognois que tu crains « Dieu, et n'as pas espargné ton fils pour l'amour « de moy. » Sur cela Isaac est deslié, Abraham *prend un belier qu'il avoit pris par les cornes aux ronces d'un buisson, et l'immole.*

Theotime, *qui voit la femme* de son prochain *pour la convoiter, il a desjà adulteré en son cœur* (1); et qui lie son fils pour l'immoler, il l'a desjà sacrifié en son cœur. Hé ! voyez donc, de grace, quel holocauste ce sainct homme fit en son cœur. Sacrifice incomparable, sacrifice qu'on ne peut assez estimer, sacrifice qu'on ne peut assez louer ! O Dieu, qui sçauroit discerner quelle des deux dilections fut la plus grande, ou celle d'Abraham, qui, pour plaire à Dieu, immole cet enfant tant aimable ; ou celle de cet enfant qui, pour plaire à Dieu, veut bien estre immolé, et pour cela se laisse lier et estendre sur le bois, et, comme un doux agnelet, attend paisiblement le coup de mort de la chere main de son bon pere?

Pour moy, je prefere le pere en la longanimité; mais aussi je donne hardiment le prix de la magnanimité au fils ; car d'un costé c'est voirement une merveille, mais non pas si grande, de voir qu'Abraham, desjà vieil et consommé en la science d'aimer Dieu, et fortifié de la recente vision et parole divine, fasse ce dernier effort de loyauté et dilection envers un maistre duquel il avoit si souvent senty et savouré la suavité et providence. Mais de voir Isaac au printemps de son age, encore tout novice et apprentif en l'art d'aimer son Dieu, s'offrir sur la seule parole de son pere au glaive et au feu, pour estre un holocauste d'obeissance à la divine volonté, c'est chose qui surpasse toute admiration.

D'autre part neantmoins ne voyez-vous pas, Theotime, qu'Abraham remasche et roule plus de trois jours dans son ame l'amere pensée et resolution de cet aspre sacrifice? N'avez-vous point de pitié de son cœur paternel, quand montant seul avec son fils, cet enfant plus simple qu'une colombe luy disoit : *Mon pere, où est la victime?* et qu'il luy respondoit : *Dieu y pourvoira, mon fils.* Ne pensez-vous point que la douceur de cet enfant, portant le bois sur ses espaules, et l'entassant par après sur l'autel, fit fondre en tendreté les entrailles de ce pere? O cœur que les anges admirent, et que Dieu magnifie ! Hé Seigneur Jesus! quand sera-ce donc que vous ayant sacrifié tout ce que nous avons, nous vous immolerons tout ce que nous sommes ? Quand vous offrirons-nous en holocauste nostre franc arbitre, unique enfant de nostre esprit ! Quand sera-ce que nous le lierons et estendrons sur le buscher de vostre croix, de vos espines, de vostre lance ; afin que, comme une brebiette, il soit victime agreable de vostre bon plaisir, pour mourir et brusler du feu et du glaive de vostre sainct amour?

O franc arbitre de mon cœur! que ce vous sera chose bonne d'estre lié et estendu sur la croix du divin Sauveur ! Que ce vous est chose desirable de mourir à vous-mesmes, pour ardre à jamais en holocauste au Seigneur ! Theotime, nostre franc arbitre n'est jamais si franc que quand il est esclave de la volonté de Dieu, comme il n'est jamais si serf que quand il sert à nostre propre volonté ; jamais il n'a tant de vie que quand il meurt à soy-mesme, et jamais il n'a tant de mort que quand il vit à soy.

Nous avons la liberté de faire le bien et le mal : mais de choisir le mal, ce n'est pas user, ains abuser de cette liberté. Renonçons à cette malheureuse liberté, et assubjectissons pour jamais nostre franc arbitre au party de l'amour celeste, rendons-nous esclaves de la dilection, de laquelle les serfs sont plus heureux que les roys. Que si jamais nostre ame vouloit employer sa liberté contre nos resolutions de servir Dieu eternellement et sans reserve, ô alors pour Dieu sacrifions ce franc arbitre, et le faisons mourir à soy, afin qu'il vive à Dieu. *Qui le voudra garder* pour l'amour propre en ce monde, *le perdra* pour l'amour eternel en l'autre, *et qui* le perdra pour l'amour de Dieu en ce monde, *il le conservera* (1) pour le mesme amour en l'autre. Qui luy donnera la liberté en ce monde, l'aura serf et esclave en l'autre ; et qui l'asservira à la croix en ce monde, l'aura libre en l'autre, où estant abysmé en la jouissance de la divine bonté, sa liberté se trouvera convertie en amour, et l'amour en liberté, mais liberté de douceur infinie, sans effort, sans peine et sans repugnance quelconque : nous aimerons invariablement à jamais le Createur et Sauveur de nos ames.

(1) Marc. VIII, 35.

(1) Matth. v, 28.

CHAPITRE XI.

Des motifs que nous avons pour le sainct amour.

Sainct Bonaventure, le pere Louys de Grenade, le pere Louys du Pont, F. Diegue de Stella, ont suffisamment discouru sur ce subject : je me contenteray de marquer seulement les poincts que j'en ay touchés en ce traicté.

La bonté divine considerée en elle-mesme n'est pas seulement le premier motif de tous, mais le plus grand, le plus noble et le plus puissant : car c'est celuy qui ravit les bienheureux, et comble leur felicité. Comme peut-on avoir un cœur, et n'aimer pas une si infinie bonté ? Or, ce subject est aucunement proposé aux ch. i et ii du second livre, et dès le ch. viii du troisiesme livre jusqu'à la fin, et au ch. ix du livre dixiesme.

Le second motif est celuy de la providence naturelle de Dieu envers nous, de la creation et conservation, selon que nous disons au ch. iii du second livre.

Le troisiesme motif est celuy de la providence surnaturelle de Dieu envers nous, et de la redemption qu'il nous a preparée, ainsi qu'il est expliqué aux ch. iv, v, vi et vii du second livre.

Le quatriesme motif, c'est de considerer comme Dieu practique cette providence et redemption, fournissant à un chascun toutes les graces et assistances requises à nostre salut, de quoy nous traictons au second livre, dès le ch. viii, et au livre troisiesme dès le commencement jusqu'au ch. vi.

Le cinquiesme motif est la gloire eternelle que la divine bonté nous a destinée, qui est le comble des bienfaicts de Dieu envers nous, dont il est aucunement discouru dès le ch. ix jusqu'à la fin du livre troisiesme.

CHAPITRE XII.

Methode tres-utile pour employer ces motifs.

Or, pour recevoir de ces motifs une profonde et puissante chaleur de dilection, il faut 1. qu'après en avoir consideré l'un en general, nous l'appliquions en particulier à nous-mesmes. Par exemple : O qu'aimable est ce grand Dieu, qui, par son infinie bonté, a donné son fils en redemption pour tout le monde. Helas ! ouy, pour tous en general, mais en particulier encore pour moy *qui suis le premier des pecheurs* (1). Ah ! *il m'a aimé*; je dis, il m'a aimé moy, mais je dis moy-mesme tel que je suis, *et s'est livré* à la passion *pour moy* (1).

2. Il faut considerer les benefices divins en leur origine premiere et eternelle. O Dieu ! mon Theotime, quelle assez digne dilection pourrionsnous avoir pour l'infinie bonté de nostre Createur, qui de toute eternité a projetté de nous creer, conserver, gouverner, racheter, sauver et glorifier tous en general et en particulier ! Hé ! qui estois-je lorsque je n'estois pas ? moy, dis-je, qui estant maintenant quelque chose, ne suis rien qu'un simple chetif vermisseau de terre ? et cependant Dieu, dès l'abysme de son eternité *pensoit* pour moy *des pensées* (2) de benedictions ! Il meditoit et desseignoit, ains determinoit l'heure de ma naissance, de mon baptesme, de toutes les inspirations qu'il me donneroit, et en somme tous les bienfaicts qu'il me feroit et offriroit. Helas ! y a-t-il une douceur pareille à cette douceur !

3. Il faut considerer les bienfaicts divins en leur seconde source meritoire. Car ne sçavezvous pas, Theotime, que le grand prestre de la loy portoit sur ses espaules et sur sa poictrine les noms des enfans d'Israël, c'est-à-dire des pierres precieuses, esquelles les noms des chefs d'Israël estoient gravés ? Hé ! voyez Jesus nostre grand *evesque* (3), regardez-le dès l'instant de sa conception ; considerez qu'il nous portoit sur ses espaules, acceptant la charge de nous racheter par sa mort, *et la mort de la croix* (4). O Theotime, Theotime, cette ame du Sauveur nous cognoissoit tous par nom et par surnom ; mais surtout au jour de sa passion, lorsqu'il offroit ses larmes, ses prieres, son sang et sa vie pour tous, il lançoit en particulier pour vous ces pensées de dilection : Helas ! ô mon Pere eternel, je prends à moy et me charge de tous les pechez du pauvre Theotime, pour souffrir les tourmens et la mort, afin qu'il en demeure quitte, et qu'il ne perisse point, mais qu'il vive. Que je meure, pourveu qu'il vive; que je sois crucifié, pourveu qu'il soit glorifié. O amour souverain du cœur de Jesus, quel cœur te benira jamais assez devotement !

Ainsi dedans sa poictrine maternelle, son cœur divin prevoyoit, disposoit, meritoit, impetroit tous les bienfaicts que nous avons, non-seulement en general pour tous, mais en particulier pour un chascun ; et ses mammelles de douceur nous preparoient le laict de ses mouvemens, de ses attraicts, de ses inspirations et des suavités par lesquelles il tire, conduit et nourrit nos cœurs à la vie eternelle. Les bienfaicts ne nous eschauffent point, si nous ne regardons la volonté eter-

(1) Tim. i, 16.

(1) Gal. ii, 10. — (2) Jerem. xxix, 11.
(3) I. Petr. ii, 25. — (4) Philip. ii, 8.

nelle qui les nous destine, et le cœur du Sauveur qui les nous a merités par tant de peines, et surtout en sa mort et passion.

CHAPITRE XIII.

Que le mont Calvaire est la vraye academie de la dilection.

Or enfin, pour conclusion, la mort et la passion de Nostre-Seigneur est le motif le plus doux et le plus violent qui puisse animer nos cœurs en cette vie mortelle ; et c'est la verité que les *abeilles* (1) mystiques font leur plus excellent miel dans les playes de ce *lion de la tribu de Juda* (2), esgorgé, mis en pièces, et deschiré sur le mont de Calvaire ; et les enfans de la croix le glorifient en leur admirable *problesme* que le monde n'entend pas. De la mort qui devore tout, *est sortie la viande* de nostre consolation, et de la mort plus *forte* que tout, *est issue la douceur* (3) du miel de nostre amour. O Jesus, mon Sauveur ! que vostre mort est amiable, puisqu'elle est le souverain effect de vostre amour !

Aussi là haut en la gloire celeste, après le motif de la bonté divine cogneue et considerée en elle-mesme, celuy de la mort du Sauveur sera le plus puissant pour ravir les esprits bienheureux en la dilection de Dieu ; en signe de quoy en la transfiguration, qui fut un echantillon de la gloire, Moyse et Helie *parloient* avec Nostre-Seigneur *de l'excez qu'il devoit accomplir en Hierusalem* (4). Mais de quel excez, sinon de cet excez d'amour par lequel la vie fut ravie à l'amant pour estre donnée à la bien-aimée ? Si que au cantique eternel je m'imagine qu'on repetera à tous momens cette joyeuse acclamation :

Vive Jesus ! duquel la mort
Monstra combien l'amour est fort.

(1) Judic. xiv, 8. — (2) Apoc. v, 5.
(3) Judic. xiv, 13, 14. — (4) Luc, ix, 31.

Theotime, le mont Calvaire est le mont des amans. Tout amour qui ne prend son origine de la passion du Sauveur, est frivole et perilleux. Malheureuse est la mort sans l'amour du Sauveur ; malheureux est l'amour sans la mort du Sauveur. L'amour et la mort sont tellement meslés ensemble en la passion du Sauveur, qu'on ne peut avoir au cœur l'un sans l'autre. Sur le Calvaire, on ne peut avoir la vie sans l'amour, ny l'amour sans la mort du Redempteur. Mais hors de là tout est ou mort eternelle ou amour eternel ; et toute la sagesse chrestienne consiste à bien choisir ; et pour bien aider à cela, j'ai dressé cet escrit, mon Theotime.

Il faut choisir, ô mortel,
En cette vie mortelle,
Ou bien l'amour eternel,
Ou bien la mort eternelle :
L'ordonnance du grand Dieu
Ne laisse point de milieu.

O amour eternel ! mon ame vous requiert, et vous choisit eternellement. Hé ! venez, Sainct-Esprit, et enflammez nos cœurs de vostre dilection. Ou aimer, ou mourir : mourir et aimer. Mourir à tout autre amour pour vivre à celuy de Jesus, afin que nous ne mourions pas eternellement ; ains que, vivans en vostre amour eternel, ô Sauveur de nos ames, nous chantions eternellement : Vive Jesus ! J'aime Jesus : vive Jesus que j'aime. J'aime Jesus qui vit et regne ès siecles des siecles. Amen.

Ces choses, Theotime, qui par la grace et faveur de la charité ont esté escrites à vostre charité, puissent tellement s'arrester en vostre cœur, que cette charité trouve en vous le fruict des sainctes œuvres, non les feuilles des louanges. Amen. Dieu soit beny. Je ferme donc ainsi tout ce traicté par ces paroles par lesquelles S. Augustin finit un sermon admirable de la charité, qu'il fit devant une illustre assemblée.

RÈGLES

DE

SAINT-AUGUSTIN.

PRÉFACE

POUR LE TRAITÉ DES RÈGLES DE L'ORDRE DE LA VISITATION.

L'ouvrage que nous ajoutons à notre édition manquoit jusqu'à présent, et laissoit une lacune, d'autant plus grande, dans les OEuvres de sainct François de Sales, que l'ordre de la Visitation étant une des créations les plus belles de l'esprit éminemment religieux de ce saint évêque, il a dû répandre dans ses règles et ses constitutions toutes les qualités qui le distinguoient des autres saints. La plupart de ses ouvrages tendent, presque tous, à la perfection de cet ordre, ou du moins il y revient si fréquemment dans ses divers écrits, qu'on doit juger, d'après cette tendre sollicitude qu'il avoit pour cette nouvelle institution, qu'il vouloit voir régner en action ce qu'il avoit écrit relativement à la perfection chrétienne.

Après avoir cherché avec zèle cet ouvrage précieux, nous avons découvert le manuscrit original dans la bibliothèque du roi, et c'est d'après lui que nous l'avons imprimé. C'est, nous n'en doutons pas, une des plus riches acquisitions que nous ayons pu faire. Cet ouvrage complet, joint aux autres morceaux inédits, prouvera à nos souscripteurs que nos promesses n'ont pas été vaines ni nos recherches infructueuses. Ils verront, dans ce livre des règles de l'ordre de la Visitation, l'esprit de douceur, de modération, de piété, de sagesse, de simplicité chrétienne et de prudence consommée, qui caractérisoit saint François de Sales.

Comme quelques personnes le blâmoient un peu d'avoir établi ce nouvel ordre, il parle, dans sa préface, de l'institution des ordres religieux dans l'Église, et montre combien ils sont dans l'esprit du christianisme. Quoiqu'il n'eût pas besoin de justification, il a pris néanmoins la peine de défendre, contre quelques censeurs moroses, ce que les vrais chrétiens ont toujours admiré.

PREFACE

DE

FRANÇOIS DE SALES,

EVESQUE DE GENEVE,

AUX SOEURS DU MONASTERE DE LA VISITATION D'ANNECY.

―――― ∞∞∞ ――――

Quiconque a tant soit peu de cognoissance de la discipline de l'Eglise, ne peut ignorer que dès son commencement il n'y eust une tres-grande quantité de filles et femmes consacrées au service de Dieu par le vœu de la saincte continence. Sainct Ignace, disciple des apostres, escrivant aux Philippiens : « Je saluë, dit-il, l'assemblée des vierges, et la congregation des vefves. » Et ailleurs il recommande à ceux de Tharse d'honorer les vierges comme consacrées à Dieu, et les vefves comme l'autel ou sacraire de Dieu. Et en l'epistre aux Antiochiens : « Que les vierges, dit-il, « recognoissent à qui elles sont consacrées. » Et finalement à Heron : « Conserve les vierges, comme joyaux de Jesus-Christ. » Rufin en son histoire (1), tesmoigne que saincte Helene, mere de Constantin, en trouva desjà une troupe en Hierusalem. En somme, toute l'antiquité rend un ample tesmoignage à cette verité (2). Mais pour le present celuy de sainct Gregoire Nazianzene suffira. « Il y a, dit-il, plusieurs femmes en tou« tes les regions, que la salutaire doctrine de Je« sus-Christ a parcouruës, desquelles une partie « vit en société, nourrissant un mesme desir de « la vie celeste, et suivant un mesme institut de « vie : mais les autres assistent soigneusement à « leurs peres et meres infirmes, et à leurs freres « temoins de leur chasteté. »

Or presque toutes, tant les unes que les autres, mais notamment celles de la premiere bande, qui vivoient en congregation, estoient consacrées par des vœux publics et grandement celebres (1) : car qu'est-ce que sainct Ambroise ne dit pas à la vierge déchuë sur ce sujet? Et ne tesmoigne-t-il pas que sa sœur saincte Marcelline fut consacrée par le pape Libere en l'église de Sainct-Pierre de Rome, et le propre jour de Noël? Certes c'estoient ordinairement les evesques qui celebroient ces consecrations, comme il est ordonné au concile de Carthage (2), auquel le grand sainct Augustin assista, et par sainct Leon le premier, escrivant aux evesques d'Allemagne et de France : et est commandé dans le pontifical, que l'on ne les fasse qu'ès jours de feste ou de dimanche.

Mais quand je dis qu'elles estoient consacrées par des vœux celebres et publics, je ne veux pas pourtant dire, qu'ils fussent solemnels de la solemnité dont les scholastiques et canonistes parlent, par laquelle les mariages contractez par les religieuses sont totalement invalides : car encore que d'un commun consentement de tous les saincts peres, et selon la parole du grand apostre (3), les vierges et vefves qui par vœu et profession publique estoient consacrées à Dieu, ayent tousjours esté tenuës en execration, lors qu'elles rompoient et violoient leur vœu, si est-ce que comme dit clairement sainct Augustin (4) au livre du bien de la viduité, leurs mariages subsistoient, l'invalidité de telles nopces ayant seulement esté

---

(1) L. 1, c. 8, Hist. — (2) Ad Hellenium.

(1) Ad Virg. laps. c. 5. — Initio, lib. 5, de Virg.
(2) 26, q. 6. ca. 1 et 2, dist. 25, c. 14. Conc. 2, 5 et 4. Leo, epist. 86, alias 88, et refertur dist. 68, c. 4.
(3) Timoth. 5. v. 12. — (4) Cap. 9 et 10. c. 4.

introduite premierement par l'autorité ordinaire de quelques evesques en leurs dioceses, puis par le concile general tenu à Rome environ l'an 1136, ou 1159 (1), sous Innocent second.

Et bien que plusieurs anciens et graves scholastiques penserent jadis que cette solemnité estoit une proprieté naturelle et essentielle des vœux de religion; si est-ce que le pape Boniface VIII, ayant du depuis determiné le contraire, il n'y a plus lieu quelconque d'en disputer; ains faut avoüer ingenuëment, que cette propriété n'est nullement inseparable des vœux de religion, puisqu'anciennement les plus celebres et saincts religieux faisoient leurs professions sans icelle, et, qu'en nostre age le pape Gregoire XIII l'a attachée aux vœux simples, en faveur de la tres-illustre compagnie du nom de Jesus; déclarant assez en cela, que cette solemnité depend tellement de l'autorité de l'Eglise, qu'elle la peut oster aux vœux solemnels, sans pour cela les rendre simples; et l'adjouter aux vœux simples, sans pour cela les rendre solemnels, selon qu'il est expedient au bien des ames, et à la gloire du Createur : ainsi qu'ont doctement expliqué le chancelier Jean Gerson, les cardinaux Caietan et Bellarmin, les docteurs Lessius et Azor, et briefvement, mais pertinemment à son accoustumée, Hierome Platus en ces beaux livres, Du bien de l'état religieux, et enfin le tres-docte Thomas Sanchez, qui en cite une legion d'autres (2).

Il y a donc eu cy-devant, et y a encore en ce temps des congregations de femmes consacrées à Dieu, en deux sortes : car les unes ont esté establies en titre de religion, par les vœux solemnels : et les autres en titre de simple congregation, ou par les vœux simples, ou par l'oblation, ou par quelque autre sorte de profession sacrée. Ainsi le tres-glorieux sainct Charles, miroir des prelats de ce temps, et à son exemple les reverendissimes evesques de sa province, ont erigé plusieurs congregations de diverses façons (3). Car voicy ce qu'en a escrit l'auteur de l'Histoire de sa vie après qu'il a dit : « Que cet admirable prelat induisit
« plusieurs hommes à la chasteté : mais le nom-
« bre des femmes, adjoute-t-il, fut beaucoup plus
« grand, se remplissant des vierges, non-seule-
« ment les cloistres sacrez, ains aussi divers
« nouveaux colleges fondez à cette intention en
« la cité et diocese : outre la compagnie de saincte
« Ursule, qui estoit estenduë presque en toutes
« parts, si pleine de bonnes vierges, que plusieurs
« monasteres en eussent esté remplis : et sem-
« blablement la compagnie de saincte Anne, si
« nombreuse en femmes et vefves, qui servoient
« Dieu avec beaucoup de pureté, sous l'obser-
« vance de leurs propres regles. » Ainsi saincte Françoise Romaine, divinement inspirée, institua la maison de la Tour-des-Miroirs, en titre de simple congregation, qui est encore en grande splendeur de pieté à Rome; comme aussi à Cremone la congregation des vierges de Nostre-Dame : et de mesme en y a-t-il en plusieurs autres endroits.

Or, mes tres-cheres sœurs, vostre congregation a esté jusques à present de cette seconde sorte, avec beaucoup de pratique d'une solide pieté pour l'avancement de vos ames, et de beaucoup de bonne odeur pour l'edification du prochain. Mais depuis qu'il plut à la divine Providence que cette petite compagnie, comme une ruche d'avettes mystiques, jettast des nouveaux essaims, et qu'elle fust establie à Lyon et à Moulins, le tres-illustre et reverendissime archevesque de Lyon, monseigneur Denys Simon de Marquemont, jugea qu'il estoit expedient qu'elle fust reduite en religion, pour plusieurs raisons que sa grande sagesse et pieté luy suggererent : et Dieu a beny ce dessein. Car enfin après plusieurs difficultez, desquelles les projets du service de Dieu ne sont jamais exempts, nostre sainct pere Paul V m'a commis pour eriger vostre maison en titre de religion, avec toutes les prerogatives dont jouyssent les autres ordres religieux, et ce sous la regle du glorieux sainct Augustin. Pour cela doncques je vous presente cette sacrée regle, que vous suivrez meshuy comme le vray chemin auquel vous devez marcher pour parvenir à la perfection de la vie religieuse : y ayant joint vos constitutions, qui sont comme des marques mises en ce chemin, afin que vous le sçachiez mieux tenir. Car, comme disent les docteurs, les regles des religions proposent les moyens de se perfectionner au service de Dieu, et les constitutions monstrent la façon avec laquelle il les faut employer, comme par exemple, cette regle commande qu'on vacque soigneusement aux prieres ; et les consti-

---

(1) *Vide Plat.*, l. 2, c. 21, *de bono status Rel.*
(2) *Less.*, lib. 2, c. 4. dub. 6; *Azor*, l. 10, c. 6, q. 2 et 8; *Plat.*, l. 11, c. 21 ; *Sanch.*, l. 7 *de matr.*, disp. 25 et 26. — (3) Lib. 8, c. 12.

tutions particularisent le temps, la quantité et la qualité des prieres qu'il faut faire. La regle ordonne qu'on ne regarde pas indiscretement les hommes; et les constitutions enseignent, comme pour executer cette regle, qu'il faut tenir la veuë basse, et le voile sur le visage, en diverses occurrences : de sorte que pour le dire en un mot, la regle enseigne ce qu'il faut faire, et les constitutions comme on le doit faire : et de là vient, ainsi que les mesmes docteurs (1) remarquent, que les regles, comme fondemens principaux de la vie religieuse, doivent estre appreuvées par l'autorité de l'Eglise catholique, ou par decret apostolique : mais les constitutions, qui ne contiennent que les moyens et la methode de bien observer la regle, n'ont nul besoin d'estre confirmées par l'autorité des superieurs ordinaires, ou par les chapitres des religions.

Je sçay bien qu'au commencement de l'Eglise, les congregations religieuses durerent quelque temps, et firent des merveilles au service de Dieu, sans avoir presque aucunes regles escrites, ains par la seule observance des coutumes, que la commune practique et devotion des ames qui s'estoient assemblées avoit introduites, et par la bonne conduite des superieurs, suivie de la parfaicte obeissance des inferieurs, desquels la simplicité et bonne foy tenoient heureusement lieu de loy. Mais environ le temps de Constantin-le-Grand, sainct Pacome receut de la main d'un ange une regle escrite dans un tableau, que ses monasteres tant d'hommes que de femmes observerent. Peu apres le grand sainct Bazile, entre les peres grecs, escrivit une regle tres-excellente pour ses religieux, comme fit sainct Augustin entre les Latins pour les siens; et saincte Melanie la jeune ayant dressé une congregation en Hierusalem, leur donna aussi une belle regle. Et depuis plusieurs instituteurs de divers ordres de religieux ont laissé des autres tres-sainctes regles, ou du moins des constitutions, qui tiennent lieu de regles pour leurs congregations, comme le grand patriarche sainct Benoist, duquel la regle est si hautement loüée par sainct Gregoire-le-Grand, le seraphique sainct François d'Assise, sainct Bruno, sainct François de Paule, le bienheureux Ignace de Loyola.

Mais la grande autorité de sainct Augustin, meritée par la tres-excellente saincteté de sa vie, et par l'incomparable doctrine dont il a orné l'Eglise, a fait qu'entre tous les legislateurs des ordres religieux, il a esté le plus suivy. Aussi nostre Sauveur habitant en luy comme parle sainct Hierosme (1), luy inspira cette regle, tellement animée de l'esprit de charité, qu'en tout et partout elle ne respire que douceur, suavité et benignité, et par ce moyen est propre à toute sorte de personnes, de nations et de complexions : si que ce grand homme apostolique l'escrivant, pouvoit bien dire à l'imitation de l'apostre : J'ai esté fait tout à tous, afin de les sauver tous. Qui fait que non-seulement plusieurs congregations de religieux Cloistriers, comme celles des chanoines et clercs reguliers, des Eremitains, de sainct Dominique, de sainct Hierosme, de sainct Antoine, de Presmontré, des Serviteurs, des Crucifères; mais aussi les ordres de plusieurs religieux chevaliers, comme ceux de sainct Jean de Hierusalem, ceux des saincts Maurice et Lazare, les Theutoniques, ceux de sainct Jacques, et plusieurs autres se sont rangez sous l'estendard de cet admirable conducteur.

Or bien que cette regle soit visiblement tressaincte, et que comme appreuvée de l'Eglise, elle doive estre hors de toutes censures : ains que le seul nom de celuy qui l'escrivit la deust rendre venerable à tous ceux qui portent le titre de chrestien; si est-ce que la folle temerité des enfans du monde ne laisse pas de vouloir y treuver je ne sçay quoy à dire, par maniere d'affectée curiosité; et partant afin que nul ne vous puisse troubler sur cette occasion, je veux prevenir leurs questions et demandes frivoles, et par ce mesme moyen esclaircir quelques difficultez qui pourroient arrester vostre esprit en la lecture d'icelle.

« Ce que le glorieux pere commande avant « toutes choses, que l'on ayme Dieu et le pro- « chain, » n'est pas mis en sa regle comme pour vouloir faire penser qu'il soit l'auteur de ces commandemens : car qui ne sçait que non-seulement ils sont de Dieu, ains qu'ils sont le suc, la moüelle et l'abregé de toute la loy de Dieu? mais ce que Dieu a commandé, ce sien serviteur le recommande, comme la fin et pretention unique pour laquelle il a dressé sa regle et sa congregation et à laquelle tout se rapporte.

---

(1) *Vide Azor*, l. 11, c. 11, q. 2; et *Joan. de Salas*, disp. 8 *de leg*. sect. 13, et disp. 16, sect. 10.

(1) *Epist.* 80. *ad Aug.*

Ce qu'il dit, « Ce sont icy les choses que nous « vous commandons, à ce que vous les observiez, » ne doit donner aucun scrupule aux sœurs, comme si cette regle obligeoit en tous ses articles sous peine de peché; car cela n'est pas, ainsi qu'après le grand S. Thomas (1), les docteurs plus asseurés ont observé. Et de fait, la parole latine de precepte dont S. Augustin use, ne porte pas tousjours force de commandement absolu, ains fort souvent signifie la methode, le moyen, la maniere, l'instruction et l'art pour bien faire quelque chose : voire mesme elle est prise quelquesfois pour un simple advis de ce qui est expedient. Ainsi disons-nous que la logique contient les preceptes de bien argumenter, la rhetorique les preceptes de bien parler, ou haranguer : et appellons precepteurs, non tant ceux qui nous commandent, comme ceux qui nous instruisent. De sorte que cette saincte regle n'oblige point à peché, sinon ès articles principaux requis à l'observance des trois vœux, ainsi qu'il est plus amplement declaré à la fin des constitutions.

Plusieurs pensent que les regles religieuses doivent taxer et determiner les peines aux contrevenans et delinquans, mais ils se trompent : car il n'y en a point en la regle de S. Basile ny en celle-cy, comme vous le verrez, sinon celle de l'ejection. Et certes, puisqu'aussi bien faut-il ordinairement que les superieurs moderent ou aggravent les loix punitives par la consideration des diverses circonstances qui accroissent ou diminuent les fautes, n'est-il pas bon de laisser les impositions des penitences à leur jugement et prudence.

Il y a voirement en cette regle quelques articles, qui semblent n'avoir « plus aucun usage, « comme par exemple de n'aller aux bains que « tous les mois; et que les sœurs ne sortent pas « qu'accompagnées; » car on ne doit plus sortir maintenant, que pour des causes si grandes, si necessaires et rares, qu'on peut dire en verité que les sœurs observantes ne sortent jamais : et neantmoins ces articles de la regle servent de lumiere pour faire voir comme elles en doivent observer quelques autres qui sont encore maintenant en usage.

En l'article qui dit : « Domptez vostre chair « par jeusnes et abstinences, selon que vostre « santé le permet, » le bienheureux pere ne donne pas la liberté pour cela à chaque religieuse de faire des austeritez de sa teste, ny de discerner ce que sa santé lui permet : car au contraire, comme il est porté en un autre article, c'est à la superieure de faire distribuer les vivres non également à toutes; mais à chacune selon qu'il est expedient; et au livre Ier des Mœurs de l'Eglise (1), descrivant la façon de vivre des religieux et religieuses de son temps, il dit : « Que « plusieurs de forte complexion s'accommodoient « de vivre comme les infirmes, afin de ne point « faire de particularitez. » Et que quand les foibles refusoient de boire et de manger ce qui leur estoit convenable, on les en tançoit, de peur que par une vaine superstition ils ne se rendissent plus debiles que sains, plustost malades que mortifiez. Ce qu'à la verité arrive à plusieurs, notamment parmy les femmes, qui trompées de leur imagination, constituent la saincteté en l'austerité, et entreprennent plus aisement de priver leurs estomachs de viande, que leurs cœurs de leur propre volonté !

Celle qui a la charge des autres est appellée preposée, comme qui diroit mise et posée au-devant ou au-dessus de la congregation, et qui est presidente à icelle, qu'on pourroit aussi appeller preferée : mais parce que ces mots ne sont pas usités, on les a pu et deu changer en ceux de mere ou abbesse, ou bien prieure, ou superieure; et parce que le dernier et le premier de ceux-cy sont plus simples, et signifient la mesme chose que celuy de preposée, il a esté trouvé bon que vous les retinssiez, notamment celuy de mere, d'autant que le saint Pere dit enfin : « Que les « sœurs obeyssent à la superieure comme à leur « mere. »

Il est dit au bout de la regle : « Que l'on obeysse « à la superieure, et beaucoup plus au prestre « qui a soin de toutes. » Mais qui est donc ce prestre qui a soin de toutes? Certes d'autant qu'en la regle des freres, aussi bien qu'en celle des sœurs, cette obeyssance au prestre est souvent inculquée, ceux que j'ay veu des interpretes de cette regle (2) ont creu que c'estoit l'evesque, d'autant, dit un d'entre eux qui a fait de bonnes et belles remarques sur icelle, que les chanoines reguliers en dependoient : mais depuis que les

---

(1) *Vide S. Thom.* 1, 2, q. 16 et *ibid. Comment.* et *Azor*, lib. 15, c. 11, q. 7, et *Sylv. verbo Relig.* 11.

(1) *Cap.* 33. — (2) *Syl. verb. Rel.* 11. Jude Sercher, en son *Nazarien Evangelique.*

evesques et leur clergé se sont par dispense apostolique secularisez, cet ordre n'est plus gardé. Or à la verité dire, quant à ce poinct, je ne puis consentir à cette interpretation : car encore qu'au commencement de l'Eglise les noms de prestre et d'evesque fussent souvent confondus, et passent l'un pour l'autre, ainsi qu'il est aisé à voir ès actes et ès epistres des saincts apostres, si est-ce que du temps de sainct Augustin, ces mots n'estoient plus en cet usage : et n'appelloit-on pas les prestres evesques, ny les evesques simplement prestres, comme luy-mesme le tesmoigne en l'epistre (1) qu'il a escrite à sainct Hierosme, et ne me souvient pas que jamais sainct Augustin en ait usé autrement ; de sorte qu'il n'y a doncques point d'apparence qu'il ait mis si souvent dans sa regle, le mot de prestre pour celui d'evesque, puisque mesme les monasteres des filles et femmes estoient en grand nombre au diocese d'Hippone, et que l'evesque n'eust peu estre ainsi partout. Mais ce qui m'oste du tout de doute en ce poinct, c'est que sainct Augustin en cette mesme regle des sœurs, distingue clairement le prestre d'avec l'evesque, disant : « Que si quelque sœur est convaincüe d'avoir receu des lettres, ou presens en secret, elle doit estre griefvement corrigée et chastiée, selon qu'il sera advisé par la superieure, ou par le prestre, ou mesme par l'evesque. » Ainsi est distingué le prestre d'avec l'evesque. Et presque en mesme sujet, au troisiesme concile de Carthage, auquel ce sainct pere fut present : « Lorsque les vierges sacrées seront destituées de leurs peres et meres qui les protegeoient, qu'elles soient retirées en quelque monastere de vierges, par la providence de l'evesque, ou bien par celle du prestre, si l'evesque est absent. » Ce sont les paroles du concile. Mais il y a plus : car au commencement de l'epistre où la regle est insérée, il est parlé manifestement de ce mesme prestre qui avoit soin du monastere, sous le nom de prevost ou prefect.

Et certes je confesse que non-seulement en la primitive Eglise, et jusques au temps du grand sainct Augustin, mais aussi plusieurs siecles après, les religieux et religieuses vivoient sous l'obeyssance des evesques, car c'est une verité trop certaine pour estre niée, trop evidente pour estre ignorée, puisque Gratian au decret, Edinerus en la Vie de sainct Anselme, sainct Bernard au troisiesme livre de la Consideration, et en l'epistre qu'il escrit à l'archevesque de Sens Henry, et mesme le maistre de l'Histoire de l'Eglise Baronius, le tesmoignent en termes qu'on ne peut dissimuler (1). Nous avons mesme encore en ce diocese de Geneve quelques monasteres de chanoines reguliers, qui sont de la jurisdiction episcopale ; et il y en a plusieurs ailleurs, notamment de filles, qui selon l'ancienne discipline, sont en mesme condition. En foy de quoy il appert par l'estat de l'eglise de Milan, que de soixante et un monasteres de religieuses qu'il y a, quarante-six sont sous la charge de l'archevesque, n'y en ayant que quinze en celle des reguliers. Mais pour tout cela il ne s'ensuit pas que les evesques soyent, ou fussent les prestres de ces monasteres, ains ils en ont et avoient seulement la surintendance et jurisdiction generale comme des autres eglises non exemptes de leurs dioceses. Ce prestre doncques, dont il est parlé en la regle, estoit ou le curé, qui, comme a remarqué le docte Filesac (2), theologien de Paris, estoit jadis nommé simplement, le prestre, par excellence : ou bien c'estoit le prestre particulier, auquel l'evesque avoit commis le soin du monastere pour les choses spirituelles et administration des sacremens. Et vrayment en cette ancienne eglise, les religieuses alloient au service divin aux eglises paroichiales. Sainct Hierosme en l'epitaphe de saincte Paule, parlant des religieuses qui estoient ès trois monasteres de Bethleëm : « Elles sortoient, dit-il, seulement le jour de dimanche pour aller à l'eglise qui estoit à costé de leur sejour, chaque troupe suivant sa mere, et de là s'en retournant, elles s'appliquoient aux exercices qui leur estoient assignez. Sainct Pacome et ses religieux appeloient un des prestres du voisinage pour recevoir la divine eucharistie (est-il dit en sa Vie), et les immortels sacremens, estimant, disoit-il, que c'est chose profitable aux monasteres de communiquer aux eglises. » La raison de cecy fut, que les prestres estoient rares, l'ordre de prestrise estant en si grande consideration parmy ces anciens, que peu de gens osoient se faire promouvoir. Tant y a donc que le prestre, dont il est parlé en la regle, estoit où le curé, ou

---

(1) Epist. 19.

(1) 16, q. 1. ca. 12, 13, 18, q. 2. ca. 11, 14, 15, 18. 19, 28 et 29, Bern. 3 de Consid., c. 4. Epist. 42 in fine. Sub anno Christi 676.

(2) In suo tract. de Parœchia.

celuy que l'evesque commettoit à part pour le monastere, comme qui diroit le pere spirituel. Et tout ainsi que la superieure avoit la direction ordinaire des religieuses, aussi ès choses d'importance et extraordinaires on appelloit le pere spirituel. Et si cela ne suffisoit, on recouroit finalement à l'évesque.

Ce qui est deffendu : « Que l'on ne porte pas « les voiles si deliez, qu'on puisse voir à travers « la coiffure. » C'est parce qu'en Afrique, païs extremement chaud, les filles et les femmes ne plioient leurs cheveux qu'avec des petites coiffes de filets, qu'on appelle en latin *retiola*, comme petits rets de filets, et en françois *du lacis*, comme petits lacs ou lacets, mais de deçà les coiffures des religieuses observantes sont d'autre sorte : outre qu'elles se tondent, et toutefois ne laissent pas de devoir observer que leurs voiles ne soient pas transparens.

Je n'ay pas étendu au long ce que le sainct pere met en l'article, par lequel il deffend l'amitié sensuelle entre les sœurs, d'autant que selon la necessité de ce temps-là, et de la province en laquelle il vivoit, il marque certaines particularités peu connuës ès contrées de deçà, et dont la malice porte quant et soy tant d'horreur, qu'il n'est pas besoin d'en exprimer plus clairement la prohibition.

Ce que porte la regle : « De demander tous les « jours les livres à l'heure assignée, » regarde ce temps-là, auquel l'imprimerie n'estant pas encore exercée, on ne pouvoit pas avoir les livres à commodité ; ains estoit requis de les lire l'un aprés l'autre.

« Ce qu'il donne permission aux sœurs d'aller « une fois le mois aux etuves, » provient de la bonne opinion que les anciens avoient des bains, lesquels comme plusieurs prenoient pour le seul plaisir, aussi les autres, notamment ès regions chaleureuses, les prenoient pour tenir leurs corps nets des crasses que le hasle et les sueurs salées et adultes produisoient, et les autres pour la santé, qui certes est grandement aydée de la netteté. Pline note (1) que Carmis, medecin marseillois, renversa toute la methode des autres medecins, et qu'entre autres choses, il ostoit l'usage des bains chauds, et faisoit des bains d'eau froide, et qu'il avoit veu des senateurs, mesme en plein hyver, grincer des dents dans ces bains froids. Sainct Augustin mesme racontant l'ennuy extreme qu'il eut du trepas de sa mere, dit : « Que pour s'en « alleger, il alla aux bains, ayant apris qu'ils « estoient appellez par les Grecs d'un nom qui « tesmoignoit leur efficace à chasser l'ennuy et la « melancholie (1). » Donc ce n'est pas merveille s'il les permet aux sœurs, selon que la coutume de ce païs là, et le conseil des medecins le requeroit : puis que principalement il advertit si soigneusement qu'on n'en use pas pour plaisir, ains seulement ou pour la netteté ou pour la santé. Certes sainct Polycarpe, disciple des apostres, au recit de sainct Irenée, a tesmoigné que le glorieux sainct Jean evangeliste entrant en un bain à Ephese pour se laver, et y trouvant Cerinthus heresiarque, dit à ceux qui estoient avec luy : « Retirons- « nous hastivement d'icy, de peur que nous ne « soyons accablez de la chute de cette etuve, en « laquelle est l'ennemy de la verité. » Ce grand disciple bien-aimé de Nostre-Seigneur, ne faisant donc point de difficulté d'aller aux bains, qui pourra, je vous prie, censurer la douceur de sainct Augustin, s'il en permet l'usage aux sœurs de son ordre ? Je voy que quelques-uns ont attribué cette action de sainct Jean à une speciale inspiration, comme s'il fust allé aux bains pour avoir sujet de dire la celebre parole qu'il dit contre Cerinthus ; et je voy quant et quant ce sentiment merite voirement de n'estre pas mesprisé, à cause du credit que les auteurs d'iceluy ont justement merité parmy les amateurs des lettres sacrées : mais c'est une entorse neantmoins que l'on donne à l'histoire en faveur de la rigoureuse et impitoyable austerité qu'on estime avoir deu regner en l'esprit de ce grand sainct : car au reste sainct Irenée, qui est le premier escrivain de cette histoire, sur la tres-asseurée foy de sainct Polycarpe, dit au contraire expressement : « Que ce glorieux « evangeliste alloit aux bains pour se laver ; » et me semble que cela estoit fort convenable à son humeur naturelle, qui le portoit, non tant comme un aigle ; que comme une blanche colombe, à desirer la netteté et du cœur et du corps, et le faisoit marcher comme un enfant de suavité, en son innocence, avec plus de simplicité, de confiance et d'amour, que de timidité et d'affection à l'aspreté et rigueur : temoin sa petite perdrix avec laquelle il recreoit quelquefois son ame an-

---

(1) Lib. 29, c. 1.

(1) Lib. 9 *Conf. c. penult.*

gelique. La charité anime les esprits des saincts de differentes perfections et affections, et empesche quelques-uns, comme sainct Jacques le Mineur, d'aller aux bains par la severité, y en faisant aller d'autres comme sainct Jean, par le juste soin de l'honnesteté et de la santé (1).

L'article de l'expulsion des incorrigibles est fascheux aux gens du monde, qui ne voudroient jamais revoir parmy eux les filles dont ils se sont une fois dechargez : et ceux qui l'ont veu cy devant en vos constitutions, l'ont apertement blasmé : mais comme disent les doctes Azor et Lessius apres plusieurs graves auteurs (2), c'est un article du droit canon, et de droit de nature, et par consequent de droit divin. Aussi sainct Benoist, ce grand pere des moines de nostre Occident, l'a mis expressement en sa regle, pour les deserteurs et fugitifs. Et ce qui est plus à mon propos, le nompareil sainct Augustin l'ordonne en cette saincte regle : de peur, dit-il, qu'une ame empestée n'empeste et infecte toute une congregation. Ce que sainct Bernard a dit en paroles differentes, mais en mesme sens : mieux vaut qu'un perisse que l'unité. Et ce grand Pacome voulut expulser Sylvain, et luy oster l'habit vingt ans après sa reception, parce qu'il s'estoit rendu incorrigible en ses bouffonneries. En effet cela eust esté executé, si le bon moine Petronius n'eust intercedé pour luy, et ne se fust rendu caution de son futur amendement : charité qui succeda extremement bien; car Sylvain se corrigea et mourut sainct.

Or remarquez cependant, je vous prie, en ce peu de points que je viens de traiter, que deffendant vostre regle, j'ay aussi deffendu vos constitutions. Certes c'a esté une speciale providence de Dieu, qu'entre toutes les regles, celle du glorieux sainct Augustin ait esté choisie pour servir de loy en vostre compagnie; puis que desjà par un secret instinct du Sainct-Esprit, vos constitutions furent dressées au commencement, en sorte qu'elles sont toutes conformes à cette saincte regle, laquelle par ce moyen vous observiez, sans y penser, avant qu'elle vous fust ordonnée; voire sans sçavoir quelle elle estoit : car quant à moy je l'avois desjà bien veüe en la belle epistre 109 de sainct Augustin : mais ny je n'en avois pas la me-

(1) *Hier. in Catalog. script. eccl.*
(2) Azor, lib. 12, cap. 6, q. 2 ; Less. *de Inst. et Jure*, l. 2, c. 40, dub. 4.

moire presente, ny je ne dressay pas ces constitutions selon mon seul entendement, ains beaucoup plus selon la devote inclination des ames, qui furent si heureuses d'estre appellées par l'esprit de Dieu pour commencer cette si pieuse maniere de vie. En quoy je ne sçay comme quelques-uns se sont trompez, pensant que vostre institut soit ouvrage de ma seule cervelle, et par consequent moins estimable. Car, je vous prie, de quelle authorité eussé-je pu vous ordonner une telle retraite, et vous obliger à une telle sorte de vie, sinon par la concurrence de vostre propre election et volonté? Certes les conseils evangeliques ne peuvent estre convertis en commandemens par nos superieurs, si de nous-mesmes, librement et volontairement, nous ne nous obligeons à les observer par vœu, serment, ou autre profession.

Mais à la verité, voyant vostre congregation petite en nombre au commencement, et toutefois grande en desir de se perfectionner de plus en plus au tres-sainct amour de Dieu, et de l'abnegation de tout autre amour, je fus obligé de l'assister soigneusement, me ressouvenant bien « que « Nostre-Seigneur, ainsi qu'il dit luy-mesme, « vint en ce monde pour le bien de ses brebis, « non-seulement afin qu'elles eussent la vraye « vie, ains aussi afin qu'elles l'eussent plus abon- « damment : » et que pour la leur faire avoir plus abondante, il ne faut pas seulement les induire à l'observance des commandemens ; mais encore à celle des conseils : et qu'en cela ceux de ma condition doivent rendre fidele service à ce divin maistre, puisque, comme dit sainct Ambroise (1), c'a toujours esté une particuliere grace aux evesques de semer les graines de l'integrité, et d'exciter ès ames le desir et le soin de la virginité, comme firent jadis les premiers et plus grands serviteurs de Dieu, et pasteurs de l'Eglise. Que si outre cela j'autorisay vostre methode de servir Dieu, je ne fis rien que ce que je devois faire, comme declara assez le tres-sainct pere Paul V, quand departant de belles et amples indulgences à vostre congregation, il dit : « Pourveu qu'elle « soit approuvée et erigée par l'autorité de l'e- « vesque. »

Somme toute, mes tres-cheres filles, à Dieu soit honneur et gloire, qui de toute eternité prepara ces sainctes regles pour vostre congregation, et

(1) *Lib. 3 de Virg.*

vostre congregation pour l'observance de ces regles, ayant mesme ordonné par une conduite admirable de sa providence, que vos constitutions fussent tout ainsi que des ruisseaux, qui coulent et tirent leur origine des propres paroles et de l'esprit d'icelles comme de leur vraye source et tres-pure fontaine : qui me fait hardiment vous prononcer cette exhortation : Venez, ô filles de la benediction eternelle, et comme il fut dit à Ezechiel et au cher bien-aimé du bien-aimé de vos ames: Venez, tenez, prenez, et mangez ce livre, avalez-le, remplissez en vos poictrines, et en nourrissez vos cœurs : que les paroles d'iceluy demeurent jour et nuict devant vos yeux pour les mediter, et sur vos bras pour les practiquer, et que toutes vos entrailles en louent Dieu. Il donnera de l'amertume à vostre interieur : car, il vous conduit à la parfaicte mortification de vostre propre amour; mais il sera plus doux que le miel à vostre bouche, parce que c'est une consolation nompareille, de mortifier l'amour de nous-mesmes, pour faire vivre et regner en nous l'amour de celuy qui est mort pour l'amour de nous. Ainsi vostre tres-amere amertume se convertira en la suavité d'une paix tres-abondante, et vous serez comblées du vray bonheur. Je vous prie, mes sœurs ; ains je vous supplie et conjure, mes filles bien-aimées, oyez, voyez, et considerez, vous avez esté instruites jusques à present en ces observances : vous avez reçeu le voile sacré sous icelles : par icelles vous avez esté multipliées, et vous avez pris un sainct accroissement en age, en nombre, et en pieté. Soyez donc fortes, fermes, constantes, invariables, et demeurez ainsi afin que rien ne vous separe de l'Epoux celeste, qui vous a unies ensemblement, ny de cette union qui vous peut tenir unies à luy ; en sorte que n'ayant toutes qu'un mesme cœur, et qu'une mesme ame, il soit luy-mesme vostre seule ame et vostre cœur. Bien-heureuse l'ame qui observera cette regle, car elle est fidele et veritable : et à toutes les ames qui la suivront, soient à jamais données abondamment la grace, la paix et la consolation du Sainct-Esprit. Amen.

VIVE JESUS !

REGLES

DE

L'INSTITUT DE S. AUGUSTIN

POUR LES SOEURS.

(CE SONT ICI LES CHOSES QUE NOUS ORDONNONS ESTRE OBSERVÉES PAR VOUS QUI ESTES AU MONASTERE.)

CHAPITRE PREMIER.

Avant toutes choses, mes tres-cheres sœurs, que Dieu soit aymé, et puis le prochain ; car ses commandemens nous ont esté principalement donnez.

CHAPITRE II.

Que vous observiez ce pourquoy vous estes assemblées et congregées, qui est que vous habitiez unanimement en la maison; et que vous n'ayez qu'une ame et un cœur en Dieu.

CHAPITRE III.

Et que vous ne disiez pas que quelque chose soit en vous en proprieté, mais que toutes choses vous soient communes.

CHAPITRE IV.

Et que ce qui est requis pour la nourriture et les vestemens soit distribué à une chacune d'entre vous par vostre superieure, non pas esgalement à toutes, parce que vous n'estes pas toutes de mesme complexion : mais à une chacune selon qu'il sera besoin, car ainsi lisez-vous ès Actes des Apostres (1), que toutes choses leur estoient communes, et qu'on distribuoit à un chacun en particulier selon sa necessité. Que celles qui avoient quelque chose au siecle lors de leur entrée au monastere, veuillent librement que cela soit commun, mais celles qui n'avoient rien, qu'elles ne recherchent pas au monastere ce que mesme elles n'ont pas pu avoir hors d'iceluy. Et toutesfois qu'on baille ce qui est necessaire pour leurs infirmités, quoyque leur pauvreté n'eust pas pu mesme trouver les choses qui leur estoient necessaires, tandis qu'elles estoient au siecle : et que pour cela elles ne pensent pas d'estre heureuses si elles ont trouvé la nourriture et les vestemens tels qu'elles ne les eussent pu trouver dehors.

CHAPITRE V.

Et qu'elles ne levent point la teste pour estre associées à celles qu'elles n'osoient pas approcher au siecle : mais qu'elles levent leur cœur en haut et ne cherchent point les biens terriens, afin que les monasteres ne deviennent utiles aux riches et non aux pauvres, si les riches y sont humiliées, et les pauvres y sont enflées. Mais derechef que celles mesmes qui sembloient estre quelque chose au monde, ne dedaignent point leurs sœurs, qui sont venuës de la pauvreté à cette saincte société; mais que plustost elles s'estudient de se glorifier, non de la dignité de leurs riches parens, ains de la société de leurs pauvres sœurs : et qu'elles ne s'elevent point si elles ont contribué de leurs facultez à la communauté, et ne deviennent pas plus superbes de leurs richesses, pour les avoir departies au monastere, que si elles en joüyssoient au siecle : car toute autre iniquité est exercée ès

(1) Chapitre 2 et 4.

mauvaises œuvres, afin qu'elles se fassent, mais l'orgueil fait des embusches aux bonnes œuvres mesmes, afin qu'estant faites elles perissent. De quoy sert-il de distribuer en donnant aux pauvres, et se rendre pauvres soy-mesmes, si la miserable ame est renduë plus superbe en meprisant les richesses, qu'elle n'estoit en les possedant. Vivez donc toutes unanimement et de bon accord, et honorez Dieu, duquel vous avez esté renduës le temple, les unes en la personne des autres reciproquement.

CHAPITRE VI.

Soyez soigneuses des oraisons, ès heures et temps establis. Que personne ne fasse chose quelconque en l'oratoire, sinon ce pourquoy il est faict; et d'où il prend son nom, afin que si outre les heures determinées, quelques-unes, si elles en ont le loisir, vouloient prier, celles qui veulent y faire quelque autre chose ne leur donnent empeschement.

Quand vous priez Dieu par psalmes et cantiques, que ce que vous prononcez de voix soit pareillement en vostre cœur, et ne chantez sinon ce que vous lisez devoir estre chanté : mais ce qui n'est pas escrit pour estre chanté, ne le chantez pas.

CHAPITRE VII.

Domptez vostre chair par jeusnes et abstinences du manger et boire, autant que la santé le permet. Or quand quelqu'une ne peut porter le jeusne, que toutesfois elle ne mange pas hors le repas, sinon qu'elle fust malade.

CHAPITRE VIII.

Venant à table, oyez sans bruit ny contention, ce que selon la coutume on lira, jusques à ce que vous vous leviez, et que vostre gosier seul ne reçoive pas la viande : mais que vos oreilles reçoivent pareillement la parole de Dieu.

Si on traite differemment en viande celles qui sont delicates par l'accoutumance passée, cela ne doit pas fascher les autres, qui par une autre accoutumance sont renduës plus fortes, ny ne leur doit pas sembler injuste.

Et qu'elles ne les estiment pas plus heureuses de quoy elles mangent ce qu'elles-mesmes ne mangent pas; mais que plustost elles se rejouyssent en elles-mesmes de ce qu'elles sont plus robustes qu'icelles, et peuvent ce qu'icelles ne peuvent pas.

Et si on donne quelque chose en viandes, en habits, en lit, en couvertes, à celles qui viennent d'entre les delicatesses du monde au monastere, de plus qu'on ne donne aux plus robustes, et par consequent plus heureuses : celles-cy auxquelles on ne donne pas ces particularitez doivent penser combien celles-là se sont demises de leur vie mondaine pour venir à la monastique, quoyqu'elles ne puissent pas arriver jusques à la sobrieté et frugalité des autres qui sont de plus forte complexion. Et celles-cy qui sont plus vigoureuses, ne se doivent pas troubler, si elles voyent que plustost par support et compassion, que par honneur, celles-là reçoivent des meilleures portions, afin que cette detestable perversité n'advienne, qu'au monastere, où tant qu'il se peut les riches sont renduës laborieuses, les pauvres soient faites delicates.

CHAPITRE IX.

Certes comme les malades ont besoin de manger moins, de peur de se surcharger; aussi après la maladie doivent-elles estre traitées de sorte qu'elles puissent plustost estre ravigorées, bien qu'elles fussent issuës de pauvre lieu au monde, comme la recente maladie leur faisant avoir besoin de ce que la precedente accoutumance a rendu necessaire aux riches. Mais ayant repris les forces pristines, qu'elles retournent à leur plus heureuse coustume, qui est d'autant plus convenable aux servantes de Dieu, qu'elles ont moins de besoin d'autres choses ; et que la volupté des viandes ne les retienne plus estant gueries, au train auquel la necessité les avoit portées durant la maladie. Celles-là se doivent estimer plus riches, qui sont plus robustes pour supporter l'abstinence : car il est mieux de n'avoir pas besoin de beaucoup, que d'avoir beaucoup.

CHAPITRE X.

Que vostre habit ne soit point remarquable, et n'affectez pas de plaire par les habits du corps, mais par les habitudes du cœur ; et que vos voiles ne soient pas si rares, que vos coiffures puissent paroistre au-dessous. Que vos cheveux ne soient decouverts de nulle part, afin que la negligence ne les laisse eparpiller, ny l'artifice ne les compose et plie au-dehors.

Quand vous allez dehors, marchez ensemblement : estant parvenuës où vous allez, demeurez ensemble. En vostre marcher, en vostre sejour, ou demeure, en vostre seance, en tous vos mouvemens, rien ne se fasse qui attire aucun à convoitise, mais qui soit convenable à vostre saincteté, c'est-à-dire à la saincteté de vostre vocation.

CHAPITRE XI.

Si vous jettez vos yeux sur quelqu'un, ne les arrestez toutesfois sur aucun : car allant dehors, il ne vous est pas deffendu de voir les hommes, mais de les convoiter ; ou vouloir estre convoitées par iceux, c'est une faute criminelle : ny ce n'est pas seulement par le toucher, mais aussi par l'affection et par le regard que la femme est convoitée, et convoite. Et ne dites pas que vostre intention est pudique, si vous avez les yeux impudiques : car l'œil impudique est messager du cœur impudique, et lorsque la langue, demeurant en silence, les cœurs par des regards mutuels s'entretiennent de l'impudicité, et que par une convoitise ils se complaisent en des reciproques ardeurs, quoyque les corps demeurent purs d'impudicité, la chasteté neantmoins perit ès mœurs du cœur. Et celle qui arreste son œil sur un homme, et aime qu'iceluy arreste aussi son œil en elle, ne doit nullement penser de n'estre pas vuë en cette action. Certes elle est regardée, et par ceux qu'elle ne pense pas. Mais soit que nul n'y prenne garde, comme se cachera-t-elle de ce spectateur d'en haut, auquel rien ne peut estre caché? Doit-on, je vous prie, estimer qu'il ne voit pas nos actions, parce qu'il les voit d'autant plus patiemment, qu'il les voit plus sagement! Qu'à celuy-là donc la femme saincte craigne de deplaire, afin qu'elle ne veuille mechamment plaire à l'homme. Qu'elle se ressouvienne que celuy-là voit tout, afin qu'elle ne veuille estre mauvaisement regardée par l'homme : car d'iceluy est recommandée la crainte, et pour cette mesme cause, où il est escrit : « Celuy est abomination au Seigneur, qui fiche et arreste l'œil. »

CHAPITRE XII.

Quand doncques vous estes ensemble à l'eglise, et ailleurs partout où les hommes se treuvent, prenez soin mutuellement de garder vostre chasteté l'une de l'autre : car en cette sorte, Dieu qui habite en vous, vous gardera de vous-mesmes. Et si vous vous apercevez que quelqu'une d'entre vous commette de l'œil cette insolence dont je parle, advertissez-la promptement, afin que ces commencemens ne fassent progrez, mais soyent soudain corrigez. Que si après l'advertissement, derechef, ou bien un autre jour, vous luy voyiez faire les mesmes traits, alors celle qui l'aura apperçue, quelle qu'elle soit, la doit manifester comme une personne desjà blessée, afin qu'on la guerisse. Avant cela toutesfois, il faut faire voir la mesme faute à une ou deux autres, à ce que par le tesmoignage de deux, ou de trois, elle puisse estre convaincuë et reprimée par une convenable severité. Et ne jugez pas qu'en descouvrant ce mal vous commettiez aucune malvueillance; car plustost estes-vous coupable lorsqu'en accusant les fautes de vos sœurs, vous les pouvez faire amender, et en vous taisant vous permettez qu'elles perissent ; car si vostre sœur avoit un corps qu'elle voulust estre celé, crainte qu'on ne luy fist quelque incision, ne seriez-vous pas cruelle en vous taisant, et benigne en le revelant ? Combien plus donc devez-vous manifester l'ulcere spirituel, afin qu'il ne pourrisse plus dangereusement au cœur?

CHAPITRE XIII.

Mais avant qu'on fasse prendre garde de la faute aux autres, par lesquelles en cas qu'elle la nie, elle puisse estre convaincuë, si après la premiere admonition elle ne se corrige pas, il faut premierement advertir la superieure, afin que s'il se peut, estant plus secretement corrigée, il ne soit besoin que les autres le sachent. Que si elle nie, alors il lui faut opposer des autres sœurs, afin qu'elle puisse non-seulement estre reprise par une seule devant toutes les autres, mais que par le tesmoignage de deux ou trois elle soit convaincuë.

CHAPITRE XIV.

Estant convaincuë, elle doit estre corrigée par chastiment et punition, selon le jugement de la superieure ou du prestre. Que si elle refuse de subir la peine qu'on luy impose, et si elle ne s'en va, qu'on l'expulse et mette dehors de vostre congregation et societé. Et cecy ne se fait pas avec cruauté, mais avec misericorde, afin que par une pestilente contagion elle ne perde plusieurs autres sœurs. Et ce que j'ai dit de cette faute d'arrester la vuë sur les hommes, doit estre diligemment observé en remarquant, deffendant, manifestant, convaincant et punissant les autres peschez : conservant en cela la charité envers les personnes, et la haine contre leurs vices.

CHAPITRE XV.

Or quelle que ce soit, qui soit parvenuë à ce signe d'iniquité, que de recevoir ou lettres, ou presens en secret, si elle le confesse librement, qu'on lui pardonne, et qu'on prie pour elle. Que si elle est surprise en cette faute, et en est convaincuë, qu'elle soit grievement chastiée, selon qu'il semblera bon à la superieure, ou au prestre, ou mesme à l'evesque.

CHAPITRE XVI.

Ayez toutes vos robbes en un lieu, sous la garde et charge d'une sœur ou deux, ou d'autant de sœurs qu'il sera requis, pour les secoüer et conserver, afin que la tigne ne les gaste ; et comme vous vivez toutes d'une despence, ainsi soyez toutes vestuës d'un vestiaire. Et s'il se peut faire, ne prenez point garde à ce que l'on vous donnera à vestir, selon les saisons, pour voir si l'on vous donnera les habits que vous aviez posez et remis, ou bien si l'on vous donne ceux qu'une autre avoit portez, pourveu que ce qui est necessaire à une chacune ne luy soit pas refusé. Que si pour ce sujet naissent entre vous des contentions et murmurations, quelqu'une par aventure se plaignant d'avoir des vestemens pires qu'elle n'avoit pas remis, et d'estre tenuë indigne de porter des habits aussi bons qu'une autre sœur ; apprenez de cela combien vous estes mal en point ès sainctes habitudes interieures du cœur, qui etrivez et debattez pour les habits externes du corps. Que si toutesfois vostre infirmité est supportée, pour vous faire avoir les habits mesmes que vous aviez posez, ayez neantmoins tout ce que vous posez en un mesme lieu, et les remettéz à la garde des sœurs à ce commises, en sorte que nulle d'entre vous ne travaille pour soy-mesme, soit pour se vestir, soit pour avoir de quoy maintenir son lit, soit pour avoir de quoy se ceindre ou affubler, ou pour couvrir sa teste. Mais que tous vos ouvrages se fassent en commun, avec plus de soin et d'allegresse ordinaire, que si vous les faisiez pour vous-mesmes en particulier : car la charité de laquelle il est escrit : « Qu'elle ne cherche « point les choses qui sont à elle » (c'est-à-dire ses commoditez, ses profits, ses avantages) doit estre entenduë ainsi, à savoir, qu'elle ne prefere point ses commoditez propres aux commoditez communes ; ains les communes aux propres. C'est pourquoy d'autant plus que vous prefererez la communauté à vostre particularité, d'autant plus devez-vous sçavoir que vous avez profité à ce que parmy toutes les choses desquelles se sert la transitoire necessité, on voye sur-exceller la permanente charité. Et de là il s'ensuit que ce que quelqu'un donnera à ses filles, ou à ses parentes et alliées qui seront dans le monastere, soit robbe, soit autre chose necessaire, ne doit point estre receu en secret, ains que tout cela soit remis au pouvoir de la superieure, afin qu'estant mis en commun, quand besoin sera il soit distribué. Que si quelqu'une cele ce qui luy aura esté donné, qu'elle soit condamnée comme larronnesse. Que vos vestemens soient lavez selon qu'il semblera bon à la superieure, ou par vous-mesmes, ou par les foulons, afin que le trop grand desir d'avoir des vestemens nets n'attire des soüillures en l'ame.

CHAPITRE XVII.

Le lavement des corps et l'usage des bains ne soit pas frequent, ains soit accordé selon les intervalles des temps accoutumez, c'est-à-dire une fois le mois. Mais celle dont la necessité de maladie requiert qu'elle se baigne, qu'on ne retarde pas davantage ; ains que cela se fasse sans murmuration, par l'advis du medecin, en sorte que quand mesme elle ne le voudroit pas, il soit faict ce qu'il faut faire pour sa santé. Que si elle veut le bain, et qu'il ne soit pas expedient pour sa santé, que l'on ne seconde pas en cela son affection : car quelquesfois ce qui delecte semble estre profitable, encore qu'il nuise. Enfin s'il y a quelque douleur cachée au corps de la servante de Dieu, qu'on la croye simplement sans doute ; mais toutesfois à sçavoir si ce qui luy plaist, est propre à guerir sa douleur : si ce n'est pas chose asseurée, qu'on s'en conseille au medecin. Et que les sœurs n'aillent point aux bains, ny ailleurs, où qu'il soit requis qu'elles aillent, moins de trois ensemble : et que celle qui a besoin d'aller en quelque part, n'y aille pas avec celle qu'elle voudra, mais devra aller avec celle que la superieure ordonnera.

Le soin de celles qui sont malades, ou de celles qui après la maladie ont besoin d'estre ravigorées, ou de celles qui sont travaillées de quelque infirmité, ou des fievres, doit estre enjoint à quelqu'une, afin qu'elle demande à la depense ce qu'elle estimera estre necessaire à une chacune. Et soit celles qui ont charge de la depense, soit celles qui ont charge des vestemens, soit celles qui ont charge des livres, qu'elles servent de bon cœur, sans murmuration, à leurs sœurs.

CHAPITRE XVIII.

Qu'on demande les livres tous les jours à l'heure assignée, hors de laquelle celles qui les demandent, soient econduites. Mais quant aux habits et souliers, que celles qui les ont en garde, ne different pas de les donner à celles qui en ont affaire.

CHAPITRE XIX.

Que vous n'ayez aucun procès, ou qu'au plustost vous le terminiez, afin que l'ire croissant ne se convertisse en haine, et fasse une poultre d'un fetu, et ne fasse l'ame homicide : car ce n'est pas les hommes seuls que regarde ce qui est escrit : « Celui qui hait son frere, est homicide ; » ains au sexe des masles, que Dieu crea le premier, le sexe des femmes a aussi receu ce commandement.

CHAPITRE XX.

Celle qui par injure, malediction, ou reproche de crime, offensera une autre, qu'elle se ressouvienne de reparer au plustost par satisfaction la faute qu'elle a commise ; et celle qui a esté offensée, de pardonner sans contention. Que si elles se sont reciproquement offensées, elles se doivent pardonner l'une à l'autre, à cause de vos prieres, lesquelles doivent estre d'autant plus sainctes, qu'elles sont plus frequentes. Or celle-là est meilleure, laquelle, bien qu'elle soit souvent tentée de courroux, se haste toutesfois d'impetrer le pardon de celle à laquelle elle connoist d'avoir fait l'injure, que n'est pas celle qui est plus tardive à se courroucer, et plus mal-aisement aussi se laisse persuader de demander pardon. Celle qui ne veut pardonner à sa sœur, ne doit point esperer de recevoir le fruit de l'oraison : mais celle laquelle ne veut jamais demander pardon, ou qui ne le demande pas de bon cœur, est en vain dans le monastere, quoy qu'on ne la rejette pas d'iceluy. Et partant gardez-vous des paroles dures, lesquelles si elles sont proferées par vostre bouche, qu'il ne vous fasche point de produire les remedes par la mesme bouche qui a fait la blessure.

CHAPITRE XXI.

Mais quand la necessité de la correction vous pousse de dire des paroles aspres, pour reprimer les inferieures, si en cela vous avez outre-passé la raison, on ne requiert pas de vous, que vous leur demandiez pardon, afin que practiquant une trop grande humilité envers celles qui doivent estre sujettes, on n'enerve pas l'autorité de gouverner : mais toutefois il faut demander pardon au Seigneur de toutes choses, qui cognoist de quelle affection vous aimez celle-là mesme, laquelle, peut-estre, vous corrigez un peu plus asprement qu'il ne faut.

CHAPITRE XXII.

Or entre vous ne doit estre aucune dilection charnelle, ains spirituelle.

CHAPITRE XXIII.

Que l'on obeisse à la superieure, en gardant l'honneur qui luy est deu, de peur qu'en icelle Dieu ne soit offensé; beaucoup plus encore au prestre qui a soin de toutes vous autres.

CHAPITRE XXIV.

Or afin que toutes ces choses soient gardées, et que si quelque chose n'est pas observée, elle ne soit pas pourtant negligée, ains qu'on ait soin de reparer et corriger le defaut, cela est principalement de la charge de la superieure ; en sorte qu'en ce qui est extraordinaire, et qui excede sa capacité, elle s'en rapporte au prestre qui a soin de vous.

CHAPITRE XXV.

Mais quant à elle, qu'elle ne s'estime pas heureuse pour l'autorité et maistrise qu'elle a; mais pour le devoir qu'elle a de rendre service aux autres avec charité.

Qu'elle vous soit superieure par honneur devant les hommes, et que devant Dieu elle soit prosternée sous vos pieds.

Qu'elle se montre exemple des bonnes œuvres envers toutes.

Qu'elle admoneste les remuantes. Qu'elle console les pusillanimes.

Qu'elle reçoive et soulage les infirmes.

Qu'elle soit patiente envers toutes.

Qu'elle soit exacte et severe pour elle-mesme en l'observance de la discipline et reglemens de la maison, et reservée l'imposant aux autres. Et que bien que l'un et l'autre soit necessaire, que toutesfois elle affectionne plus d'estre aimée que d'estre redoutée de vous, pensant tousjours qu'elle doit rendre compte de vous à Dieu ; et partant obeissant de plus en plus, n'ayez pas seulement pitié et compassion de vous-mesme ; mais aussi d'elle, qui est en un peril d'autant plus grand parmy vous, qu'elle est en une charge plus relevée.

CHAPITRE XXVI.

Plaise à Dieu que vous observiez toutes ces choses icy avec dilection, comme amoureuses de la beauté spirituelle, et comme odoriferantes des bonnes odeurs de Jesus-Christ, par la bonne conversation, non comme esclaves sous la loy, mais comme libres et affranchies, constituées sous la grace de Dieu.

CHAPITRE XXVII.

Et afin que vous puissiez souvent regarder en ce petit livret comme en un miroir, et que vous ne negligiez quelque chose par oubly, qu'il vous soit leu chaque semaine une fois. Et quand vous trouverez que vous faites ce qui est escrit en iceluy, rendez-en graces au Seigneur distributeur de tous biens : mais quand quelqu'une d'entre vous cognoist d'avoir failly, qu'elle se repente du passé, et soit sur ses gardes pour l'avenir, priant Dieu que son offense luy soit remise, et qu'elle ne soit point induite en tentation. Ainsi soit-il.

URBANUS PAPA VIII.

Ad perpetuam rei memoriam. Militantis Ecclesiæ regimini, nullo licet meritorum suffragio, per abundantiam divinæ gratiæ præpositi, inter gravissimas multiplicesque apostolicæ servitutis curas, ad ea jugiter intendimus, per quæ fœlici sanctimonialium, quæ oblitæ populum suum et domum patris sui, divini Numinis obsequiis se manciparunt, regimini atque directioni opportunis rationibus consulitur, ac his quæ propterea facta esse dignoscuntur, ut firma perpetuò, et illibata persistant, libenter, cùm à nobis petitur, apostolici munimimis, adjicimus firmitatem, prout conspicimus salubriter in Domino expedire. Sanè dilectæ in Christo filiæ moniales congregationis Visitationis B. Mariæ virginis, ordinis S. Augustini, nobis nuper exponi fecerunt, quòd aliàs bonæ memoriæ Franciscus episcopus Gebennensis, pro prospero earumdem monialium statu atque gubernio, de mandato fœl. rec. Pauli Papæ V, prædecessoris nostri, infrascriptas constitutiones fecit, tenoris subsequentis, videlicet.

CONSTITUTIONS

POUR

LES SOEURS RELIGIEUSES DE LA VISITATION.

CONSTITUTIONS

POUR

LES SOEURS RELIGIEUSES DE LA VISITATION (1).

De la fin pour laquelle cette congregation a esté instituée.

Plusieurs filles et femmes divinement inspirées, aspirent bien souvent à la vie religieuse, qui toutes, ou par imbecillité de leur complexion naturelle, ou pour estre desjà affoiblies par l'age, ou enfin pour n'estre pas attirées à la practique des austeritez et rigueurs exterieures, ne peuvent pas entrer ès religions esquelles on est obligé à des grandes penitences corporelles : comme sont la pluspart des congregations reformées qu'on voit par deçà : et par ce moyen sont contraintes de s'arrester parmy le tracas ordinaire du monde, exposées aux continuelles occasions de pecher, ou du moins de perdre la ferveur de la devotion. En quoy certes elles sont dignes de grande compassion : car qui ne plaindroit, je vous prie, une ame genereuse, laquelle desirant extremement de se retirer de la presse de ce siecle pour vivre toute en Dieu, ne peut neantmoins le faire faute d'avoir un corps assez fort, une complexion assez saine, ou un age assez vigoureux ; la poursuite qu'elle voudroit faire pour acquerir une plus grande sainctété, demeurant ou empeschée ou retardée par le manquement de la santé ?

Afin donc que telles ames eussent desormais quelque asseurée retraite en ces contrées de deçà, cette congregation a esté erigée, en sorte que nulle grande âspreté ne puisse divertir les foibles et infirmes de s'y ranger, pour y vacquer à la perfection du divin amour. En suitte de quoy on pourra premierement recevoir les vefves egalement comme les filles, pourveu que si elles ont des enfans elles en soient bien et legitimement dechargées, et qu'elles ayent suffisamment pourveu à leurs affaires, selon qu'il sera jugé expedient par le pere spirituel, et autres personnes de qualité, sur l'advis desquels on se puisse reposer, afin d'oster aux gens du monde toute occasion de murmurer autant que faire se pourra ; et de detourner l'inquietude que l'ennemy a accoutumé de donner par le soin inutile et indiscret qu'il suggere aux vefves, des choses qu'elles ont laissées au monde.

On pourra secondement recevoir celles qui, pour leur âge, ou pour quelque imbecillité corporelle, ne peuvent avoir accès aux monasteres plus austeres, pourveu qu'elles ayent l'esprit sain et bien disposé à vivre en une profonde humilité, obeissance, simplicité, douceur et resignation ; neantmoins on excepte celles qui seroient atteintes de quelque mal contagieux, comme de lepre, ecrouëlles, et autres semblables : ou qui auroient des infirmitez si pressantes, qu'elles fussent tout-à-fait incapables de suivre la regle et les exercices ordinaires de la congregation.

Tiercement, celles qui seront de bonne et forte complexion, y seront receuës comme appelées de Dieu au secours et soulagement des infirmes ; et tout ainsi que les foibles jouïront du fruit de la santé des robustes, les robustes jouïront reciproquement du merite de la patience des imbecilles, et afin que tant les unes que les autres puissent tousjours avoir accès à cette congregation, la superieure prendra soigneusement garde à ce qu'on n'y introduise, ny directement ny indirectement, aucunes austerités corporelles, outre celles qui y sont maintenant, qui puissent estre d'obligation ou de coutume generale. A quoi le glorieux pere sainct Augustin a visé, marquant si cordialement en la regle le support des infirmes, et tesmoignant assez par-là, qu'il veut

---

(1) Le lecteur trouvera à la suite des Constitutions les omissions de la premiere publication.

que les infirmes soient receuës ; et qu'à leur consideration on n'amplifie point les aspretez. Et semble que selon la parabole, il fasse entrer en l'estat religieux comme au festin nuptial de l'Espoux celeste, non-seulement les sains et gaillards; mais aussi les infirmes, boiteux et aveugles, en sorte que sa maison se remplisse d'invités.

CONSTITUTION I.

Des trois rangs des sœurs (1).

Les sœurs de la congregation seront de trois rangs, les unes seront choristes, c'est-à-dire employées à l'office sacré du chœur pour y chanter les heures. Les autres seront les sœurs associées, c'est-à-dire lesquelles n'ayant pas les forces et les talens de dire et chanter les offices, sont neantmoins admises en la congregation pour y practiquer les autres exercices spirituels, et tout le reste de la vie religieuse. Les autres sont les sœurs domestiques. Quant aux sœurs associées, elles ne laisseront pas d'estre capables de toutes les charges du monastere (excepté celle de l'assistante), et auront voix active et passive, tout de mesme que les sœurs choristes. Que si quelqu'une d'entre elles estoit esleuë pour superieure, elle fera tout ce qui appartient à cette charge-là, sinon en ce qui regarde l'office du chœur qu'elle laissera faire à l'assistante, laquelle comme ayant charge du chœur et des offices sacrez, ne pourra jamais estre que des sœurs choristes.

Mais les sœurs domestiques, ou du menage, n'auront nulle voix, ny active, ny passive. Et ne leur sera jamais permis de demander d'estre admises au premier ou second rang des sœurs. Que si elles le sont, qu'on ne puisse plus en façon quelconque proposer leur admission, sinon trois ans après qu'elles auront fait la demande. Nulle sœur des autres rangs ne pourra non plus jamais proposer ladite admission ; ains sera cette proposition reservée à la superieure, après avoir oüy l'advis des sœurs coadjutrices ou conseilleres : et laquelle prendra garde à ne point proposer telle admission, que pour des sœurs qui volontiers et de bon cœur auront esté douces, paisibles et humbles ; et qui auront des talens convenables pour pouvoir servir ès autres rangs : auxquels nonobstant tout cela, elles ne devront entrer que par les deux tiers des voix de la congregation : quant à celles qui pour leur long travail, ou pour avoir quelque infirmité d'age ou de maladie, devront estre soulagées, et neantmoins ne seront pas propres pour les autres rangs, on leur pourvoira de repos et de consolation en leur condition.

(1) Voyez les additions à la suite des Constitutions.

Les sœurs associées comme les sœurs domestiques ne seront point obligées aux heures, les unes ne pouvant les dire, et les autres estant destinées à d'autres services : mais au lieu de prime, tierce, sexte et none, elles diront douze fois le *Pater Noster*, et *Ave Maria* au matin, et une fois le *Credo* à la fin ; en lieu de vespres et complies, sept *Pater* et *Ave*, et pour matines et laudes, dix : et ne manqueront point d'assister à la messe tous les jours, tant que faire se pourra ; et de mesme les festes à tous les offices, en quelque lieu où elles n'interrompent point les sœurs choristes, ny ne leur causent point de distractions s'il leur falloit entrer et sortir.

Les sœurs domestiques ne prendront point de voile noir à la profession, ains seulement la croix d'argent, par laquelle elles seront differentes des sœurs novices. Mais elles ne seront nullement traitées differemment des autres, ny ès habits, ny ès lits, ny au manger et boire, ny au soin de leur santé, ny ès exercices propres à leur avancement spirituel, ny en autre chose quelconque, ains seront traitées cherement et cordialement par la superieure, et par toutes les autres sœurs, puis qu'en cette congregation on doit vivre sans murmuration ny mepris, ains avec egale dilection, Marthe et Magdeleine en vraies sœurs et bien-aimées de Nostre-Seigneur.

Au reste les sœurs ne pourront estre que trente-trois en tout, dont il y en aura pour le moins vingt choristes, et pour le plus neuf sœurs associées, et quatre sœurs domestiques, sinon que pour quelque legitime et digne respect, il semblast au pere spirituel, à la superieure et au chapitre, d'en prendre quelques-unes de plus avec dispense de l'evesque.

CONSTITUTION II.

De la clausure (1).

La clausure s'observera selon les propres termes du sacré concile de Trente, qui sont tels : « Qu'il « ne soit loisible à aucune religieuse, après la « profession, de sortir du monastere, non pas « mesme pour quelque temps, pour court et bref « qu'il puisse estre, ny pour aucun pretexte que « ce soit, si ce n'est pour quelque cause legitime, « qui doive estre approuvée par l'evesque : Et « quant à ce qui est d'entrer dans l'enclos du mo- « nastere, que cela ne soit permis à personne « quelconque, de quel genre, condition, sexe « ou age qu'elle soit, sans licence expresse ob- « tenue en escrit de l'evesque, sous peine d'ex-

(1) Voyez les additions à la suite des Constitutions.

« communication encourüe, soudain la faute faicte.
« Or l'evesque doit seulement donner licence ès
« cas necessaires. » Et aux cas èsquels n'arrivera
l'autorité de l'evesque, l'on recourra au Saint-
Siege apostolique. Mais quand le concile parle
de l'evesque, il comprend celuy auquel l'evesque
a donné charge expresse de departir telles licences.

Quand le confesseur, medecin, apothicaire, chirurgien, maçon, charpentier, ou tel autre, qui par necessité et avec licence entrera dans le monastere, sera arrivé à la porte, deux sœurs le viendront prendre pour le conduire au lieu où il doit faire sa charge, ayant auparavant fait sonner une clochette, afin que les sœurs se retirent dans leurs chambres, ou ès lieux de leurs offices, pour eviter d'estre rencontrées : ce qui se fera de mesme à la sortie ; sans que les sœurs deputées à la conduite devisent avec ces personnes-là, sinon pour repondre.

Le confesseur oyant la confession, conferant l'extreme-onction, ou assistant les mourantes, demeurera en sorte qu'il soit veu des sœurs qui l'auront amené, et la porte de la chambre ouverte.

Toutes telles personnes ne s'arresteront dedans le monastere qu'autant que la necessité le requerrera : si on est contraint pour occasion pressante et utilité de les appeler de nuit, quatre sœurs avec plusieurs lumieres les accompagneront à l'entrée, à la sortie et pendant le sejour dans la maison, qu'on procurera estre le plus court que faire se pourra.

CONSTITUTION III.

De l'obeyssance (1).

« L'obeissant, dit l'Escriture, racontera les victoires ; » afin donc que cette congregation puisse surmonter ses ennemis spirituels, et compter un jour à Nostre-Seigneur plusieurs sainctes victoires, elle doit estre establie en une parfaicte obeyssance.

En suite dequoy toutes les sœurs obeyront soigneusement, fidelement, promptement, simplement, franchement et cordialement à la superieure, comme à leur mere, dit la regle, c'est à sçavoir, avec une affection toute filiale.

Que si quelqu'une viole l'obeyssance deuë à la regle, ou aux constitutions, ou à la superieure, elle sera soigneusement corrigée, et mesme par imposition de penitences et mortifications, selon la qualité de la faute, et tousjours neantmoins en esprit de charité.

(1) Voyez les additions à la suite des Constitutions.

Tous les messages et toutes les lettres qui seront apportées dedans la maison, ou qui devront estre envoyées dehors, seront premierement representées à la superieure, qui en ordonnera selon qu'elle jugera le mieux. On excepte neantmoins les lettres du pere spirituel, lesquelles estant reçuës par la superieure, seront remises à celles à qui elles seront adressées sans estre ouvertes, comme de mesme celles que les sœurs escriront au pere spirituel, ne seront point veuës par la superieure ; ains elles les remettront à celle qui en a le soin pour estre cachetées, et les faire rendre audit pere spirituel.

Les occasions particulieres où il sera requis de dispenser de l'ordinaire façon de vivre selon la regle, et de moderer les exercices pour quelques sœurs ; ou mesme quelquefois pour toutes (ce qui ne doit se faire que pour des occurrences rares et signalées), la superieure en aura le pouvoir, comme par exemple, de dispenser une sœur de venir au chœur pour l'office, de jeusner ès jeusnes des constitutions ; de venir à la table commune ; de parler à quelques-uns le voile levé ; ou de faire la saincte communion ; et de dispenser mesme toute la communauté du silence pour quelque juste occasion ; de manger trois ou quatre fois l'année hors des repas ordinaires, laquelle neantmoins devra estre fort attentive à bien observer la discretion, pour n'estre ny trop pliable, ny trop impliable, mais ès choses d'importance, et qui tirent consequence, comme par exemple, de decharger tout-à-fait du jeusne et de la residence du chœur une sœur, et en pareilles occasions elle prendra toujours l'advis du pere spirituel, et s'il est besoin de l'evesque, ainsi que la regle dit.

Aucune des sœurs n'entreprendra de faire des jeusnes, disciplines ou telles austeritez corporelles, qu'avec le congé de la superieure, et s'il s'en treuve qui soient fortes pour cela, la superieure le leur permettra, selon qu'elle le jugera convenable. Que si plusieurs ont licence de practiquer cette mortification de la discipline, elles la feront le vendredy l'espace d'un *Ave maris stella*, et toutes ensemble, afin d'observer en toutes choses, tant qu'il se pourra, la communauté.

La superieure estant malade, ou tellement occupée qu'elle ne puisse exercer l'office de sa superiorité, l'assistante tiendra sa place, et luy sera fidelement et humblement obey et porté respect comme à la propre superieure.

Que si l'une et l'autre estoit malade ou occupée, la superieure commettra la charge à celle laquelle, selon Dieu, elle estimera en estre la plus capable. Que si par quelque soudain ou imprevu accident, ou faute d'attention, la superieure ne commet pas la charge, celle des sœurs surveillantes qui sera la plus ancienne en religion l'exercera.

CONSTITUTION IV.

De la chasteté.

Puisque la pudicité est l'honneur du sexe feminin, et que le vœu de chasteté a tousjours esté estimé fondamental, ès congregations des filles et femmes, il n'est pas besoin de declarer combien les sœurs y sont obligées : car en somme, elles ne doivent vivre, respirer ny aspirer que pour leur espoux celeste, en toute honnesteté, pureté, netteté et saincteté d'esprit, de paroles, de maintien et d'actions, par une conversation immaculée et angelique. Et l'on voit assez en la regle le zele que le glorieux pere a de cette vertu pour les sœurs, en la severité par laquelle il veut estre reprimez les seuls regards dereglez.

CONSTITUTION V.

De la pauvreté (1).

C'est chose digne de remarque combien sainct Augustin presse ardemment l'observance de la communauté en toutes choses : en suite de quoy tout ce qui est, et sera apporté et donné à la maison, doit estre parfaictement reduict en communauté, sans que jamais aucune sœur puisse avoir chose quelconque, pour petite qu'elle soit, et sous quelque pretexte que l'on puisse alleguer, en proprieté particuliere ; ains chaque sœur faisant profession resignera et renoncera purement et simplement en faveur de la congregation, ès mains de la superieure, non-seulement la proprieté et l'usufruit, mais aussi l'usage et la disposition de tout ce qu'à sa consideration sera remis et assigné à ladite congregation.

Et afin que cet article si important soit à jamais exactement observé, et que toutes affections à la jouissance et usage des choses temporelles soient retranchées, et que les sœurs vivent en une parfaicte abnegation des choses dont elles useront, ainsi que la regle l'ordonne en termes admirables, on distribuera tout ce qui est requis à la vie, soit en viandes, soit en vestemens, soit en meubles, linges; et en somme en quoy que ce soit, sans choix ny distinction, que de la necessité d'une chacune.

Et cecy s'observera si exactement, que ny les chambres, ny les lits, ny mesme les medailles, croix, chapelets, images, ne demeureront point

(1) Voyez les additions à la suite des Constitutions.

tousjours aux mesmes sœurs, ains seront changées toutes ces choses entre les sœurs, au bout de chaque année, lorsque l'on tire les billets des saincts, comme on a fait jusques à present.

On excepte neantmoins que la superieure puisse pourvoir nonobstant le sort du billet, aux sœurs qui ont beaucoup à escrire, comme l'œconome, et à celle que le medecin jugeroit que pour le soulagement de la santé, il fallust donner quelque chambre plus aërée : et la superieure mesme pourra choisir pour elle, pendant sa superiorité, la chambre la plus aisée au recours que les sœurs font à elle, et à la descente aux offices.

Et pour plus parfaictement observer la saincte vertu de pauvreté, les bastimens des monasteres estant achevez, on limitera les revenus, que l'on devra avoir selon le lieu où le monastere se trouvera, afin qu'en cela mesme la mediocrité soit suivie, et qu'il n'y ait nulle superfluité de biens en la congregation ; ains seulement l'honneste suffisance, à laquelle quand on sera parvenu, on ne prendra plus rien pour la reception des filles qui seront receues, que ce qui sera requis pour conserver et maintenir bonnement la juste suffisance du monastere.

Et pour cela mesme, on ne permettra qu'il y ait ès monasteres aucun meuble qui ne ressente la veritable simplicité religieuse, et surtout il n'y aura aucune sorte d'argenterie, sinon des cueilliers qui pourront estre d'argent, à cause de l'honnesteté, et pour en cela suivre l'exemple du bienheureux pere sainct Augustin, qui n'eut jamais autre sorte de vaisselle, ou meubles d'argent.

On excepte toutefois l'autel et l'eglise, où les meubles pourront estre riches et precieux, selon qu'ils se pourront sainctement avoir, pour l'honneur et gloire de Dieu, qui y reside en une façon tres-speciale et admirable.

Que si quelque sœur apportoit avec soy quelque meuble precieux qui ne fust propre pour l'eglise, on le vendra après sa profession, pour du prix d'iceluy en conserver la suffisance, ou faire quelque meuble ecclesiastique.

CONSTITUTION VI.

De l'emploi du jour, dès la feste de Pasques jusques à celle de S. Michel.

Depuis les cinq heures du matin, jusques à huit : Premierement, les sœurs se leveront à cinq heures : secondement, à cinq heures et demie, elles s'assembleront au chœur, et après l'adoration du sainct Sacrement, on relira les points de la meditation, on dira le *Veni Sancte Spiritus*, puis on entrera en l'oraison mentale, jusqu'à six heures et demie : tiercement, elles diront prime : quatriesmement, laquelle estant finie, elles se retireront pour ce qui leur aura esté ordonné.

Depuis huit heures jusques à dix : 1. à huit heures on chante tierce : 2. puis on dit sexte : 3. qui est suivie de la messe : 4. et la messe de none : 5. à la fin de laquelle on fait l'examen durant un *Miserere* : 6. et le reste du temps, les sœurs se retirent à faire ce qui leur convient.

Depuis dix heures jusques à midy : 1. à dix heures on prendra la refection : 2. qui est suivie de la recreation jusques à midy : 3. puis on prend les obeyssances.

Depuis midy jusques à trois heures : 1. à midy les sœurs se retirent en silence pour faire leurs ouvrages : 2. et après avoir pris le repos de demie heure, si bon leur semble : 3. à deux heures feront demie heure de lecture en particulier, parmy laquelle si quelqu'une se sent attirée à l'oraison, qu'elle suive volontiers l'attrait, pourveu qu'elle lise suffisamment pour contribuer à l'entretien d'après vespres.

Depuis trois heures jusques à six : 1. à trois heures se disent vespres : 2. après lesquelles on fait l'assemblée, en laquelle les sœurs faisant leurs ouvrages s'entretiennent de leurs lectures jusques à complies : 3. qui se disent à cinq heures : 4. qui sont suivies des litanies : 5. et les litanies de demie heure d'oraison mentale : 6. puis les sœurs sont en liberté de relascher un peu leur esprit par quelque exercice exterieur, observant toutefois le silence.

Depuis six heures jusques à dix : 1. à six heures ou environ on prendra la refection : 2. suivie de la recreation : 3. après laquelle on prend les obeyssances : 4. à huit heures et demie on sonne matines, et le grand silence commence : 5. un quart d'heure après on dit matines et laudes : 6. qui sont suivies de l'examen de conscience : 7. et l'examen de la lecture des points à mediter : 8. après quoy toutes les sœurs se retirent pour estre toutes couchées à dix heures precisement.

Mais ès festes outre l'oraison ordinaire, les sœurs non occupées à quelque office, pourront, si bon leur semble, faire demie heure d'oraison, après la messe ou none, et une autre demie heure entre la recreation du disner et vespres.

En tous temps on sonnera l'*Ave Maria*, du soir entre jour et nuict, et dès lors ne sera plus loisible de demeurer au parloir, ny d'ouvrir la porte, sinon pour quelque cause pressante, qui ne puisse estre bonnement differée.

CONSTITUTION VII.

De l'emploi du jour, dès la feste de sainct Michel jusques à Pasques.

Premierement, elles se leveront seulement à cinq heures et demie. II. Elles entreront à l'oraison depuis six heures jusques à sept. III. Prime se dira ; à huit heures et demie se diront les heures, suivies de la messe et de none. A dix heures et demie on disne. La recreation suit jusques à midy et demie qu'on entre en silence. Tout le reste se practique comme il est dit au chapitre precedent.

CONSTITUTION VIII.

En Caresme.

Tout se fait comme dessus, hormis qu'on dit vespres à dix heures et demie, qui sont suivies de l'examen, et que la lecture ne se fait qu'à trois heures, et l'assemblée à quatre, et qu'après complies, qui se disent à l'heure ordinaire, on chante le *Stabat*, suivy des litanies.

CONSTITUTION IX.

Des deux obeyssances journalieres.

Après la recreation du disner, toutes se presenteront devant la superieure, qui leur ordonnera ce qui se devra faire jusques au soir, et de mesme après la recreation du soir, elle leur departira les choses à faire jusqu'au disner du jour suivant. Que s'il n'y a rien à commander, elle leur commandera la mutuelle dilection des unes envers les autres, avec la saincte paix de Nostre-Seigneur.

Après cela, les sœurs qui ont les charges de la maison, pourront demeurer avec la superieure, pour l'avertir des choses requises, dont on ne doit point parler devant les autres, afin de laisser leur esprit en tranquillité.

CONSTITUTION X.

Du silence (1).

Le premier silence se fait dès le premier son des matines jusques après prime du jour suivant. Le second, dès qu'on a sonné le *Benedicite*, jusques à la recreation du disner. Le troisiesme, dès la recreation jusques à vespres. Le quatriesme, dès qu'on a sonné complies, jusques à la recreation du souper.

(1) Voyez les additions à la suite des Constitutions.

Mais ès jours de jeusne, le silence s'observera dès tierce jusques à la recreation du disner, et dès la recreation, jusques à trois heures.

Et faut noter, qu'en tous temps le silence s'observe au chœur, au dortoir, au refectoir, sans que l'on y puisse parler que pour des occasions necessaires ; et de plus, que l'on peut tousjours parler à la superieure, et les novices à leurs maistresses, quand il est requis.

CONSTITUTION XI.

De la varieté du chant.

I. Prime se dit à droite voix : II. Tierce, avec inflexion de chant : III. Sexte, à droite voix : IV. None, à droite voix, hormis ès dimanches et grandes festes, et ès jours des apostres, qu'elle se chante avec inflexion : V. Vespres ordinairement à droite voix, hormis le *Magnificat*, qui se dit en tous temps en chant, excepté en caresme. Mais ès dimanches et festes commandées, toutes les vespres se chantent : VI. Complie se dit à droite voix en tout temps, hormis l'antienne de Nostre-Dame, qu'on dit à la fin qui se chante, et le *Nunc dimittis*, aux grandes festes : VII. Matines et laudes à droite voix, hormis ès grandes festes que l'on chante l'Invitatoire, le *Te Deum laudamus* et le *Benedictus*, avec son antienne : ès processions èsquelles on chante les hymnes, on chantera par l'inflexion ordinaire. Mais en celles èsquelles on chante les litanies, on pourra par fois varier le chant, comme il est porté par le directoire. Au reste, on ne tirera jamais les sœurs de l'office, ny de l'oraison, sans quelque grande et pressante occasion. Que si on les en tire, elles reprendront tant qu'il se pourra, en quelque autre temps, le loisir de faire l'exercice qu'elles auront laissé.

CONSTITUTION XII.

Des assemblées.

Les sœurs s'assembleront : I. à l'office : II. à l'oraison mentale : III. au chapitre : IV. à la refection : V. aux recreations : VI. aux entretiens des lectures : VII. extraordinairement quand la superieure l'ordonnera.

CONSTITUTION XIII.

Des recreations et conversations des sœurs (1).

Les sœurs demeureront ensemble ès recreations, et faisant leurs ouvrages s'entretiendront

(1) Voyez les additions à la suite des Constitutions.

de quelques propos agreables, et sainctement joyeux, avec paix, douceur et simplicité, et pourront mesme parler les unes avec les autres en particulier : en telle sorte neantmoins qu'elles ne soient pas moins de quatre ou cinq qui se puissent entendre les unes les autres : sans toutesfois dire des choses messeantes et inciviles, ny railler, ou dire paroles de mespris sur le sujet des nations, provinces ou naissance.

Ès autres conversations elles tascheront de parler utilement, sainctement et modestement.

Elles ne joueront point, ny auront dans la maison aucun oiseau, ny animal de passe-temps, comme ecurieux, petits chiens, et autres telles bestes d'amusement inutile.

CONSTITUTION XIV.

Des ouvrages.

Les ouvrages que les sœurs prendront à faire des gens de dehors, seront receus par la superieure, ou celle qu'elle deputera, sans qu'aucune autre ait soin de cela. La maison ne fournira jamais la matiere d'aucune besogne, afin qu'il ne semble au monde qu'on veuille faire trafic de marchandises. Le prix du travail sera purement remis en commun, et ne sera proposé ny demandé que fort charitablement et amiablement, non exactement et cherement. Elles ne se mesleront point des affaires du monde, ne prenant aucune commission de vendre, ny d'acheter pour les etrangers et gens de dehors.

Au demeurant, elles ne feront aucune besogne pour la vanité, comme seroit laver des gants, faire des frisons, des fards, et choses semblables.

On ne dira point quelles sont celles d'entre les sœurs qui font les ouvrages, ny aux sœurs à qui sont les ouvrages qu'elles font, ains seront rendus par quelque sœur deputée à cela.

Et bien que toutes les sœurs soient obligées à faire les ouvrages qui leur sont donnez, avec grande fidelité et diligence, si est-ce que pour eviter toutes sortes d'empressemens, et laisser aux sœurs la liberté de s'appliquer à l'oraison interieure, et ne point suffoquer l'esprit de devotion par une trop grande contrainte de s'employer aux ouvrages, la superieure ne prefigera point aucun terme aux sœurs, dans lequel leurs ouvrages soient achevez ; ains laissera cela à leur diligence et souplesse spirituelle ; de laquelle pourtant en cas qu'elle les vid negligentes et paresseuses, elle les advertira ou fera advertir.

CONSTITUTION XV.

De la façon de parler avec les etrangers.

Quand il est requis que les sœurs parlent à ceux de dehors la maison, on observera que celle qui doit parler, soit assistée d'une autre qui puisse ouïr ce qui se dira ; sinon que pour quelque respect, la superieure treuve bon que la sœur qui parle soit vuë et non ouïe par celle qui l'assistera, laquelle en ce cas se retirera à part, faisant quelque ouvrage, ou si c'est jour de feste, lisant quelque livre, ou faisant quelque oraison : et cependant prendra garde aux paroles (si elle doit ouïr) et aux contenances de la sœur, afin d'en rendre compte à la superieure.

Au reste, les sœurs prendront gardé de n'ouïr ny dire des paroles inutiles, coupant court en toute sorte de devis, si ce n'est en ceux qui regardent le bien spirituel.

Elles tiendront le voile baissé devant les hommes, sinon que la superieure les en dispense.

On donnera plus aisement dispense aux novices de parler à leurs peres et meres, freres et sœurs, oncles et tantes, et mesme à visage decouvert ; comme au contraire, on les exemptera, tant qu'il se pourra bonnement faire, de parler à tous autres.

Les sœurs ne toucheront point la grille en parlant ; ains s'en tiendront un peu eloignées, si elles n'ont permission de faire autrement.

CONSTITUTION XVI.

Du manger et boire (1).

On pourra demeurer une heure entiere à table, s'il est expedient, afin que celles qui mangent lentement prennent leur refection à loisir. Et cependant celles qui auront plustost achevé leur repas, demeureront attentives à la lecture, sans sortir de leurs places, sinon que quelque grande et urgente necessité le requist.

Aucune ne boira ny mangera hors le repas sans congé, lequel elles demanderont avec confiance, ce qu'elles observeront en toutes autres occurrences, esquelles elles croiront d'avoir quelque necessité.

Chaque sœur lira sa semaine à table en son rang, et tour à tour, hormis la superieure ; sauf si quelqu'une pour avoir la voix foible, ou pour ne sçavoir pas convenablement lire, doive estre pour cela exceptée.

(1) Voyez les additions à la suite des Constitutions.

Or la lecture se fera clairement, distinctement, et avec des justes pauses, de periode en periode. Et pour le mieux faire, celle qui aura cette charge, fera fort bien de prevoir ce qu'elle aura à lire.

On commencera la lecture par un chapitre des constitutions, hormis le vendredy qu'on lira les regles tout au long du disner.

La superieure lira le *Benedicite* et les graces des clercs à droite voix, et ce dans le refectoire, et pour la premiere table. Mais quant à la seconde, on ne dira que le petit *Benedicite* et les petites graces : d'autant que la benediction de la premiere table s'estend encore à la seconde ; en laquelle aussi il suffira de lire un quart d'heure.

Outre les jeusnes commandez par la saincte Eglise, les sœurs jeusneront les veilles de la Trinité, Pentecoste, Ascension, Feste-Dieu ; des festes de Nostre-Dame, de sainct Augustin ; et tous les vendredys, dès la feste de sainct Michel jusques à Pasques ; sinon qu'en iceux echeust quelque feste de commandement ; car en ce cas le jeusne se remettra au samedy, auquel si encore il y avoit feste le jeusne seroit laissé.

Ès autres vendredys de l'année se fera une simple abstinence au souper, laquelle consiste à ne manger qu'une sorte d'apprest avec le pain.

CONSTITUTION XVII.

Des habits et lits.

Elles s'habilleront de noir le plus simplement qu'il se pourra, tant en la matiere qu'en la forme, ainsi qu'elles sont maintenant ; les robbes seront faictes à sac, assez amples neantmoins pour faire des plis estant ceintes, les manches longues jusques à l'extremité des doigts, et assez larges pour pouvoir tenir dans icelles les mains et les bras cachez, et repliez l'un sur l'autre.

Le voile sera d'etamine noire, sans aucune doublure du moins d'autre couleur, et pendra par derriere jusques à demy pied, un peu plus bas que la ceinture ; le bandeau du front, noir ; la barbette de toile blanche mediocre sans plis, et ne porteront ny attifets, ny empois, ny chose quelconque, qui ne ressente entierement la simplicité religieuse, et le mespris du monde.

Tant que faire se pourra, les sœurs auront chacune sa petite chambre, et du moins elles coucheront seule une chacune en son lit.

Les lits seront de matelas, le chevet toutefois pourra estre de plume et entouré de futaine blanche, et l'esté elles pourront, si elles veulent, le retrousser pour prendre l'air.

CONSTITUTION XVIII.

De l'office.

Elles diront l'office au chœur, selon qu'il est marqué au directoire, prononçant nettement et distinctement les paroles, observant les pauses, mediations, accens, moderant et ajustant leurs voix les unes aux autres, et composant leur maintien le plus devotement qu'elles pourront.

Elles seront promptes au premier son de la cloche pour aller au chœur, où elles s'achemineront avec gravité et reverence; y estant, après avoir fait la genuflexion et adoration devant le saint Sacrement, elles prendront leurs places paisiblement et sans faire bruit, et n'y parleront jamais les unes avec les autres, sinon pour des choses urgentes, et lors elles parleront fort bas et en peu de mots; et ne sortiront que pour des causes tres-pressantes, et l'office fait, aucune ne se remuera que le signe ne soit donné pour s'en aller.

Si quelqu'une fait quelque faute qui se puisse reparer, celles qui s'en apercevront la repareront doucement, et s'il se peut, insensiblement; comme par exemple, si celles qui commencent les psalmes avoient pris l'un pour l'autre, les autres qui s'en aperçoivent, sans faire semblant de cela, reprendront le psalme laissé, le poursuivant sans empressement. Mais celle qui aura fait quelque faute notable, demandera par après pardon à la superieure, en esprit d'humilité et de soumission. Or parce que les esprits humains prennent bien souvent des secretes complaisances en leurs propres inventions, mesme quand c'est sous pretexte de devotion ou accroissement de pieté, et que neantmoins il arrive quelquefois que la multitude des offices empeschent l'attention, gayté et reverence avec laquelle on les doit faire : il ne sera pas loisible à la congregation, sous quelque pretexte que ce soit, de se charger d'autres offices ou prieres ordinaires, que de celles qui sont marquées en ces constitutions et directoire; car ainsi elle aura plus de moyens et de sujet de dire et chanter l'office avec la gravité et le respect qu'elle y observe maintenant.

CONSTITUTION XIX.

Du confesseur ordinaire.

En toutes les occurrences esquelles il sera necessaire ou expedient de faire election d'un confesseur ordinaire, le pere spirituel, avec la superieure, et les sœurs conseilleres, confereront soigneusement ensemble des qualitez et conditions des ecclesiastiques, qu'on pensera pouvoir prendre cette charge tant importante : puis, toutes choses bien considerées, le pere spirituel et la superieure choisiront celuy qu'en bonne conscience ils jugeront plus propre à cela.

Or faut-il qu'il soit homme de doctrine, de prudence, et de vie irreprehensible, discret, honneste, stable et devot, et tel que l'evesque, le pere spirituel et la superieure se puissent reposer en son soin et en son zele, en ce qui est requis pour le bon estat de la conscience des sœurs : car encore que l'on employe à cela mesme plusieurs autres bons moyens, comme sont les confessions extraordinaires, et les communications avec des personnes spirituelles, et specialement avec la superieure, ainsi qu'il est dit en divers endroits des constitutions, et notamment au chapitre suivant, si est-ce que le confesseur ordinaire a plus de pouvoir pour maintenir les consciences des sœurs en pureté et sincerité que nul autre, estant comme l'ange visible deputé à la conservation des ames du monastere, et pour leur avancement au salut eternel.

Et de mesme, s'il arrivoit qu'il fallust en demettre un pour quelque occasion, la superieure et les sœurs coadjutrices en confereront avec le pere spirituel; et la conference estant faicte, le pere spirituel et la superieure se resoudront, et tant pour l'election comme pour la deposition, on rapportera à l'evesque, ou à son vicaire-general, ce qui aura esté faict, afin qu'il l'appreuve : et qu'en cas que le pere spirituel et la superieure ne fussent pas de mesme avis, il determinast l'election ou la deposition par son autorité.

Le confesseur ordinaire devant estre si bien qualifié, le pere spirituel luy pourra laisser toute la charge des affaires spirituelles ordinaires du monastere, oüy mesme d'octroyer les congez par escrit, pour faire entrer selon les constitutions, les charpentiers, maçons, laboureurs, medecins, chirurgiens, et autres personnes, dont les entrées sont fort souvent requises, afin que les peres spirituels soient tant moins importunez et incommodez, et qu'on n'ait recours à eux que pour les choses de grande consideration; comme aussi pour les choses temporelles, où la presence du pere spirituel seroit requise, le confesseur ordinaire pourroit tenir sa place quand il luy semblera à propos, et à la superieure. Il prendra encore de l'evesque l'autorité pour donner les dispenses de travailler ou faire travailler ès jours de festes, quand il jugera qu'il soit requis, et de dispenser pour l'usage des viandes prohibées en caresme, jours de jeusne, vendredis et samedis, quand la superieure jugera qu'il en soit besoin par l'advis des medecins.

Quand les sœurs et la superieure mesme luy parleront, elles l'appelleront, ou monsieur, ou mon pere, et luy porteront une grande et saincte reverence, comme à celuy duquel Dieu se sert pour leur distribuer ses graces et misericordes ès tres-saincts Sacremens. Il prendra un soin particulier à ce que ny par l'imposition des penitences extraordinaires, ny par les conseils et advis qu'il donnera en confession, rien ne se fasse qui puisse troubler l'ordre et le train du monastere, autant que faire se pourra, et mesme afin qu'on ne s'apperçoive de l'estat des consciences des sœurs qui se sont confessées.

Et finalement comme les sœurs le doivent grandement respecter, ainsi qu'il a esté dit, de mesme doit il aussi traiter avec reverence envers elles, les considerant comme espouses sacrées du Fils de Dieu.

CONSTITUTION XX.

Des confessions extraordinaires.

Quatre fois l'année, environ de trois mois en trois mois, la superieure demandera à l'evesque, ou au pere spirituel, un confesseur extraordinaire, homme bien conditionné, auquel toutes les sœurs et elle aussi se confesseront : or ledit confesseur prendra garde, tout de mesme que l'ordinaire, de ne point imposer de penitences, ny donner aucun advis qui puisse contrarier à l'ordre, ou à l'esprit de cet institut, comme seroit s'il leur imposoit, ou qu'il leur conseillast de demeurer en priere pendant les assemblées, de se lever avant l'heure, ou de veiller, et demeurer en quelque exercice après l'heure ordinaire de la retraite, ou de ne point se recreer au temps des recreations, ou de jeusner plus souvent que les autres, ou de caresmer ès temps esquels la congregation ne caresme pas.

Et outre cela, quand quelqu'une desirera de se confesser, ou conferer de sa conscience avec quelque personne bien reconnuë, et de bonne condition, la superieure le permettra volontiers, sans s'enquerir du sujet pour lequel telle conference ou confession est demandée. Mais pourtant si la superieure voyoit quelque sœur requerir souvent telles conferences ou confessions, specialement si c'est avec un mesme confesseur, elle en advertira le pere spirituel, pour avec son advis pourvoir dextrement à ce que la saincte liberté de la confession, et conference ordonnée pour le bien et la plus grande pureté, consolation et tranquillité des ames, ne soit convertie en detraquement de cœur, inquietude d'esprit, curiosité, bigearrerie, melancolie, pour nourrir quelque tentation secrete de presomption, ou d'aversion au confesseur ordinaire, ou enfin de singularité et vaine inclination aux personnes.

En cas que quelque personnage de qualité passast, de la conference duquel la superieure connust que les sœurs pourroient tirer de l'edification, elle pourra, si bon lui semble, le faire inviter à cela, et permettre aux sœurs de luy parler, ou en confession, ou autrement.

CONSTITUTION XXI.

De la communion.

Le sacré concile de Trente a declaré : qu'il desireroit qu'il y eust tousjours des communians à chaque messe; en suite de quoy, et pour seconder, entant qu'il se peut, cette saincte inclination de l'Eglise, on distribuera en sorte le benefice de la communion entre les sœurs, que tour à tour il s'en communie trois tous les jours.

Outre cela, toutes communieront les dimanches et festes de commandement, et le jour du jeudy, sinon quand il y aura quelque feste le mercredy ou le vendredy. Que si quelques-unes desirent de communier hors ces jours-là, elles ne le pourront faire sans l'advis du confesseur, et l'autorité de la superieure.

Et quant aux malades qui ne pourront bonnement venir au chœur, on leur portera la tres-saincte communion tous les huit jours, si la qualité de leur mal le leur permet.

CONSTITUTION XXII.

De l'humilité (1).

L'humilité est l'abregé de toute la discipline religieuse, le fondement de l'edifice spirituel, et le vray caractere et marque infaillible des enfans de Jesus-Christ. C'est pourquoy les sœurs auront une attention particuliere à la practique de cette vertu; faisant toutes choses en esprit de profonde, sincere et franche humilité.

Elles se porteront donc un grand honneur cordial les unes aux autres, non tant en gestes, contenances et paroles, comme en verité et effet. La superieure tiendra par-tout le premier rang, et l'assistante le second, comme vicaire de la superieure; mais elles ne laisseront pas pour cela de s'exercer aux offices de l'humilité, comme de ballier, laver les ecuelles, nettoyer les malades une chacune à son tour. Et quant au reste des sœurs, quelques offices qu'elles ayent, elles ne tiendront aucun rang, sinon en ce qui regarde

(1) Voyez les additions à la suite des Constitutions.

leurs charges ; ains elles les changeront au bout de l'année, selon le nombre qui leur écherra ès billets des saincts, hormis celle qui sera deposée de la superiorité, laquelle pour une année ira toute la derniere, quoy que la superieure la puisse employer à se conseiller, et qu'en toutes autres occurrences on luy doive du respect.

Le titre de dame, et madame, ny celuy de vostre reverence, ne seront point donnez à aucune des sœurs, ny à la superieure ; ains seulement celuy de ma mere pour la superieure, pendant sa superiorité ; et de ma sœur pour les autres ; comme aussi elles useront des titres de vostre charité, vostre dilection, les unes envers les autres.

Les jeunes honoreront les vieilles d'age, encore qu'elles fussent nouvellement venues à la congregation ; et toutes avec une noble, genereuse, et cordiale humilité se previendront mutuellement en honneur et respect, comme l'apostre ordonne.

Elles useront encore de respect envers toutes les personnes, mesme seculieres, et les nommeront tousjours honorablement une chacune selon sa qualité, sans en mepriser aucune, pour pauvre, vile et abjecte qu'elle soit.

CONSTITUTION XXIII.

De la modestie (1).

Que les sœurs en toutes leurs actions, observent une grande simplicité, modestie et tranquillité, fuyant le faste et appareil des contenances mondaines et affectées ; que leur parole soit humble et basse, les yeux doux et sereins, et pour l'ordinaire baissez, specialement au chœur, au refectoir, au chapitre, et quand elles paroissent devant les seculiers.

Elles eviteront, tant qu'il leur sera possible, toutes sortes de gestes qui sentent la legereté, sur-tout estant au parloir, gardant une humble et douce gravité, sans familiariser avec ceux qui leur parleront.

Qu'elles soient humbles, douces, cordiales et franches entre elles, se respectant amiablement, et s'entre-saluant par l'inclination de la teste lorsqu'elles se rencontreront, sans pourtant s'arrester les unes avec les autres en devis, ne parlant que pour choses necessaires, sinon lorsqu'il leur sera permis.

Qu'elles n'usent d'aucunes caresses les unes envers les autres, qui puissent tant soit peu causer aucune imagination badine et folastre, ou produire aucun amusement sensuel, si expressement deffendu en la regle, et mesme quand quelquefois elles s'entredonneront le baiser de paix, comme au jour de la reception de l'habit, à la profession, et au renouvellement general, que ce soit seulement à la joüe, et non à la bouche, et que cela se fasse fort simplement, selon l'ordre que l'on se trouvera au chœur à la fin de tout l'office, après la messe.

Qu'elles ne contestent point, non pas mesme en choses legeres. Qu'elles gardent la netteté et l'honnesteté de la bienseance religieuse en leurs habits, sans aucune affectation ny curiosité.

Estant averties en chapitre, ou au refectoir, de leurs defauts, elles recevront avec humilité l'avertissement sans replique ny excuse : ny n'en parleront point hors de là, ny d'aucune autre chose qui s'y fasse ou dise ; ains garderont la reverence deüe à toutes telles actions, mortifications, et humiliations, non-seulement faictes de leur propre mouvement : mais beaucoup plus lorsqu'elles sont enjointes, ou qu'elles leur sont faictes par la superieure, regardant avec estime tous ces moyens comme inspirez de Dieu pour leur avancement.

Quand on fera la correction à quelque sœur, ou que l'on en mortifiera en presence des autres, nulle n'entreprendra de la deffendre ny excuser : mais si quelqu'une sçait quelque chose en faveur de son innocence, elle pourra le dire en particulier à la superieure, avec humilité et modestie.

Nul ne presumera d'aller au parloir, ou tournoir, ny ailleurs, pour parler aux etrangers, ny ecouter ceux qui parlent, ny demander à la portiere, ou quelqu'autre qui y aura esté, ny que c'est que l'on y a dit.

Elles ne parleront aucunement à ceux de dehors, de ce qui se fait en la maison, sinon que ce fust quelque chose qui pust servir d'edification.

Elles n'entreront point ès chambres les unes des autres sans congé, et sans avertir celle qui est dedans, heurtant premierement à la porte, et attendant qu'elle die : Au nom de Dieu.

Et tandis qu'elles seront plusieurs en une chambre, faute de logis, elles ne remueront point les besognes les unes des autres.

Elles n'entreront point dans les chambres des offices les unes des autres sans congé, et n'y prendront rien qu'elles n'en avertissent la sœur qui en a la charge, et par après auront soin de le rapporter en temps convenable.

CONSTITUTION XXIV.

Du compte de tous les mois.

Tous les mois les sœurs decouvriront leur cœur, sommairement et briefvement à la supe-

---

(1) Voyez les additions à la suite des Constitutions.

rieure, et en toute simplicité et fidele confiance, luy en feront voir tous les replis, avec la mesme sincerité et candeur qu'un enfant monstreroit à sa mere ses egratigneures, ses foroncles, ou les picqueures que les guespes luy auroient faictes : et par ce moyen rendront compte tant de leur avancement et progrès, que de leurs pertes et defauts ès exercices de l'oraison, des vertus et de la vie spirituelle; manifestant encore leurs tentations et peines interieures, et non-seulement pour se consoler, mais aussi pour se fortifier et humilier. Bienheureuses seront celles qui practiqueront naïvement et devotement cet article, qui enseigne une partie de la sacrée enfance spirituelle, que Nostre-Seigneur a tant recommandée, de laquelle provient, et par laquelle est conservée la vraye tranquillité de l'esprit. Le premier jour de communion de chaque mois, une chacune fera à part soy le renouvellement de sa profession, à la fin de l'oraison du matin : et à cet effet chaque sœur aura en escrit la forme de sa profession, signée de sa main qu'elle lira alors.

La veille du renouvellement de chaque mois, l'on avertira les sœurs, en donnant l'obedience à midy, de se preparer pour faire cette action avec le plus de soin et de devotion que faire se pourra, comme aussi une chacune lira les constitutions et directoires particuliers qui regardent son office ou condition tous les mois, avec pareille devotion que si alors ils leur estoient donnez nouvellement. Et Dieu leur donnera tousjours des nouvelles lumieres par la lecture d'icelles.

CONSTITUTION XXV.

De la correction.

Quand quelqu'une fera quelque faute legere, les autres ne la reprendront point ; mais en cas qu'elle continuast, elles en avertiront la superieure, afin qu'elle y mette ordre. Que si la faute estoit d'importance et secrette, celle qui l'aura apperçuë fera doucement et amiablement la correction fraternelle, selon l'Evangile, jusque à trois fois ; après quoy, si la defaillante persevere à ses fautes, elle sera deferée à la seule superieure, afin que par tous les moyens possibles, elle y remedie ; mais si la faute n'est pas secrette, elle en avertira la superieure d'abord.

Et en cas que la faute qui est decouverte, pour le scandale, consequence et nuisance qu'elle tire après soy, semblast devoir estre promptement manifestée à la superieure, celle qui l'aura veuë ou sceuë, prendra l'avis de la superieure mesme, ou du pere spirituel, sans nommer ny faire cognoistre celle qui sera coupable, sinon après qu'elle aura esté conseillée de la nommer.

Afin que l'amendement se fasse plus grand en la congregation, la veille de la circoncision, après que l'on aura tiré les saincts, l'assistante priera la superieure, au nom de toutes les sœurs, de donner à chacune une ayde, et la superieure la baillera, leur enjoignant d'avoir soin particulier de s'exciter reciproquement à l'amour de Dieu, à se corriger de leurs defauts, en esprit de douceur et de charité ; et faire en sorte que ce soit sans aucune autre particularité, ensemble, et lors elles se prieront l'une et l'autre de faire soigneusement cet office reciproque, lequel par après elles practiqueront fidelement, sans monstrer aucune sorte de degoust ou de defiance ; se gardant neantmoins de mesler à leurs corrections la censure ou murmuration pour les imperfections d'autruy.

Et parce que la coustume est, que non-seulement les surveillantes, mais aussi les autres sœurs, fassent les avertissemens au refectoir, après graces, des fautes qu'elles auront remarquées, ce qui est de tres-grand profit, elle sera gardée et observée inviolablement, comme aussi celle de dire les coulpes, et faire les mortifications devant le *Benedicite*.

CONSTITUTION XXVI.

Du chapitre.

Le samedy, toutes les sœurs, sans qu'aucune s'en puisse excuser, si ce n'est pour cause extresmement grande, tant les professes, que les novices et les sœurs du menage, s'assembleront au chapitre ; et après avoir dit le *Veni sancte Spiritus*, la superieure dira tout ce qui luy semblera devoir estre dit pour le bien spirituel de la congregation. Que si quelqu'une des sœurs avoit quelque chose à proposer sur ce sujet mesme, elle le dira auparavant à la superieure, laquelle pour ayder sa memoire, fera une petite liste de tout ce qu'elle aura à deduire, si bon luy semble.

Après cela, celles qui voudront diront leurs coulpes pour plus grande humilité, et on les corrigera doucement et amiablement, sans toutesfois extenuer leurs fautes.

Que s'il n'y a autre chose à dire, la superieure lira, ou fera lire au chapitre quelque avis tiré de quelque livre devot ou un article de la regle. Et attendu qu'en toute assemblée faicte au nom de Dieu, il se trouve au milieu, les sœurs doivent assister en celle-cy, qui est vrayment faite en ce tres-sainct nom, avec grande reverence, devotion et attention, s'imaginant de voir Nostre-Seigneur au milieu d'elles, par l'ordonnance et inspiration duquel leur sont dites plusieurs choses pour leur perfection.

CONSTITUTION XXVII.

De la reception et distribution des moyens de la maison.

Les denrées seront receuës par l'œconome, qui rendra compte de mois en mois à la superieure, en presence de la portiere, d'une des surveillantes ; mais l'argent sera deposé en un coffre à trois clefs, dont une sera gardée par la superieure, l'autre par la portiere, et la troisieme par l'œconome, et sera tenu roolle des sommes qu'on recevra, avec les particularitez du jour, et des personnes qui les delivreront, et les causes pourquoy.

Lors que, par le commandement de la superieure, on prendra ce qui sera requis pour les necessitez de la maison et des sœurs, l'on fera un autre roolle qui contiendra les sommes tirées, escrit de la main de l'une de celles qui garderont les clefs, et les causes pourquoy elles ont esté tirées : et sera signé de la main de la superieure, et de l'autre qui garde les clefs, afin qu'au bout de chaque année, un peu avant Noël, toutes les officieres ensemble avec la superieure, fassent sommairement un estat de tout ce qui s'est passé au maniement exterieur de la maison ; lequel estat sera representé au superieur en la visite.

Et quant à la depense journaliere, l'œconome en aura le soin, faisant faire les emploites requises par l'une des sœurs tourieres.

CONSTITUTION XXVIII.

Du pere spirituel de la maison.

La congregation demeurera sous l'autorité ordinaire de l'evesque, ainsi que la regle le porte, auquel elle demandera un pere spirituel, qui de la part d'iceluy, prendra garde à ce que les regles soient bien observées, et qu'aucun abus ny changement ne s'introduise ; visitera la maison une fois l'année, assisté d'un compagnon meur d'age, discret et vertueux ; se treuvera aux elections de la superieure et du confesseur ordinaire ; signera les causes des sorties extraordinaires des sœurs, s'il en arrive quelque legitime sujet, et celle des entrées des hommes et femmes qui y entrent pour quelque service necessaire, sinon qu'il juge à propos, quant à cet article de l'entrée, d'en laisser la charge au confesseur ordinaire, ainsi qu'il a esté dit cy-dessus. Et à ce pere spirituel, tant la superieure que les autres sœurs, pourront avoir recours où il sera besoin, d'une speciale providence.

Mais quant à la visite, il seroit expedient qu'elle se fist par l'evesque mesme, avec l'assistance du pere spirituel et du confesseur ordinaire.

Ce pere doit donc estre homme de grande vertu, et bien reconnu docte, expert, et de grande charité, afin qu'il sçache conduire la congregation, sans se lasser de la peine qu'il aura en cette saincte besogne.

CONSTITUTION XXIX.

Des officieres de la maison, premierement de la superieure (1).

Comme l'ame et le cœur repandent leur assistance, mouvement et action en toutes les parties du corps ; aussi la superieure doit animer de sa charité, de son soin et de son exemple toute la congregation, vivifiant par son zele toutes les sœurs qui sont en sa charge, procurant que les regles soient observées le plus exactement qu'il se pourra, et que la mutuelle charité et saincte amitié flenrisse en la maison : et pour cela elle ouvrira sa poictrine maternelle et amiable à toutes les filles egalement : afin qu'en toute confiance elles ayent recours à elle en leurs doutes, scrupules, difficultez, troubles et tentations.

Qu'elle observe de tout son pouvoir les regles et constitutions, sans qu'elle practique aucune singularité, ny prenne ou reçoive aucun avantage, en habits, viandes, autres choses, sinon comme les autres, à mesure que la necessité le requerra.

Elle commandera à une chacune des sœurs, et à toutes en general, avec des paroles et contenances graves, mais suaves ; et avec un visage et un maintien asseuré, mais doux et humble ; et avec un cœur plein d'amour et de desir du profit de celle à qui elle commande.

Elle tiendra les yeux attentifs sur ce petit corps de congregation, afin que toutes les parties d'iceluy respirent la paix, la concorde, l'union et le service tres-amiable de *Jesus-Christ* : et partant lorsqu'une fois le mois les sœurs luy rendront compte de leurs ames, elle les examinera, s'enquerant discretement de l'etat present de leur esprit, pour par après les ayder, exciter, corriger, ou soulager.

Elle pourvoira avec un soin particulier à la necessité des malades, et les servira fort souvent de ses propres mains ès maladies de consequence.

Elle elevera avec un amour paternel les sœurs, qui comme petits enfans, seront encore foibles à la devotion ; se ressouvenant de ce que dit sainct Bernard à ceux qui servent les ames. La charge des ames, dit-il, n'est pas des ames fortes, mais

---

(1) Voyez les additions à la suite des Constitutions.

des infirmes : car si quelqu'un te secourt plus qu'il n'est secouru de toy, recognoy que tu es non son pere, mais son pair. Les justes et parfaicts n'ont pas besoin de superieur et conducteur, ils sont eux-mesmes leur loy et leur direction par la grace de Dieu, et font assez sans qu'on leur commande.

La superieure donc doit estre principalement pour les imbecilles et debiles, bien qu'aussi elle ne doive pas abandonner les parfaictes, afin qu'elles perseverent sans se relascher.

Et partant qu'elle prenne garde aux necessitez des sœurs, selon la sinceritè de la dilection chrestienne, et non selon les inclinations naturelles ; et sans avoir egard à l'extraction ou origine des filles, à la gentillesse de leurs esprits, bonnes mines, et autres telles conditions attrayantes, et qu'elle ne familiarise pas en telle sorte avec les unes, que cela puisse servir de tentation d'envie aux autres.

Elle ne reprendra point les fautes qui se commettront, sur-le-champ, devant les autres ; ains en particulier avec charité ; sinon que la faute fust telle, que pour l'edification de celles qui l'auront veu faire, elle requiere un prompt ressentiment, lequel en ce cas-là, elle fera en telle sorte, que blasmant le defaut, elle soulage la defaillante, taschant d'estre vraiment redoutée ; mais pourtant beaucoup plus aimée, comme dit la saincte regle.

Qu'elle ne concede point aisement à pas une l'usage des sacremens, plus frequent que celuy qui est porté par les constitutions, de peur qu'en lieu d'une amoureuse et respectueuse communion, il ne s'en fasse plusieurs par imitation, jalousie, propre estime et vanité.

Qu'elle ait un grand soin de faire continuer toute la congregation à dire l'office tres-devotement, et à faire les offices spirituels de l'oraison, meditation, examen de conscience, preparation du matin, oraisons jaculatoires, lectures, et continuelle presence de Dieu. Comme aussi elle tienne la main que toutes les officieres ayent un directoire particulier de toutes les choses qu'elles doivent observer en leurs charges.

Elle aura un soin tres-particulier que les filles et femmes ne soient jamais receues à la congregation, que leur vocation ne soit bien epreuvée : et qu'aucun respect humain n'entre point en la consideration de leur reception, ains la seule inspiration. Et partant que l'on les fasse arrester quelques semaines en la maison avant que de leur donner l'habit du noviciat, afin qu'elles soient considerées à loisir, en leurs humeurs, inclinations et deportemens.

Qu'elle procure que le pere spirituel allant dehors, laisse sa charge entre les mains d'un autre bien qualifié.

Qu'elle ait un grand soin d'empescher que rien ne soit en la maison, et ne s'y fasse, qui ne soit conforme à la saincte pudicité et pureté, à la parfaicte pauvreté et à l'exacte obeyssance ; et partant si quelque sœur avoit un peu trop d'inclination à converser avec les seculiers, quoy qu'ils fussent de profession ecclesiastique ou religieuse, ou proches parens, qu'elle luy en retranche toutes les commoditez. Et quant aux conseils spirituels, ou communication de conscience, comme la superieure les doit librement permettre : aussi doit-elle faire que ce soit avec des personnes dignes d'estre employées à cet office angelique, avec le soin cy-dessus mentionné.

Que jamais on ne fasse aucun procès, sans premierement faire rechercher la partie d'en venir à la voye amiable, dont on puisse prendre acte ; et que l'on prenne l'advis du pere spirituel, et de quelques-uns des principaux amis de la maison, et des mieux entendus, lesquels conseillans d'entrer en procès, la congregation se tiendra grandement sur ses gardes, à ce que rien ne se passe de son costé avec injustice, par animosité, contention et passion, ny en paroles, ny en ecritures, ny en œuvres. Et en cas de perte de procès, que la superieure et toute la congregation s'abstienne de toutes murmurations, jugemens temeraires, et paroles picquantes, soit contre le juge, soit contre les parties.

Qu'elle ne change ny innove rien. Que si elle a besoin elle-mesme d'estre dispensée de la regle, elle le pourra faire de sa propre autorité, après en avoir conferé avec sa coadjutrice : sinon en chose de consequence qu'elle recourra au pere spirituel, ou à l'evesque.

Qu'au demeurant elle reçoive si humblement et doucement les avis et remonstrances qui luy seront données, que les sœurs puissent avoir une juste confiance et liberté de l'advertir, ou faire advertir ès occurrences, selon qu'il sera dit après.

En somme, la superieure se doit tenir si bien auprès de Dieu, qu'elle soit le miroir et le patron de toute vertu parmy les sœurs, et qu'elle puisse puiser dans le sein du Sauveur la force et la lumiere dont elle a besoin.

CONSTITUTION XXX.

De la maniere que la superieure doit tenir pour les affaires.

La superieure estant esleue, avant toutes autres choses doit choisir quatre sœurs, qu'elle jugera plus propres pour luy donner conseil ès occurrences, avec lesquelles elle conferera pour l'ordinaire de quinze jours en quinze jours des affaires tant spirituelles que temporelles de la maison, sans toutesfois leur communiquer aucunement l'estat des ames, qu'elle aura appris par la reddition des comptes qu'en font les sœurs tous les mois.

Outre cela, comme la superieure doit avec une modeste et prudente liberté, ordonner, commander et disposer selon la regle et les constitutions, et selon qu'elle jugera estre expedient ès occurrences communes et ordinaires, aussi ès difficiles et importantes, elle doit prendre l'advis desdites sœurs ; et si la chose le merite, elle en doit encore conferer avec le pere spirituel, ou mesme avec l'evesque.

Or, il ne s'ensuit pas pourtant que la superieure doive tousjours suivre le conseil desdites sœurs ; ains suffit qu'elle l'entende, pour mieux se resoudre elle-mesme à ce que, selon Dieu, elle estimera estre plus convenable, après avoir bien consideré et pesé ce que lesdites sœurs auront allegué et remontré. Et neantmoins bien qu'elle ne soit pas obligée de suivre le conseil ; si est-ce qu'elle doit l'ecouter avec tranquillité et suavité, sans tesmoigner aucun mespris ny dedain, afin de laisser la liberté et confiance aux sœurs de dire ce qui leur semblera bon.

Mais il y a des occurrences, èsquelles selon les canons et coustumes generales des monasteres des filles et femmes, il faut ouïr et suivre la pluralité des voix de tout le chapitre des sœurs ; comme s'il faut pour quelque raison aliener et changer, ou abreger les biens du monastere, recevoir une fille au noviciat, ou à la profession ; elire la superieure ; rejeter une sœur ; demander un pere spirituel : et s'il se treuve d'autres occasions, èsquelles le pere spirituel et la superieure treuvent estre expedient que les choses passent au chapitre.

Or, en toutes les occurrences èsquelles le pere spirituel et la superieure ne se treuveront pas de mesme advis, on recourra à l'evesque, ou à son vicaire-general, qui marquera ce qui devra estre suivy et determiné.

CONSTITUTION XXXI.

Des sœurs choisies pour conseiller la superieure, et qui pour cela sont appellées ses coadjutrices.

Les quatre sœurs choisies pour conseiller la superieure, demanderont souvent l'assistance du Sainct-Esprit pour bien exercer leurs charges, tascheront de ne jamais se laisser preoccuper de leurs humeurs, inclinations, ou aversions, en ce qui regarde les deliberations qu'on doit prendre, ains avec une intention pure et simple, donneront sainctement leur advis, sans etriver, ny disputer ensemble, et sans mespriser et avilir l'advis les unes des autres, quel qu'il soit. Et s'il faut repliquer, que cela se fasse suavement avec toute modestie.

Après la consultation, qu'elles se soumettent au jugement de la superieure, luy laissant prendre telle resolution qu'elle treuvera plus à propos, sans murmurer, ny reveler aux autres sœurs ce qui aura esté dit.

Que si neantmoins lesdites sœurs voyoient que la superieure se resolut à quelque chose notablement dangereuse, ou manifestement pernicieuse, elles en avertiront le pere spirituel, ou mesme l'evesque, le plus discretement qu'elles pourront, afin qu'il y remedie. Au demeurant, elles doivent estre les plus humbles, soumises et obeyssantes de toutes à la superieure.

CONSTITUTION XXXII.

De l'assistante.

En toutes les occasions èsquelles la superieure ne pourra pas estre presente, l'assistante tiendra le pouvoir, et le lieu d'icelle, hormis au chœur, où elle se tiendra en sa place, qui sera tousjours la premiere et la plus honorable après celle de la superieure : et par consequent elle sera soigneuse de se trouver partout où les sœurs seront assemblées, pour les tenir en respect et faire observer la regle. Elle aura le soin particulier de la direction des offices du chœur, duquel elle departira les charges ès samedis et veilles des festes, èsquelles on change l'office, et ce après la recreation du disner : prenant garde que les pauses, mediations, prononciations, ceremonies, gravité et reverence, soient devotement observées. Que si quelque sœur y commet des manquemens, elle en avertira au chapitre, afin qu'il y soit remedié ; mais si ce sont des manquemens reparables, comme de prendre un psalme pour un autre, ou un ton trop haut, ou trop bas, ou semblables accidens, elle les reparera sur le champ, le plus insensiblement que faire se pourra.

Elle prendra garde qu'on ne reçoive en la maison aucun livre, que par la permission du pere spirituel, ou du confesseur ordinaire, si ce sont des livres nouveaux.

Elle donnera ordre aux lectures, et pour cela aura les livres en charge, qu'elle tiendra en bon ordre, et les distribuera selon que la superieure luy dira, quant aux sœurs professes : mais quant aux novices selon que la directrice ordonnera.

Elle deputera toutes les semaines les lectures, tant pour la premiere que seconde table, et corrigera les defauts de celles qui liront, si elles lisent trop precipitamment, ou qu'elles ne prononcent pas bien, ou qu'elles fassent quelque autre manquement : mais elle fera elle-mesme la lecture qui se fait le soir, pour la meditation du lendemain, ou bien la fera faire par quelque sœur qui lise bien et clairement.

Elle aura un particulier soin du zele de la regle, et avertira la superieure du manquement qui y surviendra, et aura memoire que comme lieutenante de la superieure, elle doit en tout et partout conspirer avec elle, pour le bon estat de la maison, et avancement des sœurs en la perfection : suivant au plus près qu'il luy sera possible, non-seulement les ordonnances, mais encore les intentions de la superieure.

S'il se presente quelque affaire duquel on ne puisse differer la resolution, lorsque la superieure, empeschée de maladie, ou autrement, n'y pourra pas pourvoir, elle s'en resoudra elle-mesme, avec l'advis des sœurs que la superieure employe pour se conseiller, en advertissant par après la superieure, si tost qu'il se pourra bonnement faire.

Elle prendra garde si toutes les sœurs vont aux exercices spirituels, et si elles observent le bon ordre requis allant à la confession et communion.

Elle visitera au soir les portes qui ont leurs issues hors de la maison, pour voir si elles sont bien fermées : et visitera aussi les sœurs un quart d'heure après qu'elles seront retirées, pour voir si elles sont couchées, et si elles ont éteint leurs lampes ; et s'en trouvant qui y ayent manqué, elle en avertira la superieure.

CONSTITUTION XXXIII.

De la directrice.

De la bonne nourriture et direction des novices, depend la conservation et le bonheur de la congregation : et partant la directrice qui en doit avoir le soin, ne doit pas seulement estre discrette, douce, et devote ; mais elle doit estre la douceur, sagesse et devotion mesme, pour avec un amour plus que maternel, elever ses novices de degré en degré à la perfection religieuse, comme des futures espouses du Fils de Dieu.

Or ce qu'elle taschera le plus de leur faire concevoir et bien entendre, c'est principalement l'intention qu'elles doivent avoir en l'election qu'elles ont faicte d'abandonner le monde, pour se retirer au monastere, qui est afin de s'unir plus parfaictement à Dieu, mortifiant leurs sens exterieurs, et encore plus leurs passions interieures, pour rappeller toutes leurs forces au service de l'Espoux celeste, par une chasteté toute pure, une pauvreté despoüillée de toutes choses, et par une obeyssance établie en une parfaicte abnegation de sa propre volonté. Et qu'en somme, cette congregation est fondée spirituellement sur le Mont de Calvaire, pour le service de JÉSUS-CHRIST crucifié, à l'imitation duquel toutes les sœurs doivent crucifier leurs sens, leurs imaginations, passions, inclinations, aversions et humeurs pour l'amour du Pere celeste.

Elle exercera les novices, en humilité, obeyssance, douceur, et modestie ; leur aggrandissant le courage, et arrachant tant que faire se pourra, les niaiseries, tendretez, et fades humeurs, qui ont accoutumé d'alanguorir et affoiblir les esprits, principalement du sexe feminin ; afin que comme des filles fortes, elles fassent des œuvres d'une perfection solide et puissante.

Et parce que l'entreprise est grande, elle leur apprendra à ne point se confier en elles-mesmes : mais à jetter toute leur confiance en Dieu, et en l'intercession et protection de la glorieuse vierge Marie. En suite dequoy elle les instruira à bien faire l'oraison, et meditation, et autres exercices spirituels ; comme aussi à se bien confesser briefvement, distinctement, et cordialement ; et à bien employer les confessions et communions ; à bien lire, prononcer, reciter et chanter l'office, avec toutes les contenances et bons maintiens qu'on doit observer au chœur et en toutes autres occurrences.

Et ne fera pas moins en tout ce qui a esté dit pour les sœurs domestiques et associées, que pour les autres, en ce que leur capacité pourra porter.

Elle fera que les novices prennent l'esprit d'un amour tres-affectionné au salut de tout le monde, afin qu'elles prient Dieu pour tous : mais specialement pour la tres-saincte Eglise catholique, et pour tous les prelats, et officiers d'icelle, faisant souvent leurs oraisons et communions pour l'exaltation de la foy catholique ; pour la conversion des infideles et pescheurs, comme aussi pour tous les princes chrestiens, et nommement pour celuy du pays où la congregation se treuve.

Elle leur annoncera souvent la sincere dilection envers tous les ordres des religions qui sont en l'Eglise de Dieu, afin que non-seulement elles prient pour iceux, ains aussi qu'elles apprennent à les estimer et respecter cordialement. Surtout elle taschera d'imprimer dans le cœur de ses novices, que toutes les sœurs de la congregation ne doivent avoir qu'un seul cœur, et qu'une seule ame, avec memoire continuelle que Nostre-Seigneur par son inspiration et vocation, et Nostre-Dame par une secrette visitation de laquelle elle a visité leur cœur, les a jointes et unies ensemble, afin que jamais elles ne fussent separées d'amour et de dilection; ains qu'elles demeurassent en unité d'esprit par le lien de charité, qui est le lien de perfection.

La directrice doncques doit avoir un esprit humblement genereux, noble et universel, pour conduire les filles à une devotion non feminine, tendre et molle, mais puissante, courageuse, relevée et universelle, maniant neantmoins differemment les cœurs des novices, selon la diversité de leur portée et condition de leur esprit, afin de les former toutes selon le bon plaisir de celuy, au service duquel elles sont dediées. Que s'il s'en treuve, comme il pourroit arriver, qui ayent le cœur un peu plus rude, grossier, et agreste, mais qui ayent pourtant la volonté bien determinée à vouloir obeyr, et bien faire, donnant esperance de pouvoir estre adoucies et civilisées, elle usera d'un amour tout particulier et genereux, pour avec patience et perseverance bien cultiver et dresser ces plantes ainsi tortuës; parce que bien souvent moyennant la main et le soin du laboureur, elles portent à la fin des fruicts fort delicieux.

Les novices s'adresseront en toutes leurs necessitez à la directrice, laquelle, si ce sont des necessitez d'importance et de consequence, en advertira la superieure : mais pour les menuës et ordinaires necessitez, auxquelles la directrice peut pourvoir aisement, elle le fera sans en donner la peine à la superieure.

Elle prendra garde à ne point s'amuser aux apparences exterieures des novices, qui souvent dependent de la bonne mine et de la composition et du maintien du corps, ou de l'habileté de l'esprit, et de la proprieté du langage : mais penetrera, tant qu'il luy sera possible, le fonds du cœur et de l'ame des filles, afin qu'elle sçache discerner leurs defauts, et de quelle main il les faut conduire.

On la dechargera, tant qu'il sera possible, de toutes les autres affaires de la maison, afin qu'elle puisse tant mieux vacquer à celle-cy qui est si importante.

Elle pourra quelquefois, selon qu'elle le jugera convenable, faire essay de la bonté et douceur des novices, leur commettant d'instruire les autres à lire, coudre, dire l'office, selon leurs talens.

Les mercredis après primes, elle fera l'assemblée au Noviciat, en forme d'un petit chapitre, où les novices diront leurs coulpes, desquelles elle les corrigera, les instruisant et mortifiant selon les sujets; et consecutivement elle leur dira quelque chose en general, pour leur avancement et profit spirituel, selon qu'elle jugera estre à propos, ou bien elle leur fera seulement faire le choix des vertus, et detestation des vices.

Or bien qu'elle puisse diversifier les exercices spirituels, selon les occurrences, elle ne pourra neantmoins en admettre de nouveaux et extraordinaires, sans l'advis du père spirituel, et de la superieure, et qu'elle prenne garde à ce que les novices ne soient pas chargées d'exercices, soit spirituels, soit temporels.

CONSTITUTION XXXIV.

Des surveillantes.

La superieure choisira deux de ses coadjutrices, ou telles autres des sœurs que bon luy semblera, qui avec elle prendront garde aux fautes et manquemens particuliers qui se commettent, pour les luy faire sçavoir, et conferer avec elle des remedes convenables; voire mesme quand la superieure l'ordonnera, elles pourront proposer les fautes et manquemens en plein chapitre avec modestie et simplicité : mais la superieure ne fera jamais cela qu'avec meure et grave deliberation, et se gardera bien de leur faire proposer publiquement chose qui puisse infamer, sinon qu'elle fust publique.

Ces deux sœurs doivent estre grandement unies ensemble, et s'entre-porter au zele de l'observance des regles, marchant en esprit d'humilité.

Ayant conferé avec la superieure des fautes qu'elles ont recognuës, et proposé leur advis, elles s'arresteront simplement à celuy de la superieure, sinon qu'elles vissent en icelle une manifeste connivence, qui pust beaucoup nuire à la congregation : car alors elles en pourront conferer avec le pere spirituel, en toute soumission et reverence.

Jamais elles ne diront rien de ce qui a esté traicté et resolu entr'elles et la superieure, ou bien mesme au chapitre, laissant à la superieure la poursuite de la correction, ainsi qu'elle verra à faire.

En l'absence de l'assistante et de la superieure, la plus ancienne d'entr'elles tiendra la place de la superieure, et en la place de la plus ancienne l'autre succedera, sinon que la superieure en ait nommé une autre, cela demeurant en sa liberté.

Et surtout qu'elles s'abstiennent de parler des defauts des sœurs, sinon avec la superieure, et en esprit de charité.

CONSTITUTION XXXV.

De l'ayde de la superieure.

La superieure choisira à son gré une des sœurs, qui aura charge de l'admonnester des fautes qu'elle commettra, et à laquelle toutes les sœurs s'addresseront, pour faire faire la correction par icelle à la superieure, afin que la superieure qui doit ayder et corriger toutes les autres, ne demeure pas elle seule privée du bien d'estre aydée et corrigée.

A cet effect, elle annoncera en plein chapitre celle qu'elle aura choisie, pour son ayde et correctrice, exhortant pour l'amour de Nostre-Seigneur toutes les sœurs, et surtout celle qu'elle aura choisie, de luy faire sincerement et fidelement, avec toute confiance, cet office de charité.

Or cette sœur doit tellement exercer sa charge, que pour cela elle ne rabate rien de l'honneur, respect, et obeyssance qu'elle doit à la superieure; ains taschera de servir en cela mesme d'exemple à toutes les sœurs.

Elle prendra garde de ne point importuner l'esprit de la superieure, par des trop frequentes et inutiles reprehensions, comme elle feroit, si pour des fautes legeres, passageres, et qui ne tirent point de consequence, elle venoit à tous propos faire des advertissemens.

Jamais elle ne donnera cognoissance à la superieure, des sœurs qui auront prié de l'avertir : ny ne dira non plus aux sœurs, ny à personne, ce qu'elle aura dit à la superieure, ny ce que la superieure luy aura repondu : ains si elle voit la superieure se rendre incorrigible en chose de consequence, elle pourra seulement en conferer avec le confesseur ordinaire, ou mesme, s'il semble mieux, avec le pere spirituel, qui aussi sera obligé de couvrir si discretement ce secret, en remediant au mal, que l'ayde n'en puisse estre contristée.

Elle aura le sceau pour cacheter toutes les lettres des sœurs, après que la superieure les aura veuës, sans qu'il luy soit loisible à elle de les voir, sinon que la superieure luy en donne la charge.

CONSTITUTION XXXVI.

De l'œconome.

Une des sœurs aura le soin de toute la maison, comme œconome generale d'icelle, laquelle avec une fidelité et allegresse toute particuliere entreprendra cette charge, à l'imitation des sainctes dames qui suivoient Nostre-Seigneur et les apostres, pour leur administrer les choses requises à leur vie corporelle, embrassant la diligence et ferveur de saincte Marthe; mais fuyant son trouble et son empressement.

Elle communiquera donc de temps en temps, et selon que les occurrences le requerront, de toutes les necessitez de la maison avec la superieure, pour prendre l'ordre et l'instruction d'icelle.

Elle fera toutes les provisions de la maison en leurs temps et saison, les faisant retirer proprement et en lieu convenable, et les visitant comme il convient, afin que rien ne s'y gaste.

Elle pourvoira que les officieres ayent tout ce qui leur est necessaire pour leur charge.

Elle prendra deux fois l'année avec soy les surveillantes, pour visiter soigneusement tous les offices, et tout le reste de la maison, pour après faire le rapport à la superieure, si tout est en bon ordre et estat. Et outre cela, elle-mesme fera cette visite, selon qu'elle jugera estre expedient.

Elle tiendra un roolle bien daté de l'argent qui luy sera donné pour la depense, et pour celui qui proviendra des ventes ou des presens charitables.

Elle ordonnera à la depensiere de mois en mois ce qu'il faudra pour la table, et regardera souventesfois ce qu'elle luy aura mis en main, afin que tout soit tenu en bon ordre.

Qu'elle prenne garde au mois de fevrier et au mois d'aoust, que rien ne manque pour les vestemens de l'hiver et de l'esté.

Elle tiendra les inventaires de tous les meubles de chaque office, et procurera que chaque officiere en ait un particulier de ce qui est de sa charge, qu'elle reverra chaque année en l'une des visites generales qu'elle fera de toute la maison.

Elle distribuera les besongnes, comme de filer et coudre, aux sœurs selon les occurrences, et toutes les besongnes faictes luy seront remises, afin qu'elle les mette sur son compte.

Elle fera un roolle de tout ce que les novices apporteront à la maison, qu'elle leur fera signer, si elles le sçavent faire, sinon la superieure le signera.

Elle fera voir son compte à la superieure tous les mois, tant de ce qu'elle aura receu que de ce qu'elle aura depensé.

Elle se rendra prompte et charitable à toutes les necessitez des sœurs, selon l'ordonnance de la superieure : et prendra garde que les sœurs de l'office, de la cuisine et les sœurs tourieres fassent bien et à propos ce qui est de leur charge, et avec la douceur et support requis.

Elle tirera tous les jours compte de la sœur touriere qui fait les provisions.

Elle aura soin particulier que les sœurs tourieres ne soient point trop chargées de besongnes. ny aussi qu'elles ne perdent point le temps; et aura le mesme regard sur les sœurs domestiques. Et fera que les sœurs tourieres prennent le temps és jours de festes, d'ouïr lire, ou s'entretenir des choses spirituelles et sainctes, pour s'exciter à la devotion selon leur capacité.

CONSTITUTION XXXVII.

De la portiere.

La portiere doit estre grandement discrette, pour faire sagement les repouses et messages qui viennent en la maison, et en sortent; pour faire doucement attendre les personnes auxquelles on ne peut pas donner satisfaction sur le champ.

Or elle n'ouvrira jamais à personne, sans la licence de la superieure, et sans son assistante: et prendra garde qu'en ouvrant, elle ne puisse estre veuë de dehors, ny sa compagne aussi.

Elle verra ce qui sort de la maison, et l'escrira, si c'est chose d'importance: les sœurs estant aux offices, en l'oraison, et à table, elle s'excusera de les appeller; si ce n'est pour chose qui presse, et de grande importance.

Elle rendra toutes les lettres qui arriveront, à la superieure, et n'en fera point sortir sans son ordre.

Si quelqu'un donne quelque chose à la congregation, elle en fera le recit sur le soir après la recreation, afin que l'on prie pour les bien-facteurs.

Qu'elle soit courte en paroles avec ceux qui viendront à la porte, ne s'enquerant d'aucune chose non necessaire.

Elle ne laissera point les clefs à la porte, et les rendra tous les soirs à la superieure, comme aussi celles du parloir et tournoir.

Elle ne fera aucun message de dehors aux sœurs, ny des sœurs à ceux de dehors, sinon par l'ordre de la superieure, ou bien de la directrice, en ce qui regarde les novices.

Elle n'usera d'aucune autorité sur sa compagne; ains s'en servira simplement pour estre temoin de ses actions, et pour estre assistée à fermer à bonne heure les portes.

CONSTITUTION XXXVIII.

De la sacristaine.

La sacristaine aura charge, et tiendra un roolle de tout ce qui appartient à l'eglise et chapelle de la congregation, et tiendra tous les ornemens, paremens, et meubles qui appartiennent au service de l'autel et de l'eglise, proprement, nettement, et en bon ordre (1); parera la chapelle, et preparera les habits sacerdotaux avec grande diligence, selon la varieté des festes et des temps: se souvenant que Nostre-Seigneur a tousjours aimé la netteté et mondicité, et que Joseph et Nicodeme sont louëz d'avoir proprement et nettement ensevely son corps, avec parfums et onguens precieux.

Elle avertira la superieure s'il arrive quelque prestre etranger pour dire la messe, et sçaura s'ils ont licence de l'evesque.

Si quelqu'un venant à la sacristie veut parler d'affaires, elle l'envoyera à la porte, sinon que pour la qualité des personnes il fust mieux d'avertir la superieure.

Elle sonnera tous les offices, les messes, et les *Ave Maria* à propos.

Elle avertira de bonne heure, s'il y a des confessions et communions à faire.

Elle ne s'arrestera point à parler avec le pere confesseur et chapelain ordinaire, non plus qu'avec le clerc, ny moins avec les etrangers, sinon pour les choses necessaires.

Elle ira le matin avant que sonner l'oraison, par toutes les cellules des sœurs, pour voir si quelqu'une par incommodité ne peut pas venir à l'office: et si elle en treuve, elle en advertira la superieure.

On ne fera point de poupées en toute la maison, et moins en mettra-t-on sur l'autel, ny pour representer Nostre-Seigneur, ny Nostre-Dame, ny les anges, ny choses quelconques; ains on aura des images bien faictes, et approuvées par le pere spirituel, notamment celles qu'on met sur l'autel.

Et parce que les particularitez du soin que doit avoir la sacristaine, pour la propreté et bienseance de toutes les choses sacrées qu'elle a en sa charge, sont en trop grand nombre, on luy en doit faire un directoire à part, et qu'elle l'ait tousjours devant les yeux, en le lisant tous les mois, afin de ne point manquer à tout ce qui sera par escrit: la congregation ayant interest nompareil que cette charge soit passionnement bien exercée.

CONSTITUTION XXXIX.

De l'infirmiere.

Celle-cy ne doit respirer que charité, tant pour bien servir les sœurs malades, que pour supporter les fantaisies, chagrins, et mauvaises humeurs

---

(1) Voyez *le Const. au Direct. de la Sacrist.* p. 144.

que le mal cause quelquesfois aux pauvres infirmes : les divertissant neantmoins de leur impression le plus dextrement et le plus suavement qu'elle pourra, sans jamais tesmoigner d'estre degoustée, ny ennuyée de les servir. Ainsi donc elle les doit regarder comme la vive image de Jesus-Christ crucifié; et si les anciens chrestiens, comme sainct Chrysostome asseure, alloient bien loin en Arabie voir et reverer le fumier, sur lequel sainct Job souffrit tant de travaux, avec quelle reverence devons-nous approcher le lit sur lequel nos freres et nos sœurs sont couchez, pour endurer leurs maladies au nom de Dieu.

Elle se chargera de tout ce qui appartient à l'infirmerie, et au service des malades, dont elle tiendra un memoire : et aura un extreme soin que les chambres soient nettes, propres, et bien ornées d'images, feüillages, et bouquets, selon que la saison le permettra; et que rien ne demeure autour des malades qui puisse rendre des puanteurs; ains au contraire, si le medecin le permet, elle y tiendra tousjours de bonnes senteurs et odeurs.

Elle s'essayera de donner aux malades toute confiance, sans acquiescer toutesfois à leurs volontez en ce qui leur pourroit nuire.

CONSTITUTION XL.

Des menus offices de la maison. De la robiere.

Celle-cy aura la charge de tous les habits et chaussures des sœurs : comme aussi des lits, et de toutes leurs appartenances, dequoy elle tiendra un roolle, et les conservera diligemment, prenant garde que tout cela soit en bon ordre, et raccommodé selon le besoin : si que rien ne s'y gaste par negligence ; et que rien ny soit contraire à la pauvreté et simplicité.

Elle fera la distribution, selon l'ordonnance de la superieure, sans permettre que les sœurs fassent aucun choix ; ains regardera simplement à la necessité de chacune.

Elle tiendra un roolle particulier des habits seculiers des novices, et les conservera soigneusement pour en rendre compte au jour de leur profession.

De la lingere.

Celle-cy doit avoir le mesme soin des linges, que la robiere des habits, pour les bien conserver, raccoustrer, et distribuer selon la necessité des sœurs ; puis les retirer, faire blanchir, plier et seicher.

Elle en fera un roolle, et en tiendra compte au bout de chaque année : et les serrera en bon ordre, mettant à part ceux qui sont propres pour les sœurs de grande taille, d'avec ceux qui sont pour les petites, afin de les trouver plus aisement, et les distribuer sans choix.

Quand les sœurs auront des necessitez extraordinaires, elle leur en donnera charitablement : et au reste luy sera faict un petit directoire pour toutes les particularitez qui regardent sa charge.

De la refectoriere.

Celle-cy doit tenir proprement tout ce qui regarde les meubles du refectoir, et preparer toutes les choses à propos.

De la depensiere.

L'office de la depensiere depend de celui de l'œconome ; c'est à elle de depenser en detail le vin, le pain, l'huile, le sel, le beurre, et autres choses requises pour la nourriture des sœurs, pour l'aumosne, et autres telles occasions.

Elle fera les portions, et prendra garde que tout se fasse fort honnestement en la cuisine.

CONSTITUTION XLI.

Des sœurs domestiques.

Les sœurs employées à la cuisine, et autre service du menage, le feront avec allegresse et consolation, se ressouvenant que saincte Marthe le fit, se representant les petites, mais douces meditations que faisoit saincte Catherine de Sienne, laquelle parmy des semblables exercices ne laissoit pas d'estre ravie en Dieu ; ainsi doivent les sœurs, tant qu'il leur sera possible, tenir leurs cœurs recueillis en la divine bonté, laquelle si elles sont fideles, declarera un jour devant tout le monde, que ce qu'elles ont fait pour ses servantes, a esté fait pour elle.

Elles feront neantmoins les exercices spirituels, selon qu'il y aura plus ou moins à faire, et que la superieure leur ordonnera, laquelle aura un soin particulier, de ne laisser les sœurs sans la nourriture convenable à leur esprit, puisqu'elles servent à la nourriture corporelle de toute la congregation.

Toutes seront egales en cet office, et s'entr'ayderont mutuellement en paix et charité. Et lorsque le loisir le permettra, elles iront l'une après l'autre alternativement aux assemblées de la communauté.

Elles tiendront compte de tous les meubles servans à leur office, tant linges, qu'autres ; e rendront compte une fois l'année à l'œconome.

CONSTITUTION XLII.

Des sœurs tourieres.

La congregation recevra le moins qu'elle pourra des sœurs tourieres : et semble bien que deux ou trois seront esgalement necessaires et suffisantes, pour tout ce qui est requis au service de la maison.

Or la superieure prendra garde que celles qu'elle prendra, soient de bon corps et de bon cœur, de bonne complexion et de bon naturel : mais surtout grandement resoluës de servir Nostre-Seigneur en travaillant pour la congregation, avec obeyssance, douceur et humilité.

On les eprouvera doncques six semaines durant, pendant lequel temps, on leur proposera les articles du service et de l'obeyssance qu'elles auront à rendre ; la soumission de leur propre volonté en toutes choses, avec le reste de l'observance de la regle. Après quoy, on les recevra avec les mesmes conditions et considerations que les autres sœurs.

Elles ne changeront point d'habits en leur reception, ny en leur etablissement ; ains demeureront vestuës comme les honnestes filles de leur qualité originaire, à la façon du lieu où est la congregation, sans aucune difference : sinon qu'elles seront vestuës simplement et modestement de noir, sans ouvrage, ny mignardise quelconque, avec une croix d'argent penduë en leur col comme les autres.

Elles demeureront deux années novices, passées lesquelles elles seront establies en la congregation, par le vœu simple de l'obeyssance et de l'oblation, comme il sera dit.

Elles observeront les jeusnes comme les autres ; et communieront tous les dimanches et bonnes festes ; diront tous les jours le chapelet, feront l'examen qui se fait après matines. Les festes et dimanches ne se trouvant pas occupées, elles assisteront à vespres. Bref, autant que les occupations auxquelles elles sont destinées le permettront, on les rendra conformes en mœurs, en exercices, et en affection aux sœurs de la congregation.

Personne ne leur commandera que la superieure et l'œconome, lesquelles leur donneront une sœur pour les instruire et consoler aux choses spirituelles. En tout, la superieure leur commandera avec amour, et les sœurs les nommeront sœurs, se ressouvenant que quoy qu'elles servent à l'exterieur, elles ne laissent pas, selon l'interieur, d'estre filles de Dieu, coheritieres de Jesus-Christ, egales en nature, et en la pretention de la grace et de la gloire aux plus grandes du monde ; et, qu'enfin, comme dit sainct Paul, elles et nous n'avons qu'un seul maistre Jesus-Christ, esgalement seigneur et sauveur des unes et des autres.

Quand doncques elles seront malades, la superieure les fera retirer dans l'infirmerie, et l'infirmiere les traitera ne plus ne moins que les autres, en toutes sortes de services, et en toutes occasions, de quelque necessité corporelle et spirituelle qu'elles puissent avoir. La superieure leur ouvrira son sein maternel comme au reste des sœurs, allegeant leur travail corporel par ce soulagement spirituel.

Quand elles iront faire les provisions, elles se conduiront avec tant de modestie et de retenue, qu'elles edifient un chacun : et se comporteront tout ne plus ne moins que si elles estoient dans la maison à la veuë de la superieure.

Elles ne doivent entrer en aucune maison, ny manger dehors, sans l'avoir demandé à la superieure, sinon qu'il y eust quelque necessité qu'elles n'eussent pas pu prevoir avant que sortir, ny ne parleront, ny s'amuseront par les rues, sinon pour les affaires qu'elles y auront.

Qu'elles n'apportent nulle sorte de nouvelles de la ville, ny messages, lettres, ou recommandations, sinon à la seule superieure.

CONSTITUTION XLIII.

De la premiere reception de celles qui desireront estre de la congregation.

On ne recevra aucune fille pour entrer en la congregation, qui n'ait quinze ans accomplis, et ne sçache lire, si elle est presentée pour estre du chœur, et qui ne tesmoigne un grand desir de la perfection chrestienne ; et quant aux moyens requis pour l'entretenement, on y avisera de temps en temps, selon les commoditez de la maison.

Et quand quelque fille ou femme sera proposée pour estre receuë, avant toutes choses on la fera venir en la maison, où elle arrestera quelques jours comme etrangere, pour estre veuë et consideree de la superieure et des sœurs.

Et quand la superieure jugera qu'il en soit temps, elle fera faire la demande de l'entrée par la pretendante en plein chapitre : puis elle prendra les voix de toutes les sœurs, et si la superieure avec la pluspart des sœurs s'accordent à la reception, on l'admettra au premier essay ; le tout neantmoins ayant prealablement pris l'advis du pere spirituel, qui de son costé s'enquerra des conditions de la fille, afin de mieux conseiller les sœurs en cette occurrence.

Les vefves seront de mesme condition quant

à ce point; hormis qu'il faudra prendre garde de n'en point recevoir qui ayent des enfans, pour la conduite desquels il soit vrayment necessaire qu'elles demeurent au monde : ny de celles que l'on recognoist estre fort tendres de leurs enfans, et sujettes à se troubler : car encore que telles vefves semblent à l'abord bien disposées, tandis que la ferveur des premieres impressions de la devotion les anime, elles sont toutesfois grandement sujettes peu après, aux tentations de l'inquietude, à la moindre difficulté qui se presente; s'imaginans que si elles estoient au monde, elles feroient des miracles pour leurs enfans : et ne cessent jamais de parler d'eux et de les lamenter : et quoyque leur entrée fust grandement utile à leurs enfans mesmes, pour peu qu'elles fussent faschées d'ailleurs, elles prendroient occasion de blasmer et censurer leur retraite, avec scandale de plusieurs.

Et en general, on evitera de prendre des filles, ou femmes qui soient mutines, ou opiniastres, ou trop esgarées et folastres, les unes s'arrestant trop à leur propre cervelle, et les autres ne s'arrestant à rien. Comme encore on se gardera, tant qu'il sera possible, de prendre celles qui sont trop addonnées à la tendreté et compassion sur elles-mesmes.

CONSTITUTION XLIV.

De l'entrée des novices.

La pretendante ayant asseurance de sa reception, pourra, quand la superieure l'ordonnera, faire le premier essay avec ses habits ordinaires, esquels elle demeurera pour quelques semaines, selon que la superieure avisera : pour essayer et considerer si elle pourra bien s'accommoder aux regles et observance de la congregation : lesquelles où commencera à luy faire exactement practiquer; et luy fera-t-on entendre que la congregation est une ecole de l'abnegation de soy-mesme, de la mortification des sens, et de la resignation de toutes les volontez humaines : et en somme un mont de Calvaire, où avec Jesus-Christ ses chastes espouses doivent estre crucifiées spirituellement, pour après cette vie estre glorifiées avec luy. Et cependant on la fera preparer par meditations et oraisons, à faire une bonne confession generale, sinon qu'elle l'eust desjà faicte : en sorte que le pere spirituel et la superieure jugeassent qu'il ne fust pas expedient de la refaire encore une fois : auquel cas on luy fera seulement faire une confession depuis la generale qu'elle aura faicte : et elle par après dira de gros en gros ses inclinations, humeurs et passions, qui ont jusques à l'heure principalement regné en elle, faisant un abregé de l'histoire de sa vie, tant du mal que du bien, avec confiance et fidelité; afin que la superieure entende mieux comme il la faut conduire et faire exercer, gardant comme un secret de conscience tout ce qui luy aura esté dit pour ce sujet.

Or le temps prefix estant passé, on tirera les voix, lesquelles luy estant favorables, elle se preparera, et on luy donnera l'habit du noviciat.

Pendant le noviciat des sœurs, on taschera de fortifier leurs cœurs, et les rendre devotes, non d'une devotion mignarde, tendre ou pleureuse; mais d'une devotion esgalement douce et courageuse, humble et confiante : et surtout on procurera que la novice egale et applanisse ses humeurs et inclinations à la regle de la charité et discretion; c'est-à-dire qu'elle apprenne à ne point vivre selon ses humeurs, passions, inclinations et aversions; mais selon l'ordre de la vraye pieté, ne pleurant, riant, parlant, se taisant que par raison, et non quand le caprice ou fantaisie luy en vient; en sorte qu'elle reserve les demonstrations de sa joye ordinaire, pour les recreations; l'inclination de se taire, pour le silence; celle de pleurer, quand la grace l'excitera aux larmes de devotion, sans les employer en des frivoles occasions. Et enfin on luy fera entendre qu'elle ne doit se servir de son cœur, ny de ses yeux, ny de ses paroles, que pour le service de la dilection de son espoux, et non pour le service des humeurs et inclinations humaines.

CONSTITUTION XLV.

Des vœux et professions.

Il ne sera jamais loisible aux novices de demander la profession, ains seulement estant interrogées de leur desir pour ce regard, elles l'expliqueront en verité, et la superieure aura soin de leur faire faire les vœux, et la profession quand il en sera temps, selon les ceremonies accoutumées.

CONSTITUTION XLVI.

Du renouvellement et confirmation des vœux.

Le jour de la feste de sainct Michel, la superieure advertira toutes les sœurs professes de se preparer à faire le renouvellement de leurs vœux, pour le jour de la Presentation de Nostre-Dame, et pour s'y preparer elles feront chacune la retraite, selon qu'il sera ordonné par la superieure. Outre laquelle les sœurs feront trois jours de retraite avant Noël, avant la Pentecoste, et avant la Presentation de Nostre-Dame, et de plus toute la semaine saincte, jusques après la messe du samedy, et ne se fera aucune assemblée pendant lesdits temps de retraite, que celle de la recreation du soir, qui sera employée à parler des choses sainctes et de devotion.

CONSTITUTION XLVII.

De l'election de la superieure et autres officieres (1).

La superieure ne demeurera en charge que trois ans ; à la fin desquels le samedy après l'Ascension de Nostre-Seigneur, le chapitre assemblé dans le chœur, en presence du pere spirituel, qui sera assis à la treille, se mettant à genoux au milieu des sœurs, elle renoncera et deposera sa superiorité entre les mains du pere spirituel, qui ayant accepté sa resignation, l'absoudra de sa charge, disant :

La congregation vous decharge au nom du Pere, et du Fils et du Sainct-Esprit, et la remettra à l'assistante : et la superieure demeurera ainsi deposée, et dira ses coulpes des fautes commises en sa charge, et le pere spirituel luy donnera la penitence, et elle se retirera en la derniere place. Après quoy le pere spirituel exhortera de penser serieusement à une nouvelle election pour le jeudy suivant, sans autre consideration que de la plus grande gloire de Dieu, et sanctification de son nom. Puis on dira le *Veni Creator Spiritus*, et on se retirera.

Le dimanche suivant, on fera la communion generale pour l'election future, de laquelle election, ny de la deposition faicte, les sœurs ne parleront point, ny ès recreations, ny ès assemblées ; ains une chacune pensera à faire l'election qu'elle estimera estre meilleure selon Dieu ; et dira-t-on tous les jours après la messe, et le soir après les litanies, le *Veni Creator Spiritus*, puis le jeudy après la communion generale, faicte à cette intention, toutes les sœurs estans sorties du chœur, après qu'on aura mis une table au milieu d'iceluy, avec du papier, de l'encre, et de la poussiere, l'assignante rentrera la premiere, et s'estant mise à genoux, après avoir fait le signe de la croix, elle escrira le nom de celle qu'elle voudra eslire, puis l'ayant plié, elle sortira : et les autres, toutes l'une après l'autre feront de mesme.

A une heure après midy, le pere spirituel estant revenu, s'il y a des sœurs malades, il ira prendre leurs voix, et les escrira en des billets, et les mettra dans la boite où les autres seront mis.

S'il y a des sœurs qui ne sçachent pas escrire,

(1) Voyez les additions à la suite des Constitutions.

il les fera venir au parloir, et lui-mesme escrira leurs billets : puis toutes les voix estant escrites, on ira au chœur comme le samedy precedent, et après avoir dit le *Veni Creator Spiritus*, toutes les sœurs viendront les unes après les autres apporter leurs billets au pere spirituel, qui les ayant tous receus dans la boite, les retirera et les lira l'un après l'autre : et deux des sœurs, qui auront une liste du nom de toutes les sœurs qui peuvent estre esleuës, avec des lignes tirées à l'endroit de chaque sœur, marqueront d'une traverse la ligne du nom qui se lira.

Et enfin on verra laquelle des sœurs aura le plus de voix, et celle-là sera la superieure, sans qu'il luy soit loisible, ny de refuser, ny de s'excuser, ny de dire des belles paroles ; ains s'estant agenoüillée elle fera la profession de foy.

Le pere spirituel confirmera l'election au nom de l'evesque, en disant : Et nous, de l'autorité que nous avons, confirmons vostre election, à ce que vous soyez mere et superieure de toute cette congregation, au nom du Pere, et du Fils, et du Sainct-Esprit.

Après quoy elle va s'asseoir en la place de la superieure : et toutes les sœurs l'une après l'autre luy vont baiser la main à genoux. On dit l'*Ave maris stella*, et enfin, *Laudate Dominum omnes gentes*; et cela faict, l'assistante va escrire dans le livre le jour de cette election.

S'il se trouvoit que deux sœurs eussent egalement des voix, il faudra alors que le pere spirituel escrive leurs noms en une feüille, tirant une ligne à l'endroit de chacun d'iceux ; puis les sœurs sortiront et viendront l'une après l'autre à luy, et diront laquelle des sœurs elles desirent, et il la marquera par la traverse ; en sorte que nul ne puisse voir le papier où se font les marques, ny oüir les voix, sinon le pere spirituel et celuy qui l'accompagne : et s'il y a des malades, il ira prendre leurs voix lui-mesme, comme dessus.

Toutes les voix estant prises, le pere spirituel bruslera tous les billets, afin qu'il n'en soit plus memoire, et que les voix demeurent secrettes.

Au reste, on ne pourra eslire aucune sœur pour superieure, qui n'excede l'age de quarante ans, et qui ne soit professe de huit ans ; et s'il n'y en a pas au monastere, on en pourra eslire une des autres monasteres du mesme institut de la Visitation : ou du moins faudra-t-il que celle qui sera esleuë, ait cinq ans de profession, et trente ans d'age, selon que le sacré concile l'ordonne.

La superieure estant esleuë, et ayant choisi celles, que selon Dieu, elle jugera estre plus propres pour exercer les charges d'assistante et coadjutrices, elle les proposera au chapitre, et l'e lection s'en fera par la pluralité des voix : que si elles n'en ont les deux tiers, la superieure en proposera des autres, et l'election en estant faicte, elle choisira avec l'advis desdites sœurs esleuës, celle d'entre les autres sœurs qu'elle jugera estre plus propre pour exercer les autres offices, et toutes demeureront en l'exercice de leurs charges, jusqu'à ce que la superieure jugera à propos de les changer.

CONSTITUTION XLVIII.

Des penitences et chastiments.

Le glorieux pere sainct Augustin tesmoigne assez qu'il veut la justice punitive estre employée au service et conservation de la charité en sa congregation; mais il laisse au jugement de la superieure, la qualité et quantité des penitences et punitions qu'elle doit imposer selon la diversité des coulpes.

Ce sera donc à elle de proportionner les chastimens avec les fautes, en joignant des penitences petites ou grandes, à mesure que les fautes le meriteront, ainsi qu'il se fait maintenant, et que le directoire le porte.

Mais si les fautes sont griefves, et qu'il y ait de la malice, opiniastreté, et obstination, alors elle conferera avec ses coadjutrices, pour prendre leur avis sur la correction convenable : et s'il est besoin, fera paroistre la coupable devant elles pour la convaincre, et mesme, s'il est jugé à propos, devant le confesseur, afin qu'il l'aide, ou devant le pere spirituel ; et là luy faire sa sentence, pour luy donner la saincte confusion qui reduit à penitence.

Mais s'il arrivoit, ce que Dieu ne veüille jamais permettre, que quelqu'une se rendist tout-à-fait incorrigible, et incurable en son obstination, alors il faudroit assembler le chapitre devant le pere spirituel, pour pourvoir de remede. Et s'il estoit expedient, on en conferera non-seulement avec le pere spirituel, mais aussi avec l'evesque, s'il est au lieu, ou s'il n'y est pas, avec son vicaire-general, pour prendre tous les moyens requis et convenables, afin de remedier à ce mal.

CONSTITUTION XLIX.

Briefve declaration de l'obligation des sœurs, à l'observation de la regle et des constitutions.

C'est l'opinion des docteurs, et la vraye verité, que ny la regle de sainct Augustin, ny certes la pluspart des regles des autres religions, n'obligent nullement à peché d'elles-mesmes : ains seulement à raison des circonstances suivantes.

1° Quand la chose defendue est en soy peché, ou que ce qui est commandé est necessaire à salut.

2° Quand on fait, ou qu'on laisse à faire quelque chose, par dedain et mespris de la regle.

3° Quand on contrevient à l'obeyssance que la superieure impose en ces termes, ou semblables : Je commande au nom du Sainct-Esprit, ou sous peine de peché mortel : mais la superieure ne doit faire tels commandemens que pour des choses de tres-grande importance, et ce par escrit, s'il se peut.

4° Quand le pere spirituel, ou l'evesque commandent ou defendent quelque chose, sous peine d'excommunication majeure, qui soit encouruë par la transgression mesme.

5° Quand on transgresse absolument la regle ès vœux essentiels de chasteté, ou pauvreté, ou de la vie reguliere : comme il arriveroit, donnant ou prenant, ou gardant chose notable sans congé, rompant la clausure, quittant tout-à-fait l'habit, et semblables.

6° Quand on viole la regle avec scandale ; et en sorte que la consequence apporte manifestement quelque grand prejudice au monastere.

7° Quand on fait quelque manquement en la regle par quelque desordonnée passion, comme, par exemple, de n'aller pas au chœur aux heures marquées, par une grande negligence et paresse; de manger hors du repas, par une grande avidité et friandise; de rompre le silence par colere, et autres semblables : bien que tels pechez ne soient pas souvent mortels; mais comme il appert, ce n'est pas la regle ny les constitutions, qui en ces cas causent le peché, ains les circonstances, qui de leur nature le causeroient en toutes autres occasions : car ce seroit tousjours peché aux seculiers mesmes, de faire ce qui est peché en soy, de laisser ce qui est requis au salut; d'enfreindre quelque loy par mespris; de violer les vœux ; de scandaliser le prochain ; de se relascher à quelque passion desordonnée.

La regle donc, et comme il est dit, beaucoup moins les constitutions, n'obligent nullement a peché d'elles-mesmes ; mais les sœurs craindront pourtant tousjours de les violer, si elles se ressouviennent que leur vocation est une grace tres-particuliere, de laquelle il faudra rendre compte au jour du trepas, et qu'elles portent gravée en leur memoire la sentence du sage : « Qui neglige « sa voye, sera tué. » Or la voye des sœurs de la Visitation, ce sont leurs regles et constitutions, esquelles elles doivent marcher de vertu en vertu, jusques à ce qu'elles voyent leur Espoux eternel en Sion : et pourtant qu'elles y cheminent sagement et soigneusement, sans se fourvoyer ny à droite ny à gauche.

CONSTITUTION L.

De l'enterrement des sœurs.

Quand les sœurs decederont, on fera appeller le curé du lieu, avec deux autres prestres assistans, pour faire l'enterrement, ainsi qu'il est marqué au directoire.

On ne recevra aucune sepulture de dehors, que de ceux qui par quelque signalé bienfaict auront obligé le monastere, ou desquels la devotion singuliere meritera exception: avec permission neantmoins et dispense particuliere de l'evesque. Et les sœurs ne s'employeront nullement pour les choses requises à telles sepultures; en lairront la conduite, avec tous les profits et emolumens, à qui il appartiendra.

Cum autem, sicut eadem expositio subjungebat, moniales præfatæ plurimùm cupiant constitutiones prædictas apostolicæ confirmationis robore communiri, nobis propterea humiliter supplicari fecerunt, ut super præmissis opportunè providere de benignitate apostolicà dignaremur. Nos igitur moniales prædictas specialibus favoribus et gratiis prosequi volentes, et earum singulares personas à quibusvis excommunicationis, suspensionis et interdicti, aliisque ecclesiasticis sententiis, censuris et pœnis à jure, vel ab homine, quàvis occasione, vel causà latis, si quibus quomodolibet innodatæ existunt, ad effectum præsentium duntaxat consequendum, harum serie absolventes, et absolutas fore censentes, hujusmodi supplicationibus inclinati, de venerabilium fratrum nostrorum, S. R. E. cardinalium negotiis, Regularium Præpositorum consilio, constitutiones præinsertas hujusmodi apostolicà auctoritate tenore præsentium perpetuò approbamus et confirmamus, illisque inviolabilis apostolicæ firmitatis robur adjicimus, ac omnes et singulos tàm juris quàm facti defectus, si qui desuper quomodolibet intervenerint, supplemus. Decernentes omnes et singulas constitutiones præinsertas hujusmodi ab omnibus et singulis ejusdem congregationis monialibus, nunc et pro tempore existentibus sub pœnis in eis contentis perpetuò, et inviolabiliter observari debere, ac irritum et inane, si secus super his à quoquam, quàvis auctoritate scienter vel ignoranter contigerit attentari. Non obstantibus constitutionibus et ordinationibus apostolicis, ac congregrationis ordinis prædictorum, etiam juramento, confirmatione apostolicà, vel quàvis firmitate alià roboratis, statutis et consuetudinibus, cæterisque contrariis quibuscumque. Volumus autem, quòd præsentium transsumptis etiam impressis, manu alicujus notarii publici subscriptis, et sigillo alicujus personæ in dignitate ecclesiasticà constitutæ munitis, eadem prorsus fides ubique adhibeatur, quæ eisdem præsentibus adhiberetur, si forent exhibitæ, vel ostensæ. Datum Romæ apud Sanctam Mariam Majorem, sub annulo Piscatoris, die vigesimà septimà junii, M. DC. XXVI, pontificatûs nostri anno tertio.

V. THEATINUS.

APPROBATION DES CONSTITUTIONS.

Nous François de Sales, par la grace de Dieu et du sainct siege apostolique, evesque et prince de Geneve, et commis par nostre sainct pere Paul V pour l'erection, etablissement et institution du monastere de la Visitation, sous la regle de sainct Augustin, avons dressé, et de nouveau examiné et approuvé les constitutions cy-devant escrites : ordonnant et establissant de nostre autorité, ains plustost de l'autorité apostolique à nous commise pour ce regard, icelles constitutions devoir estre à perpetuité inviolablement observées et gardées audit monastere, et par toutes les sœurs d'iceluy. Fait à Annecy, le 9 d'octobre 1618.

FRANÇOIS, E. de Geneve.

ADDITIONS.

VIVE JESUS!

Mes tres-cheres filles, nous avons ramassé quelques points qui ont esté obmis des constitutions par les copistes, ainsi que N. B. H. pere dit luy-mesme ; car, m'escrivant à Paris, en l'an mil six cens vingt-deux, il me dit : Voilà nos constitutions, que je ne puis prendre le loisir de revoir ; il y a plusieurs fautes ; il faut que tout ce que je fais se ressente de mes empressemens et accablemens ordinaires. Et à feuë ma sœur M. Jacqueline Favre, ce B. H. luy escrivit les paroles suivantes: J'envoye nos pauvres cheres constitutions ; j'ay admiré combien les copistes ont fait d'omissions, et de fautes assez notables : mais j'espère reparer ces defauts aux livres des advis : c'estoit le Coustumier qu'il nommoit ainsi. Il me semble donc bien qu'ils soient adjoutez au derriere des constitutions : Dieu nous fasse la grace, mes trescheres sœurs, de les bien observer. Amen. Sœur JEANNE-FRANÇOISE FREMIOT. Dieu soit beny.

Sur la premiere constitution.

Les personnes d'esprit et de vertu approuvent et louent vostre tres-honorable et saincte vocation ; quelque cervelle mondaine se fasche de la facile reception des infirmes et des vefves agées : mais n'est-ce pas un secours fort à propos pour elles, de leur presenter une retraite, en laquelle elles se puissent mieux preparer, pour estre retirées eternellement au ciel ? La Congregation ne pretend que de nourrir des ames humbles ; les vierges seront humbles, parce qu'elles sont vierges, d'autant que la virginité sans humilité n'est rien que vanité ; les vefves seront humbles, parce qu'elles ne sont pas vierges ; les vierges honoreront les vefves, à cause de leur humilité et devotion ; les vefves honoreront les vierges, à cause de leur humble virginité : ainsi toutes respireront l'humilité, et la suavité de la charité qui les rend sainctement esgales : doncques les vierges, les vefves, les vieilles et les maladives seront receuës en ces maisons, qui pour cela ne professeront pas une austere austerité, et faut que la ferveur de la charité, et la force d'une tres-intime devotion supplée à tout cela.

De la constitution de la clôture.

Quand quelques dames seculieres entreront dans le monastere, la superieure et deux sœurs les iront recevoir à la porte avec tant de douce cordialité et de religiosité, qu'elles ayent sujet de dire qu'elles entrent en la maison du Seigneur, pleine de douceur et de paix : il ne faut point qu'aucune des autres sœurs s'aille presenter d'elle-mesme à telle reception ; au contraire on sonnera une clochette, afin que chacune se retire, et que lesdites dames qui seront entrées sçachent que c'est au rebours des maisons du monde, où chacun s'empresse à voir qui est là. En cela elles s'edifieront de la recollection des servantes de Dieu; si toutesfois une sœur est necessitée de passer ès lieux où seront les dames, il luy sera loisible de les saluer, pour observer la cordialité en l'hospitalité chrestienne, et cela tres-briefvement; que si toutesfois il est silence, qu'elle passe sans dire mot, sinon que la superieure l'appelle; alors elle saluëra librement sans se faire presser ou faire la honteuse, mais dans la franchise des enfans de Dieu, qui doit exclure de la congregation de la Visitation toutes gesnes et petites niaiseries.

Il est tolerable que quelque dame entre quelquesfois pour certaine grande, rare et extraordinaire occasion dans les monasteres, mais que le monde n'y vienne point avec elle ; ce qui arriveroit si les religieuses par leurs sainctes contenances, modestie et devis n'attiroient telles dames à parler chrestiennement et spirituellement, sans meslange de murmuration, curiosité, ou autre entretien superflu.

De la constitution de l'obeyssance.

L'ame ayant à combattre tant d'ennemis visibles et invisibles, si elle veut demeurer victorieuse, il faut sur toutes choses avoir l'obeyssance. Or cette congregation estant une petite armée dressée contre le peché et la vanité du monde, afin qu'elle puisse tres-heureusement vaincre en terre, pour triompher glorieusement au Ciel, et rendre compte à Nostre-Seigneur et à Nostre-Dame de ses victoires, elle doit en toutes choses et sur toutes choses vivre en une tres-absoluë obeyssance, demeurant pleinement et perpetuellement sous l'autorité de l'evesque, sans qu'elle se puisse mettre sous aucun superieur regulier ; ains l'evesque donnera une personne ecclesiastique dependante de son clergé et autorité, pour pere spirituel, lequel sera respecté de la superieure, et de toutes ses sœurs qui luy obeyront selon la regle.

De la constitution de la pauvreté.

Ayant tiré les billets des Saincts, tout se fera avec reverence et devotion, pour l'amour du Sainct qu'on aura tiré, et pour imiter en quelque sorte, par cette circoncision des affections que l'on pourroit avoir, celle de Nostre-Seigneur. Enfin si ce n'estoit qu'à cause de la diversité des tailles, on ne se peut pas servir des robes; il seroit expedient que l'on les changeast aussi-bien que les chapelets et croix, neantmoins tous les habits estans sans façon, et tous d'étoffe vile. Il n'y a pas de l'apparence, qu'aucune y doive avoir de la particuliere affection, et pour oster le scrupule des reliques, les sœurs doivent croire, qu'elles serviront de protection pour toutes, estant communes entre toutes; et celles d'un Sainct qu'une sœur portera, n'auront pas moins de vertu pour toutes les sœurs, que si une chacune les portoit, puisque celle qui les porte les a de la part de toutes, et pour le bonheur de toutes ; telle est la force de la communauté et de l'union charitable.

De la constitution du silence.

Toutes les heures seront employées proportionnement selon qu'il est marqué, le reste du temps des offices et communautez sera employé à faire des ouvrages chacune en sa cellule ou offices, tant qu'il se pourra, gardant le silence ès heures marquées; et pour se resjoüyr sainctement, ou reprendre haleine, elles pourront chanter des cantiques ou psalmes, mais fort bas. Es jours des festes on pourra quelquesfois employer le temps destiné aux ouvrages et au silence, à escrire, lire, composer des cantiques et choses semblables, s'entend celles qui en auroient le talent et le desir, pour mieux employer le temps, sans toutesfois nuire au recueillement.

Des recreations et conversations.

Elles s'entretiendront ensemble de ce que bon leur semblera, filant neantmoins ou faisant quelque besoigne legere qui ne les occupe point trop, et qu'elles fassent sans beaucoup d'attention ; elles prendront garde à parler en toutes occasions doucement, paisiblement, simplement; et non point brusquement ny hautement, ny avec mots recherchés, ny ceremonies affectées : elles s'abstiendront tant qu'il leur sera possible de parler de leur maison, race, famille, ny des honneurs qu'elles ont euës au monde de leur pays et noblesse.

De la constitution du manger.

Si celle qui a la charge de lire prend le soin de prevoir ce qu'elle devra lire, elle fera chose fort agreable à Dieu : car ainsi elle rendra sa lecture plus utile et fructueuse aux autres ; on taschera de donner la viande et le pain si nettement sur table, que nulle des sœurs n'aye besoin de racler, pincer et ecrouter, ny tesmoigner aucune delicatesse aux autres.

De la constitution de l'humilité.

Que les jeunes honorent les vieilles, bien qu'elles soient depuis peu en la congregation, et que les vieilles n'usent d'aucun mespris ou autorité sur les jeunes, mais toutes s'aimeront et honoreront cordialement, et tant en leurs escrits qu'en leur langage et maintien, elles seront humbles de cœur et d'effet, honorant un chacun humblement et simplement, et que l'on prenne garde que l'on n'escrive point de lettres de compliment. Sur-tout les novices, si ce n'est pour des occasions grandement legitimes, comme de condoleances avec les parens, et que ce soit d'un style pieux et devot; celle qui demeurera en la place de la superieure comme lieutenante ou assistante, ne verra point les lettres addressantes à la superieure absente, bien que tousjours on luy doive demander licence, pour leur escrire, et faire cacheter les lettres par celle qui a le sceau de la maison; que si quelques sœurs vouloient les montrer, il faut que ce soit en sorte que les autres ne s'en apperçoivent pas, afin de ne point tenir les esprits en contrainte.

De la constitution de la modestie.

Qu'elles ne s'interrompent point les unes les autres, quand elles parlent ensemblement et specialement lorsqu'elles font la conference des lectures, et que l'on parle de choses serieuses. Si quelqu'une manque par oubly ou negligence à ce qui est de sa charge, celle qui s'en appercevra l'en pourra advertir, non par forme de remontrance, ains comme la faisant ressouvenir; mais celle qui sera ainsi advertie, le doit prendre en bonne part, et tesmoigner d'en sçavoir gré.

De la constitution des officieres de la maison.

La superieure considerera specialement la directrice et les novices, afin que cette pepiniere soit bien cultivée en la vie spirituelle; et afin que la reformation de l'homme exterieur ne soit pas sans celle de l'homme interieur, et que la congregation cognoisse tousjours que l'union des ames avec Dieu est sa principale fin, et que les filles d'icelle ne se retirent pas du monde seulement pour fuir les peines et travaux, perils et dangers de damnation qui y sont; mais aussi, et principalement pour estre tirées, jointes et unies de plus près et plus fortement à leur Sauveur et Createur.

De la constitution de l'election de la superieure.

Pour l'election des conseilleres et de l'assistante, quand la superieure jugera à propos de les changer, elle en fera la proposition au chapitre, comme dessus (voilà ce qui estoit demeuré de cet article). Que si la congregation faisoit jamais de si mauvaise election de superieure, qu'elle meritast d'estre deposée avant le temps : les sœurs qui en conscience cognoistront que cela deust estre fait, en avertiroient le pere spirituel, qui en confereroit avec les officieres principales, puis entre toutes les sœurs : et enfin prieroit le prelat du lieu qu'il vinst à l'assemblée, ou deputast quelque personne signalée pour s'y trouver; et en cette troisiesme deliberation on concluroit la deposition; et de mesme si la superieure venoit à tomber en quelque longue maladie qui la rendist du tout inhabile aux exercices de sa charge, au prejudice de la communauté, on pourra proceder à l'election d'une nouvelle superieure.

DIEU SOIT BENY.

LA BULLE

DANS LAQUELLE SONT INSERÉES LES CONSTITUTIONS DE LA VISITATION SAINTE-MARIE, MISE EN FRANÇOIS.

URBAIN PAPE VIII.

Pour memoire perpetuelle. L'abondance de la grace divine nous ayant eslevé sans aucun merite de nostre part, au gouvernement de l'Eglise militante. Parmy la foule des soins auxquels le ministere apostolique est asservy, nous pensons continuellement aux moyens qui sont plus propres à la direction et heureuse conduite des sanctimoniales, lesquelles ayant oublié leur peuple et la maison de leur pere, se sont volontairement devoüées au service de Dieu : et lorsque nous decouvrons les choses qui ont esté faictes à cette fin, et que nous en sommes requis, nous les appuyons volontiers de la puissance apostolique, autant qu'il nous semble necessaire en Nostre-Seigneur, afin qu'elles ne soyent jamais ny esbranlées ny alterées. Il y a doncques quelque temps que nos bien-aimées filles en Jesus-Christ, les religieuses de la congregation de la Visitation Saincte-Marie, de l'ordre sainct Augustin, nous firent representer que defunt François de Sales, evesque de Geneve, de bonne memoire, sur le commandement qu'il avoit de nostre predecesseur le pape Paul V, d'heureuse memoire, avoit dressé des constitutions pour leur bon estat et heureuse conduite, dont la teneur est comme il ensuit : *Constitutions pour les sœurs religieuses de la Visitation*, etc. Et d'autant que comme il appert de la suite des choses qui nous ont esté representées, les susdites religieuses souhaitent avec grande ardeur, que ces constitutions soient soutenuës et corroborées de la confirmation apostolique, elles nous ont fait supplier avec beaucoup d'humilité, d'y pourvoir par les mouvemens de la benignité apostolique. Nous donc voulans favoriser de graces et concessions speciales les susdites religieuses, nous les absolvons par les presentes toutes et chacune d'elles en personne, pour joüyr de l'effect des presentes tant seulement, et les declarons pour ce chef absoutes de toutes excommunications, suspensions, interdits, et de toutes les autres sentences, censures, et peines ecclesiastiques, tant de droit, comme par sentence de juge, pour quelque cause ou raison qu'elles ayent esté données, et dans lesquelles les religieuses sus-nommées seroient tombées. Et acquiesçant à leurs requisitions par l'advis de nos venerables freres les cardinaux de la saincte Eglise romaine preposez aux affaires des reguliers : Nous d'autorité apostolique appreuvons et confirmons par la teneur des presentes, les constitutions cy-dessus inserées ; nous leur donnons de surplus la force de l'inviolable fermeté apostolique, suppleans tous et un chacun des defauts, tant de droit comme de faict, qui en quelque façon que ce soit peuvent s'y estre coulez. Nous ordonnons que toutes et chacune desdites constitutions cy-devant inserées, seront à perpetuité et inviolablement observées, sous les peines qui y sont contenuës, par toutes et chacune les religieuses de ladite congregation presentes et à venir. Et que tout ce qui pourroit estre faict ou attenté au contraire, sciemment ou ignoramment, par qui, ou sous quelque autorité que ce soit, sera cassé et de nul effect, nonobstant toutes constitutions et ordonnances apostoliques, ou desdits ordre et congregation, qui mesme auroient esté munis de jurement ou confirmation apostolique, ou qui seroient roborez de quelque autre autorité, statuts, coustumes ou autres choses contraires. Et nous entendons que la mesme foy et creance soit donnée aux extraits des presentes, quand mesme ils seroient imprimez, qui seront souscrits du sceau d'un notaire public, et scellez du scel d'une personne constituée en dignité ecclesiastique, que l'on auroit aux presentes si elles estoient produites en leur original. Donné à Rome à Sainte-Marie-Majeure, sous l'anneau du Pescheur, le 27 juin 1626, et de nostre pontificat le troisiesme.

SANCTISSIMI IN CHRISTO PATRIS

CLEMENTIS PAPÆ XI DIPLOMA

IN GRATIAM MONIALIUM VISITATIONIS SANCTÆ MARIÆ.

Clemens papa XI, dilectis in Christo filiabus monialibus monasteriorum ordinis Visitationis Beatæ Mariæ Virginis immaculatæ, à sancto Francisco Salesio instituti, ubivis existentium. Filiæ, salutem et apostolicam benedictionem.

Pastoralis officii, divinâ dispensatione, humilitati nostræ crediti, sollicitudo nos admonet, ut sanctimonialium, quæ, spretis hujus sæculi vanitatibus, divinis obsequiis sub suavi religionis jugo, sese manciparunt, paternam curam gerentes, earum spirituales profectus, quo majori possumus studio, juvare atque provehere. Satagamus, ut vota sua Domino reddant abundanter in sanctitate et justitiâ coram ipso omnibus diebus suis. Ipsæ si quidem filiæ sunt, quæ oblitæ populum suum et domum patris sui, providæ consilio optimam partem elegerunt. Ipsæ sunt evangelicæ virgines, quæ lampades suas prudenter aptantes, cœlesti Sponso obviam prodierunt. Ipsæ demùm sunt, ut beatus Cyprianus ait, flos ecclesiastici germinis, decus atque ornamentum gratiæ spiritalis, laudis et honoris opus integrum atque incorruptum, illustrior portio gregis Christi. Has porrò inter sacras virgines, sicuti vos, dilectæ in Christo filiæ, singulari quodam paternæ charitatis affectu prosequimur; ita sedulo curandum nobis esse intelligimus, ut susceptam beatissimæ vitæ rationem constanter retineatis, et in eâ magis magisque procedatis usque ad perfectam diem. Vos itaque modo alloquimur, vos adhortamur, affectione potiùs quàm potestate, electa germina sanctitatis; non quòd adversi aliquid suspicemur de vobis, sed quia quo sublimior gloria vestra est, eo etiam major esse debet nostra et de perseverantiâ vestrâ sollicitudo, et de nequissimi tentatoris infestatione formido. Centesimus jam appropinquat annus ex quo ordo vester à sanctissimo præsule Francisco Salesio institutus, et constitutionibus sapientiâ, discretione, ac suavitate mirabilibus instructus fuit. Intereà temporis illius splendor in Ecclesiâ Dei tantum illuxit, ut ad centum supra quadraginta septem monasteria, sicut accepimus, propagatus jam sit! Undè manifestè deprehenditur et sanctitas instituti quod profitemini dùm ipsi divina bonitas felicia adeò contulit incrementa, et christianorum virtutum odor, tùm ex iis quæ vos præcesserunt, circumquaque diffusus; dùm tam multæ per catholicum orbem nationes ad illud fovendum et suscipiendum, benedicente Domino, illectæ sunt.

Cæterùm hæc ipsa ordinis vestri felix propagatio, hæc ipsa virtutum vestrarum fama longè latèque diffusa, magnoperè à vobis exigit, ut tanti nominis dignitatem et laudem tueri, ad majorem Dei gloriam, omni adhibito studio, contendatis; quod non alias certiùs assequi potestis, quàm si saluberrimas constitutiones et monita vobis à sancto institutore relictas, quibus ad christianam perfectionem iter tutum, expeditum, ac planum sternitur, diligentissimè custodiatis, et quàm maximè caveatis ne quid unquam novi in vos ordinemque vestrum irrepat, quod vel eisdem constitutionibus et monitis adversari, vel etiam pias consuetudines, et observatam hactenùs disciplinam ullâ ex parte labefactare posse videatur. Quâ in re, ubi oportuerit, ordinariorum localium, quorum jurisdictioni subestis, opem implorare, nequaquam prætermittetis: futurum enim omninò confidimus ut quod ipsis per has nostras litteras enixè injungimus, necessitatibus vestris prompto alacrique animo semper adsint, et ne quid ullo sæculorum decursu, ullâ temporum varietate in vobis immutetur, diligenter ac strenuè curent. Jam verò ipsa sæcularis anni celebratio, quæ in regularibus ordinibus insignis imprimis habetur, religiosoque ac solemni cultu peragi consuevit, à vobis vehementer exposcit, ut collata hactenùs ordini vestro à Deo optimo maximo ingentia beneficia devoto gratoque animo recolentes, humiles illi ac uberrimas agatis gratias, et enixis accuratisque precibus ineffabilem ejus clementiam obsecretis, ut hoc maximè tempore fundatoris vestri spiritum in vobis instauret atque vivificet, dictumque illud christianæ sapientiæ compendium, quod ipse ore semper ac mente repetebat, scilicet: quidquid pro æternitate non est, vanitas est; altissimè cordibus vestris infigat; uberem insuper christianarum virtutum accessionem, verum temporalium bonorum contemptum, divinarum rerum perfectum et efficax desiderium, vobis misericorditer largiatur; intellectum prætereà vestrum magis magisque illuminet, voluntatem inflammet, corpus emundet, animam sanctificet; quatenùs ea tantum, quæ Domini sunt, perpetuò cogitantes, sanctæ sitis corpore et spiritu, et post præclaros, quos hic agitis, de carne in carne triumphos, coronam justitiæ quæ legitimè certantibus reposita in cœlis est, à divino Sponso recipere mereamini. Hanc planè ex animo vobis optamus, atque precamur, ac in ejusmodi felicitatis auspicium, vobis, dilectæ in Christo Filiæ, apostolicam benedictionem amanter impertimur.

Datum Romæ, apud Sanctam Mariam Majorem, sub annulo Piscatoris, die 22 junii 1709, pontificatùs nostri anno nono.

† Ulisses dos Card. Gozzadinus.

BULLE

DE NOTRE SAINT PERE LE PAPE CLEMENT XI, DONNÉE EN FAVEUR DES RELIGIEUSES DE LA VISITATION SAINTE-MARIE.

Clément XI, pape, à nos chères filles en Jésus-Christ, les religieuses des monastères de l'ordre de la Visitation de la bienheureuse Vierge Marie Immaculée, fondé par saint François de Sales, en quelques lieux qu'ils soient. Chères filles en Jésus-Christ, salut et bénédiction apostolique.

Comme la sollicitude de l'office pastoral, confié par la Providence divine à notre humilité, exige que nous prenions un soin paternel des religieuses qui, ayant méprisé les vanités du siècle, se sont consacrées au service de Dieu sous le joug suave de la religion, nous devons tâcher de soutenir et d'avancer leur progrès spirituel, autant que nous le pourrons faire, afin qu'elles s'acquittent exactement des vœux qu'elles ont faits au Seigneur, marchant devant lui en sainteté et en justice tous les jours de leur vie. Car elles sont ces filles bien-aimées, qui, ayant oublié leur peuple et la maison de leur pere, ont choisi par un sage conseil la meilleure part. Ce sont ces vierges de l'Évangile, qui, ayant préparé leurs lampes avec toutes les précautions possibles, sont allées au-devant de l'Époux céleste. Ce sont elles enfin, qui, pour nous servir des paroles de saint Cyprien, sont la fleur de l'arbre de l'Église, la gloire et l'ornement de la grace spirituelle, un ouvrage achevé et incorruptible de louange et d'honneur, la plus illustre portion du troupeau de Jésus-Christ. Mais comme entre ces vierges sacrées nous vous honorons, chères filles en Jésus-Christ, d'une affection singulière de charité paternelle, nous comprenons très-bien que nous devons employer tous nos efforts, afin que vous reteniez constamment la manière de vie très-parfaite que vous avez embrassée, et que vous ne cessiez d'y croître et de vous y avancer jusqu'à un jour parfait. C'est à vous donc que nous parlons, c'est vous que nous exhortons, fruits choisis de sainteté, non pas tant par puissance que par amour; non pas que nous appréhendions qu'il ne nous revienne de vous quelque chose de fâcheux; mais parce que plus votre gloire est sublime, d'autant plus devons-nous être soigneux de votre persévérance, et appréhender davantage les embûches du méchant esprit tentateur. Nous voici déjà aux approches de la centième année depuis que votre ordre a été institué par saint François de Sales, et pourvu de constitutions admirables en sagesse, discernement et suavité. Pendant tout ce temps-là, votre ordre s'est si fort accru, et sa splendeur s'est tellement répandue dans l'Église de Dieu, que l'on compte jusqu'à cent quarante-sept monastères qui ont été fondés, ainsi que nous l'apprenons; d'où l'on connoît clairement la sainteté de l'institut que vous professez, par les grands accroissemens que la bonté de Dieu luy a accordés, aussi bien que l'odeur des vertus chrétiennes, que tant vous, que celles qui vous ont précédées, ont répandu de tout côté, ayant engagé par là les nations du monde chrétien à favoriser et recevoir votre dit institut par un effet de la bénédiction du Seigneur. Au reste, cette heureuse étendue de votre ordre, et cette réputation de vos vertus qui a été portée si loin, demandent fortement de vous, que vous vous efforciez de conserver la grandeur et la gloire d'un si grand nom, pour le plus grand honneur de Dieu; ce qui ne peut arriver plus sûrement de votre part, qu'en observant diligemment les constitutions salutaires, les avis que vous a donnés votre saint fondateur, qui vous frayent un chemin assuré, facile et uni pour la perfection chrétienne; et en vous donnant de garde de ne laisser glisser aucune nouveauté dans votre ordre, qui soit contraire auxdites constitutions et avis, ou bien qui puisse affaiblir aucunement vos pieuses coutumes et la discipline que vous avez observée jusqu'à présent ; en quoy vous ne manquerez point de recourir à l'autorité des ordinaires des lieux sous la juridiction desquels vous avez été établies : car nous nous confions qu'ils ne manqueront pas de vous secourir promptement et avec joie dans toutes vos nécessités, et de faire en sorte qu'il n'arrive aucun changement dans votre ordre dans la suite des siècles, ainsi que nous leur recommandons par ces présentes. Et comme les ordres religieux célèbrent dévotement leur année séculaire, il est juste que, puisque vous arrivez à ce terme, vous rendiez à Dieu, très-bon et très-grand, d'humbles et d'abondantes actions de graces pour les bienfaits que vous en avez reçus, et que, par des prières très-ardentes, vous obteniez de sa miséricorde qu'il restaure et vivifie en vous l'esprit de votre saint fondateur, principalement dans ce temps-là, et imprime plus fortement dans vos cœurs cette sentence, qui est comme un abrégé de toute la sagesse chrétienne, et qu'il avoit toujours dans l'esprit et dans la bouche ; à savoir que tout ce qui n'est pas pour l'éternité, n'est que vanité ; que de plus, il vous accorde bénignement une excellente participation des vertus chrétiennes, un véritable mépris des biens temporels, et un désir parfait et efficace des choses divines ; qu'il éclaire de plus en plus votre entendement, qu'il enflamme votre volonté, qu'il purifie votre corps et sanctifie votre ame, afin que ne vous occupant continuellement que de ce qui concerne le Seigneur, vous soyez saintes de corps et d'esprit : et qu'après avoir triomphé ici-bas de la chair dans la chair même, vous meritiez de recevoir la couronne de justice, que le divin Époux a préparée dans le ciel à tous ceux qui combattent pour la piété. Voilà ce que nous vous souhaitons de tout notre cœur ; et pour présage de cette félicité si avantageuse, nous vous accordons, chères filles en Jésus-Christ, la bénédiction apostolique.

Donné à Rome, à Sainte-Marie-Majeure, sous l'anneau du Pêcheur, le vingt-deuxième jour de juin mil sept cent neuf, l'an neuvième de notre pontificat.

† Le card. Gozzadini.

FORMULE

DU RENOUVELLEMENT DES VOEUX DES SOEURS DE LA VISITATION.

O Cieux! oyez ce que je dis; que la terre escoute les propos de ma bouche. C'est à vous, ô Jesus, mon Sauveur, à qui mon cœur parle, encore que je ne sois que poudre et cendre. O mon Dieu! je confirme et renouvelle de tout mon cœur les vœux que j'ay faicts à vostre divine Majesté, de vivre en perpetuelle chasteté, obeyssance, et pauvreté, selon la regle de sainct Augustin, et les constitutions de la congregation de Nostre-Dame de la Visitation; pour l'observation desquelles j'offre et consacre à vostre divine Majesté, et à la sacrée Vierge Marie vostre Mere, Nostre-Dame, et à ladite congregation, ma personne et ma vie. Recevez-moy, ô Pere eternel! entre les bras de vostre tres-pitoyable paternité, afin que je porte constamment le joug et le fardeau de votre sainct service, et que je m'abandonne à jamais totalement à vostre divin amour, auquel derechef je me dedie et consacre. O tres-glorieuse, tres-sacrée, et tres-douce Vierge Marie! je vous supplie pour l'amour et par la mort de vostre Fils, de me recevoir au giron de vostre protection maternelle. Je choisis JESUS, mon Seigneur et mon Dieu, pour l'unique objet de ma dilection. Je choisis sa saincte et sacrée Mere pour ma protection, et la congregation de ceans pour ma perpetuelle direction. Gloire soit au Pere, et au Fils, et au Sainct-Esprit. Amen.

DIRECTOIRE

DES CHOSES SPIRITUELLES

POUR LES SOEURS DE LA VISITATION.

VIVE JESUS!

DIRECTOIRE

DES CHOSES SPIRITUELLES

POUR LES SOEURS DE LA VISITATION.

SOUHAITS PARTICULIERS.

L'humble gloire des sœurs de la Visitation.

ARTICLE PREMIER.

Nous n'avons aucun bien, que le bien de la dilection, qui est le lien de perfection; car la dilection est forte comme la mort, et le zele d'amour ferme comme l'enfer. Comme donc pourroit-on avoir des liens plus forts que les liens de la dilection, qui est le lien de la perfection?

Souhait à l'imitation de celuy que Job a fait au 31e chapitre de son livre.

A JESUS-CHRIST, NOSTRE-SEIGNEUR.

O vray Dieu! mais qui me fera tant de grace que le Tout-Puissant escoute mon desir, et que luy-mesme escrive ce livre, afin que je le porte sur mes espaules, et que je m'en environne comme d'une couronne, et que je le prononce à chaque pas, et que je le luy offre comme à un prince? Oüy, Seigneur JESUS-CHRIST, escoutez l'exclamation que mon cœur fait pour vos servantes, escrivez vous-mesme en ce livre, et ne permettez pas qu'aucune y mette jamais son nom que par vostre inspiration et mouvement, afin que ce volume soit un manteau d'honneur sur mes espaules, et une couronne de gloire sur ma teste; et ainsi je nommeray en toutes les aspirations que mon esprit fera vers vous, tous les noms qui y seront marquez, comme un cantique de joye et de loüange, et en offriray le roolle comme un bouquet de suavité à vostre divine providence. Fai-tes, ô JESUS, sainct et doux amour de nos ames, que l'an auquel chaque sœur escrira ses vœux et oblation en ce livre, luy soit un an de sanctification; le jour un jour de salut, et l'heure une heure de perdurable benediction; et que les sœurs que vous avez congregées sous vostre nom et celuy de vostre chere mere, ne se dispersent point; que ce que vous avez assemblé ne se dissipe point, et que ce que vous avez conjoint ne se separe point, mais que les noms marquez en ces feüilles perissables, soient à jamais escrits au livre des vivans, avec les justes qui regnent auprès de vous en la vie de l'immortelle felicité. Ainsi soit-il. Amen.

Desir à l'imitation de celuy de sainct Paul, chapitre 4, aux Philippiens.

Doncques, tres-cheres sœurs, mes filles tres-desirées, ma joye et ma couronne, demeurez ainsi en Nostre-Seigneur. Mes bien aimées, ô filles de bonne odeur, filles des colloques celestes, je vous prie, ains je vous conjure, de sentir toutes un mesme amour, et de vivre toutes en un mesme accord de cette vocation en JESUS-CHRIST Nostre-Seigneur, et en sa mere Nostre-Dame. Amen.

FRANÇOIS,
Evesque de Geneve, l'an 1611, à Annecy.

Du lever des sœurs, et de la droiture de l'intention.

ARTICLE II.

Premierement, les sœurs doivent à leur reveil

jetter leurs ames toutes en Dieu par quelques sainctes pensees, telles que celles-cy.

Le sommeil est l'image de la mort, et le reveil est l'image de la resurrection. Ou bien celle de la voix qui retentira au dernier jour : O morts, levez-vous, et venez au jugement. Ou bien qu'elles disent avec Job : Je croy que mon Redempteur est vivant, et qu'au dernier jour je ressusciteray. O mon Dieu ! faites que ce soit à la gloire eternelle : cette esperance repose dans mon sein. D'autres fois : En ce jour-là vous m'appellerez, ô mon Dieu, et je vous repondray ; vous donnerez votre dextre à l'ouvrage de vos mains ; vous avez compté tous mes pas.

Les sœurs feront ainsi les sainctes aspirations, ou telles autres que le Saint-Esprit leur suggerera, ayant la liberté de suivre son attrait interieur.

Commençant à se vestir, faisant le signe de la croix, elles diront : Couvrez-moy, Seigneur, du manteau d'innocence, et de la robbe de charité. Hé mon Dieu ! ne permettez pas que je paroisse nuë de bonnes œuvres devant vostre face.

Puis elles se prepareront pour l'exercice du matin, pensant briefvement aux imperfections èsquelles elles sont plus sujettes, et aux resolutions qu'elles doivent faire contre icelles.

Quand on sonne l'*Ave Maria*, elles se mettront à genoux sur le lit, ou en bas, si elles sont vestues ; en suite de quoi elles feront l'exercice du matin, adorant Nostre-Seigneur du profond de leurs ames, le remerciant de tous ses benefices, et luy offrant leurs cœurs, avec leurs affections et resolutions, et tout leur estre, en l'union de cette offrande amoureuse que le Sauveur fit en l'arbre de la croix de soy-mesme à son Pere eternel, luy demandant son ayde et benediction, saluant Nostre-Dame, luy demandant aussi sa benediction, celle du sainct ange, et des saincts protecteurs, et diront le *Pater noster*, etc., si bon leur semble.

Tout cecy se doit faire vivement, courtement, et à genoux ; puis le reste du temps elles occuperont leur esprit au point de la meditation.

En esté elles feront leurs lits, et s'il se peut, se laveront les mains et la bouche devant l'oraison, et pour cela il sera besoin qu'elles soient tres-diligentes à se lever et habiller.

Pour l'oraison, elles s'y formeront suivant les enseignemens de l'Introduction à la vie devote, du Traité de l'amour de Dieu, des Entretiens spirituels, et autres bons livres conformes à ceux-là ; particulierement sur l'attrait et conduite du Sainct-Esprit, et de la direction qui leur sera donnée, ne s'amusant jamais sur des subtilitez, et vaines sureminences, qui ne sont que tromperies et deceptions. La serieuse practique de cet exercice est une des plus importantes qui soit en la religion, et vie spirituelle.

De dresser son intention ès exercices.

ARTICLE III.

Les sœurs qui voudront prosperer, et faire progrès en la voye de Nostre-Seigneur, doivent au commencement de toutes leurs actions, tant interieures qu'exterieures, demander sa grace, et offrir à sa divine bonté tout ce qu'elles feront de bien, se preparant ainsi à supporter toute la peine et mortification qui s'y rencontrera, avec paix et douceur d'esprit, comme provenante de la main paternelle de nostre bon Dieu et Sauveur, duquel la tres-saincte intention est de les faire meriter par tels moyens, pour après les recompenser de l'abondance de son amour. Et qu'elles ne negligent pas cecy ès choses petites, et qui leur semblent de petite importance ; voire mesme si on les employe à des choses qui leur soient du tout agreables, et conformes à leur volonté et necessité, comme de boire, manger, se reposer, et recreer, et choses semblables ; afin que suivant le conseil de l'apostre, tout ce qu'elles feront, soit faict au nom de Dieu, et pour son seul plaisir.

De l'office divin.

ARTICLE IV.

Les sœurs diront à l'ordinaire le petit office de Nostre-Dame, parce que cet ordre a esté institué particulierement pour la retraite des infirmes, et à l'honneur de la bienheureuse Vierge Nostre-Dame.

Les dimanches et festes de commandement, elles adjousteront les commemorations, selon qu'il est marqué au directoire de l'office.

Les sœurs auront en singuliere recommandation, la simplicité et promptitude à l'obeyssance ; et partant lorsque les offices sonneront, elles doivent courir à la voix de l'Espoux qui les appelle, c'est-à-dire partir allaigrement au premier coup de cloche, se mettre en la presence de Dieu, et à l'imitation de sainct Bernard, demander à leurs ames ce qu'elles vont faire au chœur. Comme aussi elles pourront tenir cette methode en tous leurs autres exercices, afin qu'elles portent en chacun d'iceux l'esprit qui leur convient ; car il ne faut pas une mesme contenance et action au chœur, qu'à la recreation.

Il faut ès exercices qui regardent immediatement l'honneur et service de Dieu, un esprit humblement rabaissé, grave, devot et serieusement amoureux. Avant donc que de commencer l'office, les sœurs provoqueront leurs ames à de semblables affections, et après l'acte d'adoration, offriront à Nostre-Seigneur cette action pour sa gloire, à l'honneur de la saincte Vierge Nostre-Dame et maistresse, et au salut de toutes les creatures.

Disant le *Deus in adjutorium*, etc., elles doivent penser que Nostre-Seigneur leur repond : Soyez aussi attentives à mon amour.

Et pour se maintenir avec le respect et attention convenable, il faut qu'elles considerent de temps en temps combien ce leur est d'honneur et de grace, de faire çà bas en terre le mesme office que les anges et les saincts font là haut au ciel, quoy qu'en divers langages elles prononcent les loüanges du mesme Seigneur, la grandeur et majesté duquel fait trembler les plus hauts seraphins.

Que celles qui entendent quelque peu ce qu'elles disent à l'office, employent fidelement ce talent, selon le bon plaisir de Dieu qui le leur a donné, pour les ayder à se tenir recueillies par le moyen des bonnes affections qu'elles en pourront tirer ; et que celles qui n'y entendent rien, se tiennent simplement attentives à Dieu, faisant des elancemens amoureux tandis que l'autre chœur dit le verset et qu'elles font les pauses.

Mais la principale attention, et le plus grand soin que doivent avoir les sœurs qui ne sont pas encore habituées à l'office, c'est de bien prononcer, faire les accens, pauses, mediations, et de prevoir ce qu'elles ont à dire, selon les charges qui leur sont données ; se tenir prestes pour commencer, et faire les ceremonies avec gravité et bienseance, sans exceder en la crainte de faillir, non plus qu'en la presomption de bien faire.

Bref, les sœurs auront une affection et attention speciale, afin que l'office sacré se celebre avec la reverence et devotion deuë à la divine majesté et avec l'observance du ceremonial.

Comme il faut ouïr la saincte messe.

ARTICLE V.

Pendant que le prestre se prepare, il faut se mettre en la presence de Dieu, et quand il dit le *Confiteor*, il se faut prosterner en esprit devant Dieu, recognoistre ses pechez, les detester et luy en demander pardon. Après cela on pourra dire le chapelet, ou telles autres prieres que l'on goustera le plus, jusques à l'Evangile, auquel il se faut promptement lever, pour tesmoigner que l'on est appareillé pour cheminer en la voye des commandemens de l'Evangile, et dire : Jesus-Christ a esté obeyssant jusques à la mort et à la mort mesme de la croix : et en faisant le signe de la croix sur le front, sur la bouche et sur le cœur, dire : Dieu soit en mon esprit, en ma bouche et en mon cœur ; afin que je reçoive son sainct Evangile. Si l'on dit le *Credo*, il faut dire le commun, protestant mentalement de vouloir vivre et mourir en la foy de la saincte Eglise.

Après le *Sanctus*, il faut en grande humilité et reverence, penser au benefice de la mort et passion du Sauveur, le suppliant de la vouloir appliquer au salut de tout le monde ; et particulierement au nostre, et à celuy des enfans de son Eglise, à la gloire et felicité de tous les saincts, et au soulagement des ames du purgatoire.

A l'elevation du tres-sainct Sacrement, il faut avec une grande contrition de cœur l'adorer, puis avec le prestre l'offrir à Dieu le Pere, pour la remission de nos pechez, et de ceux de tout le monde, et nous offrir nous-mesmes quant et luy avec toute l'Eglise.

Après l'elevation, il faut remercier Jesus-Christ de sa passion et de l'institution de ce tres-sainct sacrifice de l'autel.

Quand le prestre dit le *Pater*, il le faut dire avec luy vocalement ou mentalement, avec une grande humilité et devotion, tout ainsi que si l'on l'oyoit dire à Nostre-Seigneur, et que l'on le dit mot à mot après luy. Après cela, si l'on ne veut faire la communion reelle, il la faut faire spirituelle, s'approchant de Nostre-Seigneur par un sainct desir d'estre unies à luy, et le recevoir en son cœur.

A la benediction, il se faut representer que Jesus-Christ en mesme temps nous donne la sienne.

De l'examen de conscience.

ARTICLE VI.

Les sœurs doivent faire l'examen deux fois le jour, à sçavoir le soir après matines, et le matin après none, en cette sorte. Après le *Pater*, l'*Ave*, le *Credo*, qui se dit à la fin des offices, les sœurs rendront graces à Nostre-Seigneur de tous ses benefices ; et particulierement de celuy de sa saincte Passion ; de ses divins sacremens ; du bien de leur vocation ; et de ce qu'il luy a plu les conserver cette journée, leur administrant en icelle par sa douce bonté toutes leurs necessitez. Faut qu'elles confessent et recognoissent devant Dieu que ce jour ne s'est point passé, sans qu'elles l'ayent offensé en quelque sorte. Et parce que nous sommes aveugles en nos propres affaires, il faut demander la grace et la lumiere du Sainct-

Esprit, afin qu'elles puissent bien recognoistre leurs fautes.

Puis, qu'elles disent le *Confiteor* jusques à *meâ culpâ*, et se mettent à rechercher leurs actions, paroles et pensées, depuis le dernier examen.

Ayant treuvé le nombre et l'espece de leurs pechez, elles les adjousteront avec les autres du precedent examen, et de tous ensemble en demanderont humblement pardon à Nostre-Seigneur, acheveront le *Confiteor*, et feront un ferme propos de s'en amender, moyennant la grace de Dieu, qu'elles luy doivent demander à cet effet, avec toute l'affection et devotion qui leur sera possible. Après cela, elles recommanderont à la divine misericorde, leurs ames, leurs corps, et tout leur estre, prieront pour la saincte Eglise, pour leurs parens et pour tous ceux à qui elles ont un particulier devoir, n'oublieront pas les ames du purgatoire, saluëront Nostre-Dame, leur bon ange, et les saincts protecteurs. Si en s'examinant elles ne peuvent rien remarquer, elles s'abaisseront profondement devant Dieu, lui rendant graces, et confessant neantmoins qu'elles ont fait plusieurs fautes, dont elles n'ont pas memoire ny cognoissance.

Pour faciliter leur examen, il leur sera fort utile, lorsqu'elles tombent en quelques fautes parmy la journée, de s'examiner sur le champ, et regarder un peu par quel mouvement elles l'ont faict, pour s'abaisser devant Dieu, et graver cela dans l'esprit, pour le mettre en l'examen du soir.

En l'examen du matin, il n'est pas requis d'y apporter tant de formalité; ains seulement après le *Pater*, l'*Ave*, et le *Credo*, il faut dire le *Confiteor*, et regarder un peu comme l'on s'est comporté la matinée ès offices et oraisons; puis si l'on trouve quelque faute, l'adjouster aux precedentes, et faire l'acte de contrition, avec un ferme propos de s'amender.

Pour s'ayder la memoire afin de bien cognoistre leurs fautes, elles regarderont comme elles se seront comportées en l'oraison, aux offices, aux silences, aux assemblées communes, et si elles ont esté employées en quelque chose extraordinaire, comme aussi si elles ont eu congé de parler en particulier, de quels propos elles se sont entretenuës, car c'est là où il est dangereux de faillir.

Outre cet examen general, les sœurs pourront practiquer le particulier, lequel se fait d'une vertu particuliere, qui soit la plus convenable, et qui s'oppose directement aux imperfections auxquelles l'on se sent plus incliné.

Et non-seulement les sœurs peuvent practiquer cet examen en elles-mesmes; mais encore autour des bonnes festes, et quant la superieure le trouvera bon, elles pourront faire quelques entreprises, et defis ensemble, pour la practique de quelques vertus.

De la refection.

ARTICLE VII.

Que les sœurs n'aillent pas au refectoir seulement pour manger, ains pour obeyr à Dieu et à la regle, ouïr la saincte lecture, dire les coulpes, recevoir les advertissemens, et faire les mortifications qui y sont pour l'ordinaire practiquées. Qu'elles y entrent avec gravité et modestie, les robbes abbattuës et les yeux en terre. Feront l'inclination au crucifix, et se rangeront de chœur en chœur. Trois se pourront mettre à genoux devant la table de la superieure pour dire chacune une coulpe, courtement et clairement, parlant mediocrement haut, afin qu'elles puissent estre aisement entenduës.

La superieure dira le *Benedicite*, etc., devant sa place, les sœurs tiendront les mains jointes, et s'inclineront durant la benediction, et devant que de s'aller asseoir.

La lectrice estant debout les mains jointes, s'inclinant avec celle qui doit servir à table, dira: *Jube Domine benedicere*. La superieure repondra: *mensæ*, etc. La lectrice montera en chaire, où estant debout, les mains jointes, dira: *In nomine Domini Jesu-Christi*. Les sœurs respondront: *Amen*.

Elle commencera sa lecture. La superieure donnera le signe, disant: Au nom de Dieu; et les sœurs deplieront leurs serviettes. Elles ne laisseront pas des places vuides, sinon aux deux bouts pour celles qui manquent, lesquelles baiseront la terre au milieu du refectoir, devant que de s'asseoir, si c'est par negligence qu'elles viennent tard.

S'il y en a quelqu'une qui soit trop delicate, ou trop avide à manger, qu'elle fasse en entrant une bonne resolution, en invoquant la grace de Nostre-Seigneur, afin de se surmonter courageusement. Que la douillette considere le fiel qui fut presenté à Nostre-Seigneur, au fort de ses plus ameres douleurs. Que celle qui est trop avide pense aux abstinences et jeusnes rigoureux des peres du desert, et de tant d'autres saincts qui ont si puissamment surmonté leur sensualité.

Qu'elles ne sortent point de table sans s'estre mortifiées en quelque chose; et que neantmoins elles usent sans scrupule ny ceremonie des viandes qui leur seront données pour le soulagement de leurs infirmitez, prenant indifferemment de la main de Nostre-Seigneur, tant en viandes, comme en toutes autres choses, ce qu'elles aimeront, comme ce qu'elles n'aimeront pas, voire mesme à l'infirmerie; et recevront ce qui leur sera donné avec action de graces, recognoissant qu'elles ne meritent pas un si doux et si charitable traitement.

Quand on fait les mortifications usitées (ce n'est que quatre ou cinq à la fois); les sœurs à qui on baise les pieds, en avanceront un, s'inclinant un peu, et se tiendront debout et courbées quand c'est la superieure. A la fin, celles qui les auront baisez, retourneront au milieu du refectoir baiser la terre, et retourneront en leurs places. Celles qui mangent à terre, ayant achevé, se tiendront à genoux ou assises, en la mesme place, jusques au signe, lequel estant donné, elles baiseront la terre, et se tiendront en leur rang.

Les jours de feste et chapitre, et en l'absence de la superieure, assistante, ou commise, on ne dira point de coulpes ny d'advertissemens.

Celle qui servira, troussera sa robbe et ses grandes manches jusques au coude, ceindra un devantier, et prendra sur la fenestre du service l'ais chargé de portions. Elle fera l'enclin au milieu du refectoir, puis à la superieure, luy presentant sa portion, et toutes les fois qu'elle passera devant elle. Elle donnera la portion de l'assistante, et poursuivra le chœur de la superieure, puis celuy de l'assistante. Chacune prendra sa portion sans choix. Elles ne s'envoyeront rien l'une à l'autre, excepté la superieure, quand elle le jugera à propos.

Celle qui servira prendra garde que rien ne manque aux sœurs. A la fin de la premiere table, elle mettra les potages de la seconde. Les sœurs seront fort tranquilles et propres au refectoir.

Durant le repas, on lira une fois l'année le Coustumier et Directoire, excepté celuy de la directrice et les mortifications; et ce devant le temps de la visite, et une autre fois dans la mesme année la preface des regles, et une fois l'année les entretiens et les sermons, selon les festes qui echéent.

Après le repas, la superieure donnera le signe pour finir; la lectrice dira : *Tu autem Domine miserere nobis*; et toutes repondront : *Deo gratias*. Elle viendra avec celle qui aura servy, laquelle abattra ses manches et sa robbe, et baiseront la terre au milieu du refectoir, feront l'enclin à la superieure, et s'iront mettre à table.

La superieure commencera les graces du breviaire, selon le temps, devant sa place, et les sœurs, rangées comme au *Benedicite*, repondront. Après cela, on fera les advertissemens.

Les sœurs domestiques et depensieres, qui disent leurs coulpes, se mettront à genoux devant

la superieure, puis se retireront après les avoir dites.

La semainiere commencera le *De profundis*, que les sœurs poursuivront alternativement, et s'approchant deux à deux, une de chaque chœur, feront l'enclin à la superieure, et s'en iront, ayant finy le *De profundis*, en silence au lieu de la recreation.

La lectrice de la seconde table commencera et finira la lecture comme à la premiere, sans relire ce qui aura esté leu.

A la collation, on ne dira que l'*Ave Maria* avec le signe de la croix, pour *Benedicite* et graces. L'on donnera environ trois onces de pain avec un peu de fruit cuit ou crud, et fera-t-on la lecture tout au long.

Les dimanches, toutes se mettront à genoux pour recevoir la benediction de la superieure, après celle de la lectrice.

De la recreation.

ARTICLE VIII.

Les sœurs allant au lieu de la recreation, demanderont à Nostre-Seigneur la grace de n'y rien dire ny faire qui ne soit à sa gloire. Estant entrées, la premiere parole sera : Dieu soit beny; ce qu'elles observeront de dire pour premier salut, mesme au parloir. Puis, qu'elles se rangent promptement, et prennent leurs ouvrages, lesquels elles doivent tousjours tenir au lieu de l'assemblée, ou si proches, qu'elles les puissent prendre commodement.

Qu'elles ne portent point aux recreations des contenances tristes et chagrines, ains un visage gracieux et affable; et qu'elles s'entretiennent ainsi qu'il est porté par les constitutions. Et comme les sœurs doivent avec simplicité et franchise se recreer par obeyssance, aussi doivent-elles par devotion s'affectionner à parler souvent des choses bonnes.

Si quelqu'une estoit sujette à parler d'elle-mesme, à faire des esclats de rire, parler trop haut, et faire telles autres immodesties, qu'elle fasse en entrant un petit regard sur cette imperfection et se resolve d'estre sur ses gardes, afin de n'y pas tomber, invoquant pour cela la grace du Sainct-Esprit et le secours de son bon ange.

Qu'elles n'estiment pas que ce soit peu de vertu de faire la recreation comme il faut; et que partant elles n'y aillent pas par maniere d'acquit et par coustume; ains avec preparation et devotion.

Une sœur tour à tour avertira de la presence de Dieu, et par intervalle, durant la recreation, et à la fin dira quelque bonne et saincte retenue.

La derniere demi-heure de celle du soir sera employée à la lecture de l'epistre et de l'evangile du lendemain, si c'est feste, ou de quelque point pour la communion, ou de devotion, ou à s'entretenir ou conferer de quelques bons et pieux sujets, ainsi que la superieure avisera.

A la fin elles penseront à ce dont elles auront besoin, tant pour leurs ouvrages que pour leurs charges, afin de le demander.

Les officieres marqueront aux sœurs l'heure commode de leur donner ce qu'elles auront besoin. Elles l'observeront fidelement.

Celles qui auront beaucoup de choses à faire venir de la ville, elles l'escriront en un billet qu'elles donneront à l'œconome.

L'assistante advertira aussi de ce qu'on aura à faire pour l'office, quand il y aura quelque chose d'extraordinaire.

Du silence.

ARTICLE IX.

Quand on sonne l'obedience, que les sœurs se levent promptement, et demeurent debout, avec un maintien humble et devot, attendant l'obedience, disant en elles-mesmes : Parlez, Seigneur, vostre servante vous escoute. O mon Dieu ! rendez-moy digne d'accomplir vostre saincte volonté ; et recevront en cette qualité tout ce qui leur sera enjoint par la superieure, sans repliques ny excuses, encore qu'elles eussent quelque autre chose à faire ; mais si c'estoit chose pressée et necessaire, elles le diront par après à la superieure, et si elles sont novices, elles s'addresseront à leur maistresse, qui en advertira la superieure.

Si tost que l'obedience sera donnée, les sœurs qui n'ont rien à demander se retireront en leurs cellules, ou autre lieu qui leur sera convenable, pour faire leurs ouvrages, et ce qui leur aura esté ordonné. Qu'en entrant, elles se mettent plus particulierement en la presence de Dieu, luy demandant la grace d'employer le silence, selon la fin pour laquelle il a esté sainctement institué, qui est, non-seulement pour empescher le vain babil ; mais aussi pour retrancher les pensées vagabondes et inutiles, s'entretenant avec l'Espoux, et pour prendre nouvelles forces pour travailler sans cesse à son divin service.

Elles se pourront servir de l'oraison du matin, regardant Nostre-Seigneur au mystere où elles l'ont medité, et s'arresteront sur quelques-uns des points qu'elles auront plus goustez. Par exemple, si elles ont medité le mystere de la flagellation, et que le regard doux et amoureux que le benin Sauveur jettoit de fois à autres sur ceux qui le flagelloient, ait touché leurs cœurs, elles doivent se le representer souventefois, faisant ensuite cet eslancement.

O doux Jesus, regardez-moy des yeux de vostre misericorde. Une autre fois : Hé ! Seigneur, ostez de moy tout ce qui peut deplaire à vos yeux.

Elles pourront aussi demeurer doucement aux pieds de Nostre-Seigneur, comme Magdeleine, escoutant ce qu'il dira à leurs cœurs, regardant sa bonté et son amour, et luy parlant de temps en temps par ces elancemens de cœur, et oraisons jaculatoires, telles ou semblables.

O Dieu ! vous estes mon Pere, recevez-moy entre les bras de vostre divine providence.

Mon Dieu, ayez pitié de ma misere.

Hé, Seigneur ! que je ne vive que pour vous.

Helas, mon salut, donnez-moy vostre amour.

Vous estes, ô mon Dieu ! toute mon esperance.

Jesus, soyez-moy Jesus.

Sauveur de mon ame, quand seray-je toute vostre ?

Recevez-moy, ô bon Jesus ! entre les bras de vostre providence.

O mon Dieu ! faites de moy selon vostre divine volonté.

Seigneur, que je ne vive point, si je ne vis pour vous ?

O mon Roy ! quand vous verray-je en vostre gloire ?

Seigneur, soyez propice à moy pauvre pecheresse.

Hé Dieu ! quand vous aimeray-je parfaictement ?

Seigneur, donnez-moy un cœur humble et doux.

Mon salut et mon amour.

Mon Dieu, vous estes mon tout.

O Jesus ! vous estes les delices de mon cœur.

Hé, Seigneur ! que j'accomplisse toutes vos volontez.

Par vostre bonté, gardez-moy de vous deplaire.

Mon souverain bien, je ne veux plus que vous.

A LA SAINCTE VIERGE.

Ma chere Maistresse, je vous saluë, et vous revere de tout mon cœur.

Mere de misericorde, priez pour moy.

Reyne du ciel, je vous recommande mon ame.

Ma douce Mere, obtenez-moy l'amour de vostre Fils.

Ma chere esperance auprès de Jesus.

Je me jette à vos pieds, doux refuge des pecheurs.

Faites-moy sentir vostre pouvoir envers la saincte Trinité, ô glorieuse Vierge!

AU BON ANGE.

Ange glorieux, qui m'avez en garde, priez pour moy.

Mon cher Gardien, donnez-moy vostre benediction.

Bien-heureux Esprit, defendez-moy de l'ennemy.

Mon cher Protecteur, donnez-moy une grande fidelité à vos sainctes inspirations.

Elles en feront de mesme envers les saincts et sainctes auxquels elles auront une particuliere devotion, comme à sainct Joseph, sainct Augustin, sainct Jean-Baptiste, les princes de l'Eglise sainct Pierre et sainct Paul, sainct Jean l'Evangeliste patron des vierges, sainct Bernard, sainct François, saincte Anne, saincte Magdelaine, les trois sainctes Catherines, et autres glorieux saincts, dont l'on aura leu la vie à table.

Quand l'horloge sonnera, qu'elles souspirent les heures inutilement passées; qu'elles pensent qu'il faudra rendre compte de cette heure, et de tous les momens de leur vie.

Qu'elles approchent de l'eternité.

Que les heures sont des siecles aux malheureux damnez.

Que nous courons à la mort.

Que nostre derniere heure sonnera peut-estre bientost.

Que les sœurs fassent ensuite de telles pensées quelque devote aspiration, afin que Dieu leur soit propice à cette derniere heure. Ce qui arrivera infailliblement à celles qui se rendront tres-soigneuses de cet exercice, lequel elles pourront practiquer en tous temps et en toutes occasions, par le moyen duquel elles croistront et profiteront tous les jours de vertu en vertu, jusques à la perfection de l'amour divin.

Celles qui seront travaillées de quelques tentations, ou passions, pourront s'encourager et fortifier par la consideration des travaux de Nostre-Seigneur, et se le representant en iceux. Et quand elles auront des difficultés en l'exercice des vertus, si elles le regardent en la practique de celles qu'il a exercées tandis qu'il a esté en cette vie, elles seront instruites et aydées.

Du coucher.

ARTICLE X.

Que les sœurs soient promptes à se deshabiller, et tiennent tant qu'il leur sera possible leur esprit attentif au point qu'on aura leu pour l'oraison du matin.

Qu'elles soient tres-exactes à garder l'honnesteté et saincte pudeur, ne se descouvrant en aucune façon, ny regardant leurs corps nuds; et soient soigneuses qu'on ne les voye point en se levant et couchant, lorsqu'elles n'auront pas chacune leurs chambres.

Qu'elles ne sortent point de leurs cellules sans estre vestuës, sinon par quelque pressante necesité, ny sans avoir le voile sur la teste.

Estant au lit, qu'elles se souviennent que Nostre-Seigneur et plusieurs saincts dormoient sur la terre froide, et combien elles sont obligées de l'aimer et le servir, puisque sa douce bonté leur donne si paternellement leurs petites commoditez.

Qu'elles se couchent en la mesme posture qu'elles feroient si elles voyoient Nostre-Seigneur de leurs propres yeux; car veritablement il les regarde en cette action aussi bien qu'en toutes autres.

Estant couchées, elles se representeront qu'un jour elles seront ainsi estenduës dans le tombeau, et prieront Dieu qu'il les assiste à l'heure de la mort.

Quelles s'essayent de s'endormir toujours en quelque bonne pensée; parce qu'il y a un demon qui epic leur sommeil, pour l'infecter de quelques mauvaises imaginations, et un qui epie leur reveil, afin de remplir leur esprit de mille vaines et inutiles imaginations. Elles porteront leurs croix la nuit, et un petit voile noir sur la teste, et une barbette.

Des confessions, et de l'ordre d'y aller.

ARTICLE XI.

Quand les sœurs se voudront confesser, elles feront la preparation en cette sorte. S'estant prosternées en esprit d'humilité aux pieds de Nostre-Seigneur crucifié, elles diront devotement le *Confiteor* jusques à *meâ culpâ*, et demanderont la grace et la lumiere du Sainct-Esprit pour bien cognoistre leurs fautes; puis rassembleront tout ce qu'elles auront trouvé en leurs examens journaliers depuis la derniere confession, penseront un peu s'il n'y a rien de plus, et acheveront le *Confiteor*, disant *meâ culpâ*. Après quoy elles demanderont tres-humblement pardon à Nostre-Seigneur, et la grace de se corriger; de quoy elles feront une bonne resolution, specialement des choses plus importantes qu'elles remarqueront, les detestant et taschant de donner à leur ame une vraye douleur de leurs fautes, pour petites qu'elles soyent; car c'est tousjours trop de mal d'avoir depleu à la souveraine bonté de Nostre-Seigneur, qui nous fait journellement tant de misericorde.

Après avoir remarqué leurs fautes, elles y adjousteront quelque chose de ce qu'elles ont fait au monde, qui soit manifestement peché, comme une medisance par haine, ou un mensonge par vanité, ou pour porter dommage à autruy, et feront de tous ensemble l'acte de contrition.

Puis iront avec humilité devant le confesseur, luy feront un enclin fort bas, les mains jointes, et les yeux en terre, honorant Dieu et le sacré sacerdoce en la personne du prestre, le considerant en confession comme un ange de Dieu, qu'il nous envoye pour nous reconcilier avec sa divine bonté.

Qu'elles disent purement et simplement ce qui les touche, et se gardent bien d'accuser la faute d'autruy avec la leur. Qu'elles soyent courtes et claires en leurs confessions. Qu'elles ne soyent pas aussi courtes, que cela leur fasse oublier de dire ce qui est necessaire, pour se bien declarer comme la chose s'est passée, et à la façon la plus intelligible qu'elles pourront. Et n'y aillent point par coustume, ny sur des vains scrupules, ains avec devotion et attention, comme en une action de tres-grande importance et gravité.

Estant à genoux, elles feront le signe de la croix, disant: *Benedic Pater, quia peccavi.* Après avoir receu la benediction, elles diront tout ce qu'elles auront remarqué en leur examen, et adjousteront à la fin de chacune de leurs confessions un peché, comme il a esté dit cy-dessus, en cette sorte: Je m'accuse aussi d'avoir dit estant au monde un mensonge par vanité; ou bien: Je m'accuse d'avoir autrefois medit de quelqu'un par haine; une autre fois: Je m'accuse d'avoir autrefois murmuré des actions d'autruy.

Ayant achevé leur confession, qu'elles ecoutent avec humilité et tranquillité ce que le confesseur leur dira. Mais s'il leur conseille quelque chose contraire aux regles et coustumes de la maison, elles le prieront de les excuser, parce qu'elles croyent cela n'estre conforme à ce qui leur est prescrit. Comme aussi leur estant enjointes quelques penitences extraordinaires, et hors du train de la communauté, elles diront: Mon pere, je supplie tres-humblement vostre reverence de me changer cette penitence, car je ne pourrois bonnement l'accomplir.

Si les confesseurs les enquierent de quelque chose qui ne soit pas de la confession; comme par exemple, de quelques tentations, exercices ou difficultez, elles pourront, si elles veulent, repondre en ce qui les touche seulement; mais si elles ne desirent pas d'en parler avec eux, elles diront: Mon pere, excusez-moy, s'il vous plaist, je crains de m'embroüiller l'esprit en parlant de cela; je n'en ay, graces à Dieu, aucun scrupule, ny remords de conscience.

Au partir de là, elles ne doivent aucunement parler de ce qui leur a esté dit en confession, sinon que ce fust quelque chose si utile et devote, qu'il semblast à propos de le dire pour l'instruction et edification des autres, sans toutesfois faire apparoistre d'où elles l'ont appris.

Mais si quelque confesseur les troubloit en confession, après avoir invoqué Nostre-Seigneur, elles demanderont humblement à la superieure de ne s'y plus confesser.

Elles se confesseront deux fois la semaine, la veille devant la communion ordinaire du dimanche et jeudy, à sçavoir le mercredy et le samedy. Si on anticipe ou retarde le jour de la saincte communion, on devra de mesme anticiper ou retarder la confession. Aucune ne differera ny avancera sa confession, que pour quelque legitime occasion, et avec la licence de la superieure; et pour lors elles iront tirer leur cordon à la carte.

Elles ne se confesseront point durant l'office, tant que faire se pourra, sinon celles qui ne sont pas du chœur.

Au son de la cloche pour la confession, elles se rendront toutes si à propos au lieu assigné, qu'il ne faille point les aller chercher. Celle qui sera confessée ira diligemment appeler celle qui suit, les deux ou trois qui vont après la sœur qui se confesse, et ainsi consecutivement dès l'une à l'autre.

Elles y iront par ordre, commençant par les pretendantes, puis les novices et professes domestiques, continuant par les autres novices et professes, et finissant par la superieure.

Après la confession, elles feront leur penitence le plus promptement qu'elles pourront, avec une grande contrition et genereuse resolution.

De la saincte communion.

ARTICLE XII.

La principale intention que les sœurs doivent avoir à la saincte communion, doit estre pour la gloire de Nostre-Seigneur, et leur union avec luy.

Or, pour s'y mieux preparer, le soir devant que de la faire, il sera bon en l'oraison et en leur recueillement, de dresser quelque peu leur pensée à Nostre-Seigneur en ce sainct Sacrement, excitant en leur ame une saincte reverence et joye spirituelle, de devoir estre si heureuses que de recevoir nostre doux Sauveur; et lors il faut faire nouvelle resolution de le servir fervemment, laquelle elles pourront confirmer l'ayant receu, non pas par vœux, mais par un bon et sainct propos.

Sur le point de la communion, elles pourront user de quelques eslancemens de paroles mentales, comme celle de sainct François : Qui suis-je, Seigneur, et qui estes-vous ? ou bien de saincte Elisabeth : D'où me vient ce bonheur que mon Seigneur vienne à moy ? ou celle de sainct Jean l'Evangeliste : Oüy, venez, Seigneur Jesus ; ou celle de l'Espouse sacrée : Que mon Seigneur me baise d'un baiser de sa bouche ; et semblables.

Après la saincte communion, il faut regarder Nostre-Seigneur assis dans nostre cœur comme dans son throsne, et lui faire venir l'une après l'autre nos puissances et nos sens, pour ouïr ses commandemens, et luy promettre fidelité.

On pourra encore semondre l'ame à plusieurs sainctes affections, comme de crainte de contrister et perdre le Seigneur, disant avec David : Ne vous departez point de moy, et avec les pelerins : Demeurez avec nous, car il se fait tard.

A la confiance et force d'esprit avec Daniel : Je ne craindray nullement, parce, Seigneur, que vous estes avec moy.

A l'amour avec l'Espouse : Mon bien-aimé est a moy, et je suis à luy ; il demeurera sur mon cœur. J'ai trouvé celuy que mon ame desire, je le conserveray soigneusement.

A l'action de graces avec Abraham : O Seigneur ! parce que vous m'avez faict cette grande grace, je vous beniray de benedictions eternelles, et multiplieray vos louanges comme les estoiles du ciel.

A la resolution de le servir, par les paroles de Jacob : Dieu me sera mon Dieu, et la pierre de mon cœur cy-devant endurcie, sera sa maison.

On peut penser à l'ardeur interieure de Nostre-Dame, lorsque l'ange luy dit que le Sainct-Esprit viendroit en elle, sa devotion, son humilité, sa confiance, son courage ; et qu'en mesme temps qu'elle entendit que Dieu luy donnoit son cœur, qui est son Fils, elle se donna reciproquement à Dieu, et que lors cette saincte ame se fondit en charité, si qu'elle pouvoit dire : Mon ame s'est liquefiée et fondüe quand mon bien-aimé m'a parlé. Or, quant à nous nous recevons une pareille grace à la communion ; car non un ange, mais bien Jesus-Christ nous asseure qu'en icelle le Sainct-Esprit vient en nous ; et par maniere de dire, naist en nous et y est conceu.

O Dieu ! que de suavité et de douceur. Et partant l'ame peut bien dire comme cette saincte dame, après cette consideration : Voicy la servante du Seigneur, me soit fait selon sa parole ; puisqu'il a dit de sa sacrée bouche : Que quiconque le mange, il demeure en luy, qu'il vivra pour luy, et en luy, et ne mourra point eternellement.

Les sœurs pourront, tant pour la saincte messe, que pour la tres-saincte communion, faire ces considerations, ou telles autres que le Sainct-Esprit leur suggerera.

Elles communieront par ordre, commençant à la superieure, et ainsi des autres.

Elles iront à la main droite, feront l'enclin à la superieure, en allant, et la genuflexion devant que de s'agenouiller pour communier.

La sacristaine commencera le *Confiteor* intelligiblement, et à mesme temps la premiere s'ira mettre à genoux à la fenestre, le voile baissé jusques sur le nez, où plus haut, tenant la teste droicte et ferme, sans se remuer ny avancer.

Après la saincte communion, elles se retireront aussitost à gauche et feront la genuflexion au sainct Sacrement, et l'enclin à la superieure, se remettant en leurs places à genoux.

Les sœurs communieront de plus que la constitution n'ordonne, une fois chaque semaine de caresme, et toutes les festes suivantes.

De sainct Paul, sainct Joseph, saincte Catherine de Sienne, saincte Croix, sainct Claude, en memoire qu'à tel jour la congregation fut commencée, saincte Magdeleine, saincte Anne, Nostre-Dame des Neiges, sainct Bernard, la feste du sainct principal auquel leur eglise est dediée, sainct François, saincte Catherine martyre, sainct Charles, les saincts Innocens, et le jour de leur profession.

Item, ces festes suivantes, si elles n'arrivent la veille ou le lendemain des communions ordinaires, et que la superieure l'ordonne, sainct Antoine, saincte Agnès, sainct Ignace de Loyola, sainct Thomas d'Aquin, sainct Benoist, sainct François de Paule, sainct Jean-Porte-Latine, saincte Monique, sainct Alexis, saincte Marthe, sainct Louis, la decollation de sainct Jean, sainct Nicolas de Tolentin, l'Ange gardien, sainct Denys, sainct Dominique, sainct Bonaventure, saincte Therese, sainct Nicolas, le jour qu'elles ont pris l'habit, et du sainct de leurs noms.

La premiere communion de chaque mois se fera pour le renouvellement de leurs vœux.

La seconde, pour l'exaltation de la saincte Eglise, pour le pape et pour les ecclesiastiques.

La troisiesme, pour la conservation, union et perfection de l'ordre.

La quatriesme, pour la conversion des infideles et des pecheurs.

La cinquiesme, pour l'union entre les princes chrestiens, notamment pour celuy du pays où la congregation se trouve establie, ou autres necessitez publiques.

Une avec une messe pour les ames du purgatoire, proche le temps que l'on dit l'office des morts.

Une au decès des plus proches parens de quelque sœur, quand la superieure le treuvera bon. Et les sœurs peuvent appliquer plusieurs de leurs communions, avec permission, pour leurs parens decedez durant l'anniversaire.

La superieure, ou autres communians extraordinairement, n'empesche pas que trois sœurs ne communient selon leur ordre.

Quand elles sont en petit nombre, elles ne communieront que deux à la fois, afin que chacune n'ait qu'une communion extraordinaire par semaine.

Au commencement de leurs communions generales, on mettra du parfum tant qu'il se pourra.

ADVIS SUR LE DIRECTOIRE.

Le directoire propose quantité d'exercices, il est vray; et il est encore bon et convenable pour le commencement de tenir leurs esprits rangez et occupez: mais quand par le progrès du temps les ames se sont exercées en cette multiplicité d'actes interieurs, et qu'elles sont façonnées, derompuës et degourdies; alors il faut que ces exercices s'unissent en un exercice de plus grande simplicité, à sçavoir, ou à l'amour de complaisance, ou à l'amour de bienveuillance, ou à l'amour de confiance, et de l'union et reünion du cœur à la volonté de Dieu, ainsi que l'exercice de l'union marque; de sorte que cette multiplicité se convertisse en unité. Mais c'est à la superieure à cognoistre et discerner l'attrait interieur, et l'eſtat de chacune de ses filles en particulier, afin qu'elle les conduise toutes selon le bon plaisir de Dieu. Et de plus, s'il se trouve quelques ames, voire mesme au noviciat, qui craignent trop d'assujettir leur esprit aux exercices marquez; pourveu que cette crainte ne procede pas de caprice, outre-cuidance, dedain ou chagrin, c'est à la prudente maistresse de les conduire par une autre voye, bien que pour l'ordinaire celle-cy soit utile, ainsi que l'experience le fait voir.

Du devoir des novices envers leur maistresse.

ARTICLE XIII.

Qu'elles ayent un amour tres-cordial envers leur maistresse, et une confiance toute filiale accompagnée de respect, luy tesmoignant une gratitude et recognoissance, pour le soin et travail qu'elle a à dresser leurs esprits.

Qu'elles suivent sa direction avec humilité, luy rendant fidelement compte de leurs actions, et de tout leur interieur, luy parlant en la mesme sorte qu'il sera dit pour la superieure.

Mais quand elles seront aux assemblées où la superieure sera presente, il ne sera pas besoin qu'elles se levent lorsque la directrice entrera ou sortira, ains seulement elles feront l'enclin de la teste. Si neantmoins elle vient parler à quelqu'une d'entre elles, quelque part que ce soit, il faut que la novice se leve, comme aussi quand elle entrera au noviciat.

Quand la superieure envoyera une novice en quelque lieu hors de l'assemblée, il ne faut pas qu'elle demande congé à la directrice; mais seulement, si c'est pour demeurer long-temps, elle luy ira dire : Ma sœur, nostre mere m'envoye en telle part, et fera l'enclin à la superieure, dès la place où elle sera.

Sitost que l'obeyssance sera donnée, que les novices se retirent promptement au noviciat, se mettant plus particulierement en la presence de Dieu, luy demandant sa grace, afin de bien profiter des enseignemens qui leur seront donnez. Qu'elles fassent des questions à la directrice, pour avoir un plus grand eclaircissement des regles, et constitutions, et coustumier.

Quand la directrice aura achevé de leur lire, ou expliquer un point de la regle, du directoire, ou catechisme, elles demeureront en silence, s'occupant selon qu'il leur sera ordonné.

Qu'elles ne sortent en aucune sorte du noviciat, sans la licence de la directrice, ou de celle qu'elle aura nommée assistante, et qu'en sortant elles l'advertissent du lieu où elles iront.

Les novices professes ne seront pas obligées à demeurer dans le noviciat, sinon tandis qu'on y practique les exercices. Elles s'addresseront à la directrice pour toutes leurs necessitez, hormis quand elles seront en la presence de la superieure, et luy rendront compte seulement une fois la semaine.

Toutes rendront une obeyssance tres-simple à la directrice en tout ce qu'elle leur commandera, sans repliques ny excuses, et ne parleront point de ce qui se fait au noviciat, tant des coulpes, qu'autres choses.

Pour apprendre à se bien confesser, elles iront le matin, tant qu'il se pourra, parler à la directrice, pour estre instruites à se confesser clairement, courtement, avec contrition, et aller comme il faut à ce sainct Sacrement, sans y compter des histoires qui ne servent de rien.

Les novices ne laisseront pas de faire leurs ouvrages au noviciat en tout temps, excepté lorsque la directrice leur parlera à toutes en commun le mercredy au matin après les coulpes. Et doivent, selon la signification de leur nom, se tenir pour les moindres et dernieres de toutes ; et par consequent estre grandement humbles, servant et respectant un chacun avec une soumission remarquable.

Du devoir des sœurs envers la superieure.

ARTICLE XIV.

Les sœurs rendront un grand respect à la superieure, regardant Dieu en elle, et l'honorant comme l'organe du Sainct-Esprit. En suite de quoy, lorsqu'elles luy rendront compte de leurs consciences, elles se mettront à genoux, s'humiliant non seulement de corps, mais aussi d'esprit, pour recevoir les advis, remonstrances et corrections qu'elle leur fera, tout ainsi que de la propre bouche de Dieu. Mais si la superieure leur commande de se lever, elles le feront simplement.

Que si par rencontre elle mortifie quelque sœur, elle se mettra soudain à genoux, demeurant ainsi les yeux bas, et les mains jointes, jusques à ce que la superieure cesse de parler à elle. Puis elle baisera terre, et si la superieure est encore presente, elle luy fera un grand enclin en se relevant. Il leur sera tres-utile de recevoir en cette sorte les mortifications et humiliations, comme remedes convenables et necessaires à leurs maladies, s'imaginant qu'elles sont ainsi que des petits enfans, auxquels la douce et charitable mere donne l'absynthe et le chicotin, drogues tres-ameres, l'une pour les garantir des vers, l'autre pour les sevrer de la mammelle, et les accoustumer aux viandes solides. Qu'elles se gardent donc bien de croire, quand on les corrigera, ou qu'on leur fera des advertissemens, que cela se fasse par passion, ou mauvaise volonté ; ains qu'elles tiennent pour asseuré que c'est une vraye marque de l'amour qu'on leur porte, et du desir que l'on a de les voir perseverer en leur vocation, et parvenir a une tres-haute perfection.

Recevant quelque obeyssance un peu extraordinaire, elles se mettront à genoux, et baiseront terre. Lorsqu'elles donneront ou prendront quelque chose de la main de la superieure, soit lettres, livres, ouvrages, et choses semblables, elles mettront un genoüil en terre, et baiseront sa main, sauf dans le chœur.

En quelque part qu'elles soient, si la superieure passe près d'elles, elles se leveront, et feront un enclin, excepté quand elles sont à genoux au chœur, qu'elles s'inclineront seulement.

Documens fort utiles.

ARTICLE XV.

Toutes les sœurs doivent estre fort attentives à se perfectionner selon leur institut, par une ponctuelle observation, rapportant à cela toutes les lumieres qu'elles recevront, tant aux lectures, conferences, oraisons, confessions et predications, qu'autrement ; ne prenant jamais de tout cela chose aucune qui soit contraire à leur institut. Pour bon qu'il semble estre, et qu'en effet il le fust, si ne le seroit-il pas pour elles, je les en asseure. Chacun se doit perfectionner selon sa vocation, d'autant plus que les preceptes de toutes les vertus et perfections sont enclos dans les regles et constitutions, et les sœurs ne doivent rien tant craindre, sinon que l'on vienne à les negliger, et par ce moyen à se relascher de cette exactitude tant necessaire. Que la superieure de chaque monastere prenne soigneusement garde qu'on n'introduise aucune nouveauté, retranchant toutes pretentions de faire plus ou moins que ce qui est compris dans l'institut. Et surtout, il est requis que les sœurs continuent à se descouvrir à la superieure, avec l'entiere simplicité et sincerité que la constitution marque, et que reciproquement les superieures ayent un tres-grand soin de conserver cette confiance filiale des sœurs en leur endroit par un amour tout cordial et suave. Cet advis est de si grande importance pour maintenir l'esprit de l'institut en sa perfection, que quand il manquera, l'esprit de la congregation defaudra, lequel estant conservé, enrichira le paradis d'ames.

Les sœurs doivent continuellement aspirer à la veritable et sincere humilité de cœur, se tenant petites et basses à leurs yeux. Et quand le monde les tiendra pour telles, et les mesprisera, qu'elles reçoivent ce mespris, comme chose tres-convenable à leur petitesse, et un gage precieux de l'amour de Dieu envers elles ; car Dieu voit volontiers ce qui est mesprisé, et la bassesse agreée luy est tousjours fort agreable. Qu'elles se monstrent tres-affectionnées, autant que la constitution seizieme le permet, à la practique de ce document, qui est d'un prix inestimable. Ne demandez rien, et ne refusez rien ; mais qu'elles se tiennent disposées pour faire et souffrir tout ce qui leur arrivera de la part de Dieu, et de la saincte obeyssance. Cela nourrira en elles la saincte paix et tranquillité de cœur, qui leur a esté si souvent recommandée. A quoy servira encore qu'elles ne se plaignent point les unes parmy les autres de leurs tentations, degousts, aversions et difficultez, ni mesme des incommoditez corporelles, sinon à la superieure.

Qu'elles fassent grande profession de ne se point excuser, non-seulement sur les advertissemens, mais encore ès fautes legeres.

S'il arrive à une sœur de dire à une autre des paroles seches, ou tant soit peu contraires à l'humilité, elle doit incontinent luy demander pardon, se mettant à genoux et baisant terre; ce que l'autre sœur fera pareillement, usant de quelque trait de cordialité en son endroit.

Quand les sœurs parleront de leurs defauts, et de ce qui touche à leur personne, elles useront du terme singulier; comme par exemple : J'ai rompu le silence; je suis imparfaicte; j'ay mal à la teste, et semblables; mais en tout le reste elles parleront en pluriel, comme : Nous avons des cellules; nostre robbe est gastée; nous avons fait telle et telle chose.

Les sœurs ne pourront donner en leur nom aucune chose, et ne leur sera pas seulement loisible de se prester ou donner les unes aux autres sans licence.

Mais quand il sera requis de faire quelque present, la superieure le donnera, ou fera donner au nom de toute la communauté; et se tiendra-t-on en cela mesme dans les bornes de l'humilité, simplicité et pauvreté religieuse, qui sont vertus particulierement recommandées aux filles de la Visitation.

Les sœurs s'essayeront d'estre courtes et retenuës au parloir, mesme avec des personnes spirituelles; parce qu'aux longs entretiens il se glisse facilement des superfluitez et oisivetez de paroles.

Il ne leur sera jamais loisible d'y manger, et tant qu'on pourra, on les exemptera d'y aller la matinée des festes, au temps de caresme et de l'advent, et pendant les retraites; mais neantmoins la superieure le permettra quand elle le jugera à propos.

La superieure, pour quelque grande et signalée occasion d'affliction publique ou particuliere, pourra faire faire des oraisons, jeusnes, penitences, et communions extraordinaires, pour quelques jours, prenant l'advis toutesfois de ses coadjutrices.

Elles feront demie heure d'oraison pour les pecheurs aux trois jours de caresme-prenant, devant ou après la lecture.

Les sœurs porteront un grand respect à la parole de Dieu, de quelque part qu'elle leur soit annoncée, l'escoutant avec attention et reverence, et feront le mesme de toutes les choses sainctes, et des vertus, desquelles elles parleront avec honneur et reverence, sans les tourner en recreation.

Tant qu'il se pourra bonnement, la superieure fera qu'il y ait predication toutes les festes solemnelles de l'année, tous les premiers dimanches du mois, les dimanches du caresme, et une ou deux fois la semaine.

Les sœurs auront un jour tous les mois pour s'entretenir toutes ensemble, et pour se recreer sainctement par forme de conferences spirituelles, environ une heure du silence de l'après-disnée, ou autre heure que la superieure jugera à propos.

C'est aussi à sa discretion de les mettre deux à deux, ou plusieurs ensemble, ou de les laisser en liberté de se choisir elles-mesmes, ou bien la superieure avec les professes, et les novices ensemble; mais non point dans les cellules, ny les aides, quand elles s'entretiennent à la fin du mois, sinon qu'elles ayent congé.

Des menues licences.

ARTICLE XVI.

Les sœurs sont en liberté d'aller visiter le tres-saint Sacrement, pour faire courtement quelque acte d'adoration.

De faire quelque priere vocale, allant ou venant par la maison, et pour qui elles veulent.

De demeurer les jours de festes environ demie heure au chœur, entre prime et tierce.

D'y faire la lecture, ou dans le jardin.

De se promener ou retirer en solitude, faisant leurs ouvrages ès heures qui ne sont point de communauté; en sorte que cette liberté ne nuise point au recueillement.

De lire à toutes heures commodes quelque chapitre des regles et constitutions, ou quelque peu de leurs livres, pour se distraire des tentations, ou recueillir l'esprit de devotion.

De chanter des cantiques spirituels aux recreations, et mesme au silence, sans interrompre les autres.

De parler bassement et courtement durant le silence pour choses necessaires.

De se retirer un peu en solitude, lorsque plusieurs travaillent en mesme ouvrage pendant le silence, ne quittant jamais les exercices communs pour quelque ouvrage, sans necessité extraordinaire.

De se promener ensemblement pendant la recreation, et ès jours de festes après le rapport des lectures, s'entretenant devotement.

Elles peuvent faire des recreations extraordinaires par intervalle, mais rarement.

EXERCICE DU MATIN,

Qui pour estre bref, simple et tendant immediatément à l'union amoureuse de nostre volonté à celle de Dieu, pourra estre practiqué par les personnes qui sont en secheresse, sterilité et foiblesse corporelle, ou accablées d'occupations.

PREMIER POINT.

Prosternée à genoux, et profondement humiliée devant l'incomprehensible majesté de Dieu, vous adorerez sa souveraine bonté, laquelle de toute eternité vous nomma par vostre nom, et fit dessein de vous sauver, vous destinant entre autres choses ce jour present, afin qu'en iceluy vous vinssiez à exercer les œuvres de vie et de salut, suivant ce qui est dit par le prophete : Je t'ay aimée d'une charité eternelle ; c'est pourquoy je t'ay attirée ayant pitié de toy.

II*e* POINT. Sur cette veritable pensée, vous unirez vostre volonté à celle de ce tres-benin et tres-misericordieux Pere celeste, par telles ou semblables paroles cordialement proferées. O tres-douce volonté de mon Dieu! qu'à jamais soyez vous faicte : ô desseins eternels de la volonté de mon Dieu! je vous adore, consacre et dedie ma volonté, pour vouloir à jamais eternellement, ce qu'eternellement vous avez voulu. O que je fasse donc aujourd'hui, et tousjours et en toutes choses, vostre divine volonté ! O mon doux Createur! oüy, Pere celeste ; car tel fut vostre bon plaisir de toute eternité ; ainsi soit-il. O bonté tres-agreable ! soit comme vous l'avez voulu. O volonté eternelle ! vivez et regnez en toute mes volontés, et sur toutes mes volontés, maintenant et à jamais.

III*e* POINT. Invoquez par après le secours et l'assistance divine, avec telles ou semblables devotes acclamations, interieurement neantmoins, et du fond du cœur. O Dieu! soyez en mon aide. Que vostre main secourable soit sur ce pauvre et foible courage! Voilà, ô Seigneur! ce pauvre et miserable cœur, qui a conceu par vostre bonté plusieurs sainctes affections; mais, helas! il est trop imbecille et chetif pour effectuer sans vostre aide le bien qu'il desire. J'invoque la tres-sacrée Vierge Marie, mon bon ange, et toute la cour du paradis. Que leur faveur me soit maintenant propice, s'il vous plaist.

IV*e* POINT. Faites donc ainsi une vive et puissante union amoureuse de vostre volonté avec celle de Dieu, et puis parmi les actions de la journée, tant spirituelles que corporelles, faites encore de frequentes reünions ; c'est-à-dire, renouvellez et confirmez de rechef l'union faicte le matin, jettant un simple regard interieur sur la divine bonté, et disant par maniere d'acquiescement : Oüy, Seigneur, je le veux ; ou bien seulement : Oüy, Seigneur, oüy, mon Pere, oüy, tousjours oüy. Si vous voulez aussi, vous pourrez faire le signe de la croix, ou baiser celle que vous portez, ou quelque image ; car tout cela signifiera que souverainement vous voulez la providence de Dieu, que vous l'acceptez, que vous l'adorez et aimez de tout vostre cœur, et que vous unissez inseparablement vostre volonté à cette supresme volonté.

V*e* POINT. Mais ces traits de cœur, ces paroles interieures doivent estre prononcées doucement et tranquillement, fermement, mais paisiblement ; et par maniere de dire, elles doivent estre distillées et filées tout bellement en la pointe de l'esprit, et comme on prononce en l'oreille d'un amy une parole qu'on luy veut jetter bien avant dans le cœur, sans que personne s'en apperçoive ; car ainsi ces sacrées paroles, filées, coulées et distillées par la pointe de nostre esprit, le penetreront et detremperont plus intimement et fortement, qu'elles ne feroient, si elles estoient dites par maniere d'eslans, d'oraison jaculatoire et de saillies d'esprit. L'experience vous le fera cognoistre, pourveu que vous soyez humble et simple. Amen.

DIEU SOIT BENY.

LETTRES

ET

PIÈCES INÉDITES.

LETTRES

ET

PIÈCES INÉDITES

DE SAINT FRANÇOIS DE SALES,

TIRÉES DES MANUSCRITS DE LA BIBLIOTHÈQUE DU ROI, DE PLUSIEURS COMMUNAUTÉS ET DE DIVERSES PERSONNES.

S. FRANÇOIS DE SALES, A M. DE BÉRULLE (1).

Le Saint l'engage beaucoup à tenir la promesse qu'il lui avoit faite de venir passer le temps de la retraite à Annecy, et lui fait part de son sacre.

Annecy, le 18 décembre 1602.

Monsieur, la vostre que M. Santrul m'apporta, m'a extresmement consolé par le tesmoignage qu'elle me rend, de la continuation de vostre bienveuillance en mon endroict, bien que je n'en eusse aucun doute. Assuré de vostre bonté et constance, j'ai vu que vous penchés encore à l'opinion que vous me communiquastes de venir quelque temps à la recollection et retraite en ces quartiers. Dieu vous veuille dire luy-mesme en vostre cœur ce qu'il en desire. Mais si ce bonheur m'arrivoit je le mettrois au premier rang de ceux que j'ai eus cy-devant tout auprès de celluy que j'ai reçu en vostre cognoissance, car aussi en seroit-ce l'accroissement et perfection. Les deux conditions que vous mettés pour l'execution de ce dessein ne me sembleroient revenir qu'à une seule, d'autant que si vous avés la liberté, je ne doute point que N. S. ne vous fasse cognoistre qu'il se veut servir de vous pour l'administration de son sainct Evangile. Je suis evesque consacré dès le jour N. D. 8 de ce mois, qui me fait vous conjurer de m'ayder tousjours plus chaudement par vos prieres, comme de ma part je ne vous oublie pas, surtout en la recommandation de la messe. J'ay eu le bien de faire un peu de recollection et exercice en l'assistance du P. Forier, l'un des excellens jesuites que j'aye rencontrés, avant mon sacre. Ce que je vous dis parce que je vous veux rendre compte de mon esprit, comme vous me faites du vostre. Disant, que vous continués en une grande varieté d'occupations et multitude d'imperfections. Il n'y a remede. Nous aurons tousjours besoin du lavement des piedz, puisque nous cheminons sur la poussiere. Nostre bon Dieu nous fasse la grace de vivre et mourir en son service. Je vous supplie, monsieur, de croire entierement qu'il n'y a homme au monde qui vous soit plus dedié et affectionné que je suis et seray toute ma vie pour demeurer, monsieur,

Vostre tres-humble et tres-affectionné serviteur.

FRANÇOIS DE SALES, evesque de Geneve.

---

(1) Cette lettre fait partie de la collection des autographes de M. le marquis de *Châteaugiron*, publiée dans l'Isographie des hommes célèbres. Paris, 1828. 3 vol. in-fol.

S. FRANÇOIS DE SALES, A M. LE CURÉ D'HEYRIER.

A Rumilly, 6 mars 1608 (1).

Monsieur le curé, les paroissiens de vostre eglise sont venus aux plaintes vers moy pour le manquement du service, et monsieur Ezestier est venu pour s'en escuser, à raison de certaines dixmes, desquelles il dit que vous le frustrés, et pour les despends desquels je desire vous voir icy jeudy prochain. Afin que s'il se peut, nous accommodions ces differends à la gloire de Dieu que je supplie vous assister, et suis,

Vostre confrere tres-affectionné,

Franç. evesq. de Geneve.

S. FRANÇOIS DE SALES, A MADAME D'AIX (2).

Vive Jesus.

Je fus certainement consolé, ma tres-chere sœur, de la lettre que vous m'escrivistes l'autre jour, y voyant de bonnes marques du desir que vous avez d'aimer Dieu de toute vostre ame. Que vous puis-je dire, sinon que vous persevereiz à desirer l'amour qui ne peut jamais estre assez desiré, estant infiniment desirable? pour l'absolution de vos pechez de tant d'années, que vous me demandiez : ma tres-chere fille, vous devez savoir que Dieu par sa bonté les aura effacez au mesme instant que vous luy voulustes donner vostre cœur, par la resolution que son inspiration vous fit prendre de ne vivre plus que pour luy. Neantmoins, ma chere sœur, vous pourrez utilement repeter souvent la priere de ce penitent qui disoit : *Seigneur, lavez-moy davantage de mon iniquité, et me nettoyez de mon peché :* pourvu que ce soit une vraye et simple confiance en cette souveraine bonté, vous asseurant que sa misericorde ne vous manquera pas. Soyez donc bien tout à Dieu : marchez en simplicité dans le chemin où la Providence vous a mise ; elle vous tiendra de sa main et vous conduira au port que vous desirez de l'aimable eternité, pour laquelle vous avez esté créée. Priez reciproquement pour mon ame. Dieu soit beny.

(1) Tirée des Vies des personnages célèbres qui ont illustré le christianisme. Paris, Picard-Dubois, 1828, in-12.

(2) Tirée de la Vie du P. Coton, de la compagnie de Jésus, par le P. d'Orléans. Paris, 1688. 1 vol. in-4º, page 292.

François de Sales, évêque de Genève, recommande à la duchesse de Mercœur de favorablement traiter un sien débiteur.

10 avril 1606.

Madame,

Le Sr de Manigod, qui est fort bon et honneste gentilhomme, m'a conjuré de l'assister de mon intercession auprès de vostre grandeur, pour obtenir une grace qu'il en desire. C'est, Madame, qu'il vous plaise commander à Pensaben de ne point vouloir exiger de luy, ny le charger d'interest et accessoires, pour les sommes qu'il doit à V. E. Sinon à la mesme mesure et quantité que sa grandeur en veut retirer, affin que non-seulement l'un mais l'autre aussi participe à sa charité et liberalité, et que l'un des debiteurs use à l'endroit l'un de l'autre de la debonaireté et gratification qu'il a obtenue de son seigneur et creancier, selon l'Evangile, et je sçay bien, Madame, combien moy-mesme je devois rechercher les intercessions pour impetrer pardon, et du retardement du payement de Thorens, et d'avoir tant attendu à faire les actions de graces que je doy à V. E. pour la douceur dont elle use en mon endroit pour ce regard. Mais je ne puis implorer à cette intention que la mesme bonté que le Sr de Manigod me fait implorer pour luy, et à laquelle j'auray plus ample recours à la fin de tout le payement, que je ne verray jamais si tost achevé que je souhaite. Cependant je prieray sans cesse Nostre-Seigneur qu'il multiplie ses celestes faveurs sur vostre personne,

Madame,

et sur celle de Madame vostre mere et de Mademoiselle, puisque je suis

Tres-humble et tres-obeyssant serviteur de V. E.

Franç., E. de Genève.

S. FRANÇOIS DE SALES, A MADAME DE CHANTAL.

Il lui annonce qu'il va faire la visite de son diocèse ; il la félicite de son amour pour les maladies ; il lui promet de lui écrire souvent. Cette lettre est une des plus charmantes que saint François ait jamais écrites.

Ma tres-chere fille, j'ay vostre lettre du 6 de juin, et tout maintenant je monte à cheval pour la visite qui durera environ cinq mois, pensez si je suys prest d'aller en Bourgogne ; car, ma chere fille, cette action de la visite m'est necessaire, et des principales de ma charge. Je m'y en vay de grand courage, et dès ce mattin, j'ai senty une particuliere consolation à l'entreprendre, quoyque auparavant durant plusieurs jours j'en eusse eu mille vaines apprehensions et tristesses, lesquelles neantmoins ne tournoyent que la peau de mon cœur, et non point l'interieur, c'estoit comme ces frissonnemens qui arrivent au premier sentiment de quelque froidure, Mais comme je vous ay dit maintesfois, nostre bon Dieu me traitte en enfant bien tendre, car il ne m'expose à point de rude secousse. Il cognoist mon infirmité et que je ne suis pas pour en supporter de grandes. Je vous dis ainsy mes petites affaires parce qu'il me fait grand bien. Ouy dà je vous en sçay bon gré de bien aymer vostre fiebvre tierce, je m'imagine pour moy que si nous avions l'odorat un peu bien affiné nous sentirions les afflictions toutes musquées et parfumées de mille bonnes odeurs, car encor que d'elles-mesmes, elles soyent d'odeur desplaysante; neantmoins sortant de la main, mais plustost du sein et du cœur de l'Espoux, qui n'est autre chose que parfum et que bausme luy-mesme, elles arrivent à nous de mesme, pleynes de toute suavité. Tenez, ma chere fille, tenez vostre cœur bien large devant Dieu; allons toujours gayment en sa presence, il nous ayme, il nous cherit, il est tout nostre ce doux Jesus. Soyons tous siens seulement, aymons-le, cherissons-le, et que les tenebres, que les tempestes nous environnent, que nous ayons des eaux d'amertume jusques au col, pendant qu'il nous sousleve le manteau il n'y a rien à craindre. Je vous escriray souvent, ma chere fille, et mille et mille fois je vous beniray des benedictions que nostre Dieu m'a commises. Vivez joyeuse, ou sayne ou malade, et serrez bien ferme vostre Espoux sur vostre cœur. Ma chere fille, ma treschere fille à qui je suis ce que sa divine majesté veut que je sois et qui ne se peut dire : vive Jesus, à jamais amen. A Anneci, le XVII juin 1606.

A MADAME LA BARONNE DE CHANTAL.

Au mont Cenis, le 24 aoust 1608.

Vous nous voyez à vos portes, ma chere fille, mais parce que Thibaut m'a dit qu'avec beaucoup d'affection vous vouliez estre advertie un peu devant nostre arrivée, j'ai voulu vous aggreer, et pour cela je l'ai fait partir trois heures avant nous. Or sus, ma chere fille, vous l'avois-je pas escrit que ce seroit environ la feste du grand S. Loüys. Je vous porte mon esprit plein de desir de servir le vostre et faire tout le bien que nous pourrons faire. Environ les trois heures nous vous verrons, Dieu aydant; car en passant je veux bayser les mains de monsieur vostre bon evesque, et voir nos capucins, l'eglise cathedrale et ce qu'il faut que je voye en vostre ville, affin que je ne sois pas contraint d'y retourner. Dieu soit tousjours avec vous, ma chere fille, c'est lui qui me rend si... (1)

S. FRANÇOIS DE SALES, AU ROI LOUIS XIII.

François de Sales, évêque de Genève, recommande au roi le général des Célestins, commissaire apostolique qui vient pour accommoder quelques différends des religieux de son ordre en France.

Annecy, 31 juillet 1618.

La congregation des Cœlestins, agitée maintenant en France de quelque contention, espere que la venue de son abbé general, qui est de plus commis expressement par nostre S. pere le pape, calmera et accoysera aysement leur petite mer; mais surtout si l'œil de vostre Majesté en favorise le dessein, c'est de quoy, sire, vostre justice et pieté est suppliée tres-humblement, par cette trouppe de tres-fideles sujets et tres-devots orateurs, que vostre Majesté a, en cet ordre, tousjours jusques à present de grande edification, et mesme sous vostre couronne royale, laquelle les a aussi tousjours gratifiés de sa speciale protection; et puis que il a desiré que j'adjoustasse ma tres-humble recommandation à leur demande, je le fay, sire, avec toute reverence, quoyque je me sente tres-indigne d'approcher le throsne de vostre Majesté, parce que la renommée de vostre debonaireté et devotion me promet autant d'acces auprès de vostre esprit royal, que ma bassesse me donne de juste sujet de respect et de veneration. Playse à la souveraine misericorde de Dieu de vous benir, sire, d'une tres-longue, tres-heureuse et tres-sainte royauté; souhait continuel que je fay pour

Vostre majesté,

comme estant

Son tres-humble et tres-obeyssant orateur et serviteur.

FRANÇ., evesque de Geneve.

(1) Le dernier mot de cette lettre est illisible.

PLAN D'UN SERMON

PRÊCHÉ PAR S. FRANÇOIS DE SALES DANS L'ÉGLISE DE S. SULPICE, LE 3 JANVIER 1619, JOUR DE LA FÊTE DE SAINTE GENEVIÈVE.

Ce plan est presque tout écrit en latin. Il est précieux, parce qu'il nous montre que la méthode du saint évêque n'étoit pas toujours d'écrire ses sermons en entier, mais de les improviser quelquefois d'après un plan qu'il avoit soin de tracer en indiquant les preuves tirées de l'Écriture sainte et des pères de l'Église et les raisons.

Pro die 3. anni 1619 in festo sanctæ Genovefæ apud Sanctum Sulpitium.

1. Ille tenet et quod latet et quod patet in divinis sermonibus qui charitatem tenet in moribus. Augus. serm. de laudibus charitatis.
De cœlo in cœnum. Tert. tom. 2. lib. de spect. c. 25. Qui Curios simulat et bacchanalia currit.
De cursu suo ludere ut protheus et cameleon qui ad placitum colores omnes in cursu suo exprimunt, præter rubrum et album. I. Corin. ix, 26. Sic curro non quasi incertus, sic pugno non quasi aërem verberans. Gladiatores antequam ad manus veniant quoddam prælii specimen exerunt.
Tert. lib. de pud. c. 10. Funambule pudicitiæ. Vocat funambulum pudicitiæ qui perdendæ pudicitiæ magno se periculo committit temerè.
Leones in pace, cervi in prælio.

2. Exod. c. xxxviii. v. 8. Fecit et labrum æneum cum basi suâ de speculis mulierum, quæ excubabant in ostio tabernaculi. Heb. — Il fit le cuveau d'airain et son soubassement d'airain auquel la remembrance de l'assemblée, qui commençoit à la porte du tabernacle de convenance, apparoissoit. — Sed ipsi fatentur hebraice legi secundùm versionem nostram, et Hebræos dicere de speculis et mulieribus quod minimè decuit nimirùm mulieres devotas specula sua quæ de more æreâ erant ex placito contulisse, quia abjectâ vanitate Deo et templo vacabant.
Ut si les Dames darent hujusmodi specula sua aurea et ornata quibus se tam inaniter adspiciunt ad cerusam et alia unguenta vultibus suis imponenda.
Quæ excubabant in ostio tabernaculi septies jejunabant. Cald. orabant. Cajetan. exercitantes. Heb. militabant, vel excubabant. Et erant Deo devotæ quas filii Heli polluebant cum eis coeuntes. I. Reg. 2. v. 22. Et filius reclusus erat. 2. Mac. 3. v. 19 et 20. In hâc militiâ ait Chriso. hom. 8. in Matthæum, sæpè fortius viris fœminæ decertarunt. Amb. l. I. de virg. eas appellat indefessas, infatigabiles milites castitatis.

Or certum est B. Genovefam (multasque sanctas) hujusmodi specula non dedisse quæ nunquam habuit, sed dedit mysticum speculum; exemplum mirabile; quod nobis dedit qui lavari ac mundari volumus, nostros repræsentat vultus conservandos.
Nam ut nihil ipsa pastoribus nata; et pastor ut Rachel, Rebecca et aliæ antiquæ virgines. Deinde non vanitati unquam inservivit.

3. Documenta. I^{um} Gratia Christi eminet in sexu et infirmo, ut gratia Dei sit gratia.
I. Cor. I. 17. Non me misit Deus baptizare, sed evangelizare : non in sapientiâ verbi, ut non evacuetur crux Christi. — 18. Verbum enim crucis, pereuntibus quidem stultitia est; iis autem qui salvi fiunt, id est nobis, virtus Dei est. — 19. Scriptum est enim : perdam sapientiam sapientium et prudentium prudentiam reprobabo. — 20. Ubi sapiens ? ubi scriba ? ubi conquisitor hujus sæculi ? nonne stultam fecit Dominus sapientiam hujus mundi ? — 25. Quod stultum est Dei sapientius est hominibus : et quod infirmum est Dei fortius est hominibus. — 27. Quæ stulta sunt mundi elegit Deus ut confundat sapientes, et infirma mundi elegit Deus ut confundat fortia. — 28. Et ignobilia mundi ac contemptibilia elegit Deus, et ea quæ non sunt, et ea quæ sunt destrueret. — 29. Ut non glorietur omnis caro in conspectu ejus.
II. Cor. xii, 7. Ne magnitudo revelationum extollat me datus est mihi stimulus, est. 9. Et dixit mihi sufficit tibi gratia mea.
De angelis. Ut non glorietur omnis caro in conspectu ejus.
Confidentia. Humilitas. Se gubernandam dedit. Obedivit episcopis.
II^{um} Omnes qui volunt. Ga. ut funambuli, timere debent, se segregare, jejunare, orationibus insistere, nam incauti pereunt. Tota cœlestis ut intuens cœlum lacrymatur : Defecerunt oculi mei in eloquium tuum, dicentes quando consolaberis me.
III^{um} Confidentia in Deum et pietas.

FRAGMENT SUR LA JUSTICE.

Mais sur tout ce qui regarde la justice, il y a une vertu que nous appellons equité, qui empesche que la justice ne soit pas injuste, et que le droit ne se change pas en injure ; c'est cette vertu qui modere les loix inferieures par les superieures, en sorté que une loy cede à l'autre selon que la rayson requiert : et que le legislateur mesme le diroit s'il voyoit l'estat present des affaires. Il faut rendre à chacun ce qui luy appartient, rendez donc à ce furieux son espée, et il en tuera quelqu'un sur-le-champ. Non, Philothée, ce ne se doit pas faire, car bien qu'il faille rendre à chacun ce qui est à luy, cela s'entend quand il n'en abuse pas au plus grand dommage du prochain, et l'equité nous enseigne cela. La loy dit, ne tue point, mais si le voleur attaque une personne et vous le tuez pour une simple defense, qui vous en peut blasmer ; car la loy de la conservation de ma propre vie, precede celle de la conservation de la vie du prochain. La loy dit, chommes les jours de feste, ouyes la saincte messe ; le feu cependant se prend à la mayson, ne l'esteindray-je doncques pas ? Si fait ; car la loy n'a pas entendu de vous obliger en ce cas-là ; vous ferez bien un autre jour la feste et entendrez bien un autre jour la messe, mais vous ne saurez empescher ce grand dommage si vous n'y travaillez maintenant. Ainsi doncques les loix veulent que par droit on les modere.

A la force appartient la magnanimité, qui n'est autre chose qu'une vertu qui nous porte aux entreprises grandes et relevées en chaque matiere et espece de vertu, non pour le regard du bien qu'il y a en l'action grande de la vertu, mais pour le respect de la seule grandeur de l'action : car, par exemple, considerez d'un costé un homme qui aime de grand la chasteté, et d'un autre costé un homme magnanime et de grand courage : l'un et l'autre au choix de la chasteté entreprendront la chasteté virginale comme le plus haut et relevé degré qui puisse estre en la vertu de chasteté. Mais l'un fait cette entreprise par le grand amour qu'il porte à la chasteté, laquelle plus elle est grande plus il l'aime. L'autre fait la mesme entreprise, non pour l'amour de la chasteté qui est en cette grandeur et hauteur de vertu, mais pour l'amour de la grandeur qui est en cette chasteté, si que l'un cherche la perfection de la chasteté en la grandeur de cette action, et l'autre cherche la grandeur de l'action en la perfection de la chasteté. Or comme cette vertu cherche la vraye grandeur qui est ès actions heroïques des vertus, aussi n'estime-t-elle rien de grand que cela.

C'est pourquoy elle a ces proprietés selon Aristote (qui neantmoins, au sujet de cette vertu, tesmoigne assez la foiblesse de la religion naturelle en comparaison de l'evangelique), 1° de ne se plaire que tres-sobrement entre les honneurs, tant grands et relevés qu'ils soient ; 2° estre egalement.....

RECUEIL DE QUELQUES POINTS,

TIRÉS DES MANUSCRITS DES ENTRETIENS DE NOTRE BIENHEUREUX PÈRE, QUI NE SONT PAS IMPRIMÉS, ET QUI ONT SEMBLÉ ÊTRE UTILES.

Ce qui a esté omis de l'entretien de la cordialité.

Dites-vous, ma fille, si vous devez rire au chœur et au refectoire, quand, sur quelques rencontres inopinées, les autres rient? Je vous dis que dans le chœur il ne faut nullement contribuer à la joye des autres, ce n'en est pas le lieu, et ce defaut doit estre vivement corrigé. Pour le refectoire, si je m'apperçevois que toutes rient, je rirois avec elles, mais si j'en voyois une douzaine sans rire, je ne rirois pas et ne me mettrois point en peine d'estre appellée trop serieuse. Ce que j'ai dit que nous devons rendre tout amour si esgal envers les sœurs, que nous en ayons autant pour les unes que pour les autres; cela veut dire autant que nous le pouvons, car il n'est pas en nostre pouvoir d'avoir autant de suavité en l'amour que nous avons pour celles à qui nous avons moins d'alliance et correspondance d'humeur, qu'avec les autres, avec lesquelles nous avons de la sympathie : mais cela n'est rien, l'amour de charité doit estre general, et les signes et tesmoignages de nostre amitié esgaux, si nous voulons estre vrayes servantes de Dieu.

Nous ne saurions bonnement cognoistre nos paroles oiseuses, il s'en dit peu en ces maisons de religieuses observantes; voulez-vous sçavoir ce qui seroit oiseux? si lorsqu'on doit parler de choses serieuses et sainctes, une sœur venoit à raconter un songe ou quelque conte fait à plaisir, alors son discours n'auroit point de fin, et par consequent seroit inutile, comme aussi pour dire une chose qui se peut dire en douze paroles, j'en dis vingt de gayeté de cœur et sans nul besoin, cela est inutile, sinon toutesfois que cette multiplication se fit par l'ignorance de celle qui parle et qui ne sait pas autrement expliquer, alors il n'y a pas peché.

Mais quant à la recreation il ne faut pas croire que ce soit paroles inutiles que les petites choses indifferentes que l'on y dit, d'autant que c'est à une fin tres-saincte et tres-utile; les sœurs ont besoin de se recreer, et surtout il faut bien faire faire la recreation aux novices, il ne faut pas tenir tousjours l'esprit bandé, il seroit dangereux de devenir melancholique, je ne voudrois pas que l'on fist scrupule quand on auroit passé toute une recreation à parler de choses indifferentes, une autre fois l'on parlera de choses bonnes.

Les propos sainctement joyeux sont ceux où il n'y a point de mal, qui ne taxent point le prochain d'imperfections, car c'est un defaut qu'il ne faut jamais faire, ni parler de choses messeantes et indifferentes, comme aussi s'affectionner à parler long-temps du monde et des choses vaines, deux ou trois paroles en passant, puis l'on se radresse, cela ne merite pas seulement que l'on y prenne garde; de rire un peu de quelques paroles qu'aura dites une sœur, il n'y a point de mal; de dire une parole de joyeuseté qui la mortifie un peu, pourveu que cela ne l'attriste, si je l'avois fait sans intention, mais par simple recreation, je ne m'en confesserois pas : quand nous tendons à la perfection, il faut tendre au blanc, et ne se pas mettre en peine quand nous ne rencontrons pas tousjours : il faut aller simplement à la franche Marguerite, bien faire la recreation pour Dieu pour le mieux louer et servir; si l'on n'a l'intention actuelle, la generale suffit.

Ce qui a esté omis de l'entretien de la confession.

Vous me voulez aujourd'hui interroger de la confession, j'en suis content, mes chères filles, et premierement je vous dis que c'est une liberté toute saincte, et de la sacrée enfance spirituelle de l'Evangile, que celle que vous avez d'aller demander en simplicité de cœur à la superieure ou directrice, quant aux novices, en quelle façon vous vous confesserez de certaine chose, où quelquefois vous vous trouvez embrouillées : or quand on vous dira que l'on ne croit pas qu'il y ait matiere de confession, l'on ne vous dit pas pour cela de ne vous en confesser point, aussi feroit-on un tres-grand mal d'aller dire à un confesseur, j'ai bien encore quelque faute, mais ma superieure m'a defendu de m'en confesser : car outre que cela n'est nullement vray, vous obligez le confesseur à vous faire dire cette faute, à laquelle peut-estre ne cognoissant ny le fond ny l'estat de vostre ame, ny la rondeur de votre maniere de vie, il y croira trouver du peché, et se mettra à blasmer d'imprudence, d'ignorance et de mauvais gouvernement, murmurant contre vostre institut, lequel en verité vous donne autant et plus de liberté pour la conscience qu'en puissent avoir aucunes religieuses : jamais vos superieures ne vous pressent de leur dire ce que vous ne leur voulez pas dire, ny jamais elles ne vous defendent de dire ce que vous voulez dire de votre conscience à vos confesseurs ordinaires et extraordinaires; que si vous demeurez si longuement en confession, que toute la communauté en soit incommodée, et que la superieure vous die que vous deviez demander à vous confesser la derniere, selon l'ordre de la maison, afin que les sœurs qui doivent aller selon leur rang ordinaire n'en soyent pas incommodées; elle ne vous demande pas pour cela, que dites-vous? ou que ne dites-vous pas ? elle ne fait nul mal de vous ressouvenir qu'il faut que tout aille par ordre en la maison de Dieu. Mais les fantaisies de l'esprit humain sont estranges, pour peu qu'on les escoute! je vous ay dit maintesfois, mes tres-cheres filles, que c'est la voie du ciel que la simplicité : que les superieures sont les lieutenantes de Dieu ; celles qui vont à cœur ouvert franchement et confidemment avec elles, ont trouvé le grand secret pour maintenir la tranquillité et la paix de l'esprit, et elles n'en trouveront guere ailleurs. Mais je vous ay aussi dit que vous n'avez aucune obligation sur peine de peché de tout dire à la superieure, beaucoup moins êtes-vous gesnées à ne dire point ceci ou cela au confesseur ; dites-lui à la bonne heure tout ce que vous voudrez, mais ne parlez que de vous et de ce qui appartient à la confession. Il est vrai, mes tres-cheres filles, qu'il se trouve des confesseurs fort doctes, qui ont confessé long-temps et tres-dignement les seculiers, lesquels toutesfois n'entendront pas les filles de la Visitation, ny les personnes qui font profession d'une grande spiritualité, parce que les fautes sont si minces et d'une couleur assez difficile à discerner, qu'ils prendront de petites aversions pour des grosses malveuillances; des petits detours d'amour-propre, pour des grands mensonges; des petites inclinations pour des attaches fort mauvaises. Les sœurs qui s'apperçoivent par la correction que leur confesseur leur fait, qu'il ne les entend pas, feront bien de lui dire avec humilité : Mon pere, je n'ay pas su me faire entendre, ce n'est pas ce que votre reverence comprend que je veux dire, c'est en telle ou telle façon qu'il se doit entendre. La superieure qui s'apperçoit de cela doit par forme de discours cordial et humble donner à entendre à tel confesseur la maniere d'agir des filles de l'institut : il faut estre spirituel pour entendre le langage des ames spirituelles, l'on va à la confession pour se reunir à Dieu. O que les ames religieuses ont un grand avantage par dessus les mondains ! estant dehors de ces grandes occasions de desunions, parce qu'il n'y a que le peché mortel qui nous desunisse de Dieu. Le veniel fait seulement une petite ouverture entre Dieu et nous, et par le sacrement de confession nous remettons nostre ame en son premier estat.

L'on peut commettre en confession quatre grands manquemens; le premier quand on y va plustost pour se descharger que pour plaire à Dieu ; l'on est si satisfait quand on a bien dit ses raisons, meslant le defaut des autres pour nous mieux faire entendre. Et c'est par cette voie que les pechés se commettent bien souvent en confession.

Le deuxiesme, c'est quand on va dire au confesseur de beaux discours agencés de belles paroles, raconter une grande histoire pour se faire estimer, et croire que l'on est bien esclairé, faisant semblant d'exagerer les fautes, et par ce moyen d'une bien grosse, l'on fait tant qu'elle est bien petite, et qui ne donne pas cognoissance au confesseur de l'estat de l'ame.

Le troisiesme manquement est que l'on y va avec tant de finesse et couverture, qu'au lieu de s'accuser l'on s'excuse par une grande recherche de soy-mesme, craignant que l'on ne voie la totalité du defaut, cela est tres-dangereux qui le feroit volontairement.

Le quatriesme est qu'il y en a qui se satisfont à exagerer leurs fautes, en faisant une grande d'une petite, tout cela est tres-mal ; je voudrois que l'on procedast simplement et franchement, purement pour Dieu, avec une vraye detestation de ses fautes, et entiere volonté de s'amender.

Il faut discerner en s'accusant les petites obeyssances d'avec les importantes ; les choses d'ordonnances d'avec celles de conseil, car les confessions doivent estre tellement nettes et entieres que rien plus. Il faut dire les choses comme elles sont, et ce qu'elles sont ; si l'obeyssance où vous avez manqué est d'importance, dites quelle elle est tout simplement, et faites de mesme pour les autres manquemens; pour les petits manquemens suffit de dire d'avoir manqué deux ou trois fois à quelque obeyssance legere et peu importante, cela tient le confesseur en repos : mais il faut considerer le mouvement, et les circonstances qui interviennent en nos fautes, et s'en accuser franchement, car la regle ny les constitutions n'obligent point à peché.

Ce n'est donc point elles qui causent le peché, mais les mouvemens de nostre volonté. Par exemple, la cloche vous appelle à quelques exercices, et par paresse ou autre mauvais sujet vous n'y allez pas, cela est un peché veniel : mais qui ne voit que ce n'est ny les regles ny les constitutions qui font le peché, ains le mouvement de paresse, par lequel vous desobeyssez. Dites donc franchement vos mouvemens et vos fautes, particularisant quelles elles sont, quand elles sont un peu grosses et tirent consequence.

Il se faut confesser de ce que l'on fait, sur-tout quand on a du sentiment, comme de dire quelques paroles non premeditées il y peut avoir du peché. Toutesfois il ne se faut pas mettre en peine, car nous n'avons pas une perfection exempte d'amour-propre, qui nous fait tousjours faire quelque chose par ci par là : si ensuite d'un prompt mouvement de sentiment je jette là une plume, je ne suis pas obligée de m'en confesser, bien que si ces promptitudes m'arrivent souvent je les diray en ma revue generale, pour en tirer instruction. Une fille, par exemple, à laquelle on aura donné charge d'eteindre au soir les chandelles s'en oubliera par fois par megarde et contre sa volonté, elle n'a point peché : mais elle ne veut pas s'assujettir à cette obeyssance, elle peche et s'en doit confesser. La difference qu'il y a entre le peché veniel et l'imperfection, c'est que l'imperfection est une surprise et inadvertance, et au peché nostre volonté y concourt.

Quant à l'acte de contrition, il faut avoir un vray regret du mal passé et une bonne resolution de ne le plus commettre ; et à cet effect le Confiteor qui est la confession generale des chrestiens se doit dire bien devotement devant Dieu.

Mes cheres filles, ne nous amusons point à tous ces discernemens ny à vouloir pleurer et sentir nostre contrition, suffit qu'elle soit solide au fond du cœur et en la resolution d'amendement : si l'amendement ne suit pas tousjours, ne laissons pas de tousjours travailler à cela, c'est nostre vraye besongne.

L'on demande si en l'examen il est bon de discerner le peché veniel d'avec les imperfections ? oui, ma chere fille, mais entre deux cents il ne s'en trouvera pas deux qui le sachent faire, sinon ès choses bien grosses.

En voici un exemple ; je viens vous dire qu'une telle personne vous salue, se recommande à vous, m'a parlé de vous avec estime, et de tout cela il n'en est rien, voilà un peché veniel tres-volontaire : mais je raconte quelque chose, et dans mon discours, il se glisse quelques paroles qui ne sont pas du tout veritables, dont je ne m'apperçois qu'après les avoir dites, voilà une imperfection dont je ne suis pas obligée de me confesser, sinon que je n'eusse rien autre. Il faut que je vous dise une chose qui m'arriva à Paris confessant la B. H. M. de l'Incarnation, qui estoit encore seculiere ; après l'avoir confessée deux ou trois fois avec beaucoup d'attention, enfin je dis une fois à cette B. H. que je ne luy pouvois donner l'absolution, parce que les choses dont elle s'accusoit n'estoient que minces imperfections et non peché, et luy en fis dire un qu'elle eut fait autrefois, comme vous faites à la Visitation ; elle s'estonna fort que je luy dis ne trouver pas peché veniel, et me remercia grandement de luy avoir donné cette lumiere, m'asseurant qu'elle n'avoit jamais pensé à cette distinction, par où vous voyez que cela est difficile, puisque cette ame si saincte et si eclairée estoit neantmoins dans cette ignorance.

Oui, vrayment, mes tres-cheres filles, vous pouvez vous approcher de la communion avec un peché veniel, sinon que par humilité vous vous en voulussiez priver avec congé, ou bien demander licence de vous confesser, mais certes je repugne fort que l'on se confesse plus souvent que les autres, cela ne sert qu'à donner soupçon que l'on a quelque grande chose.

Les pechés veniels sont effacés par un abaissement devant Dieu, en prenant de l'eau benite, en disant un *meâ culpâ* avec humilité ; ce qui fait que la benediction des evesques efface les pechés veniels, c'est à cause de l'humilité et acte de soumission que font ceux qui la demandent ; humilions-nous devant Dieu et il nous pardonnera, faisons resolution de nous confesser à la premiere occasion, et passons chemin en la voie de Dieu ; si neantmoins le scrupule est grand, et la faute grosse, la superieure trouvant bon que vous vous retiriez de la communion, faites-le doucement, par reverence envers la grandeur et pureté de Dieu, certes cela est louable, mais la confiance filiale plaist beaucoup à Dieu, l'on fait une grande perte que perdre la communion.

Ce qui a esté omis de l'entretien des aversions.

Je fais quelquefois le barbier, et d'autres fois le chirurgien, mes tres-cheres filles : ne voyez-vous pas que quand je presche au chœur devant les seculiers, comme barbier je ne fais point de mal ; je ne jette que des parfums ; je ne parle que des vertus et des choses propres à consoler nos ames ; je joue un peu du flageolet, parlant des louanges que nous devons rendre à Dieu : mais en nos entretiens familiers je viens en qualité de chirurgien, n'apportant que des emplastres et cataplasmes pour appliquer sur les playes de mes cheres filles ; et bien qu'elles crient un peu hola, je ne lairray pas de presser ma main pour faire mieux tenir l'emplastre, et les guerir par ce moyen ; si je fais quelque incision, ce ne sera pas sans que mes filles en ressentent de la douleur, mais je ne m'en soucie pas, je ne suis ici que pour cela, et les mondains n'en seroient pas capables à cause de l'erreur qu'ils se sont forgée que les personnes religieuses et vouées à la perfection ne doivent point avoir d'imperfections : mais ici entre nous autres, mes cheres filles, nous savons bien que cela est impossible : c'est pourquoy nous ne craignons pas de nous scandaliser, en disant franchement nos petites infirmitez.

L'on demande si l'on se peut plaindre au superieur ou confesseur, quand l'on a des insatisfactions de la superieure : ô Dieu, ma fille, se plaindre ! n'ai-je pas dit à Philotée, que pour l'ordinaire qui se plaint pesche : or de se plaindre à la superieure quand une sœur nous a mortifiée, cela est tolerable à une fille imparfaicte : mais se plaindre à une sœur de ce que la superieure nous a mortifiée, je n'ai rien à dire là-dessus, parce que sans marchander il s'en faut amender si quelqu'une y estoit inclinée ; mais surtout se plaindre au dehors de la superieure, ô vraiment, il ne faut nullement le faire, cela est trop important : si la superieure donne quelque sujet de plainte, je le lui voudrois dire tout confidemment, ou bien lui faire faire l'advertissement par sa coadjutrice, comme la constitution l'ordonne.

L'on demande s'il est loisible de nommer à la superieure la sœur qui nous a rapporté quelque chose qu'elle auroit dit à nostre desavantage, je vous dis que non, mes cheres filles, et que la superieure ne vous le doit pas demander ; d'aller dire à une sœur que la superieure a dit ceci et cela d'elle, c'est une faute plus griefve que l'on ne pense, et la superieure la doit fortement reprendre, faisant voir à sa communauté la grandeur de ce manquement, et la beauté de la vertu contraire : mais toujours que la defaillante ne soit point nommée, car voyez-vous, mes tres-cheres filles, nous pouvons bien dire nos pechés veniels, haut et clair à tout le monde pour nous humilier, mais non nos pechés mortels, parce que nous ne sommes pas maistres de nostre reputation. A plus forte raison, sommes-nous obligés de couvrir ceux du prochain, lui en faisant toutesfois la correction fraternelle, ainsi que la constitution vous enseigne : une sœur aura dit devant d'autres quelques paroles qui partent de passion, on fait quelque petit murmure, quelque mine froide, oh cela vous le pouvez dire à la superieure, voire même l'advertir en chapitre ou au refectoire. Certes nous devrions avoir une si cordiale jalousie de la paix et tranquillité de nos cheres sœurs, que nous ne devrions jamais rien faire ny dire qui les puisse fascher. Or rien ne peut tant affliger une pauvre fille, que de croire que la superieure est faschée d'elle ou contre elle : feray-je donc pas un grand peché de lui aller faire un rapport de quelque petit mot que la superieure aura dit par megarde, lequel estant redit, paroistra grand, et tiendra ce pauvre cœur en peine et en douleur : celle qui feroit cela, feroit deux maux, elle contreviendroit à la charité et parleroit en particulier. Au nom de Dieu, mes cheres filles, que jamais cela ne se fasse ; je ne voudrois pas même, generalement parlant, que l'on nommast à la superieure les sœurs qui parleroient contre elle ; bien lui diray-je que l'on desapprouve telle et telle chose qu'elle fait, mais je ne lui dirois point qui fait ce desapprouvement, car, mes cheres filles, si nous n'avons la ferveur et pureté de la charité, nous n'aurons jamais la perfection.

Vous dites, si une sœur n'avoit pas la confiance de parler à la superieure ou à l'assistante en son absence, pour declarer le secret de son cœur, où neantmoins elle auroit besoin d'estre eclaircie, qu'est-ce qu'elle doit faire ? mes tres-cheres filles, il faut que la superieure, ou l'assistante en son absence, lui donne tres-facilement et cordialement permission de parler à qui elle voudra d'entre les sœurs, sans tesmoigner ny aversion, ny secheresse de cœur ; bien qu'il soit vray que si la sœur continue, elle seroit bien imparfaicte, car elle est obligée de regarder Dieu en ses superieures et en ce qu'elles lui disent ; et des particulieres ne la pourront servir si utilement.

Vous voulez encore savoir si la superieure vous commande quelque chose contre les commandemens de Dieu et de son Eglise, si vous devez obeyr ? nullement, mes cheres filles : mais je vous dirai pourtant que les superieurs et superieures approuvés du pape peuvent pour la necessité dispenser de certains commandemens de l'Eglise ; par exemple, un jour de jeusne particulier, comme une vigile, vous voyez une sœur toute traisnante et langoureuse, vous pouvez et devez tout librement lui dire : Ne jeusnez pas : si c'estoit pour tout un caresme, ou pour manger des viandes prohibées, il faudroit licence du superieur : mais il vous vient en pensée, cette fille n'a pas assez de mal pour ne pas jeusner, il ne faut pas tant eplucher pour le regard du jeusne, l'Eglise veut que l'on penche tousjours plustost à la charité qu'à l'austerité. Oui, mes cheres filles, si après avoir representé une fois, qu'il vous semble n'avoir pas assez de mal pour ne pas jeusner, la superieure vous dit neantmoins que si, obeissez sans scrupule : que si elle dit que vous fassiez selon que vous jugerez, et que vous vous sentirez; faites-le avec une saincte liberté.

Il faut que je vous die encore, mes cheres filles, que la saincte Eglise n'est point si rigoureuse que l'on pourroit penser : si vous avez une sœur malade de la fiebvre tierce seulement, et qu'un jour de feste son accès la dust prendre pendant la messe, vous pouvez et devez perdre la messe pour demeurer auprès d'elle, bien qu'en la laissant seule il ne lui en dust point arriver de mal : car, voyez-vous, la charité et la saincte douceur de notre bonne mere l'Eglise sont partout surnageantes.

TABLE ANALYTIQUE

DES MATIÈRES.

TABLE ANALYTIQUE

DES MATIÈRES CONTENUES DANS LES OEUVRES COMPLÈTES

DE SAINT FRANÇOIS DE SALES.

(Le chiffre romain indique le volume et le chiffre arabe indique la page.)

AARON fut ordonné et sacré par les mains de Moyse. IV. 17.—Il adora le veau d'or avec le peuple. IV. 34.—Sa baguette bourgeonna. II. 415, 424, 426.

ABAISSEMENS. Leur support est la vraie pierre de touche de l'humilité. I. 347.

ABANDON (l') de soi-même n'est autre chose que quitter et se défaire de sa propre volonté pour la donner à Dieu. I. 576. — L'exercice de l'abandon à Dieu est une parfaite indifférence à recevoir toutes sortes d'événemens heureux ou fâcheux, selon qu'ils arrivent par l'ordre de sa providence. I. 577. — L'abandon entier à la volonté de Dieu n'ôte rien à la franchise et à la liberté de notre arbitre. I. 578. — L'abandonnement au bon plaisir de Dieu est la vertu des vertus. I. 577. — On s'abandonne à Dieu quand on obéit à sa volonté signifiée par ses commandemens, conseils, inspirations, règles et ordonnances des superieurs; et à sa volonté de bon plaisir qui se manifeste par les événemens des choses imprévues. I. 577.—Il faut s'abandonner à Dieu dans les sécheresses qui arrivent dans la vie spirituelle. I. 577.—Il faut malgré ces peines et ces aridités suivre toujours N. S. I. 577.—Le plus grand des abandons est l'abandon de soi-même. II. 374.—A quoi doit s'occuper intérieurement une ame qui s'est toute abandonnée entre les mains de Dieu? I. 578. — Exercice du parfait abandonnement de soi-même entre les mains de Dieu. I. 697. — L'exercice d'abandonnement continuel de soi-même entre les mains de Dieu comprend excellemment toute la perfection des autres exercices, en sa très-parfaite simplicité et pureté; et tandis que Dieu nous en laisse l'usage nous ne devons point le changer. I. 632.—Plus on s'abandonne à Dieu, plus il prend soin de nous pour le temporel comme pour le spirituel. II. 119. —N. S. a pratiqué l'abandon jusque sur la croix. I. 577. (Voir *Indifférence*.)

ABEILLES (les) prennent divers accroissemens depuis le moment de leur naissance. II. 293.—Elles tirent leur miel des fleurs sans les gâter. I. 459. — Elles ne sont tranquilles que quand elles ont un roi. II. 353.—Elles chassent les araignes de leurs ruches. I. 472.

ABIATHAR fut sauvé par Salomon. I. 273.

ABIMÉLECH jugea charitablement Isaac et Rebecca. I. 525.

ABJECTION (l'), c'est la petitesse, bassesse et vileté qui est en nous, sans que nous y pensions. I. 499. —Les abjections que Dieu nous envoie, ou par accident ou à cause de notre vocation, sont préférables à celles qu'on choisit soi-même. I. 500. — Quoiqu'on aime l'abjection qui s'ensuit du mal ou de la maladie, il faut cependant y remédier par des moyens propres et légitimes. I. 500.—Les abjections les plus grandes, c'est-à-dire les plus contraires à nos inclinations, sont les meilleures. I. 500.

ABLUTIONS (les) étoient fréquentes chez les Juifs. II. 43.

ABNÉGATION (l') de soi-même n'est autre chose que renoncer en toute occasion à sa propre volonté et à son jugement particulier, pour suivre la volonté d'autrui et se soumettre à tous, excepté toujours ce en quoi l'on offenseroit Dieu. I. 647.

ABONDER. Il faut savoir abonder et souffrir la disette. I. 308.

ABRAHAM fut saint parmi les idolâtres. I. 597. — Les saints donnent de grandes louanges à ce patriarche. I. 595. — Il fut estimé heureux à cause de son hospitalité. II. 323. — Il lavoit les pieds de ses hôtes. III. 520. — Il obéit à Dieu, quand il lui demanda le sacrifice de son fils. I. 586. — Il s'est rendu fort recommandable en cette obéissance. I. 621.—Dans quel sentiment étoit-il relativement à Isaac? I. 553.—Que lui dit Dieu quand il eut voué le sacrifice de son fils? I. 710. — Il crut en l'espérance contre l'espérance même. I. 595. — Quelles graces obtint-il ? II. 230, 232.

ABSALON corrompoit le peuple par ses caresses. II. 145. — Il desiroit voir la face de son père. I. 467.

ABSENS. On peut les saluer à l'exemple de saint Paul. II. 378.

ABSOLUTION. Dévote façon de recevoir l'absolution. I. 471. — Le Sauveur prononce lui-même l'absolution pendant que le prêtre l'absout ici-bas en terre. I. 471. (Voir *Confession*.)

ACARIE (madame), fondatrice des carmélites en France, connue en religion sous le nom de Marie de l'Incarnation : éloge de ses vertus. III. 331.

ACHAB fut orgueilleux envers Dieu. I. 498. — Il pécha en désirant la vigne de Naboth. I. 509.

ACCIDENS. Il est bon de considérer l'inconstance, la variété et l'instabilité des accidens de cette vie mortelle, afin de ne pas tomber dans le découragement, la bizarrerie d'esprit et l'inconstance dans les résolutions. I. 579. — Accidens du pain et du vin. (Voir *Eucharistie*.)

ACCUSATION (l') du péché est douce et agréable, parce qu'elle honore Dieu. I. 470.—Il ne faut pas seulement faire des accusations superflues et générales, mais dire des faits particuliers qui y donnent lieu. I. 487.—Il faut s'accuser de la durée de son péché. I. 488. — Il faut s'accuser du fait, du motif et de la durée de ses péchés. I. 488. — Il ne faut pas se contenter de dire ses péchés véniels quant au fait, mais il faut s'accuser du motif qui a induit à les commettre. I. 487. — Celui qui s'accuse simplement et humblement, mérite qu'on l'excuse doucement, et qu'on lui pardonne charitablement. I. 400.—Quand on est accusé justement de quelque faute, il faut s'humilier bien fort. Quand c'est injustement il faut dire avec simplicité qu'on n'est pas coupable et ne se point troubler. I. 495. (Voir *Confession*.)

ACCOMMODER. S'accommoder à autrui est plutôt fait que de vouloir plier chacun à nos humeurs et à nos opinions. I. 276.

ACQUIESCER. On doit acquiescer au bon plaisir céleste. III. 612. — Ou à la volonté de Dieu pour les choses extraordinaires et les petites tricheries quotidiennes. III. 608. — Il ne faut pas seulement agréer que Dieu nous frappe, mais il faut acquiescer que ce soit sur l'endroit qui lui plaira. III. 534.

ACTE. Il n'y a qu'un seul acte en Dieu. IV. 184. (Voir *Dieu*.) — Un seul acte fait avec sécheresse d'esprit, vaut mieux que plusieurs faits avec une grande tendreté. I. 594.

ACTIONS. Il y a trois choses dans nos actions vertueuses ; 1° Dieu nous la propose par son inspiration ; 2° Nous l'agréons ; 3° Nous y consentons. I. 486. — Nous avons trois sortes d'actions amoureuses : les spirituelles, les raisonnables, et les sensuelles. IV. 172. — Il faut éviter les actions contraires à la fin pour laquelle Dieu nous a créés. I. 463. — Une action ne peut être dite vertueuse, si elle ne procède de l'affection que le cœur porte à l'honnêteté et beauté de la raison. IV. 374.—Toutes nos actions se doivent pratiquer selon la partie supérieure ; et non jamais selon nos sens et nos inclinations. I. 625.—Comment les actions humaines sont sans valeur lorsqu'elles sont faites sans le divin amour ? IV. 380. — Le motif de la divine charité répand une influence de perfection particulière sur les actions vertueuses de ceux qui sont spécialement dédiés à Dieu pour le servir à jamais. IV. 401.—De petites actions faites avec une grande charité sont de tout autre prix que de plus grandes faites avec une moindre. I. 419. — Les actions les plus vulgaires faites pour l'amour de Dieu, ont souvent plus de valeur à ses yeux que les actions d'éclat. III. 530.—Il faut dresser ses actions, pour viles qu'elles soient, au service de Dieu. I. 531.—Il les lui faut offrir tous les jours. IV. 402.—Il faut s'offrir souvent à Dieu, et toutes ses actions, en l'union de Jésus-Christ. II. 54.—Les actions faites pour plaire aux hommes sont inutiles pour le salut. II. 70. — On ne doit pas tirer une mauvaise conséquence d'une action qui est indifférente de soi-même. I. 526. — Les actions indifférentes employées par religion deviennent nobles, utiles et saintes. II. 473, 474.—Il faut être égal et juste en ses actions. I. 532. — Il faut pour bien juger les actions d'autrui se mettre toujours en la place du prochain et le mettre en la sienne. I. 532.—Il faut juger une action par son côté le plus beau. I. 525.— Les actions extérieures appartenant à la dévotion ne prouvent pas qu'on soit véritablement dévot ou spirituel si elles ne sont qu'apparentes. I. 456. — Toutes les actions de ceux qui vivent en la crainte de Dieu sont de continuelles prières, et tout ce qu'ils font se peut appeler oraison vitale. II. 367. — Moins nous vivons à notre goût et moins il y a de notre choix en nos actions, plus il y a de bonté et de solidité de dévotion. III. 593. — Les actions extérieures des catholiques envers les reliques, les images et les croix ne sont pas des actes d'idolâtrie. II. 501.—Une même action peut être faite par adoration et sans adoration. II. 504. — Le premier précepte rejette les actions intérieures et extérieures d'idolâtrie. II. 515. — Les actions extérieures des hypocrites ne sont pas des adorations, mais des dérisions. II. 500. (Voir *Adoration*.)—La volonté de Dieu donne un grand prix à nos actions. III. 523.—Les paroles de Dieu sont comme ses actions, et ses actions sont conformes à ses paroles. II. 45. (Voir *Dieu*.) — Il y a une grande distance entre les actions et l'habitude d'une vertu, et les actions et l'habitude du vice qui lui est opposé. I. 321. — Une action faite parfaitement vaut mieux qu'un grand nombre d'autres faites froidement, lâchement, et moins purement de la part de l'intention. I. 336.—On ne doit pas peser toutes sortes de menues actions pour savoir si elles valent mieux que les autres. IV. 319. — Les actions vertueuses des enfans de Dieu appartiennent toutes à la sacrée dilection. IV. 369. — Manière particulière d'offrir ses actions et ses affections à la sainte Vierge. III. 155.

ADAM fut créé avec une grande sagesse. II. 184. — C'est le chef du genre humain. II. 291.—Si Adam ne se fût pas excusé de sa faute en la rejetant sur sa femme et qu'il eût témoigné du repentir, Dieu lui auroit-il pardonné ainsi qu'à sa postérité? II. 330. — Ils furent le commencement de l'Église. IV. 34.

ADAMITES ou adamiens, hérétiques infâmes qui ont reparu à diverses époques. IV. 145.

ADVERSITÉS (les) sont le chemin que prennent les amis de Dieu comme plus conforme à celui de notre chef. III. 601.

ADMIRATION (l') se fait en nous par la rencontre d'une vérité nouvelle que nous ne connoissions pas, ni n'attendions pas de connoître. IV. 288.—L'admiration de la grandeur du bien qui nous arrive est quelquefois si excessive, qu'elle nous empêche de bien sentir la consolation que nous recevons. IV. 384.—L'extase de l'admiration étant seule, ne nous fait pas meilleurs. IV. 289. (Voir *Extase* et *Ravissement*.)

ADORER. Ce mot ne veut dire autre chose que faire révérence, ou à Dieu ou aux créatures. II. 501, 502.—Le mot adorer est cependant plus propre à signifier l'honneur dû à Dieu seul. II. 502, 503; on emploie pour les saints le mot vénérer. *Ibid.*— —Il faut trois choses pour adorer comme pour honorer: 1° Reconnoître la supériorité de l'excellence adorable. 2° Faire profession d'infériorité. 3° Montrer par des signes extérieurs la soumission qui est en la volonté. II. 500. — De ce qui peut adorer et être adoré. II. 501. — On peut adorer autre chose que Dieu, mais on ne peut servir autre chose que Dieu. II. 504.—Il faut employer sagement le mot adorer devant les hérétiques et les esprits foibles. II. 503.—Les pères ont dit quelquefois qu'ils adoroient les créatures, et d'autres fois qu'ils ne les adoroient point. II. 501.—La suprême excellence est adorable de tous, et ne peut adorer aucun être. II. 501.—Dieu comme Dieu ne peut adorer, mais il peut honorer. II. 501. — Les choses irraisonnables ne peuvent adorer à cause de leur bassesse. II. 501. — Dieu défend de faire aucune similitude pour l'adorer. II. 515. — Il faut adorer en tout et partout la suprême Providence dont les conseils sont toujours aimables et bons. III. 543.—On peut loisiblement adorer les créatures et notamment la croix dans le sens catholique. II. 503.—Nous n'adorons point la croix pour l'amour d'elle, mais pour l'amour de celui à qui elle appartient. II. 252. (Voir *Croix*.)—Il ne faut pas dire simplement qu'on adore les créatures sans restreindre sa signification. II. 508.—Les anges adorent Dieu sans démonstration extérieure. II. 500. — Les diables et damnés ne peuvent adorer ni activement ni passivement. II. 501.— Dieu s'est réservé des jours où on doit l'adorer plus spécialement à cause des bienfaits dont ils rappellent le souvenir. II. 394.

ADORATION. La vraie et pure essence de l'adoration gît en l'action intérieure de la volonté, par laquelle on se soumet à celui qui est adoré. II. 500. —Entre toutes les espèces d'honneur, l'adoration est la plus digne. II. 502.—L'adoration qui appartient à Dieu est incomparablement la plus grande et la plus précieuse. II. 502.—Le mot adoration est aussi presque demeuré pour Dieu, comme pour son principal objet. IV. 177.—L'adoration ne doit pas être jugée selon les actions et démonstrations extérieures, mais selon l'intention. II. 504.—L'adoration souveraine ou de latrie est due à l'excellence infinie ou divine. II. 505. — Dieu seul peut simplement être adoré de l'adoration de latrie simple. II. 508. —L'adoration d'hyperdulie appartient à la mère de Dieu. II. 505.—L'adoration de dulie appartient aux saints. II. 505. — L'adoration de latrie imparfaite et relative peut être attribuée à la croix de Jésus-Christ. II. 508. — L'adoration absolue, indépendante, souveraine et suprême, appartient à l'objet qui possède l'excellence pour laquelle on l'adore en soi-même et de soi-même. II. 505.—L'adoration absolue mais dépendante et subalterne vient à l'objet qui a en soi, mais non de soi, l'excellence pour laquelle on l'adore. II. 505. — L'adoration moyenne entre la civile et suprême appartient à l'excellence créée surnaturelle. II. 505. — L'adoration civile, humaine, simplement morale, appartient à l'excellence naturelle créée. II. 505.—L'adoration subalterne et inférieure est due à une excellence finie, dépendante et créée. II. 505.—L'adoration respective, rapportée, ou relative, est due aux objets qui n'ont ni en soi ni de soi, mais seulement par imputation, l'excellence pour laquelle on les honore. II. 506. — L'adoration relative des appartenances de Jésus-Christ s'appelle latrie imparfaite. II. 508. — Celle de Notre-Dame hyperdulie imparfaite, celle des saints dulie relative. II. 508. — La différence des honneurs ou adoration gît en l'action de la volonté. II. 504.—L'égalité de la soumission externe n'infère pas la même égalité d'honneur ou d'adoration. II. 504, 508. — Le fléchissement du genou, l'encensement, l'inclination ne sont des actes d'adoration que quand le cœur est d'accord avec eux. II. 500.—L'adoration de Dieu en esprit et en vérité ne doit pas faire rejeter les cérémonies de l'église. II. 478.—L'adoration en esprit et en vérité est opposée à l'adoration des Juifs qui se faisoit en figures, et à l'adoration fausse et schismatique des Samaritains. II. 479.—Les plis et postures du corps étant plus restreints que les sentimens de l'ame, on est obligé de les employer indifféremment pour l'adoration de Dieu et la vénération des saints. II. 504.—Le mot adoration ne doit pas être employé simplement pour signifier l'adoration relative. II. 508.—Quand est-ce que l'adoration de la croix est impropre et représentative. II. 513. (Voir *Croix*.)—L'adoration privée pouvoit se faire partout avant Jésus-Christ, mais on ne pouvoit sacrifier qu'à Jérusalem. II. 118.

ADORO TE devotè latens deitas. Oraison de saint Thomas-d'Aquin, en rimes, qui peut être dite indifféremment devant ou après la communion, par forme d'acte de foi et d'adoration. II. 688.

ADULTÈRE. La femme adultère fut amenée à Notre-Seigneur pleine de honte et de crainte. II. 263. — L'histoire de la femme adultère est retranchée de l'évangile de saint Jean par des hérétiques. IV. 56.

AÉRIUS, le premier, attaqua la doctrine du purgatoire, et d'autres vérités. Notice sur sa vie. IV. 145.

AESCHILUS. De quelle façon mourut ce poète, au lieu même où il croyoit être hors des prises de sa destinée ? IV. 186.

AFFABILITÉ (l') répand une certaine suavité dans les affaires et communications sérieuses que nous avons les uns parmi les autres. I. 587. — Il faut avoir soin d'être affable à tout le monde, surtout au logis. III. 564.

AFFAIRE. Les affaires de ce monde paroîtront inutiles dans l'éternité, de même que les amusemens d'enfance le paroissent dans un âge avancé ; il est donc inutile de s'empresser beaucoup pour elles. III. 539. — S'il faut soigner fidèlement les affaires de la terre, il faut soigner avec plus de soin l'affaire du salut la plus essentielle de toutes. III. 539. — Les embarras des affaires sont des occasions de pratiquer les vertus. III. 539.— La multitude des affaires domestiques, auxquelles on est tenu par sa vocation, ne nuit pas à l'union avec Dieu. III. 552. — On peut vivre avec piété au milieu des affaires temporelles de ce monde. I. 25. — Il ne faut point se troubler de la multiplicité et de la difficulté de ses affaires, mais les expédier l'une après l'autre tout doucement. III. 211, 358. — Dans toutes ses affaires il faut s'appuyer sur la providence de Dieu et coopérer néanmoins par son travail avec elle. I. 503. — Les affaires réussissent plus à souhait, quand Dieu nous y assiste. III. 605.—Laisser tout le soin de nous-mêmes et du succès de nos affaires à Notre-Seigneur, sans recours, ni répliques, ni craintes quelconques de ce qui nous pourroit arriver. I. 584.—Il est bon de prendre du temps pour arranger ses affaires avant de se faire religieuse. III. 581. — Il ne faut pas négliger les affaires domestiques. III. 572. — Il faut savoir conserver la paix parmi ses affaires. III. 409.

AFFECTION. Chaque affection qui se retrouve en nous, a sa particulière différence d'avec les autres. IV. 166 ; III. 521. — Il y a des affections en nous qui procèdent du discours que nous faisons, selon l'expérience des sens. IV. 166. — Il y en a d'autres formées sur le discours tiré des sciences humaines, ou qui proviennent des discours faits selon la foi, ou qui ont leur origine du simple sentiment et acquiescement que l'on fait à la vérité et volonté de Dieu. IV. 166. — Ces affections que nous sentons en notre partie raisonnable sont plus ou moins nobles et spirituelles, selon qu'elles ont leurs objets plus ou moins relevés et qu'elles se trouvent en un degré plus éminent de l'esprit. IV. 166. — Les affections sensibles procèdent quelquefois de la nature, ou du démon qui nous amuse par une apparence de piété, et nous laisse dans le même état sans nous améliorer. I. 550. — Notre nature déchoit si aisément de ses bonnes affections qu'il faut les lui rappeler souvent pour la remonter un peu plus haut. I. 557. — Il faut examiner les affections de son ame ; la haine envers le péché ; la crainte des dangers de pécher ; l'espérance trop grande dans les biens du monde ; la tristesse, la joie, etc. I. 559. — Quelles affections générales faut-il faire sur les considérations qui doivent exciter en nous de bons propos ? I. 562.—Les affections ne doivent point prévenir le jugement et la raison dans le choix des objets qu'on doit aimer. III. 551. — Quand l'affection a pris la course, elle traine le jugement comme une esclave des choix impertinens. III. 551. — On peut détruire les affections en l'ame ; mais, comme elles peuvent renaître facilement, il faut veiller sur soi avec un grand soin. I. 472.— Il faut laver les affections de son ame pour recevoir l'hospitalité de Dieu en son paradis. III. 520. — Celui qui a le temps doit à l'aise dire ses adieux au monde, et retirer petit à petit ses affections des créatures. III. 520. — Les Gentils étoient sans affection les uns pour les autres. I. 515. — Il faut affectionner ses amis d'une amitié sainte qui dure éternellement. I. 466.—Nos affections sont si précieuses qu'il faut bien prendre garde de ne les pas loger en des choses inutiles. I. 607.— Il faut se purger de l'affection aux choses inutiles et dangereuses, parce que cette affection est nuisible à la dévotion. I. 473. — Il faut se purger des affections qu'on a au péché véniel. I. 472. — Les affections au péché mortel sont directement contraires à la charité. I. 473. — On peut sortir du péché sans perdre l'affection au péché. I. 462. —Les affections et les résolutions sont la troisième partie de la méditation. I. 477. — Les affections dans l'oraison sans discours ni considérations, sont une grande grâce. III. 572. — Si les affections se présentent avant la considération, ou avec elle, il faut les suivre, et ne pas les détourner de son cœur.

I. 478. — Il est bon d'user de colloque parmi les affections et les résolutions. I. 478.—L'affection de compassion sur les souffrances du Sauveur est moins utile que l'affection d'imitation. II. 162. — Utilité de la modération des affections ménagères. III. 529. — Les petites affections de tien et de mien sont des restes du monde, où il n'y a rien de si précieux que cela. I. 605. — Il faut tâcher de rendre à autrui autant que nous pourrons les témoignages extérieurs de notre affection, conformément à la raison. I. 588. — On ne peut jamais parvenir à la perfection, tandis que l'on a de l'affection à quelque imperfection, pour petite qu'elle soit. I. 607.

AFFLICTIONS. L'affliction donne intelligence à l'ame. IV. 314. — Un cœur libre reçoit les afflictions avec douceur. III. 525. — Quand on éprouve quelque affliction il faut reconnoître qu'on la mérite et ne pas attaquer la justice divine. II. 164. — Il faut être patient non-seulement pour le principal des afflictions qui arrivent, mais encore pour les circonstances. I. 494. — Les meilleures afflictions sont celles qui nous humilient. III. 488. — Notre-Seigneur nous fait souvent plus de bien par les travaux et afflictions, que par le bonheur et consolation. III. 585. — Il faut être prêt à souffrir beaucoup de grandes afflictions pour Notre-Seigneur, même le martyre. I. 530. — Il faut offrir à Dieu les mêmes afflictions, injures, incommodités qui arrivent journellement; Dieu les accepte quand on les lui offre avec amour. I. 530. — Les afflictions ne doivent pas nous séparer de Dieu. I. 549. — Il faut unir notre volonté au bon plaisir divin, ès afflictions spirituelles, par la résignation. IV. 525. — Les croix, les afflictions sont les marques du pur amour : elles tirent leur mérite du sang de Jésus-Christ. III. 610. — Les vertus qui naissent au milieu des afflictions sont les plus solides. III. 475. — La volonté de Dieu doit se faire dans les afflictions que nous éprouvons. IV. 321. — Soutenir le Seigneur, c'est supporter les afflictions qui nous arrivent de la part de Dieu avec une fermeté de courage qui nous fasse espérer contre toute espérance. I. 402. — Les afflictions qui nous arrivent de la part de Dieu, ou de la part des hommes, par la permission de Dieu, sont toujours plus exquises que celles qui viennent de notre choix, et qui sont filles de notre volonté. I. 404. — Il est important de se conformer au dessein de Dieu dans les afflictions qu'il nous envoie. III. 494. — Les afflictions du cœur auxquelles il y a du remède il faut le lui appliquer doucement et paisiblement. III. 556. — Il faut donner passage aux afflictions dans nos cœurs et ne pas leur permettre d'y séjourner. III. 578. — Maximes pour persévérer dans la piété au milieu des afflictions. III. 594. — Motifs ordinaires de se consoler dans les afflictions. III. 299. — Il faut bénir ceux qui nous affligent. III. 559.

AGNEAU. Son sang servoit chez les Juifs à oindre les poteaux de leur maisons. II. 484.

AGONISANT. Il ne faut pas les tourmenter par de longues exhortations. Il faut seulement les maintenir dans la soumission à la divine volonté. I. 272.

AIGLE. Affection admirable d'un aigle pour une jeune fille qui l'avoit nourri. IV. 295. — C'est le roi des oiseaux par sa générosité. II. 286. — Son bec lui cause la mort. II. 247.

AIMER. En général, c'est vouloir le bien, soit absent, soit présent. I. 406. — Aimer quelqu'un n'est pas seulement lui vouloir et souhaiter du bien, mais lui en faire quand on en a le pouvoir. I. 304. — Toute volonté bien disposée qui se détermine à vouloir plusieurs objets également présens aime mieux, et avant tout, celui qui est le plus aimable. IV. 188. — Il faut avoir un désir continuel d'aimer. IV. 397. — Aimer souverainement c'est aimer totalement. IV. 556. — Il ne faut aimer rien trop ardemment, pas même les vertus que l'on perd en passant les bornes de la modération. III. 528. — Le danger de mal aimer est attaché à la facilité d'aimer. IV. 397. — Chacun aime selon son goût : peu de gens aiment selon leur devoir et le goût de Notre Seigneur. III. 614. — Dieu commande que nous aimions les créatures pour l'amour de luy. II. 419; I. 607. — Cette maxime qu'il faut aimer comme ayant un jour à haïr, et haïr comme ayant un jour à aimer, doit nous être en horreur. I. 327. — On cherche toujours celui qu'on aime toujours. IV. 249. — L'inclination d'aimer plus les uns que les autres est naturelle. I. 650. — On estime et l'on aime plus ce qui vient de soi-même que ce qui vient d'autrui. II. 68. — Souvent nous pensons aimer une personne pour Dieu, et nous l'aimons pour nous-mêmes. I. 608. — Il n'appartient qu'aux vraies veuves d'aimer tant leur mari, qu'après sa mort elles ne veulent pas le remplacer. I. 538.—Quand on aime les pauvres, loin de les fuir on se mêle avec eux. I. 512. — Quand on ne peut s'éloigner de l'objet qu'on aime follement, il faut rompre vivement avec lui sans ménagement. I. 517.

AIMER DIEU. Dieu nous aime et désire notre amour. II. 389. — Nous pouvons commencer à aimer Dieu dans ce monde, mais nous ne l'aimerons parfaitement que dans l'autre. IV. 220. — De la douceur du commandement que Dieu nous a fait de l'aimer sur toutes choses. II. 389. — La cause pour laquelle on aime Dieu, c'est Dieu même. IV. 357.— La bonté divine considérée en elle-même n'est pas seulement le premier motif de tous ; mais le plus grand, le plus noble et le plus puissant d'aimer Dieu. IV. 404. — Dieu veut être aimé d'un amour de dilection et dominant sur tous les autres. II. 588. — Nous avons une inclination d'aimer Dieu sur toutes choses.—Cette inclination n'est pas inutile. — Elle agit dans nos cœurs. IV. 182. — Desirer d'aimer Dieu est un grand avancement vers cet amour. I. 401. — Nous n'avons pas naturellement le pouvoir d'aimer Dieu sur toutes choses. IV. 180. — La science n'est pas nécessaire pour aimer Dieu. I. 611 ; II. 366. — Aimer Dieu communément c'est être dans la disposition de mourir plutôt que de l'offenser. II. 390. — On connoît qu'on aime Dieu quand 1° on se plaît en sa présence ; 2° quand on n'aime pas beaucoup d'autres choses avec lui ; 3° quand on aime bien le prochain. II. 392. — Celui qui aime Dieu pense toujours à lui, aspire vers lui, et parle de lui. I. 482. — Quand on aime Dieu on se plaît à le considérer souvent, à parler à lui et de lui, et à s'unir à lui dans le saint Sacrement. III. 537. — Quand on aime bien Dieu on en parle avec ses domestiques, amis et voisins. I. 522. — En cette vie mortelle, nous ne sommes pas nécessités de l'aimer si souverainement que dans le ciel, d'autant que nous ne le connoissons pas si clairement. IV. 353. — Nous ne pouvons cesser de l'aimer sans commencer de nous perdre. IV. 356. Bienheureux est le cœur qui aime Dieu sans aucun autre plaisir que celui qu'il prend à plaire à Dieu. IV. 333. — Ce ne nous est pas assez d'aimer Dieu plus que notre propre vie, si nous ne l'aimons généralement, absolument, et sans exception quelconque, plus que tout ce que nous affectionnons ou pouvons affectionner. IV. 351. — Notre cœur aimant Dieu savoure les délices de cet amour, et prend un contentement nonpareil d'aimer un objet tant aimable. IV. 331. — Il y a bien de la différence entre le contentement que l'on a d'aimer Dieu, parce qu'il est beau, et celui que l'on a de l'aimer, parce que son amour nous est agréable. IV. 332. — Il y a bien de la différence entre cette parole : J'aime Dieu pour le bien que j'en attends ; et celle-ci : Je n'aime Dieu que pour le bien que j'en attends. IV. 333. — Dire qu'on aime Dieu pour l'amour de soi-même, c'est comme si l'on disoit : L'amour que je me porte est la fin pour laquelle j'aime Dieu. IV. 204. — Les degrés de la plus grande perfection avec lesquels nous pouvons aimer Dieu sur toutes choses se forment quand nous aimons Dieu non-seulement sur toutes choses, mais en toutes choses, et toutes choses en Dieu. IV. 343. — Aimer Dieu parmi les prospérités, c'est un bon amour, pourvu qu'on n'aime pas les prospérités autant ou plus que Dieu. I. 598. — Aimer la volonté divine en ses commandemens, conseils et inspirations, c'est un second degré d'amour plus parfait. IV. 322. — Il faut aimer Dieu dans les choses les plus insupportables. III. 535. — On ne peut aimer Dieu sans aimer les tribulations. III. 573. — Aimer les souffrances et afflictions pour l'amour de Dieu, c'est le haut point de la très-sainte charité. IV. 322. — Les déplaisirs qui nous arrivent se convertissent en bien si notre ame aime bien Dieu. III. 594. — Il est impossible de voir la Divinité et de ne l'aimer pas. IV. 250. — L'entrevue, c'est-à-dire la connoissance naturelle de la Divinité, produit infailliblement l'inclination et tendresse à l'aimer plus que nous-mêmes. IV. 353. — Le cœur qui aime, sans savoir qu'il plaît au bien-aimé, est dans la perplexité. IV. 333. — Les bienheureux dans le ciel aiment Dieu non en lui désirant du bien, mais en se réjouissant de celui qu'il possède. II. 380. — Tout revient au bien de ceux qui aiment Dieu, même leurs anciens péchés. III. 594. — Il y a des chrétiens qui aiment Dieu qui commande et non la chose commandée ; d'autres aiment la chose commandée et n'aiment pas Dieu qui commande. II. 327.

AIMER LE PROCHAIN. On n'aime pas Dieu si l'on n'aime pas le prochain. II. 390. — Quand on aime parfaitement Dieu on aime parfaitement le prochain. II. 283. — Aimer le prochain par charité, c'est aimer Dieu en l'homme ou l'homme en Dieu. IV. 354. — Cet amour est très-rare parmi les hommes, parce qu'ils cherchent leurs intérêts avant tout. I. 338. — En aimant le prochain en Dieu et pour Dieu, loin de l'aimer moins, on l'aime beaucoup plus et bien plus parfaitement. I. 338. — Nous devons aimer le prochain parce qu'il est l'enfant de Dieu et l'image de Dieu, ainsi que nous le sommes. II. 101. — Tous les hommes ayant la même nature, nous devons les aimer comme nous-mêmes, c'est-à-dire en qualité de très-saintes et vivantes images de la Divinité. IV. 354. — Il faut aimer le prochain de l'amour même que Dieu nous aime. II. 392. — Nous devons aimer le prochain pour le ciel ; nous ne devons pas aimer ses imperfections. II. 392. — Il faut aimer le prochain raisonnablement, c'est-à-dire plus l'ame que le corps. II. 106. — Pour bien témoigner que nous l'aimons, il faut lui procurer tout le bien que nous pouvons, tant pour l'ame que pour le corps. I. 589. — Nous devons aimer les saints d'un amour d'imitation, c'est-à-dire que nous devons avoir de la sympathie avec ceux que nous aimons. II. 313. (Voir *Ami, Amitié* et *Amour*.)

AÎNÉ. Notre Seigneur a été appelé aîné de toute créature. IV. 188.

ALBE *royale*, qui avoit été prise par Soliman, fut reprise par le duc de Mercœur. II. 410.

ALCANTARA, auteur ascétique, bon pour l'oraison. III. 596.

ALDOBRANDIN (cardinal), mande au nonce apostolique archevêque de Bari que le remède pour les usures proposé par saint François de Sales étoit agréé du pape. III. 34.

ALEXANDRE VII. Donne de grands éloges à saint François. I. 191. — Il approuve ses ouvrages. I. 192. — Il déclare qu'il doit sa correction des mœurs à Philothée. I. 454.

ALEXANDRE-LE-GRAND n'eut pas la force et le courage de vaincre ses passions d'intempérance. II. 202. — Ses courtisans lui demandant quand il vouloit qu'ils le fissent Dieu, il leur répondit : Quand vous serez bien heureux. II. 349.

ALIMENS. Quels alimens peut-on permettre à des

soldats en carême et en cas de nécessité? i. 307.

ALIPIUS, ami de saint Augustin, étoit chaste. 1. 507.

ALLIANCE spirituelle que contractent ensemble l'évêque consécrateur avec le consacré. III. 403.

ALLINGES (château des), lieu où saint François commença la mission du Chablais. I. 35.

ALBUQUERQUE vit une apparition de la croix. II. 450.

AMASSER. Il y a des personnes qui n'ont pas l'avidité d'amasser, mais on en trouvera peu qui quittent franchement ce qu'elles possèdent. II. 96.

AMBITION (l') est un excès de courage qui nous porte à poursuivre des gloires et des honneurs sans et contre la règle de la raison. III. 530. — L'ambition fait que l'on veut avoir les honneurs avant que de les avoir mérités. III. 530. — Elle ne marche pas à découvert, mais en cachette. II. 79. — L'ambition et l'orgueil se trouvent en tous états, et en tous lieux. II. 336. — Les femmes semblent plus ambitieuses d'honneur et d'estime que les hommes. II. 47.

AMBROISE (saint) fut admirable par sa douceur et sa fermeté. II. 335.

AMÉDÉE III, duc de Savoie, mort en odeur de sainteté. III. 201.

AME. L'ame est le premier acte et principe de tous les mouvemens vitaux de l'homme. IV. 378. — Elle est spirituelle, indivisible, immortelle, entend, veut librement, et est capable de juger, discourir, savoir et avoir des vertus. IV. 178. — Il y a plusieurs portions en l'ame, quoiqu'elle soit indivisible. IV. 174. — La supérieure portion de l'ame est celle par laquelle nous adhérons et nous nous appliquons à l'obéissance de la loi éternelle. — L'inférieure est appelée communément le sens, ou sentiment, et raison humaine. IV. 175. — Il y a plusieurs degrés de raison dans ces diverses portions de l'ame. — Notre ame et notre corps sont deux tabernacles, l'un extérieur, l'autre intérieur. II. 325. — L'union du corps avec l'ame fait qu'on attribue au corps les affections de l'ame; comme la joie, la douleur. II. 336. — L'union de l'ame avec le corps est si excellente que les philosophes ne cessent de l'admirer. II. 254. — Il y a en notre ame quatre étages; le premier est la connoissance que nous acquérons par les sens; le deuxième, la connoissance qui nous vient par la raison et considération des choses; le troisième est la connoissance que nous avons de la foi, par une lumière surnaturelle; le quatrième est la fine pointe de l'esprit, où se font les acquiescemens. II. 369, 370. — La création de l'ame prouve la grande science de Dieu. II. 59. — L'ame de l'homme est un petit monde, et l'abrégé de toutes les perfections du monde. II. 59. — Notre ame pense peu à la fin pour laquelle Dieu l'a créée. I. 464. — Notre ame doit se connoître indigne de demeurer devant la majesté divine. I. 476. — L'ame dévote enfante Jésus-Christ en son cœur, mais non sans douleur. III. 602. — Les plaies de notre Seigneur, ou le calvaire, sont le refuge de notre ame. I. 480. — L'ame est épouse de notre Seigneur, quand elle est juste. IV. 214. — Le céleste Époux ne manque jamais aux ames qui espèrent en lui. III. 531. — La première purgation de l'ame est celle du péché; la seconde celle des affections au péché. I. 461. — L'exercice de la purgation de l'ame doit durer toute la vie. I. 461. — L'ame n'a pas le pouvoir de ne pas sentir de tentations, mais elle a celui de ne pas y consentir. I. 542. — L'ame peut s'éloigner de Dieu, 1° par affection et par désir; 2° en fuyant ses grâces et les moyens de salut. II. 219. — L'ame a été vendue au diable par le péché. II. 59. — Le sang de Jésus-Christ est le vrai purgatoire des ames pécheresses; lui seul les purifie. IV. 134. — L'ame se corrompt dans l'abondance des biens du monde; elle se purifie dans la tribulation. II. 131. — Il y a des ames qui remarquent les défauts d'autrui, pour les commettre et les faire commettre. II. 141. — Les ames qui, après être sorties du péché, conservent encore l'affection au péché font le bien avec lassitude spirituelle. I. 462. — Les ames délivrées des liens du péché par l'effet de la miséricorde divine ne se défont que très-difficilement de la vanité. II. 286. — C'est un grand bonheur que de posséder son ame. I. 494. — Il faut la tenir entre ses mains. I. 548. — Une grande ame pousse ses prétentions jusque dans l'infini de l'éternité. III. 561. — Heureuses sont les ames qui se dédient véritablement et absolument au service de Dieu. I. 598. — Les pieds de l'ame sont ses affections qui la portent partout où elle va. I. 661. — La volonté gouverne diversement les puissances de l'ame. IV. 162. — Les ennuis de la vie servent à rendre l'ame plus vertueuse. III. 540. — Dieu éprouve notre courage en nous privant quelquefois des choses qui nous semblent très-bonnes à l'ame. III. 599. — Quand l'ame est tranquille au milieu des accidens de la vie, elle représente Notre-Seigneur; quand elle est agitée, elle ne le représente pas. I. 585. — La paix de l'ame ne se trouve pas dans le monde. I. 7. — Que faut-il faire quand on sent que l'inquiétude pénètre dans notre ame? I. 548. — Il ne faut pas laisser amollir son ame entre les affections de ses parens, ni la laisser s'attrister parmi leurs passions et la diversité des humeurs avec lesquelles il faut vivre. III. 540. Il y a des ames trop tendres pour elles-mêmes. I. 598. — Le commerce des ames bien dressées nous sert à dresser la nôtre ou à la tenir bien dressée. III. 551. — C'est par l'oreille qu'on empoisonne les ames. I. 535. — Il y a des ames que Dieu disposa de laisser pour un temps exposées, non au péril de perdre le salut, mais bien au péril de perdre son amour. IV. 190. — Trois sortes de glaives peuvent percer une ame : le glaive de la parole de Dieu, le glaive de la douleur, le glaive de l'amour. II. 270. Quand l'ame est disposée dans l'entendement, la mémoire et la volonté, elle fait un fruit admirable dans la communion. II. 398. — L'ame, à force d'adorer et de manger la beauté, la bonté et la pureté même dans la divine eucharistie, devient belle, bonne et toute pure. I. 490. — L'ame qui aime Dieu est tellement transformée en la volonté divine qu'elle mérite plutôt d'être nommée volonté de Dieu, qu'obéissante ou sujette à la volonté divine. IV. 509. — L'ame qui n'aime Dieu que pour l'amour d'elle-même, s'aime comme elle devroit aimer Dieu, et elle aime Dieu comme elle se devroit aimer elle-même. IV. 203. — En l'ame charitable, non-seulement les œuvres excellentes de leur nature, mais aussi les petites besognes se ressentent de la vertu du saint amour. IV. 213. — Il y a de grandes ames d'élite que Dieu par une très-spéciale faveur maintient et confirme tellement en son amour, qu'elles sont hors le hasard de jamais le perdre. IV. 229. — Exercice de la préparation par lequel l'ame se dispose le matin à toutes sortes d'événemens qui peuvent arriver la journée. I. 689. — Les ames qui commencent à s'exercer dans la dévotion ne doivent pas se troubler de quelques imperfections. I. 461. — Elles ne doivent pas se livrer à divers désirs. I. 601. — Il y a des ames qui ne connoissent point de dévotion, si elle n'est sensible. I. 385. — L'ame dévote doit se confesser humblement tous les huit jours, et toujours s'il se peut quand elle doit communier. I. 487. — Il faut examiner son ame sur son avancement dans la vie dévote relativement à Dieu, au prochain, à soi-même et aux passions. I. 557. — Quand on examine l'état de son ame envers Dieu il faut considérer quelles sont ses dispositions relativement, 1° au péché mortel ; 2° aux commandemens de Dieu ; 3° aux péchés véniels ; 4° aux exercices spirituels. I. 358 ; — 5° envers Dieu même ; 6° à l'égard de Jésus-Christ. I. 358 ; — 7° à l'égard de Notre-Dame ; 8° à l'égard de sa langue ; 9° aux œuvres et aux motifs qui les font faire. I. 359. — Comment faut-il conclure l'examen de l'état de son ame pour le faire avancer dans la vie dévote? I. 562 ; II. 630. — Protestation authentique pour graver en l'ame la résolution de servir Dieu, et conclure les actes de pénitence. I. 471. — La conversion des ames est une œuvre plus miraculeuse que la résurrection d'un mort, puisque c'est un passage de la mort du péché à la vie de la grâce. I. 378. — Ceux qui gouvernent les ames doivent se faire tout à tous pour les attirer tous à Jésus-Christ ; agir avec discrétion dans la distribution de la doctrine céleste. II. 332. — La charge des ames n'est pas de porter les forts, mais de supporter les foibles. I. 267. — Pour le bien de l'ame il faut croire les directeurs et médecins spirituels. III. 593. — Un bon directeur connoît les ames qui s'adressent à lui, pour peu qu'elles lui ouvrent leur cœur. C'est un grand avantage d'en être bien connu. III. 476. — Il est plus utile de découvrir l'état de son ame de bouche que par écrit. III. 459. — Les supérieures doivent avoir une grande charité et une grande condescendance pour les ames imparfaites qui ont bonne volonté et dont le mal vient d'une trop grande vivacité : moyens de les tempérer et de les encourager. III. 347.

AMI et AMITIÉ. L'ami fidèle est un médicament de vie et d'immortalité, ceux qui craignent Dieu le trouvent. L'ami fidèle est une forte protection : celui qui l'a trouvé a trouvé un trésor. I. 460. — L'ami qui veut conduire au péché est pire qu'un ennemi. I. 518. — Les aigreurs des amis sont des douceurs, les douceurs des ennemis sont des aigreurs. IV. 367. — Il ne faut être ami que jusqu'à l'autel, et jusqu'où le service de Dieu et la liberté de la conscience ne sont point offensés. Qu'on demande ce qui est juste, si l'on veut être écouté. I. 261. — La mutuelle correspondance entre amis consiste en trois points : il faut que les amis s'entr'aiment, sachent qu'ils s'entr'aiment, et qu'ils aient communication, privauté et familiarité ensemble. IV. 177. — Si on préfère l'ami aux autres, alors cette amitié s'appelle dilection. IV. 177. — Les amis de Dieu allant de vertu en vertu, sont renouvelés de jour en jour, c'est-à-dire croissent par bonnes œuvres en la justice qu'ils ont reçue par la grace divine, et sont de plus en plus justifiés. IV. 211. — On aime faiblement ou méchamment quand on laisse son ami dans le péché. I. 518. — Il ne faut pas recevoir pêle-mêle les imperfections d'un ami avec son amitié. I. 518. — Du choix des amis. I. 222. — Il faut considérer nos amis comme devant vivre éternellement avec eux pour ne pas être trop affligé de leur séparation. III. 566. — L'amitié est un amour mutuel connu de chaque partie qui s'affectionnent réciproquement et qui communiquent entre elles. L'amitié diffère de l'amour. — L'amitié est l'amour le plus dangereux à cause de sa communication. — De l'amitié, et premièrement de la mauvaise et frivole. I. 512. — Des vraies amitiés. I. 514. — De la différence des vraies et des vaines amitiés. I. 515. — Il y a peu de vraies amitiés parmi les hommes. I. 586. — Les amitiés qui ne sont pas fondées sur la piété, la dévotion ou les choses spirituelles, ne sont rien comparées aux amitiés chrétiennes. I. 515 ; III. 280. — L'amitié, aussi bien que l'amour, a un bandeau sur les yeux, et nous empêche de discerner entre les défauts et les perfections d'une personne aimée. I. 520. — L'une des principales propriétés de l'amitié est la constance. III. 280. — La chaste amitié est toujours également honnête, civile et aimable. I. 516. — La sainteté doit paraître en notre familiarité et témoignage d'amitié. I. 588. — Notre amitié doit être si ferme, cordiale et solide, que nous ne refusions jamais de faire ou de souffrir quoi que ce soit pour notre prochain et pour nos sœurs. I. 587. — La perfection des vraies amitiés ne se trouve qu'au ciel. III. 516. — L'amitié qui peut finir ne fut jamais une vraie amitié. III. 623. — L'amitié la plus vraie est celle des frères entre eux. I. 586. — Les personnes sincères sont extrêmement propres à l'amitié. I. 327. — L'amitié nuptiale, entière et parfaite, est la marque certaine de la bénédiction de Dieu dans le mariage. III. 578. — La diversité des opinions ne doit point altérer la charité et l'amitié des chrétiens. III. 403. — L'amitié fondée sur la vraie vertu n'engendre pas la jalousie. I. 534. — La vraie amitié requiert la communication du bien et non pas du mal. I. 518. — L'amitié, loin de nous faire adopter les imperfections d'un ami, doit nous aider à nous affranchir même des nôtres. I. 518. — L'amitié qui se termine en belles paroles n'est pas grand chose. I. 589. — Il ne faut avoir d'amitié qu'avec des personnes vertueuses. I. 514. — L'amitié mondaine conduit par les privautés qu'elle inspire à la perte de la chasteté. I. 517. — L'amitié mondaine fait tourner l'esprit et aveugle le jugement. I. 515. — Les amitiés sensuelles sont vaines et frivoles. I. 512. — Elles fondent comme la neige au soleil. *Ibid.* — La communication des voluptés charnelles n'est pas une vraie amitié. I. 512. — L'amitié corrige le mal de l'ami. I. 518. — La société entre marchands n'est qu'un simulacre d'amitié. I. 518. — Avis et remèdes contre les mauvaises amitiés. I. 516. — On peut guérir les mauvaises amitiés en se réfugiant au pied de la croix ; en leur refusant l'oreille et le cœur, et en n'entrant dans aucune sorte de composition avec elles. I. 516. — Ce n'est pas être ingrat que de rompre impétueusement des amitiés folles et vaines. I. 517.

AMOUR. L'amour n'est autre chose que le mouvement et écoulement du cœur qui se fait envers le bien, par le moyen de la complaisance que l'on a en lui. IV. 244. — Il se termine à l'union. IV. 168. — L'amour est le premier acte et principe de notre vie dévote et spirituelle, par lequel nous sentons, vivons et nous émouvons. IV. 291. — L'amour est l'abrégé de toute la théologie. IV. 303. — L'amour est le principe et l'origine de toutes les passions. IV. 277. — L'amour est une vertu unitive ; c'est-à-dire qui nous porte à la parfaite union du souverain bien. IV. 284. — L'amour est le moyen universel de notre salut, qui se mêle partout, et sans lequel rien n'est salutaire. IV. 191. — Platon a dit que l'amour étoit pauvre, déchiré, nu, deschaux, chétif, sans maison, couchant dehors sur la dure ès portes, toujours indigent. IV. 280. L'amour est comme le feu, duquel plus la matière est délicate, plus les flammes en sont claires et belles. IV. 174. — Le nom d'amour n'est pas moins sacré que celui de dilection. IV. 178. — L'amour précède la haine, la délectation et l'espérance. IV. 164. — L'amour cherche ce qu'il a trouvé, non afin de l'avoir, mais pour toujours l'avoir. IV. 249. — Qui désire ardemment l'amour aimera bientôt avec ardeur. IV. 401. — L'amour tend à l'union. IV. 170. — L'union à laquelle l'amour prétend est spirituelle. IV. 71. — L'union étend bien souvent et agrandit l'amour. IV. 72. — En ce monde l'amour prend sa naissance, mais non pas son excellence, de la connoissance de Dieu. IV. 265. — Une connoissance obscure, environnée de beaucoup de nuages, comme est celle de la foi, nous affectionne infiniment à l'amour de la bonté qu'elle nous fait apercevoir. IV. 266. — Tout amour qui ne prend pas son origine de la passion du Sauveur, est frivole et périlleux. IV. 294. — Ceux-là n'ont pas bien rencontré, qui ont cru que la ressemblance étoit la seule convenance qui produisît l'amour. IV. 170. — La volonté peut rejeter son amour quand elle veut, appliquant l'entendement aux motifs qui l'en peuvent dégoûter, et prenant résolution de changer d'objet. IV. 165. — Les tentations que l'amour ne défait pas, la crainte d'être damné les renverse. IV. 389.

AMOUR (l') qui naît dans les épines et répugnances d'un naturel âpre et sec, est brave et glorieux ; mais celui qui naît d'un cœur naturellement doux est plus délicieux et plus gracieux. IV. 397. — L'homme se donne tout pour l'amour, et se donne tout autant qu'il aime. IV. 342. — Il n'y a point de douleur dans l'amour ; ou s'il y a de la douleur, c'est une bien-aimée douleur. IV. 280. — On ne manie pas l'amour à son gré. I. 513. — L'amour est fort comme la mort qui sépare l'ame du corps. IV. 363. — L'amour fait exécuter une résolution comme les menaces de la mort. I. 373. — Rien ne presse tant le cœur de l'homme que l'amour. IV. 293. — L'amour aiguise notre goût, et notre goût affine notre amour. IV. 266. — L'amour est la vie de l'ame. IV. 291. — L'amour et la fidélité, jointes ensemble, engendrent toujours la privauté et la confiance. I. 535. — La volonté change de qualité selon l'amour qu'elle épouse ; s'il est charnel elle est charnelle ; spirituelle s'il est spirituel : et toutes les affections de désir, de joie, d'espérance, de crainte, de tristesse, comme enfans nés du mariage de l'amour avec la volonté, reçoivent aussi par conséquent leurs qualités de l'amour. IV. 164. — Il faut tout faire par amour et rien par force, il faut plus aimer l'obéissance que craindre la désobéissance. III. 524. — Nous n'avons pas d'amour à beaucoup près de ce que nous en avons besoin, c'est donc folie de le dépenser parmi les créatures. I. 514.

L'AMOUR DE DIEU est le grand commandement de la loi. II. 388. — Il s'appelle tantôt grace, tantôt charité, et tantôt dévotion. I. 457. — L'amour de Dieu est la fin, la perfection et l'excellence de l'univers. IV. 340. — L'amour de Dieu est cette perle pour laquelle on a de tout. II. 373. — L'amour de Dieu est l'amour sans pair, parce que la bonté de Dieu est la bonté nonpareille. IV. 348. — Pour parvenir à l'amour de notre Dieu il faut employer des moyens, des exercices, des pratiques. III. 536. — Il faut compter pour rien ce qu'on donne pour acquérir l'amour de Dieu. II. 374. — Le véritable amour de Dieu ne veut pas de rival. II. 374. — Quand nous donnons notre amour à Dieu il nous donne le sien. II. 109. — Il ne faut jamais dire qu'on a assez d'amour de Dieu, il faut y faire des progrès continuels. II. 391. — Nous pouvons perdre l'amour de Dieu tandis que nous sommes en cette vie mortelle. IV. 229. — Dieu nous regarde continuellement avec un amour incomparable. I. 480. — Dieu désire fortement que nous l'aimions. IV. 192. — L'amour éternel de Dieu envers nous prévient nos cœurs de son inspiration, afin que nous l'aimions. IV. 193. — C'est pour l'amour de nous qu'il veut que nous l'aimions. IV. 356. Ce n'est pas mal de trembler quelquefois devant Dieu, mais il faut que l'amour prédomine. III. 563. — Le trouble empêche de se joindre tout-à-fait par amour avec Dieu. III. 565. — L'amour de Dieu ne consiste pas en consolation, ni en tendresse. I. 385. — Il s'entretient par les croix. III. 550. — Le pur amour de Dieu est bien plus aisé à pratiquer dans les adversités que dans les aises. I. 381. — L'amour de Dieu rend douces les souffrances. III. 626. — L'amour de Dieu nous rend citoyens de la Jérusalem céleste. IV. 235. — Pour faire vivre et régner l'amour de Dieu en nous, il faut que nous amortissions l'amour-propre. IV. 164. — L'amour de la volonté de Dieu nous porte à l'amour des conseils. IV. 309. — L'amour qui tire chemin devers la volonté de Dieu en l'affliction, marche en assurance. IV. 322.

L'AMOUR sacré, comme roi des vertus, n'a rien, petit ou grand, qui ne soit aimable. IV. 214. — Quand l'amour sacré fait son œuvre, il le fait si éminent qu'il surpasse tout. IV. 349. — L'amour sacré rend les vertus excellemment plus agréables à Dieu qu'elles ne le sont de leur propre nature. IV. 367. — L'amour sacré sépare l'ame de l'amant d'avec son corps et d'avec toutes les choses du monde. IV. 284. — L'amour sacré est un enfant miraculeux, que la volonté humaine ne peut concevoir si le Saint-Esprit ne le répand dans nos cœurs. IV. 167. — L'amour sacré comprend le doux fruit du Saint-Esprit avec les huit béatitudes de l'Évangile. IV. 392. — L'amour sacré mêle sa dignité parmi les autres vertus, en perfectionnant la leur particulière. IV. 370. Pour avoir le désir de l'amour sacré, il faut retrancher les autres désirs. IV. 398. — Histoire mémorable pour faire bien concevoir en quoi gît la force et excellence de l'amour sacré. IV. 349. — Les forces de la nature humaine ou angélique ne peuvent pas produire l'amour sacré. IV. 214. — Le refroidissement de l'ame en l'amour sacré vient du péché véniel ou de l'affection au péché véniel. IV. 360. — La seule cause du refroidissement de l'amour sacré est en la volonté des créatures. IV. 364. — L'amour sacré se perd en un moment. IV. 363. — L'amour sacré doit prévaloir sur tous nos amours et régner sur nos passions. IV. 347.

L'AMOUR divin donne au cœur humain la chaleur intérieure qui lui manque sans lui. II. 111. — Le divin amour emploie toutes les passions et affections de l'ame, et les réduit à son obéissance. IV. 393. — Il nous rend conformes à la volonté de Dieu, et nous fait soigneusement observer ses commandemens en qualité de désir absolu de sa majesté à laquelle nous voulons plaire. IV. 508. — Quelle méthode doit-on tenir pour ranger les affections et passions au service du divin amour. IV. 394. — On quitte trop souvent le divin amour pour celui des créatures. IV. 238. — C'est une erreur manifeste de penser que les occupations légitimes nous désunissent du divin amour. I. 414. — Les occupations légitimes ne nous empêchent point de pratiquer le divin amour. IV. 399. — Il faut employer toutes les occasions présentes en la pratique du divin amour. IV. 400. — Notre vie doit être rapportée à l'amour du souverain bien. III. 559. — Le royaume intérieur est heureux quand le divin amour y règne. III. 606.

LE SAINT AMOUR fait son séjour sur la plus haute et élevée région de l'esprit. III. 535. — Le progrès au saint amour ne dépend pas de la complexion naturelle. IV. 397. — La pureté du saint amour est le comble de la perfection du chrétien en cette vie et en l'autre. I. 346. — Le céleste amour a cette souveraine propriété, qu'étant plus pur il rend l'action qui en provient plus pure. IV. 385. — Notre vie nouvelle c'est l'amour céleste qui vivifie et anime notre ame. IV. 291.

AMOUR, ses diverses espèces. IV. 347. — En l'amour que Dieu exerce envers nous, il commence toujours par la bienveillance, voulant et faisant en nous tout le bien qui y est, auquel par après il se complaît. IV. 252. — L'amour de bienveillance se change dans les saints en amour de complaisance. II. 381. — L'amour de complaisance est celui par lequel on se plaît au bien que possède celui qu'on aime. II. 310.

AMOUR parfait et imparfait. L'amour parfait est celui qui joint plusieurs ames en une. IV. 171. — L'amour imparfait est celui qui a égard à notre utilité. IV. 205. — Il ne faut pas prétendre à l'amour extrêmement parfait en cette vie mortelle. IV. 342. — L'amour imparfait est dangereux. IV. 242. — L'amour qui précède le repentir est pour l'ordinaire imparfait ; mais étant détrempé dans l'aigreur de la pénitence, il se renforce et devient amour excellent. IV. 208. — L'amour imparfait désire et requiert Dieu ; la pénitence le cherche et le trouve; l'amour parfait le tient et le serre. IV. 208.

AMOUR affectif et effectif. IV. 260. — Le premier est désiré de tous à cause de ses consolations ; le second est plus excellent à cause des bonnes œuvres qu'il produit. II. 289; I. 641. — L'amour affectif affectionne Dieu, se plaît à Dieu, se joint à la bonté de Dieu. L'amour effectif exécute la volonté de Dieu et embrasse avec courage tout ce qui vient de son bon plaisir. I. 641. — L'amour cordial des uns envers les autres est un don des plus grands et plus excellens que la divine bonté fasse aux hommes. II. 165. — Cet amour cordial doit être accompagné de deux vertus, dont l'une s'appelle affabilité, et l'autre bonne conversation. I. 587. — Quoiqu'il y ait divers degrés d'amour entre les vrais amans, il n'y a néanmoins qu'un seul commandement d'amour qui oblige généralement et également un chacun d'une toute pareille et totalement égale obligation. IV. 347.

AMOUR. Effets de l'amour divin dans les cœurs. III. 458. — Le cœur amoureux aime les commandemens, et plus ils sont de chose difficile, plus il les trouve doux et agréables. IV. 307. — Le cœur vraiment amoureux aime le bon plaisir divin, non-seulement dans les consolations, mais aussi dans les afflictions. IV. 321. — Il ne faut pas rechercher son repos au préjudice de l'amour de Dieu. III. 449. — Le langage des amans est si particulier que nul ne l'entend qu'eux-mêmes. IV. 261. — L'amour ne parle pas seulement par la langue, mais par les yeux, les soupirs et contenances. IV. 262. — Tous les vrais amans sont égaux, en ce que tous donnent tout leur cœur à Dieu et de toute leur force. I. 510. — Rien ne contente le cœur comme l'amour de Jésus-Christ. II. 108. — Il n'y avoit pas de plus pressant aiguillon pour nous avancer dans le saint amour, que la considération de la mort et des souffrances de Notre-Seigneur. I. 354. — Comme la mort du divin rédempteur est le plus haut effet de son amour envers nous, ce doit être aussi le plus fort de tous les motifs de notre amour envers lui. I. 354. — Il faut offrir notre amour à Notre-Seigneur. II. 353. — Il faut imiter l'amour de Notre-Seigneur. II. 376. — Il faut craindre Dieu par amour, et non pas l'aimer par crainte. I. 290. — L'amour donne le prix à nos œuvres. I. 372. — On peut demeurer en amour où l'on est entré de force. III. 613. — En l'amour la jalousie est l'extrémité de la peine. I. 585. — Exhortation à l'amour de Dieu. III. 414, 537, 566, 606. — Il faut faire souvent des actes d'amour. III. 566. — L'amour divin, assis sur le cœur du Sauveur comme sur son trône royal, regarde par la fente de son côté percé tous les cœurs des enfans des hommes. IV. 258.

AMOUR. Sa blessure. IV. 271. — Quels sont les moyens par lesquels le saint amour blesse les cœurs. IV. 272. — Les douloureuses blessures de l'amour sont de plusieurs sortes. IV. 271. — Plusieurs amans sacrés furent présens à la mort du Sauveur, entre lesquels ceux qui eurent le plus d'amour eurent le plus de douleur. IV. 300. — De la sainte persévérance en l'amour sacré. IV. 216. (Voir Aimer, Aimer Dieu, Charité.)

L'AMOUR peut causer la mort. — Le bonheur de mourir en la divine charité est un don spécial de Dieu. IV. 218. — La devise de notre bienheureux étoit celle-ci : ou mourir, ou aimer. I. 402. —
L'homme juste mourant subitement, ou accablé d'une maison qui lui tombe dessus, ou tué par la foudre, etc., ne meurt certes pas en l'exercice de l'amour divin ; mais il meurt néanmoins dans l'amour d'icelui. IV. 294. — C'est le propre des élus de mourir en l'amour et grace de Dieu. IV. 294. — Il ne faut pas pousser la curiosité jusqu'à vouloir savoir quel est le sort d'une personne qui a beaucoup aimé après sa mort. III. 471. — Malheureuse est la mort sans l'amour du Sauveur ; malheureux est l'amour sans la mort du Sauveur. IV. 405.

L'AMOUR-PROPRE est l'amour de nous-mêmes. I. 365. — Il y a grande différence entre ces deux amours, puisque tout amour-propre étant un amour de nous-mêmes, tout amour de nous-mêmes n'est point amour-propre. I. 365. — L'amour que nous avons pour nous-mêmes est affectif et effectif. I. 642. — L'amour-propre nous trompe souvent et nous donne le change, exerçant ses propres passions sous le nom de zèle. IV. 560. — L'amour-propre est toujours mauvais. I. 365. — L'amour-propre est violent, turbulent, empressé. I. 510. — L'amour-propre et les sens nous livrent une guerre continuelle. II. 52. — L'amour-propre est aveugle. II. 333. — L'amour divin et l'amour-propre sont dans notre cœur, comme Jacob et Ésaü dans le sein de Rébecca. IV. 393. — C'est un grand bonheur à la jeunesse d'avoir quelqu'un pour veiller sur elle, parce qu'en cet âge l'amour-propre aveugle la raison. III. 444. — On couvre souvent l'amour-propre de son opinion, de son humeur et de sa paresse sous des paroles humbles. I. 498. — L'amour de nos propres opinions est infiniment contraire à la perfection. I. 639. — Moyens de combattre l'amour-propre et l'estime de soi-même. III. 450. — Effets et signes différens de l'amour-propre et de la vraie charité. Exemples: comparaisons, raisons, remèdes. III. 239. — Il suffit pour le vaincre de ne pas consentir à ses attaques et de réprimer ses saillies. III. 178.

AMOUR du prochain. — L'amour du prochain est l'accomplissement de la loi. II. 103. — Il faut examiner l'état de son cœur à l'égard du prochain, l'amour qu'on a pour lui et la manière dont on parle de lui. I. 560. — Il faut aimer notre prochain, ou parce qu'il est vertueux, ou par l'espérance qu'il le deviendra ; mais principalement parce que telle est la volonté de Dieu. I. 589. — Nous ne pourrons jamais aimer assez nos frères et notre prochain. I. 587.

AMOURETTES. Les amourettes sont des amitiés folâtres qui se pratiquent entre personnes de divers sexe, et sans prétention de mariage. — Pour quel motif s'abandonne-t-on aux amourettes. I. 513. — Les amourettes finissent par conduire les personnes qui s'y abandonnent à des lascivités fort vilaines. I. 513.

AMPHILOQUE (saint) raconte un miracle opéré par saint Basile. II. 496.

ANABAPTISTES, hérétiques. Leur notice. IV. 143.

ANALOGIE (l') de la foi est un mot obscur pour le peuple, elle ne peut toute seule interpréter l'Écriture. IV. 124. — La réduction de l'Écriture à l'analogie de la foi seroit une bonne méthode si l'esprit humain savoit en user. III. 574. — Si l'on contourne l'analogie de la foi, on ne peut s'en servir pour interpréter l'Écriture. IV. 124. (Voir *Foi*.)

ANANIAS et Saphira furent attaqués par la tentation dès qu'ils voulurent tendre à la perfection. II. 74.

ANCINA (Juvenal), évêque de Saluces, étoit un grand ami de saint François de Sales. III. 528.

ANCIENNETÉ (l') est une propriété de la vraie Église. IV. 69. (Voir *Église*.)

ANDRÉ (Saint)-des-Arcs, église de Paris dans laquelle saint François prêcha le carême. I. 153.

ANGES. Les anges ont été imparfaits avant d'être confirmés en grace. II. 140. — Il y a encore en eux quelque reste d'imperfection. II. 140. — Comment s'entend ce que dit saint Pierre, que les anges désirent de voir Jésus-Christ. I. 369. — Dieu se sert de l'entremise de ses anges pour nous conférer ses graces. II. 259. — Les anges se réjouissent à cause de la conversion des pécheurs. II. 259. — Il faut prier le bon ange de nous présenter à l'assemblée des saints. I. 470. — L'invocation des anges faite dès le matin est très-utile. I. 480. — Nous engageons les anges de prier avec nous, mais nous ne les prions pas. II. 49. — L'ange du Seigneur est-il un ange gardien? I. 582. — Quel bouquet doit-on présenter à son ange gardien à la fin de sa méditation. III. 463. — Il faut aimer et révérer spécialement l'ange du diocèse. I. 485. — Les anges gardiens des Perses et des Juifs débattoient l'un contre l'autre pour ce qui étoit de l'exécution de la volonté de Dieu. II. 140. — Nos aides terrestres sont nos bons anges visibles, ainsi que nos saints anges gardiens sont nos aides invisibles. I. 583. — Les peintres ne savent représenter les anges qu'avec des corps. II. 403.

ANGES (les) n'eurent pas plutôt quitté l'amour divin pour s'attacher à l'amour-propre, que soudain ils tombèrent comme morts ensevelis és enfers. IV. 193.

ANGE de Joyeuse étoit ami de saint Francois. I. 7.

ANGÈLE (sainte) de Foligni a souffert de grandes tentations. I. 542.

ANGLOIS (les) regardent leur reine comme chef de l'Église. IV. 101. — Leurs rois excèdent les limites de leur autorité en entreprenant sur le spirituel. III. 584. — Depuis Henri VIII, ils prennent le titre de chef suprême de l'Église anglicane. III. 584.

ANIMAL. Ce qui est animal est premier, et ce qui est spirituel vient après. IV. 167.

ANNEAU. Que signifie l'anneau dans le mariage. I. 534.

ANNÉES. Elles sont rapides et précieuses pour l'éternité. III. 623. — Souhaits de bénédictions pour la nouvelle année. III. 195, 500 et suiv.

ANNECY. Ville où s'étoient retirés l'évêque et le chapitre de Genève après leur expulsion de cette dernière ville par les hérétiques. II. 421. — C'est dans cette ville que résidoit ordinairement saint Francois. I. 108.

ANSELME (saint). Quelle étoit sa condescendance pour tout le monde? I. 646.

ANTECHRIST (l') s'approche toujours plus, ses troupes s'avancent plus dru. II. 520. — Il attaquera la croix avec plus de force que tous les ennemis de cet étendard de Jésus-Christ. *Ibid*. — Il sera extrêmement superbe. II. 490. — Ses miracles seront tous faux. — Il empêchera ses gens de se signer au front du signe de la croix. II. 490. — Il fera marquer ses serviteurs d'un signe apparent et visible au front, ou à la main. *Ibid*.

ANTIDICOMARITES (les) n'honoroient pas la mère de Dieu. II. 275.

ANTIOCHE. Ce siège patriarchal doit sa prééminence à saint Pierre qui fut son fondateur. IV. 92.

ANTOINE. Ce saint entreprit le dessein d'une vie très-relevée. IV. 213. — Il étudioit les actions des saints pour les imiter, ou pour éviter leurs imperfections. II. 141. — Il étoit joyeux en conversation. I. 521. — Il employoit souvent le signe de la croix. II. 491. — Il vit le monde couvert de pièges. I. 680. — Il assure que l'humilité seule fait éviter les filets tendus dans le monde pour prendre les hommes. II. 341.

ANTOINE (saint) de Padoue. De quelle sorte passa-t-il de cette vie à l'éternité. IV. 293.

ANTOINE de Pavie a converti plusieurs rois des Indes. II. 225.

APAMÉE. Le temple de Jupiter à Apamée fut détruit par de l'eau bénite que l'on jeta sur les étançons des colonnes pour les faire brûler. II. 481.

APELLES. Ne peignoit rien aussi bien qu'Alexandre. IV. 160.

APODES. Quels oiseaux ont été ainsi appelés par Aristote. IV. 193.

APÔTRES. Les apôtres étoient des pécheurs et des ignorans pour la plupart. I. 596. — Les douze enfans de Jacob figurent les douze apôtres. IV. 25. — Nous ne connoissons pas tout ce que Notre-Seigneur leur a dit après la résurrection. IV. 74. — Après l'ascension de Notre-Seigneur, toute la troupe apostolique se retira dans la maison de S. Pierre. IV. 90. — Jésus-Christ choisit ses apôtres pour qu'ils allassent dans le monde, qu'ils fructifiassent, et que leur fruit demeurât. I. 379. — Leur voix s'est fait entendre partout. II. 190. — Ils firent des miracles pour autoriser leur mission. IV. 19. — Ils ont enseigné par écrit et par tradition. IV. 66. — Ils instituèrent deux sortes de vie, l'une selon les commandemens, l'autre selon les conseils. IV. 113. — Ils ont pratiqué la pauvreté volontaire, qui est de soi fort honorable. II. 314. — Ils n'avoient rien pour soutenir humainement leur dignité. I. 330. — Tous les apôtres sont appelés le fondement de l'Église, à cause de la doctrine qu'ils ont prêchée. II. 92. — Les apôtres eurent l'usage des clefs autant que saint Pierre, mais lui seul eut la garde des clefs par office et par dignité. IV. 73.

APOSTOLAT. Le caractère de l'apostolat ne fut pas détruit par la mort de Judas ; c'est pourquoi on élut saint Mathias à sa place. II. 99.

APOSTOLIQUE. Ce titre est la quatrième marque de la véritable Église. IV. 123. (Voir *Église*.)

APOSTROPHES (les) aux choses inanimées sont communes dans l'Écriture. II. 460.

APPARENCES. Il ne faut pas en agissant regarder seulement l'apparence extérieure des choses. II. 70.

APPELÉ. Nul ne doit s'ingérer dans les charges et les honneurs, mais celui-là seulement qui est appelé comme Aaron. I. 301. — Il faut qu'une fille soit bien appelée de Dieu pour être reçue en religion. I. 655. — Dieu a plusieurs moyens d'appeler ses serviteurs et servantes à son service. — Plusieurs sont bien appelés de Dieu en la religion ; mais il y en a peu qui maintiennent et qui conservent leur vocation. I. 655.

APPÉTIT. L'appétit sensuel ou la convoitise a de grands mouvemens. IV. 163. — La rébellion de l'appétit sensuel, que nous appelons concupiscence, trouble vivement l'entendement. IV. 180. — Deux choses aussi opposées que la satiété et l'appétit peuvent compatir en un même sujet. I. 369.

APPRÉHENSION. Bienheureux celui qui est toujours en appréhension de tomber dans le mal. I. 290. — Les appréhensions que peuvent causer les difficultés de la vie religieuse disparoissent devant la grace et la croix de Jésus-Christ. III. 580.

APPRENDRE. La bonne façon d'apprendre, c'est d'étudier ; la meilleure, c'est d'écouter ; la très-bonne, c'est d'enseigner. I. 436. — Celui qui n'a rien à apprendre n'a pas besoin de maître. II. 528.

ARAIGNÉE (l') est le symbole des esprits vains et hypocrites. II. 70.

ARAIGNES (les) gâtent et corrompent le miel des abeilles. I. 472.

ARBITRE. Comment se peut-il faire que la liberté de notre franc arbitre persiste avec la grace ? IV. 197. — Que l'homme puisse résister à la grace, cela dépend de sa naturelle condition et liberté. IV. 305. — Qu'il ne résiste pas, c'est selon le désir de la divine bonté. IV. 305. Qu'il résiste cela dépend de sa malice. IV. 305. — La perfection du franc arbitre est de suivre volontairement le bien, sans pouvoir mal faire. II. 188. — Quand est-ce qu'il est en notre liberté de choisir à notre gré ce que bon nous semble. IV. 319.

ARCHADE (saint), ses miracles. IV. 107.

ARCHE. Dieu donna à Moyse le modèle de l'arche et il lui ordonna de se conformer à ce modèle dans sa fabrication. II. 321. — L'arche d'alliance étoit autrefois grandement honorée par les Juifs. II. 323. — David l'honora à cause de la sainteté de Dieu dont elle étoit le marche-pied. II. 418. — Salomon la fit transporter solennellement dans le temple qu'il avoit bâti. II. 268. — Saint Paul a appris par tradition que la manne et la verge d'Aaron étoient dans l'arche. II. 426. — L'arche de la sanctification dont parle David signifie Marie. II. 281.

ARDEUR. Jésus-Christ désire avec ardeur que le feu de son amour soit toujours allumé sur l'autel de notre cœur. I. 596.

ARIDITÉS spirituelles. I. 394. — Les aridités ne sont point contraires à l'amour de Dieu. III. 303.

ARMOGASTE. Quel supplice subit-il ? II. 494.

ARNOBE n'attaque pas le culte de la croix comme l'on dit des hérétiques. II. 467.

ARISTOTE parle bien des vertus. II. 202.

ASPIRATIONS (les) sont des élévations d'esprit vers Dieu, comme des élans de notre ame, lesquelles vont droit au cœur de Dieu et le blessent saintement. I. 356.

ASPIREMENT (l') est un rejeton de l'espérance. IV. 203.

ASPIRER et respirer. I. 391.

ASSISTANCE (l') de Dieu fait mieux réussir les affaires que l'industrie. III. 539. (Voir *Grace*.)

ASSOMPTION (l') de Notre-Dame est appelée par quelques-uns sa réception au ciel, et par les autres son couronnement. II. 277.

ASTROLOGUES (les) prédisent l'avenir ainsi que les théologiens ; mais ceux-ci avec vérité, ceux-là avec vanité. II. 403.

ATTRAITS. Quels sont les attraits dont la divine Providence a accoutumé de se servir pour tirer les cœurs à son amour ? IV. 197.

ATTRACTION. Cinq choses empêchent la sainte attraction d'opérer. IV. 302.

ATTAQUES. Il ne faut pas s'étonner d'être sujet pendant la vie aux attaques des ennemis de notre salut. III. 618.

ATTENTION (l') est la seconde disposition pour bien entendre la parole de Dieu. II. 60.

ATTRISTER (s'). Il se faut attrister pour les fautes commises, d'une repentance forte, rassise, constante, tranquille, mais non turbulente, non inquiète, non découragée. IV. 328.

AUDITEURS. Leur petit nombre ne doit pas refroidir le prédicateur. I. 283.

AUGUSTIN (saint). Il visitoit quelquefois saint Ambroise, et s'en retournoit sans lui parler. I. 321. — Comment assistoit-il aux offices de l'église au commencement de sa conversion ? I. 484. — Il étoit lié des trois liens de la volupté, de la vanité, et de l'avarice comme il le raconte lui-même en ses Confessions. II. 285. — Il partage avec saint Thomas la gloire de la théologie scholastique, et avec saint Bernard celle de la théologie mystique. II. 289. — Différence de son esprit et de celui de saint Jérôme. I. 588. — Il rapporte qu'un miracle avoit été opéré avec la terre du Calvaire. II. 438. — Il ne loue, ni ne blâme ceux qui communient tous les jours, mais il conseille de communier tous les dimanches, pourvu qu'on n'ait aucune affection au péché. I. 489. — Sermon pour le jour de saint Augustin. II. 284.

AUMONE. L'aumône est un excellent remède pour détruire l'avarice et nous faire pratiquer la pauvreté au milieu des richesses. I. 510. — Elle ne suffit pas sans la douceur. I. 457. — Il faut faire l'aumône, visiter les pauvres et les malades. III. 524 et suiv. — Il faut proportionner les aumônes selon les nécessités des pauvres. III. 531. — Il ne faut pas avoir honte d'être pauvre ni de demander l'aumône en charité. I. 512. — Saint François faisoit de grandes aumônes aux catholiques et aux protestans. I. 34. — Comment se conduisoit-il à l'égard des pauvres honteux. I. 43.

AUSTÉRITÉS. Les gens du monde doivent essayer de faibles austérités pour se retirer du monde. III. 599. — L'obéissance est préférable aux austérités volontaires, et la mortification du cœur à celle du corps. Le démon ne craint pas l'austérité, mais l'obéissance. III. 336.

AUTHENTICITÉ. Si l'on a pu douter pendant un temps de l'authenticité de quelques livres de l'Écriture, maintenant cela n'est plus permis. III. 624.

AUTORITÉ. L'autorité ordinaire est constante par sa succession perpétuelle. IV. 21. — Il faut que ceux qui ont autorité tiennent ferme et fassent plier leurs inférieurs. I. 618. — Autorité des deux puissances, sentiment du saint à ce sujet. III. 625.

AVANCEMENT. L'avancement dans la vertu ne consiste pas à faire beaucoup de choses, mais à bien faire ce que l'on fait. I. 518. — La retraite spirituelle est l'un des moyens les plus assurés de l'avancement spirituel. I. 480.

AVARE (l') brûlé de la soif des richesses ne se regarde seulement pas comme altéré. I. 509. — L'avare ne se confesse pas de l'avarice, car il ne croit pas être avare. I. 509. — Si les avaricieux se circoncisent, ce n'est pas en l'avarice. II. 28.

AVARICE. L'avarice a tellement renversé l'esprit et le cœur de l'homme, qu'il veut jouir des biens dont il devroit seulement user; et user de ceux dont il devroit jouir. II. 96. — Il y a deux sortes d'avarices, dont l'une est naturelle, qui fait que l'on a une grande avidité d'acquérir les richesses. II. 96. — Il y a une autre avarice qui serre et ne veut point quitter ce qu'elle possède. II. 97. — L'avarice est le plus grand vice qui soit dans un ecclésiastique. II. 97. — C'est un bon remède contre l'avarice de regarder ceux qui sont plus pauvres, et non pas ceux qui sont plus riches. I. 375.

AVERSIONS. Les aversions sont certaines inclinations qui sont aucunes fois naturelles, lesquelles font que nous avons un certain petit contre-cœur à l'abord de ceux envers qui nous les avons, qui nous empêche d'aimer leur conversation. I. 564. — Les aversions sont les tentations des personnes spirituelles. III. 236. — Il est bon de vaincre les aversions aux choses pieuses, bonnes ou approuvées. I. 575. — Quel remède faut-il apporter à ces aversions, dont nul ne peut être exempt, pour parfait qu'il soit? III. 612. — Les aversions sont des occasions d'exercer la vraie vertu et douceur. III. 565.

AVIS spirituels. III. 160. — Avis que le saint a laissés aux supérieures de l'institut pour leur conduite, et sur le prix et le mérite de la supériorité bien exercée. III. 425. — Recueil des avis particuliers donnés à une personne pour son amendement. III. 428. — Avis à une fille qui vouloit entrer dans l'ordre de la Visitation. III. 388. — Avis généraux et particuliers adressés à une abbesse sur plusieurs points importans. III. 440.

AVULLY (le baron d') étoit le chef du parti calviniste en Chablais. I. 48.

BAISER. Le baiser de tout temps, comme par instinct naturel, a été employé à représenter l'amour parfait, c'est-à-dire l'union des cœurs. IV. 170. — Entre les plus saints hommes du monde, le baiser a toujours été le signe de l'amour et de la dilection. IV. 171. — Le baiser que désire la divine amante avec tant d'ardeur signifie le désir de l'exécution du mystère de l'incarnation de Notre-Seigneur. II. 107. — Ou l'union hypostatique de la nature divine avec la nature humaine. II. 338; IV. 219. — Le divin baiser qui opéra l'union du Verbe divin avec la nature humaine dans le sein de Marie fut donné à cette épouse incomparable au moment où elle se soumit à la parole de Dieu. II. 107. — Dieu dans le ciel donne à l'ame le baiser de paix qu'elle a tant désiré. II. 93.

BALS. Les bals et les danses sont choses indifférentes de leur nature, mais pleines de danger et de péril à cause de leurs circonstances. I. 518. — L'affection aux bals est très-nuisible à la dévotion. I. 473. — Les meilleurs bals ne valent rien. I. 518. — Il règne une foule de péchés dans les bals et les danses auxquels il est facile de se laisser aller. I. Ibid. — Si l'on est forcé d'aller au bal, que faut-il faire? I. Ibid. — Quelles considérations faut-il faire pour détruire les impressions dangereuses que les bals et les danses font dans l'ame? I. 519. — Faut-il conduire au bal les jeunes personnes qui aspirent au mariage? III. 553. — S. François fut censuré pour avoir dit que les bals étoient une action indifférente de soi-même.

BAPTÊME. Les eaux du baptême purifient et justifient de tout péché. II. 322. — La prédication et le baptême sont deux choses distinctes. IV. 129. — Le baptême des petits enfans est vrai et légitime. IV. 130. — Il est reçu par tradition. II. 425. — Ils ne ressentent pas en ce moment des mouvemens actuels de foi par la vertu de prédication, comme Luther le prétend. IV. 130. — Les enfans étoient signés au baptême. II. 483. — L'instruction doit précéder le baptême des adultes. IV. 129. —

L'Écriture ne dit rien du baptême donné par des hérétiques ou des idolâtres ; mais la tradition explique leur valeur. II. 425. — C'est un bon usage de renouveler à Dieu, le jour de la présentation, les promesses du baptême pour se raffermir dans les résolutions de bien faire. II. 317. — Que faut-il entendre par le baptême pour les morts dont parle saint Paul ? IV. 139. — S. François nomma plusieurs enfans au baptême. III. 471. — Il félicita la princesse de Piémont sur la grace de son baptême. III. 491, 558.

BARI. L'archevêque de Bari étant nonce de sa sainteté à Turin, saint François l'informe de la situation du Chablais, des progrès qu'y avoit faits l'hérésie, de ses travaux pour l'extirper, et des moyens qu'il croit propres à en accélérer le succès. III. 28.

BARNABITES. S. François fait l'éloge des pères barnabites, et l'énumération des fonctions auxquelles ils sont propres. III. 572.

BASILE (Saint). Éloge de ses vertus. II. 485.

BEAU. Le beau est ce dont la connoissance nous agrée ou qui plaît à l'entendement et à la connoissance. IV. 161. — Le beau attire et rappelle à soi toutes choses. IV. 289. — Le beau étant appelé beau parce que sa connoissance délecte, il faut que, outre l'union et la distinction d'intégrité, l'ordre et la convenance de ses parties, il ait beaucoup de splendeur et de clarté, afin qu'il soit connoissable et visible. IV. 161.

BEAUTÉ (la). En quoi consiste-t-elle ? IV. 161. — Dieu, comme souveraine beauté, est auteur de la belle convenance, du beau lustre et de la bonne grace, qui est en toutes choses. IV. 161. — La beauté n'est pas sans vérité, ni la vérité sans bonté. II. 80. — La beauté est sans effet, inutile et morte, si la clarté et splendeur ne l'avive, et lui donne efficace. IV. 162. — La beauté des choses animées et vivantes n'est pas accomplie sans la bonne grace. IV. 162. — Nous n'attribuons la beauté corporelle qu'aux objets des deux sens, qui sont les plus connoissans et qui servent le plus à l'entendement : ce sont la vue et l'ouïe. IV. 161. — La beauté et la bonté, bien qu'elles aient quelque convenance, ne sont pas néanmoins une même chose. IV. 161. — La beauté des vierges est toute intérieure. II. 113.

BÉATIFICATION de S. François de Sales. I. 191.

BÉATITUDES. II. 508. — Notre-Seigneur enseigna les huit béatitudes sur une montagne à ses disciples et à la foule qui le suivoit. II. 314. — Le monde interprète les béatitudes dans un sens différent de celui de Jésus-Christ. II. 508. — Sa béatitude favorite. I. 373. — La béatitude de l'autre vie est appelée joie dans l'Écriture, c'est aussi dans la joie que consiste la félicité de la vie présente. I. 403.

BELLARMIN (le cardinal). Notice sur ce cardinal. IV. 146.

BÉNÉDICTION. La bénédiction ordinaire faite par les prêtres de l'ancienne loi avoit deux parties distinctes : une prière déterminée et l'élévation de la main. II. 480. — Toute bénédiction tire son mérite et valeur de la passion de Jésus-Christ. II. 480. — Dans les bénédictions ecclésiastiques on emploie la prière, l'imposition des mains et le signe de la croix. II. 480. — La bénédiction de Dieu sur l'Église l'a rendue si féconde que sa succession sera perpétuelle. II. 585. — Quelles sont les bénédictions que l'Église militante et triomphante donnent à Dieu. IV. 271. — La Sulamite ne quitte point Dieu, quelque bénédiction qu'il lui donne : car elle ne veut pas les bénédictions de Dieu, elle veut le Dieu des bénédictions. IV. 286. — Bénédiction apostolique. IV. 126.

BÉNIN. L'homme fut béni après sa création, et il eut puissance de se multiplier. II. 585. — Ce qui est moindre est béni par le meilleur et par le plus grand. II. 480. — Dieu bénit de ses bénédictions inestimables ceux qui le bénissent bien. II. 379.

BERNARD (Saint). La mère de saint Bernard offroit ses enfans à Dieu dès qu'ils étoient nés. I. 555. — Saint Bernard, de rigoureux qu'il étoit au commencement, devint plein de douceur et de condescendance dans la suite. I. 493. Que doit faire, d'après saint Bernard, l'ame qui veut aller à Dieu ? III. 520. — Que dit-il sur la chasteté du cœur ? I. 501. — Saint Bernard pensoit que les formes de judicature avoient suffoqué la justice. I. 327. — Il dit que la mesure d'aimer Dieu est de l'aimer sans mesure, et qu'en notre amour il n'y doit avoir aucune borne ; ains il lui faut laisser étendre ses branches aussi loin qu'il pourra le faire. I. 586. — Saint Bernard ne perdoit rien du progrès qu'il désiroit faire au saint amour, quoiqu'il fût dans les cours et dans les armées des grands princes, où il s'employoit à réduire les affaires d'état au service de la gloire de Dieu. I. 397.

BERNARDINE (religieuse), cousine de saint François. III. 503, 506, 512, 513.

BERNOIS. Ces hérétiques avoient détruit la religion catholique dans les bailliages de Thonon, de Ternier, de Gaillard et Gex. III. 35.

BÉRULLE (de). Mot de ce cardinal sur un savant qui n'avoit pas beaucoup de bon sens. I. 394.

BESOGNE. Il faut s'appliquer à sa besogne, c'est-à-dire à ce que Dieu requiert de nous, selon notre vocation, fermement et humblement, et ne penser qu'en cela, n'estimant pas de trouver nul moyen de nous perfectionner meilleur que celui-là. I. 603.

BÊTES (les), ne pouvant connoître la fin de leurs actions, tendent voirement à leur fin, mais n'y prétendent pas. IV. 384. — Les bêtes ont de l'amour et non de l'amitié. I. 586. — Il est loisible d'après la tradition de manger des bêtes suffoquées et du sang. II. 425.

BÈZE (Théodore de). Portrait de son caractère. I. 55. — Notice sur sa vie. IV. 146.

BIEN. Le bien est ce qui plaît à l'appétit et à la volonté. IV. 161. — C'est ce que chacun veut. IV. 167. — La vraie image du bien c'est la lumière. IV. 353. — Le bien est voirement aimable, mais à un chacun principalement son bien propre. IV. 289. — Rien n'est si naturel au bien que d'unir et attirer à soi les choses qui le peuvent sentir. IV. 269. — Le bien empoigne, saisit et lie le cœur par la complaisance. IV. 167. — Le bien et le mal ne dépendent pas du sentiment, mais du consentement. III. 336. — La volonté a une si grande convenance avec le bien, que tout aussitôt qu'elle l'aperçoit, elle se retourne de son côté pour se complaire en icelui. IV. 167. — L'homme, par la faculté effective, que nous appelons volonté, tend et se complaît au bien. IV. 169. — Si le bien est considéré en soi selon la naturelle bonté, il excite l'amour. IV. 163. — Si le bien est regardé comme absent, il nous provoque au désir. IV. 163. — Quand on possède le bien comme présent, il nous donne la joie. IV. 163. — Si étant désiré on estime de le pouvoir obtenir, on entre en espérance. IV. 163. — Si étant désiré on pense de ne le pouvoir pas obtenir, on sent le désespoir. IV. 163. — Le bien en Dieu est essentiel. II. 380. — Nul bien n'est futur en Dieu. IV. 251.

BIENS (les) desquels il se faut dépouiller sont de trois sortes : les biens extérieurs, les biens du corps, les biens de l'ame. I. 606. — On connoît les vrais biens quand ils rendent les hommes plus vertueux, et les biens faux quand ils les rendent plus vains. I. 496. — Quand on est empêché de faire le bien qu'on désire, il faut faire plus ardemment le bien qu'on ne désire pas. III. 596. — On a toujours assez des biens du monde, c'est folie d'en demander davantage. II. 258. — Si celui à qui nous voulons du bien, l'a déjà et le possède, alors nous le lui voulons par le plaisir et contentement que nous éprouvons de ce qu'il le possède. IV. 477.

BIEN faire et laisser dire. I. 273.

BIENHEUREUX. Les bienheureux ont une double gloire : une gloire essentielle, et une accidentelle. II. 298. — La félicité des bienheureux, d'après quelques théologiens, consiste spécialement en l'entendement, par lequel ils voient et connoissent Dieu. II. 311. — Et d'après les autres, en la volonté, par laquelle les saints aiment Dieu d'un amour de complaisance. II. 311. — La gloire essentielle des bienheureux consiste en la claire vision et connoissance de Dieu. II. 298. — Les bienheureux ont une parfaite intelligence des plus profonds mystères de la foi. II. 299. — Ils voient clairement la grandeur de Dieu et ses perfections infinies ; ils voient l'union hypostatique de la nature divine avec la nature humaine ; ils voient la maternité de Notre-Dame, sa virginité, et la gloire des bienheureux, de laquelle Dieu est le souverain objet. II. 299, et suiv. — Les bienheureux pour gloire accidentelle ont la claire vision des trois hiérarchies des esprits célestes ; ils connoissent avec plaisir toutes les vertus des saints, des martyrs, des vierges, des pénitens, etc. II. 302. — Non-seulement les saints voient Dieu dans le ciel, mais Dieu leur parle et ils lui parlent. II. 300. — Le langage des bienheureux dans le ciel avec Dieu est un langage d'amour. II. 300. — Les bienheureux entendent l'entretien des personnes divines entre elles. II. 253. — L'attention amoureuse des bienheureux est ferme, constante, inviolable ; elle ne peut ni périr ni diminuer. IV. 220. — La lumière de gloire donne la mesure à la vue et contemplation des bienheureux. IV. 228. — Le désir précédent accroît grandement l'union des bienheureux avec Dieu. II. 261. — De l'union des esprits bienheureux avec Dieu en la vision de la divinité. IV. 224. — En la vision de la naissance éternelle du Fils de Dieu. IV. 225. — Et de la production du Saint-Esprit. IV. 226. — L'union des esprits bienheureux avec Dieu a des degrés différens. IV. 228. — La sainte lumière de la gloire sert à l'union des esprits bienheureux avec Dieu. IV. 161. — La gloire de Dieu rassasie les saints quand elle leur apparoît. II. 298. — Les puissances et facultés des esprits bienheureux sont tellement rassasiées qu'ils ne peuvent rien souhaiter davantage que ce qu'ils possèdent. II. 299. — Dieu se donne pourtant diversement, et avec autant de différences qu'il y a de bienheureux. IV. 213. — Les bienheureux aiment Dieu d'un amour constant, ferme et perpétuel. II. 389. — Ils peuvent dire que Dieu est à eux, et qu'ils sont à Dieu. II. 311. — Chaque bienheureux reçoit un nom que nul ne sait, sinon celui qui le reçoit. IV. 218. — Dieu découvre aux bienheureux ses secrets jugemens et les voies inscrutables qu'il a tenues pour les retirer du péché et les disposer à la grace. II. 299. — Les bienheureux voient dans le ciel comment la grace se communiquoit par les sacremens. II. 299. — Tous les bienheureux se connoissent chacun par leur nom. II. 90. — Ils revoient ceux qu'ils ont aimés dans cette vie. II. 90. — Les bienheureux ont chacun un entretien particulier les uns avec les autres selon leur rang et dignité. II. 91. — Les esprits bienheureux ont toujours le repos en leur mouvement, et le mouvement en leur repos. IV. 248. — Les bienheureux prient. II. 562. — Le nombre des ames bienheureuses est en si grand nombre que personne ne peut les compter. II. 510. — Il faut toujours parler des bienheureux, et surtout de Marie, avec une profonde révérence. II. 260. (Voir Ciel, Paradis.)

BIENSÉANCE. Quelle doit être la bienséance des habits ? I. 521.

BIENVEILLANCE. La bienveillance que nous portons à Dieu n'est autre chose qu'une approbation et persévérance de la complaisance que nous avons en lui. IV. 251.—La bienveillance nous fait appeler toutes les créatures à la louange de Dieu. IV. 255. — La bienveillance en l'amour que nous exerçons envers Notre-Seigneur, ou qu'il a réciproquement pour nous ? IV. 251.—Des témoignages de bienveillance. I. 339.

BIRON (le maréchal de) avoit conspiré contre Henri IV. On accusa S. François d'avoir renouvelé cette conspiration. I. 96.

BIZARRERIE (la) de caractère est très-fréquente parmi les hommes. II. 348.— La bizarrerie vient de ce que les personnes du monde se laissent conduire et gouverner à leur passion et non à la raison. I. 598.

BLAMER. Pour blâmer les vices d'autrui, il faut que l'utilité de celui dont on parle ou de ceux à qui l'on parle le requiert, ou bien que l'on ait droit d'en parler par sa position. I. 527. — Quand on est blâmé injustement, il faut opposer paisiblement la vérité à la calomnie. I. 501.

BLESSURE. Les blessures de celui qui nous dit la vérité valent mieux que les baisers de celui qui nous flatte. I. 325.

BOIRE le calice de Notre-Seigneur, c'est participer à ses souffrances. II. 236.

BON. Le bon est ce dont la jouissance nous délecte. IV. 291. — Le bon est désirable, aimable et chérissable à tous. IV. 289. — Vous serez bons avec les bons. I. 277. — Il y a des gens à qui il ne faut montrer que ce qui est bon. I. 695.— Les faveurs de Dieu ne sont que pour les bons. III. 519. — Prendre plaisir à ouïr les louanges des bons, c'est participer à leur gloire. II. 402.

BONHEUR. C'est en Jésus-Christ seul qu'on peut avoir le bonheur. III. 539.—La pureté du bonheur ne se trouve qu'au ciel. I. 579.—Le bonheur du ciel, quelque enivrant qu'il soit, n'ôte pas aux élus la liberté d'esprit pour agir. II. 89.

BONTÉ. La bonté est communicative de sa nature. II. 124. — La volupté de la souveraine bonté est de se répandre et de communiquer ses perfections. II. 124. — Dieu nous a créés par bonté; il n'avoit pas besoin de nous quand il nous mit au monde. I. 463. — La bonté de Dieu est admirable. I. 464. — La vérité de la bonté de Dieu est manifeste, quoique les motifs de ses décrets soient cachés. III. 562.— Les richesses de la bonté divine sont excessives. Son amour envers nous est un abyme incompréhensible. IV. 240. — Rien d'aimable et de bon en comparaison de la bonté divine. III. 573. — Il y a souvent différence, ès choses sacrées, entre la grandeur et la bonté. IV. 349. — De quelle façon nous devons aimer la divine bonté? IV. 345. — La bonté est l'objet de la volonté. II. 80. — La bonté pour laquelle on honore un autre, peut être de deux façons : ou éminente, supérieure et avantageuse sur celui qui honore, ou non. II. IV.

505. — La bonté et la probité sont la racine de la renommée. I. 501.

BOUQUET. Le bouquet spirituel ou de dévotion est un point ou deux du mystère qu'on a médité et dont on garde le souvenir pendant la journée et qu'on adore comme une fleur. I. 28. — Ou bien la collection de quelques-unes des pensées qui ont le plus touché pendant la méditation, dont on tâche, par quelque moyen, de rappeler le souvenir de temps en temps dans la journée comme une agréable odeur. III. 455. — Le bouquet spirituel doit se former au sortir de l'oraison. I. 463.

BOURGEOISIE. Le droit de bourgeoisie fut accordé aux catholiques de Thonon. II. 557.

BOURGOGNE. Saint François alla aux états de Bourgogne. III. 561. — Il écrivit à un président du parlement de Bourgogne pour se plaindre des habitants de Seyssel, qui refusoient la dîme à son chapitre de Genève, et réclame contre eux l'autorité du parlement de Bourgogne pour faire rendre justice à son église. III. 242.

BOURSE. Tel expose sa vie qui n'exposeroit pas sa bourse. IV. 351.

BRÉVIAIRE. Inconvénient du bréviaire pour les filles. III. 295.

BRUTES. Les choses brutes, inanimées ou mauvaises ne peuvent être honorées en elles-mêmes. II. 498.

BULLE de la canonisation de saint François de Sales. I. 436. — Après que la paix fut faite, les bulles relatives aux bénéfices du Chablais furent exécutées dans toute leur étendue. I. 87.

CABARETS. Ordonnance synodale à ce sujet. II. 581.

CALOMNIE (la) que personne n'avoue, est illégitime. III. 628. — Il faut avoir une grande patience dans les calomnies. I. 360. — Il vaut mieux mépriser ou dissimuler l'injure et la calomnie que de s'en courroucer ou venger. I. 501. — Le silence est le plus sûr moyen de l'anéantir. III. 588, 628. — Pour détruire la calomnie, il ne faut jamais en venir à des procès, il vaut mieux attendre la protection de Dieu. III. 588. — Il ne faut pas se laisser prévenir par la calomnie, surtout contre les personnes consacrées à Dieu. III. 241. — L'opprobre et la calomnie que l'on éprouve au commencement de la dévotion ont d'heureux effets. I. 541.— Être calomnié est une marque de la protection de Dieu. III. 245.—Il est des crimes si atroces, que personne ne doit en supporter la calomnie. I. 501. — Horrible calomnie contre S. François; sa douceur et sa patience dans cette occasion. I. 146.— La mort terrible du calomniateur le force à avouer sa calomnie, et à rendre au saint l'honneur qu'il lui avoit ôté. I. 148. — Le saint se plaint au président Favre d'une calomnie dont on avoit noirci ses frères auprès de M. le duc de Nemours, et qui avoit réussi. Il dit que c'est un crime de l'aimer maintenant, selon la façon de penser des gens du monde. III. 241.— On s'efforce en vain de noircir à Rome S. François de Sales par des calomnies : il reçoit de nouvelles marques de l'estime et de la confiance du pape. I. 128.

CALVAIRE. Le mont du Calvaire est la vraie académie de la dilection. IV. 399. — C'est le mont des amans. IV. 405. — Notre divin Sauveur fut sur le Calvaire comme le pélican de la solitude. I. 516. — Sur le Calvaire on ne peut avoir la vie sans l'amour, ni l'amour sans la mort du Rédempteur. IV. 406. — Les gentils mirent les statues de Jupiter, de Vénus et d'Adonis sur le mont du Calvaire pour polluer les lieux saints. II. 433.

CALVIN. Voyez sa Notice. IV. 146.

CALVINISTES. Ils contredisent les luthériens en l'explication du sens de l'Écriture. III. 574. — Les calvinistes ont suscité de grands troubles dans toute l'Europe. I. 74. — Étonnement des calvinistes, quand S. François leur eut expliqué la doctrine de l'Église, sur la méditation de Jésus-Christ. I. 38. — Les calvinistes voulurent faire assassiner le gentilhomme chez qui S. François tenoit ses conférences. I. 40. — Le traité de Nion, que permettoit-il aux calvinistes ? I. 74.

CAMUS, évêque de Belley. Voyez sa Notice. I. 251.

CANON. CANONICITÉ. Il n'est pas nécessaire, pour recevoir les livres du canon des Juifs, qu'ils aient été écrits en hébreu ou dans une autre langue. IV. 47. — Quels sont les livres canoniques du vieux Testament. I. 610. — La liste des livres canoniques fut dressée au concile de Carthage, fut confirmée au seizième concile général, à celui de Florence, et enfin au concile de Trente. IV. 46. — Il n'y a aucune fausseté dans le canon des Écritures approuvé par l'Église. IV. 49. — L'Église ne rend pas un livre canonique s'il ne l'est pas, mais elle le fait reconnoître s'il l'est. IV. 51. — Le goût des peuples pour un livre est-il un indice de sa canonicité ? IV. 54.

CANONISATION du saint. Les miracles dont sa sainte mort fut suivie obligèrent de travailler à sa canonisation. I. 190.

CANTIQUE. Explication mystique du Cantique des Cantiques. II. 691. — Dissertation sur ces paroles du Cantique des Cantiques : Vos mamelles sont meilleures que le vin, et répandent des odeurs plus suaves que les onguens les plus exquis. II. 708. — Chant du Cantique divin. IV. 368. — Cantique de saint Siméon (Luc, 2). II. 689. — Le cantique de la sainte Vierge est plus beau que les cantiques chantés par les saintes femmes de la loi de Moyse et que tous les autres. II. 253. — Les cantiques spirituels doivent se chanter avec affection. III. 524. — Le chant des cantiques est un remède de la tristesse. II. 717.

CARÊME. Moyen de bien passer le carême. III. 105. — Ne rien manger les vendredis de carême qui ait eu vie est une singularité suspecte de vanité. III. 464. — Sermons pour les dimanches et jeudis du carême. II. 71. — S. François prêcha deux carêmes à Grenoble. I. 148. — A Chambéry. I. 121. — Et à Annecy. I. 126. — Des raisons diverses l'empêchèrent de prêcher à Paris, à Salins et en d'autres villes. III. 170, 174, 180, 216.

CARESSES. Il ne faut pas fréquemment user de caresses. I. 377.

CARMÉLITES (les) font bien de rejeter les esprits qui ne sont pas propres pour leur manière de vivre. III. 555. — Leur introduction en France. III. 587. — S. François honoroit l'ordre des Carmélites. III. 536.

CARMES (les) furent rétablis sous Louis XIII en la ville de Gex. III. 289.

CAS. Des cas réservés au pape. II. 626. — Et des cas réservés dans le diocèse de Genève. II. 626. — Il y a des cas fortuits et des accidens inopinés, mais ils ne sont ni fortuits ni inopinés qu'à nous. IV. 187.

CATÉCHISME. II. 580. — Manière de faire le catéchisme, donnée par S. François de Sales. II. 630. — De l'heure du catéchisme. II. 631. — Du portier. II. Ibid. — Du prieur. II. Ibid. — Du sous-prieur, du moniteur, du silencier, des maîtres et du commencement du catéchisme. II. Ibid. — De la récitation, de la dispute et de la récapitulation. II. Ibid. — De la lecture, des réglemens, de la prière, des monitions, des récompenses, etc. II. Ibid. — Du catalogue, du chancelier et de l'exhortation au sermon. II. Ibid. — Des visites réciproques. II. Ibid. — S. François faisoit lui-même le grand catéchisme dans sa cathédrale. I. 102. — Il obligea les maîtres d'envoyer aux catéchismes les enfans et les domestiques du Chablais. II. 554. — Ainsi que les protestans. Ibid.

CATHERINE (le monastère de Sainte-) étant de son diocèse, n'étant point réformé et n'ayant point de clôture, le saint est nommé par le pape pour le réformer. I. 131.

CATHOLIQUES (les) sont catholiques, parce que sans choix ni élection quelconque ils embrassent avec une égale fermeté, et sans exception, toute la foi de l'Église. IV. 352. — Il faut être non-seulement catholique, mais catholique romain. IV. 115. — Il faut se réjouir d'être catholique. III. 566. — Les catholiques doivent prier pour la conversion et le salut des novateurs et hérétiques. II. 520. — Les catholiques reconnoissent le pape pour vicaire de Jésus-Christ. IV. 101. — Les catholiques ont l'indubitable possession du titre de la vraie Église. II. 518. — Ils sont le corps de l'Église ; ils ont pour eux la chaire de saint Pierre, la dignité sacerdotale, la succession apostolique, l'autorité pastorale. II. Ibid. — Le nom de catholique est le propre titre de l'Église de Notre-Seigneur ; le nom de réformée est un blasphème contre sa sagesse. IV. 115. — L'Église catholique est une monarchie en laquelle doit être un chef ministériel qui doit gouverner tout le reste. IV. 352. — L'Église catholique doit être universelle successivement en lieux et en personnes, la prétendue ne l'est point. IV. 121. — L'Église catholique a pour elle l'antiquité, tandis que la prétendue est nouvelle. IV. 116. — Les catholiques étoient partout le monde du temps de saint Grégoire. IV. 121. — Du temps de saint Bernard, de Godefroi de Bouillon et de notre temps. IV. 121. — Le catholicisme s'étend dans les Indes orientales et occidentales. IV. 121. — Le langage de l'Église catholique est le même par toute la terre. IV. 102. — L'unité, la conformité et l'étendue du catholicisme requièrent que les prières publiques soient récitées en une langue universelle qui soit une et commune à toutes les nations. IV. 60. — Ce que quelque particulier catholique avance d'une manière mal assurée, ne préjudicie point à la foi publique de l'Église. II. 435. — S. François de Sales informe le duc de Savoie de ce qui est nécessaire pour l'établissement, la propagation et la conservation de la foi catholique dans les bailliages du Chablais, où il étoit alors en mission. III. 24. — Ordres qu'il donne pour le maintien de la foi catholique dans les lieux où elle étoit nouvellement rétablie. I. 127. Statuts en faveur des catholiques. II. 558. — Défense aux protestans du Chablais de détourner les catholiques de leur religion. II. 554. — Obligation aux catholiques d'assister aux offices, ainsi que les protestans du Chablais. II. 555. — Les traités faits contre les catholiques sont cassés par la guerre. II. 547. — La prééminence de la religion catholique rend plus glorieuse et plus magnifique la miséricorde de Dieu, la protestante la ravale. IV. 125. — La première ne peut partir d'aucune passion. Elle n'est point superbe. IV. 126. — Recueil de plusieurs excellences qui sont en la doctrine catholique, et qui ne sont point dans l'opinion des hérétiques de notre âge. IV. 125.

CATON (d'Utique) se suicida. Opinion de S. François touchant sa mort. IV. 271.

CÉLIBAT (le) est préférable au mariage. III. 579.

CELSE-BENIGNE, fils de madame de Chantal. III. 524. — Étoit chéri de S. François. *Ibid.*

CENSEURS. S'il y a de sots écrivains, il y a de lourds censeurs. IV. 156.

CENSURE (la) des hommes ne fait rien à ce que Dieu bénit. III. 579. — C'est une imperfection, quand on censure le prochain ou qu'on se plaint de lui, de répéter sans cesse ses doléances. III. 529. — Il faut s'abstenir des censures. III. 608.

CÉPHAS. Que signifie ce mot? IV. 70.

CÉRÉMONIES (les) sont des actions extérieures ennoblies par la religion. II. 473. — Les cérémonies ne sont pas contraires à l'esprit et à la vérité. Elles y sont nécessairement unies. II. 478. — L'essence de la prière est en l'ame; les cérémonies extérieures sont ses appartenances. II. 477. — Toutes cérémonies bonnes et légitimes peuvent être employées à la bénédiction des choses. II. 477. — Les cérémonies ont été pratiquées en l'ancien et nouveau Testament. II. 474. — Dieu se sert quelquefois des cérémonies et figures pour produire des effets admirables, sans que ces figures aient en elles-mêmes aucun pouvoir. II. 474. — Les réformés observent plusieurs cérémonies qui ne sont pas dans l'Écriture. II. 478. — Les cérémonies de l'église cathédrale de S.-Pierre de Genève doivent être observées par les prêtres de la sainte maison de Thonon. II. 574. — Le concile de Trente ordonne d'observer les cérémonies. II. 581.

CHABLAIS. Portrait du peuple du Chablais. I. 51. — Motifs qui attachoient le peuple du Chablais à la religion calviniste, ainsi que leurs ministres. I. 53. — Tout le Chablais se réunit à l'Église catholique. I. 76.

CHAGRINS. Les tentations à ce sujet ne doivent pas nous tourmenter si l'on veut bien servir Dieu. I. 546.

CHAIR (la) est notre ennemi le plus dangereux, parce que nous le portons partout. II. 294. — Elle est la confédérée du malin. III. 525. — Pour nous abattre elle pratique avec l'entendement, avec la volonté, avec la raison. II. 145. — Elle a des intelligences dans notre ame; c'est pourquoi elle en triomphe. II. 177. — Elle surmonte facilement la volonté. II. 178. — La liberté de la chair forclôt l'obéissance. III. 524. — La chair nous excite à nous vanter de nos vertus pour les rendre inutiles. II. 145. — La chair et l'esprit ont des inclinations contraires l'une à l'autre. II. 175. — Ils se livrent une guerre continuelle. *Ibid.* — La chair convoite contre l'esprit. II. 144. — Si l'esprit n'avoit que la chair à vaincre, il en triompheroit aisément, mais la chair, aidée du monde et du démon, est plus difficile à surmonter. II. 144. — Quelques ruses que la chair emploie pour nous séduire, on peut la vaincre. II. 179. — Pour résister aux entreprises de la chair, les armes les plus puissantes qu'on puisse employer sont la paix de l'esprit. II. 175. — S'il est bon de mortifier sa chair pour se corriger de ses vices, il faut surtout purifier son cœur de ses affections vicieuses. I. 520. — Il faut soumettre la chair à l'esprit, et non l'esprit à la chair. II. 469. — En quel sens la chair ne profite de rien. II. 216. — Il faut se glorifier en Jésus-Christ et ne point se confier en sa chair. II. 479. — La chair de Notre-Seigneur profite à tous ceux qui la reçoivent dignement pour la vie éternelle. IV. 97. — S. Paul dit qu'il ne connoît pas Jésus-Christ selon la chair, c'est-à-dire selon la chair accompagnée des infirmités de sa condition naturelle. II. 479. — Qu'est-ce que vivre selon l'esprit et vivre selon la chair? III. 450. — La résurrection de la chair est un article de notre foi. II. 512. — La chair de Jésus-Christ dans la sainte communion est une tablette cordiale. III. 195.

CHAIRE. Il se faut bien garder d'entrer jamais en chaire sans avoir un dessein particulier d'édifier quelque coin des murailles de Jérusalem, enseignant la pratique de quelque vertu, ou la fuite de quelque vice. I. 274. — Il faut éviter les complimens en chaire. I. 139. — Notre-Seigneur respecta la chaire de Moïse. IV. 22.

CHAMBÉRI. Le saint demande au souverain pontife, Paul V, l'érection d'un évêché à Chambéri, et lui expose les raisons qui engagent à cette création. III. 199.

CHANDELEUR. Réflexions sur cette fête adressées à une religieuse bernardine. III. 503.

CHANOINES (les) de Genève demandent au pape d'aller à Thonon pour prêcher l'Évangile et ramener les protestans dans l'Église catholique. II. 537. — Pauvreté des chanoines du chapitre de Genève. II. 536. — Lettre du saint aux chanoines de S. Pierre au sujet de sa nouvelle promotion à l'évêché de Genève. III. 46.

CHANT (le) des religieux plaît infiniment à Dieu. II. 288. — Les réformateurs prétendus attirèrent à leur parti plusieurs catholiques et des femmes en leur permettant de chanter ou en faisant chanter par les rues la version des psaumes par Marot. IV. 62. — Les habitans du paradis chantent toujours le cantique de l'amour éternel. I. 468. — Chantre bizarre qu'un pape retint dans sa chapelle malgré son inconstance. II. 108.

CHANTAL (Mad. Frémiot de). Histoire abrégée de la vie de la mère de Chantal; ses grandes qualités, ses vertus. I. 161. — Amitié forte du saint pour Ste Chantal. IV. 309.

CHAPELLES. Ordonnance synodale à ce sujet. II. 581. — Une chapelle fut bâtie en l'honneur de la sainte Vierge sur la montagne de Voiron. II. 597. — Le saint témoigne un grand regret de n'avoir pu faire avoir une chapelle au fils de M. de la Tournelle. III. 338.

CHAPELET (le) est une très-utile manière de prier. I. 475. — Il peut être récité tous les jours. III. 525. — Manière de dire dévotement le chapelet, et de bien servir la vierge Marie. I. 564.

CHAPITRES (les) courts se font lire avec plus de plaisir que les longs. IV. 157. — Le saint prend les intérêts de son chapitre auprès du duc. I. 60. — Il maintient avec fermeté les droits du chapitre de sa cathédrale. I. 109.

CHARGES. Il n'est pas bien de prendre des charges et offices par sa propre élection, de crainte qu'on n'y fasse pas son devoir, mais quand c'est par obéissance il ne faut jamais apporter d'excuse. I. 588. — Que doit-on penser des saints qui ont fait grande résistance pour ne pas recevoir les charges qu'on leur vouloit donner? I. 593. — On doit avoir un grand soin des choses qui regardent la gloire de Dieu et qui sont en notre charge; mais on n'est pas obligé ni chargé de l'événement. IV. 327. — De la charge pastorale. I. 340. — La charge épiscopale est sujette à la vanité : la croix en est le remède. III. 409.

CHARITÉ. Le nom de charité est demeuré à l'amour de Dieu, comme à la suprême et souveraine dilection. IV. 177. — Par la charité nous aimons Dieu pour l'amour de lui-même, en considération de sa bonté très-souverainement aimable. IV. 210. — La charité aime Dieu par une estime et préférence de sa bonté si haute et relevée au-dessus de toute autre estime, que les autres amours, ou ne sont pas vrais amours, ou celui-ci est infiniment plus qu'amour. IV. 210. — La charité est un amour d'amitié, une amitié de dilection, une dilection de préférence, mais de préférence incomparable, souveraine et surnaturelle. IV. 177. — Cette préférence de Dieu à toutes choses est le cher enfant de la charité. IV. 217. — La charité sort de la croix comme une source abondante. II. 106. — Elle n'a qu'un seul acte, celui d'union avec Dieu; mais cet acte comprend tous les autres. II. 123. — Explication des saints attributs que le saint apôtre donne à la charité. IV. 362. — Le fruit du Saint-Esprit est la charité, laquelle est joyeuse, paisible, patiente, bénigne, honteuse, longanime, douce, fidèle, modeste, continente, chaste. IV. 392. — Non-seulement la charité nous donne la patience, bénignité, constance, simplicité; mais elle est elle-même patiente, bénigne, constante. IV. 376. — Elle peut toutes choses; elle a le comble de la prudence. IV. 309. — Elle ne cherche jamais à voir le mal, elle n'y pense jamais et elle se détourne quand elle le voit. I. 525. — Elle croit tout et se réjouit du bien. III. 519. — Elle ne cherche pas ses propres intérêts. I. 255. — Elle ne fait rien en vain. IV. 309. — Elle espère tout, elle supporte tout. IV. 370. — Elle est prudente, condescendante. I. 491. — Elle nous donne la force de bien faire. I. 470. — Sans la charité, tout ce que l'on fait est inutile pour le salut. II. 68. — Elle ne diffère de la dévotion que comme la flamme diffère du feu. I. 458.

CHARITÉ. La vraie charité est tellement unie avec l'humilité qu'elles ne peuvent jamais être séparées l'une de l'autre. III. 346. — L'obéissance, la chasteté et la pauvreté sont les trois grands moyens pour acquérir la charité. I. 470. — La chasteté de la charité est la pureté et intégrité de cette vertu, la mère, la reine et l'âme de toutes les autres. I. 263. — Il y a tant de charité impure et feinte, et par conséquent qui n'est pas chaste et entière, que c'est une grande pitié. I. 265. — Quand on résiste, la charité ne s'éteint pas dans les violentes tentations, elle est seulement couverte pour un temps. I. 543. — En cette vie mortelle, la charité est en nous par manière de simple habitude. IV. 214. — Celui qui a plus de charité est plus étroitement uni et lié à Dieu. IV. 287. — La charité s'agrandit par accroissement de degré en degré, et de perfection en perfection, selon que par nos œuvres ou la réception des sacremens nous lui faisons place. IV. 254. — Il y a des gens si heureux en leur pèlerinage, que leur charité y a été plus grande que celle de plusieurs saints, déjà jouissant de la patrie éternelle. IV. 220. — La charité est quelquefois tellement allangourie et abattue dans le cœur, qu'elle ne paroît presque plus en aucun exercice, et néanmoins elle ne laisse pas d'être entière en la suprême région de l'ame. IV. 230. — Notre-Seigneur a un soin continuel de la conduite de ses enfans, c'est-à-dire de ceux qui ont la charité. IV. 216. — Il se met en chemin avec eux, il les presse de se presser, son cœur sollicite et pousse le leur à bien employer la sainte charité qu'il leur a donnée. IV. 214. — La charité qui donne la vie à nos cœurs, n'est pas extraite de nos cœurs; mais elle y est versée comme une céleste liqueur par la providence surnaturelle de Dieu. IV. 210.

CHARITÉ (la) est le seul lien de perfection entre les chrétiens et la seule vertu qui nous unit comme il faut à Dieu et au prochain. I. 267. — La charité unit les cœurs en quelque distance que soient les corps. III. 245. — La charité est une vertu admirable; elle est et moyen et fin tout ensemble, elle est le chemin et le terme, elle est la voie pour aller à elle-même, c'est-à-dire pour faire progrès en la perfection. I. 267. — La charité, comme première de toutes les vertus, les régit et tempère toutes. II. 170. — Elle est suivie des autres vertus quand elle pénètre dans le cœur. I. 491. — Elle ne met pas en œuvre également ni tout-à-coup, ni en tous temps, ni en tous lieux, les vertus, mais elle les dispose avec ordre. I. 491. — Elle fait et accomplit les œuvres de toutes les vertus. IV. 291. — Toutes les vertus qui semblent les plus grandes et les plus excellentes ne sont rien du tout sans charité. I. 267. — Dieu n'a pas égard à la multiplicité des choses que nous faisons pour son amour; ains seulement à la ferveur de la charité avec laquelle nous les faisons. I. 629. — Comme la prudence est la mesure des vraies vertus morales acquises, la charité l'est aussi des vraies vertus infuses, vives et méritoires. I. 419. — Il se trouve des hommes qui aiment éperdûment la beauté de quelques vertus, non-seulement sans aimer la charité, mais avec mépris de la charité. IV. 385. — Il n'y a que les actes de la très-sainte charité, qui soient héritiers de Dieu, cohéritiers de Jésus-Christ. IV. 380. — La résistance aux tentations exerce notre charité, et nous fait emporter la victoire dans le combat et obtenir le triomphe après la victoire. IV. 232. — Ès bas et menus exercices de dévotion, la charité se pratique non-seulement plus fréquemment, mais aussi pour l'ordinaire plus humblement, et par conséquent plus utilement et saintement. IV. 400. — Par la charité sont contenues et assemblées toutes les perfections de l'ame. IV. 377. — La charité comprend en soi les dons du Saint-Esprit. IV. 386. — Le souverain amour n'est qu'en la charité. IV. 204. — Qui bien la trouve, il a trouvé la source de la vie, de laquelle il puisera le salut du Seigneur. IV. 398. — Ajoutez à un homme la charité, tout profite; ôtez-en la charité, tout le reste ne profite plus. IV. 363.

CHARITÉ. La charité s'acquiert et elle se perd, tout au contraire des autres habitudes. IV. 226. — La seule cause du manquement et refroidissement de la charité est en la volonté des créatures. IV. 234. — Un seul péché mortel bannit la charité de l'ame. IV. 233. — Le péché véniel, ni même l'affection au péché véniel, n'est pas contraire à l'essentielle résolution de la charité. IV. 230. — Les affections au péché véniel n'abolissent pas la charité; mais elles la tiennent comme esclave, liée pieds et mains, empêchant sa liberté et son action. IV. 231. — La charité étant séparée de l'ame par le péché, il y reste maintefois une certaine ressemblance de charité qui nous peut décevoir et amuser vainement. IV. 240. — Aux derniers jours la charité de plusieurs se refroidira; c'est-à-dire elle ne sera pas si active et courageuse, à cause de la crainte et de l'ennui qui oppressera les cœurs. IV. 230. — La charité envers le prochain attire la miséricorde de Dieu sur nous. II. 89. — Le précepte de la charité fraternelle étoit très-négligé avant Jésus-Christ. II. 103. — La charité est également facile à donner et à recevoir les bonnes impressions du prochain. III. 519. — La charité est un bon remède contre le jugement téméraire; elle affranchit des mauvaises humeurs qui font mal juger d'autrui. I. 524. — La charité doit nous éclairer pour nous faire condescendre aux volontés du prochain; en ce qui n'est pas contraire aux commandemens de Dieu. III. 597. — La condescendance qui naît de la charité rend les choses indifférentes bonnes, et les dangereuses permises. I. 530. — C'est une grande charité de se conserver en union les uns avec les autres. I. 646. — La charité nous oblige de n'aimer pas seulement ce qui est bon pour nous, mais d'aimer encore ce qui est bon pour le prochain. IV. 312. — Les supérieurs doivent entretenir l'union et la charité parmi les religieuses, et se garder de la prudence humaine. III. 269. — Le plus grand effet de la charité est de nous faire aimer nos ennemis. I. 417. — Charité de saint François envers les ecclésiastiques. I. 239. — Grandes charités qu'il exerce indifféremment à l'égard des catholiques et des hérétiques. I. 178. (Voir *Aimer, Amour, Dilection.*)

CHARLES BORROMÉE (saint), l'esprit le plus exact, roide et austère qu'il est possible d'imaginer, usa avec une sainte liberté de quelques condescendances à l'égard des Suisses pour les porter à bien faire. III. 526. — Il s'exposa au service des pestiférés. IV. 245. — La mémoire de saint Charles est grandement vénérée à Milan. IV. 249.

CHASSE. Ordonnance synodale à ce sujet. II. 588. — Moyens pour ne pas offenser Dieu par le plaisir de la chasse. III. 331.

CHASTETÉ (la) est le lys des vertus : elle rend les hommes presque égaux aux anges. I. 506. — La chasteté dépend du cœur, comme de son origine, mais elle regarde le corps comme sa matière. I. 508. — La chasteté se perd par les sens extérieurs, par les pensées et les désirs du cœur. I. 508. — La chasteté n'admet aucune sorte de volupté qui soit défendue. I. 507. — Elle retranche les délectations inutiles quoique permises. I. 507. — Elle n'attache pas son affection aux plaisirs et voluptés qui sont commandées et ordonnées. I. 507. — La chasteté du cœur est le renoncement à toute affection illicite. I. 501. — La chasteté du corps n'est que l'écorce, mais la chasteté du cœur est la moelle. I. 501. — Pour conserver la chasteté, il faut être prompt à se détourner de tous les acheminemens et de toutes les amorces de la lubricité. I. 508. — C'est une bonne marque pour la chasteté quand elle est craintive. Son rempart et sa forteresse est la peur. I. 290. — Il y a des privautés et des passions indiscrètes qui affoiblissent seulement la chasteté, il y en a d'autres qui la détruisent. I. 508. — Pour être chaste, il faut se tenir toujours spirituellement proche de Jésus-Christ crucifié. I. 509. — La dévotion peut seule conserver la chasteté entamée. I. 508. — L'Église naissante a pratiqué le conseil de chasteté, pauvreté et obéissance, laissé par Notre-Seigneur. IV. 114. — Chaque personne a besoin de la chasteté. I. 508. — Ceux qui sont en viduité ont besoin d'une chasteté courageuse. I. 508. — Les vierges ont besoin d'une chasteté extrêmement simple et douillette. I. 508. — Les mariés ont besoin de deux sortes de chasteté, l'une pour l'abstinence absolue quand ils sont séparés, l'autre pour la modération quand ils sont ensemble. I. 508. — Les femmes mariées peuvent faire vœu de chasteté si elles deviennent veuves. I. 503. — Il faut pratiquer sans cesse ; et, s'il étoit possible, ne nommer jamais, ou bien rarement, l'humilité et la chasteté. I. 270. — Conseils relativement à un vœu de chasteté. III. 154. — Dans les couvens de femmes, le vœu de chasteté est fondamental, et les autres sont essentiels. III. 454. — Le vœu de chasteté doit être gardé, au préjudice même de la conservation de sa postérité. III. 366. — La chasteté est une croix pour les jeunes gens. I. 680. — La chasteté de saint François a été mise plusieurs fois à de rudes épreuves dont elle est toujours sortie glorieusement. I. 10.

CHOIX. Notre choix et élection gâte et amoindrit toutes nos vertus. I. 500. — Il ne faut rien précipiter dans le choix d'un état de vie, mais se bien consulter avec Dieu par l'entremise de son directeur. III. 90. — Marques certaines par lesquelles on peut connoître si le choix de que l'on a fait d'un directeur est légitime. III. 521. — Il ne faut pas consulter la prudence de la chair dans le choix des filles qui doivent composer une congrégation. III. 415.

CHOSES. Toutes choses sont et subsistent par la parole de Dieu. II. 327. — Le Verbe étant très-simple et très-unique, produit toute la distinction des choses. IV. 184. — Nous ne devons pas juger des choses selon notre goût, mais selon celui de Dieu. III. 530. — Il y a souvent bien de l'illusion dans les choses extraordinaires. I. 494. — La fidélité dans les petites choses nous obtient la grâce d'être fidèles dans les grandes. — Le commencement des choses bonnes est bon, le progrès est meilleur, et la fin est très-bonne. IV. 206. — On ne reçoit pas les choses en la façon qu'elles sont, mais en la façon qu'on les sent, parce qu'on ne voit pas la fin et l'intention pour lesquelles elles arrivent. III. 536. — Les choses s'entreprêtent leurs noms les unes avec les autres. II. 462. — Il faut se servir des choses du monde, en prendre pour son usage nécessaire, et ne pas s'y affectionner. II. 293. — Il y a autant de vertus à surmonter dans les choses communes et légères que dans les grandes et extraordinaires. II. 53. — Le goût des choses divines rend amères les choses du monde. III. 606. — En choses indifférentes, on doit condescendre à tout et à tous. I. 647. — Choses remarquables faites par de saints personnages. II. 484. — Les hommes peuvent donner à une chose un prix imaginaire et une estimation supposée selon laquelle on l'honore ou déshonore plus ou moins. II. 511. — L'invocation que l'on adresse aux choses inanimées passe plus outre, et se rapporte à Dieu et au crucifix. II. 460. — Les choses insensibles ou non vertueuses ne retiennent pas l'honneur, mais elles le rapportent à celui qu'elles représentent. III. 536. — Les choses représentées particulièrement font une impression plus forte, et blessent plus sensiblement l'imagination. IV. 506. — Les choses qui sont bonnes en elles-mêmes n'ont pas besoin d'être autorisées du Saint-Siège. III. 377. — Les choses saintes et les paroles qui en traitent, sont toujours agréables aux saints. I. 581. — Le poids des choses les ébranle, les émeut, et les arrête. IV. 168. — Saint François ne vouloit pas que l'on entreprît beaucoup de choses, mais que l'on fît bien le peu que l'on entreprenoit. I. 335.

CHRÉTIENS (les) participent aux noms de Sauveur et de Christ par les sacremens et le salut éternel. II. 32. — Tous les chrétiens sont obligés de bien savoir ce qu'ils doivent croire, et de bien entendre les mystères de la foi, selon leur capacité et leurs lumières. II. 354. — Les chrétiens connoissent Dieu par la foi, et le méconnoissent par leurs œuvres. II. 161. — Les chrétiens seuls savent comprendre comment il se peut faire que Dieu fût homme, et que l'homme fût Dieu. II. 348. — Les chrétiens touchés de la passion de Notre-Seigneur, oublient bien vite leurs émotions pour courir après les consolations humaines. II. 271. — Le chrétien doit imiter Jésus-Christ sur la croix. II. 160. — Toute la vie du chrétien n'est autre chose qu'une longue souffrance. I. 414. — Le chrétien doit aimer son corps comme une image vivante de celui du Sauveur incarné. IV. 221. — Entre les combats des chrétiens, dit saint Jérôme, les plus âpres sont ceux de la chasteté. I. 289.—Les chrétiens qui violent les lois de la charité pour obéir à celle de la crainte sont peu chrétiens. III. 563. —Les chrétiens sont plus inexcusables que les juifs et les hommes qui vivoient sous la loi de nature, s'ils n'observent pas la charité fraternelle. II. 103. — Le chrétien qui est en état de grâce n'a rien à craindre de ses ennemis. II. 147. — Les chrétiens font bien une incision dans leurs passions, mais ne les extirpent pas toutes par la circoncision. II. 29.— Il y a pour les chrétiens commandement de se signer sur le front. II. 484.— Ce commandement vient de la tradition apostolique. II. 485. — Le sage chrétien diffère du philosophe en ce que le chrétien est petit à ses propres yeux, et si petit, qu'il se tient pour un rien, au lieu que le philosophe veut que le sage qu'il s'imagine soit au-dessus de toutes choses, et s'estime maître de l'univers et l'ouvrier de sa propre fortune ; ce qui est une vanité insupportable. I. 306. —On ne doit pas différer à vivre chrétiennement, puisqu'on n'est pas sûr du lendemain. II. 343. — Les chrétiens sont rois et héritiers du royaume céleste. II. 232. — Il y a bien des chrétiens qui ne se soucient pas de perdre le paradis. II. 193. — Ce que c'est que le courage des chrétiens. III. 461.— Maximes du saint sur le véritable caractère du christianisme. I. 25.

CHRÉTIENS. Les premiers chrétiens étoient si assidus à la prière qu'on les appeloit supplians, médecins et moines. II. 361. — Ils ne formoient qu'un cœur et qu'une ame, tout étoit commun entre eux. II. 56. — Ils renouveloient chaque année les promesses du baptême. I. 556. — Les premiers chrétiens faisoient un usage fréquent de la croix. II. 451.— Les païens les appeloient par dérision, religieux de la croix. II. 457. — Pendant la persécution, ils se reconnoissoient au signe de la croix. II. 475. — Ils faisoient le signe de la croix pour invoquer Dieu par son Fils. II. 477. — Ils se servoient du signe de la croix pour les bénédictions. II. 48. —Ils n'avoient pas honte de faire publiquement le signe de la croix. II. 475. — Ils mortifioient grandement leur chair. II. 497. — Pour mieux observer le carême, ils se retiroient dans la solitude. II. 67. — Ils s'abstenoient d'un grand nombre d'alimens. II. 67. — Ils se couvroient de cendre, et d'un sac ; ils méditoient et prioient presque toujours. II. 67.—Et ils étoient gais parce qu'ils le faisoient de cœur. II. 67. — Ils furent accusés par les païens de manger la chair d'un enfant. II. 209.—Cette calomnie dura jusqu'au temps de Minutius Félix. II. 209.

CHRISTINE de France, fille de Henri IV et de Marie de Médicis, princesse de Piémont, choisit saint François pour premier aumônier ; conditions sous lesquelles il accepte cette charge. I. 156.

CHUTES (les) spirituelles précipitent toujours plus bas que n'étoit l'état où on étoit monté en haut à la dévotion. I. 536. — Quand on fait des chutes, il faut se relever doucement, en paix et tranquillité, de peur qu'en se relevant avec trouble et chagrin, on ne retombe plus lourdement. I. 399. — Les chutes des personnes élevées, soit en grâce, soit en dignité, sont terribles et dangereuses. II. 154.

CIEL. Au ciel la Divinité s'unira d'elle-même à notre entendement, sans entremise d'espèces, ni représentation quelconque. IV. 224.

CIEL (désir du). Le monde présent ne doit pas être regardé comme une patrie ; la patrie c'est le ciel. III. 559. — On se forme des chimères en l'esprit, quand on pense que le chemin du ciel est étrangement difficile ; en cela on se trompe, et on a bien tort. I. 606. — Quand on pense au ciel, les peines de la vie ne sont rien. II. 93. — Lever les mains au ciel est signe de prière. II. 477.

CILICE. Saint François, dans sa jeunesse, portoit le cilice trois fois la semaine. I. 7.

CIRCONCISION (la) étoit un sacrement de l'ancienne loi, qui représentoit le baptême. II. 29.

CIRCONCISION (la) corporelle figure la spirituelle. II. 29. — La circoncision spirituelle consiste à savoir rechercher les inclinations qui sont en nous contraires à la raison, afin d'en retrancher et couper toutes les productions. II. 30.

CLEFS (les) signifient la puissance et l'autorité. IV. 74. — Saint Pierre n'a pas reçu les clefs pour son profit particulier, mais pour celui de l'Église. IV. 74.

CLÉMENT VII accorda à saint François divers brefs relatifs aux bénéfices-cures du Chablais, possédés par les chevaliers de Saint-Maurice et de Saint-Lazare. II. 566.

CLOITRE. Comment faut-il se disposer au cloître ? I. 536.

CLOTURE (la). Avis généraux sur la clôture. III. 86.

CŒUR (le) est la source des actions. I. 518. — On dit que c'est la première partie de l'homme, qui reçoit la vie par l'union de l'ame, et la dernière qui meurt. II. 403. — Les cœurs des hommes sont cachés à cause de l'horreur qu'exciteroit la vue des grands coupables, et de la vanité qui naîtroit dans celui des bons. II. 237.— La pureté du cœur consiste à estimer toutes choses et à les peser au poids du sanctuaire, qui n'est autre que la volonté de Dieu. III. 529.

COLÈRE (la) est une passion, et ses mouvemens ne sont pas péchés, d'autant qu'il n'est pas en notre pouvoir de les empêcher. II. 649. — La colère est un serviteur qui, étant puissant, courageux et grand entrepreneur, fait aussi d'abord beaucoup de besogne ; mais il est si ardent, si remuant, si inconsidéré, si impétueux, qu'il ne fait aucun bien.

que pour l'ordinaire il ne fasse quant et quant plusieurs maux. IV. 339.

COMBAT (le) spirituel est un livre que saint François estimoit beaucoup. I. 288.

COMMANDEMENS. Pour être sauvé, il faut soigneusement observer les commandemens particuliers qu'un chacun a pour le regard de sa vocation. III. 517.

COMMANDER. Notre inclination naturelle nous porte toujours au désir de commander, et nous donne une aversion d'obéir. II. 616. — Il ne faut pas se croire plus propre que les autres à commander. I. 584.

COMMÉMORATION (la) des morts. Pour quelle fin a-t-elle été instituée par l'Église? II. 513.

COMMUNAUTÉ. Pour vivre heureux dans une communauté, il faut vivre selon la raison, les règles et l'obéissance, et non pas selon ses inclinations ou aversions. I. 572.

COMMUNION (la) est la manducation du pain eucharistique. II. 106. — Encouragemens à la sainte communion. II. 669. — Que doit-on croire de la très-sainte communion, et quels sentimens de respect doit-on y avoir? II. 668. — Pensées très-dévotes pour la communion, ou recueillement intérieur auprès de Notre-Seigneur présent. II. 675. — Aspiration à la sainte communion. II. 674. — Diverses graces qu'on doit demander à Notre-Seigneur Jésus-Christ en la sainte communion, selon les divers titres qui lui conviennent. II. 620. — Fruits très-grands que la sainte communion procure. II. 620. — Marques pour connoître si l'on profite de la communion. II. 669.

COMMUNION. Quel discernement est requis pour la fréquente ou la rare communion. II. 663. — De la fréquente communion. I. 488. — A quoi doit-on se rapporter suivant le désir de la fréquente communion? II. 667. — Quelle raison peut-on rendre du fréquent usage de la communion? II. 667. — Que faut-il répondre aux mondains qui demandent aux personnes pieuses pourquoi elles communient souvent? I. 490. — Un confesseur peut retrancher la fréquente communion à certaines personnes, soit pour les éprouver, soit pour les obliger de se corriger de leurs défauts; il faut supporter cette privation avec une humble obéissance pour la rendre avantageuse. III. 197. — Pour communier plus souvent que le dimanche, il faut consulter son père spirituel. I. 489. — Quand les fêtes sont grandes, nonobstant la communion ordinaire, il ne faut pas laisser de les célébrer par une communion extraordinaire. III. 532. — La distance d'un mois pour les communions est la plus grande que les personnes dévotes puissent admettre. I. 489. — La communion d'un mois doit-elle empêcher un plus fréquent usage de la confession? II. 599. — Avis sur la communion paschale. III. 144. — Il faut différer quelquefois la communion. III. 596. — Quel fruit doit on tirer de la privation de la communion. II. 665. — Doit-on pour la paix de la famille se priver quelquefois de la communion? II. 667. — Les fonctions conjugales peuvent-elles empêcher la fréquente communion? II. 666. — Les personnes avec qui l'on vit peuvent être cause qu'on éloigne le jour des communions. I. 489. — Une personne prudente sait éviter les obstacles qui empêchent de communier souvent. I. 489. — Quelles imperfections peuvent empêcher la fréquente communion? II. 667. — Avis divers et enseignemens adressés à des personnes du monde pour la communion. II. 69. — Enseignemens pour la pratique de la préparation, pour l'acte de la communion et pour le fruit qu'on doit tirer de cette préparation, après l'avoir faite. II. 644; I. 709. — Exercices après la communion. II. 644. — Méditation pour le commencement de chaque mois avant la sainte communion. II. 644. — Affections et élévations. II. 644. — Résolutions de vaquer plus fidèlement à ce que Dieu désire de nous. II. 645. — Application particulière. II. 645. — Choix du divin amour en la sainte communion. II. 645.

COMMUNION des saints. II. 319. — La communion nous représente la commune union que nous devons avoir les uns avec les autres. II. 106. — La communion des saints a pour lien surtout la participation aux saints mystères. I. 700.

COMPASSION (la), condoléance, commisération ou miséricorde, n'est autre chose qu'une affection qui nous fait participer à la passion et douleur de celui que nous aimons, tirant la misère qu'il souffre dans notre cœur. I. 418; IV. 248. — La compassion tire sa grandeur de celle de l'amour qui l'a produit. IV. 248. — Il est bon de compatir aux pécheurs, mais avec intention de les tirer du bourbier où ils sont couchés. I. 316.

COMPLAISANCE (la) attire en nous les traits des perfections divines, selon que nous sommes capables de les recevoir. IV. 303. — Par la sainte complaisance, nous sommes pendus comme petits enfans aux mamelles de Notre-Seigneur. IV. 245. — La sacré complaisance donne notre cœur à Dieu, et nous fait sentir un perpétuel désir à la jouissance. IV. 246.

CONCILES (les) généraux sont une règle de foi. IV. 94. — Les prétendus réformateurs ont violé l'autorité des saints conciles. IV. 94. — Au concile de Nicée détermina-t-on qu'il n'étoit pas loisible de célébrer aucun concile général, sans l'autorité du siége de Rome? IV. 82. — Le concile de Trente a bien défini la doctrine de l'Église. I. 39. — Les protestans n'ont pas voulu se rendre au concile de Trente. I. 65. — Le concile de Trente ne produisit pas tout-à-coup le bien qu'il a fait ensuite. I. 2. — Saint François dans son synode fit publier les canons des anciens conciles. II. 517.

CONCORDE (la) doit régner entre les membres d'une même famille. III. 621.

CONCOURS. Le saint donnoit les cures au concours,

sans que rien pût le faire transiger à ce sujet. III. 561.

CONCUPISCIBLE. Nous avons en nous deux parties : le concupiscible et l'irascible, qu'il faut gouverner avec soin pour ne pas tomber dans le péché. II. 352.

CONDITION. Une des félicités de cette vie, est de se plaire et d'être content en la condition où l'on se trouve. Qui en désire une autre n'est jamais en repos. I. 376.

CONDOLÉANCE (la) tire sa grandeur de celles des douleurs que l'on voit souffrir à ceux que l'on aime. IV. 249. — Grandes sont les condoléances des mères sur les afflictions de leurs enfans uniques. IV. 248.

CONDUCTEUR et CONDUITE. Un conducteur est nécessaire pour entrer et avancer dans la vraie dévotion. I. 459. — Il faut se conduire par les voies ordinaires de la règle et de l'obéissance, et ne pas demander à Dieu des voies extraordinaires. I. 584. — Ceux qui sont chargés de la conduite d'autrui doivent veiller sur elle : hors de là c'est inutile. I. 540. — Conduite particulière pour passer utilement la journée. I. 685. — Que faut-il penser des personnes qui ont une conduite extraordinaire. III. 444. — Avis pour la conduite d'une personne mariée. III. 442. — Le bienheureux ne vouloit pas que les religieuses fussent sous la conduite des conventuels, surtout du même ordre. I. 416.

CONFÉRENCE. Il faut faire des conférences avec les hérétiques quand il y a espoir fondé de les ramener à la vraie Église. III. 624. — S. François eut des conférences secrètes et publiques avec le duc de Savoie. I. 55. — Il justifia la doctrine de l'Église dans les conférences qu'il eut avec les ministres protestans et d'autres calvinistes. I. 37.

CONFESSEUR. Un bon confesseur pouvant faire un grand bien dans une communauté. III. 228. — Il faut le choisir qu'il soit capable, d'expérience et charitable. III. 207. — S. Louis recommande à son fils de choisir un bon confesseur et de suivre ses avis. I. 459. — Il faut porter un grand honneur aux confesseurs. I. 649. — Il faut leur répondre quand ils interrogent. II. 637. — Comment faut-il user des conseils du confesseur ? II. 657. — Jamais il ne faut murmurer contre le confesseur. I. 649. — Il faut dire à son confesseur les consolations sensibles que l'on éprouve quelquefois. I. 552. — On peut de temps en temps faire connoître ses inclinations à son confesseur. I. 488. — Il est bon de ne pas changer aisément de confesseur. I. 488. — On le peut néanmoins quand il y a des motifs raisonnables. I. 399. — Il y a quelque réciproque obligation aux confesseurs, en l'acte de la confession, de tenir caché ce qu'ils ont dit, à moins que ce ne soit quelque chose de bonne édification ; hors de là il n'en faut point parler. I. 649. — Après la confession les pénitentes doivent éviter les fréquentations avec les confesseurs. III. 598. —

Dans les couvens de la Visitation la communication avec le confesseur extraordinaire doit être libre, mais sans affection et sans détriment de la règle. III. 507. — Les confesseurs extraordinaires sont nécessaires dans une communauté. III. 250. — Les religieuses doivent-elles demander leur confesseur à leur évêque ? III. 449. — On ne doit pas se mettre en peine de ce que le confesseur peut penser de nous. IV. 80. — Avertissemens pour les confesseurs dressés par S. François de Sales. IV. 192. — Quelle doit être la disposition intérieure et extérieure du confesseur à l'égard de lui-même, et à l'égard des pénitens. II. 622. — Quelle conduite doivent-ils tenir à l'égard des différentes espèces de pénitens ? II. 622. — Quelles interrogations doivent-ils faire au pénitent avant la confession ? II. 623. — Le pénitent doit s'accuser des différentes espèces de péchés dans chaque genre : ou des circonstances qui regardent l'espèce et qui la changent. II. 623. — De la circonstance, du nombre. Ibid. — Des différens degrés d'un même péché. II. 624. — De la multiplication des péchés dans un seul acte, et du scandale. Ibid. — Des désirs et des péchés de pure volonté. II. 624. — Des péchés de pensées volontaires et délibérées. Ibid. — Des péchés d'autrui dont il est cause. Ibid. — De quelle manière le confesseur doit-il traiter ceux que la honte retient ? II. 622. — Ceux qui n'ont point de honte ni de crainte de Dieu. II. 622. — Ceux qui se servent d'expressions grossières et obscures. II. 622. — Ceux qui embrouillent leur accusation par des excuses et des histoires inutiles. II. 622. — Ceux qui manquent de confiance et perdent courage. II. 622. — Les personnes scrupuleuses qui ne se souviennent pas de leurs péchés. II. 622. — Comment doit-il en user à l'égard de ceux qui n'osent s'accuser des péchés honteux. II. 623. — De ceux qui sont chargés de péchés énormes. II. 623. — De ceux qui sont dans les habitudes criminelles. II. 623. — Des personnes qui ont des rancunes ou des inimitiés. II. 623. — Des excommuniés. II. 624. — Des personnes qui ont des cas réservés. II. 624. — Des personnes mariées, qui font mauvais ménage ou qui sont séparées. II. 624. — Des ecclésiastiques pourvus de bénéfices contre les règles, et de ceux qui ne s'acquittent pas de leur devoir. Ibid. — De ceux qui sont dans le cas de quelque restitution ou réparation. II. 624. — Le confesseur doit user de prudence pour ordonner les restitutions et les réparations d'honneur. II. 625. — Il doit ménager la réputation du pénitent. Ibid. — Surtout dans les conjonctures où la réparation est très difficile. Ibid. — Comment peut-il discerner les opérations de l'esprit de Dieu de celles du malin esprit dans les ames. II. 628. — Quels conseils doit-il donner aux pénitens ? II. 627. — Quand doit-il consoler les pénitens ? II. 627. — Comment doit-il se conduire envers les moribonds ? II. 627. — Le confesseur doit se servir de paroles douces et engageantes pour imposer les pénitences, et donner des conseils utiles aux pénitens. II. 627. — Il doit éviter que les pénitences soient embrouillées. II. 628. — Et avoir soin qu'elles soient préservatives. II. 626. — Le confesseur doit avoir soin de ne point absoudre ceux qui ne sont point capables de la grace de Dieu. II. 624. — Comment le confesseur doit-il donner l'absolution ? II. 626. — Il doit exciter le pénitent à la contrition. II. 626. — Il doit lui donner des avis pour bien user du fruit de l'absolution. II. 626. — Cérémonie et rit de l'absolution. II. 626. — Quand il y a un grand concours des pénitens peut-on retrancher quelques prières? II. 626. — Les pénitens peuvent-ils dire le Confiteor avant que d'entrer dans le confessionnal? II. 626. — Livre utile aux confesseurs. II. 626. — Les saints confesseurs nous excitent à mépriser le monde. I. 561.

Confession. I. 583. — Notre-Seigneur a laissé à son Église le sacrement de pénitence et de confession afin que nous puissions effacer nos fautes toutes les fois que nous serons coupables. I. 487. — Quand on a péché, il est bon de s'en confesser au plus tôt. I. 487. — La confession produit des effets bien grands. I. 487. — Elle nous fortifie et nous éclaire. I. 487. — La confession est le vrai remède du péché en celui qui est repentant. I. 400. — Elle répare les forces de l'ame qui sont abattues, et les remonte sur un ton plus haut. I. 4. — Par la confession on pratique plusieurs vertus. I. 487. — Il faut se préparer à la confession par l'examen de conscience. I. 707. — Ce qui se dit aux pauvres, aux simples et ignorans pour se disposer à faire une bonne confession, doit être également pratiqué par les riches, par les spirituels et les savans. II. 661. — Avis pour la pratique et l'usage de la confession. II. 708. — En allant à la confession, il faut porter un cœur amoureusement douloureux. II. 646. — Que faut il faire dans la confession? II. 645. — Il faut estimer beaucoup et faire grand état de tout ce qui nous est dit en confession. I. 649. — Il ne faut pas se mettre en peine quand on se confesse de ce que dira ou pensera le confesseur. I. 645. — De quelle manière faut-il se bien accuser ou déclarer ses fautes en confession. II. 646. — Ceux qui veulent bien épurer leurs ames doivent dire ce qui est requis pour bien faire entendre la qualité de leurs offenses, afin de découvrir les mauvaises inclinations, coutumes, habitudes et autres racines du péché. I. 492. — Il n'est pas besoin de dire en confession toutes les dépendances, ni les acheminemens du péché. III. 589. — Il faut se confesser simplement, véritablement, charitablement et naïvement. II. 657. — Faut-il spécifier précisément le nombre des fautes? II. 657. — Comment spécifier les péchés et les mouvemens des péchés? II. 658. — Quelles circonstances doivent être exprimées en la confession? II. 656. — Il faut se garder des accusations inutiles. II. 658. — Il faut prendre un grand soin de particulariser ses péchés en la confession. I. 649. — Il ne faut pas être excessif à s'accuser, ni même exagérer trop ses fautes, non qu'il faille traiter les vices de main-morte, au contraire. I. 410. — C'est un grand défaut dans la confession de confesser ses péchés et de les nier, c'est-à-dire de les confesser et de les excuser. II. 659. — On peut dire tout ce qu'on veut en confession, pourvu qu'on ne parle que de ce qui regarde son particulier, et non pas ce qui concerne le général des autres. I. 649. — Il faut tant que possible tenir couvert le tiers qui a coopéré au péché. II. 489. — Il ne faut pas se tourmenter quand l'on ne se souvient pas de ses fautes pour s'en confesser. I. 663. — Quand on a omis un péché mortel volontairement, il faut refaire la confession; si c'est un péché véniel, ou péché mortel oublié sans volonté par défaut de mémoire, il n'est pas besoin de refaire sa confession; il suffit de déclarer à son confesseur le point omis. II. 656. — Il faut découvrir à son confesseur tout ce qui vient de la tristesse. I. 549. — Que faire en la confession touchant les tentations ou incommodités? II. 656. — Le démon ne peut tromper ceux qui ne cachent rien à leur confesseur. III. 545. — A mesure que les péchés sortent de l'ame par la confession, le précieux mérite de la passion divine y entre pour la remplir de bénédiction. I. 470. — Que faut-il faire après la confession? II. 659. — Quelles sont les marques d'une bonne confession? II. 659.

Confession (la) des péchés véniels n'est pas nécessaire, elle est très-utile. II. 648. — Comment se confesser des péchés véniels, si la mémoire manque, et comment produire un acte de contrition? II. 659. — Les confessions ordinaires des personnes qui mènent une vie commune sont souvent pleines de défauts. I. 461. — Pratique pour la confession ordinaire. II. 646. — Que faut-il penser de ceux qui se confessent souvent? II. 628. — Est-il à propos de faire une confession générale auparavant que de mourir? II. 653. — Quelles sont les marques de la validité de la confession générale? II. 653. — Divers avis et résolutions touchant la confession tant générale qu'annuelle. II. 653. — Quel est le caractère de la véritable tristesse requise à la confession? II. 654. — Quels remèdes et quelles précautions doit-on apporter contre le péché? II. 659. — Que doit-on dire de la confession des fréquentes rechutes? II. 654. — Est-il à propos de se confesser à Pâques à sa paroisse, et d'y faire sa revue générale? II. 563. — Protestation authentique pour servir de conclusion aux actes de pénitence, soit après la confession générale ou la revue de tous les ans, ou au commencement de tous les mois. II. 659. — De la confession pascale. II. 586.

Confiance (la) est une des vertus principales qui rend nos prières grandes devant Dieu. II. 84. — La confiance que le cœur humain prend naturellement en Dieu ne peut provenir que de la bonne convenance qu'il y a entre cette divine bonté et notre ame. IV. 178. — Plus nous sommes malheureux, plus nous devons avoir confiance en Dieu. I. 576. — Quoiqu'on ne sente pas de confiance pour Dieu, il ne faut pas laisser d'en faire des actes. I. 576. — La défiance de nous-mêmes et de nos propres forces produit la confiance en Dieu. I. 592. — Nul ne se confie en Dieu, qui ne retire les fruits de sa confiance. I. 595. — Le principal moyen d'acquérir la perfection est de se tenir tranquille et de jeter toute notre confiance en celui qui seul peut donner l'accroissement à ce qu'on a ensemencé et planté. I. 602. — Il faut travailler et se confier en Dieu pour le succès de ses travaux. I. 602.

CONFORMITÉ (la) de notre cœur à la volonté signifiée de Dieu consiste en ce que nous voulions tout ce que la divine bonté nous signifie être de son intention. IV. 305.

CONFRÉRIES. Statuts et constitutions de la confrérie de la Sainte-Croix, dressés par saint François de Sales. II. 569.

CONFUSION. Il y a deux sortes de confusion : l'une qui conduit à l'humilité, et à la vie; et l'autre au désespoir, et par conséquent à la mort. I. 604.

CONNOISSANCE (la) engendre la reconnoissance. I. 497. — Il faut se connoître, non-seulement quant à la dignité de son ame, mais quant à ses misères. I. 575. — La connoissance de soi-même est indispensable. II. 46.

CONSCIENCE. I. 385. — Il faut assurer sa conscience pour l'heure de la mort. I. 466. — Une conscience pure et tranquille est un banquet perpétuel. I. 385. — Ceux qui tiennent leur conscience bien en règle ne jugent pas témérairement. I. 523. — Il est nécessaire d'avoir un directeur habile pour sa conscience. I. 6. — On lira après le jugement dans la conscience des pécheurs le mal qu'ils auront fait. I. 467. — Les hérétiques ne parlent de liberté de conscience que pour la refuser aux autres, quand ils sont les maîtres. I. 33. — L'examen de conscience doit se faire avant de se coucher. I. 480. — Méthode qu'il faut employer pour le faire. I. 481.

CONSÉCRATIONS (les) sont les plus excellentes invocations qui se fassent en l'Église. II. 482. — La consécration avec le signe de la croix étoit une forme ordinaire à l'ancienne Église. II. 482. — Dans la consécration de l'eucharistie, il faut avoir l'intention de faire ce que fit Notre-Seigneur en son institution. IV. 152. — Tout ce qui est consacré à Dieu est digne d'être honoré. II. 65. — Les personnes qui se consacrent à Dieu doivent quitter le monde, non-seulement d'effet, mais d'affection. II. 37.

CONSEIL (le) est un don du Saint-Esprit qui empêche la force d'être une témérité. II. 197. — L'Église loue ceux qui pratiquent les conseils évangéliques. IV. 132. — Pour suivre les conseils évangéliques, il faut une grace spéciale. C'est un don de Dieu, qui ne se trouve que dans la vraie Église. IV. 112. — Les religieux qui ne voudroient pas s'assujettir aux conseils et à la direction contreviendroient à l'obéissance amoureuse. I. 625. — Dieu veut bien que nous observions ses conseils, mais non pas d'une volonté absolue, ains seulement par manière de désir. I. 645. — Les ministres protestans ont travaillé à la destruction des conseils évangéliques. IV. 115.

CONSIDÉRATIONS (les) sont la seconde partie de l'imagination. I. 477.

CONSOLATIONS (les) spirituelles que Dieu nous envoie sont un avant-goût des délices de la patrie et rendent insipides les consolations du monde. I. 551. — Il faut être simple et naïf dans les consolations spirituelles. I. 553. — On connoît les consolations sensibles qui viennent de Dieu de celles qui viennent du démon par leurs effets. I. 551. — Les consolations qui viennent de Dieu nous font avancer dans la vertu. I. 551. — Les consolations qui viennent du démon nous laissent tels que nous sommes ou nous rendent plus présomptueux. I. 551. — Il faut recevoir humblement les consolations spirituelles que Dieu nous envoie et ne pas se croire meilleur. I. 551. — Il faut bien conserver les fruits des consolations reçues. I. 553. — Comment faut-il se comporter dans les consolations spirituelles et sensibles? I. 549. — On peut avoir des tendretés et consolations envers Dieu, et cependant l'offenser par ses vices. I. 550. — Dieu ne donne pas toujours des consolations à ses amis. I. 584. — Dieu nous ôte les consolations quand nous y prenons quelque vaine complaisance. I. 552. — Il ne faut pas se plaindre de n'éprouver aucune consolation dans sa prière, mais il faut prier toujours. I. 552.

CONSTANCE (la) est nécessaire non-seulement dans la vie humaine et terrestre, mais surtout dans la vie spirituelle si relevée par elle-même au-dessus de l'autre. I. 580. — Il faut conserver la constance dans les tracas domestiques. III. 573.

CONSTANTIN. L'apparition de la croix rendit Constantin catholique et victorieux; elle fut un modèle pour faire des croix. II. 447.

CONTEMPLATION (la) n'est autre chose qu'une amoureuse, simple et permanente attention de l'esprit aux choses divines. IV. 264. — La contemplation fait une vue toute simple et ramassée sur l'objet qu'elle aime. IV. 266. — La simple vue de la contemplation se fait en l'une de ces façons. IV. 267. — Quelquefois on regarde seulement à quelqu'une des perfections de Dieu. IV. 267. — Quelquefois on est attentif à regarder en Dieu plusieurs de ses infinies perfections, mais d'une vue simple et sans distinction. IV. 268. — Enfin, on regarde d'autres fois, non plusieurs ni une seule des perfections divines, ains seulement quelque action ou quelque œuvre divine à laquelle on est attentif. IV. 267. — Différence qu'il y a entre la contemplation et la méditation. IV. 266. — La méditation est mère de l'amour, mais la contemplation est sa fille. IV. 264. — La contemplation couronne son père qui est l'amour, le perfectionne, et lui donne le comble d'excellence. IV. 264. — La méditation se fait avec peine; la contemplation se fait avec plaisir, facilité et suavité. IV. 267. — L'ame se recueille amoureusement dans la contemplation, et se repose en Dieu avec suavité. IV. 273. — Heureux celui qui ne se contente pas de discourir sur les motifs qu'il a d'aimer Dieu, mais qui les regarde d'une seule vue, et arrête son esprit en l'unité de la contemplation. IV. 267. — La contemplation se complaît au bien de celui que nous avons connu dans la méditation et que nous avons aimé par le moyen de cette connoissance. II. 361. — Il faut laisser à Dieu le soin de nous élever à une haute contemplation, il faut soi-même s'exercer aux vertus les plus humbles. I. 493. — La sainte contemplation étant la fin et le but auquel tous les exercices spirituels tendent, ils se réduisent tous à elle; et ceux qui les pratiquent sont appelés contemplatifs. IV. 269. — La vie contemplative. I. 311. — Est ainsi nommée à raison de l'action de notre entendement par laquelle nous regardons la vérité de la beauté et bonté divine avec une attention amoureuse. IV. 269. — Pensées sur les exercices de la vie active et contemplative. C'est un grand bonheur, mais peu connu, de parler à Dieu seul à seul. III. 308. — S'enivrer, c'est contempler si souvent et si ardemment qu'on soit tout hors de soi-même pour être tout en Dieu. IV. 269. — Dieu nous donnera la lumière de gloire par laquelle nous le contemplerons dans le ciel comme fontaine de la béatitude et vie éternelle. IV. 227.

CONTINENCE. Le saint dans sa jeunesse fit vœu de continence perpétuelle. I. 7. — On exerce la continence des yeux quand on voit quelqu'un sans le regarder. I. 525. — Le saint permet à une dame de renouveler le vœu de continence. III. 505.

CONTRADICTIONS. Il faut se vaincre dans les menues contradictions journalières. III. 614. — Les contradictions que l'on éprouve dans les bonnes œuvres que l'on fait les rendent plus agréables à Dieu. I. 554. — Quand on éprouve des contradictions en l'exercice de la dévotion, il faut les considérer comme les douleurs qui nous enfantent à la vie éternelle. I. 495.

CONTRAINTE (la) ou servitude est un certain manquement de liberté, par lequel l'esprit est accablé ou d'ennui ou de colère quand il ne peut faire ce qu'il a désigné. III. 525.

CONTRITION (la) est la douleur d'avoir offensé Dieu joint au ferme propos de ne plus l'offenser. I. 420. Les regrets que l'on conçoit du péché peuvent venir : 1° de la difformité et du déréglement qui est dans le péché; 2° de la crainte des peines temporelles ou éternelles de la justice de Dieu; 3° du pur amour de Dieu, lequel seul efface le péché même avant la confession. II. 661. — La contrition est si nécessaire, que sans elle le péché n'est pas remis. II. 646. — La contrition foible fait fuir le péché; la contrition véhémente fait détester les affections au péché. I. 462. — La contrition sans amour est imparfaite. IV. 206. — L'amour et la douleur se mélangent dans la contrition. IV. 206.

CONTROVERSES. Le livre des Controverses est adressé aux habitants de Thonon et aux prétendus réformés. IV. 2. — Éloge des Controverses de saint François. IV. 7. — Pourquoi les écrivit-il? IV. 11. — Le manuscrit de ce livre resta caché pendant quelque temps; il fut découvert presque par hasard. IV. 7. — Il fut déclaré authentique par Alexandre VII, Ib. — Distribution du traité. IV. 7. — Son utilité. IV. 7. — L'onction qui se trouve dans les livres des saints Pères et dans les discours des catholiques, contribue plus que les controverses à ramener à l'Eglise nos frères errans. III. 551. — Comment faut-il traiter les controverses en la prédication? I. 574.

CONVERSATION. La simple conversation qui se fait par rencontre diffère du commerce qu'on lie avec quelqu'un pour la fréquentation. I. 650. — Il ne faut ni rechercher ni fuir les conversations. I. 520. — Il faut satisfaire avec modestie aux devoirs des conversations qui ont pour fin l'honnêteté. I. 520. — Quand on est en conversation avec le prochain, il faut s'y plaire, et témoigner que l'on s'y plaît, de même que quand on est seul, il faut se plaire en la solitude. I. 520. — Les conversations qui ne servent qu'à la seule récréation ne doivent prendre d'autre temps que celui qu'on destine à celle-ci. I. 520. — La bonne conversation est celle qui nous rend gracieux et agréables dans les récréations et communications moins sérieuses que nous avons avec notre prochain. I. 588. — Nous ne devons pas causer d'ennui par nos contenances refrognées et mélancoliques. I. 587. — Une joie modérée doit prédominer dans nos conversations. I. 520. — En conversation il vaut mieux être simple, doux et modeste, que guindé et compassé. I. 520. — Il faut être naïf en la conversation, mais il ne faut pas être inconsidéré, d'autant que la simplicité suit toujours la règle de l'amour de Dieu. I. 630. — La gaîté dans les conversations est permise. I. 523. — Comment doit-on converser avec toutes sortes de personnes? I. 693. — Comment doit-on converser avec les grands? I. 696. — Avec les personnes insolentes, les libres et mélancoliques? I. 696.

CONVERSION et CONVERTIR. On ne peut se convertir si l'on ne se sert des moyens que Dieu donne pour cela. II. 154. — Ce qui empêche les pécheurs de se convertir, c'est une flatteuse et trompeuse excuse qu'ils se forgent en leurs péchés, et une grande lâcheté de courage. II. 229. — C'est une erreur de se croire parfait dès le premier jour de sa conversion. I. 461. — Conversions remarquables que le saint fit à Paris et à la cour. I. 97. — Élévation à Dieu sur le bonheur de sa conversion par forme de reconnoissance. II. 651.

CONVOITISE (la) humaine fit la force des païens, et la charité divine fait celle des chrétiens. IV. 249.

CORDIALITÉ. La cordialité n'est autre chose que l'essence de la vraie et sincère amitié, laquelle ne peut être qu'entre personnes raisonnables et qui fomentent et nourrissent leurs amitiés par l'entremise de la raison. I. 586. — Les sœurs se doivent aimer d'un amour cordial, sans user néanmoins de familiarité indécente. I. 586...

CORPS (le) est un bienfait de Dieu. I. 461. — Un corps trop nourri ou trop abattu expose à la tentation. I. 519. — Le corps nourri maigrement est plus aisément dompté. I. 503. — A mesure que le corps s'affoiblit, l'esprit se fortifie; et quand il se fortifie, l'esprit s'affoiblit. III. 609.

CORRECTION (la) faite par raison est plus profitable que celle qui est faite par passion, quoiqu'elle soit vraie. I. 502. — Comment faut-il faire pour bien recevoir la correction, sans qu'il nous en demeure du sentiment et de sécheresse de cœur? I. 608. — Tout bien compté et rabattu, il n'y a personne qui n'ait de l'aversion à la correction. I. 612. — Qui aime la correction, aime la vertu contraire au défaut dont il est repris, et fait son profit de ces avertissemens pour éviter le vice qui lui est opposé. I. 393.

CORRESPONDANCE (la) n'est autre chose que le mutuel rapport qui rend les choses propres à s'unir, pour s'entre-communiquer quelque perfection. IV. 170.

CORRUPTION (la) est le contraire de la chasteté. I. 506.

COUR (la) et la guerre sont les ennemis jurés de la dévotion. II. 407. — Les deux écueils de la cour sont la vanité qui ruine les esprits mous, fainéans et féminins, et l'ambition, qui perd les cœurs audacieux et présomptueux. III. 550. — Il est difficile à la cour de ne pas apprendre et pratiquer des mœurs corrompues. II. 406. — La cour n'est pas dangereuse pour les ames bien nées et pour les courages mâles. III. 550. — La cour n'est pas un lieu contraire à la sainteté. III. 550. — On peut conserver la piété au milieu de la cour. III. 550. — La cour est une école de mortification. III. 354. — Règles de conduite pour une dame qui étoit contrainte, par son service à la cour d'une princesse, de quitter une partie de ses exercices de piété. III. 553. — Un évêque doit avoir de l'éloignement pour la cour. III. 404. — Le saint avoit beaucoup de dégoût pour le séjour de la cour et le métier de courtisan; il plaçoit bien au-dessus de tout cela la vie chrétienne et religieuse. III. 326, 334.

COUCHER. Nous devons nous coucher décemment et penser que l'œil de Dieu, qui ne dort point, nous voit en cette action, et pareillement nos anges gardiens, aussi bien que les malins esprits, qui, là surtout, nous tendent des pièges. I. 594.

COURAGE. Il faut avoir bon courage quand on veut changer de vie. I. 541. — Le courage fort pour entrer en religion vaut mieux que les sentimens de dévotion. III. 553. — Le courage est nécessaire dans la solitude, ainsi que dans le monde. III. 603. — Les religieuses qui s'en vont dans d'autres maisons ont besoin de beaucoup de courage et de confiance en Dieu, pour entreprendre amoureusement et avec esprit d'humilité ce que Dieu désire d'elles. I. 598. — Celles qui demeurent ont de même besoin et nécessité de courage, pour persévérer en la pratique de la sainte soumission, humilité et tranquillité. I. 598. — La victoire contre le mal assouvit le courage. IV. 164. — L'humilité doit suppléer au défaut de courage. III. 609. — La confiance en Dieu, l'obéissance à ses commandemens et l'invocation des saints relèvent le courage, et font triompher de toutes sortes d'obstacles. II. 58. — Le saint prélat fit paroître un grand courage dans une occasion délicate. I. 489.

COURROUX (le) ne pense jamais être injuste. I. 502. Il ne faut pas se courroucer du tout en cette vie. I. 502. — Il ne faut pas se courroucer de s'être courroucé, ni chagriner de s'être chagriné, ni dépiter de s'être dépité. I. 503.

COURTISANE (une) chercha à séduire le jeune François, et n'en put venir à bout. I. 10.

COURTOISIE (la) douce et sincère n'offense personne et oblige tout le monde. III. 550.

COUVENT. C'est un grand bonheur pour une fille de prendre le parti du couvent. III. 462.

CRAINTE (la) est une passion naturelle, qui est, comme les autres, tout-à-fait indifférente : mauvaise quand elle va dans l'excès et le trouble; bonne quand elle est soumise à la raison. I. 417. — La crainte est le don le plus universel de tous : tous les hommes craignent la mort, le jugement et l'enfer : mais tous ne se convertissent pas. II. 201. — La crainte est le commencement de la sagesse. II. 195. — La crainte donnée par le Saint-Esprit nous fait éviter le péché et tout ce qu'on sait être désagréable à Dieu. IV. 192. — Il y a une crainte de Dieu inférieure, ou la crainte d'être damné. II. 194. — Et une crainte supérieure, ou la crainte de perdre le ciel. II. 195. — La double crainte, dont l'une est servile et l'autre mercenaire, nous porte grandement à nous repentir des péchés par lesquels nous avons encouru les peines de l'autre vie. IV. 164. — La crainte chaste, qui est appelée sainte par le prophète, et qui demeure dans l'éternité, est celle qui procède de l'amour de Dieu, et qui est animée de la chasteté. I. 290. — Les parens doivent inspirer la crainte de Dieu à leurs enfans dès qu'ils ont l'usage de la raison. I. 555. — La crainte est la première tentation que le démon présente à ceux qui sont résolus de servir Dieu. II. 75. — La crainte qu'inspire une grande faute doit être remplacée par la confiance.

II. 347. — La crainte qui engendre des scrupules excessifs est une vertu recommandable au commencement de la conversion, mais elle est blâmable quand on est avancé dans la piété. I. 493. — Les jeunes gens qui craignent d'être surpris en certaines contenances ou paroles, traitent autre chose que de l'honneur et de la conscience. I. 516. — Les liens de fer de Dieu sont la crainte de ses jugemens et de l'enfer. II. 285. — Les craintes nocturnes sont de trois sortes : la première est celle des paresseux ; la deuxième celle des enfans; la troisième celle des délicats. II. 75.

CRÉATION. Il y a une grande ressemblance entre la création du monde et sa réformation. II. 240. — En quoi la création diffère-t-elle de la rédemption? IV. 206.

CRÉATURES (les) sont bonnes à cause de la création divine, et défectueuses à cause du néant dont elles sont sorties. II. 158.

CROIRE, c'est voir comme par un miroir. IV. 224.— On doit croire tout ce que l'Écriture contient, et on ne doit rien croire de ce qui lui est contraire. IV. 52. — Bien croire est une chose commune à tous les mystères de foi. II. 596. — Il faut croire ce qui a été cru partout. IV. 115. — Croire en Dieu, en unité d'essence et trinité de personnes, est la foi des chrétiens. II. 205. — Les hommes se trompent en croyant ceux qu'ils ne devroient pas croire, et en ne croyant pas ceux qu'ils devroient croire. II. 55. — Entre le premier réveil du péché ou de l'incrédulité ; et la résolution finale que l'on prend de croire parfaitement, il y a plusieurs fois beaucoup de temps, pendant lequel on peut prier. IV. 209.

CROIX (la), ainsi que son nom, étoit horrible et funeste avant que Jésus-Christ l'eût sanctifiée par sa mort. II. 423. — La croix signifie ou un instrument de supplice, ou les peines de la vie et les travaux nécessaires pour obtenir le salut. II. 423.— La croix de Jésus-Christ peut être considérée en elle-même, ou en son image et représentation permanente, ou en un signe et cérémonie faite avec la main. II. 424.— La croix ne pouvoit pas être appelée d'un nom plus honorable que du nom de croix de Jésus. II. 427.— Un nombre considérable de figures représentoit la croix dans l'ancien Testament. II. 442. — La croix étoit figurée par le serpent d'airain. II. 469. — Il y a une grande convenance entre l'ancien Tau hébreu et la croix. II. 486.— Si les Juifs ne furent pas marqués du Tau, c'est que ce signe figuroit la croix qui marque les chrétiens. II. 489.— L'homme en levant les mains au ciel pour prier Dieu, représente la croix. II. 469. — La croix a été non-seulement un gibet, mais l'autel du sacrifice de notre Rédempteur. II. 430. — C'est son exaltation, c'est le temple de ses trophées. II. 450. — Le sacrifice de la croix fut un holocauste devant lequel Notre-Seigneur fut consumé par le feu de son amour. I. 561. — Jésus-Christ a été crucifié. I. 699. — La crucifixion se fait par l'affixion au gibet de la croix. II. 430. — La croix a été ennoblie par le titre qu'on mit sur elle quand Jésus-Christ y mourut. II. 415. — Le titre de la croix marque les deux causes de la mort de Jésus-Christ, son caractère de Sauveur et de roi des Juifs. II. 147. — Les souffrances de Jésus-Christ sur la croix furent inouies. I. 681. — Notre-Seigneur souffrit sur la croix par son élévation, par la secousse qu'elle éprouva dans la plantation. I. 681. —Plusieurs auteurs croient que la croix fut plantée sur la sépulture d'Adam. II. 432. —Jésus-Christ souffrit en croix patiemment, volontairement et amoureusement. I. 682. —Jésus sur la croix fut comme quitté et laissé de Dieu. III. 535. — Jésus-Christ mourut sur la croix. I. 699. — Le bois de la croix représente la passion de Notre-Seigneur. II. 436. — Jésus-Christ nous a enfantés à la vie dévote et à la piété sur l'arbre de la croix. I. 561. — Le Père a donné à son Fils les nations pour son héritage à cause de sa mort sur la croix. IV. 37. — La croix est la vraie enseigne, le vrai ordre, les vraies armoiries de notre Roi. II. 430. — Jésus-Christ a pris un de ses noms de la croix : Jésus crucifié. II. 430.— La croix est le signe du pouvoir et de la royauté de Jésus-Christ. II. 65. — La croix a été le sceptre de Jésus-Christ. II. 430. — Il la prit sur ses épaules lorsqu'il prit possession de son pontificat et de sa royauté. II. 430.—La croix de Jésus-Christ préside à notre régénération. II. 455. — La croix est la rédemption de nos ames. II. 462. — La croix conserve la religion catholique, et terrasse l'ennemi du genre humain. II. 568. — Le crucifiement de Jésus-Christ par les Juifs fut un monstre de malice. II. 167. — Il faut bien distinguer entre la croix supplice et la croix instrument de supplice. II. 430. — Jésus-Christ a enlevé à la croix toute ignominie, et lui a donné toute gloire et vertu. II. 431. — La sainte croix a été teinte du sang de Jésus-Christ. I. 679. —Jésus-Christ ayant été cloué sur la croix, y ayant rendu l'esprit, la croix a reçu par-là une grande vertu. II. 424. — Il y a qui estiment indigne du Fils de Dieu d'avoir été crucifié. II. 520. — Il ne faut pas se scandaliser des ignominies, des souffrances de la croix, ni de la mort de Jésus-Christ. II. 334. — La croix a vaincu la mort, elle nous en fera triompher. II. 520. — La croix a aboli l'idolâtrie. II. 431. — La croix est un remède salutaire. II. 464. — On triomphe par la croix des ennemis du salut. II. 235. — La sainte croix de Notre-Seigneur nous fait marcher avec assurance parmi les périls du monde. III. 605. — Les forces affoiblies renaissent au pied de la croix. III. 606. — En la croix est notre vie, notre salut et notre résurrection. II. 232. — La paix du cœur humain ne se trouve qu'en la grace et en la croix de Jésus-Christ. III. 591. — La croix a grande vigueur contre l'ennemi, 1° parce qu'elle lui représente la mort du

Sauveur qui le dompte; 2° et parce qu'elle est une courte et pressante invocation du Rédempteur. II. 495. — La croix nous enseigne la bonté, l'humilité et la science du salut. II. 252. — Notre salut est attaché à la croix. C'est par la croix que Notre-Seigneur nous a sauvés. II. 252. — La croix est l'instrument de Dieu dans ses œuvres miraculeuses. II. 438. — Dieu fait par la vertu de la croix des miracles plus fréquens dans des lieux que dans d'autres. II. 428. — Si l'Écriture ne dit rien des miracles faits par le bois de la croix, c'est que la croix n'a été trouvée qu'après la publication des Écritures. II. 478. — L'Église n'attribue pas à la croix une vertu en elle-même, indépendante et inhérente. II. 428. — Elle lui attribue une vertu assistante. Ibid. C'est-à-dire que Dieu opère par elle des miracles. Ibid. On peut tirer la même conséquence de la croix que la femme malade tira de la robe de Notre-Seigneur. II. 428. — Une femme attaquée d'un chancre au sein, fut guérie par le signe de croix que lui fit une nouvelle baptisée. II. 496. — Un incendie fut arrêté par la vraie croix que S. Paulin jeta dans les flammes. II. 438. — Un porte-croix de l'armée de Constantin fut tué après avoir cédé son étendard à un autre, et celui-ci fut sauvé. II. 464. — Un devin, voyant fuir les démons, dit à Julien l'Apostat qu'ils avoient eu la croix en abomination, non à crainte. II. 494. — L'image de la croix de Jésus-Christ, outre sa signification naturelle, peut, par l'institution du peuple chrétien, tenir le lieu et la place de la vraie croix en tant que jointe au crucifix. II. 512. — Les anciens se sont servis de la croix dès son invention : 1° comme d'un cher mémorial et dévote remembrance de la passion; 2° comme d'un bouclier et remède contre toutes sortes de maux; 3° comme d'un saint et propre moyen pour honorer Jésus-Christ crucifié. II. 435. — Toute l'antiquité s'est servie de la croix contre le démon. II. 431. — Toutes les croix peuvent nous faire vaincre comme celle que vit Constantin. II. 466. — Des motifs accessoires à la représentation de Jésus-Christ crucifié peuvent rendre une croix plus vénérable l'une que l'autre. II. 466. — Les croix de Rome ne sont pas plus saintes que les autres. II. 467. — L'image de la croix est de grande vertu. II. 464. — Les images de la croix nous rappellent le mystère de la passion de Jésus-Christ. II. 435. — La croix est le plus excellent livre qui ait été composé: on y lit tous les commandemens de Dieu pratiqués jusqu'au sang. II. 231. — On y lit l'obéissance, le pardon des injures, les sacremens, etc. II. 195. — La croix est le livre des chrétiens. II. 231. — La croix de Jésus-Christ a été trouvée et est venue à la connoissance de tous. II. 432. — L'invention de la sainte croix est certaine, quoique le moment précis de cette invention ne le soit pas. II. 434. — La croix fut conservée sous terre pendant longtemps et à la fin découverte. II. 431. — La croix a été conservée près de trois cent trente ans sous terre sans qu'elle se soit pourrie. II. 433. — La conservation des deux autres croix rendit plus illustre l'invention et la conservation de la sainte croix par la vertu miraculeuse qu'elle fit paroître. II. 433. — La vraie croix fut reconnue d'abord par l'affixion du titre et beaucoup mieux par les miracles que son attouchement opéra. II. 433. — Eusèbe parle de l'invention de la sainte croix. II. 433. — Sermon pour le jour de l'invention de la sainte croix. II. 231. — De l'exaltation de la sainte croix. I. 678. — L'érection de la similitude de la croix date de l'origine de l'Église. II. 518. — Dès que l'Église fut délivrée de la tyrannie, la croix fut érigée dans tous les lieux. II. 433. — La sainte croix a été exaltée trois fois, sous Notre-Seigneur Jésus-Christ, sous Constantin par sainte Hélène, sous Héraclius. I. 679. — La croix a été plantée dans les lieux d'où les protestans l'avoient arrachée. IV. 159. — L'enseigne de la croix fut à peine déployée qu'elle fut exposée à la contradiction des Juifs, hérétiques et perfides. II. 520. — Plus les ennemis de la croix se sont multipliés, plus les apôtres et les fidèles ont mis en usage son signe sacré. II. 520. — Les Juifs ont la croix et son signe en horreur. II. 474. — Les novateurs n'ont brisé les croix de pierre ou de bois que pour s'emparer des croix d'or et d'argent. II. 519. — Les hérétiques blâment à tort le signe de la croix. II. 64. — Les hérétiques ont renversé les croix à Genève et à la Rochelle. II. 433. — Les hérétiques prétendent que l'Écriture ne dit rien du respect dû à la croix de Notre-Seigneur. II. 426 et suiv. — Les apparitions miraculeuses de la croix prouvent la vertu de son image. II. 447. — La croix apparut à Constantin; elle parut du temps de Julien l'Apostat, d'Arcadius et d'Alphonse Albuquerque. II. 64. — L'apparition de la croix à Constantin fut la plus fameuse parmi les chrétiens à cause de ses effets immenses. II. 447. — La croix apparut à Julien dans les entrailles d'une victime. II. 449. — La croix apparut en plein midi à Jérusalem, sous S. Cyrille. Son éclat surpassoit celui du soleil. II. 449. — La croix apparut quand Arcade combattoit contre les Perses pour la foi catholique. II. 449. — La croix parut du temps de Léon l'Iconomache. II. 449. — La croix reparoîtra dans son entier et avec un grand éclat au jugement dernier. II. 64. — La croix sera déployée au jour du jugement dernier pour consoler les bons et épouvanter les mauvais. II. 450. — Quel est l'honneur dû à la sainte croix ? II. 63. — La croix considérée comme moyen de l'action des crucifieurs ne peut pas être vénérée; c'est le moyen d'un grand crime : considérée comme moyen de la passion du crucifié, elle est vénérable. II. 430. — Les hérétiques traitent faussement d'idolâtrie le culte que l'Église rend à la croix. II. 459; puisqu'elle est une appartenance de Jésus-Christ. II. 507. — Les novateurs n'ont aucun motif raisonnable et plausible d'accuser les catholiques dans le culte de la croix et des images. II. 518. — L'honneur de la croix n'est pas contraire au premier commandement du Décalogue. II. 513. — La croix, telle que la prennent les catholiques, n'est pas une idole, ni leur adoration un acte d'idolâtrie. II. 517. — La vénération de la croix est très-ancienne dans l'Église. II. 65. — La croix a été honorable à toute l'antiquité. II. 457. — L'honneur religieux lui a toujours été rendu. II. 424. — La croix a toujours été saluée et invoquée en l'Église. II. 459. — On peut saluer la croix et l'invoquer, quoiqu'elle n'ait pas de sentiment. II. 460. — On salue la croix et on lui parle comme on feroit au crucifix même, parce qu'on parle du crucifix sous le nom de la croix. II. 510. — L'Église commande d'honorer la croix. II. 469. — La croix n'a jamais été honorée comme une divinité. II. 469. — L'honneur de la croix se rapporte au crucifix. II. 439. — Les expressions les plus honorables et solennelles que l'Église adresse à la croix visent à la croix clouée et jointe à son crucifix. II. 461. — On vénère la croix à cause de la passion de Jésus-Christ, et des miracles qu'il opère avec elle. II. 466. — Pour bien honorer Dieu il faut honorer la croix. II. 418. — Les chrétiens n'honorent que la croix de Jésus-Christ, et non la croix en elle-même indépendamment de Notre-Seigneur. II. 424. — Les païens reprochoient aux chrétiens leur dévotion et leur respect pour la croix. II. 443. — L'honneur de la croix est une appartenance de l'honneur de Jésus-Christ. II. 420. — Il faut honorer la croix pour la protestation de notre foi. II. 451. — L'Église a toujours honoré Jésus-Christ avec sa croix et en croix. II. 520. — L'honneur de la croix et des autres images est une tradition apostolique. II. 457. — Notre-Seigneur honorera la croix, nous devons donc l'honorer. II. 64. — Honorer la croix, c'est honorer le crucifix ; le déshonorer, c'est déshonorer le crucifix. II. 472. — On ne donne pas des compagnons à Dieu quand on honore la croix. II. 498. — Les paroles adressées à la croix sont redressées par l'intention de ceux qui les profèrent. II. 460. — Il ne faudroit pas laisser d'honorer la croix et sa vertu, quoiqu'il n'y eût rien en écrit sur elle. II. 424. — La vertu et l'honneur de la croix se prouvent par divers passages de l'Écriture. II. 424. — La vertu de la croix a été témoignée par les anciens. II. 437. — Les Pères donnent des titres magnifiques à la croix. II. 424. — La persécution n'a pas diminué le respect dû à la croix. Fut-elle cause qu'on la cacha ? II. 432. — L'image de la croix est baisée à genoux le jour du vendredi-saint. II. 440. — Prières de l'Église pour cette cérémonie. *Ibid.* — On peut adorer la croix et la baiser. II. 461. — Puisque tout honneur en revient à Jésus-Christ, on peut la bénir. II. 461. — Les anciens fidèles adoroient la croix. II. 444. — La croix est adorée selon son extérieure apparence quand on prie Dieu devant elle. II. 513. — On adoroit solennellement la vraie croix à Jérusalem. II. 439. — Les anciens alloient en pélerinage à Jérusalem pour visiter et adorer la vraie croix. II. 439 et suiv. — Les enfans de la sainte Église doivent planter en leur cœur l'amour de la sainte croix. I. 678. — Avant l'invention de la sainte croix les chrétiens honoroient le lieu où elle avoit été plantée. II. 439. — La vraie croix et l'image de la croix doivent-elles être également honorées ? II. 506. — La vraie croix considérée telle qu'elle étoit sur le Calvaire quand Jésus-Christ y étoit cloué doit être honorée du même honneur que le crucifix par participation et rédondance. II. 508. — Les pièces du vrai bois de la croix comment peuvent-elles être honorées ? II. 440. — La croix fut donnée à l'évêque de Jérusalem pour la garder avec soin. Vénération des fidèles à son égard. II. 437. — La vraie croix comme elle est maintenant est une précieuse relique de Notre-Seigneur ; comme telle on peut l'honorer d'un honneur de latrie imparfaite. II. 509. — Les anciens se donnoient par honneur des pièces de la vraie croix pour présent. II. 439. — Les anciens logeoient les pièces de la vraie croix dans des lieux honorables, tels que temples, châsses, boîtes d'or, etc. II. 438. — Les anciens ont donné par honneur à la vraie croix des noms honorables. II. 439. — Les chrétiens étoient avides à posséder la moindre parcelle de la vraie croix. II. 437. — L'évêque de Jérusalem les distribuoit. II. 437. — Le signe de la croix chez les anciens. II. 421. — Est antérieur à S. Grégoire-le-Grand. II. 437. — L'usage du signe de la croix en l'ancienne loi étoit fréquent et divers. II. 476. — Le signe de la croix est une cérémonie chrétienne représentant la passion de Notre-Seigneur par l'expression de la croix, faite avec le simple mouvement. II. 473. — Manière de faire le signe de la croix. II. 474. — On peut faire le signe de la croix, ou pour témoigner que l'on croit au crucifix, ou pour montrer que l'on met sa confiance dans le Sauveur. La première manière est une profession de foi, la deuxième c'est une invocation de Dieu à son aide, en vertu de la passion de son Fils. II. 476. — Le signe de la croix doit être rapporté à l'institution apostolique. II. 476. — Le signe de la croix est le signe du Fils de l'homme. II. 486. — Le signe de la croix est une cuirasse à l'épreuve de nos ennemis. II. 477. — Sans le signe de la croix il n'y a rien de saint, dit S. Cyprien. II. 481. — Il est employé ès consécrations et bénédictions sacramentelles. II. 482. — Le signe de la croix est une publique profession de la foi chrétienne. II. 475. — On faisoit anciennement le signe de la croix sur tous les membres généralement et plus ordinairement sur le front. II. 475. — Le signe de la croix se fait au front, parce que c'est notre trophée et notre étendard. II. 486. — Pour marquer qu'on n'en a pas de honte, pour être en assurance contre le démon et pour montrer qu'on est saint au Seigneur. II. 483. — On fait le signe de la croix sur le front de ceux qu'on baptise. II. 447. — Enfin on fait le signe de la croix au front, pour détester l'Ante-Christ. II. 490. — Le signe de la croix fait par le mouvement a tous les usages des images de la croix et a part à tous les honneurs. II. 513. — Tous les anciens auteurs ont parlé du signe de la croix. II. 476. — Les païens se moquoient du signe de la croix. II. 476. — Le signe de la croix n'a de soi-même aucune force ni qualité qui mérite aucun honneur, mais Dieu lui donne la vertu. II. 474. — Le signe de la croix est recommandable selon la nature même. II. 469. — Jésus-Christ usa-t-il du signe de la croix en bénissant ses apôtres? II. 480. — Les élus sont signés du signe de la croix. II. 490. — Les choses signées ont une particulière sainteté comme bénites par le signe de croix. II. 480. — On peut prier par le signe de la croix. II. 497. — L'oraison du signe de la croix étoit employée dans la primitive Église en toute rencontre; on s'en servoit comme d'un préservatif général de tous malheurs en terre, en mer, ès corps des bêtes malades, et des possédés du démon. II. 497. — Le signe de la croix a une grande force contre les diables, et leurs efforts. II. 490. — Le signe de la croix produit de grands effets. II. 401. — Des Turcs furent sauvés de la peste en faisant le signe de la croix sur le front. II. 465. — Dieu a fait des merveilles par le signe de la croix pour graver la pensée de la mort et passion de Notre-Seigneur aux cœurs des hommes. II. 494. — Les effets miraculeux produits par le signe de la croix ont toujours été à la gloire de Dieu, et tendent au salut des hommes. II. 494. — Les guérisons et miracles opérés par le signe de la croix doivent être rapportés à Dieu seul. II. 496. — Les merveilles arrivées par le signe de la croix sont de la main de Dieu. II. 494. — S. Jean guérit des malades par le signe de la croix. II. 495. — Si le signe de la croix et son image ont beaucoup de vertu et de sainteté, la croix même en aura bien davantage. II. 441. — Les anciens trophées avoient une ressemblance avec la croix. II. 443. — Les étendards des païens, leurs trophées, etc., n'étoient que des croix dorées et enrichies. II. 469. — De quelle façon faut-il peindre la croix? II. 441. — On a fait dès l'origine des croix simples et des crucifix. II. 445. — La croix a été peinte de diverses manières. II. 441. — On la couronnoit de fleurs. II. 441. — S. Paulin planta sur les portes de l'église de Nole des croix couronnées avec des inscriptions, et peignit autour de l'autel des croix entourées de signes symboliques. II. 441. — L'Église a toujours eu des croix et des images, dont elle a fait un saint usage qui n'est pas prohibé par Dieu. II. 516. — Le saint usage de la croix fait par tous les hommes a d'heureux effets. II. 568. — Il faut imprimer la croix non-seulement sur le corps, mais dans l'esprit. II. 455. — Dieu suggère à l'Église de faire des croix. II. 64. — Dans les trois premiers siècles il y eut des images de la croix dans l'Église. II. 456. — Les anciens consacroient les Églises avec les croix, et les mettoient sur les autels. II. 455. — La consécration de l'Église doit se faire par le signe de la croix. II. 456. — L'Église a toujours orné ses temples avec les croix. II. 64. — La croix étoit non-seulement sur l'autel, mais encore elle étoit empreinte sur le pain eucharistique. II. 455. — L'usage des croix et des images, aux champs, aux villes, aux maisons, aux églises et autels, est saint et légitime. II. 516. — L'usage de la croix a toujours été fréquent pour représenter le crucifix. II. 451. — Les croix étoient portées aux processions. II. 455. — La croix doit et peut être employée à la bénédiction des choses, à l'exemple de l'Église ancienne. II. 480. — La croix a été employée aux sacremens. II. 455. — On peut porter la croix à son cou, et la baiser sans hypocrisie comme faisoient les anciens fidèles. II. 64. — On peut apposer la croix en tous lieux et en toutes choses, comme une marque honorable. II. 451. — Les Isins impriment la croix sur le front avec un fer chaud. II. 491. — Quand les persécutions nous menacent de quelque déplaisir fâcheux, il faut se mettre à l'abri sous la sainte croix. II. 604. — On ne peut serrer le crucifix sur sa poitrine sans que les clous et les épines qui le transpercent ne nous percent aussi. III. 575. — La croix signifie parfois les peines de la vie. II. 423. — Les croix des chrétiens n'ont d'autre naturelle signification que de la passion de Jésus-Christ. II. 511. — Prendre sa croix ne veut dire autre chose, sinon qu'il faut recevoir et souffrir toutes les peines, contradictions, afflictions qui nous arrivent en cette vie, sans exception quelconque, avec entière soumission et indifférence. II. 52. — Prendre sa croix est plus parfait que se renoncer, parce que l'un est envoyé de Dieu et que l'autre est volontaire. II. 52. — Il faut planter la croix en son cœur et mortifier tous ses sens avec elle. I. 680. — Il faut regarder ses croix à travers la croix de Jésus-Christ. III. 626. — Chaque état dans le monde, ou la religion, ou le clergé, a ses croix. I. 679. — Les prélats ont la croix de la sollicitude et des travaux qu'il faut qu'un bon pasteur souffre pour garder, augmenter, nourrir, perfectionner et corriger ses brebis. I. 679. — La noblesse a la croix de la modestie, le bon usage du temps par des occupations d'esprit. I. 679. — Les Juifs ont la croix de la doctrine de l'équité et de la sincère vérité. I. 680. — Ceux du tiers-état ont la croix de l'humilité, du travail et labeur de leurs mains. I. 680. — Les vieillards ont la croix de la patience, de la douceur et du sage conseil. I. 680. — Les jeunes gens la croix de la chasteté. *Ibid.* — La croix est le vrai chemin pour arriver au ciel. II. 335. — La croix est la porte royale pour entrer au temple de la sainteté.

III. 627. — Le chemin de la croix est le chemin assuré pour aller à Dieu et à la perfection de son amour. II. 238. — Pour se consoler, il faut envisager la croix comme le chemin de la perfection, et il faut en profiter par l'exemple de Jésus-Christ. III. 225. — Rien n'est plus avantageux que le chemin de la croix ; on peut y marcher en assurance. III. 305. — La croix a toujours été fortement désirée par les anciens. II. 467. — Les plus grands saints doivent leur sainteté à l'étude de la croix. II. 231. — Le moyen d'être tout à Dieu, c'est de crucifier nos inclinations les plus vives. III. 610. — Les religieux doivent se crucifier entièrement avec Jésus-Christ. II. 297. — Il faut se crucifier et suivre Jésus-Christ en portant sa croix. II. 247. — Il ne faut pas porter la croix des autres, mais la sienne. III. 518. — Pour bien porter la croix il faut recevoir indifféremment celle que Dieu nous envoie. II. 53. — Il y en a qui ne veulent porter de croix que celles qu'ils choisissent, et qui murmurent de celles que Dieu leur envoie, c'est une mauvaise disposition. II. 53. — Nous ne devons nous glorifier, sinon en la croix de Jésus-Christ. III. 593. — Le renoncement à soi-même ou à sa propre volonté est le moyen de porter sa croix avec Jésus-Christ. III. 518. — C'est un grand bonheur de se tenir humble au pied de la croix. III. 152. — Les grandes croix sont plus méritoires et demandent plus de force que les petites. III. 95. — C'est une croix que d'être abandonné de ses parens. III. 531. — La croix est haïe par les ennemis de Jésus-Christ. II. 472. — Des soldats huguenots furent punis pour injure contre la croix. II. 472. — Dans le traité sur la croix, saint François répond à un auteur anonyme qui avoit attaqué le culte de la croix ; il relève ses mensonges et son ignorance. II. 422. — Ordre et motif du traité de l'étendard de la croix. II. 420. — L'hérétique qui avoit écrit contre le culte de la croix a été inepte et ignorant dans le cours de son pamphlet. II. 420. — L'hymne à la croix a été composée par Théodulphe d'Orléans. II. 509.

CRUCIFIX. Antiquité des images du crucifix. II. 445. — Anciennement on joignoit le crucifix à la croix. II. 446. — S'il y avoit dans quelque église un crucifix représentant Notre-Seigneur non cloué, il faudroit le détruire. II. 436. — L'image du crucifix fit des merveilles à Beryte. II. 465. — Un crucifix fut trouvé à Goa dans une maison qu'Albuquerque faisoit démolir. II. 446. — Miracle arrivé à une image du crucifix maltraitée par les Juifs. II. 445. — Antiquité de cette image. Ibid. — On peignoit autrefois l'image de Notre-Dame derrière le crucifix. II. 446. — Cette manière est inusitée. Ibid. — C'est un grand bonheur de vivre dans la solitude au pied du crucifix. III. 592.

CRUCIFIXION de Notre-Seigneur. II. 450. (Voir Croix.)

CULTURE. C'est à nous de bien cultiver, mais c'est à Dieu de faire que notre culture soit suivie d'un bon succès. I. 602.

CUPIDITÉ (la) des uns cause la misère des autres. II. 175.

CURÉS (les) doivent avoir une grande tendresse pour leurs ouailles. III. 274. — Ils doivent être pleins de zèle et de vigilance. III. 118. — Les curés furent rétablis dans le Chablais après sa conversion. II. 532. — Les curés doivent bien tenir leurs registres. II. 581. — Ils doivent demeurer constans dans leur vocation. III. 142.

CURIOSITÉ (la) de l'homme pour savoir, a causé la chute de nos premiers parens, et a fait entreprendre de grands travaux à plusieurs hommes. II. 181. — La curiosité, la liberté et la présomption, produites par quelque talent naturel, ainsi que la sensualité, attirent dans l'hérésie. III. 586. — Il faut assujettir l'entendement, parce que la curiosité que nous avons naturellement est très-dangereuse. I. 611.

CUVE. Dieu ordonna à Moïse de mettre une cuve pleine d'eau, pour que les prêtres pussent se laver, entre le tabernacle et l'autel. II. 315. — La cuve pleine d'eau, placée entre le tabernacle intérieur et extérieur, figuroit d'après quelques Pères le sacrement de baptême. II. 315. — D'autres disent qu'elle représentoit la pénitence. II. 316. — D'autres enfin prétendent qu'elle signifioit la doctrine évangélique. II. 316.

CYROLA, évêque arien, voulant guérir un faux aveugle, fut cause qu'il le devint effectivement. II. 495.

CYRUS retira les Juifs de leur longue captivité. II. 344.

DAM. La peine de dam consiste en la privation de la claire vision de Dieu. II. 298.

DAMNATION. La crainte de la damnation est bonne ; c'est la plus générale parmi les hommes. II. 194. — La mort dans le péché est cause de la damnation. II. 661.

DAMNÉS (les) ont leur volonté toute contournée au mal. II. 501. — Ils souffrent des tourmens indicibles dans tous leurs sens. II. 298. — La privation de la gloire de Dieu est le plus cruel tourment des damnés. I. 467.

DANGER. Qui aime le danger y périra. II. 661. — S. François se trouva exposé à de grands dangers dans le commencement de la mission du Chablais. I. 34.

DANSER. Quand peut-on jouer ou danser ? I. 530. — Pour jouer et danser paisiblement, il faut que ce soit par récréation et non par affection, pour peu de temps et non jusqu'à se lasser ou étourdir, et que ce soit rarement. I. 530. — Quels préservatifs le saint évêque conseilloit-il contre les danses ? I. 406.

DAVID, avant de vaincre Goliath, s'informa de ce qu'on lui donneroit pour sa victoire. II. 281. — Il fut sauvé par Michol. I. 457. — David avoit une vive appréhension de la présence de Dieu. I. 475. — Il appela Dieu le Dieu de son cœur. I. 475. —

Il demanda à Dieu l'intelligence des Écritures. IV. 61. — Il pleura Saül. III. 601. — Pourquoi dansa-t-il si fort devant l'arche? I. 499. — Dans les afflictions il faisoit des psaumes, et dans la paix il pécha. II. 131. — David, en recherchant la tentation, y périt. II. 73. — Il fut grandement pécheur dans son adultère, dans son désir de faire enivrer Urie, enfin dans l'ordre de le faire mourir, et cependant il fallut que Dieu vînt réveiller comme d'un coup de foudre sa conscience endormie. II. 346. — Dieu lui pardonna en faveur de sa confession, et de son repentir sincère et durable. II. 346. — Comment fut-il converti? I. 463. — Il s'humilia de sa faute. III. 594. — Que dit-il aux errans? II. 56.

DÉBITEUR. La parabole du débiteur qui ne sortira pas de prison avant d'avoir payé jusqu'à la dernière obole prouve l'existence du purgatoire. IV. 106.

DEBOUT. Qui est debout, qu'il prenne garde de ne point tomber. IV. 229.

DÉCÉDÉS. C'est une erreur de croire, comme on le fait communément, que ceux qui sont décédés de ce monde sont toujours en la mort et que nous sommes en la vie. II. 402.

DÉCOURAGEMENT. La plus lâche de toutes les tentations est celle du découragement. I. 397. — Quand on commence à servir Dieu, et qu'on éprouve quelque sécheresse, on tombe dans le découragement et la tristesse. I. 554. — Il ne faut pas se décourager dans ses entreprises, quelque difficulté qu'il y ait à les continuer. III. 16.

DÉCRIER. Peut-on décrier les hérétiques, les schismatiques et les chefs de secte? I. 527.

DÉFAUTS (les) sont des actes de nos imperfections. I. 473. — Nos défauts et nos infidélités doivent nous causer de la confusion. I. 576. — Il ne faut pas se mettre en peine de couvrir ses défauts; car pour ne les laisser pas voir au dehors, ils n'en sont pas meilleurs. I. 590. — Il faut haïr ses défauts avec tranquillité. III. 162. — Il n'est pas expédient de manifester ses défauts, mais il est bon de les avouer et de les confesser. II. 194. — On ne doit pas s'inquiéter quand l'on entend parler de quelque défaut que nous avons, ou de quelque vertu que nous n'avons pas. I. 663. — Comme nous sommes tous capables de défauts, il ne faut pas s'étonner d'en rencontrer. I. 618. — Comment faut-il faire la revue de ses défauts? III. 628. — Les défauts des saints nous font connoître la miséricorde de Dieu. II. 141.

DÉFÉRENCE merveilleuse. I. 202. — Les religieuses doivent éviter les affections de déférence. III. 290.

DÉFIANCE (la) de nous-mêmes provient de la connoissance de nos imperfections. I. 576. — La défiance de nos forces n'est qu'une vraie reconnoissance de notre misère. III. 618. — La défiance est la mère de la sûreté. I. 392. — Elle ne doit jamais nous quitter pendant la vie. *Ibid.* — Nous avons grand sujet de vivre dans une continuelle défiance de nous-mêmes. I. 392. — La défiance est la base de l'édifice de la perfection intérieure. I. 392. — Il n'est point de vraie défiance de soi-même sans une véritable confiance en Dieu. I. 392. — Sentiment de défiance du Bienheureux. I. 201.

DÉFUNTS. La prière, l'aumône et les actions méritoires servent au soulagement des défunts. IV. 103.

DÉGOUT. Il n'y a rien de si fréquent dans le siècle, et peut-être encore hors du siècle, que le dégout de son état. I. 380.

DÉLECTATION (la) ouvre le cœur comme la tristesse le resserre. IV. 302. — La délectation en l'inspiration est le second degré pour monter à la vertu. I. 486. — La volonté attirée par la délectation qu'elle sent en son objet est bien plus fortement portée à s'unir avec lui, quand l'entendement de son côté lui en propose excellemment la bonté. IV. 266. — Quand on peut éviter la délectation, qui arrive de la tentation, il faut le faire, sans cela on est coupable de péché. I. 544. — Quelle que soit la force de la tentation et de la délectation qu'elle inspire, pourvu qu'on y résiste, on n'est pas coupable. I. 543. — Que faut-il faire quand on s'aperçoit de la délectation? I. 544. — Le plus ou le moins de temps qu'on s'abandonne à une délectation qui suit la tentation nous rend plus ou moins criminels. I. 544.

DÉLIBÉRATIONS. Il faut pratiquer le jour même les résolutions et les délibérations que l'on a prises pendant la méditation. I. 479.

DÉLICATS (les) craignent non-seulement ce qui peut les porter au mal, mais encore ce qui peut troubler leur repos. II. 78.

DÉLICES (les) spirituelles sont à dégout quand on se saoule des contentemens mondains. I. 553. — Un cœur généreux doit mépriser les mignardises et délices corporelles. III. 550.

DEMANDE. Il est bon de ne demander rien et de ne refuser rien. I. 596. — Il y a trois sortes de demandes: la 1re se fait par devoir, la 2e par autorité, la 3e par grace. II. 360. (Voir *Prières*.) — Il y a une différence bien grande entre prier et demander. II. 506. — On ne demande pas toujours ni par ignorance, ni pour savoir les choses qu'on demande, mais pour d'autres motifs. II. 531.

DEMOISELLE. Il est bien difficile à une demoiselle de demeurer libre d'engagement au milieu du monde, ou d'y demeurer sans danger. III. 579. — Avis pour une demoiselle sur sa conduite par rapport aux hommes. III. 622.

DÉMONS (les) connoissent Dieu sans le glorifier. II. 499. — Si le démon pouvoit louer Dieu, il cesseroit d'être démon. II. 287. — Le démon seul ne peut pas prier, parce qu'il est incapable d'amour. II. 362. — Les démons haïssent si fort l'amour divin, qu'ils tremblent lorsqu'ils en voient le signe ou qu'ils en oyent le nom. IV. 278. — Le démon tenta nos parens sous une apparence d'ami. II. 336.

— Le démon pour perdre nos parens les fit raisonner sur le précepte. II. 135. — Le démon pour entraîner nos premiers parens leur dit qu'ils seroient comme des dieux, en ce qu'ils connoîtroient le bien comme le mal. II. 336. — Le démon attaqua Jésus-Christ à visage découvert. II. 78. — Les anciens rebelles attribuoient les miracles aux charmes et à l'opération des diables. II. 494. — Le démon nous exagère notre foiblesse pour nous décourager. II. 78. — Il nous inspire de fausses inspirations. I. 487. — Le démon n'est pas invincible pour qui le combat aidé de Jésus-Christ. II. 72. — Le démon se lasse de crier quand on ne lui répond pas, et finit par laisser en paix. III. 522. — Quand le démon tempête au dehors, c'est le signe qu'il n'a pas ce qu'il veut. III. 522. — Le péché rend l'homme esclave de ses passions et du démon. II. 284. — Le démon imprime-t-il une marque corporelle aux sorciers? II. 490. — On accusa S. François d'être en commerce avec le démon. I. 44. — Le démon fut chassé, par les exorcismes, de la montagne de Voiron. II. 598.

DÉPITS (les) contre soi-même n'ont d'autre origine que l'amour-propre. I. 503. — Souvent on se dépite contre une faute, et l'on ne fait que rire d'une autre aussi grave qui n'est pas selon la passion. I. 503.

DÉPLAISIR (le) de nos fautes doit être paisible, ferme et rassis. I. 503. — Ses objets de déplaisir sont peu de chose quand on a Dieu pour refuge et support. III. 555.

DÉPOUILLEMENT. L'esprit de l'Évangile ne vise qu'à nous dépouiller de nous-mêmes, pour nous revêtir de Jésus-Christ, et de la vertu d'en haut; à renoncer à nous-mêmes, pour dépendre entièrement de la grace. I. 306. — Le vrai dépouillement se fait par trois degrés. Le premier est l'affection du dépouillement, qui s'engendre en nous, par la considération de la beauté de ce dépouillement. Le second degré est la résolution qui suit l'affection. I. 606. — Le troisième est la pratique qui est le plus difficile. I. 606. —Tous les dépouillemens se doivent faire, non par mépris, mais par abnégation pour le seul et pur amour de Dieu. I. 606. — Exercice du dépouillement de soi-même. I. 696.

DÉSAPPROPRIATION (la) de toutes choses est nécessaire, surtout aux religieux. I. 605.

DESHAYES, maître d'hôtel du roi Henri IV, étoit un des grands amis de saint François de Sales; il le défendit contre ses calomniateurs, et s'efforça de l'attirer en France. III. 344. — Il pardonna un de ses ennemis. III. 59.

DÉSINTÉRESSEMENT (le) de saint François lui attira l'estime et la confiance des peuples. I. 24. —Son désintéressement parut surtout dans l'esprit qu'il inspira à l'ordre de la Visitation. III. 383.

DÉSIR (le) n'est autre chose que l'appétit, convoitise, ou cupidité des choses que nous n'avons pas, et que néanmoins nous prétendons avoir. I. 532. — C'est l'amour du bien absent. I. 407. — Le désir pique et blesse incessamment le cœur dans lequel il est. IV. 278. —Les désirs tourmentent beaucoup la volonté. II. 177.—Le désir qui précède la jouissance, aiguise et affine son ressentiment; et plus le désir a été pressant et puissant, plus la possession de la chose désirée est agréable et délicieuse. IV. 223. — Il ne faut pas permettre aux désirs, quelque petits qu'ils soient, de nous importuner. I. 549.—Il faut empêcher la multiplication des désirs. III. 617. — Le désir est le troisième degré de la justification. II. 489. —Il faut désirer la vie éternelle si on veut y parvenir. II. 489.—Le désir du ciel seroit inutile et ne serviroit que d'un continuel martyre à notre cœur, si nous n'avions assurance de le pouvoir un jour assouvir. IV. 202.— Il y a des désirs terrestres et des désirs célestes. De ces derniers on n'en sauroit trop avoir. I. 297. — Il faut loger ses désirs au ciel ainsi que ses affections, et non pas en la terre. III. 603. — Les bons désirs sont les fleurs de nos cœurs. I. 460. — Il faut exécuter quelques-uns des bons désirs que l'on a pour qu'ils ne se multiplient pas toujours et ne s'embarrassent pas avec l'esprit. III. 619. — Il faut faire sortir leur effet aux bons désirs. III. 619. — Les bons désirs disposent à la sainteté et à la dévotion; mais ils n'en sont pas une marque certaine. III. 243.—Dieu ne veut pas toujours l'accomplissement des bons désirs : en cela il a ses vues. III. 373. — Le désir que Dieu a de nous faire observer ses commandemens est extrême. IV. 307. — Il ne faudroit avoir qu'un désir : c'est d'aimer Dieu. II. 177.—Le désir de la perfection chrétienne est un désir généreux. III. 597.— Quand on a le désir bien sincère d'être tout à Dieu, il ne faut pas se décourager si l'on est obligé de laisser une partie de ses exercices de piété. III. 353.—Le désir d'exalter et magnifier Dieu nous sépare des plaisirs inférieurs, et nous rend attentifs aux perfections divines. IV. 252.—Ne pouvant point faire aucun désir absolu pour Dieu, nous en faisons des imaginaires et conditionnels. IV. 252. — Il y a des peuples qui désirent de connoître Jésus-Christ. II. 225. — Il ne faut pas désirer les choses qui sont dangereuses à l'ame. I. 532. — Ni les choses fort éloignées ou qui ne peuvent arriver de long-temps. I. 532. — Il ne faut pas désirer les tentations. I. 533. — Il faut choisir parmi les désirs ceux qui peuvent être exécutés et effectués. I. 533. — Il ne faut pas désirer de n'être pas ce que l'on est, mais il faut désirer d'être bien ce que l'on est. III. 615.—Il ne faut pas s'amuser à désirer une autre sorte de vie que celle qui est convenable à son devoir ou à sa vocation. I. 532.—Quand on désire de servir les malades, il faut l'exécuter si l'on peut. III. 618. — Que faut-il faire envers les obstacles au désir d'être religieuse? III. 599. — La perfection ne consiste pas en la variété des désirs. III. 159. — Il y a des désirs et des souhaits qui sont très-imparfaits. IV. 169. — Il ne faut pas désirer inutilement ce qu'on ne peut avoir. III. 162. Dieu, en retirant à mesure nos parens de la terre, nous dispose au désir du ciel, où nous trouverons ce que nous avons de plus cher. II. 54. — Du désir de la mort. I. 353. — Les désirs trop ardens doivent être modérés. III. 483. — Le désir de l'utilité se tourne ordinairement en avarice. II. 72. — Le désir ardent des richesses, quoique séparé de l'injustice, est néanmoins une marque d'avarice. I. 509. — Le désir du mal nous rend mauvais. I. 532. — Le désir du plaisir peut se trouver en l'esprit et au corps. II. 72. — Le désir corporel s'appelle luxure, le désir spirituel gloire et superbe. II. 72.

DÉSOBÉISSANCE (la) obstinée est la cause des passions diverses. III. 454.

DÉSOLATIONS (des) intérieures. I. 383. — Il faut supporter avec patience les désolations et les ténèbres spirituelles. III. 114. — Les services que l'on rend à Dieu dans les désolations et les sécheresses, lui sont plus agréables que ceux qu'on lui rend dans les temps de consolation. III. 590.

DESPORTES a traduit les psaumes en vers françois. Sa traduction peut être lue. III. 596.

DESSEINS. L'ennemi du salut ne se soucie point qu'on fasse force desseins et commencemens, pourvu qu'on n'achève rien. IV. 315. — L'ennemi fait entreprendre plusieurs desseins, afin qu'accablés de trop de besogne on n'achève pas et on laisse tout imparfait. IV. 315.

DESTINÉE. Vanité des présages humains sur la destinée des hommes. III. 548.

DÉTACHEMENT. Il faut avoir du détachement pour les personnes même les plus chères. III. 110.

DETTES. Il faut hâter le paiement de ses dettes. III. 524.

DEVOIRS. Il faut s'acquitter fidèlement de ses devoirs domestiques. III. 570. — Il n'y a rien de deshonnête à rendre le devoir conjugal. III. 529. — Le devoir du mariage doit être rendu quand il est demandé. I. 536. — Le commerce nuptial, utile en lui-même, peut néanmoins devenir grandement nuisible ou dangereux. I. 536. — Les mariés, après avoir accompli le devoir, ne doivent pas songer à cet acte, mais purifier leurs affections. I. 536.

DÉVOT. Plusieurs croient l'être, parce qu'ils jeûnent, ou prient, ou font l'aumône, mais ils ne le sont pas en réalité, s'ils sont médisans ou durs, etc. I. 457. — Les dévots volent en Dieu fréquemment, promptement, et hautement. I. 457. — Le dévot doit non-seulement faire la volonté de Dieu, mais la faire galment. III. 517. — La contenance des dévots est sainte, douce et aimable en présence de Jésus-Christ, qu'ils voudroient planter dans leur cœur. I. 470. — Qu'est-ce qu'être dévot en sa vocation? I. 556. — Si le monde tient les dévots pour fous, les dévots doivent le tenir pour insensé. I. 541. — Le monde fera toujours la guerre aux personnes dévotes, il grossira leurs petites imperfections, et niera la réalité de leur vertu. I. 541. — On peut être dévot et fort méchant. I. 336. — Être dévot à la sainte Vierge, c'est l'honorer en Dieu, et honorer Dieu en elle, en sorte que Dieu soit la dernière fin de ce culte et de cet honneur. I. 311.

DÉVOTION (la) n'est autre chose qu'une vivacité et agilité spirituelle, par le moyen de laquelle la charité fait ses actions en nous, ou nous par elle, promptement et affectionnément. III. 316. — La dévotion, de soi, et de sa nature, est une vertu morale et acquise, non divine et infuse. I. 333. — C'est une ferveur douce et tranquille. I. 343. — La dévotion est une vertu extrêmement agréable à la divine majesté. I. 457. — Il y a une vraie et de fausses dévotions. I. 456. — La vraie dévotion présuppose l'amour de Dieu; elle n'est même pas autre chose. I. 457. — Belle peinture du royaume de la dévotion. I. 470. — La dévotion nous fait opérer soigneusement, fréquemment et promptement. I. 457. — Elle donne de la douceur aux choses les plus amères, aux tourmens, et à la mort même. I. 458. — Elle ajoute l'exercice des conseils à celui des commandemens de Dieu. I. 458. — Elle est le vrai sucre spirituel qui ôte l'amertume aux mortifications. I. 458. — La dévotion est bonne dans la joie et l'adversité. III. 570. — Propriété et excellence de la dévotion. I. 458. — La dévotion vraie perfectionne tout. I. 458. — La dévotion vraie et solide consiste, non dans les larmes, mais dans une volonté constante, résolue, prompte et active d'exécuter ce que l'on sait être agréable à Dieu. I. 530. — La vraie dévotion se renferme dans les devoirs de l'état. I. 264. — La dévotion généreuse ne cesse de crier à Dieu, tirez-moi, nous courrons. I. 575. — Elle ne méprise rien, et voit sans inquiétude chacun courir diversement selon ses inspirations, et selon la grace divine qu'il reçoit. I. 575. — Elle ne cherche pas à attirer les autres à son train : mais elle suit simplement, humblement et tranquillement son chemin. I. 575. — La dévotion sans la charité est une vraie dévotion, mais morte. I. 356. — La dévotion morte est une vraie dévotion, comme un corps mort est vrai corps, quoiqu'il soit privé de son ame. I. 356. — Le don de la dévotion est libéralement accordé à tous ceux qui de bon cœur veulent consentir aux inspirations célestes. IV. 217. — Le monde ne discerne pas entre la vraie dévotion et l'indiscrétion de ceux qui pensent être dévots. I. 458. — Le monde diffame la dévotion et en fait des portraits tristes et sombres. I. 457. — Le monde ne juge de la dévotion que par les actions extérieures qui lui paroissent rudes et âpres, comme le jeûne, etc., mais il ne juge pas de sa douceur intérieure. I. 457. — La dévotion est possible, quoique difficile dans le monde. I. 454. — La dévotion purement contemplative, monastique et religieuse, ne convient pas aux séculiers. Mais, outre ces trois dévotions, il en est d'autres qui peuvent perfectionner les séculiers. I. 459. — Chaque chrétien doit produire des fruits de dévotion selon sa qualité et vocation. I. 458. — La dévotion jointe à la vocation rend celle-ci plus agréable. I. 459.—La vocation à la dévotion opère en notre ame de bons changemens. I. 557. — La dévotion, qui non-seulement contrevient, mais qui n'est pas conforme à la légitime vocation d'un chacun, est sans aucun doute une fausse dévotion. I. 556. — Il faut faire honneur à sa dévotion, en la rendant aimable à ceux qui nous connoissent, et surtout à sa famille. III. 518. — Il faut, s'il se peut, nous empêcher de rendre notre dévotion ennuyeuse. III. 596. — Il faut rendre la dévotion aimable, utile et agréable à chacun. III. 596. — Il faut vivre selon la dévotion et la raison, et non pas selon les humeurs et les inclinations. III. 558. — La dévotion est convenable à toutes sortes de vocations et professions. I. 458. — C'est une erreur de vouloir bannir la vie dévote de la compagnie des soldats ou des autres états de la vie. I. 459.— La dévotion est également bonne pour les hommes et pour les femmes. IV. 157. — La dévotion de la femme est plus utile que celle du mari. I. 535. — Un mari sans dévotion est un animal sévère, âpre et rude. I. 535. — Une femme sans dévotion est grandement fragile et sujette à déchoir ou ternir la vertu. I. 535. — Il est bon pour édifier le prochain de se porter aux prières et dévotions publiques. I. 484. — La grande œuvre de la dévotion gît en l'exercice de la retraite spirituelle et des oraisons jaculatoires. I. 483. — On peut perdre la dévotion dans la solitude, et on peut la conserver dans la multitude. I. 459. — Les dévotions particulières ne doivent pas retirer les fidèles de leurs paroisses. I. 24. — Considérations pour obtenir la dévotion. III. 516. — Le Saint-Esprit nous assure que la vie dévote est une vie douce, heureuse et aimable. I. 457. — Il faut aller à la bonne foi, à la dévotion. III. 568. — Le chrétien qui entreprend la vie dévote ne doit pas seulement quitter le péché, mais il doit émonder son cœur de toutes les affections au péché. I. 461. — La dévotion n'est pas une chose qu'il faille avoir à force de bras, il faut y travailler en se confiant à Dieu. III. 590. — Dieu ne donne pas toujours la vocation ou la parfaite dévotion selon les conditions naturelles et les inclinations des esprits qu'il appelle. III. 580. — Les exercices nécessaires pour être introduits dans la vie dévote ne sont pas trop nombreux, pourvu qu'on les fasse en temps et lieu, et selon l'occurrence. I. 563.—Pour faire un excellent progrès en la dévotion, il faut au commencement de notre conversion, et tous les ans, destiner notre vie et toutes nos actions à Dieu. IV. 402. — Dans la vie dévote il faut 1° renouveler tous les mois la protestation qu'on a faite de servir Dieu de la sorte; 2° il faut faire profession ouverte de vouloir être dévot; 3° enfin marcher courageusement dans cette voie jusqu'à la fin. I. 564.— Il faut considérer chaque année les protestations qu'on a faites à Dieu de le servir avec dévotion en présence des saints, attiré par la grace du Saint-Esprit dans la fleur de l'âge. I. 557.— Avant de s'examiner sur ses progrès dans la vie dévote, il faut invoquer le Saint-Esprit, et protester qu'on veut marcher avec courage pour réparer la perte qu'on a faite en reculant un peu. I. 558. — Pratique pour avancer dans la dévotion : 1° méditer; 2° faire gaîment les choses les plus fâcheuses; 3° penser que ce qu'on fait tire sa valeur de la conformité que l'on a avec la volonté de Dieu; 4° invoquer Dieu pendant la journée afin qu'il donne l'amour de la vocation; 5° imiter les saints qui ont été en notre état et vocation; lecture de piété; entendre la messe; examen de conscience; oraisons jaculatoires; confession tous les huit jours. III. 517. — Il y a des signes pour connoître si les sentimens de dévotion que l'on a viennent de Dieu ou de l'esprit malin. III. 48. — De la dévotion sensible. I. 387. Les douceurs de la dévotion valent mille fois mieux que celles du monde. I. 541. La dévotion et la sensibilité ne sont pas la même chose. I. 550. — Les dévotions sensibles qui ne font faire aucune bonne œuvre pour Jésus-Christ sont de fausses dévotions. I. 550.— Lois pour servir à la dévotion. III. 590. — Avis divers sur la dévotion. III. 455.— Quels sont les écueils où donnent assez ordinairement ceux qui commencent à s'abandonner à la dévotion? I. 409. — Toutes les religions et toutes les assemblées de dévotion ont un esprit qui leur est général, et chacune en a un qui lui est particulier. Le général est la prétention qu'elles ont toutes d'aspirer à la perfection de la charité; mais l'esprit particulier, c'est le moyen de parvenir à cette perfection de la charité. II. 634.. — C'est une tentation dangereuse pour une religieuse de préférer des dévotions particulières à celles qui sont de la règle. III. 556. — Le temps des fêtes, qui est laissé en liberté pour faire ce que l'on veut, chaque religieuse le peut employer selon sa dévotion. I. 637. — Quels livres de dévotion conseille de lire S. François? I. 485.— Traité de l'Introduction à la vie dévote. I. 451.— A quelle occasion fut composée l'Introduction à la vie dévote. I. 454.

DIACRES. Les sept premiers diacres furent proposés par le peuple et sacrés par les apôtres. IV. 92.

DIÈTE. Le saint invité à la diète de Ratisbonne s'excuse de ne pouvoir y assister. III. 245.

DIEU signifie le souverain être et l'infini. II. 454. — Dieu est au-dessus de toute intelligence. III. 561. — C'est un esprit infini; il est dans le monde sans que nous le voyions; il donne le mouvement à tout; il est le principe et la cause de tout ce qui est bon. III. 562. — Dieu est si grand que nul ne peut assez imaginer sa grandeur. III. 370. — Dieu est un. II. 221. — Le sens extérieur n'est pas capable d'appréhender par aucune connoissance la nature de Dieu infinie et invisible. II. 514. — Dieu est notre souverain Seigneur, absolu, naturel, créateur de tout ce qui existe. II. 379. — Dieu est le père de toute lumière, souverainement bon et beau. IV. 356. — En la souveraine beauté de notre Dieu, nous reconnoissons l'union, ains l'unité de l'essence en la distinction des personnes avec une infinie clarté. IV. 161. — Dieu seul se connoît, tel qu'il est : aussi les anciens ont dit que nul n'étoit vrai théologien que Dieu. IV. 183. — Les hommes parlent de Dieu sur la terre, non tant selon ce qu'il est en lui-même que d'après ses œuvres. IV. 182. — Tout ce qui est en lui n'est que lui-même; et toutes les excellences que nous disons être en lui en une si grande diversité, elles y sont en une très-simple et très-pure unité. IV. 183. — Nous attribuons à Dieu une grande diversité de perfections suivant la variété de ses œuvres. IV. 183. — En Dieu il n'y a ni variété ni différence quelconque de perfections, mais il est lui-même une très-seule, très-simple et très-unique-ment unique perfection. IV. 183. — En Dieu il n'y a qu'une très-simple infinie perfection, et en cette perfection qu'un seul très-unique et très-pur acte, qui est sa divinité propre. IV. 184. — Encore qu'en Dieu il n'y ait pas multitude d'actions, mais un seul acte qui est la divinité même : cet acte toutefois est si parfait qu'il comprend excellemment la force et la vertu de tous les actes, qui sembleroient être requis pour toute la diversité des effets que nous voyons. IV. 184. — Nous sommes forcés, pour parler aucunement de Dieu, d'user d'une grande quantité de noms, disant qu'il est bon, sage, tout-puissant, vrai, juste, saint, infini, immortel, invisible. IV. 183. — Dieu seul a le repos en son mouvement, parce qu'il est souverainement un acte pur et substantiel. IV. 248. — Dieu seul est en soi, de soi et par soi-même excellent. II. 504. — Il faut distinguer en Dieu deux sortes de biens, l'un intérieur, l'autre extérieur. I. 369.

DIEU ne veut pas faire tout ce qu'il pourroit faire. II. 420. — Il fait tout ce qu'il veut, mais il ne veut pas tout ce qu'il peut. *Ibid.* — Dieu n'a pas besoin de plusieurs actes, puisqu'un seul divin acte de sa toute-puissante volonté suffit à la production de toute la variété de ses œuvres. IV. 183. — En tant que Dieu a créé toutes choses et fait plusieurs miracles, nous l'appelons tout-puissant. IV. 183. — Dieu montre admirablement la richesse incompréhensible de son pouvoir en cette si grande variété de choses que nous voyons en la nature. IV. 189. — Dieu, cause de toute perfection, veut que toute gloire lui revienne. II. 416. — Dieu ne peut et ne doit pas prier. II. 362. — Tout lui appartient, et il n'a besoin de rien. II. 362. — Dieu se sert des choses foibles pour confondre les fortes. IV. 155.

— Dieu peut faire passer un chameau par le trou d'une aiguille. II. 212. — Ce que Dieu fait est bien fait. III. 571. — Dieu fait toutes choses en parfaite bonté. III. 562. — En tant qu'il fait toutes choses en un si bel ordre, nous l'appelons tout sage. IV. 183. — Dieu est le principe de toutes choses. II. 138. — Quand la divinité opère au-dehors, les trois personnes divines concourent à cette opération. II. 184. — La création est attribuée au Père, les œuvres de sagesse ou la rédemption au Fils, et la sanctification au Saint-Esprit. II. 184. — Dieu n'éprouva pas de résistance dans la création du monde; il en éprouve au contraire dans la réformation ou justification des pécheurs. II. 186. — Dieu dit : Faisons l'homme à notre image. II. 184. — Dieu s'est repenti d'avoir fait l'homme. II. 187. — Dieu nous a donné la lumière de la raison par laquelle nous le pouvons connoître comme auteur de la nature. IV. 228. — Dieu seul est celui qui, par son infinie science, voit, sonde et pénètre tous les tours et contours de nos esprits. IV. 260. — Dieu connoît tout; rien ne peut se soustraire à sa présence et à sa connoissance. II. 328. — Dieu est partout, son immensité remplit tout. II. 362. — Saint Paul dit que nous vivons, que nous mourons et sommes en Dieu. I. 476. Comment faut-il entendre que Dieu est dans le temple et qu'il n'y est pas? II. 395. — En tant que Dieu pratique exactement ses promesses, nous le publions véritable. IV. 183. — Dieu ne peut être auteur ou confirmateur du mensonge. IV. 104.

DIEU par sa providence conserve avec soin tout ce qu'il a créé. IV. 32. — Dieu manie les rênes du cours de notre vie; nous n'avons d'autre fortune que sa providence. III. 549. — Dieu pense plus souvent à l'homme que l'homme ne pense à Dieu. I. 480. — Dieu prend soin de ceux qui le suivent avec fidélité. II. 118. — C'est une agréable et profitable loi de ne rien faire que pour Dieu, et lui laisser tout le soin de nous-mêmes. I. 601. — Quand le secours humain manque, Dieu accède. II. 85. — Quoique Dieu vienne au secours de ceux qui ont une entière confiance en son secours, il veut néanmoins qu'on se serve des voies ordinaires pour arriver à la perfection. II. 85. — Dieu pratique sa providence et rédemption en fournissant à un chacun toutes les graces et assistances requises à son salut. IV. 404. — Notre témérité nous presse toujours de rechercher pourquoi Dieu donne plus de moyens de salut aux uns qu'aux autres. IV. 172. (Voir *Grace*.) — Si nous regardons Dieu en tant qu'il punit les méchans, nous le nommons juste. IV. 182. — Dieu est innocent à l'innocent, bon au bon, cordial au cordial, tendre envers les tendres. IV. 599. — Dieu hait souverainement le péché, et néanmoins il le permet très-sagement pour laisser agir la créature raisonnable selon la condition de sa nature, et rendre les bons plus raisonnables, quand, pouvant violer la loi, ne la violent pas. IV. 329. — Par sa justice, il veut châtier le péché, parce qu'il le hait ; or il le hait, parce qu'étant souverainement bon il déteste le souverain mal qui est l'iniquité. IV. 330. (Voir *Péché*.) — Il faut adorer, aimer et louer à jamais la justice vengeresse et punissante de notre Dieu, comme nous aimons sa miséricorde. IV. 330. — Dieu nous punit quand il nous laisse entre les mains des ennemis de notre salut. II. 172. — En tant que Dieu délivre le pécheur de sa misère, nous le prêchons miséricordieux. IV. 182. — Dieu souvent fait connoître aux hommes sa miséricorde, quand ils ne devroient plus attendre que la fureur de la justice à cause de leurs péchés. II. 343. — Dieu, qui est charité, conduit les doux en ses jugemens, et enseigne ses voies aux débonnaires. I. 256.

DIEU est jaloux de nous. IV. 356. — Il a dit : Je suis le Seigneur ton Dieu, fort, jaloux. IV. 356. — La jalousie néanmoins que Dieu a pour nous, n'est pas une jalousie de convoitise, mais de souveraine amitié. IV. 356. — Dieu a un amour éternel envers nous. I. 562. — Dieu nous regarde avec amour, pourvu que nous ayons bonne volonté, quand même nous serions de grands pécheurs. III. 295. — Dieu vient dans l'entendement par la foi. II. 224. (Voir *Foi*.) — Dieu s'est incarné pour se faire connoître des hommes. II. 355. — Dieu nous a rachetés d'un grand prix. II. 379. — Notre-Seigneur a donné tout son sang pour nous. *Ibid.* — Dieu pouvoit sauver le genre humain par des moyens autres que la mort de son Fils. II. 148. (Voir *Jésus-Christ*.) — Dieu nous trouve bons et beaux quand il nous regarde à travers son Fils. II. 49. — La gloire de Dieu est la fin de notre salut. I. 409. — Dieu, dans sa miséricorde, fit de toute éternité dessein de nous sauver. I. 685. — Les moyens d'inspirer dont Dieu use sont infinis. IV. 314. (Voir *Grace, Inspiration*.) — Quant au souffle de Dieu, non-seulement il échauffe, ains il éclaire parfaitement. IV. 314. — Plusieurs ne font aucune différence entre Dieu et le sentiment de Dieu ; c'est un grand défaut. I. 614. — Dieu présent partout, n'occupe ni lieu ni place. II. 212. — Quoique Dieu soit partout, il laisse néanmoins toujours quelque sainteté, vénération et dignité là où il comparoît avec quelque particulier effet. II. 429. — Dieu remplit le ciel et la terre, il fait néanmoins sentir sa présence spécialement dans les lieux qui lui sont consacrés, tels que les temples. II. 394. — Dieu habitoit invisiblement avec les Juifs en la synagogue, mais il habita visiblement et il conserva quand le Verbe se fit chair. II. 123. — On oublie facilement que Dieu est présent partout. I. 476. — La foi nous avertit de la présence de Dieu. I. 476. — C'est un grand bonheur pour nous que Dieu nous souffre en sa présence. III. 600. — Il doit donc s'y tenir, quoique Dieu semble ne lui rien dire. I. 479. — La présence de Dieu est le premier point de la préparation à l'oraison mentale.

I. 476. — Il faut se mettre et rester en la présence de Dieu. I. 365. — Il faut avoir le sentiment de sa présence. I. 615. — Il faut distinguer entre Dieu et le sentiment de Dieu ; on peut être en sa présence sans le sentir. I. 348. — Il y a de la différence entre se tenir et se mettre en la présence de Dieu. On peut se tenir en la présence de Dieu même en dormant. III. 172. — La résolution que nous avons faite le matin de tenir notre esprit uni à Dieu, et attentif à sa présence, fait que nous y demeurons toujours. I. 614. — C'est une bonne façon de se tenir en la présence de Dieu, d'être et de vouloir toujours et à jamais être en son bon plaisir. IV. 275. — Il faut plus de soin pour se mettre en la présence de Dieu que pour y demeurer lorsqu'on s'y est mis. IV. 274. — Pour se mettre en la présence de Dieu, il faut avoir une attentive appréhension de la toute-présence de Dieu. I. 476. — Il faut penser que Dieu non-seulement est partout, mais qu'il est particulièrement dans notre cœur et dans notre esprit. I. 476. — Il faut considérer que Jésus-Christ regarde du ciel non-seulement tous les hommes, mais les chrétiens, et spécialement ceux qui sont en prières. I. 476. — Il faut se représenter le Sauveur en son humanité sacrée comme s'il étoit près de nous. I. 476. — Dieu doit devenir le seul objet de nos pensées. I. 463. — Sitôt que l'homme pense un peu attentivement à la Divinité, il sent une certaine douce émotion de cœur qui prouve que Dieu est Dieu du cœur humain. IV. 178. — Dieu souverainement bon et beau, par sa beauté attire notre entendement à le contempler ; et par sa bonté, il attire notre volonté à l'aimer. IV. 289. — Dieu ne nous tire pas par des liens de fer, comme les taureaux et les buffles, ains par manière d'allèchement, d'attrait délicieux et de saintes inspirations, qui sont en somme les liens d'Adam et d'humanité. IV. 197. — Dieu a des liens de fer et des liens d'or pour enchaîner les ames. II. 284. — Dieu seul peut délier le pécheur de ses liens. II. 284. — Le sentiment de notre foiblesse doit nous pousser à chercher le secours de Dieu. III. 627. — Il faut se jeter entre les bras de Dieu pour qu'il nous reçoive à l'heure de la mort. I. 466. — Pour aller à Dieu, il faut souffrir qu'on nous délie de nos habitudes dépravées et de nos cupidités. II. 143. — Pour aller à Dieu et arriver à la perfection, il y a deux pas à faire. Le premier est de mourir et de renoncer à toutes les choses du monde qui sont hors de nous. Le deuxième est de renoncer à soi-même, qui est le plus difficile. II. 291. — Il n'y a point de signe plus assuré pour trouver Dieu que Dieu lui-même. II. 329. — Les enfans de Dieu se remettent à lui avec un entier abandon dans les orages et les tempêtes. III. 559. — On ne peut aller à Dieu le père que par Jésus-Christ. I. 475. — En se donnant à Dieu, on fait un contrat admirable avec lui, on le gagne pour la vie éternelle. I. 472. — Il est bon de ne vivre, de ne travailler et de ne se réjouir qu'en Dieu! 1. 352. — L'ame cherche quelquefois Dieu au dehors quand il est au milieu du cœur. IV. 270. — On trouve Dieu là où on se laisse soi-même ; et où on se trouve soi-même c'est là où l'on perd Dieu. 1. 300. — Quand on ne cherche que Dieu, on le trouve partout, en quelque lieu que l'on soit. II. 279. — Toutes les choses que l'on méprise et quitte pour Dieu ne sont presque rien. III. 583. — Quels que soient les événemens du monde ou la situation de notre ame, il faut tendre continuellement à l'amour de Dieu et nous diriger vers lui. I. 549. — Il faut se donner tout à Dieu, car c'est l'unique bonheur. III. 193. — Il faut vouloir Dieu absolument et inviolablement, et quant aux moyens de le servir, il les faut vouloir paisiblement et foiblement. III. 351. — Nous sommes l'ouvrage des mains de Dieu. I. 463. — Il faut offrir à Dieu l'être qu'il nous a donné. I. 463. — L'homme tout entier se doit à Dieu. II. 473. — Mon Dieu est pour moi toutes choses. IV. 346. — Quand Dieu nous raviroit tout, s'il nous reste, c'est assez. III. 555. — On peut être tout à Dieu sans être totalement à lui. II. 327. — Il ne faut pas s'en tenir au désir qu'on a d'être tout à Dieu, et au goût que l'on sent pour l'oraison, mais avec cela travailler à l'acquisition des vertus. III. 198.

DIEU est l'objet le plus aimable et le plus excellent que nous puissions choisir pour l'aimer. II. 389. — Comme jamais personne ne verra Dieu autant qu'il est visible, aussi oncques nul ne le peut aimer autant qu'il est aimable. IV. 212. — Non-seulement nous devons préférer à Dieu toutes choses, mais encore nous ne devons rien aimer à l'égal de Dieu. I. 368. — Il faut tâcher de ne chercher en Dieu que l'amour de sa beauté, et non le plaisir qu'il y a en la beauté de son amour. IV. 332. — Il y a bien de la différence entre s'occuper en Dieu qui nous donne du contentement et s'amuser au contentement que Dieu donne. IV. 273. — On ne peut guère aimer la vanité du monde quand on considère la bonté et l'éternité de Dieu. III. 607. (Voir *Aimer, Amour*.) — La dédicace que nous faisons de notre cœur à la divine Majesté se fait par l'amour. II. 588. — Nous devons servir Dieu par droit de création, de conservation, de rachat, et de donation faite au baptême. II. 380. — Nous devons servir Dieu ; parce que nous nous servons des créatures qui nous servent à intention que nous servions Dieu pour elles. II. 380. — C'est une grace rare de commencer à servir Dieu tandis que la jeunesse de l'âge nous rend susceptibles de toutes sortes d'impressions. III. 563. — Il faut se présenter à Dieu dès son enfance, ou si l'on a tardé, il faut réparer le temps perdu par une grande ferveur à bien employer le présent. II. 317. — Presque tous les hommes abandonnent Dieu dès leur enfance. II. 517. — Il faut rapporter à Dieu tout le service que nous pourrons, comme un cheval qui sert son maître. II. 373. — La bonne manière de servir Dieu, c'est de le servir autant qu'on le peut de la façon qu'il est servi en paradis. II. 380. — Dieu veut être servi ainsi que l'on est, et par les exercices convenables à cet état, et par les actions qui en dépendent. III. 536. — Il faut servir Dieu généreusement, sans goût, ni sentiment. II. 41. — Le service de Dieu, fait sans goût, sans sentiment, sans tendresse de cœur, est aussi agréable et souvent plus, que le service fait avec une grande abondance de consolations spirituelles. I. 554. — Le service de Dieu dans les incommodités du corps est moins agréable à notre esprit et à notre cœur, mais il est plus agréable à Dieu. III. 584. — Le service de Dieu a des consolations préférables mille fois à celles du monde. III. 600. — Il faut servir Dieu avec plus de ferveur à mesure que l'éternité approche. III. 601. — Les grandes occasions de servir Dieu se présentent rarement ; mais les petites sont ordires. I. 531. — Il ne faut avoir aucune contrainte au service de Dieu. III. 537. — Il doit nous être tout un de servir Dieu en méditant ou en servant le prochain. III. 525. — On veut servir Dieu à sa volonté non à la sienne, quoiqu'il l'ait fait connoître. III. 517. — Il faut servir Dieu selon son gré, non pas selon le nôtre, et ne se point regarder soi-même, mais le bon plaisir de Dieu et la providence. III. 604. — Quand on marche en simplicité par l'observance des règles, on sert parfaitement Dieu sans s'épancher ou rechercher de savoir autre chose. I. 612. — Parmi les personnes qui veulent se donner à Dieu, il y en a qui veulent néanmoins toujours se réserver quelque chose. II. 326. — Il en a qui veulent être tout à Dieu, mais non pas totalement. II. 326. — Quand tout ce que nous possédons a été employé au service du monde, il faut l'employer au service de Dieu. II. 265. — Il faut faire tout au nom de Dieu. I. 531. — Protestation authentique pour graver en l'ame la résolution de servir Dieu, et conclure les actes de pénitence I. 471.

DIEU n'est capable que de l'honneur absolu, indépendant et souverain. II. 505. — Les honneurs subalternes se rapportent à Dieu en deux façons, ou comme à leur premier principe et dernière fin, ou comme à leur objet et sujet. II. 508. — Les premiers ne peuvent pas être appelés de latrie imparfaite ; les seconds le peuvent. II. 508. — Nous devons autant d'honneur à Dieu qu'il y a de distance du rien à l'infini. II. 380. — L'honneur que les schismatiques rendent à Dieu est stérile et chétif, celui des païens est absurde et impie, puisqu'ils égalent les créatures à Dieu. L'Église seule l'honore dignement. Son culte ne se borne pas à Dieu, mais à tout ce qui lui appartient. II. 419. — Dieu veut être adoré en esprit et en vérité. II. 115. (Voir *Adoration, Honneur*.) — On ne peut sur la terre louer Dieu continuellement en paroles, mais on le peut de cœur et d'affection. II. 312. — Louer Dieu dans ses saints est un acte de bienveillance pour eux. II. 276. — Il n'est pas utile de sortir tout-à-fait de devant Dieu sans actions de grace, sans offrande, sans prière expresse. III. 545. — Si l'on s'éveille pendant la nuit il faut élever son cœur à Dieu. I. 691. — Il faut invoquer Dieu contre les événemens du jour. I. 693.— Dieu se donne à lui-même une souveraine louange, nous devons exercer la bienveillance en cette louange. IV. 258. — Quand nous avons rencontré une louange si glorieuse, comme est celle que le Sauveur donne à son Père, nous ne laissons pas de reconnoître que la Divinité est encore infiniment plus louable, qu'elle ne peut être louée ni par toutes les créatures, ni par l'humanité même du Fils éternel. II. 474. — Il est plus grand que notre cœur, mais pourtant que tout esprit loue le Seigneur, le nommant de tous les noms les plus éminens qui se pourront trouver. IV. 185. — Dieu choisit parmi les chrétiens des personnes spécialement chargées de le louer et de le bénir. II. 120.

Dieu veut quelquefois qu'on le contraigne par amour à nous accorder nos demandes. III. 572. — Nos demandes à Dieu sont grandement impures et imparfaites, et ne tendent qu'à notre satisfaction et non à la gloire de Dieu. II. 234. — Dieu nous exauce souvent selon ses pensées, beaucoup mieux que s'il nous exauçoit selon les nôtres. III. 591.— De quelle manière peut-on demander à Dieu les nécessités temporelles? II. 41. — Il faut demander à Dieu qu'il illumine notre cœur par les rayons de sa grace. I. 687. — Il faut demander à Dieu qu'il nous éclaire et nous enseigne à faire sa sainte volonté. III. 601. — Il faut qu'en toutes les prières et demandes que nous faisons à Dieu, nous ne les fassions pas seulement pour nous. I. 662.— On ne sait ce qu'on demande quand on demande à Dieu de nous accorder ce que nous désirons. II. 235. — Dieu, qui n'ignore rien, fait quelquefois des demandes aux hommes pour leur bien faire confesser leurs fautes, pour les éclaircir de leurs doutes et les instruire des mystères de la foi, pour provoquer leur amour envers sa divine bonté. II. 328.— Dieu ne rejette rien de ce où la malice ne se rencontre point. I. 674. — L'on ne doit pas se retenir de parler de Dieu dans les occasions où cela peut être utile, il ne faut point avoir à cet égard de respect humain. III. 234. — Il ne faut jamais parler de Dieu ni des choses qui regardent son culte, ou la religion, tellement quellement, et par manière de devis et d'entretien; mais toujours avec un grand respect, une grande estime, et un grand sentiment de dévotion. I. 522. (Voir *Dévotion*, *Prière*.)—Dieu nous a signifié en tant de sortes et par tant de manières qu'il vouloit que nous fussions sauvés, que nul ne le peut ignorer. IV. 505.—Dieu, qui veut le salut de tous les hommes, a mis à notre disposition son royaume et les graces nécessaires pour y parvenir. II. 511. — Dieu donne à tous une grace suffisante pour être sauvé. II. 93. — Il veut le salut de tous ceux qui veulent contribuer leur consentement aux graces et faveurs qu'il leur prépare, offre et départ. IV. 219. — Il fait magnifiquement paroître les trésors infinis de sa bonté en la différence nompareille des biens que nous reconnoissons en la grace. IV. 189. — Dieu n'abandonne jamais ceux qu'il a une fois justifiés, sinon qu'eux-mêmes les premiers l'abandonnent. IV. 234. –Dieu et sa grace ne nous abandonnent jamais, en sorte que nous pouvons recourir à sa bonté, et protester que contre tout le trouble de notre ame nous voulons être tous à lui. I. 594. — Dieu ne rejette pas les misérables, il leur fait du bien et fait le sujet de sa gloire de leur abjection. III. 568. — Dieu n'exerce pas une simple suffisance de remèdes pour convertir les obstinés, mais emploie à cela les richesses de sa bonté. IV. 192. (Voir *Grace*.)— Nous ne devons pas prescrire à Dieu les moyens dont il veut nous rendre saints. III. 598.— Ce que Dieu envoie est plus parfait que ce qu'on choisit soi-même. II. 52.

Dieu. La volonté de Dieu se peut entendre en deux façons. Il y a la volonté de Dieu signifiée, et la volonté du bon plaisir. I. 646. — La volonté signifiée est distinguée en quatre parties, qui sont les commandemens de Dieu et de l'Église, les conseils, les inspirations, les règles et constitutions. I. 646. — Il y a de plus la volonté du bon plaisir de Dieu, laquelle nous devons regarder en tous les mouvemens, je veux dire en tout ce qui nous arrive en la maladie, en la mort, en l'affliction, en la consolation, és choses austères et prospères, bref en toutes choses qui ne sont point prévues. I. 646. — Les effets de la volonté du bon plaisir procèdent purement de sa providence; et sans que nous les fassions, ils nous arrivent. IV. 336. — La volonté de Dieu signifiée se joint quelquefois avec sa volonté de bon plaisir. I. 578.—La volonté de Dieu se manifeste par la nécessité et par la charité. III. 526. — Si la volonté de Dieu nous est témoignée par ses ordonnances ou commandemens, il n'y a rien à délibérer, il faut faire simplement ce qui est ordonné. IV. 319. — Dieu nous fait connoître sa volonté par la déclaration et manifestation de ses intentions. IV. 304. — Rien ne se fait, hormis le péché, que par la volonté de Dieu, qu'on appelle volonté absolue et de bon plaisir. IV. 320. — Rien ne nous arrive, hormis le péché, que par la volonté de Dieu, soit bien, soit mal. I. 296. — La vie est en la volonté de Dieu. IV. 310. — Il ne faut pas chercher à connoître les motifs de la volonté divine. IV. 237. — Il ne faut pas penser de trouver une meilleure raison de la volonté de Dieu, que sa volonté même, laquelle est souverainement raisonnable, ains la raison de toutes les raisons, la règle de toute bonté, la loi de toute équité. IV. 237. — L'esprit humain est si foible, que quand il veut trop curieusement rechercher les causes et raisons de la volonté divine, il s'embarrasse et entortille dans les filets de mille difficultés, desquelles par après il ne se peut déprendre. IV. 237. — Dieu fait la volonté de ceux qui le craignent. II. 358. — Nous ne sommes en ce monde que pour faire la volonté de Dieu. III. 517. — Nous devons nous rendre pliables et maniables au bon plaisir divin, comme si nous étions de cire. IV. 337. — Il nous faut attacher le plus fort qu'il nous est possible à la volonté de Dieu, qui nous est manifestée ou signifiée. IV. 326. — Nous devons toujours être prêts de nous soumettre à la volonté de Dieu en toutes occurrences et choses désagréables en la mort comme en la vie. I. 646. — La détermination de suivre la volonté de Dieu en toutes choses, sans exception, est contenue dans l'oraison dominicale. I. 645. — Il faut unir amoureusement sa volonté avec celle de Dieu. I. 685. — Dieu nous a donné l'être pour pouvoir nous unir à lui. I. 462. — Dieu s'unit à nous par une conjonction incompréhensible. IV. 364. — L'union avec Dieu détache de cette vie mortelle. III. 365. — Quand par bonne rencontre on trouve Dieu, il faut s'arrêter en lui. III. 614. — L'union avec Dieu se fait principalement par les sacremens et l'oraison. III. 631. — Dieu se donnant tout entier à nous, il exige que nous nous donnions tout entiers à lui. II. 319. — Dieu désire que l'on se donne à lui surtout dans l'adolescence. II. 317. — Le meilleur temps pour se donner à Dieu, c'est le temps présent. *Ibid.* — Il aime l'union et l'unité. II. 231. — L'union spirituelle qui est fondée en Dieu durera éternellement. III. 299. (Voir *Oraison, Quiétude, Union.*) — Maximes et sentences de saint François de Sales, relatives à Dieu, tirées de ses écrits. I. 238.

DIGNITÉS. Les dignités sont dangereuses. I. 286. — Les dignités doivent être foulées aux pieds, et ne pas nous rendre plus vains. I. 495. — Règles de conduite que donne le saint prélat pour les personnes établies en dignités. I. 212.

DILECTION (la) n'est pas un simple amour, mais un amour accompagné de choix et d'élection. IV. 347. — La divine dilection veut bien que nous ayons des autres amours, et souvent on ne sauroit discerner quel est le principal amour de notre cœur. IV. 349. — La sacrée dilection toutefois ne laisse pas d'exceller au-dessus de tous les autres amours, ainsi que les événemens font voir quand elle prend le parti du Créateur contre la créature. IV. 349. — Qui bien désire la dilection, bien la cherche. IV. 598. — La dilection est éclatante et suave, à cause du sang de Jésus-Christ et des délices du bien-aimé. IV. 154. — La divine dilection a deux actes issus proprement et extraits d'elle-même, dont l'une est l'amour effectif qui soumet toutes les affections de l'ame à la volonté de Dieu, et l'autre est l'amour affectif ou affectueux. IV. 569. — La dilection est le don des dons. IV. 360. — La doctrine de l'Église consiste dans la sacrée dilection. IV. 154.

DIRE et faire ne sont pas la même chose. I. 367. — Bien dire ne suffit pas pour être sauvé, il faut bien faire. II. 45. — Qui dit tout ne forclôt rien. IV. 342.

DIRECTEUR (le) doit être pour l'ame dévote non pas un simple homme, mais un ange. I. 459. — Il faut choisir un directeur plein de charité, de science et de prudence. I. 450. — Il faut choisir son directeur non-seulement entre mille, mais entre dix mille. I. 450. — L'unité du directeur spirituel n'empêche pas qu'on ne puisse communiquer avec un autre des besoins de son ame. III. 72. — Il n'est pas nécessaire pour la direction de rendre compte en détail de ses fautes. III. 443. — Il faut manifester clairement à son directeur son bien et son mal sans feintise ni dissimulation. I. 451. — Jusqu'où doit-on porter la soumission et le respect que l'on doit à son directeur. III. 71. — Conduite différente de deux notables directeurs. I. 390. — Le secret doit être inviolable dans les personnes qui gouvernent et dirigent les autres. III. 359.

DISCERNER. Pour bien discerner ce qui est convenable, il faut ouïr l'avis du sage père spirituel. IV. 319. — Dieu ne veut pas que nous discernions de nous mêmes si ce qui nous est inspiré est sa volonté, ni moins qu'à tort et à travers nous suivions ses inspirations. I. 644.

DISCIPLINE (la) ne peut être abrogée que par l'autorité qui l'a formée ou prescrite. Les particuliers n'ont aucune puissance sur elle. IV. 96. — Le relâchement dans la discipline de quelques ordres religieux monastiques ne prouve rien contre l'état religieux en général. IV. 117.

DISPUTES (des) en matière de religion. I. 370.

DISSIMULER le mal et les injures les guérit quelquefois plus aisément que le ressentiment. III. 559.

DISTRACTIONS. Il y a bien de la différence entre être distrait de Dieu et être distrait de la douceur qui se trouve dans le sentiment de sa présence. I. 414.

DIVERSION (la) est le vrai remède au mal. IV. 86.

DIVERTISSEMENS. Il y en a de permis et de défendus. I. 256.

DIVISION (la) détruit, l'union resserre et conserve. II. 99.

DOCTRINE. La doctrine chrétienne, qui est la seule vraie philosophie, a trois principes, sur lesquels elle établit tout son exercice. IV. 322. — La doctrine évangélique vivifie, éclaire, nourrit notre ame et la conduit au tabernacle du ciel. II. 322. — L'Église possède des règles très-certaines pour discerner la doctrine fausse d'avec la vraie, et pour établir notre sainte foi. IV. 43. — Il faut de la patience à celui qui enseigne la doctrine. III. 635. — La nouveauté dans la doctrine a toujours été signe d'hérésie. IV. 116. — L'esprit de parti, la prévention et l'animosité sont les causes les plus communes des scissions de doctrine et de l'endurcissement des peuples et des ministres. I. 39. —

La doctrine et la conduite de S. François de Sales ne sont point relâchées ; elles sont conformes aux règles de l'Évangile. i. 198.

DEUIL. Il est difficile de trouver assez de passion pour exprimer un grand deuil. ii. 405.

DOMESTIQUES (des). i. 317. — Comment doit-on en user avec les domestiques ; sentimens et conduite du saint prélat sur ce sujet. i. 222.

DONS (les) de Dieu sont sans repentir ; il ne donne pas pour ôter. iv. 32. — Les dons de l'esprit sont un bienfait de Dieu. i. 464. — Don de piété. ii. 198. — Don de science. ii. 196. — Don de force. ii. 196. — Don d'entendement. ii. 197. — Don de conseil. ii. 197. — Don de sagesse ou science des choses de Dieu. ii. 197. — Don de crainte. ii. 197.

DONATISTES (les) croyoient que l'Église de Dieu s'étoit perdue en ce monde. iv. 40. — Ils n'ont pas fait de vrais miracles. iv. 108.

DONNER. C'est une chose plus heureuse de donner que de recevoir. iv. 179. — Il faut donner à quiconque demande quand on le peut. i. 597.

DOUCEUR (la) excelle entre les vertus. i. 501. — La douceur pour être vraie doit non-seulement régner dans nos manières, mais dans notre cœur ; sans cela elle n'est qu'artifice. i. 501. — Il faut pratiquer la douceur envers soi-même, en ne se dépitant ni contre soi, ni contre ses imperfections. i. 503. — Il faut pratiquer la douceur envers tout le monde. i. 503. — On n'est pas doux quand on est ange en rue et diable en maison. i. 503. — Avis divers pour acquérir la douceur, adressés à des personnes du monde et à des religieuses. iii. 620, 483. — Avis pour pratiquer la douceur. iii. 564, 608, 611. — Il vaut mieux faire des pénitens par la douceur que des hypocrites par la sévérité. i. 259. — Extrême douceur du saint prélat. i. 154.

DOULEUR. Il faut borner sa douleur par la raison pour la rendre juste. iii. 561. — Les petites douleurs se lamentent, les grandes étonnent et étourdissent. ii. 401. — Comment faut-il se comporter dans les grandes douleurs ? iii. 630.

DOUTES (les), les soupçons téméraires sont défendus. i. 525. — Le doute sur le prochain n'est pas interdit comme le jugement. i. 524.

DUEL. C'est une folie de tant appréhender l'honneur de ce monde que l'on expose sa vie en duel et de penser si peu à la béatitude de l'autre. iii. 555. — Y a-t-il excommunication quand un duel est désigné et non commis? iii. 634. — Douleur du saint sur les duels. iii. 634. — Le saint empêche le duel entre deux gentilshommes, et les convertit. i. 37.

DUPERRON (le cardinal) convainquoit les hérétiques. Saint François les convertissoit. iv. 7.

DUPLICITÉ (la), le mensonge et la simulation témoignent toujours un esprit foible et vil. i. 527.

ECCLÉSIASTIQUE. L'ecclésiastique atteste le libre arbitre et l'honneur dû aux saints. iv. 54. — Les ecclésiastiques et les religieux doivent, à l'exemple de Jésus-Christ, se laisser employer au salut du prochain par l'obéissance. iv. 85.

ÉCRITURE. L'écriture n'est que la tradition mise par écrit avec le secours du Saint-Esprit. iv. 44. — Les Écritures dictées par le Saint-Esprit ne contiennent aucune erreur. i. 698. — L'Écriture sainte contient avec clarté la doctrine requise pour notre salut. iii. 573. — Jésus-Christ par les saintes Écritures nous montre ce que nous devons croire, espérer, aimer et faire. iv. 52. — Doit-on tenir pour chose nulle ce qui n'est point écrit? ii. 424. — L'exposition des Écritures doit se chercher chez ceux qui ont reçu de Dieu l'autorité pour les expliquer. iv. 63. — On ne peut avoir la véritable intelligence de l'Écriture sainte hors de l'Église. iii. 573. — Dieu seul donne la vraie intelligence de l'Écriture, et non pas la science ou la pénétration d'esprit. ii. 42. — Les disputes sur le sens des Écritures prouvent la nécessité d'un juge qui prononce sur leur vérité. iv. 94. — Il est difficile d'entendre seul le sens des Écritures. iv. 60. — Il faut interpréter l'Écriture par l'Écriture. iv. 61. — Les réformateurs ont violé la règle de foi en corrompant les livres des saintes Écritures et en violant leur intégrité. iv. 52. — La violation des saintes Écritures fut faite par les réformateurs, par le retranchement de plusieurs parties des livres sacrés. iv. 46. — Les hérétiques ont accommodé l'Écriture au niveau de leurs passions. iv. 56. — Les hérétiques affectent à tout propos de citer quelques versets de l'Écriture ; c'est une ancienne manie parmi eux afin de séduire plus aisément les simples. iv. 128.

ÉCRIVAINS (les) doivent-ils se hâter de mettre au jour leurs productions, ou doivent-ils attendre long-temps. i. 276. — Les écrivains obscurs sont détestables. i. 289. — Saint François ne faisoit pas profession d'être écrivain. iv. 158.

ÉDUCATION. Circonstances édifiantes de l'éducation de saint François. i. 4. — Il faut avoir soin de l'éducation de ses enfans. iii. 632.

ÉGALITÉ. L'égalité d'esprit est un des moyens principaux pour avancer dans la vertu et dans la perfection. iii. 458.

ÉGLISE. L'Église vient d'un mot grec qui signifie *convocation*, c'est-à-dire une assemblée ou compagnie de gens appelés. iv. 100. — L'Église est un corps dont tous les membres sont unis ensemble par la même foi et la réception des mêmes sacremens. iv. 102. — L'Église est une montagne qui domine tout le monde, afin que tous puissent l'apercevoir. iv. 55. — C'est une cité nouvelle parée et ornée de Dieu, comme une épouse pour son époux. ii. 385. — L'Écriture la compare au soleil, à la lune et à l'arc-en-ciel. ii. 383. — Elle est comparée à un bâtiment, à une famille, à une nacelle, à une légation, à un royaume, à un port ou bercail ; la doctrine est comparée à des rêts ou filets, que saint Pierre jette et qu'il retire, aidé des apôtres. IV. 90. — Elle est comparée, tantôt à une aire où il y a du bon et du mauvais grain, tantôt à un filet où il y a du bon et du mauvais poisson, tantôt à des serviteurs vigilans et paresseux. IV. 29. — L'Église présente, exprime parfaitement l'Église ancienne. IV. 36. — La synagogue prit fin au moment où elle condamna Jésus-Christ à la mort; l'Église chrétienne fut instituée à sa place. IV. 96. — Jésus-Christ est l'unique fondement de l'Église; saint Pierre l'est sous Jésus-Christ. Saint Pierre n'est pas fondement de l'Église, *outre* Notre-Seigneur, mais *en* Notre-Seigneur. IV. 70. — Les hérétiques prétendent que l'Église est invisible; les uns la forment des seuls prédestinés, les autres de la rareté et dispersion des fidèles et vrais croyans. IV. 100. — Les hérétiques admettent une Église visible et imparfaite, sujette à l'erreur; et une invisible et parfaite et exempte d'erreurs. IV. 28. — L'Église est une en sa doctrine. IV. 102. — Dieu donne à l'Église des hommes extraordinaires pour perpétuer l'héroïsme des vertus. I. 258. — La vraie Église doit pratiquer la perfection de la vie chrétienne. IV. 110. — L'Église a deux parties, l'intérieur qui est comme son ame, et l'extérieur qui est comme son corps. IV. 26. — L'intérieur de l'Église est spirituel par nature, l'extérieur est corporel par nature, et spirituel par ses rapports avec l'intérieur. IV. 27. — L'Église se divise en justes, en pécheurs pénitens, et en pécheurs obstinés et impénitens. II. 163. — Les méchans font nombre dans l'Église militante, mais ils en seront éloignés au jour de son triomphe. IV. 31. — L'Église militante est intimement liée à la triomphante. II. 259. — S'il falloit qu'en l'Église tout fût immaculé et sans tache, il n'y auroit ni élus, ni réprouvés. IV. 30. — L'Église commence ses prières, et les termine par l'invocation de Notre-Seigneur. II. 307. — Elle prie pour les nécessités temporelles. II. 41. — Elle nous fait prier Dieu quelquefois immédiatement, et d'autres fois médiatement. II. 369. — Elle nous enseigne à prier non-seulement pour nous, mais pour nos frères. III. 321. — Elle nous marque les diverses postures que nous devons tenir pendant les offices. II. 369. — L'Église catholique est accompagnée de miracles, et la prétendue ne l'est point. IV. 107. — Jésus-Christ avant de partir du monde promit aux apôtres que l'Église seroit suivie de plusieurs miracles. IV. 106. — Le pouvoir de faire des miracles fut laissé à l'Église pour confirmer la prédication évangélique. IV. 106. — Il faut croire à l'autorité de l'Église, lui obéir, et lui rendre hommage; on ne doit pas contester avec elle. IV. 39. — L'Église est une règle de la foi, dont les ministres et nouveaux réformateurs ont violé l'autorité en ne la prenant plus pour une règle de la foi chrétienne. IV. 94. — La foi doit être conservée pure en l'Église par l'entremise du chef. IV. 77. — L'Église règle la vraie prédication de la parole de Dieu, et la vraie administration des sacremens. IV. 26. — L'unique et vraie règle pour bien croire au salut est la parole de Dieu, prêchée et déclarée par l'Église de Dieu. IV. 44. — La parole de Dieu est la règle fondamentale de notre foi, et l'Église est la règle d'application. IV. 44. — L'Église, qui est la règle d'application de notre foi, s'explique, ou par le corps universel, ou par le concile général, ou par le consentement des saints Pères, ou par le pape, évêque de Rome, et vicaire de Jésus-Christ. IV. 44. — Ce seroit tout confondre dans l'Église si tout le monde avoit la permission de dire ce que bon lui semble. IV. 15. — La foi de l'Église ne sauroit être appuyée sur des inspirations particulières. IV. 51. — L'Église peut inventer des mots pour exprimer des mystères qui sont réellement en l'Écriture. II. 214. — L'Église ne peut pas errer. IV. 38. — Si le chef de l'Église pouvoit errer, qui le préserveroit de l'erreur? IV. 88. — Si l'Église erroit dans les choses nécessaires au salut, on ne pourroit se sauver en elle. IV. 40. — L'Église catholique n'a jamais rien changé dans la doctrine et dans les sacremens. IV. 116. — L'Église possède l'infaillibilité d'interprétation. IV. 53. — Il ne peut entrer aucune fausseté dans l'entendement de l'Église, ni aucune malice en sa volonté. IV. 30. — Les hérétiques disent qu'ils ont réformé l'Église selon la vraie intelligence des Écritures, mais cela n'est pas. IV. 97. — La plus grande absurdité des protestans est de prétendre que l'Église tout entière a erré mille ans durant en l'intelligence de la parole de Dieu. IV. 123. — Hors de l'Église point d'autorité pour l'enseignement. IV. 18. — La science ne suffit pas pour aller à Dieu, il faut encore être uni à l'Église et ne pas rompre avec elle. IV. 24. — L'Église a tous les moyens de se faire connoître; on ne peut donc la quitter sans crime. IV. 24. — Tous les prophètes et prédicateurs qui ont été inspirés de Dieu ont toujours aimé l'Église, toujours adhéré à sa doctrine, tous aussi ont été approuvés par elle. IV. 318. — Jésus-Christ prend à soi le mépris et l'honneur qu'on fait à l'Église. IV. 5. — L'Église est accusée et haïe injustement; elle a raison de se plaindre de ceux qui l'abandonnent. IV. 5. — Ceux qui se scandalisent de l'Église ont le tort en eux-mêmes. IV. 5. — Ceux qui se sont séparés de l'Église ont mis en avant deux faux prétextes: les uns, qu'elle étoit invisible; les autres, que, quoique visible, elle étoit faillible et pouvoit disparoître pour un temps. II. 581. — Les hérétiques confessent que pour un temps l'Église romaine fut sainte, catholique et apostolique. IV. 116. — Ils ne peuvent désigner l'époque où elle perdit ces qualités, et qu'elle fut livrée à l'esprit d'erreur. IV. 116. — Les hérétiques n'estiment pas les marques de l'Église. IV. 106. — Les hérétiques ont avili la sainteté et la majesté de l'Église en prétendant qu'elle est restée anti chrétienne pendant neuf siècles. IV. 39. — Les réformateurs, pour séparer les fidèles de l'Église, crièrent qu'elle étoit avilie et corrompue. IV. 15. — Les injures des ministres contre l'Église occupent la plus grande partie de leurs sermons. IV. 101. —Les novateurs prétendoient introduire une nouvelle Église et répudier la véritable. IV. 16. — L'Église réformée, peu étendue en elle-même, est subdivisée à l'infini. IV. 121. — Elle ne peut pas se féconder, n'ayant pas de ministres, dont les vertus, la doctrine et la sainteté rappellent les apôtres. IV. 121. — Elle peut seulement dérober quelques méchans enfans à la vraie Église. IV. 121.— L'église des hérétiques est loin de représenter l'Église des premiers siècles, comme ils le prétendent ; c'est une monnaie de bas aloi et qui a perdu son titre, tandis que le catholicisme l'a conservé pur et sans altération. IV. 109. — D'étranges absurdités se trouvent en la doctrine de l'Église prétendue. IV. 122. — L'Église réformée nouvelle ne date pas des apôtres. IV. 118. — Dans une Église fausse on ne peut trouver une légitime mission. IV. 19. — Faute de mission, tous les ministres de la nouvelle et prétendue Église sont inexcusables, et aussi ceux qui les ont ouïs et suivis. IV. 16. — L'Église nous enseigne si la mission vient de Dieu ou des hommes. IV. 24.

ÉGLISE (l') est l'habitation de Dieu et son lieu de repos ; c'est la maison de prières. II. 394. — On ne doit pas faire un trop long séjour dans les églises quand on est obligé d'être ailleurs. III. 397.

ÉGYPTIENS (les) figurent la divinité par un serpent qui mord sa queue, afin de montrer qu'elle n'a ni commencement ni fin. III. 38.

ÉLECTION. Ce qui est sans élection ne mérite pas de louange. II. 113. — Élection des supérieures. I. 634.

ÉLIE. II. 247 ; II. 156 ; II. 252 ; IV. 107.

ÉLISABETH (sainte). II. 258, 252, 256.

ÉLISABETH (sainte), reine de Hongrie. I. 510, 491, 530.

ÉLISABETH, chef de l'Église d'Angleterre. IV. 22, 40.

ÉLISÉE. II. 117, 189, 424.

ÉLOQUENCE. Les couleurs de l'éloquence conviennent-elles aux funérailles et au deuil ? II. 402.

ÉLUS (les) sont prédestinés de Dieu pour être conformes à l'image de son Fils. II. 242. — Les élus seront ceux qui auront confessé de bouche, de cœur, par signes et par œuvres autant qu'ils pourront. II. 489.—Ils n'appartiennent pas seuls à l'Église. II. 384. —Tous les élus tournent la fleur de leur cœur, qui est l'obéissance aux commandemens, du côté de la volonté divine. IV. 319.

EMBARRAS. On se trouve souvent dans l'embarras pour mener à fin les meilleures choses. III. 544.— Il ne faut pas s'engager dans les embarras qu'on peut éviter. III. 132.

EMPLOIS. Le saint avoit de l'aversion pour les emplois tumultueux. I. 25. — Emploi du temps. III. 112, 466.

EMPRESSEMENT (l') trouble la raison et le jugement. I. 504. — L'empressement vain et inutile ne produit qu'une lassitude d'esprit. III. 599. — L'empressement, la sollicitude et le souci ne sont pas accompagnés de la paix ni de la tranquillité d'esprit. I. 504. — L'empressement à faire quelque chose pour Dieu est moins un acte de vertu que d'obéir à Dieu et de se soumettre à tout, pourvu que sa volonté s'accomplisse. II. 279. — Quand on s'empresse d'une sollicitude bruyante on ne fait jamais ni beaucoup, ni bien. I. 504. — Notre soin est rarement sans empressement et sans trouble. II. 278. — L'empressement est la peste de la dévotion. I. 348. — Dieu ne veut pas d'empressement dans son service. III. 443. — Ni dans l'oraison. III. 600.

ENCENS. L'encens est la figure de l'espérance. II. 365. — Les prêtres seuls pouvoient autrefois offrir l'encens sur l'autel des parfums. II. 471.

ENFANCE. Il y a une enfance qui correspond promptement et avec ferveur aux secrètes inspirations de Dieu. II. 524.

ENFANS. Trois sortes d'enfans ont eu l'usage de la raison avant leur naissance, mais différemment, Jésus-Christ, Marie et saint Jean-Baptiste. II. 294. — Les petits enfans s'attachent quelquefois avec ardeur au sein de leurs mères parce qu'ils ont faim. IV. 165. — Il ne faut pas prévenir la volonté des enfans relativement à l'état religieux par des résolutions, mais seulement par des inspirations suaves. III. 524. — Quelle sorte d'assistance les enfans qui ont dû de la famille doivent à leurs parens. III. 365. — Motifs de se consoler de la mort d'un enfant en bas âge. III. 557.

ENFER (l') est comme une ville ténébreuse, brûlante de soufre et de poix puante, pleine de citoyens qui n'en peuvent sortir. I. 467.— L'enfer plein d'horreur, de rage et de félonie, ne reçoit aucun mélange d'amour. IV. 357.— La pureté du mal ne se trouve qu'en enfer. I. 580. — Il n'y a que blasphèmes en enfer. IV. 142. — Nous avons tous mérité l'enfer plusieurs fois. I. 468. — La pensée de l'enfer est propre à faire sortir les pécheurs de leur paresse à se convertir. II. 229. — Il faut détester l'enfer et ses tourmens. I. 469. — La misère d'enfer est pour les riches d'esprit. I. 508.— Méditations sur l'enfer. I. 467. — Les personnes pieuses n'ont pas besoin de lire ce qui regarde la mort, le jugement et l'enfer. III.565.—Jésus-Christ, dans sa descente aux enfers, délivra les ames du purgatoire. IV.136.

ENNEMI. Il faut aimer ses ennemis pour Dieu. II. 291. — On ne doit point approuver ce pardon, qu'il ne faut jamais se fier à un ennemi réconcilié. I. 525. — Histoire relative au pardon des ennemis. I. 588. — Dieu veut que nous ayons des ennemis du salut, et que nous les repoussions. IV. 329. —

Nos ennemis reviennent plusieurs fois à la charge, car si on les repousse on ne les tue pas. III. 618.

ENNUIS. Il ne faut jamais perdre courage au milieu des ennuis intérieurs. I. 555.

ENOCH n'est pas encore mort. II. 305. — Il combattra l'Ante-Christ et ses faux miracles. IV. 107.

ENSEIGNER. Tout homme qui veut enseigner aux autres les voies de la justice, doit se résoudre à souffrir leurs inégalités et injustices, et à recevoir leur ingratitude pour son salaire. I. 256.

ENTENDEMENT (l') est la première faculté de notre esprit. II. 177. — On peut l'appeler l'ouvrier de l'ame. II. 59. — Il a quatre actes divers : la pensée, l'étude, la méditation et la contemplation. II. 360. — Il faut soumettre son entendement à la foi. II. 246. — L'entendement est un don du Saint-Esprit qui nous fait voir et pénétrer la beauté et la bonté des mystères de la foi. II. 197.

ENTREPRISE. Il ne faut rien oublier de tout ce qui est requis pour faire bien réussir les entreprises que Dieu nous met en main ; mais à la charge que, si l'événement est contraire, nous le recevions doucement et tranquillement. IV. 327. — Si l'entreprise faite par inspiration périt par la faute de ceux à qui elle étoit confiée, faut-il acquiescer à la volonté de Dieu? IV. 327.

ENVIE (l') s'étend en toutes matières de biens d'honneur, de faveurs, de beauté. IV. 356. — Elle provient du manquement d'amour. IV. 356. — Elle est toujours injuste. IV. 355. — Elle est déraisonnable, nous faisant estimer que le bien du prochain soit notre mal. IV. 355.

ENVIEUX (les) vitupèrent même les belles qualités. II. 498.

ÉPHREM (saint). II. 133.

ÉPICTÈTE. I. 577.

ÉPINES (les) des exercices spirituels passent, tandis qu'elles s'accroissent dans les plaisirs corporels. III. 626.

ÉPIPHANE (saint). II. 435.

ÉPOUSE, ÉPOUSER. L'Épouse du cantique cherche son époux avec ardeur. II. 373. — Grande fut son amour envers lui. II. 184. — Dans le dernier banquet, Jésus-Christ épousa de rechef la nature humaine en changeant le pain en son corps et le vin en son sang, et par là il commença la solennité de ses noces, qu'il finit sur l'arbre de la croix. II. 39. — Quelle prétention les religieuses doivent-elles avoir pour être dignes épouses de Notre-Seigneur, et pour se rendre capables de l'épouser sur le mont de Calvaire? I. 675. — Sur la terre, les peines, les souffrances et les mépris sont les joyaux que Jésus-Christ donne aux épouses qui se consacrent à lui. II. 37.

ÉQUIVOQUES (les) sont défendus. I. 363. — L'équivoque étant seul, doit être pris dans le sens que l'interrogateur l'entend. II. 481. — S. François détestoit les équivoques. I. 227.

ERREUR. Quand on ne peut méconnoître une erreur on est inexcusable d'y rester. IV. 127. — Tableau des erreurs de quelques hérétiques. II. 228.

ESAÜ. Comment se présenta-t-il à son père. I. 510.

ESDRAS a changé les lettres anciennes des Hébreux en celles que nous avons maintenant. II. 487.

ESPÉRANCE (l') n'est autre chose que l'amoureuse complaisance que nous avons en l'attente et prétention de notre souverain bien. IV. 203. — L'amour d'espérance est voirement amour, mais amour de convoitise et intéressé. IV. 203. — L'amour d'espérance est imparfait, il le cède à la charité. II. 170. — L'espérance est, après la foi, le second degré de la justification. II. 225. — Elle est la seconde condition de l'oraison. II. 360. — Il faut avoir une bonne espérance en Jésus-Christ. II. 225. — L'espérance en Dieu ne sera pas confondue. III. 628. — C'est une espérance vaine d'attendre toujours pendant cette vie des consolations et suavité en l'oraison. II. 78.

ESPÉRER. Entre espérer et aspirer il y a cette différence, que nous espérons les choses que nous attendons par le moyen d'autrui, et nous aspirons aux choses que nous prétendons par nos propres moyens. IV. 203.

ESPRIT (le Saint-) est l'amour substantiel et réciproque du Père et du Fils, Dieu comme le Père et le Fils, éternel comme eux. II. 313. — Le Saint-Esprit procède du Père et du Fils. II. 205. — L'esprit de Dieu fut porté dans l'origine sur les eaux. II. 186. — L'esprit de Dieu reposa sur Jésus-Christ, afin que ses dons coulassent sur nous. II. 199. — Dons du Saint-Esprit. III. 477. — Le Saint-Esprit peut seul nous apprendre toute vérité et empêcher qu'elle ne nous nuise. II. 183. — Le Saint-Esprit assistera l'Église jusqu'à la fin des siècles. II. 386.

ESPRIT (l') divin est une lumière infinie, duquel le souffle vital est appelé inspiration. IV. 314. — La lumière du Saint-Esprit nous échauffe au désir de nous nettoyer et de nous purger, en nous faisant voir plus distinctement nos péchés, nos inclinations et nos imperfections. I. 472. — Il faut correspondre en toute hâte aux inspirations du Saint-Esprit. II. 234. — Pour bien recevoir le Saint-Esprit, il faut vivre conformément à la foi, vivre en paix et non en guerre ; il faut se rendre dévot et prier Dieu ; il faut être avec Marie mère de Jésus. II. 189. — Le Saint-Esprit en quel sens prie-t-il? II. 362. — Le Saint-Esprit est la douce source de toute véritable consolation. III. 577. — Le Saint-Esprit n'habite pas dans un cœur souillé par le péché. II. 365. — Ni dans un cœur dissimulé. II. 50. — Le Saint-Esprit est par assistance dans le cœur du pécheur pénitent. II. 365. — Il faut faire régner l'esprit de Jésus-Christ crucifié sur notre esprit. III. 589.

ESPRIT. Peut-on désirer d'avoir meilleur esprit ou meilleur jugement que celui qu'on a? I. 532. — Il faut avoir l'esprit juste et raisonnable. I. 531.

— La liberté d'esprit forclôt la contrainte, le scrupule, l'empressement. II. 35. — Quels sont les vices opposés à la liberté d'esprit? III. 525. — L'esprit doit s'arrêter à une considération quand il y trouve du goût, de la lumière et du fruit : sinon il doit passer simplement à une autre. I. 477. — L'esprit particulier est nuisible aux auteurs qui parlent de la théologie mystique. II. 361. — L'Esprit contrit est un sacrifice agréable à Dieu. II. 381. — Dieu est la vie surnaturelle des esprits, le péché est leur mort. IV. 250. — Les qualités du corps et de l'esprit ne font pas les saints, mais le bon usage qu'on en fait. I. 16. — Il ne faut pas croire légèrement à toutes sortes d'esprits, mais éprouver s'ils sont bons ou mauvais. IV. 42. — Les esprits vulgaires vivent bien quand tout cède à leur gré, mais non parmi les contradictions. I. 353. — Il n'y a point d'esprits plus ennemis de la société humaine, que ceux qui sont opiniâtres, têtus et sujets à contredire les autres. I. 360. — Les beaux esprits diffèrent des bons esprits comme l'aigle diffère du paon. II. 285. — Les beaux esprits ne s'amusent qu'à de vaines imaginations et s'enflent de vanité et de superbe. II. 285. — Les bons esprits font des œuvres généreuses et s'humilient sans cesse. II. 285. — L'esprit bon est un esprit bien fait et bien sensé, et encore médiocre, qui n'est ni trop grand ni trop petit. III. 377. — Que faut-il penser des esprits trop réfléchissans? I. 341. — La plus mauvaise qualité d'un esprit, c'est d'être moqueur. III. 410. — L'égalité d'esprit est la vertu la plus nécessaire et particulière de la religion. I. 581. — La légèreté d'esprit en l'oraison et hors de l'oraison est ordinairement un sujet que Dieu nous laisse pour vivre bien humblement et doucement. III. 527. — Le trop grand soin qu'on a de soi-même fait perdre la tranquillité de l'esprit, et porte à des humeurs bizarres et inégales. I. 585. — L'esprit humain est toujours inquiet, parce qu'au lieu de rechercher le vrai bien il cherche les biens caduques et trompeurs. II. 260.

ÉTAT. La perfection de l'état d'un chacun est de bien rapporter les moyens à la fin, et de se servir de ceux qui sont propres à notre état pour faire progrès en la charité. I. 320. — Le désir de changer d'état est un grand obstacle à la perfection. III. 121. — Il faut se rendre parfait dans son état, sans désirer celui auquel on ne peut parvenir. III. 108. — Il faut vivre content en l'état où Dieu nous a mis, sans en ambitionner un plus parfait ou plus relevé. III. 487. — Quelle conduite les parens doivent-ils tenir relativement à la vocation de leurs enfans pour un état, soit dans le monde, soit hors du monde? III. 118. — La vocation à l'état ecclésiastique ne détruit pas les liens et les devoirs de la piété filiale. I. 22.

ÉTERNITÉ. Il ne faut arrêter ses pensées et ses désirs qu'en l'éternité. III. 591. — A mesure que la vie disparoît, on entrevoit l'éternité. III. 635. — A qui regarde l'éternité, ce qui est sujet au temps est peu de chose. I. 273. — Ce qu'on fait en ce monde n'est rien du tout, si ce n'est que c'est le passage à l'éternité. III. 531.

ESTIME (l') est un bien imaginaire qui dépend de l'opinion d'autrui. I. 607. — Si le monde nous méprise, réjouissons-nous ; s'il nous estime, méprisons son estime et son jugement. III. 590.

EUCHARISTIE. Jésus-Christ a inventé le saint-sacrement de l'eucharistie qui contient réellement sa chair et son sang, son ame et sa divinité, afin que celui qui le mange vive éternellement. I. 491. — Nous devons avoir foi en l'eucharistie, quoique cette vérité répugne à quelques-uns de nos sens. II. 39. — Toutes les difficultés relatives à l'eucharistie se réduisent à ces deux, ou que la réalité de la présence de Jésus-Christ n'a pu être institué, ou faite; ou qu'il n'a pas été convenable qu'elle fût faite. II. 211.

ÉVANGILE (l') commence et finit par la paix. II. 174. — L'Évangile est comme un fleuve qui arrose continuellement l'Église. II. 221. — L'Évangile ne contredit pas les raisons de la nature, il est seulement élevé au-dessus d'elles. IV. 123. — Les évangiles et les épîtres n'ont été écrits par les apôtres qu'en trois langues quoiqu'ils les possédassent toutes. IV. 57. — On trouve dans l'Évangile que Notre-Seigneur a crié six fois. II. 63. — Il ne faut pas suivre le mouvement de la sagesse mondaine, mais l'esprit de l'Évangile. III. 444.

ÉVÉNEMENS. On ne connoît presque point le bon plaisir divin que par les événemens. IV. 326. — La vicissitude des événemens joyeux et pénibles s'est trouvée dans la famille de Notre-Seigneur. I. 582. — Il faut être ferme dans ses bonnes résolutions, afin de vivre également parmi les inégalités de nos sentimens et des événemens. I. 617.

ÉVÊQUES (les) sont véritablement princes spirituels, chefs et évêques en l'Église de Dieu, non les lieutenans du pape, mais de Notre-Seigneur. Le pape les appelle frères. IV. 87. — Bien dire et bien faire, ou bien prêcher et bien vivre sont deux choses nécessaires à un évêque, ainsi que la bonne oraison. II. 360. — Les évêques doivent se former une opinion sur ceux qu'ils conduisent. I. 639. — Ils doivent prendre un grand soin de leurs ouailles. I. 328. — Ils doivent perfectionner les ames. I. 455. — Ils sont obligés à la résidence. I. 301. — Les évêques qui font leur devoir sont dignes d'un double honneur. II. 466. — Les évêques persécutés sont dignes d'un grand respect. III. 332. — Les seuls évêques et non les prêtres peuvent envoyer. IV. 19. — Les premiers prélats du christianisme se signoient en allant à l'autel. II. 483. — Ils doivent avoir un soin raisonnable pour le temporel. I. 347. — Ils ne doivent jamais faire pour leurs parens rien qui répugne à la loi de Dieu, ou qui soit contraire à leur vocation. II. 42. — Le serviteur prudent et fidèle désigne saint Pierre et après lui les évêques. IV.

77. — Nul autre évêque que le pape n'a jamais pris le titre de pasteur universel de l'Église. II. 245. — Les religieuses doivent être soumises à la juridiction des évêques. I. 178. — L'évêque de Soissons approuva le livre de l'Esprit de saint François de Sales. I. 260. — Saint François rendit compte à un évêque des peines et des consolations qu'il éprouvoit dans son épiscopat, ainsi que de ses travaux apostoliques. III. 74. — Que répondit-il à un évêque qui vouloit quitter sa charge? I. 322. — Le saint évêque étoit embarrassé pour trouver des sujets propres à former les nouveaux établissemens de l'ordre de la Visitation. III. 344.

EXACTITUDE. Il ne faut pas dire qu'il n'appartient qu'aux novices d'être exacts. I. 625.

EXAMEN de conscience. III. 522. — Il faut s'examiner sur toutes les actions de la journée. I. 480. — Examen de son état envers soi-même. I. 559. (Voir *Conscience, Confession, Commandemens*.) — Le pape examina lui-même saint François en présence d'un grand nombre de cardinaux et de prélats; le saint satisfit à l'examen avec une grande capacité. I. 81.

EXCELLLENCE (toute) est infinie ou finie, ou divine ou créée. II. 504. — L'excellence créée est ou naturelle ou surnaturelle. II. 504. — Le souverain honneur appartient à la souveraine excellence. IV. 218. (Voir *Adoration, Honneur*.)

EXCEPTION. L'exception a-t-elle lieu en religion. I. 638.

EXCUSER. Celui qui s'excuse injustement et artificieusement s'accuse ouvertement et véritablement. I. 400. — Quand on excuse son ame sans fondement, on la rend insolente, et quand on l'accuse légèrement on lui abat le courage, et on la rend pusillanime. I. 400. — Comment faut-il s'excuser envers le prochain? I. 258. — Ou l'excuser lui-même. I. 400.

EXEMPLE. Doit-on se fonder sur l'exemple des hommes? II. 484. — Le bon exemple est un langage bien fort et bien efficace. II. 203. — L'exemple des saints nous excite continuellement à bien faire. I. 561.

EXERCICES spirituels. II. 634. — Quel est l'exercice du matin que doit faire une ame fidèle? I. 479. — Par l'exercice du matin on ouvre son ame au soleil de justice. I. 480. — Il y a plus de bien aux exercices publics de l'église qu'aux particuliers. I. 484. — Exercices spirituels pour toutes les semaines. III. 533. — Il est bon de se faire ordonner quelques exercices de piété par son père spirituel. I. 506. — Il ne faut pas vouloir suivre plusieurs exercices à la fois tout-à-coup. IV. 186. — Il faut faire choix d'un exercice pour s'y adonner plus fréquemment. I. 396. — Il est dangereux de voltiger d'exercice en exercice, de livre en livre, de pratique en pratique. I. 396. — La perfection n'est pas dans la multitude des exercices de vertus, soit intérieurs, soit extérieurs. I. 334. — Il faut faire ses exercices spirituels avec ferveur et fidélité. III. 569. — La lon-

gueur des exercices de piété ne doit pas lasser notre ame ni celle de ceux avec qui l'on vit. III. 611. — Une femme doit observer la modération dans ses exercices de piété, les accommodant autant que possible à ses affaires domestiques et à la volonté de son mari. III. 617. — Une femme grosse que doit-elle observer et retrancher des exercices de piété? III. 486. — L'exercice de la présence de Dieu doit être observé comme un pain quotidien. I. 565. — Jésus-Christ préféroit l'exercice de Marie à celui de Marthe. II. 278.

EXIGER. Nous ne devons exiger de nous que ce qui est en nous. III. 584.

EXPÉRIENCE (l') n'enseigne pas aux hommes la fragilité du monde. III. 547.

EXQUIS. Il y a des personnes auxquelles il ne faut montrer que l'exquis. I. 693.

EXTASE (l') s'appelle ravissement, d'autant que par elle Dieu nous attire et élève à soi. IV. 158. — L'extase et le ravissement dépendent totalement de l'amour. IV. 160. — Les extases ne servent de rien pour le salut. IV. 228. — Ce ne sont pas des vertus, mais plutôt la récompense des vertus ; ce sont des passions et non des actions. I. 493. — Il y a deux sortes d'extases, l'une nous porte au-dessus de nous-mêmes, l'autre nous ravale au-dessous de nous-mêmes. IV. 172. — Il y a certaines espèces d'extases naturelles faites par la véhémente application de l'esprit à la considération des choses plus relevées. IV. 160. — Les extases sacrées sont de trois sortes : l'une est de l'entendement, l'autre de l'affection, la troisième de l'action. IV. 159. — Les deux extases de l'entendement et de la volonté quoique unies ordinairement peuvent cependant exister l'une sans l'autre. IV. 160. — Une extase toute sainte, toute aimable, et qui couronne les deux autres, c'est l'extase de l'œuvre et de la vie. IV. 161. — La première marque de l'extase sacrée est qu'elle ne se prend ni ne s'attache jamais tant à l'entendement qu'à la volonté. IV. 161. — La seconde marque des vraies extases consiste en la troisième espèce d'extase. IV. 161. — C'est le comble de l'amoureuse extase de n'avoir pas sa volonté en son contentement, mais en celui de Dieu; ou de n'avoir pas son contentement en sa volonté, mais en celle de Dieu. IV. 275. — Il n'y eut jamais aucun saint qui n'ait eu l'extase et ravissement de la vie et de l'opération se surmontant soi-même et ses inclinations naturelles. IV. 292. — Bienheureux sont ceux qui vivent d'une vie surhumaine, extatique, relevée au-dessus d'eux-mêmes, quoiqu'ils ne soient pas ravis au-dessus d'eux-mêmes en l'oraison. IV. 292. — Admirable exhortation de saint Paul à la vie extatique et surhumaine. IV. 293.

EXORCISTES (les) ne chassent pas toujours les diables du corps, ils les chassent néanmoins quelquefois. II. 466.

ÉZÉCHIAS prioit avec tant d'attention, que sa face

prioit. II. 369. — Il fit rompre le serpent d'airain, parce que le peuple commençoit à l'adorer. II. 471.

ÉZÉCHIEL a vécu avant Esdras, il s'est servi des anciens caractères hébreux où le Tau a la forme d'une croix. II. 487. — Le Tau d'Ézéchiel a été rapporté par les anciens à la croix. II. 488. — La vision d'Ézéchiel fut mentale, et figurative de la nouvelle Jérusalem. II. 488.

FACULTÉS. Nous avons une grande diversité de facultés et habitudes, qui produisent aussi une grande variété d'actions. IV. 194. — Qui veut chevir de ses facultés il lui faut user d'industrie. IV. 162. — Nos facultés ne sont tranquilles qu'au jour où on prend Jésus-Christ pour roi. II. 353.

FAILLIR. Il ne faut pas faillir pour donner une mauvaise opinion de soi. III. 615.

FAIRE. On fait toujours assez tôt quand on fait bien. I. 504. — Il ne faut pas chercher à faire plusieurs choses en même temps. I. 348. — On fait quelquefois plus qu'on ne veut et qu'on ne peut, et on ne fait pas ce que l'on veut encore qu'on le puisse. III. 571.

FAMILLE. Il faut prier Dieu pour la conservation de sa famille et être dans la disposition de laisser faire Dieu à sa volonté dans ceux qu'il appelle à lui. III. 554.

FAMILIARITÉ (la) indécente, grossière et répréhensible, engendre le mépris; mais celle qui est civile, cordiale, honnête et vertueuse, ne l'engendre jamais. I. 317.

FAUTES. Les petites fautes s'agrandissent et deviennent souvent irréparables. I. 456. — On ne peut rendre raison de la faute que l'on fait au péché. IV. 196.(Voir *Péché*.) — Il y a des fautes qui n'emportent d'autre mal avec elles que l'abjection, telles que les incivilités. I. 499. — L'humilité ne se trouble pas des fautes qui n'ont d'autre mal que l'abjection. I. 499. — Il ne faut parler qu'avec prudence et charité des personnes complices de quelques fautes. III. 559.

FAVEURS (les) de Jésus-Christ valent mieux que toutes les faveurs du monde. I. 550. — Dieu exerce sa miséricorde par diverses faveurs qu'il distribue aux anges et aux hommes, au ciel et en la terre. IV. 320. — Peut-on chercher la faveur des autres? III. 382.

FAVRE (Antoine), président du sénat de Savoie, étoit un homme de grande vertu. I. 17.

FAVRE (la présidente). Le saint lui donna des avis et des conseils sur différentes matières de piété. III. 214.

FAVRE (mademoiselle), fille du président Favre, fut une des premières religieuses de l'ordre de la Visitation. III. 149. — Elle devint, supérieure de la maison de Lyon. III. 568. — Elle dirigea la maison de Montferrand. III. 386. — Et celle de Dijon. III. 397. — Elle fut enfin transférée à Chambéry. III. 397. — S. François l'engagea à porter avec courage la charge de supérieure. III. 253. — Elle rendoit compte au saint de ses peines intérieures et extérieures, et de la disposition de son ame. III. 261.

FEINTISE. Est-il permis de parler avec une prudente feintise quand la gloire de Dieu le requiert. II. 339.

FÉLICITÉ (la) est l'assemblage de tous les biens qui se trouvent en la jouissance de Dieu. II. 89. — La félicité essentielle des bienheureux consiste dans la vision et claire connoissance de Dieu et du mystère de la sainte Trinité. II. 91. (Voir *Bonheur, Ciel*.) — Ce n'est pas la dignité, c'est l'union de notre volonté à celle de Dieu qui est le principe de notre félicité. II. 315.

FÉLIX trembla et ne se convertit pas. II. 194.

FEMME (la) forte de Salomon mettoit la main à des choses fortes et petites. I. 531. — Les femmes doivent avoir en partage le soin de la maison. I. 535. — Les femmes doivent aimer tendrement, cordialement, mais d'un amour respectueux et plein de révérence, les maris que Dieu leur a donnés. I. 534. — Les femmes mariées ne doivent pas s'éloigner de leurs maris sans légitime raison. III. 526. — Elles leur doivent donner de la douceur et suavité de leur société. III. 531. — La femme mariée peut et doit s'orner auprès de son mari, et non pas loin de lui. I. 521. — Les femmes doivent offrir à Dieu leurs enfans avant leur naissance. I. 527. — Elles les portent pour lui. III. 617. — La femme enceinte ne doit pas jeûner, elle doit nourrir son corps en considération de celui qu'elle porte. III. 620. — Elle doit se mettre sous la protection de quelques saints. IV. 160. — Elle doit profiter des sujets de mortification qui sont attachés à son état. III. 486. — Quelle sorte d'oraison mentale doit-elle faire? III. 482. — Comment doit-elle remplir les devoirs du mariage? III. 529. — Oraison pour les femmes enceintes, composée par saint François. III. 620. — Notre-Seigneur réduit les vocations des femmes à deux principales, à savoir, à des parfumeuses et à des cuisinières, ce qui se rapporte à la vie contemplative et à la vie active. II. 262. — Les femmes qui pleuroient sur Jésus-Christ allant au Calvaire, pleuroient de compassion. II. 266. — Les femmes doivent craindre toutes sortes d'attaques pour petites qu'elles soient. I. 562. — Une femme d'honneur n'écoute pas les cajoleries d'un homme. I. 516. — La femme doit se taire à l'église. IV. 62. — Les femmes du monde s'exaltent davantage quand on les exalte. II. 257. — Il faut user d'une grande circonspection avec les femmes quand on leur parle, ou quand on leur écrit. I. 282.

FERMETÉ. Il faut avoir de la fermeté parmi les accidens et les tribulations du monde. I. 580. — Saint François de Sales savoit allier la fermeté avec la douceur. I. 19, 79, 88, 181.

FERVEUR. Que faut-il faire pour acquérir la ferveur, ou obtenir des lumières intérieures? II. 44.

FESTINS (les) sans être mauvais en eux-mêmes peuvent être néanmoins dangereux. I. 473.

FÊTE. La première fête qui ait jamais été célébrée en la terre est une fête de complaisance ; ce fut quand Dieu, considérant l'univers qu'il venoit de créer, le trouva bon. II. 304. — L'Église célèbre certaines fêtes avec plus de solennité que les autres. II. 33.—Elle célèbre le fête de tous les saints en général, parce qu'il y en a un grand nombre qui sont au ciel et dont la vie et les vertus sont inconnus sur la terre. II. 304.—Comme on célèbre la fête des saints dans le ciel, ainsi l'Église célèbre avec joie la fête particulière de plusieurs saints. II. 304. — Les fêtes de l'Église sont des occasions favorables au renouvellement des promesses faites à Dieu pour le bien servir. II. 320.

FEUILLANS (les) furent établis par saint François dans l'abbaye d'Abondance. I. 120.

FILLES. Il est permis aux filles à marier de s'orner assez bien. I. 521. — Les jeunes filles qui suivent l'Époux à cause de son nom, représentent les ames fidèles qui n'ont jamais aimé que Dieu. II. 108. —On célèbre plus solennellement l'entrée des filles en religion que celle des hommes. II. 109. — On ne promet pas de joies aux filles qui entrent en religion, mais des peines et des croix. II. 109. — Les filles de la Visitation sont toutes appelées à une très-grande perfection. I. 594. — Par quel motif faut-il donner sa voix, tant aux filles que l'on va admettre à la profession, qu'à celles qu'on reçoit au noviciat. I. 654. — Les filles que l'on doit recevoir en religion doivent être saines, non de corps, mais de cœur et d'esprit. III. 354. — Elles doivent profiter de leur noviciat. I. 639.—Quelles instructions doit-on donner aux filles avant la vêture ? III. 442.—Doit-on bannir les filles qui ayant failli se repentent véritablement ? III. 440.—Comment doit-on juger une fille qui témoigne par ses paroles qu'elle se repent d'être entrée en religion? I. 660. — Les religieuses de la Visitation peuvent recevoir chez elles de petites filles. III. 347.

FOI (la) est une adhésion de notre entendement, et une attache de la volonté à la vérité des mystères révélés de Dieu, et proposés à croire par l'Église. II. 80. — La foi nous fait connoître, par une infaillible certitude, que Dieu est, qu'il est infini en bonté, qu'il se peut communiquer à nous, et que non-seulement il le peut, mais il le veut. IV. 201. — La foi est une vue de la face même de la divine majesté, que nous ne voyons pas encore en plein jour de la gloire, mais nous le voyons pourtant comme en la prime aube du jour. IV. 223.—Dieu fait la proposition des mystères de la foi à notre ame parmi des obscurités et ténèbres, en telle sorte que nous ne voyons pas les vérités, mais seulement nous les entrevoyons. IV. 200.—Quand Dieu nous donne la foi, il entre en notre ame et parle à notre esprit, non point par manière de discours, mais par manière d'inspiration. IV. 200. — A l'arrivée de la foi, l'esprit se dépouille de tous discours et argumens, et les soumettant à la foi il la fait asseoir sur eux, la reconnoissant comme reine. IV. 200.—Quand la lumière de la foi a jeté la splendeur de ses vérités en notre entendement, notre volonté sent aussitôt la chaleur de l'amour céleste. IV. 201. — Les mystères de la foi sont aimés à cause de leur beauté. II. 80.—La foi est la base et le fondement de l'espérance et de la charité, ainsi que des autres vertus qui la suivent. II. 80. — La foi détruit la crainte des paresseux, des enfans et des délicats. II. 78.—La foi nous rend victorieux des tentations. II. 74. — On sera sauvé si l'on fait ce que la foi enseigne qu'il faut faire pour avoir la vie éternelle. II. 82. — La foi doit être égale en tous, quant à l'objet et à la quantité des choses qu'il faut croire. II. 80.—La foi n'est pas la même en tous, quant à sa vivacité. II. 80. — La foi peut être endormie. II. 81. — La foi pour être grande doit être vivante, vaillante et attentive. II. 83. — La foi vaillante est accompagnée des quatre vertus cardinales : prudence, force, justice et tempérance. II. 82. —La foi vaillante sert Dieu, non en serviteur mercenaire ou attaché à ses intérêts, mais en serviteur fidèle. II. 83. — C'est par les opérations que fait la charité que l'on connoît si la foi est vivante, morte ou mourante. II. 81.— La foi est vivante quand ses opérations sont fréquentes et ferventes. II. 81.—La foi mourante est celle qui produit encore quelques bonnes opérations, parce qu'elle n'est pas entièrement séparée de la charité, mais rarement et foiblement. II. 80. —La foi morte est celle qui est séparée de la charité. II. 80.—La foi morte peut avoir une apparence de vie qui trompe. II. 81.—La simplicité de la foi est un don très-précieux. II. 399. — La foi nue et simple consiste à croire les vérités, en faisant abstraction de ce qu'elles ont de consolant ou d'effrayant, et à ce qu'elles sont relatives à l'imagination ou à l'entendement. III. 376. — Marcher dans la foi vive, ce n'est pas seulement marcher en la lumière de la foi, mais encore à la chaleur de la sainte charité, qui est l'ame et la vie de la foi. III. 416.—Règles pour la foi, ébauchées par l'auteur. IV. 125. — La foi chrétienne est fondée sur la parole que Dieu, suprême vérité, a lui-même révélée. IV. 43. — La parole de Dieu se trouve dans l'Écriture et la tradition. IV. 44. — Les décrets de la foi, ou les canons, sont des règles inviolables de notre créance qui sont et seront toujours vraies. IV. 96. — Celui qui ne croit pas quelque mystère de la foi n'est pas catholique. II. 80.—On perd la foi quand on veut la pénétrer par les raisonnemens humains. II. 246. — Les opinions qui n'appartiennent pas à la foi sont laissées à l'esprit de chacun dans l'Église, mais celles qui appartiennent à la foi il n'est permis à personne d'y contredire, quand le pape ou le concile l'ont déterminé. IV. 102. — Dans les tentations contre la foi et l'Église, il ne faut pas répondre ni faire semblant d'entendre ce que l'ennemi dit. III. 520. — Il faut les repousser par des actes de foi et des retours sur son ignorance. III. 521. — Avec des affections et non des raisons, avec des passions et non pas avec des considérations. III. 522.

FORAX (DE), parent de saint François, chercha à venger une horrible calomnie répandue contre le saint évêque. I. 149.

FORCE (la) n'est pas force si elle n'est juste, prudente et tempérante. IV. 374. — La force trouve rarement l'occasion d'être exercée. I. 490. — Elle nous fait tendre toujours à la perfection. II. 202. — La force est un don du Saint-Esprit, nécessaire pour pratiquer le bien et fuir le mal. II. 196. — L'esprit de force fait bannir les tendretés, qui nous empêchent de faire progrès en la perfection. I. 593. — Il faut faire tout par amour et rien par force. I. 323. — Saint François avoit une grande force d'esprit. I. 399.

FORNICATION (la) ne doit pas être même nommée parmi les chrétiens. I. 507.

FORTUNE. Ce mot de fortune choquoit saint François, et il l'estimoit indigne de passer par une bouche chrétienne. I. 384.

FRANCOIS (saint) de Sales naquit au château de Sales. I. 2. — Il fut d'abord foible de constitution : il se fortifia dans la suite. I. 3. — Il fut un instrument dont Dieu se servit pour consoler l'Église affligée par l'hérésie et la corruption des mœurs. I. 1. — Ses parens eurent un tendre soin de l'éloigner du péché et de lui inspirer l'amour de Dieu. I. 4. — Il fut envoyé aux études chez les Jésuites de Paris. Il fit de grands progrès dans les langues, la philosophie et les sciences. I. 4. — Il reçut la tonsure vers l'âge de 11 ans. I. 5. — Il éprouva comme il terminoit ses études une terrible tentation qui mit sa vie en danger ; il en fut délivré par l'intercession de la sainte Vierge. I. 7. — Il fut envoyé à Padoue pour y étudier en droit sous Gui Pancirole ; il y joignit l'étude de la philosophie et de la controverse, sous la conduite du jésuite Possevin. I. 9. — Il lui arriva des aventures surprenantes et dangereuses, qui ne servirent qu'à faire éclater sa vertu. Il se défendit contre des camarades qui l'attaquèrent. I. 10. — Sa chasteté mise à de rudes épreuves triompha glorieusement. I. 10. — Il se prescrivit pendant qu'il étudioit en droit à Padoue une règle de vie qu'il observa fidèlement. I. 420. — Après avoir reçu le bonnet de docteur en droit, il partit pour Rome. I. 12. — Ses sentimens divers à la vue de cette ville. I. 13. — Il évita un grand danger par une protection particulière de Dieu. I. 13. — Il entreprit le voyage de Lorette et de Venise. I. 13. — Il essuya sur mer une furieuse tempête ; il fit paroître sa piété et sa modération dans un si grand danger. I. 14. — Arrivé à Venise, les débauches des jeunes gens l'obligèrent d'en partir peu de temps après.

I. 15. — Son père l'envoya à Chambéry pour l'y faire recevoir sénateur. I. 17. — Il refusa cette place ainsi qu'un mariage avantageux. I. 19. — Il fit connoître à ses parens qu'il étoit appelé à l'état ecclésiastique. I. 18. — Malgré leur douleur ils consentirent à ses désirs. I. 21. — Il fut pourvu de la prévôté du chapitre de Genève. I. 20. — Il se disposa saintement aux ordres sacrés. I. 22. — Et à la prêtrise. I. 23. — Ses premières prédications fructifièrent beaucoup. I. 22. — Il fut choisi pour travailler à la conversion du Chablais. I. 29. — Il parla avec force à ses parens qui cherchoient à le dissuader de cette entreprise. I. 29. — Il partit pour le Chablais avec son cousin Louis de Sales. I. 29. — Il travailla quelque temps sans succès, mais bientôt Dieu bénit ses travaux. I. 33. — Il prêcha les hérétiques seul et sans secours ni défense humaine. III. 515. — Il éprouva des peines et des fatigues de tout genre pendant cette mission. I. 34. — Il faillit être assassiné plusieurs fois. I. 32. — Il s'établit à Thonon. I. 44. — Il y mena une vie toute apostolique. I. 44. — Il conféra plusieurs fois avec les calvinistes et leurs ministres, et les convainquit d'erreur. I. 42. — Pendant cette mission, il écrivit à plusieurs personnes qui vouloient l'en détourner qu'il ne pouvoit quitter cette œuvre divine. III. 14. — Il persuada au duc de Savoie, dans un voyage qu'il fit à Turin, de rétablir la religion catholique dans ses états sans violence, par la seule persuasion. I. 53. — Le duc donna des ordres, et le culte catholique reparut dans Thonon, malgré la sédition des calvinistes. I. 61. — Pendant ce temps, il conféra plusieurs fois avec Théodore de Bèze. I. 64. — Le duc vint à Thonon avec le légat du pape. I. 73. — Ils donnèrent de grands éloges à saint François sur le succès de la mission. I. 73. — L'évêque de Genève le choisit pour être son coadjuteur et son successeur. I. 79. — Il partit pour Rome afin d'être examiné par le pape. I. 83. — Il obtint du pape diverses bulles qu'il communiqua au duc de Savoie à son retour. I. 85.

FRANCOIS (saint) se prépara à son sacre avec une grande piété. I. 98. — Il fut sacré par l'archevêque de Vienne. I. 100. — Il fit son entrée dans Annecy et prêcha dans sa cathédrale. I. 100. — Il se prépara à donner les ordres ; dispositions qu'il demandoit dans les ordinands ; règles qu'il se prescrivit pour les ordinations. I. 103. — Il fut ferme à n'admettre que des personnes capables, et d'une vie irréprochable. I. 104. — Il composa un rituel pour rétablir une parfaite uniformité dans le service divin et dans l'administration des sacremens. I. 104. — Il tint le synode général de son diocèse, et il fit divers réglemens. I. 105. — Il établit les conférences ecclésiastiques. I. 105. — Manière dont il se conduisit avec son peuple. I. 98. — Et avec les malades. I. 272. — Il fit un voyage à la cour de France pour obtenir de Henri IV le rétablissement de la religion catholique dans le bailliage de Gex. I. 89. — Il étoit regardé à Paris et à la cour avec une grande estime. I. 91. — On lui offrit une pension, une abbaye et un évêché qu'il refusa. I. 91. — On le calomnia auprès de Henri IV. I. 96. — Il se justifia si bien dans l'esprit du roi, que l'estime de ce grand prince redoubla pour lui. I. 96. — Il passa au travers de Genève, au grand danger de sa vie, pour aller rétablir la religion catholique dans le bailliage de Gex. I. 113. — Le duc de Savoie appréhendant qu'il ne traitât avec la France de ses droits de souveraineté sur la ville de Genève en témoignade la défiance. I. 109. — Son amitié pour M. de Belley. I. 139. — Il institua l'ordre de la Visitation. I. 144. — Qu'exigeoit-il pour la réformation des monastères? I. 543. — Il réforma, en qualité de commissaire apostolique, le célèbre monastère des filles du Puits-d'Orbe. I. 131. — L'abbaye de Talloires. I. 136. — Il rétablit la paix dans l'ordre des Feuillans. I. 159. — Pendant qu'Annecy étoit assiégé par le duc de Nemours, il alla s'y enfermer avec son peuple. I. 125. — Il fut choisi par le duc de Savoie pour accompagner le cardinal son fils à la cour de France. I. 156. — On lui offrit de la part du roi Louis XIII la coadjutorerie de l'archevêché de Paris; il la refusa. I. 158. — Son humilité lui fit concevoir le dessein de prendre son frère pour coadjuteur. I. 145. — Saint François éprouvoit dans son ame un grand contentement en ses déplaisirs. III. 534. — Il fut calomnié d'entretenir des relations avec les étrangers contraires au service du prince de Savoie. III. 541. — Il ne vouloit de vie ou de réputation qu'autant que Dieu vouloit qu'il en eût. III. 577. — Il ne se plaignoit pas quand il apprenoit qu'on disoit du mal de lui. I. 560. — Il avoit un soin raisonnable de sa santé. III. 157. — Il aimoit beaucoup sa famille. III. 596. — Il la confessa toute et la communia. Il baptisa sa jeune sœur. III. 534. — Il s'attendrit plus qu'il n'aurait pensé en apprenant sa mort. Ibid. — Il assista son père et sa mère à leur mort. III. 516. — Il éprouva une vive douleur au sujet de la mort de mad. de Torens sa belle-sœur. III. 567. — Il eut des pressentimens de sa mort prochaine : ils ne servirent qu'à redoubler son zèle et son soin pour les pauvres. I. 180. — Il reçut des lettres du duc de Savoie qui l'obligèrent de partir pour aller à Avignon joindre le prince et la princesse de Piémont. I. 185. — Il prit congé de son peuple avec la pensée qu'il ne le reverroit plus. I. 185. — Il accompagna la princesse de Piémont à Lyon, il y tomba malade de sa dernière maladie. I. 186. — Ses derniers sentimens, ses dernières paroles, sa mort précieuse devant Dieu. I. 187. — Réflexions sur sa mort. I. 190. — Son corps fut porté à Annecy ; grands honneurs qui lui furent rendus. I. 191. — Il laissa un testament spirituel pour les ames dévotes. I. 243. — L'opinion sur la sainteté de saint François étoit généralement répandue partout. I. 186. — Sa réputation s'étendit jusqu'aux Indes. I. 195. — Éloge et panégyrique du saint. I. 297. — Saint François montra dans toutes les circonstances de sa vie une conduite et une sainteté merveilleuses. I. 452. — Il montra la vertu sous des traits capables de la faire aimer de tous les hommes. I. 452. — Quoiqu'il eût les vertus les plus éminentes, il avoit néanmoins un amour tendre pour les plus petites. I. 290. — Il brûloit d'amour pour Dieu. Il ne vouloit que Dieu pour son partage, comme que ce fût. III. 538. — Il étoit totalement résigné à sa volonté. III. 325. — Il étoit soumis avec confiance à la divine Providence. III. 110. — Son amour pour Jésus-Christ ne sauroit se décrire. I. 203. — Sa piété étoit admirable. I. 234. — Il étoit habituellement adonné à la prière, il la recommandoit à tous les chrétiens. I. 209. — Il aimoit l'Église comme sa mère dans la foi. I. 205. — L'hérésie n'ébranla jamais sa foi et ne fit pas la moindre impression sur son esprit. III. 540. — Sa charité brûloit son cœur. Il méditoit toujours sur l'obligation qu'ont tous les hommes d'aimer Dieu. I. 209. — Il excella dans l'amour du prochain. I. 218. — Il avoit une tendre compassion et un zèle ardent pour les ames. III. 328. — Il consoloit merveilleusement les pénitens. I. 344. — Les malades. I. 43. — Et les mourans. I. 284. — Il ne refusoit à personne. I. 312. — Il faisoit de grandes aumônes aux pauvres. I. 44. — Son amitié étoit constante et solide. I. 224. — Il étoit plein d'égards pour un ecclésiastique qui avoit été son précepteur. I. 266. — Il éprouvoit une trop grande opposition aux tracas des affaires d'état pour vouloir s'en mêler. III. 541. Il ne prenoit jamais de récréation de son mouvement, mais seulement par condescendance. I. 310. — Il avoit la vengeance en horreur. I. 135. — Il remporta par ses efforts la victoire sur ses passions. I. 541. — Il excella dans la pureté du cœur ; il la porta à un degré très-élevé. I. 16. — Sa chasteté étoit toute angélique. I. 7. — Il étoit plein d'humilité, il ne pouvoit souffrir qu'on le louât, ou qu'on l'estimât. I. 23. — Il excelloit dans la sincérité et la droiture du cœur. I. 16. — Il aimoit la pauvreté et la simplicité en la mort et en la vie. I. 491. — Il donnoit de grands exemples de générosité et de désintéressement. I. 97. — Il étoit tranquille et plein d'assurance dans les périls. III. 115. — Son courage et sa prudence ne l'abandonnoient jamais. I. 384. — Il étoit patient, doux et ferme dans les maladies, les contradictions et les traverses qui lui arrivoient de tous côtés. I. 43. — Il étoit résigné à tout. I. 34. — Il étoit ponctuel. I. 316. — Il souffroit qu'on fît son portrait. I. 413. — Il écrivoit à toute occasion. Il ne refusoit jamais de répondre à ceux qui lui adressoient des lettres. III. 531. — Tous ses ouvrages furent reçus du public avec de grands applaudissemens. I. 134. — Ils sont tous utiles et propres à faire naître la piété et l'amour de Dieu dans les cœurs. III. 589. — Il soumit ses écrits à l'Église. I. 456. — Ils furent examinés à Rome et approuvés avec de grandes louanges. I. 193. — La plupart ont été traduits dans toutes les langues. I. 134.

FRÉMIOT (le président) donna à saint François de Sales des marques de l'estime, du dévouement, du respect et de la considération qu'il lui portoit. III. 130.

FRÉMIOT (André), archevêque de Bourges, primat d'Aquitaine, frère de sainte Chantal. III. 518. — Éloge de ses vertus. III. 518. — Sa conversation avec saint François; son commerce de lettres. *Ibid.* — Son amitié franche et vigoureuse. *Ibid.*

FRÈRES. Les chrétiens de la primitive Église s'appeloient tous frères; mais cette ferveur s'étant refroidie, l'on institua les religions, dans lesquelles on ordonna que les religieux s'appelleroient tous frères et sœurs. I. 587. — Nul n'aura Jésus-Christ pour frère, qui n'aura pas Marie pour mère. II. 191.

GÉNÉROSITÉ (la) est un vrai bien quand elle rend l'homme plus modeste, sinon elle est mauvaise. I. 496, 591.

GENS (les) de bien qui n'ont pas atteint la dévotion volent rarement en Dieu. I. 457. — Les gens de bien peuvent avoir des opinions différentes sur les mêmes choses, sans blesser pour cela les devoirs de l'amitié. IV. 385. — Les paroles des gens de bien sont toujours prises en bonne part par les gens de bien. II. 462. — L'homme de bien est libre des actions de péché mortel, et n'y attache nullement son affection. III. 325. — La mémoire des gens de bien vit encore après le trépas. III. 561. — Règles pour les gens du monde. I. 203. — Les jeunes gens doivent porter la croix de l'obéissance, de la chasteté et de la retenue en leurs déportemens, I. 680.

GEX. Saint François fit tous ses efforts pour rétablir la religion catholique dans le bailliage de Gex. I. 222. — Il obtint du roi Henri IV des ordres pour achever d'y rétablir la religion. III. 36.

GLOIRE (la) ne paroît être autre chose qu'un certain éclat de réputation qui rejaillit de l'assemblage de plusieurs louanges et honneurs. I. 500. — Celui qui prend une chose à gloire, outre le plaisir, il ajoute l'honneur. IV. 245. — La vraie gloire est dans la croix de Notre-Seigneur. II. 230. — La vaine gloire est celle qu'on se donne, ou pour ce qui n'est pas en nous, ou pour ce qui est en nous, mais non pas à nous, ou pour ce qui est en nous et à nous, mais ne mérite pas qu'on s'en glorifie. I. 496. — On peut souhaiter au Père, au Fils et au Saint-Esprit, la gloire qui leur est naturelle et essentielle, et celle qui leur est extérieure et dénominative ou appropriée. II. 206. — La gloire essentielle à Dieu ne peut être altérée. II. 207. — La gloire extérieure à Dieu peut être augmentée par nos bonnes actions. II. 207. — La gloire éternelle que la divine bonté nous a destinée est le comble des bienfaits de Dieu envers nous. IV. 404. — La gloire céleste durera éternellement. II. 92. — L'homme ne peut comprendre la gloire des saints, parce qu'il n'y a rien en ce monde qui puisse lui servir de point de comparaison. II. 298. — La vue de la gloire de Jésus-Christ dans le ciel est un des principes de bonheur des élus. II. 225. — Les saints connoissent la gloire les uns des autres, et ne sont pas envieux de ce que quelques-uns en ont plus et les autres moins, parce que chacun est pleinement satisfait et rassasié. II. 301. — La lumière de gloire est une des plus grandes choses que Dieu puisse créer. II. 299. — C'est elle qui donne la mesure à la vue et contemplation des bienheureux. IV. 228. — Selon que les élus ont plus ou moins de cette sainte splendeur ils voient aussi plus ou moins clairement, ou plus ou moins heureusement la très-sainte divinité. IV. 228.

GLORIFIER. Se glorifier c'est s'estimer grand en quelque chose. II. 230. — On se glorifie des biens de l'âme, des biens du corps et de la fortune, quoique tout cela soit vanité. II. 230. — L'homme ne doit se glorifier de rien. I. 463.

GRACE (la) embellit notre âme. I. 437. — Par sa grace Dieu nous veut faire bons, comme très-bon, ains souverainement bon qu'il est. IV. 330. — La grace justifiante et sanctifiante est pour le sujet où elle est répandue par le Saint-Esprit, et y forme le caractère des enfans de Dieu. I. 390. — Les graces que l'on appelle gratuitement données, ne sont pas ordinairement pour le sujet qui les possède, mais pour l'édification du prochain. I. 390. — Les graces spirituelles sont un bienfait de Dieu. I. 464. — Dieu veut notre consentement et notre coopération à la grace. II. 308. — La grace est si gracieuse, et saisit si gracieusement nos cœurs pour les attirer, qu'elle ne gâte rien en la liberté de notre volonté. IV. 197. — Elle touche puissamment, mais pourtant si délicatement les ressorts de notre esprit, que notre franc arbitre n'en reçoit aucun forcément. IV. 197. — La grace céleste ne manque jamais à notre vouloir, tandis que notre vouloir ne défaut pas à notre pouvoir. IV. 218. — Le consentement à la grace dépend beaucoup plus de la grace que de la volonté, mais la résistance à la grace ne dépend que de la volonté. IV. 197. — Dieu nous donne sa grace par justice et par miséricorde. II. 305. — Dieu répand des graces générales sur tous les enfans de l'Église, mais il en a de spéciales pour ses amis; il y en a qu'il favorise plus les uns que les autres. II. 325. — La grace divine ne manque jamais à ceux qui font ce qu'ils peuvent, invoquant le secours céleste. IV. 234. — Le premier legs de Jésus-Christ en la croix, c'est de donner sa grace au pécheur. II. 163. — Dieu nous donne une suffisance de graces, riche, ample, magnifique et telle qu'elle doit être attendue d'une si grande bonté comme est la sienne. IV. 192. — Dieu parachèvera notre salut qu'il a commencé en nous, pourvu que nous ne manquions pas à sa grace. IV. 218. — Quand Dieu veut nous gratifier de quelque grace, c'est orgueil de la refuser. I. 498. — On peut avoir un peu de joie en la grace divine quand les rencontres nous succèdent bien. III. 608. — On peut considérer sans orgueil les graces particulières que Dieu nous fait. I. 496. — La plus forte preuve que nous puissions avoir si nous sommes en état de grace, est si nous n'avons aucune volonté contraire à celle de Dieu. I. 314. — Les hommes rejettent souvent les inspirations de la grace divine. II. 187. — Il faut se préparer pour l'heure où Dieu veut nous départir ses graces. II. 43. — Pour recevoir la grace en son cœur, il faut le vider de sa propre gloire. I. 495. — Il faut être fidèle à correspondre aux mouvemens de la grace. III. 592. — Il faut vivre conformément à la grace que Notre-Seigneur nous fait, et correspondre à la lumière qu'il nous envoie, par les instructions qu'il nous fait donner. III. 569. — L'oubli des graces reçues est un des plus grands péchés que les chrétiens puissent commettre. II. 288. — L'oubli des graces provient souvent d'ignorance. Ibid. — Il est difficile de déterminer le moment où les pécheurs commencent à manquer à la grace. II. 96. — Le retour de la grace rend la vie au cœur et à toutes ses œuvres. IV. 382. — Il ne faut jamais dire qu'on a assez de graces du Saint-Esprit. II. 434. — Ni les laisser oisives, sans cela Dieu les ôte pour les donner aux autres. II. 433. — Le mauvais naturel peut être corrigé par la grace. II. 97. — La providence sacrée est admirable en la diversité des graces qu'elle distribue aux hommes. IV. 190. — Il se faut bien garder de jamais rechercher pourquoi la suprême sagesse a départi une grace à l'un plutôt qu'à l'autre, ni pourquoi elle fait abonder ses faveurs en un endroit plutôt qu'en l'autre. IV. 191. — Il n'est pas possible de comprendre la conduite de Dieu dans la distribution des graces. IV. 258.

GRANDEURS (les) du monde sont inconstantes. III. 546. — Elles sont dignes de mépris par leurs illusions et leurs mensonges. II. 81.

GRANDS. Qu'exige Dieu des grands? III. 616. — Réflexions sur leur mort. I. 144.

GRANIER (Claude de), évêque de Genève, fut le prédécesseur de saint François. I. 16.

GRÉGOIRE le Grand (Saint) montre l'impossibilité où l'on est de raconter les choses merveilleuses de l'autre monde. II. 87. — Il appelle le gouvernement des ames, l'art des arts. I. 391.

HABITUDES (les) que nous acquérons par nos seules actions humaines ne périssent pas par un seul acte contraire. IV. 233. — Dieu donne l'accroissement aux arbres des bonnes inclinations et habitudes. IV. 528. — La religion tolère bien que l'on apporte dans les monastères ses mauvaises habitudes, passions et inclinations, mais non pas que l'on vive selon elles. I. 674. — L'habitude est le caractère du vice. I. 526.

HAINE. Il faut combattre la haine et le mécontentement envers le prochain. III. 529.

HENRI IV avait un grand respect pour la religion, et se confessoit avec larmes : il coopéroit aux bonnes œuvres qu'on lui proposoit ; il étoit souvent foible, mais toujours fidèle. La veille de sa mort il pensa au jugement dernier. II. 216. — Henri IV ne crut pas les calomnies qu'on lui avoit rapportées contre le saint. II. 215. — Il auroit pu vivre pour ruiner l'hérésie et le turcisme. III. 547. — On lui doit les missions de l'Amérique septentrionale. III. 547. — La guerre qu'il fut obligé de faire au duc de Savoie, pour la restitution du marquisat de Saluces, mit de grands obstacles à l'exécution de ses bons desseins sur le pays de Gex. I. 87. — Mort déplorable d'Henri IV. II. 216.

HÉRÉSIARQUES (les) modernes ont violé les règles de la vraie religion pour substituer leurs systèmes à la vraie foi. IV. 43. — Ils sont une cause de scandale. IV. 5. — Ils se convertissent rarement. I. 65. — Les hérétiques soutiennent faussement que les hérésiarques ont reçu leur mission du peuple, d'autres du magistrat séculier et temporel, les autres de l'Église même; enfin, qu'ils ont eu une mission extraordinaire. IV. 15, 16, 17.

HÉRÉSIES (les) n'ont qu'un temps plus ou moins long. Elles finissent toujours par s'évanouir. IV. 117. — En quel sens sont-elles nécessaires? IV. 5. — L'esprit des pères respire partout contre l'hérésie, dans les points même ésquels ils ne disputent pas contre elle. III. 540. — La chute des autres dans l'hérésie est triste à considérer. III. 540.

HÉRÉTIQUES (les) sont hérétiques et en portent le nom, parce que entre les articles de la foi ils choisissent à leur goût et à leur gré ceux que bon leur semble pour les croire, rejetant les autres et les désavouant. IV. 352. — Tous les hérétiques se perdent parce qu'ils cherchent la vérité par eux-mêmes. II. 64. — Les hérétiques sortent de l'Église, c'est une preuve de leur nouveauté. II. 381. — Les hérétiques ne pouvant dire d'où ils viennent, ni qui les a envoyés, ne doivent pas être entendus. II. 57. — Les hérétiques devroient confirmer leur doctrine par les miracles, puisqu'ils prétendent rajeunir l'Église. IV. 109. — Les hérétiques modernes ressemblent aux hérétiques anciens. IV. 36. — Les hérétiques poursuivent ceux qui réfutent leur doctrine après s'être soustraits à l'autorité de l'Église. Ils ne veulent pas qu'on examine leur doctrine. IV. 95. — Les enfans des hérétiques sont moins coupables que leurs pères; leur scandale est purement passif. IV. 5.

HOMME (l') est d'une nature moyenne entre les anges et les bêtes; il participe de la nature angélique en sa partie intellectuelle, et de la nature bestiale en sa partie sensitive. IV. 172. — L'homme est un microcome ou un petit monde, auquel se rencontre tout ce que l'on voit au grand monde universel. II. 194. — Il est la perfection de l'univers. IV. 340. — L'homme a été créé pour la gloire éternelle. II. 305. — On peut dire que l'homme a reçu trois sortes de vie. 1º Il auroit pu mourir ou ne pas mourir s'il fût resté dans le paradis ; 2º Il ne peut pas ne pas mourir actuellement ; 3º La vie du ciel, si l'on y parvient, sera la troisième. II. 149. — Il y a dans l'homme deux parties, l'une animale et terrestre, l'autre céleste. II. 52. — Il y a en lui deux hommes, l'intérieur et l'extérieur. II. 282. — L'homme intérieur s'occupe de l'amour de Dieu. II. 282. — L'homme extérieur se trouble et s'agite beaucoup dans le service de Dieu et du prochain. Il fait rarement ce service avec calme. II. 282. — Pour réformer l'homme, il faut commencer par l'intérieur et non pas par l'extérieur. I. 518. — La réformation de l'homme est un plus grand mystère que sa formation. IV. 33. — L'homme spirituel discerne tout. III. 551. — Les hommes ont diverses inclinations ; les uns à la légèreté, les autres à l'amour, les autres à la colère, etc. I. 473. — L'homme qui se conduit par la raison est maître des événemens de la vie. I. 580. — Les hommes peuvent être liés par trois sortes de liens : 1º Par les liens et les chaînes du démon ; 2º par les liens de la chair ; 3º par les liens du monde. II. 284. — L'homme est à lui-même importun. III. 615. — Rien ne fait tant la guerre à l'homme que l'homme même. II. 175. — L'homme n'est jamais en un même état. I. 549. — L'homme le plus saint a de l'imperfection, et l'homme le plus méchant a quelque perfection. II. 139. — L'homme dompte les animaux, mais ne se dompte pas lui-même, ni n'est dompté par les autres. II. 175. — Tout homme est pécheur. II. 219. — Pendant cette vie l'homme est entre le paradis et l'enfer. I. 469. — Chaque homme par ses péchés est cause des maux qui affligent l'humanité. II. 190. — Il est rare de trouver des hommes vraiment raisonnables. I. 531. — Les hommes cherchent toujours leurs intérêts, suivent leurs caprices ou leurs passions, et jugent rigoureusement autrui. I. 531. — Les hommes brutaux ravis en la volupté sensuelle perdent tout-à-fait l'usage de l'attention, de la raison et de l'entendement. IV. 173. — On ne gagne rien à n'aimer que les hommes, puisqu'ils sont comme nous. II. 107. — Les païens avoient tellement le désir que l'homme fût Dieu, que quelques-uns ont été jusqu'à se faire adorer comme tels. II. 350. — Il ne faut louer aucun homme avant sa mort. I. 276.

Honneur (l') est une protestation ou reconnoissance de l'excellence de la bonté de quelqu'un. I. 500. — L'honneur n'est pas en celui que l'on honore, mais en celui qui honore. II. 468. — L'honneur souverain absolu appartient à Dieu, et n'a pas d'autre objet que lui. II. 417. — L'honneur dû à Dieu doit être tel qu'on l'honore principalement, et par conséquent tout ce qui lui appartient. II. 418. — Pour exprimer la vénération due à Dieu seul on se sert du mot grec latrie. II. 501. — L'honneur subalterne appartient aux créatures excellentes et dignes d'être honorées. II. 417. — Cet honneur doit être rapporté à Dieu comme à sa source et à son origine. II. 418. — D'où se prend la différence de la grandeur ou petitesse entre les honneurs relatifs et la façon de les nommer ? II. 503. — L'honneur relatif doit être prisé à la mesure et au poids de l'excellence à laquelle il vise, et selon la diversité avec laquelle l'excellence se trouve en la chose honorée. II. 505. — Les honneurs relatifs et imparfaits procèdent des honneurs absolus et parfaits, et s'y rapportent. II. 507. — Les menus honneurs imparfaits et relatifs peuvent-ils porter les noms des honneurs absolus et parfaits de latrie, d'hyperdulie, de dulie, II. 507. — Nous devons aux saints un honneur consciencieux et religieux. II. 417. — L'honneur relatif ou rapporté est en certaine façon propre et particulier pour les créatures irraisonnables. II. 505. — L'honneur passe sans s'arrêter sur les choses inanimées. II. 498. — L'honneur consciencieux ne peut pas se séparer de l'honneur politique. II. 417. — On doit à certaines créatures un honneur civil. II. 417. — Et quelquefois un honneur autre que civil. II. 417. — L'honneur des gens de bien est sous la protection de Dieu : il peut permettre qu'on l'ébranle, mais il le relève soudain. III. 588. — La vertu n'empêche pas d'arriver aux honneurs. I. 497. — Celui qui tend à la vertu ne s'empresse pas pour les honneurs. I. 496. — La poursuite et l'amour des honneurs commence à nous rendre méprisables. I. 496.

Honnêteté (l') est le seul bien qui soit justement proportionné à notre volonté. II. 71. — C'est une vertu dont toute notre vie doit être teinte. I. 490.

Honorer. On peut honorer quelques créatures religieusement, et néanmoins donner tout honneur et gloire à un seul Dieu. I. 500. — Les choses absentes, passées, futures, peuvent être honorées au moins conditionnellement. II. 508.

Humble. Le vrai humble ne veut point paroître tel, mais l'être. I. 260. — L'humble ne voit en soi aucune vertu, quoiqu'il soit grandement fructueux en bonnes œuvres. II. 363. — L'humble est d'autant plus courageux qu'il se reconnoît plus impuissant. I. 493. — Un bon religieux désiroit d'être humble toute sa vie comme un jeune novice. II. 265.

Humeur. L'égalité d'humeur est une vertu qu'il faut s'efforcer d'acquérir. II. 347. — Les mauvaises humeurs peuvent changer quand on a un bon naturel, ou qu'elles sont le produit d'une mauvaise compagnie. III. 553. — Il ne faut pas se laisser emporter à l'inégalité d'humeur par l'inégalité des choses qui nous arrivent. I. 581.

HUMILITÉ. La vertu d'humilité, c'est la véritable connoissance, et volontaire reconnoissance de notre abjection et de notre néant. I. 498. — C'est une mendicité spirituelle. II. 362. — L'humilité est la base de toutes les vertus et le fondement de l'édifice de la perfection. II. 47. — L'humilité est une vertu chérie des saints au-dessus des autres vertus morales. I. 495.— L'humilité doit être pratiquée en tout, et partout, et toujours. I. 490. — L'humilité est la vertu qui plaît à Dieu sur toutes les autres, et il semble que Dieu ne lui puisse rien refuser. II. 86.—L'humilité qui semble nous éloigner de Dieu, nous en rapproche au contraire. I. 462. — L'humilité doit conduire à l'amour et à l'union avec Dieu. I. 577. — L'humilité se réjouit des opprobres dont on la couvre quelquefois à cause des actions d'une dévotion naïve ou forte. I. 498. — La vertu d'humilité reconnoît non-seulement son abjection, mais elle l'aime et s'y complaît, non par découragement, mais pour glorifier Dieu et estimer mieux le prochain que soi-même. I. 499.—C'est un profond degré d'humilité de se plaire et délecter dans les humiliations et abjections, comme dans les plus grands honneurs. I. 382. — L'esprit d'humilité consiste à se plaire en l'humiliation, à rechercher l'abjection et l'humilité parmi toutes choses. I. 591. — Il faut distinguer l'humilité en extérieure et intérieure. I. 305. — L'humilité n'est pas un cérémonieux assemblage de paroles, de gestes, de baisement de terre, d'inclinations, quand il se fait, comme il advient souvent, sans aucun sentiment intérieur de sa propre abjection et de la juste estime du prochain. IV. 317. — L'humilité intérieure se divise en celle de l'entendement et en celle de la volonté. I. 305. — L'humilité ne doit pas être seulement extérieure, mais intérieure. I. 211.—L'humilité qui n'est pas dans le cœur est fausse et seulement apparente; elle se dément facilement. I. 213. — La vraie humilité cache non-seulement les autres vertus, mais elle cherche à se cacher elle-même. I. 497.— L'humilité ne recherche ni la louange, ni la gloire, ni l'honneur. I. 500.—S'humilier souvent extérieurement, afin que les autres vous exaltent, c'est un grand orgueil. I. 497.— La vraie humilité ne fait pas semblant de l'être, et ne dit guère de paroles d'humilité. I. 497. — Mais elle supporte qu'on lui en dise. II. 86. — Il ne faut pas s'amuser à une fausse et niaise humilité qui empêche de regarder en soi ce que Dieu y a mis de bon. I. 592.—L'humilité qui ne produit pas la générosité est indubitablement fausse. I. 592. — L'humilité qui cache les vertus, les fait paroître quand la charité le commande. I. 498. — Elle doit être accompagnée d'obéissance. I. 617. — Il faut s'humilier d'une humilité douce et paisible, et non pas d'une humilité chagrine et troublée. III. 615.—

L'humilité ne néglige pas le soin d'une bonne renommée. I. 57.—Quand on est combattu par l'orgueil il faut se plier du côté de l'humilité. I. 491. —Le défaut d'humilité est cause de la perte d'un grand nombre d'hommes. II. 46.—L'humilité doit durer jusqu'à la mort. II. 46.

HYPOCRISIE (l') ne dure pas long-temps. I. 540. — C'est une hypocrisie de ne pas faire aussi bien que l'on parle. III. 234.

IDOLATRIE (l') a pu naître de ce que les hommes attendoient l'Incarnation du Fils de Dieu; de sorte qu'ils le cherchoient jusqu'en leur simulacre. II. 338.

IMAGES (les), outre la représentation naturelle dont elles sont les images, peuvent encore être employées à une autre représentation par l'institution des hommes. II. 443. — Les images ne sont pas idoles si Dieu permet de les vénérer. II. 470. —Il ne faut pas trop multiplier les images des choses invisibles. II. 456.

IMPERFECTIONS (les) sont proprement des mouvemens défectueux qui préviennent le plein consentement de la volonté. I. 377.

INDIFFÉRENCE. La sainte indifférence nous rend conformes au bon plaisir divin. IV. 325. — Par l'indifférence, la volonté humaine trépasse en la volonté de Dieu. IV. 338. — L'indifférence est au-dessus de la résignation, car elle n'aime rien, sinon pour l'amour de la volonté de Dieu. IV. 324. — L'indifférence s'étend à toutes choses. IV. 325.

INQUIÉTUDE (l') provient d'un désir déréglé d'être délivré du mal que l'on sent, ou d'acquérir le bien que l'on espère. I. 547. — Pour détruire l'inquiétude, il est bon de la faire connoître à celui qui conduit notre ame ou à un dévot ami. I. 548. — L'inquiétude que l'on a pour conserver ses biens prouve qu'on a de l'affection pour eux. I. 509.

INSPIRATION (l') est un rayon céleste qui porte dans nos cœurs une lumière chaleureuse par laquelle il nous fait voir le bien et nous échauffe à sa recherche. IV. 313. — Les inspirations sont les attraits, les mouvemens, les reproches et remords intérieurs, lumières et connoissances que Dieu fait en nous pour nous acheminer à notre bien éternel. I. 485.

INTENTION (l') est pure lorsque nous recevons les sacremens ou faisons quelque autre chose, quelle qu'elle soit, pour nous unir à Dieu et pour lui être plus agréables, sans aucun mélange de propre intérêt. II. 468.

INVOCATION (l') est le second point de la préparation à l'oraison mentale. I. 476.

JALOUSIE (la) procède de l'amour. I. 534. — La jalousie prouve la grandeur de l'amitié, mais non pas sa perfection. I. 534.

JÉRUSALEM. Il y a un grand rapport entre la Jérusalem céleste et la terrestre, entre l'Église militante et la triomphante. II. 304.

JÉSUITES. Saint François estimoit et faisoit de grands éloges des jésuites. III. 55.

JÉSUS-CHRIST fait ses œuvres en nous et avec nous. II. 318. — Il opère tout par justice et par miséricorde, et il est toujours bon quand il opère par l'une ou par l'autre. II. 106. — Il y a une différence entre aller après Notre-Seigneur et le suivre. II. 53. — Jésus-Christ ne veut dans son armée que des combattans et des vainqueurs, et non pas des fainéans. II. 76. — Jésus-Christ reçoit avec miséricorde après leur trépas les ames qui se sont confiées en lui pendant la vie. III. 565. — Il y a trois manières de porter Notre-Seigneur : 1º sur la langue, par les paroles ; 2º sur le cœur, par les affections ; 3º sur les bras, par les bonnes œuvres. II. 49. — Tout ce que l'on fait et quoi que l'on fasse en paroles et en œuvres, il faut le faire au nom de Jésus-Christ. IV. 401. — Il ne faut pas rester entre Jésus et Satan. I. 470.

JEUNE (le) a été institué pour remède à notre bouche et à notre gourmandise. II. 66. — Quand on sait jeûner on a un grand empire sur soi-même et sur l'ennemi du salut. I. 518. — Le jeûne profite aux uns et non aux autres, parce qu'ils ne jeûnent pas tous également. II. 66. — Le jeûne ne doit pas être fait par vanité, mais par charité et avec humilité, afin qu'il soit méritoire et agréable à Dieu. II. 67. — Le jeûne de l'esprit doit accompagner le jeûne du corps. II. 66. — La modération dans le jeûne et les austérités produit un grand bien, l'excès au contraire est dangereux. I. 71. — Le travail est préférable au jeûne pour mater et abattre la chair, surtout quand il est utile au service de Dieu et du prochain. I. 519. — Il ne faut pas avoir scrupule de rompre le jeûne quand l'avis du médecin le porte. III. 558. — Les personnes foibles et infirmes font beaucoup plus pour Dieu en mangeant par obéissance qu'en jeûnant par choix. II. 68.

JOURS. L'Église, pour extirper la coutume des païens qui avoient donné le nom de leurs dieux aux jours, aux mois et aux années, les a dédiés à Notre-Seigneur et aux saints. II. 5. — Le jour présent nous est donné pour acquérir le jour de l'éternité. I. 480. — A chaque jour suffit son mal; qui plus en a, plus il a de compte à rendre. II. 344. — Il faut regarder chaque journée comme la dernière de la vie, laquelle ne doit être qu'une continuelle disposition au passage de l'autre vie. II. 411. — Il faut prévoir les diverses choses qui peuvent arriver dans la journée, telles qu'affaires, tentations, etc., et préparer les moyens de les accomplir ou de les éviter. I. 480. — Le dernier jour est le seul qui juge tous les autres. I. 526.

JUGEMENT (le) est une partie rare, toujours accompagnée de maturité et d'humilité. III. 586. — C'est une pièce de laquelle ceux qui en manquent davantage, pensent en être les mieux fournis, et il n'y en a pas de plus courts que ceux qui pensent y abonder. I. 270. — Les grandes mémoires et les grands jugemens ne font pas d'ordinaire leur résidence en une même maison. I. 270. — Une religieuse doit assujettir le jugement particulier ou la volonté au jugement ou à la volonté des supérieures. II. 234.

JUGEMENS (les) téméraires déplaisent à Dieu. I. 523; I. 362. — Le jugement qu'on porte sur le prochain suit la nature des affections qu'on a pour lui. I. 524. — Il y en a qui jugent témérairement par amertume de cœur et par orgueil. I. 523. — Quelques-uns pour s'excuser eux-mêmes de leurs vices. I. 523. — Quelques autres pour deviner les mœurs et les humeurs des personnes. I. 523. — Enfin on juge témérairement par passion, par crainte, et par ambition. I. 523.

JUIFS (les) n'avoient pas pour la plupart une connoissance expresse du mystère de la sainte Trinité. II. 205. — Quoique comblés des biens du Seigneur, ils n'étoient jamais contens, et recherchoient des biens différens de ceux que Dieu leur avoit accordés. II. 199. — La volonté de Dieu n'a point rejeté le peuple juif sans raison. IV. 237.

JUSTE (le) n'est juste que parce qu'il a le saint amour. IV. 303. — Aucune loi n'est imposée au juste. IV. 303. — La route du juste est semblable à l'aurore qui s'accroît et s'avance peu à peu, jusqu'à ce qu'elle ait amené le jour parfait. IV. 311. — Il ne meurt pas à l'imprévu. IV. 294. — Les œuvres du juste ne sont pas effacées, abolies ou anéanties par le péché survenant, mais elles sont seulement oubliées. IV. 383.

JUSTICE (la) n'est autre chose qu'une perpétuelle, forte et constante volonté de rendre à chacun ce qui lui appartient. IV. 374. — La justice n'est pas justice, si elle n'est prudente, forte et tempérante. IV. 374. — La vie de ceux qui sont persécutés pour la justice est toute cachée en Dieu avec Jésus-Christ, et rendue conforme à son image. I. 375. — Ceux qui montrent le chemin de la justice aux autres reluiront un jour comme de brillantes étoiles dans le firmament. I. 334. — Il y a une grande différence entre la justice et la judicature. I. 326. — La justice est injuste en l'homme poltron, qui ne l'ose pas rendre. IV. 374. — La justice de Dieu exige une rançon infinie. II. 223. — Il est bon de penser à la justice qui punit, et mieux de bénir la miséricorde qui exerce. III. 569.

LANGAGE. La sincérité du langage est un grand ornement de la vie chrétienne. I. 527. — L'unité de langage est une preuve de la vérité, comme la diversité est une preuve de mensonge. IV. 103.

LECTURE (la) spirituelle est une nourriture de l'ame, qui nous accompagne partout et en tous temps, et qui ne peut jamais nous manquer. I. 358, 451.

LIBERTÉ (la) est la vie du cœur ; c'est la plus riche pièce que l'homme possède ; c'est ce qu'il chérit le plus ; c'est la dernière chose qu'il quitte. II. 289. — Il est souvent avantageux de se priver de la liberté dont on abuse si ordinairement. I. 7.

LIVRES. Il faut fuir les mauvais livres. III. 550. — Il est bon de faire provision de livres de piété pour en faire un saint usage. I. 520.

LOI. La divine loi naturelle étoit plantée en l'esprit de tous les mortels; laquelle si leurs devanciers eussent observée, la céleste lumière les eût sans doute éclairés; comme au contraire, l'ayant violée, ils méritent d'être damnés. IV. 235. — La loi de l'amour de Dieu et du prochain a existé sous toutes les lois. II. 100. — Pour être sauvé, il faut observer toute la loi de Dieu ; il ne suffit pas d'observer un ou deux préceptes. II. 29. — Jésus-Christ mit fin à la loi mosaïque, par ce mot tout est consommé. II. 241.

LOUANGES (les) données à Dieu chassent le démon. II. 285. — Notre cœur, quelque désir qu'il ait de louer Dieu, se trouve toujours court. IV. 254. — Le cœur atteint et pressé du désir de louer plus qu'il ne peut la divine bonté, après divers efforts, sort maintefois de lui-même pour convier toutes les créatures à le secourir en son dessein. IV. 255. — On apprend à mieux prier et chanter les louanges divines avec les saints. I. 484. — Par la louange on veut persuader aux autres d'estimer l'excellence de quelques-uns. I. 500.

LUTHER. (Voy. sa notice, à la fin des Controverses, tome IV.)

MAGDELEINE est le modèle des religieuses qui doivent à son exemple aimer Dieu et l'aimer de plus en plus, devenir plus pures, etc. II. 264.

MAL (le) vient quelquefois de ce qu'on craint plus les vices que les vertus. III. 558. — Il faut résister au mal doucement et paisiblement. I. 502. — Si nous avons reçu des biens de la main de Dieu, pourquoi n'en recevrions-nous pas aussi bien les maux ? IV. 122.

MALADIES (les) sont un creuset d'où notre cœur doit sortir plus pur. III. 169, 243, 354, 360, 552, 609. — Les maladies longues sont de bonnes écoles de miséricorde pour ceux qui assistent les malades, et d'amoureuse patience pour ceux qui les souffrent. III. 395, 396, 410.

MANQUEMENS (les) sont des actes de nos imperfections. I. 473. — Il faut accepter de bon cœur et souffrir galment les occasions où l'on éprouve quelque manquement, et où l'on est privé de quelques commodités. I. 510.

MARI (un) doit à sa femme un tendre, constant et cordial amour. I. 534. — Il est peu de bons maris ; les femmes en reçoivent plus de sujétion que d'assistance. III. 538, 596, 627.

MARIAGE (le) est un grand sacrement, honorable à tous, en tous, et en tout; c'est-à-dire en toutes ses parties. I. 533. — L'état de mariage est un état qui requiert plus de vertu et de constance que nul autre. III. 530, 552, 557, 577, 597, 617. — Ce seroit une heureuse coutume de célébrer en la sanctifiant le jour anniversaire du mariage. I. 536.

MARIE signifie étoile de mer, ou mer amère, dame exaltée, ou illustrée. II. 267. — Marie est élevée au-dessus de tout ce qui n'est pas Dieu. II. 281. — Elle est la plus belle des créatures. II. 235. — Seule entre toutes les créatures elle a eu en elle toutes sortes de biens sans mélange de mal. II. 176. — — Il est probable qu'elle eut l'usage de la raison dès le sein de sa mère. II. 294. — Il n'y eut jamais créature mortelle qui aimât l'époux céleste d'un amour parfaitement pur, sinon la Vierge qui fut son épouse et mère tout ensemble. IV. 347. — Les flammes sacrées de la Vierge ne pouvant ni périr, ni diminuer, ni demeurer en même état, ne cessèrent jamais de prendre des accroissemens incroyables jusques au ciel, lieu de leur origine. II. 231, 279, 390. — Cette reine céleste ne s'endormoit jamais que d'amour. II. 433. — Elle étoit debout auprès de la croix et non penchée. II. 155, 166. — C'est un grand bonheur d'être visité par la sainte Vierge, il faut la prier de daigner nous visiter. II. 260. — L'intercession de Marie auprès de Dieu est si forte et si favorable aux ames que c'est le plus grand appui qu'on puisse avoir pour l'avancement dans la piété. II. 44. — Elle est le particulier modèle et exemplaire de la vie religieuse. II. 110. — La Vierge Marie doit être honorée, révérée et respectée d'un amour spécial. I. 484. — L'Église n'offre aucun sacrifice à Marie, mais elle l'honore d'un culte spécial. II. 275. — Le culte qu'on doit rendre à Marie est inférieur à celui qu'on doit rendre à Dieu. II. 239.

MAROT est infidèle dans sa traduction des psaumes. IV. 55. — Quel cas doit-on faire de sa personne ? IV. 61.

MARTYRS (les) sont ceux qui confessent Dieu devant les hommes. I. 559. — Les martyrs avoient reçu la force pour supporter les tourmens et la mort. II. 197. — Il y a des martyrs d'affection et des martyrs effectifs. II. 236. — Les martyrs ne meurent pas, ils passent à une meilleure vie. II. 239.

MÉDISANCE (la) cause une grande partie des iniquités du monde. I. 521. — Il ne faut jamais médire de personne, ni directement, ni indirectement. I. 525. — Les médisans les plus dangereux sont ceux qui assaisonnent la médisance avec des paroles d'honneur, ou de petites gentillesses, ou des gausseries. I. 525. — C'est une médisance que d'attribuer un vice à une personne qui n'a commis qu'un seul acte de ce vice. I. 526. — Pour éviter la médisance, il ne faut pas louer le vice. Il faut appeler mal ce qui est mal. I. 526. — Que faut-il faire quand on entend médire ? I. 517; III. 594. — Le médisant est obligé de réparer le mal qu'il a commis par sa médisance. I. 517.

MÉDITATION (la) est une action de l'entendement par laquelle il fait une ou plusieurs considérations, afin d'émouvoir nos affections en Dieu, et aux choses divines. I. 477. — L'esprit médite sur un sujet à l'aide de l'imagination, s'il est sensible; ou à l'aide de la simple proposition, s'il est insensible.

I. 475. — La méditation se fait presque toujours avec peine, travail et discours. IV. 268. — Il faut faire les résolutions après les affections et à la fin de la méditation. I. 479. — La méditation doit se conclure par l'action de grâce, par l'offrande et en demandant à Dieu de nous faire la grâce d'exécuter les résolutions qu'il nous a inspirées. I. 484. — Quand on n'a pas de goût ni de consolation en la méditation, il ne faut pas se troubler. I. 479. — Il faut rallumer le soir, dans son cœur, la méditation du matin. I. 480. — La méditation sur la vie et la passion de Notre-Seigneur nous fait retracer son image dans nos actions. I. 474. — Avertissemens sur la méditation. Et sur les sécheresses qui arrivent en la méditation. I. 479.

MENSONGE. On peut rarement dire un mensonge, pour petit qu'il soit, sans nuire au prochain. I. 367. — Il n'est pas permis de mentir, même pour augmenter la gloire de Dieu. I. 220, 527. — Il y a une différence entre mentir légèrement une ou deux fois, et se plaire à mentir. I. 472.

MENTEUR (un), s'il ne veut être du tout sot, doit avoir la mémoire bonne. II. 434.

MÉPRIS. Il faut agréer le mépris qui nous vient de nos péchés. I. 499. — Il faut mépriser les choses temporelles. I. 261.

MESSE. Pour ouïr la sainte messe, il est convenable de s'y préparer saintement, et de suivre le prêtre dans la gradation et les cérémonies des saints mystères. I. 483, 262. — Si l'on ne peut assister tous les jours corporellement au sacrifice, il faut y assister spirituellement. I. 483. — Manière de célébrer dévotement et avec fruit le très-saint sacrifice de la messe. I. 281.

MIRACLES (les) sont des argumens puissans pour assurer notre foi. IV. 200. — Les miracles sont moins nécessaires quand la foi est établie que dans son établissement. IV. 106. — Il y a de vrais et de faux miracles. Il y en a qui prouvent par eux-mêmes que la puissance de Dieu s'y trouve; il y en a qui ne le prouvent que par les circonstances. IV. 104. — Les réformateurs n'ont pas fait de miracles pour autoriser leur mission extraordinaire. IV. 20, 108. — Que faut-il penser des miracles opérés chez les païens? IV. 108.

MISÈRE. Il ne faut pas se plaindre de connoître sa grande misère; il faut en bénir Dieu. I. 585.

MISÉRICORDE comme qui diroit une misère du cœur. IV. 249. — La miséricorde ne s'exerce qu'envers les misérables. I. 379, 577.

MISSION (la) est nécessaire pour tenir rang parmi les pasteurs de l'Église, et pour enseigner la parole de Dieu. II. 56. — Il y a deux missions; l'immédiate, quand c'est Dieu qui envoie lui-même sans s'arrêter à l'autorité de l'ordinaire; la médiate, quand on est envoyé par celui qui a reçu le pouvoir de Dieu. II. 55. — Les marques de la mission montrent si l'on vient de la part de Dieu ou des hommes. II. 41. — Les missions extraordinaires sont des illusions diaboliques, et non des inspirations célestes, si elles ne sont pas reconnues et approuvées par les pasteurs qui sont de la mission ordinaire. II. 57. — Les protestans ont commis une grande faute, en écoutant des hommes sans mission pour opérer le schisme avec l'Église. IV. 14.

MOQUERIE (la) est un grand mal. Elle est accompagnée du mépris du prochain. I. 362, 523. — Les moqueries sont plus nuisibles à la foi que les discours sérieux. II. 464. — Il faut se moquer des moqueries du monde. Il ne faut pas s'amuser à disputer avec les personnes du monde. I. 266.

MODÉRATION (la) est une preuve de sagesse. I. 296.

MODESTIE (la) observe le temps, le lieu et la personne. I. 313, 610. — La modestie doit régner dans les habits et la façon de s'habiller. I. 613.

MONASTÈRE (le) est un hôpital de malades spirituels qui veulent être guéris, et pour l'être s'exposent à souffrir la saignée, la lancette, la sonde, le fer, le feu et toute l'amertume des médicamens. I. 418.

MONDAIN (le) est hargneux, maussade, amer et mélancolique au défaut des propriétés terrestres; et en l'affluence il est presque toujours bravache, esbaudi et insolent. IV. 396. — Ils sont tous sans repos, sans ordre et sans contenance devant leur roi, le démon. I. 469.

MONDE (le) est une carrière en laquelle sont piquées et taillées les pierres vivantes qui doivent servir à la construction de la céleste Jérusalem. I. 298, 414. — Le monde est un juge inique, gracieux et favorable pour ses enfans, mais âpre et rigoureux aux enfans de Dieu. I. 540. — Le monde ne blâme pas ceux qui prennent part à ses plaisirs, mais ceux qui les fuient. I. 540. — Quand on vit au monde, quoiqu'on ne le touche que des pieds, on est embrouillé de sa poussière. III. 519. — Le monde passe et s'évanouit. II. 273. — Il faut mépriser le monde puisqu'on ignore l'heure à laquelle on le quittera. I. 466.

MORT (la). Le désir de la mort est dangereux; ce désir ne se rencontre ordinairement que dans ceux qui sont arrivés à un haut degré de perfection ou dans des esprits mélancoliques, et non en ceux de moyenne taille. II. 127. — On ne devroit pas dire un tel est mort, mais il s'est retiré en son pays. II. 403.

MORTIFICATION (la) intérieure et extérieure est un grand moyen pour attirer sur soi les faveurs du ciel, pourvu qu'elle soit pratiquée en la charité et par la charité. I. 342, 517. — Les plus belles mortifications ne sont pas les meilleures; les ordinaires qui arrivent tous les jours sans être attendues opèrent plus de fruit. III. 532. — Il faut mortifier ses sens afin que la raison domine les appétits sensuels. III. 551, 563. — La mortification sans l'oraison est un corps sans ame, et l'oraison sans mortification est une ame sans corps. I. 367.

MOURIR n'est autre chose sinon outre-passer les confins de cette vie mortelle pour aller à l'immortelle. IV. 355. — Il est meilleur de mourir en aimant Dieu que de vivre en l'offensant. IV. 294, 351.

NATURE (la) ne s'arrête pas simplement à l'utile, elle y a ajouté l'agrément. IV. 156, 185. Si nous vivions selon la nature, nous ne serions jamais pauvres ; si selon l'opinion, nous ne serions jamais riches. I. 411.

OBÉISSANCE (l') est une vertu morale qui dépend de la justice. I. 505. — Il faut obéir à tous les supérieurs, qu'ils soient agréables ou fâcheux, qu'ils aient de la capacité ou qu'ils n'en aient pas. II. 327. — Il y a trois sortes d'obéissances pieuses. I. 619. — La première, générale à tous les chrétiens, est l'obéissance due à Dieu et à la sainte Église, en l'observance de leurs commandemens. II. 529 ; I. 619. — La deuxième est l'obéissance religieuse qui s'attache non-seulement aux commandemens de Dieu, ains elle s'assujettit à l'observance de ses conseils. I. 619. — La troisième est l'obéissance amoureuse ; c'est la plus parfaite de toutes. I. 619. — Elle a trois conditions, elle est aveugle, prompte et persévérante. II. 142.

OCCASIONS. Quels remèdes faut-il employer dans les grandes occasions ? I. 545.

OEUVRES. On distingue de quatre sortes d'œuvres dans la théologie : les vivantes, les mortes, les mortifiées et les vivifiées. IV. 381. — Il y a des œuvres qui sont mauvaises, parce qu'elles sont défendues. IV. 313. — Il y en a qui sont défendues parce qu'elles sont mauvaises. IV. 313. — Il y en a qui sont bonnes parce qu'elles sont commandées, et il y en a d'autres qui sont commandées parce qu'elles sont bonnes. IV. 307. — Pour faire une bonne œuvre parfaitement, il faut la faire avec beaucoup d'ardeur, avec beaucoup de fermeté et avec beaucoup de pureté d'intention. IV. 373. — Les grandes œuvres ne sont pas toujours en notre chemin : mais nous pouvons à toute heure en faire de petites excellemment, c'est-à-dire avec un grand amour. II. 69, 177. — Dieu oublie les œuvres quand elles perdent leur mérite et leur sainteté par le péché survenant, et il s'en ressouvient quand elles retournent en vie et valeur par la présence du saint amour. IV. 382.

ONANISME (l') est une chose exécrable devant Dieu. I. 539.

OPINION. Tenir à sa propre opinion est une chose bien contraire à la perfection, quand on l'aime et qu'on l'estime. I. 638.

OPPROBRES. Il ne faut pas craindre les opprobres où il y a du profit spirituel. III. 545.

ORAISON (l') n'est qu'une élévation de notre esprit à Dieu. II. 49, 364. — Nous traitons avec Dieu à toute heure quand il nous plaît, par la très-sainte oraison. IV. 210. — La cause finale de l'oraison ne sont pas les suavités et consolations que l'on y éprouve quelquefois, mais l'union et la conformité de notre volonté à celle de Dieu. II. 527, 361. — Il y a trois sortes d'oraisons, l'oraison vitale, l'oraison mentale et l'oraison vocale. II. 366. — L'oraison mentale a quatre parties : la méditation, la contemplation, les élancemens et la simple présence de Dieu. II. 370. — L'oraison s'appelle méditation jusqu'à ce qu'elle ait produit le miel de la dévotion ; après cela elle se convertit en contemplation. I. 475.

ORGUEIL (l') est général parmi les hommes. II. 46. — Il perdit les anges. II. 178. — Il y a de la différence entre l'orgueil, la coutume de l'orgueil, et l'esprit de l'orgueil. I. 590. — Les orgueilleux qui veulent se corriger s'humilient eux-mêmes, mais quand les autres les humilient, ils perdent patience et leur orgueil renaît de plus belle. II. 31.

PAIX. Il y a trois sortes de paix : 1. la paix de l'Église et de l'Évangile ; 2. la paix de l'homme avec Dieu, le prochain et lui-même ; 3. enfin la paix de la vie éternelle. II. 172. — La paix n'appartient qu'aux enfans de l'Église, fidèles observateurs de la loi de Dieu, et surtout à ceux qui pratiquent les conseils. II. 180.

PAPE. Le nom de pape, autrefois commun aux évêques, a été donné particulièrement à l'évêque de Rome. IV. 87. — L'évêque de Rome est le vrai successeur de saint Pierre et le chef de l'Église militante. IV. 81. — Le pape a la puissance pour déterminer le sens de la loi évangélique, et pour décider les questions de doctrine. IV. 89. — Le pape est évêque universel, non pas qu'il soit totalement évêque de l'univers, et que les autres ne soient que ses vicaires, mais en ce sens qu'il est surintendant sur les autres, dont la puissance est limitée à l'étendue de leur diocèse. IV. 87.

PARADIS. Il doit peu nous importer que nous soyons parmi ces momens passagers, pourvu qu'éternellement nous soyons en la gloire de Dieu. III. 595. — Ici-bas en terre nous ne voyons pas la souveraine bonté en sa beauté, ains l'entrevoyons seulement entre nos obscurités ; au paradis nous la verrons face à face, nous l'aimerons cœur à cœur. IV. 352.

PARDONNER. Pour l'ordinaire, ceux qui se pardonnent trop, sont fort rigoureux à autrui. I. 509. — Après le pardon du péché, il reste encore l'accomplissement de la peine temporelle due au péché. IV. 144. — Le désir de pardonner à ses ennemis est peu de chose si l'on n'y joint une résolution spéciale. I. 478.

PARENS. Nous devons regarder nos parens, les honorer et les servir comme des images vivantes du Père éternel. III. 540. — Nos parens sont nos premiers prochains. III. 524.

PARESSEUX (les) pensent plus à la difficulté future qu'à ce qu'ils ont présentement à faire. II. 75. — Ils censurent tout le monde. II. 227.

PARLE (on) toujours de ce qu'on attend ou de ce qu'on désire. II. 63. — Il ne faut ni trop parler ni trop rester dans le silence. I. 528. — On parle peu quand on évite les paroles inutiles. I. 81. — Trop parler est la plus mauvaise façon de mal parler. III. 481. — Il ne faut parler jamais de soi ni en bien ni en mal que par pure nécessité, encore avec grande sobriété. III. 238.

PAROLE (la) de Dieu est la vraie règle et un fondement de foi aux chrétiens. IV. 43, 98. — Elle s'appuie sur l'Écriture et la tradition. II. 183. — Elle a puissance sur les choses créées et incréées, sur les vivantes et les mortes. II. 125. — C'est une semence fertile chez les uns et stérile chez les autres. II. 61. — Elle est l'aliment de nos ames. II. 60. — Elle les purifie et les illumine. II. 188. — La parole de Dieu doit être prêchée, semée et annoncée. II. 62. — Il faut recueillir la parole de Dieu dite même par de grands pécheurs. II. 133. — Il faut être dévot à la parole de Dieu de quelque manière qu'on l'entende. I. 36. — Il faut que la parole de Dieu entre dans le cœur. II. 63. — Il faut entendre la parole de Dieu pour faire son salut et non pas par fantaisie. II. 58. — Pour avoir la foi et non pas pour écouter l'harmonie des paroles. II. 60. — Pour que la parole de Dieu soit efficace en nous, il faut la bonne intention, l'attention, l'obéissance et l'humilité. II. 59, 62. — Il ne faut pas ouïr la parole de Dieu par coutume, ou curiosité, avec inattention et mauvaises inclinations. II. 61. — Il ne faut pas la recevoir comme la parole de l'homme. II. 60. — Il ne faut pas se contenter d'écouter la parole de Dieu, il faut la mettre en pratique. II. 61. — Ce qui empêche la parole de Dieu de produire son effet, c'est qu'elle chasse le péché de l'ame, et que l'homme qui se plaît au péché la trouve amère lorsqu'elle le sollicite. II. 61.

PAROLES (les) nous font connoître quelle est l'ame et l'esprit de l'homme. II. 266. — Il y a deux sortes de parole, la vocale et l'intérieure. II. 190. — Il faut que la parole de l'homme soit suivie de l'œuvre pour être agréable à Dieu. II. 45. — La parole, pour être bien reçue, doit être accompagnée de vérité. II. 154. — Une parole peut être reçue ou rejetée à cause de la personne qui l'a dite, à cause de la parole qui est dite, et à cause des dispositions bonnes ou mauvaises des personnes qui l'entendent. II. 152. — Les paroles piquantes et de mépris sont offensantes. II. 86. — Il ne faut lâcher aucune parole déshonnête, même sans mauvaise intention. I. 522. — Les paroles déshonnêtes sont d'autant plus dangereuses qu'elles sont dites à couvert et avec subtilité. I. 522. — Quand un sot dit des paroles messéantes, on doit témoigner qu'on est offensé. I. 523.

PASSIONS. On ne sera quitte des passions qu'à la mort. II. 50. — Les premiers mouvemens des passions ne sont pas des péchés; si la volonté ne les seconde pas. II. 30. — Il faut agir contrairement, soit en pensées, soit en paroles et en œuvres, à la passion dominante qu'on aperçoit en soi. I. 547. — On ne se rend pas maître d'une passion ennemie tout-à-coup, aussi il faut se contenter de gagner de temps en temps quelque petit avantage. IV. 394. — En la religion on ne peut pas se laisser emporter à ses passions, comme dans le monde à cause de la règle. I. 578. — Toute passion parle un langage figuré. IV. 156. — La passion de Jésus-Christ fut non-seulement un supplice, mais un sacrifice. II. 65. — Sa considération a de grandes utilités pour nous. II. 148. — C'est la bonne odeur que sentent les saints et l'Église. II. 64.

PASTEURS. L'Église a le pouvoir d'ordonner des pasteurs avec l'imposition des mains des autres pasteurs. IV. 18. — Les pasteurs sont plus grands que les brebis. IV. 18. — La vocation des pasteurs doit être faite visiblement, et non par une motion intérieure. IV. 21.

PATIENCE (la) nous fait conserver l'égalité d'esprit parmi l'inégalité des divers accidens de cette vie mortelle. I. 493. — C'est une patience fausse que de ne pas se plaindre dans la maladie ou l'affliction, et de désirer néanmoins que les autres vous plaignent. I. 493. — La patience du Sauveur sur la croix surpasse les pensées humaines. II. 268.

PATER (le) doit être récité tous les jours en latin, mais il faut en connoître le sens pour le savourer. I. 475.

PAUVRE (le) d'esprit est celui qui n'a nulle richesse dans son esprit, ni son esprit dedans les richesses. I. 508. — Le pauvre réel est en bonne compagnie. I. 511. — L'amour des pauvres et de la pauvreté nous rend pauvres. I. 510.

PAUVRETÉ (la) est un grand bien, mais peu connu. II. 40. — La pauvreté d'esprit est un principe de bonheur. I. 508. — Jésus-Christ, par la pauvreté d'esprit, n'entend pas la simplicité, ni la grossièreté, mais la pauvreté volontaire qu'il a lui-même pratiquée. I. 511. — Il faut observer la pauvreté d'esprit parmi les richesses. I. 508. — Et emmi la pauvreté réelle. I. 510. — La pauvreté n'est pas pauvreté si elle n'est gaie. I. 390. — Celui qui fait vœu de pauvreté ne doit pas rechercher ses aises, mais il doit en souffrir quelques incommodités. I. 511.

PAÏENS (les) n'ont pratiqué quelques vertus que pour la gloire du monde, et par conséquent ils n'ont eu de la vertu que l'action, et non pas le motif et l'intention. IV. 366.

PÉCHÉ (le) est opposé à la volonté de Dieu. IV. 328. — Il est cause de la guerre. II. 190. — C'est une œuvre morte. IV. 349. — La naturelle raison est grandement blessée, et comme à moitié morte par le péché. IV. 366. — Nul ne peut se dire exempt de péché. I. 465. — Le péché, pour petit qu'il soit, est toujours redoutable. II. 96. — Nous devons éviter non-seulement le péché, mais l'ombre même du péché. II. 48. — Le péché empêche Dieu de se rendre maître de nos ames. II. 59. — Il a trois degrés : la tentation, la délectation et le consentement. I. 465. — Dieu ne défend pas de sentir le péché, mais seulement d'y consentir. IV.

329. — La longueur du temps accroît pour l'ordinaire le péché. 1. 487. — Il y a deux sortes de péchés, le mortel et le véniel ; le premier consiste dans le mépris de Dieu. IV. 233. — Il sépare entièrement de lui. I. 614. — Il ruine tout le mérite des vertus. IV. 281. — Le second aime quelque chose hors de la raison, mais non pas contre la raison. IV. 231. — Le péché véniel ne tue pas l'ame, mais il l'affaiblit. I. 473. — Autre chose est le péché véniel, et autre chose l'affection au péché véniel. I. 472. — Il faut se purger du péché véniel. I. 472. — Il est très-bon de discerner le péché véniel d'avec l'imperfection, quand on sait le faire. I. 678. — L'Église a le pouvoir de remettre les péchés à ceux qui lui en font l'aveu. II. 246. — Quand le péché est commis, il faut faire tout ce qui est en soi, afin qu'il soit effacé. I. 462. — Le péché n'est honteux que quand on le fait, mais il est honorable et salutaire quand il est converti en confession et pénitence. I. 470. — Il faut tâcher d'excuser le péché en l'attribuant à la cause la plus supportable qu'il puisse avoir. I. 524. — Le péché survenant au juste ne fait pas revivre les péchés autrefois pardonnés. IV. 111.

PÉCHEURS (les) sont ceux qui s'éloignent de Dieu pour se tourner vers les créatures. II. 218. — Nous sommes tous pécheurs. II. 133. — Il y a des pécheurs impénitens, des pécheurs pénitens, des pécheurs justifiés. II. 364. — Ils ne peuvent revenir à Dieu que par son secours, ils sont appelés, incités par sa grace à revenir. II. 219. — On peut parler, mais avec compassion, des pécheurs infâmes, publics et manifestes. I. 526.

PEINES (les) considérées en elles-mêmes ne peuvent être aimées ; mais regardées en leur origine, c'est-à-dire en la providence et la volonté divine qui les ordonne, elles sont infiniment aimables. IV. 521. — Les peines spirituelles ne sont pas capables de séparer les personnes dévotes de Dieu. II. 36. — Les peines intérieures sont avantageuses pour la perfection, car Dieu se communique plutôt dans les afflictions que dans les douceurs. III. 126. — Il faut être tranquille en nos peines, et laisser le soin à Notre-Seigneur de nous les ôter quand il lui plaira. I. 580.

PÉNITENCE (la) est une repentance par laquelle on rejette et déteste le péché qu'on a commis, avec résolution de réparer, autant que l'on peut, l'offense et injure faite à celui contre lequel on a péché. IV. 205. — La pénitence nous sépare du péché et nous réconcilie avec Dieu. IV. 207. — C'est un des pôles de la vie chrétienne. I. 338. — La pénitence sans amour est imparfaite. IV. 206. — Le mouvement d'union qui est en la pénitence se fait non par voie de complaisance, mais de déplaisir, de repentance, de réparation, de réconciliation. IV. 208. — L'exercice du sacrement de pénitence est nécessaire. III. 72. — Il y a diverses sortes de pénitences. IV. 204. — La pénitence est nécessaire à tous les hommes pour être sauvés ; Marie seule n'en a pas eu besoin, parce qu'elle étoit sans péché. II. 322. — Il ne faut pas retarder la pénitence au dernier jour, cette présomption peut être funeste à cause de la justice divine. II. 347. — La pénitence est une des meilleures dispositions qu'on puisse employer pour célébrer l'avénement de Notre-Seigneur. II. 346. — Les pénitences faites contre l'obéissance sont une tentation, et ne servent qu'à nourrir l'amour-propre. III. 335. — Les pénitens lâches et foibles s'abstiennent du péché, mais ils estiment heureux ceux qui y demeurent. I. 461.

PERDITION (la) de l'homme vient de lui-même et non de Dieu. IV. 3. — Il est impossible à Dieu tout-puissant de perdre éternellement une ame, laquelle en sortant de son corps a sa volonté soumise à la volonté divine. I. 296. — Que profite-t-il à l'homme s'il gagne tout le monde temporellement et qu'il perde son ame éternellement. IV. 382.

PÈRE (le) a donné divers témoignages aux hommes pour montrer que son fils étoit Sauveur. II. 150. — Les pères du désert faisoient habituellement des oraisons jaculatoires. II. 372. — L'autorité des anciens pères de l'Église est vénérable, c'est une des règles de la foi. IV. 97. — Les ministres protestans ont violé cette autorité. IV. 97. — Les pères sont les témoins de la doctrine de l'Église. II. 424.

PERFECTION (la) chrétienne n'est autre chose qu'une parfaite abnégation du monde, de la chair et de soi-même. I. 505. — Elle ne consiste pas à ne sentir aucun soulèvement des passions, mais à les dompter. II. 30. — Elle observe les préceptes et les conseils. IV. 110. — Elle aime Dieu de tout son cœur, et son prochain comme soi-même. Toute autre perfection sans celle-ci est une fausse perfection. I. 267. — Dieu n'a pas mis la perfection en la multitude des choses que nous faisons pour lui plaire, mais en la perfection avec laquelle nous les faisons. II. 78. — On peut dans le monde s'élever à une très-grande perfection. II. 110. — Il faut travailler avec courage à son salut et à sa perfection, soit dans les consolations, soit dans les tribulations. III. 455. — L'idée d'une perfection imaginaire est impossible en cette vie, et cause de grands troubles dans l'ame. III. 455. — Si la montagne de la perfection chrétienne est extrêmement élevée, on y arrive peu à peu, pourvu qu'on marche toujours. I. 541. — Si plusieurs aspirent à la perfection et n'y arrivent pas, c'est qu'ils manquent de confiance en Dieu. II. 119. — La tendresse que l'on a sur soi-même empêche beaucoup au chemin de la perfection. II. 122. — Histoire des épreuves pénibles par lesquelles un saint vieillard fit passer un jeune homme pour le rendre parfait. II. 39, 181.

PERSÉVÉRANCE (la) n'est autre chose que l'assemblage et la suite de divers appuis, soulagemens et secours, par les moyens desquels nous continuons en l'amour de Dieu jusque à la fin. II. 428. — C'est le don de Dieu le plus désirable que nous puissions espérer en cette vie. IV. 217. — Pour être sauvé, il faut persévérer à vivre selon le devoir de sa vocation. I. 519. — La persévérance dans la piété fait voir que c'est pour Dieu et non par hypocrisie qu'on est entré dans la vie dévote. I. 540. — Il faut persévérer dans la prière malgré les sécheresses. II. 85. — La persévérance ès exercices religieux est un martyre continuel. II. 85.

PEUPLES (les) n'ont jamais eu pouvoir de se donner des pasteurs. IV. 16. — Régir et paître le peuple est la même chose en l'Écriture. IV. 75. — Des peuples entiers ont pris S. François pour leur patron auprès de Dieu. I. 193.

PHIDIAS ne représentoit jamais rien aussi bien que la divinité. IV. 160.

PHILOSOPHES (les) de l'antiquité n'ont pas glorifié Dieu ni suivi sa justice; ils ont détenu la vérité captive; ils ne connurent pas l'humilité. II. 195. — Les renoncemens des philosophes païens leur sont inutiles à cause de leur fin. II. 52.

PIERRE (saint). Le nom imposé à saint Pierre par Notre-Seigneur marque l'excellence de sa charge et montre en lui une supériorité et une autorité semblable à celle d'Abraham. II. 244. — Il ressemble, sous plusieurs rapports, à Moïse. II. 241. — A Eliacim et à saint Jean-Baptiste. IV. 73. — Il peut être considéré comme le grand luminaire de la loi évangélique. II. 240.

PIÉTÉ (la) n'est qu'une crainte filiale et amoureuse qui nous fait regarder Dieu comme notre Père auquel nous désirons de plaire. II. 202. — La piété est le fondement de la vie chrétienne. II. 406. — Elle est un don du Saint-Esprit. II. 195. — Peu de personnes avancent dans la piété sans l'épreuve des tentations. III. 522. — Il faut continuer les exercices de piété emmi les sécheresses. III. 611. — C'est un grand revenu que la piété qui a ce qui suffit. I. 279.

PRÉDICATEUR (le) doit avoir une bonne vie, une bonne doctrine, une légitime mission. II. 152. (Voyez *Traité de prédication*, tome II, page 5, et suiv.)

PRIÈRE (la) est une élévation de l'ame à Dieu. II. 303. — Tous les hommes, sans exception, peuvent et doivent prier. II. 302. — La prière est un remède contre la tristesse. I. 548. — On peut prier Dieu immédiatement en s'adressant directement à lui, ou médiatement, en le priant par le moyen de la sainte Vierge, des anges et des saints. II. 305. — La prière immédiate est une prière filiale pleine d'amour et de confiance. II. 306. — La prière médiate est une prière pleine d'humilité. II. 306. — Parmi les prières commandées, les unes sont communes, comme les offices publics, la messe, etc.; les autres particulières. II. 368.

PROPHÈTES (les) n'ont jamais été opposés à la synagogue. IV. 21. — La mission des prophètes n'étoit ni extraordinaire ni immédiate. IV. 22. — Tous les prophètes n'exerçoient pas la charge de prédicateur. IV. 23. — Les anciens prophètes se réjouissoient en pensant au jour qui devoit enfanter le Sauveur. II. 252. — L'Église peut produire de vrais prophètes. IV. 23. — Y a-t-il eu des prophètes chez les gentils? IV. 253.

PROPOS (le bon). Quelles considérations faut-il faire pour renouveler les bons propos? I. 560. — Il faut chaque année renouveler les bons propos. I. 556.

PROPRIÉTÉ. Les religieuses doivent renoncer à toutes propriétés. III. 351.

PROSPÉRITÉ. Comment faut-il l'envisager. I. 384.

PROTESTANS (les) ont troublé l'Église, mais n'ont converti aucune nation païenne. Ils sont stériles et sans bonne semence. IV. 122.

PROVIDENCE (la) souveraine n'est autre chose que l'acte par lequel Dieu veut fournir aux hommes et aux anges les moyens nécessaires et utiles pour parvenir à leur fin. IV. 185. — Il y a une providence naturelle et une autre surnaturelle, et celle-ci est ou générale, ou spéciale et particulière. IV. 186. — Elle détermina de produire toutes les choses tant naturelles que surnaturelles en faveur du Sauveur. IV. 187. — Elle touche tout, elle règne sur tout, et réduit tout à sa gloire. IV. 186. — De la providence surnaturelle que Dieu exerce envers les créatures raisonnables. IV. 188. — La providence céleste a pourvu aux hommes une rédemption très-abondante. IV. 188. — Dieu, outre la providence générale, en a une toute particulière pour ses enfans, qui sont les chrétiens. II. 118. — La Providence gratifie les siens par des moyens différens. II. 118. — On peut rendre raison de l'ordre des effets de la Providence qui regarde notre salut en descendant du premier jusques au dernier. IV. 219. — Il faut se remettre et s'abandonner entre les mains de la Providence. IV. 239.

PRUDENCE (la) est la mémoire des choses passées, le jugement des futures et la disposition des présentes. II. 408. — C'est la règle des vertus morales acquises. I. 419. — Il y a deux sortes de prudence, la naturelle et la surnaturelle. I. 633. — La vraie prudence doit être tempérante, juste et forte. IV. 574. — La prudence humaine est une sottise et une chimère. III. 543.

PUDEUR (la) des vierges est la sauve-garde de leur chasteté. II. 113.

PUISSANCE. On peut avoir l'usage de la puissance sans en avoir la propriété. IV. 74.

PUITS-D'ORBE. Ce monastère de l'ordre de saint Benoît fut réformé par saint François, avec le secours de madame Rose Bourgeois, qui en étoit abbesse. III. 421.

PURGATOIRE (du). IV. 154. — On peut appeler purgatoire tout ce qui sert à la purgation de nos offenses. IV. 135. — Les peines du purgatoire, quoiqu'extrêmes, ne sont ni éternelles ni infernales.

IV. 141. — On fléchit le genou à Jésus-Christ dans le purgatoire. IV. 142. — La doctrine du purgatoire a été attaquée plusieurs fois par divers hérétiques. IV. 133. — Son existence est prouvée par l'Écriture. IV. 136. — Par les conciles. IV. 142. — Par les prières de l'Église. IV. 143. — Et par les Pères. IV. 143.

QUIÉTUDE. L'oraison de quiétude est le doux repos de l'ame en Dieu quand elle se trouve en sa présence. IV. 270. — La sainte quiétude a divers degrés. IV. 273. — Quelquefois elle est seulement en la volonté, en laquelle elle est aucunefois sensiblement, et d'autres fois imperceptiblement. IV. 274. — Quelquefois non-seulement l'ame s'aperçoit de la présence de Dieu, mais elle l'écoute parler par certaines clartés et persuasions intérieures qui tiennent lieu de paroles. IV. 274. — Aucunefois elle le sent parler et lui parle réciproquement. IV. 274. — Quelquefois ni elle n'ouït son bienaimé, ni elle ne lui parle, ni elle ne sent aucun signe de sa présence; ains simplement elle sait qu'elle est en la présence de son Dieu, auquel il plaît qu'elle soit là. IV. 274.

RABELAIS, auteur infâme, doute de tout, méprise tout et se moque de tout. III. 550.

RAISON (la) de Dieu, qui n'est autre que sa volonté, est la règle des vertus infuses vives et méritoires. I. 419. — La raison naturelle est un bon arbre que Dieu a planté en nous, les fruits qui en proviennent ne peuvent être que bons. I. 531. — Si l'amour de la raison possède et anime un esprit, il fera tout ce que la raison voudra en toutes occurrences, et, par conséquent, il pratiquera toutes les vertus. IV. 374.

RAVISSEMENT (le) est le souverain degré d'union de l'ame avec Dieu. III. 519. — Ce n'est pas une vertu, c'est la récompense des vertus. I. 493. — Le ravissement s'appelle extase, en tant que par lui nous sortons et demeurons hors et au-dessus de nousmêmes pour nous unir à Dieu. IV. 287. — Il y a trois espèces de ravissement. IV. 288.

RECUEILLEMENT (le) intérieur est le ramas de toutes les puissances de l'ame dans le cœur, pour y traiter avec Dieu, seul à seul et cœur à cœur. IV. 269. — Ce recueillement se fait par le commandement de l'amour, qui nous provoquant à l'oraison, nous fait prendre ce moyen de la bien faire. IV. 269. — L'ame recueillie en Dieu est sans inquiétude. IV. 272.

RÉFORME (la) commença en 1517. Elle occasionna les plus grands malheurs parmi les peuples. IV. 116.

RÈGLE. Il faut être exact à observer la règle. III. 258. — L'observation de quelques règles ne dispense pas des autres; il n'est pas libre de faire un choix parmi elles. I. 573. — On méprise ordinairement la règle quand on exhorte les autres à la violer. I. 573. — Violer la règle de la Visitation par négligence, nonchalance, infirmité ou tentation, peut être péché véniel. I. 574. — La transgression de la règle et des vœux essentiels, de pauvreté, chasteté et obéissance, est un péché mortel. I. 575.

RELIGIEUX et RELIGIEUSE. Être religieuse, c'est être relié à Dieu par la continuelle mortification de soi-même, et ne vivre que pour Dieu, le propre cœur servant toujours à sa divine Majesté, les yeux, la langue; les mains et tout le reste le servant continuellement. II. 110. — Les religieux et les religieuses ont été grandement estimés dans tous les siècles de l'Église. II. 374. — Les religieux qui veulent à l'exemple de Jésus-Christ se transformer en Dieu par l'obéissance, l'humilité, la mortification, doivent entreprendre ce travail avec courage, s'appuyant sur la grace et non sur leur propre force. II. 375 et suiv. — Les religieux doivent imiter les vertus des parfaits et non leurs imperfections. II. 140. — Le religieux doit demeurer fidèlement à la croix de sa vocation. I. 40. — Les religieuses seront épouses de Jésus-Christ glorifié après qu'elles l'auront été de Jésus-Christ crucifié. II. 37. — Quand on ne peut être religieuse malgré ses efforts, il faut sacrifier à Dieu sa volonté. II. 370.

RELIGION. L'objet de notre religion est le Dieu vivant, qui la rend toute sainte et sacrée. II. 500. — La vertu de religion rend à Dieu l'honneur qui lui est dû. II. 473. — Aucune autre religion ne doit succéder à la religion de Jésus-Christ. IV. 96. — On ne peut décider de la bonté d'une religion sur la mauvaise conduite de ceux qui l'enseignent. I. 49. — Les fausses religions mettent plusieurs disputes en avant, et les peuples veulent s'en mêler comme les autres. II. 117.

RELIGION (la) ou profession religieuse n'est autre chose qu'une école de l'abnégation et mortification de soi-même. I. 673. — La religion est un mont du Calvaire où les amateurs de la croix font leur demeure. II. 29. — Les religions ne sont pas pour amasser des personnes parfaites, mais des personnes qui aient le courage de prétendre à la perfection. I. 651. — Chaque religion parvient à ses fins par les trois vœux essentiels de pauvreté, de chasteté, et d'obéissance. I. 614. — On promet aux personnes qui entrent en religion la possession de Dieu, les consolations de la dévotion si elles renoncent à tout. I. 672. — Il faut entrer en religion quand on s'y sent appelé. I. 634. — Le renoncement à soi-même consiste dans une parfaite indifférence à toutes choses et dans un acquiescement entier à la volonté de Dieu. II. 51. — Ce renoncement est avantageux dans le monde et indispensable dans l'état religieux. II. 258.

RENOMMÉE (la) vaut mieux que toutes sortes de vains contentemens. I. 501. — Il faut être jaloux et non pas idolâtre de la renommée. I. 500.

RENOUVELLEMENT. Il faut réparer le déchet de ses vertus par un renouvellement annuel. II. 327.

REPENTANCE (la) ne déteste pas assez le mal, quand elle laisse volontairement subsister son principal effet, qui est l'offense et l'injure. IV. 204. — On peut se repentir de ses péchés pour éviter les peines de l'enfer, et obtenir le paradis. IV. 206. — La repentance qui forclost l'amour de Dieu, est infernale, pareille à celle des damnés. IV. 206. — Il arrive même parfois que la repentance, quoique parfaite, ne contient pas en soi la propre action de l'amour, ains seulement sa vertu et sa propriété. IV. 207. — Une repentance pleine de compassion pénètre bien mieux qu'une repentance tempétueuse. I. 503.

REPOS. Quand l'ame est tranquille en son Dieu elle ne quitteroit pas ce repos pour tous les plus grands biens du monde. IV. 271. — On ne peut espérer du repos sur la terre. II. 144. — J'ai cherché le repos partout, et ne l'ai trouvé qu'en un petit coin, avec un petit livre. III. 540.

RÉPRÉHENSION. Les personnes en charge doivent reprendre avec charité pour que leurs répréhensions soient profitables. I. 255.

RÉPUTATION (la) n'est que comme une enseigne qui fait connoître où la vertu loge. I. 500. — La vertu doit être en tout et partout préférée à la réputation. I. 500.

RÉSIGNATION (la) se pratique par manière d'effort et de soumission. IV. 323. — La résignation, pour être parfaite, doit embrasser la volonté de Dieu, avec toutes ses circonstances. IV. 324.

RÉSOLUTION (la) est le ferme propos de ne plus offenser Dieu désormais, principalement pendant cette journée. I. 477. — Il faut tenir les résolutions faites devant Dieu. III. 564. — Il faut renouveler ses résolutions de servir Dieu plus fidèlement. III. 629.

RETRAITE (la) est nécessaire aux personnes dévotes pour conserver leur pureté, et elle contribue à leur union avec les personnes du monde. III. 365. — A quoi faut-il s'occuper dans la retraite spirituelle I. 480.

RICHE (le) devient plus pauvre que les pauvres, quand il les sert dans leurs maladies de sa bourse et de ses propres mains. I. 510. — Le riche d'esprit est celui qui a les richesses dans l'esprit ou dont l'esprit est dans les richesses. I. 508. — User des richesses selon sa condition est chose permise, en abuser c'est un crime. II. 510.

SACREMENS (les) sont des canaux par lesquels Dieu descend à nous. I. 660. — Il est fait mention du mot sacrement dans l'Écriture. IV. 129. — Les sacremens ont été institués clairement. II. 216. — De la vérité et réalité des sacremens. IV. 127. — Les effets des sacremens sont divers, quoiqu'ils n'aient tous qu'une même fin et prétention, qui est de nous unir à Dieu. I. 660. — L'action du sacrement n'auroit pas de vertu surnaturelle sans l'intention. IV. 133. — De la forme des sacremens. II. 502.

SACRIFICE (le) est la plus excellente manière d'adorer Dieu. IV. 129. — Les sacrifices commencent après le péché de l'homme. II. 473. — Les patriarches offrent des sacrifices. II. 473. — Le sacrifice et l'autel de Gédéon figurèrent le sacrifice de Jésus-Christ II. 173. — Le sacrifice de la croix est le vrai sacrifice de pacification. II. 173. — Le sacrifice sanglant de Notre-Seigneur étoit représenté par les sacrifices anciens, et il est continué maintenant par le sacrifice eucharistique. II. 436. — Le sacrifice de Jésus-Christ nous confirme dans la paix du Seigneur. II. 173. — Quand le sacrifice cessera, l'Église finira. IV. 118.

SAGESSE (la) est attribuée au Fils. II. 193. — La sagesse nous fait goûter et pénétrer la bonté de la loi de Dieu pour la pratiquer. II. 198. — Elle est un don du Saint-Esprit. Ibid. — La vraie sagesse s'acquiert plus par la crainte de Dieu et son amour que par l'étude. I. 23.

SAINT. On ne donne le nom de saint en françois qu'aux noms propres comme Pierre; et jamais aux noms communs, à moins qu'on ne le détermine par l'article comme la sainte Lance. II. 428. — Les saints peuvent être sanctifiés de plusieurs manières. II. 241.

SAINTETÉ (la) selon sa propre volonté n'est pas une vraie sainteté; Il faut qu'elle soit selon la volonté de Dieu. III. 530. — La sainteté est seulement dans l'Église de Jésus-Christ. II. 358. — La sainteté ne consiste pas dans la pâleur et la maigreur du visage. II. 90.

SALUT. Notre salut en son total doit s'étendre, tant à la gloire que Dieu nous donnera au ciel, qu'à celle que nous lui rendrons, selon la mesure de cette gloire. I. 366. — Tout ce que Dieu a fait est destiné au salut des hommes et des anges. IV. 187. — Non-seulement Dieu veut, mais en effet il nous donne tous les moyens requis pour nous faire parvenir au salut. IV. 306. — Entre les chrétiens les moyens de salut sont plus grands et puissans qu'entre les barbares. IV. 191. — Dieu, qui nous a créé sans nous, ne nous sauvera pas sans nous. II. 187.

SALUTATION (la) est un signe d'estime et d'amitié. II. 378.

SANCTIFICATION (la) est attribuée spécialement au Saint-Esprit, quoique les trois personnes agissent ensemble. II. 193.

SATISFACTION (la) de Notre-Seigneur est une satisfaction infinie. II. 222. — Il faut coopérer à la satisfaction de Jésus-Christ. II. 224. — La loi de la satisfaction ancienne, abolie parmi les hommes, existe cependant entre Notre-Seigneur et ceux qui se consacrent à son service. II. 265.

SCANDALE (le) arrive facilement en ce monde. IV. 3. — Il y a un scandale actif, et un scandale passif lequel est intérieur ou extérieur. IV. 3.

SCIENCE (la) nous apprend à distinguer le vice de la vertu. II. 196. — La science qui nous fait connoître les choses requises au salut est un don de Dieu. II. 196. — Les sciences humaines enflent. II. 285.

SÉCHERESSES (les) ne doivent pas nous empêcher

d'être fidèles à l'oraison. I. 479, 553. — Les sécheresses dans la prière ne prouvent pas l'infidélité à Notre-Seigneur. I. 585. — Les sécheresses rendent une ame plus vigoureuse quand elles sont passées. I. 555. — Celui qui est vaillant dans les choses de l'esprit ne s'abat point dans les sécheresses et les aridités ; c'est alors qu'il redouble sa constance. I. 395.

SIMPLICITÉ (la) n'est autre chose qu'un acte de charité pur et simple, qui n'a qu'une seule fin, qui est d'acquérir l'amour de Dieu. II. 203. — Elle bannit de l'ame le soin et la sollicitude que plusieurs ont inutilement pour rechercher quantité d'exercices et de moyens pour pouvoir aimer Dieu. I. 628. — La simplicité est la meilleure de toutes les finesses. I. 527. — Elle n'est pas opposée à la prudence. I. 629. — Elle ne se mêle pas de ce que font les autres. I. 630.

SOBRIÉTÉ (la) modérée et continuelle est préférable à de grandes abstinences entremêlées de grands relâchemens. I. 519. — Ceux qui sont sobres de leur naturel ont un grand avantage pour l'étude et pour les choses spirituelles. I. 304.

SOLITUDE. Outre la solitude mentale, la solitude réelle, soit dans sa chambre, soit dans un jardin ou ailleurs, est bonne et nous aide à recueillir notre cœur et notre esprit. I. 521.

SOMMEIL de l'ame sur la poitrine de Jésus-Christ. IV. 257. — Pour faire le sacré sommeil de l'ame, il faut rappeler tous les bons désirs. I. 690. — Considérer la variété des biens du monde. I. 691. — La misère et la laideur du péché. *Ibid.* — La beauté de la vertu. *Ibid.* — La raison. *Ibid.* — La rigueur de la justice divine. *Ibid.* — Les attributs de Dieu. *Ibid.* — Enfin l'amour de Dieu. *Ibid.* — Le sommeil des pécheurs sera suivi d'un réveil terrible. II. 181. — La durée du sommeil doit être mesurée sur sa complexion et le besoin que chacun en a. I. 519.

SONGES (les) mauvais, procurés volontairement par les pensées dépravées du jour, tiennent en quelque sorte lieu de péché. IV. 222. — Les songes provenant des saintes affections de la veille sont estimés vertueux et sacrés. IV. 222.

SOUFFRANCES (les) sont comme les matériaux qui composent l'édifice de notre salut. III. 578. — Elles sont le partage des enfans de Dieu en cette vie. III. 497. — Il faut savoir souffrir tranquillement et sans se plaindre. III. 557, 596. — Ceux qui participent le plus aux souffrances de Jésus-Christ seront plus glorifiés avec lui que les autres. II. 235.

SUPÉRIEURS (les) doivent être parfaits, ou du moins ils doivent faire des œuvres des parfaits. III. 359. — La supérieure doit-elle témoigner de répugnance que les sœurs voient ses défauts ? I. 652. — Les sœurs ne doivent pas s'étonner de quoi la supérieure commet des imperfections. I. 625, 653. — Que faut-il considérer dans l'élection des supérieures ? I. 654. — Il faut supporter avec courage la charge de la supériorité. III. 381, 445. — Les supérieurs doivent être grandement affables aux séculiers, afin de leur profiter, et doivent de bon cœur leur donner une partie de leur temps. I. 635. — Les supérieures doivent avoir un amour maternel à l'égard de leurs filles. III. 303, 384.

SYMBOLE (le) comprend toute la foi radicalement. IV. 20.

TEMPÉRANCE (la) n'est autre chose qu'un retranchement des plaisirs et délices de ce monde. II. 406. — La tempérance n'est pas tempérance, si elle n'est prudente, forte et juste. II. 348.

TEMPS (le) doit être fidèlement employé par rapport à l'éternité. III. 570. — L'incertitude du temps où une chose est arrivée ne rend pas une chose incertaine en elle-même. II. 434.

TENDRESSE (la) sur soi, tant spirituelle que corporelle, est une qualité non moins contraire à la solide et ferme dévotion, que l'empressement. I. 643.

TENTATION. Il y a une grande différence entre sentir la tentation et y consentir. I. 541. — La seule tentation nous rend coupables de péché quand nous en sommes la cause. I. 544. — Que nous la faisons naître ; ou que nous n'évitons pas ce que nous savons devoir la produire. I. 544. — On ne peut éviter la tentation quand on entre au service de Dieu. II. 73. — La durée de la tentation ne rend pas l'homme coupable ni désagréable à Dieu. I. 541. — Tant qu'une tentation déplaît on n'est pas vaincu. I. 541. — Quand l'esprit de Dieu conduit au lieu de la tentation, il rend victorieux. Quand on la cherche on y périt. II. 73. — Les grandes tentations ne sont ordinairement permises de Dieu que contre les ames qu'il veut élever à un excellent amour. I. 543. — Le nombre des petites tentations est si considérable que leur victoire égale souvent celle des plus grandes. I. 546. — Faute de savoir bien discerner si la tentation est devant notre cœur, ou dans notre cœur, nous nous troublons, et nous souffrons. I. 400. — Il ne faut pas raisonner avec les tentations, ni les appréhender, ni même y réfléchir ; elles ne nous font pas de mal lorsqu'on n'y songe point. I. 544. — Le mépris des tentations est un grand indice de progrès en la vertu, ou d'une forte confiance au Dieu des batailles. II. 74. — Le meilleur remède contre les tentations grandes et menues c'est l'amour de Dieu, les actes qu'on en fait dans ce moment donnent la victoire. I. 546. — Quand la tentation s'opiniâtre malgré tout ce qu'on peut faire pour la repousser, il faut s'opiniâtrer à dire non. I. 545. — La tentation pénétra dans le ciel et dans le paradis terrestre. II. 77. — Dans le collège des apôtres. II. 77. — Sermon sur la tentation de Jésus-Christ par le démon. II. 71.

THÉOLOGIE (la) mystique n'est autre chose que l'oraison. IV. 260. — Elle tend à l'amour de Dieu. IV. 155. — Elle s'appelle théologie parce qu'elle ne parle que de Dieu, avec Dieu et en Dieu même

IV. 261. — Elle s'appelle mystique parce que sa conversation est secrète. IV. 261. — La théologie spéculative traite de Dieu avec les hommes et rend ses écoliers savans et doctes. IV. 228.

TRADITION (la) apostolique est toute doctrine dogmatique ou morale que Notre-Seigneur a enseignée de sa propre bouche ; ou par celle des apôtres qui a été conservée sans être écrite, jusqu'à nous, sans éprouver d'altération. IV. 44. — Les traditions apostoliques sont la seconde règle de la foi chrétienne. II. 183. — Les traditions sont la pure parole de Dieu, et la doctrine du Saint-Esprit, et non pas des hommes. II. 184. — Les traditions contraires à l'Écriture sont rejetées par l'Église. IV. 65. — Les traditions sont nécessaires pour authentiquer les Écritures, et déterminer plusieurs articles de foi. II. 184.

TRADUCTIONS. Le concile de Trente ordonne que les traductions de la Bible soient approuvées par l'ordinaire. IV. 58. — Les hérétiques, pour justifier leurs traductions, prétendent que la version ordinaire est corrompue. IV. 56.

TRISTESSE (la) est une douleur d'esprit que nous avons du mal qui est en nous contre notre gré, soit que le mal soit extérieur, soit qu'il soit intérieur. I. 547. — La tristesse peut-être bonne ou mauvaise selon les diverses productions qu'elle fait en nous. I. 548. — La mauvaise tristesse rend l'ame impuissante en ses facultés. I. 548. — La tristesse de la vraie pénitence ne doit pas tant être nommée tristesse que déplaisir, ou sentiment, et détestation du mal. IV. 396. — La tristesse et le découragement qu'on éprouve quand on renonce aux folies du monde ne dure pas bien long-temps. I. 541. — Il faut souffrir la tristesse avec résignation. I. 549.

TROUBLES (les) qui naissent dans la mémoire ôtent la confiance que nous devons avoir en Dieu. II. 179.

L'UNION établie en la distinction fait l'ordre. IV. 161. — Nous sommes destinés à être unis à notre Dieu de l'union parfaite. III. 557. — Il faut faire les résolutions de s'unir à Dieu jusqu'à ce qu'on y demeure engagé. III. 599. — Dieu est par sa grace l'auteur de l'union de notre ame avec lui. Nul ne peut s'unir à lui s'il ne va le premier à lui. IV. 385. — L'union de notre ame avec Dieu peut se faire de diverses manières. IV. 283. — L'union se fait quelquefois sans que nous y coopérions, sinon par une simple suite. IV. 284. — Quelquefois elle se fait si insensiblement, que notre cœur ne sent ni l'opération divine en nous, ni notre coopération. IV. 285. — Quelquefois l'union se fait par la seule volonté, et en la seule volonté, et aucune fois aussi l'entendement y a sa part. IV. 285. — L'union peut se faire aussi par manière de petits, mais fréquens élancemens et avancemens de l'ame en Dieu. IV. 283. — La perfection de l'union avec Dieu consiste en deux points, qu'elle soit pure et qu'elle soit forte. IV. 286.

VANITÉ (la) n'est autre chose qu'un défaut de vérité. II. 135. — C'est un manquement de courage, qui, n'ayant pas la force d'entreprendre l'acquisition de la vraie et solide louange, se contente d'en avoir de la fausse et vide. III. 550. — La vanité naissant presque avec le sexe, il faut l'ôter de l'ame des enfans. III. 594.

VÉRITÉ (la) est l'objet de notre entendement. IV. 225. — La vérité est le bien de l'homme. II. 134. — La vérité n'est point vérité si elle ne l'est du tout. II. 444. — La vérité, c'est la foi. II. 134. — La vérité en sa simplicité toute naïve a des graces et des attraits capables de se faire aimer par les ames les plus rebelles. I. 371. — Toutes choses sont ébranlées par la force de la vérité. II. 204. — Les vérités s'entr'aident mutuellement. II. 212. — La vérité chrétienne est la première de toutes par sa beauté, elle est désirable plus que l'or. II. 208. — La vérité qui n'est pas charitable procède d'une charité qui n'est pas véritable. I. 253. — Celui qui quitte la vérité tombe dans la vanité. II. 135. — Peut-on quelquefois discrètement et prudemment découvrir et déguiser la vérité par quelque artifice de parole ? I. 527.

VERTU (la) fait la beauté de l'homme tant intérieurement qu'à l'extérieur. IV. 167. — La vertu considérée comme bien est l'objet de l'amour ; considérée comme bien supérieur, est l'objet de l'honneur. I. 560. — Il y a trois degrés pour monter à la vertu : l'inspiration, la délectation en l'inspiration, et le consentement à l'inspiration. I. 486. — Toutes les vertus sont vertus par la convenance ou conformité qu'elles ont à la raison. IV. 374. — La vertu n'est pas vraie vertu, si elle n'est la vraie intention. IV. 379. — Une vertu n'est pas vertu parfaite, si elle n'est accompagnée de toutes les autres. I. 540. — Quoiqu'on puisse avoir quelques vertus séparées des autres, si est-ce néanmoins que ce ne peut être que des vertus languissantes, imparfaites et débiles. IV. 373. — La vertu est si aimable de sa nature, que Dieu la favorise partout où il la voit. IV. 205. — Il y a des vertus abjectes et des vertus honorables selon le monde. I. 499. — Le vulgaire préfère les vertus qui se rapprochent plus de lui que d'autres vertus plus excellentes. I. 487. — Les vertus ont leur commencement, leur progrès et leurs perfections. IV. 577. — Les vertus se terminent à leurs propres sujets, et n'ont pour fin que le bien de la créature à l'exception de la charité. IV. 497. — Il faut appuyer ses vertus sur les vérités de la foi et non pas sur ses sentimens. II. 41. — Il faut désirer les vertus qui nous manquent ou la perfection dans celles que nous n'avons pas. I. 496. — Les vertus éclatantes sont un peu suspectes. I. 291. — Il ne faut pas prétendre aux choses hautes, élevées et extraordinaires, mais plutôt pratiquer simplement les vertus humbles et cachées. I. 179. — Les vertus méditées et non pratiquées enflent quelquefois l'esprit et le courage, mais si elles s'arrêtent à cela, elles sont vaines et dangereuses. I. 478. — Entre les exercices des vertus il faut préférer celui qui est plus conforme à notre devoir, et non pas celui qui est plus conforme à notre goût. I. 490.—Entre les vertus qui ne regardent pas notre devoir particulier, il faut préférer les plus excellentes et non pas les plus apparentes. I. 491.—Les meilleures et non pas les plus estimées et les plus braves. I. 491.— Il est utile que chacun choisisse un exercice particulier de quelque vertu, non point pour abandonner les autres, mais pour tenir plus justement son esprit rangé et occupé. I. 490. — Le soin avec lequel on doit pratiquer les vertus doit être sans empressement ni anxiété. II. 457.—La vraie vertu n'a pas de limites, elle va toujours outre. IV. 212.— Les saints n'ont pas su prendre le vrai point de chaque vertu; il n'y a que Notre-Seigneur et Notre-Dame qui l'aient su bien prendre. I. 588.— Il ne suffit pas de faire des actions de grandes vertus si on ne les fait avec charité. I. 291. — Nous devons réduire toute la pratique des vertus et de nos actions au saint amour. IV. 370.—Toutes les vertus reçoivent un nouveau lustre et une excellente dignité par la présence de l'amour sacré. IV. 365.—Les actes héroïques des vertus ne sont pas pour l'ordinaire commandés, ains seulement conseillés. IV. 313. — Les vertus morales, quoique provenues d'un cœur pécheur, ne laissent pas d'appartenir à Dieu. IV. 365.—Toutes les vertus morales, et même la foi et l'espérance, qui sont des vertus théologales, sont compatibles avec le péché mortel. I. 355. — Entre les vertus, il faut faire grand état de celle qui nous fait supporter doucement les importunités du prochain. I. 280.—Plusieurs semblent être fort vertueux, qui n'ont pourtant point de vertus, parce qu'ils ne l'ont pas acquise en travaillant. I. 651. — Il y a des choses qu'on regarde comme vertus, et qui ne le sont pas. I. 495. — La vertu philosophique est un fantôme de vertu. III. 551. — Digression sur l'imperfection des vertus des païens. IV. 378.

VICE. Un seul acte ne fait pas un vice, il faut l'habitude pour cela. I. 526.—Les vices rendent l'homme mécontent. I. 561.— Quand on est combattu de quelque vice, il faut, autant que possible, embrasser la pratique de la vertu contraire. I. 491. — Il y a bien différence entre avoir la cessation d'un vice, et avoir la vertu qui lui est contraire. I. 651.

VIE (la) présente est périssable et mortelle. III. 555. —La plus longue vie n'est pas la meilleure, mais celle qui est la plus occupée au service de Dieu. I. 271.—Cette vie ne nous est donnée que pour acquérir l'éternelle. II. 146. — Nous avons trois vies : la spirituelle, la corporelle et la civile. I. 525. — Notre vie spirituelle est telle que sont nos mouvemens affectifs. IV. 291.— Il faut marcher toujours et ne s'arrêter jamais dans la vie spirituelle. II. 96.— Dans la vie spirituelle, nous devons chaque jour croire que nous ne faisons que commencer, et ne nous point décourager de ce que nous trouvons toujours quelque chose à corriger en nous. III. 238. — Dieu nous invite à faire une vie très-parfaite. IV. 292.—On ne perd rien à vivre généreusement, noblement et courtoisement. I. 532.—Il est juste de ne pas vivre pour soi-même, mais de vivre pour celui qui est mort pour nous. III. 527.—La vie du parfait chrétien doit être une continuelle pénitence. II. 77.— La vie molle et oisive contraire à la vertu. I. 7. — La vie frugale et séparée du monde est un grand revenu. I. 383. — La vie commune donne mille sujets de se bien mortifier et de rompre sa volonté, ce qui est un grand moyen de perfection si on l'emploie en humilité et douceur de cœur. I. 319. (Voir Contemplation.) — La vie éternelle est un banquet ou festin où Dieu assiste; bien plus il en est la viande et le mets qui rassasie les convives; par l'ineffable communication qu'il leur fait de lui-même. II. 261.

VIEILLARDS (les) qui meurent sans penser à la mort et à leur salut, sont plus coupables que les autres. III. 519.

VIERGES (les) qui veulent rester vierges doivent conserver délicatement leur amour pour leur époux divin. I. 539. — Les vierges qui veulent se marier doivent garder jalousement leur premier amour pour leur premier mari. I. 539. — Elles doivent fuir le tumulte du monde, et aimer à demeurer cachées et retirées. II. 284.—Les vierges chrétiennes font avec la sainte Vierge une alliance plus intime que les autres. II. 109.

VIGILES (les) ont été instituées pour se disposer à solenniser avec plus de soin les fêtes instituées par l'Église. II. 347.

VIRGINITÉ (la) est plus parfaite que le mariage. IV. 114.—Elle ne peut guère subsister sans humilité. II. 114.—La virginité de Marie fut plus parfaite que celle des anges à cause de sa fécondité. II. 112.

VISITATION (l'ordre de la), institué par saint François, fut d'abord destiné à la visite des pauvres malades. I. 173. — La clôture pour les sœurs fut adoptée dans la suite. III. 593.— L'esprit de cet ordre est un esprit d'une profonde humilité envers Dieu, et d'une grande douceur envers le prochain. I. 633. — Les filles de la Visitation ne doivent pas s'égarer du chemin de l'amour de Dieu. I. 574. — Elles doivent imiter l'humilité et la charité de Marie. II. 253. — Elles doivent préférer les autres congrégations à la leur, quant à l'honneur et estime, mais non quant à l'amour. I. 576. — L'ordre de la Visitation perpétue l'esprit de saint François de Sales. I. 293.

VOCATION. C'est une chose bien difficile que de reconnoître la vraie vocation. IV. 219. — La bonne vocation n'est autre chose qu'une volonté ferme et constante qu'a la personne appelée de vouloir servir Dieu en la manière et au lieu auquel sa divine Majesté l'appelle. I. 635. — Quand notre Sauveur veut qu'une vocation réussisse, il la procure par des moyens convenables qui nous sont inconnus. III. 551. — Il faut aimer et suivre avec fidélité la vocation que Dieu nous inspire. II. 325. — Il est bon de choisir un jour de l'année pour se renouveler dans l'esprit de sa vocation. II. 320.

VOEU (le) rend les choses faites ensuite d'icelui plus agréables à Dieu. I. 537. — Les vœux simples obligent autant que les solennels. III. 454. — On peut obtenir dispense des vœux pour une cause très-forte. III. 454.

VOLONTÉ (la) est la faculté qui porte et fait tendre au bien ou à ce qu'elle estime tel. IV. 167. — La volonté est la faculté la plus forte de notre esprit. II. 179. — Elle domine sur la mémoire, l'entendement et la fantaisie, non par force, mais par autorité. IV. 161. — L'homme expérimente tous les jours d'avoir plusieurs volontés contraires. IV. 175. — Sa volonté varie sans cesse. II. 315. — La volonté des créatures se peut prendre en trois façons, par manière d'affection, par manière de complaisance, ou bien sans propos, ou hors de propos. II. 647. — Notre volonté est telle que son amour. I. 318. — Notre volonté est la seule source de nos vices. IV. 4. — Le propre lien de la volonté humaine, c'est la volupté et le plaisir. IV. 127. — La volonté qui embrasse le bien simplement est fort bonne ; mais si elle l'embrasse en rejetant le mieux, elle est déréglée. IV. 206. — Notre volonté sur la terre est défectueuse, mais la grace nous fait vaincre notre infirmité. II. 187. — Qui nous a donné la volonté nous donnera l'accomplissement. II. 123. — Notre volonté ne peut jamais mourir, non plus que notre esprit ; mais elle outrepasse quelquefois les limites de sa vie ordinaire, pour vivre toute en la volonté divine. IV. 335. — La propre volonté s'oppose à la volonté divine et se fait chasser de tous les lieux. II. 235. — Une personne ne doit jamais laisser ses exercices et les communes règles des vertus, sinon qu'il voie la volonté de Dieu de l'autre côté. III. 526. — La volonté des bienheureux ne peut mal faire. II. 187.

VOLONTÉ (la) de Dieu est la règle de toute bonté et de toute sainteté. II. 235. (Voir *Commandements*, *Dieu*.) — Il y a en Dieu plusieurs sortes de volontés ; Dieu veut quelquefois opérer sans notre consentement, et quelquefois il ne veut pas opérer sans notre consentement. II. 187. — Nous sommes en ce monde non pour faire nos volontés, mais celles de la bonté de Dieu qui nous y a mis. IV. 310. — Quand notre volonté suit l'attrait et consent au mouvement, elle le suit aussi librement, comme librement elle résiste quand elle résiste. IV. 197, 236. — Il faut vouloir ce que Dieu veut et ne pas mettre sa volonté à la place de la sienne. III. 517, 593, 598, 622, 633. — Celui qui est soumis à la volonté de Dieu se contente de tout pourvu que Dieu soit servi. IV. 304. — Briève méthode pour connoître la volonté de Dieu. IV. 319. — Nous devons unir notre volonté avec la volonté divine, qu'on appelle volonté de bon plaisir. IV. 320. — La volonté de Dieu doit être faite, non-seulement en l'exécution de ses commandements, conseils et inspirations, qui doivent être pratiqués par nous, mais aussi en la souffrance des afflictions et peines qui doivent être reçues en nous. IV. 315. — Nous devons unir notre volonté à celle de Dieu en la permission des péchés. IV. 329. — La volonté, étant morte à soi, vit purement en la volonté de Dieu. IV. 334 et suiv.

ZÈLE (le) n'est autre chose sinon l'amour qui est en ardeur, ou plutôt l'ardeur qui est en amour. IV. 355. — Si l'amour est bon, le zèle en est bon ; si l'amour est mauvais, le zèle en est mauvais. IV. 355. — Le zèle est une vertu dangereuse, parce qu'il y a peu de gens qui la sachent pratiquer comme il convient. I. 214. — Le vrai zèle doit être accompagné de charité, de jugement et de science. IV. 357, 363. — Le zèle turbulent, dépourvu de modération et de science, ruine plus qu'il n'édifie. IV. 362. — On peut pratiquer le zèle en trois façons. Premièrement en faisant de grandes actions de justice pour repousser le mal. IV. 362. — Secondement, on use du zèle en faisant des actions de grande vertu. IV. 362. — Enfin on exerce le zèle très-excellemment en souffrant et pâtissant beaucoup pour empêcher et détourner le mal. IV. 362. — Il y a un zèle âpre et farouche qui ne pardonne rien, qui agrandit les moindres fautes. I. 278. — Il y en a un autre lâche et mol, qui pardonne tout, pensant être en cela une mesure de charité qui souffre tout. I. 278. — Le zèle doux et gracieux est incomparablement plus efficace que celui qui est âpre et turbulent. I. 278.

FIN DE LA TABLE ANALYTIQUE.

TABLE

DES MATIÈRES CONTENUES DANS CE VOLUME.

CONTROVERSES.

Le lecteur observera que ces Controverses de saint François de Sales sont tirées d'un original de ce mesme saint, qui a commencé d'estre mis au jour pour la premiere fois en cette année 1672. On en donnera les raisons dans l'Advertissement; l'ouvrage est distingué en quatre parties.

La PREMIERE PARTIE traite d'une maniere fort claire et methodique de la Mission fausse et veritable.

La SECONDE PARTIE traite de l'authorité et de l'excellence des saintes Escritures; et du credit des Traditions ecclesiastiques.

La TROISIESME PARTIE traite de la preeminence de S. Pierre dans l'Eglise de Dieu; de l'authorité de ses successeurs; de la forme, nature et conditions de la vraye Eglise.

La QUATRIESME PARTIE traite des Sacremens, et de la verité du Purgatoire.

Ces quatre parties comprennent des sections particulieres, où les matieres speciales sont examinées, raisonnées et resoluës d'une maniere fort solide: la table que nous avons mise à la fin du volume en donne une parfaite intelligence.

Avertissement . . . . Pag. 1
La Preface et Dedicace de ce livre par S. François de Sales, à la ville de Tonon, où il ouvre son intention et son dessein, et remarque l'ordre et la disposition des parties de son Traité des Controverses 2
Advis necessaire au lecteur, pour l'éclaircissement de cet ouvrage 7
Attestations 9

PREMIERE PARTIE.

DE LA VRAYE ET FAUSSE MISSION, TOUCHANT LES PASTEURS DE L'EGLISE.

Discours I. Calvin, Luther et les autres heresiarques n'ont point eu de vraye mission. . 15
II. Le deffaut de mission rend les ministres et les Eglises pretenduës reformées inexcusables 16
III. Les ministres ne peuvent avoir eu leur mission, ny du peuple, ny du prince seculier 17
IV. Les ministres n'ont pu avoir leur mission des evesques 18
V. Les ministres n'ont pu avoir de mission extraordinaire et immediate de Dieu. . . 19
VI. Vanité des raisons des ministres pour leur pretenduë mission immediate de Dieu . . 22
VII. La chymere de l'Eglise invisible ne peut favoriser la pretenduë mission des ministres. 24

VIII. Refutation des faux fondemens de l'Eglise invisible, et de la mission invisible . . . 26
IX. La chymere de l'Eglise invisible, que les ministres disent ne comprendre que les seuls predestinez 27
X. Refutation de ce faux principe, que les reprouvez ne sont point de l'Eglise 29
XI. La perpetuité de la succession de la doctrine ruine la fausse et pretenduë mission extraordinaire 32
XII. Refutation de ce faux principe, que l'Eglise et sa doctrine peuvent perir et souffrir interruption 34
XIII. L'Eglise a toujours esté visible et connuë, et n'a point eu besoin de mission extraordinaire pour ressusciter ou reformer sa doctrine 35
XIV. L'Eglise ne peut errer, et jamais sa doctrine n'a eu besoin de correcteurs, pour la purifier 37
XV. La fausse supposition de la ruine entiere de l'Eglise annulle la pretenduë mission des ministres 39
Observation sur la premiere partie 41

SECONDE PARTIE.

DES REGLES DE LA FOY.

SECTION I. 42
Preface de saint François de Sales à la ville de

Tonon, en forme de prelude, où il establit et distingue les differentes regles de la foy . . 42
DISCOURS XVI. L'Escriture est la premiere regle de la foy. 44
XVII. Le chrestien doit estre sainctement jaloux de l'integrité et conservation de l'Escriture. 45
XVIII. Le nombre et la distinction de tous les livres de l'ancien et nouveau Testament. . Ib.
XIX. Les ministres ont violé l'Escriture par le retranchement qu'ils ont fait de plusieurs livres. 46
XX. La regle imaginaire des ministres pour juger d'un livre canonique, et favoriser les retranchemens qu'ils ont faits dans l'Escriture 49
Observation sur les trois discours suivans, qui semblent estre les mesmes que les trois precedens. 52
XXI. Les ministres ont violé la regle de la foy, en corrompant les livres saints. . . . . Ib.
XXII. La quantité, la qualité et l'integrité des livres canoniques. 53
XXIII. Les ministres ont violé et corrompu l'integrité des saintes Escritures. . . . 55
XXIV. Les versions et expositions des ministres ont corrompu toutes les Escritures. . 57
Observation, qui fait voir que le discours dernier n'est point achevé, et qu'il y manque plusieurs choses. 58
XXV. La corruption des Bibles traduites en langues vulgaires par les ministres. . . . Ib.
XXVI. La facilité chymerique que pretendent les ministres, en l'intelligence de l'Escriture. 60
XXVII. Nullité des raisons qu'alleguent les ministres, pour favoriser les traductions, et le chant, en langues vulgaires. 63
SECTION II de la 2ᵉ partie. Du credit des traditions ecclesiastiques, seconde regle de la foy. 65
XXVIII. Les ministres ont violé l'authorité des traditions apostoliques. . . . . Ib.
XXIX. Il y a des traditions apostoliques receuës de tout temps dans l'Eglise. . . . 66
Observation sur la seconde partie. . . . 67

TROISIESME PARTIE.
DES SECONDES REGLES DE LA FOY, QUI SONT LES REGLES D'APPLICATION.

SECTION I. De la preeminence de saint Pierre en sa personne et en ses successeurs. . . 68
Observation, touchant la difference des regles, selon l'esprit de saint François de Sales. . Ib.
DISCOURS XXX. En quel sens S. Pierre est nommé fondement de l'Eglise. . . . . Ib.
XXXI. Nullité des objections des ministres, qui nient que saint Pierre soit le fondement de l'Eglise. 71

XXXII. S. Pierre a receu de Jesus-Christ la puissance des clefs du royaume des cieux. 73
XXXIII. Preuves qui justifient que S. Pierre est le fondement et le possesseur des clefs sur toute l'Eglise. 75
XXXIV. S. Pierre a esté confirmé en la foy, et a receu le pouvoir de regler la foy en l'Eglise. 77
XXXV. S. Pierre est pere et serviteur en l'Eglise de Jesus-Christ. 78
XXXVI. S. Pierre a laissé des successeurs pour tenir sa puissance, jusqu'à la fin du monde. 80
XXXVII. L'evesque de Rome est seul et vray successeur de S. Pierre, et chef de l'Eglise. 81
XXXVIII. Description chronologique de la vie de S. Pierre, et de l'institution de ses successeurs. 83
XXXIX. Cinquante prerogatives que les peres et les conciles ont données à l'evesque de Rome. 85
XL. L'estime qu'on a fait et qu'on doit faire du pape, dans l'Eglise chrestienne. 87
XLI. Le rang de preference que les evangelistes ont donné partout à saint Pierre. . 88
XLII. Autres preuves de l'Escriture, qui authorisent la primauté de saint Pierre. . . 90
XLIII. Temoignages de l'Eglise qui justifient la primauté de saint Pierre. 91
SECTION II de la 3ᵉ partie. De l'Eglise.
Observation, où l'on void que le saint evesque fait entrer dans le traité de l'Eglise, le credit des saints peres, l'authorité des conciles et l'unité des pasteurs. 92
XLIV. Les ministres ont violé le credit de l'Eglise, ne voulant plus la recognoistre pour une regle de foy. 93
XLV. Les ministres ont violé l'authorité receuë des conciles orthodoxes 94
XLVI. Les ministres ont violé le credit des saints Peres, si venerable dans l'Eglise . . 96
XLVII. L'Eglise chrestienne est une société évidente et visible 99
Observation, où l'on remarque que le commencement manque au discours XLVII, et que ses preuves ne sont pas directement à son sujet. . . . . Ib.
XLVIII. L'Eglise catholique a un chef, celle des ministres est acephale 101
XLIX. L'Eglise catholique est une en sa doctrine, celle des heretiques est schismatique en la confession de sa foy . . . . . . Ib.
L. L'Eglise est sainte et sans macule . . . 104
Observation, où l'on voit que ce discours si bref n'est point achevé. . . . . Ib.
LI. L'Eglise est la seule depositaire de la puissance des miracles. . . . . Ib.
LII. Les ministres ont violé le credit des miracles, si authorisé dans l'Escriture. . . . 106
LIII. La vraye Eglise doit reluire en miracles. Ib.

TABLE DES MATIÈRES.

LIV. L'Eglise a des miracles, et en aura toujours, les heretiques n'en ont point. . . . 107
LV. Le don de prophetie doit estre en la vraye Eglise. 110
LVI. L'Eglise catholique a des prophetes, celle des heretiques n'en a point. 111
Observation qui montre clairement que le discours 56 n'est point parfait. . . . . Ib.
LVII. La vraye Eglise doit contenir toutes les regles de la perfection chrestienne. . . . 114
LVIII. L'Eglise doit estre universelle. 115
Observation où l'on void que non-seulement ce discours est imparfait, mais qu'apparemment il s'est égaré quelque partie considérable de ce manuscrit. . . . . Ib.
LIX. La vraye Eglise doit estre ancienne. . 116
La pretendue Eglise est toute nouvelle. . . 117
LX. La vraye Eglise doit estre perpetuelle en sa durée et en sa doctrine. . . . . Ib.
LXI. La vraye Eglise doit estre perpetuelle en lieux et en personnes. 119
LXII. La vraye Eglise doit estre universelle en lieux et en personnes successivement. . 121
L'Eglise pretendue est angulaire . . . . . Ib.
LXIII. La vraye Eglise est feconde en fruits et en enfans. 122
L'Eglise pretendue est tres-sterile. . . . . Ib.
LXIV. Du titre (*apostolique*) qui est propre à la vraye Eglise. 123
Observation où l'on montre pourquoy le saint evesque a laissé ce discours 64 sans le remplir. . . . . Ib.
LXV. Les estranges absurditez qui se trouvent en la doctrine de l'Eglise pretendue. . . . Ib.
LXVI. L'analogie est une fausse regle de l'Eglise pretendue, qui ne peut servir à sa doctrine. 124
LXVII. Conclusion de cette troisieme partie, où l'on void plusieurs excellences qui se trouvent en l'Eglise catholique. 125
Observation où l'on produit quantité de fragmens et passages des peres, que le saint evesque avoit amassez pour en composer plusieurs discours sur le traité de l'Eglise, qu'il n'a point achevez. 126

QUATRIESME PARTIE.

DE LA VERITÉ DES SACREMENS.

Discours LXVIII. Preface du saint à messieurs de la ville de Tonon, où il ouvre son intention et son dessein. 127
LXIX. La nature des sacremens en general. . 128
LXX. La forme des sacremens. . . . . . . Ib.
LXXI. L'intention requise et necessaire en l'administration des sacremens. 151
Observation où l'on montre la perte irreparable du reste de ce traité, et de plusieurs autres, qui ne se sont point trouvez dans l'original. 155
Section II de la quatrième partie. Du *purgatoire* et des suffrages pour les morts. . . . Ib.
LXXII. Preface du saint à messieurs de la ville de Tonon, où il explique son dessein. . 154
LXXIII. Du nom du purgatoire. . . . . . . Ib.
LXXIV. Ceux qui ont nié la verité du purgatoire, et les moyens pour le prouver. . . . 155
LXXV. Textes de la sainte Escriture, où il est parlé du temps, du lieu et de la purgation des ames après cette vie. . . . . Ib.
LXXVI. De quelques autres lieux par lesquels on prouve, en l'Escriture, que la prière, l'aumosne, et les actions meritoires, servent au soulagement des deffunts. 158
LXXVII. De quelques autres lieux de l'Escriture, où il est prouvé que le pardon de quelques pechez est réservé en l'autre monde. . 140
LXXVIII. De quelques autres lieux de l'Escriture, par où, en forme de consequences, on conclud la verité du purgatoire. 141
LXXIX. Le credit des conciles qui ont receu le purgatoire comme article de foy. . . . 142
LXXX. L'authorité des Peres anciens qui ont souscrit à la creance du purgatoire. . . . Ib.
Observation. 144
Notice sur quelques catholiques et plusieurs heretiques cités dans les controverses. . . 145

TRAITÉ DE L'AMOUR DE DIEU.

Oraison dédicatoire 153
Préface. 154

LIVRE PREMIER.

PRÉPARATION A TOUT LE TRAITÉ.

Chap. I. Que pour la beauté de la nature humaine, Dieu a donné le gouvernement de toutes les facultés de l'ame à la volonté. . 161
II. Comme la volonté gouverne diversement les puissances de l'ame. 162
III. Comme la volonté gouverne l'appétit sensuel. 163
IV. Que l'amour domine sur toutes les affections et passions, et que même il gouverne la volonté, bien que la volonté ait aussi domination sur lui. 164
V. Des affections de la volonté. 165

VI. Comme l'amour de Dieu domine sur les autres amours. 166
VII. Description de l'amour général . . . 167
VIII. Quelle est la convenance qui excite l'amour. 169
IX. Que l'amour tend à l'union. 170
X. Que l'union à laquelle l'amour prétend est spirituelle. 171
XI. Qu'il y a deux portions en l'ame, et comment. 174
XII. Qu'en ces deux portions de l'ame, il y a quatre différens degrés de raison. . . 175
XIII. De la différence des amours. . . . 176
XIV. Que la charité doit être nommée amour. 177
XV. De la convenance qui est entre Dieu et l'homme. . . . . Ib.
XVI. Que nous avons une inclination naturelle d'aimer Dieu sur toutes choses. . . . 178
XVII. Que nous n'avons pas naturellement le pouvoir d'aimer Dieu sur toutes choses. 180
XVIII. Que l'inclination naturelle que nous avons d'aimer Dieu n'est pas inutile. . . 181

LIVRE SECOND.

HISTOIRE DE LA GÉNÉRATION ET NAISSANCE CÉLESTE DU DIVIN AMOUR.

Chap. I. Que les perfections divines ne sont qu'une seule, mais infinie perfection. . . 182
II. Qu'en Dieu il n'y a qu'un seul acte, qui est sa propre divinité. 184
III. De la providence divine en général. . . 185
IV. De la providence surnaturelle que Dieu exerce envers les créatures raisonnables. 187
V. Que la providence céleste a pourvu aux hommes une rédemption très-abondante. . . 188
VI. De quelques faveurs spéciales exercées en la rédemption des hommes par la divine providence. 189
VII. Combien la providence sacrée est admirable en la diversité des graces qu'elle distribue aux hommes. 190
VIII. Combien Dieu désire que nous l'aimions. 192
IX. Comme l'amour éternel de Dieu envers nous prévient nos cœurs de son inspiration, afin que nous l'aimions. 193
X. Que nous repoussons bien souvent l'inspiration et refusons d'aimer Dieu. . . 195
XI. Qu'il ne tient pas à la divine bonté que nous ayons un très-excellent amour. . . 194
XII. Que les attraits divins nous laissent en pleine liberté de les suivre ou de les repousser. 197
XIII. Des premiers sentimens d'amour que les attraits divins font en l'ame, avant qu'elle ait la foi. 198
XIV. Du sentiment de l'amour divin qui se reçoit par la foi. 200

XV. Du grand sentiment d'amour que nous recevons par la sainte espérance. . . . 201
XVI. Comme l'amour se pratique en l'espérance. 202
XVII. Que l'amour d'espérance est fort bon, quoique imparfait. 203
XVIII. Quand l'amour se pratique en la pénitence, et premièrement qu'il y a diverses sortes de pénitences. 204
XIX. Que la pénitence sans amour est imparfaite. 206
XX. Comme le mélange d'amour et de douleur se fait en la contrition. 207
XXI. Comme les attraits amoureux de Notre-Seigneur nous aident et accompagnent jusqu'à la foi et la charité. 209
XXII. Brève description de la charité. . . 210

LIVRE TROISIÈME.

DU PROGRÈS ET PERFECTION DE L'AMOUR.

Chap. I. Que l'amour sacré peut être augmenté de plus en plus en un chacun de nous. 211
II. Comme Notre-Seigneur a rendu aisé l'accroissement de l'amour. 212
III. Comme l'ame étant en charité, fait progrès en icelle. 214
IV. De la sainte persévérance en l'amour sacré. 216
V. Que le bonheur de mourir en la divine charité est un don spécial de Dieu. . . . 218
VI. Que nous ne saurions parvenir à la parfaite union d'amour avec Dieu en cette vie mortelle. 219
VII. Que la charité des saints en cette vie mortelle égale, voire surpasse quelquefois celle des bienheureux. 220
VIII. De l'incomparable amour de la mère de Dieu Notre-Dame. . . . . Ib.
IX. Préparation au discours de l'union des bienheureux avec Dieu. 222
X. Que le désir précédent accroîtra grandement l'union des bienheureux avec Dieu. . . 223
XI. De l'union des esprits bienheureux avec Dieu en la vision de la divinité. . . . 224
XII. De l'union éternelle des esprits bienheureux avec Dieu en la vision de la naissance éternelle du Fils de Dieu. 225
XIII. De l'union des esprits bienheureux avec Dieu en la vision de la production du Saint-Esprit. 226
XIV. Que la sainte lumière de la gloire servira à l'union des esprits bienheureux avec Dieu. 227
XV. Que l'union des bienheureux avec Dieu aura des différens degrés. 228

LIVRE QUATRIÈME.

DE LA DÉCADENCE ET RUINE DE LA CHARITÉ.

Chap. I. Que nous pouvons perdre l'amour de

Dieu, tandis que nous sommes en cette vie mortelle. 229
II. Du refroidissement de l'ame en l'amour sacré. 230
III. Comme on quitte le divin amour pour celui des créatures. 231
IV. Que l'amour sacré se perd en un moment. 233
V. Que la seule cause du manquement et refroidissement de la charité est en la volonté des créatures. 234
VI. Que nous devons reconnoître de Dieu tout l'amour que nous lui portons. 235
VII. Qu'il faut éviter toute curiosité, et acquiescer humblement à la très-sage providence de Dieu. 237
VIII. Exhortation à l'amoureuse soumission que nous devons aux décrets de la providence divine. 239
IX. D'un certain reste d'amour, lequel demeure maintefois en l'ame qui a perdu la sainte charité. 240
X. Combien cet amour imparfait est dangereux. 241
XI. Moyen pour reconnoître cet amour imparfait. 242

LIVRE CINQUIÈME.

DES DEUX PRINCIPAUX EXERCICES DE L'AMOUR SACRÉ, QUI SE FONT PAR COMPLAISANCE ET BIENVEILLANCE.

CHAP. I. De la sacrée complaisance de l'amour, et premièrement en quoi elle consiste. . . 243
II. Que par la sainte complaisance nous sommes rendus comme petits enfans aux mammelles de Notre-Seigneur. 244
III. Que la sacrée complaisance donne notre cœur à Dieu, et nous fait sentir un perpétuel désir en la jouissance. 245
IV. De l'amoureuse condoléance par laquelle la complaisance de l'amour est encore mieux déclarée. 248
V. De la condoléance et complaisance de l'amour en la passion de Notre-Seigneur. . 250
VI. De l'amour de bienveillance que nous exerçons envers Notre-Seigneur par manière de désir. 251
VII. Comme le désir d'exalter et magnifier Dieu nous sépare des plaisirs inférieurs, et nous rend attentifs aux perfections divines. 252
VIII. Comme la sainte bienveillance produit la louange du divin bien-aimé. 253
IX. Comme la bienveillance nous fait appeler toutes les créatures à la louange de Dieu. 255
X. Comme le désir de louer Dieu nous fait aspirer au ciel. . . . . Ib.
XI. Comme nous pratiquons l'amour de bienveillance ès louanges que notre Rédempteur et sa mère donnent à Dieu. 257
XII. De la souveraine louange que Dieu se donne à soi-même, et de l'exercice de bienveillance que nous faisons en icelle. . . 258

LIVRE SIXIÈME.

DES EXERCICES DU SAINT AMOUR EN L'ORAISON.

CHAP. I. Description de la théologie mystique, qui n'est autre chose que l'oraison. . . 260
II. De la méditation, premier degré de l'oraison ou théologie mystique. 262
III. Description de la contemplation, et de la première différence qu'il y a entre icelle et la méditation. 264
IV. Qu'en ce monde l'amour prend sa naissance, mais non pas son excellence, de la connoissance de Dieu. . . . . Ib.
V. Seconde différence entre la méditation et la contemplation. 266
VI. Que la contemplation se fait sans peine, qui est la troisième différence entre icelle et la méditation. 267
VII. Du recueillement amoureux de l'ame en la contemplation. 269
VIII. Du repos de l'ame recueillie en son bien-aimé. 270
IX. Comme ce repos sacré se pratique. . 272
X. Des divers degrés de cette quiétude, et comme il la faut conserver. 273
XI. Suite du discours des divers degrés de la sainte quiétude, et d'une excellente abnégation de soi-même qu'on y pratique quelquefois. . 274
XII. De l'écoulement ou liquéfaction de l'ame en Dieu. 275
XIII. De la blessure d'amour. 277
XIV. De quelques autres moyens par lesquels le saint amour blesse les cœurs. 278
XV. De la langueur amoureuse du cœur blessé de dilection. 280

LIVRE SEPTIÈME.

DE L'UNION DE L'AME AVEC SON DIEU, QUI SE PARFAIT EN L'ORAISON.

CHAP. I. Comme l'amour fait l'union de l'ame avec Dieu en l'oraison. 282
II. Des divers degrés de la sainte union qui se fait en l'oraison. 284
III. Du souverain degré d'union par la suspension et ravissement. 286
IV. Du ravissement, et de la première espèce d'icelui. 288
V. De la seconde espèce de ravissement. . 289
VI. Des marques du bon ravissement, et de la troisième espèce d'icelui. 290
VII. Comme l'amour est la vie de l'ame, et suite du discours de la vie extatique. . . 291
VIII. Admirable exhortation de saint Paul à la vie extatique et surhumaine. 293
IX. Du suprême effet de l'amour effectif, qui

est la mort des amans, et premièrement de ceux qui moururent en amour.. 294
X. De ceux qui moururent par l'amour et pour l'amour divin. 295
XI. Que quelques-uns entre les divins amans moururent encore d'amour. 296
XII. Histoire merveilleuse du trépas d'un gentilhomme qui mourut d'amour sur le mont d'Olivet. 297
XIII. Que la très-sacrée Vierge mère de Dieu mourut d'amour pour son Fils. . . . 299
XIV. Que la glorieuse Vierge mourut d'un amour extrêmement doux et tranquille.. . 300

LIVRE HUITIÈME.

DE L'AMOUR DE CONFORMITÉ, PAR LEQUEL NOUS UNISSONS NOTRE VOLONTÉ A CELLE DE DIEU, QUI NOUS EST SIGNIFIÉE PAR SES COMMANDEMENS, CONSEILS ET INSPIRATIONS.

CHAP. I. De l'amour de conformité provenant de la sacrée complaisance. 302
II. De la conformité de soumission qui procède de l'amour de bienveillance. 303
III. Comme nous nous devons conformer à la divine volonté, que l'on appelle signifiée.. . . 304
IV. De la conformité de notre volonté avec celle que Dieu a de nous sauver. . . . 305
V. De la conformité de notre volonté à celle de Dieu, qui nous est signifiée par ses commandemens.. 306
VI. De la conformité de notre volonté à celle que Dieu nous a signifiée par ses conseils.. . 307
VII. Que l'amour de la volonté de Dieu, signifiée ès commandemens, nous porte à l'amour des conseils. 309
VIII. Que le mépris des conseils évangéliques est un grand péché. 310
IX. Suite du discours commencé.: Chacun doit aimer, quoique non pas pratiquer, tous les conseils évangéliques, et comme néanmoins chacun doit pratiquer ce qu'il peut. . . 312
X. Comme il se faut conformer à la volonté divine qui nous est signifiée par les inspirations, et, premièrement, de la variété des moyens par lesquels Dieu nous inspire. . 313
XI. De l'union de notre volonté à celle de Dieu ès inspirations qui sont données pour la pratique extraordinaire des vertus, et de la persévérance en la vocation, première marque de l'inspiration. 315
XII. De l'union de la volonté humaine à celle de Dieu, ès inspirations qui sont contre les lois ordinaires, et de la paix et douceur de cœur, seconde marque de l'inspiration. . 316
XIII. Troisième marque de l'inspiration, qui est la sainte obéissance à l'Église et aux supérieurs. 317
XIV. Brève méthode pour connoître la volonté de Dieu. 319

LIVRE NEUVIÈME.

DE L'AMOUR DE SOUMISSION, PAR LEQUEL NOTRE VOLONTÉ S'UNIT AU BON PLAISIR DE DIEU.

CHAP. I. De l'union de notre volonté avec la volonté divine, qu'on appelle volonté de bon plaisir. 320
II. Que l'union de notre volonté au bon plaisir de Dieu se fait principalement ès tribulations. 321
III. De l'union de notre volonté au bon plaisir divin, ès afflictions spirituelles, par la résignation. 323
IV. De l'union de notre volonté au bon plaisir de Dieu par l'indifférence. 324
V. Que la sainte indifférence s'étend à toutes choses. 325
VI. De la pratique de l'indifférence amoureuse ès choses du service de Dieu. 326
VII. De l'indifférence que nous devons pratiquer en ce qui regarde notre avancement ès vertus. 328
VIII. Comme nous devons unir notre volonté à celle de Dieu en la permission des péchés. . 329
IX. Comme la pureté de l'indifférence se doit pratiquer ès actions de l'amour sacré. . 330
X. Moyen de connoître le change au sujet de ce saint amour. 331
XI. De la perplexité du cœur qui aime, sans savoir qu'il plaît au bien-aimé. . . . 332
XII. Comme, entre ces travaux intérieurs, l'ame ne connoît pas l'amour qu'elle porte à son Dieu, et du trépas très-aimable de la volonté. 334
XIII. Comme la volonté, étant morte à soi, vit purement en la volonté de Dieu. . . . 335
XIV. Éclaircissement sur ce qui a été dit touchant le trépas de notre volonté. . . . 336
XV. Du plus excellent exercice que nous puissions faire parmi les peines intérieures et extérieures de cette vie, et ensuite de l'indifférence et trépas de notre volonté. . . 337
XVI. Du dépouillement parfait de l'ame unie à la volonté de Dieu. 339

LIVRE DIXIÈME.

DU COMMANDEMENT D'AIMER DIEU SUR TOUTES CHOSES.

CHAP. I. De la douceur du commandement que Dieu nous fait de l'aimer sur toutes choses. 340
II. Que ce divin commandement de l'amour tend au ciel, mais est toutefois donné aux fidèles de ce monde. 342
III. Comme, tout le cœur étant employé en l'amour sacré, on peut néanmoins aimer

Dieu différemment, et aimer encore plusieurs choses avec Dieu. 342
IV. De deux degrés de perfection, avec lesquels ce commandement peut être observé en cette vie mortelle. 344
V. De deux autres degrés de plus grande perfection, avec lesquels nous pouvons aimer Dieu sur toutes choses. 345
VI. Que l'amour de Dieu sur toutes choses est commun à tous les amans. 347
VII. Eclaircissement du chapitre précédent. . . 348
VIII. Histoire mémorable pour faire concevoir en quoi gît la force et l'excellence de l'amour sacré. 349
IX. Confirmation de ce qui a été dit, par une comparaison notable. 351
X. Comme nous devons aimer la divine bonté souverainement plus que nous-mêmes. . 353
XI. Comme la très-sainte charité produit l'amour du prochain. 354
XII. Comme l'amour produit le zèle. . . . 355
XIII. Comme Dieu est jaloux de nous. . . . 356
XIV. Du zèle ou jalousie que nous avons pour Notre-Seigneur. 357
XV. Avis pour la conduite du saint zèle. . . 359
XVI. Que l'exemple de plusieurs saints, qui semblent avoir exercé leur zèle avec colère, ne fait rien contre l'avis du chapitre précédent. 361
XVII. Comme Notre-Seigneur pratiqua tous les plus excellens actes de l'amour. . . 363

LIVRE ONZIÈME.

DE LA SOUVERAINE AUTORITÉ QUE L'AMOUR SACRÉ TIENT SUR TOUTES LES VERTUS, ACTIONS ET PERFECTIONS DE L'AME.

CHAP. I. Combien toutes les vertus sont agréables à Dieu. 365
II. Que l'amour sacré rend les vertus excellemment plus agréables à Dieu qu'elles ne le sont par leur propre nature. 366
III. Comme il y a des vertus que la présence du divin amour relève à une plus haute excellence que les autres. 368
IV. Comme le divin amour sanctifie encore plus excellemment les vertus, quand elles sont pratiquées par son ordonnance et commandement. 369
V. Comme l'amour sacré mêle sa dignité parmi les autres vertus, en perfectionnant la leur particulière. 370
VI. De l'excellence du prix que l'amour sacré donne aux actions issues de lui-même, et à celles qui procèdent des autres vertus. . 371
VII. Que les vertus parfaites ne sont jamais les unes sans les autres. 373
VIII. Comme la charité comprend toutes les vertus. 374
IX. Que les vertus tirent leur perfection de l'amour sacré. 377
X. Digression sur l'imperfection des vertus des payens. 378
XI. Comme les actions humaines sont sans valeur lorsqu'elles sont faites sans le divin amour. 380
XII. Comme le saint amour, revenant en l'ame, fait revivre toutes les œuvres que le péché avoit fait périr. 382
XIII. Comme nous devons réduire toute la pratique des vertus et de nos actions au saint amour. 384
XIV. Pratique de ce qui a été dit au chapitre précédent. 385
XV. Comme la charité comprend en soi les dons du Saint-Esprit. 386
XVI. De la crainte amoureuse des épouses; suite du discours commencé. 387
XVII. Comme la crainte servile demeure avec le divin amour. 388
XVIII. Comme l'amour se sert de la crainte naturelle, servile et mercenaire. . . . 389
XIX. Comme l'amour sacré comprend les douze fruits du Saint-Esprit avec les huit béatitudes de l'Evangile. 392
XX. Comme le divin amour emploie toutes les passions et afflictions de l'ame, et les réduit à son obéissance. 393
XXI. Que la tristesse est presque toujours inutile, ains contraire au service du saint amour. 395

LIVRE DOUZIÈME.

CONTENANT QUELQUES AVIS POUR LE PROGRÈS DE L'AME AU SAINT AMOUR.

CHAP. I. Que le progrès au saint amour ne dépend pas de la complexion naturelle. . . 397
II. Qu'il faut avoir un désir continuel d'aimer. Ib.
III. Que pour avoir le désir de l'amour sacré, il faut retrancher les autres désirs. . . 398
IV. Que les occupations légitimes ne nous empêchent point de pratiquer le divin amour. 399
V. Exemple très-amiable à ce sujet. . . . Ib.
VI. Qu'il faut employer toutes les occasions présentes en la pratique du divin amour. . 400
VII. Qu'il faut avoir soin de faire nos actions tout parfaitement. . . . . Ib.
VIII. Moyen général pour appliquer nos œuvres au service de Dieu. 401
IX. De quelques autres moyens pour appliquer plus particulièrement nos œuvres à l'amour de Dieu. 402
X. Exhortations au sacrifice que nous devons faire à Dieu de notre franc arbitre. . . 403
XI. Des motifs que nous avons pour le saint amour. 405

XII. Méthode très-utile pour employer ces motifs. 405

XIII. Que le mont Calvaire est la vraie académie de la dilection. 406

RÈGLES DE SAINT AUGUSTIN.

Preface de l'editeur. 409
Preface de S. François. 410
Regles de S. Augustin. 419
CHAP. Ier. Des commandemens de Dieu. . . Ib.
II. De l'union des sœurs. . . . . . . Ib.
III. De la communauté en toutes choses. . . Ib.
IV. De la distribution des choses à chacune selon la necessité. . . . . Ib.
V. De l'union des pauvres et des riches en l'humilité. . . . . Ib.
VI. Des exercices de la psalmodie et oraison au chœur. 420
VII. Des austerités et mortifications. . . Ib.
VIII. Du repas et lecture de table, et dans quel esprit on doit recevoir l'un et l'autre. . . Ib.
IX. Du traitement des malades. . . . . . Ib.
X. De la simplicité et modestie, tant ès habits qu'au marcher. . . . . Ib.
XI. De la modestie des regards pour le respect deu à Dieu, qui penetre et voit tout. . . Ib.
XII. Du soin reciproque des sœurs pour la chasteté; et de la correction charitable et evangelique à ce propos. 421
XIII. Suite du mesme sujet. . . . . . . Ib.
XIV. Du chastiment des rebelles et incorrigibles. . . . . Ib.

XV. De ne recevoir lettres ou presens en secret : la maniere d'en faire la correction. . 421
XVI. Que les habits et les ouvrages seront communs. . . . . Ib.
XVII. De l'usage des bains, et les charges de l'infirmerie, depensieres et autres officieres. 422
XVIII. De la dispensation des livres et des habits. . . . . Ib.
XIX. De la suite des dissentions et procés. . Ib.
XX. De la reconciliation, et pardon reciproque des injures. . . . . Ib.
XXI. De la correction trop aspre et severe des superieures. 423
XXII. De la pureté des affections les unes envers les autres. . . . . Ib.
XXIII. De l'obeissance aux superieures. . . Ib.
XXIV. Des devoirs des superieures pour l'exacte observance des regles. . . . . Ib.
XXV. Quels sentimens doit avoir la superieure de sa charge et de ses obligations. . . Ib.
XXVI. Que le seul amour suffit pour l'observation de ces regles. . . . . Ib.
XXVII. De la lecture des regles, et du bien qui en reüssit. . . . . Ib.
La bulle d'approbation des Constitutions de la Visitation. 424

CONSTITUTIONS POUR LES RELIGIEUSES DE LA VISITATION.

De la fin pour laquelle cette congregation a été instituée. 427
CONSTITUTION I. Des trois rangs des sœurs. . 428
II. De la clausure. . . . . Ib.
III. De l'obeïssance. 429
IV. De la chasteté. 250
V. De la pauvreté. . . . . Ib.
VI. De l'employ du jour, dés la feste de Pasques jusques à celle de Saint-Michel. . Ib.
VII. De l'employ du jour, dés la feste de saint-Michel jusques à Pasques. 451
VIII. En caresme. . . . . Ib.
IX. Des deux obeïssances journalieres. . . Ib.
X. Du silence. . . . . Ib.
XI. De la varieté du chant. 452
XII. Des assemblées. . . . . Ib.
XIII. Des recreations et conversations des sœurs. . . . . Ib.
XIV. Des ouvrages. . . . . Ib.
XV. De la façon de parler avec les etrangers. . 433
XVI. Du manger et boire. . . . . Ib.
XVII. Des habits et lits. . . . . Ib.
XVIII. De l'office. 434

XIX. Du confesseur ordinaire. 434
XX. Des confessions extraordinaires. . . . Ib.
XXI. De la Communion. 435
XXII. De l'humilité. . . . . Ib.
XXIII. De la modestie. . . . . Ib.
XXIV. Du compte de tous les mois. 436
XXV. De la correction. 437
XXVI. Du chapitre. . . . . Ib.
XXVII. De la reception et distribution des moyens de la maison. 438
XXVIII. Du pere spirituel de la maison. . . Ib.
XXIX. Des officieres de la maison, premierement de la superieure. . . . . . . Ib.
XXX. De la maniere que la superieure doit tenir pour les affaires. 439
XXXI. Des sœurs choisies pour conseiller la superieure, et qui pour cela sont appelées ses coadjutrices. 440
XXXII. De l'assistante. . . . . Ib.
XXXIII. De la directrice. 441
XXXIV. Des surveillantes. 442
XXXV. De l'ayde de la superieure. 443
XXXVI. De l'œconome. . . . . Ib.

XXXVII. De la portiere. 444
XXXVIII. De la sacristaine. . . . . . . *Ib.*
XXXIX. De l'infirmiere. . . . . *Ib.*
XL. Des menus offices de la maison. De la robiere. 445
De la lingere . . . . *Ib.*
De la refectoriere. . . . . *Ib.*
De la depensiere . . . . *Ib.*
XLI. Des sœurs domestiques . . . . . *Ib.*
XLII. Des sœurs tourieres. 446
XLIII. De la premiere reception de celles qui desireront estre de la congregation . . . *Ib.*
XLIV. De l'entrée des novices. 447
XLV. Des vœux et professions . . . . *Ib.*

XLVI. Du renouvellement et confirmation des vœux. 447
XLVII. Le l'election de la superieure et autres officieres. 448
XLVIII. Des penitences et chastimens. . . 449
XLIX. Briefve declaration de l'obligation des sœurs à l'observation de la regle des constitutions . . . . *Ib.*
L. De l'enterrement des sœurs 450
Approbation des constitutions. 451
Additions . . . . *Ib.*
Bulle du pape Urbain VIII. 454
Bulle du pape Clement XI. 455
Formule des vœux des sœurs de la Visitation. 456

DIRECTOIRE.

Art. I. Souhaits particuliers. L'humble gloire des sœurs de la Visitation 461
Souhait à l'imitation de celuy que Job a fait au chapitre 31 de son livre, à celuy de Jesus-Christ, Nostre-Seigneur. . . . . . . *Ib.*
Desir à l'imitation de celuy de sainct Paul, chapitre 4, aux Philippiens. . . . . . *Ib.*
II. Du lever des sœurs et de la droiture de l'intention . . . . *Ib.*
III. De dresser son intention ès exercices. . 462
IV. De l'office divin. . . . . *Ib.*
V. Comment il faut ouïr la sainte messe. . . 463
VI. De l'examen de conscience . . . . *Ib.*
VII. De la refection. 464

VIII. De la recreation 465
IX. Du silence. 466
X. Du coucher . . . . *Ib.*
XI. Des confessions et de l'ordre d'y aller. . 467
XII. De la sainte communion. 468
Avis sur le directoire. 470
XIII. Du devoir des novices envers leurs maistresses . . . . *Ib.*
XIV. Du devoir des sœurs envers la superieure. 471
XV. Documens fort utiles. . . . . . . *Ib.*
XVI. Des menues licences. 472
Exercice du matin pour les ames desolées. . 473

LETTRES ET PIÈCES INÉDITES.

S. François de Sales à M. de Bérulle. . . . 477
— à M. le curé d'Heyrier 478
— à madame d'Aix . . . . *Ib.*
— à madame de Mercœur . . . . . *Ib.*
— à madame de Chantal. . . . . . *Ib.*
— à la même 479

S. François de Sales au roi Louis XIII . . . 479
Plan d'un sermon. 480
Fragments sur la justice. 481
Recueil de quelques points, etc 482
Table analytique des matieres. 489

FIN DE LA TABLE DU IVe ET DERNIER VOLUME.